A LECTURE ON ADMINISTRATIVE LAW

제 17 판

행정법기본강의

박균성

박영사

제17판 머리말

이번 개정에서는 2024년 1월 25일 간행된 제16판 이후의 이론 및 판례의 발전과 법령의 개정을 모두 반영하였다. 그리고, 행정법총칙, 행정조직법, 행정작용법 및 행정구제법에 관한 중요한 이론과 판례를 빠짐없이 망라하여 서술하고자 일부 서술에서 빠진 부분을 전부 추가 · 보완하였다. 그리하여 행정법 기본강의만 보더라도 일반행정법에 관한 사항을 전부 알 수 있도록 하였다.

통설 · 판례를 중심으로 '객관적 행정법'을 서술하려고 하면서 통설 · 판례에 문제가 있는 경우에는 필자 개인의 비판적 견해를 최소한으로 하여 추가하는 것으로 하였다.

2021년 3월 23일 「행정기본법」이 제정된 후 매년 추가적인 법개정이 행해지고 있다. 2022년 12월 27일 나이 계산 및 표시에 대한 일부 개정이 있었고, 2023년 12월 20일 행정상 즉시강제에 있어서의 고지에 대한 개정이 있었으며 2023년부터 준비한 행정기본법 개정안이 현재 국회에 상정되어 있고, 그 주요내용은 이미 제16판 머리말과 본문에서부터 소개한 바 있다.

마지막으로 편집을 담당해 준 장유나 차장님, 개정작업을 지원해 준 안상준 사장님, 박세기 부장님 등 박영사 관계자 여러분에게 깊이 감사드린다.

2024년 12월 23일
저자 씀

머 리 말

　사회는 변하고 있고, 행정법저서도 변해야 한다. 1999년 5월 「행정법총론」 초판을 발간한 이래 「행정구제법」, 「행정법론」(상), (하) 및 「행정법강의」를 행정법시리즈로 출간·개정하여 왔다. 이에 추가하여 「행정법기본강의」를 출간하게 된 것은 환경의 변화와 수요자중심의 저술 요청에 응하기 위한 것이다. 법학전문대학원 개원과 함께 행정법교재의 수요가 보다 다양하게 되었다. 행정법 기본강의를 위한 교재와 행정법 심화강의를 위한 교재의 구분이 보다 강하게 요구되게 되었다. 「행정법기본강의」는 행정법 초학자를 대상으로 행정법의 기본원리와 핵심적인 내용을 제시해 주는 것을 주된 목적으로 한다. 보다 심화된 공부를 위해서는 「행정법강의」와 「행정법론」(상), (하)를 읽는 것이 좋을 것이다. 「행정법강의」는 행정법 심화강의와 수험교재를 목적으로 한 것이고, 「행정법론」(상), (하)는 행정법 심화강의와 법률전문가를 위한 것이다. 「행정법기본강의」의 출간을 계기로 행정법저서에 대한 수요자의 요구에 보다 잘 부응할 수 있게 되었다. 또한, 「행정법기본강의」의 출간을 계기로 「행정법론」(상), (하)를 보다 전문적인 행정법저서로 발전시킬 수 있게 되었다.

　「행정법기본강의」는 행정법 초학자가 행정법의 기본개념, 기본원칙, 기본이론 및 핵심내용을 이해할 수 있도록 하는 데 중점을 두었다. 행정법공부에서 1차적으로 중요한 것은 모든 법공부에서 그러하듯이 이해하는 것이다. 특히 행정법의 기초를 이해하는 것은 매우 중요하다. 기초를 잘 다져야 행정법실력을 튼튼하게 쌓을 수 있고, 응용력이 생기게 되어 스스로의 힘으로 새로운 문제를 잘 해결할 수 있게된다. 기초의 중요성은 아무리 강조해도 지나치지 않다.

　「행정법기본강의」의 출간을 준비하면서 행정법의 기본이 무엇일까에 대해 다시 한번 생각하게 되었다. 아직 생각이 다 정리되었다고 할 수 없고, 앞으로 계속 행정법의 기본을 찾아가는 연구여행을 해야 할 것이지만, 행정법의 기본은 공익 개념, 이익 상호간(공익과 사익, 공익과 공익, 행정과 관련된 사익 상호간)의 조정, 합리적이고 효율적인 행정규율체계, 논리적이고 체계적인 이론, 행정현실에 바탕을 둔 행정법이론, 이론과 현실 사이의 끊임없는 상호작용과 관련되어 있다고 할 수 있다. 앞으로 우리나라 행정법이 그 기본을 튼튼히 함으로써 독자적인 행정법으로 뿌리를 내리며 견실하게 발전해 가기를 기대한다.

「행정법기본강의」는 행정법총칙, 행정조직법, 행정작용법, 행정구제법으로 구성되어 있다. 종래 행정조직법이 "행정법각론"에 편재되어 있었으나 행정조직법리는 행정법총론의 문제이며 행정을 행하는 행정주체에 관한 것이므로 행정법총칙 다음, 행정작용법 이전에 위치지우는 것이 타당하다. 행정구제법에 행정구제에 기여하는 헌법소송수단을 포함시키는 것이 타당하여 그렇게 하였지만, 아직은 부족한 점이 많다. 앞으로 이러한 방향의 연구성과에 따라 계속 보완하도록 할 것이다. 로스쿨의 도입과 함께 이론과 실무의 통합이 강조되고 있는데, 이러한 방향의 보완도 계속할 것이다.

마지막으로 이 책의 교정과 색인작업을 도와 준 윤기중 석사과정생에게 고마움을 전하고, 출판을 수락해 주신 박영사 안종만 회장님과 편집을 담당해 준 홍석태 차장님 등 박영사 관계자 여러분에게 깊이 감사드린다.

2009년 4월 5일
寓居에서

著　　著 씀

차   례

제1편 행정법총칙

제1장 행정법의 기초적 이해

제1절 행정법의 의의 ··· 3

   Ⅰ. 행정법의 규율대상이 되는 행정의 개념 ······························· 3

   Ⅱ. 행정조직, 행정작용 및 행정구제의 개념 ····························· 4

   Ⅲ. 공법으로서의 행정법 ·· 5

제2절 행정법의 특수성 ··· 6

   Ⅰ. 형성중의 법 ··· 6

   Ⅱ. 공익목적성 ·· 6

   Ⅲ. 행정주체의 우월성 ·· 7

   Ⅳ. 행정법규정의 강행법규성 ·· 7

제3절 행정에 대한 사법의 적용 ··· 7

   Ⅰ. 국고관계에 대한 사법규정의 적용 ·· 7

   Ⅱ. 행정법관계에 대한 사법규정의 적용 ····································· 7

   Ⅲ. 행정사법 ·· 8

제2장 행정법의 법원

제1절 개   설 ·· 9

제2절 성문법원 ··· 10

   Ⅰ. 헌   법 ·· 10

   Ⅱ. 국제법규 ··· 10

   Ⅲ. 법   률 ·· 11

   Ⅳ. 명   령 ·· 12

   Ⅴ. 자치법규 ··· 12

제3절 불문법원 ··· 13

Ⅰ. 관 습 법 ·· 13

Ⅱ. 판 례 ··· 14

Ⅲ. 행정법상 일반 법원칙 ··· 14

1. 의 의 14   2. 법치행정의 원칙 14

3. 평등원칙 18   4. 행정의 자기구속의 원칙 19

5. 비례의 원칙 21   6. 신뢰보호의 원칙 23

7. 실권(실효)의 법리 27   8. 적법절차의 원칙 29

9. 신의성실의 원칙 29   10. 권한남용금지의 원칙 30

11. 부당결부금지의 원칙 31   12. 공익(목적)의 원칙 34

13. 자기책임의 원칙(책임주의원칙) 34

Ⅳ. 조 리 ··· 34

제 4 절 법원의 단계구조 ··· 35

Ⅰ. 법원의 상호관계 ·· 35

Ⅱ. 위헌·위법인 법령의 효력과 통제 ·· 35

제 5 절 행정법의 집행과 행정법의 해석 ··· 36

제 3 장 공법관계(행정법관계)와 사법관계

제 1 절 행정법관계의 의의 및 공법관계와 사법관계의 구별 ························ 38

Ⅰ. 행정상 법률관계와 행정법관계의 의의 ·· 38

Ⅱ. 공법관계(공법행위)와 사법관계(사법행위)의 구별 ································· 38

1. 공법관계와 사법관계의 구별실익 38

2. 공법관계와 사법관계의 구별기준 39

Ⅲ. 개별적 구별 ·· 42

Ⅳ. 2단계설 ··· 43

제 2 절 행정상 법률관계의 종류 ·· 43

Ⅰ. 공법관계 ··· 43

1. 권력관계 43   2. 관리관계(비권력적 공행정관계) 43

3. 권력관계와 관리관계의 구별 실익 44

Ⅱ. 사법관계 ··· 44

1. 국고관계 45   2. 행정사법관계 45

제 3 절 행정법관계의 당사자(행정주체와 행정객체) ·································· 46

Ⅰ. 행정주체 ··· 46
　1. 의　　의 46　　　　　　　　　2. 행정주체의 종류 46
Ⅱ. 행정객체 ··· 49

제4절　행정법관계의 특질 ··· 50
Ⅰ. 행정주체의 특권 ··· 51
　1. 일방적 조치권 51
　2. 행정행위의 공정력과 구성요건적 효력 51
　3. 구 속 력 58　　　　　　　　　4. 존속력(또는 확정력) 59
　5. 강 제 력 60
Ⅱ. 공권과 공의무의 특수성 ··· 61
　1. 개　　설 61　　　　　　　　　2. 공권과 공의무의 승계 61
Ⅲ. 권리구제수단의 특수성 ··· 62
Ⅳ. 특별한 부담 ··· 62
　1. 법에 의한 엄격한 기속 62　　2. 엄격한 국가배상책임 62

제5절　공　　　권 ··· 62
Ⅰ. 공법관계와 공권 ··· 62
Ⅱ. 개인적 공권의 성립요건(공권의 3요소론에서 공권의 2요소론으로) ········· 63
Ⅲ. 공권, 법적 이익 및 반사적 이익의 구별 ······················· 63
　1. 공권과 법적 이익 63
　2. 공권(법적 이익)과 반사적 이익의 구별 64
　3. 공권의 범위: 공권(법적 이익)의 확대 64

제6절　특별행정법관계(종전의 특별권력관계) ····················· 70
Ⅰ. 특별행정법관계의 개념 ··· 70
Ⅱ. 특별권력관계이론 ··· 70
Ⅲ. 특별행정법관계의 성립 ··· 71
Ⅳ. 특별행정법관계의 종류 ··· 71
Ⅴ. 특별행정법관계에 있어서의 특별권력 ··························· 71
　1. 명 령 권 71　　　　　　　　　2. 법규명령제정권 71
　3. 징 계 권 72
Ⅵ. 특별행정법관계와 법치주의 ······································· 72

제7절　행정법관계의 변동(발생·변경·소멸) ······················· 73
Ⅰ. 법률요건 ··· 73

Ⅱ. 행정주체의 공법행위 ·· 73
Ⅲ. 사인의 공법상 행위 ·· 73
   1. 개   념 73   2. 사인의 공법상 행위의 종류 74
   3. 사인의 공법행위 74
Ⅳ. 행정법상 사건 ··· 85
   1. 기간의 경과 85   2. 시   효 85
   3. 제척기간 86   4. 공법상 사무관리 86
   5. 공법상 부당이득 86

제 4 장 기간의 계산 등

Ⅰ. 기간의 계산 ·· 88
   1. 행정에 관한 기간의 계산 88
   2. 법령등(훈령·예규·고시·지침 등을 포함) 시행일의 기간 계산 89
Ⅱ. 행정에 관한 나이의 계산 및 표시 ··· 89
Ⅲ. 수수료 및 사용료 ·· 89

제 2 편 행정조직법

제 1 장 행정조직법 개설

Ⅰ. 행정조직법의 의의 ··· 93
Ⅱ. 행정조직법정주의 ··· 93

제 2 장 행정기관

Ⅰ. 행정기관의 개념 ··· 95
   1. 행정작용법적 행정기관 개념 95   2. 행정조직법적 행정기관 개념 98
   3. 현행 실정법 98
   4. 독임제 행정기관과 합의제 행정기관 98
   5. 행정주체와 행정기관 100
Ⅱ. 국가행정기관과 지방행정기관 ·· 100
   1. 국가행정기관 100   2. 지방행정기관 101

제 3 장   행정청의 권한

Ⅰ. 권한의 의의 ·· 102

Ⅱ. 행정권한법정주의 ·· 102

Ⅲ. 권한의 한계 ·· 102

    1. 사항적 한계 102   2. 지역적 한계 103

    3. 대인적 한계 103   4. 형식적 한계 103

Ⅳ. 권한의 효과 ·· 103

    1. 외부적 효과 103   2. 내부적 효과 104

Ⅴ. 권한의 대리 ·· 104

    1. 권한의 대리의 의의 104   2. 종   류 105

    3. 권한의 복대리 107   4. 대리권의 행사방식 108

    5. 대리권 행사의 효과 108   6. 대리권의 소멸 108

    7. 대리권 없는 대리자의 행위의 효력 109

    8. 대리기관의 처분에 대한 권리구제 109

Ⅵ. 권한의 위임 ·· 109

    1. 권한의 위임의 의의 109   2. 위임의 근거 111

    3. 위임의 방식 111   4. 위임의 한계 112

    5. 수임기관 112   6. 수임사무처리비용의 부담 112

    7. 위임의 효과 113

Ⅶ. 권한의 위탁 ·· 113

    1. 권한의 위탁의 의의 113   2. 법적 근거 113

    3. 위탁의 유형 113   4. 민간위탁의 한계 115

제 4 장   행정기관 상호간의 관계

Ⅰ. 상하행정관청간의 관계 ·· 116

    1. 감 시 권 116   2. 훈 령 권 116

    3. 승인권(인가권) 118   4. 주관쟁의결정권 118

    5. 취소·정지권 119   6. 대집행권 119

Ⅱ. 대등행정관청간의 관계 ·· 119

    1. 권한의 상호 존중 119   2. 상호 협력관계 119

제 3 편 행정작용법

제 1 장 행정입법

제1절 개   설 ··· 125

제2절 법규명령 ··· 125

　Ⅰ. 개   념 ··· 125

　　1. 개념 정의 125　　　　　　　　2. 법규명령과 행정규칙의 비교 125

　　3. 법규명령과 행정행위의 구별 126　4. 법규명령과 행정소송법상 처분 126

　Ⅱ. 법규명령의 근거 ··· 126

　　1. 헌법상 근거 126

　　2. 법률에 의한 행정입법 형식의 인정 가능 여부 127

　Ⅲ. 법규명령의 종류 ··· 127

　　1. 법률과의 관계에 따른 분류 127　2. 제정권자에 따른 분류 128

　　3. 법형식에 따른 분류 129

　Ⅳ. 법규명령의 한계 ··· 129

　　1. 위임명령의 한계 129　　　　　2. 집행명령의 한계 131

　Ⅴ. 법규명령의 성립·효력·소멸 ··· 132

　　1. 법규명령의 성립요건 132　　　2. 법규명령의 효력요건 132

　　3. 법규명령의 적법요건과 위법한 명령의 효력 132

　　4. 법규명령의 소멸 134

　Ⅵ. 행정입법의 통제 ··· 134

　　1. 절차적 통제 135　　　　　　　2. 의회에 의한 통제 135

　　3. 행정적 통제 135　　　　　　　4. 사법적 통제 136

　Ⅶ. 행정입법부작위 ··· 140

　　1. 의   의 140　　　　　　　　2. 요   건 141

　　3. 행정입법부작위에 대한 권리구제 142

제3절 행정규칙 ··· 143

　Ⅰ. 행정규칙의 의의 ··· 143

　Ⅱ. 행정규칙의 종류 ··· 143

　　1. 행정규칙의 규율대상 및 내용에 따른 분류 143

　　2. 법령상 및 실무상의 분류 144

　Ⅲ. 행정규칙의 법적 성질 및 구속력 ··· 144

　　1. 행정규칙의 법적 성질과 법규개념 145

　　2. 행정규칙의 대내적 구속력(효력) 145
　　3. 행정규칙의 외부적 구속력과 법적 성질 145
　Ⅳ. 위법한 행정규칙의 효력 ……………………………………………… 148
　Ⅴ. 행정규칙의 시행일 …………………………………………………… 148
　Ⅵ. 행정규칙의 통제 ……………………………………………………… 148
　　1. 행정적 통제 148　　　　　　2. 사법적 통제 149

제 4 절　법규명령형식의 행정규칙과 법규적 성질(효력)을 갖는 행정규칙 … 150
　Ⅰ. 법규명령형식의 행정규칙 …………………………………………… 150
　　1. 의　　의 150　　　　　　　2. 성질 및 효력 150
　Ⅱ. 법규적 성질(효력)을 갖는 행정규칙 ……………………………… 152
　　1. 의　　의 152　　　　　　　2. 법령보충적 행정규칙 152

제 2 장　행정계획

　Ⅰ. 개　　설 ……………………………………………………………… 154
　Ⅱ. 행정계획의 법적 성질 ……………………………………………… 154
　Ⅲ. 행정계획수립절차 …………………………………………………… 155
　Ⅳ. 계획재량과 통제 ……………………………………………………… 156
　　1. 계획재량의 개념 156
　　2. 계획재량과 일반 행정재량의 구분 156
　　3. 계획재량의 통제이론: 형량명령 157
　Ⅴ. 계획보장청구권(행정계획과 신뢰보호) ……………………………… 159
　　1. 계획보장청구권의 의의 159　　2. 계획보장청구권의 종류 159
　Ⅵ. 계획변경청구권 ……………………………………………………… 159
　Ⅶ. 행정계획과 권리구제제도 …………………………………………… 160
　　1. 행정계획과 국가배상 160　　2. 행정계획과 손실보상 160
　　3. 취소소송 160　　　　　　　4. 사전적 구제 161

제 3 장　행정행위

제 1 절　행정행위의 개념 ………………………………………………… 162
　Ⅰ. 행정행위의 개념요소 ………………………………………………… 162
　Ⅱ. 행정행위의 특질 ……………………………………………………… 163

제2절 행정행위의 분류 ·· 163

Ⅰ. 법률행위적 행정행위와 준법률행위적 행정행위의 구별 ············· 163

Ⅱ. 기속행위와 재량행위 ··· 164

Ⅲ. 침해적 행정행위, 수익적 행정행위, 이중효과적 행정행위
(복효적 행정행위) ··· 164

Ⅳ. 일방적 행정행위와 쌍방적 행정행위 ······························· 164

Ⅴ. 대인적 행정행위, 대물적 행정행위 및 혼합적 행정행위 ······· 165

Ⅵ. 요식행위와 불요식행위 ··· 166

Ⅶ. 일반처분과 개별처분 ··· 166
1. 개별처분 166   2. 일반처분 166

제3절 재량권과 판단여지 ··· 167

Ⅰ. 재량권과 재량행위의 개념 ··· 167

Ⅱ. 재량과 판단여지의 구분 ··· 168
1. 판단여지의 개념 168   2. 재량과 판단여지의 구분 168

Ⅲ. 재량행위와 기속행위의 구별 ··· 170
1. 재량행위와 기속행위의 개념 170
2. 재량행위와 기속행위의 구별실익 170
3. 재량행위와 기속행위의 구별기준 171

Ⅳ. 재량권 행사의 방식 ·· 173

Ⅴ. 재량권의 한계 ··· 173
1. 법규정 위반 174   2. 사실오인 174
3. 평등원칙 위반 174   4. 자기구속의 원칙 위반 175
5. 비례원칙 위반 175   6. 절차 위반 175
7. 재량권의 불행사 또는 재량의 해태 175
8. 목적 위반 176   9. 명백히 불합리한 재량권 행사 176
10. 전문적·기술적 판단 및 정책재량 등에 대한 신중한 통제 176

Ⅵ. 재량권에 대한 통제 ·· 177

Ⅶ. 재량축소 ·· 177
1. 재량축소의 의의와 내용 177   2. 재량권의 영으로의 수축 177

Ⅷ. 판단여지 ·· 178
1. 불확정개념과 판단여지 178   2. 판단여지의 인정근거 178
3. 판단여지의 인정범위 및 인정기준 178
4. 판단여지의 법적 효과 및 한계 179

제4절 행정행위의 법적 효과의 내용 ···································· 179

  Ⅰ. 법률행위적 행정행위 ·· 179

    1. 명령적 행위 179   2. 형성적 행위 183

    3. 허가 등의 양도와 제재효과 및 제재사유의 승계 186

  Ⅱ. 준법률행위적 행정행위 ··· 187

    1. 확인행위 188   2. 공증행위 188

    3. 통지행위 188   4. 수리행위 189

제5절 행정행위의 부관 ·· 189

  Ⅰ. 부관의 개념 ··· 189

  Ⅱ. 부관의 종류 ··· 189

    1. 조   건 189   2. 기   한 190

    3. 부   담 191

    4. 사후부담의 유보 또는 부담의 사후변경의 유보 192

    5. 철회권 또는 변경권의 유보 193

  Ⅲ. 부관의 기능과 문제점 ·· 193

    1. 부관의 순기능 193   2. 부관의 문제점 194

  Ⅳ. 부관의 한계 ··· 194

    1. 부관의 가능성 194   2. 부관의 내용상 한계 195

  Ⅴ. 위법한 부관과 권리구제 ··· 196

    1. 위법한 부관의 효력 196

    2. 위법한 부관이 붙은 행정행위의 효력 196

    3. 위법한 부관과 행정쟁송 196

제6절 행정행위의 성립요건, 효력발생요건, 적법요건, 유효요건 ··········· 199

  Ⅰ. 개   설 ·· 199

  Ⅱ. 성립요건 ··· 199

  Ⅲ. 효력발생요건 ·· 200

  Ⅳ. 적법요건 ··· 202

    1. 주체에 관한 적법요건 202   2. 절차에 관한 적법요건 202

    3. 형식에 관한 적법요건 202   4. 내용에 관한 적법요건 202

  Ⅴ. 유효요건 ··· 202

제7절 행정행위의 하자(흠)와 그 효과 ····························· 203

  Ⅰ. 개   설 ·· 203

1. 행정행위의 하자(흠)의 개념 203

2. 오기·오산 등 명백한 사실상의 착오 203

3. 행정행위의 위법 여부의 판단시점 203

4. 흠 있는 행정행위의 효과 203   5. 적용법령과 신뢰보호 등 204

6. 처분의 내용 확정 206   7. 처분사유 206

Ⅱ. 행정행위의 부존재, 무효, 취소 ··· 207

1. 행정행위의 부존재와 무효의 구별 207

2. 행정행위의 무효 207   3. 행정행위의 취소 207

4. 무효와 취소의 구별 207

Ⅲ. 행정행위의 하자(위법사유) ·· 209

1. 주체에 관한 하자 209   2. 절차의 하자 210

3. 형식에 관한 하자 210   4. 내용에 관한 하자 210

Ⅳ. 하자의 승계 ··· 211

1. 하자의 승계론 211

2. 선행 행정행위의 후행 행정행위에 대한 구속력론 213

3. 하자의 승계론과 구속력론의 관계 및 적용 214

Ⅴ. 흠 있는 행정행위의 치유와 전환 ·· 215

1. 하자의 치유 215   2. 하자 있는 행정행위의 전환 217

제 8 절 행정행위의 취소, 철회와 변경 ·· 218

Ⅰ. 행정행위의 취소 ·· 218

1. 취소의 개념 218   2. 취소의 법적 근거 218

3. 취소권자 218   4. 취소사유 219

5. 취소의 제한 219   6. 취소절차 220

7. 취소의 종류 220   8. 취소의무 220

9. 취소의 효과 220   10. 취소의 취소 221

11. 급부처분의 직권취소후 환수처분 221

Ⅱ. 행정행위의 철회 ·· 222

1. 행정행위의 철회의 의의 222   2. 철회권자 223

3. 철회원인(철회사유) 223   4. 철회의 법적 근거 224

5. 철회의 제한 224   6. 철회절차 225

7. 철회의무 225   8. 철회의 범위와 한계 225

9. 철회의 효과 226   10. 철회의 취소 227

Ⅲ. 처분의 변경 ·· 227

1. 처분의 변경의 의의 227   2. 처분의 변경의 종류 228

3. 처분변경의 근거 229   4. 변경처분의 절차 229

            5. 처분의 변경의 효력 229
            6. 선행처분의 취소 또는 무효와 후행처분의 효력 230
      Ⅳ. 처분의 취소 또는 철회에 따른 손실보상
          (행정기본법 개정안 제19조의2 신설) ································· 230

제 9 절 행정행위의 실효 ··· 231
      Ⅰ. 의   의 ··· 231
      Ⅱ. 실효사유 ··· 231
            1. 대상의 소멸 231
            2. 해제조건의 성취 또는 종기의 도래 231
            3. 목적의 달성 또는 목적 달성의 불가능 231

제10절 단계적 행정결정 ··· 232
      Ⅰ. 단계적 행정결정의 의의 ··· 232
      Ⅱ. 단계적 행정결정의 필요성 ··· 232
      Ⅲ. 단계적 행정결정의 유형별 검토 ··· 232
            1. 확   약 232   2. 가행정행위(잠정적 행정행위) 235
            3. 사전결정 237   4. 부분허가 239

제11절 행정의 자동결정과 자동적 처분 ··· 240
      Ⅰ. 의   의 ··· 240
      Ⅱ. 법적 성질 ··· 240
      Ⅲ. 행정의 자동결정에 대한 법적 규율의 특수성 ························ 241
      Ⅳ. 행정의 자동결정과 재량행위 ··· 241
      Ⅴ. 행정의 자동결정의 하자와 권리구제 ····································· 241

                    제 4 장   공법상 계약

      Ⅰ. 의   의 ··· 242
            1. 사법상 계약과의 구별 242   2. 공법상 계약과 행정행위 243
      Ⅱ. 공법상 계약의 법적 근거 ·· 243
      Ⅲ. 인정범위 및 한계 ··· 244
      Ⅳ. 공법상 계약의 성립요건과 적법요건 ····································· 244
            1. 성립요건 244   2. 적법요건 245
      Ⅴ. 공법상 계약의 종류 ··· 246
            1. 행정주체 상호간에 체결되는 공법상 계약 246

2. 행정주체와 사인간에 체결되는 공법상 계약 246

Ⅵ. 공법상 계약의 법적 규율 ·· 246
    1. 실체법상 규율 246   2. 절차법상 규율 248
    3. 소송법상 규율 248

제 5 장 행정상 사실행위

Ⅰ. 의 의 ··· 250
Ⅱ. 행정상 사실행위에 대한 구제 ·· 250
    1. 항고쟁송 250   2. 손실보상 250
    3. 국가배상 251   4. 공법상 결과제거청구소송 251
Ⅲ. 독일법상 비공식적(비정형적) 행정작용 ··· 251
    1. 의 의 251   2. 종 류 251
    3. 필요성과 문제점 251   4. 법률유보 252
    5. 법적 성질 및 효력 252   6. 한 계 252
    7. 권익구제 252

제 6 장 행정지도

Ⅰ. 의 의 ··· 253
Ⅱ. 법적 성질 ··· 253
Ⅲ. 행정지도의 필요성과 문제점 ··· 254
    1. 필 요 성 254   2. 문 제 점 254
Ⅳ. 행정지도의 종류 ·· 254
    1. 조성적 행정지도 254   2. 조정적 행정지도 254
    3. 규제적 행정지도 254
Ⅴ. 행정지도의 법적 근거 ·· 255
Ⅵ. 행정지도의 한계 ·· 255
    1. 조직법상의 한계 255   2. 작용법상의 한계 255
Ⅶ. 행정지도와 행정구제 ·· 256
    1. 항고쟁송 또는 헌법소원에 의한 구제 256
    2. 국가배상청구 256   3. 손실보상 258

제 7 장 행정조사

Ⅰ. 의 의 ·· 259

Ⅱ. 행정조사의 법적 성질 ··· 259

Ⅲ. 행정조사의 법적 근거 ··· 259

Ⅳ. 조사방법 ··· 260

Ⅴ. 행정조사의 한계 ··· 260
　　1. 실체법적 한계 260　　　　2. 절차법적 한계 261

Ⅵ. 행정조사와 권리구제 ··· 262
　　1. 위법한 행정조사와 행정행위의 효력 262
　　2. 행정조사에 대한 행정구제 263

제 8 장 행정의 실효성 확보수단

제1절 의 의 ··· 264

제2절 행정상 강제 ·· 264

제1항 개 설 ·· 264

Ⅰ. 행정상 강제의 의의와 종류 ·· 264

Ⅱ. 행정기본법상 행정상 강제의 일반원칙 ······································ 265
　　1. 법률유보의 원칙 265　　　　2. 행정상 강제 법정주의 265
　　3. 행정상 강제 적용 제외사항 265

제2항 행정상 강제집행 ·· 265

Ⅰ. 의 의 ·· 265

Ⅱ. 근 거 ·· 266

Ⅲ. 대 집 행 ··· 266
　　1. 의 의 266　　　　2. 대집행권자 및 대집행의 수탁자 266
　　3. 대집행의 요건 267　　　　4. 대집행권 행사의 재량성 269
　　5. 대집행 절차 269

Ⅳ. 이행강제금(집행벌) ·· 272
　　1. 의 의 272　　　　2. 이행강제금의 대상 273
　　3. 법적 근거 273
　　4. 이행강제금의 부과요건 및 부과절차 273
　　5. 이행강제금 부과의 법적 성질 274

Ⅴ. 직접강제 ·· 274
  1. 의   의 274   2. 직접강제의 대상 및 법적 근거 275
  3. 직접강제의 한계 275   4. 직접강제의 절차 275
  5. 직접강제의 법적 성질과 권익구제 276
Ⅵ. 행정상 강제징수 ··· 276
  1. 의   의 276   2. 법적 근거 276
  3. 강제징수의 절차 276   4. 강제징수에 대한 불복 278

제 3 항 즉시강제 ··· 278
  Ⅰ. 의   의 ·· 278
  Ⅱ. 법적 근거 ··· 279
  Ⅲ. 즉시강제의 요건과 한계(통제) ·· 279
    1. 즉시강제의 요건 279   2. 즉시강제의 한계 280
  Ⅳ. 즉시강제에 대한 구제 ·· 282
    1. 적법한 즉시강제에 대한 구제 282 2. 위법한 즉시강제에 대한 구제 282
    3. 공법상 결과제거청구 283   4. 인신보호법상의 구제 283

제 3 절 행 정 벌 ··· 283
  제 1 항 의   의 ·· 283
  제 2 항 종   류 ·· 283
  제 3 항 행정범과 행정형벌 ··· 284
    Ⅰ. 의   의 ·· 284
    Ⅱ. 행정범과 형사범의 구별 ··· 284
      1. 구별기준 284   2. 구별실익 285
    Ⅲ. 행정범과 행정형벌의 특수성과 법적 규율 ·· 285
      1. 행정범과 행정형벌에 대한 형법총칙의 적용 등 법적 규율 285
      2. 행정범과 행정형벌에 대한 특수한 법적 규율 285
      3. 행정형벌규정의 변경·폐지와 행정형벌 288
  제 4 항 행정질서벌(과태료) ··· 288
    Ⅰ. 의   의 ·· 288
    Ⅱ. 대   상 ·· 288
    Ⅲ. 형법총칙 적용문제 등 법적 규율 ··· 288
    Ⅳ. 행정형벌과 행정질서벌의 병과가능성 ·· 289

Ⅴ. 행정질서벌의 부과 ·· 289
1. 부과권자 289   2. 부과의 근거 289
3. 부과요건 290   4. 부과절차 290
5. 부과대상자 291   6. 과태료 부과의 제척기간 291
Ⅵ. 행정질서벌 부과행위의 법적 성질과 권리구제 ························ 291
Ⅶ. 과태료의 귀속 ··· 292

제4절 새로운 행정의 실효성 확보수단 ······································· 292

제1항 과 징 금 ·· 292
Ⅰ. 의   의 ··· 292
Ⅱ. 과징금의 종류 ··· 292
1. 경제적 이익환수(부당이익환수) 과징금(본래의 과징금) 292
2. 변형된 과징금 293
Ⅲ. 과징금의 근거 및 기준 ·· 293
Ⅳ. 과징금의 성질 및 부과(이중부과가능성) ·································· 294
Ⅴ. 과징금의 납부기한 연기 및 분할 납부 ···································· 294
Ⅵ. 과징금부과처분의 법적 성질, 법적 규율 및 법적 구제 ············ 294

제2항 가산세 ·· 295

제3항 명단의 공표(위반사실의 공표) ·· 295
Ⅰ. 명단공표의 의의 ·· 295
Ⅱ. 법적 근거 ··· 296
Ⅲ. 한   계 ··· 296
Ⅳ. 위반사실등의 공표절차 ·· 297
Ⅴ. 법적 성질 ··· 297

제4항 관허사업의 제한 ·· 297
Ⅰ. 의   의 ··· 297
Ⅱ. 종   류 ··· 298
Ⅲ. 법적 근거 ··· 298
Ⅳ. 성   질 ··· 298
Ⅴ. 한   계 ··· 298
1. 비례의 원칙 298   2. 부당결부금지의 원칙 298
Ⅵ. 권리구제 ··· 299

제 5 항 시정명령 ·· 300

ⅠＩ. 의   의 ·· 300

ⅡＩＩ. 시정명령의 대상 ··· 300

ⅢＩＩＩ. 적용법령 ·· 300

Ⅳ. 시정명령의 상대방 ·· 301

Ⅴ. 시정명령의 한계 ·· 301

제 6 항 행정법규 위반에 대한 제재처분 ···································· 301

ⅠＩ. 행정기본법에서의 제재처분의 개념 ·· 301

ⅡＩＩ. 제재처분에 관한 입법 ·· 302

ⅢＩＩＩ. 제재처분의 요건 ·· 302

Ⅳ. 제재처분시 고려사항 ··· 303

Ⅴ. 제재처분과 형벌의 병과 ·· 304

ⅥＩ. 제재처분의 제척기간 ··· 304

1. 제척기간의 적용대상인 제재처분 304

2. 기산일 및 기간 304   3. 제척기간의 적용 및 효과 305

4. 제척기간의 적용제외 305

제 7 항 그 밖의 행정의 실효성 확보수단 ······························ 305

제 9 장 행정절차

제 1 절 행정절차의 의의 ·· 306

제 2 절 행정절차의 헌법적 근거 ·· 306

ⅠＩ. 적법절차의 원칙 ·· 306

ⅡＩＩ. 적법절차의 원칙과 행정절차 ·· 306

제 3 절 행정절차법의 기본구조와 적용범위 ····························· 307

ⅠＩ. 행정절차법의 기본구조 ··· 307

ⅡＩＩ. 행정절차법의 적용범위 ··· 307

제 4 절 행정절차법의 내용 ·· 308

제 1 항 공통사항 및 공통절차 ··· 309

ⅠＩ. 신의성실 및 신뢰보호 ·· 309

Ⅱ. 투명성원칙과 법령해석요청권 ……………………………………………… 309

Ⅲ. 행정청의 관할 ……………………………………………………………… 309

Ⅳ. 행정청간의 협조의무 및 행정응원 …………………………………… 310

　　1. 행정청간의 협조의무　310　　　　2. 행정응원　310

Ⅴ. 행정절차법상 '당사자 등' ……………………………………………… 310

Ⅵ. 행정절차에서 변호인의 조력을 받을 권리 ……………………… 310

Ⅶ. 송　　달 ……………………………………………………………………… 310

제 2 항　처분절차 ……………………………………………………………………… 311

Ⅰ. 공통절차 및 공통사항 ………………………………………………… 311

　　1. 처분기준의 설정·공표　311　　　2. 처분의 이유제시　312

　　3. 처분의 방식(문서주의)　314　　　4. 처분의 정정　314

　　5. 행정심판 및 행정소송관련 사항의 고지　314

Ⅱ. 신청에 의한 처분의 절차 ……………………………………………… 314

　　1. 처분의 신청　314　　　　　2. 신청의 접수 및 신청서의 보완　314

　　3. 신청의 처리　315

Ⅲ. 침해적 처분(권익제한·의무부과처분)의 절차: 의견진술절차 ………… 316

　　1. 의견진술절차의 의의　316　　　2. 의견진술절차의 종류　316

　　3. 의견제출절차　316　　　　　4. 청문절차　320

　　5. 공청회절차　323　　　　　　6. 의견청취 후의 조치　325

　　7. 행정절차에서의 진술거부권　325　8. 방어권의 보장　326

제 3 항　신　　고 ……………………………………………………………………… 326

제 4 항　입법예고 ……………………………………………………………………… 326

Ⅰ. 입법예고의 의의 ………………………………………………………… 326

Ⅱ. 행정절차법상 입법예고제의 내용 …………………………………… 327

제 5 항　행정예고 ……………………………………………………………………… 327

제 6 항　행정영장 ……………………………………………………………………… 327

Ⅰ. 행정영장의 의의 ………………………………………………………… 327

Ⅱ. 행정영장에서의 영장주의의 적용범위 ……………………………… 328

Ⅲ. 영장주의 위반의 효력 ………………………………………………… 329

제 5 절　복합민원절차 ……………………………………………………………… 329

Ⅰ. 복합민원의 의의 ………………………………………………………… 329

Ⅱ. 복합민원의 유형 ·· 330

1. 하나의 허가이지만 다른 행정기관의 협의, 동의, 확인을 요하는 경우 330

2. 하나의 허가로 타 허가가 의제되는 경우 330

3. 복수의 허가를 받아야 하는 경우 330

4. 다른 관계기관 또는 부서의 첨부서류 또는 정보의 제공을 필요로 하는
   경우 331

5. 하나의 행정기관 내에서 다수의 부서가 관계되는 경우 331

Ⅲ. 인·허가의제제도(집중효제도) ··· 331

1. 의   의 331   2. 인·허가의제의 근거 및 대상 332

3. 인·허가 등의 신청 332

4. 인·허가절차: 관계인·허가기관의 협의 및 절차집중 333

5. 인·허가의 결정 333   6. 인·허가의 효력 335

7. 인·허가의제제도에서의 민원인 또는 제3자의 불복 336

8. 의제된 인·허가의 사후관리감독 338

9. 주된 인·허가의 변경에 따른 관련 인·허가의 변경 의제 338

10. 선승인 후협의제 339   11. 부분인·허가의제제도 339

제 6 절 절차의 하자 ··· 340

Ⅰ. 절차의 하자의 독자적 위법성 ·· 340

1. 소극설(절차의 하자를 독자적 위법사유로 보지 않는 견해(절차봉사설)) 340

2. 적극설(절차의 하자를 독자적인 위법사유로 보는 견해(절차고유가치설)) 340

3. 절 충 설 341   4. 판례(원칙상 적극설) 341

5. 결   어 342

Ⅱ. 절차의 하자의 치유 ··· 342

Ⅲ. 절차의 하자와 국가배상 ··· 342

제10장   정보공개와 개인정보의 보호

제 1 절 정보공개제도 ·· 343

Ⅰ. 의   의 ·· 343

Ⅱ. 정보공개의 법적 근거 ··· 343

1. 헌법적 근거 343   2. 실정법률의 근거 343

Ⅲ. 정보공개법과 타 법령과의 관계 ··· 343

Ⅳ. 정보공개의 내용 ··· 344

1. 정보공개청구권자 344   2. 정보공개의 대상 344

　　　3. 비공개대상 정보 346　　　4. 권리남용 등 351

　　　5. 반복 청구 등의 종결 처리 351

　Ⅴ. 정보공개절차 ··· 351

　　　1. 정보공개청구 351　　　　2. 정보공개 여부의 결정 352

　　　3. 정보공개 여부 결정의 통지 353　　4. 정보공개의 방법 353

　　　5. 비용부담 354

　Ⅵ. 정보공개쟁송 ·· 354

　　　1. 비공개결정에 대한 청구인의 불복절차 355

　　　2. 정보공개에 대하여 이해관계 있는 제3자의 보호수단 357

　Ⅶ. 공공기관의 정보제공 노력의무 ······································· 358

제 2 절　개인정보보호제도 ··· 359

　Ⅰ. 의　　　의 ·· 359

　Ⅱ. 법적 근거 ··· 359

　　　1. 헌법적 근거 359　　　　　2. 법률의 근거 359

　Ⅲ. 개인정보보호의 기본원칙 ·· 359

　Ⅳ. 개인정보보호의 내용 ·· 360

　　　1. 보호의 대상이 되는 개인정보의 의의 360

　　　2. 개인정보보호의 체계 360

　　　3. 개인정보의 처리(수집, 이용, 제공 등)의 규제 361

　　　4. 정보주체의 권리 363　　　　5. 권익구제 364

제 4 편　행정구제법

제 1 장　행정구제법 개설

　Ⅰ. 행정구제의 개념 ·· 367

　Ⅱ. 행정구제제도의 체계 ·· 367

　　　1. 권익침해행위의 위법과 적법의 구별 367

　　　2. 행정구제의 방법 367　　　　3. 구제수단 368

　Ⅲ. 본서의 고찰대상인 행정구제제도 ·· 368

제 2 장 행정상 손해전보

제 1 절 개   설 ……………………………………………………………………………………… 370

제 2 절 행정상 손해배상 ………………………………………………………………………… 370

　제 1 항 개   설 …………………………………………………………………………………… 370

　　Ⅰ. 개   념 …………………………………………………………………………………… 370

　　Ⅱ. 행정상 손해배상의 분류 ……………………………………………………………… 370

　　Ⅲ. 국가배상책임의 인정근거 …………………………………………………………… 371

　　　1. 국가배상책임의 역사적 발전 371　　　2. 실정법상 근거 371

　　　3. 협의의 공공단체의 배상책임의 법적 근거 371

　　　4. 공무수탁사인의 배상책임의 근거 372

　　Ⅳ. 국가배상책임(또는 국가배상법)의 성격 ………………………………………… 373

　제 2 항 국가의 과실책임(국가배상법 제2조 책임): 공무원의 위법행위로 인한

　　　　　국가배상책임 …………………………………………………………………………… 373

　　Ⅰ. 개   념 …………………………………………………………………………………… 373

　　Ⅱ. 국가배상책임의 성질 …………………………………………………………………… 373

　　　1. 대위책임설 373　　　　　　　　2. 자기책임설 374

　　　3. 중 간 설 375　　　　　　　　　4. 판례의 입장 375

　　　5. 국가배상책임의 성질에 관한 논의의 실익 375

　　Ⅲ. 국가배상책임의 성립요건 …………………………………………………………… 375

　　　1. 공 무 원 375　　　　　　　　　2. 직무행위 376

　　　3. 직무를 집행하면서(직무관련성) 377　4. 법령 위반(위법) 378

　　　5. 고의 또는 과실 386　　　　　　6. 위법과 과실의 관계 387

　　　7. 손   해 388　　　　　　　　　8. 인과관계 389

　　Ⅳ. 공무원의 배상책임 ……………………………………………………………………… 390

　　　1. 공무원의 피해자에 대한 배상책임(선택적 청구권) 390

　　　2. 공무원의 국가에 대한 구상책임 391

　　　3. 공무원의 국가에 대한 구상권 392

　제 3 항 영조물의 설치·관리의 하자로 인한 배상책임 ……………………… 392

　　Ⅰ. 영조물책임의 성립요건 ……………………………………………………………… 392

　　　1. 공공의 영조물의 개념 392　　　2. 설치 또는 관리의 '하자' 393

　제 4 항 국가배상책임의 감면사유 ……………………………………………………… 401

　　Ⅰ. 불가항력 …………………………………………………………………………………… 401

Ⅱ. 예산부족 ··· 401

Ⅲ. 피해자의 과실 ··· 401

Ⅳ. 불법행위 또는 영조물의 하자와 감면사유의 경합 ···················· 402

Ⅴ. 영조물책임의 감면사유와 공무원의 과실의 경합 ······················· 402

제 5 항 배상책임자 ·· 402

Ⅰ. 피해자에 대한 배상책임자 ··· 402

  1. 국가배상법 제6조 제1항의 입법취지 402

  2. 관리주체와 비용부담주체의 의의와 범위 403

Ⅱ. 종국적 배상책임자 ·· 404

  1. 원인책임자에 대한 구상권 404

  2. 관리주체와 비용부담주체 사이의 최종적 책임의 분담 405

제 6 항 국가배상법상 특례규정 ·· 407

Ⅰ. 배상심의회에 대한 배상신청 ··· 407

Ⅱ. 손해배상의 기준에 관한 특례 ·· 407

Ⅲ. 군인 등에 대한 국가배상청구권의 제한(특별법에 의한 보상) ·············· 408

  1. 국가배상법 제2조 제1항 단서의 취지 408

  2. 이중배상금지규정(국가배상청구권 제한규정)의 위헌 여부 408

  3. 특별보상규정의 위헌 여부 409   4. 적용요건 409

  5. 적용범위 410   6. 관련 문제 410

Ⅳ. 양도 등 금지 ·· 410

Ⅴ. 국가배상청구권의 소멸시효 ··· 410

Ⅵ. 차량사고와 국가배상 ·· 411

Ⅶ. 외국인의 국가배상청구 ··· 411

제 3 절 행정상 손실보상 ·· 412

제 1 항 행정상 손실보상의 의의 ·· 412

제 2 항 행정상 손실보상의 근거 ·· 412

Ⅰ. 이론적 근거 ··· 412

Ⅱ. 존속보장과 가치보장 ·· 412

  1. 존속보장 412   2. 가치보장 412

  3. 존속보장과 가치보장의 관계 413

Ⅲ. 실정법상 근거 ··· 413

  1. 헌법적 근거 413   2. 법률상 근거 413

3. 분리이론과 경계이론 414

4. 손실보상규정 흠결시의 권리구제 416

제 3 항 행정상 손실보상의 요건 ·· 419

Ⅰ. 적법한 공용침해 ·· 419

1. 공공필요 419   2. 법률의 근거 419

3. 공용침해(공용수용·공용사용·공용제한) 420

Ⅱ. 공용침해로 손실이 발생하였을 것 ··· 420

Ⅲ. 특별한 희생(손해) ·· 420

1. 형식적 기준설 421   2. 실질적 기준설 421

3. 결론: 복수기준설 422

제 4 항 행정상 손실보상의 기준과 내용 ··· 423

Ⅰ. 행정상 손실보상의 일반적 기준: '정당한 보상'의 원칙 ························ 423

1. 완전보상설 423   2. 상당보상설 423

3. 결   론 424

Ⅱ. 행정상 손실보상의 구체적 기준과 내용 ··· 424

1. 토지보상법상 보상대상자 424   2. 보상주체 424

3. 토지보상법상 손실보상의 구체적 기준과 내용 424

4. 생활권보상과 생활보상 434

5. 토지보상법상 공용사용으로 인한 손실의 보상 438

6. 공용제한으로 인한 손실의 보상기준 439

제 5 항 행정상 손실보상의 방법 ··· 439

Ⅰ. 현금보상의 원칙 ·· 439

Ⅱ. 채권보상 ··· 439

Ⅲ. 생활재건조치 ··· 440

Ⅳ. 대토보상 ··· 440

Ⅴ. 사전보상의 원칙 ·· 440

제 6 항 보상액의 결정방법 및 불복절차 ··· 440

Ⅰ. 협의에 의한 결정 ·· 441

Ⅱ. 행정청에 의한 결정 ·· 441

1. 토지보상법상 토지수용위원회의 재결에 의한 결정 441

2. 개별법령상 행정청 등의 처분에 의한 결정 444

Ⅲ. 소송에 의한 결정 ·· 445

Ⅳ. 법률의 근거 없는 수용 또는 보상 없는 공익사업 시행의 경우

　　권리구제 ··· 445

　　1. 손해배상청구 445　　　　　　　　2. 부당이득반환청구 445

제 7 항　공법상 결과제거청구권 ··· 446

Ⅰ. 의　　의 ·· 446

Ⅱ. 공법상 결과제거청구권과 행정상 손해배상의 구별 ······················· 446

Ⅲ. 법적 근거 ·· 446

Ⅳ. 요　　건 ·· 447

　　1. 공행정작용으로 인한 침해 447　　2. 권익의 침해 447

　　3. 위법한 상태의 존재 447　　　　　4. 결과제거의 가능성 447

　　5. 원상회복의 기대가능성 448

Ⅴ. 내　　용 ·· 448

Ⅵ. 한계: 과실상계 ·· 448

Ⅶ. 권리의 실현수단 ··· 448

제 3 장　행정쟁송

제 1 절　개　　설 ·· 450

Ⅰ. 행정쟁송의 의의 ··· 450

Ⅱ. 행정쟁송의 종류 ··· 450

　　1. 행정심판과 행정소송 450　　　　2. 주관적 쟁송과 객관적 쟁송 450

　　3. 정식쟁송과 약식쟁송 451　　　　4. 항고쟁송과 당사자쟁송 451

　　5. 민중쟁송과 기관쟁송 451

제 2 절　행정심판 ·· 451

제 1 항　행정심판의 의의 ·· 451

Ⅰ. 행정심판의 개념 ··· 451

Ⅱ. 행정불복과 행정심판 ··· 452

Ⅲ. 이의신청 ·· 452

　　1. 이의신청의 의의 452

　　2. 행정기본법 제36조 제1항에 따른 이의신청자 453

　　3. 이의신청의 대상 453

　　4. 행정기본법상 이의신청의 제기기간 453

5. 행정기본법상 이의신청에 대한 처리기간 453
6. 행정기본법상 이의신청과 행정심판 또는 행정소송의 관계 454
7. 행정기본법 제36조의 적용범위 454
8. 행정심판인 이의신청과 행정심판이 아닌 이의신청의 구별 455
Ⅳ. 행정기본법상 처분의 재심사 ··· 456
1. 처분의 재심사의 의의 457   2. 재심사의 신청사유 457
3. 재심사 신청권자 458   4. 재심사 신청기간 458
5. 재심사 신청에 대한 처리기간 458 6. 재심사 결과에 대한 불복 458
7. 재심사와 처분에 대한 취소 또는 철회의 청구 459
Ⅴ. 청원과의 구별 ··· 459
Ⅵ. 행정심판에 의한 취소와 직권취소의 구별 ··· 460
Ⅶ. 행정소송과의 구별 ··· 460
Ⅷ. 감사원에의 심사청구와 행정심판 ··· 460
Ⅸ. 고충민원 ··· 460
Ⅹ. 행정심판의 존재이유 ·· 461
1. 자율적 행정통제 461
2. 사법의 보완: 행정청의 전문지식의 활용과 소송경제의 확보 461
3. 국민의 권익구제 461

제 2 항 행정심판의 종류 ··· 461
Ⅰ. 취소심판 ··· 461
Ⅱ. 무효등확인심판 ·· 462
Ⅲ. 의무이행심판 ··· 462

제 3 항 행정심판의 당사자 및 관계인 ··· 462
Ⅰ. 청 구 인 ··· 462
1. 청구인능력 463   2. 청구인적격 463
Ⅱ. 피청구인 ··· 463
Ⅲ. 대리인의 선임 및 국선대리인제도 ··· 463
Ⅳ. 참가인(심판참가) ··· 464

제 4 항 행정심판과 행정소송의 관계 ·· 464

제 5 항 행정심판의 대상 ··· 464

제 6 항 행정심판의 청구 ··· 465
Ⅰ. 행정심판청구기간 ··· 465

1. 원칙적인 심판청구기간 465   2. 예외적인 심판청구기간 465

Ⅱ. 심판청구의 방식 ·· 467

Ⅲ. 행정심판 제기절차 ·· 467
   1. 행정심판청구서 제출기관 467
   2. 행정심판청구서를 접수한 행정청의 처리 467

Ⅳ. 심판청구의 변경 ·· 468
   1. 의   의 468   2. 일반 청구의 변경 468
   3. 처분변경으로 인한 청구의 변경 468
   4. 청구의 변경의 효력 468

제 7 항 행정심판제기의 효과 ·· 469

Ⅰ. 행정심판위원회에 대한 효과 ·· 469

Ⅱ. 처분에 대한 효과: 계쟁처분의 집행부정지 또는 집행정지 ········· 469

제 8 항 행정심판법상의 가구제 ·· 469

Ⅰ. 집행정지 ··· 469
   1. 의   의 469   2. 집행정지결정의 요건 469
   3. 집행정지결정의 대상 469   4. 집행정지결정절차 470
   5. 집행정지결정의 취소 470

Ⅱ. 임시처분 ··· 470
   1. 의   의 470   2. 요   건 470
   3. 임시처분의 결정 및 취소 471

제 9 항 행정심판기관 ·· 471

Ⅰ. 의   의 ·· 471

Ⅱ. 심판기관의 독립성과 제3기관성 ·· 472

Ⅲ. 행정심판위원회 ··· 472
   1. 종   류 472   2. 법적 지위 473
   3. 권   한 474

제10항 행정심판의 심리 ·· 474

Ⅰ. 심리의 내용 ··· 474
   1. 요건심리 475   2. 본안심리 475

Ⅱ. 심리의 범위 ··· 475
   1. 불고불리의 원칙 및 불이익변경금지의 원칙 475
   2. 법률문제, 재량문제와 사실문제 476

Ⅲ. 심리의 기본원칙 ·· 476
　　1. 대심주의 476　　　　　　　　2. 직권심리주의 476
　　3. 심리의 방식: 서면심리주의와 구술심리주의 477
　　4. 발언 내용 등의 비공개 478
Ⅳ. 소관 중앙행정기관의 심리에의 참여 ····························· 478
Ⅴ. 당사자 및 심판참가인의 절차적 권리 ··························· 478
　　1. 위원·직원에 대한 기피신청권 478 2. 이의신청권 478
　　3. 보충서면제출권 478　　　　　4. 구술심리신청권 478
　　5. 물적 증거제출권 478　　　　　6. 증거조사신청권 479
　　7. 심판참가인의 절차적 권리 479
Ⅵ. 처분사유의 추가·변경 ··· 479
Ⅶ. 행정심판법상 조정 ·· 479

제11항 행정심판의 재결 ··· 480
Ⅰ. 재결의 의의 ··· 480
Ⅱ. 재결절차 등 ··· 480
　　1. 행정심판위원회의 재결 480　　2. 재결기간 480
　　3. 재결의 방식 480　　　　　　　4. 재결의 범위 481
　　5. 재결의 송달 등 481
Ⅲ. 재결의 종류 ··· 481
　　1. 각하재결(요건재결) 481　　　　2. 기각재결 482
　　3. 인용재결 482　　　　　　　　4. 사정재결 484
Ⅳ. 재결의 효력 ··· 485
　　1. 형 성 력 485　　　　　　　　2. 기 속 력 486
　　3. 불가변력 489　　　　　　　　4. 재결의 기판력 불인정 489
Ⅴ. 재결에 대한 불복 ··· 489
　　1. 재심판청구의 금지 489　　　　2. 원고 등의 행정소송 489
　　3. 처분청의 불복가능성 490　　　4. 인용재결에 대한 권한쟁의심판 490

제12항 고지제도 ··· 490
Ⅰ. 고지제도의 의의 및 필요성 ··· 490
Ⅱ. 고지의 성질 ··· 490
Ⅲ. 직권에 의한 고지 ··· 490
　　1. 고지의 대상 491　　　　　　　2. 고지의 상대방 491
　　3. 고지의 내용 491

Ⅳ. 청구에 의한 고지 ··· 491

　　1. 고지의 청구권자 491　　　　　2. 고지청구의 대상 492

　　3. 고지의 내용 492

Ⅴ. 불고지 또는 오고지의 효과 ··· 492

　　1. 불고지의 효과 492　　　　　　2. 오고지의 효과 492

제13항　특별행정심판 ·· 493

제 3 절　행정소송 ··· 493

제 1 항　행정소송의 의의와 종류 ······································ 493

Ⅰ. 행정소송의 의의 ·· 493

Ⅱ. 행정소송의 법원 ·· 494

Ⅲ. 행정소송의 종류 ·· 494

Ⅳ. 항고소송 ··· 495

　　1. 의　　의 495　　　　　　　　2. 종　　류 495

　　3. 취소소송 495　　　　　　　　4. 무효등확인소송 497

　　5. 부작위위법확인소송 498　　　　6. 의무이행소송 499

　　7. 예방적 부작위청구소송(예방적 금지소송) 500

Ⅴ. 당사자소송 ·· 500

　　1. 의　　의 500　　　　　　　　2. 당사자소송의 종류 501

　　3. 당사자소송의 법적 근거 502　　4. 당사자소송의 절차 502

Ⅵ. 민중소송 ··· 503

　　1. 의　　의 503　　　　　　　　2. 민중소송의 예 503

　　3. 민중소송의 법적 규율 503

Ⅶ. 기관소송 ··· 504

　　1. 의　　의 504　　　　　　　　2. 기관소송의 예 504

　　3. 기관소송의 법적 규율 504

제 2 항　행정소송의 한계 ·· 505

Ⅰ. 사법의 본질에서 오는 한계 ··· 505

　　1. 구체적인 법적 분쟁이 아닌 사건 505

　　2. 법령의 적용으로 해결하는 것이 적절하지 않은 분쟁 506

Ⅱ. 권력분립에서 오는 한계 ·· 507

제 3 항　소송요건 ·· 507

Ⅰ. 행정소송의 대상 ·· 508

1. 취소소송 및 무효등확인소송의 대상 508
2. 부작위위법확인소송의 대상: 부작위 533
3. 당사자소송의 대상 535

Ⅱ. 원고적격 ·· 544
1. 항고소송에서의 원고적격 545   2. 당사자소송에서의 원고적격 562
3. 민중소송 및 기관소송에서의 원고적격 563

Ⅲ. 협의의 소의 이익: 권리보호의 필요 ·· 563
1. 취소소송 및 무효확인소송에서의 협의의 소의 이익 563
2. 무효확인소송에서의 소의 이익과 확인의 이익 573
3. 부작위위법확인소송에서의 소의 이익 575
4. 공법상 당사자소송에서의 소의 이익 576
5. 기관소송 · 민중소송에서의 소의 이익 577

Ⅳ. 피고적격이 있는 행정청을 피고로 할 것 ······························ 577
1. 항고소송의 피고 577   2. 당사자소송의 피고 580
3. 피고 경정 580

Ⅴ. 제소기간 내에 제기할 것 ·· 581
1. 항고소송의 제소기간 581   2. 당사자소송의 제소기간 587
3. 제소기간 준수 여부의 판단 588

Ⅵ. 행정심판전치주의가 적용되는 경우 그 요건을 충족할 것 ·············· 588
1. 행정심판임의주의 – 예외적 행정심판전치주의 588
2. 행정심판전치주의의 인정례 588   3. 행정심판전치주의의 적용범위 589
4. 행정심판전치주의의 예외 589
5. 행정심판전치주의의 이행 여부의 판단 590

Ⅶ. 관할법원 ·· 590
1. 항고소송의 관할법원 590   2. 당사자소송의 관할법원 591
3. 행정소송의 관할의 성격: 전속관할 591

제 4 항 행정소송에서의 가구제 ·· 591
Ⅰ. 개   설 ·· 591
Ⅱ. 행정소송법상의 집행정지 ·· 592
1. 집행부정지의 원칙 592   2. 예외적인 집행정지 592
3. 집행정지의 요건 592   4. 집행정지결정 597
5. 집행정지결정의 내용 597
6. 집행정지의 효력 598
7. 집행정지결정에 대한 불복과 취소 600

Ⅲ. 가처분의 가부 ··· 600
  1. 행정소송법상 가처분의 인정필요성 600
  2. 항고소송에서의 가처분의 인정 여부 600
  3. 공법상 당사자소송에서의 가구제 601

제 5 항 행정소송의 심리 ··· 601
Ⅰ. 개 설 ··· 601
Ⅱ. 심리의 내용 ·· 602
  1. 요건심리 602   2. 본안심리 603
Ⅲ. 심리의 범위 ·· 603
  1. 불고불리의 원칙 603   2. 재량문제의 심리 604
  3. 법률문제·사실문제 604
Ⅳ. 심리의 일반원칙 ·· 604
  1. 민사소송법상의 심리절차의 준용 604
  2. 행정소송법상의 특수한 소송절차 604
Ⅴ. 심리과정의 제문제 ·· 607
  1. 관련청구소송의 병합 607   2. 소의 변경 608
  3. 소송의 이송 612   4. 소송참가 613
  5. 소송중 처분사유의 추가·변경 615 6. 화해와 조정 622
Ⅵ. 주장책임과 입증책임 ·· 623
  1. 주장책임 623   2. 입증책임(증명책임) 624

제 6 항 행정소송의 판결 ··· 626
Ⅰ. 판결의 의의 ·· 626
Ⅱ. 판결의 종류 ·· 626
  1. 소송판결과 본안판결 626   2. 인용판결과 기각판결 626
  3. 형성판결, 확인판결과 이행판결 626
Ⅲ. 항고소송에서의 위법판단의 기준시 ··· 627
  1. 처분시설 627   2. 판결시설 627
  3. 절 충 설 628   4. 판 례 628
  5. 결론(처분시설) 629
  6. 행정처분의 위법 여부를 판단하는 기준시점이 처분시라는 의미 629
  7. 부작위위법확인소송에서의 위법판단의 기준시 630
  8. 거부처분취소소송에서의 위법판단 및 판결의 기준시 630
Ⅳ. 취소소송의 판결의 종류 ··· 632
  1. 각하판결 632   2. 기각판결 632

3. 인용판결(취소판결)　632　　　　4. 사정판결　636

Ⅴ. 부작위위법확인소송의 판결의 종류 ……………………………………… 638
1. 각하판결　638　　　　　　　　2. 기각판결　638
3. 인용판결　638

Ⅵ. 무효등확인소송의 판결의 종류 ………………………………………… 638
1. 각하판결　638　　　　　　　　2. 기각판결　638
3. 인용판결　639

Ⅶ. 공법상 당사자소송의 판결의 종류 ……………………………………… 639
1. 각하판결　639　　　　　　　　2. 기각판결　639
3. 인용판결　639

Ⅷ. 취소판결의 효력 …………………………………………………………… 639
1. 형 성 력　639　　　　　　　　2. 기 속 력　642

Ⅸ. 무효등확인판결의 효력 …………………………………………………… 652

Ⅹ. 부작위위법확인판결의 효력 ……………………………………………… 652

Ⅺ. 기각판결의 효력 …………………………………………………………… 652

Ⅻ. 기 판 력 …………………………………………………………………… 653
1. 의　　의　653　　　　　　　　2. 범　　위　653
3. 기판력의 적용　655

제 4 절　행정구제수단으로서의 헌법소송 …………………………………… 656
Ⅰ. 헌법소원 …………………………………………………………………… 656
Ⅱ. 권한쟁의심판 ……………………………………………………………… 657

제 5 절　대체적 분쟁해결수단 ………………………………………………… 658
Ⅰ. 의　　의 …………………………………………………………………… 658
Ⅱ. 종류와 그 효력 …………………………………………………………… 658
1. 알　　선　658　　　　　　　　2. 조　　정　659
3. 재　　정　659　　　　　　　　4. 중　　재　659
5. 재판상 화해와 재판외 화해의 효력　659
Ⅲ. 행정분쟁에서의 화해·조정 ……………………………………………… 659

판례 찾아보기 …………………………………………………………………… 661

사항 찾아보기 …………………………………………………………………… 676

01

행정법총칙

Section 01 행정법의 기초적 이해
Section 02 행정법의 법원(法源)
Section 03 공법관계(행정법관계)와 사법관계
Section 04 기간의 계산 등

제1장 행정법의 기초적 이해

제1절 행정법의 의의

행정법이란 행정(행정조직, 행정작용 및 행정구제)에 관한 **'공법'**이다. 행정에 관한 사법(私法)은 행정법이 아니다.

Ⅰ. 행정법의 규율대상이 되는 행정의 개념

행정법의 규율대상이 되는 **행정**은 공행정(공익목적을 가진 행정)을 말한다. 행정주체의 사행정(사법상(私法上) 조직이나 사법상 행위)은 행정법의 규율대상이 아니다.

행정법의 규율대상이 되는 행정은 매우 다양하다. 그 이유는 행정법에 의해 규율되는 행정이 연혁상 군주의 통치작용 중에서 입법과 사법(司法)이 독립되고 남은 국가작용으로 이루어졌다는 데 기인한다. 그리하여 행정을 적극적으로 정의내리는 것이 매우 어렵다.

그렇지만, 행정을 실질적으로 이해하기 위하여는 행정을 적극적으로 정의내릴 필요가 있다. 통설인 양태설(결과실현설)에 의하면 행정을 "법 아래서 법의 규율을 받으면서 국가목적의 적극적 실현을 위하여 행하여지는 전체로서 통일성을 가진 적극적·형성적 국가활동"이라고 정의할 수 있다. 행정기본법에 따르면 행정은 공공의 이익을 위하여 적극적으로 추진되어야 한다(제4조 제1항).

그런데, 행정의 다양성에 비추어 볼 때 양태설에 의한 행정의 개념 정의는 불충분할 수밖에 없다. 그리하여 행정을 보다 잘 이해하기 위하여는 행정의 특질을 묘사하는 것이 필요하다. 행정의 중요한 특징을 묘사하면 다음과 같다: 행정은 i) 공익실현을 목적으로 한다(사적 활동과 구별). ii) 적극적이고 형성적인 활동이다(사법(司法)과 구별). iii) 구체적인 효과를 가져오는 활동이다(입법과 구별). iv) 상하의 계층체에 의해 행하여지는 통일성을 가진 활동이다(사법과 구별). v) 다양한 행위형식에 의해 행하여진다.

　　행정은 법을 집행하는 작용인 점에서 법을 정립하는 작용인 입법작용과 구별된다. 행정입법(법규명령)은 입법작용의 성질과 함께 행정작용의 성질을 갖는다. 행정입법의 본질을 입법작용으로 보는 견해가 전통적인 견해이지만, 오늘날 법률의 제정만을 입법작용으로 보고 행정입법작용은 입법행위의 특질을 갖지만, 기본적으로는 집행작용 또는 행정작용으로 보는 견해가 등장해 점차 힘을 얻고 있다.

　　행정은 사법(司法)과 마찬가지로 법을 집행하는 작용이지만, 사법과 다음과 같이 구별된다. 사법작용은 법적 분쟁을 전제로 소송이 제기된 경우에 소극적으로 법을 선언하여 분쟁을 해결하는 재판작용인 데 반하여 행정은 행정목적을 달성하기 위하여 사회질서 및 국민생활을 장래에 향하여 적극적으로 구체적으로 형성하여 가는 국가활동이다. 국가작용의 담당기관의 형태에서 볼 때에도 사법은 병렬적이고 독립된 기관복합체(법원)에 의해 수행되는 것에 반하여 행정은 상명하복의 기관계층체(행정기관)에 의해 행하여진다.

　　권력분립의 이론을 엄격히 적용하면 행정부는 실질적 의미의 행정만을 담당하여야 하겠지만 현실에 있어서는 국정의 합리적 수행이라는 기술적 이유에 의해 행정부는 실질적 의미의 행정을 주로 담당하면서도 예외적으로 실질적 의미의 입법(법률안의 작성·제출, 행정입법)과 실질적 의미의 사법 엄밀히 말하면 준사법(행정심판재결, 통고처분, 수사와 기소)도 담당한다. **권력분립의 관점**에서는 행정기관이 행하는 입법작용 및 준사법작용은 행정작용으로 보아야 한다.

　　통치행위는 정치적 성격이 강하여 법에 의해 규율되거나 사법심사의 대상이 되는 것이 적당하지 않은 행위를 말한다. 그러므로 통치행위는 행정법의 규율대상이 되는 행정이 아니다.

II. 행정조직, 행정작용 및 행정구제의 개념

　　행정조직이란 행정을 행하는 법주체인 행정주체(국가, 지방자치단체 등)의 조직을 말한다. 행정주체는 행정기관으로 구성되므로 행정조직법은 행정기관의 권한, 행정기관 상호간의 관계 등 행정기관에 관한 법이라고 할 수 있다.

　　행정작용이라 함은 행정주체의 대외적인 활동을 말한다. 행정작용법은 행정주체와 행정의 상대방인 국민 사이의 관계를 주된 규율대상으로 한다.

　　행정구제는 행정권 행사에 의해 침해된 국민의 권익에 대한 구제를 말한다. 국가배상, 손실보상, 공법상 결과제거청구, 행정심판, 행정소송, 헌법소원 등이 대표적인 행정구제수단이다.

Ⅲ. 공법으로서의 행정법

행정법은 행정에 관한 **공법**(公法)이다. 행정에 관한 법이 모두 행정법은 아니며 행정에 관한 공법만이 행정법이다. 행정에 관한 사법(私法)은 행정법이 아니다.

세계의 법계는 크게 **대륙법계와 영미법계**로 구분된다. 대륙법계는 공법(행정법)과 사법을 성질이 다른 법으로 본다. 대륙법계국가에서 행정법과 민법은 일반법과 특별법의 관계에 있지 않다. 즉, 민법은 행정법의 일반법이 아니다. 영미법계는 공법과 사법을 구별하지 않는 보통법체계이다. 보통법은 행정법의 일반법이다. 우리나라 행정법은 대륙법계 행정법과 같이 공법의 성질을 갖는다.

대륙법계에서는 공익을 추구하는 행정주체와 국민간의 관계는 사익을 추구하는 사인 상호간의 관계와는 그 성질이 다르므로 다른 성질의 법에 의해 규율되어야 한다는 관념 하에서 공법과 사법을 구별하지만, 영미법계에서는 국가와 국민간의 법관계도 사인 상호간의 법관계와 근본적으로 다른 것은 아니므로 특별한 규율이 있을 수는 있지만, 기본적으로 같은 성질의 법에 의해 규율되어야 한다는 관념하에 공법과 사법을 구별하지 않고 있다. 영·미 국가에서의 행정법은 보통법(common law)의 특별법적인 성격을 갖는다.

공법과 사법의 구별기준에 관하여는 다양한 견해가 있지만, 공법은 공익에 관한 법인 점에서 사익을 규율대상으로 하는 사법과 기본적으로 구별된다. 공법은 공익과 사익, 공익과 공익, 사익과 사익을 조절하는 것을 내용으로 하고, 사법은 대립되는 사익 상호간의 조절을 그 내용으로 한다.

공익은 공동체(국가 또는 지방자치단체) 구성원 전체의 이익을 의미한다. 공익은 공동체의 이익이지만, 공동체 자체의 이익만으로는 공익이 될 수 없다. 즉, 국가 또는 지방자치단체의 단순한 재정상 이익은 원칙상 공익이 아니다.

행정작용 중 행정주체가 공권력의 주체로서 행하는 작용 즉, 행정주체가 법률상 우월한 의사주체로서 행하는 작용(**권력작용**)과 행정주체가 사인과 대등한 지위에서 하는 활동 중 그 작용이 공익과 밀접한 관련이 있는 작용(**관리작용**)은 행정법의 규율대상이 되지만, 물품의 구입, 청사의 건설도급계약, 국유재산(일반재산)의 관리·매각과 같이 행정주체가 국고(사법상(私法上)의 재산권의 주체), 즉 사인(私人)으로서 행하는 작용(국고작용)은 사법에 의해 규율된다.

대륙법계 국가(프랑스, 독일 등)에서 행정법상의 분쟁사건(**행정사건**)은 민사사건을 다루는 사법법원으로부터 독립된 행정법원의 관할에 속한다. 이에 반하여 영미법계 국가에서는 행정기관의 결정에 대한 재판권도 원칙상 통상의 사법재판소가 갖는다. 다만, 오늘날 영미법계에서도 부분적으로 특수한 행정불복절차가 형성되고 있다. 우리나라의 행정법은 대륙법(특히 독일법)의 영향을 받아 행정에 특유한 공법으로서의 성격을 갖고 있지만, **행정소송**은 영미법계에서처럼 통상의 사법재판소에 의해 행하여진다. 즉, 행정사건의 1심 관할법원은 행정법원이지만, **행정법원**은 사법(司法)법원으로부터 독립된 법원이 아니고, **사법**(司法)**법원인 특별법원**이다. 그리고 행정법원이 설치되지 않은 경우에는 일반 사법법원(1심은 지방법원 본원 합의부, 항소심은 고등법원, 상고심은 대법원)의 관할에 속한다. 다만, 행정소송은 대륙법계에서처럼 민사소송과는 다른 특수한 소송절차를 정하는 행정소송법 및 행정소송규칙에 의해 규율된다. 따라서 우리나라의 행정법은 기본적으로 대륙법계에 속하지만 행정재판제도에 있어서는 영미법계의 제도를 일부 수용하고 있다고 말할 수 있다.

제2절   행정법의 특수성

행정법의 특수성이라 함은 통상 사인 상호간의 관계를 규율하는 사법에 대한 특수성을 말한다.

I. 형성중의 법

사법인 민법은 오랜 역사를 갖고 있고, 법체계가 로마법 이래 이미 확립되어 있지만 행정법은 그 역사가 길지 않고, 그 법체계가 아직 확립되어 있지 못하고 형성 중에 있다.

II. 공익목적성

행정법은 사법과 달리 기본적으로 공익의 보호를 목적으로 한다. 그렇지만 행정법이 사익의 보호를 도외시하는 것은 아니며 사익의 보호 내지 침해도 고려하여야 한다. 행정법령 중에는 공익의 보호만을 목적으로 하는 법이 있는 반면에 제1차적으로 공익의 보호를 목적으로 하면서도 부수적으로 사익의 보호도 함께 보호목적으로 하는 법령이 있다. 그리고, 공익이 당연히 사익보다 우월한 것은 아니고, 행정이 추구하는 공익과 그로 인하여 침해되는 사익은 상호 조정되어야 하며 이익형량을 통해 비례관계가 유지되어야 한다. 따라서, 행정법은 공익 상호간 또는 공익과 사익 상호간을 규율하는 법이라고 할 수 있다.

Ⅲ. 행정주체의 우월성

행정법관계에서 행정주체는 사인에 대하여 일반적으로 우월한 지위를 갖는다. 행정주체의 우월성은 선험적이나 절대적으로 인정되는 것은 아니며 실정제도상, 그리고 공익상 필요한 한도 내에서 인정되는 것이다. 행정주체는 일반적으로는 사인에 대하여 우월한 지위를 갖지만, 개별적인 경우에 있어서, 예를 들면 비권력적 공행정작용에서처럼 사인과 대등한 지위를 갖는 경우도 있다.

Ⅳ. 행정법규정의 강행법규성

행정법규정은 공익목적을 갖는 규정이므로 원칙상 강행규정(당사자의 의사와 관계없이 적용되어야 하는 규정)이다. 그러나, 예외적으로 임의규정(그것을 위반하여도 그것만으로 위법이 되지 않는 규정, 훈시규정)으로 규정되어 있는 경우(예, 행정처리기간 등)도 있다.

제3절 행정에 대한 사법(私法)의 적용

행정은 공법만에 의해 규율되는 것은 아니다. 행정에 대하여 사법이 적용될 경우도 적지 않다.

Ⅰ. 국고관계에 대한 사법규정의 적용

같은 성질의 법률관계에는 같은 성질의 법이 적용된다는 원칙에 따라 행정주체가 사인과 같은 지위에서 활동할 때(재산권의 주체로서 활동할 때, 사경제적 작용을 하는 경우)에는 사법만이 적용되고 그와 관련하여 제기되는 분쟁은 민사소송의 대상이 된다. 어떠한 행위가 사법상 행위이고 어떠한 법률관계가 사법관계(국고관계)인지는 후술하기로 한다.

Ⅱ. 행정법관계에 대한 사법규정의 적용

행정법관계(공법관계)는 행정법(공법)에 의해 규율되는 것이 원칙이지만 행정법(공법)의 흠결이 있는 경우에 그 흠결을 메우기 위하여 사법이 적용될 수 있다.

법의 흠결이 있을 때 우선 다른 행정법규정을 유추적용하고, 유추적용할 행정법규정이 없는 경우에는 헌법규정 및 법의 일반원칙을 적용하고, 공법관계에 적용할 어떠한 공법규정도 존재하지 않는 경우 사법규정을 직접적용 또는 유추적용한다.

사법규정을 적용하는 경우에는 공법관계의 특수성을 고려하여 사법규정을 적용하여야 한다. 사법규정 중 일반법원리적 규정인 법의 일반원칙(권리남용금지의 원칙, 신의성실의 원칙 등)과 기술적 규정(기간, 시효 등)은 행정법관계에도 당연히 적용 또는 유추적용된다. 일반법원리적 규정이 아닌 사법규정(사익 상호간 이익조절적 규정, 사적 자치의 원칙에 따른 규정)은 권력관계에는 적용될 수 없지만, 비권력적 공법관계인 관리관계에 있어서는 공익목적을 달성하기 위하여 특수한 공법적 규율이 행하여져야 하는 경우를 제외하고는 널리 사법규정이 직접적용 또는 유추적용될 수 있다.

그리고, 공법관계에 적용할 어떠한 공법규정이나 사법규정도 없는 경우에는 조리에 의한다.

Ⅲ. 행정사법

효율성 제고 등 일정한 필요에 따라 공행정을 사법형식에 의해 수행하는 경우가 있다. 이것을 '공행정의 사적 관리' 또는 '**사법형식에 의한 공행정**'이라 하고 **행정사법**(行政私法)이라고도 한다. 즉, 활동의 실질은 공행정작용이지만 형식은 사법형식인 경우를 말한다. 예를 들면, 공기업행정 중 전기공급관계는 공행정관계이지만 사법관계(행정사법관계)이다. 다만, 수도공급관계는 공법관계이다.

사법형식에 의한 공행정은 사법형식에 의해 수행되므로 원칙상 사법에 의해 규율된다. 그러나 그 실질은 공익을 추구하는 공행정작용을 수행하는 것이므로 최소한의 공공성을 확보하기 위하여 예외적으로 공법원리의 구속을 받는다.

제2장 행정법의 법원(法源)

제1절 개 설

법원이란 법의 존재형식을 말한다. 행정법의 법원의 문제는 행정법이 어떠한 형식의 법규범으로 이루어져 있는가에 관한 문제이다.

행정법은 성문법(제정법)임을 원칙으로 한다. 그런데 행정법의 규율대상인 행정은 매우 복잡하고 다양하기 때문에 행정에 관한 단일 법전을 만드는 것이 매우 어렵다. 그리하여 행정법에는 아직 법전이 없다. 행정법은 수많은 성문법령과 불문법원으로 구성된다. 그러나, 행정법총칙, 일반행정작용법의 성격을 갖는 행정기본법과 행정절차에 관한 일반법인 행정절차법이 제정되어 있다.

행정기본법은 행정법의 일반원칙 등 행정법 총칙을 명문화하고, 행정에 관한 공통사항을 정하고 있다. 따라서, 행정기본법은 **행정법총칙과 일반행정작용법의 성격**을 갖는다. 즉, 행정에 관하여 다른 법률에 특별한 규정이 있는 경우를 제외하고는 행정기본법에서 정하는 바에 따른다(제5조 제1항). 또한, 행정기본법은 **기본법으로서의 성격**을 갖는다. 즉, 행정에 관한 다른 법률을 제정하거나 개정하는 경우에는 이 법의 목적과 원칙, 기준 및 취지에 부합되도록 노력하여야 한다(제5조 제2항). 다만, 행정기본법은 완결된 법은 아니다. 행정기본법이 완결된 행정법총칙, 일반행정작용법, 행정기본법이 되기 위해서는 보완해야 할 사항이 적지 않다.

그리고, 행정을 규율하는 법령 중에는 특정 분야에 관한 일반법전으로서의 성격을 갖는 법령이 적지 않다. 정부조직법, 행정절차법, 민원처리에 관한 법률, 행정조사기본법, 행정대집행법, 국세징수법, 인신보호법, 질서위반행위규제법, 공공기관의 정보공개에 관한 법률, 개인정보보호법, 국가배상법, 행정심판법, 행정소송법, 지방자치법, 국가공무원법, 국가재정법, 국유재산법, 지방재정법, 공유재산 및 물품관리법, 도시 및 주거환경정비법, 공익사업을 위한 토지 등의 취득 및 보상에 관한 법률, 경찰관직무집행법, 국토의 계획 및 이용에 관한 법률, 건축법, 부동산 가격공시에 관한 법률, 국세기본법 등이 그것이다.

성문법이 불비(흠결)된 경우에는 불문법이 적용되는데, 행정법분야에서는 불문법 중에서 법의 일반원칙이 특히 중요한 법원이 되고 있다.

제2절   성문법원

I. 헌   법

헌법규정 중 행정조직에 관한 규정, 법규명령의 근거와 한계규정, 기본권규정, 지방자치제도에 관한 규정 등은 행정법의 법원이 된다.

헌법은 모든 법의 기본법이며 국내법질서에서 최고의 효력을 갖는 법원이다. 헌법에 위반되는 여타의 법규범은 위헌이고 위헌통제의 대상이 된다. **법규범의 위헌통제**는 법률에 대하여는 헌법재판소가 담당하고, 명령·규칙·처분에 대하여는 일반법원에서 담당한다(헌법 제107조). 헌법재판소는 명령에 대한 헌법소원을 통하여 명령의 위헌성을 통제할 수 있다.

법률이 헌법에 합치되는지 여부가 명백하지 않은 경우 헌법에 합치한다는 해석도 가능한 경우에는 가능한 한 법률을 헌법에 합치하는 것으로 해석하여야 한다. 이를 **헌법합치적 법률해석**(憲法合致的 法律解釋)이라 한다.

실질적 법치주의를 취하고 헌법재판제도가 인정되어 헌법의 규범력이 강화되고 있는 오늘날의 헌법하에서 행정법은 '**헌법의 구체화법**'이라는 명제가 타당하다. 행정법은 헌법에서 제시된 국가운영의 기본원칙을 구체화하고 실현하여야 한다.

그러나, 행정법은 기술성을 갖는 법이므로 그 한도 내에서는 헌법의 변화에 크게 영향을 받지 않는 면도 있다는 것을 부인하여서는 안 될 것이다. 또한, 법률로 헌법을 구체화함에 있어서 입법자는 폭넓은 재량권(입법재량권)을 갖는다.

II. 국제법규

우리나라 헌법은 국제법규를 국내법과 동일한 효력을 갖는다(제6조 제1항)라고 규정하면서 국제법규가 별도의 입법조치 없이 일반적으로 국내법으로 수용되는 것으로 하고 있다. 국회의 동의를 받은 조약은 원칙상 법률과 같은 효력이 있고, 국회의 동의를 받지 않은 조약은 명령과 같은 효력이 있다. 법률의 효력을 갖는 조약에 위반한 명령은 무효라는 것이 일반적 견해이며 판례도 이러한 입장을 취하고 있다.

〈판례〉학교급식을 위해 국내 우수농산물을 사용하는 자에게 식재료나 구입비의 일부를 지원하는 것 등을 내용으로 하는 지방자치단체의 조례안이 '1994년 관세 및 무역에 관한 일반협정'(General Agreement on Tariffs and Trade 1994)에 위반되어 그 효력이 없다고 한 사례(대판 2005. 9. 9, 2004추10[급식조례사건]).

국제법규는 본래 국가간의 관계를 규율하는 것을 직접적인 목적으로 하는 것이므로 원칙상 국내에서 행정권 행사(행정법관계)에 직접 법적 구속력(효력)을 갖지 못한다. 국제법규는 통상 별도의 국내입법조치를 통하여 행정법관계에 대해 직접 구속력을 갖게 된다.

〈판례〉1. 반덤핑부과처분이 WTO협정에 위반된다는 이유만으로 사인이 직접 국내 법원에 그 처분의 취소를 구할 수 없다(대판 2009. 1. 30, 2008두17936[반덤핑관세부과처분취소]).
2. '서비스 무역에 관한 일반협정(General Agreement on Trade in Services, GATS)' 및 '한-유럽연합 자유무역협정(Free Trade Agreement)'(이 사건 각 협정)은 국가와 국가 사이의 권리·의무관계를 설정하는 국제협정으로서, 그 내용 및 성질에 비추어 이와 관련한 법적 분쟁은 협정에서 정한 바에 따라 국가간 분쟁해결기구에서 해결하는 것이 원칙이고, 특별한 사정이 없는 한 사인에 대하여는 협정의 직접 효력이 미치지 아니한다. 따라서 이 사건 각 협정의 개별 조항 위반을 주장하여 사인이 직접 국내 법원에 해당 국가의 정부를 상대로 그 처분의 취소를 구하는 소를 제기하거나 협정위반을 처분(대형마트의 영업제한처분)의 독립된 취소사유로 주장하는 것은 허용되지 아니한다(대법원 2009. 1. 30. 선고 2008두17936 판결 참조). (대판 전원합의체 2015. 11. 19, 2015두295[영업시간제한등처분취소[대형마트 영업규제 사건]) 〈해설〉그렇지만, 대형마트의 영업제한에 관한 조례의 이 사건 협정 위반은 조례의 무효사유가 된다.

그러나, 예외적으로 국제법규가 국내에서 행정법관계에 직접 적용될 수 있는 성질을 갖는 경우에는 국내에서 행정법관계에 직접적인 법적 구속력을 갖는다. 예를 들면, 관세에 관한 협정, 난민의 지위에 관한 협약, 비자면제협정이 그 예이다. 이 경우 행정작용이 그러한 조약에 위반한 경우 그 행정작용은 위법한 것이 된다.

Ⅲ. 법   률

법률이란 헌법에서 정해진 절차에 따라 국회에서 제정된 법규범이다. 이는 형식적 의미의 법률 개념이다.

기본적이거나 중요한 사항은 법률로 정하여야 하고(중요사항유보설, 의회유보설), 국민의 기본권의 제한은 법률로 하여야 한다(헌법 제37조 제2항). 원칙상 행정권에 포괄적인 위임을 해서는 안 된다(헌법 제75조).

Ⅳ. 명   령

명령(법규명령)이란 행정권에 의해 정립되는 법을 말한다. 명령은 헌법에서 인정한 것으로 긴급명령과 긴급재정·경제명령(헌법 제76조), 대통령령(헌법 제75조), 총리령과 부령(헌법 제95조), 중앙선거관리위원회규칙(헌법 제114조), 국회규칙(헌법 제64조), 대법원규칙(헌법 제108조), 헌법재판소규칙(헌법 제113조)이 있다. 그리고 명령 중에는 법률에서 인정한 감사원규칙(감사원법 제52조), 노동위원회규칙(노동위원회법 제25조)이 있다.

법규명령 중에는 법령보충적 행정규칙(상위법령에 근거하여 제정되는 행정규칙으로서 법규명령의 효력을 갖는 것)도 있다.

그러나, 행정규칙은 행정조직의 내부규범일뿐 법이 아니므로 엄격한 의미에서의 행정법의 법원이 아니다.

Ⅴ. 자치법규

자치법규란 공법상 자치단체의 기관이 제정하는 자율적인 법규범을 말한다.

지방자치단체의 자치법규에는 지방의회가 제정하는 **조례**와 지방자치단체의 집행기관이 제정하는 **규칙**이 있다. 규칙에는 일반사무의 집행기관이 제정하는 **규칙**(지방자치법 제23조)과 교육집행기관이 제정하는 교육규칙이 있다.

조례와 규칙은 넓게 보면 국가법질서의 일부를 이루고 행정입법에 속한다. 그러나 조례는 다른 한편으로 주민의 대표기관인 지방의회가 제정하는 법규범인 점에서 지방자치단체의 자주법으로서 법률에 준하는 성격을 갖는다. 따라서 조례는 행정입법으로서의 성격과 함께 지방자치단체의 자주법으로서의 성격을 아울러 갖는다고 보아야 한다.

국가법질서의 통일을 기하기 위하여 조례와 규칙은 법률과 명령에 위반할 수 없다. 그러나 조례는 지방자치단체의 자주법이므로 법령에 위반하지 않는 한도 내에서는 법률의 개별적인 수권 없이도 제정될 수 있다. 그러나 현행 지방자치법은 주민의 권리를 제한하거나 의무를 부과하거나 벌칙을 규정함에 있어서는 법률의 위임을 받아야 한다고 규정하고 있다(제22조 단서). 다만, 자치조례에 대한 법률의 위임은 포괄적일 수 있다. 기초자치단체의 조례 및 규칙은 광역자치단체의 조례나 규칙을 위반할 수 없다. 동일 자치단체의 조례와 규칙 상호간에 있어서는 조례가 규칙보다 우월하다.

도시 및 주거환경정비법에 의한 주택재개발 **정비사업조합의 정관**은 해당 조합의 조직, 기관, 활동, 조합원의 권리의무관계 등 단체법적 법률관계를 규율하는 것으로서 공법인인 **조합과 조합원에 대하여 구속력을 가지는 자치법규**로서 원칙적으로 조합 외부의 제3자를 보호하거나 제3자를 위한 규정이라고 볼 것은 아니다(대판 2019. 10. 31, 2017다282438).

제 3 절 불문법원

Ⅰ. 관 습 법

관습법이란 사회의 거듭된 **관행**으로 생성한 사회생활규범이 사회의 **법적 확신과** 인식에 의하여 법적 규범으로 승인·강행되기에 이른 것을 말한다(대판 전원합의체 2005. 7. 21, 2002다1178, 법적 확신설).

관습법은 성문법 및 법의 일반원칙이 존재하지 않거나 불완전한 경우에 보충적으로만 인정된다. 관습법은 법원(法源)으로서 법령에 저촉되지 아니하는 한 법칙으로서의 효력이 있는 것이다. 관습법으로 승인되었다고 하더라도 사회 구성원들이 그러한 관행의 법적 구속력에 대하여 확신을 갖지 않게 되었다거나, 사회를 지배하는 기본적 이념이나 사회질서의 변화로 인하여 그러한 관습법을 적용하여야 할 시점에 있어서의 전체 법질서에 부합하지 않게 되었다면 그러한 관습법은 관습법으로서의 효력을 상실한다(대판 전원합의체 2005. 7. 21, 2002다1178).

행정법상 관습법에는 행정선례법과 민중적 관습법이 있다. **행정선례법**이란 행정청이 취급한 선례가 상당히 오랫동안 반복됨으로써 성립되는 관습법이다. 행정선례법의 인정은 행정에 대한 신뢰보호의 관념에 기초를 두고 있다.

행정청의 관행이 일반적으로 국민들에게 받아들여진 때에는 관습법으로서 법적 구속력을 갖는다. 법적 확신을 얻지 못한 관행은 자기구속력을 갖는다.

〈관련규정〉 "행정청은 법령 등의 해석 또는 행정청의 관행이 일반적으로 국민들에게 받아들여진 때에는 공익 또는 제3자의 정당한 이익을 현저히 해할 우려가 있는 경우를 제외하고는 새로운 해석 또는 관행에 의하여 소급하여 불리하게 처리하여서는 아니 된다"(행정절차법 제4조 제2항).

〈판례〉 대법원은 4년 동안 과세를 하지 않다가 소급하여 과세한 것을 다투는 소송에서 당해 비과세의 관행을 국세기본법 제18조 제3항의 국세의 관행에 포함되는 것으로 보고 있다(대판 전원합의체 1980. 6. 10, 80누6).

민중적 관습법은 민중 사이의 오랜 기간의 관행에 의해 성립되는 관습법을 말한다. 그 예로는 관습상 어업권, 관습상 하천수사용권 및 지하수사용권을 들 수 있다.

Ⅱ. 판   례

대륙법계 국가에서처럼 우리나라에서는 영미법계 국가에서와 달리 선례(先例)가 법상 구속력을 갖지 않는다. 법원은 기존의 판례를 변경할 수 있고, 하급법원도 이론상 상급법원의 판결에 구속되지 않는다. 그러나, 실제에 있어서 판례는 사실상 구속력을 갖는다. 그 이유는 법원 특히 대법원은 법적 안정성을 위하여 판례를 잘 변경하지 않는 경향이 있고, 하급심이 상급심의 판결을 따르지 않는 경우 하급심의 판결이 상급심에서 파기될 가능성이 높으므로 하급심은 상급심의 판결을 존중하는 경향이 있기 때문이다.

Ⅲ. 행정법상 일반 법원칙

1. 의   의

행정법상 일반 법원칙이란 현행 행정법질서의 기초를 이룬다고 생각되는 일반 법원칙을 의미한다. 이에는 법치행정의 원칙, 평등의 원칙, 행정의 자기구속의 원칙, 비례의 원칙, 신뢰보호의 원칙, 신의성실의 원칙, 권리·권한남용금지의 원칙, 부당결부금지의 원칙 등이 있다.

법의 흠결이 있는 경우 행정법상 일반 법원칙은 중요한 법원이 된다.

행정법상 일반 법원칙은 헌법이나 행정기본법 등 법률에 규정되어 있다고 하더라도 이들 규정은 불문법인 행정법상 일반 법원칙을 선언한 것에 불과하다고 보아야 한다.

행정법상 일반 법원칙 중 헌법으로부터 도출되는 일반 법원칙은 행정기본법에 규정되어 있다고 하더라도 헌법적 효력을 갖는다.

적극행정의 원칙, 행정계속성의 원칙, 보충성의 원칙 등은 행정의 일반 원칙(원리)이지만 법원칙이 아니므로 행정법의 법원이 아니다.

2. 법치행정의 원칙

(1) 법치행정의 원칙의 의의

법치행정의 원칙(법에 따른 행정의 원칙)이란 행정권도 법에 따라 행해져야 하며(법의 지배), 만일 행정권에 의해 국민의 권익이 침해된 경우에는 권익 구제를 위한 제도가 보장되어야 한다는 것(행정통제제도 내지 행정구제제도의 확립)을 의미한다.

행정기본법 제8조는 법률우위의 원칙과 법률유보의 원칙을 선언하고 있다. 즉, 행정작용은 법률에 위반되어서는 아니 되며(**법률우위의 원칙**), 국민의 권리를 제한하거나 의무를 부과하는 경우와 그 밖에 국민생활에 중요한 영향을 미치는 경우에는 법률에 근거하여야 한다(**법률유보의 원칙**).

(2) 법치행정의 원칙의 내용

법률에 의한 행정의 원칙은 '행정에 대한 법의 지배'와 '행정구제제도'의 확립을 그 내용으로 한다. '행정에 대한 법의 지배'는 법률의 법규창조력의 원칙, 법의 우위의 원칙, 법률유보의 원칙을 포함한다.

1) 법률의 법규창조력

법률의 법규창조력이란 국가작용 중 법규(국민의 권리의무에 관한 새로운 규율)를 정립하는 입법은 모두 의회가 행하여야 한다는 원칙을 말한다.

헌법 제40조는 '입법권은 국회에 속한다'고 규정함으로써 국회입법의 원칙을 선언하고 있다. 다만, 입법의 명령에의 구체적 위임은 허용되고 있다.

2) 법우위의 원칙

법우위의 원칙이란 법은 행정에 우월한 것이며 행정이 법에 위반하여서는 안 된다는 원칙이다.

행정작용이 법우위의 원칙을 위반하면 위법한 행정작용이 되는데, 위법한 행정작용의 효력은 행정의 행위형식에 따라 다르다. 또한, 위법한 행정작용으로 손해가 발생한 경우 손해배상이 인정될 수 있다.

3) 법률유보의 원칙

가. 의   의   **법률유보의 원칙**은 행정권의 발동에는 법령의 근거가 있어야 하며(보다 정확히 말하면 법률의 직접적 근거 또는 법률의 위임에 근거하여 제정된 명령에 의한 근거가 있어야 하며) 법률의 근거가 없는 경우에는 행정개입의 필요가 있더라도 행정권이 발동될 수 없다는 것을 의미한다. 법률유보의 원칙은 인권보장 및 민주행정 실현에 그 의의가 있다.

행정은 모든 경우에 조직법적 근거가 있어야 한다. 즉, 행정은 모든 경우에 행정기관의 소관사무 내에서만 가능하다. 법률유보의 원칙에서 문제되는 것은 조직법적 근거가 아니라 행정의 작용법적 근거이다. 근거규범은 법률일 필요는 없고, 법률에 근거한 명령일 수도 있다.

나. 내   용   법률유보의 원칙이 적용되는 경우에는 행정상 필요하다는 사실

만으로 행정권은 행사될 수 없고, 작용법적 근거가 있어야 행정권 행사가 가능하다.

법률유보의 원칙상 행정권 행사에 요구되는 작용법적 근거는 원칙상 개별적 근거를 말하는데, 예외적으로 경찰권 행사에서와 같이 포괄적 근거도 가능하다.

다. 법률유보의 원칙의 적용범위: 중요사항유보설(본질사항유보설)   법우위의 원칙은 행정의 모든 분야에서 적용되지만 법률유보의 원칙에 있어서는 법률유보의 원칙이 적용되는 행정의 범위가 문제된다.

행정유보의 원칙의 적용범위에 관한 학설로 침해유보설, 전부유보설, 급부행정유보설, 권력행정유보설, 중요사항유보설 등이 있는데, 행정기본법은 중요사항유보설을 취하고 있다. 즉, 행정작용은 국민생활에 중요한 영향을 미치는 경우에는 법률에 근거하여야 한다(행정기본법 제8조).

중요사항유보설은 공동체나 시민에게 중요한(본질적인) 행정권의 조치는 침해행정뿐만 아니라 급부행정에 있어서도 법률의 근거를 요하고, 그 중요성의 정도에 비례하여 보다 구체적인(강도 있는) 규율을 하여야 한다는 견해이다. 이 견해는 공동체나 시민에게 중요한 결정은 입법기관이 행하여야 할 의무와 책임이 있다는 데 논거를 두고 있다.

중요사항유보설은 독일의 연방헌법재판소의 판례에 의해 채택된 이론인데 우리나라 헌법재판소도 이를 채택하고 있다.

의회유보론은 공동체에 매우 중요한 사항 및 국민의 권리의무에 관한 기본적이고 본질적인 사항은 구체적 위임도 안 되며 법률로 정해야 한다는 이론인데, 중요사항유보설은 의회유보론을 포함한다. 의회유보사항은 반드시 입법자가 법률로 정하여야 하고, 행정입법에 대한 수권이 금지되는 사항이다. 예를 들면, 자격이나 신분 등을 취득 또는 부여할 수 없거나 인가, 허가, 지정, 승인, 영업등록, 신고 수리 등(이하 "인허가"라 한다)을 필요로 하는 영업 또는 사업 등을 할 수 없는 사유(이하 "결격사유"라 한다)는 법률로 정한다(행정기본법 제16조 제1항).

〈판례〉 1. 오늘날의 **법률유보원칙**은 단순히 행정작용이 법률에 근거를 두기만 하면 충분한 것이 아니라, 국가공동체와 그 구성원에게 기본적이고도 중요한 의미를 갖는 영역, 특히 국민의 기본권 실현에 관련된 영역에 있어서는 행정에 맡길 것이 아니고 국민의 대표자인 입법자 스스로 그 본질적 사항에 대하여 결정하여야 한다는 요구, 즉 **의회유보원칙**까지 내포하는 것으로 이해되고 있다. 여기서 어떠한 사안이 국회가 형식적 법률로 스스로 규정하여야 하는 **본질적 사항**에 해당되는지는, 구체적 사례에서 관련된 이익 내지 가치의 중요성, 규제 또는 침해의 정도와 방법 등을 고려하여 **개별적으로** 결정하여야 하지만, 규율대상이 국민의 기본권과 관련한 중요성을 가질수록 그리고 그에 관한 공개적 토론의 필요성 또는 상충하는 이익 사이의 조정 필요성이 클수록, 그것이 국회의 법률에 의하여 직접 규율될 필요성은 더 증대된다. 따라서 국민의 권리·의무에 관한 기본적이고 본질적인 사항은 국회가 정하여야 하고, 헌법상 보장된 국민의 자유나 권리를 제한할 때에는 적어도 그 제한의 본질적인 사항에 관하여 국회가 법률로써 스스로 규율하여야 한다(대판 전원합의체 2020. 9. 3, 2016두32992[법외노조통보처분취소]).

2. 텔레비전방송수신료의 금액에 대하여 국회가 스스로 결정하거나 결정에 관여함이 없이 한국방송공사로 하여금 결정하도록 한 구 한국방송공사법 제36조 제1항이 법률유보원칙에 위반된다고 한 사례(헌재 전원재판부 1999. 5. 27, 98헌바70[KBS 수신료사건]).

　　라. 행정유형별 고찰　　법률유보의 범위는 행위형식과 행정유형별(행정분야별)로 개별적으로 검토되어야 한다.

　　⑺ **침해행정**　　침해행정은 법률의 유보가 필요하다. 헌법 제37조 제2항도 국민의 기본권에 대한 제한은 법률로 하도록 하고 있다. 또한, 침해행정에서 법률유보의 강도는 다른 행정분야에서 보다 높아야 하며 침해행정의 중요사항이 예측가능하도록 침해의 대상, 내용, 범위 등이 법률에 명확하게 규정되어야 한다.

　　⑷ **급부행정**　　사회보장행정 등 급부행정 중 중요한 사항은 법률의 근거가 있어야 한다. 다만, 침해행정에서 보다는 법률유보의 강도(밀도)가 낮을 수 있다. 즉, 포괄적 근거도 가능한 경우가 있다.

　　⒟ **비권력행정**　　비권력행정에 있어 상대방의 동의가 있는 경우에는 법률의 근거를 요하지 않는다. 판례와 통설은 공법상 계약과 행정지도는 법률의 근거가 없어도 가능하다고 본다.

　　다만, 비권력행정 중 국민에게 침익적 영향을 가하는 행위 등 중요한 행위(예, 개인정보수집행위)는 침익적 영향을 받는 국민의 동의가 없는 한 법률의 근거를 요한다고 보아야 한다.

　　⒠ **법규명령의 제정·개정**　　법규명령이나 법규명령의 효력을 갖는 행정규칙(법령보충적 행정규칙)의 제정·개정에는 법령의 수권이 있어야 한다. 또한, 법률의 명령에 대한 수권은 일반적이거나 포괄적이어서는 안 되며 구체적이어야 한다. 다만, 자치조례에 대한 수권은 조례의 준법률적 성질에 비추어 어느 정도 일반적·포괄적일 수 있다.

　　마. 법률유보원칙 위반의 법적 효과　　법률유보의 원칙에 반하는 행정권 행사는 무권한의 하자(위법)가 있는 행위가 된다. 그 법적 효과는 행위형식에 따라 다르다.

4) 행정통제제도(행정구제제도)의 확립

위법·부당한 공권력 행사에 의해 국민의 권익이 침해된 경우에는 이 침해된 권익을 구제해 주는 제도가 보장되어야 법치행정의 원칙이 실질적으로 실현되고 있다고 말할 수 있다. 행정구제제도는 행정에 대한 통제를 수반하므로 행정구제제도는 행정에 대한 통제제도로서의 성격도 갖는다.

3. 평등원칙

평등의 원칙은 불합리한 차별을 하여서는 안 된다는 원칙이다. 행정청[1]은 합리적 이유 없이 국민을 차별하여서는 아니 된다(행정기본법 제9조). 합리적인 이유가 있어서 다르게 취급하는 것은 평등원칙 위반이 아니다. 합리적 이유없는 차별취급은 두 경우로 나뉜다. 하나는 합리적 이유 없이 동일한 사항을 다르게 취급하는 경우이고, 다른 하나는 사정이 달라 차별취급이 정당화될 수는 있지만 비례원칙에 위반하여 과도하게 차별취급을 하는 경우이다. 즉, 평등원칙은 동일한 것 사이에서의 평등뿐만 아니라 상이한 것에 대한 차별의 정도에서의 평등을 포함한다.

〈판례〉 1. 행정청의 행정행위가 합리적 이유 없는 차별대우에 해당하여 헌법상 평등원칙을 위반했는지 판단하는 방법: (1) 행정청의 행정행위가 합리적 이유 없는 차별대우에 해당하여 헌법상 평등원칙을 위반하였는지를 확정하기 위해서는 먼저 행위의 근거가 된 법규의 의미와 목적을 통해 행정청이 본질적으로 같은 것을 다르게 대우했는지, 즉 다른 대우를 받아 비교되는 두 집단 사이에 본질적인 동일성이 존재하는지를 확정해야 한다. 다음으로 그러한 차별대우가 확인되면 비례의 원칙에 따라 행위의 정당성 여부를 심사하여 헌법상 평등원칙을 위반하였는지를 판단해야 한다. (2) 국민건강보험공단이 직장가입자와 사실상 혼인관계에 있는 사람, 즉 이성 동반자와 달리 동성 동반자인 甲을 피부양자로 인정하지 않고 위 처분((직장가입자를 지역가입자로 변경하는 처분)을 한 것은 합리적 이유 없이 甲에게 불이익을 주어 그를 사실상 혼인관계에 있는 사람과 차별하는 것으로 헌법상 평등원칙을 위반하여 위법하다고 한 사례(반대의견 있음)(대판 전원합의체 2024. 7. 18, 2023두36800[보험료부과처분취소]).
2. 헌법재판소는 공무원시험에서의 군가산점제도는 그 자체가 여성과 장애인들의 평등권과 공무담임권을 침해하는 위헌인 제도라고 보았고(헌재 1999. 12. 23, 98헌마363), 국가기관이 채용시험에서 국가유공자의 가족에게 10%의 가산점을 부여하는 규정이 기본권(평등권과 공무담임권)을 침해한다고 보았다(헌재 전원재판부 2006. 2. 23, 2004헌마675·981·1022(병합)).

---

1) 행정기본법에서 **"행정청"**이란 다음 각 목의 자를 말한다. 가. 행정에 관한 의사를 결정하여 표시하는 국가 또는 지방자치단체의 기관, 나. 그 밖에 법령등에 따라 행정에 관한 의사를 결정하여 표시하는 권한을 가지고 있거나 그 권한을 위임 또는 위탁받은 공공단체 또는 그 기관이나 사인(私人)(행정기본법 제2조 제2호).

헌법 제11조 제1항의 평등은 형식적 의미의 평등이 아니라 **실질적 의미의 평등**을 의미한다.

〈**판례**〉 국립대학교 총장인 피고가 제칠일안식일예수재림교(이하 '재림교') 신자인 원고의 면접 일시를 재림교의 안식일인 토요일 오전으로 지정하자, 원고가 토요일 일몰 후(토요일 오후 마지막순번)에 면접에 응시할 수 있게 해달라는 취지의 이의신청을 하였으나 피고가 이를 거부하였고, 원고가 면접에 응시하지 않아 피고가 원고에 대하여 불합격처분을 하자, 원고가 피고를 상대로 이의신청거부처분과 불합격처분의 취소를 구한 사안에서 헌법이 보장하는 실질적 평등을 실현할 의무와 책무를 부담하는 피고(국립대학교 총장)로서는 재림교 신자들의 신청에 따라 그들이 받는 불이익을 해소하기 위한 적극적인 조치를 취할 의무가 있고, 이러한 적극적 조치(예, 면접시간의 변경 등)없이 한 이 사건 불합격처분이 평등원칙을 위반하여 위법하다고 판단한 사례(대판 2024. 4. 4, 2022두56661[입학전형이의신청거부처분 및 불합격처분 취소의 소]).

평등원칙은 모든 공권력 행사를 통제하는 법원칙인데, 특히 재량권을 통제하는 원칙이다. 행정청이 재량권을 행사함에 있어 甲에게 어떤 처분을 한 경우에 그 자체로는 재량권의 일탈 또는 남용인 위법이 아니라고 하더라도 이미 행해진 동종 사안에서의 제3자에 대한 처분과 비교하여 불리한 처분에 해당하는 경우에는 평등원칙에 반하는 위법한 재량권 행사가 된다.

평등원칙은 헌법적 효력을 갖는다. 평등원칙에 반하는 행정권 행사 및 법률은 위헌이다.

불법(不法) 앞의 평등은 인정되지 않는다. 즉, 평등원칙에 근거하여 불법을 요구할 수는 없다.

4. 행정의 자기구속의 원칙

행정의 자기구속의 원칙이란 행정청이 같은 사안에서 이미 제3자에게 행한 결정(선례)과 같은 결정을 상대방에 대하여 하여야 한다는 원칙을 말한다. 행정의 자기구속의 원칙은 신뢰보호의 원칙 및 평등원칙에 그 근거를 두고 있다(대판 2009. 12. 24, 2009두7967).

행정의 자기구속의 원칙이 적용되기 위하여는 다음의 **적용요건**을 갖추어야 한다.

① **행정관행이 존재해야 한다.** 그런데, **재량준칙**(재량권 행사의 기준을 정한 행정규칙)이 존재하는 경우 재량준칙과 관련하여 행정의 자기구속의 원칙을 적용함에 있어서 행정선례가 필요한가에 대하여는 선례필요설과 선례불필요설(재량준칙을 예기된 관행(미리 정해진 행정관행 내지 선취된 행정관행)으로 보는 견해)의 대립이 있다. **판례는 재량준**

칙이 공표된 것만으로는 자기구속의 원칙이 적용될 수 없고, 재량준칙이 되풀이 시행되어 행정관행이 성립한 경우 자기구속의 원칙이 적용될 수 있다고 본다(대판 2009. 12. 24, 2009두7967).

　　재량준칙이 없는 경우에는 선례로서 행정관행이 필요하다. 재량준칙이 없는 경우에는 재량준칙이 있는 경우보다 되풀이 시행된 횟수가 더 많아야 할 것이다.

　　② 행정관행과 동일한 사안이어야 한다.

　　③ 그리고 불법에 있어서 평등대우는 인정될 수 없으므로, 행정관행이 위법한 경우에는 명문의 규정이 없는 한 행정청은 자기구속을 당하지 않는다(대판 2009. 6. 25, 2008두13132).

　　판례는 자기구속의 원칙이 인정되는 경우 행정관행과 다른 처분은 특별한 사정이 없는 한 위법하다고 본다.

〈**판례**〉 [1] 상급행정기관이 하급행정기관에 대하여 업무처리지침이나 법령의 해석적용에 관한 기준을 정하여 발하는 이른바 '행정규칙이나 내부지침'은 일반적으로 행정조직 내부에서만 효력을 가질 뿐 대외적인 구속력을 갖는 것은 아니므로 행정처분이 그에 위반하였다고 하여 그러한 사정만으로 곧바로 위법하게 되는 것은 아니다. 다만, 재량권 행사의 준칙인 행정규칙이 그 정한 바에 따라 되풀이 시행되어 행정관행이 이루어지게 되면 평등의 원칙이나 신뢰보호의 원칙에 따라 행정기관은 그 상대방에 대한 관계에서 그 규칙에 따라야 할 자기구속을 받게 되므로, 이러한 경우에는 특별한 사정이 없는 한 그를 위반하는 처분은 평등의 원칙이나 신뢰보호의 원칙에 위배되어 재량권을 일탈·남용한 위법한 처분이 된다(대판 2009. 3. 26, 2007다88828, 88835 참조). [2] 시장이 농림수산식품부에 의하여 공표된 '2008년도 농림사업시행지침서'에 명시되지 않은 '시·군별 건조저장시설 개소당 논 면적' 기준(재량준칙)을 충족하지 못하였다는 이유로 신규 건조저장시설 사업자 인정신청을 반려한 사안에서, 위 지침이 되풀이 시행되어 행정관행이 이루어졌다거나 그 공표만으로 신청인이 보호가치 있는 신뢰를 갖게 되었다고 볼 수 없고, 쌀 시장 개방화에 대비한 경쟁력 강화 등 우월한 공익상 요청에 따라 위 지침상의 요건 외에 '시·군별 건조저장시설 개소당 논 면적 1,000ha 이상' 요건을 추가할 만한 특별한 사정을 인정할 수 있어, 그 처분이 행정의 자기구속의 원칙 및 행정규칙에 관련된 신뢰보호의 원칙에 위배되거나 재량권을 일탈·남용한 위법이 없다고 한 사례(대판 2009. 12. 24, 2009두7967[신규건조저장시설사업자인정신청반려처분취소]). 〈해설〉 1) 재량준칙의 공표만으로 예기된 자기구속을 위반한 것으로 본 원심을 파기한 판결이다. 판례는 재량준칙이 되풀이 시행되어 행정관행이 이루어진 경우에 자기구속의 원칙이 인정된다고 보았다. 2) 판례는 재량준칙의 공표만으로는 신청인이 보호가치 있는 신뢰를 갖게 되었다고 볼 수 없다(신뢰보호의 원칙 위반으로 위법하다고 볼 수 없다)고 하였다(후술 신뢰보호 참조). 3) 판례는 재량준칙이 있지만 행정관행이 성립되지 않은 경우 특별한 공익상의 필요가 있을 때에는 재량기준을 추가하여 신청에 대한 거부처분을 할 수 있다고 하였다(후술 재량준칙 참조).

행정의 자기구속의 원칙은 헌법적 효력을 갖는다. 행정의 자기구속의 원칙에 반하는 법령이나 행정권 행사는 위헌·위법한 것이 된다.

5. 비례의 원칙

(1) 의　　의

비례의 원칙이란 과잉조치금지의 원칙이라고도 하는데, 행정작용에 있어서 행정목적과 행정수단 사이에는 합리적인 비례관계가 있어야 한다는 원칙을 말한다.

(2) 근　　거

비례의 원칙은 헌법 제37조 제2항 및 법치국가원리로부터 도출되는 법원칙이다.

(3) 내　　용

비례원칙(광의의)은 다음과 같은 세부원칙을 포함한다: 적합성의 원칙, 필요성의 원칙(최소침해의 원칙), 협의의 비례원칙(상당성의 원칙). 즉, 모든 행정작용은 다음 각 호의 원칙에 따라야 한다: 1. 행정목적을 달성하는 데 유효하고 적절할 것(적합성의 원칙), 2. 행정목적을 달성하는 데 필요한 최소한도에 그칠 것(필요성의 원칙), 3. 행정작용으로 인한 국민의 이익 침해가 그 행정작용이 의도하는 공익보다 크지 아니할 것(상당성의 원칙)(행정기본법 제10조).

1) 적합성의 원칙

적합성의 원칙이란 행정은 추구하는 행정목적의 달성에 적합한(적절한) 수단을 선택하여야 한다는 원칙을 말한다.

2) 필요성의 원칙(최소침해의 원칙)

필요성의 원칙(최소침해의 원칙)이란 적합한 수단이 여러 가지인 경우에 국민의 권리를 최소한으로 침해하는 수단을 선택하여야 한다는 원칙이다. 예를 들면, 어떤 건물에 붕괴위험이 있는 경우에 적절한 보수로 붕괴위험을 막을 수 있음에도 철거라는 수단을 선택하여 철거명령을 내린 경우에 그 철거명령은 필요성의 원칙에 반하는 위법한 명령이다.

3) 협의의 비례원칙(법익 균형성의 원칙, 상당성의 원칙, 이익형량의 원칙)

협의의 비례원칙(상당성의 원칙)이란 행정조치를 취함에 따른 불이익이 그것에 의해 달성되는 이익보다 큰 경우에는 그 행정조치를 취해서는 안 된다는 원칙을 말한다.

협의의 비례원칙의 적용에 따른 이익형량에 있어서 행정조치로 인하여 달성되는 공익과 사익을 한쪽으로 하고 그로 인하여 침해되는 공익과 사익을 다른 한쪽으로 하여 이익형량을 하여야 한다. 이익형량이 상당한 정도로 균형을 잃은 경우에 재량처분이 위법(違法)하게 된다.

〈판례〉 1. 종전의 대법원 판례는 음주운전을 한 개인택시 운전사에게 음주운전을 이유로 운전면허를 취소한 것은 운전면허의 취소를 통하여 달성하고자 하는 공익(그러한 처분으로 음주운전을 막고 그로 인하여 국민의 안전을 보장한다는 이익)보다 운전면허의 취소로 개인택시 운전사가 받는 불이익(면허의 취소와 그로 인한 생업의 상실 및 개인택시 운전면허의 상실로 인한 불이익)이 크다고 보아 운전면허의 취소처분을 비례원칙 위반으로 위법한 것으로 보아 취소하는 경우가 적지 않았다. 그런데, 그 후 대법원은 동종의 사건에서 판례를 변경하여 음주운전을 이유로 한 운전면허의 취소로 인하여 달성하고자 하는 공익이 개인택시 운전사가 그로 인하여 받는 불이익보다 크다고 보면서 그 운전면허의 취소처분을 적법한 것으로 보는 경향이 있다 (대판 1995. 9. 26, 95누606 ; 1996. 1. 26, 95누16168).
2. 음주운전으로 인한 운전면허취소처분의 재량권 일탈·남용 여부를 판단할 때, 운전면허의 취소로 입게 될 당사자의 불이익보다 음주운전으로 인한 교통사고를 방지하여야 하는 일반예방적 측면이 더욱 강조되어야 한다(대판 2019. 1. 17, 2017두59949).

협의의 비례의 원칙상 재량처분시 이익형량을 하여야 하고, 이익형량의 전제로서 관련 이익에 대한 조사를 하여야 한다. 그리고, 후술하는 바와 같이 재량권 행사시 관련 이익을 조사하지 않고, 고려하지 않은 것은 재량권의 불행사로서 재량권의 일탈·남용(위법)사유가 된다.

(4) 적 용 례

비례의 원칙은 모든 행정분야 및 모든 행정권 행사에 적용된다. 특히 재량권 행사의 한계, 부관의 한계, 경찰권 발동의 한계, 급부행정의 한계가 된다. 비례의 원칙의 파생원칙으로는 수익적 행정행위의 취소·철회의 제한법리(이익형량의 원칙), 형량명령이론, 과잉급부금지의 원칙 등이 있다.

(5) 효   력

비례의 원칙은 평등의 원칙과 마찬가지로 헌법적 효력을 가진다. 비례의 원칙에 반하는 행정권 행사는 위법하고, 비례의 원칙에 반하는 법령은 위헌·무효가 된다.

〈판례〉 입법자가 임의적(재량적) 규정으로도 법의 목적을 실현할 수 있음에도 여객운송사업자가 지입제 경영을 한 경우 구체적 사안의 개별성과 특수성(해당 사업체의 규모, 지입차량의 비율, 지입의 경위 등)을 전혀 고려하지 않고 그 사업면허를 필요적으로(기속적으로) 취소하도록 한 여객자동차운송사업법 제76조 제1항 단서 중 제8호 부분이 비례의 원칙의 요소인 '피해최소성의 원칙' 및 '법익균형성의 원칙'에 반한다고 결정한 사례(헌재 전원재판부 2000. 6. 1, 99

헌가11 · 12(병합)).

6. 신뢰보호의 원칙

(1) 의의와 근거

행정법상의 **신뢰보호의 원칙**이라 함은 행정기관의 어떠한 언동(말 또는 행동)에 대해 국민이 신뢰를 갖고 행위를 한 경우 그 국민의 신뢰가 보호가치 있는 경우에 그 신뢰를 보호하여 주어야 한다는 원칙을 말한다.

신뢰보호의 법적 근거로 신의성실의 원칙을 드는 경우도 있지만(신의칙설), 법치국가의 한 내용인 법적 안정성을 드는 것(법적 안정성설)이 일반적 견해이다.

행정기본법은 불문법인 신뢰보호의 원칙을 행정법의 일반원칙의 하나로 선언하고 있다. 즉, 행정청은 공익 또는 제3자의 이익을 현저히 해칠 우려가 있는 경우를 제외하고는 행정에 대한 국민의 정당하고 합리적인 신뢰를 보호하여야 한다(제12조 제1항). **행정절차법**은 "행정청은 법령등의 해석 또는 행정청의 관행이 일반적으로 국민들에게 받아들여졌을 때에는 공익 또는 제3자의 정당한 이익을 현저히 해칠 우려가 있는 경우를 제외하고는 새로운 해석 또는 관행에 따라 소급하여 불리하게 처리하여서는 아니 된다."고 규정하고 있다(제4조 제2항).

(2) 적용요건

신뢰보호의 원칙이 적용되기 위하여는 다음과 같은 요건이 충족되어야 한다.

① 행정권의 행사에 관하여 상대방인 국민에게 신뢰를 주는 선행조치(언동, 공적 견해표명)가 있어야 한다.

ⅰ) 선행조치(언동)는 적극적 언동뿐만 아니라 소극적 언동일 수도 있다. 적극적 언동의 예로는 주택단지를 건설할 것이라는 것을 알리며 공중목욕탕의 건축을 권고하는 것을 들 수 있고, 소극적 언동의 예로는 장기간 행정처분을 내리지 않는 것을 들 수 있다.

〈판례〉 교통법규위반행위 후 3년 동안 제재처분(운전면허취소처분)을 하지 않은 경우를 운전면허취소처분을 하지 않겠다는 소극적 언동으로 본 사례(대판 1987. 9. 8, 87누373).

ⅱ) 행정권의 언동은 신뢰의 대상이 되는 행정권의 행사에 관한 언동이어야 한다. 행정권의 행사와 무관하게 단순히 법령의 해석에 대한 질의에 대하여 회신해 주는 것(그러나 구체적인 사안과 관련된 법령의 질의회신은 그러하지 아니하다) 등 일반적 · 추상적 견해표명은 신뢰보호원칙의 적용대상이 아니다. 행정청의 견해표명이 신뢰보

호의 원칙을 주장하는 구체적인 행정권 행사에 대한 국민의 신뢰와 관련되어 있지 않은 일반적 · 추상적 견해표명이거나 견해표명에 대해 국민이 갖는 신뢰와 다른 행정권 행사의 가능성이 있으면 구체적인 행정권 행사에 대한 신뢰를 주는 견해표명으로 볼 수 없다.

〈판례〉 1. 취득세 등이 면제되는 구 지방세법(2005. 1. 5. 법률 제7332호로 개정되기 전의 것) 제288조 제2항에 정한 '기술진흥단체'인지 여부에 관한 질의에 대하여 건설교통부장관과 내무부장관이 비과세 의견으로 회신한 경우, 공적인 견해표명에 해당한다고 한 사례(대판 2008. 6. 12, 2008두1115(취득세등부과처분취소)).
2. 병무청 담당부서의 담당공무원에게 공적 견해의 표명을 구하는 정식의 서면질의 등을 하지 아니한 채 총무과 민원팀장에 불과한 공무원이 민원봉사차원에서 상담에 응하여 안내한 것을 신뢰한 경우, 신뢰보호 원칙이 적용되지 아니한다고 한 사례(대판 2003. 12. 26, 2003두1875).
3. 입법예고를 통해 법령안의 내용을 국민에게 예고한 것만으로 국가가 이해관계자들에게 법령안에 관련된 사항을 약속하거나 신뢰를 부여하였다고 볼 수 없다(대판 2018. 6. 15, 2017다249769).
4. 행정청이 공신력 있는 **주민등록번호와 이에 따른 주민등록증을 부여한 행위**는 甲과 乙(법적으로 혼인한 상태가 아닌 대한민국 국적인 부와 중화인민공화국 국적인 모 사이에 출생한 자)에게 대한민국 **국적을 취득하였다는 공적인 견해를 표명한 것**이라고 한 사례(대판 2024. 3. 12, 2022두60011).

iii) 행정청의 공적 견해표명이 있었는지의 여부를 판단하는 데 있어 반드시 행정조직상의 형식적인 권한분장에 구애될 것은 아니다(대판 1997. 9. 12, 96누18380). 처분청 자신의 공적인 견해표명이 있어야 하는 것은 아니며 경우에 따라서는 보조기관인 담당공무원(예, 담당과장)의 공적인 견해표명도 신뢰의 대상이 될 수 있다.

iv) 행정청의 공적 견해표명은 특정 개인에 대한 것일 필요는 없으므로 법규명령, 행정규칙 또는 행정계획에 대한 신뢰도 보호하여야 한다. 법률에 대한 신뢰도 신뢰보호의 대상이 된다(대판 2016. 11. 9, 2014두3228). 이에 반하여 신의성실의 원칙이 적용되기 위하여는 특정 개인에 대한 공적인 견해표명이어야 한다.

v) 행정청이 상대방에게 장차 어떤 처분을 하겠다고 확약 또는 공적인 의사표명을 하였다고 하더라도, 그 자체에서 상대방으로 하여금 언제까지 처분의 발령을 신청을 하도록 유효기간을 두었는데도 그 기간 내에 상대방의 신청이 없었다거나 확약 또는 공적인 의사표명이 있은 후에 사실적 · 법률적 상태가 변경되었다면, 그와 같은 확약 또는 공적인 의사표명은 행정청의 별다른 의사표시를 기다리지 않고 **실효**된다(대판 1996. 8. 20. 95누10877).

《판례》 신뢰보호의 원칙은 행정청이 공적인 견해를 표명할 당시의 사정이 그대로 유지됨을 전제로 적용되는 것이 원칙이므로, 사후에 그와 같은 사정이 변경된 경우에는 그 공적 견해가 더 이상 개인에게 신뢰의 대상이 된다고 보기 어려운 만큼, 특별한 사정이 없는 한 행정청이 그 견해표명에 반하는 처분을 하더라도 신뢰보호의 원칙에 위반된다고 할 수 없다(대법원 2015. 1. 29. 선고 2014두3839 판결 등 참조)(대판 2020. 6. 25, 2018두34732).

② ⅰ) 선행조치에 대한 신뢰 상대방(처분의 상대방, 수임인 등)의 신뢰가 보호가치 있는(귀책사유없는) 것이어야 한다. 즉, 처분의 상대방 및 관계인(수임인 등)에게 책임 있는 사유가 있어서는 안 된다.

ⅱ) 귀책사유의 유무는 상대방과 그로부터 신청행위를 위임받은 수임인 등 관계자 모두를 기준으로 판단하여야 한다(대판 2002. 11. 8, 2001두1512).

ⅲ) 신뢰보호의 원칙에서 **귀책사유라 함은** 행정청의 견해표명의 하자가 상대방 등 관계자의 사실은폐나 기타 사위의 방법에 의한 신청행위 등 부정행위에 기인한 것이거나 그러한 부정행위가 없다고 하더라도 공적인 견해표명에 **하자가 있음을 알았거나 중대한 과실로 알지 못한 경우 등을 의미한다고** 해석함이 상당하다(대판 2002. 11. 8, 2001두1512). 법규 위반에 대한 제재처분에 관한 법령규정이 있는 경우 이 규정을 잘 알 수 있었던 자는 귀책사유가 있으나, 이 규정을 잘 알 수 없었던 자에게는 귀책사유를 인정할 수 없다.

《판례》 1. 교통사고가 일어난 지 1년 10개월이 지난 뒤 그 교통사고를 일으킨 택시에 대하여 운송사업면허를 취소하였더라도 처분관할관청이 위반행위를 적발한 날로부터 10일 이내에 처분을 하여야 한다는 교통부령인 '자동차운수사업법 제31조 등의 규정에 의한 사업면허의 취소 등의 처분에 관한 규칙' 제4조 제2항 본문을 강행규정으로 볼 수 없을 뿐만 아니라 택시운송사업자로서는 자동차운수사업법의 내용을 잘 알고 있어 교통사고를 낸 택시에 대하여 운송사업면허가 취소될 가능성을 예상할 수도 있었을 터이니, 자신이 별다른 행정조치가 없을 것으로 믿고 있었다 하여 바로 신뢰의 이익을 주장할 수는 없다고 한 사례(대판 1989. 6. 27, 88누6283).
2. 대한민국 국적의 부와 중국 국적의 모 사이의 혼외자로 출생한 원고들이 **국적법 제2조에** 따라 출생에 의한 국적을 취득할 수 없는데, 행정청의 과실로 원고들이 대한민국 국민임을 전제로 주민등록번호가 부여되고 주민등록증이 발급되었는데, 원고들이 성인이 된 이후 피고에게 **국적보유판정 신청을** 하자 피고가 원고들이 대한민국 국적 보유자가 아니라는 이유로 국적비보유 판정을 하였고, 이에 원고들이 피고를 상대로 그 판정의 취소를 구한 사안에서 ① 원고들이 대한민국 국적을 취득하였다는 공적 견해표명(즉, 주민등록번호와 이에 따른 주민등록증을 부여한 행위)이 계속 유지되었고, ② 공적 견해표명을 신뢰한 원고들의 행위가 있었으며,

③ 이 사건 판정으로 인해 침해되는 원고들의 이익이 크고, ④ 행정청이 원고들의 부모에 대하여 원고들에 대한 국적취득절차를 밟아야 한다는 점을 안내하였는데도 원고들의 부모가 원고들의 대한민국 국적 취득을 신뢰하여 그 절차를 진행하지 않은 과실이 있으나, 원고들 스스로는 자신들이 대한민국 국적을 취득하였다고 신뢰한 데에 귀책사유(고의 또는 중대한 과실)가 있었다고 보기 어렵고, 원고들의 신뢰에 반하여 이루어진 이 사건 판정은 신뢰보호의 원칙에 위배된다고 한 사례(대판 2024. 3. 12, 2022두60011[국적비보유판정 취소의 소]).

iv) 귀책사유가 없는 한 위법한 행정조치에 대한 신뢰도 보호된다.

③ 상대방인 국민이 행정기관의 선행조치(언동)에 대한 신뢰에 입각하여 어떠한 조치를 취하였어야 한다.

④ 행정기관이 상대방의 신뢰를 저버리는 행정권행사를 하였고 그로 인하여 상대방의 권익이 침해되어야 한다.

⑤ 신뢰를 주는 선행조치와 상대방의 조치 또는 권익의 침해 사이에 인과관계가 있어야 한다.

⑥ 신뢰보호 이익과 공익(합법성원칙 포함) 사이의 이익형량: 판례는 '공적 견해표명에 따른 행정권의 행사가 공익 또는 제3자의 정당한 이익을 현저히 해할 우려가 있는 경우가 아니어야 한다는 것'을 신뢰보호의 원칙이 적용되기 위한 소극적 요건으로 보고 있으나 이를 신뢰보호의 원칙의 적용요건으로 보기보다는 신뢰보호의 원칙의 적용에 있어서의 신뢰보호 이익과 공익(합법성원칙 포함) 사이의 이익형량의 문제로 보는 것이 타당하다.

〈판례〉 행정청이 앞서 표명한 공적인 견해에 반하는 행정처분을 함으로써 달성하려는 공익이 행정청의 공적 견해표명을 신뢰한 개인이 그 행정처분으로 인하여 입게 되는 이익의 침해를 정당화할 수 있을 정도로 강한 경우에는 신뢰보호의 원칙을 들어 그 행정처분이 위법하다고는 할 수 없다(대판 1998. 11. 13, 98두7343).

신뢰보호 이익과 공익(합법성원칙 포함) 사이의 이익형량

신뢰보호의 원칙과 합법성 원칙이 충돌하는 경우의 해결에 관하여 법적합성우위설과 동위설이 대립하고 있다. **법적합성우위설**은 행정의 합법성의 원칙이 행정의 법적 안정성의 원칙 및 그로부터 도출되는 신뢰보호의 원칙보다 우월하다고 보는 견해이다. **동위설 (이익형량설)**은 법적합성의 원칙과 신뢰보호의 원칙은 다 같이 법치국가원리의 내용을 이루는 것이므로 동일한 효력을 갖는다고 보는 견해이다. 동위설이 타당하다.

동위설에 의하면 합법성의 원칙과 신뢰보호의 원칙이 충돌하는 경우에는 합법성의 원칙에 따른 처분을 통하여 달성하는 공익과 행정작용의 존속에 대한 상대방의 신뢰가 침해됨으로써 발생되는 불이익을 이익형량하여 결정하여야 한다.

신뢰보호의 이익과 공익 또는 제3자의 이익이 상호 충돌하는 경우에는 이들 상호간에 이익형량을 하여야 한다(대판 2002. 11. 8, 2001두1512).

〈판례〉1. 종교법인이 도시계획구역 내 생산녹지로 답인 토지에 대하여 종교회관 건립을 이용목적으로 하는 토지거래계약의 허가를 받으면서 담당공무원이 관련 법규상 허용된다 하여 이를 신뢰하고 건축준비를 하였으나 그 후 당해 지방자치단체장이 다른 사유를 들어 토지형질변경허가신청을 불허가 한 것을 다툰 사안에서 지방자치단체장이 토지형질변경불허가로 달성하려는 공익, 즉 당해 토지에 대하여 그 형질변경을 불허하고 이를 우량농지로 보전하려는 공익이 위 형질변경이 가능하리라고 신뢰한 종교법인이 입게 될 불이익보다 더 큰 것이 아니라고 보면서 당해 처분이 위법한 처분이라고 판시한 사례(대판 1997. 9. 12, 96누18380). 2. 혈중 알콜 농도가 0.15%인 상태에서 음주운전을 한 자에 대해 담당 경찰공무원의 전산입력 착오로 운전면허정지 대상자로 분류되어 100일 운전면허정지처분을 내린 후 운전면허취소처분을 한 것은 당사자의 신뢰 및 법적 안정성을 크게 저해하는 것이 되어 허용될 수 없다고 판시한 사례(대판 2000. 2. 25, 99두10520).

(3) 적 용 례

신뢰보호의 원칙이 적용되는 경우로는 수익적 행정행위의 취소 또는 철회의 제한, 실권의 법리, 확약의 법적 근거, 행정계획에 있어서 계획보장청구권, 행정의 자기구속의 법리, 신뢰보호의 원칙에 반하는 처분의 취소, 신뢰보호의 원칙 위반을 이유로 한 국가배상청구 등이 있다.

7. 실권(실효)의 법리

(1) 의 의

실권(失權)의 법리라 함은 행정청에게 취소권, 영업정지권 또는 철회권 등 권리 행사의 기회(가능성)가 있음에도 불구하고 행정청이 장기간에 걸쳐 그의 권리를 행사하지 아니하였기 때문에 상대방인 국민이 행정청이 더 이상 그의 권리를 행사하지 아니할 것으로 신뢰할 만한 정당한 사유가 있게 되는 경우에는 그 권리를 행사할 수 없다는 법리를 말한다. 실권(실효)의 법리는 신뢰보호원칙의 파생법리이다.

(2) 근 거

행정기본법은 실권(실효)의 법리를 행정법의 일반원칙의 하나로 선언하고 있다. 즉, 행정청은 권한 행사의 기회가 있음에도 불구하고 장기간 권한을 행사하지 아니하여 국민이 그 권한이 행사되지 아니할 것으로 믿을 만한 정당한 사유가 있는 경우에는 그 권한을 행사해서는 아니 된다. 다만, 공익 또는 제3자의 이익을 현저히 해칠 우려가 있는 경우는 예외로 한다(제12조 제2항). 실권의 법리는 행정기본법 제23조의 제재처분의 제척기간과 중첩하여 적용될 수 있다.

(3) 요   건

실권의 법리가 적용되기 위한 **요건**은 다음과 같다.

① 행정청이 취소사유나 철회사유 등을 앎으로써 권리행사 가능성이 있었어야 한다. 법규 위반행위로 형사처벌을 받았지만 행정적 제재가 오랜 기간 행해지지 않은 경우에 교통법규 위반행위에 대한 운전면허의 취소 또는 정지와 같이 법규 위반행위를 단속한 행정기관과 제재처분행정기관이 동일한 행정조직체(경찰청)에 속하는 경우에는 이 요건을 충족한 것으로 볼 수 있지만, 법규 위반행위(예, 감정평가사의 허위감정)를 단속한 행정기관(경찰 또는 검찰)과 제재처분(예, 자격의 취소, 업무정지 등)행정기관(예, 국토교통부장관)이 다르고, 법규 위반행위를 단속한 행정기관이 제재처분행정기관에게 그 위반사실을 통지하지 않은 경우 통상 이 요건을 충족하지 않은 것으로 보아야 한다.

② 행정권 행사가 가능함에도 불구하고 행정청이 장기간 권리행사를 하지 않았어야 한다.

③ 상대방인 국민이 행정청이 이제는 권리를 행사하지 않을 것으로 신뢰하였고 그에 정당한 사유가 있어야 한다.

〈판례〉 원고가 행정서사(현행 행정사)업허가를 받은 때로부터 20년이 다 되어 피고가 그 허가를 취소한 것이기는 하나 피고가 취소사유를 안 것이 최근이고, 취소사유를 알고서도 그렇게 장기간 취소권을 행사하지 않은 것이 아니고 취소사유를 알고 그에 관한 법적 처리방안에 관하여 다각도로 연구검토가 행해졌고 그러한 사정은 원고도 알고 있었음이 기록상 명백하여 이로써 본다면 상대방인 원고에게 취소권을 행사하지 않을 것이란 신뢰를 심어 준 것으로 여겨지지 않으니 피고의 처분이 실권의 법리에 저촉된 것이라고 볼 수 있는 것도 아니라고 한 사례(대판 1988. 4. 27, 87누915[행정서사허가취소처분취소]). 〈해설〉 이 사안에서 신뢰보호원칙도 문제되었는데, 판례는 행정서사의 허가를 받을 자격이 없는 원고가 행정청의 착오로 그 허가를 받았다가 그 후 그것이 드러나 허가취소됨으로써 입게 되는 불이익보다는 자격 없는 자에게 나간 허가를 취소하여 공정한 법 집행을 함으로써 법질서를 유지시켜야 할 공익상의 필요가 더 크다고 하면서 당해 행정서사허가취소처분이 신뢰보호의 원칙에 반하지 않는다고 보았다.

실권의 법리는 신뢰보호의 원칙의 파생법리인 특별법리이다. 따라서, 실권의 법리가 성립되면 신뢰보호의 원칙 보다 우선 적용된다. 실권의 법리가 성립하지 않는 경우에 신뢰보호의 원칙의 적용요건이 충족되면 신뢰보호의 원칙이 적용된다.

(4) 효   력

실권의 법리의 적용요건에 해당하는 경우 행정청이 갖고 있는 취소권, 철회권, 영업정지권 등 제재권은 소멸되고, 실권의 법리에 위반한 제재처분은 위법하다.

8. 적법절차의 원칙

적법절차의 원칙이란 개인의 권익을 제한하는 모든 국가작용은 적법절차(due process)에 따라 행하여져야 한다는 원칙이다. 적법절차의 원칙은 헌법 제12조, 행정절차법에서 확인되고 있으며 법치국가원리, 기본권 보장규정, 정의의 원칙으로부터 도출된다.

적법절차의 원칙은 절차상의 적법성뿐만 아니라 법률의 구체적 내용도 합리성과 정당성을 갖춘 실체적인 적법성이 있어야 한다는 것을 포함한다(헌재 1992. 12. 24, 92헌가8).

헌법 제12조 제1항에서 규정하고 있는 적법절차의 원칙은 형사소송절차에 국한되지 아니하고 모든 국가작용 전반에 대하여 적용된다(헌재 1992. 12. 24. 선고 92헌가8 결정 등 ; 대판 2014. 6. 26, 2012두911). 행정절차법은 적법절차의 원칙을 구체화한 법이다. 행정절차법에 규정이 없는 경우에도 행정권 행사가 적정한 절차에 따라 행해지지 아니한 경우에는 그 행정권 행사는 적법절차의 원칙 위반으로 위헌·위법이다(대판 전원합의체 2012. 10. 18, 2010두12347).

9. 신의성실의 원칙

(1) 의   의

신의성실의 원칙은 모든 사람은 공동체의 일원으로서 상대방의 신뢰를 헛되이 하지 않도록 성의 있게 행동하여야 한다는 원칙이다. 신의성실의 원칙이나 권리남용금지의 원칙은 민법만의 법원칙은 아니며 행정법을 포함한 모든 법의 일반원칙이다.

행정기본법은 불문법인 신의성실의 원칙을 행정법의 일반원칙의 하나로 선언하고 있다. 다만, **성실의무의 원칙**으로 명칭을 달리하여 규정하고 있다. 즉, 행정청은 법령등에 따른 의무를 성실히 수행하여야 한다(행정기본법 제11조 제1항). **행정절차법**은 행정청은 직무를 수행할 때 신의(信義)에 따라 성실히 하여야 한다고 규정하고 있다(제4조 제1항).

(2) 내 용

행정청이 심히 부당하게 처분을 늦추고, 그 사이에 허가기준을 엄격하게 변경하는 법령개정을 하고 개정된 법령에 근거하여 거부처분을 하는 것은 신의성실의 원칙에 반한다(대판 1984. 5. 22, 84누77).

행정법상 신청을 할 수 없게 한 장애사유를 행정청이 만든 경우에 행정청이 원인이 된 장애사유를 근거로 그러한 신청을 인정하지 않는 것은 신의성실의 원칙에 반하여 허용될 수 없다(대판 2019. 1. 31, 2016두52019 등).

신의성실의 원칙에 위배된다는 이유로 그 권리의 행사를 부정하기 위하여는 상대방에게 신의를 주었다거나 객관적으로 보아 상대방이 그러한 신의를 가짐이 정당한 상태에 이르러야 하고, 이와 같은 상대방의 신의에 반하여 권리를 행사하는 것이 정의 관념에 비추어 용인될 수 없는 정도의 상태에 이르러야 하고, **일반 행정법률관계에서 관청의 행위에 대하여 신의칙이 적용되기 위해서는** 합법성의 원칙을 희생하여서라도 처분의 상대방의 신뢰를 보호함이 정의의 관념에 부합하는 것으로 인정되는 특별한 사정이 있을 경우에 한하여 **예외적으로 적용**된다(대판 2004. 7. 22, 2002두11233).

법에 따른 처분이 신의성실의 원칙에 반하는 경우 위법한 처분이 되는가 하는 것은 구체적인 사안에서의 신의성실의 원칙의 보호가치와 적법성의 원칙의 보호가치를 비교형량하여 판단하여야 한다(대판 2004. 7. 22, 2002두11233).

〈모의사례〉 甲이 건축법령상의 요건에 맞게 4층의 연립주택을 건축하려고 건축허가를 신청한 경우에 인근주민이 반대하는 민원을 세기하였고, 행정기관이 甲에게 민원을 제기한 인근주민과 협의하여 인근주민의 당해 건축에 대한 동의를 받을 것을 권고하며 건축허가를 보류하였고, 이에 따라 甲이 오랜 기간 동안 성의를 다하여 인근주민과 협의를 하였으나 협의에 이르지 못하였고, 그러던 중 건축관계법령이 바뀌어 3층 이하의 연립주택만 지을 수 있게 됨에 따라 행정기관이 처분시의 법령을 적용하여야 한다는 원칙에 따라 건축허가거부처분을 내린 경우에 그 건축허가거부처분은 신의성실의 원칙에 반하는 처분이라고 보아야 한다.

신의성실의 원칙은 당사자간에 계약 등 구체적인 관계가 있을 때에만 적용되는 것으로 보는 것이 일반적 견해이다. 따라서 그러한 관계를 전제로 하지 않는 행정작용에는 적용될 수 없다.

10. 권한남용금지의 원칙

(1) 의 의

행정법상 권한의 남용이란 행정기관의 권한을 법상 정해진 공익 목적에 반하여 행사하는 것을 말한다. 권한남용금지의 원칙은 법치국가원리 내지 법치주의에 기초한 것이다(대판 2016. 12. 15, 2016두47659). 권한남용금지의 원칙은 행정의 목적 및 행정권한을 행사한 행정공무원의 내심의 의도까지 통제하는 원칙이다.

행정기본법은 불문법인 권한남용금지의 원칙을 행정법의 일반원칙의 하나로 선언하고 있다. 즉, 행정청은 행정권한을 남용하거나 그 권한의 범위를 넘어서는 아니 된다(행정기본법 제11조 제2항).

(2) 내   용

행정권을 본연의 목적이 아니라 **부정한 목적**(사적 목적, 정치적 목적, 전혀 다른 공익목적 등)으로 행사한 경우 외형적으로 행정권한의 범위내의 행사라도 권한남용이 된다.

〈판례〉 세무조사가 과세자료의 수집 또는 신고내용의 정확성 검증이라는 본연의 목적이 아니라 **부정한 목적**을 위하여 행하여진 것이라면 이는 세무조사에 중대한 위법사유가 있는 경우에 해당하고 이러한 세무조사에 의하여 수집된 과세자료를 기초로 한 과세처분 역시 위법하다(대판 2016. 12. 15, 2016두47659).

① 행정법상의 권한이 **사적(개인적) 목적**으로 행사된 경우에 권한의 남용이 됨은 명백하다. 예를 들면, 공무원이 영업허가의 취소권을 허가취소의 대상이 되는 영업자와 경쟁관계에 있고 본인이 잘 알고 있는 다른 영업자의 이익을 위하여 행사한 것은 권리의 남용이 된다.

② 행정권을 **정치적 목적**으로 행사하는 것도 권한남용에 해당한다.

③ 행정기관의 권한이 법상 정해진 목적과 **전혀 다른 공익 목적**을 위하여 행사된 경우에 그것은 권한의 남용에 해당한다. 그러나 행정목적을 위하여 행정기관 상호간에 협력할 의무도 있다고 보아야 하므로 행정청의 권한과 **실질적 관련**이 있는 다른 공익목적을 실현하기 위하여 행사되는 한에서는 권한의 남용에 해당하지 않는다고 보아야 할 것이다.

11. 부당결부금지의 원칙

(1) 의   의

부당결부금지의 원칙이라 함은 행정기관이 행정권을 행사함에 있어서 그것과 실질적인(실제적인) 관련이 없는 의무를 부과하거나 권익을 제한(급부의 배제 포함)해서는 안 된다는 원칙을 말한다.

행정기본법은 불문법인 부당결부금지의 원칙을 행정법의 일반원칙의 하나로 선언하고 있다. 즉, 행정청은 행정작용을 할 때 상대방에게 해당 행정작용과 실질적인 관련이 없는 의무를 부과해서는 아니 된다(행정기본법 제13조). 행정기본법은 실질적 관련이 없는 '의무'의 부과만을 금지하는 것으로 규정하고 있지만, 실질적 관련이 없는 권익의 제한(급부의 배제 포함)(예, 관허사업허가의 거부, 보조금지급의 거부, 수도나 전기공급의 거부, 관련없는 운전면허의 취소)도 부당결부금지의 원칙상 금지된다고 보아야 한다.

부당결부금지의 원칙은 실질적 관련이 없는 것에 대한 행정권 행사를 통제하는 점에서는 권한남용금지의 원칙과 동일하다. 그러나, 부당결부금지의 원칙은 행정권 행사의 객관적 관련성을 통제하는 반면에 권한남용금지의 원칙은 행정청의 주관적 의사(부정목적, 남용의사)를 통제하는 점에서 차이가 있다. 그리고 부당결부금지의 원칙은 행정기관의 법령상 규정된 권한 범위밖의 권한행사를 실질적 관련성의 한도내로 통제하는 반면에, 권한남용금지의 원칙은 외형적으로 법령상 규정된 권한 범위내이지만 부정한 행정목적(의사)으로 행사하는 것을 통제한다.

(2) 내   용

행정권의 행사와 그에 결부된 반대급부나 의무 사이에 목적과 원인에서 실질적 관련성이 있어야 하며 실질적 관련성이 없는 경우에 당해 행정권 행사는 부당결부금지의 원칙에 반한다.

보다 구체적으로 말하면 행정권 행사(수익적 행정행위)가 반대급부(부관)의 원인이 되어야 하고(원인적 관련성(예, 주택건설사업계획승인시 조건으로 환경피해방지 조치의무를 부과하는 것)), 반대급부(부관)가 행정권 행사(수익적 행정행위)의 목적과 실질적 관련(목적적 관련성(예, 승용차 음주운전으로 인한 운전면허취소시 보통면허뿐만 아니라 대형면허도 취소하는 것))이 있어야 한다.

(3) 적 용 례

부당결부금지의 원칙은 처분, 공법상 계약, 부관 등 모든 행정작용에 적용된다.

1) 기부채납의무의 부담

수익적 행정행위, 특히 주택사업계획 승인처분을 행하면서 일정한 토지 또는 시설의 기부채납의무를 부담으로 부과하는 것이 부당결부금지의 원칙에 반하는 것인지가 문제된다. 기부채납이라 함은 재산을 국가나 지방자치단체에 기부(무상으로 증여)하여 국가나 지방자치단체가 그 소유권을 취득하는 것을 말한다.

예를 들면, 주택사업계획을 승인하면서 진입도로의 개설 또는 확장, 해당 아파트공원조성(원인적·목적적 관련성), 학교부지의 조성과 함께 그의 기부를 의무지우는 것, 사업시행자에게 학교용지부담금의 납부를 의무지우는 것(원인적 관련성)은 당해 토지 또는 시설이 대규모주택사업으로 필요하게 된 것이고, 당해 공공시설은 당해 주택사업계획의 승인에 따라 건설된 주택에 입주한 자가 주로 이용하는 시설이므로 주된 이용자가 이들 시설을 부담하는 것이 타당하다. 그러나, 주택건설사업과 실질적 관련이 없는 토지(예, 시립도서관부지, 주택건설사업으로 초래된 지방도 확장을 위한 부지)를 기부채납하라는 부관은 부당결부금지의 원칙에 반하여 위법하다.

2) 관허사업의 제한

행정법규의 위반에 대하여 관허사업을 제한(거부)하는 것이 부당결부금지의 원칙에 반하는 것인지가 문제된다. 이 경우에는 행정법규 위반과 당해 관허사업의 제한 사이에 실질적 관련이 있는지 여부가 그 판단기준이 된다. 예를 들면, 건축법에 위반하는 위법건축물을 사용하여 행할 영업에 대한 허가를 거부하는 것(관련관허사업의 제한)은 부당결부금지의 원칙에 반하는 것은 아닐 수 있지만, 당해 위법건축물을 사용하지 않는 다른 영업허가를 거부하는 것(일반관허사업의 제한)은 부당결부금지의 원칙에 반한다고 볼 수 있다.

(4) 근거 및 효력

부당결부금지의 원칙은 어디로부터 도출되며 어떠한 법적 효력을 갖는가.

부당결부금지의 원칙은 법치국가의 원리와 자의금지의 원칙으로부터 도출된다고 보면서 부당결부금지의 원칙은 헌법적 효력을 갖는다는 견해(헌법적 효력설)가 있지만, 부당결부금지의 원칙의 직접적 근거는 권한법정주의 및 권한남용금지의 원칙에 있다고 보는 것이 타당하므로 부당결부금지의 원칙은 법률적 효력을 갖는 법원칙으로 보는 견해(법률적 효력설)가 타당하다.

부당결부금지의 원칙의 효력의 문제는 법률에서 행정권의 행사에 있어서 반대급부와 결부시킬 수 있는 것으로 명문으로 규정한 경우에 논할 실익이 있다. 즉, 부당결부금지의 원칙이 법률적 효력을 가지는 원칙이라면 법률에서 정한 반대급부가 행정권 행사와 실질적 관련이 없다고 여겨지는 경우, 따라서 이론상 부당결부금지의 원칙에 반하는 경우에도 당해 법률에 근거한 행정권 행사는 적법하다고 보아야 한다. 다만, 결부된 반대급부가 전혀 공익목적에 기여하지 않는 경우에는 그러한 사항을 정하는 법률규정은 비례원칙 위반으로 위헌이라고 보아야 한다. 만약 부당결부금지의 원칙이 헌법적 효력을 갖는 원칙이라면 부당결부금지의 원칙에 반하는 행정권 행사는 법률에 근거한 것이라도 위법한 것이 된다.

(5) 위반의 효과

부당결부금지의 원칙에 반하는 행정권 행사는 위법한데, 무효인가, 취소할 수 있는 행위인가는 중대명백설에 따른다. 행정권의 행사와 결부된 반대급부 사이에 실질적 관련성이 있는지 여부에 대하여 다툼의 여지가 있는 경우에는 당해 행정권 행사가 위법한지 여부가 명백하지 않으므로 당해 행정권 행사는 취소할 수 있는 행위에 불과한 것으로 보아야 한다. 이에 반하여 행정권 행사와 아무런 관련이 없는 급부를 명하는 경우에는 당해 부관은 무효라고 보아야 할 것이다.

주택사업계획승인에 붙여진 그 주택사업과는 아무런 관련이 없는 토지를 기부채납하도록 하는 부관을 위법하지만 당연무효라고 볼 수 없다고 한 대법원 판례가 있는데(대판 1997. 3. 11, 96다49650), 이는 중대명백설에 비추어 타당하지 않다.

12. 공익(목적)의 원칙

공익의 원칙(공익목적의 원칙)이라 함은 행정권은 공익목적을 위해 행사되어야 한다는 원칙이다(대판 2015. 1. 29, 2014두40616). 행정권을 공익목적이 아닌 목적(사적 목적, 정치적 목적)으로 행사하면 권한남용에 해당하여 그것만으로 위법하다. 또한, 재량권 행사에 있어서는 공익의 실현을 고려하여야 하고, 이익형량에서 관련 공익을 고려하여야 한다. 다만, 공익을 목적으로 하면서 관련되는 사익을 부수적으로 고려하고 조정하는 것은 가능하다.

13. 자기책임의 원칙(책임주의원칙)

자기책임의 원칙이라 함은 누구든지 자기에게 책임이 있는 경우에 한하여 책임을 지며 불가항력이나 전혀 무관한 제3자의 행위로 인한 것에 대해서는 책임을 지지 않는다는 원칙이다. 자기책임의 원칙은 **책임주의** 또는 **책임주의원칙**이라고도 한다.

자기책임원리는 법치주의에 당연히 내재하는 원리이다(헌재 2013. 5. 30, 2011헌바360등; 2015. 3. 26, 2012헌바381등). 책임의 원칙 또는 책임주의는 행정법상 처분에도 적용된다는 것이 판례의 입장이다(대판 전원합의체 2019. 2. 21, 2014두12697 ; 대판 2017. 4. 26, 2016두46175).

Ⅳ. 조   리

조리란 사회 일반의 정의감에서 마땅히 그러하여야 할 것이라고 인정되는 것을 말한다. 조리는 동양의 관념으로는 '도리', 서양의 관념으로는 '정의 또는 형평'과 동의어라고 할 수 있다.

조리는 법원으로서 어떠한 효력을 갖는가. ① 조리는 법해석의 기본원리가 된다. 법령은 가능한 한 조리에 맞도록 해석하여야 한다. ② 조리는 법의 흠결이 있는 경우에 최종적이고 보충적인 법원이 된다. 법원은 적용할 법이 없다는 이유로 재판을 거부할 수 없고 이 경우에는 조리에 따라 재판하여야 한다. ③ 판례는 조리에 기초하여 국가배상법상 행정기관의 안전관리의무(손해방지의무)를 인정하고 있다(후술 국가배상 참조).

제 4 절 법원의 단계구조

I. 법원의 상호관계

행정법의 법원(法源)은 다음과 같은 상하의 관계에 있다. 가장 상위의 효력을 갖는 법으로부터 가장 하위의 효력을 갖는 법원의 순서로 열거하면 다음과 같다. 헌법 및 헌법적 효력을 갖는 법의 일반원칙 – 법률, 국회의 동의를 받은 조약, 국회의 승인을 받은 긴급명령 – 법률적 효력을 갖는 법의 일반원칙 – 명령(대통령령 – 총리령 또는 부령) – 자치법규(조례 – 규칙).

명령은 제정권자의 우열에 따라 다음과 같이 상위법과 하위법의 효력관계에 있다. 대통령령 – 총리령 또는 부령(총리령과 부령은 상하의 관계에 있지 않다). 자치법규는 다음과 같이 상위법과 하위법의 관계에 있다. 광역자치단체의 자치법규(조례 – 규칙) – 기초자치단체의 자치법규(조례 – 규칙). 동일단계인 자치단체의 조례와 규칙 사이에는 지방의회가 제정하는 조례가 지방자치단체의 장이 제정하는 규칙보다 상위법이다.

동일한 효력을 갖는 법 상호간에 모순이 있는 경우에는 특별법우선(特別法優先)의 원칙과 신법우선(新法優先)의 원칙에 의해 특별법이 일반법보다, 신법이 구법보다 우선한다. 또한, 특별법우선의 원칙이 신법우선의 원칙보다 우월하므로 구법인 특별법이 신법인 일반법보다 우선한다.

II. 위헌·위법인 법령의 효력과 통제

상위법에 위반되는 하위법규정은 위법한 법규정이 된다.

하위법령은 그 규정이 상위법령의 규정에 명백히 저촉되어 무효인 경우를 제외하고는 관련 법령의 내용과 입법 취지 및 연혁 등을 종합적으로 살펴서 그 의미를 상위법령에 합치되는 것으로 해석하여야 한다(대법원 2012. 10. 25. 선고 2010두3527 판결 등 참조). 이를 **상위법령합치적 법령해석**이라 한다. 즉, 하위 법령의 규정이 상위 법령의 규정에 저촉되는지 여부가 명백하지 않고 하위법령의 의미를 상위법령에 합치되는 것으로 해석하는 것이 가능한 경우에는 하위법령이 상위법령에 위반된다는 이유로 쉽게 무효를 선언할 것은 아니다(대판 2016. 12. 15, 2014두44502 ; 2020. 3. 26, 2017두41351).

상위법령이 그보다 상위의 법에 반하여 위법한 경우에는 하위법은 최상위의 법에 위반하지 않는 한 위법한 법이 되지 않는다.

위법한 법규정의 효력은 어떠한가. ① 헌법에 위반되는 법률은 법원의 위헌법률심판의 제청에 따라 헌법재판소에 의한 위헌법률심사(違憲法律審査)의 대상이 된다. 헌법재판소의 결정에 의해 위헌판결이 나면 그 법률은 장래에 향하여 효력을 상실한다. ② 헌법 및 상위법령에 위반하는 명령 또는 자치법규는 구체적인 사건에서 재판의 전제가 된 경우에 법원의 심사의 대상이 되며 위헌 또는 위법이 확인된 명령 또는 자치법규는 당연히 효력을 상실하는 것이 아니며 당해 사건에 한하여 적용이 배제된다. ③ 처분적 명령이 무효확인소송의 대상이 되어 무효확인된 경우에는 처음부터 효력이 없었던 것으로 확인된다. 다만, 명령의 처분성을 넓게 보는 경우 당해 처분적 명령에 근거하여 무효확인판결 전에 행해진 처분에 대하여도 소급효가 미치는지에 대하여는 논란의 여지가 있다. ④ 명령에 대한 헌법소원이 인용된 경우 당해 명령의 효력은 결정의 유형(단순위법결정, 불합치결정, 한정위법결정, 한정합법결정)에 따라 다르다. ⑤ 상위법령에 반하는 조례안은 일정한 요건하에 지방자치법상의 기관소송(무효확인소송)의 대상이 된다.

제 5 절   행정법의 집행과 행정법의 해석

행정법의 집행은 구체적인 행정문제에 일반적 추상적인 행정법을 적용하는 과정이다. 이는 삼단논법의 방식에 의한다. 행정문제를 조사하여 사실관계를 확정하고, 적용할 행정법을 선택하여 일반적이고 추상적인 행정법을 해석하고, 구체적인 행정문제를 행정법에 포섭하는 방식 달리 말하면 행정법을 구체적인 행정문제에 적용하는 방식에 의한다.

일반법보다 특별법을 우선 적용하고, 특별법에 규정이 없는 사항에 대해서는 일반법을 적용한다.

법령에 따라 처분을 하려면 처분요건의 충족이 사실로 인정되어야 한다. 처분요건충족사실은 관련서류만으로 인정되는 경우도 있고, 관련서류만으로 인정되지 못하는 경우에는 관련서류와 함께 사실조사를 통해 인정되어야 한다. 처분사실의 존재는 단순한 가능성만으로는 안 되고 **최소한 개연성**(다만, 제재처분의 경우 고도의 개연성)이 인정되어야 한다. 판결에서는 행정에서 보다 엄격한 입증(민사·행정소송에서는 고도의 개연성의 입증(통상인이라면 의심을 품지 않을 정도의 입증), 형사소송에서는 합리적 의심의 여지가 없을 정도의 입증)이 행해지므로 행정기관은 특별한 사정(고도로 전문적인 사실의 인정 등)이 없는 한 확정판결에 의해 인정된 사실을 따라야 한다.

행정법의 해석은 가능한 한 법률에 사용된 **문언**의 통상적인 의미에 충실하게 해석하는 것을 우선으로 하여야 하고, 다만 문언의 통상적 의미를 벗어나지 아니하는 범위 내에서는 법률의 **입법 취지와 목적**, 제·개정 연혁, 법질서 전체와의 조화, 다른 법령과의 관계 등을 고려하는 **체계적·논리적 해석방법**을 추가적으로 활용할 수 있다(대판 2017. 12. 22, 2014다223025).

누구든지 법령등의 내용에 의문이 있으면 법령을 소관하는 중앙행정기관의 장(이하 "법령소관기관"이라 한다)과 자치법규를 소관하는 지방자치단체의 장에게 법령해석을 요청할 수 있다(행정기본법 제40조 제1항). 법령 소관 행정기관의 법령해석을 유권해석이라 한다.

법령소관기관이나 법령소관기관의 해석에 이의가 있는 자는 대통령령으로 정하는 바에 따라 법령해석업무를 전문으로 하는 기관(민사·상사·형사, 행정소송, 국가배상 관계 법령 및 법무부 소관 법령과 다른 법령의 벌칙조항에 대한 해석인 경우에는 법무부, 그 밖의 모든 행정 관계 법령의 해석인 경우에는 법제처(법제업무운영규정 제29조 제1항))에 법령해석을 요청할 수 있다(행정기본법 제40조 제3항).

제3장 공법관계(행정법관계)와 사법관계

제1절 행정법관계의 의의 및 공법관계와 사법관계의 구별

I. 행정상 법률관계와 행정법관계의 의의

행정활동을 기초로 하여 맺어지는 법률관계를 **행정상 법률관계**라고 말한다. 법률관계란 법주체 상호간의 권리의무관계를 말한다. 행정상 성립되는 법률관계에는 행정주체와 국민 간에 맺어지는 법률관계와 행정주체와 공무원 간에 맺어지는 법률관계, 행정주체 상호간에 맺어지는 법률관계가 있다.

행정상 법률관계가 모두 행정법관계는 아니다. **행정법관계**는 행정상 법률관계 중 공법이 적용되는 법률관계(공법관계)를 말한다. 따라서 행정법관계는 공법관계와 동의어로 사용된다.

II. 공법관계(공법행위)와 사법관계(사법행위)의 구별

공법과 사법이 구별되므로 원칙상 공법에 의해 규율되는 공법관계와 원칙상 사법에 의해 규율되는 사법관계를 구별하여야 한다.

1. 공법관계와 사법관계의 구별실익

(1) 적용법규 및 적용법원리의 결정

우선 적용할 법규정과 적용할 법원리를 결정하기 위하여 문제의 법률관계가 공법관계(권력관계 또는 관리관계)인지 사법관계인지 구별할 필요가 있다.

행정상 법률관계 중 사법관계(국고관계)에는 사법규정 및 사법원리가 적용된다. 다만, 행정사법관계에는 일부 공법적 규율이 행해진다.

공법관계를 적용대상으로 하는 법은 공법이 되며 공법원리에 맞게 해석되어야 한다. 공법관계에 적용할 법규정이 존재하지 않는 경우에는 우선 공법규정을 유추적용하여야 한다. 유추적용할 공법규정도 없는 경우에는 권력관계에 대하여는 공법원리에 맞게 민법상의 일반법원리적 규정을 유추적용하고, 관리관계에 대하여는 사법이 널리 적용되지만, 공익의 보호를 위하여 필요한 한도 내에서는 사법규정을 수정하여 적용하여야 한다.

(2) 소송형식 및 소송절차의 결정

① 공법관계에 관한 소송은 행정소송으로 제기하여야 하고, 사법관계에 관한 소송은 민사소송으로 제기하여야 한다. 처분에 대하여는 항고소송을 제기하고, 공법상 법률관계에 관한 분쟁에 있어서는 공법상 당사자소송을 제기하여야 한다.

민사소송의 관할법원은 1심이 지방법원 또는 지방법원지원 또는 시군법원이고, 2심이 고등법원이고, 3심이 대법원이다. 행정소송은 1심이 행정법원이 있는 서울에서는 행정법원이고, 행정법원이 없는 지역에서는 지방법원 합의부이고, 2심이 고등법원이고, 3심이 대법원이다.

② 행정소송은 행정소송법에서 민사소송과는 다른 특별한 소송절차를 규정하고 있다.

2. 공법관계와 사법관계의 구별기준

공법관계(공법행위)와 사법관계(사법행위)의 구별은 기본적으로 **관련법규정과 법률관계(행위)의 성질**을 고려하여 결정하여야 한다.

(1) 제1차적 기준: 관련법규정

우선 문제의 법률관계를 규율하는 관련법규정이 제1차적 기준이 된다.

① 관련법규가 문제의 법률관계가 공법관계라는 것을 전제로 하고 있는 법규정인 경우에는 그 법률관계는 공법관계이다. 공법에 의해 규율되는 법률관계는 공법관계이다.

예를 들면, 법규정이 행정상 강제집행 등 권력적 행위를 대상으로 하는 경우에 그 법규는 공법이며 그 대상이 되는 행위는 공법행위가 된다. 그리고 행정상 강제집행을 인정하고 있는 경우 그 대상이 되는 의무는 공법상 의무로 추정된다. 그러나, 행정의 편의를 위하여 사법상의 금전급부의무(예, 대부료지급의무)의 불이행에 대하여 국세징수법 중 체납처분에 관한 규정을 준용하는 경우가 있는데, 이 경우에는 해당 사법상 의무는 법에 의해 행정상 강제징수의 대상이 되는 것으로 규정되어 있다고 하더라도 여전히 사법상 의무이며 공법상 의무가 되지 않는다(대판 1993. 12. 21, 93누13735). 그러나, 체납처분행위는 공법행위이고, 특별한 사정이 없는 한 민사소송의 방법으로 대부료 등의 지급을 구하는 것은 허용되지 아니한다(대판 2014. 9. 4, 2014다203588[건물인도등]). 또한 법적 분쟁에 대하여 행정상 쟁송(행정심판 또는 행정소송)을 제기하도록 규정하고 있는 경우에 그 규율대상이 되고 있는 행위 또는 권리는 공법행위 또는 공권이라고 추정된다.

② 어떤 법률관계(행정작용)가 사법형식에 의해 규율되고 있는 것이 명백한 경우에 그 법률관계(행정작용)는 사법관계(사법행위)가 된다.

(2) 제2차적 기준: 법률관계(또는 행위)의 성질

관련법규에 의해 공법관계(공법행위)와 사법관계(사법행위)가 명확하게 구별되지 못하는 경우가 있는데 이 경우에는 관련법규정과 함께 법률관계(또는 행위)의 성질을 기준으로 공법관계와 사법관계를 구별하여야 한다.

법률관계의 성질을 기준으로 한 공법관계와 사법관계의 구별에 관하여 공법과 사법의 구별에 있어서처럼 권력설, 이익설 및 귀속설 등이 대립되고 있다.

1) 주 체 설

주체설은 적어도 한 쪽 당사자가 행정주체인 법률관계를 공법관계로 보고, 양 당사자 모두 사인인 법률관계를 사법관계라고 보는 견해이다. 오늘날 주체설을 주장하는 학자는 없다.

2) 권력설(종속설, 복종설)

권력설은 행정주체에게 우월적 지위가 주어지는 지배복종관계인 법률관계는 공법관계로 보고, 양 당사자가 대등한 법률관계는 사법관계로 본다.

행정주체가 당사자가 되는 권력관계(권력행위)는 공법관계(공법행위)라는 점에서 권력설의 의의가 있다. 그러나, 이 견해는 오늘날 비권력적인 공법관계(행정법관계)가 널리 인정되고 있는 점에서 문제가 있다. 그리고 사법관계에도 예외적이기는 하지만 지배복종관계가 있다.

3) 이 익 설

이익설은 공익의 보호와 관계가 있는 법률관계를 공법관계로 보고, 사익에 관한 법률관계를 사법관계로 본다.

공법관계는 권력관계이든 비권력관계이든 모두 공익의 보호와 관련이 있고, 사법관계는 사익에 관한 법률관계인 점에서 이익설이 공법관계와 사법관계의 일반적인 구별기준이 될 수 있다. 그러나, 공익과 사익의 구별이 상대적이고, 공법관계는 공익의 보호와 함께 사익의 보호와도 관련이 있고, 사법관계도 공익과 관련이 있는 경우가 있다는 점에서 이익설의 한계가 있다. 또한, 행정사법관계는 공익과 밀접한 관련이 있지만 기본적으로 사법관계이다.

4) 귀속설(신주체설)

귀속설은 공권력의 담당자의 지위를 갖는 자에게만 권리 또는 의무를 귀속시키는 법률관계가 공법관계이고, 누구에게나 권리 또는 의무를 귀속시키는 법률관계가 사법관계라고 본다. 여기에서 **공권력**은 공행정주체 일반에 부여되는 우월적 지위를 의미하며 일방적인 명령강제권을 의미하는 것은 아니다.

5) 결어: 복수기준설(종합설)

가. 복수기준설의 타당성   공법관계와 사법관계의 구별기준으로 제시된 이익설, 종속설 및 귀속설은 모두 중요한 구별기준을 제시하고 있지만 공법관계와 사법관계의 구별에 관한 완벽한 이론이 되지 못한다. 따라서, 위의 세 이론을 종합적으로 고려하여 문제의 법률관계(행위)가 공법관계(공법행위)인지 사법관계(사법행위)인지를 개별적으로 판단하여야 한다. 이를 **복수기준설**이라 한다. 복수기준설은 명확한 구별 이론이 되지 못하는 문제점을 갖고 있지만 공법관계와 사법관계의 구별에 관한 이론 중 가장 현실적인 이론이다.

나. 복수기준설의 적용

① 우선 관계법규에 비추어 행정주체에게 우월한 법적 지위를 부여하고 있는 경우에 그 법률관계(행위)는 공법관계(공법행위)인 권력관계(권력행위)일 가능성이 많다. 또한, 문제의 공법관계(공법행위)가 권력관계(권력행위)인가 비권력관계(비권력적 공법행위)인가를 구별할 필요가 있는 경우가 있는데, 이 경우에 권력설은 중요한 기준이 된다.

② 그리고, 이익설이 보충적인 기준이 될 수 있다. 즉, 공익의 보호가 고려되고 있는 것은 당해 법률관계를 공법관계로 해석하는 데 유리하게 작용한다. 행정주체에게 우월한 법적 지위를 인정하고 있지 않는 경우에도 그 법률관계(행위)의 공공성이 강한 경우에는 공법관계(공법행위)인 관리관계(비권력적 공행정작용)로 된다.

③ 그러나, 그 법률관계(행위)에 공공성이 인정되는 경우에도 그것을 규율하는 법이 명백한 사법규정이라고 판단되는 경우에는 사법형식에 의한 법률관계(또는 행정작용)로 되어 기본적으로 사법관계(사법행위)가 된다(행정사법관계(行政私法關係)).

④ 법률관계(행정작용)에 공공성이 없는 경우에는 그 법률관계(행정작용)는 사법관계(사법행위)가 된다. 문제의 법률관계가 사법관계와 유사하고, 사법관계와 다르게 규율할 필요가 없으면 사법관계이다.

⑤ 관련법규정 및 문제의 법률관계(또는 행위)의 성질에 의해 당해 법률관계(또는 행위)가 공법관계(또는 공법행위)인지 아니면 사법관계(또는 사법행위)인지 명확하지 않을 때, 달리 말하면 문제의 법률관계(또는 행위)가 공법관계(또는 공법행위)와 사법관계(또는 사법행위)의 한계선상에 있을 때에는 관련법규정 및 문제의 법률관계(또는 행위)의 성질 중 문제의 법률관계(또는 행위)를 공법관계(또는 공법행위)로 보아야 할 지

표들과 문제의 법률관계(또는 행위)를 사법관계(또는 사법행위)로 보아야 할 지표들을 종합적으로 고려하여 개별적으로 판단하여야 한다.

다. 공법관계와 사법관계의 구별에 관한 판결례

(가) 국유재산의 매매 또는 사용관계

① 국유 또는 공유의 잡종재산(일반재산)의 매각이나 대부는 행정처분이 아니며 그 계약은 사법상 계약이다(대판 2000. 2. 11, 99다61675).

② 국유 또는 공유재산인 행정재산의 사용허가는 행정행위(특허)이다(대판 1998. 2. 27, 97누1105).

③ 국유 또는 공유재산(일반재산 포함)의 무단점유에 대한 변상금부과처분은 행정처분이다.

〈판례〉 국유재산법 제51조 제1항은 국유재산의 무단점유자에 대하여는 대부 또는 사용, 수익허가 등을 받은 경우에 납부하여야 할 대부료 또는 사용료 상당액 외에도 그 징벌적 의미에서 국가측이 일방적으로 그 2할 상당액을 추가하여 변상금을 징수토록 하고 있으며 동조 제2항은 변상금의 체납시 국세징수법에 의하여 강제징수토록 하고 있는 점 등에 비추어 보면 국유재산의 관리청이 그 무단점유자에 대하여 하는 **변상금부과처분**은 순전히 사경제 주체로서 행하는 사법상의 법률행위라 할 수 없고 이는 관리청이 공권력을 가진 우월적 지위에서 행한 것으로서 행정소송의 대상이 되는 행정처분이라고 보아야 한다(대판 1988. 2. 23, 87누1046, 1047).

(나) 입찰관련행위

① 판례는 입찰계약(조달계약)을 사법상 계약으로 보고, 입찰보증금의 국고귀속 조치를 사법상 행위로 본다(대판 1983. 12. 27, 81누366).

② 법령에 근거한 행정기관의 입찰참가자격정지는 행정처분이다(대판 1983. 12. 27, 81누366). 계약(공법상 계약 또는 사법상 계약)에 근거한 입찰참가자격제한은 처분이 아니고 계약상의 의사표시(공법상 의사표시 또는 사법상 의사표시)이다.

Ⅲ. 개별적 구별

공법관계와 사법관계의 구별은 법률관계 전체에 대해 개괄적으로 하는 것이 아니라 개별적 법률관계마다 개별적으로 행하여진다. 그 이유는 오늘날 하나의 개괄적인 법률관계에 있어서 공법관계와 사법관계가 혼재되어 있는 경우가 적지 않기 때문이다.

Ⅳ. 2단계설

행정상 법률관계가 경우에 따라서는 기본적 결정과 구체화결정(발전적 결정)으로 단계적으로 형성되는 것으로 보면서 기본적 결정은 공법관계이고, 기본적 결정의 구체화결정(발전적 결정)은 사법관계로 보는 견해가 있는데, 이를 **2단계설**이라 한다.

일반적으로 2단계설은 2단계가 공법관계와 사법관계로 형성되는 경우만을 의미하는 것으로 보고 있는데, 성질이 다른 2개의 공법관계로 형성되는 경우(예, 공법상 계약의 상대방의 결정(처분)과 공법상 계약의 체결)도 2단계의 행정결정으로 보는 견해도 있다.

제 2 절 행정상 법률관계의 종류

행정상 법률관계는 공법관계와 사법관계로 구분되고 공법관계는 다시 권력관계와 관리관계(비권력적 공행정관계)로 구분된다. 사법관계에는 엄격한 의미의 사법관계인 국고관계와 사법관계이지만 일부 공법적 규율을 받는 행정사법관계(사법형식에 의한 공행정관계)가 있다.

Ⅰ. 공법관계

1. 권력관계

권력관계라 함은 행정주체가 우월적인 지위에서 국민에 대하여 일방적인 조치(법률행위 또는 사실행위)를 취하는 관계를 말한다. 권력관계의 예로는 권력적 법률행위인 행정행위와 권력적 사실행위인 행정강제가 있다.

권력관계는 사인 상호간의 관계와는 그 성질이 크게 다른 관계이므로 사법과는 다른 공법원리에 의해 규율된다.

2. 관리관계(비권력적 공행정관계)

관리관계라 함은 행정주체가 사인과 대등한 관계에서 공행정을 수행함에 있어서(공익목적을 달성하기 위하여 사업을 수행하거나 재산을 관리함에 있어서) 국민과 맺는 관계를 말한다. 관리관계는 비권력적 공행정관계라고도 한다. 관리관계의 예로는 공법상 계약관계 등을 들 수 있다. 우리나라에서는 관리관계의 예가 많지 않다. 그러나 선진국에서는 '명령·강제에 의한 행정'에서 '협의에 의한 행정'으로 나아가고 있기 때문에 관리관계가 널리 인정되고 있다.

관리관계는 비권력관계라는 점에서 권력관계와 구별되고 사법관계와 유사하나 사법관계와 달리 공익성이 강하기 때문에 공익목적을 달성하기 위하여 필요한 한도에서는 특수한 공법적 규율이 행하여지는 관계이다. 특수한 공법적 규율이 행해지는 경우 이외에 관리관계는 사법에 의해 규율된다.

행정사법관계가 발달한 오늘날 관리관계와 행정사법관계의 구별은 매우 어렵다. 종래 공기업이용관계는 관리관계로 보았으나 오늘날에는 행정사법관계로 규율되는 경우가 많다.

3. 권력관계와 관리관계의 구별 실익

권력관계와 관리관계(비권력적 공행정관계)를 구별하는 이유는 상호 성질이 다르고 (전자는 권력관계이고 후자는 비권력관계이므로) 그에 따라 적용되는 공법원리에도 차이가 있기 때문이다.

① 권력관계에는 공정력, 확정력(불가변력과 불가쟁력) 및 강제력 등 행정주체에게 법률상 우월한 힘이 인정되지만, 관리관계는 비권력관계이므로 이러한 효력이 인정되지 않는다.

② 권력관계와 관리관계는 다같이 공법관계이므로 법률에 의한 행정의 원칙의 적용을 받지만 권력관계는 관리관계와 비교하여 보다 엄격한 법적 규율을 받는다. 권력작용에는 원칙상 법률유보의 원칙이 적용되지만, 관리관계에는 법률유보의 원칙이 적용되는 경우도 있겠지만 일정한 경우에는 법률유보의 원칙이 적용되지 않는다. 즉, 공법상 계약과 행정지도에는 법률의 근거를 요하지 않는다. 관리관계에 법률유보의 원칙이 적용되는 경우에도 권력관계에서보다는 그 적용이 완화될 수 있다. 예를 들면, 비권력적인 급부행위에는 작용법적 근거는 필요하지만, 포괄적 근거만 있으면 족하다고 보는 견해가 있다.

③ 권력관계와 관리관계를 규율하는 법과 법원리는 상이하며, 사법규정의 적용에 있어서도 차이가 있다.

④ 권력행위를 다투는 소송은 항고소송이지만, 비권력적 공행정작용을 다투거나 관리관계에 관한 소송은 원칙상 공법상 당사자소송으로 제기된다.

Ⅱ. 사법관계

사법관계란 행정주체가 사인과 같은 지위에서 국민과 맺는 관계를 말한다. 사법관계는 국고관계와 행정사법관계로 구분된다.

1. 국고관계

국고관계란 행정주체가 일반 사인과 같은 지위에서(사법상의 재산권의 주체로서) 사법상의 행위를 함에 있어 사인과 맺는 관계를 말한다. 그 예로는 행정에 필요한 물품의 구매계약, 청사·도로·교량의 건설도급계약, 국유재산(잡종재산)의 매각, 수표의 발행, 금전차입을 들 수 있다. 판례는 조달계약을 사법상 계약으로 보지만, 조달계약을 그 공익성에 비추어 공법상 계약으로 보아야 한다는 견해와 행정사법으로 보아야 한다는 견해가 있다.

국고관계는 전적으로 사법에 의해 규율된다는 것이 통설의 입장이다. 행정주체의 국고관계에서의 활동에 대하여는 국가를 당사자로 하는 계약에 관한 법률, 국유재산법, 공유재산 및 물품관리법 등에서 특수한 규율을 하고 있는 경우가 있는데 이들 특수한 규정은 원칙상 공법규정이 아니라 사법규정이다.

2. 행정사법관계

(1) 의의와 필요성

행정사법관계라 함은 행정주체가 사법형식에 의해 공행정(공적 임무)을 수행함에 있어서 국민과 맺는 법률관계를 말한다.

전통적으로 공행정은 공법적 수단에 의해 수행되는 것이 원칙이었으나 오늘날 행정주체가 공법규정하에서의 여러 가지 부담과 제약에서 벗어나 사적 부문의 자율성과 창의성에 기초하여 공행정을 효율적으로 수행할 수 있도록 하기 위하여 일정한 경우에 행정주체를 공법적 제약으로부터 해방하여 공행정을 사법형식에 의해 수행하도록 하고 있다.

(2) 행정사법관계의 인정 및 그 범위와 한계

행정사법관계는 법률에 의해 인정될 수 있다. 그리고, 행정사법관계를 인정하는 법률이 존재하지 않는 경우에도 행정청은 공행정을 수행함에 있어서 법령의 한계내에서 공법형식과 사법형식을 선택할 수 있는 권한을 갖는다.

사법형식에 의한 행정이 행해질 수 있는 대표적인 영역은 급부행정(철도사업, 시영버스사업, 전기, 가스 등 공급사업, 우편사업, 하수도관리사업, 쓰레기처리사업)과 자금 지원행정(보조금의 지급, 융자)이다. **판례**는 수돗물공급의무를 이행하지 못한 것에 대한 손해배상청구를 국가배상책임의 문제가 아니라 민법에 따른 손해배상책임(민법 제758조의 공작물의 설치·보존상의 하자로 인한 배상책임)의 문제로 본 점에 비추어보면(대판 2018. 7. 12, 2015다68348), 수돗물 공급관계를 사법관계로 보고 있는 것으로 보인다. 다만, 현행법상 수도료 부과징수와 이에 따른 수도료의 납부관계는 공법상 권리의무관계로 규정되어 있다(대판 1977. 2. 22, 76다2517).

경찰, 조세 등 고권적 행정과 공익성이 강하게 요구되는 행정은 사법형식에 의한 관리가 인정될 수 없다고 보아야 한다.

(3) 행정사법관계의 법적 규율

행정사법관계를 규율하는 법을 행정사법(行政私法)이라 한다. 행정사법관계는 공법형식의 제약에서 벗어나 사법형식에 의해 규율되는 법률관계이므로 기본적으로 사법관계이며 사법에 의해 규율된다. 그러나, 행정주체가 수행하는 작용의 실질은 공행정이므로 공행정의 공공성을 최소한으로 보장하고, 국민의 기본권을 보장하기 위하여 행정사법관계에는 해석상 **일정한 공법원리**(公法原理)가 적용된다고 본다. 사법형식에 의한 공행정에 적용되는 공법원리에는 평등의 원칙, 비례의 원칙, 공역무(공행정)계속성의 원칙, 행정권의 기본권 보장의무 등이 있다. 이와 같은 행정사법관계에 대한 일정한 공법원리의 적용은 행정권의 '사법으로의 도피'를 막기 위하여도 필요하다.

(4) 권리구제

행정사법관계는 기본적으로 사법관계이므로 행정사법관계에 관한 법적 분쟁은 민사소송의 대상이 된다.

제 3 절 행정법관계의 당사자(행정주체와 행정객체)

I. 행정주체

1. 의   의

행정주체라 함은 행정을 행하는 법주체를 말한다. 행정주체에는 국가, 지방자치단체, 공공조합, 영조물법인, 공법상 재단, 공무수탁사인이 있다. 행정을 실제로 행하는 것은 공무수탁사인에 있어서의 일정한 경우(공무수탁사인이 자연인인 경우)를 제외하고는 행정주체가 아니라 행정주체의 기관이다. 그러나 이들 기관의 행위의 법적 효과는 법인격체인 행정주체에게 귀속된다.

2. 행정주체의 종류

(1) 국   가

국가행정의 주체는 국가가 된다. 국가는 법인격을 가진 법인으로서 행정법관계의 법주체가 된다.

(2) 공공단체

공공단체는 지방자치단체와 협의의 공공단체를 포함한다.

1) 지방자치단체

지방자치단체라 함은 국가의 영토 내에서 일정한 지역 및 그 지역의 주민으로 구성되며 그 지역 내에서 일정한 통치권을 행사하는 법인격을 갖는 공공단체를 말한다.

지방자치단체도 넓은 의미에서는 공공단체에 포함되나 협의의 공공단체와 달리 일정한 지역과 주민을 갖고 있다는 점과 일반적인 행정을 담당한다는 점에서 국가와 유사하며 타 공공단체와 구별된다. 타 공공단체(협의의 공공단체)는 특정한 사업수행만을 담당한다.

지방자치단체에는 보통지방자치단체와 특별지방자치단체가 있다. 보통지방자치단체는 광역자치단체와 기초자치단체로 구별된다.

지방자치단체는 지방자치단체에 고유한 고유사무(자치사무)와 국가로부터 위임받은 위임사무를 수행한다. 고유사무와 단체위임사무는 지방자치단체의 사무가 되므로 지방자치단체의 행정기관의 활동의 법적 효과는 법주체인 지방자치단체에 귀속된다. **기관위임사무**는 지방자치단체 자체가 아니라 지방자치단체의 행정기관(특히 지방자치단체의 장)에게 위임된 사무로 그 사무는 지방자치단체의 사무가 아니라 국가사무 또는 위임기관이 속한 지방자치단체의 사무이다. 그리고, 기관위임사무를 수행하는 지방자치단체의 장은 국가기관위임사무의 경우 국가기관의 지위를 가지고, 시·도지사로부터 기관위임을 받은 경우에는 해당 시·도 기관으로서의 지위를 갖는다. 따라서 그 기관위임사무의 수행의 법적 효과는 그 기관위임사무의 행정주체인 국가 또는 지방자치단체에 귀속된다. 따라서, 지방자치단체의 사무와 기관위임사무를 구별하여야 한다.

2) 협의의 공공단체

협의의 공공단체라 함은 특정한 국가목적을 위하여 설립된 법인격이 부여된 단체를 말한다. 공공단체에는 공공조합, 영조물법인, 공법상 재단이 있다. 공공단체는 공법상의 법인(공법인)이다. **공법인**이라 함은 공익목적사업을 위해 공법에 따라 설립된 법인을 말한다. 국가와 지방자치단체이외의 공법인을 모두 협의의 공공단체로 보는 견해도 있지만, 공법인 중 존립목적인 사업을 공행정작용의 형식으로 수행하지 않고 전적으로 사법작용의 형식으로 수행하는 공법인은 공공단체가 아니라고 보아야 한다.

협의의 공공단체는 특정한 행정목적을 수행함에 있어서 필요한 한도 내에서 행정주체의 지위에 서게 되며 그 자체가 행정청이 되고 항고소송의 피고가 된다. 공공단체는 법정의 고유한 행정사무뿐만 아니라 행정기관이 임의로 위탁한 행정사무도 수행한다. 공공단체는 공행정사무뿐만 아니라 사법상 사무도 수행한다.

가. 공공조합　　**공공조합**이라 함은 법정의 자격을 가진 조합원으로 구성된 공법상의 사단법인이다. 공공조합에는 농지개량조합, 토지구획정리조합, 상공회의소, 의료보험조합, 재개발조합, 재건축조합 등이 있다. **판례**는 대한변호사협회를 공법인으로 보고, 변호사등록을 공행정사무로 본다(헌재 2019. 11. 28, 2017헌마759 ; 대판 2021. 1. 28, 2019다260197). 일반 사인인 증권회사를 회원으로 설립된 한국증권거래소는 민법상 사단법인에 준하는 것이고, 공공조합이 아니다(헌재 2005. 2. 24, 2004헌마442).

나. 영조물법인　　**영조물법인**이라 함은 행정법상의 영조물에 독립된 법인격이 부여된 것을 말한다. **영조물**이라 함은 특정한 행정목적에 제공된 인적·물적 종합시설을 말한다.

영조물은 공익사업을 수행한다는 점에서 공기업과 유사하지만 공기업이 사법상의 경영방식에 의해 수행하는 수익적 사업인 반면에 영조물은 강한 공공성과 윤리성을 갖는 정신적·문화적·행정적 사업인 점에서 공기업과 구별된다. 그리하여 영조물의 조직과 이용에는 공법이 적용되지만 공기업의 조직이나 이용은 원칙상 사법에 의해 규율된다.

영조물에는 국립도서관, 국공립학교, 한국은행 등이 있다. 그런데 이 중에서 한국은행, 국립서울대학교는 독립된 법인격이 부여되어 있으므로 영조물법인이며 행정주체이다. 오늘날 한국전력공사나 한국철도공사는 사법상의 경영방식에 의해 공익사업을 수행함으로 영조물법인이 아니라 공기업이라고 보아야 한다. 공기업주체에는 공법인도 있고 사법인도 있다.

다. 공법상 재단　　공법상 재단이라 함은 국가나 지방자치단체가 공공 목적을 위하여 출연한 재산을 관리하기 위하여 설립된 공법상의 재단법인을 말한다. 그 예로는 한국연구재단, 총포·화약안전기술협회가 있다.

(3) 공무수탁사인

공무수탁사인이란 공행정사무를 위탁받아 자신의 이름으로 처리하는 권한을 갖고 있는 행정주체인 사인을 말한다. 공무수탁사인은 처분을 함에 있어서는 행정주체이면서 동시에 행정기관(행정청)의 지위를 갖는다.

공무수탁사인의 예로는 사립대학이 교육법에 의해 학위를 수여하는 경우, 사선(私船)의 선장 또는 해원(海員)이 일정한 경찰사무를 행하는 경우, 민간철도회사의 직원이 철도경찰사무를 수행하는 경우, 사인이 별정우체국의 지정을 받아 체신업무를 경영하는 경우, 사인이 산림감시 또는 수렵 감시업무를 수행하는 경우, 민영교도소, 사인이 사업시행자로서 토지를 수용하고 이주대책을 수립하는 경우가 있다.

사인은 통상 행정주체의 상대방인 행정객체의 지위에 서지만 행정주체로부터 공행정사무를 위탁받아 처리하는 한도 내에서 행정주체의 지위에 선다. 이에 대하여 공무수탁사인의 법적 지위에 관하여 행정주체가 아니라 행정기관에 불과하다고 보는 견해도 있다.

공무수탁사인은 자연인일 수도 사법인 또는 법인격 없는 단체일 수도 있다.

행정의 민간위탁이 확대됨에 따라 공무수탁사인이 늘고 있다. 행정의 민간위탁은 공무수탁사인뿐만 아니라 행정보조자 및 행정대행자가 수탁받아 행하는 행정업무수행을 포함한다. 사인이 공행정사무를 수행하는 경우에도 행정기관의 보조인에 불과한 경우나 행정을 대행하는 것에 불과한 경우에는 행정주체가 아니므로 공무수탁사인이 아니다. 실정법상 대행 중에는 강학상 위탁인 경우도 있고, 강학상 대행인 경우도 있다. 행정보조인의 예로는 아르바이트로 우편업무를 수행하는 사인을 들 수 있다. 행정대행의 예는 차량등록의 대행, 자동차 검사의 대행을 들 수 있다.

공무수탁사인, 공무대행사인, 행정보조자를 통칭하여 **공무수행사인**이라 한다.

공적 임무의 실현을 위한 공의무를 부담하는 사인을 **공의무부담사인**이라 하는데, 공의무부담사인은 행정권을 수탁받아 행사하는 것이 아닌 점에서 공무수탁사인이 아니다. 공의무부담사인의 예로는 원천징수의무자, 석유비축의무자 등이 있다.

공무의 사인에 대한 협의의 위탁에 있어서는 권한이 이전되므로 법률에 근거가 있어야 한다.

사인은 여러 방식에 의해 공무를 수탁받을 수 있다. 법률, 계약, 행정행위가 그것이다. 공무위탁(협의의 위탁)계약은 수탁자에게 국가적 공권을 부여하므로 그 법적 성질을 공법상 계약으로 보아야 한다. 공무를 위탁하는 행정행위는 통상 공무수행권을 사인에게 부여하므로 특허라고 보아야 한다.

II. 행정객체

행정의 상대방을 **행정객체**라 한다. 행정객체에는 사인, 협의의 공공단체와 지방자치단체가 있다. 공공단체는 행정주체임과 동시에 국가나 다른 공공단체에 대한

관계에서 행정객체가 될 수 있다. 지방자치단체는 국가에 대한 관계에서 행정객체
가 될 수 있다. 국가에 대한 수도료의 부과에서와 같이 국가도 예외적이지만 행정
객체가 될 수 있다.

제 4 절   행정법관계의 특질

행정법관계에 대하여는 사법관계에서와는 다른 여러 특질이 인정되고 있다. 그
주된 이유는 공익목적을 달성하기 위하여 행정주체에게 일정한 우월적인 지위가
부여되어야 한다는 데 있다.

행정주체는 사인과 같은 지위에서 활동하는 경우를 제외하면 공행정을 수행함에 있어서 공
권력주체로서 상대방인 국민에 대하여 우월한 지위에 서게 된다. 이와 같은 행정주체의 우
월한 지위는 행정주체가 행정목적을 제대로 달성할 수 있도록 하기 위하여 필요하기 때문
에 그 한도 내에서 인정되는 것이며 행정주체가 선험적으로 국민에 대하여 항상 우월한 것
은 아니다. 여기에서 우월한 공권력의 주체라는 것은 일반적으로 행정주체가 사인보다 우
월한 지위에 있다는 것을 말하며 구체적인 경우에 행정주체가 항상 일방적인 권력적 조치
를 취한다는 것은 아니다. 행정주체는 공권력주체로서의 지위에서 권력적 조치를 취할 수
있을 뿐만 아니라 비권력적인 공행정작용을 할 수도 있는 것이다.

위와 같은 행정법관계의 일반적 특질 이외에 행정법관계에서는 행정주체에게
여러 구체적인 특권이 인정되고 있다. 행정주체에게 일방적으로 법질서에 변경을
가져올 수 있는 우월적 지위가 인정된다. 그리고 권력적 행위인 행정행위에 공정
력, 존속력(확정력) 및 강제력이라는 우월한 효력이 인정되고 있다. 이러한 행정권의
특권은 권력관계에 대하여 인정되는 것이다. 이 밖에도 행정법관계에 있어서의 권
리 또는 의무에 사법상의 그것과는 다른 특수성이 인정되고 있고, 권리구제수단의
특수성이 인정되고 있는데 이들 특수성은 권력관계뿐만 아니라 비권력관계에도 인
정된다.

공권력주체로서의 행정주체에게는 특권만이 부여되는 것은 아니다. 공권력주
체로서의 행정주체에게는 특별한 부담이 가하여진다. 법에 의한 엄격한 기속과 엄
격한 국가배상책임이 인정되고 있다.

I. 행정주체의 특권

1. 일방적 조치권

일방적 조치권은 법률유보의 원칙에 비추어 원칙상 법률의 근거가 있어야 하는데, 법률상 행정주체에게 '행정결정'에 의해 일방적으로 법질서에 변경을 가할 수 있는 권한이 주어지는 경우가 있다. 즉 행정결정에 의해 사인에게 권리가 창설되기도 하고 의무가 부과되기도 한다. 또한 공익상 필요한 경우에 행정주체는 행정행위의 철회에 의해 이미 발생된 권리를 상실시키거나 의무를 소멸시킬 수 있다.

또한 행정주체는 일방적으로 국민의 자유와 재산에 물리력을 행사할 수 있는 권한이 부여된다. 전염병환자를 물리력에 의해 강제격리하거나 화재진압에 장애가 되는 물건을 일방적으로 파괴하는 것을 그 예로 들 수 있다.

공법상 계약의 경우에 행정주체에게는 공익상 필요한 경우에 계약을 철회하거나 계약내용을 일방적으로 변경할 수 있는 권한이 부여되기도 한다.

2. 행정행위의 공정력과 구성요건적 효력

(1) 공정력과 구성요건적 효력의 구별

전통적 견해에 의하면 공정력(公定力)이라 함은 일단 행정행위가 행하여지면 비록 행정행위에 하자(또는 흠)가 있다 하더라도(위법 또는 부당하더라도) 그 흠이 중대하고 명백하여 무효로 되는 경우를 제외하고는 권한 있는 기관(취소권 있는 행정기관 또는 受訴法院)에 의해 취소되기 전까지는 **상대방 및 이해관계인뿐만 아니라 다른 행정청 및 법원**에 대하여 일단 유효한 것으로 통용되는 힘을 말한다고 정의하고 있다. 즉, 전통적 견해는 공정력을 행정행위의 상대방 및 이해관계인뿐만 아니라 타 국가기관에도 미치는 효력이라고 보고 있다.

그런데, 최근의 유력한 견해는 공정력과 구성요건적 효력을 구분한다. 공정력과 구성요건적 효력을 구별하는 견해는 효력의 상대방의 차이에 따라 공정력과 구성요건적 효력을 구분하고 있다. 즉, 공정력은 행정행위의 상대방 또는 이해관계인에 대한 구속력이고, 구성요건적 효력은 제3의 국가기관에 대한 구속력이라고 보고 있다.

	공 정 력	구성요건적 효력
내 용	행정행위가 무효가 아닌 한 상대방 또는 이해관계인은 행정행위가	무효가 아닌 행정행위가 존재하는 이상 비록 흠(하자)이 있는 행정행위일지라

	권한 있는 기관(처분청, 행정심판위원회 또는 수소법원)에 의해 취소되기까지는 그의 효력을 부인할 수 없는 힘	도, 모든 국가기관(지방자치단체를 포함한 행정기관 및 법원 등)은 그의 존재, 유효성 및 내용을 존중하며, 스스로의 판단의 기초 또는 구성요건으로 삼아야 하는 구속력
범　위	상대방 또는 이해관계인에 대한 구속력	모든 국가기관(지방자치단체를 포함한 행정기관 및 법원 등)에 대한 구속력
이론적 근거	행정의 안정성과 실효성 확보	권한과 직무 또는 관할을 달리하는 국가기관은 상호 타 기관의 권한을 존중하며 침해해서는 안 된다(국가기관간 권한 존중의 원칙).
실정법상 근　거	행정소송법상의 취소소송에 관한 규정, 직권취소에 관한 규정, 처분의 쟁송기간을 제한하는 규정, 처분의 집행정지제도	행정권과 사법권의 분립규정, 행정기관 상호간의 사무분장규정

생각건대, 공정력과 구성요건적 효력은 위의 대비표에서와 같이 그 효력의 내용과 범위 및 이론적·법적 근거를 달리하므로 양자를 구별하는 것이 타당하다.

(2) 공정력(행정행위의 잠정적 통용력)

1) 개　념

공정력이라 함은 일단 행징행위가 행하여지면 비록 행징행위에 하자(또는 흠)가 있다 하더라도(위법 또는 부당하더라도) 그 흠이 중대하고 명백하여 무효로 되는 경우를 제외하고는 권한 있는 기관(취소권 있는 행정기관 또는 수소법원)에 의해 취소되기 전까지는 상대방 및 이해관계인에 대하여 일단 유효한 것으로 통용되는 힘을 말한다.

예를 들면, 위법한 금전부과처분에 근거하여 금전을 납부한 경우 행정처분이 취소되거나 당연무효가 아닌 이상 공정력이 인정되므로 그 위법한 금전부과처분은 효력이 있고, 납부한 금전은 법률상 원인 없는 이득(부당이득)이라고 할 수 없다.

〈판례〉 1. (1) 행정행위의 공정력의 의의: 행정처분이 아무리 위법하다고 하여도 그 하자가 중대하고 명백하여 당연무효라고 보아야 할 사유가 있는 경우를 제외하고는 아무도 그 하자를 이유로 무단히 그 효과를 부정하지 못하는 것으로, 이러한 행정행위의 공정력은 판결의 기판력과 같은 효력은 아니지만 그 공정력의 객관적 범위에 속하는 행정행위의 하자가 취소사유에 불과한 때에는 그 처분이 취소되지 않는 한 처분의 효력을 부정하여 그로 인한 이득을 법률상 원인 없는 이득이라고 말할 수 없는 것이다. (2) 조세의 과오납이 부당이득이 되기 위하여는 납세 또는 조세의 징수가 실체법적으로나 절차법적으로 전혀 법률상의 근거가 없거나 과세처분의 하자가 중대하고 명백하여 당연무효이어야 하고, 과세처분의 하자가 단지 취소할 수 있는 정도에 불과할 때에는 과세관청이 이를 스스로 취소하거나 항고소송절차에 의하여 취소되지 않는 한 그로 인한 조세의 납부가 부당이득이 된다고 할 수 없다(대판 1994. 11. 11, 94다28000[부당이득금]).

2. (1) 요양기관의 요양급여비용 수령의 법률상 원인에 해당하는 요양급여비용 지급결정이 취소되지 않았다면, 요양급여비용 지급결정이 당연무효라는 등의 특별한 사정이 없는 한 그 결정에 따라 지급된 요양급여비용이 법률상 원인 없는 이득이라고 할 수 없고, 국민건강보험공단의 요양기관에 대한 요양급여비용 상당 부당이득반환청구권도 성립하지 않는다. (2) 의사소견서 발급비용청구권 역시 요양급여비용청구권과 마찬가지로 공단의 지급결정에 의하여 구체적인 권리가 발생한다고 보아야 한다. 따라서 앞서 본 요양급여비용과 관련한 법리는 공단이 부당이득을 원인으로 의사소견서 발급비용의 반환을 구하는 경우에도 그대로 적용된다(대판 2023. 10. 12, 2022다276697).

과거에 공정력을 적법성을 추정하는 효력으로 이해하였지만 오늘날에는 공정력은 행정행위의 적법성을 추정하는 효력은 아니며 행정행위가 위법인가 아닌가를 묻지 않고 권한 있는 기관에 의해 취소되기 전까지 잠정적으로 통용되도록 하는 힘에 불과하다고 보고 있다.

2) 근   거

행정기본법 제15조는 공정력을 명확하게 규정하고 있다. 즉, 처분은 권한이 있는 기관이 취소 또는 철회하거나 기간의 경과 등으로 소멸되기 전까지는 유효한 것으로 통용된다. 다만, 무효인 처분은 처음부터 그 효력이 발생하지 아니한다(행정기본법 제15조).

3) 공정력의 한계

공정력은 행정행위 등 **처분**에 대해 인정되는 효력이다. 행정기본법 제15조도 행정쟁송법상 처분에 대해 공정력이 인정되는 것으로 규정하고 있다.

무효 또는 부존재인 행정행위에는 공정력이 인정되지 않는다는 것이 일반적 견해이다.

(3) 구성요건적 효력

1) 개   념

구성요건적 효력(構成要件的 效力)이란 행정행위가 존재하는 이상 비록 흠(하자)이 있는 행정행위일지라도 무효가 아닌 한 제3의 국가기관은 법률에 특별한 규정이 없는 한 그 행정행위의 존재 및 내용을 존중하며, 스스로의 판단의 기초 내지는 구성요건으로 삼아야 하는 구속력을 말한다. 예를 들면, 법무부장관이 甲에게 귀화허가를 해 준 경우 동 귀화허가는 무효가 아닌 한 모든 국가기관을 구속하므로 각부장관은 갑을 국민으로 보고 처분 등을 하여야 한다.

2) 근   거

구성요건적 효력을 직접 인정하는 법규정은 없다. 그러나 국가기관 상호간의 권한분배에서 그 근거를 찾을 수 있다. 즉, 국가는 법인체로서 통일된 의사를 가져야 하므로 국가기관은 특별한 규정이 없는 한 상호간에 타 기관의 권한 및 그 권한의 행사를 존중하여야 한다. 다만, 법률에 의해 취소권이 부여된 경우에는 그 한도 내에서 구성요건적 효력이 배제된다.

3) 구성요건적 효력의 범위와 한계

일반적 견해는 행정행위가 무효인 경우에는 구성요건적 효력이 미치지 않는다고 보고 있다.

4) 구성요건적 효력과 선결문제

구성요건적 효력이 민사소송이나 형사소송에서의 선결문제에 미치는가 하는 문제가 제기된다. 보다 구체적으로 말하면 행정행위의 위법 여부, 효력 유무 또는 효력 부인이 민사소송이나 형사소송에서 선결문제로 되는 경우에 구성요건적 효력 때문에 민사소송이나 형사소송의 수소법원이 당해 선결문제의 심리·판단을 할 수 없게 되는가 하는 문제이다. **선결문제**란 소송에서 본안판단을 함에 있어서 그 해결이 필수적으로 전제가 되는 법문제를 말한다.

가. 민사소송에서의 선결문제와 구성요건적 효력   구성요건적 효력은 행정행위의 적법성이 아니라 효력에 미치므로 행정행위의 효력을 부인하는 것이 선결문제인 경우와 행정행위의 위법성을 확인하는 것이 선결문제인 경우를 구분하여야 한다. 민사소송에서의 선결문제와 구성요건적 효력에 관한 논의는 당사자소송에도 그대로 타당하다.

㈎ **행정행위의 효력을 부인하는 것이 선결문제인 경우(부당이득반환청구소송의 경우)**
행정행위의 효력을 상실시키는(부인하는) 것이 민사소송에서 선결문제가 된 경우에 민사법원은 위법한 행정행위의 효력을 부인할 수 없다. 공정력과 구성요건적 효력을 구분하지 않는 종래의 통설은 이것이 공정력에 반하기 때문이라고 하고, 공정력과 구성요건적 효력을 구별하는 견해는 구성요건적 효력에 반하기 때문이라고 한다.

예를 들면, 국민이 조세부과처분의 위법을 이유로 이미 납부한 세금의 반환을 청구하는 소송을 제기한 경우에 당해 민사법원은 조세부과처분이 무효가 아닌 한 스스로 조세부과처분을 취소하고 납부된 세금의 반환을 명할 수 없다. 조세부과처분의 취소가 본안문제(납부한 세금이 부당이득인지의 문제)에 대해 선결문제이며 조세부과처분이 취소되지 않는 한 이미 납부한 세금은, 위법하지만 유효한 조세부과처분에 따라 납부된 것이므로, 부당이득이 되지 않는다.

⒩ **행정행위의 무효를 확인하는 것이 선결문제인 경우**(부당이득반환청구소송(예, 조세과오납환급청구소송)의 경우)   구성요건적 효력은 행정행위가 무효인 경우에는 인정되지 않는다. 누구든지 행정행위의 무효를 주장할 수 있고, 어느 법원도 행정행위의 무효를 확인할 수 있다.

〈판례〉 국세 등의 부과 및 징수처분 등과 같은 행정처분이 당연무효임을 전제로 하여 민사소송(또는 당사자소송)을 제기한 때에는 그 행정처분의 당연무효인지의 여부가 선결문제이므로, 법원은 이를 심사하여 그 행정처분의 하자가 중대하고 명백하여 당연무효라고 인정될 경우에는 이를 전제로 하여 판단할 수 있으나, 그 하자가 단순한 취소사유에 그칠 때에는 법원은 그 효력을 부인할 수 없다 할 것이다(대판 1973. 7. 10, 70다1439).

⒟ **행정행위의 위법성을 확인하는 것이 선결문제인 경우**(국가배상청구소송의 경우)
행정행위의 효력을 부인하는 것이 아니라 행정행위의 위법성을 확인하는 것이 민사소송에서 선결문제가 된 경우에 행정행위의 효력 자체를 상실시키는 것이 아니라 행정행위의 위법성을 확인하는 데 그치는 것은 공정력(공정력과 구성요건적 효력을 구별하지 않는 견해) 또는 구성요건적 효력(공정력과 구성요건적 효력을 구별하는 견해)에 반하는 것이 아니므로 민사법원은 행정행위의 위법을 확인할 수 있다는 것이 다수견해이며 판례의 입장이다.

예를 들면, 영업허가의 취소에 의해 손해를 입은 자가 국가배상을 청구한 경우에 영업허가의 취소가 위법한지의 여부가 국가배상청구소송에서 선결문제가 된다. 왜냐하면 加害行爲(손해를 발생시킨 행위)의 위법이 국가배상의 요건 중의 하나이기 때문이다. 국가배상책임을 인정하기 위하여는 영업허가의 취소의 위법만을 인정하면 되는 것이지 영업허가의 취소를 취소할 필요는 없다.

나. 형사소송에서의 선결문제와 구성요건적 효력   형사소송에서도 행정행위의 효력을 부인하는 것이 선결문제인 경우와 행정행위의 위법성을 확인하는 것이 선결문제인 경우를 구분하여야 한다. 일반적 견해는 형사소송에서도 민사소송에서와 동일한 논거에 입각하여 동일한 해결을 하고 있다. 그러나 일부 견해는 형사소송의 특

수성(신속한 재판, 인권보장 등)을 들어 공정력(또는 구성요건적 효력)은 형사재판에 미치지 않는다고 보고 있다.

　　(가) 행정행위의 효력을 부인하는 것이 선결문제인 경우　　행정행위의 효력을 부인하는 것이 형사소송에서 선결문제가 된 경우 형사법원이 행정행위의 하자를 심사하여 행정행위의 효력을 부인하는 것은 민사소송에서처럼 공정력(또는 구성요건적 효력)에 반하므로 인정될 수 없다고 보는 것이 다수의 견해이며 판례의 입장이다.

〈판례 1〉 연령 미달의 결격자인 피고인이 소외인(자신의 형)의 이름으로 운전면허시험에 응시하여 합격함으로써 교부받은 운전면허를 가지고 운전한 것에 대해 무면허운전으로 기소된 사건에서 당해 운전면허는 당연무효가 아니고 취소되지 않는 한 유효하므로 무면허운전행위에 해당하지 않는다고 판시한 사례(대판 1982. 6. 8, 80도2646).
〈판례 2〉 하자 있는 수입승인에 기초하여 수입면허를 받고 물품을 통관한 경우 당해 수입면허가 당연무효가 아닌 이상 무면허수입죄가 성립되지 않는다고 한 사례(대판 1989. 3. 28, 89도149).

　　이 견해에 의하면 허가취소처분 후 영업을 하면 무허가영업이 되고, 형사법원이 허가취소처분의 효력을 부인할 수 없으므로 형사법원은 당해 허가취소처분이 위법하더라도 유죄판결을 내려야 한다. 만일 형사법원이 판결을 내리기 전에 당해 허가취소처분이 취소소송에서 취소되면 그 허가취소처분은 소급하여 효력을 상실하여 허가취소처분 후의 영업행위는 무허가행위가 아닌 것이 되므로 형사법원은 무죄를 선고하여야 한다. 영업정지기간 중 영업은 허가를 받지 아니하고 한 영업이 아니다(대판 2015. 1. 15, 2010도15213[담배사업법위반]).

〈판례〉 1. 영업허가취소처분이 행정쟁송절차에 의하여 취소된 경우와 무허가영업: 영업의 금지를 명한 영업허가취소처분 자체가 나중에 행정쟁송절차에 의하여 취소되었다면 그 영업허가취소처분은 그 처분시에 소급하여 효력을 잃게 되며, 그 영업허가취소처분에 복종할 의무가 원래부터 없었음이 확정되었다고 봄이 타당하고, 영업허가취소처분이 장래에 향하여서만 효력을 잃게 된다고 볼 것은 아니므로 그 영업허가취소처분 이후의 영업행위를 무허가영업이라고 볼 수는 없다(대판 1993. 6. 25, 93도277[식품위생법위반]).
2. 운전면허취소처분을 받은 후 자동차를 운전하였으나 위 취소처분이 행정쟁송절차에 의하여 취소된 경우, 무면허운전의 성립 여부(소극): 피고인이 행정청으로부터 자동차 운전면허취소처분을 받았으나 나중에 그 행정처분 자체가 행정쟁송절차에 의하여 취소되었다면, 위 운전면허취소처분은 그 처분시에 소급하여 효력을 잃게 되고, 피고인은 위 운전면허취소처분에 복종할 의무가 원래부터 없었음이 후에 확정되었다고 봄이 타당할 것이고, 행정행위에 공정력의 효력이 인정된다고 하여 행정소송에 의하여 적법하게 취소된 운전면허취소처분이 단지 장래에 향하여서만 효력을 잃게 된다고 볼 수는 없다(대판 1999. 2. 5, 98도4239[도로교통법위반]).

3. 피고인 갑이 어업면허를 받아 피고인 을과 동업계약을 맺고 피고인 을의 비용으로 어장 시설을 복구 또는 증설하여 어류를 양식하던 중 어업면허가 취소되었으나 피고인 갑이 행 정소송을 제기하여 면허취소처분의 효력정지가처분결정을 받은 후 면허취소처분을 취소하 는 판결이 확정되었다면, 피고인들간의 거래는 어업권의 임대가 아니며 면허취소 후 판결 로 그 처분이 취소되기까지 사이에 어장을 그대로 유지한 행위를 무면허어업행위라고 보아 서 처벌할 수는 없다(대판 1991. 5. 14, 91도627).
4. 위법한 행정행위(조세부과처분)의 취소가 유죄판결(조세포탈죄)확정 후에 이루어진 경우에 형사소송법 제420조 제5호 소정의 재심사유에 해당한다(대판 1985. 10. 22, 83도2933).

이에 대하여 형사소송에서는 피고인의 인권보장이 고려되어야 하고 신속한 재 판을 받을 권리가 보장되어야 한다는 형사소송의 특수성(신속한 재판, 인권보장 등)을 이유로 형사재판에는 공정력(또는 구성요건적 효력)이 미치지 않는다고 보는 견해도 있다.

판례는 자동차 운전면허 취소처분을 받은 사람이 자동차를 운전하였으나 운전 면허 취소처분의 원인이 된 교통사고 또는 법규 위반에 대하여 범죄사실의 증명이 없는 때에 해당한다는 이유로 무죄판결이 확정된 경우에는 그 취소처분(운전면허 취 소처분)이 취소되지 않았더라도 도로교통법에 규정된 무면허운전의 죄로 처벌할 수 는 없다고 보았다(대판 2021. 9. 16, 2019도11826).

(나) **행정행위의 위법성을 확인하는 것이 선결문제인 경우**　　형사소송에서 행정행위 의 위법성을 확인하는 것이 선결문제인 경우 민사소송에서와 동일하게 행정행위의 위법성을 확인하는 것은 행정행위의 효력을 부인하는 것은 아니므로 공정력(또는 구성요건적 효력)에 반하지 않고, 따라서 형사법원이 동 행정행위의 위법성을 확인할 수 있다고 보는 것이 일반적 견해이다.

〈**판례**〉 1. 도시계획법 제78조 제1항에 정한 처분이나 조치명령을 받은 자가 이에 위반한 경우 이로 인하여 같은 법 제92조에 정한 처벌을 하기 위하여는 그 처분이나 조치명령이 적법한 것 이라야 하고, 그 처분이 당연무효가 아니라 하더라도 그것이 위법한 처분으로 인정되는 한 같 은 법 제92조 위반죄가 성립될 수 없다(대판 1992. 8. 18, 90도1709).
2. (1) 개발제한구역의 지정 및 관리에 관한 특별조치법(이하 '개발제한구역법'이라 한다) 제30조 제1항에 의하여 행정청으로부터 시정명령을 받은 자가 이를 위반한 경우, 그로 인하여 개발 제한구역법 제32조 제2호에 정한 처벌을 하기 위하여는 시정명령이 적법한 것이라야 하고, 시정명령이 당연무효가 아니더라도 위법한 것으로 인정되는 한 개발제한구역법 제32조 제2 호 위반죄가 성립될 수 없다. (2) 관할관청이 침해적 행정처분인 시정명령을 하면서 적법한 사전통지를 하거나 의견제출 기회를 부여하지 않았고 이를 정당화할 사유도 없어 시정명령

은 절차적 하자가 있어 위법하므로, 피고인 乙에 대하여 같은 법 제32조 제2호 위반죄가 성립하지 않는다고 한 사례(대판 2017. 9. 21, 2017도7321).

행정행위의 위법 여부가 범죄구성요건의 문제로 되는 경우, 즉 위법한 명령에 따르지 않은 경우에는 범죄가 성립하지 않는다고 보는 경우에는 행정행위의 효력의 부인이 아니라 행정행위의 위법성을 확인하는 것이 형사소송의 선결문제가 된다. 행정기관의 하명 위반죄의 경우에는 명문의 규정이 없는 경우(통상 법률은 하명위반죄의 경우 하명의 적법성을 구성요건으로 명시하고 있지 않다)에도 당해 하명이 적법할 것이 범죄구성요건이 된다고 보는 것이 일반적 견해이다. 왜냐하면, 통상 하명처분 위반죄의 보호법익은 당해 하명을 통해 보호하고자 하는 법익이 보호법익이고, 하명의 이행 자체가 보호법익이 아니며 위법한 명령에 따르지 않았다고 하여 처벌하는 것은 법치주의의 원칙 및 기본권보장규정을 위반하는 것이기 때문이다.

다. 행정행위의 무효를 확인하는 것이 선결문제인 경우 구성요건적 효력은 행정행위가 무효인 경우에는 인정되지 않으므로 형사법원은 행정행위의 무효를 확인하여 무죄를 선고할 수 있다.

3. 구 속 력

(1) 의   의

행정행위의 구속력이라 함은 유효한 행정행위의 내용상 구속력을 말한다. 행정행위는 효력이 있는 한 처분청 및 관계 행정청 그리고 상대방 및 이해관계인에 대하여 미친다. 무효인 행정행위는 구속력이 없다.

구속력은 공정력과 다르다. 공정력은 위법하더라도 무효가 아닌 한 유효한 행위로 하는 효력이고, 구속력은 적법한 행위 그리고 위법한 행위에서는 공정력을 전제로 유효한 행정행위의 내용상의 구속력이다.

행정행위가 철회되거나 취소되어나 실효되면 행정행위는 효력과 구속력을 상실한다.

(2) 종류 및 한계

행정행위의 구속력은 그 상대방에 따라 자기구속력, 구성요건적 효력, 규준력(선행행위의 후행행위에 대한 구속력)으로 나뉜다.

1) 자기구속력

행정행위가 내용에 따라 처분행정청을 구속하는 힘을 **자기구속력**이라 한다. 처분청은 자신이 한 행정행위의 내용에 구속되며 그 내용과 모순되는 결정을 하여서는 안 된다는 효력이다. 자기구속력은 자박력(自縛力)이라고도 한다.

부분허가의 자기구속력에 관하여는 이견이 없지만, 사전결정이 자기구속력을 갖는지에 관하여는 후술하는 바와 같이 긍정설과 부정설이 대립하고 있다. 긍정설에서도 자기구속력의 정도에 관하여 견해의 대립이 있다. 잠정적 행정행위는 자기구속력을 갖지 않는다(단계적 행정결정 참조).

2) 구성요건적 효력

구성요건적 효력은 행정행위가 관계 행정청 및 법원 등 국가기관을 구속하는 효력이다. 이에 관하여는 전술한 바와 같다. 구성요건적 효력은 위법하더라도 무효가 아닌 한 효력을 부인할 수 없게 하는 효력과 그 내용에 따라 관계 행정청 및 법원을 구속하는 효력이다.

3) 규 준 력

선행행정행위를 전제로 후행행정행위가 행해지는 경우에 선행행정행위(예, 철거명령)가 후행행정행위(예, 대집행)에 미치는 구속력을 규준력(規準力)이라 한다(하자의 승계 참조).

4. 존속력(또는 확정력)

행정행위가 일단 행하여진 경우에는 그 행정행위에 기초하여 법률관계가 계속 형성되므로 그 행정행위의 효력을 가능한 한 존속시키는 것이 법적 안정성을 위하여 필요하다. 그리하여 하자 있는 행정행위라도 일정한 경우(불복제기기간의 경과 또는 특수한 성질의 행정행위)에는 행정행위에 취소될 수 없는 힘이 부여되는데 이것을 **존속력(또는 확정력)**이라 한다. 존속력에는 불가쟁력과 불가변력이 있다.

(1) 불가쟁력

불가쟁력이란 하자 있는 행정행위라 할지라도 그에 대한 불복기간(행정불복제기기간 또는 출소기간)이 경과하거나 쟁송절차가 종료된 경우에는 더 이상 그 행정행위의 효력을 다툴 수 없게 하는 효력을 말한다. 이와 같은 불가쟁력을 인정하는 것은 행정행위의 효력을 신속히 확정하여 행정법관계의 안정성을 확보하기 위한 것이다.

위법한 행정행위를 다투고자 하는 자는 법상 정해진 단기의 불복기간 내에 행정심판 또는 행정소송을 제기하여야 하며 그러하지 않으면 더 이상 다툴 수 없게 된다. 만일 불복기간이 넘어 행정심판이나 행정소송을 제기하면 부적법으로 각하된다.

행정기본법 제37조는 불가쟁력이 발생한 처분에 대한 **재심사청구**를 인정하고 있다.

(2) 불가변력

불가변력이라 함은 행정행위의 성질상 인정되는 행정청이 당해 행정행위를 취소 또는 변경할 수 없게 하는 힘을 말한다. 불가변력을 **실질적 확정력**이라고도 부른다.

불가변력은 법령에 명문의 규정이 없는 경우에도 행정행위의 성질에 비추어 인정되는 효력이다.

준사법적(準司法的) 행정행위(예, 행정심판의 재결)에 불가변력을 인정하는 것이 일반적 견해이다. 또한, 토지수용재결은 행정심판의 재결이 아니라 원행정행위이지만 사법절차에 준하는 절차에 따라 행해지므로 불가변력을 인정할 필요가 있다.

판례는 과세처분에 관한 이의신청절차도 불복절차라는 점 등을 근거로 이의신청에 따른 직권취소에도 특별한 사정이 없는 한 번복할 수 없는 효력(불가변력)을 인정하고 있다(대판 2010. 9. 30, 2009두1020).

확인행위는 쟁송절차를 거쳐 행해지지는 않지만 다툼이 있는 사실 또는 법률관계에 대하여 공적 권위를 가지고 확인하는 행위이므로 성질상 처분청이 스스로 변경할 수 없고, 다만 중대한 공익상 필요가 있거나 상대방에게 귀책사유가 있는 경우 예외적으로 취소할 수 있는 상대적 불가변력이 발생하는 것으로 보는 것이 다수 견해이지만, 취소권이 제한되는 경우로 보는 것이 타당하다.

5. 강 제 력

행정결정의 실효성을 확보하기 위하여 행성결정에 강제력이라는 우월한 힘이 인정된다. 강제력에는 자력집행력과 제재력이 있다.

(1) 자력집행력

자력집행력이란 행정법상의 의무를 이행하지 아니할 경우에 행정청이 직접 실력을 행사하여 자력으로 그 의무의 이행을 실현시킬 수 있는 힘을 말한다.

사법관계에서 의무의 이행을 강제하기 위하여 채권자의 자력에 의해 의무를 이행시키는 것은 인정되지 않고, 우선 법원의 이행판결을 받아 그것을 채무명의로 하여 국가의 집행기관(집행법원 및 집행관)에 의해 강제집행을 하게 된다. 그러나, 국민의 행정법상의 의무불이행에 대하여는 법원에 소송을 제기하여 의무의 존재를 확인받을 필요도 없고 국가의 집행기관을 통하지 않고도 자력으로 의무의 이행을 강제할 수 있도록 되어 있다.

물론 자력집행력이 인정되기 위하여는 법률의 근거가 있어야 한다. 행정대집행

법은 대체적 작위의무에 대한 행정상 강제집행의 일반적인 근거법이 되고, 국세징
수법은 국세납부의무에 대한 강제징수의 근거법이지만 지방세법 등 법률에서 공법
상 금전급부의무의 강제징수에 준용하도록 하고 있으므로 그 한도 내에서 국세징
수법은 공법상 금전급부의무의 일반적 근거법이 되고 있다. 그 이외에도 행정상 강
제집행을 정하는 개별법이 존재한다.

(2) 제 재 력

행정행위의 상대방이 행정행위에 의해 부과된 의무를 위반하는 경우에는 그에
대한 제재로서 행정벌(행정형벌 또는 행정질서벌)이나 행정적 제재(영업정지 등)가 과해
지는 경우가 많다. 물론 행정벌이나 행정적 제재(영업정지 등)가 과하여지기 위하여
는 명시적인 법률의 근거가 있어야 한다.

Ⅱ. 공권과 공의무의 특수성

1. 개   설

공법상의 권리 또는 의무는 공익의 실현을 위하여 인정되는 것이므로 공법상
의 권리 또는 의무에는 사익만을 위하여 인정되는 사법상의 권리 또는 의무와는 다
른 특수성이 인정된다.

① 공법상의 권리는 동시에 의무의 성격을 띠는 상대적 성질을 가진다.

② 공권과 공의무는 이전성과 포기성이 제한되는 경우가 있다. 예를 들면, 공무
원연금청구권이나 생활보호를 받을 권리는 양도가 금지된다. 그러나, 공권 중에서도
경제적 가치를 주된 대상으로 하는 것은 사권과 같이 이전성이 인정되는 경우가 있
다. 즉, 공무원 봉급청구권은 2분의 1 이하의 한도 내에서 압류의 대상이 된다.

공권의 포기와 불행사는 구별하여야 하며 공권의 포기가 인정되지 않는 경우
에도 공권의 불행사는 허용된다.

일신전속적인 공의무는 법령상 또는 이론상 그 포기와 이전이 제한된다.

③ 공권에는 특별한 보호가 행하여지고, 공의무에는 특별한 강제가 가하여진다.

2. 공권과 공의무의 승계

사인이 지는 공의무의 승계가 가능한지는 공의무가 일신전속적인가 아니면 대
체성이 있는가에 좌우된다. 일신전속적인 공의무는 이전과 승계가 인정되지 않는
다. 대체적 공의무는 원칙상 승계가 가능하다.

Ⅲ. 권리구제수단의 특수성

행정권의 행사에 의해 국민의 권리가 침해된 경우에는 사법상의 구제수단과는 다른 특별한 구제수단이 인정되고 있다. 그 주된 이유는 권리침해가 우월한 지위에 있는 공권력주체에 의해 행하여졌다는 점과 국민의 권리구제와 함께 공익의 보장도 고려하여야 한다는 데 있다. 이에 관하여는 행정구제편에서 살펴보기로 한다.

Ⅳ. 특별한 부담

1. 법에 의한 엄격한 기속

행정권의 우월적 지위가 잘못 행사되어 국민의 권익을 침해할 수 있다. 따라서 공권력 행사에는 엄격한 법적 규율이 가해진다. 특히 권력관계는 법에 의한 엄격한 기속을 받는다.

2. 엄격한 국가배상책임

국가배상책임은 위법한 공권력 행사로 인하여 가해진 손해에 대한 배상책임을 정하는 것이므로 민사상 불법행위책임보다 엄격하게 인정되고 있다.

제 5 절   공   권

Ⅰ. 공법관계와 공권

공법관계는 공법상의 권리의무관계, 즉 공권과 공의무로 이루어지는 관계를 말한다. **공권**(公權)이란 공법관계에서 직접 자기를 위하여 일정한 이익을 주장할 수 있는 법률상의 힘을 말한다. **공의무**(公義務)라 함은 의무자의 의사에 가하여진 공법상의 구속을 말한다.

공권에는 국가적 공권과 개인적 공권이 있다. 행정법에서 통상 공권이라 함은 개인적 공권을 말한다.

국가적 공권이라 함은 행정주체가 우월한 의사의 주체로서 행정객체에 대하여 가지는 권리를 말한다. 그 권리의 목적을 기준으로 할 때 조직권, 경찰권, 행정계획권, 공용부담특권, 공기업특권, 조세권, 전매권, 재정권으로 나누어지고, 권리의 내용을 기준으로 명령권, 강제권, 형성권, 공법상의 물권으로 나누어진다. 국가적 공권은 권한의 성격이 강하다.

개인적 공권이란 개인이 직접 자기의 이익을 위하여 행정주체에게 일정한 행위를 할 것을 요구할 수 있는 공법에 의해 주어진 법적인 힘이다. 개인적 공권에 대응하여 행정권에게는 일정한 작위 또는 부작위의 의무가 부과된다.

Ⅱ. 개인적 공권의 성립요건(공권의 3요소론에서 공권의 2요소론으로)

종래에는 개인적 공권(이하 '공권'이라 한다)의 성립요소로 강행법규에 의한 행정권에 대한 의무의 부과(강행법규성), 법규의 사익보호성, 청구권능부여성이 들어졌다. 청구권능의 부여는 구체적으로 말하면 재판을 통한 이익의 실현을 의미한다.

그런데, 오늘날에는 헌법상 재판을 받을 권리가 보장되고 실정법(행정소송법)상 개괄적으로 권리구제제도가 보장되고 있으므로 공권의 성립요소 중 청구권능의 부여는 별도의 성립요소로 보지 않게 되었다.

그리하여 오늘날 공권이 성립하기 위하여는 다음의 두 요건(강행법규성과 사익보호성)을 갖추어야 한다. ① 강행법규(공법)에 의해 행정주체에게 일정한 행위(作爲 또는 不作爲)를 하여야 할 의무가 부과되고 있어야 한다(강행법규성). 행정주체의 의무에는 기속행위에서의 특정행위를 할 의무뿐만 아니라 재량행위에서의 하자 없이 행정권을 행사할 의무도 포함된다. 즉, 재량행위에서도 공권이 성립될 수 있다. ② 그 법규가 공익의 보호와 함께 사익의 보호를 목적으로 하고 있어야 한다(사익보호성). 일반적으로 공법법규는 공익의 보호를 제1차적 목적으로 한다. 그런데 공법법규가 공익의 보호와 함께 사익의 보호를 목적으로 하는 경우가 있고 이 경우에만 공권이 성립하게 된다.

따라서, 오늘날 공권은 개인이 행정주체에 대해 가지는 법에 의해 보호된 개인적 이익(사익)을 말한다.

Ⅲ. 공권, 법적 이익 및 반사적 이익의 구별

1. 공권과 법적 이익

종래에는 공권과 법적 이익을 구별하였다. 법에 의해 보호된 이익이라도 재판을 통한 이익 실현이 보장되지 않는 경우(청구권능이 부여되지 않은 경우)가 있었고 이 경우는 법적 이익(법상 보호된 이익)이지만 권리는 아니라고 보았다.

그러나, 앞에서 보았듯이 오늘날 공권의 성립에 별도의 청구권능 부여는 요구되지 않게 되었고 공법에 의한 사권의 보호만으로 공권이 성립되는 것으로 되었으므로 공권과 법적 이익의 구별은 없어졌고 법적 이익은 공권에 포섭되었다.

2. 공권(법적 이익)과 반사적 이익의 구별

공권과 반사적 이익은 구별하여야 한다. 반사적 이익이란 공법이 공익을 위하여 행정주체나 그 객체에게 어떠한 작위 또는 부작위의 의무를 부과하거나 또는 행정주체가 어떠한 공공시설을 운영함으로써 결과적으로 개인이 반사적으로 받게 되는 이익을 말한다. 예컨대, 의료법에서 의사에게 환자를 진료할 의무를 부과함으로써 일반인이 반사적으로 진료를 받게 되는 이익이 그 예이다.

(1) 공권과 반사적 이익의 구별실익

공권(법적 이익 포함)이 침해된 자는 재판을 통하여 권익의 구제를 청구할 수 있지만, 반사적 이익이 침해된 자는 재판을 통한 구제를 청구할 수 없고 그 이익의 침해를 감수하여야 한다. 달리 말하면 공권이 침해된 자는 행정소송에서 원고적격(소송을 제기할 자격)이 인정되지만, 반사적 이익이 침해된 자는 원고적격이 인정되지 않는다. 원고적격은 소송요건이므로 원고적격이 인정되지 않는 경우는 당해 소송은 부적법 각하된다.

(2) 공권과 반사적 이익의 구별기준

공권(법적 이익)은 처분의 근거법규 및 관계법규에 의해 보호된 개인의 이익(사익)을 말한다. 보다 정확히 말하면 공익을 보호하는 법규가 개인의 이익도 아울러 보호하고 있는 경우에 그 보호된 개인의 이익이 공권이다. 이에 반하여 실정법규가 공익의 보호만을 목적으로 하고 있고 개인은 그로 인하여 반사적으로 이익을 누리는 경우 그 개인의 이익은 반사적 이익이다. 즉, 공권과 반사적 이익의 구별기준은 처분의 근거 및 관계 법규의 목적이 된다.

예를 들면, 이웃의 채광(일조)을 보호하는 건축법의 규정은 주거환경의 보호라는 공익목적과 함께 인근주민의 채광(採光)의 이익을 아울러 보호하는 것을 목적으로 하고 있다라고 해석되는데 이 경우 인근주민의 채광의 이익은 공권이다. 이에 반하여 법에 의한 건축물의 색채의 규제는 미관의 보호라는 공익목적만을 갖는 규정이므로 인근주민의 미관의 이익은 반사적 이익이다.

3. 공권의 범위: 공권(법적 이익)의 확대

공권의 확대는 여러 측면에서 행해졌다. 반사적 이익의 보호이익화, 기본권의 공권화, 적극적 청구권, 무하자재량행사청구권 등의 인정이 그것이다.

(1) 반사적 이익의 보호이익(공권)화

종래 반사적 이익으로 여겨졌던 것이 법적 이익으로 인정되고 있는 경향이 있

다. 그러나, 법적 이익과 반사적 이익의 구별기준이 변경된 것은 아니다. 구별기준
은 여전히 근거법규 내지 관계법규의 목적이다. 다만, 근거법규 내지 관계법규의
해석에 있어서 근거법규 내지 관계법규가 공익의 보호뿐만 아니라 개인의 이익을
또한 보호하고 있다는 것을 널리 인정하는 것에 의해 반사적 이익이 공권으로 발전
되고 있는 것이다.

반사적 이익의 보호이익화는 주로 행정처분에 대하여 이해관계 있는 제3자의
이익(인근주민의 이익 및 경업자의 이익)이 반사적 이익에서 법적 이익으로 발전됨에 따
라 이루어지고 있다. 종래 행정처분의 상대방이 아닌 제3자가 갖는 이익은 반사적
이익에 불과하다고 보는 경우가 많았으나 오늘날에는 법적 이익으로 보는 경향이
있다.

1) 인근주민의 이익

건축, 개발 등을 제한하는 행정법규가 공익뿐만 아니라 인근주민의 이익도 보
호하고 있다고 여겨지는 경우에 그로 인하여 당해 인근주민이 받는 이익은 법적 이
익이다. 이에 반하여 개발 등을 제한하는 행정법규가 공익만의 보호를 목적으로 하
고, 이로 인하여 인근주민이 사실상 이익을 보는 경우에도 당해 인근주민의 이익은
반사적 이익에 불과하다.

가. 법적 이익을 긍정한 사례

〈판례 1〉 자동차 LPG 충전소설치허가의 요건을 정하는 규정이 공익뿐만 아니라 인근주민의
이익도 보호하고 있다라고 본 사례(대판 1983. 7. 12, 83누59).

〈판례 2〉 환경영향평가에 관한 자연공원법령 및 환경영향평가법령의 규정들의 취지가 환경
공익을 보호하려는 데 그치지 않고 환경영향평가 대상지역 안의 주민들이 수인한도를 넘는
환경침해를 받지 아니하고 쾌적한 환경에서 생활할 수 있는 개별적 이익(환경사익)을 보호하
는 데 있다라고 본 사례(대판 1998. 4. 24, 97누3286 ; 1998. 9. 22, 97누19571).

나. 법적 이익을 부정한 사례

〈판례〉 상수원보호구역 설정의 근거가 되는 수도법 제5조 제1항 및 동 시행령 제7조 제1항
이 보호하고자 하는 것은 상수원의 확보와 수질보전일 뿐이고, 그 상수원에서 급수를 받고
있는 지역주민들이 가지는 상수원의 오염을 막아 양질의 급수를 받을 이익은 직접적이고
구체적으로는 보호하고 있지 않음이 명백하여 위 지역주민들이 가지는 이익은 상수원의 확
보와 수질보호라는 공공의 이익이 달성됨에 따라 반사적으로 얻게 되는 이익에 불과하므로
지역주민들에 불과한 원고들에게는 위 상수원보호구역변경처분의 취소를 구할 법률상의
이익이 없다(대판 1995. 9. 26, 94누14544). 〈평석〉 그런데, 상수원보호구역 설정 및 해제의 근거
가 되는 수도법규정이 상수원의 수질보호와 함께 물이용자의 개인적 이익도 직접 보호하는

것을 목적으로 하고 있다고 볼 수도 있고, 현재와 같이 한강수계 상수원수질개선 및 주민지원 등에 관한 법률 및 동법 시행령 제19조에 따라 수도사업자가 물이용부담금을 납부하고 (이 물이용부담금은 수도요금에 전가될 것이다) 이 재원으로 상수원보호구역에 재정지원을 하고 있는 점 등을 아울러 고려하면 상수원보호구역을 규율하는 수도법규정으로 인하여 수돗물 이용자가 받는 이익은 법적 이익이라고 볼 수도 있다.

2) 경업자의 이익

영업을 규제하는 법령으로 인하여 경쟁관계에 있는 영업자가 받는 이익이 법적 이익인지 반사적 이익인지가 문제된다. 영업을 규제하는 법령이 공익뿐만 아니라 경쟁관계에 있는 영업자의 영업상 이익도 아울러 직접 보호하고 있는 경우에 당해 경쟁관계에 있는 영업자의 영업상 이익은 법적 이익이고, 영업을 규제하는 법령이 공익의 보호만을 목적으로 하고 이로 인하여 경쟁관계에 있는 영업자가 반사적으로 이익을 얻는 경우에는 당해 경쟁관계에 있는 영업자의 영업상 이익은 반사적 이익이다.

판례는 일반적으로 특허로 받는 기존영업자의 이익은 법률상 이익으로 보고, 허가로 받는 영업자의 이익은 원칙상 반사적 이익 내지는 사실상 이익에 불과한 것으로 본다. 허가로 받는 영업자의 이익을 법률상 이익으로 본 판례도 있다.

(2) 공권과 기본권

헌법상의 기본권도 그것이 구체적인 내용을 갖고 있어 법률에 의해 구체화되지 않아도 직접 적용될 수 있는 경우에는 보충적으로 재판상 주장될 수 있는 구체적 공권이다. 자유권, 평등권과 재산권이 그 예이나.

생존권은 원칙상 추상적 권리로서 구체적 공권이 아니지만 적극적 공권력 행사에 의해 생존권이 침해된 경우에 그 침해를 배제하기 위하여 당해 공권력 행사의 취소를 청구함에 있어서 또는 최소한도의 보장을 적극적으로 청구함에 있어서는 구체적 권리성을 갖는 것으로 보아야 하며, 이 경우에 국민은 개인적 공권의 주체가 된다고 보아야 한다.

관계법령에 의해 보호되는 개인적 이익이 침해되지 않은 경우에도 구체적 공권인 헌법상 기본권이 침해된 때에는 보충적으로 헌법상 기본권을 재판상 주장할 수 있는 행정법상 공권으로 볼 수 있다.

〈판례〉 국세청장의 지정행위(납세병마개 제조자지정행위)의 근거규범인 이 사건 조항들이 단지 공익만을 추구할 뿐 청구인 개인의 이익을 보호하려는 것이 아니라는 이유로 청구인(지정행위의 상대방이 아닌 제3자)에게 취소소송을 제기할 법률상 이익을 부정한다고 하더라도, 국세청장의 지정행위는 행정청이 병마개 제조업자들 사이에 특혜에 따른 차별을 통하여 사경제 주체간의 경쟁조건에 영향을 미치고 이로써 기업의 경쟁의 자유를 제한하는 것임이 명백한 경우에는 국세청장의 지정행위로 말미암아 기업의 경쟁의 자유를 제한받게 된 자들은 적어도 **보충적으로 기본권에 의한 보호가 필요하다.** 따라서 일반법규에서 경쟁자를 보호하는 규정을 별도로 두고 있지 않은 경우에도 기본권인 경쟁의 자유가 바로 행정청의 지정행위의 취소를 구할 법률상의 이익이 된다 할 것이다(헌재 1998. 4. 30, 97헌마141).

(3) 무하자재량행사청구권

1) 의 의

무하자재량행사청구권이라 함은 행정청에게 재량권이 부여된 경우에 행정청에 대하여 재량권을 흠 없이 행사하여 줄 것을 청구할 수 있는 권리를 말한다.

행정청에게 재량권이 인정되는 경우에는 행정청이 처분을 함에 있어서 재량권의 한계를 준수하여 줄 것을 청구할 수밖에 없고, 어떤 특정한 행위를 하여 줄 것을 청구하는 권리가 개인에게 주어질 수 없다.

2) 법적 성질

가. 형식적 권리   무하자재량행사청구권은 특정한 내용의 처분을 하여 줄 것을 청구하는 권리가 아니고 재량권을 흠 없이 행사하여 어떠한 처분을 하여 줄 것을 청구하는 권리인 점에서 형식적 권리라고 할 수 있다.

나. 실체적 권리   무하자재량행사청구권은 자신의 권익을 위하여 일정한 행정결정을 청구하는 권리이므로 실체적 권리이다.

3) 무하자재량행사청구권의 독자성 인정 여부

무하자재량행사청구권을 독자적 권리로 인정할 필요가 있는가에 관하여 견해가 대립하고 있다.

무하자재량행사청구권은 재량행위에 대한 항고소송에서 원고적격을 인정하기 위하여는 그 실익이 없으나(무하자재량행사청구권이라는 개념이 없어도 원고적격이 인정될 수 있다), 재량행위에서도 공권이 인정될 수 있다는 것과 재량행위에서 인정되는 권리가 어떠한 권리인지를 설명하여 줄 수 있고, 의무이행심판이나 의무이행소송에서 적법재량행사를 명하는 재결이나 판결의 실체법적 근거가 된다는 점에서 그 인정 실익이 있다.

4) 무하자재량행사청구권의 인정범위

무하자재량행사청구권은 재량권이 인정되는 모든 행정권의 행사에 인정된다.

5) 무하자재량행사청구권의 성립요건

무하자재량행사청구권도 공권이므로 무하자재량행사청구권의 성립요건은 공권의 성립요건과 같다. 즉, ① 행정청에게 강행법규에 의해 재량권을 행사하여 어떠한 처분을 하여야 할 의무가 부과되어야 한다(**처분의무**). 행정청의 처분의무는 법령상 인정될 수 있을 뿐만 아니라 조리상 인정될 수도 있다. 여기에서의 행정청의 처분의무는 특정한 내용의 처분의무가 아니라 하자 없이 재량권을 행사하여 어떠한 처분을 해야 할 의무이다. ② 재량권을 부여하는 법규가 공익뿐만 아니라 개인의 이익도 보호하는 것을 목적으로 하여야 한다(**사익보호성**).

6) 무하자재량행사청구권의 내용

무하자재량행사청구권이 인정되는 경우는 행정청에게 그의 재량권을 올바르게 행사하여 처분할 의무가 있고 이에 대응하여 개인은 재량권의 올바른 행사에 따른 처분을 받을 권리를 갖게 된다.

재량권이 영으로 수축하는 경우에는 무하자재량행사청구권은 특정한 내용의 처분을 하여 줄 것을 청구할 수 있는 행정행위발급청구권 또는 행정개입청구권으로 전환된다.

7) 재량권의 영으로의 수축

가. 의   의   재량권의 영으로의 수축이라 함은 일정한 예외적인 경우에 재량권이 있는 행정청에게 선택의 여지가 없어지고 특정한 내용의 처분을 하여야 할 의무가 생기는 것을 말한다.

나. 판단기준   다음과 같은 경우에 재량권이 영으로 수축된다. ① 사람의 생명, 신체 및 재산 등 중요한 법익에 중대하고 급박한 위험이 존재하고, ② 그러한 위험이 행정권의 발동에 의해 제거될 수 있는 것으로 판단되며, ③ 피해자의 개인적인 노력으로는 권익침해의 방지가 충분하게 이루어질 수 없다고 인정되어야 한다.

다. 효   과   재량권이 영으로 수축하는 경우 행정청은 특정한 내용의 처분을 하여야 할 의무를 진다.

8) 무하자재량행사청구권과 원고적격의 관계

무하자재량행사청구권은 재량법규가 사익을 보호하는 경우에 인정되는 실체적 권리이므로 무하자재량행사청구권이 인정되는 경우에는 원고적격이 인정된다. 원고적격을 인정하기 위해 무하자재량행사청구권이라는 개념이 반드시 필요한 것은 아니다. 원고적격론에 따라 재량처분의 근거법규가 사익을 보호하는 경우 원고적격이 인정되는 것이다.

(4) 행정권발동청구권

행정권발동청구권은 자신의 권익을 위하여 행정권의 적극적 발동을 청구할 수 있는 권리이다. **광의의 행정개입청구권**이라고도 한다. 행정권발동청구권은 자신에 대하여 행정권의 발동을 청구하도록 요구하는 권리(행정행위발급청구권)와 제3자에 대한 행정권의 발동을 청구하는 권리(협의의 행정개입청구권)로 나눌 수 있다.

1) 행정행위발급청구권

행정행위발급청구권이라 함은 개인이 자기의 권익을 위하여 자기에 대하여 특정한 내용의 행정권을 발동하여 줄 것을 청구할 수 있는 권리를 말한다.

행정행위발급청구권이 인정되기 위하여는 ① 강행법규가 행정청에게 특정한 행위를 하여야 할 의무를 부과하고 있고(강행법규성, 발급의무), ② 그러한 법규가 공익의 보호뿐만 아니라 개인의 이익도 보호하는 것을 목적으로 하고 있어야 한다(사익보호성).

행정행위발급청구권은 원칙적으로 기속행위에 인정되고 재량행위에는 원칙상 인정되지 않는다. 다만, 재량행위의 경우에도 재량권이 영으로 수축되는 경우에는 행정청에게 특정 행정행위를 할 의무가 생기므로 행정행위발급청구권이 인정된다.

2) 협의의 행정개입청구권

가. 개   념   협의의 행정개입청구권이라 함은 어떠한 행정권의 발동이 그 상대방에 대하여는 침해적이고 제3자에 대하여는 수익적인 경우에 그 행정권의 발동으로 이익을 받는 자가 행정청에게 그 상대방에 대한 행정권의 발동을 청구할 수 있는 권리를 말한다.

나. 성립요건   협의의 행정개입청구권이 인정되기 위하여는 ① 행정청에게 개입의무(행정권 발동의무)가 있어야 하고(강행법규성 및 개입의무), ② 행정권의 발동에 관한 법규가 공익뿐만 아니라 제3자의 사익을 보호하고 있어야 한다(사익보호성).

㈎ **행정청의 개입의무(행정권 발동의무)의 존재**   행정권의 발동 여부는 원칙상 행정청의 재량에 속한다. 왜냐하면, 행정권 발동의 대상이 되는 행정 현실이 매우 다양하며 행정수단이 제약되어 있기 때문이다. 그러나, 법에서 행정권의 발동 여부에 관하여 행정권의 재량을 인정하지 않고 있는 경우가 있고, 법에서 행정권의 발동에 관하여 행정청에게 재량권을 부여하고 있는 경우에도 일정한 경우에는 당해 재량권이 영으로 수축하는 경우가 있다. 이 경우에는 행정청에게 개입의무(발동의무)가 존재한다.

㈏ **사익보호성**   행정권의 발동을 규율하는 법규가 공익의 보호뿐만 아니라

개인의 이익도 보호하는 것을 목적으로 하고 있는 경우에 당해 개인이 받는 이익은 법적 이익이 된다.

　　다. 인정범위　　행정개입청구권은 이론적으로는 모든 행정영역에서 인정될 수 있다. 그런데, 행정개입청구권은 주로 행정개입을 청구하는 국민의 생명, 신체 및 재산을 보호하기 위하여 인정되는 것이기 때문에 경찰행정(질서행정)분야에서 주로 인정된다.

　　행정개입청구권은 기속행위의 경우에는 당연히 인정된다. 재량행위의 경우에는 무하자재량행사청구권이 인정되고 행정개입청구권은 원칙상 인정되지 않지만, 전술한 바와 같이 재량권이 영으로 수축하는 경우에는 무하자재량행사청구권은 행정개입청구권으로 전환되어 행정개입청구권이 인정된다.

제 6 절　특별행정법관계(종전의 특별권력관계)

Ⅰ. 특별행정법관계의 개념

　　특별행정법관계란 특별한 행정목적을 달성하기 위하여 특별권력기관과 특별한 신분을 가진 자와의 사이에 성립되는 특별한 법률관계를 말한다. 특별행정법관계는 행정주체와 일반 국민 사이에 성립되는 일반행정법관계에 대응하는 개념이다. 특별행정법관계의 예로는 군인의 군복무관계, 공무원의 근무관계, 교도소재소관계, 국공립학교의 재학관계 등을 들 수 있다.

　　특별행정법관계는 특별권력관계라는 개념을 대체하는 개념으로 사용된다.

Ⅱ. 특별권력관계이론

　　특별권력관계란 특별한 행정목적을 달성하기 위하여 성립된 관계로서 특별권력주체에게 포괄적인 지배권이 부여되고 상대방인 특별한 신분에 있는 자는 이에 복종하여야 하는 관계를 말한다. 특별권력관계는 일반권력관계에 대응하는 개념이다.

　　특별권력관계이론은 19세기 후반 독일에서 성립된 독일법에 특유한 이론인데, 특별권력관계를 행정의 내부관계로 보고 그 결과 법치주의가 적용되지 않는다고 보았다.

　　그러나 오늘날 법치주의하에서는 특별권력관계이론을 부정하고 종래 특별권력관계라고 보았던 관계에도 법치주의가 원칙적으로 적용된다고 보는 견해(부정설)가 다수견해이다. 아직도 소수 견해이기는 하지만 특별권력관계를 제한적으로 인정하는 견해(제한적 긍정설)도 있다.

Ⅲ. 특별행정법관계의 성립

특별행정법관계는 다음과 같은 공법상의 특별한 성립원인에 의해 성립한다:

① 상대방의 동의 없는 법률의 규정에 의한 성립

특별행정법관계가 법률의 규정에 근거하여 상대방의 동의 없이 성립하는 경우이다. 군입대(병역법 제4장), 수형자의 교도소 수감(형의 집행 및 수형자의 처우에 관한 법률 제1조, 제8조), 전염병환자의 강제입원(감염병의 예방 및 관리에 관한 법률 제42조), 공공조합에의 강제가입(산림조합법 제3장, 도시 및 주거환경정비법 제19조) 등이 그 예이다.

② 상대방의 동의에 의한 성립

특별행정법관계가 상대방의 동의에 근거하여 성립되는 경우이다. 상대방의 동의가 그의 자유로운 의사에 의한 경우와 상대방의 동의가 법률에 의해 강제되는 경우가 있다.

Ⅳ. 특별행정법관계의 종류

특별행정법관계는 공법상의 근무관계, 공법상의 영조물이용관계, 공법상 특별감독관계, 공법상의 사단관계로 분류된다.

Ⅴ. 특별행정법관계에 있어서의 특별권력

특별행정법관계에 있어서 특별한 행정목적을 달성하기 위하여 행정주체에게 일반권력관계에서와는 다른 특별한 권력 내지 권한이 법령에 의해 또는 법해석상 부여된다. 특별권력에는 포괄적 명령권, 징계권이 있다.

1. 명 령 권

특별권력의 주체에게는 행정목적을 효율적으로 달성할 수 있도록 하기 위하여 포괄적인 명령권이 부여된다. 명령권은 일반적·추상적 형식 또는 개별적·구체적인 형식으로 발동된다.

2. 법규명령제정권

특별권력주체에게 고유한 법규명령제정권이 있는가에 관하여 견해의 대립이 있다.

특별권력주체에게는 법령의 수권이 없는 경우에도 법규명령의 효력을 갖는 특

별명령을 제정하는 권한이 있다는 견해가 있다. **특별명령**은 단순한 행정규칙은 아
니며 특히 특별권력주체와 상대방과의 관계를 규율하는 사항을 내용으로 하는 명
령으로서 그 상대방의 권리와 의무를 규율하므로 실질에 있어서 법규명령의 성질
을 갖는다.

　　그러나, 오늘날 법치행정의 원칙상 행정권에게 고유한 법규제정권을 인정할 수
없다. 다만, 특별권력주체는 법률의 수권이 있는 경우 법규명령의 효력을 갖는 행
정규칙(법령보충적 행정규칙)을 제정할 수 있고, 법률에 의한 수권은 다소 포괄적일 수
도 있다.

3. 징 계 권

　　특별권력주체는 내부의 질서를 유지하기 위하여 징계를 행할 수 있는 권한을 갖
는다. 징계가 상대방의 법적 지위와 관계가 없을 때에는 법령에 근거가 없어도 가능하
지만 상대방의 법적 지위에 영향을 미칠 때에는 법령에 근거가 있어야 한다.

Ⅵ. 특별행정법관계와 법치주의

　　특별권력관계를 부정하는 견해에 의하면 종전에 특별권력관계라고 보았던 관
계에도 법치주의가 전적으로 **적용**되는 것으로 보아야 한다. 다만 특별권력관계를
부정하는 견해에도 그러한 관계에는 국가와 일반국민 사이의 관계인 일반행정법관
계와는 다른 특별한 법적 규율(예, 포괄적 수권)이 행하여질 수 있다는 것을 인정하는
견해가 있고 이러한 견해는 통상 그러한 관계를 특별행정법관계로 본다. 또한 특별
권력관계를 전적으로 부인하고 그 관계를 일반행정법관계로 보는 견해가 있다. 이
에 대하여 수정된 형태의 특별권력관계의 존재를 인정하는 견해에 의하면 특별권
력관계에서는 법치주의(특히 법률유보의 원칙)가 부분적으로 배제 또는 완화될 수 있
다고 본다.

　　위와 같이 종전의 특별권력관계를 어떠한 성질의 관계로 보는가에 따라 그 관
계에 대한 법치주의의 적용에 관하여 다른 견해를 취하게 된다.

　　특별권력주체에 대한 사법심사에 관하여 특별권력관계의 존재를 제한적으로 긍
정하는 수정설은 특별권력관계를 기본관계(基本關係)와 경영수행관계(經營遂行關係)로
구분하고 기본관계에서의 행위에 대하여는 사법심사가 허용되지만 경영수행관계에
서의 행위에 대하여는 사법심사가 인정되지 않는다고 본다. **기본관계**라 함은 특별권
력관계 자체의 성립, 변경 및 소멸이나 그 밖의 특별권력주체의 상대방의 법적 지위

의 본질적 사항에 관련된 법률관계를 말하고, **경영수행관계**라 함은 특별권력관계의
성립목적을 달성하기 위하여 필요한 내부적 질서유지와 관련된 법률관계를 말한다.

특별권력관계를 부인하는 견해는 문제의 행위가 처분인지에 따라 사법심사의
범위를 정한다. 공무원관계를 예로 들면, 공무원의 임명, 해임, 정직, 감봉 및 견책
은 처분이다. 이에 반하여 공무원의 훈련이나 그 방법과 관련된 행위, 단순 경고행
위는 내부행위로 처분이 아니다. 서면경고는 처분이라고 보아야 한다. 공무원의 승
진 또는 승진에서의 탈락도 처분으로 보아야 한다. 공무원에 대한 전보명령이 처분
인가에 대하여는 논란이 있다.

제 7 절 행정법관계의 변동(발생 · 변경 · 소멸)

Ⅰ. 법률요건

법률관계의 발생 · 변경 · 소멸의 원인이 되는 것을 **법률요건**이라 한다. 법률요
건은 법률관계의 변동원인이다. 법률요건에는 행위, 사건 등이 있다.

행정법상의 법률관계는 행정주체의 공법행위 또는 사인의 공법행위 및 사건에
의해 발생 · 변경 · 소멸된다.

Ⅱ. 행정주체의 공법행위

행정주체의 공법행위는 매우 다양하다. 행정주체의 공법행위를 성질에 따라 유
형화한 것이 행위형식인데, 행정입법, 행정행위, 공법상 계약, 사실행위 등이 이에
속한다. 이에 관하여는 후술한다.

법적 행위만이 법률관계에 변동을 가져오며 사실행위는 그 자체로서는 법률관
계의 변동을 가져오지 않는다.

Ⅲ. 사인의 공법상 행위

1. 개   념

사인의 **공법상 행위**란 사인(私人)이 공법상의 권리와 의무로서 하는 행위를 말한
다. 사인의 **공법행위**는 사인의 공법상 행위 중 법률행위의 성질을 갖는 것만을 지칭
하는 것이다.

2. 사인의 공법상 행위의 종류

사인의 공법상 행위는 여러 기준에 의해 분류할 수 있다.

① 법적 행위인 경우도 있고, 사실행위인 경우도 있다. 사실행위의 예로는 행정감시행위, 쓰레기 분리배출행위 등이 있다. 법적 행위는 다시 다음과 같이 구분될 수 있다. 행위의 성질을 기준으로 단독행위, 공법상 계약, 공법상 합동행위로 나누어진다.

② 행위의 효과를 기준으로 그 행위 자체로서 법률효과를 완결하는 **자기완결적 공법행위**와 행정주체의 어떠한 공법행위의 요건이 되는 데 그치고 그 자체로서 완결된 법률효과를 발생시키지 못하는 **행위요건적 공법행위**로 나눈다.

③ 행위의 기능상 행정에의 참여행위, 협력행위, 권리의 실현을 위하여 행하는 행위(신청행위)와 공법상 의무의 이행으로 행하여지는 행위(신고행위)가 있다.

3. 사인의 공법행위

(1) 개   념

사인의 **공법행위**라 함은 공법적 효과의 발생을 목적으로 하는 사인(私人)의 법적 행위(法的 行爲)를 말한다.

(2) 사인의 공법행위에 대한 적용법규

사인의 공법행위에 대한 일반법은 없다. 다만, 행정절차법은 처분의 신청절차, 신고(자기완결적 신고)절차에 대한 일반적 규정을 두고 있고, 행정기본법에서는 수리를 요하는 신고에 대한 일반적 규정을 두고 있다.

사인의 공법행위에 적용할 법규정이 없는 경우에는 민법상의 법원칙, 의사표시나 법률행위에 관한 규정을 원칙상 적용할 수 있다.

다만, 사인의 공법행위와 사법행위 사이에 성질상의 차이가 있는 경우에는 그 한도 내에서 사법규정을 적용할 수 없거나 수정하여 적용하여야 할 것이다. 즉, 사인의 공법행위는 행정의 일환으로 행하여지는 행위이므로 법적 안정성과 행위의 정형화가 요청된다.

예를 들면, 민법상 비진의 의사표시의 무효에 관한 규정은 그 성질상 영업재개신고나 사직(일괄사직)의 의사표시와 같은 사인의 공법행위에 적용되지 않는다(대판 1978. 7. 25, 76누276 ; 2001. 8. 24, 99두9971). 투표와 같은 합성행위(合成行爲)는 단체적 성질의 행위이므로 민법상 착오를 주장할 수 없다.

사인의 공법상 행위는 명문으로 금지되거나 성질상 불가능한 경우가 아닌 한 그에 따른 행정행위가 행하여질 때까지 자유로이 철회하거나 보정할 수 있다(대판 2014. 7. 10, 2013두7025[도시계획시설사업시행자지정및실시계획인가취소처분취소]).

〈판례〉 공무원에 의해 제출된 사직원은 그에 터잡은 의원면직처분이 있을 때까지는 철회될 수 있다고 한 사례(대판 2001. 8. 24, 99두9971).

(3) 사인의 공법행위의 효과

사인의 공법행위 중 자기완결적 공법행위는 사인의 공법행위로 효력이 발생하고 행정청의 별도의 조치가 필요 없다. 그런데, 신청 등 일정한 행위요건적 공법행위에 대하여는 행정청에게 처리의무(응답의무 또는 신청에 따른 처분의무)가 부과된다.

(4) 사인의 공법행위의 하자의 효과

1) 사인의 공법행위의 하자의 효력

사인의 공법행위의 하자의 효력도 원칙상 행정행위의 하자의 효력과 동일하게 중대명백설에 따른다고 보는 것이 타당하다. 다만, 다음의 경우에는 특별한 고찰을 요한다.

가. 의사표시의 하자의 효력   사인의 공법행위가 의사표시인 경우 원칙상 민법의 법률행위에 관한 규정이 유추적용된다. 그러나, 전술한 바와 같이 사인의 공법행위의 성질상 민법상 의사표시의 하자에 관한 규정을 유추적용할 수 없는 경우에는 그러하지 아니하다.

나. 신고의 하자의 효력   자기완결적 신고가 부적법한 경우에는 신고의 효력이 발생하지 않는다. 수리를 요하는 신고의 경우에는 중대명백설에 의하는 것이 타당하다.

납세신고의 경우 원칙상 중대명백설에 의하지만, 예외적으로 명백성보충요건설을 취한 판례도 있다(대판 2009. 2. 12, 2008두11716).

2) 행위요건적 공법행위의 하자의 행정행위에 대한 효력

사인의 공법행위는 그 위법이 중대하고 명백하면 무효이고, 그 위법이 중대·명백하지 않은 경우에는 취소할 수 있는 행위가 된다.

사인의 공법행위의 흠은 그에 따라 행해진 행정행위의 효력에 어떠한 영향을 미치는가.

① 사인의 공법행위가 행정행위를 행하기 위한 단순한 동기인 경우에는 공법행위의 흠결은 행정행위의 효력에 아무런 영향을 미치지 않는다는 것이 일반적 견

해이다.

② 사인의 공법행위가 행정행위의 전제요건인 경우(신청, 동의 등)에는 그 사인의 공법행위가 무효인 경우에 행정행위는 전제요건을 결하게 되어 무효라고 보고, 사인의 공법행위에 단순한 위법사유가 있는 때에는 그에 따른 행정행위는 원칙적으로 유효하다고 보는 것이 다수설의 견해이다.

판례는 명확하지는 않지만, 사인의 공법행위에 취소사유인 위법사유가 있는 경우에 그에 따른 행정행위는 취소할 수 있는 행정행위가 된다고 본다.

〈판례〉 1. 본인의 진정한 의사에 의하여 작성되지 아니한 사직원에 의한 면직처분의 적법여부: 조사기관에 소환당하여 구타당하리라는 공포심에서 조사관의 요구를 거절치 못하고 작성교부한 사직서라면 이를 본인의 진정한 의사에 의하여 작성한 것이라 할 수 없으므로 그 사직원에 따른 면직처분은 위법이다(대판 1968. 3. 19, 67누164[면직처분취소]).
2. 공무원이 감사기관이나 상급관청 등의 강박에 의하여 사직서를 제출한 경우, 그 강박의 정도와 당해 사직서에 터잡은 면직처분의 효력: 사직서의 제출이 감사기관이나 상급관청 등의 강박에 의한 경우에는 그 정도가 의사결정의 자유를 박탈할 정도에 이른 것이라면 그 의사표시가 무효로 될 것이고 그렇지 않고 의사결정의 자유를 제한하는 정도에 그친 경우라면 그 성질에 반하지 아니하는 한 의사표시에 관한 민법 제110조의 규정을 준용하여 그 효력을 따져보아야 할 것이나, 감사담당 직원이 당해 공무원에 대한 비리를 조사하는 과정에서 사직하지 아니하면 징계파면이 될 것이고 또한 그렇게 되면 퇴직금 지급상의 불이익을 당하게 될 것이라는 등의 강경한 태도를 취하였다고 할지라도 그 취지가 단지 비리에 따른 객관적 상황을 고지하면서 사직을 권고·종용한 것에 지나지 않고 위 공무원이 그 비리로 인하여 징계파면이 될 경우 퇴직금 지급상의 불이익을 당하게 될 것 등 여러 사정을 고려하여 사직서를 제출한 경우라면 그 의사결정이 의원면직처분의 효력에 영향을 미칠 하자가 있었다고는 볼 수 없다(대판 1997. 12. 12, 97누13962[의원면직처분취소]).

(5) 신   청

1) 신청의 의의

신청이라 함은 사인이 행정청에 대하여 일정한 조치를 취하여 줄 것을 요구하는 의사표시를 말한다.

행정절차법은 제17조에서 처분을 구하는 신청의 절차를 규정하고 있다.

2) 신청의 요건

신청의 요건이란 신청이 적법하기 위하여 갖추어야 할 요건을 말하며 신청의 대상인 처분의 요건(허가요건 등)과는 구별해야 한다.

신청이 적법하기 위하여는 신청인에게 신청권이 있어야 하며 신청이 법령상 요구되는 구비서류 등의 요건을 갖추어야 한다.

신청기간이 제척기간이고 강행규정인 경우 신청기간을 준수하지 못하였음을 이유로 한 거부처분은 적법하다(대판 전원합의체 2021. 3. 18, 2018두47264).

3) 신청의 효과

가. 접수의무   행정청은 신청이 있는 때에는 다른 법령 등에 특별한 규정이 있는 경우를 제외하고는 그 접수를 보류 또는 거부하거나 부당하게 되돌려 보내서는 아니 된다(행정절차법 제17조 제4항).

나. 부적법한 신청의 효과(보완조치의무)   행정청은 신청에 구비서류의 미비 등 흠이 있는 경우에도 접수를 거부하여서는 안 되며 보완에 필요한 상당한 기간을 정하여 지체 없이 신청인에게 보완을 요구하여야 한다(행정절차법 제17조 제5항). 신청인이 제5항의 규정에 의한 기간 내에 보완을 하지 아니한 때에는 그 이유를 명시하여 접수된 신청을 되돌려 보낼 수 있다(제6항). 보완요구는 처분은 아니며 보완하지 아니한 것을 이유로 한 신청서 반려조치는 거부처분으로 항고소송의 대상이 된다.

다. 처리의무(응답의무)   적법한 신청이 있는 경우에 행정청은 상당한 기간 내에 신청에 대하여 응답(可否간의 처분 등)을 하여야 한다. 여기에서의 응답의무는 신청된 내용대로 처분할 의무와는 구별되어야 한다.

처분을 구하는 신청행위에 대하여 행정기관은 신청에 따른 행정행위를 하거나 거부처분을 하여야 한다. 신청을 받아들이는 처분에는 신청을 전부 받아들이는 처분과 일부 받아들이는 처분이 있다. 경우에 따라서는 신청을 일부 받아들이는 처분을 하여야 하는 경우도 있다(대판 2013. 7. 11, 2013두2402[국가유공자유족등록거부처분취소]). 신청한 내용과 다른 내용으로 행정행위를 행하는 것, 즉 변경허가는 상대방이 이를 받아들이면 그대로 유효하고, 상대방이 받아들이지 않으면 그 변경허가를 거부처분으로 보고 거부처분취소소송 등을 제기하여야 한다.

상당한 기간이 지났음에도 응답하지 않으면 부작위가 된다.

4) 신청과 권리구제

신청에 대한 거부처분에 대하여는 의무이행심판이나 취소심판 또는 취소소송으로, 부작위에 대하여는 의무이행심판 또는 부작위위법확인소송으로 다툴 수 있다.

신청인은 접수거부 또는 신청서의 반려조치를 신청에 대한 거부처분으로 보고 항고소송을 제기할 수 있고, 그로 인하여 손해를 입은 경우에 국가배상을 청구할 수 있다.

(6) 신   고

1) 신고의 의의

신고라 함은 사인이 행정기관에게 일정한 사항을 알리는 것을 말한다.

등록(전형적 등록, 공시적 등록)은 등록사항을 공적 장부인 등록부에 등재하여 공시하는 행정행위(공증행위)의 성질을 갖는다. 전형적 등록(자동차등록, 정당등록, 선거후보자등록 등)은 신청을 전제로 하는 점에서 신고와 구별되고, 항상 금지해제의 효과를 갖는 것은 아닌 점에서 허가와 구별된다. 그런데 실정법령상 전형적 등록과 신고는 명확히 구별되지 않고 있다. 예를 들면, 주민등록은 강학상 등록으로 보아야 하는데, 실정법령상 신고로 규정되어 있다. 등록은 기속행위인 점, 오늘날 신고의 경우에도 신고된 사항을 기재하여 공시하는 경우가 늘어나고 있는 점 등에서 신고와 전형적 등록은 접근해가고 있다. 실정법령상 등록이라는 명칭을 사용하는 경우 중 요건이 완화되었을 뿐 실질은 허가인 경우(예, 석유판매업등록)가 많다. 이러한 등록을 **변형된 등록**(허가적 등록)이라 할 수 있는데, 변형된 등록은 허가 보다 요건이 완화되었을 뿐 실질은 허가라고 보아야 한다.

2) 신고의 종류

가. 자기완결적 신고와 수리를 요하는 신고

행정기본법은 수리를 요하는 신고를 규정하고 있고, 행정절차법은 자기완결적 신고를 규정하고 있다.

행정기본법 제34조는 "법령등으로 정하는 바에 따라 행정청에 일정한 사항을 통지하여야 하는 신고로서 법률에 신고의 수리가 필요하다고 명시되어 있는 경우(행정기관의 내부 업무 처리 절차로서 수리를 규정한 경우는 제외한다)에는 행정청이 수리하여야 효력이 발생한다."고 규정하고 있다.

행정절차법 제40조 제1항은 "법령등에서 행정청에 일정한 사항을 통지함으로써 의무가 끝나는 신고를 규정한 경우 신고를 관장하는 행정청은 신고에 필요한 구비서류, 접수기관, 그 밖에 법령등에 따른 신고에 필요한 사항을 게시하거나 이에 대한 편람을 갖추어 두고 누구나 열람할 수 있도록 하여야 한다."고 규정하고, 동조 제2항에서 '신고요건(1. 신고서의 기재사항에 흠이 없을 것, 2. 필요한 구비서류가 첨부되어 있을 것, 3. 그 밖에 법령등에 규정된 형식상의 요건에 적합할 것)을 갖춘 신고서가 접수기관에 도달된 때에 신고 의무가 이행된 것으로 본다'고 규정하고 있다.

⑺ **자기완결적 신고**   자기완결적 신고는 신고의 요건을 갖춘 신고만 하면 신고 의무를 이행한 것이 되는 신고를 말한다. **자족적 신고**라고도 한다.

자기완결적 신고의 경우 적법한 신고(신고요건을 갖춘 신고)만 있으면 신고의무를 이행한 것이 되고 신고의 효과가 발생한다. 따라서, 적법한 신고만 있으면 행정청의 수리가 없더라도 신고의 대상이 되는 행위를 적법하게 할 수 있고, 과태료나 벌금의 부과 등 어떠한 불이익도 받지 않는다. 달리 말하면 자기완결적 신고의 수리는 법적 효과를 발생시키지 않는 사실행위이다.

따라서, 자기완결적 신고의 수리행위나 수리거부행위는 원칙상 항고소송의 대상이 되는 처분이 아니다. 다만, 자기완결적 신고 중 금지해제적 신고의 경우에 신고가 반려될 경우 당해 신고의 대상이 되는 행위를 하면 시정명령, 이행강제금, 벌금의 대상이 되는 등 신고인이 법적 불이익을 받을 위험이 있는 경우(예, 착공신고)에는 그 위험을 제거할 수 있도록 하기 위하여 신고거부(반려)행위의 처분성을 인정할 필요가 있다. 판례도 이러한 입장을 취하고 있다(대판 2011. 6. 10, 2010두7321).

인·허가의제 효과를 수반하는 자기완결적 신고는 일반적인 자기완결적 신고와는 달리, 특별한 사정이 없는 한 신고수리 행정기관이 의제되는 인허가의 실체적 요건에 관한 심사를 한 후 수리하여야 하므로 당해 신고를 '수리를 요하는 신고'로 보는 것이 타당하다(대판 전원합의체 2011. 1. 20, 2010두14954).

㈏ 수리를 요하는 신고   수리를 요하는 신고는 신고가 수리되어야 신고의 효과가 발생하는 신고를 말한다. 행위요건적 신고, 수리행위가 있는 신고 등으로도 불린다. 수리를 요하는 신고는 규제완화를 위해 허가제를 신고제로 바꾸면서 허가와 자기완결적 신고 사이에 규제의 격차가 너무 큰 점에 착안하여 허가와 자기완결적 신고 사이에 위치하는 규제수단이 필요하다는 행정의 필요에서 탄생한 규제수단의 하나이다.

수리를 요하는 신고의 경우에 수리거부는 거부처분에 해당하며 항고소송의 대상이 된다.

수리를 요하는 신고를 실질적으로 허가라고 보는 견해, 수리를 요하는 신고를 실질적으로 등록이라고 보는 견해, 수리를 요하는 신고를 허가 및 등록과 구별되는 독자적 행위형식으로 보는 견해가 있다. 판례는 수리를 요하는 신고를 허가와 구별하고 있지만(대판 2014. 4. 10, 2011두6998[노동조합설립신고반려처분취소]), 수리를 요하는 신고와 허가가 어떻게 구별되는지에 관하여는 아직 판례가 충분히 형성되어 있지 못하다.

㈐ 자기완결적 신고와 수리를 요하는 신고의 구별
가) 구별기준   ① 개별법률에서 수리를 요하는 신고를 명시한 경우: 행정기본법

제34조에 따르면 자기완결적 신고와 수리를 요하는 신고의 구별기준은 **신고를 규정**
한 개별법령의 규정 달리 말하면 **입법자의 의사**이다. 즉, 행정기본법에 따르면 '법률
에 신고의 수리가 필요하다고 명시되어 있는 경우(행정기관의 내부 업무 처리 절차로서
수리를 규정한 경우는 제외한다)에 해당 신고'는 '수리를 요하는 신고'이고, 그러한 규정
이 없는 신고는 자기완결적 신고이다. 다만, '행정기관의 내부 업무 처리 절차로서
수리를 규정한 경우'(예, 「가족관계의 등록 등에 관한 법률 제21조 출생·사망의 동 경우 신고
등)는 행정기본법 제34조의 수리를 요하는 신고로 보지 않는다.

　② **개별법률에서 수리를 요하는 신고를 명시하지 못한 경우**: 입법의 착오나 결함에
의해 수리를 요하는 신고로 규정하려는 입법의사가 애매한 경우에는 '신고 요건의 성질
및 신고요건에 대한 심사 방식 등'을 기준으로 자기완결적 신고와 수리를 요하는 신고
를 구별하여야 한다. 즉, 행정절차법 제40조 규정에 비추어 신고요건이 형식적 요건
만인 신고는 원칙상 자기완결적 신고로 보아야 한다. 신고요건이 형식적 요건뿐만
아니라 실체적 요건을 포함하는 경우에는 실체적 요건의 충족 여부에 대한 심사(필
요한 경우에는 실질적 심사)를 거쳐 수리 여부를 결정하여야 하므로 원칙상 수리를 요
하는 신고로 보아야 한다. 다만, 신고의 대상이 되는 활동의 실질적 기준이 규정되
어 있고 그 기준을 갖추지 않고 신고의 대상이 되는 활동을 하면 처벌하는 것으로
규정하고 있는 경우에도 해당 기준이 신고요건으로 규정되지 않고 사후규제사유로
규정되어 있어 형식적 요건만 신고요건으로 규정된 것으로 볼 수 있는 경우에는 자
기완결적 신고로 보아야 한다.

형식적 요건이라 함은 신고서, 첨부서류 등 신고서류만으로 확인되는 요건을 말한다. 실질적
(실체적) 요건이라 함은 안전 등 공익을 보장하기 위하여 요구되는 인적·물적 요건을 말한다.
형식적 심사라 함은 신고요건의 충족 여부를 신고서류만에 의해 행하는 것을 말하고, 실질
적 심사라 함은 신고요건의 충족 여부를 심사함에 있어 신고서류를 심사할 뿐만 아니라 필
요한 경우 현장조사 등을 통해 실질적으로 행할 수 있는 심사를 말한다. 신고요건 중 형식
적 요건에 대한 심사는 신고서류만에 의한 **형식적 심사**를 행하고, 실질적 요건에 대해서는
실질적 심사가 가능하다.

　(ㄴ) **구별실익**　① **신고의 효력 발생시점**: 자기완결적 신고의 경우 적법한 신고가
있으면 신고(접수)시 신고의 효력이 발생한다. 수리를 요하는 신고의 경우 적법한
신고가 있더라도 수리행위가 있어야 신고의 효력이 발생한다. 그리하여 수리를 요
하는 영업신고에 있어서 신고가 적법하더라도 수리행위가 없는 경우 해당 영업은

불법영업이 된다.

② **신고 수리 및 신고 접수거부의 처분성**: 수리를 요하는 신고의 수리는 행정행위이므로 행정절차법이나 행정쟁송법상 처분이다. 자기완결적 신고의 수리나 수리 거부는 단순한 사실행위(접수행위)에 불과하므로 원칙상 처분이 아니다. 다만, 자기완결적 신고의 수리나 수리 접수거부가 국민의 권익에 직접 영향을 미치는 경우 즉 처분성을 갖는 경우에는 행정절차법이나 행정쟁송법상 처분이 된다. 전술한 바와 같이 판례는 금지해제적 자기완결적 신고로서 신고의 접수 거부로 신고인이 법적 불이익을 받을 우려가 있는 경우에는 해당 신고 접수거부의 처분성을 인정한다.

③ **신고의 수리가 거부된 경우 신고의무자의 처벌**: 자기완결적 신고의 경우 적법한 신고가 있으면 신고가 접수거부되더라도 신고시 신고의 효력이 발생하므로 신고의 대상이 되는 행위를 한 자는 처벌의 대상이 되지 않는다. 수리를 요하는 신고의 경우에 적법한 신고를 하였지만, 수리가 거부되었음에도 신고의 대상이 되는 영업 등 행위를 한 경우 처벌의 대상이 되는지가 문제된다. 이 경우 해당 영업 등 행위는 불법행위이므로 처벌의 대상이 된다는 견해(처벌긍정설)가 있다. 그러나, 통상 처벌실정법령상 '수리 없이'가 아니라 '신고를 하지 아니하고 영업을 한 자'를 처벌의 대상(구성요건)으로 규정하고 있으므로 **수리를 요하는 신고의 경우에도 적법한 신고를 하였다면 수리가 거부된 경우에 신고의 대상이 되는 행위를 하였어도 처벌할 수 없다고 보는 것이 타당하다**(처벌부정설).

체육시설의 설치·이용에 관한 법률
제38조(벌칙) ②다음 각 호의 어느 하나에 해당하는 자는 1년 이하의 징역 또는 1천만원 이하의 벌금에 처한다.
1. 제20조 제1항에 따른 **신고를 하지 아니하고** 체육시설업(문화체육관광부령으로 정하는 소규모 업종은 제외한다)의 영업을 한 자

나. 사실파악형신고와 규제적 신고

㈎ **사실파악형신고(정보제공적 신고)**   행정청에게 행정의 대상이 되는 사실에 관한 정보를 제공하는 기능을 갖는 신고를 **사실파악형신고(정보제공적 신고)**라고 한다. 정보제공적 신고의 대상은 금지된 행위가 아니라 본래 자유롭게 할 수 있는 행위이다. 따라서, 정보제공적 신고의 경우에는 신고 없이 행위를 하여도 신고 없이 한 행위 자체는 위법하지 않다. 따라서, 정보제공적 신고에서의 신고의무 위반에 대하여는 논리상 형벌이 아니라 과태료를 부과하여야 한다. 집회신고는 정보제공적 신고

인데(대판 전원합의체 2012. 4. 19, 2010도6388[국가공무원법위반 · 집회및시위에관한법률위반]), 그 신고의무 위반에 대해 형벌을 과하는 것으로 규정되어 있다(집회 및 시위에 관한 법률 제21조). 사실파악형신고는 항상 자기완결적 신고이다.

(나) 규제적 신고(금지해제적 신고)   금지된 행위를 해제하는 효력을 갖는 신고를 규제적 신고 내지 금지해제적 신고(신고유보부 금지)라 한다. 금지해제적 신고의 대상은 법상 금지된 행위로서 신고에 의해 그 금지가 해제된다. 금지해제적 신고의 경우에는 신고 없이 한 행위는 법상 금지된 행위로서 위법한 행위가 되므로 행정형벌의 대상이 될 수 있으며 시정조치의 대상이 된다.

수리를 요하는 신고는 금지해제적 신고이다. 자기완결적 신고는 정보제공적 신고인 경우도 있고, 금지해제적 신고인 경우도 있다. 금지해제적 신고로 해석되는 신고는 일응 정보제공적 신고로서의 성격을 포함한다고 볼 것이다.

다. 행정절차법상의 신고   행정절차법 제40조의 규율대상이 되는 신고는 자기완결적 신고이다. 그러나, 행정절차법 제40조 제3항과 제4항은 수리를 요하는 신고에도 유추적용된다고 보아야 한다.

3) 신고요건과 신고요건의 심사

자기완결적 신고가 효력을 발생하기 위하여는 행정절차법 제40조 제2항의 신고요건을 갖추어야 한다(행정절차법 제40조 제2항). 자기완결적 신고의 요건은 형식적 요건이고, 형식적 요건에 대한 심사는 신고서류만에 의한 형식적 심사를 행한다. 그리고, 신고의 대상이 되는 활동의 실체적 기준(인적 · 물적 기준)이 규정되어 있고 그 기준을 갖추지 않고 신고의 대상이 되는 활동을 하면 처벌하는 것으로 규정하고 있는 경우에도 예외적으로 해당 기준이 신고요건으로 규정되지 않고 사후규제사항으로만 규정되어 있어 형식적 요건만 신고요건으로 규정된 것으로 볼 수 있는 경우에는 자기완결적 신고로 보아야 한다. 그리고, 이 경우에는 신고요건이 아닌 해당 실체적 기준의 결여라는 사유를 이유로 신고의 수리를 거부할 수 없다.

수리를 요하는 신고의 요건은 형식적인 요건 이외에 일정한 실질적 요건을 신고의 요건으로 한다. 예를 들면, 체육시설의 설치 · 이용에 관한 법률 제22조는 체육시설업의 신고에 일정한 시설기준(동법 제11조 제1항, 동법 시행규칙 제8조 별표 4)을 갖출 것을 요건으로 하고 있다. 신고요건 중 형식적 요건에 대한 심사는 신고서류만에 의한 형식적 심사를 행하고, 실질적 요건에 대해서는 실질적 심사가 가능하다.

판례는 수리를 요하는 신고에서 행정청의 실질적 요건에 관한 심사는 해당법령에 정한 요건만에 한정되는 것이 아니라 관계되는 다른 법령에서 요구하는 실질적 요건도 대상으로 할 수 있고, 이를 충족시키지 못하면 그 신고는 수리할 수 없는 것으로 본다(대판 1993. 4. 27, 93누1374 등).

4) 적법한 신고의 효력

적법한 신고란 신고요건을 갖춘 신고를 말한다.

신고의 효력에는 신고로서의 효력과 신고 및 수리에 따른 법적 효력으로 나누어 볼 수 있다. 신고로서의 효력은 신고의무의 이행을 말하고, 신고 및 수리에 따른 효력은 금지해제의 효과, 영업자의 지위의 취득 등을 말한다.

① 자기완결적 신고의 경우에 적법한 신고가 있으면 행정청의 수리 여부에 관계없이 신고서가 접수기관에 도달한 때에 신고의무가 이행된 것으로 보고(행정절차법 제40조 제2항), 신고의 효력도 발생한다. 따라서, 행정청이 신고서를 접수하지 않고 반려하여도 신고의무는 이행된 것으로 본다. 자기완결적 신고에 있어서 적법한 신고가 있었지만 행정청이 수리를 하지 아니한 경우에 신고의 대상이 되는 행위를 하여도 행정벌의 대상이 되지 않는다.

금지해제적 자기완결적 신고의 경우 적법한 신고가 있으면 그것만으로 금지해제의 효과가 발생한다.

② 수리를 요하는 신고의 경우에는 행정청이 수리하여야 신고의 효력이 발생한다(행정기본법 제34조).

〈판례〉 납골당(현행법상 봉안당)설치 신고는 이른바 '수리를 요하는 신고'라 할 것이므로, 납골당설치 신고가 구 장사법 관련 규정의 모든 요건에 맞는 신고라 하더라도 신고인은 곧바로 납골당을 설치할 수는 없고, 이에 대한 행정청의 수리처분이 있어야만 신고한 대로 납골당을 설치할 수 있다고 한 사례(대판 2011. 9. 8, 2009두6766).

다만, 형사판례는 명확하지는 않지만, 자기완결적 신고와 수리를 요하는 신고를 구별하지 않고, 적법한 신고가 있었던 경우에는 신고의무를 이행한 것으로 보고 무신고행위가 아니므로 수리가 거부되었어도 신고의 대상이 되는 행위한 것을 형사처벌할 수 없는 것으로 보는 경향이 있는 것으로 보인다.

〈판례〉 당구장업과 같은 신고체육시설업신고의 경우 적법한 요건을 갖춘 신고의 경우에는 행정청의 수리처분 등 별단의 조처를 기다릴 필요 없이 그 접수시에 신고로서의 효력이 발생하는 것이므로 그 수리가 거부되었다고 하여 무신고 영업이 되는 것은 아니라고 한 사례(대판 1998. 4. 24, 97도3121[체육시설의설치·이용에관한법률위반]).

③ 적법한 신고가 있는 경우 원칙상 그 신고를 수리를 하여야 한다. 즉 신고의 수리는 원칙상 기속행위이다. 다만, 판례는 사설봉안시설설치신고(대판 2010. 9. 9, 2008두22631), 건축신고(대판 2019. 10. 31, 2017두74320), 숙박업 영업신고(대판 2017. 5. 30, 2017두34087) 등의 경우에는 법령에 따른 적법한 신고가 있더라도 중대한 공익상 필요가 있는 경우에는 그 수리를 거부할 수 있다고 한다. 즉 예외적으로 거부재량(기속재량)을 인정하고 있다. 악취방지법상의 악취배출시설 설치·운영신고를 수리를 요하는 신고로 보고 **재량행위**로 본 판례도 있다(대판 2022. 9. 7, 2020두40327).

5) 부적법한 신고와 신고요건의 보완

신고가 신고의 요건을 충족하지 않는 경우에 신고는 **부적법한** 신고가 된다. 판례에 따르면 개별법령상 신고요건을 충족한 신고라도 다른 법령에 의해 신고의 대상이 되는 행위가 금지된 경우 등에는 적법한 신고로 보지 않는다(대판 2008. 12. 24, 2007두17076).

행정청은 요건을 갖추지 못한 신고서가 제출된 경우(부적법한 신고의 경우) 지체 없이 상당한 기간을 정하여 신고인에게 보완을 요구하여야 한다(행정절차법 제40조 제3항). 행정청은 신고인이 보완기간 내에 보완을 하지 아니한 때에는 그 이유를 명시하여 당해 신고서를 되돌려 보내야 한다(제4항).

수리를 요하는 신고에 있어서도 행정절차법 제40조 제3항과 제4항을 유추적용하여 신고의 형식적 요건을 갖추지 않은 경우에는 보완을 명하여야 하며 그럼에도 보완하지 않는 경우에 수리를 거부할 수 있다고 보아야 한다. 부적법한 신고가 수리되면 하자있는 수리행위가 된다. 수리행위가 무효인 경우에는 신고의 효과가 발생하지 않고, 신고후 영업을 하였다면 무신고로 한 불법영업이다. 그러나 그 수리행위가 취소할 수 있는 행위인 경우, 공정력에 의해 수리행위가 효력을 가지므로 수리가 취소되기까지는 신고된 영업행위로서 불법영업이 아니다. 즉 부적법한 신고를 행정청이 수리한 경우 수리가 무효가 아닌 한 신고의 효과가 발생한다. 다만, 신고가 무효이면 신고수리행위도 당연 무효이다.

6) 신고의무 위반의 효과

신고사항을 신고하지 아니하거나 신고하였으나 신고요건을 충족하지 않은 부적법한 신고의 경우에 신고의무를 이행하지 않은 것이 된다.

사실파악형신고의 경우 신고 없이(또는 적법한 신고 없이) 행위를 하여도 원칙상 신고의 대상이 되는 행위 자체가 위법한 것은 아니고 통상 과태료의 부과대상이 된다. 신고유보부금지와 수리를 요하는 신고의 경우에는 신고 없이 행위를 한 경우

위법한 행위가 되며 통상 행정형벌의 부과대상이 되고 시정조치 및 관허사업의 제한의 대상이 되지만, 행정형벌의 행정질서벌화의 정책에 따라 과태료를 부과하는 경우도 있다.

Ⅳ. 행정법상 사건

사람의 정신작용과는 관계가 없는 사실로서 법률요건이 되는 것이 사건이다. 행정법상 사건에는 출생, 사망, 시간의 경과, 물건의 점유, 일정한 장소에의 거주 등이 있다.

1. 기간의 경과

행정상 법률관계가 일정한 기간의 경과에 의해 변동되는 경우가 있다. 예를 들면 허가의 존속기간이 경과하면 허가의 효력은 상실한다.

2. 시   효

시효는 일정한 사실상태가 오랫동안 계속한 경우에 그 사실상태에 따라 권리관계를 형성(취득 또는 소멸)하는 법률요건이다. 시효에는 소멸시효와 취득시효가 있다.

민법의 시효에 관한 규정은 행정법관계에도 유추적용된다.

(1) 소멸시효

소멸시효는 권리자가 그의 권리를 행사할 수 있음에도 불구하고 일정한 기간 동안 그 권리를 행사하지 않은 경우 그 권리를 소멸시키는 시효이다.

국가재정법은 금전의 급부를 목적으로 하는 국가의 권리 또는 국가에 대한 권리는 시효에 관하여 다른 법률에 규정이 없는 한 5년간 행사하지 아니할 때에는 시효로 인하여 소멸한다고 규정하고 있다(제96조 제1항, 제2항). 여기서 다른 법률의 규정이라 함은 5년의 소멸시효기간보다 짧은 기간의 소멸시효의 규정이 있는 경우를 가리키는 것으로, 이보다 긴 소멸시효를 규정하고 있는 것은 해당하지 않는다(대판 2001. 4. 24, 2000다57856). 공법상 금전채권뿐만 아니라 사법상 금전채권도 이 규정의 적용대상이 된다. 금전의 급부를 목적으로 하는 국가의 권리 및 국가에 대한 권리의 경우 소멸시효의 중단·정지 그 밖의 사항에 관하여 다른 법률의 규정이 없는 때에는 「민법」의 규정을 적용한다(제96조 제3항).

소멸시효기간이 지나면 당사자의 주장이 없더라도 권리가 당연히 소멸하지만, 권리를 소멸시키는 소멸시효 항변은 변론주의 원칙에 따라 당사자의 주장이 있어야만 법원의 판단대상이 된다(대판 2017. 3. 22, 2016다258124).

〈판례〉 소멸시효 완성 후에 한 조세부과처분의 효력(=당연무효): 조세에 관한 소멸시효가 완성되면 국가의 조세부과권과 납세의무자의 납세의무는 당연히 소멸한다 할 것이므로 소멸시효완성후에 부과된 부과처분은 납세의무 없는 자에 대하여 부과처분을 한 것으로서 그와 같은 하자는 중대하고 명백하여 그 처분의 효력은 당연무효이다(대판 1985. 5. 14, 83누655).

(2) 취득시효

취득시효라 함은 어떤 사람이 권리자인 것과 같이 권리를 행사하고 있는 상태가 일정한 기간 동안 계속한 경우에 처음부터 그 사람이 권리자이었던 것으로 인정하는 제도이다.

국가도 부동산 점유취득시효의 주체가 되며(민법 제245조 제1항), 이 조항은 헌법에 위반되지 아니한다(헌재 2015. 6. 25, 2014헌바404).

3. 제척기간

제척기간이라 함은 일정한 권리에 관하여 법률이 정한 존속기간이다. 제척기간은 법률관계를 조속히 확정시키는 것을 목적으로 하는 제도이다.

제척기간이 소멸시효와 다른 점은 제척기간의 목적은 법률관계를 속히 확정하려는 데 있으므로 그 기간이 상대적으로 짧고, 중단제도가 없다는 점 등이다.

제척기간의 예로는 제재처분의 제척기간, 과태료부과의 제척기간, 행정심판제기기간, 행정소송제기기간 등이 있다.

4. 공법상 사무관리

사무관리라 함은 법률상 의무없이 타인의 사무를 관리하는 행위를 말한다. 공법분야에서도 사무관리가 인정된다는 것이 일반적 견해이다. 사무관리의 예로는 시·군·구의 행려병자의 관리, 자연재해시 빈 상점의 물건의 관리 등이 있다. 그러나, 경찰관직무집행법상 보호조치 등 법령상 또는 조리상 보호조치의무에 근거한 행위는 사무관리가 아니다.

공법상 사무관리에는 특별한 규정이 없는 한 민법상 사무관리에 관한 규정이 준용된다. 공법상 사무관리를 행한 행정기관은 통지의무를 지고, 비용상환청구권을 갖는다.

5. 공법상 부당이득

부당이득이라 함은 법률상 원인 없이 타인의 재산 또는 노무로 인하여 이익을 얻고 이로 인하여 타인에게 손해를 가하는 것을 말한다. 부당이득은 이를 반환하여야 하는데(민법 제741조), 이를 **부당이득반환의 법리**라고 한다.

　공법상 부당이득이라 함은 공법상 원인(예, 무효인 조세부과처분에 근거한 조세의 납부)에 의하여 발생한 부당이득을 말한다. 공법상 부당이득의 예로는 조세과오납, 처분이 무효 또는 소급 취소된 경우의 무자격자의 기초생활보장금의 수령 등이 있다. 공법상 부당이득에 관하여 특별한 규정이 없는 경우에는 민법의 부당이득반환의 법리가 준용된다.

　공법상 원인에 의한 부당이득반환청구권이 공권인지 사권인지가 권리구제수단과 관련하여 다투어진다. 부당이득반환청구권을 공권으로 보면 부당이득반환청구소송을 당사자소송으로 제기하여야 하고, 사권으로 보면 부당이득반환청구소송을 민사소송으로 제기하여야 한다. 판례는 공법상의 원인에 의한 부당이득반환청구권은 사권이라고 본다.

제4장 기간의 계산 등

I. 기간의 계산

1. 행정에 관한 기간의 계산

행정에 관한 기간의 계산에 관하여는 법령(행정기본법 또는 다른 법령등)에 특별한 규정이 있는 경우를 제외하고는 「민법」을 준용한다(행정기본법 제6조 제1항). 민법에 따른 기간의 계산은 다음과 같다. 기간을 일, 주, 월 또는 연으로 정한 때에는 기간의 초일은 산입하지 아니한다. 그러나 그 기간이 오전 영시로부터 시작하는 때에는 그러하지 아니하다(민법 제157조). 기간을 일, 주, 월 또는 연으로 정한 때에는 기간말일의 종료로 기간이 만료한다(제159조). 기간의 말일이 토요일 또는 공휴일에 해당한 때에는 기간은 그 익일로 만료한다(제161조).

법령등 또는 처분에서 국민의 권익을 제한하거나 의무를 부과하는 경우 권익이 제한되거나(예, 영업정지기간) 의무가 지속되는 기간(예, 행정법상 의무기간)의 계산은 민법과 달리 다음 각 호의 기준에 따른다. 다만, 다음 각 호의 기준에 따르는 것이 국민에게 불리한 경우에는 그러하지 아니하다. 1. 기간을 일, 주, 월 또는 연으로 정한 경우에는 기간의 첫날을 산입한다. 2. 기간의 말일이 토요일 또는 공휴일인 경우에도 기간은 그 날로 만료한다(행정기본법 제6조 제2항).

예를 들면, 행정심판 제기기간은 '국민의 권익을 제한하거나 의무를 부과하는 경우'가 아니므로 행정심판 제기기간의 계산에는 행정기본법 제6조 제2항이 아니라 행정기본법 제6조 제1항이 적용된다. 이에 반하여 공법상 의무의 지속기간(예, 부작위의무기간)은 법령등에 의한 것이든 처분(하명)에 의한 것이든 원칙상 행정기본법 제6조 제2항이 적용된다. 그리고, 행정기본법 제6조 제2항 제2호의 기준에 따르는 것이 국민에게 불리한 경우의 예로는 공법상 의무 이행기한(예, 시정(개선)명령에 따른 시정(개선)의무 이행기한, 공법상 금전납부기한 등)을 들 수 있다. 그러나, 대기환경보전법령상 초과배출부과금 산정의 기초가 되는 개선기간 만료일(대기환경보전법 시행령 제25조

제1항 제2호)은 행정기본법 제6조 제2항 제2호의 기준에 따르는 것이 국민에게 불리한 경우에 해당하지 않는다.

민원의 처리기간을 5일 이하로 정한 경우에는 민원의 접수시각부터 "시간" 단위로 계산하되, 공휴일과 토요일은 산입(算入)하지 아니한다. 이 경우 1일은 8시간의 근무시간을 기준으로 한다(민원처리법 제19조 제1항). 민원의 처리기간을 6일 이상으로 정한 경우에는 "일" 단위로 계산하고 첫날을 산입하되, 공휴일과 토요일은 산입하지 아니한다(제2항). 민원의 처리기간을 주·월·연으로 정한 경우에는 첫날을 산입하되, 「민법」 제159조부터 제161조까지의 규정을 준용한다(제3항).

2. 법령등(훈령·예규·고시·지침 등을 포함) 시행일의 기간 계산

법령등(훈령·예규·고시·지침 등을 포함)의 시행일을 정하거나 계산할 때에는 다음 각 호의 기준에 따른다. 1. 법령등(훈령·예규·고시·지침 등을 포함)을 공포한 날부터 시행하는 경우에는 공포한 날(훈령·예규·고시·지침 등은 고시·공고 등의 방법으로 발령한 날을 말한다. 이하 이 조에서 같다)을 시행일로 한다. 2. 법령등(훈령·예규·고시·지침 등을 포함)을 공포한 날부터 일정 기간이 경과한 날부터 시행하는 경우 법령등(훈령·예규·고시·지침 등을 포함)을 공포한 날을 첫날에 산입하지 아니한다. 3. 법령등(훈령·예규·고시·지침 등을 포함)을 공포한 날부터 일정 기간이 경과한 날부터 시행하는 경우 그 기간의 말일이 토요일 또는 공휴일인 때에는 민법상의 원칙과 달리 그 말일로 기간이 만료한다(행정기본법 제7조).

법령 등의 공포일 또는 공고일은 해당 법령 등을 게재한 관보 또는 신문이 발행된 날로 한다(법령공포법 제12조).

II. 행정에 관한 나이의 계산 및 표시

행정에 관한 나이는 다른 법령등에 특별한 규정이 있는 경우를 제외하고는 출생일을 산입하여 만(滿) 나이로 계산하고, 연수(年數)로 표시한다. 다만, 1세에 이르지 아니한 경우에는 월수로 표시할 수 있다(행정기본법 제7조의2).

III. 수수료 및 사용료

행정청은 특정인을 위한 행정서비스를 제공받는 자에게 법령으로 정하는 바에 따라 **수수료**를 받을 수 있다(행정기본법 제35조 제1항). 수수료란 행정서비스에 대한 금전적 대가를 말한다. 수수료부과행위는 행정행위로서 수수료를 부과하려면 법령에 근거를 두어야 한다.

행정청은 공공시설 및 재산 등의 이용 또는 사용에 대하여 사전에 공개된 금액이나 기준에 따라 **사용료**를 받을 수 있다(행정기본법 제35조 제2항). 사용료란 공공시설 또는 공공재산에 대한 사용의 금전적 대가를 말한다. 사용료는 사용료(예, 행정재산 사용료), 이용료(예, 자연휴양림 등의 이용료), 점용료(예, 도로 점용료, 공유수면 점용료), 입장료(예, 자연공원 입장료) 등 다양한 명칭으로 사용되고 있다. 사용료부과행위는 행정행위로서 사용료를 부과하려면 법령에 근거를 두어야 한다. 일반재산(잡종재산) 사용의 대가는 임대차계약으로 결정된다.

제1항 및 제2항에도 불구하고 지방자치단체의 경우에는 「지방자치법」(제153조, 제154조, 제156조)에 따른다(행정기본법 제35조 제3항).

02

행정조직법

Section 01 행정조직법 개설
Section 02 행정기관
Section 03 행정청의 권한
Section 04 행정기관 상호간의 관계

제1장 행정조직법 개설

I. 행정조직법의 의의

행정조직법은 행정주체의 조직에 관한 법을 말한다. 보다 구체적으로 정의하면 행정조직법은 행정기관의 설치, 폐지, 구성, 권한 및 행정기관 상호간의 관계를 정한 법이다.

행정조직법은 행정의 내부조직을 규율하는 법으로서 행정작용을 규율하는 행정작용법과 구별된다. 다만, 행정조직에 관한 사항 중 행정기관의 권한 및 행정규칙 등은 국민의 권리의무에 법상 또는 사실상 일정한 영향을 미치므로 그 한도 내에서는 행정작용법상의 법적 통제의 대상이 될 수 있다. 또한, 행정내부에서의 의사형성과정과 결정과정 중 국민의 권익과 관련이 있는 절차는 행정절차로 보아 작용법적 통제의 대상이 되고 있다.

II. 행정조직법정주의

행정조직에 관한 사항은 기본적으로 법률로 정하여야 한다는 원칙을 **행정조직법정주의**(行政組織法定主義)라고 한다. **행정조직법정주의**는 행정권한법정주의를 포함하지만, 행정권한법정주의는 그 나름의 문제를 가지고 있으므로 별도로 후술하기로 한다.

현행 헌법 제96조는 "행정각부의 설치 · 조직과 직무범위는 법률로 정한다"고 규정하여 행정조직법정주의를 채택하고 있다. 이에 근거하여 정부조직법이 제정되었다. 정부조직법은 중앙행정기관(부 · 처 · 청)의 설치와 직무범위는 법률로 정하도록 하고 있다(동법 제2조 제1항, 제2항). 행정기관의 소관사무의 일부를 독립하여 수행하도록 하기 위하여 행정기관에 설치하는 행정위원회 등 합의제행정기관은 법률로 정한다(동법 제5조).

행정조직법정주의하에서도 정부조직에 관한 세부적인 사항에 관하여는 법률에서 구체적 범위를 정하여 명령에 위임할 수 있다(헌법 제75조, 제95조).

　법령에서 정한 행정조직보다 세부적인 행정조직에 관한 사항은 행정규칙에 의해 정하여질 수도 있다. 행정조직에 관한 사항을 정하는 행정규칙을 조직규칙이라 한다.

제 2 장   행정기관

I. 행정기관의 개념

행정기관이라 함은 행정권한을 행사하는 행정조직의 구성단위를 말한다. 행정기관은 행정기관의 구성자인 공무원과는 구별된다. 행정기관은 그를 구성하는 공무원의 변경과 관계없이 통일적인 일체로서 존속한다.

행정기관의 개념은 크게 나누어 행정작용법적 관점과 행정조직법적 관점에서 논해진다.

1. 행정작용법적 행정기관 개념

행정작용법적 관점에서는 대외적으로 행정권한을 행사하는 행정기관을 중심으로 행정기관 개념을 구성한다. 행정작용법적 행정기관 중 소관사무에 관하여 스스로 의사를 결정하고 이를 자기의 이름으로 외부에 표시하는 권한을 가진 행정기관을 행정청이라 한다. 그리고, 행정청과의 관계하에서 보조기관, 보좌기간, 자문기관, 집행기관, 지원기관 등의 행정기관이 행정청의 주위에 설치된다.

(1) 행 정 청

행정관청이라 함은 국가의사를 결정하여 이를 자기의 이름으로 외부에 표시하는 권한을 가진 행정기관을 말한다. 행정청이라 함은 국가뿐만 아니라 지방자치단체의 의사를 결정하여 자신의 이름으로 외부에 표시할 수 있는 권한을 가진 행정기관을 말한다.

행정청의 예로는 독임제(獨任制) 행정청으로 장관, 처장, 청장 및 외국(外局)의 장(경찰서장, 소방서장 등), 지방자치단체의 장(특별시장, 광역시장, 도지사, 시장, 군수), 권한의 위임을 받은 행정기관이 있다. 합의제(合議制) 행정청으로 행정심판위원회, 토지수용위원회, 중앙선거관리위원회, 감사원, 배상심의회, 노동위원회, 소청심사위원회, 금융통화위원회가 있다. 위원회 중 의사를 결정하여 그 결정된 의사를 자기의 이름으로 대외적으로 표시할 수 있는 권한을 가진 위원회만 행정청이다. 대외적인 표시권이 없이 심리권이나 의결권만 갖고 있는 위원회(예, 징계위원회)는 행정청이 아니다.

행정작용법상 행정청은 국가와 지방자치단체의 행정청뿐만 아니라 공공단체(이들을 본래의 행정청이라 한다) 그리고 이들 본래의 행정청으로부터 행정권한의 위임 또는 위탁을 받은 행정기관·공공단체 및 그 기관 또는 사인을 포함한다.

행정소송법 제2조 제2항은 "이 법을 적용함에 있어서 행정청에는 법령에 의하여 행정권한의 위임 또는 위탁을 받은 행정기관, 공공단체 및 그 기관 또는 사인이 포함된다"라고 규정하고, 행정심판법 제2조 제4호는 "'행정청'이란 행정에 관한 의사를 결정하여 표시하는 국가 또는 지방자치단체의 기관, 그 밖에 법령 또는 자치법규에 따라 행정권한을 가지고 있거나 위탁을 받은 공공단체나 그 기관 또는 사인(私人)을 말한다"라고 규정하고 있는데, 행정소송법 및 행정심판법상 행정청은 행정작용법상의 행정청의 개념을 말한다.

(2) 보조기관

보조기관이라 함은 국가와 지방자치단체의 행정청에 소속되어 행정청의 권한행사를 보조하는 것을 임무로 하는 기관을 말한다. 행정 각부의 차관, 차장, 실장, 국장, 과장, 팀장, 반장, 계장 및 지방자치단체의 부지사, 부시장, 국장, 과장 등이 이에 해당한다.

보조기관은 독자적으로 의사를 결정하고 외부에 대하여 표시하는 권한을 갖지 못한다. 다만, 예외적으로 보조기관이 대외적으로 행정작용을 행하는 경우가 있다.

① 보조기관이 행정청의 위임을 받아 대외적으로 행정권한을 행사하는 경우에는 행정청이 된다.

② 보조기관은 보조기관의 지위에서 대외적으로 국민에 대하여 일정한 행정권한을 행사하는 경우가 있다. i) 국민에 대하여 행정지도를 행하는 권한을 갖는다. ii) 행정청이 아닌 보조기관이 한 언동도 일정한 경우 신뢰보호원칙의 적용대상이 될 수 있다.

③ 보조기관에 대한 위임전결의 경우 보조기관은 내부적으로 최종적인 의사를 결정하는 권한을 가지지만, 그 결정에 따라 대외적으로 처분을 할 때에는 행정청의 서명날인으로 처분을 하여야 한다.

(3) 보좌기관

보좌기관이라 함은 국가와 지방자치단체의 행정청 또는 그 보조기관을 보좌하는 기관을 말한다. 보좌기관은 참모기관 또는 막료기관이라고도 한다. 대통령실, 국무총리실, 행정 각부의 차관보, 담당관 등이 이에 해당한다.

보조기관은 행정청을 보조하면서 행정업무에 직접 참여하지만, 보좌기관은 행정청 및 보조기관을 지원함으로써 행정업무에 간접적으로 참여한다는 점에서 양자는 구별된다. 그러나, 실제에 있어서는 양자의 구별이 엄격하지 않다. 예를 들면, 보좌기관은 결재권이 없지만 실제에 있어 보좌기관이 결재를 행하는 경우가 적지 않다.

(4) 의결기관

의결기관이란 행정주체의 의사를 결정하는 권한만을 가지고 이를 외부에 표시할 권한은 가지지 못하는 기관을 말한다. 의결기관의 예로는 각종 징계위원회, 지방의회, 교육위원회 등이 있다.

의결기관은 외부에 표시할 권한이 없는 점에서 그러한 권한이 있는 합의제 행정청과 구별된다.

의결기관의 결정은 행정청을 구속한다. 행정청은 의결기관의 결정에 구속되며 그 결정에 따라 처분을 행한다. 의결기관의 의결을 거치지 않은 처분은 무권한의 처분으로 당연무효이고, 의결기관의 의결에 반하는 처분도 원칙상 무효이다.

(5) 자문기관

자문기관이라 함은 행정청에 의견(자문)을 제시하는 것을 임무로 하는 기관을 말한다. 자문기관은 합의제인 것이 보통이나 독임제인 것도 있다.

행정청은 자문기관의 의견에 구속되지 않는다. 그러나, 적어도 자문절차가 법령에 의해 규정되어 있는 경우에 자문절차를 거치지 않고 한 처분은 절차의 하자가 있는 위법한 행위이며 원칙적으로 취소할 수 있는 행위이다. 자문절차를 거쳤지만 충실히 거치지 않고 형식에 그친 것도 취소사유인 절차의 하자로 보아야 한다.

(6) 심의기관

심의기관은 심의·의결을 하는데, 그 의결은 법적 구속력이 없다. 다만, 행정청은 심의기관의 의결을 존중하는 것이 바람직하다. 그리고, 명칭이 심의기관이지만, 실질은 의결기관인 경우도 있다. 심의기관의 예로는 교육환경법상 지역교육환경보호위원회를 들 수 있다.

(7) 집행기관

집행기관이라 함은 실력을 행사하여 행정청의 의사를 집행하는 기관을 말한다. 경찰공무원, 소방공무원, 세무공무원 등이 이에 해당한다.

2. 행정조직법적 행정기관 개념

행정조직법적 행정기관은 행정조직법상 권한인 행정사무를 수행하는 단위가 되는 행정주체의 기관을 말한다.

행정조직법적 관점에서는 어떻게 하면 행정업무를 적정하고 효율적으로 수행하도록 할 것인가라는 관점에서 행정기관을 구성하고 그 권한을 정한다.

행정조직법상 권한(행정사무)은 수평적으로 또한 수직적으로 배분된다.

(1) 수평적 권한배분

국가행정조직의 예를 들면 행정각부별로 권한(업무)이 수평적으로 배분되어 있다. 정부조직법은 행정 각부의 업무를 정하고 있다.

행정기관은 상호 타 기관의 권한을 존중하여야 한다. 그리고, 행정기관은 업무의 처리에 있어 상호 협력하여야 한다.

(2) 수직적 권한배분

행정업무는 상하행정기관 사이에 수직적으로 배분된다. 행정기관의 장 - 국 - 과 - 계에 업무가 배분되는 것이 전형적인 예이다.

상급기관은 하급기관에 대한 지휘감독권을 갖고, 하급기관은 상급기관의 지휘명령에 복종하여야 한다.

3. 현행 실정법

정부조직법은 국가기관의 행정조직에 대하여 규율하고 있다. 정부조직법은 기본적으로 행정조직법적 행정기관 개념을 채택하고 있다. 지방자치단체의 행정조직에 대하여는 지방자치법이 규율하고 있다.

행정절차법(제2조 제1호)과 행정소송법(제2조 제2항)은 행정작용법적 행정기관 개념을 채용하고 있다.

4. 독임제 행정기관과 합의제 행정기관

행정기관은 그 구성원의 수에 따라 독임제 행정기관과 합의제 행정기관으로 나누어진다.

(1) 독임제 행정기관

독임제 행정기관이라 함은 그 구성원이 1명인 행정기관을 말한다. 독임제 행정기관은 행정기관의 책임을 분명히 하고 신속한 행정을 할 수 있도록 하는 장점을 가지고 있다. 이러한 점 때문에 행정기관은 독임제가 원칙이다.

(2) 합의제 행정기관

1) 의 의

합의제 행정기관이라 함은 그 구성원이 2명 이상이며 행정기관의 의사결정이 복수인 구성원의 합의에 의해 이루어지는 행정기관을 말한다. 합의제 행정기관은 위원회라고도 한다.

합의제 행정기관은 행정기관의 독립성과 행정결정의 공정성이 요구되는 경우 또는 대립되는 이해의 공평한 조정이 요구되는 경우 등에 설치된다.

2) 종 류

합의제 행정기관에는 의결권과 함께 대외적인 표시권을 갖는 행정청인 경우 (예, 공정거래위원회, 노동위원회, 금융위원회, 감사원, 행정심판위원회 등), 의결권만을 갖는 의결기관인 경우(예, 징계위원회), 동의기관인 경우(예, 인사위원회), 심의권만을 갖는 심의기관인 경우(예, 정보공개심의회)와 자문권만을 갖는 자문기관인 경우가 있다.

〈판례〉 법학교육위원회는 피고의 심의기관에 해당할 뿐 의결기관의 지위를 가진다고 할 수는 없다(대판 2009. 12. 10, 2009두8359[로스쿨예비인가처분취소]).

3) 결정의 구속력 등

의결기관의 결정은 구속력을 갖는다. 행정청이 의결기관의 결정과 다른 결정을 내리면 그 결정은 원칙상 무권한의 하자로 무효이다. 동의기관의 동의 없이 한 결정도 그러하다.

재량처분이 의결기관의 결정에 따른 것이라 하더라도 사회통념상 현저히 타당성을 잃었다고 볼 만한 특별한 사정이 있는 경우에는 재량권의 일탈·남용이 인정될 수 있다. 동의기관에 있어서도 그러하다.

심의기관과 자문기관의 결정은 법적 구속력은 없다. 다만, 심의기관의 결정은 구속력은 없지만, 행정청에 의해 존중되어야 한다. 자문기관인 합의제 행정기관에서는 통상 결정이 내려지지 않지만, 결정이 있는 경우에도 행정청은 그 결정으로부터 전적으로 자유롭다.

4) 결정절차의 하자

의결기관의 의결은 의무적 절차이고, 심의기관의 심의(심의·의결)는 통상 의무적인 절차인 반면에 자문기관의 자문은 의무적 절차인 경우도 있지만, 임의절차인 경우도 있다.

의결기관 또는 동의기관의 의결을 거치지 않은 행정청의 결정은 무효이다.

의무적 절차인 심의기관의 심의를 거치지 않은 행정청의 결정도 원칙상 무효라고 보아야 한다. 그러나, 판례는 심의기관의 심의를 거치지 않은 것을 원칙상 취소사유로 본다(대판 2007. 3. 15, 2006두15806: 학교환경위생정화위원회(현 지역교육환경보호위원회)의 심의를 누락한 흠을 취소사유로 본 사례).

의무적인 절차인 자문절차를 거치지 않은 행위는 원칙상 취소할 수 있는 행위로 보는 것이 타당하다.

5. 행정주체와 행정기관

행정주체는 행정을 담당하는 법적 주체이며 행정법상 국민과의 관계에서 권리의무의 주체가 된다. 행정주체에는 국가, 지방자치단체와 공공단체 및 공무수탁사인이 있다.

행정주체 중 국가와 지방자치단체는 스스로 행정작용을 하는 것이 아니라 행정기관을 통하여 행정작용을 행한다. 국가와 지방자치단체의 경우 국민과의 관계에서 행위를 하는 것은 행정기관이며 행정기관의 행위의 효과는 행정기관이 아니라 행정주체에게 귀속된다.

행정주체 중 지방자치단체 이외의 공공단체도 실제에 있어서는 그 기관을 통하여 행정작용을 하지만 협의의 공공단체의 기관은 행정기관이 아니며 그 기관구성은 행정조직의 문제가 아니다. 협의의 공공단체는 독립된 공법인이며 대외적인 행정작용을 할 때 공공단체 자체가 행정청이 된다. 공무수탁사인은 법인인 경우와 자연인인 경우가 있는데, 공무수탁사인이 행정작용을 행함에 있어서도 공무수탁사인 자체가 행정청이 된다. 즉, 협의의 공공단체와 공무수탁사인은 그 자신이 행정주체이면서 행정청이 된다.

Ⅱ. 국가행정기관과 지방행정기관

행정기관의 소속을 기준으로 국가행정기관과 지방행정기관으로 분류된다.

1. 국가행정기관

국가에 속하여 국가사무를 수행하는 행정기관을 **국가행정기관**이라 한다. 국가행정기관은 관할에 따라 중앙행정기관과 국가지방행정기관으로 구분된다.

중앙행정기관은 전국을 관할하는 행정기관이며 **국가지방행정기관**은 지방에 설치된 국가행정기관으로서 일정한 지역에 한하여 관할이 미치는 기관을 말한다. **정부조직법** 제2조 제2항에 따르면 중앙행정기관은 정부조직법에 따라 설치된 부·처·

청과 다음의 행정기관으로 한다. 방송통신위원회, 공정거래위원회, 국민권익위원회, 금융위원회, 원자력안전위원회, 개인정보보호위원회, 행정중심복합도시건설청, 새만금개발청.

국가지방행정기관은 국가의 보통지방행정기관과 국가의 특별지방행정기관으로 나눈다.

국가의 보통지방행정기관이라 함은 관할구역 내에서 수행되는 국가의 행정사무를 일반적으로 관장하는 지방행정기관을 말한다. 우리나라에서는 국가의 보통지방행정기관을 별도로 설치하지 않고 지방자치단체의 장에게 국가사무를 기관위임하여 처리하도록 하고 있다(지방자치법 제102조). 지방자치단체의 장은 국가의 기관위임사무를 처리하는 한도 내에서는 국가기관, 즉 국가의 보통지방행정기관의 지위를 갖는다.

국가의 특별지방행정기관이라 함은 특정 국가사무를 시행하기 위하여 지방에 설치된 국가행정기관을 말한다. 지방국토관리청, 지방환경관리청, 시·도경찰청, 경찰서, 세무서, 세관 등이 이에 해당한다.

2. 지방행정기관

지방행정기관이라 함은 지방자치단체에 속하여 지방자치단체의 사무를 수행하는 행정기관을 말한다. 지방자치단체의 집행기관(예, 지방자치단체의 장, 교육감), 지방의회, 시·도경찰위원회 등이 이에 해당한다.

제3장 행정청의 권한

Ⅰ. 권한의 의의

행정청의 권한이라 함은 행정청이 행정주체를 대표하여 의사를 결정하고 표시할 수 있는 범위를 말한다.

행정청의 권한에는 일반적 권한과 개별적인 작용법적 권한이 있다. 행정청의 일반적 권한이라 함은 행정청이 가지는 일반적인 사항적, 지역적, 대인적 권한을 말하며 행정조직법상의 권한이다. 개별적 작용법적 권한이라 함은 행정청이 국민에 대하여 행사할 수 있는 개별적인 권한을 의미한다.

Ⅱ. 행정권한법정주의

행정청의 권한은 원칙상 법률에 의해 정해져야 한다. 이를 **행정권한법정주의**(行政權限法定主義)라 한다. 다만, 권한에 관한 세부적인 사항은 명령에 위임할 수 있다.

행정청은 조직규범에서 정한 소관사무의 범위 내에서 일반적인 권한을 갖는다. 소관사무의 범위는 국가에 있어서는 정부조직법에서 정하고, 지방자치단체의 경우에는 지방자치법에서 정하고 있다.

그리고, 법률유보의 원칙에 따라 다른 법주체에 대한 특정한 권한의 행사에 있어서는 작용법적인 법률의 근거가 있어야 한다. 작용법적 권한은 각 개별법에 의해 원칙상 개별적으로 정해진다.

Ⅲ. 권한의 한계

행정청의 권한에는 사항, 지역, 상대방, 형식에 따른 일정한 한계가 있다.

1. 사항적 한계

행정청은 법령에 의해 정해진 일정한 사무에 관한 권한만을 갖는다. 이를 행정청의 권한의 **사항적 한계**라 한다.

　　행정청의 권한의 사항적 한계 중 일반적 권한의 한계인 행정청의 소관사무의 범위는 국가에 있어서는 정부조직법에 의해 정해지고 지방자치단체의 경우에는 지방자치법에 의해 정해진다. 예를 들면, 산업통상자원부장관은 상업·무역·공업, 외국인 투자, 정보통신산업, 산업기술 연구개발정책, 에너지·지하자원, 우편·우편환 및 우편대체에 관한 사무를 관장한다(정부조직법 제32조 제1항).

　　행정청의 권한 중 대외적인 개별적 권한은 개별작용법에 의해 정해진다. 행정법규 위반에 대한 허가의 취소권, 영업정지권 등이 그 예이다.

　　행정청은 법률유보의 원칙이 적용되는 경우 작용법에서 정한 권한의 범위 내에서 권한을 행사하여야 하고, 행정지도와 같이 작용법적 법률의 근거가 필요 없는 경우에 행정청은 조직규범에 의해 정해진 사항적 한계(소관사무의 범위) 내에서 권한을 행사하여야 한다.

2. 지역적 한계

　　행정청의 권한은 지역적으로 미치는 범위가 한정되어 있다. 국가의 중앙행정관청의 권한은 전국적으로 미치지만 국가의 특별지방행정관청 및 지방자치단체의 행정청의 권한은 일정한 지역에 한정된다. 다만, 행정청에 의한 처분의 효과가 처분행정청의 관할구역을 넘어 미치는 경우도 있다. 예를 들면, A지방경찰청장이 부여한 운전면허는 전국적으로 효력을 갖는다.

3. 대인적 한계

　　행정청의 권한이 미치는 인적 범위가 한정되는 경우가 있다. 지방자치단체의 장의 권한은 원칙상 지방자치단체의 주민에 한정되고, 국공립대학교 총장의 권한은 그 소속직원과 학생에게만 행사될 수 있다.

4. 형식적 한계

　　행정청의 권한에 권한행사의 형식에 따른 한계가 정해져 있는 경우가 있다. 예를 들면, 법령상 문서에 의해 행정행위를 하도록 규정하고 있는 경우가 있다.

Ⅳ. 권한의 효과

1. 외부적 효과

　　행정청은 독립된 법인격을 갖지 않고 행정주체를 대표하는 기관이므로 행정청의 대외적인 권한행사의 법적 효과는 행정청 자신이 아니라 행정주체에 귀속된다.

법령에서 정해진 행정권한의 한계를 벗어난 행정권 행사는 주체의 하자(무권한의 하자)가 있는 위법한 행위가 되며 무권한의 하자는 원칙상 무효사유가 된다.

2. 내부적 효과

행정청의 권한은 행정청 상호간에 있어서 활동범위의 한계를 정한다. 즉, 행정청은 권한의 범위 내에서 활동할 수 있고, 다른 행정청의 권한에 속하는 행위를 할 수 없다.

이러한 제한은 대등한 행정청 사이에서뿐만 아니라 상하관계의 행정청 사이에서도 타당하다. 즉, 상급관청이라 하여도 법령의 명시적인 규정이 없는 한 하급관청의 권한 내에 속하는 행위를 할 수 없다.

V. 권한의 대리

1. 권한의 대리의 의의

권한의 대리라 함은 행정청의 권한의 전부 또는 일부를 다른 행정기관(다른 행정청 또는 보조기관)이 대신 행사하고 그 행위가 피대리행정청의 행위로서 효력을 발생하는 것을 말한다.

권한의 대리는 다음의 개념과 구별된다.

① 대표와의 구별: 대리와 대표는 모두 대외적인 권한행사를 대신하며 그 행위의 효과가 대표 또는 대리되는 기관의 행위로서 효력이 있는 행위인 점에서는 동일하지만, 다음과 같이 구별된다. **대표**는 대표기관의 행위가 직접 대표되는 기관(행정주체)의 행위가 되는 것인 반면에, **대리**는 피대리기관과 구별되는 기관의 행위로서 그 효과가 피대리기관에 귀속될 뿐인 점에서 구별된다.

② 권한의 위임과의 구별: 권한의 대리와 권한의 위임은 양자 모두 행정청의 행위를 다른 행정기관이 대신하여 행사한다는 점에서 **공통점**을 가지지만, 다음과 같이 **구별**된다. i) 권한의 위임에 있어서는 위임청의 권한이 수임 행정기관에 이전되는데 반하여 권한의 대리는 행정청이 그의 권한을 일시적으로 대리기관으로 하여금 대신하여 행사하게 하는 것에 지나지 않으며 권한 자체가 이전되는 것은 아니다. ii) 권한의 위임은 법령상 정해진 권한분배를 변경하는 것이므로 법적 근거를 요하지만, 권한의 대리 중 수권대리는 통설에 의하면 법적 근거를 요하지 않는다. iii) 권한의 위임에 있어서 수임자는 보통 하급행정기관(특히 하급행정청)이지만, 권한의 대리에 있어서 대리자는 보통 보조기관이다.

③ 위임전결, 내부위임과의 구별: 대리와 위임전결 및 내부위임에 있어서 모두 권한이 이전되지 않고, 다른 행정기관이 행정청을 대신하여 권한행사를 위한 최종적인 결정을 내린다는 점에서는 **공통점**을 가지지만, 다음과 같이 **구별**된다. i) 대리는 대외적인 권한행사에 관한 것이고, 수권대리의 경우 법적 근거의 필요성에 관하여 견해의 대립이 있다. 이에 반하여 위임전결 및 내부위임은 기본적으로 행정조직 내부의 권한분배에 관한 것이며 법률의 근거를 요하지 않는다. ii) 대외적인 권한행사에 있어서 위임전결이나 내부위임의 경우 전결권자나 수임기관은 대외적으로 권한 있는 행정청과의 관계를 명시함이 없이 권한 있는 수권행정청의 이름으로 행위를 하지만, 대리의 경우에는 원칙상 대리행위임을 표시하고 행정청의 권한을 자신의 명의로 행한다. 다만, 대리의 경우에도 대리관계를 표시함이 없이 피대리청의 이름으로 행정권을 행사하는 것도 가능하다.

④ 대결과의 구별: 대리와 대결은 모두 권한의 이전이 없고, 다른 행정기관이 행정기관을 대신하여 권한행사를 한다는 점에서는 공통점을 가지지만, 다음과 같이 구별된다. **대결**은 결재권자의 부재시 및 사고가 있는 경우 등에 권한 있는 기관이 대신 결재하는 것인 행정조직상 내부행위인 반면에 **대리**는 행정권한의 대외적인 권한행사를 대신하는 것이다.

2. 종   류

대리는 발생원인에 따라 수권대리(임의대리)와 법정대리로 구분된다.

(1) 수권대리(임의대리)

1) 의   의

수권대리라 함은 피대리관청의 수권에 의해 대리관계가 발생하는 경우를 말한다. 임의대리라고도 한다.

2) 근   거

수권대리를 인정하는 명문의 근거가 있는 경우도 있지만, 수권대리를 인정하는 법적 근거가 없는 경우에도 수권대리가 허용될 것인지에 관하여 적극설과 소극설이 대립하고 있다.

3) 수권의 범위 및 한계

대리권의 수권은 권한분배를 정한 법령의 취지에 반하는 것이 되어서는 안 되므로 다음과 같은 한계 내에서만 인정된다.

① 수권은 일반적·포괄적 권한에 한하여서만 인정된다. 행정청의 권한이 법령

에서 개별적으로 특정되어 부여된 경우에는 해당 행정청이 스스로 행할 것이 요구되고 있다고 해석되므로 그 수권은 허용되지 않는다.

② 수권은 권한의 일부에 한하여 인정되며 권한의 전부를 대리시킬 수는 없다. 그 이유는 권한 전부의 대리를 허용하는 것은 그 권한을 해당 행정청에 준 입법취지에 반하는 것이 되며 수권한 행정청의 권한이 전혀 없게 되어 수권행정청의 존재이유가 없어지기 때문이다.

4) 수권행정청(피대리행정청)과 대리기관과의 관계

수권행정청과 대리기관 사이에는 대리관계가 형성된다. 대리기관은 수권받은 권한을 수권행정청에 대신하여 행사하되 대리관계를 표시하여야 하며 대리행위는 피대리행정청의 행위로서 효력을 발생한다.

수권행정청은 대리기관을 지휘감독하는 권한을 가지며 대리기관의 권한행사에 대하여 책임을 진다.

(2) 법정대리

1) 의   의

법정대리는 일정한 법정사실이 발생한 경우에 수권행위 없이 법령의 규정에 의하여 대리관계가 발생하는 경우를 말한다.

직무대리규정(대통령령)은 직무대리(기관장, 부기관장이나 그 밖의 공무원에게 사고가 발생한 경우에는 직무상의 공백이 생기지 아니하도록 해당 공무원의 직무를 대신 수행하는 것)를 규율하고 있는데(제2조 제1호), 동규정상의 직무대리는 법정대리이다.

2) 종   류

법정대리에는 대리자의 결정방법에 따라 지정대리, 서리와 협의의 법정대리가 있다.

가. 지정대리   지정대리라 함은 일정한 법정사실이 발생한 경우에 일정한 자가 대리자를 지정함으로써 법상 정해진 대리관계가 발생하는 경우를 말한다.

지정대리는 원래 행정청의 구성자가 존재하고 다만 그에게 사고가 있는 경우에 행하여지는 것이다.

나. 서   리   행정청구성자가 사망·면직 등 사유로 궐위된 경우 정식으로 후임자를 임명하기 전에 임시로 대리자를 임명하는 경우가 있는데, 이를 **서리(署理)**라 한다. 서리가 지정대리의 일종인가에 관하여 견해가 대립하고 있다. 직무대리규정은 서리를 지정대리로 규정하고 있다.

서리와 본래의 지정대리는 법정사실이 발생하여 행정청이 그 권한을 행사할 수 없게 된 경우에 법령의 규정에 따라 대리자가 지정되고, 대리자는 피대리행정청의 권한 전부를 행사한다는 점에서는 동일하나, 피대리행정청의 지위에 있는 자가 본래의 지정대리에 있어서는 존재하고, 서리에 있어서는 존재하지 않는다는 점에서는 차이가 있다.

국무총리서리제도가 헌법에 합치하는지에 관하여는 견해가 대립하고 있다.

서리는 잠정적으로 행정청의 지위를 갖는다. 서리는 서리라는 지위를 표시하여 자기의 이름과 책임으로 해당 행정청에 부여되는 모든 권한을 행사한다.

다. 협의의 법정대리   협의의 법정대리라 함은 법정사실이 발생한 경우 법률상 당연히 대리관계가 발생하는 경우를 말한다. 대리자가 법령에 의해 정해져 있어 지정행위가 요구되지 않는다.

예를 들면, 국무총리가 사고로 인하여 직무를 수행할 수 없고 대통령의 지명이 없는 경우에는 정부조직법 제26조에 규정된 순서에 따라 국무위원이 총리의 직무를 대행한다(정부조직법 제19조).

3) 근 거

법정대리는 본질상 당연히 법령에 근거가 명시되어 있다. 법정대리의 일반법으로는 직무대리규정(대통령령)이 있다. 그리고, 각 개별법에서 법정대리를 규정하고 있는 경우가 있다(헌법 제71조, 정부조직법 제19조 등).

4) 대리권의 범위

법정대리는 특별한 규정이 없는 한 피대리행정청의 권한 전부에 미친다.

5) 피대리관청과 대리기관과의 관계

법정대리의 경우 원칙상 피대리행정청은 대리자를 지휘감독할 수 없고, 대리자는 자기의 책임으로 그 권한을 행사한다. 그러나, 피대리행정청의 국외여행 등으로 인한 법정대리에 있어서는 오늘날 통신기술의 발달로 피대리행정청이 대리자에 대하여 지휘감독권을 행사할 수 있을 것이며 피대리행정청은 그 한도 내에서 책임을 진다.

3. 권한의 복대리

복대리라 함은 권한의 대리에 있어 대리자가 그 대리권의 행사를 다른 자로 하여금 대리하게 하는 것을 말한다.

명문의 규정이 없음에도 복대리가 가능한가 하는 것이 문제된다. ① **수권대리**의 경우에 있어서는 권한의 일부에 한하여 대리가 행하여지며 대리인의 구체적 사정을 고려한 대리인에 대한 신임에 기초하여 행하여지는 점 등에 비추어 볼 때 복대리는 원칙상 인정되지 않는다고 보아야 한다. ② **법정대리의 경우**에는 피대리행정청의 대리자에 대한 신임에 기초한 것이 아니고 일정한 법정사실의 발생에 따라 성립되는 것이며 피대리행정청의 권한 전부에 미치고 대리자가 자기의 책임으로 대리행위를 하는 것이므로 대리자는 그 대리권의 일부에 대하여 복대리자를 선임할 수 있다고 보아야 할 것이다.

4. 대리권의 행사방식

권한의 대리에는 민법 제114조의 현명주의(顯名主義) 및 제125조 및 제126조의 표현대리(表見代理)에 관한 규정이 유추적용된다.

① **현명주의**: 대리자는 피대리관청과의 대리관계를 표시하여 대리권을 행사하여야 한다. 이와 같은 현명을 하지 않고 대리자 자신의 이름으로 행정권을 행사한 경우에는 대리자의 행위는 대리자 자신의 무권한의 행위로 보면 무효라고 볼 수 있지만, 대리권 행사방식에 하자가 있는 행위로서 형식의 하자가 있는 행위로 보는 것이 타당하므로 취소할 수 있는 행위로 보는 것이 타당하다.

② **표현대리**: 대리자가 자신의 이름으로 행정권을 행사한 경우에도 이해관계인이 피대리행정청의 행위로 믿을 만한 사정이 있을 때에는 민법상 표현대리에 관한 규정을 유추적용하여 적법한 대리행위로 볼 수 있을 것이다.

③ 대리자가 피대리행정청의 이름으로 대리권을 행사한 경우에도 적법하다고 보아야 할 것이다.

5. 대리권 행사의 효과

법상 권한은 여전히 수권행정청이 가지며 대리권 행사의 법적 효과는 피대리행정청이 속한 행정주체에 귀속된다.

처분청은 피대리관청이며 대리행위에 대한 항고소송은 피대리관청을 피고로 하여 제기하여야 한다.

6. 대리권의 소멸

수권대리의 경우에 대리권은 피대리행정청에 의한 대리권 부여의 철회에 의하여 소멸하고, 법정대리의 경우에 대리권은 대리권을 발생하게 한 법정사실의 소멸에 따라 소멸한다.

7. 대리권 없는 대리자의 행위의 효력

대리권 없는 자가 대리자로서 행한 행위는 무권한의 행위로 원칙상 무효이다 (대판 1967. 1. 29, 67다1694). 다만, 상대방이 행위자에게 대리권이 있다고 믿을 만한 상당한 이유가 있을 때에는 표현대리가 성립되어 해당 행정행위가 유효하게 된다.

8. 대리기관의 처분에 대한 권리구제

대리기관이 대리관계를 밝히고 처분을 한 경우 피대리관청이 처분청으로 피고가 된다.

대리권을 수여받은 행정기관이 대리관계를 밝힘이 없이 자신의 명의로 행정처분을 한 경우, 처분명의자인 해당 행정기관(대리기관)이 항고소송의 피고가 되어야 하는 것이 원칙이다. 다만, 비록 대리관계를 명시적으로 밝히지는 아니하였다 하더라도 처분명의자가 피대리행정청 산하의 행정기관으로서 실제로 피대리행정청으로부터 대리권한을 수여받아 피대리행정청을 대리한다는 의사로 행정처분을 하였고 처분명의자는 물론 그 상대방도 그 행정처분이 피대리행정청을 대리하여 한 것임을 알고서 이를 받아들인 예외적인 경우에는 피대리행정청이 피고가 되어야 한다 (대결 2006. 2. 23, 2005부4).

VI. 권한의 위임

1. 권한의 위임의 의의

권한의 위임이란 행정청이 그의 권한의 일부를 다른 행정기관에 委讓(위양)하여 수임기관의 권한으로 행사하게 하는 것을 말한다. 광의의 권한의 위임 중 지휘감독하에 있는 행정기관에 대한 위임을 협의의 권한의 위임이라 하고, 지휘감독하에 있지 않는 행정기관이나 단체에 대한 위임을 권한의 위탁이라 한다.

촉탁이란 권한의 위탁 중에서 등기, 소송에 관한 사무를 위탁하는 것을 말한다.

권한의 위임은 다음과 같은 개념과 구별된다.

① 권한의 대리와의 구별: 이에 관하여는 전술한 바와 같다.

② 내부위임과의 구별: 내부위임이란 행정청이 보조기관 또는 하급행정기관에게 내부적으로 일정한 사항의 결정권을 위임하여 수임기관이 위임청의 이름으로 그의 권한을 사실상 대리행사하도록 하는 것을 말한다. 내부위임에서는 대외적으로 권한의 이전이 없는 점에서 권한의 위임과 구별된다. 따라서, 내부위임은 법률의 근거가 없이도 가능하나 위임은 법률의 근거를 요한다.

　　권한위임의 경우에는 수임자가 자기의 이름으로 그 권한을 행사할 수 있다 할 것이나 내부위임의 경우에는 수임자는 위임청의 이름으로 이를 할 수 있을 뿐 자기의 이름으로는 할 수 없다.

　　③ **위임전결과의 구별:** 위임전결(委任專決)이라 함은 행정청 내의 의사결정권을 보조기관에 위임하여 그 보조기관의 결재로써 행정청의 내부적인 의사결정이 확정되도록 하는 것을 말한다. 위임전결에서는 대외적으로 권한의 이전이 없는 점에서 권한의 위임과 구별된다.

　　위임전결과 내부위임은 모두 행정청의 권한이 내부적으로만 이전되는 점에서 동일하지만, 위임전결은 원칙상 결재단계에 있는 행정청의 보조기관에 대하여 부여되지만, 내부위임은 행정청의 보조기관뿐만 아니라 하급행정청에 대하여도 행하여지는 점에서 차이가 있다.

　　④ **대결과의 구별:** 대결(代決)이라 함은 결재권자가 휴가·출장, 그 밖의 사유로 결재할 수 없는 때에 그 직무를 대리하는 자가 그에 갈음하여 외부에 표시함이 없이 대신 결재하는 것을 말한다. 대결에서는 권한의 이전이 없는 점에서 권한의 위임과 구별된다. 대결에 관한 사항은 행정규칙으로 정한다.

　　대결은 권한을 내부적으로 대신 행사한다는 점에서는 위임전결이나 내부위임과 동일하지만, 내부적으로라도 권한의 이전이 없고 결재를 대리하는 것이고, 또한 대결은 일시적으로만 행하여진다는 점에서 계속적으로 권한이 내부적으로 이전되는 위임전결 및 내부위임과 구별된다.

　　⑤ **권한의 이양과의 구별:** 권한의 위임이나 권한의 이양(移讓)이나 대외적으로 권한의 이전이 있는 점에서는 같지만, 권한의 위임의 경우에는 권한을 정하는 법령의 규정은 그대로 둔 채 별도의 위임규정에 근거하여 권한이 위임되는 경우를 말하고, **권한의 이양**이란 권한을 정하는 법령 자체를 개정하여 권한을 다른 행정기관의 고유한 권한으로 이관시키는 것을 말한다.

예를 들면, 국가의 권한을 지방자치단체에 이전함에 있어서 국가의 권한을 지방자치단체의 장에게 이전하는 것은 협의의 권한의 위임이고, 지방자치단체에게 위임하는 것은 권한의 위탁이며 법령을 개정하여 국가사무를 지방자치단체의 고유사무(자치사무)로 변경하는 것은 권한의 이양이다.

　　권한의 위임의 경우에 위임기관은 수임기관의 권한행사를 지휘감독할 수 있으나, 권한의 이양의 경우에는 지휘감독관계가 성립하지 않는다.

2. 위임의 근거

권한의 위임은 법률이 정한 권한분배를 대외적으로 변경하는 것이므로 법률의 명시적 근거를 필요로 한다.

위임의 근거는 원칙상 개별적이어야 한다. 포괄적인 위임 또는 재위임의 근거가 가능한지가 문제된다. 즉, 포괄적 위임 및 재위임의 근거를 정하고 있는 정부조직법 제6조 제1항과「행정권한의 위임 및 위탁에 관한 규정」(이하 '권한위임규정'이라 한다) 제3조 또는 제4조가 위임 또는 재위임의 일반적 근거가 될 수 있는가 하는 것이다. 이에 관하여 긍정설과 부정설이 대립하고 있다.

긍정설의 논거는 다음과 같다. 국민의 권리 또는 의무에 직접적으로는 관계 없는 행정조직에 있어서는 어느 정도 포괄적인 위임도 가능하다.

부정설의 논거는 다음과 같다. 만일 정부조직법 제6조 제1항이 대통령령인「행정권한의 위임 및 위탁에 관한 규정」에 대한 수권규정이라고 한다면 행정권한법정주의에 반하는 포괄적 수권을 한 것이므로 위헌·위법인 법률규정이라고 보아야 하고,「행정권한의 위임 및 위탁에 관한 규정」은 위헌인 법률에 근거하여 무효인 명령이라고 보아야 한다.

판례는 긍정설을 취하고 있다.

〈판례〉 1. 정부조직법 제6조 제1항은 법문상 권한의 위임 및 재위임의 근거규정임이 명백하고, 권한의 위임 및 위탁에 관한 규정은 이 법률규정에 근거하여 권한의 위임 및 위탁에 관한 구체적 근거를 규정하고 있다(대판 1990. 2. 27, 89누5287).
2. 정부조직법 제5조 제1항과 이에 기한 행정권한의 위임 및 위탁에 관한 규정 제4조에 재위임에 관한 일반적인 근거규정이 있으므로 시·도지사는 그 재위임에 관한 일반적인 규정에 따라 위임받은 위 처분권한을 구청장 등에게 재위임할 수 있다(대판 전원합의체 1995. 7. 11, 94누4615).

생각건대, 행정권한법정주의에 비추어 부정설이 타당하다. 법률로 위임에 관한 사항을 명령에 위임하는 것은 가능하지만 법률에 의한 위임은 행정권한법정주의를 침해하는 정도의 포괄적인 위임이 되어서는 안 된다.

3. 위임의 방식

권한의 위임은 권한을 대외적으로 변경하는 것이므로 권한을 위임함에 있어서는 그것을 국민에게 주지시킬 수 있는 방식에 의하여야 한다.

법령에 정해진 위임방식을 위반한 위임은 위법하다. 판례는 법령상 규칙의 방식으로 위임하여야 함에도 조례의 방식으로 행한 위임에 따라 행해진 수임기관의 처분을 위법하다고 하면서 중대명백설에 따를 때 취소할 수 있는 행위로 보았다(대판 전원합의체 1995. 7. 11, 94누4615). 또한, 자치권한의 위임은 조례로 하여야 하는데 규칙으로 위임한 경우 해당 규칙은 무효이고, 그에 근거하여 행한 처분은 그 하자가 중대하나 명백하지는 않아 당연무효는 아니라고 한 판례(대판 전원합의체 1997. 6. 19, 95누8669)도 있다.

4. 위임의 한계

위임은 위임청의 권한의 일부에 한하여 인정되며 권한의 전부 또는 위임청의 존립근거를 위태롭게 하는 주요부분의 위임은 인정되지 않는다.

법령에 의해 특정적 · 개별적으로 정하여진 권한을 위임하는 것은 그 권한을 정하는 법률을 사실상 폐지하는 결과를 가져오므로 인정될 수 없다.

5. 수임기관

(1) 보조기관 및 하급행정청에 대한 위임

보조기관이나 하급행정청에 대한 위임은 위임에 있어 수임기관의 동의를 요하지 않는다.

(2) 지방자치단체 등의 기관에 대한 위임

행정기관의 권한의 일부를 다른 행정기관에 위임하는 것을 **기관위임**이라 하며 기관위임된 사무를 **기관위임사무**라 한다.

예를 들면, 국가사무가 지방자치단체의 장에게 위임된 경우, 광역자치단체의 사무가 기초자치단체의 장에게 위임된 경우, 지방자치단체의 사무가 국가기관에게 위임된 경우(예, 지방자치단체장이 설치한 신호등의 관리가 지방경찰청장에게 위임된 경우) 기관위임에 해당한다.

기관위임의 경우 수임기관은 위임청이 속한 행정주체의 기관의 지위를 가지며 수임기관의 기관위임사무 처리의 법적 효과는 관리주체인 위임청이 속한 행정주체에 귀속된다.

지방자치단체의 기관은 국가의 기관위임사무를 수행함에 있어서는 국가기관의 지위에 서고 위임청의 지휘감독을 받는 하급행정기관이 된다고 보는 것이 일반적 견해이다.

6. 수임사무처리비용의 부담

수임사무의 처리에 드는 비용은 위임기관이 부담하는 것이 원칙이다. 그런데,

기관위임사무에 대하여 해당 지방자치단체가 경비를 부담하도록 규정하고 있는 경우(예, 도로법)도 있다.

7. 위임의 효과

권한이 위임되면 위임기관은 그 사무를 처리할 권한을 잃고 그 권한은 수임기관의 권한이 된다. 수임기관은 자기의 이름과 책임 아래 그 권한을 행사한다. 즉 권한이 위임기관으로부터 수임기관으로 이전된다.

내부위임의 경우에 권한이 대내적으로 이전될 뿐이며 대외적으로는 이전되지 않는다. 따라서 수임기관은 수임사무의 처리를 위해 처분을 할 때에는 위임청의 이름으로 하거나 내부위임관계를 명시하여야 한다.

만일 내부위임의 경우 수임기관이 자신의 이름으로 처분을 한 경우 그 처분은 위법하다. 문제는 이 위법이 무효사유인가 아니면 취소사유에 불과한 것인가 하는 것이다. 판례는 수임기관은 대외적으로는 처분권을 갖고 있지 못하므로 무권한의 행위로 보고 무효인 행위가 된다고 한다(대판 1986. 12. 9, 86누569 ; 1995. 11. 28, 94누6475).

Ⅶ. 권한의 위탁

1. 권한의 위탁의 의의

권한의 위탁이라 함은 국가 또는 지방자치단체가 행정권한을 독립적 지위에 있는 자에게 위탁하는 것을 말한다. 수탁받는 자는 단체(사단 또는 재단, 공공단체 또는 사법인)인 경우도 있고, 개인인 경우도 있다.

2. 법적 근거

권한의 위탁은 법률이 정한 권한을 이전하는 것이므로 행정권한을 위탁함에 있어서는 법률의 근거가 있어야 한다.

3. 위탁의 유형

위탁은 위탁기관과 수탁사인 사이의 관계를 기준으로 위탁, 대행, 보조위탁으로 구분할 수 있다. 실정법률상 대행이라는 용어를 사용하는 경우에도 실질에 있어서는 권한의 대행이 아니라 권한의 위탁인 경우도 있고, 행정보조에 불과한 경우도 있다.

정부조직법 제6조 제3항, 지방자치법 제104조 제3항, 행정권한의 위임 및 위탁에 관한 규정은 협의의 위탁, 대행위탁과 보조위탁을 구분함이 없이 광의의 위탁 개념을 사용하고 있다.

대행을 위탁의 독자적인 유형으로 보지 않고, 실정법상 대행 중 권한의 이전이 있는 것은 협의의 위탁, 그리고 권한의 이전이 없는 것은 보조위탁으로 보는 견해도 있는데, 대행은 아래에서 보는 바와 같이 협의의 위탁 및 보조위탁과 구별하는 것이 타당하므로 대행을 위탁의 독자적인 유형으로 분류하는 것이 타당하다. 이에 반하여 권한의 대행을 독자적인 유형으로 분류하지 않는 견해에서는 위탁을 협의의 위탁과 보조위탁으로 2분하고, 권한의 대행에 해당하는 경우를 '독립적인 행정보조자'로 분류하는 견해도 있다.

(1) 협의의 위탁

협의의 위탁이라 함은 행정기관의 권한이 위탁에 의해 독립적 지위에 있는 공공단체 또는 사인 등에게 법적으로 이전되는 경우를 말한다. 협의의 위탁의 경우 행정권한이 독립된 법주체인 공무수탁자에게 법적으로 이전되는 것이므로 공무수탁자는 자율적으로 의사를 결정하여 자신의 이름으로 행정권한을 행사할 수 있고, 그 행정권 행사의 법적 효과는 공무수탁자에게 귀속된다.

「행정권한의 위임 및 위탁에 관한 규정」제14조 제1항은 "위탁기관은 민간위탁사무의 처리에 대하여 민간수탁기관을 지휘·감독하며, 필요하다고 인정될 때에는 민간수탁기관에 민간위탁사무에 관하여 필요한 지시를 하거나 조치를 명할 수 있다"라고 협의의 위탁의 경우에도 위탁기관이 민간수탁기관에 대해 일반적인 지휘·감독권을 갖는 것으로 규정하고 있다.

(2) 권한의 대행(대행위탁)

행정권한의 대행이라 함은 대행자에게 행정권 행사를 사실상 독립적으로 행하는 권한이 주어지지만, 위탁기관(피대행기관)의 권한이 법적으로는 이전되지 않는 경우를 말한다. 자동차등록의 대행, 자동차검사의 대행을 그 예로 들 수 있다.

권한의 대행은 권한의 대리와 유사한 것으로 볼 수 있다.

권한의 대행에서는 권한의 행사가 사실상 대행기관으로 이전되지만, 법상의 처분권이 이전되는 것은 아닌 점에서 협의의 위탁과 구별된다. 권한의 위탁의 경우에는 수탁자가 자신의 이름으로 권한을 행사하고, 그 권한행사의 효과는 수탁자에게 귀속된다. 이에 반하여 권한의 대행에 있어서 대행기관은 자신의 이름으로 권한을 행사하지만, 대행의 법적 효과는 피대행기관이 속한 행정주체에 귀속된다.

(3) 보조위탁

보조위탁이라 함은 위탁에 의해 행정기관의 권한이 수탁자에게 이전되지 않고, 수탁자는 위탁기관의 행정보조자로서 활동하는 경우(예, 사인에 대한 대집행의 위탁)를 말한다. 보조수탁자는 권한행사를 독립적으로 할 수 없고, 위탁기관의 지시를 받아 권한을 행사한다. 보조수탁자는 위탁기관을 보조하는 지위를 가지며 위탁기관의 도구에 불과하다. 보조위탁의 경우 행정권 행사의 법적 효과는 위탁기관이 속한 행정주체에 귀속되며 공무수탁자는 행정권한의 상대방 및 제3자와의 관계에서 권리의무의 주체가 되지 못한다.

보조위탁은 권한의 이전을 수반하지 않으므로 법률의 근거 없이도 가능하다.

4. 민간위탁의 한계

헌법상 행정권이 행정부 및 지방자치단체에 부여되고 있는 점에 비추어 행정권 중 공권력적 성격이 강한 권한 등 핵심적인 권한은 민간(공공단체 또는 사인)에 위탁될 수 없다고 보아야 한다. 예를 들면, 대집행권의 협의의 위탁은 공공단체에는 가능하지만, 사인에 대해서는 인정될 수 있다.

제4장 행정기관 상호간의 관계

I. 상하행정관청간의 관계

상급관청은 하급관청 또는 보조기관(이하 '하급기관'이라 한다)을 지휘감독하는 관계에 있다. 상급관청의 지휘감독권의 내용으로는 감시권, 지휘권(훈령권), 인가·승인권, 취소·정지권, 권한쟁의결정권 등이 있다.

1. 감 시 권

상급관청은 하급기관의 업무처리에 관하여 조사할 수 있다. 상급관청은 하급기관의 업무처리상황을 파악하기 위하여 보고를 받고, 서류·장부를 검사하고, 사무감사를 행할 수 있다.

2. 훈 령 권

(1) 훈령의 의의

훈령이라 함은 상급청이 하급기관의 권한행사를 지휘하기 위하여 발하는 명령을 말한다. 훈령은 개별적·구체적 처분에 대하여 발령되기도 하고, 동종의 처분에 대하여 일반적·추상적 규범의 형식으로 발령되기도 한다.

훈령은 직무명령과 다음과 같이 구별된다. ① 훈령은 상급청이 하급기관에 대하여 그 소관사무에 관하여 발하는 명령인 반면에 **직무명령**은 상관이 부하인 공무원 개인에 대하여 그 직무에 관하여 발하는 명령이다. ② 훈령은 행정기관에 대하여 발령된 것이기 때문에 행정기관을 구성하는 공무원이 변경된 경우에도 계속 효력을 갖지만, 직무명령은 직무명령을 받은 공무원 개인에 대하여서만 효력을 갖기 때문에 공무원이 그 지위에서 물러나면 효력을 상실한다. ③ 훈령은 하급기관의 소관사무에 관한 권한행사를 대상으로 하는 반면에 직무명령은 공무원의 직무를 대상으로 한다. 따라서, 직무명령은 공무원의 소관사무에 관한 권한행사뿐만 아니라 공무원의 직무수행과 관련한 활동도 대상으로 한다. ④ 이와 같이 훈령과 직무명령은 구별되지만, 훈령은 하급기관을 구성하는 공무원에 대하여는 동시에 직무명령으로서의 성질도 갖는다.

(2) 훈령의 근거

상급기관의 훈령권은 특별한 법적 근거를 요하지 아니하고 감독권의 당연한 결과로서 인정된다.

(3) 훈령의 종류

훈령에는 행정규칙의 성질을 갖는 것도 있고 그렇지 않은 것도 있다. 훈령 중 일반적·추상적 규범의 형식으로 발령되는 것은 행정규칙에 해당한다.

(4) 훈령의 요건

훈령은 다음과 같은 형식적·실질적 요건을 갖추어야 적법한 훈령이 된다.

1) 형식적 요건

① 훈령권이 있는 상급관청이 발령하여야 한다.

② 하급기관의 권한에 속하는 사항에 대하여 발령하여야 한다.

③ 권한행사의 독립성이 보장되는 하급관청에 대한 것이 아니어야 한다.

2) 실질적 요건

① 적법·타당한 것이어야 한다.

② 가능하고 명백한 것이어야 한다.

(5) 훈령의 형식·절차

훈령은 문서 또는 구술로 발할 수 있다.

관보규정은 일정한 훈령을 관보에 게재하도록 하고 있으나, 관보에의 게재나 공표는 훈령의 효력요건은 아니다.

(6) 훈령의 성질 및 구속력

1) 훈령의 성질과 대내적 구속력

훈령은 하급기관에 대한 지시 내지 명령의 성질을 가지며 하급기관은 훈령에 구속된다. 훈령 위반은 명령복종의무 위반이 되므로 훈령 위반자는 징계의 대상이 된다.

2) 훈령의 대외적 구속력

훈령은 대내적 구속력은 있으나 원칙상 대외적 구속력은 없다. 따라서, 훈령에 위반하여 행한 행위가 훈령에 위반하였다는 사실만으로 위법하게 되지 않는다.

훈령 중 일반적이고 추상적인 규범의 형식을 취하는 것은 행정규칙의 성질을 가지며 행정규칙의 유형(해석규칙, 재량준칙 등)에 따른 구속력을 갖는다.

(7) 훈령의 경합

둘 이상의 상급관청의 훈령이 상호 모순되는 경우에 하급기관은 주관상급관청의 훈령을 따라야 한다.

상호 모순되는 훈령을 발한 상급관청이 서로 상하의 관계에 있는 경우에는 행정조직의 계층적 질서를 보장하기 위하여 직근 상급관청의 훈령에 따라야 한다.

3. 승인권(인가권)

(1) 의   의

행정청이 일정한 권한행사를 하는 경우에 상급관청 또는 감독관청의 인가 또는 승인(이하 '인가'라 한다)을 받도록 하고 있는 경우가 있다. 이 승인은 사전적인 감독수단의 하나이다.

(2) 승인요건 결여의 효력

법령에 의해 하급관청이 어떠한 행위를 하기 전에 승인을 받도록 규정되어 있는 경우에 승인을 받지 않고 행위를 하면 당해 행위는 위법·무효가 된다. 그러나, 승인이 법령에 근거한 것이 아닌 때에는 승인을 받지 않고 행한 행위는 위법·무효가 되지 않는다.

(3) 승인받은 행위의 효력

승인을 받은 행위가 하자가 있는 경우에는 승인이 있다 하더라도 그 하자가 치유되는 것은 아니며 그 행위는 무효가 되거나 또는 취소될 수 있다.

(4) 승인의 성질

승인은 행정조직법상의 내부행위이며 행정행위인 인가와는 성질이 다르다. 따라서, 승인이 거부되었다고 하더라도 승인을 받지 못한 하급관청은 승인의 거부에 대해 항고소송을 제기할 수 없다.

4. 주관쟁의결정권

상급행정청은 하급행정청 상호간에 권한에 관한 다툼이 있을 때에 권한 있는 기관을 결정하는 권한을 갖는다. 이 권한을 **주관쟁의결정권**이라 한다.

행정청 사이의 권한쟁의는 행정조직 내부의 문제이므로 원칙상 소송의 대상이 되지 않는다. 행정청 간에 권한에 관한 다툼이 있는 경우에는 당해 행정청을 공통으로 감독하는 상급행정청이 그 관할을 결정하며, 공통으로 감독하는 상급행정청이 없는 경우에는 각 상급행정청의 협의로 그 관할을 결정한다(행정절차법 제6조). 공통의 상급관청 사이에 협의가 이루어지지 않을 때에는 최종적으로는 행정 각부간의 주관쟁의가 되어 국무회의의 심의를 거쳐 대통령이 결정한다(헌법 제89조 제10항).

주관쟁의를 결정할 상급기관이 없는 경우 중 일정한 경우에는 기관소송 또는 권한쟁의심판에 의해 해결된다.

5. 취소·정지권

상급행정청은 법적 근거가 없는 경우에도 지휘감독권에 근거하여 하급행정청의 위법 또는 부당한 행위를 취소 또는 정지할 수 있는가에 관하여 이를 긍정하는 적극설과 이를 부정하는 소극설이 대립하고 있는데, 권한법정주의의 원칙상 소극설이 타당하다.

6. 대집행권

명문의 규정이 없는 한 상급행정청에게 하급행정청의 권한을 대집행할 권한은 없다.

Ⅱ. 대등행정관청간의 관계

1. 권한의 상호 존중

대등한 행정청은 서로 다른 행정청의 권한을 존중하여야 하며 그를 침범하여서는 아니 된다. 권한존중의 원칙은 행정법상 법의 일반원칙이라고 할 수 있다.

행정청의 행위는 권한존중의 원칙에 근거하여 무효가 아닌 한 구성요건적 효력(또는 공정력)을 가지므로 다른 행정청은 이에 구속된다.

2. 상호 협력관계

행정절차법은 행정청 상호간의 협조의무를 규정하고 있고(행정절차법 제7조), 대통령령인 「행정효율과 협업 촉진에 관한 규정」은 제41조 이하에서 행정협업의 촉진에 관한 사항을 규정하고 있다.

(1) 협의·동의·공동결정

1) 협   의

협의라 함은 행정업무가 둘 이상의 행정기관의 권한에 속하는 경우에 그 행정업무의 처리에 관하여 의견을 교환하는 것을 말한다.

관계기관의 협의의견은 원칙상 주무행정청을 구속하지 않는다.

판례는 법에 정해진 협의를 거치지 않은 처분을 원칙상 취소할 수 있는 행위로 본다. 협의절차가 법령에 의해 정해진 것이 아닌 경우에는 협의절차를 이행하지 않고 처분을 하여도 그것만으로 그 처분이 위법하다고 할 수 없다.

〈판례〉 1. 구 택지개발촉진법 제3조에서 건설부장관이 택지개발예정지구를 지정함에 있어 미리 관계중앙행정기관의 장과 협의를 하라고 규정한 의미는 그의 자문을 구하라는 것이지 그 의견을 따라 처분을 하라는 의미는 아니라 할 것이므로 이러한 협의를 거치지 아니하였다고 하더라도 이는 위 지정처분을 취소할 수 있는 원인이 되는 하자 정도에 불과하고 위 지정처분이 당연무효가 되는 하자에 해당하는 것은 아니다(대판 2000. 10. 13, 99두653).

2. 환경영향평가에 대한 환경부장관의 협의의견의 승인기관의 장에 대한 구속력을 부인한 사례(대판 2001. 7. 27, 99두2970).

　　그러나, 예외적으로 협의가 동의의 성질을 갖는 경우에는 그 협의(동의 또는 부동의)의견은 법적 구속력을 갖고, 그 협의(동의)절차를 거치지 않거나 협의(동의 또는 부동의)의견에 반하는 처분은 무권한의 위법으로 원칙상 무효가 된다.

〈판례〉 1. 건설공사시 문화재보존의 영향 검토에 관한 문화재보호법 제74조 제2항 및 같은 법 시행령 제43조의2 제1항에서 정한 '문화재청장과 협의'가 '문화재청장의 동의'를 말한다고 한 사례(대판 2006. 3. 10, 2004추119).

2. 군사기지 및 군사시설 보호구역내에서의 건축 및 토지형질의 변경에 대한 국방부장관 및 관할부대장의 협의를 동의로 본 사례(대판 1995. 3. 10, 94누12739 ; 2020. 7. 9, 2017두39785).

　　2) 동　　의
　　주무행정청은 업무처리에 관한 결정을 함에 있어 동의기관의 동의를 받아야 한다. 예를 들면, 건축허가는 시장·군수가 권한을 갖지만 소방서장의 동의를 얻어야 한다.

　　처분청은 동의기관의 동의의견 또는 부동의의견에 구속된다.

　　동의를 받아야 함에도 동의 없이 한 처분은 무권한의 하자로 원칙상 무효로 보아야 한다.

　　동의기관의 부동의는 내부행위로 처분이 아니므로 그 자체를 다투는 항고소송을 제기할 수 없고, 처분청이 동의기관의 부동의의견을 이유로 거부처분을 한 경우에 당해 거부처분의 취소를 구하면서 처분사유가 된 부동의를 다투어야 한다(대판 2004. 10. 15, 2003두6573: 건축불허가처분을 받은 사람은 그 건축불허가처분에 관한 쟁송에서 건축법상의 건축불허가 사유뿐만 아니라 소방서장의 부동의 사유에 관하여도 다툴 수 있다).

　　3) 공동결정
　　행정업무가 둘 이상의 행정청의 권한과 관련되어 있고 관계행정청 모두 주된 지위에 있으며 동일하게 업무와 깊은 관계가 있는 경우에는 모든 관계행정청이 주

무행정청이 되며 이 경우에 업무처리는 공동의 결정에 의해 공동의 명의로 하게
된다.

(2) 사무위탁(촉탁)

행정청이 사무를 스스로 처리하지 않고 그의 지휘감독하에 있지 아니하고 대
등한 지위에 있는 다른 행정청에 맡기고자 하는 경우에 전술한 사무위탁의 방식에
의해 다른 행정청의 협력을 받을 수 있다. 사무위탁 중에서 등기·소송에 관한 사
무의 이양을 촉탁이라 한다.

(3) 행정응원

대등한 행정청 상호간의 협력의 요청과 이에 따른 협력의 제공을 **행정응원**이라
한다.

행정응원요청에는 법적 근거가 필요 없다. 행정절차법 제8조는 행정응원에 관
한 일반적 규정을 두고 있다.

03

행정작용법

Section 01 행정입법

Section 02 행정계획

Section 03 행정행위

Section 04 공법상 계약

Section 05 행정상 사실행위

Section 06 행정지도

Section 07 행정조사

Section 08 행정의 실효성 확보수단

Section 09 행정절차

Section 10 정보공개와 개인정보의 보호

제1장 행정입법

제1절 개 설

광의의 **행정입법**이라 함은 행정기관이 일반적·추상적 규범을 정립하는 작용 또는 그에 따라 정립된 규범을 말한다. 행정입법은 실정법상의 개념이 아니라 학문상의 개념이다. 광의의 행정입법은 법규명령과 행정규칙을 포함한다. 그런데, 법률에 대응하여 사용되는 협의의 행정입법은 법규명령을 의미한다.

제2절 법규명령

Ⅰ. 개 념

1. 개념 정의

법규명령이라 함은 행정권이 제정하는 법규(法規)를 말한다. 실무에서는 통상 명령이라는 용어를 사용한다. **법규**라는 개념은 실질적으로는 국민의 권리의무에 관한 법규범을 말하고, 형식적으로는 법규의 형식으로 제정된 규범을 말한다.

법규명령은 행정권이 제정하는 법인 점에서 의회가 제정하는 법률과 다르다. 법규명령은 행정권이 제정하는 법인 점에서 행정입법이라고도 부른다.

자치법규(조례와 규칙)도 행정입법의 성질을 가지는 것으로 볼 수 있다. 다만, 조례는 법률에 준하는 성격을 아울러 갖는다.

2. 법규명령과 행정규칙의 비교

(1) 유 사 점

법규명령과 행정규칙은 다 같이 일반적·추상적 성질을 갖는 규범으로서 행정의 기준이 되는 규범이라는 점과 행정기관은 이 둘을 모두 준수하여야 할 법적 의무를 진다는 점에서 유사하다.

(2) 상 이 점

법규명령은 행정주체와 국민 간의 관계를 규율하는 법규범인 반면에 행정규칙은 행정조직내부에서 적용되기 위하여 제정된 규범으로서 법규범이 아니다. 법규명령은 일반적으로 대외적 구속력을 갖고, 법규명령에 반하는 행정권 행사는 위법하다. 이에 반하여 행정규칙은 그 자체로서는 행정기관만을 구속하며 원칙상 대외적 구속력을 갖지 않는다. 다만, 후술하는 바와 같이 오늘날 학설은 재량준칙 등 일부 행정규칙에는 대외적 구속력이 있는 것으로 인정하고 있다. 판례는 행정규칙의 대외적 구속력을 원칙상 인정하지 않고 있다.

법규명령은 법규명령의 형식을 취하고 공포가 효력발생요건이다. 그러나, 행정규칙은 법규명령의 형식을 취하지 않으며 공표도 의무적인 것이 아니다.

3. 법규명령과 행정행위의 구별

법규명령과 행정행위는 실질적 기준과 형식적 기준에 의해 구별된다.

(1) 실질적 기준에 의한 구별

법규명령은 법률관계의 "일반적·추상적 규율"인 점에서 법률관계의 "구체적 규율"인 행정행위와 실질적으로(성질상) 구별된다.

(2) 형식적 기준에 의한 구별

법규명령을 형식적으로 정의하는 형식설에 의하면 법규명령의 형식을 취하면 모두 법규명령에 속한다. 따라서, 처분적 명령도 법규명령에 속하며 행정행위와 구별된다. 그리고, 일반처분은 행정행위이며 법규명령이 아니다.

4. 법규명령과 행정소송법상 처분

법규명령과 행정소송법상의 처분과의 관계를 보면 법규명령은 일반적·추상적 규범이므로 원칙상 행정소송법상의 처분이 아니지만, 후술하는 바와 같이 처분적 명령은 행정소송법상의 처분에 해당한다.

Ⅱ. 법규명령의 근거

1. 헌법상 근거

헌법 제76조는 대통령의 긴급명령 및 긴급재정·경제명령의 근거를, 제75조는 대통령령(위임명령과 집행명령)의 근거를, 제95조는 총리령과 부령(위임명령과 집행명령)의 근거를, 제114조는 중앙선거관리위원회규칙의 근거를 규정하고 있다.

2. 법률에 의한 행정입법 형식의 인정 가능 여부

① 감사원법에 근거한 감사원규칙과 같이 헌법에 근거하지 않은 행정입법의 형식을 법률로 인정할 수 있는가에 관하여 견해가 대립하고 있다. 헌법재판소는 다음과 같이 긍정설을 취하고 있다. 즉, 헌법재판소는 입법기관이 아닌 행정기관에게 법률 등으로 구체적인 범위를 정하여 위임한 사항에 관하여는 당해 행정기관에게 법정립의 권한이 부여되고, 입법자가 규율의 형식도 선택할 수도 있고, 헌법이 인정하고 있는 위임입법의 형식도 예시적인 것으로 보고 있다(헌재 2004. 10. 28, 99헌바91).

② 명령에 근거하여 행정규칙의 형식으로 법규적 성질의 규범을 제정하는 경우가 있는데, 이러한 입법형식(법령보충적 행정규칙)이 헌법상 가능한가에 관하여 학설이 나뉘고 있다. 판례는 이러한 행정입법의 가능성을 인정하고 있다.

③ 행정유보설에 입각하여 행정에 고유한 법규명령제정권을 인정할 수 있는지, 달리 말하면 명문의 법적 근거가 없는 법규명령이 가능한지에 관하여 견해가 대립하고 있다.

행정유보론은 일정한 행정영역(예를 들면, 독립적인 행정조직체에서의 당해 조직체의 조직과 운영에 관한 사항, 특별권력관계에서의 특별권력주체와 상대방과의 관계)에서 법률이 존재하지 않는 경우에 행정권에게 보충적인 명령제정권을 인정한다.

그러나, 입헌주의 및 법치주의의 원칙상 법률 또는 상위명령의 근거가 없는 법규명령은 집행명령을 제외하고는 일체 인정될 수 없다고 보아야 한다.

Ⅲ. 법규명령의 종류

1. 법률과의 관계에 따른 분류

헌법적 효력을 가지는 계엄조치, 법률과 같은 효력을 갖는 긴급명령 및 긴급재정·경제명령, 법률보다 하위의 효력을 갖는 종속명령이 있다.

(1) 계엄조치

현행 헌법은 계엄선포시 헌법의 일부규정에 대한 변경을 가져올 수 있는 특별조치를 인정하고 있다(제77조 제2항).

(2) 긴급명령, 긴급재정·경제명령

긴급명령 및 긴급재정·경제명령은 법률과 같은 효력을 갖는 명령이다. 「금융실명거래 및 비밀보장에 관한 긴급재정·경제명령」은 긴급재정·경제명령의 예이다.

(3) 종속명령

종속명령이라 함은 법률보다 하위의 효력을 가지는 명령을 말한다. 종속명령은 새로운 법규사항(국민의 권리의무에 관한 사항)을 정하는지 여부에 따라 위임명령과 집행명령으로 구분된다.

위임명령이라 함은 법률 또는 상위명령의 위임에 의해 새로운 법규사항을 정하는 명령이다. 우리나라에서는 새로운 법규사항(국민의 권리의무에 관한 사항)을 정하는 명령은 법률 또는 상위명령의 위임에 의해 제정되어야 한다.

집행명령이라 함은 상위법령의 집행을 위하여 필요한 사항(신고서양식 등)을 법령의 위임(근거) 없이 직권으로 발하는 명령을 말한다. 집행명령에서는 새로운 법규사항을 정할 수 없다.

해석명령은 집행명령의 일종이라고 할 수 있다. 해석명령규정은 상위법령의 범위를 벗어나지 않은 경우 법적 효력이 있다(대판 2014. 8. 20, 2012두19526). 다만, 해석규정이 위임의 한계를 벗어난 것으로 인정될 경우에는 무효이다(대판 전원합의체 2017. 4. 20, 2015두45700).

위임명령과 집행명령은 입법 실제에 있어서 따로따로 제정되는 예는 거의 없으며 하나의 명령에 함께 제정되고 있다.

2. 제정권자에 따른 분류

대통령이 제정하는 명령을 **대통령령**, 총리가 발하는 명령을 **총리령**, 행정각부의 장이 발하는 명령을 **부령**이라 한다. 입법실제에 있어서 대통령령에는 봉상 **시행령**이라는 이름을 붙이고 총리령과 부령에는 **시행규칙**이라는 이름을 붙인다. 예외적이기는 하지만, 대통령령 중에는 "규정"(規程)이라는 명칭을 붙인 것(예, 보안업무규정)도 있고, 부령에 '규칙'이라는 명칭을 붙이는 경우(예, 건강보험요양급여규칙)도 있다. 독립행정위원회가 제정하는 법규명령에는 "규칙"이라는 명칭을 붙인다(예, 공정거래위원회규칙, 금융위원회규칙, 중앙노동위원회규칙).

행정 각부가 아닌 국무총리 소속의 독립기관(법제처 등)이나 행정 각부 소속의 독립기관(경찰청 등)은 독립하여 명령을 발할 수 없고 총리령이나 부령으로 발하여야 한다.

대통령령은 총리령 및 부령보다 우월한 효력을 갖는다. 총리령과 부령의 관계에 대하여는 총리령 우위설과 동위설이 있다.

중앙선거관리위원회는 중앙선거관리위원회규칙을 발하고, 대법원은 대법원규칙을, 국회는 국회규칙을, 감사원은 감사원규칙을 발한다. 이들 명령은 대통령으로부터 독립되어 있는 기관이 발하는 법규명령이며 규칙이라는 이름을 붙인다.

협의의 학칙(교육에 관한 기본규칙)의 법적 성질에 관하여는 행정규칙(재량준칙)으로 보는 견해, 특별명령으로 보는 견해, 법령보충적 행정규칙으로 보는 견해, 자치법규로 보는 견해, 사립학교의 학칙은 약관으로 보는 견해 등이 있으나, 헌법상 교육의 자주성과 대학의 자율성이 보장되고 있고(제31조 제4항) 학교를 자치조직으로 보는 것이 타당하므로 학칙을 자치권에 근거한 자치법규로 보는 견해가 타당하다. 학칙은 자치법규이므로 학칙에 대한 포괄적 수권도 가능하다. 판례는 학칙의 양면적 법적 구속력을 인정한다(대판 1991. 11. 22, 91누2144).

3. 법형식에 따른 분류

법규명령의 형식을 취하는 명령을 형식적 의미의 법규명령이라 한다.

명령의 형식을 묻지 않고 그 실질이 법규명령의 성질을 가지고 있는 명령을 실질적 의미의 법규명령이라 한다.

Ⅳ. 법규명령의 한계

1. 위임명령의 한계

위임명령의 한계는 법률의 명령에 대한 수권의 한계와 수권에 따른 위임명령 제정상의 한계로 나누어진다.

(1) 상위법령의 위임

위임명령은 상위법령의 위임(수권)이 있어야 한다.

어떤 법규명령이 위임의 근거가 없어 무효였더라도 사후에 법개정으로 위임의 근거가 부여되면 그 때부터는 유효한 법규명령이 된다. 그리고 위임에 의한 유효한 법규명령이 법개정으로 위임의 근거가 없어지게 되면 그 때부터 무효인 법규명령이 된다(대판 1995. 6. 30, 93추83[경상북도의회에서의증언·감정등에관한조례(안)무효확인청구의소]).

상위법령의 위임 없는 법규명령은 일반 국민에 대하여 구속력을 가지는 법규명령으로서의 효력은 없고(대판 전원합의체 2015. 6. 25, 2007두4995[노동조합설립신고서반려처분취소]), 행정조직 내에서 적용되는 행정명령의 성격을 지닐 뿐 국민에 대한 대외적 구속력은 없다(대판 2013. 9. 12, 2011두10584[부정당업자제재처분취소]).

(2) 수권의 한계

1) 일반적 · 포괄적 위임의 금지

법률의 명령에 대한 수권에 있어서 일반적 · 포괄적인 위임은 금지되며 구체적인 위임만이 가능하다(헌법 제75조). 다만, 법률이 조례나 정관에 자치법적 사항을 위임하는 경우에는 헌법상의 포괄위임입법금지의 원칙이 원칙적으로 적용되지 않는다고 볼 것이다(대판 2007. 10. 12, 2006두14476). 다만, 공법적 기관의 정관 규율사항이라도 그러한 정관의 제정주체가 사실상 행정부에 해당하거나, 기타 권력분립의 원칙에서 엄격한 위임입법의 한계가 준수될 필요가 있는 경우에는 헌법 제75조, 제95조의 포괄위임입법금지 원칙이 적용되어야 한다(헌재 2001. 4. 26, 2000헌마122).

수권법률규정만으로 대통령령에 위임된 부분의 대강을 국민이 예측할 수 있도록 수권법률이 구체적으로 정하여야 한다(헌재 1994. 7. 29, 93헌가12). 이 경우 예측가능하다는 것은 법률에 이미 대통령령으로 규정될 내용 및 범위의 기본사항이 구체적으로 규정되어 있어서 누구라도 당해 법률로부터 대통령령 등에 규정될 내용의 대강을 예측할 수 있어야 함을 의미한다(대판 2007. 10. 26, 2007두9884).

헌법에서 법률로 정하는 것으로 명시적으로 규정한 사항도 그에 관한 모든 사항을 법률로 정하여야 하는 것은 아니고 헌법 제75조에 따라 구체적 위임은 가능하다.

2) 법률전속사항(의회유보사항)의 위임금지

의회유보론은 일정한 사항은 법률로 정해야 하며 명령에 수권할 수 없다는 이론이다. 법률유보의 원칙에 관하여 본질성설(중요사항유보설)을 취하는 경우 공동체나 국민에게 본질적인 사항, 즉 의회유보사항은 구체적인 사항이라도 반드시 법률로 정하여야 하며 명령에 위임하여서는 안 된다. 생각건대, 병역복무기간(병역법 제18조 제2항)은 법률전속사항으로 보아야 한다.

3) 수권의 상대방

법률의 명령에 대한 수권은 대통령 · 총리 또는 행정 각부 장관에게 행해질 수 있는 것으로 헌법상 명문으로 정해져 있다.

문제는 헌법상 법규명령제정자가 아닌 자에게 수권할 수 있는가 하는 점인데, 이에 관하여는 감사원규칙과 관련하여 앞에서 고찰한 바와 같이 긍정설과 부정설이 대립되고 있는데 긍정설이 타당하다.

4) 수권의 한계 위반의 효과

수권의 한계를 넘는 법률은 위헌인 법률이 된다. 수권법률이 헌법재판소의 위헌법률심판에서 위헌으로 결정된 경우에 당해 수권법률에 의해 제정된 명령은 위법한 명령이 된다.

(3) 위임명령의 제정상 한계

명령으로 새로운 법규사항을 정하기 위하여는 상위법령의 위임이 있어야 한다. 상위법령의 위임에 의해 위임명령이 제정될 때에도 다음과 같은 한계가 있다.

① 위임명령은 수권의 범위 내에서 제정되어야 한다. 수권의 범위를 일탈한 명령은 위법한 명령이 된다. 법규명령의 내용이 법률이 예정하고 있는 바를 구체적으로 명확하게 한 것으로 인정되면 법규명령은 무효로 되지 않는다(대판 전원합의체 2020. 6. 18, 2016두43411). 그러나, 수권 규정에서 사용하고 있는 용어의 의미를 넘어 그 범위를 확장하거나 축소하여 위임 내용을 구체화하는 단계를 벗어나 새로운 입법을 한 것으로 볼 수 있다면 위임의 한계를 넘은 것이다(대판 2018. 8. 30, 2017두56193). 어느 시행령 규정이 모법의 위임 범위를 벗어난 것인지를 판단할 때 중요한 기준 중 하나는 **예측가능성**이다(대판 2021. 7. 29, 2020두39655).

② 위임명령은 상위법령에 위반하여서는 안 된다.

③ 법률에서 위임받은 사항을 전혀 규정하지 아니하고 그대로 하위의 법규명령에 재위임하는 것은 허용되지 않지만, 위임받은 사항에 관하여 대강을 정하고 그 중의 특정사항을 범위를 정하여 하위법령에 다시 위임하는 경우에는 재위임이 허용된다(대판 2013. 3. 28, 2012도16383 ; 헌재 2002. 10. 31, 2001헌라1). 이러한 법리는 조례가 지방자치법 제22조 단서에 따라 주민의 권리제한 또는 의무부과에 관한 사항을 법률로부터 위임받은 후, 이를 다시 지방자치단체장이 정하는 '규칙'이나 '고시' 등에 재위임하는 경우에도 마찬가지이다(대판 2015. 1. 15, 2013두14238). 그 재위임은 구체적으로 범위를 정한 개별적인 재위임이어야 한다(대판 2022. 4. 14, 2020추5169).

④ 시행령의 내용이 모법의 입법 취지와 관련 조항 전체를 유기적·체계적으로 살펴보아 모법의 해석상 가능한 것을 명시한 것에 지나지 아니하거나 모법 조항의 취지에 근거하여 이를 구체화하기 위한 것인 때에는 모법의 규율 범위를 벗어난 것으로 볼 수 없으므로 모법에 이에 관하여 직접 위임하는 규정을 두지 않았다고 하더라도 이를 무효라고 볼 수 없다(대판 2016. 12. 1, 2014두8650).

2. 집행명령의 한계

집행명령은 상위법령의 집행에 필요한 절차나 형식을 정하는 데 그쳐야 하며 새로운 법규사항을 정하여서는 안 된다.

집행명령은 새로운 법규사항을 규정하지 않으므로 법령의 수권 없이 제정될 수 있다.

V. 법규명령의 성립·효력·소멸

1. 법규명령의 성립요건

법규명령은 법규명령제정권자가 제정하여 법규명령의 형식으로 공포함으로써 성립한다.

(1) 제정권자

법규명령은 의회입법의 원칙에 대한 예외이므로 법규명령제정권자는 원칙상 헌법에 의해 인정되어야 한다. 헌법에서 인정된 법규명령제정권자는 대통령·총리·행정 각부의 장·중앙선거관리위원회 등이다.

감사원규칙에서처럼 법규명령제정권자가 헌법이 아닌 법률에 의해 인정될 수 있는가에 관하여 학설이 대립되고 있으나 전술한 바와 같이 긍정설이 타당하다.

(2) 형식 및 공포

법규명령의 형식을 취하고 관보에 공포되어야 성립한다. 다만, 법규명령으로 정하여야 할 사항을 행정규칙으로 정한 경우에 판례는 일정한 경우(예, 법령보충적 행정규칙)에 공포 없이도 법규명령의 효력을 가지는 것으로 보고 있다.

2. 법규명령의 효력요건

법규명령은 시행됨으로써 효력을 발생한다. 시행일이 정해진 경우에는 그 날부터 효력을 발생하고, 시행일이 정하여지지 않은 경우에는 공포한 날로부터 20일을 경과함으로써 효력을 발생한다(헌법 제53조 제7항).

3. 법규명령의 적법요건과 위법한 명령의 효력

(1) 법규명령의 적법요건

① 위임명령은 상위법령의 수권이 있어야 제정될 수 있으며 수권의 범위 내에서 제정되어야 한다. 집행명령은 위임 없이 직권으로 제정될 수 있다.

② 근거가 되는 상위법령이 위법할 때에는 그에 근거한 명령도 위법하다.

③ 상위법령에 위반되는 명령은 위법하다.

④ 입법예고제 등 행정입법절차를 위반하여서는 안 된다.

(2) 위법한 법규명령의 효력

위법한 법규명령은 다음과 같은 효력을 갖는다.

① 성립요건을 결여하는 경우 법규명령 자체가 성립하지 아니하므로 누구도

구속되지 않는다. 효력요건을 결여한 경우에도 성립한 법규명령이 아직 효력을 발생하지 않았으므로 그 명령은 누구에 대하여도 구속력이 없다.

② 기존의 명령과 배치되는 동위의 명령 또는 상위의 법령이 제정된 경우에 기존의 명령은 폐지된 것이 되고 따라서 누구도 구속되지 않는다.

③ 동일한 사항에 대해 하위법이 상위법에 저촉되는 경우 전부가 무효가 아니라 저촉되는 한도 내에서만 효력이 없다(대판 2013. 9. 27, 2012두15234[도로점용료부과처분취소]). 하위법이 상위법에 저촉되는 한도 내에서는 상위법을 적용하여야 한다.

④ 그 이외에 법규명령이 위법한 경우(특히 법규명령이 내용상 상위법령에 저촉되는 경우)에 법규명령의 효력에 관하여는 다음과 같이 견해가 대립하고 있다.

---

1. 취소·무효구별설

이 견해는 일부 학자는 행정입법의 흠이 중대하고 명백한 경우에는 행정행위에서와 같이 당연히 무효가 된다고 보고, 흠이 중대하고 명백하지 않은 경우에는 일단 유효하며 헌법 제107조 제2항 상의 통제제도에 의해 해당 법규명령에 근거한 처분을 다투는 소송에서 선결문제로서 다툴 수 있다고 본다.

2. 무 효 설

이 견해는 행정행위의 무효이론을 법규명령의 하자론에 도입하는 것에 반대하고 위법한 법규명령은 모든 경우에 무효(無效)라고 보아야 한다고 주장하면서 그의 근거를 법규명령에 대한 취소쟁송제도의 부존재에서 찾고 있다.

3. 상대적 무효설

이 견해는 위법한 행정입법을 '무효(無效)'라고 하면서도 위법확인이 된 경우에도 당해 사건에 한하여 적용되지 않을 뿐 당해 행정입법은 그대로 '유효(有效)'하다고 하고 있다.

4. 판   례

판례는 위법한 법규명령을 무효로 보고 있다. 처분적 명령에 대한 항고소송도 무효확인소송으로 하는 것이 실무이다. 판례가 말하는 법규명령의 무효는 행정행위의 무효와 달리 무효인 법규명령도 일응 효력을 갖고 존재한다. 이에 반하여 법규명령의 효력을 갖는 행정규칙에 대한 항고소송은 통상 취소소송으로 하는 것이 실무이다.

5. 결어(유효설)

법규명령의 하자론은 행정행위의 하자론과 다르다고 보아야 한다. 법규명령은 법질서를 이루고 있으므로 법질서의 보호를 위하여(법의 공백을 막기 위하여) 위법한 법규명령도 폐지되거나 취소되기 전에는 특별한 규정이 없는 한 효력을 유지한다고 보아야 한다.

⑤ 위법한 명령을 다투는 길은 법원에 의한 통제(항고소송, 부수적 통제)와 헌법소원에 의한 통제가 인정되고 있다. 헌법소원에 의해 위헌이 확인된 경우에는 당해 명령은 효력을 상실한다. 법원에 의해 선결문제에서 위헌 또는 위법이 확인된 경우에는 그 명령은 효력을 상실하는 것은 아니며 당해 사건에 한하여 적용되지 않고, 무효확인소송에서 무효확인된 경우 처음부터 효력이 없는 것이 확인되는 것이며 취소소송에서 취소된 경우에는 원칙상 소급적으로 효력을 상실한다.

⑥ 전술한 바와 같이 행정기관이 위법한 명령을 다툴 수 있는 길이 인정되고 있지 않으므로 행정기관은 명령의 위법성이 명백하지 않는 한 위법한 명령도 집행하여야 한다. 대법원에 의해 위법이 확인된 경우에는 이제는 그 위법이 명백하므로 행정기관은 그 명령을 집행해서는 안 된다. 대법원에 의해 위법이 확인되었음에도 그 후 당해 명령을 적용한 처분은 무효라고 보아야 한다.

⑦ 법규명령이 형식상 위법하여 효력이 없는 경우 행정규칙으로서의 실질을 갖추고 있으면 행정규칙으로서 효력을 갖는다고 보는 것이 타당하다.

4. 법규명령의 소멸

① 법규명령은 폐지에 의해 소멸된다.

② 한시적 명령의 경우 해당 명령에 붙여진 종기가 도래하면 소멸되고, 해제조건이 붙여진 명령은 해제조건의 성취로 소멸된다.

③ 근거법령의 효력이 상실되면 법규명령은 소멸한다.

④ 집행명령의 경우 상위법령이 폐지된 것이 아니라 단순히 개정됨에 그친 경우에는 그 개정법령과 성질상 모순·저촉되지 아니하고 개정된 상위법령의 시행에 필요한 사항을 규정하고 있는 이상 그 개정법령의 시행을 위한 집행명령이 제정·발효될 때까지는 기존의 집행명령이 그 효력을 유지한다(대판 1989. 9. 12, 88누6962). 예를 들면, 서식의 내용을 변경하는 것으로 법률이 개정되었으나 구체적인 서식양식의 변경에 관한 명령의 규정이 마련되지 않고 있는 경우 기존의 명령에 의한 서식양식을 그대로 사용한다.

Ⅵ. 행정입법의 통제

행정입법에 대한 통제에는 사전적 통제로서 절차적 통제가 있고, 통제기관에 따라 입법적 통제·행정적 통제·사법적 통제가 있다.

1. 절차적 통제

행정입법에 대한 절차적 통제에 관하여는 행정절차와 관련해 후술하기로 한다.

2. 의회에 의한 통제

(1) 직접적 통제

국회법은 소관중앙행정기관으로 하여금 대통령령·총리령·부령 및 훈령·예규·고시 등 행정규칙을 의회에 제출하도록 하고, 제출한 대통령령·총리령 및 부령에 대하여 법률에의 위반여부 등을 검토하여 당해 대통령령 등이 법률의 취지 또는 내용에 합치되지 아니하다고 판단되는 경우에는 소관중앙행정기관의 장에게 그 내용을 통보할수 있도록 하고 있다(행정입법(행정규칙 포함) 제출, 위법통보(행정규칙 제외) 및 처리결과제출제도, 국회법 제98조의2).

의회는 법규명령과 내용상 저촉되는 법률을 제정하여 위법한 법규명령을 폐지시킬 수 있다.

(2) 간접적 통제

국회는 국정감사 또는 조사권·국무총리 등에 대한 질문권·국무총리 또는 국무위원의 해임건의권 및 대통령에 대한 탄핵소추권 등 행정권에 대한 국정감시권을 행사하여 위법한 법규명령을 간접적으로 통제할 수 있다.

3. 행정적 통제

상급행정청은 하급행정청의 행정입법권 행사의 기준과 방향을 지시할 수 있고, 위법한 법규명령의 폐지를 명할 수 있다. 상급행정청이라도 하급행정청의 법규명령을 스스로 개정 또는 폐지할 수 없다. 다만, 상위명령에 의해 하위명령을 배제할 수 있다.

국무회의에 상정될 법령안, 조약안과 총리령안 및 부령안은 법제처의 심사를 받는다(정부조직법 제20조 제1항).

중앙행정심판위원회는 심판청구를 심리·재결할 때에 처분 또는 부작위의 근거가 되는 명령 등(대통령령·총리령·부령·훈령·예규·고시·조례·규칙 등을 말한다)이 법령에 근거가 없거나 상위법령에 위배되거나 국민에게 과도한 부담을 주는 등 크게 불합리하면 관계 행정기관에 그 명령 등의 개정·폐지 등 적절한 시정조치를 요청할 수 있고, 요청을 받은 관계 행정기관은 정당한 사유가 없으면 이에 따라야 한다(행정심판법 제59조 제1항, 제2항).

4. 사법적 통제

행정입법에 대한 사법적 통제라 함은 사법기관인 법원 및 헌법재판소에 의한 통제를 말한다.

행정입법에 대한 사법적 통제는 직접적 통제와 간접적 통제로 구분하기도 하고, 추상적 통제와·구체적 통제로 구분하기도 한다.

직접적 통제라 함은 행정입법 자체가 직접 소송의 대상이 되어 위법한 경우 그 효력을 상실시키는 제도를 말한다. 법규명령에 대한 헌법소원 및 항고소송은 직접적 통제에 속한다. **간접적 통제**라 함은 행정입법 자체를 직접 소송의 대상으로 하는 것이 아니라 다른 구체적인 사건에 관한 재판에서 당해 행정입법의 위법 여부가 선결문제가 되는 경우 당해 행정입법의 위법 여부를 판단하는 제도이다. 간접적 통제는 **부수적 통제**라고도 한다.

추상적 규범통제를 직접적 통제를 의미하는 것으로 보고 부수적 통제(간접적 통제)를 구체적 규범통제로 보는 견해가 많은 데, 이는 타당하지 않다. 추상적 규범통제는 행정입법의 위헌 또는 위법을 구체적 법적 분쟁을 전제로 하지 않고 공익적 견지에서 직접 다투도록 하는 제도를 말하고, 구체적 규범통제는 행정입법의 위헌 또는 위법 여부가 구체적 법적 분쟁에 관한 소송에서 다투어지는 경우에 이를 심사하도록 하는 제도라고 개념 규정하는 것이 타당하다. 이렇게 본다면 우리나라의 경우에는 지방자치법 제107조 및 제172조에 의한 조례(안)에 대한 무효확인소송을 사전적·추상적 통제로 볼 수 있고, 법규명령에 대한 항고소송이나 헌법소원은 구체적 규범통제로 보는 것이 타당하다.

(1) 간접적 통제
1) 의의와 근거

간접적 통제라 함은 다른 구체적인 사건에 관한 재판에서 행정입법의 위법 여부가 선결문제가 되는 경우 해당 행정입법의 위법 여부를 통제하는 것을 말한다.

간접적 통제는 헌법 제107조 제2항에 근거한다. 헌법 제107조 제2항은 "명령·규칙 또는 처분이 헌법이나 법률에 위반되는 여부가 재판의 전제가 된 경우에는 대법원은 이를 최종적으로 심사할 권한을 가진다."라고 규정하고 있다.

2) 통제의 대상

헌법 제107조 제2항은 '명령·규칙'이 헌법이나 법률에 위반되는 여부가 재판에서 전제가 된 경우에 법원에 의한 통제의 대상이 된다고 규정하고 있다. 여기에서 '명령'이란 법규명령을 의미한다. 위임명령과 집행명령 모두 통제의 대상이 된다.

'명령·규칙' 중 **'규칙'**이란 중앙선거관리위원회규칙, 대법원규칙, 국회규칙과 같이 법규명령인 규칙을 의미한다. 헌법 제107조 제2항의 '명령·규칙'에는 자치법규인 조례와 규칙도 포함된다(대판 1995. 8. 22, 94누5694).

행정규칙 중 법규적 성질을 갖는 것(예, 법령보충적 행정규칙)은 그 위법 여부가 그에 근거한 처분의 위법 여부를 판단함에 있어서 전제문제가 되므로 헌법 제107조 제2항의 구체적 규범통제의 대상이 된다. 그러나, 법규적 효력이 없는 행정규칙은 헌법 제107조 제2항의 통제대상이 아니다(대판 1990. 2. 27, 88재누55).

원칙상 명령 전부가 아니라 개별법규정이 통제의 대상이 된다. 법규정 중 일부만 위헌·위법인 경우 그 일부가 분리가능한 경우에는 그 일부만의 무효확인도 가능하다(대판 2012. 12. 20, 2011두30878).

행정입법이 헌법이나 법률에 위반한 경우나 상위의 법규명령에 위반한 경우 모두 법원에 의한 통제의 대상이 된다.

3) 통제의 요건

법원이 법률 하위의 법규명령, 규칙, 조례, 행정규칙 등이 위헌·위법인지를 심사하려면 그것이 '재판의 전제'가 되어야 한다. 전제성이 인정되는 명령규정에 한정하지 않고, 명령 전체가 위법하다고 판단하는 것은 위법하다(대판 2019. 6. 13, 2017두33985).

행정처분의 근거가 된 행정입법의 위법이 당사자에 의해 주장되지 않은 경우에도 법원은 직권으로 해당 행정입법의 위법 여부를 심사할 수 있다.

4) 통제의 주체

각급 **법원**이 통제하고, 대법원이 최종적인 심사권을 갖는다. 대법원이 최종적 심사권을 갖는다는 것은 대법원이 위헌·위법이라고 판단한 경우에는 해당 명령의 위헌 또는 위법이 확정되며 그 위헌 또는 위법이 명백하게 된다는 것을 의미한다.

5) 통제의 효력

① 판례는 명령이 위법하다는 법원의 판결이 있는 경우에 해당 명령이 일반적으로 효력을 상실하는 것으로는 보지 않고 해당 사건에 한하여 적용되지 않는 것으로 본다(대판 1994. 4. 26, 93부32[위법여부심사청구]). 행정소송규칙 제2조는 대법원은 재판의 전제가 된 명령·규칙이 헌법 또는 법률에 위배된다는 것이 **법원의 판결**(하급심의 명령·규칙심사도 포함)**에 의하여 확정된 경우**에는 그 취지를 해당 명령·규칙의 소관 행정청에 통보하도록 하여 소관 행정청이 그 명령·규칙을 개정하는데 참고하도록 하고 있다.

② 위법인 법령에 근거한 행정처분은 통상 취소할 수 있는 처분으로 보아야 한다. 왜냐하면 처분근거법령의 위헌·위법은 통상 중대한 하자이나 명백하지 않기 때문이다. 그렇지만 행정기관이 대법원에 의해 위법으로 판정되었음에도 그 후 해당 명령을 적용하여 행정처분을 한 경우에는 그 행정처분은 이제는 그 위법이 명백하므로 당연히 무효인 행정처분이 된다고 보아야 한다.

(2) 직접적 통제

1) 항고소송

법규명령이 처분성을 갖는 경우에는 항고소송의 대상이 된다. 원칙상 명령 전부가 아니라 개별법규정이 항고소송의 대상이 된다.

가. 법규명령에 대한 항고소송의 근거　　최근 일부 견해는 헌법 제107조 제2항을 법규명령에 대한 간접적 통제뿐만 아니라 법규명령에 대한 직접적 통제의 근거로 본다. 그러나, 헌법 제107조 제2항은 원칙상 법규명령에 대한 법원의 간접적 통제의 근거로 보고, 법규명령에 대한 직접적 통제로서의 항고소송의 근거는 사법권은 법원에 속한다고 규정하고 있는 헌법 제101조에서 구하는 것이 타당하다.

나. 행정입법의 처분성　　행정입법이 항고소송의 대상이 되기 위하여는 처분성을 가져야 한다.

그런데, 처분적 명령의 인정기준 및 인정범위에 관하여 다음과 같이 견해가 대립한다. ① 명령이 별도의 집행행위 없이도 국민에 대하여 직접적이고 구체적인 법적 효과를 미치는 경우, 즉 국민의 권리의무에 직접 변동을 야기히는 경우에 한하여 처분적 명령으로 보는 견해가 있다(**협의설**). ② **자동집행력을 갖는 법규명령**(집행적 법규명령: 별도의 집행행위의 매개 없이 직접 국민의 권리의무를 직접 규율하는 명령)을 항고소송의 대상이 되는 처분적 명령으로 보는 견해가 있다(**중간설**). 집행적 법규명령의 예로 일정 영업장소에의 미성년자의 출입금지의무를 규정하고 있는 법규명령을 들 수 있다. ③ 이에 대하여 별도의 집행행위 없이 국민의 권익에 직접 구체적인 영향을 미치는 명령을 처분적 명령으로 보는 견해가 있다(**광의설**).

판례는 법규명령에 관한 한 원칙상 협의설을 취하고 있다. 즉, **법규명령**이 "그 자체로서 국민의 구체적인 권리의무에 직접적인 변동을 초래하는 것"인 경우에 한하여 항고소송의 대상이 된다고 본다. 그렇지만, 판례는 어떠한 **고시**가 일반적·추상적 성격을 가질 때에는 법규명령 또는 행정규칙에 해당할 것이지만, 다른 집행행위의 매개 없이 그 자체로서 직접 국민의 구체적인 권리의무나 법률관계를 규율하는 성격을 가질 때에는 행정처분에 해당한다고 본다(대판 2006. 9. 22, 2005두2506).

〈**판례**〉 1. 조례가 집행행위의 개입 없이도 그 자체로서 직접 국민의 구체적인 권리의무나 법적 이익에 영향을 미치는 등의 법률상 효과를 발생하는 경우 그 조례는 항고소송의 대상이 되는 행정처분에 해당한다(대판 1996. 9. 20, 95누8003: 두밀분교폐교조례의 처분성 인정).

2. 어떠한 고시가 일반적·추상적 성격을 가질 때에는 법규명령 또는 행정규칙에 해당할 것이지만, 다른 집행행위의 매개 없이 그 자체로서 직접 국민의 구체적인 권리의무나 법률관계를 규율하는 성격을 가질 때에는 항고소송의 대상이 되는 행정처분에 해당한다(대판 2003. 10. 9, 2003무23: 항정신병 치료제의 요양급여에 관한 보건복지부 고시가 다른 집행행위의 매개 없이 그 자체로서 제약회사, 요양기관, 환자 및 국민건강보험공단 사이의 법률관계를 직접 규율하는 성격을 가진다는 이유로 항고소송의 대상이 되는 행정처분에 해당한다고 한 사례 ; 2006. 9. 22, 2005두2506[보험약가인하처분취소: 보건복지부 고시인 약제급여·비급여목록 및 급여상한금액표(보건복지부 고시 제2002-46호로 개정된 것)는 다른 집행행위의 매개 없이 그 자체로서 국민건강보험가입자, 국민건강보험공단, 요양기관 등의 법률관계를 직접 규율하는 성격을 가지므로 항고소송의 대상이 되는 행정처분에 해당한다고 한 사례). 〈**평석**〉 위와 같은 판례의 해석에 있어 명령 등이 실질적으로 행정행위의 실질을 가질 때 처분으로 보는 것이 판례의 입장이라고 해석하는 견해가 있다. 그런데, 약가고시는 그것만으로는 구체적인 권리의무 관계에 변경을 가져오는 것은 아니며 보험급여를 청구하여 거부당한 때에 국민의 권익이 구체적으로 침해되는 것이므로 약가고시는 협의설을 취하면 처분성을 인정할 수 없고, 중간설 및 광의설에 의하는 경우에만 처분이라고 보는 것이 이론상 타당하다. 이 약가고시의 법적 성질에 관하여 개별적·구체적 규율의 성격을 가지므로 행정입법(법령보충적 행정규칙)이 아니고 처분(일반처분)이라고 보는 견해도 있지만, 처분성이 있는 법규명령(법령보충적 행정규칙)으로 보는 견해가 타당하다.

3. 의료기관의 명칭표시판에 진료과목을 함께 표시하는 경우 글자 크기를 제한하고 있는 구 의료법 시행규칙 제31조가 그 자체로서 국민의 구체적인 권리의무나 법률관계에 직접적인 변동을 초래하지 아니하므로 항고소송의 대상이 되는 행정처분이라고 할 수 없다고 한 사례(대판 2007. 4. 12, 2005두15168[의료법시행규칙 제31조 무효확인등]).

다. 소송형식 등　　처분적 명령에 대한 항고소송은 해당 명령의 위법이 무효인지 취소할 수 있는 위법인지에 따라 취소소송 또는 무효확인소송(통상 법규명령의 위법 여부는 명백하지 않으므로 취소소송)을 제기하여야 한다고 보는 견해(대법원 행정소송법 개정안의 입장)와 위법한 법규명령은 무효이므로 처분적 명령에 대하여는 항상 무효확인소송을 제기하여야 한다고 보는 견해가 있다.

재판실무상 법규의 형식을 취하고 있는 명령과 조례에 대한 항고소송은 무효확인소송으로 제기되고 있고, 법규명령의 성질을 갖는 행정규칙(법령보충적 행정규칙)에 대한 항고소송은 취소소송의 형식으로 제기되고 있다.

생각건대, 법규명령은 위법하더라도 법질서의 공백을 막기 위하여 효력을 유지하므로 항상 취소소송을 제기하여야 한다는 견해(취소소송설)가 타당하다.

2) 법규명령에 대한 헌법소원

법규명령에 대해 헌법소원(헌법재판소법 제68조 제1항의 헌법소원)을 인정할 수 있는지에 관하여 이론상 견해의 대립이 있다. 이러한 견해의 대립은 헌법 제107조 제2항의 해석과 관련이 있다. ① 소극설(부정설)은 현행 헌법, 즉 헌법 제107조 제1항과 제107조 제2항은 법률에 대한 위헌심판권은 헌법재판소에 부여하고, 명령·규칙에 대한 헌법심판권은 법원에 부여하고 대법원이 최종적으로 갖도록 하고 있으므로 행정입법에 대하여 헌법소원을 인정하는 것은 이와 같은 피통제규범을 기준으로 하여 정해진 헌법상의 관할권의 배분에 위반된다고 한다. ② 적극설(긍정설)은 명령·규칙에 대한 헌법소원은 헌법 제107조와는 무관한 것이므로 헌법소원의 일반원칙에 의해 별도의 집행행위 없이도 직접 기본권을 침해하는 명령·규칙에 대하여는 헌법소원이 인정될 수 있다고 한다. 헌법재판소는 긍정설을 취하고 있다(헌재 1990. 10. 15, 89헌마178). 헌법재판소는 자동집행력을 갖는 법규명령을 헌법소원의 대상으로 보고 있다.

헌법소원의 요건의 하나로 헌법소원의 보충성이 요구된다. 처분적 명령·규칙에 의해 기본권이 침해된 경우에는 해당 명령·규칙의 무효확인소송 또는 취소소송을 제기하여야 하며 이 경우 헌법소원은 인정될 수 없다. 문제의 명령이 처분이 아니며 해당 명령에 의한 권리침해의 직접성, 현재성 및 자기관련성이 충족되는 경우 헌법소원이 인정된다. 헌법재판소는 법령이 집행행위의 매개없이 직접 기본권을 침해하고 있으면 널리 헌법소원을 인정하고 있다(헌재 1993. 5. 13, 92헌마80: 당구장 경영자인 청구인에게 당구장 출입문에 18세 미만자에 대한 출입금지 표시를 하게 하는 심판대상규정에 대한 헌법소원을 인정한 사례 등).

제68조 제1항에 따른 헌법소원을 인용할 때에 헌법재판소는 기본권 침해의 원인이 된 공권력의 행사를 취소하거나 그 불행사가 위헌임을 확인할 수 있다(제75조 제3항). 그런데 헌법재판소는 법규명령에 대한 헌법소원에서는 인용결정의 형식으로 통상 단순위헌결정을 내리는데, 이 경우에 해당 행정입법은 원칙상 장래에 향하여 효력을 상실하게 되는 것으로 보는 것이 실무의 태도이다.

Ⅶ. 행정입법부작위

1. 의   의

행정입법부작위라 함은 행정권에게 명령을 제정·개정 또는 폐지할 법적 의무가 있음에도 합리적인 이유 없이 지체하여 명령을 제정·개정 또는 폐지하지 않는 것을 말한다.

2. 요   건

행정입법부작위가 인정되기 위해서는 ① 행정권에게 명령을 제정·개폐할 법적 의무가 있어야 하고, ② 상당한 기간이 지났음에도 불구하고, ③ 명령이 제정 또는 개폐되지 않았어야 한다.

(1) 명령제정·개폐의무

1) 시행명령제정의무

현행법상 행정권의 시행명령제정의무를 정하는 명시적인 법률규정은 없다. 그러나, 삼권분립의 원칙·법치행정의 원칙을 당연한 전제로 하고 있는 헌법하에서 행정권의 시행명령제정의무는 헌법적 의무로 보아야 한다(헌재 1998. 7. 16, 96헌마246). 시행명령을 제정하여야 함에도 불구하고 제정을 거부하는 것은 법치행정의 원칙에 반하는 것이 된다.

주의할 것은 행정입법부작위가 인정되기 위하여는 시행명령의 제정이 수권법령집행의 전제조건이 되어야 한다. 시행명령의 개입 없이 수권법령의 규정만으로 집행될 수 있는 경우에는 행정권에게 시행명령제정의무는 없다. 시행명령의 개입 없이 법률의 규정만으로 집행될 수 있는 경우라 함은 법률의 규정이 그 내용에 있어서 무조건적이고 충분하게 명확한 경우를 말한다.

입법부가 어떤 법률조항의 시행 여부나 시행 시기까지 행정권에 위임하여 재량권을 부여한 경우에는 행정권에게 행정입법의무가 있다고 볼 수 없다.

2) 위법한 명령의 개폐의무

법치주의의 원칙상 법규명령제정권자는 위헌·위법인 명령을 개폐할 의무가 있다고 보아야 한다. 행정기본법은 "정부는 권한 있는 기관에 의하여 위헌으로 결정되어 법령이 헌법에 위반되거나 법률에 위반되는 것이 명백한 경우 등 대통령령으로 정하는 경우에는 해당 법령을 개선하여야 한다."고 규정하고 있다(제39조 제1항). 법령의 위헌·위법이 명백한 대표적인 경우는 법령의 위헌·위법이 헌법재판소나 대법원에 의해 확인된 경우이다.

(2) 상당한 기간의 경과

법률을 시행하는 명령을 제정하기 위하여는 행정권에게 상당한 기간이 필요하다. 시행명령제정권한을 갖는 행정기관은 시행명령제정에 필요한 '합리적인 기간'

을 갖는다고 보아야 한다.

(3) 시행명령의 제정 또는 개폐가 없었을 것

시행명령을 제정 또는 개정하였지만 그것이 불충분 또는 불완전하게 된 경우(부진정행정입법부작위)에는 행정입법부작위가 아니다. 그러나, 시행명령으로 제정될 입법사항이 여럿이 있고 이들이 상호 독립적인 경우에 시행명령이 제정되었지만 입법사항 중 일부는 빠뜨리고 있는 경우에는 그 입법사항에 관하여는 행정입법부작위에 해당한다.

(4) 행정입법의무의 불이행에 정당한 이유가 있다고 인정되는 경우에는 행정입법부작위가 성립하지 않는다.

3. 행정입법부작위에 대한 권리구제

판례는 "부작위위법확인소송의 대상이 될 수 있는 것은 구체적 권리의무에 관한 분쟁이어야 하고 추상적인 법령에 관하여 제정의 여부 등은 그 자체로서 국민의 구체적인 권리의무에 직접적인 변동을 초래하는 것이 아니어서 행정소송의 대상이 될 수 없다"라고 행정입법부작위에 대한 부작위위법확인소송을 인정하지 않는다(대판 1992. 5. 8, 91누11261).

명령제정의 거부나 입법부작위도 '공권력의 행사나 불행사'이므로 헌법소원의 요건을 충족하면 헌법소원의 대상이 된다(헌재 2004. 2. 26, 2001헌마718).

행정입법부작위로 인하여 손해가 발생한 경우에 과실이 인정되는 경우에는 국가배상청구가 가능하다(대판 2007. 11. 29, 2006다3561).

부진정입법부작위는 입법부작위가 아니므로 입법부작위가 항고소송이나 헌법소원의 대상이 될 수 없고, 불완전 법령의 위법 여부를 다투어야 한다. 부진정입법부작위가 **입법재량의 일탈·남용**(수권의 범위 일탈, 상위법령에의 위반 등)**에 해당하면** 그 한도내에서 위법·무효이고, **입법재량의 일탈·남용에 해당하지 않는 입법의 불비에 해당하는 경우에는** 법령의 해석(확대해석, 엄격해석 등) 또는 유추적용을 통해 입법의 불비를 보충할 수 있다.

제 3 절   행정규칙

Ⅰ. 행정규칙의 의의

행정규칙이라 함은 행정조직내부에서의 행정의 사무처리기준으로서 제정된 일반적·추상적 규범을 말한다. 실무에서의 훈령·통첩·예규·고시 등이 행정규칙에 해당한다. 행정규칙은 통상 법적 근거 없이 제정되고 법규가 아닌 점에서 법규명령과 구별된다.

Ⅱ. 행정규칙의 종류

1. 행정규칙의 규율대상 및 내용에 따른 분류

(1) 조직규칙

조직규칙이라 함은 행정조직 내부에서의 행정기관의 구성 및 권한배분 및 업무처리절차를 정하는 행정규칙을 의미한다. 예를 들면, 전결권을 정하는 직무대리규정은 조직규칙이다.

(2) 영조물규칙

영조물규칙이라 함은 영조물의 관리청이 영조물의 조직·관리 및 사용을 규율하기 위하여 제정하는 규칙을 말한다. 영조물규칙은 영조물의 내부조직관계를 규율하는 경우도 있지만 영조물의 사용에 관한 부분은 대외적 관계에 영향을 미친다. 영조물규칙에는 조직규칙, 재량준칙, 해석규칙 등이 있다.

(3) 법령해석규칙

법령해석규칙(해석규칙)이라 함은 법령의 해석을 규정한 행정규칙을 말한다. 법령해석규칙은 법령집행기관의 법령해석의 어려움을 덜어 주고 통일적인 법적용을 도모하기 위하여 제정된다.

(4) 재량준칙

재량준칙이라 함은 재량권 행사의 기준을 제시하는 행정규칙을 말한다.

(5) 법률대체적 규칙

법률대체적 규칙이라 함은 행정권 행사의 기준 및 방법에 관하여 법령에 의한 규율이 없는 영역에서 행정권 행사의 기준을 정하는 행정규칙을 말한다. 예를 들면, 법률이 특정 분야에서 단지 "보조금을 지급할 수 있다"라고만 규정하고 있는 경우에 제정되는 보조금의 지급기준을 정하는 행정규칙은 법률대체적 규칙이다.

2. 법령상 및 실무상의 분류

행정규칙은 실무상 훈령, 예규, 고시, 규정, 규칙, 지시, 지침, 통첩 등의 명칭으로 제정된다. 행정규칙은 **법령상** "훈령·예규 등" 또는 "훈령·예규·고시"라는 명칭으로 표시된다(「훈령·예규 등의 발령 및 관리에 관한 규정」(대통령 훈령) 제2조).

훈령이라 함은 상급기관이 하급기관에 대하여 상당히 장기간에 걸쳐서 그 권한의 행사를 지시하기 위하여 발하는 명령을 말한다. 훈령 중 일반적·추상적 성질을 갖는 것만이 행정규칙이다.

예규라 함은 법규문서 이외의 문서로서 반복적 행정사무의 기준을 제시하는 것을 말한다.

고시(일정한 사항을 불특정 다수인에게 알리는 것)가 행정사무의 처리기준이 되는 일반적·추상적 규범의 성질을 갖는 경우 행정규칙이다. 이 행정규칙인 고시는 행정기관이 일정한 사항을 불특정 다수인에게 통지하는 방법인 고시와 구별되어야 한다.

행정규칙인 고시가 법령의 수권에 의해 법령을 보충하는 사항을 정하는 경우에는 **법령보충적 고시**로서 근거법령규정과 결합하여 대외적으로 구속력 있는 법규명령의 효력을 갖는다(대판 1999. 11. 26, 97누13474). 법령보충적 고시는 법령(법규명령)이고, 행정규칙이 아니다.

Ⅲ. 행정규칙의 법적 성질 및 구속력

행정규칙의 법적 성질의 문제라 함은 행정규칙이 법규인가 아니면 법규가 아닌가 또는 행정규칙은 준법규인가 하는 행정규칙의 법규성의 문제를 말한다.

행정규칙의 구속력이란 행정규칙이 법적 구속력을 갖는가 하는 문제이다. 행정규칙의 법적 구속력에는 행정조직 내부에서의 구속력(**대내적 구속력**)과 행정행위의 상대방인 국민 또는 법원에 대한 구속력(**대외적 구속력**)이 있다.

행정규칙에는 다양한 유형이 있으므로 유형에 따라 법적 성질 및 대외적 구속력을 다르게 보아야 하므로 행정규칙의 법적 성질이나 대외적 구속력의 문제를 행정규칙의 유형별로 논하여야 할 것이다.

〈판례〉 (1) 행정기관이 소속 공무원이나 하급행정기관에 대하여 세부적인 업무처리절차나 법령의 해석·적용 기준을 정해 주는 '행정규칙'은 상위법령의 구체적 위임이 있지 않는 한 조직 내부에서만 효력을 가질 뿐 대외적으로 국민이나 법원을 구속하는 효력이 없다. (2) 행정규칙이 이를 정한 행정기관의 재량에 속하는 사항에 관한 것인 때에는 그 규정 내용이 객관적 합리성을 결여하였다는 등의 특별한 사정이 없는 한 법원은 이를 존중하는 것이 바람직하다. (3) 그러나 행정규칙의 내용이 상위법령이나 법의 일반원칙에 반하는 것이라면 법질서상 당연무효이고, 행정내부적 효력도 인정될 수 없다. 이러한 경우 법원은 해당 행정규칙이 법질서상 부존재하는 것으로 취급하여 행정기관이 한 조치의 당부를 상위법령의 규정과 입법 목적 등에 따라서 판단하여야 한다. (4) 한국수력원자력 주식회사가 조달하는 기자재, 용역 및 정비공사, 기기수리의 공급자에 대한 관리업무 절차를 규정함을 목적으로 제정·운용하고 있는 '공급자관리지침' 중 등록취소 및 그에 따른 일정 기간의 거래제한조치에 관한 규정들은 공공기관으로서 행정청에 해당하는 한국수력원자력 주식회사가 상위법령의 구체적 위임 없이 정한 것이어서 대외적 구속력이 없는 행정규칙이다(대판 2020. 5. 28, 2017두66541).

1. 행정규칙의 법적 성질과 법규개념

행정법에서 **법규**라는 개념은 **협의**로 사용될 때에는 행정주체와 국민의 권리의무에 관한 사항을 정하는 일반적·추상적인 구속력 있는 규범(실질설) 또는 법령의 형식으로 제정된 일반적·추상적 규범(형식설)을 말한다. 협의의 법규개념을 취하면 행정규칙은 원칙상 법규라고 할 수 없다.

2. 행정규칙의 대내적 구속력(효력)

행정규칙은 원칙상 대내적 구속력이 있다. 행정규칙(특히 훈령)은 상급 행정기관의 감독권에 근거하여 하급 행정기관에 대하여 발해지는 것이므로 행정규칙은 하급 행정기관에 대한 상급 행정기관의 직무명령의 성격을 아울러 가지므로 하급행정기관은 공무원법상의 복종의무에 따라 행정규칙을 준수할 법적 의무를 진다. 그리하여 하급 행정기관이 행정규칙에 따르지 않고 처분을 한 것은 징계사유가 된다.

행정규칙은 행정규칙을 제정한 행정기관에 대하여는 대내적으로 법적 구속력을 갖지 않는다.

3. 행정규칙의 외부적 구속력과 법적 성질

행정규칙의 대외적인 법적 구속력이란 국민이 행정행위가 행정규칙에 위반하였다는 것을 이유로 행정행위의 위법을 주장할 수 있는 것과 행정규칙이 법원에 대하여 재판규범이 되는 것을 말한다. 행정규칙의 대외적 구속력을 인정하면 행정규칙을 위반한 행정작용은 그것만으로 위법하고, 행정규칙에 대외적 구속력을 인정되지 않으면 행정작용이 행정규칙에 위반하였다는 것만으로는 위법하게 되지 않는다.

판례는 원칙상 행정규칙의 대외적 구속력을 **부정**한다(대판 2013. 5. 23, 2013두3207 [유가보조금환수처분취소]). 처분이 행정규칙을 위반하였다고 해서 그러한 사정만으로 곧바로 위법하게 되는 것은 아니고, 처분이 행정규칙을 따른 것이라고 해서 적법성이 보장되는 것도 아니다. 처분이 적법한지는 행정규칙에 적합한지 여부가 아니라 상위법령의 규정과 입법 목적 등에 적합한지 여부에 따라 판단해야 한다(대판 2019. 7. 11, 2017두38874 ; 2021. 10. 14, 2021두39362).

행정규칙의 외부적 구속력 및 법적 성질은 행정규칙의 유형에 따라 다르다고 보는 것이 타당하므로 행정규칙의 유형별로 이 문제를 검토하기로 한다.

(1) 조직규칙

조직규칙에 대하여 외부적 구속력을 인정할 것인가에 관하여 견해가 대립하고 있다.

생각건대, 권한의 내부위임 또는 전결권한에 관한 조직규칙을 위반한 권한 행사가 위법으로 되는 것은 당해 조직규칙을 위반하여서가 아니라 권한 없는 행위이기 때문이다. 따라서, 부정설이 타당하다. 다만, 조직규칙인 전결규정을 위반하였어도 처분청의 이름으로 처분을 한 경우에는 해당 위법은 중대·명백한 위법은 아니므로 취소할 수 있는 위법으로 보는 것이 타당하다.

〈판례〉 행정관청 내부의 사무처리규정에 불과한 전결규정(조직규칙임)에 위반하여 원래의 전결권자 아닌 보조기관 등이 처분권자인 행정관청의 이름으로 행정처분을 한 경우 그 처분이 권한 없는 자에 의하여 행하여진 무효의 처분이라고는 할 수 없다고 한 사례(대판 1998. 2. 27, 97누1105).

(2) 영조물규칙

영조물규칙 중에는 조직규칙인 것도 있고 재량준칙인 것도 있으며 학칙과 같이 법규명령(자치법규)인 것도 있다. 영조물이용규칙을 특별명령으로 보고 법규성을 인정하는 견해도 있다.

(3) 법령해석규칙

법령해석규칙은 대외적 구속력을 갖지 않는다. 법령을 해석하는 권한은 최종적으로 법원에 있으므로 행정기관의 법령해석이 법원을 구속할 수 없다. 또한 법령해석이란 법령의 의미를 명확히 하는 것일 뿐 새로운 사항을 정하는 것은 아니므로 법령해석규칙이 독자적인 행위규범이 되지 못한다.

다만, 해석규칙에 대한 국민의 신뢰는 보호되어야 한다(행정절차법 제4조 제2항). 그리고, 법령해석규칙이 불확정개념에 관한 것이고 그 불확정개념의 해석에 있어서 행정청에게 판단여지가 인정되는 경우(예, 원자력안전에 관한 해석규칙)에는 해당 해석규칙은 대외적 구속력을 갖는다고 보아야 한다.

(4) 재량준칙

전통적 견해는 재량준칙은 행정조직내부에서의 재량권 행사의 기준을 정한 행정규칙이므로 외부적 구속력이 없다고 본다.

그러나, 재량준칙은 평등원칙을 매개로 하여 간접적으로 대외적인 구속력을 갖는다고 보는 것이 다수의 견해이며 타당하다. 재량준칙은 그 자체가 직접 대외적 구속력을 갖는 것은 아니지만 특별한 사유 없이 특정한 자에게 그 재량준칙을 적용하지 않고 재량준칙의 내용과 다른 처분을 하는 것은 평등원칙에 반하여 위법한 처분이 된다. 재량준칙은 평등원칙을 매개로 하여 구속력을 갖는 것이므로 합리적인 이유가 있는 경우, 즉 특별한 사정이 있어서 재량준칙을 적용하지 않는 것이 타당하다고 여겨지는 경우에는 예외적으로 재량준칙을 적용하지 않아도 그러한 행정처분은 위법한 처분이 되지 않는다. 이러한 점에서 재량준칙은 법규보다는 다소 완화된 구속력을 갖는다. 이러한 점을 고려하여 재량준칙의 법적 성질을 준법규(準法規)로 보는 것이 타당하다.

행정의 자기구속의 법리에 근거하여 재량준칙의 대외적 구속력을 인정하는 견해도 있다.

헌법재판소 및 대법원 판례는 일정한 요건을 충족한 경우 행정의 자기구속의 원칙을 매개로 하여 재량준칙의 대외적 구속력을 인정하고 있다(헌재 1990. 9. 3, 90헌마13).

〈판례〉 재량권 행사의 준칙인 행정규칙이 그 정한 바에 따라 되풀이 시행되어 행정관행이 이루어지게 되면 평등의 원칙이나 신뢰보호의 원칙에 따라 행정기관은 그 상대방에 대한 관계에서 그 규칙에 따라야 할 자기구속을 받게 되므로, 이러한 경우에는 특별한 사정이 없는 한 그를 위반하는 처분은 평등의 원칙이나 신뢰보호의 원칙에 위배되어 재량권을 일탈·남용한 위법한 처분이 된다(대판 2009. 3. 26, 2007다88828, 88835 참조).

대법원 판례는 원칙상 행정규칙에 대해 대외적 구속력을 인정하지 않지만, 재량준칙이 객관적으로 보아 합리적이 아니라거나 타당하지 않다고 볼 만한 특별한 사정이 없는 이상 행정청의 의사는 가능한 한 존중되어야 한다고 하고(대판 2013. 11. 14, 2011두28783[과징금감경결정취소청구]), 이러한 재량준칙에 따른 처분은 적법하다고 본다(대판 2011. 1. 27, 2010두23033[국제멸종위기종용도변경승인신청반려처분취소]). 또한 그러한 재량준칙을 따르지 않은 처분은 특별한 사정이 없는 한 재량권의 일탈·남용에 해당하는 위법한 처분으로 본다(대판 2010. 1. 28, 2009두19137). 이러한 판례의 태도는 평등원칙을 매개로 재량준칙의 간접적인 대외적 구속력을 인정하는 다수설의 견해와 유사하다.

(5) 법률대체적 규칙

법률대체적 규칙에 직접적 대외적 효력을 인정하는 견해가 있으나 법률대체적 규칙을 재량준칙과 같은 효력을 갖는 것으로 보는 것이 타당하다.

법률대체적 행정규칙에 근거한 처분은 법률유보의 원칙 위반으로 위법한 처분이 될 수 있다.

(6) 행정규칙형식의 법규명령

후술하는 바와 같이 판례는 법령의 수권에 의해 법령을 보충하는 사항을 정하는 행정규칙(법령보충적 행정규칙)을 법규명령과 같은 효력을 갖는 것으로 보고 있다.

Ⅳ. 위법한 행정규칙의 효력

행정규칙의 내용이 상위법령이나 법의 일반원칙에 반하는 것이라면 법치국가원리에서 파생되는 법질서의 통일성과 모순금지 원칙에 따라 그것은 법질서상 당연무효이고, 행정내부적 효력도 인정될 수 없다. 이러한 경우 법원은 해당 행정규칙이 법질서상 부존재하는 것으로 취급하여 행정기관이 한 조치의 당부를 상위법령의 규정과 입법 목적 등에 따라서 판단하여야 한다(대판 2020. 5. 28, 2017두66541).

Ⅴ. 행정규칙의 시행일

행정규칙(훈령·예규·고시·지침 등)은 고시·공고 등의 방법으로 발령한 날부터 시행한다(행정기본법 개정안 제7조 제1호).

Ⅵ. 행정규칙의 통제

1. 행정적 통제

대통령훈령과 국무총리훈령은 관례적으로 법제처의 사전심사를 받고 있다. 중앙행정기관의 훈령이나 예규에 대해서는 대통령령인 「법제업무운영규정」에 의해 법제처의 사전검토제(제25조) 및 사후심사·검토제(제25조의2)가 실시되고 있다.

2. 사법적 통제

(1) 법원에 의한 통제

1) 항고소송의 대상

행정규칙에는 원칙상 대외적 효력이 인정되지 않으며 간접적 대외적 효력이 인정되는 경우에도 행정의 기준이 될 뿐 국민의 권리의무에 직접 구체적 효과를 미치지 않기 때문에 행정규칙은 원칙상 행정소송법상의 처분에 해당하지 않고 따라서 항고소송의 대상이 되지 않는다. 다만, 직접 대외적 구속력이 있는 행정규칙으로 인하여 직접 구체적으로 국민의 권익이 침해된 경우에는 그 행정규칙은 처분이 되므로 항고소송의 대상이 된다.

〈판례〉 판례는 교육부장관의 '내신성적산정지침'을 행정조직 내부에서의 내부적 심사기준을 시달한 것에 불과하다고 보고 처분성을 부정하고 있다(대판 1994. 9. 10, 94두33(대학입시기본계획 철회처분 효력정지)).

2) 간접적 규범통제

행정규칙이 대외적 구속력을 갖지 않는 경우에는 행정처분의 위법 여부를 판단함에 있어서 행정규칙의 위법 여부가 전제문제가 되지 않으므로 법원에 의한 심판대상이 될 수 없을 것이다. 그러나, 행정규칙이 대외적 구속력을 갖고 행정처분의 취소소송에서 행정규칙의 위법 여부가 전제문제가 되었을 때에는 법원에 의한 심판대상이 된다(헌법 제107조 제2항).

법령에 반하는 위법한 행정규칙은 무효이므로 위법한 행정규칙을 위반한 것은 징계사유가 되지 않는다(대판 2020. 11. 26, 2020두42262).

(2) 헌법재판소에 의한 통제

행정규칙은 대외적인 행위가 아니라 행정조직 내부에서의 행위이므로 원칙상 헌법소원의 대상이 되는 공권력 행사가 아니다.

그러나, 행정규칙이 사실상 구속력을 갖고 있어 국민의 기본권을 현실적으로 침해하는 경우에는 헌법소원의 대상이 된다.

헌법재판소는 국립대학의 '대학입학고사 주요요강'을 사실상의 준비행위 또는 사전안내로 보고 항고소송의 대상인 처분으로 보지 않으면서도 헌법소원의 대상이 되는 공권력 행사로 보고 있다(헌재 전원재판부 1992. 10. 1, 92헌마68·76(1994학년도 신입생선발 입시안에 대한 헌법소원)). 이에 대하여 입시요강을 확약으로 보는 견해, 행정계획으로 보는 견해, 행정규칙으로 보는 견해, 법령보충적 행정규칙으로 보는 견해가 있다.

그리고, 법규성 또는 대외적 구속력이 인정되는 행정규칙은 당연히 헌법소원의 대상이 되는 공권력 행사에 해당한다(헌재 2001. 5. 31, 99헌마413[학교장초빙실시학교선정기준위헌확인]).

제4절 법규명령형식의 행정규칙과 법규적 성질(효력)을 갖는 행정규칙

Ⅰ. 법규명령형식의 행정규칙

1. 의   의

'법규명령형식의 행정규칙'이라 함은 법규명령의 형식을 취하고 있지만 그 내용이 행정규칙의 실질을 가지는 것을 말한다.

법규명령형식의 행정규칙은 재량권 행사의 기준(재량준칙, 특히 제재적 처분의 기준)을 법규명령의 형식으로 제정한 경우가 보통이다.

법규명령형식의 행정규칙은 법령의 위임에 따라 제정하는 경우가 많지만, 법령의 위임없이 제정되는 경우도 없지 않다.

2. 성질 및 효력

법규명령형식의 행정규칙이 법규명령인가 행정규칙(재량준칙)인가에 관하여 견해가 대립되고 있다.

(1) 실질설(행정규칙설)

실질설은 규범의 실질을 중시하여 행정기관 내부에서의 행정사무처리기준이 법규명령의 형식을 취하고 있다 하더라도 해당 규범을 행정규칙으로 보아야 한다고 보는 견해이다.

실질설에 따르면 법규명령형식의 행정규칙은 행정규칙(특히 재량준칙)으로서의 효력과 구속력을 가진다.

(2) 형식설(법규명령설)

형식설은 규범의 형식을 중시하여 법규의 형식으로 제정된 이상 법규라고 보아야 한다고 보는 견해이다.

형식설에 의하면 법규명령의 형식으로 된 처분의 기준은 법규명령으로서의 효력을 갖는다. 그런데, 형식설 중에도 제재적 처분기준을 정하는 당해 법규명령의 대외적 구속력에 대하여는 엄격한 대외적 구속력을 갖는다는 견해, 신축적인 구속력만을 인정하는 견해 및 제재처분기준인 경우 최고한도로서의 구속력만을 갖는다는 견해가 있다.

(3) 수권여부기준설

수권여부기준설은 상위법에서 법규명령의 형식에 의한 기준설정의 근거를 부여하고 있는 경우에 이에 근거한 기준설정은 위임입법에 해당하므로 법규명령으로 보아야 하고, 법령의 수권 없이 제정된 처분의 기준은 법령의 위임 없이 법규사항을 정할 수 없으므로 법규명령으로 볼 수 없고 행정규칙으로 보아야 한다는 견해이다.

(4) 판 례

판례는 제재기준을 정하는 재량준칙이 법규명령의 형식으로 제정된 경우에 당해 법규명령이 부령인 경우와 대통령령인 경우를 구별한다.

i) 판례는 제재적 행정처분의 기준이 부령의 형식으로 규정되어 있는 경우 여전히 행정규칙(재량준칙)으로 보면서도 법원은 해당 제재처분기준을 존중하여야 한다고 본다(대판 2007. 9. 20, 2007두6946). 달리 말하면 부령 형식으로 규정된 재량처분기준이 그 자체로 헌법 또는 법률에 합치되지 않거나 그 기준을 적용한 결과가 처분사유인 위반행위의 내용 및 관계 법령의 규정과 취지에 비추어 현저히 부당하다고 인정할 만한 합리적인 이유가 없는 한, 섣불리 그 기준에 따른 처분이 재량권의 범위를 일탈하였다거나 재량권을 남용한 것으로 판단해서는 안 된다(대판 2019. 9. 26. 선고 2017두48406).

ii) 판례는 대통령령의 형식으로 정해진 제재처분의 기준을 법규명령으로 보면서 재량권 행사의 여지를 인정하기 위하여 제재처분기준(과징금 처분기준)을 최고한도(최고한도액)를 정한 것으로 보고 있다(대판 2001. 3. 9, 99두5207).

(5) 결 어

법규명령의 형식으로 규정되어 있는 한 법규명령으로 보아야 하므로 형식설이 타당하다. 그런데, 현행법상 형식설에 의하면 재량권 행사의 기준을 정하는 법규명령에서 특별한 사정이 있는 경우 가중 또는 감경할 수 있다는 규정을 둔 경우를 제외하고는 법률에서 재량행위로 정한 것을 하위명령에서 기속행위로 정하는 문제가 있다.

행정법리에 따르면 재량권 행사의 기준은 행정규칙의 형식으로 제정하고, 판례는 평등원칙을 매개로 한 재량준칙의 간접적인 대외적 구속력을 인정하는 것이 타당하다.

만일 실무에서와 같이 법규명령의 형식으로 재량권 행사의 기준을 정하는 경우에는 가중·감경규정을 두어 재량권 행사가 가능하도록 하여야 할 것이다.

II. 법규적 성질(효력)을 갖는 행정규칙

1. 의   의

'법규적 성질(효력)을 갖는 행정규칙'이라 함은 행정규칙의 형식으로 제정되었지만 그 내용이 실질에 있어서 법규적 성질을 갖고, 법규명령과 같은 효력을 갖는 행정규칙을 말한다. 이를 '행정규칙형식의 법규명령'으로 부르는 견해도 있다.

2. 법령보충적 행정규칙

(1) 의   의

법령보충적 행정규칙이라 함은 법령의 위임에 의해 법령을 보충하는 법규사항을 정하는 행정규칙을 말한다. 행정기본법은 법령보충적 행정규칙을 행정기본법상 '법령'의 하나로 규정하고 있다(제2조 제1호 가목의 3).

판례는 법령보충적 행정규칙은 수권법령과 결합하여 대외적인 구속력이 있는 법규명령으로서의 효력을 갖는다고 본다(대판 1987. 9. 29, 86누484 ; 1992. 1. 21, 91누5334).

그러나, 법령의 위임을 받은 것이어도 행정적 편의를 도모하기 위한 절차적 규정인 경우에는 법령보충적 행정규칙이 아니며 행정규칙의 성질을 가진다(대판 2003. 9. 5, 2001두403). 또한, 위임근거인 법령이 예시적 규정에 불과한 이상, 그 위임에 따른 고시는 대외적으로 국민과 법원을 구속하는 효력이 있는 규범이라고 볼 수는 없고, 행정내부적으로 업무처리지침이나 법령의 해석·적용 기준을 정해주는 '행정규칙'이라고 보아야 한다고 한 사례도 있다(대판 2020. 12. 24., 2020두39297). 또한, 법령의 위임에 따라 행정규칙(고시)의 형식으로 재량권 행사의 기준을 정한 경우에도 당해 행정규칙(고시)은 재량준칙에 해당한다. 달리 말하면 법령의 위임이 있어도 재량권 행사의 기준을 정하는 형식상 '행정규칙'은 법령보충적 행정규칙이 아니라 행정규칙(재량준칙)이다(대판 2020. 11. 12, 2017두36212: 조사방해를 과징금 가중사유로 규정한 공정거래위원회의 구「과징금부과 세부기준 등에 관한 고시」을 행정규칙인 재량준칙으로 본 사례).

(2) 인정 여부

법령보충적 행정규칙이라는 입법형식을 인정하는 것이 헌법상 가능한지에 관하여 견해가 대립하고 있다. 법규적 성질을 갖는 행정규칙이라는 입법형식은 새로운 입법형식으로 국회입법의 원칙에 대한 예외인데, 그에 대하여 헌법에 규정이 없으므로 현행 헌법에 반한다고 보는 견해(부정설)와 법령보충적 행정규칙은 법령의 위임을 받아 위임을 한 명령을 보충하는 구체적인 사항을 정하는 것이므로 국회입법의 원칙에 반하는 것으로 볼 것은 아니라고 보는 견해(긍정설)가 이론상 대립하고 있다. 판례는 헌법이 인정하고 있는 위임입법의 형식은 예시적인 것으로 보아야 할 것이라고 하면서 긍정설을 취하고 있다(헌재 전원재판부 2004. 10. 28, 99헌바91).

(3) 법적 성질

대법원은 법령보충적 행정규칙을 행정규칙이지만 법규명령과 같은 효력을 갖는 것으로 보기도 하고(대판 1987. 9. 29, 86누484), 법규명령의 성질을 갖는 것으로 보기도 한다. 헌법재판소는 법령보충적 행정규칙도 행정규칙으로 보며 법령보충적 행정규칙은 그 자체로서 직접적 대외적 구속력을 갖는 것이 아니라 상위법령과 결합하여 상위법령의 일부가 됨으로써 대외적 구속력을 가질 뿐이라고 본다(헌재 2004. 10. 28, 99헌바91).

생각건대, 행정규칙에 법규와 같은 효력(구속력)을 인정하더라도 행정규칙의 형식으로 제정되었으므로 그 법적 성질은 행정규칙으로 보는 것이 타당하다.

(4) 법적 효력

법령보충적 행정규칙은 수권법령 규정과 결합하여 대외적으로 구속력이 있는 법규명령으로서의 효력을 가진다.

(5) 법령보충적 행정규칙의 한계

① 법령보충적 행정규칙의 제정에는 법령의 수권이 있어야 한다.

② 법령보충적 행정규칙이 법령의 위임의 범위를 벗어난 경우 법규명령으로서의 대외적 구속력이 인정되지 않는다. 이 경우 해당 법령보충적 행정규칙은 위법한 법규명령의 효력을 갖는 것이 아니라 행정규칙에 불과한 것이 된다(대판 2006. 4. 28, 2003마715). 법령의 규정이 특정 행정기관에 그 법령 내용의 구체적 사항을 정할 수 있는 권한을 부여하면서 그 권한 행사의 절차나 방법을 특정하고 있지 아니한 관계로(법령에서 법규사항 위임시 형식을 지정하지 않고 '장관이 따로 정한다'라고 규정한 경우) 수임 행정기관이 행정규칙의 형식으로 그 법령의 내용이 될 사항을 구체적으로 정하고 있다면 이와 같은 행정규칙은 해당 법령의 위임한계를 벗어나지 않는 한 그것들과 결합하여 대외적인 구속력이 있는 법규명령으로서의 효력을 가진다(대판 2019. 10. 17, 2014두3020, 3037). 그렇지만, 상위법령에서 세부사항 등을 시행규칙으로 정하도록 위임하였음에도 이를 고시 등 행정규칙으로 정한 경우, 대외적 구속력을 가지는 법규명령으로서 효력을 인정할 수 없다(대판 2012. 7. 5, 2010다72076[손해배상(기)등]).

제 2 장 행정계획

Ⅰ. 개   설

행정계획이라 함은 행정주체 또는 그 기관이 일정한 행정활동을 행함에 있어서 일정한 목표를 설정하고 그 목표를 달성하기 위하여 필요한 수단을 선정하고 그러한 수단들을 조정하고 종합화한 것을 말한다. 행정계획의 핵심적 요소는 일반 계획에서처럼 목표의 설정과 수단의 조정과 종합화이다. 행정계획의 예로는 도시관리계획, 경제개발계획, 환경계획 등을 들 수 있다.

행정계획은 구체화된 행정정책인 점에 비추어 행정계획의 법리는 행정정책에 준용될 수 있다.

Ⅱ. 행정계획의 법적 성질

행정계획 중에는 법령의 형식을 취하는 것도 있고, 행정행위의 성질을 갖는 것도 있으며, 행정내부에서만 효력을 발생하는 내부지침적 성격의 것도 있다.

법령의 형식을 취하는 행정계획은 해당 법령으로서 법적 구속력을 갖는다.

법령의 형식을 취하지 않는 행정계획은 행정의 지침이 되는 점에서 행정규칙과 유사한 성질을 갖지만, 행정규칙과 달리 규범의 형식과 성질을 갖지 않는 점 등에서 행정규칙과 구별된다. 도시관리계획과 같이 대외적 구속력을 갖는 구속적 행정계획은 대외적인 법적 구속력을 갖는 점에서 법규명령과 유사하지만, 법령이 아닌 점에서 법규명령과 구별된다.

행정쟁송법(행정절차법)상 처분은 국민의 권익(권리·의무)에 직접 구체적인 영향을 미치는 공권력 행사 또는 그 거부이므로 국민의 권익에 아무런 영향을 미치지 않는 행정계획은 처분이라고 할 수 없다. 국민이나 행정기관에 대해 거의 구속력을 갖지 않거나, 행정기관에 대해 구속력을 갖지만 국민의 권익에 아무런 영향을 미치지 않는 행정계획도 처분으로 볼 수 없다. 또한, 법적 구속력이 있는 행정계획이라 하더라도 일반성과 추상성을 갖고 처분의 매개 없이는 국민의 권익에 직접 구체적인 영향을 미치지 않는 것은 처분이라고 할 수 없다. 그러나, 구속적 행정계획 또는 비구속적인 행정계획이라도 사실상 구속력을 갖는 것으로서 집행처분의 매개 없이 직접 국민의 권익에 구체적인 영향을 미치는 행정계획은 행정쟁송법상 처분으로 볼 수 있다.

국토의 계획 및 이용에 관한 법률(이하 '국토계획법'이라 한다) 제30조의 도시·군관리계획(구 도시계획법 제12조의 도시계획)의 법적 성질에 관하여 입법행위설, 행정행위설 및 독자성설이 대립하고 있다. 판례는 구 도시계획법 제12조의 도시계획(현행 도시·군관리계획)결정을 행정청의 처분이라고 하면서 항고소송의 대상이 된다고 본다 (대판 1982. 3. 9, 80누105). 생각건대, 도시·군관리계획이 결정되면 도시·군관리계획 관계법령의 규정에 따라 건축이 제한되는 등 국민의 권리의무에 직접 구체적인 영향을 미치므로 처분성을 갖는 것으로 보는 것이 타당하다.

Ⅲ. 행정계획수립절차

행정계획의 특질상 행정계획의 내용에 대한 법적 통제나 사법적 통제가 어렵다. 그리하여 행정계획에 있어서는 특히 절차적 통제가 중요한 의미를 갖는다.

「행정절차법」제40조의4는 '행정청은 행정청이 수립하는 계획 중 **국민의 권리·의무에 직접 영향을 미치는 계획**을 수립하거나 변경·폐지할 때에는 관련된 여러 이익을 정당하게 형량하여야 한다.'고 규정하고 있다. 이 규정은 '국민의 권리·의무에 직접 영향을 미치는 계획' 즉 처분성이 있는 행정계획에는 **형량명령의 원칙**이 적용된다는 것을 선언한 규정으로 볼 수 있다. 형량명령은 비례원칙(이익형량의 원칙)뿐만 아니라 형량조사를 포함한다. 그런데, 비례의 원칙 내지 이익형량의 원칙은 처분에 한정하여 적용되지 않고, 모든 국가작용에 적용되는 헌법원칙이다. 그러므로 '국민의 권리·의무에 간접적으로 영향을 미치는 계획'을 포함하여 국민의 권리·의무에 직접 영향을 미치는 계획이 아닌 행정계획을 수립하거나 변경·폐지할 때에도 관련 이익 상호간에 갈등이 있는 경우에는 관련 이익을 정당하게 형량하여야 한다. 그리고, 형량의 전제로서 형량조사를 하여야 한다. 또한, 행정절차법은 국민생활에 매우 큰 영향을 주거나 많은 국민의 이해가 상충되는 행정계획은 예고하고 국민의 의견을 수렴하도록 규정하고 있다(제46조, 제47조). 그 외에 구체적인 행정계획절차는 개별법령에서 규정하고 있다.

행정계획절차의 하자는 하자의 일반이론에 따라 무효사유·취소사유가 된다. 경미한 절차의 하자인 경우와 순수하게 행정 내부적인 절차 위반은 취소사유가 되지 않는다.

Ⅳ. 계획재량과 통제

1. 계획재량의 개념

계획재량이라 함은 행정계획을 수립 · 변경함에 있어서 계획청에게 인정되는 재량을 말한다. 일반적으로 행정계획을 수립함에 있어서 행정권에게 일반 행정결정에서 보다 훨씬 넓은 재량권이 부여된다. 그 이유는 계획재량은 행정목표의 설정이나 행정목표를 효과적으로 달성할 수 있는 수단의 선택 및 조정에 있어서 인정되기 때문이다.

〈판례〉 판례는 개발제한구역지정처분을 건설부장관이 법령의 범위 내에서 도시의 무질서한 확산방지 등을 목적으로 도시정책상의 전문적 · 기술적 판단에 기초하여 행하는 일종의 행정계획으로 그 입안 · 결정에 관하여 광범위한 형성의 자유를 가지는 계획재량처분으로 보고 있다(대판 1997. 6. 24, 96누1313).

2. 계획재량과 일반 행정재량의 구분

계획재량이 일반의 행정재량과 질적으로 구별되는 것인지에 대하여는 양자 사이의 질적인 차이를 인정하는 견해와 양자 사이의 질적인 차이를 부정하는 견해가 대립하고 있다.

전자의 견해(구분설)는 양자는 재량의 내용이 다르다고 본다. 즉, 일반 행정새량의 수권규범은 행위요건부분과 효과부분으로 구성된 조건프로그램으로 되어 있고 일반 행정재량은 구체적인 사실과 결부되어 행정행위의 요건과 효과에 있어서 인정되는 반면에, 계획재량의 수권규범은 계획목표의 설정과 목표의 달성을 위한 수단과 절차를 규정하는 목적프로그램으로 되어 있고 계획재량은 목표의 설정과 수단의 선택에 있어서 인정된다고 한다.

후자의 견해(구분부정설)는 양자에 있어서 재량이 인정되는 부분은 다르지만 양자에 있어서 재량의 의미는 다같이 행정청에게 선택의 자유를 인정한다는 것으로 동일하다고 본다. 양자 사이에 질적인 차이를 인정할 수는 없고 계획재량에 있어서 일반 행정재량에 비하여 재량권이 폭넓게 인정된다는 양적인 차이가 인정될 뿐이라고 한다.

3. 계획재량의 통제이론: 형량명령

(1) 의   의

형량명령이란 행정계획을 수립·변경함에 있어서 관련된 이익을 정당하게 형량하여야 한다는 원칙을 말한다. 형량명령은 비례원칙(이익형량의 원칙)뿐만 아니라 형량조사를 포함한다.

전술한 바와 같이 행정절차법에 따르면 행정청은 행정청이 수립하는 계획 중 국민의 권리·의무에 직접 영향을 미치는 계획을 수립하거나 변경·폐지할 때에는 관련된 여러 이익을 정당하게 형량하여야 한다(행정절차법 제40조의 4).

(2) 내   용

형량명령의 구체적인 내용은 다음과 같다.

① 행정계획과 관련된 이익을 형량하기 위하여 계획청은 우선 행정계획과 관련이 있는 이익을 조사하여야 한다.

② 계획청은 이익형량에 관련된 이익을 모두 포함시켜야 한다. 공익과 사익이 모두 포함되어야 한다. 이익형량은 공익상호간, 공익과 사익 상호간 및 사익 상호간에 행하여진다.

법령에 의해 정해진 고려사항을 **법정고려사항**이라 한다. 법령에서 고려하도록 규정한 이익뿐만 아니라 법령에 규정되지 않은 이익도 행정계획과 관련이 있으면 모두 고려되어야 한다.

③ 관련된 공익 및 사익의 가치를 제대로 평가하여야 한다. 달리 말하면 개개의 이익이 과소평가되거나 과대평가되어서는 안 된다.

④ 관련되는 이익의 형량은 개개의 이익의 객관적 가치에 비례하여 행하여져야 한다. 또한 목표를 달성할 수 있는 여러 안 중에서 공익과 사익에 대한 침해를 최소화할 수 있는 방안을 선택하여야 한다.

(3) 형량하자와 그 효과

① 행정계획결정이 형량명령의 내용에 반하는 경우에 **형량하자**가 있게 된다. 그 중에서 i) 조사의무를 이행하지 않은 하자를 **조사의 결함**이라 한다. ii) 고려하여야 할 이익을 빠뜨리는 것을 **형량의 흠결**(또는 **형량의 누락**)이라 한다. iii) 관련된 공익 또는 사익의 가치를 잘못 평가한 경우는 **평가의 과오**라 한다. iv) 형량에 있어 비례성을 결한 것을 **형량불비례**라 한다.

② 형량하자의 효과는 다음과 같이 형량하자의 유형별로 논하는 것이 타당하

다. i) 행정계획의 수립 또는 변경에 있어서 이익형량을 전혀 하지 않은 경우(형량의 불행사) 행정계획은 위법하다. 행정계획과 관련이 있는 이익을 전혀 조사하지 않은 것(조사의 결함)은 위법하다. 조사가 미흡한 경우에는 형량의 결과에 영향을 미칠 정도의 미흡인 경우에 한하여 위법하다. ii) 고려하여야 할 이익을 빠뜨린 형량의 흠결의 경우에는 형량결과에 영향을 미치지 않을 정도의 가치가 적은 이익이 형량에서 고려되지 않은 경우에는 행정계획은 위법하다고 볼 수 없다. iii) 평가의 과오는 사소한 이익에 대한 가치평가상의 과오가 아닌 한 위법사유가 된다고 보아야 한다. iv) 형량불비례는 이익형량이 상당한 정도 균형을 잃은 경우 위법사유가 된다.

　　③ 형량하자 중 상기 i)(조사의 결함), ii)(형량의 흠결) 및 iii)(평가의 과오)는 행정계획결정의 광의의 절차상 하자(형식상 하자)이므로 이를 이유로 취소판결이 나면 처분청은 다시 적법하게 형량하여 동일한 내용의 행정계획결정을 할 수 있지만, iv)(형량불비례)는 행정계획결정의 내용상 하자이므로 이를 이유로 취소판결이 나면 특별한 사정이 없는 한 동일한 내용의 행정계획결정을 할 수 없다. 다만, 경우에 따라서는 부관을 붙여 동일한 내용의 행정계획결정을 할 수는 있다.

〈판례〉 행정계획이라 함은 행정에 관한 전문적 · 기술적 판단을 기초로 하여 도시의 건설 · 정비 · 개량 등과 같은 특정한 행정목표를 달성하기 위하여 서로 관련되는 행정수단을 종합 · 조정함으로써 장래의 일정한 시점에 있어서 일정한 질서를 실현하기 위한 활동기준으로 설정된 것으로서, 관계 법령에는 추상적인 행정목표와 절차만이 규정되어 있을 뿐 행정계획의 내용에 관하여는 별다른 규정을 두고 있지 아니하므로 행정주체는 구체적인 행정계획을 입안 · 결정함에 있어서 비교적 광범위한 형성의 자유(계획재량권)를 가지는 것이지만, 행정주체가 가지는 이와 같은 형성의 자유는 무제한적인 것이 아니라 그 행정계획에 관련되는 자들의 이익을 공익과 사익 사이에서는 물론이고 공익 상호간과 사익 상호간에도 정당하게 비교교량하여야 한다는 제한이 있으므로, 행정주체가 행정계획을 입안 · 결정함에 있어서 이익형량을 전혀 행하지 아니하거나 이익형량의 고려 대상에 마땅히 포함시켜야 할 사항을 누락한 경우 또는 이익형량을 하였으나 정당성과 객관성이 결여된 경우에는 그 행정계획결정은 형량에 하자가 있어 위법하게 된다(대판 2007. 4. 12, 2005두1893[도시계획시설결정취소][원지동 추모공원 사건]).

〈평석〉 판례는 형량의 하자를 ① 이익형량을 전혀 행하지 아니한 경우(형량의 부존재), ② 이익형량의 고려 대상에 마땅히 포함시켜야 할 사항을 누락한 경우(형량의 누락), ③ 이익형량을 하였으나 정당성과 객관성이 결여된 경우(평가의 과오와 형량의 불비례)로 나누고 있다. 다만, 형량의 하자별로 위법의 판단기준을 달리 하여 개별화하지 못하고 있는 점은 미진한 점이다. 즉, 형량의 부존재는 당연히 위법사유가 된다고 본 것은 타당하다. 형량의 누락의 경우에는 중요한 이익고려사항의 누락만을 위법사유로 보는 것이 타당한데, 판례가 이 점을 분명히 하지 않은 점은 아쉬운 점이다. 또한, 평가의 과오와 형량의 불비례를 구분하지 않은 문제가 있다. 평가의 과오와 형량의 불비례의 경우에 판례는 "정당성과 객관성이 결여된 경우"에 위법사유가 된다고 하고 있다.

V. 계획보장청구권(행정계획과 신뢰보호)

1. 계획보장청구권의 의의

계획보장청구권이란 행정계획에 대한 관계국민의 신뢰를 보호하기 위하여 관계국민에 대하여 인정된 행정계획주체에 대한 권리를 총칭하는 개념이다. 계획보장청구권은 행정계획분야에 있어서의 신뢰보호의 원칙의 적용례라고 할 수 있다.

계획보장청구권의 인정에 있어서는 공익목적을 달성하기 위한 행정계획의 변경의 필요성과 관계국민의 신뢰보호의 가치를 조화시키는 해결을 하여야 한다.

계획보장청구권이 주관적 공권이 되기 위해서는 주관적 공권의 성립요건(강행법규성과 사익보호성)을 갖추어야 한다.

2. 계획보장청구권의 종류

계획보장청구권에 포함되는 권리로는 계획존속청구권, 계획이행청구권, 경과조치청구권, 손해배상청구권 및 손실보상청구권이 들어지고 있다.

VI. 계획변경청구권

계획법규는 원칙상 공익의 보호를 목적으로 하는 것이며 사익의 보호를 목적으로 하지 않기 때문에 원칙상 계획변경청구권은 인정될 수 없다. 그러나, 예외적으로 법규상 또는 조리상 계획변경신청권이 인정되는 경우가 있다. 판례는 일정한 행정처분을 구하는 신청을 할 수 있는 법률상 지위에 있는 자의 국토이용계획변경신청을 거부하는 것이 실질적으로 해당 행정처분 자체를 거부하는 결과가 되는 경우(대판 2003. 9. 23, 2001두10936), 도시계획구역 내 토지 등을 소유하고 있는 주민이 도시계획입안권자에게 도시계획입안을 신청하는 경우(대판 2004. 4. 28, 2003두1806), 문화재보호구역 내의 토지소유자가 문화재보호구역의 지정해제를 신청하는 경우(대판 2004. 4. 27, 2003두8821), 산업단지개발계획상 산업단지 안의 토지 소유자로서 산업단지개발계획에 적합한 시설을 설치하여 입주하려는 자가 산업단지개발계획의 변경을 요청하는 경우(대판 2017. 8. 29, 2016두44186), 도시계획시설(공원)구역 내 토지 등을 소유하고 있는 자가 그 도시계획시설(공원)구역을 도시자연공원구역으로 변경한 경우 그 도시관리계획(도시자연공원구역)결정의 해제를 신청한 경우(대판 2023. 11. 16, 2022두61816) 등에는 그 신청인에게 조리상 행정계획변경신청권을 인정한다.

통상 행정계획의 변경은 행정청의 폭 넓은 재량에 속하므로 이 경우 계획변경
청구권은 무하자재량행사청구권의 성질을 갖는다.

Ⅶ. 행정계획과 권리구제제도

국민의 권리침해는 행정계획의 수립으로 발생될 수 있을 뿐만 아니라 행정계
획의 폐지 또는 변경으로 인하여 발생될 수 있다.

1. 행정계획과 국가배상

위법한 행정계획의 수립·변경 또는 폐지로 인하여 손해를 받은 자는 국가배상
을 청구할 수 있다.

2. 행정계획과 손실보상

적법한 행정계획의 수립·변경 또는 폐지로 인하여 손실을 받은 경우에는 손실
보상의 요건을 갖춘 경우에 손실보상을 청구할 수 있다. 특히 문제가 되는 것은 행
정계획으로 인한 재산상의 손실이 보상을 요하지 않는 '재산권에 내재하는 사회적
제약'에 불과한지 아니면 보상을 요하는 '특별한 희생'인지를 판단하는 것이다.

행정계획으로 인한 손실이 특별한 희생에 해당하는 것이라 하더라도 관계법에
손실보상규정이 두어지지 않고 있는 것이 보통이다. 이 경우에는 분리이론을 따르
면 헌법 제23조 제1항과 제2항의 재산권의 내용과 한계를 정하는 경우에는 입법자
에 의한 조정조치를 통하여 구제를 받고, 분리이론을 따르면서도 헌법 제23조 제3
항의 손실보상의 문제가 되는 경우와 경계이론을 따를 때에는 보상규정이 흠결된
경우에 있어서의 권리구제의 문제가 된다.

3. 취소소송

행정계획에 대하여 취소소송이 인정되기 위하여는 우선 행정계획의 처분성이
인정되어야 한다. 행정계획으로 인하여 국민의 권리에 직접적인 영향을 미친 경우
에 한하여 처분성이 인정된다. 행정계획의 폐지 또는 변경의 경우에도 그러하다.

취소소송으로 권리구제가 되기 위하여는 행정계획이 위법하다고 판단되어야
한다. 그런데 계획청에게 계획재량이라는 폭넓은 재량이 인정되므로 행정계획의 위
법성을 인정하기가 쉽지 않을 것이다.

행정계획이 위법한 경우에도 행정계획이 성립되면 그에 따라 많은 법률관계가
형성되고 이 경우에는 행정계획의 취소로 인하여 침해되는 공익이 크게 되기 때문
에 사정판결에 의해 행정계획이 취소되지 않을 가능성이 많다.

4. 사전적 구제

위에서 보았듯이 행정계획에 대한 사후적 구제에는 한계가 있다. 따라서 행정
계획분야에서는 특히 행정절차에 의한 사전적 통제가 중요하다.

제 3 장 행정행위

제 1 절 행정행위의 개념

I. 행정행위의 개념요소

　행정행위라 함은 행정청이 구체적인 사실에 대한 법집행으로서 행하는 외부에 대하여 직접적·구체적인 법적 효과를 발생시키는 권력적 단독행위인 공법행위이다. 이러한 행정행위 개념은 '협의의 행정행위(처분)' 개념이라 하는데, '실체법상(작용법상) 행정행위(처분)' 개념이라고도 할 수 있다. 행정쟁송(행정심판 및 행정소송)의 대상이 되는 처분을 '쟁송법상 처분'이라고 할 수 있는데, 후술하는 바와 같이 '쟁송법상 처분' 개념은 실체법상 처분(협의의 행정행위)을 포함하는 보다 넓은 개념이다. 달리 말하면 쟁송법상 처분을 '광의의 처분'이라 할 수 있다. 이에 대하여 실체법상 행정행위(처분)를 '협의의 처분'이라 할 수 있다.

　행정행위라는 개념은 학문상의 필요에 의해 만들어진 **강학상 개념**이며 실정법에서나 실무상 사용되는 개념이 아니다. 실무상으로는 '처분', '행정처분'이라는 개념이 사용되고 있다. 행정절차법 및 행정쟁송법상 처분 개념은 행정행위를 포함하는 행정행위 보다 넓은 개념이다.

　행정행위라는 개념을 개념적 요소로 나누어 설명하면 다음과 같다.

　① 행정행위는 **법적 행위**이다. 법적 행위란 외부에 대하여 직접 법적 효과를 발생시키는 행위를 말한다. 따라서 법적 효과를 발생시키지 않는 내부적 행위나 사실행위는 행정행위가 아니다.

　② 행정행위는 구체적 사실에 관한 법적 행위이다. 달리 말하면 **구체적인 법적 효과**를 가져오는 행위이다. 법규명령은 법질서에 변경을 가져오는 법적 효과를 발생시키므로 법적 행위이다. 그러나, 법규명령은 원칙상 구체적인 법적 효과(국민의 권리의무관계에 대한 직접적인 변경)를 가져오지 않으므로 행정행위는 아니다.

불특정 다수를 상대방으로 하지만 구체적 사실을 규율하는 '일반처분'은 행정행위이다.

③ 행정행위는 **권력적 단독행위**이다. 비권력적인 공법상 계약 및 공법상 합동행위는 행정행위가 아니다. 소극적 형태를 취하는 거부처분도 행정행위이다. 부작위도 행정행위로 보는 견해도 있으나 부작위를 행정행위와 구별하는 것이 타당하다.

④ 행정행위는 **공법행위**이다. 사법행위(私法行爲)는 행정행위가 아니다.

행정행위는 묵시적(추단적)으로도 행해진다. 예를 들면, 경원관계에 있는 일부에 대한 승인처분은 나머지에 대해서는 묵시적(추단적) 불승인처분이 된다.

Ⅱ. 행정행위의 특질

행정행위의 특질이라 함은 통상 사법상(私法上) 법률행위에 대한 특질을 말한다. 행정행위의 특질 중 가장 대표적인 것은 행정의사의 우월성이다. 이외에 행정행위의 특수성으로는 공정력, 구성요건적 효력, 구속력, 존속력(불가쟁력, 불가변력), 강제력(자력집행력, 제재력), 권리구제수단의 특수성이 있는데, 이에 관하여는 전술하였다.

제 2 절 행정행위의 분류

행정행위는 여러 기준에 의해 다양하게 분류된다.

Ⅰ. 법률행위적 행정행위와 준법률행위적 행정행위의 구별

종래 통설은 행위자의 효과의사의 유무 내지 행정행위의 법적 효과의 발생원에 따라 행정행위를 법률행위적 행정행위와 준법률행위적 행정행위로 구분하였다. 즉, **법률행위적 행정행위**는 행정행위의 효과의사를 구성요소로 하고 그 법적 효과가 그 효과의사의 내용에 따라 발생하는 행위인 데 대하여 **준법률행위적 행정행위**는 효과의사 이외의 정신작용을 구성요소로 하고 그 법적 효과가 행위자의 의사와는 무관하게 법규범에 의해 부여되는 행위이다.

오늘날에는 법률행위적 행정행위와 준법률행위적 행정행위의 구별에 대하여 부정적인 견해가 강하다.

II. 기속행위와 재량행위

행정행위는 법에 기속되는 정도에 따라 기속행위와 재량행위로 나누어진다. 기속행위는 행정권 행사의 요건과 효과가 법에 일의적으로 규정되어 있어서 행정청에게 판단의 여지가 전혀 인정되지 않고 행정청은 법에 정해진대로 행위를 하여야 하는 의무를 지는 행위를 말한다. **재량행위**는 행위의 요건이나 효과의 선택에 관하여 법이 행정권에게 판단의 여지 내지 재량권을 인정한 경우에 행해지는 행정청의 행정행위를 말한다.

재량행위와 기속행위의 구별에 대하여는 후술하기로 한다.

III. 침해적 행정행위, 수익적 행정행위, 이중효과적 행정행위(복효적 행정행위)

행정행위가 초래하는 이익 및 불이익 상황에 따라 행해지는 구분이다. 행정행위를 행위의 상대방의 권익을 침해하는(권익을 제한하거나 의무를 부과하는) **침해적 행정행위**(예, 영업정지처분, 과징금부과처분), 행위의 상대방에게 이익을 부여하는 **수익적 행정행위**(예, 보조금지급처분) 및 하나의 행정행위가 이익과 불이익을 동시에 발생시키는 **이중효과적 행정행위(복효적 행정행위)**가 있다. 불이익처분은 처분 상대방에게 불이익이 되는 처분인데, 침해적 행정행위뿐만 아니라 신청에 대한 거부처분을 포함한다. 침해적 처분 중 법위반사실에 대해 제재로서 과하는 처분을 **제재처분**이라 한다.

이중효과적 행정행위는 **제3자효 행정행위**(상대방에게는 이익을 주고 제3자에게는 불이익을 주거나(예, 건축허가) 상대방에게는 불이익을 주고 제3자에게는 이익을 주는 행정행위(예, 공해배출시설조업정지명령))와 **혼합효 행정행위**(상대방에 대하여 동시에 수익적 효과와 침해적 효과를 발생하는 행정행위(예, 부담부 행정행위))를 포함한다.

IV. 일방적 행정행위와 쌍방적 행정행위

행정행위의 성립에 상대방의 협력(신청 또는 동의)이 필요한지 여부에 따른 구별이다. 성립에 상대방의 어떠한 협력도 필요 없는 행정행위를 **일방적 행정행위**(또는 단독적 행정행위)라 하고, 상대방의 협력이 성립요건인 행정행위를 **쌍방적 행정행위**라고 한다. **쌍방적 행정행위**는 허가, 특허 및 인가와 같이 상대방의 신청을 요하는 행정행위와 공무원의 임명행위와 같이 상대방의 동의를 요하는 행정행위가 있다.

쌍방적 행정행위는 공법상 계약과 다르다. 공법상 계약은 행정주체의 의사와 상대방인 국민의 의사의 합치에 의해 성립하는 비권력적 행위이지만 쌍방적 행정행위는 행정행위의 내용의 결정이 행정청에 의해 단독으로 행해지며 상대방인 국민과의 합의가 필요 없는 권력적 행위이다.

쌍방적 행정행위에 있어서 신청이나 동의가 없는 행정행위는 무효이다. 신청이나 동의가 있었으나 신청이나 동의에 하자가 있을 때에 행정행위가 무효인가 취소할 수 있는 행정행위인가에 대하여는 전술한 바와 같이 견해의 대립이 있다(사인의 공법행위 참조).

V. 대인적 행정행위, 대물적 행정행위 및 혼합적 행정행위

행정행위의 대상에 대한 고려사항에 따른 구별이다. 이 구별의 실익은 행정행위의 효과의 이전성에 있다.

대인적 행정행위는 행위의 상대방의 주관적 사정에 착안하여 행해지는 행정행위이며 그 효과는 일신전속적인 것이므로 제3자에게 승계되지 않는다.

대물적 행정행위는 행위의 상대방의 주관적 사정을 고려하지 않고 행위의 대상인 물건이나 시설의 객관적 사정에 착안하여 행해지는 행정행위이다. 대물적 행정행위의 예로는 건축허가, 건축물사용승인, 차량검사합격처분, 문화재지정처분, 공중위생업소폐쇄명령, 채석허가, 환지처분, 법위반행위를 이유로 한 업무정지처분(대판 2022. 1. 27, 2020두39365) 등이 있다.

대물적 행정행위 중 수익적 행정행위인 경우에는 그 효과가 승계된다는데 이견이 없다. 대물적 허가 또는 등록은 명문의 규정이 없어도 양도가 가능하다. 대물적 허가의 양도에 신고를 하도록 하는 경우도 있다.

침해적 대물적 행정행위인 경우(위법건축물의 철거명령)에 그 효과가 제3자에게 승계되는지에 관하여 견해의 대립이 있다.

허가받은 영업을 양도하는 경우에 양도인의 사업수행상의 의무위반의 행정법상 효과가 양수인에게 승계되는지에 대하여 대물적 허가의 경우 이를 긍정하는 견해가 있고, 이것이 판례의 입장이지만, 양도인의 사업수행상의 의무위반의 효과는 대물적 허가의 직접 효과가 아니고, 인적 사항이므로 특별한 규정이 없는 한 양수인에게 이전되지 않는다고 보는 것이 타당하다.

〈판례〉 대물적 허가의 경우 영업양도가 가능하고, 영업양도의 효과로 양수인에게 승계되는 '양도인의 지위'(석유정제업자의 지위)에 양도인의 위법행위로 인한 제재사유가 포함되고(대판 1986. 7. 22, 86누203), 제재처분은 대물적 처분으로 석유판매업자의 지위를 승계한 자에 대하여 종전의 석유판매업자가 유사석유제품을 판매하는 위법행위를 하였다는 이유로 사업정지 등 제재처분을 취할 수 있다(대판 2003. 10. 23, 2003두8005).

혼합적 행정행위는 행위의 상대방의 주관적 사정과 함께 행위의 대상인 물건이나 시설의 객관적 사정에 착안하여 행해지는 행정행위를 말한다. 혼합적 행정행위의 이전은 명문의 규정이 있는 경우에 한하여 인정되며 통상 행정청의 승인 또는 허가 등을 받도록 규정하고 있다. 혼합적 행정행위의 양도시에 승인 대신 신고만을 요하는 경우도 있다(신고 참조).

Ⅵ. 요식행위와 불요식행위

행정행위에 일정한 형식(서면 등)이 요구되는가에 따른 구별이다. 명문의 규정이 없는 한 행정행위는 구두로 가능하다. 그런데, 행정절차법은 행정청의 처분은 다른 법령 등에 특별한 규정이 있는 경우를 제외하고는 문서(당사자 등의 동의가 있는 경우 전자문서도 가능)로 하도록 하고 있다. 요식행위가 형식을 결여하면 형식의 하자가 있는 행정행위가 된다.

Ⅶ. 일반처분과 개별처분

행정행위의 상대방이 불특정 다수인인가 특정되어 있는가에 따른 구별이다.

1. 개별처분

개별처분은 행정행위의 상대방이 특정되어 있는 행정행위이다. 개별처분의 상대방은 1인인 것이 보통이지만 다수일 수도 있다.

2. 일반처분

일반처분은 불특정 다수인을 상대방으로 하여 불특정다수인에게 효과를 미치는 행정행위를 말한다.

일반처분은 **법규명령과 구별**된다. 일반처분은 일반적이기는 하나 구체적인 법적 효과를 가져오는 행위인 점에서 일반적일 뿐만 아니라 추상적인 성격을 갖는 법규명령과 구별된다. 다만, 법규명령에도 예외적이기는 하지만 구체적인 법적 효과를 가져오는 명령(협의설에 의한 처분적 명령)이 있고 이를 **처분적 명령**이라 하는데, 이 협의설에 의한 처분적 명령과 일반처분은 실질에 있어서는 동일하고 형식에 의해 구별될 수 있다. 즉, 처분적 명령은 법규명령의 형식으로 제정되지만 일반처분은 그러하지 아니하다.

일반처분은 그 처분의 직접적 규율대상이 사람인가 물건인가에 따라 대인적 일반처분과 물적 행정행위로서의 일반처분으로 나누어진다. ① 대인적 **일반처분**이라 함은 일정한 기준에 의해 결정되는 불특정 다수인을 대상으로 하는 행정행위를 말한다. 일정장소에서의 집회금지처분, 코로나 예방을 위한 집합금지명령이나 통행금지처분은 대인적 일반처분의 예이다. ② **물적 행정행위**는 행정행위의 직접적 규율대상이 물건이고, 사람에 대해서는 물건과의 관계를 통하여 간접적으로 규율하는 행정행위를 말한다. 공물의 공용개시행위, 교통표지판, 개별공시지가결정은 물적 행정행위의 예이다.

제 3 절   재량권과 판단여지

I. 재량권과 재량행위의 개념

재량권이란 행정기관이 행정권을 행사함에 있어서 둘 이상의 다른 내용의 결정 또는 행태 중에서 선택할 수 있는 권한을 말한다. 재량권은 구체적 타당성(합목적성)이 있는 행정을 위하여 입법자에 의해 행정권에 부여된다. 재량은 재량준칙을 정함에도 인정되고, 재량준칙을 적용하여 행하는 처분에도 인정된다.

재량행위란 재량권의 행사에 의해 행해지는 행정행위를 말한다.

학설은 재량권의 문제를 행정행위에서 재량행위의 문제로 다루고 있다. 그러나, 이 견해는 다음과 같은 이유에서 적절하지 않다. ① 법적으로 재량권이 주로 문제되는 것은 행정행위에서 이지만, 재량권은 행정행위에서만 인정되는 것은 아니고, 사실행위에서도 인정되며 행정입법 및 행정계획에서도 인정된다. ② 오늘날 재량행위에 있어 무한정의 재량이 인정되는 것은 아니며 재량권이 인정된 범위 내에서만 인정된다. 어떤 행정행위가 재량행위라고 하여도 모든 부분이 재량인 것이 아니라 통상 재량권이 인정된 부분과 재량권이 인정되지 않고 법에 엄격히 기속된 부분이 혼재한다. ③ 또한 재량권이 인정되는 경우에도 한계가 있는 것으로 보기 때문에 행정재량의 문제에서 재량권의 한계 내지 재량권의 사법적 통제의 문제가 중요한 문제가 되고 있다. 따라서, 재량행위보다는 재량권의 문제로 논하는 것이 타당하다. 그런데, 대부분의 교과서에서 재량권보다는 재량행위로 논하고 있으므로 당분간 이에 따르는 것으로 한다.

재량권이 행정기관에게 부여되는 경우에 행정기관이 행정권을 행사함에 있어 어떠한 행정결정을 하거나 하지 않을 수 있는 권한을 갖는 경우와 둘 이상의 조치 중 선택을 할 수 있는 권한을 갖는 경우가 있다. 전자를 **결정재량권**이라 하고 후자

를 선택재량권이라 한다. 결정재량은 없고 선택재량만 있는 경우도 있고(예를 들면,
사회복지사업법 제42조 제3항 단서 사유에 해당할 경우 행정청은 기속적으로 보조금환수처분을 하
여야 하지만, 그 환수 범위를 재량으로 정할 수 있다(대판 2024. 6. 13, 2023두54112)), 결정재량
권과 선택재량권을 모두 갖는 경우도 있다.

예를 들면, 공무원이 직무상 과실로 잘못을 저지른 경우에 행정기관은 당해 공무원에 대하
여 징계처분을 하는 결정과 당해 공무원의 과거의 성실한 직무수행, 당해 공무원의 건강상
태 등과 같은 사정을 고려하여 징계처분을 하지 않는 결정 사이에 선택권을 갖고(결정재량),
행정기관이 징계처분을 하기로 결정한 경우에도 당해 공무원의 과실의 중대성을 고려하여
징계처분을 내림에 있어서 여러 종류의 징계처분 사이에 선택권을 갖는다(선택재량).

판례는 원칙상 기속행위이지만 예외적으로 중대한 공익을 이유로 인허가를 거부
할 수 있는 행위(기속재량행위 또는 거부재량행위)를 인정하고 있다. 예를 들면, 개발행위
허가를 의제하지 않거나 토지형질변경을 수반하지 않는 **일반 건축허가는 원칙상 거부재
량행위(기속재량행위)**라는 것이 판례의 입장이다(대판 전원합의체 2012. 11. 22, 2010두22962).

판례는 구 약사법상 의약품제조업허가사항변경허가(대판 1985. 12. 10, 85누674), 채광계획인가
(대판 1997. 6. 13, 96누12269 ; 2002. 10. 11, 2001두151), 불법전용산림신고지산림형질변경허가처분(대
판 1998. 9. 25, 97누19564), 구 사설납골당설치허가(대판 1994. 9. 13, 94누3544), 납골당(현행법상 봉안
당)설치신고(대판 2010. 9. 9, 2008두22631), 주유소등록(대판 1998. 9. 25, 98두7503), 건축허가(대판
2009. 9. 24, 2009두8946) 등을 기속재량행위로 보았다.

Ⅱ. 재량과 판단여지의 구분

1. 판단여지의 개념

판단여지라 함은 행정행위의 요건을 이루는 불확정개념의 해석 · 적용에 있어서
이론상 하나의 판단만이 가능한 것이지만, 둘 이상의 판단이 모두 적법한 판단으로
인정될 수 있는 가능성이 있는 것을 말한다(자세한 것은 후술).

2. 재량과 판단여지의 구분

판단여지를 재량과 구별하는 견해와 그 구별을 부인하고 모두 재량의 문제로
보는 견해가 대립하고 있다.

재량과 판단여지는 그 개념, 필요성, 인정근거, 내용, 인정기준 및 범위 등에서
차이가 있으므로 양자를 구별하는 것이 타당하다.

상 이 점	재 량	판단여지
필 요 성	구체적으로 타당한 행정 보장	행정의 책임성·전문성 보장
인정근거	입법자의 수권	입법자의 수권(판단수권설), 법원에 의한 행정의 책임성·전문성의 존중
내 용	행정청의 선택의 자유	행정청의 판단의 여지
인정기준	법률규정, 행위의 성질 및 기본권 관련성, 공익관련성	고도의 전문적·기술적 판단 또는 고도의 정책적 판단
인정범위	효과의 선택	행위요건 중 일정한 불확정개념의 판단

　　또한, 판단여지의 경우에는 명문의 근거가 없는 한 효과를 제한하는 부관을 붙일 수 없지만, 재량행위의 경우에는 효과를 제한하는 부관을 붙일 수 있는 점에서 **구별의 실익**이 있다.

　　판례는 판단여지설의 논리를 일부 수용하면서도 재량권과 판단여지를 구분하지 않고, 판단여지가 인정될 수 있는 경우도 재량권이 인정되는 것으로 본다.

〈판례〉 1. 건설공사를 계속하기 위한 **고분발굴허가**를 재량행위로 본 사례: 건설공사를 계속하기 위한 발굴허가신청에 대하여 그 공사를 계속하기 위하여 부득이 발굴할 필요가 있는지의 여부를 결정하여 발굴을 허가하거나 이를 허가하지 아니함으로써 원형 그대로 매장되어 있는 상태를 유지하는 조치는 허가권자의 재량행위에 속한다. …… 행정청이 매장문화재의 원형보존이라는 목표를 추구하기 위하여 문화재보호법 등 관계 법령이 정하는 바에 따라 내린 **전문적·기술적 판단**은 특별히 다른 사정이 없는 한 이를 최대한 존중하여야 한다(대판 2000. 10. 27, 99두264).

2. **교과서검정**의 위법성에 대한 **판단기준**: 교과서검정이 고도의 학술상, 교육상의 전문인 판단을 요한다는 특성에 비추어 보면, 교과용 도서를 검정함에 있어서 법령과 심사기준에 따라서 심사위원회의 심사를 거치고, 또 검정상 판단이 사실적 기초가 없다거나 사회통념상 현저히 부당하다는 등 현저히 재량권의 범위를 일탈한 것이 아닌 이상 그 검정을 위법하다고 할 수 없다(대판 1988. 11. 8, 86누618 ; 1992. 4. 24, 91누6634).

3. 공무원 임용을 위한 면접전형에서 **임용신청자의 능력이나 적격성** 등에 관한 판단은 면접위원의 고도의 교양과 학식, 경험에 기초한 자율적 판단에 의존하는 것으로서 오로지 **면접위원의 자유재량**에 속하고, 그와 같은 판단이 현저하게 재량권을 일탈·남용하지 않은 한 이를 위법하다고 할 수 없다(대판 2008. 12. 24, 2008두8970).

　　판례는 요건 판단에도 재량을 인정한다.

〈판례〉 국토의 계획 및 이용에 관한 법률상 개발행위허가는 허가기준 및 금지요건이 불확정 개념으로 규정된 부분이 많아 그 요건에 해당하는지 여부는 행정청의 재량판단의 영역에 속한다 (대판 2021. 3. 25, 2020두51280).

Ⅲ. 재량행위와 기속행위의 구별

1. 재량행위와 기속행위의 개념

재량행위라 함은 행정결정에 있어 행정청에게 선택의 자유가 인정되는 행정행위를 말한다.

이에 대하여 기속행위라 함은 행정행위의 요건 및 법적 결과(효과)가 일의적으로 명확하게 규정되어 있어서 법을 집행함에 있어서 행정청에게 어떠한 선택의 자유도 인정되지 않고 법을 기계적으로 적용하는 행정행위를 말한다.

2. 재량행위와 기속행위의 구별실익

(1) 행정소송에 있어서의 구별실익

재량행위는 재량권의 한계를 넘지 않는 한(재량권의 행사에 일탈 또는 남용이 없는 한) 재량을 그르친 경우에도 위법한 것이 되지 않고 부당한 행위가 되는 데 불과하므로 재량권의 한계를 넘지 않는 한 법원에 의해 통제되지 않는다. 이에 반하여 기속행위에 있어 행정권 행사에 잘못이 있는 경우에 위법한 행위가 되므로 기속행위에 대한 법원의 통제에는 그러한 제한이 없고, 전면적 통제가 행해진다.

재량행위와 기속행위는 계쟁행위에 대한 사법심사방식에 구별실익이 있다. 기속행위 및 기속재량행위에 있어서 법원은 행정청의 판단과 결정 모두를 심사대상으로 하여 행정청의 판단이 법원의 판단과 다른 경우 법원의 판단을 행정청의 판단에 대체하여 행정청의 행위를 위법한 것으로 판단할 수 있다(완전심사 및 판단대체방식). 그러나, 재량행위에 있어서는 행정청의 판단이 공익판단인 경우에는 재량권의 일탈·남용이 있거나 행정청의 판단이 심히 부당한 경우가 아닌 한 법원은 해당 행정청의 결정을 위법하다고 판단할 수 없다(제한심사방식). 판단여지에 있어서는 행정청의 판단이 심히 부당한 경우가 아니면 행정청의 판단은 존중되어야 한다.

판례에 따르면 '환경오염 발생 우려'와 같이 장래에 발생할 불확실한 상황과 파급효과에 대한 예측이 필요한 요건에 관한 행정청의 재량적 판단은 내용이 현저히 합리성을 결여하였다거나 상반되는 이익이나 가치를 대비해 볼 때 형평이나 비례의 원칙에 뚜렷하게 배치되는 등의 사정이 없는 한 폭넓게 존중될 필요가 있다(대판 2017. 10. 31, 2017두46783).

(2) 부관과의 관계

재량행위의 경우에는 법률의 명시적 근거가 없는 경우에도 재량권의 범위 내에서 행정행위의 법률효과를 일부 제한하거나 상대방에게 특별한 부담을 지우는 부관을 붙일 수 있지만, 기속행위 및 기속재량행위의 경우에는 법상 요건이 충족되면 일정한 행위를 하여야 하므로 행위요건의 일부가 충족되지 않은 경우에 법령에 특별한 근거가 없는 한 그 요건의 충족을 조건으로 하는 부관만을 붙일 수 있을 뿐 행위의 효과를 제한하는 부관을 붙일 수 없는 점에서 기속행위와 재량행위를 구별할 실익이 있다.

(3) 요건의 충족과 효과의 부여

행정청은 기속행위에 있어서는 요건이 충족되면 반드시 법에 정해진 효과를 부여하여야 하지만, 재량행위에 있어서는 요건이 충족되어도 공익과의 이익형량을 통하여 법에 정해진 효과를 부여하지 않을 수도 있다. 기속재량행위의 경우에는 거부처분을 할 중대한 공익상 필요가 없는 한 요건을 충족하면 신청에 따른 허가 등 처분을 하여야 한다.

또한, 경원관계(인·허가 등의 수익적 행정처분을 신청한 자가 복수로서 서로 경쟁관계에 있고, 일방에 대한 허가 등의 처분이 타방에 대한 불허가로 귀결될 수밖에 없는 관계)에 있어 기속행위의 경우 선원주의(먼저 허가요건을 갖추어 신청한 자에게 허가를 해 주어야 한다는 원칙)가 적용되지만, 특허 등 재량행위의 경우에는 선원주의가 적용되지 않고 가장 적정하게 공익을 실현할 수 있는 자에게 효과가 부여된다.

요건을 갖추지 못한 경우에는 기속행위뿐만 아니라 재량행위에서도 요건충족적 부관부 행정행위를 할 수 있는 경우를 제외하고는 거부처분을 하여야 한다(대판 2018. 12. 13, 2016두31616).

3. 재량행위와 기속행위의 구별기준

① 재량행위와 기속행위의 구별에 있어 **법률규정이 일차적 기준**이 된다. 왜냐하면 재량권은 입법권에 의해 행정기관에 부여되는 것이기 때문이다. 다만, 법률규정의 문리적 표현뿐만 아니라 관련규정, 입법취지 및 입법목적을 아울러 고려하여야 한다.

법률에서 효과규정을 '행정청은 … 할 수 있다'라고 규정하고 있는 경우에는 원칙적으로 재량행위이고, '행정청은 … 하여야 한다'라고 규정하고 있는 경우에는 원칙적으로 기속행위이다.

② **법률규정만으로 재량행위인지 기속행위인지 판단할 수 없는 경우**에는 법률규정의 표현뿐만 아니라 입법목적 및 입법취지를 고려하고 아울러 다음과 같이 문제된 행위의 성질, 기본권 관련성 및 공익관련성을 함께 고려하여야 한다.

i) 일반적으로 불법행위에 대한 제재조치는 재량행위에 친숙한 행위이다. 그러나 예외적으로 해당 제재조치를 기속행위로 규정하는 경우도 있다. 실제로 중대한 법규 위반의 경우 취소하여야 하는 것으로 규정하고 있는 경우가 있다.

ii) 새로이 권리를 설정하여 주는 특허는 재량행위로 해석될 가능성이 있는 반면에 인간이 본래 가지고 있는 자연적 자유의 회복을 내용으로 하는 허가는 기속행위로 해석될 가능성이 크다. 왜냐하면 허가의 요건이 충족된 경우에도 허가를 해주지 않는 것은 신청자의 자연적 자유를 부당하게 제한하는 결과가 되기 때문이다. 이에 반하여 특허에 있어서는 공익의 실현을 고려하여야 하므로 통상 재량행위로 보아야 한다. 허가의 경우도 환경보호, 문화재보호 등 이익을 형량하여야 하는 경우에는 그 한도 내에서 기속재량행위 또는 재량행위로 볼 수 있다(대판 2007. 6. 15, 2005두9736).

iii) 자유권 등 국민의 중대한 기본권이 관련되는 경우에는 기속행위 쪽으로 해석하여야 한다. 예를 들면, 관련 기본권의 중대성에 비추어 난민인정은 설권적 행위이지만 기속행위로 보는 것이 타당하다.

iv) 요건규정이 공백규정이거나 공익만이 요건으로 규정되어 있는 경우에는 행정청에게 재량(효과재량)이 인정된다고 보는 것이 타당하다. 그러나, 공익목적만이 요건으로 되어 있는 경우에도 관련규정 및 입법목적을 고려할 때 법개념인 행정의 중간목적이 특정될 수 있을 때에는 행정재량은 인정될 수 없다. 예를 들면, 경찰작용은 질서유지만을 목적으로 하여 행사된다. 따라서 경찰법규에서 공익목적만을 행위의 요건으로 규정하고 있는 경우에도 경찰권의 행사는 질서가 침해될 우려(개연성)가 있거나 침해된 경우(중대한 기본권(예, 집회·시위의 자유, 표현의 자유)이 제한되는 경우에는 질서에 대한 명백한 위험이 있는 경우)에 한하여 발동될 수 있고 질서의 침해 여부의 판단에는 재량이 인정될 수 없다. 경찰권의 발동에는 재량이 인정된다.

〈판례〉 집회신고를 하지 아니하였다는 이유만으로 옥외집회 또는 시위를 헌법의 보호 범위를 벗어나 개최가 허용되지 않는 집회 내지 시위라고 단정할 수 없다. 따라서 집회 및 시위에 관한 법률(이하 '집시법'이라고 한다) 제20조 제1항 제2호가 미신고 옥외집회 또는 시위를 해산명령 대상으로 하면서 별도의 해산 요건을 정하고 있지 않더라도, 그 옥외집회 또는 시위로 인하여 타인의 법익이나 공공의 안녕질서에 대한 직접적인 위험이 명백하게 초래된 경우에 한하여 위 조항에 기하여 해산을 명할 수 있고, 이러한 요건을 갖춘 해산명령에 불응하는 경우에만 집시법 제24조 제5호에 의하여 처벌할 수 있다고 보아야 한다(대판 2012. 4. 19, 2010도6388).

v) 법령상 요건의 인정이나 효과의 선택에 있어 이익형량이 예정되어 있는 경우에 행정기관에게 재량권이 인정되고 있는 것으로 해석될 수 있다.

vi) 인허가요건이 아니라 인허가기준을 열거하여 정하고 있는 경우에는 그 인허가기준을 종합적으로 고려하여 이익형량을 거쳐 인허가를 하라는 것이므로 통상 그 해당 인허가(예, 개발행위허가)는 재량행위로 볼 여지가 크다.

③ 주된 인허가가 기속행위라도 의제되는 인허가 중 일부가 재량행위이면 그 주된 인허가는 재량행위가 된다.

Ⅳ. 재량권 행사의 방식

행정청은 재량이 있는 처분을 할 때에는 관련 이익을 정당하게 형량하여야 하며, 그 재량권의 범위를 넘어서는 아니 된다(행정기본법 제21조).

재량권이 인정된 취지(행정의 대상이 되는 사실의 다양성을 고려하여 구체적인 상황에 맞는 합목적적이고 구체적 타당성 있는 행정권의 행사가 가능하도록 하기 위한 것)에 비추어 행정권은 재량권을 행사함에 있어서 적극적으로 구체적 사정을 고려하여 합목적적인 처분을 행하고 개개인에 대하여 구체적 타당성있는 처분을 내려야 한다. 재량준칙이 존재하는 경우 특별한 이유 없이 재량준칙에 위반하여 상대방에게 불리한 처분을 내리면 그 처분은 평등원칙에 위반하는 결과가 되어 위법하게 되지만, 특별한 사정이 있는 경우에는 예외적으로 재량준칙을 적용하지 않을 수 있고, 재량준칙과 다른 처분을 하여야 하는 경우도 있을 수 있다.

Ⅴ. 재량권의 한계

재량처분이 적법하기 위해서는 처분사유가 존재하고, 재량권의 일탈·남용이 없어야 한다.

행정청에 재량권이 부여된 경우에도 재량권은 무한정한 것은 아니며 일정한 법적 한계가 있다. 재량권이 이 법적 한계를 넘은 경우에는 그 재량권의 행사는 위법한 것이 된다. 재량권의 한계는 **재량권의 일탈 또는 남용**을 말한다.

재량권의 일탈이란 재량권의 외적 한계(즉, 법적·객관적 한계)를 벗어난 것을 말하고, **재량권의 남용**이란 재량권의 내적 한계, 즉 재량권이 부여된 내재적 목적을 벗어난 것을 의미한다. 다만, 판례는 재량권의 일탈과 재량권의 남용을 명확히 구분하지 않고 재량권의 행사에 '재량권의 일탈 또는 남용'이 없는지 여부를 판단한다. 또한 재량권의 한계가 재량권의 일탈에 속하는지 재량권의 남용에 속하는지를 판단할 실익도 없다. 어떠한 재량권의 한계이든지 위반하게 되면 그 재량권 행사는 위법하게 된다.

재량권의 한계를 넘은 재량권 행사에는 법규정의 위반, 사실오인, 평등원칙 위반, 자기구속의 원칙 위반, 비례원칙 위반, 절차 위반, 재량권의 불행사 또는 해태, 목적 위반 등이 있다.

1. 법규정 위반

법령이 재량권을 부여함에 있어 직접 재량권의 일정한 한계를 정하는 경우가 있고 이 경우에 이 법령상의 한계를 넘는 재량처분은 위법하다.

예를 들면, 법이 행정법규 위반에 대하여 영업허가취소 또는 6개월 이내의 영업정지처분을 내릴 수 있는 것으로 재량권을 부여한 경우에 당사자의 법규 위반이 매우 중대한 것이라 하더라도 취소하면 적법할 수 있는 경우에도 1년의 영업정지처분을 내리는 것은 위법하다.

절차법규정이 있는 경우에 그 절차법규정을 위반한 경우에는 절차의 위법이 있는 처분이 된다.

2. 사실오인

사실의 존부에 대한 판단에는 재량권이 인정될 수 없으므로 사실을 오인하여 재량권을 행사한 경우에 그 처분은 위법하다(대판 2001. 7. 27, 99두2970).

3. 평등원칙 위반

처분 자체만으로는 재량권의 범위를 넘지 않았지만 평등원칙에 위반되면 위법한 재량권 행사가 된다.

재량준칙의 간접적 구속력을 인정하는 견해에 의하면 재량준칙이 정하여진 경우에 합리적 이유 없이 그 재량준칙을 따르지 않고 당사자에게 불리한 처분을 하면 그 처분은 평등원칙 위반으로 위법하다. 재량준칙이 정하여진 경우에도 재량준칙을 적용하는 것이 불합리한 특별한 사정이 있는 경우에는 재량준칙을 따르지 않을 수 있고, 재량준칙을 그대로 적용하여 당사자에게 불리한 처분을 하면 그 재량처분은 위법하다.

4. 자기구속의 원칙 위반

행정관행이 존재하는 경우에 행정관행과 다른 재량권 행사는 특별한 사정이 없는 한 자기구속의 원칙에 반한다(전술 자기구속의 원칙 참조).

5. 비례원칙 위반

비례원칙은 모든 국가작용에 적용되는 헌법상의 법원칙이지만 특히 재량권 행사의 통제에 있어서 중요한 수단이 된다. 예를 들면, 일반적으로 제재처분은 법령에 의해 재량행위로 규정되어 있는데 위법한 행위를 이유로 제재처분을 가하는 경우 해당 제재처분의 목적과 제재처분 사이 또는 법 위반의 정도와 제재처분 사이에 현저히 비례관계를 잃은 경우에는 당해 제재처분은 비례의 원칙에 반하는 위법한 처분이 된다.

수 개의 징계사유 중 일부가 인정되지 않더라도 인정되는 다른 일부 징계사유만으로도 당해 징계처분의 타당성을 인정하기에 충분한 경우에는 그 징계처분은 위법하지 아니하다(대판 2002. 9. 24, 2002두6620 ; 2004. 3. 25, 2003두1264).

6. 절차 위반

이해관계인의 의견진술 등 절차가 법률에 의해 명시적으로 규정된 경우에 그 절차를 거쳐야 하며 법률에 명시적인 규정이 없다 하더라도 헌법원칙인 적법절차의 원칙에 반하는 처분은 절차 위반만으로 위법한 처분이 된다.

7. 재량권의 불행사 또는 재량의 해태

재량권을 행사하지 않거나 재량을 해태한 경우에 재량행위는 위법한 처분이 된다.

재량권의 불행사란 재량권을 행사함에 있어 고려하여야 할 구체적 사정을 전혀 조사·고려하지 않은 경우를 말한다. 예를 들면, 행정법규를 위반한 영업에 대하여 영업허가를 취소 또는 정지할 수 있다고 규정되어 있는데 그러한 위반에 대하여는 영업허가를 취소하여야 하는 것으로 오인하고 법규 위반의 정도, 위반사유 및 상대방의 이해관계를 조사·고려함이 없이 영업허가를 취소한 경우 그 취소처분은 재량권을 불행사한 것으로 위법이 된다.

재량의 해태란 재량권을 행사함에 있어 고려하여야 하는 구체적 사정에 대한 고려를 하였지만 충분히 조사·고려하지 않은 경우를 말한다. 예를 들면, 재량권 행사 시 고려하여야 하는 관계 이익(공익 및 사익)을 충분히 고려하지 않은 경우를 말한다.

재량권 불행사 및 해태는 그 자체로서 재량권의 일탈·남용에 해당한다(대판 2019. 7. 11, 2017두38874). **판례**에 따르면 행정청이 제재처분 양정을 하면서 공익과 사익의 형량을 전혀 하지 않았거나 이익형량의 고려대상에 마땅히 포함하여야 할 사항을 누락한 경우에는 해당 제재처분은 재량권을 일탈·남용한 것이라고 보아야 한다. 또한, 제재처분의 감경사유를 전혀 고려하지 않거나 그 사유에 해당하지 않는다고 오인한 나머지 감경하지 아니하였다면 해당 제재처분은 재량권을 일탈·남용한 위법한 처분이지만, 감경사유를 고려하고도 법령상 기준에 따라 감경없이 제재처분을 한 것만으로는 재량권의 일탈·남용이 되지 않는다(대판 2016. 8. 29, 2014두45956[영업정지처분취소등]).

'재량권 불행사의 하자'로 거부처분을 취소하는 판결이 확정되면, 피고 행정청은 취소판결의 취지에 따라 그 하자를 보완하여 원고의 신청에 대하여 다시 처분을 하여야 한다(행정소송법 제30조 제1항, 제2항).

8. 목적 위반

행정권의 행사가 법률에서 정한 목적과 다르게 행사된 경우에 재량처분은 위법하게 된다. 재량권이 사적 목적 내지 불법한 동기에 의해 행사된 경우에 재량행위가 위법하게 된다는 데에 이견이 없다.

문제는 행정권이 법률에 의해 주어진 목적과 다른 공익목적으로 행사된 경우에 행정권의 행사가 위법인가이다. 행정권이 주어진 목적과 실체적 관련이 없는 전혀 다른 목적으로 행사된 경우에는 공익목적을 위하여 행사된 경우에도 재량권을 남용한 것으로 위법한 것으로 보아야 한다.

9. 명백히 불합리한 재량권 행사

재량권의 행사가 명백히 불합리한 경우(사회통념상 현저하게 타당성을 잃은 경우)에 해당 재량권 행사는 위법하다고 보아야 한다.

10. 전문적·기술적 판단 및 정책재량 등에 대한 신중한 통제

처분에 전문성·기술성·자율성·정책성 또는 강한 공익성 등이 있는 경우 재량권 일탈·남용의 인정을 신중히 하여야 한다는 것이 **판례**의 입장이다(대판 2019. 2. 28, 2017두71031: 문화재의 보존을 위한 사업인정 등 처분 ; 2019. 1. 10, 2017두43319: 민간공원조성계획 입안 제안을 받은 행정청이 제안의 수용 여부를 결정하는 데 필요한 심사기준 등을 정하고 그에 따라 우선협상자를 지정하는 것).

또한, '환경오염 발생 우려'와 같이 장래에 발생할 불확실한 상황과 파급효과에

대한 예측이 필요한 요건에 관한 행정청의 재량적 판단은 그 내용이 합리성이 없거
나 상반되는 이익과 가치를 대비해 볼 때 형평과 비례의 원칙에 뚜렷하게 배치되지
않는 한 폭넓게 존중되어야 한다(대판 2018. 4. 12, 2017두71789).

Ⅵ. 재량권에 대한 통제

재량권의 행사에 대한 통제로는 입법적 통제, 행정적 통제와 사법적 통제가
있다.

의회는 필요 이상으로 과도한 재량권이 행정권에게 주어지지 않도록 법률을
제정하여야 할 것이다.

상급행정청은 하급행정청의 위법한 재량권 행사뿐만 아니라 부당한 재량권 행
사에 대하여도 취소 또는 변경을 요구하는 등 통제를 가할 수 있다.

재량행위에 대하여 취소소송이 제기되어 재량권의 일탈·남용이 다투어지는
경우에 법원은 재량권의 일탈 또는 남용이 없는지 여부에 관하여 본안심사를 하여
재량권의 일탈 또는 남용이 있으면 취소판결을 내리고, 재량권의 일탈·남용이 없
으면 각하판결을 하는 것이 아니라 기각판결을 한다.

재량권의 일탈 또는 남용으로 손해를 입은 국민은 국가배상을 청구할 수 있다. 다
만, 이 경우에 공무원의 과실을 별도로 입증하여야 국가배상책임이 인정된다.

Ⅶ. 재량축소

1. 재량축소의 의의와 내용

이익형량의 원칙상 재량이 축소되는 경우가 있다. 예를 들면, 국민의 권익 보
호를 위해 결정재량은 없어지고, 선택재량만 남는 경우가 있을 수 있다. 또한, 선택
재량만 있는 경우에도 국민의 권익 보호를 위해 법령상의 선택재량이 일부 축소되
어 인정될 수 있다.

2. 재량권의 영으로의 수축

전술한 바와 같이 일정한 경우에 재량권이 영으로 수축하게 된다(68면 참조). 이
경우에 행정청은 재량권을 갖지 못하며 특정한 행위를 하여야 할 의무를 지게 되
고, 재량행위에 있어서 국민이 가지는 권리인 무하자재량행사청구권은 행정행위발
급청구권이나 행정개입청구권으로 전환된다.

Ⅷ. 판단여지

1. 불확정개념과 판단여지

법률이 행위의 요건을 규정함에 있어서 개념상으로 명확한 확정개념을 사용하는 경우도 있지만 많은 경우에 불확정개념을 사용하고 있다.

불확정개념이란 그 개념 자체로서는 그 의미가 명확하지 않고 해석의 여지가 있는 개념을 말한다. '공공의 안녕과 질서', '중대한 사유', '식품의 안전', '환경의 보전' 등을 그 예로 들 수 있다.

판단여지라 함은 요건을 이루는 불확정개념의 해석·적용에 있어서 이론상 하나의 판단만이 가능한 것이지만, 둘 이상의 판단이 모두 적법한 판단으로 인정될 수 있는 가능성이 있는 것을 말한다.

일반적으로 불확정개념은 법개념(법원에 의해 논리법칙 또는 경험법칙에 따라 그 개념이 일의적으로 해석될 수 있는 개념)으로 본다. 따라서 행정기관이 불확정개념으로 된 행위의 요건을 판단함에 있어 재량권을 가질 수는 없다.

다만, 일정한 경우에 행정기관이 불확정개념을 해석·적용함에 있어 둘 이상의 상이한 판단이 행해질 수 있는 경우 중 행정기관에게 판단여지가 인정되는 경우가 있다고 보고 행정기관에게 판단여지가 인정되는 경우에는 판단의 여지 내에서 이루어진 행정기관의 판단은 법원에 의한 통제의 대상이 되지 않는다고 본다. 법원은 행정기관이 판단의 여지 내에서 내린 결정을 수용하여야 한다. 이러한 수장을 하는 학설을 **판단여지설**이라 한다.

2. 판단여지의 인정근거

판단여지를 인정하여야 하는 근거는 다음과 같다. ① 독일의 다수설인 판단수권설에 의하면 행정청의 판단여지는 입법자의 수권에 따른 판단수권이라고 한다. ② 불확정개념이 여러 상이한 가치판단을 허용한 것으로 해석될 경우 행정은 법원보다 전문성을 가지고 있고, 구체적인 행정문제에 보다 책임을 지고 있으므로 법원은 행정기관의 전문성과 책임성을 존중하여 행정기관의 판단을 존중하여야 한다.

3. 판단여지의 인정범위 및 인정기준

판단여지는 행정행위의 요건 중 일정한 불확정개념의 판단에서 인정된다. 판단여지는 주로 비대체적 결정의 영역, 구속적 가치평가의 영역, 예측결정의 영역, 정책적 결정의 영역(외국인의 체류갱신허가의 필요성 판단), 고도의 전문성이 요구되는 영역(예, 사전배려원칙의 적용요건으로서의 위험의 과학적 불확실성의 판단) 등에서 인정된다.

판단여지는 고도로 전문적이고 기술적인 판단이나 고도로 정책적인 판단에 속하는 불확정개념의 적용에 한하여 인정된다. 시험의 경우에서와 같이 다시 실시할 수 없다는 점도 판단여지 인정에 있어 고려사항이 된다.

4. 판단여지의 법적 효과 및 한계

판단의 여지가 인정되는 범위 내에서 내려진 행정청의 판단은 법원에 의한 통제의 대상이 되지 않는다. 달리 말하면 판단의 여지가 인정되어 가능한 복수의 판단이 존재하는 경우 행정청이 그중 하나를 신중하게 판단하여 선택한 경우에는 그 행정기관의 판단은 법원에 의해 배척될 수 없고 그 판단에 기초하여 내려진 행정행위는 위법한 처분이 되지 않는다.

다만, 판단여지가 인정되는 경우에도 명확히 법을 위반하거나 사실의 인정을 잘못했거나 객관적인 기준을 위반하는 것은 위법이 된다. 또한 명백히 판단을 잘못한 경우에도 위법이 된다고 보아야 한다.

제 4 절 행정행위의 법적 효과의 내용

법률행위적 행정행위는 법률효과의 내용에 따라 명령적 행위와 형성적 행위로 구분된다.

명령적 행위는 인간이 본래 가지는 자연적 자유를 규율하는 행위(하명, 허가, 면제)인 반면에 형성적 행위는 상대방에게 권리나 능력을 창설하는 행위(특허, 인가, 공법상 대리행위)라는 점에서 양자를 구분하고 있다.

준법률행위적 행정행위는 법률효과의 내용에 따라 확인행위, 공증행위, 통지행위, 수리행위로 구분된다.

I. 법률행위적 행정행위

1. 명령적 행위

명령적 행위는 하명, 허가와 면제로 구분된다. 다만 최근에 허가(특히 영업허가)를 명령적 행위로 분류하고 특허(특히 공기업 특허)를 형성적 행위로 분류하여 허가와 특허를 구분하는 것에 대하여는 비판이 제기되고 있다.

(1) 하   명

하명이란 행정청이 국민에게 공법상 의무(작위, 부작위, 급부 또는 수인의무)를 명(命)하는 행정행위를 말한다. 이 중 부작위의무를 명하는 행위를 금지라 한다.

법령규정 자체에 의해 직접 하명의 효과(구체적인 의무)가 발생하는 경우가 있는데, 그 법령규정을 **법규하명**이라 한다. 법규하명은 처분성을 가지므로 명령의 형식을 취하는 경우 항고소송의 대상이 되고, 법률의 형식을 취하는 경우(예, 이륜자동차에 대한 고속도로 등 통행금지를 명하는 도로교통법 제58조) 헌법소원의 대상이 된다(헌재 2007. 1. 17, 2005헌마1111, 2006헌마18). 법규하명은 엄밀한 의미의 하명(행정행위인 하명)이 아니다.

하명의 내용에 따라 상대방에게 일정한 공법상 의무가 발생한다. **작위하명**에 의해서는 상대방에게 일정한 행위를 적극적으로 행하여야 할 의무가 생기고, **부작위하명**에 의해서는 일정한 행위를 하지 않을 의무가 생기고, **급부하명**에 의해서는 일정한 급부를 하여야 할 의무가 생기고, **수인하명**에 의해서는 행정청에 의한 강제를 감수하고 이를 수인할 의무가 생긴다.

하명에 의해 부과된 의무를 이행하지 않는 자에 대해서는 행정상강제집행이 행해지고, 하명에 의해 부과된 의무를 위반한 때에는 행정벌이 과하여진다. 그러나 원칙상 하명에 위반하여 행해진 행위의 사법상(私法上)의 효력이 부인되지는 않는다. 예를 들면, 방문판매가 금지되는 경우에 방문판매를 한 자는 처벌받지만 판매행위는 유효하다. 다만, 하명위반에 대한 처벌만으로는 하명의 목적을 달성할 수 없을 때에는 법률이 처벌과 함께 행위 자체를 무효로 규정하는 경우가 있다.

(2) 허   가

1) 허가의 개념

허가라 함은 법령에 의한 자연적 자유에 대한 일반적인 상대적 금지(허가조건부 금지)를 일정한 요건을 갖춘 경우에 해제하여 일정한 행위를 적법하게 할 수 있게 하는 행정행위를 말한다. 영업허가, 건축허가, 어업허가, 주류판매업면허, 기부금품모집허가, 운전면허가 대표적인 예이다.

허가는 학문상의 개념이다. 허가라는 개념은 실정법상으로도 사용되나 허가 이외에 면허, 인허, 승인 등의 용어가 실무상 사용되고 있다. 또한 실정법상 사용되는 허가라는 용어 중에는 학문상의 특허(예, 광업허가) 또는 인가(예, 토지거래허가)에 해당하는 것도 있다.

2) 허가의 법적 성질

종래의 통설을 따르는 견해는 허가는 권리를 설정하여 주는 행위가 아니라 인간이 본래 가지고 있는 자연적 자유를 회복시켜 주는 것에 불과한 것으로 하명과 같이 자연적 자유를 대상으로 하는 행위이므로 형성적 행위가 아니라 하명과 함께 명령적 행위에 해당한다고 보고 있다.

이에 대하여 오늘날에는 허가도 형성적 행위라고 보는 견해가 유력하다. 즉, 허가는 단순히 자연적 자유를 회복시켜 주는 데 그치는 것이 아니라 적법하게 일정한 행위를 할 수 있는 법적 지위를 창설하여 주는 형성적 행위라고 본다. 이 견해가 타당하다. 다만, 허가를 형성적 행위라고 보더라도 허가는 특허와 달리 새로운 권리를 창설하여 주는 것이 아니라 상대방이 본래 가지고 있던 일정할 행위를 할 수 있는 자유를 회복시켜 주는 것을 내용으로 한다는 점에서는 허가와 특허를 구별하여야 한다.

허가는 법령에 특별한 규정이 없는 한 기속행위라고 보아야 한다. 그 이유는 허가는 인간의 자유권을 공익목적상 제한하고 일정한 요건을 충족시키는 경우에 회복시켜 주는 행위이므로 허가요건을 충족하였는데도 허가를 거부하는 것은 정당한 사유 없이 헌법상 자유권을 제한하는 것이 되므로 허용되지 않는다고 보아야 하기 때문이다. 다만, 허가의 요건이 불확정개념으로 규정되어 있는 경우에 행정청에게 판단여지가 인정될 수 있는 경우가 있다.

예외적으로 원칙상 기속행위이지만, 예외적으로 심히 중대한 공익상 필요가 있는 경우 거부할 수 있는 기속재량행위인 허가(예, 건축허가)가 있고, 근거법령내지 관계법령의 규정에 비추어 허가시 중대한 공익(환경의 이익 등)의 고려가 필요하여 이익형량이 요구되는 경우에 허가는 재량행위이다(예, 토지형질변경허가).

〈판례〉 1. 식품위생법상 대중음식점영업허가는 성질상 일반적 금지에 대한 해제에 불과하므로 허가권자는 허가신청이 법에서 정한 요건을 구비한 때에는 허가하여야 하고 관계법규에서 정하는 제한사유 이외의 사유를 들어 허가신청을 거부할 수 없다(대판 1993. 5. 27, 93누2216).
2. 기부금품모집허가의 법적 성질이 강학상의 허가라는 점을 고려하면, 기부금품 모집행위가 같은 법 제4조 제2항의 각 호의 사업에 해당하는 경우에는 특별한 사정이 없는 한 그 모집행위를 허가하여야 하는 것으로 풀이하여야 한다(대판 1999. 7. 23, 99두3690).
3. 판례는 산림형질변경허가(대판 1997. 9. 12, 97누1228), 산림훼손허가(대판 1997. 9. 12, 97누1228 ; 2000. 7. 7, 99두66), 토지형질변경허가(대판 1999. 2. 23, 98두17845), 입목의 벌채·굴채허가(대판 2001. 11. 30, 2001두5866)를 재량행위로 해석하고 있다.

법령에서 허가를 재량행위로 규정하고 있는 경우(예, 건축법 제11조 제4항)가 있다. 또한, 주된 인·허가가 기속행위이더라도 허가에 의해 의제되는 인·허가가 재량행위인 경우에는 주된 인·허가의 결정이 재량결정이 되는 것으로 보아야 한다 (대판 2002. 10. 11, 2001두151).

3) 허가의 효과

① 자유권의 회복: 허가가 주어지면 금지가 해제되고 본래 가지고 있던 자유권이 회복된다. 그리하여 허가를 받은 자는 적법하게 일정한 행위(영업 또는 건축)를 할 수 있게 된다.

② 이익의 향유: i) 허가를 받으면 상대방은 적법하게 허가의 대상이 된 일정한 행위를 할 수 있는 권리 내지 법률상 이익을 향유하게 된다. 따라서 정당한 사유 없이 철회를 당한 경우에는 취소소송을 통하여 철회의 취소를 청구할 수 있다. ii) 일반적으로 말하면 허가로 인하여 누리는 영업상 이익은 원칙상 반사적 이익에 불과하다. 왜냐하면 허가제도를 설정하는 법규정은 공익(질서유지 등)의 달성을 목적으로 하고 있을 뿐 허가를 받은 자의 경제적인 영업상의 이익을 보호하고 있다고 볼 수 없기 때문이다. 다만, 허가요건규정이 공익뿐만 아니라 개인의 이익도 보호하고 있다고 해석되는 경우 허가로 인한 이익은 법적 이익이 된다. 예를 들면, 허가요건 중 거리제한 또는 영업구역제한 규정이 두어지는 경우에 이 거리제한 또는 영업구역제한 규정에 의해 기존업자가 독점적 이익을 누리고 있는 경우에 그 이익은 법률상 이익에 해당하는 것으로 인정될 수 있는 경우가 있다(대판 1988. 6. 14, 87누873).

③ 허가가 있으면 해당 허가의 대상이 된 행위에 대한 금지가 해제될 뿐 타법에 의한 금지까지 해제되는 것은 아니다. 예를 들면, 공무원이 영업허가를 받아도 공무원법상의 금지는 여전히 행해진다.

4) 무허가행위의 효과

무허가행위는 위법한 행위가 되고 통상 법률에서 그에 대하여 행정형벌을 부과한다. 그러나, 해당 무허가행위의 사법상(私法上)의 법적 효력이 부인되는 것은 아니다. 다만, 처벌만으로는 무허가행위를 막을 수 없다고 보이는 경우에 법률에서 처벌 이외에 무허가행위를 무효로 규정하는 경우가 있다.

5) 예외적 승인(허가)

예외적 허가란 사회적으로 바람직하지 않은 일정 행위를 법령상 원칙적으로 금지하고 예외적인 경우에 이러한 금지를 해제하여 해당 행위를 적법하게 할 수 있게 하여 주는 행위를 말한다.

그 예로는 공익사업을 위한 토지 등의 취득 및 보상에 관한 법률 제9조상의 타인의 토지에

의 출입허가, 교육환경법(구 학교보건법) 제9조 단서의 상대보호구역(구 학교환경위생정화구역) 내 금지해제조치(대판 1996. 10. 29, 96누8253), 개발제한구역 내의 건축허가나 용도변경(대판 2001. 2. 9, 98두17593), 사행행위영업허가 등을 들 수 있다.

예외적 허가는 사회적으로 바람직하지 않은 일정한 행위를 공익상 원칙적으로 금지하고 그 금지목적을 해하지 않는 한도 내에서 예외적으로 허가하는 것이므로 원칙상 재량행위이다.

(3) 면   제

면제라 함은 법령에 의해 정해진 작위의무, 급부의무 또는 수인의무를 해제해 주는 행정행위를 말한다. 예를 들면, 예방접종면제를 들 수 있다.

2. 형성적 행위

형성적 행위라 함은 상대방에게 특정한 권리, 능력, 법률상의 지위 또는 포괄적 법률관계 기타 법률상의 힘을 발생, 변경 또는 소멸시키는 행위를 말한다.

형성적 행위는 특허, 인가, 대리행위로 나누어진다.

(1) 특   허

1) 의   의

특허라 함은 상대방에게 직접 권리, 능력, 법적 지위, 포괄적 법률관계를 설정하는 행위를 말한다.

권리를 설정하는 행위의 예로는 특허기업의 특허(버스운송사업면허, 국제항공운송사업면허, 통신사업허가, 폐기물처리업허가 등), 광업허가, 도로점용허가(도로의 일부에 대한 특별사용(배타적 사용)의 허가), 공유수면점용·사용허가, 어업면허 등을 들 수 있고, 능력을 설정하는 예로는 행정주체 또는 공법인으로서의 지위를 설립하거나 부여하는 행위(예, 재건축정비조합설립인가)를 들 수 있고, 포괄적 법률관계를 설정하는 예로는 공무원임명, 귀화허가를 들 수 있다. 이 중에서 권리를 설정하는 행위를 **협의의 특허**라 한다.

특허란 학문상의 개념이다. 실정법에서는 허가 또는 면허라는 용어를 사용한다. 특허법상의 특허는 학문상의 특허가 아니고 준법률행위적 행정행위의 하나인 확인행위이다.

2) 특허의 성질

특허는 상대방에게 권리 등을 설정하여 주는 행위이므로 **형성적 행위**이다. 특허는 허가와 달리 상대방이 본래 가지고 있지 않았던 권리 등을 새롭게 설정해 준다.

특허는 상대방에게 권리나 이익을 새로이 설정하는 형성적 행위이고, 특허에 있어서는 공익목적의 효과적인 달성을 고려하여야 하므로 **원칙상 재량행위**로 본다. 다만, 법령상 특허를 기속행위로 규정할 수도 있다. 또한, 특허의 요건규정이 불확정 개념으로 규정되어 있는 경우가 많은데 그중에서 판단여지가 인정되는 경우가 있다.

판례도 원칙상 특허를 재량행위로 본다(대판 2002. 1. 22, 2001두8414). 다만, 법령 규정, 중대한 기본권 관련성 등을 고려하여 기속행위로 보아야 하는 경우도 있다.

3) 특허의 효과

특허는 상대방에게 새로운 권리, 능력 기타 법률상의 힘을 발생시킨다. 특허에 의해 창설되는 권리는 배타적 권리로서 공권인 것이 보통이나 사권인 경우도 있다.

4) 특허와 허가의 구별실익 및 구별기준

가. 구별 여부　　허가와 특허를 구별하면서도 허가와 특허의 구별은 상대화하고 있고 양자는 상호 접근하는 경향이 있다고 보는 것(구별(상대적 구별)긍정설)이 통설이다. 이에 대하여 영업의 자유라는 관점에서는 허가와 특허를 구별할 필요가 없으므로 허가와 특허를 구별하지 않는 것이 타당하다는 견해(구별부정설)도 있다.

나. 구별 실익　　① 성질 및 효과: 전통적 견해 및 판례에 따르면 허가는 명령적 행위이고, 특허는 형성적 행위(설권적 행위)이지만, 허가도 적법하게 일정한 행위를 할 수 있는 법적 지위를 부여하는 행위이므로 형성적 행위로 보는 것이 타당하다. 그렇다면 허가와 특허는 형성적 행위라는 점에서는 같다. 다만, 허가는 상대방에게 새로운 권리를 창설하는 것이 아니라 상대방이 본래 가지고 있었던 자유권을 회복시켜 주는 것인 점에서 상대방에게 새로운 권리를 창설해 주는 특허와 구별할 수 있다. ② 재량행위 여부: 앞에서 자세히 서술한 바와 같이 허가는 원칙상 기속행위이고 특허는 원칙상 재량행위이다. 다만, 허가가 재량행위인 경우도 있고, 특허가 기속행위인 경우도 있을 수 있다. ③ **영업상 이익의 성질**: 특허로 인한 영업상 이익은 통상 법적 이익이다. 허가로 인한 영업상 이익은 원칙상 반사적 이익이다. 그러나, 허가로 인하여 상대방이 받는 이익이 법률상 이익인 경우(예, 거리제한규정 또는 영업구역제한규정이 있는 경우)도 있다. 허가로 받는 이익이 반사적 이익인지 법적 이익인지는 기본적으로 허가의 근거 내지 관계법규의 입법목적에 의해 결정된다. 허가영업이나 특허영업이나 적법한 영업인 경우 토지보상법상 영업손실보상(휴업보상 또는 폐업보상)의 대상이 된다.

다. 허가와 특허(설권적 처분)의 구별기준　　① 허가 등의 대상: 본래 인간의 자연적 자유에 속하는 것을 대상으로 하는 것은 허가이고, 인간의 자연적 자유에 속하지 않고, 공익성이 강한 사업(예, 국민이 생활에 필수적인 재화와 서비스를 제공하는 사업)을 대상으로 하는 것은 특허이다. ② **요건 충족의 경우 처분기준**: 요건 충족의 경우 특별한 사정이 없는 한 신청에 따른 처분을 해주어야 하는 것은 허가이고, 요건을 충족하여도 공급과잉, 미래 환경의 변화 등 공익을 이유로 거부할 수 있는 것은 특허이다. ③ **효과**: 허가 등의 효과가 기본적으로 본래의 자연적 자유를 회복하여 주는 것이고, 허가 등으로 주어지는 영업상 이익이 반사적 이익에 불과한 것은 허가이고, 허가 등의 효과가 제한적일 수는 있지만 배타적인 경영권을 설정하여 주고, 이에 따라 허가 등으로 주어지는 영업상 이익이 법적 이익인 것은 특허이다.

(2) 인 가

1) 인가의 개념

인가라 함은 타인의 법률적 행위를 보충하여 그 법률적 효력을 완성시켜 주는 행정행위를 말한다.

예를 들면, 협동조합의 임원의 선출에 관한 행정청의 인가가 그것이다. 협동조합의 임원은 조합원이 선출하는 것이지만 조합원의 선출행위만으로는 선출행위의 효력이 완성되지 못하고 행정청의 인가가 있어야 선출행위가 완벽하게 효력을 발생한다. 기본적 행위는 조합원의 선출행위이고 인가는 기본적 행위의 효력을 완성시키는 보충행위이다. 사립학교법인 임원(이사, 감사)의 선임행위에 대한 승인, 자동차관리사업자단체인 조합 또는 협회 설립인가, 토지거래허가도 인가에 해당한다. 판례는 정비조합(재개발조합, 재건축조합)의 설립인가는 강학상 특허로 보고, 정비조합 정관변경 인가는 강학상 인가로 본다.

인가도 허가나 특허처럼 학문상의 개념이다. 실무상 인가라는 개념이 사용되기도 하지만, 승인, 허가(민법 제32조)나 인허라는 개념도 사용된다.

2) 인가의 성질

인가는 인가의 대상이 되는 기본행위의 효력을 완성시켜 주는 행위인 점에서 **형성적 행정행위**이다.

인가는 기속행위인 경우도 있지만, 재량행위인 경우도 적지 않다.

인가는 신청에 따라 기본행위의 효력을 완성시켜 주는 **보충적 행위**이다. 인가는 기본행위의 효력을 완성시켜 주는 보충적 행위이므로 기본행위가 성립하지 않거나 무효인 경우에 인가가 있어도 해당 인가는 무효가 된다.

3) 인가의 대상

인가의 대상이 되는 행위는 제3자의 행위이며 법률적 행위에 한한다. 인가의 대상이 되는 행위는 공법상 행위(예, 재개발조합의 사업시행계획결의)일 수도 있고 사법상 행위(예, 사립학교법인의 이사선임행위)일 수도 있다.

4) 인가의 효과

인가가 행해져야 인가의 대상이 된 제3자의 법률적 행위가 법적 효력을 발생한다. 인가는 기본행위가 효력을 발생하기 위한 효력요건이다.

무인가행위는 효력을 발생하지 않는다. 그러나, 허가와 달리 강제집행이나 처벌의 대상은 되지 않는다.

인가의 대상이 됨에도 인가를 받지 않은 행위(무인가행위)는 효력을 발생하지 않는다. 무인가행위는 특별한 규정이나 사정이 없는 한 **유동적 무효**(효력이 없지만 후에 인가가 있으면 효력이 발생하는 경우)의 상태에 있다.

(3) 공법상 대리행위

공법상 대리행위라 함은 제3자가 하여야 할 행위를 행정기관이 대신하여 행함으로써 제3자가 스스로 행한 것과 같은 효과를 발생시키는 행정행위를 말한다. 여기에서의 대리는 행정기관이 국민을 대리하는 것을 말하므로 행정조직 내부에서의 행정기관간의 대리와 구별되어야 한다.

대리행위의 예로는 체납처분절차에서의 압류재산의 공매처분, 감독청에 의한 공법인의 정관작성 또는 임원 임명, 토지수용위원회의 수용재결, 행려병자 또는 사자(死者)의 유류품처분 등을 들 수 있다.

3. 허가 등의 양도와 제재효과 및 제재사유의 승계

(1) 허가의 양도가능성

대물적 허가는 명문의 규정이 없는 경우에도 그 양도가 가능하다. 대인적 허가의 경우에는 이론상 그 양도가 가능하지 않다. 혼합적 허가의 경우에는 이론상 양도가 가능하나 법령의 근거를 요한다. 허가의 양도시 허가로 인한 양도인의 법적 지위는 양수인에게 이전된다.

(2) 허가양도시 제재효과의 승계

양도인의 위법행위로 제재처분이 이미 내려진 경우 그 제재처분(예, 영업정지처분)의 효과는 이미 양도의 대상이 되는 영업의 물적 상태가 되어 양수인에게 당연히 이전된다. 일신전속적 의무(예, 이행강제금 납부의무)는 승계되지 않는다.

(3) 허가양도시 제재사유의 승계

판례는 제재사유(예, 영업정지처분사유)를 양도되는 허가에 따른 권리의무(허가자의 법적 지위)에 포함되는 것으로 보고 제재사유도 양수인에게 이전된다고 한다.

〈**판례**〉 석유판매업이 양도된 경우, 양도인의 귀책사유로 양수인에게 제재를 가할 수 있는지 여부 (= 긍정): 구 석유사업법 제12조 제3항, 제9조 제1항, 제12조 제4항등을 종합하면 석유판매업 (주유소)허가(현행 석유사업법상 석유판매업등록)는 소위 대물적 허가의 성질을 갖는 것이어서 그 사업의 양도도 가능하고 이 경우 양수인은 양도인의 지위를 승계하게 됨에 따라 양도인의 위 허가에 따른 권리의무가 양수인에게 이전되는 것이므로 만약 양도인에게 그 허가를 취소 할 위법사유가 있다면 허가관청은 이를 이유로 양수인에게 응분의 제재조치를 취할 수 있다 할 것이고, 양수인이 그 양수후 허가관청으로부터 석유판매업허가를 다시 받았다 하더라도 이 는 석유판매업의 양수도를 전제로 한 것이어서 이로써 양도인의 지위승계가 부정되는 것은 아니므로 양도인의 귀책사유는 양수인에게 그 효력이 미친다(대판 1986. 7. 22, 86누203).

영업시설만 인수되는 등 영업허가자의 지위가 승계되지 않는 경우에는 명문의 규정이 없는 한 제재사유도 승계되지 않는다. 그리고, 판례에 따르면 **제재처분이 대 인적 처분인 경우**에는 제재처분의 효과(대판 2006. 12. 8, 2006마470: 이행강제금 납부의무는 승계될 수 없는 일신전속적 성질의 것이라고 한 사례) 및 제재사유가 승계되지 않고, 지위승 계후 발생한 제재사유(예, 지위승계 후 발생한 유가보조금의 부정수급)에 한하여 양수인에 게 제재처분(예, 부정수급 유가보조금 환수처분)을 할 수 있다(대판 2021. 7. 29, 2018두55968 [유가보조금 환수처분 취소]).

판례는 양도인의 의무위반으로 발생한 제재적 처분사유는 양수인의 선의·악의 를 불문하고 양수인에게 모두 승계되는 것으로 보지만(헌재 2019. 9. 26, 2017헌바397등), **책임주의의 원칙(자기책임의 원칙)**상 양수인에게 귀책사유가 없으면 양도인에 대한 제 재사유를 이유로 양수인에게 제재처분을 할 수 없다고 보아야 한다. 즉, 양수인의 귀책사유를 고의 또는 과실로 보면 명문의 규정이 없더라도 양수인에게 고의 또는 과실이 없는 경우(선의·무과실인 경우) 양도인에 대한 제재사유를 이유로 양수인에게 제재처분을 할 수 없다고 보아야 한다.

행정기본법안(공포 후 2년이 경과한 날부터 시행)에 따르면 승계인이 해당 제재처분 이나 그와 관련된 위반 사실을 알지 못하였음을 증명한 경우에는 제39조 제1항(제 재처분등의 효과의 승계), 제2항(제재사유의 승계) 및 제3항(제재처분 이력의 승계)의 규정을 적용하지 아니한다(행정기본법안 제39조 제5항).

Ⅱ. 준법률행위적 행정행위

준법률행위적 행정행위는 법률효과의 내용에 따라 확인행위, 공증행위, 통지행위, 수리행위로 구분한다.

1. 확인행위

확인행위라 함은 특정한 사실 또는 법률관계의 존부(存否) 또는 정부(正否)에 관하여 의문이 있거나 다툼이 있는 경우에 행정청이 이를 공권적으로 확인하는 행위를 말한다.

당선인 결정, 장애등급결정, 도산등사실불인정, 국가유공자등록, 퇴직연금결정, 민주화운동관련자결정, 국가시험합격자의 결정, 교과서의 검정, 발명특허, 도로구역 또는 하천구역의 결정, 이의신청의 재결, 행정심판의 재결, 소득금액의 결정 등이 그 예이다.

당연퇴직의 통보, 국세환급거부결정 통보 등 기존의 법률관계를 단순히 확인하는 행위는 단순한 사실행위이며 행정행위인 확인행위와 구별하여야 한다.

확인행위는 사실 또는 법률관계를 확인하는 행위이므로 원칙상 행정청에게 재량권이 인정될 수 없고 따라서 기속행위이다. 다만, 판단여지가 인정될 수 있다.

확인행위는 사실 또는 법률관계의 존부 또는 정부를 공적으로 확인하는 효과를 갖는다. 확인행위에 의해 별도의 법적 효과가 발생하는 경우가 있는데 이는 법률의 규정에 의한 효과이지 확인행위 자체의 효과는 아니다.

2. 공증행위

공증행위라 함은 특정의 사실 또는 법률관계의 존재를 공적으로 증명하는 행정행위를 말한다. 부동산등기, 선거인명부에의 등록, 광업원부에의 등록 등이 그 예이다.

공증행위의 효력은 사실 또는 법률관계의 존재에 대하여 공적 증거력을 부여하는 것이다. 반증이 있으면 공증행위의 취소 없이 공적 증거력이 번복된다. 공증행위에는 공적 증거력의 발생 이외에 법규정에 의해 일정한 법률효과가 부여되는 경우도 있다. 즉, 권리행사의 요건이 되기도 하고 권리의 성립요건이 되기도 한다.

3. 통지행위

통지행위라 함은 특정인 또는 불특정다수인에게 특정한 사실을 알리는 행정행위를 말한다. 통지행위는 그 자체가 일정한 법률효과를 발생시키는 행정행위이다. 통지행위의 예로는 특허출원의 공고, 귀화의 고시, 대집행의 계고, 납세의 독촉 등을 들 수 있다.

통지행위는 행정행위의 효력발생요건인 통지 또는 고지와 구별되어야 한다. 단순한 사실의 통지(예, 당연퇴직의 통보)도 통지행위가 아니다.

4. 수리행위

수리행위라 함은 법상 행정청에게 수리의무가 있는 경우에 신고, 신청 등 타인의 행위를 행정청이 적법한 행위로서 받아들이는 행위를 말한다. 사직서의 수리, 행정심판청구서의 수리, 혼인신고서의 수리 등이 그 예이다.

수리행위는 행정청의 수리의무를 전제로 하여 행해지는 행정행위이다. 따라서 수리행위(예, 수리를 요하는 신고에서의 수리)는 내부적 사실행위인 단순한 접수행위(예, 자기완결적 신고의 수리)와 구별되어야 한다.

수리에 의한 법적 효과는 법률이 정하는 바에 의한다. 예를 들면, 혼인·출생신고에 의해 신분상 법적 지위에 변동이 일어난다.

제 5 절   행정행위의 부관

Ⅰ. 부관의 개념

행정행위의 부관이라 함은 행정청에 의해 주된 행정행위에 부가된 종된 규율이다. 행정행위의 부관은 학문상 개념이며 실정법에서는 오히려 '조건'으로 표시되고 있다.

행정행위의 부관은 행정청의 의사결정에 의해 붙여지는 것이므로 법정부관(법령의 규정에 의해 직접 부가된 부관)과 구별된다.

부관은 주된 행정행위에 부가된 종된 규율로서 부종성(附從性)을 가지므로 명문의 규정이나 명문의 약정이 없는 한 주된 행정행위가 효력을 상실하면 부관도 효력을 상실한다.

Ⅱ. 부관의 종류

1. 조   건

조건이라 함은 행정행위의 효력의 발생 또는 소멸을 장래의 불확실한 사실에 의존시키는 부관을 말한다.

조건이 성취되어야 행정행위가 비로소 효력을 발생하는 조건을 **정지조건**이라 하고, 행정행위가 일단 효력을 발생하고 조건이 성취되면 행정행위가 효력을 상실하는 조건을 **해제조건**이라 한다. 예를 들면, 일정한 기간 내에 공사에 착수하지 않으면 효력을 잃는다는 조건으로 행한 공유수면매립면허는 해제조건부면허이다.

2. 기   한

(1) 의   의

기한이라 함은 행정행위의 효력의 발생 또는 소멸을 장래의 발생이 확실한 사실에 의존시키는 부관을 말한다.

기한이나 조건은 행정행위의 시간상의 효력범위를 정하는 점에서 같다. 그러나 기한은 사건의 발생이 확실하다는 점에서 사건의 발생 자체가 불확실한 조건과 구별된다.

(2) 종   류

기한이 도래함으로써 행정행위의 효력이 발생하는 기한을 **시기**라 하고, 기한이 도래함으로써 행정행위가 효력을 상실하는 기한을 **종기**라 한다. 기한 중 도래시점이 확정된 기한을 **확정기한**이라 하고, 도래시점이 확정되지 않은 기한을 **불확정기한**이라 한다.

(3) 행정행위 자체의 존속기간과 조건의 존속기간의 구별

존속기간이라 함은 허가 등 행정행위에 종기의 일종인 유효기간이 부가된 경우에 그 기한을 말한다.

존속기간은 행정행위 자체의 존속기간(**협의의 존속기간**)과 행정행위 조건의 존속기간(**갱신기간**)으로 구분된다. 행정행위가 그 내용상 장기간에 걸쳐 계속될 것이 예상되는데, 유효기간이 허가 또는 특허된 사업의 성질상 부당하게 단기로 정해진 경우에는 그 유효기간을 행정행위 조건의 존속기간으로 보아야 하고(대판 1995. 11. 10, 94누11866), 조건의 존속기간이 아닌 유효기간은 행정행위 자체의 존속기간이다.

행정행위 자체의 존속기간(협의의 존속기간)의 경우에는 종기의 도래로 주된 행정행위는 당연히 효력을 상실한다. 또한 당사자는 기간연장에 있어 어떠한 기득권도 주장할 수 없다. 기간연장신청은 새로운 행정행위의 신청이다. 그러나, 행정청이 관계 법령의 규정이나 또는 자체적인 판단에 따라 처분상대방에게 특정한 권리나 이익 또는 지위 등을 부여한 후 일정한 기간마다 심사하여 그 갱신 여부를 판단하는 이른바 '**갱신제**'를 채택하여 운용하는 경우에는, 처분상대방은 합리적인 기준에 의한 공정한 심사를 받아 그 기준에 부합되면 특별한 사정이 없는 한 갱신되리라는 기대를 가지고 갱신 여부에 관하여 합리적인 기준에 의한 공정한 심사를 요구할 권리를 가진다고 보아야 한다(대판 2020. 12. 24, 2018두45633).

행정행위 조건의 존속기간(갱신기간)의 경우에는 유효기간이 지나기 전에 당사자의 갱신신청이 있는 경우에는 특별한 사정이 없는 한 그 조건의 개정을 고려할 수 있으나 행정행위의 유효기간을 갱신 내지 연장하여 주어야 한다. 갱신허가시 허가요건의 변경 등 사정변경이 있는 경우 신뢰보호이익과 공익(법률적합성원칙 등)을 비교형량하여야 한다(대판 2000. 3. 10, 97누13818). 갱신기간 내에 적법한 갱신신청이 있었음에도 갱신 가부의 결정이 없는 경우에는 유효기간이 지나도 주된 행정행위는 효력이 상실되지 않는다. 그러나, 갱신신청 없이 유효기간이 지나면 주된 행정행위는 효력이 상실되므로 갱신기간이 지나 신청한 경우에는 기간연장신청이 아니라 새로운 허가신청으로 보아야 하며 허가요건의 충족여부를 새로이 판단하여야 한다(대판 1995. 11. 10, 94누11866).

3. 부   담

부담이라 함은 행정행위의 주된 내용에 부가하여 그 행정행위의 상대방에게 작위, 부작위, 급부, 수인 등의 의무를 부과하는 부관을 말한다. 부담은 다른 부관과 달리 그 자체가 행정행위이다. 따라서 부담만이 독립하여 항고소송의 대상이 될 수 있다.

부담에 의해 부과된 의무의 불이행이 있는 경우에 해당 의무의 불이행은 독립하여 강제집행의 대상이 된다. 부담에 의해 부과된 의무의 불이행으로 부담부행정행위가 당연히 효력을 상실하는 것은 아니며 해당 의무불이행은 부담부행정행위의 철회사유(대판 1989. 10. 24, 89누2431)가 될 뿐이며 철회시에는 철회의 일반이론에 따라 이익형량의 원칙이 적용된다.

그러나, 부담은 주된 행정행위에 부가된 부관이므로 부담의 효력은 주된 행정행위의 효력에 의존한다. 즉, 주된 행정행위가 효력을 상실하면 부담도 효력을 상실한다.

부담과 정지조건은 다음과 같이 구별된다. ① 부담부 행정행위는 부담의 이행을 필요로 함이 없이 즉시 효력을 발생하지만 정지조건부 행정행위는 조건이 성취되어야 비로소 효력이 발생한다. ② 부담은 일정한 의무를 창설하고 그 의무의 불이행은 독립하여 강제집행의 대상이 된다. 그러나, 정지조건은 의무를 부과하지 않으며 조건이 성취되지 않았다고 하여 강제집행이 행해질 수 없으며 그러한 강제집행이 필요하지도 않다. ③ 부담은 부담만이 취소소송의 대상이 될 수 있지만 정지조건은 독립하여 취소소송의 대상이 되지 못하며 정지조건부 행정행위가 취소소송의 대상이 된다. 상대방은 정지조건부 행정행위를 대상으로 하여 정지조건만의 일부취소를 주장할 수 있다(판례는 부정).

　　부담과 해제조건은 다음과 같이 구별된다. 해제조건의 경우에는 조건이 성취되면 행정행위의 효력이 당연히 소멸하게 되는데, 부담의 경우에는 부담에 의해 부가된 의무의 불이행이 있는 경우에 행정행위가 당연히 효력을 상실하는 것이 아니며 행정행위의 철회사유가 될 뿐이다. 또한 부담은 부담만이 독립하여 취소소송의 대상이 되지만 해제조건은 그러하지 않다.

　　부담과 조건의 **구별기준**은 다음과 같다. ① 부관의 준수가 매우 중요하여 행정행위의 효력 자체를 그 조건에 의존시키는 것이 타당하다고 인정되는 경우에는 해당 부관은 조건으로 보아야 하고, 그렇지 않은 경우에는 부담으로 볼 수 있다. ② 부관이 주된 행정행위의 요건과 밀접하게 관련되어 있는 경우에는 조건으로 보아야 하고 그렇지 않은 경우에는 부담으로 보는 것이 타당하다. ③ 부담과 조건의 구별이 애매한 경우에는 부담으로 추정함이 바람직하다. 그 이유는 부담이 조건보다 상대방에게 유리하기 때문이다. 예를 들면, 부관부 영업허가의 경우에 당해 부관이 부담이라면 부담의 이행 없이 영업을 하여도 무허가영업이 아니지만, 당해 부관이 정지조건이라면 조건의 성취 없이 영업을 하면 무허가영업이 된다. 당해 부관이 해제조건이라면 조건이 성취되면 영업허가가 효력을 잃는다.

　　부담과 기한은 다음과 같이 **구별**된다. 기한은 그 도래에 의해 주된 행정행위의 효력을 발생시키거나 실효시키지만, 부담의 경우는 의무기한의 도래로 의무불이행이 되며 철회사유가 될 뿐이다. 부담과 기한의 구별이 애매한 경우에도 부담이 기한보다 상대방에게 유리하므로 부담으로 추정하는 것이 바람직하다.

〈**판례**〉 사도개설허가에서 정해진 공사기간 내에 사도로 준공검사를 받지 못한 경우, 이 공사기간을 사도개설허가 자체의 존속기간(유효기간)으로 볼 수 없고 부담이라는 이유로 사도개설허가가 당연히 실효되는 것은 아니라고 한 사례(대판 2004. 11. 25, 2004두7023[사도개설허가취소신청거부처분취소]).

4. 사후부담의 유보 또는 부담의 사후변경의 유보

　　사후부담의 유보라 함은 행정행위를 발하면서 사후에 부담을 부가할 수 있는 권한을 유보하는 부관을 말한다.

　　부담의 **사후변경의 유보**라 함은 행정행위를 발하면서 이미 부가된 부담의 내용을 사후에 변경할 수 있는 권한을 유보하는 부관을 말한다.

　　사후부담의 유보 및 부담의 사후변경의 유보에 있어서는 철회권의 유보에서처럼 상대방의 신뢰보호는 인정되지 않는다.

5. 철회권 또는 변경권의 유보

철회권(변경권)의 유보라 함은 행정행위를 행함에 있어 일정한 경우에는 행정행위를 철회(변경)할 수 있음을 정한 부관을 말한다.

철회권이 유보되었고 철회권유보사유가 발생하였다고 하여 철회가 아무런 제한 없이 가능한 것은 아니다. 철회권이 유보된 경우에도 철회의 제한이론인 이익형량의 원칙이 적용된다. 다만, 철회권이 유보된 경우에는 행정행위의 계속성에 대한 상대방의 신뢰는 유보된 철회사유에 관하여는 인정되지 않는다. 달리 말하면 행정행위의 상대방은 당해 행정행위의 철회시 신뢰보호의 원칙을 원용할 수 없다.

철회시 인정되어야 하는 신뢰보호에 근거한 손실보상도 철회권이 유보된 경우에는 원칙상 인정되지 않는다.

Ⅲ. 부관의 기능과 문제점

1. 부관의 순기능

부관은 행정청이 여러 행정목적을 달성함에 있어서 유용한 법적 수단이 된다.

① 부관은 **행정의 탄력성**을 보장하는 기능을 갖는다. 예를 들면, 허가의 요건을 충족하지 않은 신청이 있는 경우에 행정청은 그 허가를 거부할 수밖에 없다. 그러나 이 경우에 미비된 허가요건을 충족할 것을 부관(조건)으로 하여 허가를 내 줌으로써 무용하게 행정이 반복되는 것을 방지할 수 있고 신청인에게 신속한 행정을 제공할 수 있다.

② 부관은 **법의 불비를 보충**하고 행정에 있어 **형평성의 보장 내지 이해관계의 조절**에 기여할 수 있다.

예를 들면, 주택건설사업계획의 승인시에 공공시설의 기부채납을 부관(부담)으로 붙일 수 있다. 주택단지조성시 도로, 공원 등 공공시설은 주택단지조성자 내지는 주택단지입주자의 부담으로 하는 것이 형평의 원칙에 합당한데(주택단지조성자가 부담하지 않는다면 결국은 국가나 지방자치단체가 부담하게 되고 궁극적으로는 국민이나 주민이 부담하게 되어 부당한 결과가 된다) 선진 외국에서와 달리 현행법에 이에 관한 규정이 불비되어 있다. 기부채납이라는 부관이 이러한 입법의 불비를 메우고 행정에 형평을 도모할 수 있다. 공유수면매립시 기성매립지를 연고자에게 분양하라는 부관은 관계자의 보호를 통하여 이해관계의 조절을 도모하고 있다. 현행 법령상 환경보호규정이 미비된 경우가 많다. 이 경우 개발에 관한 허가 등을 하면서 환경보호를 조건으로 붙일 수 있다.

③ 행정행위에 기한을 붙이는 것은 여러 기능을 갖는다. 행정행위로 인하여 상대방에게 특권이 부여되는 경우에는 기한은 특혜의 한계를 정하는 기능을 갖는다. 또한 기한은 장래의 상황변화에 준비하기 위하여 허가 등을 해 주면서 일정한 기간을 정하여 해 주고 그 기간이 지난 후 상황의 변화를 고려하여 허가기간의 연장 여부를 결정할 수 있다.

④ 철회권의 유보는 국민에 의한 행정법규 위반을 막기 위하여 경고하는 의미를 갖기도 하고 장래에 행정행위가 철회될 수 있다는 것을 예고함으로써 국민에게 행정에 대한 예측을 가능하게 해 주는 기능을 갖는다.

2. 부관의 문제점

부관은 위와 같은 순기능을 갖지만 부관에는 문제점도 없지 않다.

① 상대방인 국민에게 이익을 수여하는 처분을 하면서 조건으로 위법하게 행정목적과 무관한 의무를 부과하는 경우가 있다. 예를 들면, 택지개발사업을 승인하면서 택지개발사업과 전혀 관계 없는 토지의 기부채납을 부담으로 붙이는 것을 들 수 있다.

② 또한 철회권의 유보나 사후부담의 유보를 행정목적 달성상 필요한 경우에 한하여 부가하여야 할 것인데, 막연히 만일을 위하여 철회권의 유보나 사후부담의 유보를 부가한다면 상대방인 국민의 법적 지위가 불안정하게 될 것이다.

Ⅳ. 부관의 한계

부관의 한계에는 부관의 가능성의 문제와 부관의 내용상 한계의 문제가 있다.

1. 부관의 가능성

부관의 가능성이란 어떠한 종류의 행정행위에 대하여 부관을 붙일 수 있는가에 관한 문제이다.

(1) 재량행위, 기속행위 및 기속재량행위(거부재량행위)

행정청은 처분에 재량이 있는 경우(재량행위)에는 개별 법령에 근거가 없더라도 부관(조건, 기한, 부담, 철회권의 유보 등을 말한다)을 붙일 수 있다(행정기본법 제17조 제1항).

기속행위 및 기속재량행위(거부재량행위)에 있어서는 법률에 근거 없이 부관을 붙일 수 없지만, 기속행위 및 기속재량행위에 있어서도 법률에 부관을 붙일 수 있다는 명시적인 근거가 있는 경우에는 그 한도 내에서 부관을 붙일 수 있고(행정기본법 제17조 제2항, 대판 1995. 6. 13, 94다56883), 부관의 법적 근거가 없는 경우에도 요건을 충족하는 것을 정지조건으로 하는 부관(요건충족적 부관)은 붙일 수 있다.

(2) 사후부관 및 부관의 사후변경

행정청은 부관을 붙일 수 있는 처분이 다음 각 호의 어느 하나에 해당하는 경우에는 그 처분을 한 후에도 부관(사후부관)을 새로 붙이거나 종전의 부관을 변경(부관의 사후변경)할 수 있다. 1. 법률에 근거가 있는 경우, 2. 당사자의 동의가 있는 경우, 3. 사정이 변경되어 부관을 새로 붙이거나 종전의 부관을 변경하지 아니하면 해당 처분의 목적을 달성할 수 없다고 인정되는 경우(행정기본법 제17조 제3항).

2. 부관의 내용상 한계

부관은 다음 각 호의 요건에 적합하여야 한다. 1. 해당 처분의 목적에 위배되지 아니할 것, 2. 해당 처분과 실질적인 관련이 있을 것, 3. 해당 처분의 목적을 달성하기 위하여 필요한 최소한의 범위일 것(행정기본법 제17조 제4항).

부관의 내용상의 한계라 함은 부관을 붙일 수 있는 경우, 즉 부관의 가능성이 있는 경우에도 부관의 내용이 넘어서는 안 되는 한계를 말한다.

① 부관은 법령에 위반되어서는 안 된다.

② 부관은 주된 행정행위의 목적에 반하여서는 안 된다.

③ 부관은 주된 행정행위와 실질적(실제적) 관련성이 있어야 하며 그렇지 못한 것은 부당결부금지의 원칙에 반하여 위법한 부관이 된다.

예를 들면, 주택단지건설사업계획의 승인에 일정한 토지의 기부채납을 부담으로 붙인 경우에 부담인 기부채납의 대상이 주택단지 내의 도로 또는 진입도로인 경우와 공원부지인 경우에 당해 기부채납은 주된 행정행위인 주택단지건설사업계획과 실질적 관련이 있으므로 비례의 원칙 등에 반하지 않는 한 적법한 부담이지만, 기부채납의 대상이 된 토지가 주택단지의 건설과 전혀 관계가 없는 토지인 경우에는 당해 기부채납의 부담은 부당결부금지의 원칙에 반한다.

④ 부관은 평등원칙, 비례의 원칙 등 법의 일반원칙에 반하여서는 안 된다.

⑤ 부관은 이행가능하여야 한다. 특히 요건충족적 부관의 경우 해당 요건충족이 가능하여야 한다.

⑥ 주된 행정행위의 본질적 효력을 해하지 아니하는 한도의 것이어야 한다(대판 1990. 4. 27, 89누6808: 기선선망어업의 허가를 하면서 운반선, 등선 등 부속선을 사용할 수 없도록 제한한 부관은 그 어업허가의 목적달성을 사실상 어렵게 하여 그 본질적 효력을 해하는 것이다).

V. 위법한 부관과 권리구제

1. 위법한 부관의 효력

부관의 한계를 넘어 위법한 부관은 행정행위의 하자이론에 따라 무효이거나 취소할 수 있는 부관이 된다. 즉 부관의 위법이 중대하고 명백할 때에는 그 부관은 무효이며 그렇지 않은 때에는 취소할 수 있는 부관이 된다.

부관의 위법 여부는 부관부가처분시 법령을 기준으로 한다(대판 2009. 2. 12, 2005다 65500).

2. 위법한 부관이 붙은 행정행위의 효력

무효인 부관이 주된 행정행위의 본질적인 부분인 경우, 달리 말하면 부관을 붙이지 않았더라면 주된 행정행위를 하지 않았을 것이라고 판단되는 경우에는 주된 행정행위도 무효이다.

기속행위 및 기속재량행위에 행정행위의 효과를 제한하는 부관이 법령에 근거 없이 붙여졌다면 그 부관은 무효이고(판례), 부관만이 무효가 된다. 왜냐하면 본래 기속행위 및 기속재량행위에는 행정행위의 효과를 제한하는 부관을 붙일 수 없기 때문이다.

3. 위법한 부관과 행정쟁송

위법한 부관에 대한 행정쟁송과 관련하여 두 가지 문제가 제기된다.

첫 번째 문제는 위법한 부관만을 행정쟁송으로 다툴 수 있는가(위법한 부관만의 취소를 구하는 행정쟁송의 제기가 가능한 것인가)의 문제, 즉 독립쟁송가능성의 문제와 위법한 부관을 다투는 쟁송형식의 문제이다.

두 번째 문제는 부관만이 취소쟁송의 대상이 되거나 부관부행정행위 전체가 취소쟁송의 대상이 된 경우에 위법한 부관만의 취소 또는 무효확인이 가능한가 하는 문제이다. 이 문제를 독립취소가능성(또는 독립무효확인가능성)의 문제라 한다.

(1) 독립쟁송가능성과 쟁송형태

① 판례는 부담만은 독립하여 행정쟁송의 대상이 될 수 있지만, 부담 이외의 부관에 있어서는 그것만의 취소를 구하는 소송(진정일부취소소송 및 부진정일부취소소송)은 인정할 수 없다고 본다. 판례는 부관(부담 제외)만의 취소를 구하는 소송에 대하여는 각하판결을 하여야 한다고 보며, 부관부행정행위 전체의 취소를 구하는 것만을 인정하고 있다(대판 2001. 6. 15, 99두509). 또한, 판례는 부관이 위법한 경우 신청인이 부

관부행정행위의 변경을 청구하고, 행정청이 이를 거부한 경우 동 거부처분의 취소
를 구하는 소송을 제기할 수 있는 것으로 본다(대판 1990. 4. 27, 89누6808).

② 이에 대하여 부관이 주된 행정행위로부터 분리가능한 것이면 독립하여 행
정쟁송으로 다툴 수 있고, 부관이 분리가능한 것이 아니면 독립하여 행정쟁송으로
다툴 수 없다고 보는 견해가 있다(분리가능성기준설).

③ 또한, 부관의 분리가능성은 독립취소가능성의 문제, 즉 본안의 문제이며 쟁
송의 허용성의 문제(소송요건의 문제)는 아니기 때문에 모든 부관은 독립하여 취소쟁
송의 대상이 된다고 보는 견해가 있다(전면긍정설).

④ 생각건대, 본안의 문제인 독립취소가능성과 소송요건의 문제인 독립쟁송가
능성은 구분하는 것이 타당하고, 위법한 행정작용의 통제를 위해 가능한 한 쟁송가
능성을 넓히는 것이 타당하므로 전면긍정설이 타당하다. 부관의 주된 행정행위로부
터의 분리가능성은 독립취소가능성의 문제로 보아야 한다. 부담은 그 자체가 행정
행위이므로 주된 행정행위로부터 분리하여 쟁송의 대상이 될 수 있다. 즉, 부담만
을 대상으로 부담만의 취소를 구하는 소송(진정일부취소소송)이 가능하다. 또한 부담
부행정행위를 대상으로 하면서 부담만의 취소를 구하는 소송(부진정일부취소소송)도
가능하다. 부담 이외의 부관은 그 자체가 독립된 행정행위가 아니기 때문에 행정쟁
송의 대상인 '처분'이 될 수 없으므로 주된 행위로부터 분리하여 쟁송의 대상으로
할 수 없다. 따라서 부담 이외의 부관에 있어서 부관만의 취소를 구하고자 하는 경
우에는 부관부행정행위를 취소소송의 대상으로 하여 부관만의 일부취소를 구하여
야 한다(부진정일부취소소송). 이에 대하여 부담을 포함하여 모든 종류의 부관은 그 자
체는 독립한 행정소송법상 처분이므로 부관만을 대상으로 하는 취소소송은 일부취
소소송이 아니라 전부취소소송이라는 견해(朴正勳)도 있다.

(2) 독립취소가능성(독립무효확인가능성)

부관만의 취소 또는 무효확인을 구하는 소송이 제기된 경우에 부관만의 취소
또는 무효확인이 가능한지, 가능하다면 어떠한 기준에 의해 가능한지가 문제된다.

독립취소가능성의 문제에 있어 주된 행정행위가 기속행위인가 재량행위인가에
따라 특별한 고찰을 필요로 한다.

1) 기속행위에 대한 부관의 독립취소가능성

기속행위에 있어 상대방의 신청이 행위의 요건을 충족함에도 법령의 명시적
근거 없이 행위의 효과를 제한하는 부관을 붙이는 것은 위법한 것이며 이 경우에
주된 행정행위가 적법한 경우 부관만을 취소할 수 있는 것은 당연하다.

2) 재량행위에 대한 부관의 독립취소가능성

가. 부 정 설   재량행위에 있어서는 부관만의 취소를 인정하는 것은 부관이 없는 행정행위를 강요하는 것이 되며 통상 재량행위에 있어서는 부관이 없었더라면 행정청은 행정행위를 하지 않았을 것이라고 해석되므로 부관만의 취소는 인정될 수 없다는 견해이다.

그러나, 재량행위의 경우에도 부관이 본질적인 부분이 아닌 경우가 있고, 이 경우에는 부관만의 취소가 가능하다고 보아야 하므로 이 견해는 타당하지 않다.

나. 긍 정 설   모든 부관에 있어 부관이 위법한 경우에는 부관만의 취소가 가능하다고 보는 견해이다. 이 견해에 의하면 위법한 부관만이 취소되더라도 주된 행정행위가 적법한 경우 행정청은 주된 행정행위를 철회하거나 적법한 부관을 부가할 수 있다고 본다. 그리고, 행정청의 주된 행정행위의 직권취소 또는 철회는 신뢰보호의 원칙에 따라 제한될 수가 있다고 본다. 부관의 무효가 확인된 경우에는 원칙상 부관만이 무효가 되지만, 부관이 없었다면 주된 행정행위를 발하지 않았을 것이라고 인정되는 경우에는 부관부행정행위 전체가 무효가 된다고 본다.

그러나, 이 견해에 의하면 당사자의 의사와 무관하게 주된 행정행위가 취소 또는 철회되거나 법적 근거 없이 부관의 사후부가가 인정되는 문제가 있다.

다. 제한적 긍정설   재량행위에 있어서도 부관의 독립취소가능성에 관한 일반이론에 따라 부담 등 부관이 주된 행정행위의 본질적 부분인지(행정청이 부관 없이는 당해 행정행위를 하지 않았을 것이라고 해석되는지) 여부에 따라 재량행위에 대한 부관의 독립취소가능 여부를 판단하여야 한다. 다만, 이 경우에 행정청이 부관 없이는 해당 행정행위를 하지 않았을 것이라는 판단은 행정청의 객관적 의사를 기준으로 행하여야 한다.

이러한 해결은 부담에 있어서도 타당하다. 이렇게 본다면 부담에 대한 독립쟁송가능성을 인정하는 경우에도 부담이 행정행위의 본질적 요소인 경우에는 부담 이외의 부관과 마찬가지로 부담만의 취소는 인정되지 않는다.

부관이 위법하나 주된 행정행위의 본질적인 부분인 경우에 기각판결을 하여야 하고, 부관이 본질적 부분이 아닌 경우에는 부관만의 취소 또는 무효확인을 하여야 한다고 본다.

라. 판   례   판례는 부관이 본질적인 부분인 경우 독립쟁송가능성 자체를 인정하지 않으므로 독립취소가능성의 문제는 제기되지 않는다. 부관이 본질적인 부분이 아닌 경우(부담의 경우) 부관만의 취소가 가능하다.

　마. 결　　어　　국민의 권익구제와 행정목적의 실현을 적절히 조절하는 제한적
긍정설이 타당하다.

　부관이 본질적 부분이 아닌 경우에는 부관만의 취소 또는 무효확인이 가능하
고, 부관이 본질적 부분인 경우에는 기각판결을 하여야 한다. 부관이 본질적인 부
분에 해당하여 기각판결이 나면 행정청에게 위법한 부관의 변경을 청구하고, 행정
청이 이를 거부하면 거부처분 취소소송을 제기하여야 할 것이다.

　전부취소를 구했는데, 부관이 본질적 부분이 아닌 경우에는 전부취소청구에는
부관만의 일부취소청구가 포함되어 있다고 볼 수 있으므로 부관만을 취소하는 판
결이 가능하다.

제 6 절　행정행위의 성립요건, 효력발생요건, 적법요건, 유효요건

Ⅰ. 개　　설

　행정행위가 성립하여 효력을 발생하기 위하여는 법에 정해진 일정한 실체적·
절차적·형식적 요건을 갖추어야 한다. 이러한 요건을 불비한 행정행위를 흠 있는
행정행위라고 한다. 행정행위에 흠이 있는 경우에 행정행위는 완전한 법적 효력을
발생할 수 없게 된다.

　행정행위의 요건을 성립요건, 효력발생요건, 적법요건 및 유효요건으로 구분할
수 있다.

Ⅱ. 성립요건

　행정행위의 성립요건이라 함은 행정행위가 성립하여 존재하기 위한 최소한의
요건을 말한다. 행정행위가 성립(존재)하기 위하여는 어떤 행정기관에 의해 행정의
사가 내부적으로 결정되고(내부적 성립), 외부적으로 표시되어야 한다(외부적 성립). 이
러한 행정행위의 성립요건을 결여하면 행정행위는 부존재하는 것이 되며 부존재확
인청구소송의 대상이 된다.

〈판례〉 행정처분의 외부적 성립은 행정의사가 외부에 표시되어 행정청이 자유롭게 취소·철회
할 수 없는 구속을 받게 되는 시점을 확정하는 의미를 가지므로, 어떠한 처분의 외부적 성립
여부는 행정청에 의해 행정의사가 공식적인 방법으로 외부에 표시되었는지를 기준으로 판단하
여야 한다(대판 2017. 7. 11, 2016두35120[사업시행계획인가처분취소]).

Ⅲ. 효력발생요건

행정행위의 **효력발생요건**이라 함은 행정행위가 상대방에 대하여 효력을 발생하기 위한 요건을 말한다. 효력발생요건이 충족되지 않으면 해당 행정행위는 상대방에 대하여 효력을 발생하지 못한다(대판 1995. 8. 22, 95누3909).

상대방 있는 행정행위는 상대방에게 통지되어 도달되어야 효력을 발생한다. 특별한 규정이 없는 한 제3자에 대한 통지는 효력발생요건은 아니다. **상대방이 존재하지 않는 행정행위**(예, 망인에 대한 서훈취소)에 있어서는 처분권자의 의사에 따라 상당한 방법으로 대외적으로 표시됨으로써 행정행위로서 성립하여 효력이 발생한다(대판 2014. 9. 26, 2013두2518).

개별법령에서 제3자에 대한 통지를 규정하고 있는 경우도 있는데(예를 들면, 토지보상법령상 사업인정시 토지소유자등에 대한 통지의무, 도시정비법령상 토지주택공사등에 대한 사업시행자지정시 토지등소유자에 대한 통지의무 등), 이 경우 제3자에 대한 통지가 처분의 효력발생요건인지 아니면 절차규정인지 논란이 있을 수 있으므로 이를 명문으로 명확하게 규정하는 것이 바람직하다.

〈판례〉1. 〈후속처분의 절차규정으로 본 사례〉건설부장관이 구 토지수용법 제16조의 규정에 따라 토지수용사업승인을 한 후 그 뜻을 토지소유자 등에게 통지하지 아니하였다는 하자는 절차상 위법으로서 …… 재결의 취소를 구할 수 있는 사유가 될지언정 당연무효의 사유라고 할 수는 없다(대판 1993. 8. 13, 93누2148[토지수용재결처분취소등]).
2. 〈효력발생요건으로 본 사례〉구 조선하천령시행규칙 제21조는 하천령 제11조에 규정에 의한 하천구역의 인정은 관리청이 이를 고시하고 관계인에게 통지하여야 한다고 규정하고 있으므로 …… 하천구역은 당해 구역에 관하여 위 시행규칙 제21조에 따른 관리청의 고시 및 통지에 의한 하천구역인정행위가 없는 이상 하천구역으로 되었다고는 할 수 없다 할 것이다(대판 1987. 7. 21, 84누126 ; 1994. 4. 29, 94다1982).

통지의 방식으로는 송달과 공고 또는 고시가 있다. '**도달**'이라 함은 상대방이 알 수 있는 상태에 두어진 것을 말하고 상대방이 현실적으로 수령하여 알았을 것을 의미하지 않는다. 처분서가 처분상대방의 주민등록상 주소지로 송달되어 처분의 상대방 또는 처분상대방의 사무원 등 또는 그 밖에 우편물 수령권한을 위임받은 사람이 수령하면 처분상대방이 알 수 있는 상태가 되었다고 할 것이다(대판 2017. 3. 9, 2016두60577).

행정행위의 상대방이 특정되어 있는 행정행위의 상대방에 대한 통지는 원칙상 송달의 방법에 의한다. 송달은 우편, 교부 또는 정보통신망 이용 등의 방법으로 하되, 송달받을 자(대표자 또는 대리인을 포함한다. 이하 같다)의 주소·거소(居所)·영업소·사무소 또는 전자우편주소(이하 "주소등"이라 한다)로 한다. 다만, 송달받을 자가 동의하는 경우에는 그를 만나는 장소에서 송달할 수 있다(행정절차법 제14조 제1항).

〈판례〉 1. 우편물이 등기취급의 방법으로 발송된 경우 그것이 도중에 유실되었거나 반송되었다는 등의 특별한 사정에 대한 반증이 없는 한 그 무렵(발송일로부터 수일내) 수취인에게 배달되었다고 **추정할 수 있다**(대판 2017. 3. 9, 2016두60577).
2. 내용증명우편이나 등기우편과는 달리, 보통우편의 방법으로 발송되었다는 사실만으로는 그 우편물이 상당한 기간 내에 도달하였다고 추정할 수 없고, 송달의 효력을 주장하는 측에서 증거에 의하여 이를 입증하여야 한다고 본다(대판 2009. 12. 10, 2007두20140[공시지가확정처분취소]).
3. (1) 송달받을 사람의 동거인에게 송달할 서류가 교부되고 **그 동거인이 사리를 분별할 지능**이 있는 이상 송달받을 사람이 그 서류의 내용을 실제로 알지 못한 경우에도 송달의 효력은 있다. (2) 만 8세 1개월 남짓의 여자 어린이는 특별한 사정이 없는 한, 소송서류의 영수와 관련한 사리를 분별할 지능이 있다고 보기 어렵다(대판 2011. 10. 11, 2011재두148).
4. 등기우편으로 송달해야 하는 납세고지서를 수령인에게 직접 전달하지 않고 우편함에 넣어두는 방식으로 송달을 완료했다면 납세고지의 효력이 없다(행정법원 2019. 8. 14, 2018구단69205).
5. 집배원으로부터 우편물을 수령한 빌딩건물경비원이 원고나 그 동거인 또는 고용인에게 위 청문서를 전달하였다고 볼 수 없는 이상 청문서가 원고에게 적법하게 송달되었다고 볼 수 없다할 것이다. 원고가 청문서를 송달받지 못하여 청문절차에 불출석하였는데도 불응하는 것으로 보아 원고에게 의견진술기회를 주지 아니한 채 이루어진 이 사건 처분은 영업정지사유가 인정된다 하더라도 위법하다 할 것이다(대판 1991. 7. 9, 91누971 ; 1993. 11. 26, 93누17478).

상대방이 부당하게 등기취급 우편물의 **수취를 거부**함으로써 그 우편물의 내용을 알 수 있는 객관적 상태의 형성을 방해한 경우 발송인의 의사표시의 효력을 부정하는 것은 신의성실의 원칙에 반하므로 허용되지 않는다. 이러한 경우에는 수취 거부 시에 의사표시의 효력이 생긴 것으로 보아야 한다(대판 2020. 8. 20, 2019두34630).

통지의 상대방이 불특정다수인이거나 행정행위의 상대방의 주소 등을 통상적인 방법으로 확인할 수 없거나 송달이 불가능한 경우 고시 또는 공고의 방법에 의해 통지되도록 규정하고 있다(개별법령 및 행정절차법 제14조 제4항). **행정절차법상 공고**(주소불명 또는 송달이 불가능한 경우 송달에 갈음하는 공고)**의 경우** 다른 법령 등에 특별한 규정이 있는 경우를 제외하고는 공고일부터 14일이 경과한 때에 그 효력이 발생한다. 다만, 긴급히 시행하여야 할 특별한 사유가 있어 효력발생시기를 달리 정하여 공고한 경우에는 그에 의한다(동법 제15조 제3항). **개별법상 고시 또는 공고**(불특정다수인에 대한 고시 또는 공고)의 경우 당해 공고 또는 고시의 효력발생일을 법령에서 명시적으로 규정하고 있는 경우에는 그에 의하고, 특별한 규정이 있는 경우를 제외하고는 그 고시 또는 공고가 있은 후 5일이 경과한 날부터 효력을 발생한다(행정업무의 운영 및 혁신에 관한 규정 제6조 제3항, 대판 전원합의체 1995. 8. 22, 94누5694).

Ⅳ. 적법요건

행정행위가 행해짐에 있어 법에 의해 요구되는 요건을 **적법요건**이라 한다.

1. 주체에 관한 적법요건

행정행위는 해당 행정행위를 발할 수 있는 권한을 가진 자에 의해 행해져야 한다.

2. 절차에 관한 적법요건

행정행위를 행함에 있어 일정한 절차, 예를 들면 청문, 다른 기관과의 협의 등을 거칠 것이 요구되는 경우에는 그 절차를 거쳐야 한다.

3. 형식에 관한 적법요건

행정청이 처분을 하는 때에는 다른 법령 등에 특별한 규정이 있는 경우를 제외하고는 문서로 하여야 하며 처분권자가 서명날인하여야 한다.

4. 내용에 관한 적법요건

행정행위는 그 내용에 있어 적법하여야 하며 법률상이나 사실상으로 실현가능하고 관계인이 인식할 수 있을 정도로 명확하여야 한다.

행정행위가 적법요건을 충족시키지 못한 경우에는 위법하다. 적법요건을 충족하지 못한 행정행위는 흠 있는 행정행위가 되며 흠 있는 행정행위의 효력은 후술하는 바와 같이 부존재, 무효 및 취소할 수 있는 행위이다.

Ⅴ. 유효요건

유효요건이라 함은 행정행위가 무효가 되지 않고 효력을 갖기 위한 요건을 말한다. 행정행위의 유효요건은 행정행위의 무효요건에 대립되는 것으로 행정행위의 위법이 중대하고 명백하지 않을 것이다. 행정행위는 위법하더라도 그 위법이 중대하고 명백하여 무효가 되지 않는 한 공정력에 의해 권한 있는 기관에 의해 취소되지 않는 한 유효하다.

제 7 절 행정행위의 하자(흠)와 그 효과

Ⅰ. 개 설

1. 행정행위의 하자(흠)의 개념

위법 또는 부당과 같이 행정행위의 효력 발생을 방해하는 사정을 **행정행위의 하자(흠)**라 한다. 위법이라 함은 법의 위반을 의미하며 **부당**이라 함은 법을 위반함이 없이 공익 또는 합목적성 판단을 잘못한 것(목적위반)을 말한다. 행정기관이 재량권의 한계를 넘지 않는 한계 내에서 재량권의 행사를 그르친(예, 위법에 이르지 않는 이익형량의 하자) 행정행위가 부당한 행정행위가 된다.

위법한 행정행위는 행정심판이나 행정청의 직권에 의해 취소될 수 있을 뿐만 아니라 법원에 의해서도 취소될 수 있다. 그러나, 부당한 행정행위는 행정심판이나 행정청의 직권에 의해 취소될 수 있을 뿐 법원에 의해 취소될 수는 없다.

2. 오기·오산 등 명백한 사실상의 착오

행정행위에 있어 오기나 오산 등은 행정행위가 완전한 효력을 발생하는데 장애가 되지 않으므로 행정행위의 흠과는 구별되어야 한다. 행정절차법 제25조는 처분에 오기·오산 그 밖에 이에 준하는 명백한 잘못이 있는 때에는 행정청은 직권 또는 신청에 의하여 지체 없이 정정하고 이를 당사자에게 통지하도록 하고 있다.

3. 행정행위의 위법 여부의 판단시점

행정행위의 위법 여부는 원칙상 행정행위시의 법령 및 사실상태를 기준으로 판단한다. 다만, 후술하는 바와 같이 일정한 예외가 있다(후술 행정소송 참조).

〈판례〉 행정처분의 위법 여부는 원칙상 행정처분이 있을 때의 법령과 사실 상태를 기준으로 판단하여야 하며, 법원은 행정처분 당시 행정청이 알고 있었던 자료뿐만 아니라 사실심 변론종결 당시까지 제출된 모든 자료를 종합하여 처분 당시 존재하였던 객관적 사실을 확정하고 그 사실에 기초하여 처분의 위법 여부를 판단할 수 있다(대판 2010. 1. 14, 2009두11843 ; 2019. 7. 25, 2017두55077 참조).

4. 흠 있는 행정행위의 효과

위법 또는 부당한 처분은 권한이 있는 기관이 취소하거나 기간의 경과 등으로 소멸되기 전까지는 유효한 것으로 통용된다(공정력). 다만, 무효인 처분은 처음부터 그 효력이 발생하지 아니한다(행정기본법 제15조, 제18조 제1항).

5. 적용법령과 신뢰보호 등

행정처분의 신청시와 처분시 사이에 법령이 변경된 경우 행정청은 신청시의 법령을 적용하여야 하는가, 처분시의 법령을 적용하여야 하는가 하는 것이 문제된다.

또한, 행정청이 일방적으로 행정처분을 하는 경우 처분이전에 법령이 수차 변경된 경우 어느 시점의 법령을 적용하여야 하는 것인가가 문제된다. 특히 법규위반시와 제재처분시 사이에 법령이 변경된 경우에 문제된다.

(1) 원   칙

1) 처분시법 적용의 원칙

행정기관은 법치행정의 원칙 및 공익보호의 원칙에 비추어 행정행위(처분) 당시의 법을 적용하여 행정행위를 행하여야 하는 것이 원칙이다. 당사자의 신청에 따른 처분도 법령등에 특별한 규정이 있거나 처분 당시의 법령등을 적용하기 곤란한 특별한 사정이 있는 경우를 제외하고는 처분 당시의 법령등에 따른다(행정기본법 제14조 제2항). 행정기본법에서 "당사자"란 처분의 상대방을 말한다(행정기본법 제2조 제3호).

2) 신뢰보호를 위한 개정법령의 적용제한

개정 전 법령의 존속에 대한 국민의 신뢰가 개정 법령의 적용에 관한 공익상의 요구보다 더 보호가치가 있다고 인정되는 경우에는 그러한 국민의 신뢰를 보호하기 위하여 신청 후의 개정 법령의 적용이 제한될 수 있다고 보아야 한다(대판 2000. 3. 10, 97누13818).

(2) 예   외

1) 경과규정

부진정소급입법의 경우에 국민의 기득권과 신뢰보호를 위하여 필요한 경우에 경과규정을 두는 등의 조치를 취하여야 한다(입법론). 경과규정에서 신청시의 법령을 적용하도록 규정하는 경우가 있고, 이 경우에는 신청시의 법령을 적용하여 신청에 대한 처분을 하여야 한다.

만일 경과규정을 두는 등의 신뢰보호를 위한 조치 없이 개정법령을 적용하는 것이 헌법원칙인 신뢰보호의 원칙에 반하면 개정법령은 위헌이며 이에 근거한 처분은 위법하게 된다. 신뢰보호 원칙의 위배 여부를 판단하기 위하여는 한편으로는 침해받은 이익의 보호가치, 침해의 중한 정도, 신뢰가 손상된 정도, 신뢰침해의 방법 등과 다른 한편으로는 새 법령을 통해 실현하고자 하는 공익적 목적을 종합적으로 비교·형량하여야 할 것이다(대판 전원합의체 2006. 11. 16, 2003두12899[변리사 1차시험 불합격처분취소청구사건): 종전의 법령에 의한 절대평가제가 요구하는 합격기준에 맞추어 시험준비를 하였는데, 제1차 시험 실시를 불과 2개월밖에 남겨놓지 않은 시점에서 제1차 시험을 상대평가제로 하는 개정 시행령의 즉시 시행으로 인한 원고들의 신뢰이익 침해는 개정 시행령의 즉시 시행에 의하여 달성하려는 공익적 목적을 고려하더라도 정당화될 수 없을 정도로 과도하다고 한 사례).

2) 신의성실의 원칙 위반

행정청이 심히 부당하게 처분을 늦추고, 그 사이에 허가기준을 변경한 경우와 같이 신의성실의 원칙에 반하는 경우에는 개정 전의 법령을 적용하여 처분하여야 한다(대판 1984. 5. 22, 84누77).

3) 법률관계를 확인하는 처분

사건의 발생시 법령에 따라 이미 법률관계가 확정되고, 행정청이 이를 확인하는 처분(예, 장해급여를 위한 장애등급 결정처분)을 하는 경우에는 일정한 예외적인 경우를 제외하고는 원칙상 처분시의 법령을 적용하는 것이 아니라 해당 법률관계의 확정시(지급사유발생시(예, 장애발생시), 납세의무 성립시)의 법령을 적용한다(대판 2007. 2. 22, 2004두12957).

4) 법령 위반에 대한 제재처분

법령등을 위반한 행위의 성립과 이에 대한 제재처분은 법령등에 특별한 규정이 있는 경우를 제외하고는 법령등을 위반한 행위 당시의 법령등에 따른다. 다만, 법령등을 위반한 행위 후 법령등의 변경에 의하여 그 행위가 법령등을 위반한 행위에 해당하지 아니하거나 제재처분 기준이 가벼워진 경우로서 해당 법령등에 특별한 규정이 없는 경우에는 변경된 법령등을 적용한다(행정기본법 제14조 제3항).

질서위반행위의 성립과 과태료 처분은 위반행위 시의 법률에 따르지만, 질서위반행위 후 법률이 변경되어 그 행위가 질서위반행위에 해당하지 아니하게 되거나 과태료가 변경되기 전의 법률보다 가볍게 된 때에는 법률에 특별한 규정이 없는 한 변경된 법률을 적용한다(질서위반행위규제법 제3조).

5) 불합격처분

시험에 따른 합격 또는 불합격처분은 원칙상 시험일자의 법령을 적용한다(대판 2009. 1. 15, 2008두15596).

6) 법령의 소급적용금지 및 예외적 소급적용

새로운 법령등은 법령등에 특별한 규정이 있는 경우를 제외하고는 그 법령등의 효력 발생 전에 완성되거나 종결된 사실관계 또는 법률관계에 대해서는 적용되지 아니한다(행정기본법 제14조 제1항). 이 규정은 법령의 소급적용을 금지한 규정이다.

그리고, 행정기본법 제14조 제1항은 법령 소급적용의 예외를 규정하고 있지 않은데, 종래의 판례는 특별한 사정이 있는 경우 예외적으로 법령의 소급적용을 허용하고 있다. 즉, 종래의 판례에 따르면 법령을 소급적용 하더라도 일반 국민의 이해에 직접 관계가 없는 경우, 오히려 그 이익을 증진하는 경우, 불이익이나 고통을 제거하는 경우 등의 특별한 사정이 있는 경우에 한하여 예외적으로 법령의 소급적용이 허용될 여지가 있을 따름이다(대판 2005. 5. 13, 2004다8630 ; 2021. 3. 11, 2020두49850).

법령의 소급적용은 원칙상 인정되지 않지만 부진정소급적용은 엄밀한 의미에서 소급적용이 아니므로 가능하다. **부진정소급적용**이라 함은 사실 또는 법률관계가 개정법령이 시행되기 이전에 이미 완성되거나 종결되지 않고 계속되고 있는 경우에 당해 법령 개정 이전의 사실 또는 법률관계에 개정법령을 적용하는 것을 말한다. 부진정소급적용의 대표적인 예는 취득 이후 양도 전 개정법령에 따른 양도소득세부과처분이다.

6. 처분의 내용 확정

행정청이 문서에 의하여 처분을 한 경우 처분서의 문언이 불분명하다는 등의 특별한 사정이 없는 한, 문언에 따라 어떤 처분을 하였는지를 확정하여야 한다. 처분서의 문언만으로도 행정청이 어떤 처분을 하였는지가 분명한데도 처분 경위나 처분 이후의 상대방의 태도 등 다른 사정을 고려하여 처분서의 문언과는 달리 다른 처분까지 포함되어 있는 것으로 확대해석해서는 안 된다(대판 2017. 8. 29, 2016두44186).

7. 처분사유

처분사유라 함은 처분의 근거가 된 사실 및 법적 근거를 말한다.

처분사유(예, 처분 철회시 철회사유, 제재처분시 법령위반사유, 징계처분시 징계사유 등)가 있는 경우에 한하여 행정처분이 가능하다. 처분사유가 전혀 없는 행정처분은 무효이다. 처분사유 중 일부가 잘못인 경우 나머지 처분사유로 행정처분의 위법 여부를 판단하여야 한다. 행정처분에 있어 수개의 처분사유 중 일부가 적법하지 않다고 하더라도 다른 처분사유로써 그 처분의 정당성이 인정되는 경우에는 그 처분을 위법하다고 할 수 없다(대판 1997. 5. 9, 96누1184 ; 2004. 3. 25, 2003두1264 ; 2013. 10. 24, 2013두963).

Ⅱ. 행정행위의 부존재, 무효, 취소

1. 행정행위의 부존재와 무효의 구별

행정행위의 무효와 부존재는 개념상 구별된다. **행정행위의 무효**는 행정행위의 외관은 존재하지만 행정행위가 애초부터 효력이 없는 경우를 말하고, **행정행위의 부존재**라 함은 행정행위라고 볼 수 있는 외관이 존재하지 않는 경우를 말한다.

그런데, 현행 행정소송법이 무효확인소송과 부존재확인소송을 동일하게 규율하고 있고, 실체법적 측면에서 무효인 행정행위나 부존재인 행정행위나 다같이 실체법상 법적 효력이 발생하지 않는다는 점에서 그 구별의 실익은 크지 않다.

2. 행정행위의 무효

행정행위의 무효라 함은 행정행위가 외관상 성립은 하였으나 그 하자의 중대함으로 인하여 행정행위가 애초부터 아무런 효력을 발생하지 않는 경우를 말한다. 행정행위가 무효인 경우에는 누구든지 그 효력을 부인할 수 있다.

행정행위의 일부에 무효사유인 하자가 있는 경우 무효부분이 본질적이거나 (처분청이 무효부분이 없이는 행정행위를 발하지 않았을 경우) 불가분적인 경우에는 행정행위 전부가 무효가 되고, 무효부분이 본질적이지 않고 가분적인 경우 무효부분만이 무효가 된다.

3. 행정행위의 취소

행정행위의 취소라 함은 위법한 행정행위의 효력을 그 위법을 이유로 상실시키는 것을 말한다. 행정행위의 취소에는 쟁송취소와 직권취소가 있다. 쟁송취소는 행정심판에 따른 취소재결과 취소소송에 따른 취소판결이 있다. 직권취소는 처분청 또는 감독청이 취소하는 것을 말하며 행정행위의 성질을 갖는다.

4. 무효와 취소의 구별

(1) 무효와 취소의 구별실익

1) 행정행위의 효력

무효인 행정행위는 행정행위가 애초부터 효력을 발생하지 않는다. 무효인 행정행위에는 공정력, 불가쟁력이 인정되지 않는다.

취소할 수 있는 행정행위는 공정력이 인정되어 권한 있는 기관에 의해 취소되기 전까지는 유효하다. 취소할 수 있는 행정행위에 대하여 일정한 불복기간 내에 행정심판이나 행정소송을 제기하지 않으면 불가쟁력이 발생한다.

2) 행정쟁송에 있어서의 구별실익

가. 쟁송방식과의 관계   현행 행정심판법이나 행정소송법은 무효인 행정행위와 취소할 수 있는 행정행위에 대한 항고쟁송의 방식을 달리 정하고 각각에 대하여 법적 규율을 달리 하고 있다. 취소할 수 있는 행정행위의 경우에는 취소심판과 취소소송에 의해 취소를 구할 수 있고, 무효인 행정행위에 대하여는 무효확인심판과 무효확인소송에 의해 무효확인을 구할 수 있다. 무효인 행정행위에 대하여 무효선언을 구하는 취소소송을 제기할 수도 있다. 다만, 이 경우에도 소송의 형식이 취소소송이므로 취소소송의 소송요건을 구비하여야 한다(대판 1984. 5. 29, 84누175). 또한, 무효인 행정행위에 대해 취소소송을 제기할 수 있고, 이 경우 법원은 취소소송으로서의 소송요건이 충족된 경우 취소판결을 한다.

나. 행정불복제기기간과의 관계   취소쟁송은 단기의 제기기간 내에 제기되어야 하나, 무효확인쟁송을 제기함에는 그러한 제한을 받지 아니한다. 무효선언을 구하는 취소소송에는 행정불복제기기간이 적용된다는 것이 판례의 입장이다.

다. 행정심판전치주의와의 관계   행정심판전치주의는 취소소송(무효선언을 구하는 취소소송 포함)에는 적용되지만, 무효확인소송에는 적용되지 않는다.

라. 선결문제와의 관계   취소할 수 있는 행정행위(예, 해임처분, 조세부과처분)는 공법상 당사자소송(예, 공무원지위확인소송)이나 민사소송(예, 조세과오납금환급소송)에서 선결문제로서 그 효력을 부인(예, 해임처분의 취소, 조세부과처분의 취소)할 수 없지만, 무효인 행정행위는 공법상 당사자소송이나 민사소송에서 그 선결문제로서 무효를 확인할 수 있다.

마. 사정재결 및 사정판결과의 관계   취소할 수 있는 행정행위에 대하여서만 사정재결, 사정판결이 인정된다.

바. 간접강제와의 관계   현행 행정소송법상 거부처분의 취소판결에는 간접강제가 인정되고 있지만, 무효확인판결에는 인정되고 있지 않다(제38조 제1항). 이는 입법의 불비이다.

3) 하자의 치유와 전환과의 관계

통설에 의하면 하자의 치유는 취소할 수 있는 행정행위에 대하여만 인정된다. 하자의 전환은 무효인 행정행위에 대하여만 인정된다고 보는 것이 다수설이나 취소할 수 있는 행정행위에도 하자의 전환이 인정된다는 견해도 있다.

(2) 무효사유와 취소사유의 구별기준

통설·판례(대법원 판례)는 행정행위의 하자가 내용상 중대하고, 외관상 명백한 경우에 무효인 하자가 되고, 이 두 요건 중 하나라도 충족하지 않는 경우에는 취소사유로 보는 **중대명백설**(또는 외관상 일견명백설)을 취하고 있다(대판 전원합의체 1995. 7. 11, 94누4615).

이와 같은 통설 · 판례의 중대명백설에 대하여는 이 견해의 엄격성을 비판하며 무효사유를 보다 완화하려는 조사의무위반설(공무원에게 위법성 조사의무를 부여하여 명백성을 완화하려는 견해), 명백성보충요건설(하자의 중대성은 항상 무효요건이 되지만, 명백성은 행정의 법적 안정성이나 제3자의 신뢰보호의 요청이 있는 경우에만 요구하는 견해), 중대설(중대성만 무효요건이고, 명백성은 무효요건이 아니라는 견해)이 주장되고 있고, 그 견해의 경직성을 비판하며 무효사유와 취소사유의 구별을 구체적인 경우마다 관계되는 구체적인 이익과 가치를 고려하여 결정하려는 구체적 가치형량설이 제기되고 있다.

헌법재판소는 원칙상 중대명백설을 취하지만, 예외적으로 권리구제의 필요성이 있고, 법적 안정성을 해치지 않는 경우에는 명백성을 요구하지 않고 중대성만으로 위헌인 법률에 근거한 처분의 무효를 인정하고 있다(헌재 1994. 6. 30, 92헌바23 참조).

Ⅲ. 행정행위의 하자(위법사유)

행정행위의 하자에는 주체에 관한 하자, 절차에 관한 하자, 형식에 관한 하자 및 내용에 관한 하자가 있는데 전 3자를 광의의 '**형식상(절차상) 하자**'라 하고 후자는 '**내용상 하자**'라 한다.

형식상 하자와 내용상 하자를 구별하는 실익은 취소소송에서 행정행위가 형식상 하자로 인하여 취소된 경우에 행정청은 동일한 내용의 행정처분을 다시 내릴 수 있지만 내용상 하자를 이유로 취소된 경우에 행정청은 원칙상 동일한 내용의 행정처분을 다시 내리지 못한다는 것인데, 이는 취소판결의 효력인 기속력 때문이다.

1. 주체에 관한 하자

행정행위는 정당한 권한을 가진 행정기관에 의해 그의 권한 내에서 정상적인 의사에 기하여 행하여져야 한다.

무권한의 행위는 원칙적으로 무효이다. 왜냐하면, 무권한은 중대한 하자이고, 행정권한법정주의에 의해 행정권한은 법령에 규정되어 있으므로 무권한의 하자는 원칙상 명백하기 때문이다. 다만, 무권한의 하자라도 중대 · 명백하지 않으면 취소할 수 있는 하자이다(대판 2007. 7. 26, 2005두15748: 임면권자가 아닌 국가정보원장이 5급 이상의 국가정보원직원에 대하여 한 의원면직처분이 당연무효가 아니라고 한 사례).

2. 절차의 하자

절차의 하자란 행정행위가 행해지기 전에 거쳐야 하는 절차 중 하나를 거치지 않았거나 거쳤으나 불충분한 것을 말한다. 절차의 하자는 그 중요도에 따라 무효사유 또는 취소사유가 되며 경미한 하자는 효력에 영향을 미치지 않는다.

판례는 원칙상 절차의 하자를 중요한 하자로 보지 않으면서 취소할 수 있는 하자로 본다. 다만, 환경영향평가절차를 거치지 않은 하자는 통상 중대명백한 하자이므로 원칙상 당연무효로 본다.

3. 형식에 관한 하자

법령상 문서, 그 밖의 형식이 요구되는 경우에 이에 따르지 않으면 당해 행정행위는 형식의 하자가 있는 행위가 된다. 형식의 하자의 효과는 일률적으로 말하기 어렵다.

통설은 형식의 결여가 형식을 요구하는 본질적 요청, 즉 기관과 행위의 내용을 명확히 증명함으로써 법률생활의 안정을 기하려는 요청을 완전히 저해하는 정도일 때에는 그 형식의 결여는 무효사유에 해당하고, 형식의 결여가 행위의 확실성에 본질적인 영향이 없고 단지 행위의 내용을 명백히 하는 것에 불과한 경우에는 그 형식의 결여는 취소사유에 해당한다. 경미한 형식의 결여는 경우에 따라서 행위의 효력에 영향을 미치지 않는다.

〈판례〉 행정청이 처분을 하는 때에는 다른 법령 등에 특별한 규정이 있는 경우를 제외하고는 원칙상 문서로 하여야 한다는 행정절차법 제24조의 규정에 위반하여 행하여진 행정청의 처분은 그 하자가 중대하고 명백하여 원칙적으로 무효이다(대판 2011. 11. 10, 2011도11109).

4. 내용에 관한 하자

행정행위의 내용은 법의 일반원칙 및 헌법을 포함하여 모든 법에 위반하여서는 안 되며 법에 위반하면 위법한 행정행위가 된다. 법에 위반한 행정행위는 무효와 취소의 구별기준에 따라 무효 또는 취소할 수 있는 행정행위가 된다.

행정행위의 내용이 공익에 반하는 경우 해당 행정행위는 부당한 행정행위가 된다. 부당한 행정행위는 법원에 의한 통제의 대상이 되지 않으며 행정심판의 대상이 될 뿐이다. 재량권이 재량권의 한계 내에서 행해졌지만 공익에 반하는 경우 해당 재량행위는 부당한 행위가 된다.

여러 처분사유에 관하여 하나의 제재처분을 하였을 때 그중 일부가 인정되지 않는다고 하더라도 나머지 처분사유들만으로도 처분의 정당성이 인정되는 경우에는 그 처분을 위법하다고 보아 취소하여서는 아니 된다(대판 2020. 5. 14, 2019두63515).

법령의 규정에 관한 법리가 아직 명백하게 밝혀지지 않아 해석에 다툼의 여지가 있었을 경우 처분청이 그 규정을 잘못 해석하여 한 처분은 당연무효라고 할 수 없다(판례).

Ⅳ. 하자의 승계

선행행위의 위법을 이유로 후행행위의 위법을 주장하거나 후행행위를 취소할 수 있는지에 관하여 하자의 승계론과 선행행위의 후행행위에 대한 구속력론(이하 '구속력론'이라 한다)이 대립하고 있다.

1. 하자의 승계론

(1) 하자의 승계의 의의

하자(위법성)의 승계라 함은 행정이 여러 단계의 행정행위를 거쳐 행해지는 경우에 선행 행정행위의 위법을 이유로 적법한 후행 행정행위의 위법을 주장할 수 있는 것을 말한다.

선행 행정행위와 후행 행정행위가 상호 밀접한 관계를 가지며 하나의 법적 효과의 발생을 목적으로 하거나 동일한 목적을 달성하는 경우에 행정행위의 상대방이 불복제기기간 내에 선행 행정행위를 다투지 못하였기 때문에 그 후의 행정행위를 감수하여야 한다는 것은 상대방이나 이해관계인의 권리보호라는 관점에서는 너무 가혹한 것이다. 더욱이 다단계의 행정절차를 거쳐 행해지는 행정에 있어서 어느 단계의 행위가 내부행위인지 아니면 독립된 행정소송의 대상이 되는 외부행위(행정행위)인지가 분명하지 않은 점에 비추어 행정행위의 상대방이나 이해관계인은 자신의 권리를 구제하기 위하여 권리를 보다 직접적으로 침해하는 후의 행정행위를 다투면 된다고 생각하며 선행 행정행위를 다투지 않은 경우도 있을 수 있다. 이 경우 국민의 권리를 보호하기 위하여 하자의 승계를 인정할 필요가 있다.

(2) 하자의 승계의 전제조건

하자의 승계가 인정되기 위하여는 우선 다음의 전제조건을 충족하여야 한다. ① 선행행위와 후행행위가 모두 항고소송의 대상이 되는 처분이어야 한다. 선행행위가 처분이 아닌 경우 선행행위의 위법은 당연히 후행처분의 위법이 되는데, 이는 하자의 승계와 구별하여야 한다. ② 선행행위에 취소할 수 있는 위법이 있어야 한다.

선행행위가 무효인 경우에는 후행행위도 당연히 무효이므로 하자의 승계문제가 제기되지 않는다. ③ 선행행위에 대해 불가쟁력이 발생하여야 한다. 왜냐하면, 선행행위에 대한 취소기간이 지나지 않은 경우에는 선행행위를 다투어 권리구제를 받을 수 있기 때문이다. ④ 후행행위가 적법하여야 한다. 후행행위가 위법하면 후행행위의 위법을 다투어 권리구제를 받을 수 있기 때문에 하자의 승계를 인정할 필요가 없다.

(3) 하자의 승계의 인정기준 및 인정범위

1) 원   칙

하자의 승계의 인정범위는 행정법관계의 안정성 및 행정의 실효성의 보장이라는 요청과 국민의 권리구제의 요청을 조화하는 선에서 결정되어야 한다.

학설 및 판례는 기본적으로 선·후의 행정행위가 결합하여 하나의 법적 효과를 달성시키는가 아니면 선·후의 행정행위가 서로 독립하여 별개의 법적 효과를 목적으로 하는가에 따라 하자의 승계 여부를 결정한다. 즉, 2개 이상의 행정처분이 연속적 또는 단계적으로 이루어지는 경우 **선행처분과 후행처분이 서로 합하여 1개의 법률효과를 완성하는 때**에는 선행처분에 하자가 있으면 그 하자는 후행처분에 승계된다. 이러한 경우에는 선행처분에 불가쟁력이 생겨 그 효력을 다툴 수 없게 되더라도 선행처분의 하자를 이유로 후행처분의 효력을 다툴 수 있다. 그러나 **선행처분과 후행처분이 서로 독립하여 별개의 법률효과를 발생시키는 경우**에는 선행처분에 불가쟁력이 생겨 그 효력을 다툴 수 없게 되면 선행처분의 하자가 중대하고 명백하여 선행처분이 당연무효인 경우를 제외하고는 특별한 사정이 없는 한 선행처분의 하자를 이유로 후행처분의 효력을 다툴 수 없는 것이 **원칙**이다(대판 2019. 1. 31, 2017두40372).

판례는 하명처분(예, 철거명령, 부과처분)과 집행처분(예, 대집행처분(계고, 통지, 비용납부명령), 징수처분(납세고지, 압류처분, 공매처분, 환가처분)) 사이에는 하자의 승계를 인정하지 않고, 집행처분이나 징수처분 사이에는 하자의 승계를 인정하고 있다. 다만, 이행강제금은 시정명령 자체의 이행을 목적으로 하므로 시정명령과 이행강제금부과처분 사이에서는 하자가 승계된다고 보아야 한다(대판 2020. 12. 24, 2019두55675).

〈판례〉판례에서 승계를 인정한 예로는 계고처분과 대집행영장발부통보처분 사이(대판 1996. 2. 9, 95누12507), 개별공시지가와 과세처분 사이(대판 1994. 1. 25, 93누8542), 선행 분묘개장명령과 후행 계고처분 사이(대판 1961. 2. 21, 4293행상31), 계고처분과 대집행비용납부명령 사이(대판 1993. 11. 9, 93누14271) 등이 있다. 판례에서 하자의 승계를 인정하지 않은 예로는 선행 과세처분과 후행 체납처분 사이(대판 1961. 10. 26, 4292행상73), 건물철거명령과 대집행(계고처분) 사이(대판 1998. 9. 8, 97누20502), 선행 직위해제처분과 후행 직권면직처분 사이(대판 1971. 9. 29, 71누96),

선행 변상판정과 후행 변상명령 사이(대판 1963. 7. 25, 63누65), 선행 사업인정과 후행 수용재결 사이(대판 1993. 6. 29, 91누2342), 표준지공시지가와 개별공시지가 사이(대판 1995. 3. 28, 94누12920), 표준지공시지가결정과 재산세부과처분 사이(대판 2022. 5. 13, 2018두50147) 등이 있다.

2) 예   외

예외적으로 예측가능성과 수인가능성이 없는 경우, 즉 선행 행정행위의 불가쟁 력이나 구속력이 그로 인하여 불이익을 입게 되는 자에게 수인한도를 넘는 가혹함 을 가져오며, 그 결과가 당사자에게 예측가능한 것이 아닌 경우에는 선행 행정행위 와 후행 행정행위가 서로 독립하여 별개의 효과를 목적으로 하는 경우에도 선행행 위의 위법을 후행행위의 위법사유로 주장할 수 있다(표준지공시지가결정과 수용재결(보 상금 산정) 사이(대판 2008. 8. 21, 2007두13845[토지보상금]: 재산세 등 부과처분의 취소를 구하는 소 송에서 표준지공시지가결정의 위법성을 다투는 것은 원칙적으로 허용되지 않지만, 표준지 인근 토 지의 소유자가 토지 등의 수용 경과 등에 비추어 표준지공시지가의 확정 전에 이를 다투는 것이 불 가능하였던 사정 등이 있는 경우에는 사업시행자를 상대로 수용보상금의 증액을 구하는 소송에서 비 교표준지공시지가결정의 위법을 독립된 사유로 주장할 수 있다고 한 사례(대판 2022. 5. 13. 선고 2018두50147)), 개별공시지가와 과세처분 사이(대판 1994. 1. 25, 93누8542)).

이에 반하여 수인가능성이나 예측가능성이 있는 경우에는 선행행위의 위법을 후행행위의 위법사유로 주장할 수 없다(일정한 경우 개별공시지가와 과세처분 사이(대판 1998. 3. 13, 96누6059: 개별토지가격 결정에 대한 재조사 청구에 따른 감액조정에 대하여 더 이상 불복하지 아니한 경우, 이를 기초로 한 양도소득세 부과처분 취소소송에서 다시 개별토지가격 결정 의 위법을 당해 과세처분의 위법사유로 주장할 수 없다고 한 사례)).

(4) 하자의 승계의 효과

하자의 승계가 인정되는 경우 선행행위의 위법을 후행행위의 위법사유로 주장 할 수 있고, 취소권자는 선행행위의 위법을 이유로 후행행위를 취소할 수 있다.

하자의 승계가 권리보호를 위해 인정되는 것이므로 선행행위의 위법은 내용의 위법으로 한정하는 것이 타당하다.

2. 선행 행정행위의 후행 행정행위에 대한 구속력론

선행행위의 후행행위에 대한 구속력(규준력, 기결력)은 후행 행정행위의 단계에서 후행 행정행위의 전제가 되는 선행 행정행위에 배치되는 주장을 하지 못하는 효력 을 말한다.

일부 학설은 선행 행정행위의 후행 행정행위에 대한 구속력을 하자의 승계를 대체하는 이론으로 주장한다. 즉, 판례에서와 같이 하자의 승계를 널리 인정하는 것은 타당하지 않으며 선행행위의 후행행위에 대한 구속력의 한계가 인정되는 경우(예, 예측가능성과 수인가능성이 없는 경우)에 한하여 선행행위의 위법을 후행행위에서 주장할 수 있다고 한다.

구속력의 예외가 인정되는 경우 선행행위의 후행행위에 대한 구속력이 인정되지 않고, 그 결과 선행행위의 위법을 이유로 후행행위를 취소할 수 있다.

3. 하자의 승계론과 구속력론의 관계 및 적용

(1) 학 설

선행행위의 위법을 이유로 후행행위를 위법한 것으로 볼 수 있는지에 관하여 하자의 승계론과 구속력론을 상호 배타적인 이론으로서 둘 중의 하나만 적용하여야 한다는 견해(배타적 적용설)와 하자의 승계론과 구속력론은 상호 별개의 목적과 성질을 갖는 이론으로서 중첩적으로 적용될 수 있다는 견해(중첩적용설)가 있다. 그리고, 배타적 적용설에는 하자의 승계론이 타당하다는 견해와 구속력론이 타당하다는 견해가 있다.

(2) 판 례

원칙상 하자의 승계론에 따라 선행행위의 위법의 후행행위에의 승계 여부를 판단하고 있다.

다만 전술한 바와 같이 판례는 선행처분(예, 개별공시지가결정)의 하자를 이유로 후행처분(예, 양도소득세부과처분)의 효력을 다툴 수 없게 하는 것이 당사자에게 수인한도를 넘는 불이익을 주고 그 결과가 당사자에게 예측가능한 것이라고 할 수 없기 때문에 선행처분의 후행처분에 대한 구속력을 인정할 수 없다고 보고, 그러므로 선행처분의 위법을 이유로 후행처분의 효력을 다툴 수 있다고 보고 있다(전술 대판 1994. 1. 25, 93누8542 ; 2013. 3. 14, 2012두6964[독립유공자법적용배제결정처분취소]). 이 판례의 해석과 관련하여 이 판례가 하자의 승계를 확대하였다는 견해(하자의 승계확대설)와 이 판례가 구속력이론에 입각하여 선행행위의 위법을 이유로 후행행위의 위법을 주장할 수 있다고 보았다는 견해(구속력설)가 대립하고 있다. 생각건대, 판결문에서 구속력이라는 용어를 사용하고 있고, 설시한 법리도 구속력론의 법리인 점에 비추어 구속력설이 타당하다.

(3) 결 어

하자의 승계론과 구속력론은 별개의 이론이므로 중첩적으로 적용될 수 있는 것으로 보는 것이 타당하다(중첩적용설).

V. 흠 있는 행정행위의 치유와 전환

1. 하자의 치유

(1) 개   념

하자의 치유라 함은 성립당시에 적법요건을 결한 흠 있는 행정행위라 하더라도 사후에 그 흠의 원인이 된 적법요건을 보완하거나 그 흠이 취소사유가 되지 않을 정도로 경미해진 경우에 그의 성립 당시의 흠에도 불구하고 하자 없는 적법한 행위로 그 효력을 그대로 유지시키는 것을 말한다.

(2) 인정근거

하자의 치유는 행정행위의 무용한 반복을 피함으로써 행정경제를 도모하기 위하여 인정된다. 행정행위의 하자가 보완된 경우에 처분시의 위법을 이유로 취소를 하더라도 행정청이 동일한 처분을 다시 내릴 수 있는 경우가 하자의 치유가 인정되어야 하는 전형적인 경우이다.

(3) 인정범위와 한계

1) 일반적 기준

하자 있는 행정행위의 치유는 행정행위의 성질이나 법치주의의 관점에서 볼 때 원칙적으로 허용될 수 없는 것이고, 예외적으로 행정행위의 무용한 반복을 피하고 당사자의 법적 안정성을 위해 이를 허용할 수 있는 것인데 이때에도 다른 국민의 권리나 이익을 침해하지 않는 범위에서 구체적 사정에 따라 합목적적으로 인정하여야 할 것이다(대판 1983. 7. 26, 82누420). 예를 들면, 경원관계에 있는 자가 제기한 허가처분의 취소소송에서 인근주민의 동의를 받아야 하는 요건을 결여하였다가 처분 후에 동의를 받은 경우에 하자의 치유를 인정하는 것은 원고에게 불이익하게 되므로 이를 허용할 수 없다(대판 1992. 5. 8, 91누13274).

따라서 하자의 치유는 하자의 종류에 따라 하자의 치유를 인정함으로써 달성되는 이익과 그로 인하여 발생하는 불이익을 비교형량하여 개별적으로 결정하여야 한다.

2) 하자의 치유 사유

하자의 치유가 인정되는 사유로는 흠결된 요건의 사후보완이 있다. 예를 들면, 무권대리의 사후추인, 처분의 절차 또는 형식의 사후보완, 불특정목적물의 사후특정, 이유의 사후제시가 있다.

하자의 치유가 주로 인정되는 것은 절차와 형식의 하자의 경우이다. 판례는 내용상 하자는 치유가 가능하지 않은 것으로 본다(대판 1991. 5. 28, 90누1359).

3) 개별적 검토

가. 수익적 행정행위의 흠결   수익적 행정행위의 흠결은 언제든지 보정되면 치유될 수 있다고 보아야 한다.

나. 절차의 하자의 치유   이해관계인의 절차적 권리가 침해되지 않는 한도내에서 절차의 하자가 치유된다고 보아야 한다.

〈판례〉 행정청이 처분절차에서 관계 법령의 절차 규정을 위반하여 절차적 정당성이 상실된 경우에는 해당 처분은 위법하고 원칙적으로 취소하여야 한다. 다만 처분상대방이나 관계인의 의견진술권이나 방어권 행사에 실질적으로 지장이 초래되었다고 볼 수 없는 특별한 사정이 있는 경우에는, 절차 규정 위반으로 인하여 처분절차의 절차적 정당성이 상실되었다고 볼 수 없으므로 해당 처분을 취소할 것은 아니다(대판 2018. 3. 13, 2016두33339 ; 2021. 2. 4, 2015추528 등 참조).

㈎ 의견진술절차의 하자   의견진술절차의 하자는 원칙상 하자가 치유되지 않는다고 보아야 한다. 왜냐하면 의견진술절차는 행정행위가 행하여지기 전에 인정되어야 처분 전에 방어기회를 준다는 등의 인정이유를 충족시킬 수 있기 때문이다. 다만, 의견진술 자체의 흠결이 아니라 의견진술통지기간의 불준수와 같은 의견진술절차상의 하자는 처분 전에 이해관계인에게 방어의 기회를 준다는 의견진술절차의 인정근거를 위태롭게 하지 않는 한도 내에서는 치유된다고 보아야 한다. 예를 들면, 청문통지기간의 불준수로 청문준비기간이 법정기간보다 조금 모자라지만 자기 방어를 위한 준비에 큰 곤란한 점이 없었다면 청문통지기간의 불준수의 하자는 치유된다고 보아야 한다(대판 1992. 10. 23, 92누2844).

㈏ 이유 등의 사후제시   이유제시의 하자의 보완(이유의 사후제시 또는 추가)으로 인한 하자의 치유가 어느 시점까지 가능한지에 관하여 견해가 대립되고 있다.

판례는 이유제시의 하자를 치유하려면 늦어도 행정쟁송 제기 전 처분에 대한 불복(행정쟁송) 여부의 결정 및 불복신청에 편의를 줄 수 있는 상당한 기간 내에 하여야 한다고 하고 있다.

다. 무효인 행정행위와 하자의 치유   하자의 치유는 행정행위의 존재를 전제로 하여 그 흠을 치유하여 흠이 없는 행정행위로 하는 것이므로 무효인 행정행위의 치유는 인정될 수 없다는 부정설이 통설이며 판례의 입장이다(대판 1997. 5. 28, 96누5308).

(4) 하자의 치유의 효과

행정행위의 하자가 치유되면 해당 행정행위는 처분시부터 하자가 없는 적법한 행정행위로 효력을 발생하게 된다.

2. 하자 있는 행정행위의 전환

(1) 개   념

행정행위의 전환이라 함은 행정행위가 본래의 행정행위로서는 무효이나 다른 행정행위로 보면 그 요건이 충족되는 경우에 흠 있는 행정행위를 흠 없는 다른 행정행위로 인정하는 것을 말한다. 사망자에 대한 귀속재산의 불하처분을 상속인에 대한 처분으로 전환하는 것을 그 예로 들 수 있다.

하자의 전환은 행정의 법적 안정성을 위하고 행정의 무용한 반복을 피하기 위하여 인정된다.

(2) 요   건

하자 있는 행정행위의 전환이 인정되기 위하여는 다음과 같은 엄격한 요건을 갖추어야 한다. ① 하자 있는 행정행위와 전환되는 행정행위가 동일한 목적을 가져야 한다. ② 하자 있는 행정행위와 전환하려고 하는 다른 행정행위의 처분청, 절차, 형식이 동일하여야 한다. ③ 전환되는 행정행위의 성립, 발효요건, 적법요건을 갖추고 있어야 한다. ④ 하자 있는 행정행위를 한 행정청의 의도에 반하는 것이 아니어야 한다. 달리 말하면 행정청이 본래의 행정행위의 위법성을 알았더라면 해당 행정청이 전환되는 행정행위와 같은 내용의 처분을 하였을 것이 인정되어야 한다. ⑤ 당사자가 그 전환을 의욕하는 것으로 인정되어야 한다. 달리 말하면 당사자에게 불이익한 법적 효과를 초래하지 않아야 한다. ⑥ 제3자의 권익을 침해하지 않아야 한다. ⑦ 기속행위를 재량행위인 행위로 전환하여서는 안 된다. 왜냐하면 그것을 인정한다면 처분청의 재량권을 침해하는 것이 되기 때문이다. 달리 말하면 법원이 처분청의 재량권을 행사하는 결과를 가져오기 때문이다.

(3) 인정범위

행정행위의 전환은 무효인 행정행위에 대하여만 인정된다는 견해와 무효인 행위뿐만 아니라 취소할 수 있는 행정행위에도 인정된다는 견해가 있다.

(4) 효   과

무효의 전환이 인정되면 새로운 행정행위가 발생한다. 즉, 하자 있는 행정행위는 전환된 행정행위로서 효력이 발생한다. 전환된 행정행위에 대하여는 행정쟁송을 제기할 수 있고, 불복기간은 전환행위가 있음을 안 날로부터 90일 이내이다.

제 8 절 행정행위의 취소, 철회와 변경

일단 유효하게 성립한 행정행위의 효력을 상실(폐지)시키는 것으로 행정행위의 취소와 철회가 있다.

행정행위의 취소는 위법한 행정행위의 효력을 상실시키는 것을 말하고, **행정행위의 철회**는 적법한 행정행위를 사정변경에 따라 장래에 향하여 효력을 소멸시키는 것을 말한다.

처분에 대한 취소 · 철회 · 변경의 신청권은 원칙상 인정되지 않지만, 명문의 규정에 따라 또는 조리상 취소 · 철회 · 변경의 신청권이 인정된다. 그런데, 불가쟁력이 발생한 처분에 대한 취소 · 철회 · 변경의 신청권은 특히 제한적으로 인정된다(대판 2007. 4. 26, 2005두11104).

I. 행정행위의 취소

행정행위의 취소에는 쟁송취소와 직권취소가 있다. 쟁송취소는 행정심판법 및 행정소송법의 문제이므로 쟁송취소에 관한 것은 후술하기로 한다.

행정기본법 제18조 제1항은 위법 또는 부당한 처분의 직권취소를 명확하게 규정하고 있다.

1. 취소의 개념

행정행위의 취소는 위법 또는 부당의 하자가 있음을 이유로 행정행위의 효력을 상실시키는 것을 말한다. 광의로는 직권취소와 함께 쟁송취소를 포함하고, 협의로는 직권취소만을 의미한다.

직권취소와 쟁송취소는 모두 하자 있는 행정행위의 효력을 상실시킨다는 점에서는 공통점을 갖지만 취소의 본질, 목적, 내용 및 효과 등에서 상이하므로 오늘날 쟁송취소와 직권취소를 구별하는 것이 일반적이다.

2. 취소의 법적 근거

행정기본법 제18조 제1항은 행정청은 위법 또는 부당한 처분의 전부나 일부를 취소할 수 있는 것으로 규정하고 있다.

3. 취소권자

행정처분을 취소할 수 있는 권한은 당해 행정처분을 한 처분청에게 속하고, 당해 행정처분을 할 수 있는 적법한 권한을 가지는 행정청에게 그 취소권이 귀속되는 것이 아니다(대판 1984. 10. 10. 84누463).

감독청이 법적 근거가 없는 경우에도 감독권에 근거하여 피감독청의 처분을 취소할 수 있는가에 대하여는 견해가 대립되고 있다. 그런데, 감독청의 취소권을 인정한 법률이 적지 않다. 특히 '행정권한의 위임 및 위탁에 관한 규정'은 감독청인 위임청에게 처분청인 수임청의 처분을 취소할 수 있는 권한을 인정하고 있다.

4. 취소사유

행정행위의 흠, 즉 위법 또는 부당이 취소사유가 된다. 취소사유인 행정행위의 하자(위법 또는 부당)는 **행정처분시**를 기준으로 한다. 행정행위의 '취소 사유'는 원칙적으로 행정행위의 성립 당시에 존재하였던 하자를 말한다(대판 2018. 6. 28, 2015두58195).

흠이 있으나 이미 치유된 경우에는 취소의 대상이 되지 않는다.

5. 취소의 제한

행정행위의 취소에 있어서는 행정행위를 취소하여 달성하고자 하는 이익과 행정행위를 취소함으로써 야기되는 이익의 박탈을 형량하여 전자가 큰 경우에 한하여 취소가 인정된다. 이 원칙을 **이익형량의 원칙**이라 한다.

당사자에게 권리나 이익을 부여하는 처분(수익적 처분)을 취소하려는 경우에는 취소로 인하여 당사자가 입게 될 불이익을 취소로 달성되는 공익과 비교·형량(衡量)하여야 한다. 다만, 다음 각 호의 어느 하나에 해당하는 경우에는 그러하지 아니하다. 1. 거짓이나 그 밖의 부정한 방법으로 처분을 받은 경우, 2. 당사자가 처분의 위법성을 알고 있었거나 중대한 과실로 알지 못한 경우(행정기본법 제18조 제2항). "취소로 인하여 당사자가 입게 될 불이익"이란 "취소로 인하여 당사자가 입게 될 기득권과 신뢰보호 및 법률생활의 안정의 침해 등 불이익"을 말한다(대판 2014. 11. 27, 2013두16111). **행정기본법 제18조 제2항** 단서에 따르면 당사자에게 동조의 귀책사유가 있는 경우 이익형량 없이 취소처분을 하는 것이 가능하다. 그러나, 비례원칙은 헌법원칙이므로 해당 취소처분이 비례원칙에 반하면 위헌·위법이다.

이익형량을 함에 있어서는 부여된 수익의 박탈로 인하여 수익자가 받는 불이익, 상대방의 신뢰의 정도, 공동체나 제3자에 대한 영향, 위법성의 정도, 행정처분 후의 시간의 경과 등을 고려하여야 한다. 행정행위의 하자가 수익자에게 책임 있는 사유에 기인하는 경우에는 수익자의 신뢰이익은 고려되지 않는다. 이러한 **수익적 행정처분의 취소 제한에 관한 법리**(수익적 행정처분에 대한 취소권 등의 행사는 기득권의 침해를 정당화할 만한 중대한 공익상의 필요 또는 제3자의 이익보호의 필요가 있는 때에 한하여 허용될 수 있다는 법리)는, 처분청이 수익적 행정처분을 직권으로 취소하는 경우에 적용되는 법리일 뿐 쟁송취소의 경우에는 적용되지 않는다(대판 2019. 10. 17, 2018두104).

전술한 바와 같이 실권의 법리에 따라 취소가 제한되는 경우가 있다.

수익적 행정행위가 상대방에게 귀책사유가 없는 하자를 이유로 취소된 경우에는 그로 인하여 상대방이 받는 손실은 보상되어야 한다.

6. 취소절차

직권취소는 법령에 규정이 없는 한 특별한 절차를 요하지 않으며 행정절차법의 적용을 받는다. 수익적 행정행위의 취소는 권리를 제한하는 처분이므로 취소의 상대방에 대하여 사전에 통지하고(행정절차법 제21조), 의견제출의 기회를 주어야 한다. 다만, 개별법에서 청문이나 공청회를 개최하도록 하고 있는 경우에는 청문이나 공청회의 개최만 하면 된다(행정절차법 제22조 제3항).

7. 취소의 종류

행정청은 전부취소 또는 일부취소를 선택할 수 있고, 소급효 있는 취소 또는 소급하지 않는 취소를 결정할 수 있다.

일부취소는 행정행위가 가분적인 경우에 가능하다. 예를 들면, 건물 전체에 대한 철거명령 중 건물일부에 대한 부분만에 대한 취소는 건물 일부의 철거가 가능한 경우에 한한다.

8. 취소의무

직권취소 여부는 원칙상 행정청의 재량에 속하지만, 위법한 원행정행위의 존속으로 국민의 중대한 기본권이 침해되는 경우에는 해당 원행정행위를 취소하여야 한다.

9. 취소의 효과

취소된 처분은 대세적으로 효력을 상실한다.

직권취소의 경우 행정청은 위법 또는 부당한 처분의 전부나 일부를 소급하여 취소할 수 있지만, 당사자의 신뢰를 보호할 가치가 있는 등 정당한 사유가 있는 경우에는 **장래를 향하여 취소할 수 있다**(행정기본법 제18조 제1항).

직권취소의 소급효 또는 불소급효는 구체적인 사건마다 이익형량의 결과에 따라 결정된다. ① 부담적 행정행위의 취소는 원칙상 소급효가 있는 것으로 보아야 한다. ② 직권취소의 대상이 수익적 행정행위인 경우에 일반적으로 말하면 상대방에게 귀책사유가 없는 한 취소의 효과가 소급하지 않는 것이 원칙이다. 다만, 취소의 소급효를 인정하지 않으면 심히 공익에 반하는 경우에는 상대방에게 귀책사유가 없는 경우에도 소급효를 인정하여야 할 것이다. 상대방에게 귀책사유가 있는 경우 처분시까지 또는 처분시 이후 일정 시점까지 소급효있는 취소가 가능하다.

계속적 급부부여결정의 취소가 소급효를 갖는 경우에는 이미 지급한 급부는 법적 근거를 상실하고 따라서 부당이득이 되므로 행정청에게 반환되어야 한다. 이에 반하여 계속적 급부부여결정의 취소가 소급효를 갖지 않는 경우에는 이미 수여된 급부는 법적 근거를 가지므로 반환되지 않으며 장래에 향하여 급부가 행해지지 않는 것으로 된다.

③ 이중효과적 행정행위에서는 행정행위의 상대방 및 제3자의 이익상황 및 귀책사유에 따라 취소의 소급효 여부 및 정도가 결정된다.

10. 취소의 취소

(1) 직권취소의 취소

침익적 행정행위의 취소의 경우 해당 침익적 행정행위는 확정적으로 효력을 상실하므로 취소의 취소가 불가능하다(대판 2002. 5. 28, 2001두9653).

그러나, 수익적 행정행위의 경우 해당 수익적 행정행위의 취소가 취소되면 원행정행위가 소급적으로 원상회복되는 이익이 있으므로 취소의 취소를 인정하는 것이 타당하다. 다만, 수익적 행정행위의 취소 후 이해관계 있는 제3자의 권익이 새롭게 형성된 경우에는 취소권 제한의 법리인 이익형량의 원칙이 적용된다.

(2) 쟁송취소의 취소

취소재결은 준사법적 행정행위로서 불가변력이 인정되므로 직권취소는 인정될 수 없다. 다만, 허가 등 수익적 행정행위의 취소재결에 대해 수익적 행정행위의 상대방은 취소소송을 제기할 수 있고 취소재결이 위법한 경우 취소판결이 내려진다.

취소판결이 확정된 경우에는 재심을 통하여서만 취소할 수 있다.

(3) 취소의 취소의 효과

행정행위의 취소가 소급적으로 취소되면 취소가 없었던 것이 되므로 원행정행위는 애초부터 취소되지 않은 것으로 된다.

11. 급부처분의 직권취소후 환수처분

수익적 행정행위가 소급적으로 직권취소되면 특별한 규정이 없는 한 이미 받은 이익은 부당이득이 되는 것이므로 부당이득반환청구가 가능한 것으로 볼 수 있다.

그런데, 잘못 지급된 보상금 등 급부의 환수를 위해서 별도의 환수처분을 하여야 하는 것으로 규정되어 있는 경우(예, 특수임무자보상금 환수처분 등)가 있다. 판례에 따르면 이 경우에는 잘못 지급된 보상금 등에 해당하는 금액을 징수하는 처분을 해야 할 공익상 필요와 그로 인하여 당사자가 입게 될 기득권과 신뢰의 보호 및 법률 생활 안정의 침해 등의 불이익을 비교·교량한 후, 공익상 필요가 당사자가 입게 될 불이익을 정당화할 만큼 강한 경우에 한하여 보상금 등을 받은 당사자로부터 잘못 지급된 보상금 등에 해당하는 금액을 환수하는 처분을 하여야 한다(대판 2014. 10. 27, 2012두17186). 즉 판례는 신뢰보호의 견지에서 부당이득의 환수를 제한하고 있다. 부당이득의 환수는 이익형량을 전제로 하므로 **특별한 규정이 없는 한 재량행위**로 보는 것이 타당하다.

〈판례〉 [특례노령연금지급결정 직권취소 및 환수처분 취소 사건] (1) 연금지급결정을 취소하는 처분과 그 처분에 기초하여 잘못 지급된 급여액에 해당하는 금액을 환수하는 처분이 적법한지를 판단함에 있어 비교·교량할 각 사정이 동일하다고는 할 수 없으므로, 연금지급결정을 취소하는 처분이 적법하다고 하여 환수처분도 반드시 적법하다고 판단하여야 하는 것은 아니다(대법원 2014. 7. 24. 선고 2013두27159 판결 참조). (2) 환수처분은 위법하다고 판단한 반면, 이 사건 직권취소 처분은 적법하다고 판단한 사례(대판 2017. 3. 30, 2015두43971).

수익적 행정행위의 직권취소에서의 소급효 제한법리에 따라 급부 상대방에게 귀책사유(고의 또는 중과실)가 없는 경우에 환수처분은 인정되지 않는다고 보아야 한다.

Ⅱ. 행정행위의 철회

1. 행정행위의 철회의 의의

행정행위의 철회라 함은 적법하게 성립한 행정행위의 효력을 성립 후에 발생한 근거법령의 변경 또는 사실관계의 변경 등 새로운 사정으로 인하여 공익상 그 효력을 더 이상 존속시킬 수 없는 경우에 본래의 행정행위의 효력을 장래에 향하여 상실시키는 독립된 행정행위를 말한다.

철회는 그 대상이 하자없는 행정행위라는 점에서 그 대상이 하자있는 행정행위인 취소와 구별된다. 그러나, 실정법상으로는 철회라는 용어를 사용하는 경우는 많지 않고 철회에 해당하는 경우도 취소라는 용어를 사용하는 경우가 많다. 따라서, 행정청의 행정행위 취소가 있더라도 취소사유의 내용, 경위 기타 제반 사정을 종합하여 명칭에도 불구하고 행정행위의 효력을 장래에 향해 소멸시키는 행정행위의 철회에 해당하는지 살펴보아야 한다.

〈판례〉주무관청의 甲 사회복지법인에 대한 기본재산처분 허가(학문상 인가)에 따라 乙 회사에 처분되어 소유권이전등기까지 마쳐진 이후 주무관청이 허가를 취소하였더라도, 허가를 취소하면서 내세운 취소사유가 허가 당시에 존재하던 하자가 아니라면, 그 명칭에도 불구하고 법적 성격은 허가의 '철회'에 해당할 여지가 있어 그 전에 이루어진 甲 법인과 乙 회사의 부동산 매매계약과 이를 원인으로 마쳐진 乙 회사의 소유권이전등기는 허가 취소에도 불구하고 여전히 유효하다고 볼 수 있는 여지가 있다고 한 사례(대판 2022. 9. 29, 2022마118)

〈해설〉주무관청의 甲 사회복지법인에 대한 기본재산처분 허가은 학문상 인가에 해당한다. 허가를 취소하면서 내세운 취소사유가 허가 당시에 존재하던 하자이면 학문상 취소이고, 그 취소사유가 허가 당시에 존재하던 하자가 아니라 후발적인 것이라면, 그 명칭에도 불구하고 법적 성격은 허가의 '철회'에 해당한다.

2. 철회권자

철회는 그의 성질상 원래의 행정행위처럼 새로운 처분을 하는 것과 같기 때문에 처분청만이 이를 행할 수 있다고 보아야 한다. 상급청이라도 감독권에 의해 하급청의 권한을 대신 행사하는 것은 인정될 수 없다.

3. 철회원인(철회사유)

행정기본법에 따르면 행정청은 적법한 처분이 다음 각 호의 어느 하나에 해당하는 경우에는 그 처분의 전부 또는 일부를 장래를 향하여 철회할 수 있다. 1. 법률에서 정한 철회 사유에 해당하게 된 경우, 2. 법령등의 변경이나 사정변경으로 처분을 더 이상 존속시킬 필요가 없게 된 경우, 3. 중대한 공익을 위하여 필요한 경우(행정기본법 제19조 제1항).

즉, 철회는 '철회의 대상이 되는 적법한 행정행위가 행해진 후 공익상 행정행위의 효력을 더 이상 존속시킬 수 없는 새로운 사정이 발생한 경우'에 행해질 수 있다.

철회사유 중 중요한 것을 보면 다음과 같다. ① 원행정행위가 근거한 사실적 상황 또는 법적 상황의 변경으로 현재의 사정하에서 원행정행위를 하면 위법이 되는 경우. 예를 들면 수익처분을 함에 있어 신청권자에게 요구되는 허가요건이 사후적으로 충족되지 않는 경우, 법령의 개폐에 의해 현재의 사정하에서 원행정행위를 해 줄 수 없는 경우, ② 상대방의 유책행위(법령 위반, 의무 위반, 부담의 불이행)에 대한 제재로서의 철회, ③ 철회권의 유보, ④ 그 밖에 철회하여야 할 보다 우월한 공익의 요구가 존재하는 경우. 다만, 기속행위의 경우 법치행정의 원칙상 단순한 공익만을 이유로 하여서는 철회할 수 없다고 보아야 한다.

4. 철회의 법적 근거

행정기본법은 직권취소나 철회의 일반적 근거규정을 두고 있다. 따라서, 직권취소나 철회는 개별법률의 근거가 없어도 가능하다(행정기본법 제18조, 제19조).

5. 철회의 제한

모든 철회는 비례의 원칙, 신뢰보호의 원칙, 평등의 원칙 등 법의 일반원칙에 의해 제한된다.

(1) 이익형량의 원칙

행정청은 행정기본법 제19조 제1항에 따라 처분을 철회하려는 경우에는 철회로 인하여 당사자가 입게 될 불이익을 철회로 달성되는 공익과 비교·형량하여야 한다(행정기본법 제19조 제2항). 이를 철회시의 **이익형량의 원칙**이라 한다. 예를 들면, 경미한 의무 위반에 대하여 상대방에게 중대한 이익을 주는 수익처분을 철회하는 것은 비례의 원칙(이익형량의 원칙)에 반한다.

철회권이 유보된 경우의 철회에도 이익형량의 원칙은 적용된다.

(2) 신뢰보호의 원칙

철회사유가 발생한 후 상당한 기간이 지난 경우에는 철회하지 않을 것에 신뢰가 형성된다. 따라서, 이 경우에 상대방에게 귀책사유(철회가능성을 알고 있었거나 중대한 과실로 알지 못한 것)가 없는 한 신뢰보호의 원칙이 적용된다. 신뢰이익이 있는 경우 이익형량에 신뢰이익을 포함시켜야 한다. 다만, 철회권이 유보된 경우 신뢰보호의 원칙은 적용되지 않는다. 왜냐하면 철회권이 유보된 경우에는 원행정행위가 철회될 수 있는 가능성이 있다는 것이 당사자에게 고지되어 상대방이 철회의 가능성을 알고 있기 때문이다.

또한, 일단 행정처분이 행해지면 처분의 존속에 대한 신뢰가 형성된다(대판 2000. 2. 25, 99두10520: 운전면허 취소사유에 해당하는 음주운전을 적발한 경찰관의 소속 경찰서장이 사무착오로 위반자에게 운전면허정지처분을 한 상태에서 위반자의 주소지 관할 지방경찰청장이 위반자에게 운전면허취소처분을 한 것은 선행처분에 대한 당사자의 신뢰 및 법적 안정성을 저해하는 것으로서 허용될 수 없다고 한 사례).

(3) 평등의 원칙 및 자기구속의 법리

동일한 사안에서 철회를 하지 않았음에도 특정 사안에서만 철회를 한 것은 평등원칙 또는 자기구속의 법리에 반한다.

(4) **실권의 법리**(전술 참조)

(5) **제재처분인 철회의 경우 제척기간**

법위반사실에 대한 제재로서의 철회의 경우 행정기본법상 제척기간이 적용된다. 제척기간이 지나면 법령이 정한 경우를 제외하고는 취소나 철회를 할 수 없다(후술 제재처분 참조).

6. 철회절차

철회는 특별한 규정이 없는 한 일반행정행위와 같은 절차에 따른다. 수익적 행정행위의 철회는 '권리를 제한하는 처분'이므로 사전통지절차, 의견제출절차 등 행정절차법상의 절차에 따라 행해져야 한다.

7. 철회의무

철회는 원칙상 재량행위이다. 그러나, 사실적 상황이 변하여 원행정행위의 목적에 비추어 원행정행위가 더 이상 필요하지 않으며 원행정행위의 존속으로 인하여 국민의 중대한 기본권이 침해되는 경우에는 처분청은 원행정행위의 철회를 하여야 할 의무를 진다. 예를 들면, 사정변경을 이유로 새만금공유수면매립면허 및 사업시행인가처분의 취소신청(철회신청)에 대한 거부처분의 위법성을 인정한 하급심 판례가 있다(서울행정법원 제3부, 2005. 2. 4, 2001구33563).

8. 철회의 범위와 한계

철회사유와 관련된 범위 내에서만 철회할 수 있다. 철회사유가 처분의 일부에만 관련되는 경우 철회의 대상이 되는 부분이 가분적인 경우에는 일부철회를 하여야 하고, 일부 철회가 불가능한 경우에는 전부를 철회하여야 한다.

(1) **일부철회**

일부철회라 함은 하나의 행정행위의 일부분만을 철회하는 것을 말한다.

외형상 하나의 행정처분이라 하더라도 가분성이 있거나 그 처분대상의 일부가 특정될 수 있다면 그 일부만의 철회가 가능하고, 그 일부의 철회는 당해 철회부분에 한하여 효력이 생긴다.

〈**판례**〉 1. 국고보조조림결정에서 정한 조건에 일부만 위반 했음에도 그 조림결정 전부를 취소한 것이 위법하다고 판단한 사례(대판 1986. 12. 9, 86누276(보조금취소처분의취소)). 〈**평석**〉 판결문에서 "취소"는 강학상 철회이다.
2. 보조사업자가 보조금으로 건립한 보육시설, 기타 부대시설을 그 준공일로부터 일정기간 동안은 노동부장관의 승인 없이 국고보조금 교부목적에 위배되는 용도에 사용하거나 양도,

교환, 대여 또는 담보에 제공할 수 없다고 규정하고 있는 직장보육시설설립운영지침을 준수할 것을 조건으로 보조금을 교부받아, 여기에 자기 부담금을 보태서 보육시설을 건축하여 일정기간 보육시설을 운영하다가 임의로 이를 제3자에게 매도한 경우, 처분제한기간 중 스스로 보육시설을 운영한 기간에 상응한 부분은 직장보육시설 보조금이 그 목적대로 집행된 것이라고 볼 여지가 있으므로, 보육시설을 타에 매매함으로써 처분제한 조건을 위반하였다는 사유로 보조금의 예산 및 관리에 관한 법률 제30조 제1항에 의하여 **보조금교부결정을 취소함에 있어서는 매매에 이른 경위 등 다른 사정들과 함께 보조금이 일부 그 목적대로 집행된 사정을 감안하여 취소의 범위를 결정하여야 한다**(대판 2003. 5. 16, 2003두1288[보조금교부결정취소처분취소]: 원고가 교부받은 직장보육시설 보조금의 일부가 정상적으로 집행되었다고 볼 수 있는 사정 등을 제대로 감안하지 아니하고 보조금교부결정을 전부 취소한 행정청의 처분이 재량권의 한계를 일탈·남용한 것이라고 한 사례).

일부 철회가 실질에 있어 재량권을 새롭게 행사하여 처분사유가 달라지고 처분내용을 변경하는 것인 경우에 그 일부 철회는 실질은 처분 변경이라고 할 수 있다.

(2) 복수 행정행위의 철회

철회사유와 관련이 있는 한도 내에서 복수 행정행위의 철회가 가능하다. 즉, 한 사람이 여러 자동차운전면허를 취득한 경우 이를 취소함에 있어서 서로 별개로 취급하는 것이 원칙이나, 취소사유가 특정의 면허에 관한 것이 아니고 다른 면허와 공통된 것이거나 운전면허를 받은 사람에 관한 것일 경우에는 여러 면허를 전부 취소할 수도 있다(대판 1998. 3. 24, 98두1031). 예를 들면, 승용차를 음주운전한 자에게 보통면허뿐만 아니라 대형면허도 취소할 수 있다.

〈판례〉 1. 오토바이를 훔친 것은 제1종 대형면허나 보통면허와는 아무런 관련이 없어 위 오토바이를 훔쳤다는 사유만으로 제1종 대형면허나 보통면허를 취소할 수 없다(대판 2012. 5. 24, 2012두1891).
2. 승용자동차를 면허 없이 운전한 사람에 대하여 그 사람이 소지한 제2종 원동기장치자전거면허를 취소할 수 있다(대판 2012. 6. 28, 2011두358).
3. 제1종 보통, 대형 및 특수면허를 가지고 있는 자가 특수면허로만 운전할 수 있는 레이카크레인을 음주운전한 것은 제1종 보통 및 대형면허의 취소사유는 아니다(대판 전원합의체 1995. 11. 16, 95누8850[자동차운전면허취소처분취소]).

9. 철회의 효과

철회는 장래에 향하여 원행정행위의 효력을 상실시키는 효력을 갖는다. 행정행위의 철회시 별도의 법적 근거 없이 철회의 효력을 철회사유발생일로 소급할 수 없다.

다만, 예외적으로 별도의 법적 근거가 있는 경우에는 철회의 효력을 과거(예, 철회사유 발생일)로 소급시킬 수 있다(대판 2018. 6. 28, 2015두58195).

상대방의 귀책사유로 인한 철회의 경우 또는 철회권이 유보된 경우 이외에, 즉 신뢰보호가 인정되는 경우에는 철회로 인한 손실은 보상되어야 한다. 손실보상을 법령에서 규정한 경우에는 문제가 없지만 법령에 손실보상규정을 두지 않은 경우에는 보상규정 없는 수용의 경우에 준하여 보상 여부 등 권리구제를 결정하여야 한다.

10. 철회의 취소

(1) 철회의 취소가능성

판례는 침익적 행정행위의 철회의 취소는 인정하지 않지만(대판 2002. 5. 28, 2001두9653), 수익적 행정행위의 철회에 대하여는 취소가 가능한 것으로 본다.

철회의 철회는 인정되지 않는다. 철회한 행정행위를 살리려면 동일한 행정행위를 다시 하면 된다.

(2) 철회의 취소의 효과

철회행위가 취소되면 철회가 없었던 것이 되고 원행정행위는 애초부터 철회되지 않은 것이 된다. 즉, 원행정행위가 원상회복된다.

Ⅲ. 처분의 변경

1. 처분의 변경의 의의

처분의 변경은 기존의 처분을 다른 처분으로 변경하는 것을 말한다. 처분은 당사자, 처분사유 및 처분내용 등으로 구성된다. 따라서, 처분의 변경은 처분의 당사자가 변경되는 것, 처분사유가 변경되는 것, 처분의 내용이 변경되는 것 등을 말한다.

변경처분은 순수하게 새로운 처분과 구별하여야 한다. 변경처분이 아닌 순수하게 새로운 처분은 기존 처분의 취소를 수반하지 않는다. 변경처분에는 종전 처분의 하자가 승계되지만, 새로운 처분에는 종전 처분의 하자가 승계되지 않는다. 절차의 하자를 시정하는 등 새로이 행정절차를 거쳐 한 처분은 처분사유나 처분내용에 변경이 있는 경우라도 기존 처분의 변경처분이 아니라 순수하게 새로운 처분이다. 처분사유나 처분내용에 변경 없이 절차의 하자(예, 이유제시의 하자)를 시정하기 위하여 종전 처분과 동일한 처분을 한 경우는 새로운 처분이 아니라 하자의 치유를 위한 것이라고 보아야 한다. 다만, 이 경우에도 이익형량을 다시 하였다면 종전 처분과 동일한 내용의 처분이라도 새로운 처분으로 보아야 한다.

〈판례〉(1) 절차상 또는 형식상 하자로 인하여 무효인 행정처분이 있은 후 행정청이 관계 법령에서 정한 절차 또는 형식을 갖추어 다시 동일한 행정처분을 하였다면 당해 행정처분은 종전의 무효인 행정처분과 관계없이 새로운 행정처분이라고 보아야 한다. (2) 이 사건 처분은 새로운 국방·군사시설사업 실시계획 승인처분으로서의 요건을 갖춘 새로운 처분일 뿐, 종전처분과 동일성을 유지하되 종전처분의 내용을 일부 수정하거나 새로운 사항을 추가하는 것에 불과한 종전처분의 변경처분이 아니므로, 비록 종전처분에 하자가 있더라도 이 사건 처분이 관계 법령에 규정된 절차를 거쳐 그 요건을 구비한 이상 적법하다(대판 2014. 3. 13, 2012두1006 [국방·군사시설사업실시계획승인고시처분무효확인및취소]).

2. 처분의 변경의 종류

(1) 처분 당사자의 변경

처분의 당사자의 변경은 처분변경에 해당한다.

(2) 처분사유의 추가·변경

처분사유의 추가·변경이 변경처분이 되기 위하여는 처분사유의 추가·변경이 종전처분의 처분사유와 기본적 사실관계의 동일성이 없는 사유이어야 한다.

처분청은 스스로 당해 처분의 적법성과 합목적성을 확보하고자 행하는 자신의 내부 시정절차에서는 당초 처분의 근거로 삼은 사유와 기본적 사실관계의 동일성이 인정되지 않는 사유라고 하더라도 이를 처분의 적법성과 합목적성을 뒷받침하는 처분사유로 추가·변경할 수 있다.

〈판례〉산업재해보상보험법 규정의 내용, 형식 및 취지 등에 비추어 보면, 산업재해보상보험법상 심사청구에 관한 절차는 보험급여 등에 관한 처분을 한 근로복지공단으로 하여금 스스로의 심사를 통하여 당해 처분의 적법성과 합목적성을 확보하도록 하는 근로복지공단 내부의 시정절차에 해당한다고 보아야 한다. 따라서 **처분청이 스스로 당해 처분의 적법성과 합목적성을 확보하고자 행하는 자신의 내부 시정절차**에서는 당초 처분의 근거로 삼은 사유와 기본적 사실관계의 동일성이 인정되지 않는 사유라고 하더라도 이를 처분의 적법성과 합목적성을 뒷받침하는 **처분사유로 추가·변경할 수 있다**(대판 2012. 9. 13, 2012두3859).

(3) 처분내용의 변경

처분의 내용을 적극적으로 변경하는 경우 처분의 변경이 된다. 처분의 일부취소는 처분사유의 변경이 없는 한 처분변경이 아니다.

처분내용의 변경에는 두 유형이 있다. ① 하나는 처분내용을 전부 또는 상당한 정도로 변경하는 변경처분이다. 이 경우 종전 처분은 변경처분에 의해 대체되고 장래에 향하여 효력을 상실한다(전부변경처분). ② 다른 하나는 선행 처분의 내용 중 일부만을 소폭 변경하는 등 선행처분과 분리가능한 일부변경처분이다. 이 경우 종전 선행처분은 일부 변경된 채로 효력을 유지하고 일부변경처분도 별도로 존재한다(대판 2012. 10. 11, 2010두12224, 행정구제법 적극적 변경처분 참조).

3. 처분변경의 근거

처분의 변경에 변경대상 처분의 법적 근거와 별도의 법적 근거는 필요하지 않다. 처분의 변경은 실질적으로 처분을 취소(철회)하고 새로운 처분을 하는 것과 같으므로 처분의 근거가 변경처분의 근거가 된다.

4. 변경처분의 절차

변경처분의 절차에 관하여 법령에 명시적 규정이 없는 경우 적법절차의 원칙에 따라 중요한 사항을 변경하는 변경처분은 변경되는 처분과 동일한 절차(행정의 상대방에게 불이익한 방향으로의 처분의 변경에 있어서는 처분시 보다 엄격한 절차)에 따라 행해져야 하고, 경미한 사항을 변경하는 처분은 보다 간소한 절차에 따라 행해질 수 있다.

5. 처분의 변경의 효력

처분변경은 종전 처분을 취소 또는 변경하고 새로운 처분을 하는 효력을 갖는다. 첫째 유형의 변경처분(전부변경처분)의 경우 종전 선행처분은 변경처분에 의해 대체되고 장래에 향하여 효력을 상실한다. 둘째 유형의 변경처분(일부변경처분)의 경우 종전 선행처분은 일부 변경된 채로 효력을 유지한다.

변경처분은 종전 처분을 전제로 하여 종전 처분과 동일성을 유지한 처분이므로 종전 처분의 하자는 변경처분에 승계된다(대판 2014. 3. 13, 2012두1006).

처분 후의 새로운 사정에 따라 종전 처분을 변경하는 변경처분은 원칙상 장래효만을 갖는다.

위법을 시정하기 위해 종전 처분을 변경하는 경우에는 소급적 변경처분도 가능하다. 다만, 처분 상대방의 신뢰이익 등과 이익형량을 하여야 한다.

〈판례〉당초 도로점용허가 당시 점용부분은 건물부지와 공원부지에 접하고 있음에도 피고가 건물부지만을 기준으로 위법하게 점용료를 산정하여 부과하자, 원고가 점용료부과처분 취소소송에서 그 위법을 다투고 피고가 소송 중 특별사용의 필요가 없는 공원부지에 접한 부분을 도로점용허가 대상에서 소급적으로 제외하는 변경허가처분을 한 사안에서, 이러한 변경허가처분은 장래를 향하여만 효력이 있다고 판단한 원심을 파기하고 그에 대하여 소급적 직권취소의 효력이 인정될 수 있다고 본 사례(대판 2019. 1. 17, 2016두56721, 56738[도로점용료부과처분취소]).

6. 선행처분의 취소 또는 무효와 후행처분의 효력

후행처분이 선행처분을 기초로 선행처분을 일부 변경하는 내용의 것인 경우 선행처분이 취소되면 후행처분도 효력을 상실하지만, 후행처분이 선행처분을 대체하는 처분(전부변경처분)인 경우에는 선행처분이 취소되거나 무효이어도 후행처분은 그대로 효력을 유지한다.

Ⅳ. 처분의 취소 또는 철회에 따른 손실보상(행정기본법 개정안 제19조의2 신설)

행정청은 행정기본법 제18조 제1항에 따라 처분(인허가 등 당사자에게 권리나 이익을 부여하는 처분만 해당)을 취소하거나 제19조 제1항 제2호 또는 제3호에 해당하는 사유로 처분을 철회한 경우로서 다음 각 호의 요건을 모두 충족하는 경우에는 법률로 정하는 바에 따라 손실보상을 한다(행정소송법 개정안 제19조의2 제1항).

1. 처분의 취소 또는 철회로 당사자에게 재산상 손실이 발생하였을 것
2. 당사자의 신뢰가 보호할 가치가 있을 것
3. 당사자에게 처분의 취소 또는 철회에 대한 귀책사유가 없을 것

처분의 취소 또는 철회에 따른 손실보상은 제1항 각호의 요건외에 손실보상의 일반법리에 따라 처분의 취소 또는 철회로 특별한 희생이 발생하였을 것이라는 요건을 추가로 요구하여야 한다. 철회권이 유보된 경우, 당사자의 신뢰에 귀책사유가 있는 경우 등에는 당사자의 신뢰가 보호할 가치가 없다고 볼 수 있다. 처분의 취소 또는 철회에 대한 당사자의 귀책사유는 당사자가 취소사유 또는 철회사유의 발생에 원인을 제공하거나 직접 기여한 경우 등을 말한다고 할 수 있다.

행정기본법은 처분의 취소 또는 철회에 따른 손실보상은 법률로 정하는 바에 따라 보상하는 것으로 규정하고 있다. 제1항에 따른 손실보상의 근거가 되는 법률에는 다음 각 호의 사항을 규정하여야 한다. 1. 손실보상의 대상과 범위, 2. 손실보상금의 산정기준(손익상계에 관한 사항을 포함한다), 3. 손실보상금의 지급방법과 절차.

따라서, 손실보상을 규정하는 법률의 규정이 제정되지 않은 경우에는 손실보상을 청구할 수 없다. 그 경우에는 분리이론에 따른 권리구제에 준하여 처분의 취소 또는 철회에 대한 헌법소원 등을 통해 처분의 취소 또는 철회에 따른 손실보상에 관한 법률을 제정하도록 한 후 손실보상을 받을 수 있게 된다.

처분의 변경의 경우 처분의 취소 또는 철회에 따른 손실보상에 준하여 손실보상을 하여야 한다.

제 9 절 행정행위의 실효

Ⅰ. 의   의

행정행위의 실효라 함은 유효한 행정행위의 효력이 일정한 사실의 발생으로 장래에 향하여 소멸하는 것을 말한다. 일단 유효한 행정행위의 효력이 소멸되는 것인 점에서 무효나 부존재와 다르고, 행정청의 의사에 의해서가 아니라 일정한 사실의 발생으로 효력이 소멸된다는 점에서 직권취소 및 철회와 다르다.

Ⅱ. 실효사유

1. 대상의 소멸

행정행위의 대상이 소멸되면 행정행위는 실효된다.

예를 들면, 사람의 사망으로 인한 운전면허의 실효, 자동차가 소멸된 경우 자동차검사합격처분의 실효, 사업면허의 대상의 소멸로 인한 사업면허의 실효, 자진폐업에 의한 영업허가의 실효(대판 1981. 7. 14, 80누593), 중요한 허가요건인 물적 시설이 모두 철거되어 허가받은 영업상의 기능을 더 이상 수행할 수 없게 된 경우의 대물적 영업허가의 실효(대판 1990. 7. 13, 90누2284) 등이다. 그러나, 공장시설물이 소실되었고 복구를 할 수 없는 상태인 경우에도 수도권에서 지방으로 공장을 이전하는 경우와 같이 공장이전에 조세감면 등 세제상 혜택이나 공업배치 및 공장설립에 관한 법률상 간이한 이전절차 및 우선 입주의 혜택이 있는 경우 공장등록이 실효되었다고 할 수 없다.

2. 해제조건의 성취 또는 종기의 도래

해제조건이 성취되거나 종기가 도래하면 주된 행정행위는 당연히 효력을 상실한다.

3. 목적의 달성 또는 목적 달성의 불가능

행정행위의 목적이 달성되거나 목적달성이 불가능해지면 해당 행정행위는 당연히 실효된다. 예를 들면, 철거명령에 따라 대상물이 철거되면 해당 철거명령은 당연히 효력을 상실한다.

제10절 단계적 행정결정

Ⅰ. 단계적 행정결정의 의의

단계적 행정결정이란 행정청의 결정이 여러 단계의 행정결정을 통하여 연계적으로 이루어지는 것을 말한다. 단계적 행정결정의 예로는 확약, 가행정행위, 사전결정 및 부분허가가 있다.

Ⅱ. 단계적 행정결정의 필요성

단계적 행정결정은 다음과 같은 요청에 응하기 위하여 행해진다. ① 국민이 사업을 시행하고자 하는 경우에 많은 자본을 투자하게 되는 경우에 당사자에게는 본처분의 가부에 대한 예측가능성이 필요하다. ② 당사자가 하고자 하는 건설사업이 오랜 공사기간을 필요로 하는 경우에 일부 공사를 미리 시행하는 것이 필요하다. ③ 초기 원자력발전소의 건설과 같이 신청사업에 대한 법적 규제가 완비되지 못하고 기술의 발달에 따라 새로운 법적 규제가 단계적으로 정비되어야 하는 경우에 최종적 결정을 유보하면서 법적 규제가 마련된 한도 내에서 단계적으로 행정결정을 해 줄 필요가 있다.

Ⅲ. 단계적 행정결정의 유형별 검토

1. 확   약

(1) 의   의

확약은 장래 일정한 행정행위를 하거나 하지 아니할 것을 약속하는 의사표시를 말한다. 확약은 신뢰보호 또는 금반언의 법리(禁反言의 法理)를 바탕으로 인정되는 행정청의 행위형식의 하나이다.

확약의 예로는 공무원임명의 내정, 행정실무상 존재하는 내허가 · 내인가(본 인 · 허가의 전단계로서 행해지는 인 · 허가의 발급약속), 자진신고자에 대한 세율인하의 약속, 무허가건물의 자진철거자에게 아파트입주권을 주겠다는 약속, 주민에 대한 개발사업의 약속, 어업권면허에 선행하는 우선순위결정(대판 1995. 1. 20, 94누6529) 등을 들 수 있다.
실정법령상 조건부 인허가(예, 석유사업법 제11조의 석유정제업 등의 조건부 등록, 먹는 물 관리법 제

9조의2의 샘물개발의 가허가 등) 및 행정규칙인 증권업감독규정에 의한 증권업의 예비인허가를 내인가로 볼 수 있다. 이에 대하여 석유정제업 등의 조건부 등록, 샘물개발의 가허가를 가행정행위로 보는 견해도 있다.

가행정행위는 본행정행위와 동일한 효력을 발생하지만, 확약의 경우에는 확약만으로는 확약의 대상이 되는 행정행위의 효력이 발생하지 않는 점 등에서 양 행위는 구별된다.

행정절차법은 신청에 따른 확약에 대해 규정하고 있는데, 행정절차법상 확약은 "법령등에서 당사자가 신청할 수 있는 처분을 규정하고 있는 경우 행정청은 당사자의 신청에 따라 장래에 어떤 처분을 하거나 하지 아니할 것을 내용으로 하는 의사표시"를 말한다(행정절차법 제40조의2 제1항).

행정절차법상 확약이 아닌 확약(그 밖의 확약)(직권에 의한 확약, 법령등에서 당사자가 신청할 수 있는 처분을 규정하고 있지 않은 경우 신청에 따른 확약)은 확약의 법리에 따라 규율된다. 그리고, 행정절차법상 확약에 관한 규정은 성질에 반하지 않는 한 그 밖의 확약에 유추적용된다고 보아야 한다.

(2) 법적 성질

판례는 확약을 행정처분으로 보지 않고 따라서 확약에 공정력이나 불가쟁력과 같은 효력은 인정되지 아니한다고 판시하고 있다(대판 1995. 1. 20, 94누6529).

그러나 생각건대, 확약으로 행정청에게 확약을 준수할 의무가 발생하는 점, 확약의 처분성을 인정함으로써 조기의 권리구제를 도모할 수 있는 점을 고려하여 확약의 처분성을 인정하는 것이 타당하다.

(3) 법적 근거

확약은 처분권에 속하는 예비적 권한행사로서 본처분권에 포함되므로 별도의 법적 근거없이도 가능하다. 그런데, 행정절차법은 신청에 따른 확약의 근거를 규정하고 있다(행정절차법 제40조의2 제1항).

(4) 기속행위에 대한 확약의 가능성

재량행위에 확약이 가능하다는 데 이견이 없으나 기속행위에도 확약이 가능한지가 다투어진다. 기속행위와 재량행위의 구별이 다투어지는 경우가 많고, 기속행위에 있어서도 요건충족 여부가 불분명한 경우가 적지 않으므로 예측가능성을 확보하기 위한 확약의 이익은 기속행위에서도 인정될 수 있다. 따라서 긍정설이 타당하며 이 견해가 다수견해이다.

(5) 확약의 성립 및 효력요건

1) 주체에 관한 요건

확약은 본처분에 대해 정당한 권한을 가진 행정청만이 할 수 있고, 확약이 해당 행정청의 행위권한의 범위 내에 있어야 한다.

2) 내용에 관한 요건

① 확약의 대상이 적법하고 가능하며 확정적이어야 한다. ② 확약이 법적 구속력을 갖기 위하여는 상대방에게 표시되고, 그 상대방이 행정청의 확약을 신뢰하였고 그 신뢰에 귀책사유가 없어야 한다. ③ 확약은 추후에 행해질 행정행위와 그 규율사안에 있어 동일한 것이어야 한다. ④ 본처분 요건이 심사되어야 한다.

3) 절차에 관한 요건

본처분에 대하여 일정한 절차가 규정되어 있는 경우에는 확약에 있어서도 해당 절차는 이행되어야 한다. 본처분에 제3자의 청문, 타행정기관의 협력을 필요로 하는 경우에는 확약 역시 그 절차를 거쳐서 행해져야 한다.

그리고, ③ 행정청은 다른 행정청과의 협의 등의 절차를 거쳐야 하는 처분에 대하여 확약을 하려는 경우에는 확약을 하기 전에 그 절차를 거쳐야 한다(행정절차법 제40조의2 제3항).

4) 형식에 관한 요건

확약은 문서로 하여야 한다(행정절차법 제40조의2 제2항).

(6) 확약의 효력

1) 확약의 구속력

확약의 효과는 행정청이 확약의 내용인 행위를 해야 할 법적 의무를 지며 상대방에게는 행정청에 대한 확약내용의 이행청구권이 인정된다. 상대방은 해당 행정청에 대하여 그 확약에 따를 것을 요구할 수 있으며 나아가 그 이행을 청구할 수 있다.

행정청은 다음 각 호의 어느 하나에 해당하는 경우에는 확약에 기속되지 아니한다. 1. 확약을 한 후에 확약의 내용을 이행할 수 없을 정도로 법령등이나 사정이 변경된 경우, 2. 확약이 위법한 경우(행정절차법 제40조의2 제4항). 행정청은 확약이 제4항 각 호의 사유에 해당하여 확약을 이행할 수 없는 경우에는 지체 없이 당사자에게 그 사실을 통지하여야 한다(제5항).

2) 확약의 실효

판례는 확약 또는 공적인 의사표명이 있은 후에 사실적 · 법률적 상태가 변경되었다면 그와 같은 확약 또는 공적인 의사표명은 행정청의 별다른 의사표시를 기다리지 않고 실효(失效)된다고 본다. 확약을 함에 있어서 상대방으로 하여금 언제까지 처분의 발령을 신청하도록 유효기간을 두었는데도 그 기간 내에 상대방의 신청이 없었던 경우에도 확약은 실효된다고 본다(대판 1996. 8. 20, 95누10877). 다만, 이 경우에도 법적합성의 원칙 및 공익과 확약에 대한 상대방의 신뢰보호의 이익을 비교형량하여야 한다.

(7) 확약의 취소·철회

위법한 확약에 대해 취소가 가능하며 적법한 확약은 상대방의 의무불이행 등 철회사유가 발생한 경우 철회의 대상이 된다. 확약의 취소·철회에 있어서는 취소·철회의 제한의 법리가 적용된다.

(8) 권리구제

확약은 처분이므로 항고소송의 대상이 된다. 그러나, 판례는 확약의 처분성을 부인하고 있다.

행정청이 확약의 내용인 행위를 하지 아니하는 경우, 현행법상 의무이행소송은 허용되지 않으므로, 상대방은 확약의 이행을 청구하고, 거부처분이나 부작위에 대해 거부처분 취소심판, 의무이행심판, 부작위위법확인소송 또는 거부처분취소소송을 제기할 수 있다.

또한 확약의 불이행으로 손해가 발생한 경우에는 손해배상청구소송을 제기할 수 있다.

2. 가행정행위(잠정적 행정행위)

(1) 의   의

가행정행위는 사실관계와 법률관계의 계속적인 심사를 유보한 상태에서 당해 행정법관계의 권리와 의무의 전부 또는 일부에 대해 잠정적으로 확정하는 행위를 의미한다. 즉, 가행정행위는 본행정행위(최종적(종국적) 행정행위)가 있기까지, 즉 행정행위의 법적 효과 또는 구속력이 최종적으로 결정될 때까지 잠정적으로만 행정행위로서의 구속력을 가지는 행정의 행위형식을 말한다.

예를 들어, 소득액 등이 확정되지 아니한 경우에 과세관청이 상대방의 신고액에 따라 잠정적으로 세액을 결정하는 것(소득세법 제110조), 물품의 수입에 있어 일단 잠정세액을 적용하였다가 후일에 세액을 확정짓는 것(관세법 제39조 등 참조) 등이 해당될 수 있을 것이다.

가행정행위는 개념에 있어서 다음의 세 가지 특징을 징표로 한다. ① 종국적인 결정이 있을 때까지 단지 잠정적으로 규율하는 효과를 내용으로 한다. ② 종국적인 결정이 내려지면 이에 의해 종전의 결정이 대체되게 된다. 따라서 가행정행위에 있어서는 행정행위의 존속력 중, 행정기관이 자신의 결정에 구속되는 이른바 불가변력이 발생하지 않는다. ③ 사실관계와 법률관계에 대한 개략적인 심사에 기초한다.

(2) 법적 성질

가행정행위는 잠정적이기는 하나 직접 법적 효력을 발생시키므로 행정행위의 성질을 가진다.

(3) 법적 근거

다수설은 가행정행위는 법규상의 명백한 근거가 없는 경우에도 그에 대한 행정청의 본처분 권한이 있으면 발동이 가능하다고 본다.

(4) 발동상의 내재적 요건

가행정행위의 발동시에 근거한 사실관계의 판단자료는 추후에 이루어질 본행정행위시까지 획득될 자료의 내용과 수준에까지는 미치지 못할 것이기는 해도, 그것은 최소한 본행정행위에 있어서도 결정적인 것으로 확신될 명백하고 개연성이 있는 자료에 의해서만이 가행정행위는 이루어져야 할 것이다. 그렇지 못할 경우에는 위법한 행위가 된다. 행정청은 그 오류를 근거로 가행정행위의 상대방에 대해 대항할 수 없다고 해야 할 것이다.

(5) 가행정행위의 효력 및 본행정행위와의 관계

가행정행위는 잠정적이기는 하지만 행정행위로서 직접 법적 효력을 발생시킨다. 가행정행위는 본행정행위에 대해 구속력을 미치지 않는다. 가행정행위에 대한 신뢰도 인정되지 않는다.

가행정행위는 본행정행위가 있게 되면 본행정행위에 의해 대체되고 효력을 상실한다.

(6) 권리구제

가행정행위는 잠정적이기는 하지만, 직접 법적 효력을 발생시키는 행정행위이므로 가행정행위로 인해 권익침해를 받은 자는 취소소송을 제기할 수 있다.

가행정행위에 대한 취소소송 제기 중 본행정행위가 행해지면, 가행정행위는 효력을 상실하며 동 취소소송은 소의 이익이 없게 된다. 이 경우 본행정행위에 대한 소송으로 소변경을 할 수 있다.

3. 사전결정

(1) 의   의

사전결정(예비결정)이란 최종적인 행정결정을 내리기 전에 사전적인 단계에서 최종적 행정결정의 요건 중 일부에 대해 종국적인 판단으로서 내려지는 결정을 의미한다.

사전결정의 예로서는 건축법 제10조 제1항의 사전결정, 구 주택건설촉진법 제32조의4 제1항의 사전결정, 폐기물처리업허가 전의 사업계획에 대한 적정통보(대판 1998. 4. 28, 97누21086), 항공사업법 제16조의 운수권배분처분(대판 2004. 11. 26, 2003두10251, 10268) 등을 들 수 있다. 현행 원자력안전법상 사전부지승인이 나면 법상 제한공사가 가능한 것으로 규정되어 있다(제10조 제4항). 이러한 사전부지승인은 사전결정(부지적합성판단부분)과 부분허가(제한공사승인부분)의 성질을 아울러 갖는다고 보는 것이 타당하다. 판례는 부지사전승인을 '사전적 부분건설허가처분'의 성격을 가지고 있는 것으로 보고 있다(대판 1998. 9. 4, 97누19588).

(2) 법적 성질

사전결정은 그 자체가 하나의 행정행위이다. 최종처분이 기속행위인 경우 사전결정도 기속행위이다. 최종처분이 재량행위인 경우에 사전결정이 재량행위인지 여부는 최종처분의 재량판단 부분이 사전결정의 대상이 되는지에 의해 결정된다.

⟨판례⟩ 폐기물처리사업계획서의 적합 여부(환경 친화적인 폐기물처리업 인지 여부) 판단에 관하여 행정청에 광범위한 재량권이 인정된다(대판 2019. 12. 24, 2019두45579).

(3) 법적 근거

행정청의 사전결정권은 본처분 처분권에 포함되므로 법규상의 특별한 근거규정이 없이도 사전결정을 행할 수 있는 것으로 볼 수 있다.

(4) 효력(구속력)과 그 한계

1) 사전결정의 구속력

가. 구속력 긍정설   사전결정은 무효가 아닌 한 사전결정의 대상이 된 사항에 있어서 후행결정에 대하여 구속력을 갖는다. 행정청은 최종행정결정에서 사전결정된 것은 그대로 인정하고, 사전결정되지 않은 부분만을 결정한다. 따라서, 재량행위의 경우 재량결정이 전부 사전결정에서 내려지고 기속결정만이 남은 경우 최종행정행위는 기속행위가 되고, 재량결정 중 일부만이 사전결정에서 내려진 경우 최종행정행위는 남은 재량결정의 한도 내에서 재량행위가 된다.

나. 구속력부정설   사전결정에 구속력을 인정하지 않고, 신뢰보호의 이익만

을 인정하는 견해이다. 이 견해에 의하면 사정변경이 없는 경우에도 공익이 신뢰이
익보다 큰 경우 사전결정에 배치되는 결정을 할 수 있는 것으로 보게 된다.

판례는 사전결정의 구속력을 인정하지 않고, 사전결정시 재량권을 행사하였더
라도 최종처분시 다시 재량권을 행사할 수 있다고 본다(대판 1998. 4. 24, 97누1501).

다. 결 어　　사전결정은 종국적 판단으로서 내려지는 결정이므로 구속력의
예외가 인정되는 경우를 제외하고는 후행 최종행정결정에 대해 구속력을 미친다고
보아야 한다(전술 선행행위의 후행행위에 대한 구속력 참조).

사전결정이 잠정적인 성질을 갖는 경우에 잠정적 사전결정이라 할 수 있는데,
잠정적 사전결정은 가행정행위처럼 최종행정행위에 구속력을 미치지 못한다.

2) 구속력의 예외

사전결정시에 불가피하게 파악되지 못하였던 사실관계나 법률관계의 변경이
초래되었을 경우에는 그 구속력이 배제되거나 감경될 수 있다. 이 경우에 사전결정
과 배치되는 최종행정행위를 하고자 하는 경우에는 신뢰보호이익과 사정변경으로
사전결정과 다른 결정을 하여야 할 공익 사이에 이익형량을 하여야 한다.

3) 사전결정의 효력의 한계

사전결정은 종국적 행정결정이 아니고 허가 등 종국적 행정결정의 요건 중 일
부에 대한 판단에 그치는 것이다. 따라서, 사전결정을 받은 자는 사전결정을 받은 것
만으로는 어떠한 행위를 할 수 없다. 이 점에서 사전결정은 부분허가와 구별된다.

(5) 사전결정과 최종행정행위와의 관계

사전결정은 최종행정행위에 구속력을 미친다(판례는 부정).

최종행정행위가 있게 되면 사전결정은 원칙상 최종행정행위에 흡수된다(대판
1998. 9. 4, 97누19588).

(6) 권리구제

사전결정은 그 자체가 하나의 행정행위이므로 당사자나 일정한 범위의 제3자
에 의한 취소소송의 대상이 된다.

사전결정에 대해 취소소송이 제기되기 전에 최종행정행위가 있게 되면 사전결
정은 최종행정행위에 흡수되므로 사전결정을 다툴 소의 이익이 없다.

사전결정에 대한 취소소송 계속 중 최종행정결정이 내려지면 해당 취소소송은 소의 이익을
상실하게 되며 최종행정행위에 대해 취소소송을 제기하여야 한다는 견해(판례의 입장)가 있
으나 사전결정에 대해 취소소송이 계속 중인 경우에는 최종행정행위가 행해져도 사전결정

이 취소되면 최종행정행위도 효력을 상실하고, 최종처분에 대한 소송으로 소를 변경할 경우 사전결정에 대한 소송의 소송자료를 활용할 수 있도록 할 필요가 있으므로 소의 이익을 인정하는 것이 타당하다.

4. 부분허가

(1) 의   의

부분허가는 원자력발전소와 같이 그 건설에 비교적 장기간의 시간을 요하고 영향력이 큰 시설물의 건설에 있어서 단계적으로 시설의 일부분에 대하여 부여하는 허가를 의미한다. 즉, 행정결정의 대상이 되는 시설물 중 일부의 건설 및 운전에 대하여 확정적인 허가를 발급하는 것으로 부분허가가 수차례에 걸쳐 계속적으로 이루어짐으로써 시설 전체의 건설이 완성되어 운전에 이르게 되는 방식을 말한다.

주택법상 주택건설사업을 완료한 경우에는 사용검사를 받아야 주택 등을 사용할 수 있는데, 사업완료 전이라도 완공부분에 대하여 동별로 사용검사를 받을 수 있다고 규정하고 있다(제29조 제1항, 제4항). 이 경우에 아파트 동별 사용검사는 부분허가와 유사한 성질을 갖는다고 할 수 있다.

(2) 법적 근거

부분허가처분권은 허가처분권에 포함되는 것이므로 허가에 법적 근거가 있으면 부분허가에는 별도의 법적 근거가 필요 없다.

(3) 법적 성질

부분허가는 그 자체가 규율하는 내용에 대한 종국적 결정인 행정행위이다. 따라서 선행 부분허가는 후속하는 최종적 결정에 구속력을 미친다.

(4) 성립 및 효력요건

부분허가에 있어 허가 전체에 대한 잠정적·긍정적 전체판단이 전제되어야 한다. 즉, 부분허가는 잠정적·긍정적 전체판단에 의하여 허가의 전제조건이 충족되고 부분허가를 발부할 정당한 이익이 있다고 인정되는 때에 발부된다. 잠정적 전체판단을 요구하는 것은 비록 잠정적이기는 하나 복잡한 시설 전체를 심사하여 후속단계에서 구상(Konzept)상의 이유로 건설이 중지되거나 또는 운영이 금지되지 않는다는 것을 선결적으로 해결하는 것에 일차적 목적이 있다.

(5) 부분허가의 효력

부분허가는 그 자체가 규율하는 내용에 대한 종국적 결정인 행정행위이다. 부분허가를 받은 자는 허가의 대상이 되는 행위를 적법하게 할 수 있다.

부분허가시 행해지는 판단은 사실관계에 있어서나 법적 요건에 있어 차후에 별다른 변화가 없는 한, 최종적 결정에 구속력을 지닌다. 최종적인 판단에 있어서 기술적 수준의 변화나 상황의 변화에 대응하는 범위 내에서 시설물 일부에 대한 변경이나 수정은 있을 수 있다.

부분허가는 일정한 행위를 가능하게 하는 행위이므로 최종적 결정이 내려진 후에도 최종적 결정에 흡수되지 않고 효력을 유지하는 것으로 보아야 한다.

(6) 권리구제

부분허가는 행정행위이므로 당사자나 일정한 범위의 제3자는 취소소송을 제기할 수 있다. 또한 허가가 발령되지 않는 경우에는 거부처분의 존재시에는 거부처분 취소심판, 의무이행심판이나 거부처분의 취소소송을, 부작위에 대해서는 의무이행심판이나 부작위위법확인소송을 제기할 수 있다.

제11절 행정의 자동결정과 자동적 처분

Ⅰ. 의 의

행정의 **자동결정**이란 미리 입력된 프로그램에 따라 행정결정이 자동으로 행해지는 것을 말한다. 예를 들면, 신호등에 의한 교통신호, 컴퓨터를 통한 중고등학생의 학교배정, 시험 채점, 세금 결정 등이 그것이다.

자동적 처분이라 함은 법률로 정하는 바에 따라 완전히 자동화된 시스템(인공지능 기술을 적용한 시스템을 포함한다)으로 하는 처분을 말한다. 자동적 처분은 법률로 정한 경우(예, 수입식품법 제20조의2에 따른 수입식품신고수리처분)에 한하여 인정된다(행정기본법 제20조). 완전히 자동화된 시스템이 아닌 일부 자동화는 행정기본법 제20조의 적용대상(자동적 처분)이 아니다.

이에 반하여 **행정의 자동결정**은 전부(완전) 자동결정뿐만 아니라 일부 자동결정도 포함하는 개념이다. 권력적 사실행위도 처분이므로 권력적 사실행위에도 행정기본법 제20조가 적용된다고 보아야 한다.

Ⅱ. 법적 성질

행정의 자동결정은 행정의사의 내부적 성립의 성질을 갖는다. 자동으로 결정된 행정결정은 외부에 표시되어야 행정행위로서 성립하며 당사자에게 통지되어야 효력을 발생하게 된다.

행정의 자동결정의 기준이 되는 프로그램의 법적 성질은 행정규칙이라고 볼 수 있다.

Ⅲ. 행정의 자동결정에 대한 법적 규율의 특수성

행정의 자동결정에 대하여는 특별한 규정이 없는 한 행정행위에 관한 규정이 적용된다. 그런데, 행정의 자동결정에 있어서는 행정청의 서명·날인, 문자 이외의 부호의 사용, 이유제시 또는 의견청취절차의 예외 등 특수한 법적 규율이 행해질 수 있다. 다만, 해석상 행정청의 서명·날인에 있어서는 명문의 규정이 없는 경우에도 행정청의 서명을 인쇄하고 날인을 인영(印影)의 방법으로 하는 것이 허용된다고 본다.

Ⅳ. 행정의 자동결정과 재량행위

처분에 재량이 있는 경우는 **자동적 처분**을 할 수 없다(행정기본법 제20조 단서).

기속행위에 있어서 행정의 자동결정이 가능하다

재량행위에 있어서는 행정의 자동결정이 가능한지에 대해 견해가 대립되고 있다. 부정설은 재량행위의 본래의 취지가 구체적 사정을 고려하여 구체적 타당성 있는 행정을 하도록 하기 위한 것이라고 볼 때 재량의 여지 없이 입력된 프로그램에 따라 행정결정을 내리는 것은 재량권의 불행사에 해당하여 위법하게 된다고 한다. 그러나 재량준칙을 정형화하고 그에 따라 재량처분을 자동결정한 후 상대방의 이의제기의 가능성을 열어 놓은 방법으로 재량행위를 자동결정할 수 있는 가능성은 있다고 보는 것이 타당하다. 이 경우에 자동결정은 법정기간 내에 이의제기가 없을 것을 정지조건으로 성립하는 것으로 볼 수 있을 것이다.

Ⅴ. 행정의 자동결정의 하자와 권리구제

행정의 자동결정의 하자는 프로그램에 하자가 있는 경우, 공무원이 자료의 입력을 잘못한 경우, 통지에 하자가 있는 경우 등에 존재하게 된다.

행정의 자동결정의 하자의 효과는 일반 행정행위의 하자의 효과와 다르지 않다. 행정의 자동결정은 행정행위이므로 항고쟁송의 대상이 된다. 위법한 자동결정에 의해 손해를 받은 자는 국가배상을 청구할 수 있다.

제 4 장   공법상 계약

I. 의   의

공법상 계약이란 공법상의 법적 효과를 발생시키는(공법상의 법률관계의 변경을 가져오는) 행정주체를 적어도 한쪽 당사자로 하는 계약(양 당사자 사이의 반대방향의 의사의 합치)을 말한다.

행정기본법상 공법상 계약의 정의에 '대등한 당사자 사이'라는 문구가 빠져 있고, 공법상 계약에서 행정청이 계약 상대방 보다 사실상 우월한 경우도 있겠지만, 계약의 본질상 공법상 계약에서 **양 당사자**는 **법률상**으로는 당연히 **대등**한 것을 전제로 한다고 보아야 한다.

우리나라에서는 행정에 있어 아직 공법상 계약의 방식이 많이 사용되고 있지 않다. 행정은 계약적 수단이 아닌 일방적 행위에 의해 행해지는 경우가 보통이다. 그리고 계약의 방식이 사용되는 경우에도 판례상 해당 계약이 공법상 계약으로 인정되는 예는 많지 않고 사법상 계약으로 인정되는 경향이 강하다. 그러나, 선진국에서는 오늘날 협의에 의한 행정이 강조되고 확대되고 있고 이에 따라 공법상 계약의 방식이 행정의 중요한 행위형식이 되고 있다.

1. 사법상 계약과의 구별

(1) 구별실익

① 실체법상 공법상 계약은 공법적 효과를 발생시키고 공익과 밀접한 관계를 갖고 있으므로 후술하는 바와 같이 사법과는 다른 특수한 공법적 규율의 대상이 된다. 행정주체가 당사자인 사법상 계약은 사법의 규율을 받는다(대판 2018. 2. 13, 2014두11328).

② 소송법상 공법상 계약에 관한 소송은 민사소송이 아니라 공법상 당사자소송에 속한다. 판례에 따르면 공법상 계약에 관한 소송을 민사소송으로 잘못 제기한 경우에 수소민사법원은 각하판결하지 않고, 행정법원에 이송하여 행정소송(당사자소송)으로 판결하도록 하여야 한다.

③ 공법상 계약과 관련한 불법행위로 국민이 입은 손해는 국가배상법에 의한 손해배상의 대상이 된다.

(2) 구별기준

공법상 계약과 사법상 계약의 구별기준에 공법관계와 사법관계의 구별에 관한 일반적 기준이 원칙상 적용된다.

다만, 공법상 계약과 사법상 계약의 구별에 있어서는 다음과 같은 구별기준이 특별히 고려되어야 한다.

① 공법상 계약이 되기 위하여는 최소한 계약의 일방 당사자는 행정주체이어야 한다. 그러나 행정주체가 체결하는 계약이 모두 공법상 계약은 아니다. 행정주체가 사경제주체로서 체결하는 계약은 사법상 계약이다.

② 공법적 효과를 발생시키는 계약은 공법상 계약이다. 공무원 채용계약은 공법상 계약이다. 다만, 채용된 자가 공행정의 운영에 직접 참여하지 않고 보조하는 것에 불과한 경우에는 그 채용계약(예, 행정보조자 채용계약)은 사법상 계약이다.

생활폐기물수집운반 등 대행위탁계약(대판 2018. 2. 13, 2014두11328), 지방자치단체가 사인과 체결한 시설(자원회수시설) 위탁운영협약은 사법상 계약에 해당한다(대판 2019. 10. 17, 2018두60588).

③ 행정주체에게 공법상 행위형식과 사법상 행위형식의 선택권이 부여된 경우에는 계약의 특별조항을 통하여 표현되는 행정청의 의사가 주요한 구별기준이 된다. 즉, 계약조항 중에 사법상의 법규정과는 성질을 달리하는 공법적 규율에 친한 예외적인 조항(공익을 위해 행정주체에게 우월적 지위를 인정하는 조항)이 존재하는 경우에는 공법상 계약이 된다.

2. 공법상 계약과 행정행위

공법상 계약과 행정행위는 구체적인 법적 효과를 가져오는 법적 행위인 점에서는 동일하지만 양자는 행위의 형성방식에 차이가 있다. 행정행위는 행정주체에 의해 일방적으로 행해지는 권력행위이지만, 공법상 계약은 행정주체와 국민 사이의 합의에 의해 행해지는 비권력행위이다.

Ⅱ. 공법상 계약의 법적 근거

행정기본법은 공법상 계약의 일반적 근거규정을 두고 있다. 즉, 행정청은 법령 등을 위반하지 아니하는 범위에서 행정목적을 달성하기 위하여 필요한 경우에는 공법상 법률관계에 관한 계약(이하 "공법상 계약"이라 한다)을 체결할 수 있다(행정기본법 제27조 제1항).

「국가를 당사자로 하는 계약에 관한 법률」, 「지방자치단체를 당사자로 하는 계약에 관한 법률」은 기본적으로 국가, 지방자치단체나 공공기관이 당사자가 되는 사법상 계약에 대한 규정이다.

Ⅲ. 인정범위 및 한계

① 공법상 계약은 비권력적 행정 분야에서뿐만 아니라 권력행정 분야에서도 인정된다.

② 공법상 계약으로 행정행위를 갈음할 수 있는가에 관하여 법상 금지되지 않는 한 행정행위 대신에 공법상 계약이 사용될 수 있다는 견해와 없다는 견해가 대립되고 있는데, 공법상 계약은 법률의 근거 없이도 인정되므로 긍정하는 견해가 타당하다. 그러나, 일정한 행정 분야, 즉 협의에 의한 행정이 타당하지 않으며 공권력에 의해 일방적으로 규율되어야 하는 분야에서는 법률의 근거가 없는 한 공법상 계약이 인정될 수 없고, 행정행위를 대체할 수도 없다. 예를 들면, 경찰행정 분야와 조세행정 분야에서는 공법상 계약이 인정될 수 없다고 보아야 한다. 다만, 법률에 특별한 규정이 있는 경우에는 물론 공법상 계약이 가능하다.

기속행위의 경우에도 법에 의해 금지되지 않는 한 행정행위 대신에 공법상 계약이 행해질 수 있다. 다만, 당해 공법상 계약은 법에 정해진 내용을 그대로 반영하는 것에 그치게 되며 법에 정해진 내용과 다른 내용을 정할 수 없다. 따라서 기속행위에 대신하여 공법상 계약이 인정될 실익은 크지 않다.

③ 공법상 계약의 방식이 의미를 갖는 경우는 행정청에게 재량권이 인정되는 경우이다. 행정청은 재량권의 범위 내에서 상대방인 국민과 협의하여 공법상 계약의 내용을 자유롭게 정할 수 있다.

④ 제3자의 권익을 제한하거나 의무를 부과하는 내용의 행정행위를 할 것을 내용으로 하는 공법상 계약은 제3자의 동의가 없는 한 인정될 수 없다.

Ⅳ. 공법상 계약의 성립요건과 적법요건

1. 성립요건

공법상 계약은 사법상 계약과 마찬가지로 양 당사자의 반대방향의 의사의 합치에 의해 성립된다.

공법상 계약에서 계약당사자의 일방은 행정주체이어야 한다. 행정주체에는 공무를 수탁받은 사인도 포함된다.

2. 적법요건

(1) 주체에 관한 요건

공법상 계약을 체결하는 주체에게 권한이 있어야 한다.

이론상 행정기관이 아니라 행정주체가 공법상 계약의 주체가 된다. 그런데 행정기본법은 행정청을 공법상 계약의 당사자로 규정하고 있다(행정기본법 제27조 제1항). 이 경우 행정청은 행정주체를 대표하여 공법상 계약을 체결하는 것으로 보아야 한다. 공법상 계약을 체결하는 행정청이 해당 공법상 계약을 체결할 수 있는 권한을 갖고 있어야 한다.

(2) 절차에 관한 요건

공법상 계약의 절차를 일반적으로 특별히 규율하는 법령은 존재하지 않는다. 공법상 계약은 행정절차법의 규율대상이 아니다. 공법상 계약의 체결에 다른 행정청의 승인, 동의 또는 협의를 요하는 것으로 규정하는 경우도 있다. 다른 행정청의 승인, 동의 또는 협의를 요하는 행정행위에 갈음하여 공법상 계약을 체결하는 경우에는 그러한 절차를 거쳐야 한다. 행정청은 행정기본법 제27조에 따라 공법상 법률관계에 관한 계약을 체결할 때 법령등에 따른 관계 행정청의 동의, 승인 또는 협의 등이 필요한 경우에는 이를 모두 거쳐야 한다(동법 시행령 제6조).

(3) 형식에 관한 요건

행정청은 공법상 계약을 체결할 경우 계약의 목적 및 내용을 명확하게 적은 계약서를 작성하여야 한다(행정기본법 제27조 제1항).

(4) 내용에 관한 요건

법우위의 원칙은 공법상 계약에도 적용된다. 따라서 공법상 계약의 내용은 법을 위반하지 않아야 한다(행정기본법 제27조 제1항).

법의 일반원칙은 공법상 계약에도 적용된다. 비례의 원칙상 행정청은 공법상 계약의 상대방을 선정하고 계약 내용을 정할 때 공법상 계약의 공공성과 제3자의 이해관계를 고려하여야 한다(행정기본법 제27조 제2항). 부당결부금지의 원칙상 행정주체의 급부와 사인의 급부 사이에 실질적 관련성이 있어야 한다.

입법론으로 독일 행정절차법 제58조 제1항에서와 같이 "제3자의 권리를 침해하는 공법상 계약은 그의 동의를 요한다"라는 규정을 추가로 두어야 한다는 견해(김용

섭, 한국행정법학회 활동 성과분석 및 행정기본법 제정이후의 전망, 행정법학 제21호, 2021.9, 54면)
가 있다.

V. 공법상 계약의 종류

1. 행정주체 상호간에 체결되는 공법상 계약

행정주체 상호간의 공법상 계약은 행정주체 상호간의 사무위탁 등 행정사무의
집행과 관련하여 체결된다. 법에 의해 금지되지 않는 한 행정주체 상호간에 공법상
계약이 자유롭게 체결될 수 있다.

2. 행정주체와 사인간에 체결되는 공법상 계약

사인에 대한 행정사무의 위탁계약, 민간투자사업상 실시협약(대판 2019. 1. 31,
2017두46455), 공무원의 채용계약, 서울특별시 시립무용단원이 가지는 지위가 공무원
과 유사한 경우 서울특별시 시립무용단원 위촉계약(대판 1995. 12. 22, 95누4636), 국립
중앙극장 전속단원 채용계약(대판 1996. 8. 27, 95나35953) 등이 이에 해당한다. 사업인
정 후의 토지 등의 협의취득계약을 공법상 계약으로 보는 견해도 있지만 판례는 사
법상 매매계약으로 보고 있다(대판 2012. 2. 23, 2010다91206). 물품납품계약, 건축도급
계약 등 조달계약을 사법상 계약으로 보는 것이 일반적 견해이며 판례의 입장인데,
공법상 계약으로 보는 견해도 제기되고 있다. 조달계약에서 낙찰자결정도 사법상
행위라고 보는 것이 판례의 입장인데, 조달계약에서 낙찰자결정은 처분에 해당한다
고 보는 견해도 있다. 이에 반하여 판례는 국가연구(개발사업)협약은 공법상 계약으
로 본다.

사인이 행정주체의 지위를 갖는 경우 행정주체의 지위에서 다른 사인과 공법
상 계약을 체결할 수 있다.

VI. 공법상 계약의 법적 규율

1. 실체법상 규율

(1) 공법적 규율과 사법의 적용

공법상 계약은 공법적 효과를 발생시키며 공익의 실현수단인 점에 비추어 공
법적 규율의 대상이 된다. 그런데, 행정기본법은 공법상 계약에 대한 실체법상 공
법적 규율에 관한 사항을 규정하지 않고, 공법상 계약에 대한 일부 일반적 규정을
두고 있을 뿐이다. 공법상 계약에 대한 특수한 규율은 개별법 또는 법이론상 인정

된다.

공법상 계약에 관하여 특별한 규정이 없는 경우에는「국가를 당사자로 하는 계약에 관한 법률」또는「지방자치단체를 당사자로 하는 계약에 관한 법률」및 계약에 관한 민법의 규정을 적용 또는 유추적용할 수 있다.

(2) 공법상 계약의 하자의 효과

공법상 계약에는 공정력이 발생하지 않고, 위법한 공법상 계약은 민법에서처럼 원칙상 무효라는 것이 다수견해이다. 공법상 계약이 무효인 경우 계약이 목적으로 하는 권리나 의무는 발생하지 않는다.

이에 대하여 공법상 계약의 하자를 의사표시상의 하자와 내용상의 하자로 나누어 **의사표시상의 하자는** 민법상 계약의 경우와 마찬가지로 무효 또는 취소의 하자가 모두 인정되고, **내용상 하자에** 있어서는 행정행위와 달리 공정력이 인정되지 않으므로 무효만이 인정된다는 견해가 있다.

실무상 공법상 계약 또는 의사표시의 효력을 다투는 소송은 무효확인을 구하는 당사자소송으로 제기되고 있는 점에 비추어 (대판 1996. 5. 31, 95누10617 등) **실무에**서는 위법한 공법상 계약을 무효로 보고 있는 것으로 보인다.

(3) 공법상 계약의 집행상 특수한 규율

공법상 계약에 따른 의무의 불이행이 있는 경우 행정청이 그 의무의 집행을 자력으로 강제하는 것(행정상 강제집행)은 법률유보의 원칙상 법률의 명시적 근거가 없으면 불가능하다. 행정상 강제집행의 명시적 근거가 없는 경우 민사상 강제집행을 할 수 있다.

행정기본법은 공법상 계약의 변경, 해지 및 해제에 관한 규정을 두고 있지 않다. 따라서, 의무불이행의 경우 민법상 계약의 해지규정이 유추적용된다. 다만, 공법상 계약의 집행에 있어서는 공익의 실현을 보장하기 위하여 명문의 규정이 없는 경우에도 다음과 같이 계약의 해지 등에 관한 민법의 원칙이 수정되는 경우가 있다.

① 공법상 계약의 기초가 된 법률상 또는 사실상의 상황에 중대한 변화가 있어 계약내용을 그대로 이행하는 것이 공익상 적절하지 않을 경우에는 행정청은 새로운 상황에 적응되도록 계약내용의 변경을 요구하는 권한 또는 계약해지권을 갖는다고 보아야 한다. 왜냐하면 행정은 공익목적을 추구하므로 행정주체로 하여금 공법상 계약을 공익목적에 적합하게 적응시킬 수 있도록 하여야 하기 때문이다.

② 행정주체의 요구에 따른 계약의 변경으로 인한 계약상대방인 국민의 부담의 증가는 행정주체의 부담으로 하여야 한다. 또한 계약의 해지로 인한 손실은 손

실보상에 준하여 보상되어야 한다.

③ 공법상 계약에 의한 의무의 불이행이 있는 경우에 행정주체에게는 계약의 해지권이 인정되지만, 계약상대방인 국민에게는 해지가 공익에 반하는 경우에는 인정되지 않고 이 경우에 국민은 채무불이행에 의한 손해배상청구만을 할 수 있다고 보아야 한다.

④ 공법상 계약에 의한 의무의 불이행에 대해서는 행정대집행법이 적용되지 않는다. 계약상의 의무불이행에 대해서는 법원의 판결을 받아 강제집행하여야 한다.

2. 절차법상 규율

행정기본법은 공법상 계약절차에 관한 극히 일부 일반규정을 두고 있을 뿐이다. 행정절차법은 공법상 계약절차에 관한 규정을 두고 있지 않다.

3. 소송법상 규율

(1) 공법상 당사자소송

공법상 계약에 관한 소송은 민사소송이 아니라 공법상 당사자소송에 의한다. 공법상 계약의 무효확인소송, 공법상 계약에 의한 의무의 확인에 관한 소송 및 계약의무불이행시의 의무이행소송도 공법상 당사자소송에 의한다.

또한, 판례는 공법상 계약 해지의 의사표시도 처분으로 보아야 하는 특별한 사정이 없는 한 공법상 당사자소송으로 해지의 의사표시의 무효확인을 청구하여야 한다고 보고 있다(대판 1996. 5. 31, 95누10617 ; 2015. 8. 27, 2015두41449 ; 중소기업 정보화지원사업을 위한 협약의 해지 및 그에 따른 보조금 환수통보는 공법상 계약에 따라 행정청이 대등한 당사자의 지위에서 하는 의사표시로 본 사례).

(2) 항고소송의 대상이 되는 경우

① 행정청에 의한 공법상 계약의 체결 여부 또는 계약상대방의 결정은 처분성을 가지며 공법상 계약과 분리될 수 있는 경우 행정소송법상 처분에 해당하고, 항고소송의 대상이 된다고 보아야 한다.

예를 들면, 「사회기반시설에 대한 민간투자법」 제13조 제3항상의 실시협약(동법에 의하여 주무관청과 민간투자사업을 시행하고자 하는 자간에 사업시행의 조건 등에 관하여 체결하는 계약)은 공법상 계약이고, 그 이전에 행해지는 동법 제13조 제2항상의 행정청의 협상대상자(협상대상자는 특별한 사정이 없는 한 사업시행자가 된다) 지정행위(서울고법 2004. 6. 24, 2003누6483), 민간투자법상 민간투자시설사업시행자지정(대판 2009. 4. 23, 2008두242)은 행정행위의 성질을 갖는 것으로 보아야 한다. 실시협약 체결 후 사업시행 전에 행해지는 민간투자법 제15조 제1항의 민간투자

사업 실시계획의 승인도 처분(행정행위)이다.

② 또한, 법에 근거하여 제재로서 행해지는 공법상 계약의 해지 등 계약상대방에 대한 권력적 성격이 강한 행위는 행정소송법상 처분으로 보아야 한다.

판례는 지방계약직공무원에 대한 보수의 삭감을 징계처분의 일종인 감봉과 다를 바 없다고 보고 항고소송의 대상이 된다고 한다(대판 2008. 6. 12, 2006두16328[전임계약직공무원(나급)재계약거부처분및감봉처분취소]). 조달계약 및 공법상 계약에 관한 입찰참가자격제한은 법적 근거가 있는 경우 처분에 해당한다고 보는 것이 판례의 입장이다.

③ 판례에 따르면 과학기술기본법령상 사업 협약의 해지 통보는 단순히 대등 당사자의 지위에서 형성된 공법상계약을 계약당사자의 지위에서 종료시키는 의사표시에 불과한 것이 아니라 행정청이 우월적 지위에서 연구개발비의 회수 및 관련자에 대한 국가연구개발사업 참여제한 등의 법률상 효과를 발생시키는 행정처분에 해당하고, 재단법인 한국연구재단이 갑 대학교 총장에게 연구개발비의 부당집행을 이유로 '해양생물유래 고부가식품 · 향장 · 한약 기초소재 개발 인력양성사업에 대한 2단계 두뇌한국(BK)21 사업' 협약을 해지하고 연구팀장 을에 대한 대학자체 징계 요구 등을 통보한 사안에서, 재단법인 한국연구재단이 갑 대학교 총장에게 을에 대한 대학 자체징계를 요구한 것은 법률상 구속력이 없는 권유 또는 사실상의 통지로서 을의 권리, 의무 등 법률상 지위에 직접적인 법률적 변동을 일으키지 않는 행위에 해당하므로, 항고소송의 대상인 행정처분에 해당하지 않는다(대판 2014. 12. 11, 2012두28704[2단계BK21사업 처분취소]).

(3) 국가배상청구소송

공법상 계약에 의한 의무의 불이행으로 인한 손해에 대한 국가배상청구 및 공법상 계약의 체결상 및 집행상의 불법행위로 인한 손해에 대한 국가배상청구도 공법상 당사자소송에 의하도록 하는 것이 이론상 타당하다. 다만, 실무상으로는 이를 민사소송으로 보고 있다.

제 5 장 행정상 사실행위

I. 의 의

행정상 사실행위라 함은 행정목적을 달성하기 위하여 행해지는 물리력의 행사를 말한다. 사실행위의 예로는 폐기물 수거, 행정지도, 대집행의 실행, 행정상 즉시 강제 등이 있다.

사실행위는 직접적으로는 법적 효과를 발생시키지 않는 행위이다. 그러나, 사실행위도 간접적으로는 법적 효과를 발생시키는 경우가 있다. 예를 들면, 위법한 사실행위로 인하여 국민에게 손해가 발생한 경우에 국가 또는 지방자치단체는 피해 국민에 대하여 손해배상의무를 지고, 피해자인 국민은 손해배상청구권을 갖게 된다.

행정기관의 행위는 양적으로 볼 때에는 대부분 사실행위이다. 그럼에도 불구하고 사실행위가 법적 행위보다 행정법에서 중요성을 인정받지 못하고 있는 것은 사실행위에서는 법적 행위에 비하여 법적 문제가 보다 적게 발생하기 때문이다. 사실행위는 통상 행정결정(법적 행위)을 준비하거나 행정결정을 집행하는 수단이 된다.

II. 행정상 사실행위에 대한 구제

1. 항고쟁송

행정상 사실행위가 행정심판법과 행정소송법상의 '처분'에 해당하는 경우 행정심판이나 항고소송의 대상이 된다(행정소송 참조).

판례는 권력적 사실행위(예, 법위반사실의 공표, 재소자 접견내용 녹음·녹화 및 접견 시 교도관 참여대상자 지정행위)를 행정소송법상 처분으로 본다(대판 2014. 2. 13, 2013두20899).

2. 손실보상

적법한 권력적 사실행위에 의해 국민이 특별한 손해를 입은 경우에는 손실보상이 주어져야 한다. 예를 들면, 소방기본법 제25조 제4항은 소방파괴로 인한 손실에 대한 손실보상을 규정하고 있다. 다만, 손해를 입은 자에게 귀책사유가 있는 경우에는 손실보상이 주어지지 않을 수 있다.

3. 국가배상

위법한 행정상 사실행위로 국민이 손해를 입은 경우에는 국가배상을 청구할 수 있다. 사실행위의 처분성이 인정되지 않는 경우 또는 단시간에 목적을 달성하고 종결되어 버리는 사실행위에 대하여는 항고소송이 인정되지 않으므로 국가배상이 실효성 있는 구제수단이다. 적법한 사실행위의 집행방법이 잘못되어 발생한 손해에 대하여도 국가배상이 인정될 수 있다.

4. 공법상 결과제거청구소송

위법한 행정상 사실행위로 인한 위법한 결과에 대하여는 원상회복의 성질을 갖는 공법상 결과제거청구권이 인정될 수 있는데, 우리나라에서는 아직 판례상 공법상 결과제거청구권이 인정되고 있지 않다.

Ⅲ. 독일법상 비공식적(비정형적) 행정작용

1. 의   의

비공식적 행정작용은 행정작용의 근거, 요건 및 효과 등이 법에 정해져 있지 않은 행정작용을 포괄하는 개념이다. 비공식적 행정작용은 행정작용의 근거, 요건 및 효과 등이 법에 정해져 있는 공식적 행정작용에 대응하는 개념이다. 비공식적 행정작용이라는 용어보다 비정형적 행정작용이라는 용어가 보다 적절하다는 견해도 있다.

2. 종   류

비공식적 행정작용의 종류는 매우 다양하며 상호 이질적이다. 행정기관에 의해 일방적으로 행해지는 비공식적 행정작용과 행정기관과 개인이 협력하여 행하는 비공식적 행정작용으로 구분할 필요가 있다.

3. 필요성과 문제점

비공식적 행정작용은 협의에 의한 행정, 탄력적인 행정을 위하여 요구되는 행위형식이다. 반면에 비공식적 행정작용은 법치행정의 원칙을 무력하게 하고, 밀실행정을 조장하고, 국민의 권익구제를 어렵게 할 위험성이 있다.

4. 법률유보

① 비공식적 행정작용 중 당사자의 합의에 의하는 경우에는 통상의 권한규범 이외에 별도의 작용법적 근거가 필요 없다.

② 경고와 같이 행정기관의 일방적 형식에 의하고 그 효과에 있어서 당사자에게 실질적으로 불이익하게 작용하는 경우에는 별도의 수권규정이 필요하다고 보는 것이 일반적 견해이다.

③ 단순한 권고 및 정보제공에는 별도의 법적 근거가 필요하지 않다.

5. 법적 성질 및 효력

비공식적 행정작용은 직접적으로 법적 효과를 발생시키지 않는다. 비공식적 행정작용인 협상 또는 합의는 법적 구속력을 갖지 않는다. 따라서 비공식적 행정작용의 법적 성질은 사실행위이다.

6. 한   계

비공식적 행정작용은 법치행정의 원칙하에서 인정된다. 특히 평등원칙, 비례원칙, 부당결부금지의 원칙 등 법의 일반원칙의 구속을 받는다.

7. 권익구제

비공식적 행정작용은 비권력적 사실행위이다. 따라서, 비권력적 사실행위에 대한 권리구제의 문제가 된다. ① 비공식적 행정작용이 사실상 강제력을 갖는 경우(예, 경고)에는 이견이 있으나 항고소송의 대상이 되는 처분으로 볼 수 있다. ② 비공식적 행정작용으로서의 합의(예, 주민협약)는 신사협정에 불과한 것으로 법적 구속력이 없으므로 그 불이행으로 인한 손해에 대해 배상을 청구할 수는 없다. ③ 위법·과실의 경고, 권고, 정보제공 등으로 손해를 입은 경우에는 국가배상을 청구할 수 있다.

제 6 장 행정지도

I. 의   의

　행정지도라 함은 일정한 행정목적을 실현하기 위하여 상대방인 국민에게 임의적인 협력을 요청하는 비권력적 사실행위를 말한다. 권고, 권유, 요망 등이 그 예이다. 행정절차법은 행정지도를 "행정기관이 그 소관사무의 범위 안에서 일정한 행정목적을 실현하기 위하여 특정인에게 일정한 행위를 하거나 하지 아니하도록 지도 · 권고 · 조언 등을 하는 행정작용"으로 정의하고 있다(제2조 제3호).

　행정지도는 한국, 일본 등에 특유한 행정의 행위형식이다. 서양에도 권고나 정보의 제공 등의 행정기관의 행위가 있지만 이들은 법상으로 뿐만 아니라 사실상으로도 비권력적인 행위인 것이 보통으로 우리나라의 행정지도와는 다르다고 할 수 있다.

II. 법적 성질

　행정지도는 행정청이 행정목적의 달성을 위하여 직접 활동을 하는 것이 아니라 상대방인 국민의 임의적인 협력을 구하는 데 그 개념적 특징이 있다. 법상으로 행정지도의 상대방은 행정지도에 따르지 않을 수 있다. 달리 말하면 행정지도에 따르지 않는다고 하여도 행정지도가 강제되거나 그것만을 근거로 불이익이 주어지지는 않는다. 따라서 행정지도는 **비권력적 행위**이다.

　그러나, 현실에 있어서 행정지도는 **사실상 강제력을 갖는 경우가 많다**. 즉, 행정지도를 따르지 않으면 보조금지급, 수익적 처분 등의 이익을 수여하지 않거나 세무조사, 명단의 공표 등 불이익조치를 취하는 경우가 많다.

　행정지도는 그 자체만으로는 직접 법적 효과를 가져오지 않는다. 그러므로 행정지도는 **사실행위**이다.

Ⅲ. 행정지도의 필요성과 문제점

1. 필 요 성

① 행정권 행사의 근거법령이 불비된 경우에 행정지도는 법령의 불비를 보완하여 행정의 필요에 따른 행정권의 행사를 가능하게 한다.

② 공권력의 발동이 인정되고 있는 경우에도 공권력발동 이전에 국민의 협력을 구하는 행정지도를 행함으로써 공권력의 발동으로 인하여 야기될 수 있는 저항을 방지할 수 있다.

2. 문 제 점

행정지도는 위와 같은 효용성을 가지고 있지만 적지 않은 문제점을 가지고 있다.

① 권익침해의 가능성: 우선 행정지도는 그에 대한 법적 규제가 미비되어 있는 상황하에서 남용됨으로써 국민의 권익을 침해할 가능성이 있다. 행정지도는 법적 근거 없이도 가능하여 행정지도가 자의적으로 발동되어 국민의 권익이 침해될 가능성이 크다.

② 권익구제의 어려움: 행정지도에 의하여 국민의 권익이 침해된 경우에도 후술하는 바와 같이 침해된 권익의 구제에 어려움이 크다. 그 이유는 행정지도가 국민의 임의적 협력을 전제로 하는 비권력적인 작용이므로 행정쟁송이나 국가배상청구가 인정되기 어렵기 때문이다.

Ⅳ. 행정지도의 종류

1. 조성적 행정지도

조성적 행정지도라 함은 국민이나 기업의 활동이 발전적인 방향으로 행해지도록 유도하기 위하여 정보, 지식, 기술 등을 제공하는 것을 말한다. 영농지도, 중소기업에 대한 경영지도, 생활개선지도 등이 이에 해당한다.

2. 조정적 행정지도

조정적 행정지도라 함은 사인 상호간 이해대립의 조정이 공익목적상 필요한 경우에 그 조정을 행하는 행정지도를 말한다. 중복투자의 조정, 구조조정을 위한 행정지도가 이에 해당한다. 조정적 행정지도는 규제적 행정지도에 속한다고 볼 수 있다.

3. 규제적 행정지도

규제적 행정지도는 사적 활동에 대한 제한의 효과를 갖는 행정지도를 말한다.

물가의 억제를 위한 행정지도 등이 이에 해당한다.

V. 행정지도의 법적 근거

행정지도에 따를 것인지의 여부가 상대방인 국민의 임의적 결정에 달려 있으므로 행정지도에는 법률의 근거가 없어도 된다는 것이 다수설의 견해이며 판례의 입장이다. 그러나, 행정지도가 사실상 강제력을 갖는 경우에는 법률의 근거가 있어야 한다고 보아야 한다.

처분권의 수권규정은 처분권의 범위 내에서 행정지도의 근거가 될 수 있다. 예를 들면, 시정명령의 근거규정은 시정권고의 근거규정이 될 수 있고, 요금에 대해 재량권인 인가권의 근거규정은 요금에 관한 행정지도의 근거규정이 될 수 있다.

VI. 행정지도의 한계

1. 조직법상의 한계

행정지도는 해당 행정기관의 소관사무의 범위 내에서 행해져야 한다. 그 범위를 넘는 행정지도는 무권한의 하자를 갖게 된다.

2. 작용법상의 한계

(1) 실체법상의 한계

행정지도는 법의 일반원칙을 포함하여 법에 위반하여서는 안 된다. 또한 위법한 행위를 하도록 유도하는 행정지도도 위법한 행정지도이다.

상대방의 의사에 반하여 부당하게 강요하는 행정지도는 위법하다(행정절차법 제48조 제1항). 또한 상대방이 행정지도에 따르지 아니하였다는 것을 직접적인 이유로 불이익한 조치를 하면 그 불이익한 조치는 위법한 행위가 된다(제2항).

(2) 절차법상의 한계

행정절차법은 행정지도에 대한 다음과 같은 절차적 규정을 두고 있다.

① 행정지도를 하는 자는 그 상대방에게 그 행정지도의 취지 및 내용과 신분을 밝혀야 한다(법 제49조 제1항).

② 행정지도가 말로 이루어지는 경우에 상대방이 제49조 제1항의 사항을 적은 서면의 교부를 요구하면 그 행정지도를 하는 자는 직무수행에 특별한 지장이 없으면 이를 교부하여야 한다(법 제49조 제2항).

③ 행정지도의 상대방은 해당 행정지도의 방식·내용 등에 관하여 행정기관에

의견제출을 할 수 있다(법 제50조).

④ 행정기관이 같은 행정목적을 실현하기 위하여 많은 상대방에게 행정지도를 하고자 하는 때에는 특별한 사정이 없는 한 행정지도에 공통적인 내용이 되는 사항을 공표하여야 한다(법 제51조).

Ⅶ. 행정지도와 행정구제

1. 항고쟁송 또는 헌법소원에 의한 구제

판례는 원칙상 행정지도의 처분성을 부인한다. 판례는 위법 건축물에 대한 단전 및 전화통화 단절조치 요청행위의 처분성을 부인하였다(대판 1996. 3. 22, 96누433 ; 1995. 11. 21, 95누9099). 이에 대하여 행정지도 중 사실상 강제력을 갖고 사실상 국민의 권익을 침해하는 것은 예외적으로 행정지도의 처분성을 인정할 수 있다고 하는 견해도 있다. 행정지도(권고)에 따르지 않은 경우에 그 사실을 공표하도록 하고 있는 경우(수도법 제14조의5 제3항에 따른 부적합한 자재나 제품 등의 수거 등의 권고)에는 해당 행정지도는 사실상의 강제력을 가지므로 해당 행정지도의 처분성을 인정하는 것이 타당하다.

헌법재판소는 행정지도가 단순한 행정지도로서의 한계를 넘어 규제적·구속적 성격을 상당히 강하게 갖는 것이면 헌법소원의 대상이 되는 공권력의 행사라고 볼 수 있다고 한다(헌재 전원재판부 2003. 6. 26, 2002헌마337, 2003헌마7·8(병합): 교육인적자원부장관의 대학총장들에 대한 이 사건 학칙시정요구를 헌법소원의 내상이 되는 공권력의 행사라고 헌 사례).

행정지도의 강제성이 지나친 경우에는 그 행위는 외형적으로는 행정지도의 형식을 취한다 할지라도 실질에 있어서는 행정지도가 아니라 권력적 사실행위라고 보아야 할 경우도 있다. 예를 들면, 헌법재판소는 재무부장관의 제일은행에 대한 행정지도의 형식으로 행하여진 국제그룹 해체조치를 권력적 사실행위로 보았다(헌재 1993. 7. 29, 89헌마31).

2. 국가배상청구

위법한 행정지도로 손해가 발생한 경우 국가배상책임의 요건을 충족하는 한 국가배상책임이 인정된다는 것이 판례 및 일반적 견해이다.

위법한 행정지도에 의한 국가배상책임에 있어서 다음의 세 요건이 특히 중요한 문제이다.

① 행정지도가 국가배상법상의 직무행위에 해당하는지 여부, ② 행정지도의 위법성, ③ 행정지도와 손해 사이의 인과관계의 존재 여부.

(1) 행정지도의 국가배상법상의 직무행위에의 해당 여부

행정지도는 행정목적을 달성하기 위한 비권력적 사실행위이므로 행정지도는 비권력적 공행정작용이다. 따라서, 행정지도는 국가배상법의 적용범위에 들어간다.

(2) 행정지도의 위법성과 과실

행정지도로 인한 손해에 대해 국가배상책임이 인정되기 위하여는 행정지도의 위법성과 행정지도를 행한 공무원의 과실이 인정되어야 한다.

① 행정지도가 통상의 한계를 넘어 법적 근거없이 사실상 강제성을 갖고 국민 권익을 침해하는 경우 해당 행정지도는 위법하다고 보아야 한다. 이 경우 통상 과실도 인정된다.

판례는 행정지도가 그에 따를 의사가 없는 원고에게 이를 부당하게 강요하는 것인 경우에는 행정지도의 한계를 일탈한 위법한 행정지도에 해당하여 불법행위를 구성한다고 본다.

〈판례〉 원심은 피고(인천광역시 강화군)가 1995. 1. 3. 이전에 원고에 대하여 행한 행정지도는 원고의 임의적 협력을 얻어 행정목적을 달성하려고 하는 비권력적 작용으로서 강제성을 띤 것이 아니지만, 1995. 1. 3. 행한 행정지도는 그에 따를 의사가 없는 원고에게 이를 부당하게 강요하는 것으로서 행정지도의 한계를 일탈한 위법한 행정지도에 해당하여 불법행위를 구성하므로, 피고는 1995. 1. 3.부터 원고가 피고로부터 "원고의 어업권은 유효하고 향후 어장시설공사를 재개할 수 있으나 어업권 및 시설에 대한 보상은 할 수 없다"는 취지의 통보를 받은 1998. 4. 30.까지 원고가 실질적으로 어업권을 행사할 수 없게 됨에 따라 입은 손해를 배상할 책임이 있다고 판단하고, 나아가 피고는 원고의 어업면허를 취소하거나 어업면허를 제한하는 등의 처분을 하지 아니한 채 원고에게 양식장시설공사를 중단하도록 하여 어업을 하지 못하도록 함으로써 실질적으로는 어업권이 정지된 것과 같은 결과를 초래하였으므로, 결국 어업권이 정지된 경우의 보상액 관련 규정을 유추 적용하여 손해배상액을 산정하여야 한다고 판단하였는데, 대법원은 위와 같은 원심의 사실인정과 판단을 인정하였다. 그리고, 1995. 1. 3. 이전의 피고의 행정지도가 강제성을 띠지 않은 비권력적 작용으로서 행정지도의 한계를 일탈하지 아니하였다면 그로 인하여 원고에게 어떤 손해가 발생하였다 하더라도 피고는 그에 대한 손해배상책임이 없다고 할 것이고, 또한 피고가 원고에게 어장시설공사를 재개할 수 있다는 취지의 통보를 한 1998. 4. 30.부터는 원고가 어업권을 행사하는 데 장애가 있었다고 할 수 없어 그 이후에도 원고에게 어업권의 행사불능으로 인한 손해가 발생하였다고 볼 수 없으므로, 국가배상책임은 인정될 수 없다고 하고 있다(대판 2008. 9. 25, 2006다18228).

② 행정지도를 할 것인가는 행정청의 재량에 속한다. 그러나, 국민의 중대한

기본권 침해의 위험이 있고, 재량권이 영으로 수축하는 경우에는 행정지도의 부작
위가 손해방지의무 위반으로 위법하고, 동시에 과실이 인정될 수 있다.

예를 들면, 새로운 인체유해제품의 유통에 대한 규제에 관한 법령규정이 제정되지 않았다
하더라도 이를 규제하는 행정지도를 행하지 않은 경우 새로운 인체유해제품의 피해에 대한
국가배상책임이 인정될 수 있다.

(3) 행정지도와 손해의 인과관계

행정지도는 상대방의 자발적 협력을 기대하며 행하는 비권력적인 행위로서 행
정지도에 따를 것인지는 상대방의 자율적인 판단에 맡겨진다. 따라서 통상 행정지
도는 원칙상 손해의 직접적인 원인이 된다고 보기 어렵다.

그러나, 실제에 있어서 행정지도가 손해의 직접적 원인이라고 보여지는 경우,
달리 말하면 구체적인 행정지도에 있어서 국민이 행정지도를 따를 수밖에 없었다
고 보아야 할 경우에는 행정지도와 손해 사이에 인과관계(상당인과관계)를 인정할 수
있다.

3. 손실보상

행정지도가 전혀 강제성을 띠지 않으며 상대방이 자유로운 의사에 의하여 행
정지도에 따른 이상 그로 인한 위험(손실의 가능성)을 상대방이 수인하여야 하므로
행정지도가 전혀 강제성을 띠지 않는 한 손실보상은 인정되지 않는다.

그러나, 행정지도가 사실상 강제성을 띠고 있고, 국민이 행정지도를 따를 수밖에
없었던 경우에는 특별한 희생이 발생한 경우 손실보상을 해 주어야 할 것이다.

제7장 행정조사

Ⅰ. 의   의

행정조사라 함은 행정기관이 사인(私人)으로부터 행정상 필요한 자료나 정보를 수집하기 위하여 행하는 일체의 행정작용을 말한다.

Ⅱ. 행정조사의 법적 성질

행정조사에는 보고서요구명령, 장부서류제출명령, 출두명령 등 행정행위의 형식을 취하는 것과 질문, 출입검사, 실시조사, 진찰, 검진, 앙케트 조사 등 사실행위의 형식을 취하는 것이 있다.

Ⅲ. 행정조사의 법적 근거

권력적 행정조사는 국민의 자유와 재산에 대한 제한을 수반하므로 법적 근거가 있어야 한다.

비권력적 행정조사는 원칙상 법률의 근거가 없어도 가능하다고 보아야 할 것이다. 특히 상대방의 동의하에 행하여지는 행정조사에 있어서는 '동의는 불법을 조각한다'는 법원칙에 비추어 법적 근거가 없어도 된다. 다만, 비권력적 행정조사라도 조사의 대상이 개인정보 등이어서 조사 자체로서 국민의 권리를 침해하는 경우에는 개인의 동의에 의하지 않는 한 법적 근거가 있어야 한다.

조사대상자 없이 정보를 수집하는 행정조사는 원칙상 법률의 근거를 요하지 않는다.

행정조사기본법상 행정기관은 법령 등에서 행정조사를 규정하고 있는 경우에 한하여 행정조사를 실시할 수 있다. 다만, 조사대상자의 자발적인 협조를 얻어 실시하는 행정조사의 경우에는 그러하지 아니하다(제5조). 개별 법령 등에서 행정조사를 규정하고 있는 경우에도 행정기관이 행정조사기본법 제5조 단서에서 정한 '조사대상자의 자발적인 협조를 얻어 실시하는 행정조사'를 실시할 수 있다(대판 2016. 10.

27, 2016두41811).

Ⅳ. 조사방법

행정조사기본법은 출석·진술 요구, 보고요구와 자료제출의 요구, 현장조사, 시료채취, 자료 등의 영치, 공동조사, 자율신고제도 등 행정조사의 방법에 관한 규정을 두고 있다.

행정청이 현장조사를 실시하는 과정에서 조사상대방으로부터 구체적인 위반사실을 자인하는 내용의 확인서를 작성받는 경우가 많다. 그 **사실확인서의 증거가치**에 대하여 판례는 "그 확인서가 작성자의 의사에 반하여 강제로 작성된 것이 아니며, 그 내용의 미비 등으로 인하여 구체적인 사실에 대한 증명자료로 삼기 어려운 것도 아니라면, 그 확인서의 증거가치를 쉽게 부정할 수는 없다."는 입장을 취하고 있다(대판 2017. 7. 11, 2015두2864 ; 2020. 6. 25, 2019두52980).

Ⅴ. 행정조사의 한계

행정조사로 인하여 프라이버시권, 영업의 자유, 재산권 등 개인이나 기업의 기본권이 침해될 가능성이 적지 않으므로 행정조사에는 엄격한 실체법적·절차법적 한계가 설정되어야 한다.

1. 실체법적 한계

(1) 법령상 한계

행정조사는 행정조사를 규율하는 법령을 위반하여서는 안 된다.

행정조사기본법은 행정조사의 기본원칙과 그 한계를 규정하고 있다(제4조, 제8조, 제15조, 제20조).

(2) 행정법의 일반원칙상 한계

1) 목적부합의 원칙

행정조사는 수권법령상의 조사목적 이외의 목적을 위하여 행해져서는 안 된다. 행정조사를 범죄수사의 목적이나 정치적 목적으로 이용하는 것은 위법하다.

2) 비례의 원칙

행정조사는 행정목적을 달성하기 위하여 필요한 최소한도에 그쳐야 한다. 행정조사의 수단에 여러 가지가 있는 경우에 상대방에게 가장 적은 침해를 가져오는 수단을 사용하여야 한다.

3) 평등의 원칙

행정조사의 실시에 있어서 합리적인 사유 없이 피조사자를 차별하는 것은 평등의 원칙에 반한다. 특히, 세무조사에 있어서 피조사자의 선정 및 조사의 강도와 관련하여 평등원칙의 위반 여부가 문제된다.

4) 실력행사의 가부

강제조사 중 조사상대방이 조사를 거부하는 경우에 벌칙을 가할 수 있다고 규정하고 있는 경우에 이 벌칙 등의 제재를 가하는 외에 직접 실력을 행사할 수 있을 것인가 하는 문제가 제기된다. 이에 대하여는 긍정설, 부정설 및 예외적 긍정설이 대립되고 있다. 생각건대, 국민의 신체나 재산에 대한 실력행사에는 명문의 근거가 있어야 하므로 부정설이 타당하다.

2. 절차법적 한계

(1) 적법절차의 원칙

행정조사는 적법한 절차에 따라 행해져야 한다.

행정조사기본법은 조사의 사전통지, 조사의 연기신청, 제3자에 대한 보충조사, 의견제출, 조사원 교체신청, 조사권 행사의 제한, 조사결과의 통지 등 **행정조사에 관한 절차를 규정하고 있다.**

(2) 영장주의의 적용 여부

행정조사를 위해 압수·수색이 필요한 경우에 명문의 규정이 없는 경우에도 영장주의가 적용될 것인가 하는 문제가 제기된다.

현재 완전긍정설, 완전부정설은 없고, 절충설이 지배적 견해인데, 절충설에도 원칙적 긍정설, 개별적 결정설이 있다. **판례**는 수사기관의 강제처분이 아닌 행정조사의 성격을 가지는 한 영장은 요구되지 않는다고 부정설을 취하고 있다(대판 2013. 9. 26, 2013도7718[마약류관리에관한법률위반(향정): 우편물 통관검사절차에서 이루어지는 우편물의 개봉, 시료채취, 성분분석 등의 검사는 수출입물품에 대한 적정한 통관 등을 목적으로 한 행정조사의 성격을 가지는 것으로서 수사기관의 강제처분이라고 할 수 없으므로, 압수·수색영장 없이 우편물의 개봉, 시료채취, 성분분석 등 검사가 진행되었다 하더라도 특별한 사정이 없는 한 위법하다고 볼 수 없다고 한 사례]). 그러나, 행정조사에서 나아가 범죄수사를 하면서 행하는 압수·수색에는 영장이 필요하다고 본다(대판 2016. 7. 27, 2016도6295: 세관공무원이 통관검사과정에서 발견한 필로폰을 특별사법경찰관인 세관공무원에게 인계하고, 그 세관공무원이 검찰에 임의제출하여 압수한 필로폰이 영장없이 압수된 것으로 보고 증거능력을 배척한 사례).

생각건대, 기본권 보장과 행정조사의 필요를 조화시키는 개별적 결정설이 타당하다. ① 압수·수색의 행정조사가 실질적으로 형사책임추급을 목적으로 하는 경우에는 영장이 필요하다(조세범처벌절차법 제3조). ② 행정목적을 위한 강제조사에 있어서는 영장주의에 버금가는 권익보호조치(법원의 허가, 독립전문기관의 결정, 적법절차, 사후구제절차 등)가 취해지는 경우에는 영장은 요구되지 않지만, 영장주의를 대체할 수 있는 정도의 권익보호조치가 취해지지 않는 경우에는 영장주의가 적용된다. 다만, 국민의 생명·신체·재산을 보호하기 위하여 긴급한 조사의 필요성이 인정되는 경우에는 영장이 불필요하다. 다만, 압수물이 있는 경우에는 사후영장을 교부받거나 사후영장에 준하는 권익보호조치가 필요하다.

〈판례〉 세관공무원이 밀수품을 싣고 왔다는 정보에 의하여 정박중인 선박에 대하여 수색을 하려면 선박의 소유자 또는 점유자의 승낙을 얻거나 법관의 압수수색영장을 발부받거나 또는 관세법 제212조 제1항 후단에 의하여 긴급을 요하는 경우에 한하여 수색압수를 하고 사후에 영장의 교부를 받아야 할 것이다(대판 1976. 11. 9, 76도2703).

③ 형사사법의 목적으로 압수·수색의 행정조사수단을 사용하는 것은 권한남용에 해당하고, 헌법 제12조 제3항의 영장주의에도 반한다고 보아야 한다.

Ⅵ. 행정조사와 권리구제

1. 위법한 행정조사와 행정행위의 효력

행정조사를 통하여 획득한 정보가 정확하지 않은 경우에 그 정보에 기초하여 내려진 행정행위는 사실의 기초에 흠(사실오인의 흠)이 있는 행정행위이므로 행정조사의 위법 여부를 묻지 않고 당연히 위법하다.

행정조사를 통하여 획득한 정보가 내용상으로는 정확하지만 행정조사가 실체법상 또는 절차법상 한계를 넘어 위법한 경우 그 행정조사에 의해 수집된 정보에 기초하여 내려진 행정결정이 위법한 것으로 되는지에 관하여 현재 학설은 대립하고 있다.

판례는 행정조사가 위법한 경우에 해당 조사를 기초로 한 행정결정을 위법한 것으로 본다. 다만, 행정조사절차의 하자가 중대하지 않고 경미한 경우에는 위법사유가 되지 않는 것으로 본다(대판 2009. 1. 30, 2006두9498).

〈판례〉 1. 과세관청 내지 그 상급관청이나 수사기관의 강요로 합리적이고 타당한 근거도 없이 작성된 과세자료에 터잡은 과세처분의 하자가 중대하고 명백한 것이라고 한 사례(대판 전원합의체 1992. 3. 31, 91다32053[부당이득금]).

2. 세무조사가 과세자료의 수집 또는 신고내용의 정확성 검증이라는 본연의 목적이 아니라 부정한 목적을 위하여 행하여진 것(권한남용)이라면 이는 세무조사에 중대한 위법사유가 있는 경우에 해당하고 이러한 (위법한) 세무조사에 의하여 수집된 과세자료를 기초로 한 과세처분 역시 위법하다(대판 2016. 12. 15, 2016두47659).

2. 행정조사에 대한 행정구제

(1) 손실보상

적법한 행정조사로 재산상 특별한 손해를 받은 자에 대하여는 손실보상을 해주어야 한다. 문제는 보상규정이 없는 경우에 헌법 제23조 제3항을 근거로 손실보상을 청구할 수 있는가 하는 것이다(후술 참조).

(2) 위법한 행정조사에 대한 구제

1) 항고쟁송

위법한 행정조사에 대하여 항고쟁송이 가능하기 위해서는 행정조사의 처분성이 인정되어야 하며 소의 이익이 인정될 수 있도록 행정조사의 상태가 계속되어야 한다.

장부제출명령, 출두명령 등 행정행위의 형식을 취하는 행정조사는 물론 사실행위로서의 행정조사도 권력적인 경우에는 행정소송법상의 처분이라고 보아야 한다.

〈판례〉 세무조사결정은 납세의무자의 권리·의무에 직접 영향을 미치는 공권력의 행사에 따른 행정작용으로서 항고소송의 대상이 된다(대판 2011. 3. 10, 2009두23617, 23624[세무조사결정처분취소·종합소득세등부과처분취소]).

2) 손해배상

위법한 행정조사로 손해를 입은 국민은 국가배상을 청구할 수 있다.

제8장 행정의 실효성 확보수단

제1절 의 의

　행정의 실효성 확보수단이라 함은 행정목적의 실효성을 확보하기 위하여 인정되는 법적 수단을 말한다. 행정목적의 실효성이라 함은 행정목적의 달성을 말한다.

　행정의 실효성을 확보하기 위한 전통적 수단으로 행정강제와 행정벌이 인정되고 있다. 그런데, 행정강제와 행정벌만으로 행정의 실효성을 확보하는 데에는 불충분하고 효과적이지 못한 경우가 있기 때문에 새로운 실효성 확보수단이 법상 또는 행정실무상 등장하고 있다. 제재로서 가해지는 수익적 행정행위의 철회, 명단의 공표, 관허사업의 제한, 과징금, 가산세 등이 그 예이다. 또한, 민사상 강제집행수단의 활용이 논의되고 있다.

제2절 행정상 강제
제1항 개 설

I. 행정상 강제의 의의와 종류

　행정상 강제라 함은 행정목적의 실현을 확보하기 위하여 사람의 신체 또는 재산에 실력을 가함으로써 행정권이 직접 행정상 필요한 상태를 실현하는 권력적 행위이다.

　행정상 강제에는 행정상 강제집행과 행정상 즉시강제가 있다. **행정상 강제집행**은 행정법상의 의무불이행을 전제로 하여 이 의무의 이행을 강제하는 것인 데 반하여 **행정상 즉시강제**는 급박한 상황하에서 의무를 명할 수 없는 경우에 행하여지는 행정상 강제로서 행정법상의 의무불이행을 전제로 하지 않는다는 점에서 양자는 구분된다.

Ⅱ. 행정기본법상 행정상 강제의 일반원칙

행정기본법은 행정강 강제의 기본적인 사항만 정하고 그 밖의 구체적인 규율은 개별법에서 정하도록 규정하고 있다(개별법주의).

1. 법률유보의 원칙

법률유보의 원칙상 행정상 강제에는 법률의 근거가 있어야 한다(행정기본법 제30조 제1항). 행정기본법은 행정상 강제의 근거규정이 아니다.

2. 행정상 강제 법정주의

행정상 강제 조치에 관하여 행정기본법에서 정한 사항 외에 필요한 사항은 따로 법률로 정한다(행정기본법 제30조 제2항).

3. 행정상 강제 적용 제외사항

형사(刑事), 행형(行刑) 및 보안처분 관계 법령에 따라 행하는 사항이나 외국인의 출입국·난민인정·귀화·국적회복에 관한 사항에 관하여는 행정기본법상 행정상 강제에 대한 규정을 적용하지 아니한다(행정기본법 제30조 제3항).

제 2 항 행정상 강제집행

Ⅰ. 의   의

행정상 강제집행이란 행정법상의 의무불이행이 있는 경우에 행정청이 의무자의 신체 또는 재산에 실력을 가하여 그 의무를 이행시키거나 이행한 것과 동일한 상태를 실현시키는 작용을 말한다.

행정상 강제집행에는 **대집행, 강제징수, 직접강제, 집행벌**(이행강제금)이 있다. 현재 대집행과 강제징수는 일반적으로 인정되고 있지만 직접강제와 집행벌은 예외적으로만 인정되고 있다.

행정상 강제집행이 인정되는 경우 민사상 강제집행은 인정될 수 없다(대판 2000. 5. 12, 99다18909). 그러나, 행정법상의 의무불이행에 대하여 행정상 강제집행을 인정하는 법률이 존재하지 않는 경우 또는 행정상 강제집행을 인정하는 법률이 존재하더라도 그 행정상 강제집행이 불가능한 경우 등 권리실현에 장애가 있게 되는 특별한 사정이 있다고 볼 수 있는 경우(대판 2017. 4. 28, 2016두39498)에는 행정법상 의무의 이행을 강제하기 위해 민사상 강제집행수단을 이용할 수 있다.

II. 근   거

행정상 강제집행은 국민의 기본권에 대한 제한을 수반하므로 법적 근거가 있어야 한다.

대집행의 근거법으로는 대집행에 관한 일반법인 행정대집행법과 대집행에 관한 개별법 규정이 있고, 행정상 강제징수에 대한 근거법으로 국세징수법 및 지방세징수법과 국세징수법 또는 지방세징수법을 준용하는 여러 개별법 규정이 있다. 직접강제와 집행벌은 각 개별법에서 예외적으로 인정되고 있다.

III. 대 집 행

1. 의   의

행정대집행이란 "의무자가 행정상 의무(법령등에서 직접 부과하거나 행정청이 법령등에 따라 부과한 의무를 말한다. 이하 이 절에서 같다)로서 타인이 대신하여 행할 수 있는 의무(대체적 의무)를 이행하지 아니하는 경우 법률로 정하는 다른 수단으로는 그 이행을 확보하기 곤란하고 그 불이행을 방치하면 공익을 크게 해칠 것으로 인정될 때에 행정청이 의무자가 하여야 할 행위를 스스로 하거나 제3자에게 하게 하고 그 비용을 의무자로부터 징수하는 것"을 말한다(행정기본법 제30조 제1항 제1호).

2. 대집행권자 및 대집행의 수탁자

(1) 해당 행정청

대집행을 할 수 있는 권한을 가진 자는 '해당 행정청'이다(행정대집행법 제2조). '해당 행정청'이라 함은 대집행의 대상이 되는 의무를 명하는 처분을 한 행정청을 말한다.

(2) 대집행의 위탁

행정청은 대집행을 스스로 하거나 타인에게 대집행을 위탁할 수 있다.

대집행의 수탁자는 행정기관일 수도 있고 공공단체 또는 사인일 수도 있다. 사인에 대한 대집행의 위탁은 엄밀한 의미의 위탁이 아니라 사실상의 대집행행위의 위탁(대집행 보조를 위한 위탁)이라고 해석하여야 한다. 왜냐하면, 대집행은 물리력의 행사로서 전형적인 공권력의 행사이므로 명문의 규정이 없는 한 행정기관이 이를 행해야 하는 것으로 보아야 하기 때문이다. 그런데 개별법규정에 따른 공공단체에 대한 대집행의 위탁을 협의의 위탁으로 본 판례가 있다(대판 2010. 1. 28, 2007다82950, 82967).

3. 대집행의 요건

행정대집행법은 행정대집행에 관하여 일반법의 성질을 가지므로 행정대집행에 대한 개별법상 근거규정이 없는 경우에도 행정대집행법이 정하는 요건을 충족하는 경우에는 행정대집행법에 근거하여 대집행이 행해질 수 있다.

(1) 공법상 대체적 작위의무의 불이행

행정법상의 대체적 작위의무(그 의무의 이행을 타인이 대신할 수 있는 작위의무)를 의무자가 이행하지 않고 있어야 한다.

1) 공법상 대체적 작위의무

대체적 작위의무라 함은 그 의무의 이행을 타인이 대신할 수 있는 작위의무를 말한다. 대체적 작위의무의 예로는 건물의 철거, 물건의 파기를 들 수 있다.

행정대집행법상 대집행의 대상이 되는 대체적 작위의무는 공법상 의무이어야 한다(대판 2006. 10. 13, 2006두7096: 구 공공용지의 취득 및 손실보상에 관한 특례법에 의한 협의 취득시 건물소유자가 매매대상 건물에 대한 철거의무를 부담하겠다는 취지의 약정을 한 경우, 그 철거의무가 행정대집행법에 의한 대집행의 대상이 되지 않는다고 한 사례).

대체적 작위의무는 법령(조례 포함)에 의해 직접 부과되었거나 법률에 의거한 행정청의 명령에 의해 부과된 경우에 행정대집행법상의 대집행의 대상이 된다(행정대집행법 제2조). 다만, 대집행의 대상이 되는 의무는 구체적·특정적 의무이어야 한다.

2) 부작위의무와 수인의무

부작위의무와 수인의무는 성질상 대체적 작위의무가 아니다. 따라서, 부작위의무와 수인의무는 대집행의 대상이 되지 않는다.

부작위의무(불법공작물을 설치하지 않을 의무) 위반의 경우 법률의 근거가 없는 한 그 의무를 위반함으로써 생긴 결과를 시정하기 위한 작위의무(불법공작물철거의무)를 해당 부작위의무로부터 당연히 도출해 낼 수는 없다(대판 1996. 6. 28, 96누4374). 별도의 법률규정에 근거하여 작위의무(철거의무)를 명하는 명령(철거명령)을 발하고 그 작위의무 불이행에 대해 대집행을 행하여야 한다.

3) 물건의 인도 또는 토지나 건물의 명도의무

문제는 물건의 인도 또는 토지나 건물의 명도의무가 대체적 작위의무인가이다.

물건의 인도는 대체성이 있는 물건에 한하여 대집행이 가능하다. 점유자 자신에 대한 물리력의 행사는 대집행에 포함되지 않으므로 점유자가 점유하는 물건의 인도는 대집행의 대상이 될 수 없지만 대체성이 있는 다른 물건을 타인으로 하여금

급부시키고 의무자로부터 물건값과 인도비용을 징수하는 방법으로 대집행을 행할 수 있다.

토지·건물의 명도는 대집행의 대상이 될 수 없다. 왜냐하면 토지·건물의 명도 의무는 대체적 작위의무가 아니기 때문이다. 강제력에 의한 토지나 건물의 명도는 점유자 자신에 대한 물리력의 행사를 수반하므로 직접강제의 대상이 될 수 있을 뿐 대집행의 대상이 될 수 없다.

〈판례〉 [1] 도시공원시설 점유자의 퇴거 및 명도의무가 행정대집행법에 의한 대집행의 대상인지 여부(소극): 도시공원시설인 매점의 관리청이 그 공동점유자 중의 1인에 대하여 소정의 기간 내에 위 매점으로부터 퇴거하고 이에 부수하여 그 판매 시설물 및 상품을 반출하지 아니할 때에는 이를 대집행하겠다는 내용의 계고처분은 그 주된 목적이 매점의 원형을 보존하기 위하여 점유자가 설치한 불법 시설물을 철거하고자 하는 것이 아니라, 매점에 대한 점유자의 점유를 배제하고 그 점유이전을 받는 데 있다고 할 것인데, 이러한 의무는 그것을 강제적으로 실현함에 있어 직접적인 실력행사가 필요한 것이지 대체적 작위의무에 해당하는 것은 아니어서 직접강제의 방법에 의하는 것은 별론으로 하고 행정대집행법에 의한 대집행의 대상이 되는 것은 아니다. [2] 구 지방재정법 제85조(현 공유재산법 제83조)가 대체적 작위의무가 아닌 의무에 대하여도 대집행을 허용하는 취지인지 여부(소극): 구 지방재정법 제85조(현 공유재산법 제83조)는 철거 대집행에 관한 개별적인 근거 규정을 마련함과 동시에 행정대집행법상의 대집행 요건 및 절차에 관한 일부 규정만을 준용한다는 취지에 그치는 것이고, 그것이 대체적 작위의무에 속하지 아니하여 원칙적으로 대집행의 대상이 될 수 없는 다른 종류의 의무에 대하여서까지 강제집행을 허용하는 취지는 아니다(대판 1998. 10. 23, 97누157[시설물철거대집행계고처분취소]). 〈참고〉 「공유재산 및 물품관리법」 제83조(원상복구명령 등) ① 지방자치단체의 장은 정당한 사유 없이 공유재산을 점유하거나 공유재산에 시설물을 설치한 경우에는 원상복구 또는 시설물의 철거 등을 명하거나 이에 필요한 조치를 할 수 있다. ② 제1항에 따른 명령을 받은 자가 그 명령을 이행하지 아니할 때에는 「행정대집행법」에 따라 원상복구 또는 시설물의 철거 등을 하고 그 비용을 징수할 수 있다.

토지보상법 제89조는 수용 목적물인 토지나 물건의 인도 또는 이전에 관한 대집행을 규정하고 있는데, 이 규정을 토지의 인도나 이전에 대하여 대집행을 인정한 특별규정으로 보아야 하는지에 관하여 견해가 대립하고 있다.

(2) 비례성 요건

'다른 수단으로써 이행을 확보하기 곤란하고 또한 그 불이행을 방치함이 심히 공익을 해할 것으로 인정될 때'에 한하여 대집행이 가능하다(행정대집행법 제2조). 이 규정은 비례의 원칙이 행정대집행에도 적용된 것이다.

"다른 수단으로 이행을 확보하기 곤란할 것"은 최소침해의 원칙을 규정한 것이다. '다른 수단'이란 대집행보다 의무자의 권익을 적게 침해하는 수단을 말한다. "다른 수단"의 예로 의무자의 자발적 이행을 들 수 있다. 의무자가 자발적 이행을 약속하며 대집행의 연기를 진지하게 요청하였음에도 대집행을 강행하는 것은 위법하다.

'그 불이행을 방치함이 심히 공익을 해할 것으로 인정될 때'에 한하여 대집행이 인정되는 것으로 명시적으로 규정한 것은 협의의 비례원칙을 규정한 것인데, 대집행에 있어서 상대방의 권익보호를 위해 비례의 원칙을 다소 강화한 것이다.

4. 대집행권 행사의 재량성

대집행의 요건인 '다른 수단이 존재하지 않을 것' 및 '의무불이행이 심히 공익을 해할 것'은 원칙상 판단여지가 인정되는 개념은 아니며 법개념이다. 달리 말하면 요건존부의 판단에는 행정청에게 판단여지 내지 재량이 인정되지 않는다.

대집행의 요건이 충족되는 경우에 대집행권을 발동할 것인가는 행정청의 재량에 속한다. 다만, '재량권의 영으로의 수축이론'에 따라 일정한 경우에 행정청은 대집행을 행하여야 한다.

5. 대집행 절차

대집행은 계고, 대집행영장에 의한 통지, 대집행의 실행, 대집행비용의 징수(납부명령 및 강제징수)의 단계를 거쳐 행해진다.

(1) 계 고

1) 의   의

계고는 상당한 기간 내에 의무의 이행을 하지 않으면 대집행을 한다는 의사를 사전에 통지하는 행위이다.

2) 계고의무

대집행을 하기 위하여는 미리 계고하여야 한다(제3조 제1항). 다만, 비상시 또는 위험이 절박한 경우에 있어서 당해 행위의 급속한 실시를 요하여 계고를 취할 여유가 없을 때에는 계고를 거치지 아니하고 대집행을 할 수 있다(제3조 제3항).

판례는 철거명령과 계고처분을 1장의 문서로서 동시에 할 수 있다고 본다(대판 1992. 6. 12, 91누13564).

3) 법적 성질

계고처분이 행해지면 행정청은 행정대집행법 제3조 제2항에 의해 대집행영장을 발급할 수 있는 권한을 갖게 되는 법적 효과가 발생하므로 계고의 법적 성질은

준법률행위적 행정행위이다. 따라서 계고는 그 자체가 독립하여 항고소송의 대상이 된다. 다만, 2차 계고는 대집행기한의 연기통지에 불과하므로 행정처분이 아니다(대판 1991. 1. 25, 90누5962).

4) 요   건

① 의무자가 이행하여야 할 행위와 그 의무불이행시 대집행할 행위의 내용 및 범위가 구체적으로 특정되어야 한다(대판 1992. 3. 10, 91누4140).

② 계고처분은 문서로 하여야 한다(제3조 제1항).

③ 계고처분은 상당한 이행기간을 정하여야 한다(제3조 제1항). 상당한 기간이라 함은 사회통념상 의무자가 스스로 의무를 이행하는 데 필요한 기간을 말한다.

④ 계고시에 대집행의 요건이 충족되고 있어야 한다.

(2) 대집행영장에 의한 통지

1) 의   의

대집행영장에 의한 통지는 의무자가 계고를 받고 그 지정 기한까지 그 의무를 이행하지 아니할 때에는 당해 행정청이 대집행영장으로써 대집행실행의 시기, 대집행 책임자의 성명과 대집행비용의 개산액을 의무자에게 통지하는 행위를 말한다. 즉, 대집행을 실행하겠다는 의사를 구체적으로 통지하는 행위이다.

2) 대집행영장에 의한 통지의무

대집행영장에 의한 통지는 원칙상 대집행의 의무적 절차의 하나이다. 다만, 비상시 또는 위험이 절박한 경우에 있어서 해당 행위의 급속한 실시를 요하여 대집행영장에 의한 통지를 취할 여유가 없을 때에는 대집행영장에 의한 통지를 거치지 아니하고 대집행을 할 수 있다(제3조 제3항).

3) 법적 성질

대집행영장에 의한 통지로 의무자에게 대집행수인의무가 발생하고 행정청은 대집행실행권을 갖게 되는 법적 효과를 발생하므로 그 법적 성질이 **준법률행위적 행정행위**이다. 따라서 대집행영장에 의한 통지는 그 자체가 독립하여 취소소송의 대상이 된다.

(3) 대집행의 실행

1) 의   의

대집행의 실행은 당해 행정청이 스스로 또는 타인으로 하여금 대체적 작위의무를 이행시키는 물리력의 행사를 말한다.

2) 법적 성질

대집행 실행행위는 물리력을 행사하는 **권력적 사실행위**이다.

3) 절　　차

대집행을 하기 위하여 현장에 파견되는 집행책임자는 그가 집행책임자라는 것을 표시한 증표를 휴대하여 대집행시에 이해관계인에게 제시하여야 한다(제4조).

4) 실력행사

위법건축물의 철거에서와 같이 대집행의 실행에 대하여 저항하는 경우에 실력으로 그 저항을 배제하는 것이 대집행의 일부로서 인정되는가에 대하여 견해가 대립하고 있다.

가. 긍 정 설　　대집행의 실행을 위하여 필요한 한도 내에서 실력으로 저항을 배제하는 것은 명문의 근거가 없는 경우에도 대집행에 수반하는 기능으로 인정되어야 한다는 견해이다.

나. 부 정 설　　저항을 실력으로 배제하는 것은 신체에 대하여 물리력을 행사하는 것이므로 대집행에 포함된다고 볼 수 없으므로 그것의 인정을 위하여는 별도의 법률상 근거가 있어야 한다는 견해이다.

다. 판　　례　　실력으로 저항을 배제하는 것이 대집행권한에는 포함되지 않는다는 것을 명시적으로 선언하지는 않았지만, 그러한 입장(**부정설**)을 취하고 있는 것으로 보인다. 다만, 건물철거의무에 퇴거의무도 포함되어 있다고 보아 건물철거 대집행 과정에서 부수적으로 건물의 점유자들에 대한 퇴거 조치를 할 수 있고, 점유자들이 적법한 행정대집행을 위력을 행사하여 방해하는 경우 필요한 경우에는 '경찰관 직무집행법'에 근거한 위험발생 방지조치 또는 형법상 공무집행방해죄의 범행방지 내지 현행범체포의 차원에서 경찰의 도움을 받을 수도 있다고 본다(대판 2017. 4. 28, 2016다213916). 이 판례는 철거에 따른 퇴거조치에 대한 저항을 실력으로 배제하는 것이 대집행권한에 포함된다고 보면서도 그 이상의 실력행사는 대집행권한에 포함되지 않는다고 본 것으로 볼 수 있다.

건물의 '인도'와 건물에서의 '퇴거'는 구별하여야 한다. 건물의 '인도'는 건물에 대한 현실적·사실적 지배를 완전히 이전하는 것을 의미하고, 민사집행법상 인도 청구의 집행은 집행관이 채무자로부터 물건의 점유를 빼앗아 이를 채권자에게 인도하는 방법으로 한다. 건물에서의 '퇴거'는 건물에 대한 채무자의 점유를 해제하는 것을 의미할 뿐, 더 나아가 채권자에게 점유를 이전할 것까지 의미하지는 않는다는 점에서 건물의 '인도'와 구별된다(대판 2024. 6. 13, 2024다213157).

5) 대집행 실행시간의 제한

행정청(제2조에 따라 대집행을 실행하는 제3자를 포함한다)은 해가 뜨기 전이나 해가 진 후에는 대집행을 하여서는 아니 된다. 다만, 다음의 어느 하나에 해당하는 경우에는 그러하지 아니하다. ① 의무자가 동의한 경우, ② 해가 지기 전에 대집행을 착수한 경우, ③ 해가 뜬 후부터 해가 지기 전까지 대집행을 하는 경우에는 대집행의 목적 달성이 불가능한 경우, ④ 그 밖에 비상시 또는 위험이 절박한 경우(제4조 제1항).

(4) 비용징수

대집행의 비용은 원칙상 의무자가 부담하여야 한다.

대집행비용의 징수에 있어서는 행정청은 그 금액과 그 납기일을 정하여 의무자에게 문서로서 그 납부를 명하여야 한다(제5조). 이 비용납부명령은 비용납부의무를 발생시키는 행정행위이다. 따라서 비용납부명령은 항고소송의 대상이 된다. 그리고 비용납부명령에 따라 발생한 행정청의 비용납부청구권은 공법상 청구권이다. 따라서 대집행비용은 국세징수법의 예에 의하여 강제징수할 수 있다(제6조).

Ⅳ. 이행강제금(집행벌)

1. 의   의

이행강제금의 부과란 "의무자가 행정상 의무를 이행하지 아니하는 경우 행정청이 적절한 이행기간을 부여하고, 그 기한까지 행정상 의무를 이행하지 아니하면 금전급부의무를 부과하는 것"을 말한다(행정기본법 제30조 제1항 제2호).

집행벌은 일정한 기간까지 의무를 이행하지 않을 때에는 일정한 금전적인 부담이 과해진다는 것을 통지함으로써 의무자에게 심리적 압박을 주어 의무를 이행하게 하려는 간접적인 의무이행수단이다.

집행벌은 행정벌과 다르다. 행정벌은 의무자에게 심리적 압박을 가하여 간접적으로 의무의 이행을 강제하는 기능을 갖지만 집행벌과 달리 의무의 이행을 직접 목적으로 하는 것은 아니다. 행정벌은 과거의 법 위반(의무불이행 포함)에 대한 제재(처벌)를 주된 목적으로 한다. 집행벌은 의무이행의 강제를 직접목적으로 하여 부과되는 금전적 부담이며 행정벌과 달리 과거의 법 위반에 대한 제재를 목적으로 하지 않는다. 양자는 규제목적을 달리 하므로 병행하여 부과될 수 있다.

2. 이행강제금의 대상

이행강제금은 비대체적 작위의무뿐만 아니라 대체적 작위의무에 대하여도 인정할 수 있다(헌재 2004. 2. 26, 2001헌바80·84·102·103, 2002헌바26(병합)). 건축법 제80조도 건축물의 철거 등 대체적 작위의무에 대하여 이행강제금을 인정하고 있다.

대집행과 이행강제금은 합리적 재량에 의해 선택하여 활용하는 이상 중첩적인 제재에 해당한다고 볼 수 없다(헌재 2004. 2. 26, 2001헌바80·84·102·103, 2002헌바26(병합)). 이행강제금의 부과 후에 행정대집행을 실시할 수도 있다.

이행강제금 납부의무는 상속인 기타의 사람에게 승계될 수 없는 일신전속적인 성질의 것이므로 이미 사망한 사람에게 이행강제금을 부과하는 내용의 처분이나 결정은 당연무효이다(대결 2006. 12. 8, 2006마470[건축법위반이의]).

3. 법적 근거

이행강제금의 부과는 권력적·침해적 행위이므로 법적 근거가 필요하다. 현재 이행강제금 부과의 근거에 관한 일반법은 없고 개별법(건축법 등)에서 인정되고 있다. 행정기본법은 이행강제금의 근거규정이 아니다.

이행강제금 부과의 근거가 되는 법률에는 이행강제금에 관한 다음 각 호의 사항을 명확하게 규정하여야 한다. 다만, 제4호 또는 제5호를 규정할 경우 입법목적이나 입법취지를 훼손할 우려가 크다고 인정되는 경우로서 대통령령으로 정하는 경우는 제외한다. 1. 부과·징수 주체, 2. 부과 요건, 3. 부과 금액, 4. 부과 금액 산정 기준, 5. 연간 부과 횟수나 횟수의 상한(행정기본법 제31조 제1항).

4. 이행강제금의 부과요건 및 부과절차

① **행정상 의무의 불이행**: 철거명령 등 시정명령(건축법 제79조 제1항 등)을 받은 후 시정의무를 이행하지 않았어야 한다. 이행강제금은 시정명령 자체의 이행을 목적으로 하므로 시정명령과 이행강제금부과처분 사이에서는 하자가 승계된다. 그러므로 시정명령이 위법하면 이행강제금부과처분도 위법하다고 보아야 한다(대판 2020. 12. 24, 2019두55675[학원등록거부처분등취소청구의소]).

② **계고처분**: 행정청은 이행강제금을 부과하기 전에 미리 의무자에게 **적절한 이행기간을 정하여** 그 기한까지 행정상 의무를 이행하지 아니하면 이행강제금을 부과한다는 뜻을 문서로 **계고**(戒告)하여야 한다(행정기본법 제31조 제3항). 법 제31조 제3항에 따른 계고(戒告)에는 다음 각 호의 사항이 포함되어야 한다. 1. 의무자의 성명 및 주소(의무자가 법인이나 단체인 경우에는 그 명칭, 주사무소의 소재지와 그 대표자의 성명), 2. 이행

하지 않은 행정상 의무의 내용과 법적 근거, 3. 행정상 의무의 이행 기한, 4. 행정상 의무를 이행하지 않을 경우 이행강제금을 부과한다는 뜻, 5. 그 밖에 이의제기 방법 등 계고의 상대방에게 알릴 필요가 있다고 인정되는 사항(동법 시행령 제8조 제2항).

③ 이행강제금의 부과: 행정청은 의무자가 제3항에 따른 계고에서 정한 기한까지 행정상 의무를 이행하지 아니한 경우 이행강제금의 부과 금액·사유·시기를 문서로 명확하게 적어 의무자에게 통지하여야 한다(행정기본법 제31조 제4항).

행정청은 의무자가 행정상 의무를 이행할 때까지 이행강제금을 반복하여 부과할 수 있다. 다만, 의무자가 의무를 이행하면 새로운 이행강제금의 부과를 즉시 중지하되, 이미 부과한 이행강제금은 징수하여야 한다(행정기본법 제31조 제5항).

행정청은 이행강제금을 부과받은 자가 납부기한까지 이행강제금을 내지 아니하면 국세 체납처분의 예 또는 「지방행정제재·부과금의 징수 등에 관한 법률」에 따라 징수한다(행정기본법 제31조 제6항).

5. 이행강제금 부과의 법적 성질

이행강제금 부과행위는 행정행위이다. 따라서, 이행강제금 부과행위에는 행정절차법이 적용되고, 직권취소 또는 철회가 가능하다.

이행강제금의 부과는 재량행위이다. 행정청은 다음 각 호의 사항을 고려하여 이행강제금의 부과 금액을 가중하거나 감경할 수 있다. 1. 의무 불이행의 동기, 목적 및 결과, 2. 의무 불이행의 정도 및 상습성, 3. 그 밖에 행정목적을 달성하는 데 필요하다고 인정되는 사유(행정기본법 제31조 제2항).

V. 직접강제

1. 의   의

직접강제란 "의무자가 행정상 의무를 이행하지 아니하는 경우 행정청이 의무자의 신체나 재산에 실력을 행사하여 그 행정상 의무의 이행이 있었던 것과 같은 상태를 실현하는 것"을 말한다(행정기본법 제30조 제1항 제3호).

직접강제는 의무자에게 직접 물리력을 행사하는 점에서 그러하지 아니한 대집행과 구별된다. 의무자의 신체에 대해 물리력을 행사하는 것은 당연히 직접강제이고 대집행이 아니다. 직접강제에서 의무자의 재산에 대한 실력행사는 의무자가 점유하는 재산에 대한 실력행사이고, 의무자의 점유에 대한 실력행사도 의무자에 대한 직접 실력행사로 볼 수 있다. 대집행은 의무자의 점유에 대한 직접적 실력행사를 포함하지 않는다. 건물인도(명도)는 직접강제에 속하고, 건물철거는 대집행에 속한다.

2. 직접강제의 대상 및 법적 근거

직접강제는 비대체적 의무뿐만 아니라 대체적 작위의무에도 행해질 수 있다는 것이 통설이다.

직접강제의 일반적 근거는 없다 직접강제가 인정되기 위해서는 개별법에 법적 근거가 필요하다.

현행법상 인정되고 있는 직접강제의 수단으로는 영업장 또는 사업장의 폐쇄(먹는 물 관리법 제46조 제1항), 외국인의 강제퇴거(출입국관리법 제46조) 등이 있다.

3. 직접강제의 한계

직접강제에는 비례의 원칙 및 적법절차의 원칙에 따라 보다 엄격한 절차법적·실체법적 통제가 가해져야 한다.

직접강제는 행정대집행이나 이행강제금 부과의 방법으로는 행정상 의무 이행을 확보할 수 없거나 그 실현이 불가능한 경우에 실시하여야 한다(행정기본법 제32조 제1항). 이러한 직접강제의 보충성은 비례의 원칙상 당연한 것이다.

〈판례〉 [원고들이 집회에 참가하였다가 경찰에 의한 직사살수 방식에 의해 물대포를 맞고 상해를 입었다는 이유로 국가를 상대로 위자료를 청구한 사건] (1) 위해성 경찰장비인 살수차와 물포는 필요한 최소한의 범위에서만 사용되어야 하고, 특히 인명 또는 신체에 위해를 가할 가능성이 더욱 커지는 직사살수는 타인의 법익이나 공공의 안녕질서에 직접적이고 명백한 위험이 현존하는 경우에 한해서만 사용이 가능하다고 보아야 한다. (2) 경찰관이 직사살수의 방법으로 집회나 시위 참가자들을 해산시키려면, 적법절차의 원칙에 따라 먼저 집회 및 시위에 관한 법률 제20조 제1항 각 호에서 정한 해산 사유를 구체적으로 고지하는 적법한 절차에 따른 해산명령을 시행한 후에 직사살수의 방법을 사용할 수 있다고 보아야 한다(대판 2019. 1. 17, 2015다236196).

주거의 자유 또는 신체의 자유에 대한 제한을 수반하는 직접강제의 경우에는 적법절차의 원칙상 영장주의의 적용 여부가 검토되어야 한다. 이에 관하여는 행정상 즉시강제에서 논하기로 한다. 후술하는 행정상 즉시강제의 한계에 관한 논의는 행정상 즉시강제의 급박성과 관련된 부분을 제외하고는 원칙상 직접강제의 한계에도 타당하다.

4. 직접강제의 절차

직접강제를 실시하기 위하여 현장에 파견되는 **집행책임자**는 그가 집행책임자임을 표시하는 **증표**를 보여 주어야 한다(행정기본법 제32조 제2항). 직접강제의 계고 및 통지에 관하여는 행정기본법 제31조 제3항 및 제4항을 준용한다(행정기본법 제32조 제3항). 법 제32조 제3항에 따라 준용되는 법 제31조 제3항에 따른 계고에는 다음 각 호의 사항이 포함되어야 한다. 1. 의무자의 성명 및 주소(의무자가 법인이나 단체인 경우에는 그 명칭, 주사무소의 소재지와 그 대표자의 성명), 2. 이행하지 않은 행정상 의무의 내용과 법적 근거, 3. 행정상 의무의 이행 기한, 4. 행정상 의무를 이행하지 않을 경우 직접강제를 실시한다는 뜻, 5. 그 밖에 이의제기 방법 등 계고의 상대방에게 알릴 필요가 있다고 인정되는 사항(행정기본법 시행령 제9조).

5. 직접강제의 법적 성질과 권익구제

직접강제는 **권력적 사실행위**이다. 직접강제에 대한 권리구제는 권력적 사실행위에 대한 권리구제와 동일하게 행정쟁송, 국가배상, 공법상 결과제거가 문제된다.

인신구속의 경우에는 인신보호법상의 구제를 받을 수 있다(행정상 즉시강제 참조). 또한, 헌법 제12조 제4항 본문에 규정된 피구속인의 변호인의 조력을 받을 권리는 행정절차에서 구속을 당한 사람에게도 보장된다(헌재 2018. 5. 31, 2014헌마346: 인천국제공항 송환대기실에 수용된 난민에게 변호인의 조력을 받을 권리를 인정한 사례).

VI. 행정상 강제징수

1. 의   의

강제징수란 "의무자가 행정상 의무 중 금전급부의무를 이행하지 아니하는 경우 행정청이 의무자의 재산에 실력을 행사하여 그 행정상 의무가 실현된 것과 같은 상태를 실현하는 것"을 말한다(행정기본법 제30조 제1항 제4호).

2. 법적 근거

국세 및 지방세 납부의무의 불이행에 대하여는 국세징수법 및 지방세징수법에서 일반적으로 강제징수를 인정하고 있고, 다른 공법상의 금전급부의무의 불이행에 대하여는 통상 관련 개별법의 규정(토지보상법 제99조 등)에서 국세징수법 또는 지방세징수법상의 강제징수에 관한 규정을 준용하고 있다. 지방행정제재·부과금의 경우에는 「지방행정제재·부과금의 징수 등에 관한 법률」에서 강제징수에 관한 일반 규정을 규정하고 있다.

3. 강제징수의 절차

국세징수법에 의한 강제징수의 절차는 다음과 같다: ① **독촉**, ② **재산의 압류**,

③ 압류재산의 매각(환가처분), ④ 청산(충당)이 그것이다.

(1) 독 촉

독촉은 납세의무자에게 납세의무의 이행을 최고하고 최고기한까지 납부하지 않을 때에는 강제징수를 하겠다는 것을 예고하는 통지행위로서 **준법률행위적 행정행위**에 해당한다. 독촉은 이후에 행해지는 압류의 적법요건이 되며 최고기간 동안 조세채권의 소멸시효를 중단시키는 법적 효과를 갖는다.

(2) 재산의 압류

압류는 권력적 사실행위로서의 성질을 갖는다.

압류된 재산에 대하여는 사실상·법률상의 처분이 금지된다(국세징수법 제43조).

조세납부, 강제징수를 중지할 필요가 있는 경우, 국세 부과의 전부 취소 등의 사유가 있는 때에는 압류를 해제하여야 하며, 압류 후 재산가격이 변동하여 체납액 전액을 현저히 초과한 경우, 국세 부과의 일부를 취소한 경우 등에는 압류재산의 전부 또는 일부에 대하여 압류를 해제할 수 있다(제57조). 압류해제신청에 대한 거부는 행정행위이므로 행정쟁송의 대상이 된다.

(3) 압류재산의 매각

압류재산은 공매 또는 수의계약으로 매각한다. 공매는 경쟁입찰 또는 경매의 방법에 의한다(제65조).

세무서장은 공매를 하고자 할 때에는 공고하여야 한다(제72조 제1항), 그리고, 즉시 그 내용을 체납자·납세담보물 소유자와 공매재산에 대하여 전세권·질권·저당권 또는 그 밖의 권리를 가진 자에게 통지(공매통지)하여야 한다(제75조). 공매공고와 공매통지는 처분이 아니다.

공매에서 공매결정(매각결정)·통지는 행정행위(공법상 대리행위)로서 항고소송의 대상이 된다. 체납자 등에 대한 공매통지는 공매의 절차적 요건이다. 따라서, 체납자 등에게 공매통지를 하지 않았거나 적법하지 않은 공매통지를 한 경우 그 공매처분은 절차상 위법하다. 다만, 공매통지의 목적이나 취지 등에 비추어 보면, 체납자 등은 자신에 대한 공매통지의 하자만을 공매처분의 위법사유로 주장할 수 있을 뿐 다른 권리자에 대한 공매통지의 하자를 들어 공매처분의 위법사유로 주장하는 것은 허용되지 않는다(대판 전원합의체 2008. 11. 20, 2007두18154[매각결정취소]).

매수인은 매수대금을 납부한 때에 매각재산을 취득한다(제91조 제1항). 공매결정에 따라 낙찰자 또는 경락자가 체납자의 재산을 취득하는 법률관계는 사법상 매매계약관계이다. 법 제67조의 수의계약은 사법상 매매계약이다.

(4) 청   산

세무서장은 압류재산의 매각대금 등 체납처분에 의해 취득한 금전을 체납액과 채권에 배분한다(제96조). 배분한 금전에 잔액이 있는 때에는 이를 체납자에게 지급하여야 한다(제96조 제3항).

(5) 공매 등의 대행

관할 세무서장은 공매, 수의계약, 매각재산의 권리이전, 금전의 배분업무(이하 "공매등"이라 한다)를 대통령령으로 정하는 바에 따라 한국자산관리공사에 대행하게 할 수 있다. 이 경우 공매등은 관할 세무서장이 한 것으로 본다(제103조 제1항).

4. 강제징수에 대한 불복

행정상 강제징수에 대한 불복에 대하여는 국세기본법에서 특별한 규정을 두고 있다(제55조 이하). 즉, 독촉, 압류, 압류해제거부 및 공매처분에 대하여는 이의신청을 제기할 수 있고(국세청장이 조사·결정 또는 처리하거나 하였어야 할 것인 경우를 제외), 심사청구 또는 심판청구 중 하나에 대한 결정을 거친 후 행정소송을 제기하여야 한다(행정심판전치주의).

제 3 항   즉시강제

I. 의   의

즉시강제란 "현재의 급박한 행정상의 장해를 제거하기 위한 경우로서 '행정청이 미리 행정상 의무 이행을 명할 시간적 여유가 없는 경우' 또는 '그 성질상 행정상 의무의 이행을 명하는 것만으로는 행정목적 달성이 곤란한 경우'에 행정청이 곧바로 국민의 신체 또는 재산에 실력을 행사하여 행정목적을 달성하는 것"을 말한다(행정기본법 제30조 제1항 제5호). 전염병환자의 강제입원, 소방장애물의 제거, 출입국관리법상의 강제퇴거조치, 도로교통법상의 주차위반차량의 견인·보관조치, 불법게임물의 수거·삭제·폐기 등이 그 예이다.

즉시강제의 법적 성질은 **권력적 사실행위**이다.

통설은 선행하는 의무불이행의 존재 여부를 기준으로 행정상 강제집행과 행정상 즉시강제를 구별하고 있다. 즉, 행정상 강제집행은 행정법상의 의무불이행을 전제로 하여 이 의무의 이행을 강제하는 것인 데 반하여, 행정상 즉시강제는 급박한 상황하에서 의무를 명할 수 없는 경우에 행하여지는 행정강제로서 행정법상의 의무불이행을 전제로 하지 않는다는 점에서 양자를 구분한다. 다만, 양자는 다같이 국민의 신체 또는 재산에 직접 실력을 행사하는 사실행위인 점에서는 동일하다.

Ⅱ. 법적 근거

즉시강제에는 법적 근거가 필요하다. 즉시강제를 일반적으로 인정하는 법은 없고 각 개별법에서 즉시강제를 인정하고 있다.

경찰관 직무집행법 제6조 제1항(경찰관은 범죄행위가 목전에 행하여지려고 하고 있다고 인정될 때에는 이를 예방하기 위하여 관계인에게 필요한 경고를 발하고, 그 행위로 인하여 인명·신체에 위해를 미치거나 재산에 중대한 손해를 끼칠 우려가 있어 긴급을 요하는 경우에는 그 행위를 제지할 수 있다.) 중 경찰관의 제지에 관한 부분은 **범죄의 예방을 위한 경찰 행정상 즉시강제에 관한 근거조항**이다(대판 2021. 10. 28, 2017다219218).

Ⅲ. 즉시강제의 요건과 한계(통제)

1. 즉시강제의 요건

일반적으로 즉시강제는 급박한 행정상의 장해를 제거할 필요가 있는 경우에 미리 의무를 명할 시간적 여유가 없을 때 또는 성질상 의무를 명하여 가지고는 목적달성이 곤란할 때에 한하여 인정된다. 즉시강제의 구체적 요건은 해당 개별법에서 규정된다.

(1) 행정상 장해

행정상 장해라 함은 자신 또는 타인의 법익에 대한 위험을 말하며 그 위험은 원칙상 구체적이고 개연성(상당한 정도의 가능성)이 있어야 한다.

즉시강제를 필요로 하는 행정상 장해의 내용은 각 개별법에서 정해진다.

즉시강제는 사람의 신체 또는 재산에 대한 제한을 가져오므로 비례의 원칙상 자신 또는 타인의 법익에 대한 구체적 위험이 상당한 정도로 가능한(개연성 있는) 경우를 제외하고는 비례의 원칙상 인정될 수 없다. 다만, 최근에는 사전배려의 원칙(사전예방의 원칙)상 예외적으로 추상적 위험만이 있는 경우에도 즉시강제가 행해지는 경우가 있다. 조류독감의 확산을 막기 위한 조류독감 발생지 인근지역에서의 살처분 등이 그 예이다.

경찰권의 발동으로 표현의 자유, 신체의 자유 등 중대한 기본권이 침해되는 경우에는 명백하고 현존하는 위험(clear and present danger)이 요구된다.

(2) 급박하여 미리 의무를 명할 시간적 여유가 없을 때 또는 성질상 의무를 명하여
   가지고는 목적달성이 곤란할 것

이 요건은 비례원칙으로부터 도출되는 원칙이다. 이 요건을 **보충성 요건**이라 한
다. 보충성 요건은 명문의 규정이 없는 경우에도 당연히 인정된다. 의무를 명할 시
간적 여유가 있고 성질상 의무를 명하여서도 목적달성이 곤란하지 않을 때에는 의
무를 명하고, 의무불이행이 있을 때 강제집행을 하여야 한다.

2. 즉시강제의 한계

(1) 실체법상 한계로서의 비례원칙

즉시강제의 실체법상 한계로서 중요한 것은 비례원칙이다.

① 즉시강제는 행정목적을 달성하기 위하여 필요한 경우에 한하여 행해져야
한다(적합성의 원칙). 즉, 행정상의 장해를 제거하기 위하여 필요한 경우에 한하여 행
해져야 한다.

② 즉시강제는 다른 수단으로는 행정 목적을 달성할 수 없는 경우에만 허용되
며, 이 경우에도 최소한으로만 실시하여야 한다(행정기본법 제33조 제1항). 이 규정은
즉시강제의 보충성 및 비례의 원칙 중 **최소침해의 원칙**을 즉시강제에 적용하여 규정
한 것이다. 달리 말하면 상대방의 권익에 대하여 보다 적은 침해를 가져오는 다른
수단에 의해 행정목적을 달성할 수 있는 경우에는 즉시강제는 인정되지 않는다(필
요성의 원칙 또는 최소침해의 원칙). 일반적으로 행정상 즉시강제는 상대방의 예측가능
성을 침해하는 점에 비추어 행정상 강제집행보다 상내방의 권익을 더 침해하는 수
단이라고 할 수 있으므로 행정상 강제집행이 가능한 경우에는 즉시강제는 인정되
지 않는다(헌재 2002. 10. 31, 2000헌가12).

즉시강제가 필요한 경우에도 상대방의 권익을 가장 적게 침해하는 내용의 강
제가 행해져야 한다. 예를 들면, 전염병예방을 위하여 강제격리로도 목적을 달성할
수 있는 경우에 강제입원을 명하는 것은 비례의 원칙에 반한다.

③ 즉시강제의 목적과 침해되는 상대방의 권익 사이에는 비례관계가 유지되어
야 한다(협의의 비례원칙). 타인의 재산에 대한 위해를 제거하기 위하여 인신을 구속
하는 것은 비례의 원칙에 반한다. 왜냐하면, 신체의 권리는 재산권보다 우월한 가
치를 갖는다고 보아야 하기 때문이다.

(2) 절차법적 한계(통제)

즉시강제에 대한 절차적 통제에 관하여는 특히 영장주의와 적법절차의 적용문
제가 제기된다.

1) 영장주의의 적용 여부

헌법상 영장주의가 행정상 즉시강제에 대해 적용될 것인가에 대하여 다음과 같이 학설이 대립하고 있다.

헌법재판소는 행정상 즉시강제는 그 본질상 급박성을 요건으로 하고 있어 법관의 영장을 기다려서는 그 목적을 달성할 수 없다고 할 것이므로, 원칙적으로 영장주의가 적용되지 않는다고 하면서 급박한 상황에 대처하기 위한 것으로서 그 불가피성과 정당성이 충분히 인정되는 경우에는 영장 없는 불법게임물의 수거를 인정한다고 하더라도 이를 두고 헌법상 영장주의에 위배되는 것으로는 볼 수 없다고 보았다(헌재 2002. 10. 31, 2000헌가12: 불법게임물의 수거·폐기에 대한 무효확인소송(예비적으로 취소소송)에서의 위헌심판제청사건).

이에 대하여 형사사법작용과 행정상 즉시강제는 신체 또는 재산에 대한 실력의 행사인 점에서는 다르지 않으므로 영장제도의 취지인 기본권 보장을 위해서는 명문의 규정이 없는 한 즉시강제에도 영장제도가 적용되어야 한다는 견해(**영장필요설**)와 영장제도의 취지인 기본권보장을 위해서는 영장주의가 행정상 즉시강제에도 원칙상 적용되어야 하지만 긴급한 필요 등 영장 없는 즉시강제를 인정하여야 할 합리적 이유가 존재하는 경우에는 영장주의가 적용되지 않는다고 보는 견해(**절충설**)가 주장되고 있다. 영장주의의 취지인 기본권보장과 행정의 필요를 조화시키는 절충설이 타당하다. 대법원 판례도 절충설을 취하고 있다(대판 1995. 6. 30, 93추83).

〈판례〉 [1] 사전영장주의원칙은 인신보호를 위한 헌법상의 기속원리이기 때문에 인신의 자유를 제한하는 국가의 모든 영역(예컨대, 행정상의 즉시강제)에서도 존중되어야 하고 다만 사전영장주의를 고수하다가는 도저히 그 목적을 달성할 수 없는 지극히 예외적인 경우에만 형사절차에서와 같은 예외(사후영장 등)가 인정된다고 할 것이다. [2] 지방의회에서의 사무감사·조사를 위한 증인의 동행명령장제도도 증인의 신체의 자유를 억압하여 일정 장소로 인치하는 것으로서 헌법 제12조 제3항의 "체포 또는 구속"에 준하는 사태로 보아야 할 것이고, 거기에 현행범 체포와 같이 사후에 영장을 발부받지 아니하면 목적을 달성할 수 없는 긴박성이 있다고 인정할 수는 없을 것이다. 그러므로, 이 경우에도 헌법 제12조 제3항에 의하여 법관이 발부한 영장의 제시가 있어야 할 것이다. 그럼에도 불구하고 동행명령장을 법관이 아닌 의장이 발부하고 이에 기하여 증인의 신체의 자유를 침해하여 증인을 일정 장소에 인치하도록 규정된 조례안 제6조는 영장주의원칙을 규정한 헌법 제12조 제3항에 위반한 것이라고 할 것이다(대판 1995. 6. 30, 93추83[경상북도의회에서의증언·감정등에관한조례(안)무효확인청구의소]).

2) 실정법령상의 절차적 보장과 적법절차

즉시강제를 실시하기 위하여 현장에 파견되는 집행책임자는 그가 **집행책임자임**을 표시하는 **증표**를 보여 주어야 하며, 즉시강제의 이유와 내용을 고지하여야 한다(행정기본법 제33조 제2항). 다만, 즉시강제를 하려는 재산의 소유자 또는 점유자를 알수 없거나 현장에서 그 소재를 즉시 확인하기 어려운 경우에는 **즉시강제를 실시한후** 집행책임자의 이름 및 그 이유와 내용을 **고지할 수 있다.** 그리고, 불가피한 사유로 고지할 수 없는 경우에는 게시판이나 인터넷 홈페이지에 게시하는 등 적절한 방법에 의한 공고로써 고지를 **갈음할 수 있다**(제3항). 그 밖에 즉시강제를 규정하는 개별법에서 즉시강제를 함에 있어 의견청취, 수거증의 교부 등 절차를 규정하고 있는경우가 많다.

실정법령상의 절차적 보장을 준수하였더라도 적법절차의 원칙에 반하는 경우에는 즉시강제에는 절차상 위법의 하자가 있는 것이 된다.

IV. 즉시강제에 대한 구제

1. 적법한 즉시강제에 대한 구제

행정상 장해의 발생에 책임이 있는 자는 즉시강제(예, 불법주차된 소방장애물의 제거)로 손실을 입어도 손실보상을 청구할 수 없다.

그러나, 행정상 장해의 발생에 책임이 있는 자 이외의 제3자에 대하여 즉시강제가 행하여짐으로써 특별한 희생이 발생한 경우(예, 책임없는 제3자의 소방상애물의 제거)에는 평등의 원칙(특히 공적부담 앞의 평등의 원칙)상 손실보상이 주어져야 한다.

2. 위법한 즉시강제에 대한 구제

(1) 행정쟁송

즉시강제는 권력적 사실행위로서 행정쟁송(행정심판 또는 행정소송)의 대상이 되는 처분에 해당한다. 그러나, 소방장애물의 파괴와 같이 즉시강제가 단시간에 종료되는 경우에는 권리보호의 필요(협의의 소의 이익)가 없기 때문에 행정쟁송의 제기가 가능하지 않다. 그러나, 전염병환자의 강제격리, 정신질환자의 강제입원과 같이 즉시강제가 계속적 성질을 갖는 경우에는 즉시강제가 계속되는 한 행정쟁송으로 다툴 소의 이익이 있다.

(2) 국가배상

위법한 즉시강제로 인적 또는 물적 손해를 받았을 때에는 국가배상법에 근거하여 국가배상을 청구할 수 있다. 즉시강제가 적법한 경우에도 즉시강제의 집행방법이 위법하였던 경우에는 그로 인한 손해에 대하여는 국가배상을 청구할 수 있다.

3. 공법상 결과제거청구

즉시강제로 위법한 상태가 야기된 경우 공법상 결과제거청구가 가능하다.

4. 인신보호법상의 구제

행정권에 의해 불법구금된 자는 인신보호법에 따라 당사자 및 기타 특수관계인의 법원에 대한 청구에 의하여 불법한 구금상태(수용이 위법하게 개시되거나 적법하게 수용된 후 그 사유가 소멸되었음에도 불구하고 계속 수용되어 있는 상태)로부터 벗어날 수 있다. 다만, 출입국관리법에 의하여 보호된 자는 인신보호법의 보호대상에서 제외되고(인신보호법 제2조 제1항), 다른 법률에 구제절차가 있는 경우에는 상당한 기간 내에 그 법률에 따른 구제를 받을 수 없음이 명백한 경우에 한하여 구제청구가 가능하다(제3조 단서).

법원은 구제청구에 대하여 각하하는 경우를 제외하고 지체 없이 수용의 적법여부 및 수용을 계속할 필요성 등에 대하여 심리를 개시하여 수용의 해제 여부를 결정하여야 한다(제8조 제1항, 제13조). 또한 법원은 직권으로 수용의 임시해제를 결정할 수 있다(제9조).

제 3 절   행 정 벌

제 1 항   의   의

행정벌이란 행정법상의 의무 위반행위에 대하여 제재로서 가하는 처벌을 말한다.

행정벌은 과거의 의무 위반에 대한 제재를 직접적인 목적으로 하지만 간접적으로는 의무자에게 심리적 압박을 가함으로써 행정법상의 의무이행을 확보하는 기능을 가진다.

제 2 항   종   류

행정벌에는 행정형벌과 행정질서벌이 있다. **행정형벌**이란 형법상의 형벌을 과하는 행정벌을 말한다. **행정질서벌**은 과태료가 과하여지는 행정벌이다.

일반적으로 행정형벌은 행정목적을 직접적으로 침해하는 행위에 대하여 과하여지고, 행정질서벌은 신고의무 위반과 같이 행정목적을 간접적으로 침해하는 행위에 대하여 과하여진다. 그런데 실제에 있어서는 행정형벌의 행정질서벌화정책에 의해 행정형벌을 과하여야 할 행위에 행정질서벌을 과하는 경우가 있다. **행정형벌의 행정질서벌화정책**이란 행정목적을 직접 침해하는 법규위반이므로 이론상 행정형벌을 과해야 하는 경우에도 그 법규위반이 비교적 경미한 경우 전과자의 양산을 막기 위해 행정질서벌(과태료)을 부과하도록 하는 정책을 말한다.

또한 형벌을 과하여야 하는 행정법규 위반행위에 대하여 범칙금이 과하여지는 경우가 있다. **범칙금**은 행정형벌과 행정질서벌의 중간적 성격의 행정벌이다. 예를 들면, 도로교통법 위반에 대하여 범칙금이 부과되는데 그 부과는 행정기관인 경찰서장이 통고처분에 의해 과하고 상대방이 이에 따르지 않는 경우에는 즉결심판에 회부하여 형사절차에 따라 형벌을 과하도록 하고 있다.

제 3 항   행정범과 행정형벌

I. 의   의

행정범이라 함은 행정법규의 위반으로 성립되는 범죄를 말한다.

행정형벌이라 함은 행정법규 위반에 대하여 과하여지는 형벌을 말한다. 형법 제41조에서 규정한 형벌의 종류는 다음과 같다: ① 사형, ② 징역, ③ 금고, ④ 자격상실, ⑤ 자격정지, ⑥ 벌금, ⑦ 구류, ⑧ 과료, ⑨ 몰수.

II. 행정범과 형사범의 구별

1. 구별기준

통설은 피침해규범의 성질을 기준으로 하여 행정범과 형사범을 구별하고 있다. **형사범**은 살인행위 등과 같이 그 행위의 반도덕성·반사회성이 당해 행위를 범죄로 규정하는 실정법을 기다릴 것 없이 일반적으로 인식되고 있는 범죄를 말하며, **행정범**이란 그 행위의 반도덕성·반사회성이 당해 행위를 범죄로 규정하는 법률의 제정 이전에는 당연히 인정되는 것은 아니며 당해 행위를 범죄로 규정하는 법률의 제정에 의해 비로소 인정되는 범죄를 말한다.

그런데, 행정범의 반사회성·반도덕성에 대한 인식이 시간의 경과에 따라 일반인의 의식에 형성되면 형사범으로 전환될 수 있다.

2. 구별실익

① 우선 형사범과 행정범의 구별은 **입법**에 있어서 실익이 있다. 형사범에 대하여는 형벌을 과하지만 행정범에 대하여는 과태료를 부과할 수도 있다. 오늘날 행정범의 탈범죄화의 경향에 따라 종래에 형벌을 과하던 행정범에 대하여 범칙금이나 과태료를 과하는 것으로 하는 경우가 있다. 형사범에서는 범죄를 행한 자만을 벌하지만 행정범에서는 범죄행위자와 함께 범죄행위자 이외의 자를 벌하는 것으로 규정하는 경우(양벌규정)가 있다.

② 형사범과 행정범의 구별은 **관련법규의 해석**에 있어서 실익이 있다. 후술하는 바와 같이 행정범에 대한 형법총칙의 적용과 관련하여 행정범에 대하여 일부 특수한 고려를 하여야 하는 경우가 있다.

Ⅲ. 행정범과 행정형벌의 특수성과 법적 규율

행정범과 행정형벌의 특수성이라 함은 통상 형사범과 형사벌에 대한 특수성을 말한다.

1. 행정범과 행정형벌에 대한 형법총칙의 적용 등 법적 규율

죄형법정주의 등 형사범과 형사벌에 대한 형법총칙규정이 행정범 및 행정형벌에도 원칙적으로 적용된다.

그리고, 형벌법규의 해석은 엄격하여야 하고 명문규정의 의미를 피고인에게 불리한 방향으로 지나치게 확장 해석하거나 유추 해석하는 것은 죄형법정주의의 원칙에 어긋나는 것으로서 허용되지 않으며, 이러한 법해석의 원리는 그 형벌법규의 적용대상이 되는 행정법규의 규정을 해석하는 데에도 마찬가지로 적용된다(대판 2007. 6. 29, 2006도4582).

2. 행정범과 행정형벌에 대한 특수한 법적 규율

이하에서는 특별한 명문의 규정상 또는 법규정의 해석상 인정되는 행정범과 행정형벌에 대한 특수한 법적 규율의 구체적인 예를 보기로 한다.

(1) 위법성 인식가능성

통설은 행정범에 있어서도 형사범에서와 같이 위법성의 인식가능성이 있으면 범죄가 성립된다고 본다. 다만, 형법 제16조의 적용상 행정범의 특수성이 고려되어야 한다. 형사범은 본래 반사회적·반도덕적인 것으로 일반인에 의해 인식되고 있기 때문에 형사범에 있어서는 특별한 사정이 없는 한 위법성의 인식가능성이 인정된다. 그러나, 행정범은 본래 반사회적·반도덕적인 것이 아니라 법률의 제정에 의해 반사회적·반도덕적인 행위가 되고 범죄로 되는 것이므로 위법성 인식가능성은 당해 형벌법규의 인식가능성에 의해 판단한다. 따라서 행정범에서는 형사범에 비하여 위법성 인식가능성이 없는 경우가 넓게 인정될 수 있다.

사람에 따라 위법성 인식가능성 존재 여부가 다를 수 있다. 예를 들면, 일반인에게는 위법성 인식가능성이 없는 경우에도 사업자에게는 위법성 인식가능성이 있을 수 있다. 왜냐하면, 사업자는 통상 사업과 관련이 있는 형벌법규를 인식하고 있다고 보아야 하기 때문이다.

(2) 과실행위의 처벌

통설 및 판례는 행정범에서 과실행위를 처벌한다는 명문의 규정이 있는 경우뿐만 아니라 관련 행정형벌법규의 해석에 의하여 과실행위도 처벌한다는 뜻이 도출되는 경우에는 과실행위도 처벌된다고 본다(대판 1993. 9. 10, 92도1136).

(3) 양벌규정

1) 의   의

양벌규정이라 함은 범죄행위자와 함께 행위자 이외의 자(사업주, 법인 등)를 함께 처벌하는 법규정을 말한다. 형사범에서는 범죄를 행한 자만을 벌하지만 행정범에서는 범죄행위자 이외의 자를 벌하는 것으로 규정하는 경우가 있다. 종업원의 위반행위에 대하여 사업주도 처벌하는 것으로 규정하는 경우가 있고, 미성년자나 금치산자의 위반행위에 대하여 법정대리인을 처벌하는 것으로 규정하는 경우가 있다.

2) 타인의 행위에 대한 책임의 성질

사업주나 법정대리인 등 행위자 이외의 자가 지는 책임은 감독의무를 태만히 한 책임, 즉 과실책임이다(대판 2006. 2. 24, 2005도7673).

실정법상 관리·감독상 주의의무를 다한 경우 처벌을 면제하는 명문의 규정을 두는 경향이 보인다(예, 주민등록법 제39조 단서, 석유 및 석유대체연료 사업법 제48조 단서 등).

3) 법적 근거

죄형법정주의의 원칙상 행위자 이외의 자의 처벌은 법적 근거가 있어야 한다.

4) 법인의 책임

형사범이나 행정범이나 법인의 범죄능력을 부인하는 것이 일반적 견해이다. 그리고, 형사범에서는 범죄행위자만이 처벌되고, 법인은 형사벌의 대상이 되지 않는다. 그러나, 행정범에서는 법인은 범죄능력은 없지만, 형벌능력은 있다. 법인의 대표자 또는 법인의 종업원이 그 법인의 업무와 관련하여 행정범을 범한 경우에 행위자뿐만 아니라 법인도 아울러 처벌한다는 규정을 두는 경우가 많다.

지방자치단체 등 공공단체도 양벌규정의 적용대상이 되는 법인에 해당하는 경우가 있다(대판 2005. 11. 10, 2004도2657).

법인의 책임의 성질에 관하여는 법인의 대표자의 범죄행위에 대한 법인의 책임은 법인의 직접책임이고, 법인의 종업원의 범죄행위에 대한 법인의 책임은 종업원에 대한 감독의무를 해태한 책임, 즉 과실책임이라고 본다.

죄형법정주의의 원칙상 법인의 책임에 관한 법적 근거가 있어야 한다.

(4) 행정형벌의 과벌절차

1) 원   칙

행정형벌도 원칙상 형사벌과 같이 형사소송법에 따라 과하여진다.

2) 예   외

가. 통고처분

㈎ 의   의   통고처분은 행정범에 대하여 형사절차에 의한 형벌을 과하기 전에 행정청이 형벌을 대신하여 금전적 제재인 범칙금을 과하고 행정범을 범한 자가 그 금액을 납부하면 형사처벌을 하지 아니하고, 만일 지정된 기간 내에 그 금액을 납부하지 않으면 형사소송절차에 따라 형벌을 과하도록 하는 절차이다. 통고처분은 현행법상 조세범, 관세범, 출입국관리사범, 교통사범 등에 대하여 인정되고 있다.

㈏ **통고처분에 의한 과벌절차**   행정법규 위반자가 통고처분에 의해 부과된 금액을 납부하면 과벌절차는 종료되며 동일한 사건에 대하여 다시 처벌받지 아니한다. 통고처분에 의해 부과된 금액(범칙금)은 행정제재금이며 벌금이 아니다.

행정법규 위반자가 법정기간 내에 통고처분에 의해 부과된 금액을 납부하지 않으면 관계기관장의 즉결심판청구 또는 고발에 의해 형사소송절차로 이행한다. 이 경우 즉결심판 또는 정식의 형사재판에 의해 형벌이 부과된다.

경찰서장이 범칙행위에 대하여 통고처분을 한 이상, 범칙자의 위와 같은 절차적 지위를 보장하기 위하여 통고처분에서 정한 **범칙금 납부기간까지는** 원칙적으로 경찰서장은 즉결심판을 청구할 수 없고, 검사도 동일한 범칙행위에 대하여 공소를 제기할 수 없다(대판 2020. 4. 29, 2017도13409). 경찰서장은 특별한 사정이 없는 이상 이미 한 통고처분을 취소할 수도 없다(대판 2021. 4. 1, 2020도15194).

㈐ **법적 성질 및 불복절차**   통고처분에 대해 이의가 있는 경우에는 통고처분에 따른 범칙금을 납부하지 않으면 되는 것으로 하고, 이 경우 법정기간이 지나면 통고처분은 효력을 상실하며 즉결심판청구 또는 고발에 의해 형사소송절차로 이행

되는 것으로 특별불복절차가 규정되어 있다. 따라서, 판례는 통고처분을 행정소송의 대상이 되는 행정처분이 아니라고 보고 있다(대판 1995. 6. 29, 95누4674). 이에 대하여는 국민의 권리구제를 위해 통고처분을 처분으로 보아 항고소송의 대상으로 하는 것이 타당하다는 견해가 있다. 통고처분에 불복하면 곧바로 형사절차로 이행되도록 하여 형사절차에서 다투라고 하는 것은 가혹하기 때문이다.

나. 즉결심판   즉결심판에 관한 절차법에 따라 20만 원 이하의 벌금·구류·과료의 형벌은 즉결심판에 의해 과벌된다(제2조). 즉결심판절차도 형사소송절차의 하나이다. 즉결심판에 불복이 있는 피고인은 정식재판을 청구할 수 있다.

즉결심판은 형사범에도 적용되므로 행정형벌에 특유한 과벌절차는 아니다.

3. 행정형벌규정의 변경·폐지와 행정형벌

종전에 허가를 받거나 신고를 하여야만 할 수 있던 행위 일부를 허가나 신고 없이 할 수 있도록 법령이 개정된 경우 그것이 법률 이념의 변천으로 과거에 범죄로서 처벌하던 일부 행위에 대한 처벌 자체가 부당하다는 반성적 고려에서 비롯된 것이면 가벌성이 소멸하고, 사정의 변천에 따른 규제 범위의 합리적 조정의 필요에 따른 것이라고 보이면(예, 개발제한구역 내 비닐하우스 설치행위) 그 위반행위의 가벌성이 소멸하는 것이 아니다(대판 2007. 9. 6, 2007도4197).

제4항   행정질서벌(과태료)

I. 의   의

행정질서벌이라 함은 행정법규 위반에 대하여 과태료가 과하여지는 행정벌이다.

II. 대   상

일반적으로 행정형벌은 행정목적을 직접적으로 침해하는 행위에 대하여 과하여지고, 행정질서벌은 정보제공적 신고의무 위반과 같이 행정목적을 간접적으로 침해하는 행위에 대하여 과하여진다. 그런데, 행정형벌의 행정질서벌화정책에 의해 행정형벌을 과하여야 할 행위에 행정질서벌을 과하는 경우가 있다.

III. 형법총칙 적용문제 등 법적 규율

행정질서벌인 과태료는 형벌이 아니므로 행정질서벌에는 형법총칙이 적용되지 않는다.

그러나, 과태료는 행정형벌과 유사한 성질을 갖기 때문에 과태료규정이나 과태료의 부과대상이 되는 행정법규사항의 해석·적용은 엄격히 하여야 하고, 과태료처분대상인 위반행위를 함부로 유추해석하거나 확대해석하여서는 아니 된다(대판 2007. 3. 30, 2004두7665 ; 동지 대법원 2007. 3. 29. 자 2006마724 결정).

그리고 질서위반행위규제법은 종전 판례와 달리 과태료의 부과에 행위자의 고의 또는 과실을 요하는 것으로 규정하고 있는 점(제7조), 위법성의 착오에 관한 규정을 둔 점(제8조) 등에서 과태료를 종전 보다 형벌과 보다 유사하게 규정하고 있다.

Ⅳ. 행정형벌과 행정질서벌의 병과가능성

대법원은 "행정법상의 질서벌인 과태료의 부과처분과 형사처벌은 그 성질이나 목적을 달리하는 별개의 것이므로 행정법상의 질서벌인 과태료를 납부한 후에 형사처벌을 한다고 하여 이를 일사부재리의 원칙에 반하는 것이라고 할 수는 없다"라고 하였고(대판 1996. 4. 12, 96도158 ; 2000. 10. 27, 2000도3874), **헌법재판소**는 행정질서벌로서의 과태료는 형벌(특히 행정형벌)과 목적·기능이 중복되는 면이 없지 않으므로 동일한 행위를 대상으로 하여 형벌을 부과하면서 아울러 행정질서벌로서의 과태료까지를 부과하는 것은 **이중처벌금지의 기본정신에 배치**되어 국가 입법권의 남용으로 인정될 여지가 있다고 보았다(헌재 1994. 6. 30, 92헌바38).

Ⅴ. 행정질서벌의 부과

1. 부과권자

개별법률에서 정함이 없는 경우 법원이 비송사건절차에 따라 과태료를 정한다. 개별법률에서 행정청이 부과하도록 한 경우에도 행정청의 과태료부과에 불복하는 경우 법원이 비송사건절차에 따라 최종적으로 부과한다(질서위반행위규제법 제25조).

2. 부과의 근거

행정질서벌의 부과는 법률이나 조례에 근거가 있어야 한다. 행정질서벌에는 국가의 법령에 근거한 것과 지방자치단체의 조례에 근거한 것(지방자치법 제27조, 제139조)이 있다.

질서위반행위규제법은 질서위반 행위자에 대한 과태료 부과의 근거법률은 아니며 질서위반행위(제2조 제1호)를 한 자에 대한 과태료 부과의 요건, 절차, 징수 등을

정하는 법률이다. 과태료의 부과·징수, 재판 및 집행 등의 절차에 관한 다른 법률의
규정 중 질서위반행위규제법의 규정에 저촉되는 것은 질서위반행위규제법이 정하는
바에 따른다(질서위반행위규제법 제5조).

3. 부과요건

질서위반행위규제법은 질서위반행위의 요건을 행정범죄의 성립요건과 유사하
게 규정하고 있는데, 이러한 입법태도에 대하여는 의문이 제기될 수 있다.

(1) 고의 또는 과실

질서위반행위규제법은 원칙상 고의 또는 과실이 없는 질서위반행위는 과태료
를 부과하지 아니한다고 규정하고 있다(제7조). 다만, 「도로교통법」 제56조 제1항에
따른 고용주등을 같은 법 제160조 제3항에 따라 과태료를 부과하는 경우에는 고의
또는 과실이 없어도 과태료를 부과한다(제11조 제2항).

(2) 법 적용의 시간적 범위

질서위반행위의 성립과 과태료 처분은 행위시(위반행위시)의 법률에 따르는 것이
이론상 타당하며 질서위반행위규제법도 그렇게 규정하고 있다(제3조 제1항).

다만, 질서위반행위 후 법률이 변경되어 그 행위가 질서위반행위에 해당하지
아니하게 되거나 과태료가 변경되기 전의 법률보다 가볍게 된 때에는 법률에 특별
한 규정이 없는 한 변경된 법률을 적용한다(제2항). 행정청의 과태료 처분이나 법원
의 과태료 재판이 확정된 후 법률이 변경되어 그 행위가 질서위반행위에 해당하지
아니하게 된 때에는 변경된 법률에 특별한 규정이 없는 한 과태료의 징수 또는 집
행을 면제한다(제3항).

(3) 위법성의 착오

자신의 행위가 위법하지 아니한 것으로 오인하고 행한 질서위반행위는 그 오인
에 정당한 이유가 있는 때에 한하여 과태료를 부과하지 아니한다(제8조). 다만, 「도로
교통법」 제56조 제1항에 따른 고용주등을 같은 법 제160조 제3항에 따라 과태료를
부과하는 경우에는 그 오인에 정당한 이유가 있어도 과태료를 부과한다(제11조 제2항).

(4) 책임연령 등

14세가 되지 아니한 자의 질서위반행위는 과태료를 부과하지 아니한다. 다만,
다른 법률에 특별한 규정이 있는 경우에는 그러하지 아니하다(제9조).

4. 부과절차

법원이 과태료 재판에 의해 부과하는 경우에는 질서위반행위규제법 및 비송사

건절차법에 의한다.

행정청이 부과하는 경우에 과태료부과행위는 질서위반행위규제법(제16조 이하) 및 행정절차법에 따른다.

5. 부과대상자

과태료의 부과대상자는 원칙상 질서위반행위를 한 자이다. 그런데, 법인의 대표자, 법인 또는 개인의 대리인·사용인 및 그 밖의 종업원이 업무에 관하여 법인 또는 그 개인에게 부과된 법률상의 의무를 위반한 때에는 법인 또는 그 개인에게 과태료를 부과한다(제11조 제1항). 즉, 종업원 등의 위반행위를 업무주인 법인이나 개인의 질서위반행위로 보고, 업무주는 법인이든 자연인이든 종업원 등의 행위와 관련하여 선임감독상의 과실과 관계없이 무과실책임을 지는 것으로 규정되어 있다. 다만, 종업원등에게 고의 또는 과실이 있어야 하는 것으로 보아야 한다(제7조).

2인 이상이 질서위반행위에 가담한 때에는 각자가 질서위반행위를 한 것으로 본다(제12조 제1항).

6. 과태료 부과의 제척기간

행정청은 질서위반행위가 종료된 날(다수인이 질서위반행위에 가담한 경우에는 최종행위가 종료된 날을 말한다)부터 5년이 경과한 경우에는 해당 질서위반행위에 대하여 과태료를 부과할 수 없다(제19조 제1항). 제1항에도 불구하고 행정청은 제36조 또는 제44조에 따른 법원의 결정이 있는 경우에는 그 결정이 확정된 날부터 1년이 경과하기 전까지는 과태료를 정정부과 하는 등 해당 결정에 따라 필요한 처분을 할 수 있다(제2항).

Ⅵ. 행정질서벌 부과행위의 법적 성질과 권리구제

① 행정질서벌인 과태료가 법원의 재판에 의해 부과되는 경우 과태료부과행위는 사법행위(司法行爲)의 성질을 가지며 질서위반행위규제법 및 비송사건절차법에 정해진 절차에 따라 부과되고 다투어진다.

② 행정질서벌인 과태료가 행정청에 의해 부과되는 경우에 과태료부과행위는 행정행위이다. 그런데, 질서위반행위규제법은 과태료 부과에 대해 이의가 제기된 경우에는 행정청의 과태료부과처분은 그 효력을 상실한다고 규정하면서(제20조 제2항), 이의제기를 받은 부과행정청은 관할법원에 통보하여 관할법원이 질서위반행위규제법에 따라 과태료를 결정하도록 규정하고 있다(제21조 제1항). 행정청의 과태료 부과

에 대한 이의는 과태료 부과 통지를 받은 날부터 60일 이내에 제기하여야 한다(제20
조 제1항).

③ 과태료부과행위는 행정쟁송법상의 처분은 아니지만, 행정기본법상의 처분
에는 해당한다.

Ⅶ. 과태료의 귀속

행정청에 의해 부과·징수되는 과태료는 당해 행정청이 속한 국가 또는 지방자
치단체에 귀속되고, 질서위반행위규제법에 의해 부과·징수되는 과태료는 국가에
귀속된다. 다만, 지방자치단체의 장이 과태료 재판 집행을 위탁받은 경우에는 그
집행한 금원은 당해 지방자치단체의 수입으로 한다(제43조 제2항).

제 4 절 새로운 행정의 실효성 확보수단
제 1 항 과 징 금

Ⅰ. 의   의

과징금이라 함은 법령등 위반이나 행정법상 의무위반에 대한 제재로서 부과하
는 금전부과금을 말한다.

과징금에는 경제적 이익환수 과징금, 영업정지에 갈음하는 과징금, 제재목적의
과징금이 있다. 경제적 이익환수 과징금을 '본래의 과징금'이라 하고, 그 이외의 과
징금을 '변형된 과징금'이라 한다. 과징금 중에는 경제적 이익환수와 제재의 성격을
함께 갖는 경우(예, 공정거래법상 과징금)도 있다.

행정기본법 제28조와 제29조는 과징금을 규정하고 있는데, 행정기본법이 규정
하는 과징금은 본래의 과징금뿐만 아니라 변형된 과징금도 포함한다.

Ⅱ. 과징금의 종류

1. 경제적 이익환수(부당이익환수) 과징금(본래의 과징금)

경제적 이익환수 과징금은 법규위반으로 인한 경제적 이익(부당이익)을 환수하
는 것을 주된 목적으로 하면서도 부수적으로 법규위반행위에 대한 제재적 성격을
함께 갖는 과징금을 말한다.

2. 변형된 과징금

본래의 과징금과 다른 성질을 갖는 과징금을 '변형된 과징금'이라 하는데, 변형된 과징금에는 영업정지(사업정지)에 갈음하는 과징금, 순수한 금전적 제재로서의 과징금 등이 있다.

(1) 영업정지(사업정지)에 갈음하는 과징금

영업정지에 갈음하는 과징금은 영업정지처분 대신 부과하는 과징금을 말한다.

영업정지에 갈음하여 부과하는 과징금의 취지는 행정법규 위반에 대하여 영업정지를 명하여야 하는 경우 행정법규 위반자인 사업자의 영업을 정지함으로써 시민 등이 큰 불편을 겪거나 국민경제에 적지 않은 피해를 주는 등 공익을 해할 우려가 있는 경우에 그 영업정지로 인하여 초래될 공익에 대한 침해 등의 문제를 고려하여 영업정지를 하지 않고 그 대신 그 영업으로 인한 이익을 박탈하는 과징금을 부과할 수 있도록 한 것이다.

영업정지처분에 갈음하는 과징금이 규정되어 있는 경우 과징금을 부과할 것인지 영업정지처분을 내릴 것인지는 특별한 규정이 없는 한 행정청의 재량에 속한다. 다만, 과징금부과처분을 하지 않고 영업정지처분을 한 것이 비례의 원칙, 평등의 원칙 등 법의 일반원칙에 반하는 등 재량권의 일탈·남용이 있으면 위법하다. 예를 들면, 과징금부과처분을 하지 않고 영업정지처분을 한 것이 심히 공익을 해하고, 사업자에게도 가혹한 불이익을 초래하는 경우에는 비례원칙에 반한다.

과징금부과처분을 받은 사업자가 납부기한까지 과징금을 납부하지 아니한 때에는 과징금부과처분을 취소하고, 과징금부과 대상영업에 대하여 사업정지처분을 하도록 규정하고 있는 경우가 있다(석유 및 석유대체연료사업법 제35조 제5항).

(2) 제재목적의 과징금

제재목적의 과징금은 금전적 제재로 법령 위반을 예방하여 행정법규의 실효성을 확보하는 것을 주된 목적으로 하는 과징금이다. 아직 그 예가 많지는 않지만 미국의 징벌적 손해배상의 영향을 받아 **징벌적 과징금**(예, 개인정보보호법 제64조 제1항의 과징금, 공공재정환수법 제9조의 공공재정 부정청구등에 대한 제재로서 부과하는 제재부가금 등)이 늘고 있는데, 징벌적 과징금은 제재목적의 과징금의 대표적인 예이다.

Ⅲ. 과징금의 근거 및 기준

행정청은 법령등에 따른 의무를 위반한 자에 대하여 법률로 정하는 바에 따라 그 위반행위에 대한 제재로서 과징금을 부과할 수 있다(행정기본법 제28조 제1항). 행정기본법 제28조 제1항은 과징금 부과의 법적 근거가 될 수 없다. **과징금을 부과하기 위해서는 개별법률의 근거가 있어야 한다.** 행정기본법 제28조 제1항의 과징금은 본래의 과징금과 영업정지에 갈음하여 부과되는 변형된 과징금을 모두 포함한다.

과징금의 근거가 되는 법률에는 과징금에 관한 다음 각 호의 사항을 명확하게 규정하여야 한다. 1. 부과 · 징수 주체, 2. 부과 사유, 3. 상한액, 4. 가산금을 징수하려는 경우 그 사항, 5. 과징금 또는 가산금 체납 시 강제징수를 하려는 경우 그 사항(행정기본법 제28조 제2항).

IV. 과징금의 성질 및 부과(이중부과가능성)

과징금은 **행정상 제재금**이고, 범죄에 대한 국가의 형벌권의 실행으로서의 과벌이 아니므로 행정법규위반에 대하여 벌금이나 범칙금 이외에 과징금을 부과하는 것은 이중처벌금지의 원칙에 반하지 않는다(대판 2007. 7. 12, 2005두17287).

V. 과징금의 납부기한 연기 및 분할 납부

과징금은 한꺼번에 납부하는 것을 원칙으로 한다. 다만, 행정청은 과징금을 부과받은 자가 다음 각 호의 어느 하나에 해당하는 사유로 과징금 전액을 한꺼번에 내기 어렵다고 인정될 때에는 그 납부기한을 연기하거나 분할 납부하게 할 수 있으며, 이 경우 필요하다고 인정하면 담보를 제공하게 할 수 있다. 1. 재해 등으로 재산에 현저한 손실을 입은 경우, 2. 사업여건의 악화로 사업이 중대한 위기에 처한 경우, 3. 과징금을 한꺼번에 내면 자금 사정에 현저한 어려움이 예상되는 경우, 4. 그 밖에 제1호부터 제3호까지에 준하는 경우로서 대통령령으로 정하는 사유가 있는 경우(행정기본법 제29조). 납부기한이나 분할납부결정은 행정청의 재량사항이다.

VI. 과징금부과처분의 법적 성질, 법적 규율 및 법적 구제

과징금부과처분의 법적 성질은 **침해적 행정행위**이다. 따라서, 과징금부과처분은 행정절차법의 적용대상이 되고, 항고쟁송의 대상이 된다.

과징금 부과처분은 제재적 처분으로서 통상 재량행위로 규정되고 있으나 과징금의 부과여부는 기속행위로 규정된 경우도 있다.

통상 과징금 부과기준이 행정규칙(재량준칙)의 형식 또는 법규명령의 형식으로 제정되고 있는데, 이 경우 해당 부과기준의 법적 성질 및 구속력이 문제된다. 재량준칙 및 법규명령형식의 행정규칙의 구속력의 문제가 된다. 판례는 재량행위인 과징금의 부과기준을 정한 대통령령을 과징금의 최고한도를 정한 법규명령으로 보고 재량행위인 과징금의 부과기준을 정한 부령을 행정규칙(재량준칙)에 불과하지만 그 부과기준이 현저히 부당하지 않는 한 존중하여야 한다고 보고 있다.

제 2 항   가산세

가산세란 세법상의 의무의 성실한 이행을 확보하기 위하여 그 세법에 의하여 산출된 세액에 가산하여 징수되는 세금을 말한다(국세기본법 제2조 제4호).

가산세 부과처분은 본세의 부과처분과 별개의 과세처분이다.

〈판례〉 세법상 가산세는 과세권의 행사 및 조세채권의 실현을 용이하게 하기 위하여 납세 자가 정당한 이유 없이 법에 규정된 신고, 납세 등 각종 의무를 위반한 경우에 개별세법이 정하는 바에 따라 부과되는 행정상의 제재로서 납세자의 고의, 과실은 고려되지 않는 반면, 이와 같은 제재는 납세의무자가 그 의무를 알지 못한 것이 무리가 아니었다고 할 수 있어 서 그를 정당시할 수 있는 사정이 있거나 그 의무의 이행을 당사자에게 기대하는 것이 무 리라고 하는 사정이 있을 때 등 그 의무해태를 탓할 수 없는 정당한 사유가 있는 경우에는 이를 과할 수 없다(대판 2022. 1. 14, 2017두41108).

가산세에는 무신고가산세(국세기본법 제47조의2), 과소신고·초과환급신고가산세 (제47조의3), 납부지연가산세(제47조의4), 원천징수납부 등 불성실가산세(제47조의5)가 있다.

세금 납부지연에 대하여 부과하는 구 국세기본법상의 납부불성실가산세와 구 국세징수법상의 가산금은 2020.1.1.부터 국세기본법상의 납부지연가산세로 통합되 었다.

제 3 항   명단의 공표(위반사실의 공표)

I. 명단공표의 의의

명단의 공표란 행정법상의 의무 위반 또는 의무불이행이 있는 경우에 그 위반자 의 성명, 위반사실 등을 일반에게 공개하여 명예 또는 신용에 침해를 가함으로써 심리적인 압박을 가하여 행정법상의 의무이행을 확보하는 간접강제수단을 말한다.

행정청은 법령에 따른 의무를 위반한 자의 성명·법인명, 위반사실, 의무 위반

을 이유로 한 처분사실 등(이하 "위반사실등"이라 한다)을 법률로 정하는 바에 따라 일
반에게 공표할 수 있다(행정절차법 제40조의3 제1항). 행정절차법은 '위반사실등의 공
표'의 근거법률이 아니고, '위반사실등의 공표'의 일반절차를 규정하고 있다. '위반
사실등의 공표' 즉 '법령에 따른 의무를 위반한 사실 등'의 공표만이 행정절차법의
적용대상이며 '위반사실등의 공표'가 아닌 정보제공적 공표는 행정절차법의 적용대
상이 아니다. 예를 들면, 법령에 따른 의무 위반에 관한 사실을 위반자를 특정하지
않고, 제재목적이 아니라 국민의 안전 등 공익목적을 적극적으로 실현하기 위해 정
보를 제공하는 것(예, 안전의무를 위반한 사실로 국민 일반에 위험을 야기하고 있는 사실을 국
민 일반에 경고하기 위해 공표하는 것)은 행정절차법상 '위반사실등의 공표'가 아니다.

환경보전을 위한 관계 법령 위반에 따른 행정처분 사실의 공표(환경정책기본법 제30조 제3항),
체납기간 1년 이상·2억 원 이상의 고액·상습세금체납자의 명단공개(국세징수법 제114조 제1항),
위반건축물표지의 설치(건축법 제79조 제4항, 동법 시행규칙 제40조)와 미성년자에 대한 성범죄자
(아동·청소년의 성보호에 관한 법률 제38조)의 등록정보의 공개가 그 예이다.

Ⅱ. 법적 근거

행정절차법은 '위반사실등의 공표'의 근거법률이 아니고, 행정법상의 의무위반
자의 명단을 공표하는 것은 그의 명예, 신용 또는 프라이버시에 대한 침해를 초래
하므로 법에 근거가 있는 경우에 한하여 가능하다.

Ⅲ. 한   계

법에 근거가 있는 경우에도 비례의 원칙에 따라 명예, 신용, 인격권 또는 프라
이버시권과 공표로 달성하고자 하는 공익 간에 이익형량을 하여 명단공표의 위법
여부를 판단하여야 한다(대판 1998. 7. 14, 96다17257: 수사기관이 피의사실을 공표함으로 명예
를 훼손당하였다고 국가배상을 청구한 사건).

행정청은 위반사실등의 공표를 하기 전에 사실과 다른 공표로 인하여 당사자
의 명예·신용 등이 훼손되지 아니하도록 객관적이고 타당한 증거와 근거가 있는지
를 확인하여야 한다(행정절차법 제40조의3 제2항).

행정청은 위반사실등의 공표를 하기 전에 당사자가 공표와 관련된 의무의 이
행, 원상 회복, 손해 배상 등의 조치를 마친 경우에는 위반사실등의 공표를 하지 아
니할 수 있다(행정절차법 제40조의3 제7항).

행정청은 공표된 내용이 사실과 다른 것으로 밝혀지거나 공표에 포함된 처분

이 취소된 경우에는 그 내용을 정정하여, 정정한 내용을 지체 없이 해당 공표와 같은 방법으로 공표된 기간 이상 공표하여야 한다. 다만, 당사자가 원하지 아니하면 공표하지 아니할 수 있다(행정절차법 제40조의3 제8항).

Ⅳ. 위반사실등의 공표절차

행정청은 위반사실등의 공표를 할 때에는 미리 당사자에게 그 사실을 통지하고 의견제출의 기회를 주어야 한다. 다만, 다음 각 호의 어느 하나에 해당하는 경우에는 그러하지 아니하다. 1. 공공의 안전 또는 복리를 위하여 긴급히 공표를 할 필요가 있는 경우, 2. 해당 공표의 성질상 의견청취가 현저히 곤란하거나 명백히 불필요하다고 인정될 만한 타당한 이유가 있는 경우, 3. 당사자가 의견진술의 기회를 포기한다는 뜻을 명백히 밝힌 경우(제40조의3 제3항).

제1항에 따른 위반사실등의 공표는 관보, 공보 또는 인터넷 홈페이지 등을 통하여 한다(제6항).

Ⅴ. 법적 성질

명단의 공표(결정)(병무청장이 병역법에 따라 병역의무 기피자의 인적사항 등을 인터넷 홈페이지에 게시한 것)는 항고소송의 대상인 **행정처분**에 해당한다(대판 2019. 6. 27, 2018두49130: 관할 지방병무청장의 공개 대상자 결정은 병무청장의 최종적인 결정에 앞서 이루어지는 행정기관 내부의 중간적 결정에 불과하다). 판례는 명단공표를 공권력 행사로 보면서도 공개라는 사실행위는 행정결정의 집행행위로 보고 있는 점에서 명단공표를 사실행위로 보지 않고 행정행위(일반처분)로 보고 있는 것으로 보인다(대판 2019. 6. 27, 2018두49130).

제 4 항   관허사업의 제한

Ⅰ. 의   의

관허사업이라 함은 사업을 하기 위해 반드시 행정관청의 허가를 받아야 하는 사업을 말한다.

관허사업의 제한이라 함은 행정법상의 의무를 위반하거나 불이행한 자에 대하여 각종 인·허가를 거부할 수 있게 함으로써 행정법상 의무의 준수 또는 의무의 이행을 확보하는 간접적 강제수단을 말한다.

Ⅱ. 종 류

관허사업의 제한에는 의무 위반사항과 관련이 있는 사업에 대한 것(관련관허사업의 제한)(예, 국세징수법 제112조의 국세체납자에 대한 관련 관허사업의 제한)과 의무 위반사항과 직접 관련이 없는 사업 일반에 대한 것(일반적 관허사업의 제한)(예, 병역법 제76조의 병역의무불이행자에 대한 관허사업의 제한)이 있다.

Ⅲ. 법적 근거

관허사업의 제한은 권익을 침해하는 권력적 행위이므로 법률의 근거가 있어야 한다.

Ⅳ. 성 질

관허사업의 제한은 의무불이행에 대한 제재적 처분의 성격을 갖기도 하지만, 기본적으로는 의무이행을 확보하기 위한 수단이다.

Ⅴ. 한 계

관허사업의 제한조치가 비례의 원칙, 부당결부금지의 원칙에 반하는지와 반하는 경우의 법적 효력이 문제된다.

1. 비례의 원칙

비례의 원칙은 헌법원칙이므로 관허사업의 제한이 비례의 원칙에 반하면 법률에 근거한 것이라도 위법하다.

2. 부당결부금지의 원칙

(1) 부당결부금지의 원칙 위반 여부

관허사업제한조치가 부당결부금지의 원칙에 반하는 경우라 함은 관허사업제한조치와 의무 위반 또는 의무불이행(달리 말하면 의무의 준수 또는 의무의 이행)이 실질적 관련이 없는 경우를 말한다.

의무불이행과 관련이 있는 관허사업의 제한(건축법 제79조의 관허사업의 제한)은 부당결부금지의 원칙에 반하지 않는다고 보는 것이 일반적 견해이다. 이에 반하여 의무불이행과 관련이 없는 관허사업의 제한이 부당결부금지의 원칙에 반하는지에 관하여는 견해의 대립이 있다. 의무불이행과 관련이 없는 관허사업의 제한(인·허가의 거부 또는 인허가 등의 취소 또는 정지)은 상호 별개의 행정목적을 갖는 것으로 보며 실질적 관련성을 부정하는 견해와 인허가는 의무불이행을 용인하는 결과를 가져온다는 점 및 행정기관은 행정목적의 달성을 위하여 상호 협력하여야 한다는 점에 근거하여 실질적 관련성을 인정하는 견해가 있다. 의무불이행과 관련이 없는 사업에 대한 관허사업의 제한은 실질적 관련성이 없다는 견해가 타당하다.

(2) 관허사업제한조치의 허용 여부

관허사업제한조치가 부당결부금지의 원칙에 반하는 경우에는 부당결부금지의 원칙이 헌법적 효력을 갖는지 아니면 법률적 효력을 갖는지에 따라 관허사업제한조치의 허용 여부가 결정된다.

부당결부금지의 원칙이 헌법적 효력을 갖는 원칙이라면 의무 위반 또는 의무불이행과 결부하여 관허사업제한조치를 할 수 있다는 명문의 규정이 있는 경우에도 부당결부금지의 원칙에 반하는 관허사업제한조치는 위법이 된다.

부당결부금지의 원칙이 법률적 효력만을 갖는 경우에는 법적 근거가 있는 한 그 관허사업제한조치는 그것이 공익목적을 위한 것인 한에서는 위법하지 않다고 보아야 한다.

전술한 바와 같이 부당결부금지의 원칙은 법률적 효력을 갖는다고 보는 것이 타당하므로 병역법상의 관허사업제한조치는 그 관허사업제한조치와 병역의무불이행 사이에 실질적 관련이 없다 하더라도 위법하다고 볼 것은 아니다.

Ⅵ. 권리구제

관허사업의 제한 중 인허가의 거부에 대하여는 거부처분 취소심판, 의무이행심판, 거부처분취소소송을 제기할 수 있고, 인허가의 철회에 대하여는 취소심판 또는 취소소송을 제기할 수 있다.

관허사업제한 요청행위가 항고소송의 대상이 되는 처분인가 하는 것이 문제된다. 요청행위는 비권력적 행위로서 권고의 성질을 가지므로 처분성을 부인하는 견해가 있지만, 요청을 받은 자는 특별한 이유가 없는 한 이에 응하도록 규정되어 있으므로 처분으로 보는 것이 타당하다.

제 5 항   시정명령

I. 의   의

시정명령은 행정법규 위반에 의해 초래된 위법상태를 제거하는 것을 명하는
행정행위이다. 시정명령은 강학상 하명에 해당한다. 시정명령을 받은 자는 시정의무
를 부담하게 되며 시정의무를 이행하지 않은 경우에는 행정강제(대집행, 직접강제 또는
집행벌)의 대상이 될 수 있고, 시정의무 위반에 대하여는 통상 행정벌이 부과된다.

II. 시정명령의 대상

시정명령의 대상은 원칙상 과거의 위반행위로 야기되어 현재에도 존재하는 위
법상태이다(대판 2010. 11. 11, 2008두20093). 그런데, 판례는 예외적으로 장래의 위반행위
도 시정명령의 대상으로 되는 것으로 보고 있다(대판 전원합의체 2003. 2. 20, 2001두5347).

〈판례〉독점규제 및 공정거래에 관한 법률에 의한 시정명령의 명확성 정도: 독점규제 및 공정거
래에 관한 법률에 의한 시정명령이 지나치게 구체적인 경우 매일 매일 다소간의 변형을 거치
면서 행해지는 수많은 거래에서 정합성이 떨어져 결국 무의미한 시정명령이 되므로 그 본
질적인 속성상 다소간의 포괄성·추상성을 띨 수밖에 없다 할 것이고, 한편 시정명령 제도를
둔 취지에 비추어 시정명령의 내용은 과거의 위반행위에 대한 중지는 물론 가까운 장래에 반복
될 우려가 있는 동일한 유형의 행위의 반복금지까지 명할 수는 있는 것으로 해석함이 상당하다
(대판 전원합의체 2003. 2. 20, 2001두534기의결저분취소청구]).
〈해설〉그러나, 시정명령은 과거의 위반행위로 인한 위법상태를 제거하여 적법질서를 회복
하기 위해 필요한 조치로 한정하여야 하고, 장래의 위반행위에 대한 금지는 입법에 의해 해
결하여야 할 것이다.

III. 적용법령

시정명령의 경우 행정법규위반 여부는 위반행위시법에 따라야 하지만, 시정명
령은 장래에 향하여 행해지는 적극적 행정행위이므로 원칙상 처분(시정명령)시법을
적용하여야 한다(시정명령을 제재처분으로 보지 않는 견해).

금지규정으로부터 작위의무, 즉 위반결과의 시정을 명하는 권한이 당연히 추론
(推論)되는 것이 아니다(대판 1996. 6. 28, 96누4374).

Ⅳ. 시정명령의 상대방

시정명령의 상대방은 시정명령을 이행할 수 있는 법적 권한이 있는 자로 보는 것이 타당하다. 이에 대하여 시정명령을 이행할 수 있는 법률상 또는 사실상의 지위에 있는 사람이어야 한다는 견해도 있다.

Ⅴ. 시정명령의 한계

시정명령은 명확하여야 하고 상대방이 이행가능한 것이어야 한다. 불명확하거나 이행불가능한 것을 요구하는 시정명령은 무효이다.

시정명령은 과거의 위반행위에 대한 중지는 물론 가까운 장래에 반복될 우려가 있는 동일한 유형의 행위의 반복금지를 내용으로 할 수 있다는 것이 판례의 입장이다(대판 전원합의체 2003. 2. 20, 2001두5347).

위법행위가 있었더라도 그 위법행위의 결과가 더 이상 존재하지 않는다면 시정의 대상이 없어진 것이므로 원칙상 시정명령을 할 수 없다(대판 2015. 12. 10, 2013두35013[시정명령취소]).

제 6 항 행정법규 위반에 대한 제재처분

Ⅰ. 행정기본법에서의 제재처분의 개념

행정기본법에서 "제재처분"이란 법령등에 따른 의무를 위반하거나 이행하지 아니하였음을 이유로 당사자에게 의무를 부과하거나 권익을 제한하는 처분을 말한다. 다만, 제30조 제1항 각 호에 따른 **행정상 강제**는 제외한다(행정기본법 제2조 제5호). 이러한 의미의 제재처분에는 법령위반을 이유로 하는 영업허가 취소 또는 영업정지, 과징금부과처분, 입찰참가제한처분, 제재적 성격을 갖는 시정명령, 법 위반사실의 공표, 변상금부과처분 등이 있다.

행정기본법에서의 제재처분에 해당하기 위해서는 다음의 요건을 충족하여야 한다. ① 법령등에 따른 의무를 위반하거나 이행하지 아니하였어야 한다. 행정의 상대방에게는 법령등을 준수할 의무가 있다고 볼 수도 있으므로 '법령등에 따른 의무 위반'에는 법령등 위반도 포함된다고 보아야 한다. ② **법령등에 따른 의무의 위반 또는 불이행**을 이유로 당사자에게 의무를 부과하거나 권익을 제한하는 처분이어야 한다.

③ '제재'의 성격을 갖는 것이어야 한다. 제재는 과거의 위반행위에 대한 것으로 과거회기적인 조치이다. 제재적 성격이 없는 처분은 행정기본법에서의 제재처분에 해당하지 않는다고 보아야 한다. ④ 제30조 제1항 각 호에 따른 **행정상 강제는 제외한다**. 행정상 강제는 성질상 장래에 향하여 행정목적을 달성하는 것에 중점이 있는 행정의 실효성 확보수단이므로 성질상 행정상 제재가 아닌 것으로 볼 수도 있다.

Ⅱ. 제재처분에 관한 입법

제재처분의 근거가 되는 법률에는 제재처분의 주체, 사유, 유형 및 상한을 명확하게 규정하여야 한다. 이 경우 제재처분의 유형 및 상한을 정할 때에는 해당 위반행위의 특수성 및 유사한 위반행위와의 형평성 등을 종합적으로 고려하여야 한다(행정기본법 제22조 제1항).

반복하여 같은 법규위반행위를 한 경우에는 가중된 제재처분을 하도록 규정하고 있는 경우가 적지 않다(예, 식품위생법 시행규칙 제89조 [별표 23]).

Ⅲ. 제재처분의 요건

① 제재처분이 적법하기 위해서는 **제재처분사유가 존재하여야** 하고, 제재처분이 재량행위인 경우에 **재량권의 일탈·남용이 없어야** 한다.

여러 처분사유에 관하여 하나의 제재처분을 하였을 때 그 중 일부가 인정되지 않는다고 하더라도 나머지 처분사유들만으로도 그 처분의 정당성이 인정되는 경우에는 그 처분을 위법하다고 보아 취소하여서는 아니 된다(대판 2017. 6. 15, 2015두2826 등 참조). 처분사유의 일부가 위법한 경우(처분사유가 일부 정당한 경우) 일부 정당한 처분사유로도 제재처분이 비례원칙에 위반하지 않으면 해당 제재처분은 적법하다고 보는 것이 판례의 입장이다.

행정청이 여러 개의 위반행위에 대하여 하나의 제재처분을 하였으나, **위반행위별로 제재처분의 내용을 구분하는 것이 가능**하고 여러 개의 위반행위 중 일부의 위반행위에 대한 제재처분 부분만이 위법하다면, 법원은 **제재처분 중 위법성이 인정되는 부분만 취소하여야** 하고 제재처분 전부를 취소하여서는 아니 된다(대판 2020. 5. 14, 2019두63515 ; 2020. 5. 14, 2019두63515).

동일한 사유로 다시 제재적 행정처분을 하는 것은 위법한 **이중처분**에 해당한다. 그러나, 제재처분을 변경하는 처분은 이중처분이 아니며 특별한 사정이 없는 한 제재처분의 효력이 유지되는 동안에는 가능하다.

법령위반에 대한 제재처분은 관할 행정청이 여러 가지 위반행위를 인지하였다면 명문의 규정이 없더라도 그 위반행위 전부에 대하여 일괄하여 하나의 제재처분을 하는 것이 원칙이다. 그리고, 관할 행정청이 여러 가지 위반행위 중 일부만 인지하여 제재처분을 하였는데 그 후 그 제재처분 시점 이전에 이루어진 다른 위반행위를 인지하여 이에 대하여 별도의 제재처분을 하게 되는 경우에도 종전 과징금 부과처분의 대상이 된 위반행위와 추가 과징금 부과처분의 대상이 된 위반행위에 대하여 일괄하여 하나의 과징금 부과처분을 하는 경우와의 형평을 고려하여 행정청이 전체 위반행위에 대하여 하나의 제재처분을 할 경우에 취할 정당한 제재처분에서 이미 취한 제재처분을 뺀 정도의 제재를 한도로 하여서만 추가 제재처분을 할 수 있다(대판 2021. 2. 4, 2020두48390 ; 2022. 9. 16, 2020두47021). 그러나, 위반행위 별로 제재처분을 부과하여야 하는 경우도 있다. 예를 들면, 구「중소기업 기술혁신 촉진법」상 복수의 연구개발과제에 각각의 참여제한사유가 있는 경우에는 연구개발과제별로 참여제한기간을 누적하여 처분할 수 있다(대판 2022. 7. 28, 2022두31822[환수금등취소처분의소]).

② 행정법규 위반에 대하여 가하는 제재조치(영업정지 등)는 행정목적의 달성을 위하여 행정법규 위반이라는 객관적 사실에 착안하여 가하는 제재이므로, 반드시 현실적인 행위자가 아니라도 법령상 책임자로 규정된 자에게 부과되고, 위반자의 의무 해태를 탓할 수 없는 정당한 사유가 있는 등의 특별한 사정이 없는 한 위반자에게 고의나 과실이 없다고 하더라도 부과될 수 있다(대판 2003. 9. 2, 2002두5177 ; 2021. 2. 25, 2020두51587). 다만, 위반자의 고의 또는 과실은 제재처분시 고려하여야 한다(행정기본법 제22조 제2항, 행정기본법 시행령 제3조 제1호).

③ 제재의 본질상 위반자의 의무 해태를 탓할 수 없는 정당한 사유가 있는 경우에는 제재처분을 할 수 없다(대판 2014. 12. 24, 2010두6700[부정당업자제재처분 등]). 달리 말하면 제재의 성격 및 비례의 원칙상 제재상대방에게 제재처분사유에 대해 제재처분을 할 수 없는 정당한 사유가 있으면 제재처분을 할 수 없다고 보아야 한다. 여기에서 '의무위반을 탓할 수 없는 정당한 사유'가 있는지를 판단할 때에는 본인이나 그 대표자의 주관적인 인식을 기준으로 하는 것이 아니라, 그의 가족, 대리인, 피용인 등과 같이 본인에게 책임을 객관적으로 귀속시킬 수 있는 관계자 모두를 기준으로 판단하여야 한다(대판 2021. 2. 25, 2020두51587[사업정지처분취소]).

Ⅳ. 제재처분시 고려사항

행정청은 재량이 있는 제재처분을 할 때에는 다음 각 호의 사항을 고려하여야 한다. 1. 위반행위의 동기, 목적 및 방법, 2. 위반행위의 결과, 3. 위반행위의 횟수, 4. 그 밖에 제1호부터 제3호까지에 준하는 사항으로서 대통령령(행정기본법 시행령 제3조)으로 정하는 사항(1. 위반행위자의 귀책사유 유무와 그 정도, 2. 위반행위자의 법 위반상태 시정·해소를 위한 노력 유무)(행정기본법 제22조 제2항).

V. 제재처분과 형벌의 병과

제재처분과 형벌은 각각 그 권력적 기초, 대상, 목적이 다르다. 일정한 법규 위반 사실이 제재처분의 전제사실이자 형사법규의 위반 사실이 되는 경우에 동일한 행위에 관하여 독립적으로 제재처분이나 형벌을 부과하거나 이를 병과할 수 있다. 법규가 예외적으로 형사소추 선행 원칙을 규정하고 있지 않은 이상 형사판결 확정에 앞서 일정한 위반사실을 들어 행정처분을 하였다고 하여 절차적 위반이 있다고 할 수 없다(대판 2017. 6. 19, 2015두59808).

VI. 제재처분의 제척기간

1. 제척기간의 적용대상인 제재처분

행정기본법 제23조의 제척기간의 적용대상은 '법령등의 위반행위에 대한 제재처분'인데, 행정기본법 제2조 제5호의 제재처분 중 '인허가의 정지·취소·철회, 등록 말소, 영업소 폐쇄와 정지를 갈음하는 과징금 부과'만에 한정된다.

2. 기산일 및 기간

제척기간의 기산일은 '법령등의 위반행위가 종료된 날'이다. 계속적 위반행위의 경우에는 그 위반행위가 종료된 날이다. 법령등의 위반행위(예, 건축법을 위반하는 건축행위)가 있은 후 그 위반상태(예, 건축법의 위반상태)가 여전히 계속되고 있는 경우에는 법령등의 위반행위가 종료된 것으로 볼 수 없으므로 제척기간은 진행되지 않는 것으로 보아야 한다(법제처, 행정기본법 해설서, 237면). **법령 위반으로 위법상태가 계속되는 경우 시정명령 및 과징금부과처분의 제척기간 기산점이 되는 위반행위 종료일은 위법상태가 종료된 때**라는 판례(대판 2022. 3. 17, 2019두35978) 등이 있다.

제척기간은 원칙상 기산일로부터 '5년'이다. 다만, 제척기간내의 제재처분에 대한 행정심판의 취소재결이나 법원의 취소·무효확인판결의 기속력에 따라 새로운 제재처분을 하는 경우에는 재결이나 판결이 확정된 날부터 1년(합의제행정기관은 2년)이 지나기 전까지는 그 취지에 따른 새로운 제재처분을 할 수 있다(행정기본법 제23조

제3항). 그리고. 다른 법률에서 제1항 및 제3항의 기간보다 짧거나 긴 기간을 규정하고 있으면 그 법률에서 정하는 바에 따른다(행정기본법 제23조 제4항).

그리고, 행정청은 제1항 및 제4항에도 불구하고 제1항 및 제4항에 따른 기간이 끝나기 전에 「행정절차법」 제21조에 따른 처분의 사전 통지로 제재처분의 절차(다른 법률에 그에 관한 특별한 규정이 있는 경우에는 해당 법률에 따른 제재처분의 절차를 포함한다)가 시작된 경우에는 제1항 또는 제4항에 따른 기간이 끝나는 날부터 1년이 지나기 전까지는 제재처분을 할 수 있다(행정기본법 개정안 제23조 제5항 신설).

3. 제척기간의 적용 및 효과

제척기간은 강행규정이므로 임의로 그 적용 여부를 결정할 수 없다. 그리고 제척기간의 경과 여부는 법원의 직권조사사항이므로 처분의 상대방이 제척기간의 경과를 주장하지 않더라도 법원은 직권으로 제척기간의 경과 여부를 조사하여 적용하여야 한다(법제처, 행정기본법 해설서, 230면).

제척기간이 경과하면 행정청은 법령등의 위반행위가 있었더라도 해당 제재처분을 할 수 없다.

4. 제척기간의 적용제외

다음 각 호의 어느 하나에 해당하는 경우에는 제척기간을 적용하지 아니한다. 1. 거짓이나 그 밖의 부정한 방법으로 인허가를 받거나 신고를 한 경우, 2. 당사자가 인허가나 신고의 위법성을 알고 있었거나 중대한 과실로 알지 못한 경우, 3. 정당한 사유 없이 행정청의 조사·출입·검사를 기피·방해·거부하여 제척기간이 지난 경우, 4. 제재처분을 하지 아니하면 국민의 안전·생명 또는 환경을 심각하게 해치거나 해칠 우려가 있는 경우(행정기본법 제23조 제2항).

제 7 항 그 밖의 행정의 실효성 확보수단

그 밖의 행정의 실효성 확보수단으로는 행정법규 위반자에 대한 국외여행제한, 행정법규 위반에 사용된 차량의 사용정지, 취업제한(병역법 제76조), 고액·상습체납자의 감치(국세징수법 제115조)와 행정법규위반행위신고포상금제 등이 있다.

제 9 장   행정절차

제 1 절   행정절차의 의의

행정절차라 함은 행정활동을 함에 있어서 거치는 사전통지, 의견청취, 이유제시
등 사전절차를 가리킨다.

행정절차는 행정의 절차적 통제, 행정에 대한 이해관계인 등 국민의 참여, 국민
의 권익에 대한 침해의 예방 등의 기능을 갖는다.

제 2 절   행정절차의 헌법적 근거

I. 적법절차의 원칙

적법절차의 원칙이라 함은 국가권력이 개인의 권익을 제한하는 경우에는 개인
의 권익을 보호하기 위한 적정한 절차를 거쳐야 한다는 원칙을 말한다.

적법절차의 원칙은 형사절차상의 영역에 한정되지 않고 입법, 행정 등 국가의
모든 공권력의 작용에도 적용된다(헌재 1992. 12. 24, 92헌가8).

II. 적법절차의 원칙과 행정절차

적법절차의 내용은 일률적으로 정해지는 것이 아니고 개별적 사안마다 적정한
절차가 결정되는 유동적인(flexible) 것이다.

적법절차는 헌법적 효력을 가지며 행정절차에도 적용되므로 만약에 **적법한 행
정절차규정이 없는 경우** 또는 절차규정이 적법절차의 원칙에 반하는 경우 적법절차의 원
칙이 **직접 적용**되어 적법한 절차에 따르지 않은 행정처분은 절차상 위법하게 된다.
예를 들면, 허가의 취소에 있어 적법절차의 원칙상 정식청문절차가 요구됨에도 정
식청문절차를 정하는 개별법규정이 없어 정식청문절차를 거치지 않고 의견제출의
기회만 주었다면 당해 허가취소는 절차상 하자가 있다.

제 3 절 행정절차법의 기본구조와 적용범위

Ⅰ. 행정절차법의 기본구조

행정절차법은 처분절차, 신고절차, 확약, 위반사실의 공표, 행정계획, 행정상 입법예고절차, 행정예고절차, 행정지도절차 등을 규율대상으로 하고 있다. 그 중에서 처분절차가 중심적인 내용이 되고 있다.

침해적 처분절차로는 사전통지, 의견청취를 규정하고 있다.

수익적 처분에 관하여는 처분의 신청, 처분의 처리기간에 관하여 일반적인 규정을 두고 있다.

처분 일반(수익적 처분과 부담적 처분)에 관하여는 처분기준의 설정·공표, 처분이유의 제시, 처분의 방식(문서주의), 처분의 정정, 고지에 관한 규정이 있다.

현행 행정절차법은 행정조사절차 및 행정계약절차는 규정하고 있지 않다.

행정입법절차도 입법안의 예고와 임의적 의견제출절차를 규정하고 있을 뿐이다. 또한 자료의 열람을 정식청문의 경우에 한하여 제한적으로 인정하고 있는 점도 문제점으로 지적되고 있다.

행정절차법은 주로 절차적 규정을 두고 있고, 아주 예외적으로만 실체법규정(신의성실의 원칙과 신뢰보호의 원칙 등)을 두고 있다.

Ⅱ. 행정절차법의 적용범위

행정절차법 제3조는 행정절차법의 적용범위를 규정하고 있다.

① 행정절차에 관하여 다른 법률에 특별한 규정이 있는 경우에는 행정절차법이 배제된다.

② 행정절차법은 다음의 1에 해당하는 사항에 대하여는 적용되지 아니한다. i) 국회 또는 지방의회의 의결을 거치거나 동의 또는 승인을 얻어 행하는 사항, ii) 법원 또는 군사법원의 재판에 의하거나 그 집행으로 행하는 사항, iii) 헌법재판소의 심판을 거쳐 행하는 사항, iv) 각급 선거관리위원회의 의결을 거쳐 행하는 사항, v) 감사원이 감사위원회의의 결정을 거쳐 행하는 사항, vi) 형사·행형 및 보안처분 관계법령에 의하여 행하는 사항, vii) 국가안전보장·국방·외교 또는 통일에 관한 사항 중 행정절차를 거칠 경우 국가의 중대한 이익을 현저히 해할 우려가 있는 사항, viii) 심사청구·해난심판·조세심판·특허심판·행정심판 기타 불복절차에 의한 사항, ix) 병역법에 의한 징집·소집, 외국인의 출입국·난민인정·귀화, 공무원 인사

관계법령에 의한 징계 기타 처분 또는 이해조정을 목적으로 법령에 의한 알선·조정·중재·재정 기타 처분 등 당해 행정작용의 성질상 행정절차를 거치기 곤란하거나 불필요하다고 인정되는 사항과 행정절차에 준하는 절차를 거친 사항으로서 대통령령으로 정하는 사항. 이에 따라 행정절차법 시행령 제2조는 행정절차법의 적용제외사항을 정하고 있다.

판례는 공무원 인사관계 법령에 의한 처분에 관한 사항 또는 '외국인의 출입국에 관한 사항'이라 하더라도 전부에 대하여 행정절차법의 적용이 배제되는 것이 아니라, 성질상 행정절차를 거치기 곤란하거나 불필요하다고 인정되는 처분이나 행정절차에 준하는 절차를 거치도록 하고 있는 처분의 경우에만 행정절차법의 적용이 배제되는 것으로 보아야 한다고 한다(대판 2007. 9. 21, 2006두20631 ; 2013. 1. 16, 2011두30687 ; 2019. 7. 11, 2017두38874).

〈판례〉 1. 별정직 공무원에 대한 직권면직의 경우에는 징계처분과 달리 징계절차에 관한 구 공무원징계령의 규정도 적용되지 않는 등 행정절차에 준하는 절차를 거치도록 하는 규정이 없으며, 이 사건 처분이 성질상 행정절차를 거치기 곤란하거나 불필요하다고 인정되는 처분에도 해당하지 아니하므로 구 행정절차법 제21조 제4항 제3호, 제22조 제4항에 따라 원고에게 사전통지를 하고, 의견제출의 기회를 주어야 한다(대판 2013. 1. 16, 2011두30687).
2. 구 국적법 제5조 각호와 같이 귀화는 성질상 행정절차를 거치기 곤란하거나 거칠 필요가 없다고 인정되어 처분의 이유제시 등을 규정한 행정절차법이 적용되지 않는다(대판 2018. 12. 13, 2016두31616[귀화불허결정취소]).

국가에 대한 행정처분을 함에 있어서도 사전 통지, 의견청취, 이유 제시와 관련한 행정절차법 제21조 내지 23조가 적용된다(대판 2023. 9. 21, 2023두39724[국가에 대한 텔레비전수신료부과처분취소]).

제 4 절 행정절차법의 내용

행정절차법은 한편으로는 모든 행정작용에 공통적으로 적용되는 사항 및 절차를 정하고, 다른 한편으로는 행정처분, 입법, 행정지도 등 행위형식별로 거쳐야 할 행정절차를 정하고 있다.

제1항 공통사항 및 공통절차

I. 신의성실 및 신뢰보호

행정청은 직무를 수행할 때 신의(信義)에 따라 성실히 하여야 한다(제4조 제1항).

행정청은 법령등의 해석 또는 행정청의 관행이 일반적으로 국민들에게 받아들여졌을 때에는 공익 또는 제3자의 정당한 이익을 현저히 해칠 우려가 있는 경우를 제외하고는 새로운 해석 또는 관행에 따라 소급하여 불리하게 처리하여서는 아니 된다(제4조 제2항)라고 규정하고 있다. 이 규정은 신뢰보호의 한 내용이라고 볼 수 있는 법령의 해석 또는 행정청의 관행에 대한 국민의 신뢰보호를 규정하면서 새로운 해석 또는 관행에 대한 신뢰보호의 한계에 대하여 규정하고 있다.

II. 투명성원칙과 법령해석요청권

행정청이 행하는 행정작용은 그 내용이 구체적이고 명확하여야 한다(제5조 제1항). 행정작용의 근거가 되는 법령 등의 내용이 명확하지 아니한 경우 상대방은 해당 행정청에 그 해석을 요청할 수 있으며 해당 행정청은 특별한 사유가 없으면 그 요청에 따라야 한다(제5조 제2항). 행정청은 상대방에게 행정작용과 관련된 정보를 충분히 제공하여야 한다(제3항).

누구든지 법령등의 내용에 의문이 있으면 법령을 소관하는 중앙행정기관의 장 (이하 "법령소관기관"이라 한다)과 자치법규를 소관하는 지방자치단체의 장에게 법령해석을 요청할 수 있다(행정기본법 제40조 제1항). 법령 소관 행정기관의 법령해석을 유권해석이라 한다.

법령소관기관이나 법령소관기관의 해석에 이의가 있는 자는 대통령령으로 정하는 바에 따라 법령해석업무를 전문으로 하는 기관(민사법, 형사법의 경우 법무부, 그 밖의 법의 경우 법제처)에 법령해석을 요청할 수 있다(행정기본법 제40조 제3항).

III. 행정청의 관할

행정절차법은 관할 행정청에의 이송제도와 행정청의 관할의 결정에 관한 규정을 두고 있다(제6조).

Ⅳ. 행정청간의 협조의무 및 행정응원

1. 행정청간의 협조의무

행정청은 행정의 원활한 수행을 위하여 서로 협조하여야 한다(제7조).

2. 행정응원

행정절차법은 행정응원에 관한 규정을 두고 있다(제8조).

Ⅴ. 행정절차법상 '당사자 등'

행정절차법상 '당사자 등'이라 함은 행정청의 처분에 대하여 직접 그 상대가 되는 당사자와 행정청이 직권으로 또는 신청에 따라 행정절차에 참여하게 한 이해관계인을 말한다(제2조 제4호).

Ⅵ. 행정절차에서 변호인의 조력을 받을 권리

기본권으로서의 변호인의 조력을 받을 권리는 원칙상 형사절차에서 보장되고, 행정절차에서는 원칙상 변호인의 조력을 받을 권리가 기본권으로 보장되지는 않는다. 다만, 헌법 제12조 제4항 본문에 규정된 피구속인의 변호인의 조력을 받을 권리는 행정절차에도 적용된다(헌재 2018. 5. 31. 2014헌마346: 인천국제공항 송환대기실에 수용된 난민에게 변호인의 조력을 받을 권리를 인정한 사례). 그리고, 법령에서 행정절차에서 변호인 등 전문가의 조력을 받을 권리를 규정하는 것은 가능하다. 예를 들면, 행정조사기본법 제23조 제2항은 "조사대상자는 법률·회계 등에 대하여 전문지식이 있는 관계 전문가로 하여금 행정조사를 받는 과정에 입회하게 하거나 의견을 진술하게 할 수 있다."고 규정하고 있고, 행정절차법 제12조 제1항에 따르면 당사자등은 변호인 등을 대리인으로 선임할 수 있다. 다만, 대리인이 선임된 경우에도 진술 당사자 본인의 진술이 필요한 경우에는 헌법과 법률에 반하지 않는 한 변호인에 의한 대리진술을 인정하지 않는 것도 가능하다고 보아야 한다.

Ⅶ. 송   달

행정절차법은 제14조부터 제16조까지 행정기관의 송달에 대하여 규정하고 있는데, 이에 관하여는 행정행위의 효력발생시기와 관련하여 전술하였다.

제 2 항   처분절차

행정절차법상 '**처분**'이라 함은 '행정청이 행하는 구체적 사실에 관한 법집행으로서의 공권력의 행사 또는 그 거부와 그 밖에 이에 준하는 행정작용'을 말한다(제2조제2호).

처분절차에 관한 행정절차법의 규정에는 한편으로 침해적 처분과 수익적 처분에 공통적으로 적용되는 규정이 있고, 다른 한편으로 신청에 의한 처분 또는 침해적 처분에만 적용되는 규정이 있다. 처분기준의 설정·공표, 이유제시, 처분의 방식, 고지 등은 공통절차이고, 신청절차는 신청에 의한 처분절차를 규율하는 절차이며 의견진술절차는 원칙상 침해적 처분절차를 규율하는 절차이다.

I. 공통절차 및 공통사항

1. 처분기준의 설정·공표

(1) 처분기준 공표의 의의

처분기준의 설정·공표는 행정청의 자의적인 권한행사를 방지하고 행정의 통일성을 기하며 처분의 상대방에게 예측가능성을 부여하기 위하여 요청된다.

(2) 처분기준의 설정·공표의무

행정절차법은 제20조에서 행정청의 처분기준의 설정·공표에 관하여 규정하고 있다. 행정청은 필요한 처분기준을 해당 처분의 성질에 비추어 되도록 구체적으로 정하여 공표하여야 한다. 처분기준을 변경하는 경우에도 또한 같다(제1항). 「행정기본법」 제24조에 따른 인허가의제 처분의 경우 관련 인허가 행정청은 관련 인허가의 처분기준을 주된 인허가 행정청에 제출하여야 하고, 주된 인허가 행정청은 제출받은 관련 인허가의 처분기준을 통합하여 공표하여야 한다. 처분기준을 변경하는 경우에도 또한 같다(제2항). 다만, 제1항에 따른 처분기준을 공표하는 것이 해당 처분의 성질상 현저히 곤란하거나 공공의 안전 또는 복리를 현저히 해치는 것으로 인정될 만한 상당한 이유가 있는 경우에는 처분기준을 공표하지 아니할 수 있다(제3항).

처분기준에는 법령과 행정규칙(재량준칙, 해석규칙 등)이 있다. 인공지능에 따른 처분의 경우 알고리즘은 처분의 기준을 포함하므로 처분의 기준에 해당하는 부분은 공표하여야 한다. 법령에서 이미 구체적인 처분기준이 설정되어 있는 경우에는 처분기준을 행정규칙으로 제정할 의무는 없다.

처분기준의 설정의무는 모든 행정권 행사에 인정되며 재량행위뿐만 아니라 기속행위에도 적용된다.

(3) 설정·공표의무 위반의 효과

처분기준을 설정하여야 함에도 설정하지 않거나 설정된 처분기준이 구체적이지 못한 경우 그리고 처분기준을 공표하지 않는 경우에 그 하자는 관련 행정처분의 독립된 취소사유가 될 것인가에 대하여는 논란의 여지가 있다.

판례에 따르면 행정청이 행정절차법 제20조 제1항의 처분기준 사전공표 의무를 위반하여 미리 공표하지 아니한 기준을 적용하여 처분을 하였다고 하더라도, 그러한 사정만으로 곧바로 해당 처분에 취소사유에 이를 정도의 흠이 존재한다고 볼 수는 없다(부정설). 다만 해당 처분에 적용한 기준이 상위법령의 규정이나 신뢰보호의 원칙 등과 같은 법의 일반원칙을 위반하였거나 객관적으로 합리성이 없다고 볼 수 있는 구체적인 사정이 있다면 해당 처분은 위법하다고 평가할 수 있다(대판 2020. 12. 24, 2018두45633).

(4) 처분기준에 대한 당사자 등의 해석·설명요청권

당사자 등은 공표된 처분기준이 명확하지 아니한 경우 해당 행정청에 그 해석 또는 설명을 요청할 수 있다. 이 경우 해당 행정청은 특별한 사정이 없으면 그 요청에 따라야 한다(제20조 제3항).

(5) 처분기준의 구속력과 신뢰보호

처분기준이 해석규칙, 재량준칙 등 행정규칙인 경우 처분기준의 구속력은 행정규칙의 구속력의 문제가 된다.

자기구속의 법리의 요건이 충족되면 자기구속의 법리에 따라 처분기준은 대외적 구속력을 갖게 된다.

자기구속의 법리가 인정되지 않는 경우에도 행정기준을 신뢰한 국민의 신뢰는 보호되어야 한다. 특히, 행정절차법 제20조 제3항에 따라 당사자의 요청에 따라 주어진 처분기준의 해석 또는 설명에 대한 당사자의 신뢰는 강하게 보호되어야 한다.

2. 처분의 이유제시

(1) 처분의 이유제시의 의의

이유제시(理由提示)라 함은 행정청이 처분을 함에 있어 처분의 근거와 이유를 제시하는 것을 말한다.

처분의 근거 및 이유제시 제도의 취지는 행정청의 자의적 결정을 배제하고 당사자로 하여금 행정구제절차에서 적절히 대처할 수 있도록 하는 것이다(대판 2019.

1. 31, 2016두64975).

(2) 이유제시의무 대상처분

행정절차법은 원칙상 모든 행정처분에 있어서 처분의 근거와 이유를 제시하도록 하고 있다. 다만, 다음의 어느 하나에 해당하는 경우 이유제시의무가 면제되고 있다: ① 신청 내용을 모두 그대로 인정하는 처분인 경우, ② 단순·반복적인 처분 또는 경미한 처분으로서 당사자가 그 이유를 명백히 알 수 있는 경우, ③ 긴급히 처분을 할 필요가 있는 경우(제23조 제1항). 그러나, 행정청은 제1항 제2호 및 제3호의 경우에 처분 후 당사자가 요청하는 경우에는 그 근거와 이유를 제시하도록 하고 있다(제2항).

(3) 이유제시의무의 내용

이유제시의무가 있는 경우 행정청은 당사자에게 처분의 근거와 이유를 제시하여야 한다(제23조 제1항 본문). 이 경우 행정청은 처분의 원인이 되는 사실과 근거가 되는 법령 또는 자치법규의 내용을 구체적으로 명시하여야 한다(행정절차법 시행령 제14조의2).

행정청은 처분의 주된 법적 근거 및 사실상의 사유를 어떠한 근거와 이유로 처분이 이루어진 것인지를 충분히 알 수 있을 정도로 명확하고 구체적으로 제시하여야 한다. 법적 근거는 적용법조를 구체적으로 제시하여야 하며 사실상의 사유는 처분의 합리성을 판단할 수 있을 정도로 구체적으로 제시하여야 한다. 처분의 사실상의 사유가 추상적으로만 제시된 경우와 같이 처분의 이유제시가 불충분한 경우에는 이유제시의무를 이행한 것이 되지 않는다.

다만, 처분을 하면서 당사자가 그 근거를 알 수 있을 정도로 이유를 제시한 경우(즉 처분서에 기재된 내용과 관계 법령 및 당해 처분에 이르기까지의 전체적인 과정 등을 종합적으로 고려하여, 처분 당시 당사자가 어떠한 근거와 이유로 처분이 이루어진 것인지를 충분히 알 수 있어서 그에 불복하여 행정구제절차로 나아가는 데 별다른 지장이 없었다고 인정되는 경우)에는 처분의 근거와 이유를 구체적으로 명시하지 않았더라도 그로 말미암아 그 처분이 위법하다고 볼 수는 없다(대판 2019. 1. 31, 2016두64975).

(4) 이유제시의 하자

이유제시의 하자란 행정청이 처분이유를 제시하여야 함에도 처분이유를 전혀 제시하지 않거나 불충분하게 제시한 경우를 말한다.

이유제시의무가 있는 경우 이유제시는 원칙상 처분과 동시에 행하여야 한다. 처분후 이유제시를 할 수 있는가는 하자의 치유문제이다.

이유제시의 하자는 무효사유와 취소사유의 구별기준에 따라 무효인 하자나 취소할 수 있는 하자가 된다.

판례는 이유제시의 하자를 통상 취소사유로 보고 있다(대판 1985. 4. 9, 84누431).

3. 처분의 방식(문서주의)

행정청이 처분을 할 때에는 다른 법령 등에 특별한 규정이 있는 경우를 제외하고는 문서로 하여야 하며, 당사자등의 동의가 있는 경우 또는 당사자가 전자문서로 처분을 신청한 경우에는 전자문서로 할 수 있다(제24조 제1항). 제1항에도 불구하고 공공의 안전 또는 복리를 위하여 긴급 처리할 필요가 있거나 사안이 경미한 경우에는 말, 전화, 휴대전화를 이용한 문자 전송, 팩스 또는 전자우편 등 문서가 아닌 방법으로 처분을 할 수 있다. 이 경우 당사자가 요청하면 지체없이 처분에 관한 문서를 주어야 한다(제24조 제1항). 처분을 하는 문서에는 그 처분 행정청과 담당자의 소속·성명 및 연락처(전화번호·팩스번호·전자우편주소 등을 말한다)를 적어야 한다(제2항).

4. 처분의 정정

행정청은 처분에 오기, 오산 그 밖에 이에 준하는 명백한 잘못이 있을 때에는 직권으로 또는 신청에 따라 지체 없이 정정하고 그 사실을 당사자에게 통지하여야 한다(제25조).

5. 행정심판 및 행정소송관련 사항의 고지

행정청이 처분을 할 때에는 당사자에게 그 처분에 관하여 행정심판 및 행정소송을 제기할 수 있는지 여부, 그 밖에 불복을 할 수 있는지 여부, 청구절차 및 청구기간 그 밖에 필요한 사항을 알려야 한다(제26조).

Ⅱ. 신청에 의한 처분의 절차

1. 처분의 신청

행정청에 대하여 처분을 구하는 신청은 문서로 하여야 한다. 다만, 다른 법령 등에 특별한 규정이 있는 경우와 행정청이 미리 다른 방법을 정하여 공시한 경우에는 그러하지 아니하다(제17조 제1항).

2. 신청의 접수 및 신청서의 보완

행정청은 신청을 받았을 때에는 다른 법령 등에 특별한 규정이 있는 경우를 제외하고는 그 접수를 보류 또는 거부하거나 부당하게 되돌려 보내서는 아니 되며,

신청을 접수한 경우에는 신청인에게 접수증을 주어야 한다. 다만, 대통령령으로 정하는 경우에는 접수증을 주지 아니할 수 있다(제17조 제4항). 물론 행정청이 접수의무, 보완의무를 지는 것은 행정청에게 신청에 대한 처분의무가 있는 경우, 달리 말하면 신청자에게 신청권이 있는 경우이다.

행정청은 신청에 **구비서류의 미비 등 흠이 있는 경우**에는 보완에 필요한 상당한 기간을 정하여 지체 없이 신청인에게 **보완을 요구하여야 한다**(제5항). 행정청은 신청인이 제5항에 따른 기간 내에 보완을 하지 아니하였을 때에는 그 이유를 구체적으로 밝혀 접수된 신청을 되돌려 보낼 수 있다(제6항). 행정청의 보완요구사유가 정당하지 않다고 판단하는 경우에 신청자는 신청서의 반려를 거부처분으로 보고 거부처분의 취소를 청구할 수 있다.

행정청은 신청인의 편의를 위하여 다른 행정청에 신청을 접수하게 할 수 있다. 이 경우 행정청은 다른 행정청에 접수할 수 있는 신청의 종류를 미리 정하여 공시하여야 한다(제7항).

신청인은 처분이 있기 전에는 그 신청의 내용을 보완·변경하거나 취하할 수 있다. 다만, 다른 법령 등에 특별한 규정이 있거나 그 신청의 성질상 보완·변경하거나 취하할 수 없는 경우에는 그러하지 아니하다(제8항). '당해 신청의 성질상 보완·변경하거나 취하할 수 없는 경우'란 어떠한 경우를 가리키는가. 예를 들면 선원주의가 적용되는 경우에서와 같이 신청의 내용을 보완 또는 변경하는 것으로 인하여 제3자의 권익에 침해를 가져오는 경우(경원관계에서 선원주의가 적용되는 경우)에는 보완 또는 변경을 인정할 수 없을 것이다.

3. 신청의 처리

(1) 다수의 행정청이 관여하는 처분의 신속처리의무

행정청은 다수의 행정청이 관여하는 처분을 구하는 신청을 접수한 경우에는 관계 행정청과의 신속한 협조를 통하여 당해 처분이 지연되지 아니하도록 하여야 한다(제18조).

(2) 처리기간

행정청은 신청인의 편의를 위하여 처분의 처리기간을 종류별로 미리 정하여 공표하여야 한다(제19조 제1항).

행정청이 설정·공표한 처리기간은 부작위의 인정에 있어서 일응의 판단기준이 될 수는 있지만 절대적인 기준은 되지 않는다고 보아야 한다. 설정·공표된 처리기간이 부당히 긴 경우에는 신청으로부터 합리적인 기간이 지난 후에 처분이 없으면 부작위가 된다고 보아야 한다. 그리고, 처리기간의 연장제도에 비추어 볼 때 처리기간을 연장함이 없이 설정·공표된 처리기간 내에 처리를 하지 않은 경우에는 특별한 사정이 없는 한 부작위가 성립된다고 보아야 할 것이다.

Ⅲ. 침해적 처분(권익제한·의무부과처분)의 절차: 의견진술절차

행정절차법은 당사자에게 의무를 부과하거나 권익을 제한하는 처분(이하 '침해적 처분'이라 한다)에 대하여 사전통지, 의견제출기회의 부여 등 의견진술절차(의견청취절차)를 규정하고 있다.

1. 의견진술절차의 의의

행정처분을 함에 있어서 이해관계인에게 의견진술의 기회를 주는 것은 행정절차의 핵심적 요소이다.

행정처분의 상대방 등 이해관계인에게 행정처분 전에 의견진술의 기회를 주는 행정절차를 이해관계인의 입장에서 보면 의견진술절차라고 할 수 있고, 행정청의 입장에서 보면 의견청취절차라고 할 수 있다. 행정절차법은 법 제22조에서 의견청취라는 이름하에 의견제출, 청문, 공청회를 규정하고 있다.

2. 의견진술절차의 종류

의견진술절차(의견청취절차)에는 의견제출, 청문, 공청회가 있다.

3. 의견제출절차

(1) 의   의

의견제출이라 함은 "행정청이 어떠한 행정작용을 하기 전에 당사자 등이 의견을 제시하는 절차로서 청문이나 공청회에 해당하지 아니하는 절차"를 말한다(제2조 제7호). 즉, 의견제출이라 함은 행정청이 어떠한 행정작용을 하기에 앞서 당사자 등이 단순하게 의견을 제시하는 절차를 말한다. 청문에 비하여 절차가 간단한 절차이다. 이러한 점에서 의견제출절차를 '약식 의견진술절차'라고 할 수 있다.

(2) 의견제출절차의 인정범위

행정절차법은 '당사자에게 의무를 부과하거나 권익을 제한하는 처분'에 한하여 그리고 '당사자 등'에 대해서만 그리고, 법상 의견제출이 면제되는 경우(청문이나 공청회를 실시하는 경우 등)가 아닌 경우 의견제출의 기회를 주어야 하는 것으로 규정하고 있다(제22조 제3항).

1) 사전통지 · 의견제출절차의 대상이 되는 처분

'당사자에게 의무를 부과하거나 권익을 제한하는 처분'에 한하여 의견제출절차가 인정된다.

'권익을 제한하는 처분'이라 함은 수익적 행정행위의 취소 또는 정지처분 등을 말하고, '의무를 부과하는 처분'이라 함은 조세부과처분, 시정명령과 같이 행정법상의 의무를 부과하는 처분을 말한다.

'고시' 등 불특정 다수인을 상대로 의무를 부과하거나 권익을 제한하는 처분은 성질상 의견제출의 기회를 주어야 하는 상대방을 특정할 수 없으므로, 이와 같은 처분에 있어서는 그 상대방에게 의견제출의 기회를 주어야 하는 것은 아니다(대판 2014. 10. 27, 2012두7745[상대가치점수인하고시처분취소]: 보건복지부장관의 국민건강보험법령상 요양급여의 상대가치점수 변경 또는 조정고시처분시 상대방에게 의견제출의 기회를 주지 않아도 된다고 한 사례).

판례는 특별한 사정이 없는 한 신청에 대한 거부처분은 직접 당사자의 권익을 제한 하는 것은 아니어서 신청에 대한 거부처분을 여기에서 말하는 '당사자의 권익을 제한하는 처분'에 해당한다고 할 수 없는 것이어서 **처분의 사전통지대상이 되지 않는다** 고 본다(대판 2003. 11. 28, 2003두674).

행정절차법상의 사전통지, 의견진술기회의 부여 등은 '당사자(처분의 상대방)에게' 의무를 부과하거나 권익을 제한하는 처분에 한한다. 따라서 상대방에게 이익이 되며 제3자의 권익을 침해하는 이중효과적 행정행위에서 이해관계 있는 제3자에게 행정절차법상의 사전통지, 의견제출기회 등의 절차가 적용되지 않는다.

2) 의견제출절차가 면제되는 경우

법상 의견제출이 면제되는 경우라 함은 청문이나 공청회를 실시하는 경우, 제21조 제4항 및 제22조 제4항에 의해 사전통지 및 의견청취가 면제되는 경우를 말한다.

다음에 해당하는 경우에는 사전통지를 아니할 수 있고, 이에 따라 의견청취의무도 면제된다: ① 급박한 위해의 방지 및 제거 등 공공의 안전 또는 복리를 위하여 긴급한 처분이 필요한 경우, ② 법원의 재판 또는 준사법적 절차를 거치는 행정기관의 결정 등에 따라 처분의 전제가 되는 사실이 객관적으로 증명되어 처분에 따른 의견청취가 불필요하다고 인정되는 경우, ③ 의견청취의 기회를 줌으로써 처분의 내용이 미리 알려져 현저히 공익을 해치는 행위를 유발할 우려가 예상되는 등 해당 처분의 성질상 의견청취가 현저하게 곤란한 경우, ④ 법령 또는 자치법규(이하 "법령등"이라 한다)에서 준수하여야 할 기술적 기준이 명확하게 규정되고, 그 기준에 현저히 미치지 못하는 사실을 이유로 처분을 하려는 경우로서 그 사실이 실험, 계측, 그 밖에 객관적인 방법에 의하여 명확히 입증된 경우, ⑤ 법령 등에서 일정한 요건에 해당하는 자에 대하여 점용료·사용료 등 금전급부를 명하는 경우 법령 등에서 규정하는 요건에 해당함이 명백하고, 행정청의 금액산정에 재량의 여지가 없거나 요율이 명확하게 정하여져 있는 경우 등 해당 처분의 성질상 의견청취가 명백히 불필요하다고 인정될 만한 상당한 이유가 있는 경우(행정절차법 제22조 제4항, 동법 시행령 제13조).

〈판례〉 (1) '의견청취가 현저히 곤란하거나 명백히 불필요하다고 인정될 만한 상당한 이유가 있는 경우'에 해당하는지는 해당 행정처분의 성질에 비추어 판단하여야 하며, 처분상대방이 이미 행정청에 위반사실을 시인하였다거나 처분의 사전통지 이전에 의견을 진술할 기회가 있었다는 사정을 고려하여 판단할 것은 아니다. (2) 현장조사에서 원고가 위반사실을 시인하였다거나 위반경위를 진술하였다는 사정만으로는 행정절차법 제21조 제4항 제3호가 정한 '의견청취가 현저히 곤란하거나 명백히 불필요하다고 인정될 만한 상당한 이유가 있는 경우'로서 처분의 사전통지를 하지 아니하여도 되는 경우에 해당한다고 볼 수도 없다(대판 2016. 10. 27, 2016두41811).

행정절차법 제21조 제4항에 따라 사전 통지를 하지 아니하는 경우 행정청은 처분을 할 때 당사자등에게 통지를 하지 아니한 사유를 알려야 한다. 다만, 신속한 처분이 필요한 경우에는 처분 후 그 사유를 알릴 수 있다(제21조 제6항).

또한, 당사자가 의견진술의 기회를 포기한다는 뜻을 명백히 표시한 경우에는 의견청취를 아니할 수 있다(제22조 제4항).

또한, 청문을 실시하거나 공청회를 개최하는 경우에는 당사자 등에게 의견제출의 기회를 주지 아니할 수 있다(제22조 제3항).

3) 위반사실등의 공표

행정청은 위반사실등의 공표를 할 때에는 미리 당사자에게 그 사실을 통지하고 의견제출의 기회를 주어야 한다. 다만, 다음 각 호의 어느 하나에 해당하는 경우에는 그러하지 아니하다. 1. 공공의 안전 또는 복리를 위하여 긴급히 공표를 할 필요가 있는 경우, 2. 해당 공표의 성질상 의견청취가 현저히 곤란하거나 명백히 불필요하다고 인정될 만한 타당한 이유가 있는 경우, 3. 당사자가 의견진술의 기회를 포기한다는 뜻을 명백히 밝힌 경우(제40조의2 제3항).

(3) 의견제출자(사전통지의 상대방): '당사자 등'

① 행정절차법은 행정절차법 제2조 제4호 소정의 '당사자 등'에 대하여만 사전통지 및 의견제출에 대한 권리를 부여하고 있다. 행정절차법 제2조 제4호의 '당사

자 등'이라 함은 행정청의 처분에 대하여 직접 그 상대가 되는 당사자와 행정청이 직권으로 또는 신청에 따라 행정절차에 참여하게 한 이해관계인을 말한다.

② **당사자**라 함은 처분의 상대방을 말한다. 다만, 판례는 영업자지위승계신고를 수리하는 처분은 종전의 영업자의 권익을 제한하는 처분이라 할 것이고 따라서 종전의 영업자는 그 처분에 대하여 직접 그 상대가 되는 자 즉 당사자에 해당한다고 본다(대판 2003. 2. 14, 2001두7015).

③ 이 경우에 '**이해관계인**'이란 처분에 의하여 법률상 또는 사실상의 영향을 받는 자를 말한다. 행정절차법상 의견제출을 할 수 있는 이해관계인은 "행정청이 직권으로 또는 신청에 따라 행정절차에 참여하게 한 자"에 한정된다. 왜냐하면, 행정절차법 제2조 제4호가 '당사자 등'을 "행정청의 처분에 대하여 직접 그 상대가 되는 당사자와 행정청이 직권으로 또는 신청에 따라 행정절차에 참여하게 한 이해관계인"이라고 정의하고 있기 때문이다.

(4) 처분의 사전통지

사전통지는 의견진술(청취)의 전치절차이다(제21조).

1) 사전통지사항

행정청은 당사자에게 의무를 과하거나 권익을 제한하는 처분을 하는 경우에는 미리 다음의 사항을 당사자 등에게 통지하여야 한다. ① 처분의 제목, ② 당사자의 성명 또는 명칭과 주소, ③ 처분하려는 원인이 되는 사실과 처분의 내용 및 법적 근거, ④ 제3호에 대하여 의견을 제출할 수 있다는 뜻과 의견을 제출하지 아니하는 경우의 처리방법, ⑤ 의견제출기관의 명칭과 주소, ⑥ 의견제출기한, ⑦ 그 밖에 필요한 사항(제21조 제1항).

2) 사전통지기간

행정청은 의견제출의 준비에 필요한 기간을 10일 이상으로 주어 통지하여야 한다(제21조 제3항).

(5) 문서열람청구

당사자등은 처분의 사전 통지가 있는 날부터 의견제출기한까지 행정청에 해당 사안의 조사결과에 관한 문서와 그 밖에 해당 처분과 관련되는 문서의 열람 또는 복사를 요청할 수 있다. 이 경우 행정청은 다른 법령에 따라 공개가 제한되는 경우를 제외하고는 그 요청을 거부할 수 없다(행정절차법 제37조 제1항).

(6) 의견제출의 방식

당사자 등은 처분 전에 그 처분의 관할 행정청에 서면이나 말로 또는 정보통신망을 이용하여 의견제출을 할 수 있다(제27조 제1항).

당사자 등이 정당한 이유 없이 의견제출기한까지 의견제출을 하지 아니한 경우에는 의견이 없는 것으로 본다(제4항).

행정청은 처분을 할 때에 당사자 등이 제출한 의견이 상당한 이유가 있다고 인정하는 경우에는 이를 반영하여야 한다(제27조의2 제1항). 다만, 제출된 의견이 법적으로 행정청을 기속하지는 않는다(대판 1995. 12. 22, 95주30 참조). 행정청은 당사자등이 제출한 의견을 반영하지 아니하고 처분을 한 경우 당사자등이 처분이 있음을 안 날부터 90일 이내에 그 이유의 설명을 요청하면 서면으로 그 이유를 알려야 한다. 다만, 당사자등이 동의하면 말, 정보통신망 또는 그 밖의 방법으로 알릴 수 있다(제2항).

(7) 의견제출절차의 하자의 효력

판례는 의견제출절차의 하자를 원칙상 취소사유라고 본다(대판 2000. 11. 14, 99두5870).

4. 청문절차

(1) 의   의

청문이라 함은 당사자 등의 의견을 들을 뿐만 아니라 증거를 조사하는 의견진술절차를 말한다(제2조 제5호).

(2) 인정범위

행정청이 처분을 할 때 다음의 어느 하나에 해당하는 경우에는 청문을 한다(제22조 제1항). ① 인허가 등의 취소, 신분·자격의 박탈, 법인이나 조합 등의 설립허가의 취소시 및 다른 법령등에서 청문을 하도록 규정하고 있는 경우(의무적 청문), ② 행정청이 필요하다고 인정하는 경우(임의적 청문).

조례로 청문대상을 확대하고 있는 경우(예, 경기도 청문실시에 관한 조례, 제주도 청문조례)가 있다.

다만, 제21조 제4항 각 호의 어느 하나에 해당하는 경우(사전통지가 면제되는 경우)와 당사자가 의견진술의 기회를 포기한다는 뜻을 명백히 표시한 경우에는 의견청취를 아니할 수 있다(제22조 제4항).

(3) 사전통지

행정청은 청문을 하려면 청문이 시작되는 날부터 **10일 전**까지 다음의 사항을 당사자등에게 통지하여야 한다(제21조 제2항). ① 처분의 제목, ② 당사자의 성명 또는 명칭과 주소, ③ 처분하려는 원인이 되는 사실과 처분의 내용 및 법적 근거, ④

청문주재자의 소속·직위 및 성명, ⑤ 청문의 일시 및 장소, ⑥ 청문에 응하지 아니하는 경우의 처리방법, ⑥ 그 밖에 필요한 사항.

〈판례〉1. 행정청이 영업정지처분을 함에 있어 식품위생법시행령 제37조 제1항 소정의 청문서 도달기간인 7일(현행법에서는 10일)을 준수하지 아니한 채 청문서를 청문일로부터 5일 전에야 발송하였다면 처분을 함에 있어서 취한 위 청문절차는 위법하며, 위법한 청문절차를 거쳐 내린 위 영업정지처분 역시 위법하다(대판 1992. 2. 11, 91누11575).
2. 행정청이 청문서 도달기간을 다소 어겼다하더라도 영업자가 이에 대하여 이의하지 아니한 채 스스로 청문일에 출석하여 그 의견을 진술하고 변명하는 등 방어의 기회를 충분히 가졌다면 청문서 도달기간을 준수하지 아니한 하자는 치유되었다고 봄이 상당하다(대판 1992. 10. 23, 92누2844).

(4) 청문절차의 내용

1) 행정절차법상 청문절차규정의 의의

① 개별법령의 청문절차가 행정절차법상의 청문절차보다 엄격한 한도 내에서는 개별법령의 청문절차가 우선적으로 적용되지만 그렇지 않은 경우에는 행정절차법에 따라 청문이 행해지는 것이 타당할 것이다. 왜냐하면, 행정절차법상의 청문절차는 국민의 중요한 권익에 대한 중대한 침해를 가져오는 처분에 있어서 적법절차의 원칙에 비추어 요구되는 최소한의 절차를 규정하고 있다고 보아야 하기 때문이다.

② 청문의 실시를 규정하는 개별법에서 특별한 청문절차를 규정하고 있지 않은 경우에는 행정절차법상의 청문절차가 적용된다.

2) 행정절차법상 청문절차의 내용

가. 청문주재자   행정청은 소속 직원 또는 대통령령으로 정하는 자격을 가진 사람 중에서 청문주재자를 공정하게 선정하여야 한다(제28조 제1항). 소속직원 이외의 청문주재자의 자격을 대통령령으로 정하도록 한 것은 타당하지 않다. 행정청은 다음 각 호의 어느 하나에 해당하는 처분을 하려는 경우에는 청문 주재자를 2명 이상으로 선정할 수 있다. 청문주재자가 2명 이상인 청문을 '합의제청문'이라 부르기도 한다. 이 경우 선정된 청문 주재자 중 1명이 청문 주재자를 대표한다. 1. 다수 국민의 이해가 상충되는 처분, 2. 다수 국민에게 불편이나 부담을 주는 처분, 3. 그 밖에 전문적이고 공정한 청문을 위하여 행정청이 청문 주재자를 2명 이상으로 선정할 필요가 있다고 인정하는 처분(제2항).

나. 청문의 공개   청문은 당사자가 공개를 신청하거나 청문주재자가 필요하다고 인정하는 경우 공개할 수 있다. 다만, 공익 또는 제3자의 정당한 이익을 현저

히 해칠 우려가 있는 경우에는 공개하여서는 아니 된다(제30조).

   다. 청문의 진행   청문주재자가 청문을 시작할 때에는 먼저 예정된 처분의 내용, 그 원인이 되는 사실 및 법적 근거 등을 설명하여야 한다(제31조 제1항). 당사자 등은 의견을 진술하고 증거를 제출할 수 있으며, 참고인이나 감정인 등에게 질문할 수 있다(제2항). 당사자 등이 의견서를 제출한 경우에는 그 내용을 출석하여 진술한 것으로 본다(제3항).

   행정청은 직권으로 또는 당사자의 신청에 따라 여러 개의 사안을 병합하거나 분리하여 청문을 할 수 있다(제32조).

   청문주재자는 직권으로 또는 신청에 따라 필요한 조사를 할 수 있으며, 당사자 등이 주장하지 아니한 사실에 대하여도 조사할 수 있다(제33조 제1항). 증거조사는 다음의 어느 하나에 해당하는 방법으로 한다: ① 문서·장부·물건 등 증거자료의 수집, ② 참고인·감정인 등에 대한 질문, ③ 검증 또는 감정·평가, ④ 그 밖에 필요한 조사(제2항).

   청문주재자는 필요하다고 인정할 때에는 관계 행정청에 필요한 문서의 제출 또는 의견의 진술을 요구할 수 있다. 이 경우 관계 행정청은 직무수행에 특별한 지장이 없으면 그 요구에 따라야 한다(제3항).

   라. 청문조서의 작성 등   청문주재자는 다음 각 호의 사항이 기재된 청문조서를 작성하여야 한다: ① 제목, ② 청문주재자의 소속·성명 등 인적사항, ③ 당사자 등의 주소·성명 또는 명칭 및 출석 여부, ④ 청문의 일시 및 장소, ⑤ 당사자 등의 진술의 요지 및 제출된 증거, ⑥ 청문의 공개 여부 및 공개하거나 제30조에 따라 공개하지 아니한 이유, ⑦ 증거조사를 한 경우에는 그 요지 및 첨부된 증거, ⑧ 그 밖에 필요한 사항(제34조 제1항).

   마. 청문주재자의 의견서 작성   청문주재자는 다음 사항이 기재된 청문주재자의 의견서를 작성하여야 한다: ① 청문의 제목, ② 처분의 내용·주요 사실 또는 증거, ③ 종합의견, ④ 그 밖에 필요한 사항.

   바. 청문의 종결 등   청문주재자는 해당 사안에 대하여 당사자 등의 의견진술, 증거조사가 충분히 이루어졌다고 인정하는 경우에는 청문을 마칠 수 있다(제35조 제1항).

   청문주재자는 당사자 등의 전부 또는 일부가 정당한 사유 없이 청문기일에 출석하지 아니하거나 제31조 제3항에 따른 의견서를 제출하지 아니한 경우에는 이들에게 다시 의견진술 및 증거제출의 기회를 주지 아니하고 청문을 마칠 수 있다(제2항).

청문주재자는 당사자 등의 전부 또는 일부가 정당한 사유로 인하여 청문기일에 출석하지 못하거나 제31조 제3항에 따른 의견서를 제출하지 못한 경우에는 10일이상의 기간을 정하여 이들에게 의견진술 및 증거제출을 요구하여야 하며, 해당 기간이 지났을 때에 청문을 마칠 수 있다(제3항).

청문주재자는 청문을 마쳤을 때에는 청문조서, 청문주재자의 의견서, 그 밖의관계서류 등을 행정청에 지체 없이 제출하여야 한다(제4항).

사. 청문결과의 반영　　행정청은 처분을 할 때에 제35조 제4항에 따라 받은청문조서, 청문 주재자의 의견서, 그 밖의 관계 서류 등을 충분히 검토하고 상당한이유가 있다고 인정하는 경우에는 청문결과를 반영하여야 한다(제35조의2).

아. 청문의 재개　　행정청은 청문을 마친 후 처분을 할 때까지 새로운 사정이발견되어 청문을 재개할 필요가 있다고 인정할 때에는 제35조 제4항에 따라 받은청문조서 등을 되돌려 보내고 청문의 재개를 명할 수 있다. 이 경우 제31조 제5항에준용한다(제36조).

자. 문서의 열람 및 비밀유지　　당사자 등은 청문의 통지가 있는 날부터 청문이끝날 때까지 행정청에 해당 사안의 조사결과에 관한 문서와 해당 처분과 관련되는문서의 열람 또는 복사를 요청할 수 있다.이 경우 행정청은 다른 법령에 따라 공개가 제한되는 경우를 제외하고는 그 요청을 거부할 수 없다(제37조 제1항).

누구든지 청문을 통하여 알게 된 사생활이나 경영상 또는 거래상의 비밀을 정당한 이유 없이 누설하거나 다른 목적으로 사용하여서는 아니 된다(제6항).

(5) 청문절차의 결여

판례는 청문절차의 결여를 취소사유에 해당한다고 보고(대판 2007. 11. 16, 2005두15700), 행정청과 당사자 사이의 합의에 따라 청문의 실시 등 의견청취절차를 배제하여도 청문의 실시에 관한 규정의 적용이 배제되지 않으며 청문을 실시하지 않아도 되는 예외적인 경우에 해당하지 않는다고 본다(대판 2004. 7. 8, 2002두8350: 유희시설조성사업협약해지 및 사업시행자지정 거부처분취소).

5. 공청회절차

(1) 의　　의

공청회라 함은 "행정청이 공개적인 토론을 통하여 어떠한 행정작용에 대하여당사자 등, 전문지식과 경험을 가진 사람, 그 밖의 일반인으로부터 의견을 널리 수

렴하는 절차"를 말한다(제2조 제6호).

공청회는 통상 행정작용과 관련이 있는 이해관계인이 다수인 경우에 행해지는 의견청취절차이다. 또한 공청회에는 의견제출절차나 청문절차와 달리 전문지식을 가진 사람 및 일반국민 등이 참여하는 경우가 많다.

(2) 공청회의 개최요건 등

공청회는 다음과 같은 경우에 한하여 인정되고 있다: ① 다른 법령 등에서 공청회를 개최하도록 규정하고 있는 경우, ② 해당 처분의 영향이 광범위하여 널리 의견을 수렴할 필요가 있다고 행정청이 인정하는 경우, ③ 국민생활에 큰 영향을 미치는 처분으로서 대통령령으로 정하는 처분(1. 국민 다수의 생명, 안전 및 건강에 큰 영향을 미치는 처분, 2. 소음 및 악취 등 국민의 일상생활과 관계되는 환경에 큰 영향을 미치는 처분. 다만, 행정청이 해당 처분과 관련하여 이미 공청회를 개최한 경우는 제외(동법 시행령 제13조의3 제1항))의 경우 대통령령으로 정하는 수(30명(동법 시행령 제13조의3 제3항)) 이상의 당사자등이 공청회 개최를 요구하는 경우(제22조 제2항).

(3) 행정절차법상 공청회절차의 내용

1) 공청회의 개최

행정청은 공청회를 개최하려는 경우에는 공청회 개최 14일 전까지 다음의 사항을 당사자 등에게 통지하고 관보, 공보, 인터넷홈페이지 또는 일간 신문 등에 공고하는 등의 방법으로 널리 알려야 한다. 다만, 공청회 개최를 알린 후 예정대로 개최하지 못하여 새로 일시 및 상소 등을 정한 경우에는 공청회 개최 7일 전까지 일려야 한다: ① 제목, ② 일시 및 장소, ③ 주요 내용, ④ 발표자에 관한 사항, ⑤ 발표신청 방법 및 신청기한, ⑥ 정보통신망을 통한 의견제출, ⑦ 그 밖에 공청회 개최에 필요한 사항(제38조 제1항).

행정청은 제38조에 따른 공청회와 병행하여서만 정보통신망을 이용한 공청회(온라인공청회)를 실시할 수 있다(제38조의2 제1항). 다만, 제38조의2 제2항 각호의 어느 하나에 해당하는 경우에는 온라인공청회를 단독으로 개최할 수 있다(제2항).

2) 공청회의 주재자 및 발표자

행정청은 해당 공청회의 사안과 관련된 분야에 전문적 지식이 있거나 그 분야에 종사한 경험이 있는 사람으로서 대통령령으로 정하는 자격을 가진 사람 중에서 공청회의 주재자를 선정한다(제38조의3 제1항).

공청회 주재자의 독립성, 중립성 및 전문성이 보장되도록 하여야 한다. 외국의 예를 보면 공청회의 주재자를 판사나 행정위원회 등 행정청이나 이해관계인으로부터 독립적 지위를 갖는 사람으로 하는 경우가 있다.

공청회의 발표자는 행정청이 선정한다(제3항).

3) 공청회의 진행

공청회의 주재자는 공청회를 공정하게 진행하여야 하며, 공청회의 원활한 진행을 위하여 발표내용을 제한할 수 있고, 질서유지를 위하여 발언중지, 퇴장명령 등 행정자치부장관이 정하는 필요한 조치를 할 수 있다(제39조 제1항). 발표자는 공청회의 내용과 직접 관련된 사항에 대하여만 발표하여야 한다(제2항). 공청회의 주재자는 발표자의 발표가 끝난 후에는 발표자 상호간에 질의 및 답변을 할 수 있도록 하여야 하며, 방청인에게도 의견을 제시할 기회를 주어야 한다(제4항).

우리나라의 경우 공청회가 통상 반나절 또는 하루에 끝나는 것이 일반적인데, 충분한 토론이 행해지도록 공청회기간이 정하여져야 할 것이며 필요하다면 여러 번에 걸쳐 공청회가 행해지도록 하여야 할 것이다. 공청회의 원활한 진행도 중요하지만 발표와 토론이 충분히 행하여지도록 하는 것도 중요하다.

4) 공청회 및 전자공청회 결과의 반영

행정청은 처분을 할 때에 공청회, 온라인공청회 및 정보통신망을 통하여 제시된 사실 및 의견이 상당한 이유가 있다고 인정하는 경우에는 이를 반영하여야 한다(제39조의2).

5) 공청회의 재개최

행정청은 공청회를 마친 후 처분을 할 때까지 새로운 사정이 발견되어 공청회를 다시 개최할 필요가 있다고 인정할 때에는 공청회를 다시 개최할 수 있다(제39조의3).

6. 의견청취 후의 조치

행정청은 청문·공청회 또는 의견제출을 거쳤을 때에는 신속히 처분하여 해당 처분이 지연되지 아니하도록 하여야 한다(제22조 제5항).

행정청은 처분 후 1년 이내에 당사자 등이 요청하는 경우에는 청문·공청회 또는 의견제출을 위하여 제출받은 서류나 그 밖의 물건을 반환하여야 한다(제22조 제6항).

7. 행정절차에서의 진술거부권

행정절차가 수사절차로 이행될 수 있는 경우에는 적법절차의 원칙상 명문의 규정이 없는 경우에도 진술거부권을 보장해줄 필요가 있고, 행정절차에서 획득된 자료가 곧바로 범죄수사에 활용되는 것은 타당하지 않다.

8. 방어권의 보장

불이익처분의 상대방에 대해 **적절한 방어권**(일정한 경우(예, 징계처분) 변호사의 조력을 받을 권리, 처분사유(처분근거사실 포함)를 알 권리, 의견진술, 증거제시 등 방어권의 행사 수단 및 기회를 부여받을 권리)을 **실질적으로 보장하지 아니한 처분**은 적법절차의 원칙에 반하여 **위법**하다.

〈판례〉 헌법상 법치국가원리와 적법절차원칙에 비추어 징계와 같은 불이익처분절차에서 징계심의대상자에게 변호사를 통한 방어권의 행사를 보장하는 것이 필요하고, 징계심의대상자가 선임한 변호사가 징계위원회에 출석하여 징계심의대상자를 위하여 필요한 의견을 진술하는 것은 방어권 행사의 본질적 내용에 해당하므로, 행정청은 특별한 사정이 없는 한 이를 거부할 수 없다. 다만 징계심의대상자의 대리인이 관련된 행정절차나 소송절차에서 이미 실질적인 증거조사를 하고 의견을 진술하는 절차를 거쳐서 징계심의대상자의 방어권 행사에 실질적으로 지장이 초래되었다고 볼 수 없는 특별한 사정이 있는 경우에는, 징계권자가 징계심의대상자의 대리인에게 징계위원회에 출석하여 의견을 진술할 기회를 주지 아니하였더라도 그로 인하여 징계위원회 심의에 절차적 정당성이 상실되었다고 볼 수 없으므로 징계처분을 취소할 것은 아니다(대판 2018. 3. 13, 2016두33339[퇴교처분취소]).

제 3 항   신   고

행정절차법의 규율대상이 되는 신고, 즉 "법령등에서 행정청에 일정한 사항을 통지함으로써 의무가 끝나는 신고"(제40조 제1항)는 자기완결적 신고이다. 그러나 행정절차법 제40조 제3항과 제4항은 수리를 요하는 신고에도 유추적용된다고 보아야 한다(그 밖의 신고에 관한 사항은 '사인의 공법행위' 참조).

제 4 항   입법예고

I. 입법예고의 의의

입법예고제라 함은 행정청으로 하여금 입법의 제정 또는 개정에 대하여 미리 이를 국민에게 예고하도록 하고 그에 대한 국민의 의견을 듣고 행정입법안에 당해 국민의 의견을 반영하도록 하는 제도이다.

Ⅱ. 행정절차법상 입법예고제의 내용

법령 등을 제정·개정 또는 폐지(이하 '立法'이라 한다)하고자 할 때에는 당해 입법안을 마련한 행정청은 이를 예고하여야 한다(제41조 제1항). 현행 입법예고제도는 법률과 명령을 구분하지 않고 동일하게 규율하고 있다.

다만, 입법내용이 국민의 권리·의무 또는 일상생활과 관련이 없는 경우, 입법이 긴급을 요하는 경우, 상위법령 등의 단순한 집행을 위한 경우, 예고함이 공익에 현저히 불리한 영향을 미치는 경우, 입법내용의 성질 그 밖의 사유로 예고의 필요가 없거나 곤란하다고 판단되는 경우에는 입법예고를 아니할 수 있다(제1항 단서).

입법안을 마련한 행정청은 입법예고 후 예고내용에 국민생활과 직접 관련된 내용이 추가되는 등 대통령령으로 정하는 중요한 변경이 발생하는 경우에는 해당 부분에 대한 입법예고를 다시 하여야 한다. 다만, 제1항 각 호의 어느 하나에 해당하는 경우에는 예고를 하지 아니할 수 있다(행정절차법 제41조 제4항).

제 5 항   행정예고

행정예고제는 다수 국민의 권익에 관계 있는 사항을 국민에게 미리 알리는 제도를 말한다. 행정예고는 행정에 대한 예측가능성을 보장해 주고 이해관계 있는 행정에 대하여 의견을 제출할 수 있게 하며 국민의 행정에 대한 이해와 협력을 증진시키는 기능을 한다.

제 6 항   행정영장

Ⅰ. 행정영장의 의의

행정영장은 행정목적으로 구금, 압수, 수색을 위해 발령하는 영장을 말한다. 행정영장은 행정절차(적법절차)의 하나로 볼 수 있다.

영장이라 함은 체포·구금·압수·수색 등 강제처분(이하 '구금 등의 강제처분'이라 한다)에 법관 등 독립적이고 공정하며 자격이 있는 기관(이하 '법관 등 독립기관'이라 한다)이 발부하는 허가증을 말한다. 따라서, 대집행영장은 행정영장이 아니다.

영장의 대상은 국민의 중요한 기본권에 중대한 영향을 미치는 '구금 등의 강제처분'이다. '구금 등의 강제처분'은 물리력을 행사하는 강제(직접강제)만을 말한다. 구금 등에 준하는 의무를 명하고 그 위반에 대해 형벌 등 제재를 가하는 실질적 강제(심리적·간접적 강제)는 영장의 대상이 되는 '구금 등의 강제처분'에 해당하지 않는다(헌재 2004. 9. 23, 2002헌가17 ; 2012. 12. 27, 2010헌마153 등).

〈판례〉 도로교통법 제41조 제2항에 규정된 음주측정은 성질상 강제될 수 있는 것이 아니며 궁극적으로 당사자의 자발적 협조가 필수적인 것이므로 이를 두고 법관의 영장을 필요로 하는 강제처분이라 할 수 없다. 따라서 이 사건 법률조항이 주취운전의 혐의자에게 영장없는 음주측정에 응할 의무를 지우고 이에 불응한 사람을 처벌한다고 하더라도 헌법 제12조 제3항에 규정된 영장주의에 위배되지 아니한다(헌재 1997. 3. 27. 96헌가11).

Ⅱ. 행정영장에서의 영장주의의 적용범위

영장주의라 함은 '구금 등의 강제처분'에는 원칙상 영장이 있어야 한다는 것을 말한다. 헌법 제12조 제3항은 형사절차에서의 영장주의를 규정하고 있다. 개별법률에서 영장주의를 규정하고 있는 경우도 있다. 영장주의의 취지는 신체 등 중요한 기본권의 보장에 있다. 그리고 영장주의는 적법절차의 하나이다.

헌법 제12조 제3항은 형사절차 이외의 행정목적을 위한 '구금 등의 강제처분'에는 그대로는 적용되지 않는다는 것이 헌법재판소의 입장이다. 다만, 헌법 제12조 제3항이 규정한 영장주의의 취지인 '구금 등의 강제처분'에서의 기본권 보장은 행정영장에도 적용된다고 보아야 한다.

문제는 **행정영장에도 영장주의가 적용되는가** 하는 것이다. 달리 말하면 행정영장 없는 '구금 등의 강제처분'은 영장주의 위반 달리 말하면 기본권 보장원칙 및 적법절차의 원칙에 위반하여 위헌·위법인가 하는 것이 문제되는데, 이에 관하여 견해의 대립(긍정설, 부정설, 절충설 등)이 있다. 이에 관한 헌법재판소와 대법원의 입장은 동일하지 않다.

헌법재판소 판례는 헌법 제12조 제3항 및 제16조의 영장주의는 형사절차에 한하여 적용되고(헌재 2016. 3. 31. 2013헌바190), 행정기관이 체포·구속의 방법으로 신체의 자유를 제한하는 경우에는 영장주의가 그대로 적용되는 것은 아니라고 본다(헌재 2016. 3. 31. 2013헌바190). 그리고, 전술한 바와 같이 행정상 즉시강제에는 영장주의가 적용되지 않는다고 본다. 이러한 헌법재판소의 견해는 명확하지는 않지만, 부정설 또는 원칙 부정·예외 긍정설에 가깝다.

대법원 판례에 따르면 행정목적을 위한 "체포 또는 구속"에 헌법 제12조 제3항의 영장주의가 적용된다. 그러나, 전술한 바와 같이 대법원 판례는 긴급한 경우나 행정조사를 위한 압수·수색에는 영장이 요구되지 않는다고 본다. 이러한 대법원의 견해는 원칙 긍정·예외 부정설에 해당한다.

생각건대, '행정영장'은 행정목적을 위한 '구금 등의 강제처분'의 성질 및 상황(구금등의 필요성, 기본권 보장의 필요, 다른 권리구제수단 등)의 다양성에 비추어 적법절차의 원칙 및 비례원칙에 따라 해당 강제처분의 성질과 관련 상황을 종합적으로 고려하면서 행정목적을 위한 '구금 등의 강제처분'에 영장이 필요한지 여부를 개별적으로 결정하여야 한다(적법절차의 원칙 및 비례의 원칙에 따른 개별적 결정설(절충설)). ① 적법절차의 원칙상 행정영장에서도 영장주의가 요구되는 경우 및 법률에서 영장주의를 규정하고 있는 경우에는 행정영장에서도 영장주의가 적용된다. ② 긴급한 즉시강제의 경우 영장없는 '구금 등의 강제처분'이 가능하지만, 긴급한 즉시강제 후 구금 등이 계속되는 경우에는 사후에 즉시 영장을 발부받거나 다른 기본권 보장조치를 취하여야 한다. ③ 행정목적을 위한 '구금 등의 강제처분'이 사실상(실질적으로) 형사사법목적의 강제처분에 해당할 경우(행정목적을 위한 '구금 등의 강제처분'이 사실상 수사목적의 강제처분의 성격도 함께 갖거나 동일한 행정기관이 행정목적을 위한 '구금 등의 강제처분'권한과 수사권을 함께 갖거나 행정목적을 위한 '구금 등의 강제처분'이 곧 이어질 범죄수사에서 이용될 가능성이 높은 경우 등)에는 영장주의가 적용된다고 보아야 한다. ④ 그 밖에 영장주의가 적용되지 않아도 적법절차의 원칙에 합치하는 경우에는 영장주의가 요구되지 않는다.

Ⅲ. 영장주의 위반의 효력

행정영장이 요구됨에도 행정영장없이 '구금 등의 강제처분'하는 것이 가능한 것으로 규정한 법률은 헌법상 적법절차의 원칙이나 비례의 원칙에 반하여 위헌·무효이고, 그러한 법률에 근거한 처분은 위법하다.

제 5 절 복합민원절차

Ⅰ. 복합민원의 의의

복합민원이라 함은 하나의 민원 목적을 실현하기 위하여 관계 법령 등에 따라 다수 관계기관의 허가·인가·승인·추천·협의·확인 등을 받아야 하는 민원을 말한다. 민원이라 함은 행정기관에 대하여 처분 등 특정한 행위를 요구하는 것을 말한다.

「민원 처리에 관한 법률」에 따르면 "복합민원"이란 하나의 민원 목적을 실현하기 위하여 법령·훈령·예규·고시 등(이하 "관계법령등"이라 한다)에 따라 여러 관계 기관(민원사항과 관련된 단체·협회 등을 포함한다. 이하 같다) 또는 관계 부서의 허가·인가·승인·추천·협의 또는 확인 등을 거쳐 처리되는 민원사무를 말한다(제2조 제2호).

Ⅱ. 복합민원의 유형

복합민원은 ① 하나의 허가이지만 다른 행정기관의 협의, 동의, 확인을 요하는 경우, ② 하나의 허가로 다른 허가가 의제되는 경우, ③ 복수의 허가를 받아야 하는 경우, ④ 다른 관계기관 또는 부서의 첨부서류 또는 정보의 제공을 필요로 하는 경우, ⑤ 하나의 행정기관 내에서 다수의 부서가 관계되는 경우로 나누어 볼 수 있다.

1. 하나의 허가이지만 다른 행정기관의 협의, 동의, 확인을 요하는 경우

다른 행정기관의 동의를 받지 않고 허가를 한 것은 무권한으로 무효이지만, 협의(자문, 심의)를 거치지 않은 것은 절차의 하자로 원칙상 취소할 수 있는 위법이다.

2. 하나의 허가로 타 허가가 의제되는 경우

인허가의제제도라 함은 여러 행정기관의 복수의 인·허가 등을 받아야 하는 경우에 하나의 인허가를 받으면 다른 관련인허가를 받은 것으로 의제하는 제도를 말한다.

3. 복수의 허가를 받아야 하는 경우

하나의 사업을 위해 여러 인·허가가 필요한 경우 각각의 인·허가를 각각 신청하고 각 신청에 대하여 해당 신청의 대상이 된 인·허가요건의 충족 여부만을 판단하여 각 인·허가별로 인·허가를 하는 것이 원칙이다. 다만, 각각 신청된 인·허가의 근거 법령에서 다른 법령상의 인·허가에 관한 규정을 원용하고 있거나 그 대상 행위가 다른 법령에 의하여 절대적으로 금지되고 있어 그 실현이 객관적으로 불가능한 것이 명백한 경우에는 이를 고려하여 그 인·허가를 거부할 수 있다.

〈판례〉 전용목적사업의 실현에 관하여 다른 인·허가가 필요한 경우에는 그 인·허가요건을 갖추고 있지 않는 경우(대판 2000. 3. 24, 98두8766), 기타 그 다른 인·허가를 받을 수 없는 경우(대판 2000. 11. 24, 2000두2341)에는 농지전용허가를 거부할 수 있다. 또한 학교보건법 소정의 요건을 갖추지 아니한 체육시설업(당구장업) 신고는 적법한 신고가 아니라고 본 판례도 있다(대판 1991. 7. 12, 90누8350).

4. 다른 관계기관 또는 부서의 첨부서류 또는 정보의 제공을 필요로 하는 경우

첨부서류를 첨부하지 않은 인·허가의 신청은 적법한 신청이라 할 수 없다. 전자정부하에서 행정정보공동이용제도가 정착되면 제출할 첨부서류가 크게 줄어들 것이다. 인·허가부서는 인·허가요건의 판단에 필요한 정보를 다른 행정기관으로부터 제공 또는 확인받아 인·허가요건의 충족 여부를 판단할 수 있게 되기 때문이다.

5. 하나의 행정기관 내에서 다수의 부서가 관계되는 경우

하나의 행정기관 내에 여러 부서에 관련되는 경우 복합민원에 관한 부서간의 협의 등은 행정기관 내부의 문제이므로 행정법적 문제를 제기하지 않는다.

Ⅲ. 인·허가의제제도(집중효제도)

1. 의   의

"인허가의제"란 하나의 인허가(이하 "주된 인허가"라 한다)를 받으면 법률로 정하는 바에 따라 그와 관련된 여러 인허가(이하 "관련 인허가"라 한다)를 받은 것으로 보는 것을 말한다(행정기본법 제24조[2] 제1항). 건축신고에서처럼 신고로 허가가 의제되는 경우도 있다. 100개 이상의 많은 법률에서 인허가의제를 규정하고 있다.

하나의 사업을 시행하기 위하여 여러 인·허가 등을 받아야 하는 경우에 이들 인·허가 등을 모두 각각 받도록 하는 것은 민원인에게 큰 불편을 주므로 원스톱행정을 통하여 민원인의 편의를 도모하기 위하여 만들어진 제도 중의 하나가 인·허가의제제도이다.

인·허가의제와 독일의 집중효의 관계에 관하여는 양자를 동일한 제도로 이해하는 견해로 보는 견해, 양자를 이질적인 제도로 보는 견해도 있으나 양자는 **기능적으로 유사하나 상당히 다른 별개의 제도**로 보는 것이 타당하다. 양자는 하나의 사업을 위해 수개의 인·허가를 받아야 하는 경우에 하나의 인·허가로 절차를 집중하는 점은 같지만, 다음과 같이 다르다. ① 독일의 집중효는 행정계획의 확정에만 부여되는 효력인 반면에 인·허가의제는 주된 인·허가가 행정계획에 한정되지 않고, 건축허가와 같은 행정행위인 인·허가인 경우도 있다. ② 독일의 집중효는 관계 행정청 및 이해관계인의 집중적인 참여 등 엄격한 계획확정절차에 따라 행해지는 반

---

2) 인허가의제에 관한 행정기본법 제23조 내지 제26조는 공포(2021.3.23.)후 2년이 경과한 날부터 시행한다.

면에 인·허가의제는 이러한 절차적 보장이 없다. ③ 독일의 집중효는 다른 인·허가를 의제하지는 않고, 다른 인·허가를 대체하는 효력, 따라서 다른 인·허가를 필요 없게 하는 효력만을 갖는데, 인·허가의제는 다른 인·허가를 법률상 의제하는 효력을 갖는다.

인·허가의제제도하에서 인·허가를 해 주는 기관이 주무행정기관이 되고 의제되는 인·허가 등을 담당하는 행정기관이 관계행정기관이 된다.

2. 인·허가의제의 근거 및 대상

인·허가의제의 이론적 근거는 민원창구단일화(원스톱행정)와 법률의제(허가의제) 이론이다. 그런데, 인·허가의제는 행정기관의 권한에 변경을 가져오므로 법률에 명시적인 근거가 있어야 하며 인·허가가 의제되는 범위도 법률에 명시되어야 한다. 따라서, 명문의 규정이 없는 한 '의제의 의제'(의제되는 허가에 의해 다른 인·허가가 재차 의제되는 것)는 인정되지 않는다.

통상 의제되는 인·허가 등이 민원인이 받아야 하는 주된 인·허가를 규율하는 법률에 열거되어 있다.

예를 들면, 건축법 제8조는 건축허가를 받은 경우 국토의 계획 및 이용에 관한 법률 제56조의 규정에 의한 개발행위허가, 농지법 제36조 제1항의 규정에 의한 농지전용허가를 포함하여 13개의 인·허가 등을 받은 것으로 의제하고 있다.

3. 인·허가 등의 신청

인·허가의제제도하에서 민원인은 하나의 인·허가신청만 하면 된다. 다만, 인허가의제를 받으려면 주된 인허가를 신청할 때 관련 인허가에 필요한 서류를 함께 제출하여야 한다. 다만, 불가피한 사유로 함께 제출할 수 없는 경우에는 주된 인허가 행정청이 별도로 정하는 기한까지 제출할 수 있다(행정기본법 제24조 제2항).

인·허가의제는 민원인의 편의를 위해 인정된 것(사업시행자의 이익을 위하여 만들어진 것)이므로 인·허가의제규정이 있는 경우에도 반드시 관련 인·허가의제 처리를 신청할 의무가 있는 것은 아니다(대판 2020. 7. 23, 2019두31839 ; 2023. 9. 21, 2022두31143). 주된 인·허가만을 우선 신청할 수도 있고, 의제되는 인·허가의 일부만 의제(부분인허가의제) 처리를 신청할 수도 있다.

그러나, 건축법 제11조 제1항, 제5항 제3호, 국토의 계획 및 이용에 관한 법률(이하 '국토계획법'이라 한다) 제56조 제1항 제1호, 제57조 제1항의 내용과 체계, 입법 취지를 종합하면, 건축주가 건축물을 건축하기 위해서는 건축법상 건축허가와 국토계획법상 개발행위(건축물의 건축) 허가(개발행위허가 중 건축물의 건축허가)를 각각 별도로 신청하여야 하는 것이 아니라, 건축법상 건축허가절차에서 관련 인·허가의제제도를 통해 두 허가의 발급 여부가 동시에 심사·결정되도록 하여야 한다(대판 2020. 7. 23, 2019두31839). 이에 반하여 건축법상 건축허가와 국토계획법상 개발행위허가 중 토지형질변경허가는 반드시 함께 신청되어야 하는 것이 아니고, 따로 신청할 수도 있다(김종보, 건설법의 이해, 도서출판 피데스, 2018, 129면).

4. 인·허가절차: 관계인·허가기관의 협의 및 절차집중

주된 인허가 행정청은 주된 인허가를 하기 전에 관련 인허가에 관하여 미리 관련 인허가 행정청과 **협의**하여야 한다(행정기본법 제24조 제3항). 관련 인허가 행정청은 제3항에 따른 협의를 요청받으면 그 요청을 받은 날부터 20일 이내(제5항 단서에 따른 절차에 걸리는 기간은 제외한다)에 의견을 제출하여야 한다. 이 경우 전단에서 정한 기간(민원 처리 관련 법령에 따라 의견을 제출하여야 하는 기간을 연장한 경우에는 그 연장한 기간을 말한다) 내에 협의 여부에 관하여 의견을 제출하지 아니하면 협의가 된 것으로 본다(제4항).

제3항에 따라 협의를 요청받은 관련 인허가 행정청은 해당 법령을 위반하여 협의에 응해서는 아니 된다. 다만, 관련 인허가에 필요한 심의, 의견 청취 등 절차에 관하여는 법률에 인허가의제 시에도 해당 절차를 거친다는 명시적인 규정이 있는 경우에만 이를 거친다(행정기본법 제24조 제5항). **이 규정의 본문**은 관련 행정청은 관련 인허가의 실체적 요건을 충족한 경우에만 협의를 해주도록 규정한 것(실체집중부정설 등을 규정한 것)이다. **이 규정의 단서는 절차집중**을 규정한 것이다. 주된 인허가를 규정하는 법률에서 정한 절차는 거쳐야 하지만, 명시적인 규정이 없는 한 의제되는 인허가를 규정하는 법률에서 정한 절차는 거치지 않아도 된다는 것이다.

5. 인·허가의 결정

(1) 인·허가결정기관 및 협의의견의 구속력

신청을 받은 주무행정기관이 신청된 인·허가 여부를 결정한다. 이때에 전술한 바와 같이 주무인·허가기관이 관계기관의 협의의견에 구속되는지에 관하여 견해가 대립하고 있다. 즉, 관계기관의 협의의견이 자문의견이면 법적 구속력이 없고, 동의·부동의의견이면 법적 구속력을 갖는다.

의제되는 인·허가기관의 협의가 실질상 동의인지 아니면 강학상 자문(협의)인지 논란이 있다. 즉, 원스톱행정을 통한 민원인의 편의도모라는 인·허가의제제도의 취지와 "협의"라는 법규정의 문구에 비추어 특별한 경우(관계규정의 해석상 동의로 보아야 하는 경우 등)를 제외하고는 의제되는 인·허가기관의 협의는 강학상 자문(협의)으로 보는 것이 타당하다는 견해(자문설)와 실체집중부인설을 취하는 한 의제되는 인·허가업무 담당기관의 권한을 존중하여야 하므로 의제되는 인·허가기관의 법규정상의 '협의'를 동의로 보아야 한다는 견해(동의설) 그리고, 법령상 주된 인허가기관이 최종적인 처분권자이지만, 실체집중부정설을 취하는 한 해당 인허가 담당기관의 권한을 존중해야 하므로 해당 인허가 담당기관의 의견을 사실상 동의로 보아 특별한 사정이 없는 한 따라야 한다고 보는 것이 타당하다고 보는 견해(사실상 동의설)가 대립하고 있다.

아래 판례(대판 2002. 10. 11, 2001두151)는 명확히 입장을 표명하지는 않았는데, 이 판례가 동의설을 취한 것으로 해석하는 견해와 자문설을 취한 것으로 해석하는 견해, 사실상 동의설을 취한 것으로 보는 견해가 대립하고 있다.

생각건대, 아래 대법원 판례는 사실상 동의설을 취한 것으로 보인다. 그리고, 법이론상 법령상 주된 인허가기관이 최종적인 처분권자이지만, 실체집중부정설을 취하는 한 해당 인허가 담당기관의 권한을 존중해야 하므로 사실상 동의설이 타당하다.

〈판례〉 채광계획은 기속재량행위에 속하는 것으로 보아야 할 것이나, 구 광업법(1999. 2. 8. 법률 제5893호로 개정되기 전의 것) 제47조의2 제5호에 의하여 채광계획인가를 받으면 공유수면 점용허가를 받은 것으로 의제되고, 이 공유수면 점용허가는 공유수면 관리청이 공공 위해의 예방 경감과 공공 복리의 증진에 기여함에 적당하다고 인정하는 경우에 그 자유재량에 의하여 허가의 여부를 결정하여야 할 것이므로(재량행위이므로), 공유수면 점용허가를 필요로 하는 채광계획 인가신청에 대하여도, 공유수면 관리청이 재량적 판단에 의하여 공유수면 점용을 허가 여부를 결정할 수 있고, 그 결과 공유수면 점용을 허용하지 않기로 결정하였다면(그러한 협의의견을 제시하였다면), 채광계획 인가관청은 이를 사유로 하여 채광계획을 인가하지 아니할 수 있는 것이다(대판 2002. 10. 11, 2001두151[채광계획불인가처분취소]).

(2) 인·허가요건의 판단방식

주무행정기관의 신청되거나 의제되는 인·허가요건의 판단방식에 관하여 다음과 같이 견해가 대립된다.

1) 실체집중설

실체집중설은 의제되는 인·허가요건에의 합치 여부를 판단함이 없이 신청된 주인·허가요건에의 충족여부만을 판단하여 신청된 주인·허가를 할 수 있다는 견해이다.

2) 제한적 실체집중설

제한적 실체집중설은 주인·허가 신청을 받은 행정기관은 의제되는 인·허가 요건에 엄격히 구속되지는 않고, 의제되는 인·허가요건을 이익형량의 요소로서 종합적으로 고려하면 된다는 견해이다.

3) 독립판단설(실체집중부정설)

이 견해는 주인·허가 신청을 받은 행정기관은 의제되는 인·허가요건에 엄격히 구속되어 의제되는 인·허가요건을 모두 충족하여야 주인·허가를 할 수 있다는 견해이다. 이 견해를 절차집중설로 부르는 견해도 있다.

4) 판 례

판례는 실체집중부정설을 취하고 있는 것으로 보인다(대판 2001. 1. 16, 99두10988).

〈판례〉 채광계획인가로 공유수면점용허가가 의제될 경우, 공유수면 점용불허사유로써 채광계획을 인가하지 아니할 수 있다(대판 2002. 10. 11, 2001두151[채광계획불인가처분취소]).

5) 결 어

법치행정의 원칙에 비추어 명문의 규정이 없는 한 실체집중을 인정할 수 없으므로 실체집중부정설이 타당하다. 행정기본법 제24조 제5항 본문은 관련 행정청은 관련 인허가의 실체적 요건을 충족한 경우에만 협의를 해주도록 규정한 것이므로 **실체집중 부정**을 규정한 것으로 볼 수 있다. 다만, 주된 인허가 및 의제되는 인허가 중 둘 이상이 재량행위인 경우에 재량판단은 주된 인허가기관이 의제되는 인허가기관의 의견을 존중하여 행하는 것(제한적으로 집중되는 것)으로 보아야 한다.

6. 인·허가의 효력

주무행정기관의 신청된 인·허가가 있게 되면 의제되는 인·허가 등을 받은 것으로 본다. 인허가의제의 효과는 주된 인허가의 해당 법률에 규정된 관련 인허가에 한정된다(행정기본법 제25조 제2항). 이 규정은 재의제(의제의 의제)를 인정하지 않는다는 것을 명확히 한 것이다.

의제되는 인·허가는 법령상 정해진 의제되는 인·허가 전부가 아닐 수도 있다. 신청인이 신청하고, 관계기관과 협의를 마친 범위 내에서 인·허가가 의제(부분인·허가의제)된다(행정기본법 제25조 제1항).

주된 인·허가가 거부된 경우에는 의제된 인·허가가 거부된 것으로 의제되지 않는다.

인·허가의 의제로 의제된 인·허가가 실재하는 것으로 볼 것인지에 관하여 견해가 대립하고 있다. **다수견해는** 신청된 인·허가의 인용처분만 있고, 의제되는 인·허가의 인용처분은 실제로는 존재하지 않는다고 본다(**부정설**). 이 견해의 **논거는** 다음과 같다. ① 신청된 인·허가의 인용처분만이 현실적으로 존재하며 의제되는 인·허가는 의제되는 것에 불과하다. ② 실제로 인·허가를 한 주인·허가기관이 항고소송의 피고가 되는 것이 타당하다.

그러나, 이에 대하여 신청에 대한 인·허가로 다른 인·허가가 의제되는 경우 의제되는 인·허가가 실재하는 것으로 보는 견해가 있다(**긍정설**). 이 견해의 **논거는** 다음과 같다 ① 인·허가의제의 경우 실체집중이 부정된다. ② 인·허가가 의제된다는 것은 실제로는 인·허가를 받지는 않았지만, 법적으로는 인·허가를 받은 것으로 본다는 것이다. ③ 의제된 인·허가의 취소정지 등 사후관리 및 감독이 필요한데, 이는 의제되는 인·허가기관이 하는 것이 바람직하다.

판례에 따르면 주된 인·허가(창업사업계획승인)로 의제된 인·허가(산지전용허가)는 통상적인 인·허가와 동일한 효력을 가지므로, 의제된 인·허가의 취소나 철회가 허용된다. 그리고, 의제된 인·허가의 직권취소나 철회는 항고소송의 대상이 되는 처분에 해당한다고 본다(대판 2018. 7. 12, 2017두48734).

생각건대, 현재의 인·허가의제제도는 의제되는 인·허가를 법률상 의제하고 있으므로 의제되는 인·허가가 법률상 실재하는 것으로 보는 것(긍정설)이 타당하다. 그리고, 이론상 '법률상 인허가의제'는 의제되는 인허가가 법률상 존재한다는 것을 의미하는 것으로 보아야 한다. 또한, 행정기본법은 인허가의제의 경우 관련 인허가 행정청은 관련 인허가를 직접 한 것으로 보아 관계 법령에 따른 관리·감독 등 필요한 조치를 하여야 한다고 규정하고 있다(제26조 제1항).

7. 인·허가의제제도에서의 민원인 또는 제3자의 불복

(1) 항고쟁송 및 취소의 대상

인·허가가 의제되는 것은 주된 인·허가가 난 경우이다. 주된 인·허가의 거부의 경우에는 의제되는 인·허가거부처분이 실제로 존재하지 않을 뿐만 아니라 의제되는 인·허가의 거부가 의제되지 않으므로 의제되는 인·허가의 요건의 결여나 재량판단에 근거한 주된 인·허가의 거부에 대한 불복은 주된 인·허가의 거부처분을 다투어야 한다.

〈판례〉 건축불허가처분을 하면서 그 처분사유로 건축불허가 사유뿐만 아니라 형질변경불허가

사유나 농지전용불허가 사유를 들고 있다고 하여 그 건축불허가처분 외에 별개로 형질변경불허가처분이나 농지전용불허가처분이 존재하는 것이 아니므로, 그 건축불허가처분을 받은 사람은 그 건축불허가처분에 관한 쟁송에서 건축법상의 건축불허가 사유뿐만 아니라 같은 도시계획법상의 형질변경불허가 사유나 농지법상의 농지전용불허가 사유에 관하여도 다툴 수 있는 것이지, 그 건축불허가처분에 관한 쟁송과는 별개로 형질변경불허가처분이나 농지전용불허가처분에 관한 쟁송을 제기하여 이를 다투어야 하는 것은 아니며, 그러한 쟁송을 제기하지 아니하였어도 형질변경불허가 사유나 농지전용불허가 사유에 관하여 불가쟁력이 생기지 아니한다(대판 2001. 1. 16, 99두10988).

인ㆍ허가의제제도에서 항고쟁송의 대상이 문제되는 경우는 주된 인ㆍ허가가 난 경우에 있어서 의제되는 인ㆍ허가의 요건의 결여나 재량권의 일탈ㆍ남용을 주장하는 경우이다. 이 경우 주된 인ㆍ허가를 항고쟁송의 대상으로 하여야 하는지 아니면 그 요건의 결여나 재량권의 일탈ㆍ남용이 다투어지는 의제되는 해당 인ㆍ허가를 대상으로 하여야 하는지가 문제된다.

현실적으로 주된 인ㆍ허가처분만이 있고, 의제되는 인ㆍ허가처분은 실제로는 존재하지 않는다고 보면 의제되는 인ㆍ허가를 다투는 경우에도 항상 주된 인ㆍ허가를 다투어야 하는 것으로 보는 것이 타당하다.

이에 대하여 의제되는 인ㆍ허가가 실재하는 것으로 보는 견해가 있고, 이 견해에 의하면 주된 인ㆍ허가의 허가사유를 다투고자 하는 경우에는 주된 인ㆍ허가를 항고쟁송의 대상으로 하고, 의제되는 인ㆍ허가의 허가사유를 다투는 경우에는 의제되는 해당 인ㆍ허가 등을 항고쟁송의 대상으로 본다.

판례는 이해관계인이 의제된 인ㆍ허가가 위법함을 다투고자 하는 경우 원칙상 주된 처분(주택건설사업계획승인처분)이 아니라 의제된 인ㆍ허가(지구단위계획결정)를 항고소송의 대상으로 삼아야 한다고 본다(대판 2018. 11. 29, 2016두38792).

〈판례〉 임대사업자에 대한 ① 주택건설사업계획승인처분을 하면서 해당 주택단지 밖에 진입도로를 설치한다는 내용의 ② 지구단위계획결정이 의제되자, 위 진입도로 부지의 소유자인 원고가 ①과 ② 각각의 취소를 구하는 취소소송을 제기한 사안에서, 원심은, ①에 대한 취소청구는 제소기간 도과를 이유로 각하하고, ②에 대한 취소청구는 '의제된 인ㆍ허가는 독립적으로 취소소송의 대상이 될 수 없다'는 이유로 각하하였으나, 원심이 ②의 처분성(대상적격)에 관하여 법리오해를 하였다고 한 사례(대판 2018. 11. 29, 2016두38792).

생각건대 의제되는 인ㆍ허가는 법적으로 의제되어 법적으로는 존재한다고 볼 수 있으므로 의제되는 인ㆍ허가만 취소의 대상으로 하여 의제되는 인ㆍ허가가 분리취소가능하면 의제되는 인·허가만 취소하는 것이 타당하다. 이러한 해결이 인·허가 상대방의 권익보호를 위해서도 타당하다. 또한, 부분인·허가의제를 인정하는 판례의 입장에 비추어도 문제의 의제되는 인·허가만 취소하는 것이 타당하다.

(2) 주된 인·허가 취소시 의제된 인·허가의 효력

의제된 인·허가가 실재하지 않는 것으로 보고, 따라서 주된 인·허가만이 항고쟁송의 대상이된다고 보는 견해를 취하면 주된 인·허가가 취소되면 의제된 인·허가도 (소급적 취소의 경우 소급적으로, 비소급적 취소의 경우 장래에 향하여) 효력을 상실하는 것으로 보는 것이 논리적이다.

그러나, 인·허가의제시 의제된 인·허가가 실재하는 것으로 보고, 따라서 불복사유에 따라 주된 인·허가 또는 의제된 인·허가가 항고쟁송의 대상이 된다고 보는 견해에 의하면 주된 인·허가의 취소만으로 의제된 인·허가가 자동적으로 효력을 상실하는 것으로는 볼 수 없다. 이 견해가 타당하다. 원칙상 취소는 인·허가별로 행해지고 취소의 효력도 해당 인·허가별로 발생한다고 보는 것이 타당하다. 이렇게 보는 것은 상대방인 국민은 취소된 인·허가만 다시 받으면 해당 사업을 추진할 수 있는 실익이 있다. 주된 인·허가가 취소되면 관련 인허가기관은 관련 인·허가를 취소하거나 철회할 것인지 여부를 결정하여야 한다. 다만, 주된 인·허가가 의제된 인·허가의 성격도 갖거나 주된 인·허가가 의제된 인·허가의 전제가 되는 경우에는 주된 인·허가의 취소로 해당 의제된 인·허가도 효력을 상실하는 것으로 볼 수 있다.

8. 의제된 인·허가의 사후관리감독

인허가의제의 경우 관련 인허가 행정청은 관련 인허가를 직접 한 것으로 보아 관계 법령에 따른 관리·감독 등 필요한 조치를 하여야 한다(행정기본법 제26조 제1항). 따라서, 의제된 인·허가의 사후관리 및 감독은 의제된 인·허가 기관이 담당한다.

9. 주된 인·허가의 변경에 따른 관련 인·허가의 변경 의제

주된 인·허가가 있은 후 이를 변경하는 경우에는 제24조·제25조 및 제26조 제1항을 준용한다(행정기본법 제26조 제2항).

행정기본법 제26조 제2항은 주된 인·허가의 변경으로 관련 인·허가의 변경이 의제될 수 있는 것을 전제로 주된 인·허가의 변경으로 관련 인·허가의 변경 의제가 필요한 경우에는 인·허가 의제절차(관련 인·허가기관과의 협력 등)를 준용하여 주된 인·허가를 변경하고 이에 따라 관련 인·허가의 변경이 의제된다는 것을 규정한 것으로 보는 것이 타당하다. 그리고, 일반적으로 처분권에는 처분의 변경권도 포함되는 것으로 보아야 하므로 인·허가의제조항은 인·허가변경의제의 근거조항으로 보는 것이 타당하다.

10. 선승인 후협의제

선(先)승인 후(後)협의제라 함은 의제대상 인·허가에 대한 관계 행정기관과의 모든 협의가 완료되기 전이라도 공익상 긴급할 필요가 있고 사업시행을 위한 중요한 사항에 대한 협의가 있은 경우에는 협의가 완료되지 않은 인·허가에 대한 협의를 완료할 것을 조건으로 각종 공사 또는 사업의 시행승인이나 시행인가를 할 수 있도록 하는 제도를 말한다.

'선승인 후협의제'가 도입되면 중요 사항에 대한 협의가 있는 경우 관계행정기관과의 협의가 모두 완료되기 전이라도 사업승인이나 사업인가를 받아 그 후속 절차를 진행할 수 있게 되어 관련 토지·부지의 매수 등 사업절차가 간소화될 수 있는 효과가 있다.

11. 부분인·허가의제제도

부분인·허가의제제도라 함은 주된 인·허가로 의제되는 것으로 규정된 인·허가 중 일부에 대해서만 협의가 완료된 경우에도 민원인의 요청이 있으면 주된 인·허가를 할 수 있고, 이 경우 협의가 완료된 일부 인·허가만 의제되는 것으로 하는 제도를 말한다. 의제되지 않은 인·허가는 관계행정기관의 협의가 완료되는 대로 순차적으로 의제되거나 별도의 인·허가의 대상이 될 수 있다. 다만, 전술한 바와 같이 주된 인·허가기관은 협의가 완료되지 않은 인·허가를 받을 수 없는 사정이 명백한 경우에는 이를 이유로 주된 인·허가를 거부할 수 있다.

부분인·허가의제만으로도 민원인에게 사업촉진 등의 이익(예, 사업인정의제에 따른 수용절차의 조속 개시 등)이 있으므로 부분인·허가의제제도를 인정할 실익이 있다.

판례도 부분인·허가의제를 인정하고 있다(대판 2012. 2. 9, 2009두16305[사업시행승인처분취소]).

주된 인·허가시 관계 행정청과 미리 협의한 사항에 한하여 관계 인·허가 등이 의제된다(대판 2009. 2. 12, 2007두4773, 대판 2018. 10. 25, 2018두43095). 주된 인·허가 후 인·허가의제사항에 관하여 관계 행정기관의 장과 협의를 거치면 그때 해당 인·허가가 의제된다(대판 2012. 2. 29, 2009두16305).

제 6 절   절차의 하자

I. 절차의 하자의 독자적 위법성

행정처분에 절차상 위법이 있는 경우에 절차상 위법이 해당 행정처분의 독립된 위법사유(취소 또는 무효사유)가 되는가. 달리 말하면, 법원은 취소소송의 대상이 된 처분이 절차상 위법한 경우 해당 처분의 실체법상의 위법 여부를 따지지 않고 또는 실체법상 적법함에도 불구하고 절차상의 위법만을 이유로 취소 또는 무효확인할 수 있는가.

이러한 문제가 제기되는 것은 절차상 위법을 이유로 행정처분이 취소된 경우에는 실체법상의 위법을 이유로 취소된 경우에서와 달리 처분행정청은 취소된 처분과 동일한 처분을 다시 할 수도 있는데 이렇게 되면 행정처분의 무용한 반복으로 인하여 행정상 또는 소송상 비경제적이라는 데 있다.

절차상 하자가 독립된 취소사유 또는 무효사유가 될 수 있는지에 관하여 학설은 적극설, 소극설 및 절충설로 나누어져 있다. 판례는 적극설을 취하고 있다.

1. 소극설(절차의 하자를 독자적 위법사유로 보지 않는 견해(절차봉사설))

절차상 하자만을 이유로 하여서는 행정처분의 무효를 확인하거나 또는 행정처분을 취소할 수 없고, 내용상 하자가 있어야 취소 또는 무효확인할 수 있다는 소극설의 주된 논거는 다음과 같다: ① 행정절차는 그 자체가 독자적인 가치를 갖는 것이 아니라 행정처분의 실체상 적정성을 보장하는 수단에 불과하다. ② 법원이 절차상 하자를 이유로 취소하더라도 행정청은 절차의 하자를 치유하여 동일한 내용의 처분을 다시 할 수 있으므로 절차상의 하자만을 이유로 취소하는 것은 **행정상 및 소송상 경제**에 반한다.

2. 적극설(절차의 하자를 독자적인 위법사유로 보는 견해(절차고유가치설))

이에 대하여 절차상 하자만을 이유로 행정처분의 무효를 확인하거나 행정처분을 취소할 수 있다는 적극설의 주된 논거는 다음과 같다. ① 행정절차는 '적법절차의 원칙'의 실현이라는 고유한 가치를 가지므로 절차의 하자를 독자적인 위법사유로 보는 것이 타당하다. ② 행정소송법상 취소판결 등의 기속력이 절차의 위법을 이유로 취소되는 경우에 준용된다(행정소송법 제30조 제3항). ③ 소극설을 취하는 경우에는 절차적 규제가 유명무실해질 우려가 있다. 행정절차의 실효성을 보장하기 위하여는 절차상의 하자를 독립된 취소사유로 보아야 한다. ④ 재량처분의 경우 적법한 절차를 거쳐 다시 처분을 하는 경우 반드시 동일한 내용의 처분을 반복한다고 말할 수 없다. 적법한 절차를 거치는 경우에 처분의 내용이 달라질 수 있다.

3. 절 충 설

절차의 하자가 독립된 무효 또는 취소사유가 될 수 있는가에 관하여 경우에 따라서 독립된 취소사유로 보거나 보지 않는 절충적 견해가 있다.

(1) 제1설

기속행위의 경우에는 행정절차가 실체적 판단에 영향을 미칠 수 없으므로 절차의 하자를 독립된 위법사유로 보지 않고, 재량행위에 있어서는 행정청은 적법한 절차를 거쳐 다시 처분을 하는 경우 기존의 처분과 다른 처분을 할 수도 있으므로 절차상의 위법사유가 독자적인 위법사유가 된다고 본다.

(2) 제2설

기속행위와 재량행위를 구별하여 기속행위의 경우에는 절차의 하자가 독립된 위법사유가 되지 않는다고 보고, 재량행위의 경우에는 절차의 하자가 행정청의 실체적 결정에 영향을 미칠 수 있는 경우에 한하여 독립된 위법사유가 된다고 보는 견해이다. 독일이나 프랑스법이 대체로 이러한 입장에 있는 것으로 보인다.

4. 판례 (원칙상 적극설)

판례는 재량행위뿐만 아니라 기속행위에 있어서도 원칙상 적극설을 취하고 있다(대판 2001. 5. 8, 2000두10212 ; 1983. 7. 26, 82누420).

〈판례〉 행정청이 침해적 행정처분을 하면서 위와 같은 절차를 거치지 아니하였다면 원칙적으로 그 처분은 위법하여 취소를 면할 수 없다(대법원 2019. 1. 31. 선고 2016두64975 판결, 대법원 2020. 7. 23. 선고 2017두66602 판결 등 참조)(대판 2023. 9. 21, 2023두39724).

다만, 절차의 하자가 무시할 수 있을 정도(절차적 정당성을 침해하지 않을 정도)로 경미한 경우(전술 판례 참조) 또는 행정절차가 처분상대방이나 이해관계인의 의견진술권과 방어권을 보장하는 성질을 갖는 경우(예, 제재처분, 징계처분 등)에 처분상대방이나 관계인의 의견진술권이나 방어권 행사에 실질적으로 지장이 초래되었다고 볼 수 없는 특별한 사정이 있는 경우에는, 절차 규정 위반으로 인하여 처분절차의 절차적 정당성이 상실되었다고 볼 수 없으므로 해당 처분을 취소할 것은 아니다(대판 2018. 3. 13, 2016두33339 ; 2021. 1. 28, 2019두55392[감사결과통보처분취소] 등).

5. 결   어

현행 행정소송법이 절차의 위법을 이유로 한 취소판결을 인정하고 있으므로 (행정소송법 제30조 제3항) **현행법상 부정설은 타당하지 않다.**

이론상 절차의 하자를 독립된 취소사유로 볼 것인가의 문제에 있어서 절차적 법치주의의 가치 및 국민의 권리구제와 행정 및 소송상 경제를 조화하는 해결이 요청되므로 이론상으로는 기속행위의 경우에는 절차의 하자를 독립된 취소사유로 보지 않고, 재량행위의 경우에는 절차의 하자가 행정청의 실체적 결정에 영향을 미칠 수 있는 경우에 한하여 독립된 취소사유로 보는 견해(제2절충설)가 타당하다고도 할 수 있다.

그러나, 행정기관의 절차경시의 사고가 강한 **현재의 상황하**에서 이러한 해결을 하게 되면 절차가 경시될 것이기 때문에 절차적 법치주의가 확립될 때까지는 절차의 하자를 독립된 취소사유로 봄으로써 절차중시행정을 유도하는 것이 타당하다.

다만, 국민의 절차적 권리를 크게 침해하지 않는 경미한 절차의 하자는 하자가 치유되므로 취소사유가 되지 않는다고 보아야 한다.

Ⅱ. 절차의 하자의 치유

절차의 하자의 치유는 전술한 바와 같다('하자의 치유' 참조).

Ⅲ. 절차의 하자와 국가배상

절차의 하자로 손해가 발생한 경우 국가배상책임이 인정된다. 다만, 절차상 위법하지만 실체법상으로 적법한 경우에 손해가 발생하였다고 볼 수 없는 경우가 있고, 이 경우에는 국가배상책임이 인정되지 않는다.

제10장   정보공개와 개인정보의 보호

제 1 절   정보공개제도

I. 의   의

정보공개제도라 함은 공공기관(특히 행정기관)이 보유하고 있는 정보를 일부 비공개로 하여야 할 정보를 제외하고는 누구에게도 청구에 응해서 열람 · 복사 · 제공하도록 하는 제도를 말한다.

II. 정보공개의 법적 근거

1. 헌법적 근거

정보공개청구권은 헌법상 알 권리의 한 요소를 이루며 알 권리는 표현의 자유에 포함된다고 보는 것이 헌법재판소의 입장이다. 알 권리는 정보수집에 방해를 받지 않을 자유와 국가기관에 대해 정보공개를 청구할 수 있는 정보공개청구권을 포함한다고 본다. 따라서 정보공개청구권을 인정하는 법률이 존재하지 않는 경우에도 정보공개청구권은 알 권리에 근거하여 인정된다(헌재 1991. 5. 13, 90헌마133 ; 1989. 9. 4, 88헌마22).

2. 실정법률의 근거

정보공개청구권을 구체적으로 보장하기 위하여 1996년 12월 31일 「공공기관의 정보공개에 관한 법률」(이하 '정보공개법'이라 한다)이 제정되어 1998년 1월 1일부터 시행되고 있다.

「교육관련기관의 정보공개에 관한 특례법」은 교육관련기관이 보유 · 관리하는 정보의 공개에 관하여 정보공개법에 대한 특례를 정하고 있다.

III. 정보공개법과 타 법령과의 관계

정보의 공개에 관하여는 다른 법률에 특별한 규정이 있는 경우를 제외하고는 이 법이 정하는 바에 따른다(법 제4조). 이는 정보공개법이 정보공개에 관한 일반법임을 의미한다.

'정보공개에 관하여 다른 법률에 특별한 규정이 있는 경우'에 해당한다고 하여 정보공개법의 적용을 배제하기 위해서는, 특별한 규정이 '법률'이어야 하고, 나아가 내용이 정보공개의 대상 및 범위, 정보공개의 절차, 비공개대상정보 등에 관하여 정보공개법과 달리 규정하고 있는 것이어야 한다(대판 2016. 12. 15, 2013두20882).

Ⅳ. 정보공개의 내용

1. 정보공개청구권자

'모든 국민'은 정보의 공개를 청구할 권리를 가진다(제5조 제1항). 정보공개청구권이 인정되는 '모든 국민'에는 자연인뿐만 아니라 법인, 권리능력 없는 사단·재단도 포함되고, 법인과 권리능력 없는 사단·재단 등의 경우에 설립목적을 불문한다. 정보공개청구는 이해관계가 없는 공익을 위한 경우에도 인정된다(대판 2003. 12. 12, 2003두8050[충주환경운동연합사건]).

외국인의 정보공개청구에 관하여는 대통령령으로 정하도록 하고 있는데(제5조 제2항), 동법 시행령 제3조는 정보공개를 청구할 수 있는 외국인을 '국내에 일정한 주소를 두고 거주하거나 학술·연구를 위하여 일시적으로 체류하는 자'와 '국내에 사무소를 두고 있는 법인 또는 단체'에 한정하고 있다.

지방자치단체는 정보공개법 제5조에서 정한 정보공개청구권자인 '국민'에 해당되지 아니한다(서울행법 2005. 10. 2, 2005구합10484: 서울특별시 송파구가 서울특별시 선거관리위원회를 상대로 제기한 정보비공개처분 취소청구소송).

2. 정보공개의 대상

정보공개의 대상이 되는 정보는 '공공기관이 보유·관리하는 정보'이다(제3조).

(1) 공공기관

'공공기관'이라 함은 국가기관(① 국회, 법원, 헌법재판소, 중앙선거관리위원회, ② 중앙행정기관(대통령 소속 기관과 국무총리 소속 기관을 포함한다) 및 그 소속 기관, ③ 「행정기관 소속 위원회의 설치·운영에 관한 법률」에 따른 위원회), 지방자치단체, 「공공기관의 운영에 관한 법률」 제2조에 따른 공공기관, 「지방공기업법」에 따른 지방공사 및 지방공단, 그 밖에 대통령령으로 정하는 기관을 말한다(제2조 제3호). 다만, 국가안전보장에 관련되는 정보 및 보안업무를 관장하는 기관에서 국가안전보장과 관련된 정보분석을 목적으로 수집되거나 작성된 정보에 대하여는 이 법을 적용하지 아니한다(법 제4조 제3항).

(2) 보유정보

'정보'라 함은 공공기관이 직무상 작성 또는 취득하여 관리하고 있는 문서(전자문서를 포함한다) 및 전자매체를 비롯한 모든 형태의 매체 등에 기록된 사항을 말한다(제2조 제1호).

공개청구의 대상이 되는 문서가 반드시 원본일 필요는 없다(대판 2006. 5. 25, 2006두3049).

공개청구의 대상이 되는 정보는 공공기관이 '보유하는 정보'에 한정된다. 현행 정보공개법에는 정보의 검색제공에 관한 규정이 없지만, 전자적 형태로 보유·관리되는 정보의 경우에는 행정기관의 업무수행에 큰 지장을 주지 않는 한도 내에서 정보를 검색하고 편집하여 제공하여야 하는 것으로 보아야 한다.

〈판례〉 공공기관에 의하여 전자적 형태로 보유·관리되는 정보가 정보공개청구인이 구하는 대로 되어 있지 않더라도, 공공기관이 공개청구대상정보를 보유·관리하고 있는 것으로 볼 수 있는지 여부(한정 적극): 공공기관의 정보공개에 관한 법률에 의한 정보공개제도는 공공기관이 보유·관리하는 정보를 그 상태대로 공개하는 제도이지만, 전자적 형태로 보유·관리되는 정보의 경우에는, 그 정보가 청구인이 구하는 대로는 되어 있지 않다고 하더라도, 공개청구를 받은 공공기관이 공개청구대상정보의 기초자료를 전자적 형태로 보유·관리하고 있고, 당해 기관에서 통상 사용되는 컴퓨터 하드웨어 및 소프트웨어와 기술적 전문지식을 사용하여 그 기초자료를 검색하여 청구인이 구하는 대로 편집할 수 있으며, 그러한 작업이 당해 기관의 컴퓨터 시스템 운용에 별다른 지장을 초래하지 아니한다면, 그 공공기관이 공개청구대상정보를 보유·관리하고 있는 것으로 볼 수 있고, 이러한 경우에 기초자료를 검색·편집하는 것은 새로운 정보의 생산 또는 가공에 해당한다고 할 수 없다(대판 2010. 2. 11, 2009두6001).

판례는 정보공개거부처분 취소소송에서 공개청구된 정보가 부존재하는 경우 법률상 이익(협의의 소의 이익)이 없는 것으로 보고 각하판결을 하여야 하는 것으로 본다.

(3) 정보공개법의 적용배제 정보

'국가안전보장에 관련되는 정보 및 보안업무를 관장하는 기관에서 국가안전보장과 관련된 정보분석을 목적으로 수집되거나 작성된 정보'에 대하여는 정보공개법을 적용하지 아니한다(제4조 제3항).

3. 비공개대상 정보

(1) 의   의

비공개대상 정보라 함은 공공기관이 공개를 거부할 수 있는 정보를 말한다. 비공개대상 정보는 공익 또는 타인의 권익을 보호하기 위하여 인정된다.

비공개정보는 비밀정보를 의미하지 않는다. 비밀정보는 공개가 금지되는 정보이지만 비공개대상정보는 공개가 금지되는 정보는 아니며 행정기관이 공개하지 않을 수 있는 정보를 말한다. 또한 비공개정보에 해당한다고 하여 자동적으로 정보공개가 거부될 수 있는 것도 아니다. 해당 정보의 공개로 달성될 수 있는 공익 및 사익과 비공개로 하여야 할 공익 및 사익을 이익형량하여 공개 여부를 결정하여야 한다. 이것이 판례의 입장이다(대판 2009. 12. 10, 2009두12785).

(2) 종류 및 내용

정보공개법은 다음 정보를 비공개대상 정보로 열거하고 있다(제9조 제1항).

① 다른 법률 또는 법률에서 위임한 명령(국회규칙·대법원규칙·헌법재판소규칙·중앙선거관리위원회규칙·대통령령 및 조례에 한한다)에 따라 비밀이나 비공개사항으로 규정된 정보(제1호).

정보공개법 제9조 제1항 제1호상의 '다른 법률 또는 법률에서 위임한 명령'에는 군사기밀보호법, 동법 시행령 및 국가정보원법 제3조 제2항, 보안업무규정이 포함되는데, 공무원의 비밀엄수의무를 정하는 국가공무원법 제60조는 다른 견해가 있으나 이에 포함되지 않는다고 보아야 한다. 국가공무원법 제60조는 재직중이거나 퇴직한 공무원의 비밀엄수의무를 규정하는 규정이고 정보공개법은 공공기관의 정보공개 여부에 관한 법으로서 규율목적과 규율대상을 달리 한다.

'**법률에서 위임한 명령**'은 법률의 위임규정에 따라 제정된 대통령령, 총리령, 부령 전부를 의미한다기보다는 정보의 공개에 관하여 법률의 구체적인 위임 아래 제정된 법규명령(위임명령)을 의미한다(대판 2003. 12. 11, 2003두8395).

〈판례〉 1. 국가정보원이 그 직원에게 지급하는 현금급여 및 월초수당에 관한 정보는 국가정보원법 제12조에 의하여 비공개 사항으로 규정된 정보로서 공공기관의 정보공개에 관한 법률 제9조 제1항 제1호의 비공개대상정보인 '다른 법률에 의하여 비공개 사항으로 규정된 정보'에 해당한다(대판 2010. 12. 23, 2010두14800).
2. 형사소송법 제47조의 공개금지는 공공기관의 정보공개에 관한 법률 제9조 제1항 제1호의 '다른 법률 또는 법률에 의한 명령에 의하여 비공개사항으로 규정된 경우'에 해당하지 않는다(대판 2006. 5. 25, 2006두3049).

② 국가안전보장·국방·통일·외교관계 등에 관한 사항으로서 공개될 경우 국가의 중대한 이익을 현저히 해할 우려가 있다고 인정되는 정보(제2호).

③ 공개될 경우 국민의 생명·신체 및 재산의 보호에 현저한 지장을 초래할 우려가 있다고 인정되는 정보(제3호).

〈판례〉 보안관찰법 소정의 보안관찰 관련 통계자료는 북한정보기관에 의한 간첩의 파견, 포섭, 선전선동을 위한 교두보의 확보 등 북한의 대남전략에 있어 매우 유용한 자료로 악용될 우려가 없다고 할 수 없으므로, 위 정보는 구 공공기관의 정보공개에 관한 법률 제7조 제1항 제2호 소정의 공개될 경우 국가안전보장·국방·통일·외교관계 등 국가의 중대한 이익을 해할 우려가 있는 정보, 또는 제3호 소정의 공개될 경우 국민의 생명·신체 및 재산의 보호 기타 공공의 안전과 이익을 현저히 해할 우려가 있다고 인정되는 정보에 해당한다(대판 전원합의체 2004. 3. 18, 2001두8254).

④ 진행중인 재판에 관련된 정보와 범죄의 예방, 수사, 공소의 제기 및 유지, 형의 집행, 교정, 보안처분에 관한 사항으로서 공개될 경우 그 직무 수행을 현저히 곤란하게 하거나 형사피고인의 공정한 재판을 받을 권리를 침해한다고 인정할 만한 상당한 이유가 있는 정보(제4호).

〈판례〉 법원 이외의 공공기관이 위 규정이 정한 '진행중인 재판에 관련된 정보'에 해당한다는 사유로 정보공개를 거부하기 위하여는 반드시 그 정보가 진행중인 재판의 소송기록 그 자체에 포함된 내용의 정보일 필요는 없으나, 재판에 관련된 일체의 정보가 그에 해당하는 것은 아니고 진행중인 재판의 심리 또는 재판결과에 구체적으로 영향을 미칠 위험이 있는 정보에 한정된다고 봄이 상당하다(대판 2011. 11. 24, 2009두19021[론스타사건]).

⑤ 감사·감독·검사·시험·규제·입찰계약·기술개발·인사관리에 관한 사항이나 의사결정 과정 또는 내부검토 과정에 있는 사항 등으로서 공개될 경우 업무의 공정한 수행이나 연구·개발에 현저한 지장을 초래한다고 인정할 만한 상당한 이유가 있는 정보. 다만, 의사결정 과정 또는 내부검토 과정을 이유로 비공개할 경우에는 제13조 제5항에 따라 통지를 할 때 의사결정 과정 또는 내부검토 과정의 단계 및 종료 예정일을 함께 안내하여야 하며, 의사결정 과정 및 내부검토 과정이 종료되면 제10조에 따른 청구인에게 이를 통지하여야 한다(제5호).

판례는 위원회 회의록의 공개에 관하여 의사결정전(의사결정과정중)뿐만 아니라 의사결정후에도 의사결정과정에 준하는 것으로 보아 '공개될 경우 업무의 공정한 수행에 현저한 지장을 초래한다고 인정할 만한 상당한 이유가 있는 경우' 비공개대상정보로 본다.

〈판례〉 1. 구 학교환경위생구역(현 상대보호구역) 내 금지행위(숙박시설) 해제결정에 관한 구 학교환경위생정화위원회(현 지역교육환경보호위원회)의 회의록에 기재된 발언내용에 대한 해당 발언자의 인적사항 부분(발언자의 이름, 소속, 지위 등)에 관한 정보를 비공개대상에 해당한다고 한 사례(대판 2003. 8. 22, 2002두12946).

2. 도시공원위원회의 회의관련 자료 및 회의록은 정보공개법 제7조 제2항에 의해 공개대상이 된다(대판 2000. 5. 30, 99추85).

3. 독립유공자서훈 공적심사위원회의 회의록은 정보공개법 제9조 제1항 제5호에서 정한 '공개될 경우 업무의 공정한 수행에 현저한 지장을 초래한다고 인정할 만한 상당한 이유가 있는 정보'에 해당한다(대판 2014. 7. 24, 2013두20301).

⑥ 해당 정보에 포함되어 있는 이름·주민등록번호 등「개인정보 보호법」제2조 제1호에 따른 개인정보로서 공개될 경우 사생활의 비밀 또는 자유를 침해할 우려가 있다고 인정되는 정보(다만, 다음에 열거한 사항은 제외한다. 가. 법령에서 정하는 바에 따라 열람할 수 있는 정보, 나. 공공기관이 공표를 목적으로 작성하거나 취득한 정보로서 개인의 사생활의 비밀 또는 자유를 부당하게 침해하지 아니하는 정보, 다. 공공기관이 작성하거나 취득한 정보로서 공개하는 것이 공익 또는 개인의 권리구제를 위하여 필요하다고 인정되는 정보, 라. 직무를 수행한 공무원의 성명·직위, 마. 공개하는 것이 공익을 위하여 필요한 경우로서 법령에 의하여 국가 또는 지방자치단체가 업무의 일부를 위탁 또는 위촉한 개인의 성명·직업)(제6호).

개인정보의 공개세외의 규정방식에는 입법례에 비추어 볼 때 특정 개인을 식별할 수 있는 정보를 비공개로 하는 개인식별형과 공개하면 개인의 프라이버시에 대한 침해를 가져오는 정보를 비공개로 하는 프라이버시형이 있다. 현행 정보공개법은 프라이버시형을 취하고 있다.

개인정보는 절대적으로 공개가 거부될 수 있는 것은 아니며 공개의 이익과 형량하여 공개 여부를 결정하여야 한다.

공공기관이 보유·관리하고 있는 개인정보의 공개에 관하여는 구 정보공개법 제9조 제1항 제6호가「개인정보 보호법」에 우선하여 적용된다(대판 2021. 11. 11, 2015두53770).

〈판례〉 1. [1] 공공기관의 정보공개에 관한 법률(이하 '정보공개법'이라 한다)의 개정 연혁, 내용 및 취지 등에 헌법상 보장되는 사생활의 비밀 및 자유의 내용을 보태어 보면, 정보공개법 제9조 제1항 제6호 본문의 규정에 따라 비공개대상이 되는 정보(당해 정보에 포함되어 있는 이름·주민등록번호 등 개인에 관한 사항으로서 공개될 경우 개인의 사생활의 비밀 또는 자유를 침해할 우려가 있다고 인정되는 정보)에는 구 공공기관의 정보공개에 관한 법률(2004. 1. 29. 법률 제7127호로 전부 개정되기 전의 것, 이하 같다)의 이름·주민등록번호 등 정보 형식이나 유형을 기준으로 비공개 대상정보에 해당하는지를 판단하는 '개인식별정보'뿐만 아니라 그 외에 정보의 내용을 구체적으로 살펴 '개인에 관한 사항의 공개로 개인의 내밀한 내용의 비밀 등이 알려지게 되고, 그 결과 인격적·정신적 내면생활에 지장을 초래하거나 자유로운 사생활을 영위할 수 없게 될 위험성이 있는 정보'도 포함된다고 새겨야 한다. 따라서 불기소처분 기록 중 피의자신문조서 등에 기재된 피의자 등의 인적사항 이외의 진술내용 역시 개인의 사생활의 비밀 또는 자유를 침해할 우려가 인정되는 경우 정보공개법 제9조 제1항 제6호 본문 소정의 비공개대상에 해당한다. [2] 고소인이, 자신이 고소하였다가 불기소처분된 사건기록의 피의자신문조서, 진술조서 중 피의자 등 개인의 인적사항을 제외한 부분의 정보공개를 청구하였으나 해당 검찰청 검사장이 공공기관의 정보공개에 관한 법률 제9조 제1항 제6호에 해당한다는 이유로 비공개결정을 한 사안에서, 비공개결정한 정보 중 관련자들의 이름을 제외한 주민등록번호, 직업, 주소(주거 또는 직장주소), 본적, 전과 및 검찰 처분, 상훈·연금, 병역, 교육, 경력, 가족, 재산 및 월수입, 종교, 정당·사회단체가입, 건강상태, 연락처 등 개인에 관한 정보는 개인에 관한 사항으로서 공개되면 개인의 내밀한 비밀 등이 알려지게 되고 그 결과 인격적·정신적 내면생활에 지장을 초래하거나 자유로운 사생활을 영위할 수 없게 될 위험성이 있는 정보에 해당한다고 보아 이를 비공개대상정보에 해당한다고 본 원심판단을 수긍한 사례(대판 전원합의체 2012. 6. 18, 2011두2361). 〈해설〉 프라이버시형을 취한 규정내용에 비추어 개인식별정보라는 이유만으로 프라이버시의 침해에 대한 우려 없이 비공개대상정보로 본 부분은 타당하지 않다. 또한, 이 사안에서 공개하는 것이 공익 또는 고소인인 개인의 권리구제를 위하여 필요한 경우에 해당하는지도 보다 면밀하게 검토할 필요가 있다.

2. '공개하는 것이 공익을 위하여 필요하다고 인정되는 정보'에 해당하는지 여부는 비공개에 의하여 보호되는 개인의 사생활 보호 등의 이익과 공개에 의하여 보호되는 국민의 알권리의 보장과 국정에 대한 국민의 참여 및 국정운영의 투명성 확보 등의 공익을 비교·교량하여 구체적 사안에 따라 개별적으로 판단하여야 한다(대판 2003. 12. 12, 2003두8050: 공무원이 직무와 관련 없이 개인적인 자격으로 간담회·연찬회 등 행사에 참석하고 금품을 수령한 정보는 '공개하는 것이 공익을 위하여 필요하다고 인정되는 정보'에 해당하지 않는다고 한 사례 ; 2006. 12. 7, 2005두241: 사면대상자들의 사면실시건의서와 그와 관련된 국무회의 안건자료에 관한 정보는 그 공개로 얻는 이익이 그로 인하여 침해되는 당사자들의 사생활의 비밀에 관한 이익보다 더욱 크므로 구 공공기관의 정보공개에 관한 법률 제7조 제1항 제6호에서 정한 비공개사유에 해당하지 않는다고 한 사례).

3. 공직자윤리법상의 등록의무자가 구 공직자윤리법 시행규칙 제12조 관련 [별지 14호 서식]에 따라 정부공직자윤리위원회에 제출한 문서에 포함되어 있는 고지거부자의 인적사항이, 구 공공기관의 정보공개에 관한 법률 제7조 제1항 제6호 단서 (다)목에 정한 '공개하는 것이 공익을 위하여 필요하다고 인정되는 정보'에 해당하지 않는다고 한 사례(대판 2007. 12. 13, 2005두 13117[정보비공개결정처분취소]).

4. 행정기관의 업무추진비는 비공개대상정보가 아니지만, 지방자치단체의 업무추진비 세부

항목별 집행내역 및 그에 관한 증빙서류에 포함된 개인에 관한 정보는 '공개하는 것이 공익을 위하여 필요하다고 인정되는 정보'에 해당하지 않는다고 한 사례(대판 2003. 3. 11, 2001두6425).

개인을 식별할 수 있는 정보를 삭제한다면 공개할 수 있는 경우에는 개인을 식별할 수 있는 정보를 삭제하고 청구된 정보를 공개하여야 한다(행정법원 1999. 2. 25, 98구3692).

⑦ 법인·단체 또는 개인(이하 '법인 등'이라 한다)의 경영·영업상 비밀에 관한 사항으로서 공개될 경우 법인 등의 정당한 이익을 현저히 해할 우려가 있다고 인정되는 정보(다만, 다음에 열거한 정보를 제외한다. 가. 사업활동에 의하여 발생하는 위해로부터 사람의 생명·신체 또는 건강을 보호하기 위하여 공개할 필요가 있는 정보, 나. 위법·부당한 사업활동으로부터 국민의 재산 또는 생활을 보호하기 위하여 공개할 필요가 있는 정보)(제7호).

단서에 해당하는 정보의 공개에 있어서는 해당 법인의 이익과 정보공개이익을 이익형량하여야 한다.

〈판례〉 1. [1] 정보공개법 제9조 제1항 제7호 소정의 '법인 등의 경영·영업상 비밀'은 '타인에게 알려지지 아니함이 유리한 사업활동에 관한 일체의 정보' 또는 '사업활동에 관한 일체의 비밀사항'을 의미하는 것이고 그 공개 여부는 공개를 거부할 만한 정당한 이익이 있는지 여부에 따라 결정되어야 하는데, 그러한 정당한 이익이 있는지 여부는 정보공개법의 입법취지에 비추어 이를 엄격하게 판단하여야 한다. [2] 금융위원회의 2003. 9. 26.자 론스타에 대한 동일인 주식보유한도 초과보유 승인과 관련하여 '론스타 측이 제출한 동일인 현황 등 자료' 및 '금융감독원의 론스타에 대한 외환은행 주식취득 승인안', 2003. 12. 말 기준부터 2006. 6. 말 기준까지 론스타의 외환은행 주식의 초과보유에 대한 반기별 적격성 심사와 관련하여 '론스타 측이 제출한 동일인 현황 등 자료' 및 '금융감독원의 심사결과보고서' 등이 정보공개법상 비공개대상정보에 해당하지 않는다고 본 원심 판단을 수긍한 사례(대판 2011. 11. 24, 2009두19021).
2. 법인 등이 거래하는 금융기관의 계좌번호에 관한 정보는 법인 등의 영업상 비밀에 관한 사항으로서 공개될 경우 법인 등의 정당한 이익을 현저히 해할 우려가 있다고 인정되는 정보에 해당한다고 한 사례(대판 2004. 8. 20, 2003두8302).

⑧ 공개될 경우 부동산 투기·매점매석 등으로 특정인에게 이익 또는 불이익을 줄 우려가 있다고 인정되는 정보(제8호).

정보공개법은 공개를 원칙으로 하고 비공개는 예외에 해당하므로 비공개대상정보는 제한적으로 해석하여야 한다(행정법원 1999. 2. 25, 98구3692).

공개를 요구받은 공공기관은 정보공개를 거부하는 경우 대상이 된 정보의 내용을 구체적으로 확인·검토하여, 어느 부분이 어떠한 법익 또는 기본권과 충돌되어 정보공개법 제9조 제1항 몇 호에서 정하고 있는 비공개사유에 해당하는지를 주장·증명하여야만 하고, 그에 이르지 아니한 채 개괄적인 사유만을 들어 공개를 거부하는 것은 허용되지 아니한다(대판 2018. 4. 12, 2014두5477).

공개청구의 대상이 되는 정보가 이미 다른 사람에게 널리 알려져 있다거나 인터넷이나 관보 등을 통하여 공개하여 인터넷검색이나 도서관에서의 열람 등을 통하여 쉽게 알 수 있다는 사정만으로는 소의 이익이 없다거나 비공개결정이 정당화될 수는 없다(대판 2008. 11. 27, 2005두15694).

4. 권리남용 등

실제로는 해당 정보를 취득 또는 활용할 의사가 전혀 없이 정보공개 제도를 이용하여 사회통념상 용인될 수 없는 부당한 이득을 얻으려 하거나, 오로지 공공기관의 담당공무원을 괴롭힐 목적으로 정보공개청구를 하는 경우처럼 권리의 남용에 해당하는 것이 명백한 경우에는 정보공개청구권의 행사를 허용하지 아니하는 것이 옳다(대판 2014. 12. 24, 2014두9349).

5. 반복 청구 등의 종결 처리

공공기관은 정보공개 청구가 다음 각 호의 어느 하나에 해당하는 경우에는 해당 청구를 종결 처리할 수 있다. 1. 정보공개를 청구하여 정보공개 여부에 대한 결정의 통지를 받은 자가 정당한 사유 없이 해당 정보의 공개를 다시 청구하는 경우, 2. 정보공개 청구가 제11조 제5항에 따라 민원으로 처리되었으나 다시 같은 청구를 하는 경우(제11조의2 제1항).

공공기관은 정보공개 청구가 다음 각 호의 어느 하나에 해당하는 경우에는 다음 각 호의 구분에 따라 안내하고, 해당 청구를 종결 처리할 수 있다. 1. 제7조 제1항에 따른 정보 등 공개를 목적으로 작성되어 이미 정보통신망 등을 통하여 공개된 정보를 청구하는 경우: 해당 정보의 소재(所在)를 안내, 2. 다른 법령이나 사회통념상 청구인의 여건 등에 비추어 수령할 수 없는 방법으로 정보공개 청구를 하는 경우: 수령이 가능한 방법으로 청구하도록 안내(제2항).

V. 정보공개절차

1. 정보공개청구

정보의 공개를 청구하는 자(이하 '청구인'이라 한다)는 정보공개 청구서를 제출하거나 말로써 정보의 공개를 청구할 수 있다(제10조 제1항).

청구대상 정보를 기재함에 있어서는 사회일반인의 관점에서 청구대상정보의 내용과 범위를 확정할 수 있을 정도로 특정함을 요한다. 특정이 불가능한 경우에는 특정되지 않은 부분과 나머지 부분을 분리할 수 있고 나머지 부분에 대한 비공개결정이 위법한 경우라고 하여도 정보공개의 청구 중 특정되지 않은 부분에 대한 비공개결정의 취소를 구하는 부분은 나머지 부분과 분리하여 이를 기각하여야 한다(대판 2007. 6. 1, 2007두2555: 공개를 청구한 정보의 내용이 '대한주택공사의 특정 공공택지에 관한 수용가, 택지조성원가, 분양가, 건설원가 등 및 관련 자료 일체'인 경우, '관련 자료 일체' 부분은 그 내용과 범위가 정보공개청구 대상정보로서 특정되지 않았다고 한 사례).

2. 정보공개 여부의 결정

(1) 공개 여부 결정기간

공공기관은 정보공개의 청구를 받은 날부터 10일 이내에 공개 여부를 결정하여야 한다(제11조 제1항). 공공기관은 동법 시행령에서 정한 부득이한 사유로 제1항에 규정된 기간(10일) 내에 공개 여부를 결정할 수 없을 때에는 그 기간이 끝나는 날의 다음 날부터 기산하여 10일의 범위에서 공개 여부 결정기간을 연장할 수 있다. 이 경우 공공기관은 연장된 사실과 연장 사유를 청구인에게 지체 없이 문서로 통지하여야 한다(제11조 제2항).

(2) 제3자의 의견청취

공공기관은 공개 청구된 공개 대상 정보의 전부 또는 일부가 제3자와 관련이 있다고 인정할 때에는 그 사실을 제3자에게 지체 없이 통지하여야 하며, 필요한 경우에는 그의 의견을 들을 수 있다(제11조 제3항).

(3) 다른 공공기관과의 관계

공공기관은 공개청구된 정보 중 전부 또는 일부가 다른 공공기관이 생산한 정보인 때에는 그 정보를 생산한 공공기관의 의견을 들어 공개 여부를 결정하여야 한다(영 제10조 제1항).

(4) 사본 또는 복제물의 교부 제한

공공기관은 공개대상 청구량이 과다하여 정상적인 업무수행에 현저한 지장을 초래할 우려가 있는 경우에는 청구된 정보의 사본 또는 복제물의 교부를 제한할 수 있다(제8조 제2항).

(5) 정보공개심의회

국가기관, 지방자치단체, 「공공기관의 운영에 관한 법률」 제5조에 따른 공기업 및 준정부기관, 「지방공기업법」에 따른 지방공사 및 지방공단(이하 "국가기관등"이라 한다)은 정보공개 여부 등을 심의하기 위하여 정보공개심의회를 설치·운영한다. 이 경우 국가기관등의 규모와 업무성격, 지리적 여건, 청구인의 편의 등을 고려하여 소속 상급기관(지방공사·지방공단의 경우에는 해당 지방공사·지방공단을 설립한 지방자치단체를 말한다)에서 협의를 거쳐 심의회를 통합하여 설치·운영할 수 있다(제12조 제1항).

심의회는 다음 각 호의 사항을 심의한다(영 제11조 제2항): ① 공개청구된 정보의 공개 여부를 결정하기 곤란한 사항, ② 법 제18조 및 법 제21조 제2항에 따른 이의신청(일정한 이의신청 제외), ③ 그 밖에 정보공개제도의 운영에 관한 사항.

3. 정보공개 여부 결정의 통지

공공기관은 정보의 공개를 결정한 경우에는 공개의 일시 및 장소 등을 분명히 밝혀 청구인에게 통지하여야 한다(제13조 제1항).

공공기관은 정보의 비공개결정을 한 때에는 그 사실을 청구인에게 지체 없이 문서로 통지하여야 한다. 이 경우 제9조 제1항 각 호 중 어느 규정에 해당하는 비공개 대상 정보인지를 포함한 비공개 이유와 불복의 방법 및 절차를 구체적으로 밝혀야 한다(제13조 제5항).

〈판례〉 정보공개를 거부하는 경우 대상이 된 정보의 내용을 구체적으로 확인·검토하여 어느 부분이 어떠한 법익 또는 기본권과 충돌되어 같은 법 제7조 제1항 몇 호에서 정하고 있는 비공개사유에 해당하는지를 주장·입증하여야만 할 것이며, 그에 이르지 아니한 채 개괄적인 사유만을 들어 공개를 거부하는 것은 허용되지 아니한다(대판 2003. 12. 11., 2001두8827[보공개청구거부처분취소]).

정보의 비공개결정은 정보공개법 제13조 제4항에 의하여 전자문서로 통지할 수 있다(대판 2014. 4. 10, 2012두17384).

4. 정보공개의 방법

정보의 공개는 다음의 방법으로 한다. ① 문서·도면·사진 등은 열람 또는 사본의 교부, ② 필름·테이프 등은 시청 또는 인화물·복제물의 교부, ③ 마이크로필름·슬라이드 등은 시청·열람 또는 사본·복제물의 교부, ④ 전자적 형태로 보유·관리하는 정보 등은 파일을 복제하여 정보통신망을 활용한 정보공개시스템으로 송부, 매체에 저장하여 제공, 열람·시청 또는 사본·출력물의 교부, ⑤ 법 제7조 제1항에 따라 이미 공개된 정보의 경우 그 정보 소재(所在)의 안내(동법 시행령 제14조 제1항). 공공기관은 정보를 공개할 때 본인 또는 그 정당한 대리인임을 확인할 필요가 없는 경우에는 청구인의 요청에 의하여 제1항 각 호의 사본·출력물·복제물·인화물 또는 복제된 파일을 우편·팩스 또는 정보통신망을 이용하여 보낼 수 있다(제2항).

공공기관은 전자적 형태로 보유·관리하는 정보에 대하여 청구인이 전자적 형태로 공개하여 줄 것을 요청하는 경우에는 그 정보의 성질상 현저히 곤란한 경우를 제외하고는 청구인의 요청에 따라야 한다(제15조 제1항). 공공기관은 전자적 형태로 보유·관리하지 아니하는 정보에 대하여 청구인이 전자적 형태로 공개하여 줄 것을 요청한 경우에는 정상적인 업무수행에 현저한 지장을 초래하거나 그 정보의 성질이 훼손될 우려가 없으면 그 정보를 전자적 형태로 변환하여 공개할 수 있다(제2항).

공개청구한 정보가 비공개대상 정보에 해당하는 부분과 공개가 가능한 부분이 혼합되어 있는 경우로서 공개 청구의 취지에 어긋나지 아니하는 범위에서 두 부분을 분리할 수 있는 경우에는 비공개정보에 해당하는 부분을 제외하고 공개하여야 한다(제14조).

청구인에게는 특정한 공개방법을 지정하여 정보공개를 청구할 수 있는 법령상 신청권이 있다. 따라서, 특별한 사정이 없는 한 청구인이 신청한 공개방법으로 공개하여야 한다(대판 2016. 11. 10, 2016두44674).

5. 비용부담

정보의 공개 및 우송 등에 소요되는 비용은 실비의 범위에서 청구인의 부담으로 한다(법 제17조 제1항). 공개를 청구하는 정보의 사용 목적이 공공복리의 유지·증진을 위하여 필요하다고 인정되는 경우에는 제1항에 따른 비용을 감면할 수 있다(제2항).

VI. 정보공개쟁송

정보공개청구에 대한 공공기관의 비공개결정에 대한 불복절차로 이의신청, 행정심판 및 행정소송이 있다. 그런데 정보가 공개됨으로 인하여 제3자의 권익이 침해되는 경우가 있다. 개인정보 또는 기업비밀정보 등의 공개의 경우가 그러하다. 이 경우에는 제3자에게 정보의 공개를 저지할 수 있는 법적 수단이 마련되어야 한다.

1. 비공개결정에 대한 청구인의 불복절차

청구인은 이의신청 또는 행정심판을 청구할 수 있고 직접 행정소송을 제기할 수도 있다(행정법원 1999. 2. 25, 98구3692). 또한, 청구인은 이의신청을 거쳐 행정심판을 제기할 수도 있고, 직접 행정심판을 제기할 수도 있다.

(1) 이의신청

청구인이 정보공개와 관련한 공공기관의 비공개 또는 부분 공개의 결정에 대하여 불복이 있거나 정보공개 청구 후 20일이 경과하도록 정보공개 결정이 없는 때에는 공공기관으로부터 정보공개 여부의 결정 통지를 받은 날 또는 정보공개 청구후 20일이 경과한 날부터 30일 이내에 해당 공공기관에 문서로 이의신청을 할 수있다(법 제18조 제1항). 이의신청은 임의절차이며 행정심판이 아니다.

공공기관은 이의신청을 각하(却下) 또는 기각(棄却)하는 결정을 한 경우에는 청구인에게 행정심판 또는 행정소송을 제기할 수 있다는 사실을 제3항에 따른 결과 통지와 함께 알려야 한다(제4항).

(2) 행정심판

청구인이 정보공개와 관련한 공공기관의 결정에 대하여 불복이 있거나 정보공개 청구 후 20일이 경과하도록 정보공개 결정이 없는 때에는 행정심판법에서 정하는 바에 따라 행정심판을 청구할 수 있다. 이 경우 국가기관 및 지방자치단체 외의 공공기관의 결정에 대한 감독행정기관(관할 행정심판위원회를 정하는 기준이 됨)은 관계 중앙행정기관의 장 또는 지방자치단체의 장으로 한다(법 제19조 제1항). 행정심판은 임의절차이다.

청구인은 제18조에 따른 이의신청 절차를 거치지 아니하고 행정심판을 청구할 수 있다(제2항).

행정심판은 거부처분 취소심판 또는 의무이행심판의 형식으로 제기한다.

(3) 행정소송

청구인이 정보공개와 관련한 공공기관의 결정에 대하여 불복이 있거나 정보공개 청구 후 20일이 경과하도록 정보공개 결정이 없는 때에는 행정소송법에서 정하는 바에 따라 행정소송을 제기할 수 있다(법 제20조 제1항).

1) 소송형식

정보공개청구소송은 일반 항고소송(취소소송, 무효확인소송 및 부작위위법확인소송)의 형식으로 제기된다.

2) 처 분 성

정보공개청구권자의 정보공개신청에 대한 거부는 행정소송의 대상이 되는 거부처분이다. 그러나, 정보공개청구권이 없는 자의 정보공개신청에 대한 거부는 신청권이 없는 신청에 대한 거부이므로 행정소송의 대상이 되는 거부처분에 해당하지 아니한다.

3) 원고적격

정보공개청구권은 법률상 보호되는 구체적인 권리이므로 정보공개청구권이 있는 자는 공개청구된 정보와 개인적인 이해관계가 없는 자이더라도 공개거부로 그 권리를 침해받은 것이므로 당연히 공개거부를 다툴 원고적격을 갖는다(대판 2004. 8. 20, 2003두8302: 충북참여자치시민연대의 원고적격을 인정한 사례).

4) 소의 이익

공공기관이 그 정보를 보유·관리하고 있지 아니한 경우에는 특별한 사정이 없는 한 정보공개거부처분의 취소를 구할 법률상의 이익(소의 이익)이 없다(대판 2006. 1. 13, 2003두9459).

공개청구자는 그가 공개를 구하는 정보를 공공기관이 보유·관리하고 있을 상당한 개연성이 있다는 점에 대하여 입증할 책임이 있으나, 공개를 구하는 정보를 공공기관이 한때 보유·관리하였으나 후에 그 정보가 담긴 문서들이 폐기되어 존재하지 않게 된 것이라면 그 정보를 더 이상 보유·관리하고 있지 않다는 점에 대한 증명책임은 공공기관에 있나(대판 2013. 1. 24, 2010두18918).

5) 비공개 열람·심사

재판장은 필요하다고 인정하면 당사자를 참여시키지 아니하고 제출된 공개 청구 정보를 비공개로 열람·심사할 수 있다(제20조 제2항). 그러나, 재판장은 행정소송의 대상이 제9조 제1항 제2호의 규정에 따른 정보 중 국가안전보장·국방 또는 외교관계에 관한 정보의 비공개 또는 부분 공개 결정처분인 경우에 공공기관이 그 정보에 대한 비밀 지정의 절차, 비밀의 등급·종류 및 성질과 이를 비밀로 취급하게 된 실질적인 이유 및 공개를 하지 아니하는 사유 등을 입증하면 해당 정보를 제출하지 아니하게 할 수 있다(제20조 제3항).

6) 일부취소판결

정보공개거부취소소송에서 공개정보와 비공개정보를 분리할 수 있는 경우에는 분리되는 공개정보에 대응하여 일부취소판결을 내려야 한다(제14조 참조).

〈판례〉 법원이 행정기관의 정보공개거부처분의 위법 여부를 심리한 결과 공개를 거부한 정
보에 비공개대상 정보에 해당하는 부분과 공개가 가능한 부분이 혼합되어 있고 공개청구의 취지
에 어긋나지 아니하는 범위 안에서 두 부분을 분리할 수 있음을 인정할 수 있을 때에는 청구취
지의 변경이 없더라도 공개가 가능한 정보에 관한 부분만의 일부취소를 명할 수 있다 할 것
이고, 공개청구의 취지에 어긋나지 아니하는 범위 안에서 비공개대상 정보에 해당하는 부분과
공개가 가능한 부분을 분리할 수 있다고 함은, 이 두 부분이 물리적으로 분리가능한 경우를
의미하는 것이 아니고 당해 정보의 공개방법 및 절차에 비추어 당해 정보에서 비공개대상
정보에 관련된 기술 등을 제외 내지 삭제하고 그 나머지 정보만을 공개하는 것이 가능하고
나머지 부분의 정보만으로도 공개의 가치가 있는 경우를 의미한다고 해석하여야 한다(대판
2004. 12. 9, 2003두12707).

7) 간접강제
정보공개거부처분 취소판결이 확정되었음에도 해당 정보를 계속 공개하지 않
는 경우 현행 행정소송법상 간접강제제도에 의해 공개지연기간에 따라 일정한 배
상을 할 것을 명하거나 즉시 손해배상을 할 것을 명할 수 있다.

8) 가 구 제
정보공개거부에 대해서는 집행정지가 인정되지 않는다. 가처분이 가능하다는
견해가 있지만, 정보공개거부의 가처분은 본안소송을 대체하는 것이므로 가처분은
인정되지 않는다고 보아야 한다.

2. 정보공개에 대하여 이해관계 있는 제3자의 보호수단
비공개정보 중 기업비밀과 개인정보와 같이 공개되는 경우에 제3자의 권익이
침해되는 경우가 있다. 기업비밀과 개인정보 등은 비공개정보이지만 공개될 가능성
이 전혀 없는 것이 아니며 만일 공개된다면 제3자의 권익이 침해되게 된다. 따라서
정보공개에 대하여 이해관계 있는 제3자가 이해관계 있는 정보의 공개를 막을 수
있는 수단을 갖도록 하는 것이 형평의 원칙에 맞는다.

(1) 정보공개법상 보호수단
1) 공개청구된 사실의 통보 및 비공개요청
공공기관은 공개 청구된 공개 대상 정보의 전부 또는 일부가 제3자와 관련이
있다고 인정할 때에는 그 사실을 제3자에게 지체없이 통지하여야 하며, 필요한 경
우에는 그의 의견을 들을 수 있다(제11조 제3항).
공개청구된 사실을 통지받은 제3자는 그 통지를 받은 날부터 3일 이내에 해당
공공기관에 대하여 자신과 관련된 정보를 공개하지 아니할 것을 요청할 수 있다(법

제21조 제1항).

2) 공개통지 및 행정쟁송의 제기

제1항에 따른 비공개 요청에도 불구하고 공공기관이 공개 결정을 할 때에는 공개 결정 이유와 공개 실시일을 분명히 밝혀 지체 없이 문서로 통지하여야 하며, 제3자는 해당 공공기관에 문서로 이의신청을 하거나 행정심판 또는 행정소송을 제기할 수 있다. 이 경우 이의신청은 통지를 받은 날부터 7일 이내에 하여야 한다(법 제21조 제2항).

가. 처 분 성   정보공개의 결정·통보를 처분으로 보고 이에 대해 이의신청, 행정심판, 행정소송을 제기할 수 있다.

정보공개결정·통보를 비공개요청이라는 신청에 대한 거부처분으로 보는 견해가 있으나, 위 비공개요청을 신청이라고 보는 것은 타당하지 않고, 거부처분에 대한 취소소송에서는 집행정지신청이 인정되지 않는다는 문제가 있다.

나. 소의 이익과 집행정지신청   정보는 일단 공개되면 취소할 수 없는 것이므로 제3자의 이익을 보호하기 위하여는 정보공개를 사전에 막아야 한다. 이해관계 있는 제3자가 정보공개를 막는 소송을 **역정보공개청구소송**(逆情報公開請求訴訟)이라 할 수 있다. 정보공개통보행위에 대한 취소소송과 함께 집행정지신청을 하여야 할 것이다.

(2) 행정소송법상 보호수단: 제3자의 소송참가

제3자에 관한 정보의 공개가 거부된 경우 정보공개청구자가 공개거부취소소송을 제기하면 이해관계있는 제3자는 소송참가가 가능하다.

Ⅶ. 공공기관의 정보제공 노력의무

공공기관은 국민이 알아야 할 필요가 있는 정보를 국민에게 공개하도록 적극적으로 노력하여야 한다(제7조 제1항, 제2항). 이 규정은 국민의 정보공개청구에 의한 정보의 공개가 아니라 공공기관이 이니시어티브를 갖고 적극적으로 정보를 제공하는 것을 규정한 것이다.

공공기관은 해당 기관이 보유·관리하는 정보에 대하여 국민이 쉽게 알 수 있도록 정보목록을 작성하여 갖추어 두고, 그 목록을 정보통신망을 활용한 정보공개시스템 등을 통하여 공개하여야 한다. 다만, 정보목록 중 제9조 제1항에 따라 공개하지 아니할 수 있는 정보가 포함되어 있는 경우에는 해당 부분을 갖추어 두지 아니하거나 공개하지 아니할 수 있다(제8조 제1항).

제 2 절 개인정보보호제도

I. 의 의

개인정보보호제도라 함은 개인에 관한 정보가 부당하게 수집, 유통, 이용되는 것을 막아 개인의 프라이버시를 보호하는 제도를 말한다.

II. 법적 근거

1. 헌법적 근거

개인정보보호제도의 헌법적 근거는 헌법상 기본권인 개인정보자기결정권(자기정보통제권)이다.

2. 법률의 근거

공적 부문에서의 개인정보의 보호와 민간부분에서의 개인정보보호를 통일적으로 규율하는 개인정보보호법이 2011년 3월 29일 제정되어 2011년 9월 30일부터 시행되고 있다. 개인정보보호법은 개인정보의 보호에 관한 기본법 및 일반법의 성질을 갖는다. 이 외에 「정보통신망 이용촉진 및 정보보호 등에 관한 법률」, 「신용정보의 이용 및 보호에 관한 법률」 등 특별법이 있다.

III. 개인정보보호의 기본원칙

① 개인정보처리자는 개인정보의 처리 목적을 명확하게 하여야 하고 그 목적에 필요한 범위에서 최소한의 개인정보만을 적법하고 정당하게 수집하여야 한다(제3조 제1항).

② 개인정보처리자는 개인정보의 처리 목적에 필요한 범위에서 적합하게 개인정보를 처리하여야 하며, 그 목적 외의 용도로 활용하여서는 아니 된다(제3조 제2항).

③ 개인정보처리자는 개인정보의 처리 목적에 필요한 범위에서 개인정보의 정확성, 완전성 및 최신성이 보장되도록 하여야 한다(제3조 제3항).

④ 개인정보처리자는 개인정보의 처리 방법 및 종류 등에 따라 정보주체의 권리가 침해받을 가능성과 그 위험 정도를 고려하여 개인정보를 안전하게 관리하여야 한다(제3조 제4항).

⑤ 개인정보처리자는 제30조에 따른 개인정보 처리방침 등 개인정보의 처리에 관한 사항을 공개하여야 하며, 열람청구권 등 정보주체의 권리를 보장하여야 한다

(제3조 제5항).

⑥ 개인정보처리자는 정보주체의 사생활 침해를 최소화하는 방법으로 개인정보를 처리하여야 한다(제3조 제6항).

⑦ 개인정보처리자는 개인정보를 익명 또는 가명으로 처리하여도 개인정보 수집목적을 달성할 수 있는 경우 익명처리가 가능한 경우에는 익명에 의하여, 익명처리로 목적을 달성할 수 없는 경우에는 가명에 의하여 처리될 수 있도록 하여야 한다(제3조 제7항).

⑧ 개인정보처리자는 이 법 및 관계 법령에서 규정하고 있는 책임과 의무를 준수하고 실천함으로써 정보주체의 신뢰를 얻기 위하여 노력하여야 한다(제3조 제8항).

IV. 개인정보보호의 내용

1. 보호의 대상이 되는 개인정보의 의의

개인정보보호법의 보호대상이 되는 개인정보란 살아 있는 개인에 관한 정보로서 다음 각 목의 어느 하나에 해당하는 정보를 말한다. 가. 성명, 주민등록번호 및 영상 등을 통하여 개인을 알아볼 수 있는 정보, 나. 해당 정보만으로는 특정 개인을 알아볼 수 없더라도 다른 정보와 쉽게 결합하여 알아볼 수 있는 정보. 다. 가목 또는 나목을 제1호의2에 따라 가명처리함으로써 원래의 상태로 복원하기 위한 추가정보의 사용·결합 없이는 특정 개인을 알아볼 수 없는 정보(이하 "가명정보"라 한다)(제2조 제1호). 전자적으로 처리되는 개인정보 외에 수기(手記) 문서까지 개인정보의 보호범위에 포함한다. 다만, 죽은 사람의 개인정보도 사망 후 일정한 기간은 보호하도록 입법개선이 필요하다.

개인정보보호법의 보호대상이 되는 개인정보는 업무를 목적으로 개인정보파일3)을 운용하기 위하여 스스로 또는 다른 사람을 통하여 개인정보를 처리4)하는 공공기관, 법인, 단체 및 개인 등(제2조 제5호)의 개인정보이다.

2. 개인정보보호의 체계

(1) 개인정보보호위원회

개인정보보호에 관한 사무를 독립적으로 수행하기 위하여 국무총리 소속으로

---

3) "개인정보파일"이란 개인정보를 쉽게 검색할 수 있도록 일정한 규칙에 따라 체계적으로 배열하거나 구성한 개인정보의 집합물을 말한다(제2조 제4호).

4) "처리"란 개인정보의 수집, 생성, 기록, 저장, 보유, 가공, 편집, 검색, 출력, 정정, 복구, 이용, 제공, 공개, 파기, 그 밖에 이와 유사한 행위를 말한다(제2조 제2호).

개인정보보호위원회(이하 '보호위원회'라 한다)를 둔다(제7조 제1항). 개인정보 보호위원회
는「정부조직법」제2조에 따른 중앙행정기관(합의제행정청)이다. 다만, 제7조의8 제1
항 제3호 및 제4호의 사무, 제7조의9 제1항의 심의·의결 사항 중 제1호에 해당하는
사항에 대하여는「정부조직법」제18조(국무총리의 지휘·감독)를 적용하지 아니한다(제
7조 제2항).

(2) 개인정보보호지침

행정자치부장관은 개인정보의 처리에 관한 기준, 개인정보 침해의 유형 및 예
방조치 등에 관한 표준 개인정보보호지침(이하 '표준지침'이라 한다)을 정하여 개인정
보처리자에게 그 준수를 권장할 수 있다(제12조 제1항). 중앙행정기관의 장은 표준지
침에 따라 소관 분야의 개인정보 처리와 관련한 개인정보보호지침을 정하여 개인
정보처리자에게 그 준수를 권장할 수 있다(제2항).

3. 개인정보의 처리(수집, 이용, 제공 등)의 규제

(1) 개인정보의 수집·이용의 제한

개인정보처리자는 다음의 어느 하나에 해당하는 경우에는 개인정보를 수집할
수 있으며 그 수집 목적의 범위에서 이용할 수 있다. ① 정보주체의 동의를 받은 경
우, ② 법률에 특별한 규정이 있거나 법령상 의무를 준수하기 위하여 불가피한 경
우, ③ 공공기관이 법령 등에서 정하는 소관 업무의 수행을 위하여 불가피한 경우,
④ 정보주체와 체결한 계약을 이행하거나 계약을 체결하는 과정에서 정보주체의
요청에 따른 조치를 이행하기 위하여 필요한 경우, ⑤ 명백히 정보주체 또는 제3자
의 급박한 생명, 신체, 재산의 이익을 위하여 필요하다고 인정되는 경우, ⑥ 개인정
보처리자의 정당한 이익을 달성하기 위하여 필요한 경우로서 명백하게 정보주체의
권리보다 우선하는 경우(이 경우 개인정보처리자의 정당한 이익과 상당한 관련이 있고 합리적
인 범위를 초과하지 아니하는 경우에 한한다.), ⑦ 공중위생 등 공공의 안전과 안녕을 위하
여 긴급히 필요한 경우(제15조 제1항).

개인정보처리자는 당초 수집 목적과 합리적으로 관련된 범위 내에서 정보주체에게
불이익이 발생하는지 여부, 암호화 등 안전성 확보에 필요한 조치를 하였는지 여부
등을 고려하여 대통령령이 정하는 바에 따라 정보주체의 동의 없이 개인정보를 이용할
수 있다(제15조 제3항).

(2) 개인정보의 제공 제한

개인정보처리자는 다음의 어느 하나에 해당되는 경우에는 정보주체의 개인정

보를 제3자에게 제공(공유를 포함한다. 이하 같다)할 수 있다. ① 정보주체의 동의를 받은 경우, ② 제15조 제1항 제2호, 제3호 및 제5호부터 제7호까지에 따라 개인정보를 수집한 목적 범위에서 개인정보를 제공하는 경우(제17조 제1항). 개인정보처리자는 **당초 수집 목적과 합리적으로 관련된 범위 내에서** 정보주체에게 불이익이 발생하는지 여부, 암호화 등 안전성 확보에 필요한 조치를 하였는지 여부 등을 고려하여 **대통령령이 정하는 바에 따라 정보주체의 동의 없이 개인정보를 제공할 수 있다**(제17조 제4항).

개인정보처리자는 개인정보를 제15조 제1항에 따른 범위를 초과하여 이용하거나 제17조 제1항 및 제28조의8 제1항에 따른 범위를 초과하여 제3자에게 제공하여서는 아니 된다(제18조 제1항).

개인정보처리자로부터 개인정보를 제공받은 자는 다음의 어느 하나에 해당하는 경우를 제외하고는 개인정보를 제공받은 목적 외의 용도로 이용하거나 이를 제3자에게 제공하여서는 아니 된다. ① 정보주체로부터 별도의 동의를 받은 경우, ② 다른 법률에 특별한 규정이 있는 경우(제19조).

(3) 개인정보의 처리의 제한

개인정보처리자가 정보주체 이외로부터 수집한 개인정보를 처리하는 때에는 정보주체의 요구가 있으면 즉시 다음의 모든 사항을 정보주체에게 알려야 한다. ① 개인정보의 수집 출처, ② 개인정보의 처리 목적, ③ 제37조에 따른 개인정보 처리의 정지를 요구하거나 동의를 철회할 권리가 있다는 사실(제20조 제1항).

개인정보처리자는 사상·신념, 노동조합·정당의 가입·탈퇴, 정치적 견해, 건강, 성생활 등에 관한 정보, 그 밖에 정보주체의 사생활을 현저히 침해할 우려가 있는 개인정보로서 대통령령으로 정하는 정보(이하 '민감정보'라 한다)를 처리하여서는 아니 된다. 다만, 다음 각 호의 어느 하나에 해당하는 경우에는 그러하지 아니하다. ① 정보주체에게 제15조 제2항 각 호 또는 제17조 제2항 각 호의 사항을 알리고 다른 개인정보의 처리에 대한 동의와 별도로 동의를 받은 경우, ② 법령에서 민감정보의 처리를 요구하거나 허용하는 경우(제23조 제1항).

개인정보처리자는 다음 경우를 제외하고는 법령에 따라 개인을 고유하게 구별하기 위하여 부여된 식별정보로서 대통령령으로 정하는 정보(이하 '고유식별정보'라 한다)를 처리할 수 없다. ① 정보주체에게 제15조 제2항 각 호 또는 제17조 제2항 각 호의 사항을 알리고 다른 개인정보의 처리에 대한 동의와 별도로 동의를 받은 경우, ② 법령에서 구체적으로 고유식별정보의 처리를 요구하거나 허용하는 경우(제24조 제1항).

제24조 제1항에도 불구하고 개인정보처리자는 다음의 어느 하나에 해당하는

경우를 제외하고는 **주민등록번호**를 처리할 수 없다. ① 법률·대통령령·국회규칙·대법원규칙·헌법재판소규칙·중앙선거관리위원회규칙 및 감사원규칙에서 구체적으로 주민등록번호의 처리를 요구하거나 허용한 경우, ② 정보주체 또는 제3자의 급박한 생명, 신체, 재산의 이익을 위하여 명백히 필요하다고 인정되는 경우, ③ 제1호 및 제2호에 준하여 주민등록번호 처리가 불가피한 경우로서 보호위원회가 고시로 정하는 경우(제24조의2 제1항).

개인정보처리자는 통계작성, 과학적 연구, 공익적 기록보존 등을 위하여 **정보주체의 동의 없이 가명정보를 처리할 수 있다**(제28조의2 제1항). "**가명처리**"란 개인정보의 일부를 삭제하거나 일부 또는 전부를 대체하는 등의 방법으로 추가 정보가 없이는 특정 개인을 알아볼 수 없도록 처리하는 것을 말한다(제2조 제1의2). 제28조의2 또는 제28조의3에 따라 처리된 가명정보는 제20조, 제20조의2, 제27조, 제34조 제1항, 제35조, 제35조의2, 제36조 및 제37조를 적용하지 아니한다(제28조의7).

(4) 개인정보처리자에 의한 개인정보의 안전한 관리

개인정보보호법은 개인정보처리자에 의한 개인정보의 안전한 관리를 위해 다음과 같은 규정을 두고 있다. 개인정보처리자의 안전조치(기술적·관리적 및 물리적 조치)의무(제29조), 개인정보보호법 위반에 대한 시정조치 등(제64조), 개인정보를 처리하거나 처리하였던 자에 대한 금지행위(제59조), 법령위반에 대한 과징금의 부과(제64조의2) 등을 규정하고 있다.

4. 정보주체의 권리

정보주체[5]는 자신의 개인정보 처리와 관련하여 다음의 권리를 가진다. ① 개인정보의 처리에 관한 정보를 제공받을 권리, ② 개인정보의 처리에 관한 동의 여부, 동의 범위 등을 선택하고 결정할 권리, ③ 개인정보의 처리 여부를 확인하고 개인정보에 대한 열람(사본의 발급을 포함한다. 이하 같다) 및 전송을 요구할 권리, ④ 개인정보의 처리 정지, 정정·삭제 및 파기를 요구할 권리, ⑤ 개인정보의 처리로 인하여 발생한 피해를 신속하고 공정한 절차에 따라 구제받을 권리, ⑥ 완전히 자동화된 개인정보 처리에 따른 결정을 거부하거나 그에 대한 설명 등을 요구할 권리(제4조).

---

5) "정보주체"란 처리되는 정보에 의하여 알아볼 수 있는 사람으로서 그 정보의 주체가 되는 사람을 말한다(제2조 제3호).

5. 권익구제

(1) 행정심판 또는 행정소송

제35조 내지 제37조에 근거한 개인정보의 열람요구, 정정·삭제요구 및 처리정지 등 요구에 대한 거부나 부작위는 행정심판법 및 행정소송법상의 처분이나 부작위이므로 이에 대해 행정심판이나 행정소송을 제기할 수 있다.

(2) 손해배상책임

정보주체는 개인정보처리자가 이 법을 위반한 행위로 손해를 입으면 개인정보처리자에게 손해배상(개인정보처리자의 고의 또는 중대한 과실이 있는 경우 손해액의 5배 이하의 징벌적 손해배상 가능)을 청구할 수 있다. 이 경우 그 개인정보처리자는 고의 또는 과실이 없음을 입증하지 아니하면 책임을 면할 수 없다(제39조).

(3) 개인정보 분쟁조정

개인정보에 관한 분쟁의 조정(조정)을 위하여 개인정보 분쟁조정위원회(이하 '분쟁조정위원회'라 한다)를 둔다(제40조).

(4) 개인정보 단체소송

법령상 요건을 갖춘 단체(소비자단체, 비영리민간단체)는 개인정보처리자가 제49조에 따른 집단분쟁조정을 거부하거나 집단분쟁조정의 결과를 수락하지 아니한 경우에는 법원에 권리침해 행위의 금지·중지를 구하는 소송(이하 "단체소송"이라 한다)을 제기할 수 있다(제51조).

04

행정구제법

Section 01 행정구제법 개설
Section 02 행정상 손해전보
Section 03 행정쟁송

제1장 행정구제법 개설

Ⅰ. 행정구제의 개념

행정구제라 함은 행정권의 행사에 의해 침해된 국민의 권익을 구제해 주는 것을 말한다. 이에 관한 법이 행정구제법이며 이에 관한 제도가 행정구제제도이다.

Ⅱ. 행정구제제도의 체계

1. 권익침해행위의 위법과 적법의 구별

행정통제의 관점에서는 법치행정의 원칙상 권익을 침해한 행위가 위법한 행위인지 적법한 행위인지 구분하지 않을 수 없다.

위법(違法)한 행정권의 행사에 의해 침해된 권익의 구제제도로는 이의신청, 행정쟁송(행정심판과 행정소송), 헌법소원, 국가배상청구, 공법상 결과제거청구, 국민고충처리제도 등이 있다.

적법(適法)한 공권력 행사에 의해 가해진 손해에 대한 구제제도로는 행정상 손실보상이 있다.

2. 행정구제의 방법

행정구제의 방법에는 원상회복적으로는 행정쟁송, 헌법소원과 공법상 결과제거청구가 있고, 금전에 의한 보상으로는 '행정상 손해전보' 즉, '행정상 손해배상'(국가배상)과 '행정상 손실보상'이 있다.

판례에 의하면 불복기간의 경과로 처분을 다툴 수 없게 된 경우에도 위법한 처분으로 인하여 입은 손해가 있으면 그 손해의 배상을 청구할 수 있다.

행정권의 행사에 의해 국민의 권익이 침해된 경우에 원상회복이 불가능한 경우에는 취소의 이익이 없으므로 행정상 손해배상만이 가능하다.

또한, 원상회복적 효과를 갖는 행정쟁송이나 공법상 결과제거청구로 구제가 충분하지 않은 경우에는 이들 구제수단과 함께 행정상 손해배상이 함께 청구될 수 있다.

예를 들면, 영업허가취소처분이 취소소송을 통하여 취소되었더라도 허가취소처분이 내려진 후 취소처분이 취소되기까지 영업을 하지 못함으로써 입은 손해는 공무원의 과실이 입증되는 한 별도로 국가배상의 대상이 된다.

3. 구제수단

(1) 공권력 행사 자체에 대한 다툼과 결과에 대한 구제

구제수단에는 위법·부당한 행정권의 행사 자체를 다투어 그 위법·부당을 시정하고 그를 통하여 국민의 권익을 구제하는 제도와 공권력 행사의 결과에 대한 구제제도가 있다.

공권력 행사의 위법·부당을 시정하는 구제제도로는 행정쟁송(행정심판과 행정소송)이 가장 대표적인 수단이다. 이 외에도 감사원에 대한 심사청구, 행정소송을 보충하는 구제제도인 헌법소원 등이 있다.

공권력 행사의 결과에 대한 구제제도로는 공권력 행사의 결과인 위법한 상태의 제거를 목적으로 하는 공법상 결과제거청구와 손해의 전보를 목적으로 하는 행정상 손해배상과 행정상 손실보상이 있다. 다만, 공법상 결과제거청구는 현행 법령상이나 판례상 아직 원칙적으로 인정되고 있지 않다.

(2) 재판적 구제수단과 비재판적 구제수단

고전적인 행정구제제도는 법원을 통한 구제제도이다. 행정소송, 즉 항고소송과 공법상 당사자소송이 대표적인 재판적 구제수단이다. 행정심판의 심판기관은 행정기관이지만 현행 행정심판법상의 행정심판은 준사법적인 구제수단으로 구성되어 있다. 헌법소원에 대한 심판기관인 헌법재판소는 사법기관의 성격을 가진다.

그런데, 이러한 재판적 구제수단에 의한 행정구제와 행정통제에는 불충분한 점이 있기 때문에 대체적 분쟁해결제도(ADR, 분쟁조정제도), 국민고충처리제도, 청원, 행정절차 등 비재판적 구제제도가 도입되고 있다.

Ⅲ. 본서의 고찰대상인 행정구제제도

본서에서는 행정구제의 기본이 되는 행정쟁송(행정심판과 행정소송)과 행정상 손해전보(행정상 손해배상과 행정상 손실보상)를 주된 고찰대상으로 한다. 이와 함께 공법상 결과제거청구제도, 헌법소원도 검토하기로 한다.

우선 행정권 행사의 결과에 대한 구제제도인 행정상 손해전보(행정상 손해배상과 행정상 손실보상)와 공법상 결과제거청구제도를 고찰하고, 다음으로 위법 · 부당한 행정권 행사 자체를 다투는 행정쟁송제도를 고찰하기로 한다. 헌법소원에 대하여는 행정쟁송과의 관계에 한정하여 논하기로 한다.

제 2 장 행정상 손해전보

제 1 절 개   설

행정상 손해전보는 국가작용에 의해 개인에게 가해진 손해의 전보를 의미한다. 행정상 손해배상과 행정상 손실보상이 이에 해당한다.

현행 실정법은 위법행위에 의한 손해의 배상인 행정상 손해배상과 적법행위에 의한 손실의 보상인 행정상 손실보상을 구분하고 있다.

제 2 절 행정상 손해배상

제 1 항 개   설

I. 개   념

행정상 손해배상은 행정권의 행사에 의해 우연히 발생한 손해에 대한 국가등의 배상책임을 말한다. 행정상 손해배상은 **국가배상**이라고도 한다.

전통적으로 행정상 손해배상은 위법한 국가작용으로 인하여 발생한 손해의 배상을 가리킨다. 그리하여 적법한 국가작용으로 인하여 발생한 손실의 보상제도인 손실보상과 구별된다.

II. 행정상 손해배상의 분류

행정상 손해배상은 과실책임(공무원의 위법·과실행위로 인한 책임), 영조물책임, 엄격한 의미의 무과실책임인 공법상 위험책임으로 구분하는 것이 타당하다.

Ⅲ. 국가배상책임의 인정근거

1. 국가배상책임의 역사적 발전

과거 군주국가에서는 '왕은 잘못을 행할 수 없다'(The King can do no wrong)라는 원칙에 의해 국가무책임의 원칙이 지배하였다.

그러나, 근대 민주법치국가하에서는 국가무책임의 특권은 인정될 수 없다. 따라서 오늘날에는 국가무책임의 특권이 부인되고 국가배상책임의 원칙이 인정되게 되었다.

우리나라에서 국가무책임의 특권이 부인되고 국가배상책임이 일반적으로 인정되게 된 것은 1948년 제정된 제헌헌법 제27조 제2항에 의해서이다. 이 헌법규정에 근거하여 1951년 9월 8일 국가배상법이 제정되었다.

2. 실정법상 근거

(1) 헌법상 근거

헌법 제29조 제1항은 "공무원의 직무상 불법행위로 손해를 받은 국민은 법률이 정하는 바에 의하여 **국가 또는 공공단체**에 정당한 배상을 청구할 수 있다"라고 규정하고 있다. 이 헌법규정은 국가무책임의 특권의 부인을 명시적으로 선언하고 공무원의 직무상 불법행위로 인한 손해에 대한 국가배상책임의 원칙을 선언하고, 국가배상청구권을 기본권으로 인정하고 있다.

(2) 실정법률의 근거

국가배상법은 **국가와 지방자치단체**의 과실책임(제2조) 및 영조물책임(제5조)을 규정하고 있다. 국가나 지방자치단체의 손해배상 책임에 관하여는 국가배상법에 규정된 사항 외에는 「민법」에 따른다. 다만, 「민법」 외의 법률에 다른 규정이 있을 때에는 그 규정에 따른다(국가배상법 제8조).

공법상 위험책임이 인정되기 위해서는 법률의 근거가 있어야 한다. 현행법상 공법상 위험책임은 극히 제한적으로만 인정되고 있다.

3. 협의의 공공단체의 배상책임의 법적 근거

헌법에서는 국가와 공공단체의 배상책임을 규정하고 있는데, 국가배상법에서는 국가와 지방자치단체의 배상책임만을 정하고 있다. 따라서 공공단체의 공무수행 중 가해진 손해에 대한 공공단체의 배상책임에 대하여 민법을 적용할 것인가 아니면 국가배상법을 적용할 것인가가 문제된다.

이에 관하여 ① 국가배상법이 국가와 지방자치단체의 배상책임만을 정하고 있으므로 공공단체의 공무수행상의 손해에 대한 공공단체의 배상책임에는 국가배상법이 적용될 수 없고, 일반법인 민법이 적용되어야 한다는 견해(민법상 손해배상청구설), ② 가해행위가 공행정작용에 속하므로 피해자의 구제와 법적용의 형평성을 고려하여 공공단체의 공무수행상의 손해에 대하여는 국가배상법을 유추적용하여야 한다는 견해(국가배상법유추적용설), ③ 헌법 제29조가 국가배상주체를 국가 또는 공공단체로 규정하고 있는 점, 공공단체도 넓은 의미의 국가행정조직의 일부에 해당된다는 점 등에 기초하여 공공단체를 국가배상법상의 "국가 또는 지방자치단체"에 포함되는 것으로 보아야 한다는 견해(국가배상법적용설)가 대립하고 있다.

판례는 공공단체의 공행정작용을 수행하는 중 손해를 발생시킨 경우 기본적으로 공공단체에게 민법 제750조의 불법행위로 인한 배상책임 또는 민법 제758조의 공작물의 책임을 인정하고 있다.

예를 들면, 판례는 한국도로공사의 불법행위로 인한 손해(고속도로 소음으로 인한 양돈업 폐업)에 대해 민법 제750조의 불법행위로 인한 배상책임(대판 2001. 2. 9, 99다55434)을, 고속도로의 관리상 하자로 인한 한국도로공사의 배상책임에 민법 제758조의 배상책임을 인정한다.

4. 공무수탁사인의 배상책임의 근거

공무수탁사인의 불법행위로 손해가 발생한 경우 공무수탁사인을 행정주체로 보는 견해에 의하면 공무수탁사인이 배상주체가 된다. 이 경우 민법을 적용할 것인지 아니면 국가배상법을 적용할 것인지 문제가 되는데, 재판 실무는 국가배상법이 국가와 지방자치단체의 배상책임만 정하고 있기 때문에 민법을 적용한다.

〈판례〉 사인이 지방자치단체로부터 위탁을 받아 운영하는 수영장에 어린이가 빠져 중상해를 입은 것에 대하여 해당 수영장을 운영하는 사인에게 손해배상을 청구한 사건에서 민법 제758조 제1항에 규정된 '공작물의 설치 또는 보존의 하자'로 인한 책임을 인정한 사례(대판 2019. 11. 28, 2017다14895).

공무수탁사인을 행정주체가 아니라 행정청으로 보는 견해에 의하면 위탁청이 속한 국가 또는 지방자치단체가 국가배상책임의 배상주체가 된다.

Ⅳ. 국가배상책임(또는 국가배상법)의 성격

국가배상책임의 성격에 관하여 사법상 책임설과 공법상 책임설이 대립되고 있고, 그에 따라서 국가배상법의 성격에 관하여도 사법설과 공법설이 대립되고 있다.

판례는 국가배상책임을 민사상 손해배상책임의 일종으로 보고, 국가배상법을 민법의 특별법으로 보고 있다(대판 1972. 10. 10, 69다701 ; 1971. 4. 6, 70다2955). 그리고, 국가배상청구소송을 민사소송으로 다루고 있다.

제 2 항 국가의 과실책임(국가배상법 제2조 책임): 공무원의 위법행위로 인한 국가배상책임

국가배상법 제2조는 다음과 같이 국가의 과실책임을 규정하고 있다.

"① 국가나 지방자치단체는 공무원 또는 공무를 위탁받은 사인(이하 '공무원'이라 한다)이 직무를 집행하면서 고의 또는 과실로 법령을 위반하여 타인에게 손해를 입히거나, 「자동차손해배상보장법」에 따라 손해배상의 책임이 있을 때에는 이 법에 따라 그 손해를 배상하여야 한다. 다만, 군인·군무원·경찰공무원 또는 향토예비군대원이 전투·훈련 등 직무집행과 관련하여 전사·순직하거나 공상을 입은 경우에 본인이나 그 유족이 다른 법령의 규정에 따라 재해보상금·유족연금·상이연금 등의 보상을 지급받을 수 있을 때에는 이 법 및 「민법」의 규정에 따른 손해배상을 청구할 수 없다. ② 제1항 본문의 경우에 공무원에게 고의 또는 중대한 과실이 있으면 국가나 지방자치단체는 그 공무원에게 구상할 수 있다."

Ⅰ. 개   념

국가의 과실책임이란 공무원의 과실 있는 위법행위로 인하여 발생한 손해에 대한 배상책임을 말한다.

Ⅱ. 국가배상책임의 성질

국가배상법 제2조에 의한 국가배상책임의 성질에 관하여는 대위책임설, 자기책임설, 중간설 등이 첨예하게 대립하고 있다.

1. 대위책임설

대위책임설이란 국가배상책임을 공무원의 개인적인 불법행위책임에 대신하여 지는 책임이라고 보는 견해이다.

대위책임설은 국가배상법상 '공무원의 과실'이 책임요건으로 되어 있다는 데에 근거한다. 즉, 대위책임설은 국가배상의 대상이 되는 손해는 공무원의 과실에 의해 야기된 것이므로 과실을 범한 공무원이 배상책임을 져야 하는 것이지만, 공무원에게 자력이 없는 경우가 적지 아니하므로 피해자의 구제를 위하여 국가가 공무원에 대신하여 책임을 지는 것으로 본다.

2. 자기책임설

자기책임설이란 국가배상책임을 국가가 공무원을 대신하여 지는 배상책임이 아니라 국가 자신의 책임으로서 지는 배상책임이라고 보는 견해이다.

자기책임설에는 세 가지 다른 견해가 있다.

(1) 기관이론에 입각한 자기책임설

이 견해는 공무원의 직무상 불법행위는 기관의 불법행위가 되므로 국가는 행정기관인 공무원의 불법행위에 대하여 직접 자기책임을 진다는 견해이다.

(2) 위험책임설적 자기책임설

이 견해는 위법하게 행사될 위험성이 있는 행정권을 공무원에게 수권한 국가는 그러한 행정권이 잘못 행사되어 초래된 손해에 대하여도 책임을 져야 한다는 것으로 국가배상책임은 일종의 위험책임으로서의 자기책임이라고 보는 견해이다.

(3) 신자기책임설(절충설)

공무원이 직무수행상 경과실로 타인에게 손해를 입힌 경우에 당해 공무원의 행위는 국가 등의 기관행위로 볼 수 있으므로 그 행위의 효과는 국가에 귀속되어 국가가 배상책임을 지는 것이다. 따라서 이 경우에 국가의 배상책임은 국가의 자기책임이다.

공무원의 위법행위가 고의·중과실에 기인하는 것인 때에는 당해 공무원의 행위는 기관행위로서의 품격을 상실하는 것이지만 당해 공무원의 불법행위가 직무와 무관하지 않는 한 직무행위로서의 외형을 갖추게 되는 것이므로 피해자와의 관계에서는 당해 공무원의 행위도 국가기관의 행위로 인정하여 국가의 자기책임을 인정할 수 있다. 따라서 이 경우에 국가의 피해자에 대한 배상책임은 일종의 자기책임이다.

기관이론에 입각한 자기책임설과 위험책임설적 자기책임설은 종래 주장되어 온 학설이므로 기존의(또는 전통적인) 자기책임설이라 할 수 있고, 절충설은 최근 주장된 이론이므로 신자기책임설이라 부를 수 있다.

3. 중 간 설

중간설은 공무원의 불법행위가 경과실에 기인한 경우에는 공무원의 행위는 기관행위가 되므로 국가의 배상책임이 자기책임이지만, 공무원의 불법행위가 고의나 중과실인 경우에 지는 국가의 배상책임은 대위책임이라고 본다.

그 논거는 다음과 같다. 공무원의 직무수행상의 불법행위가 경과실에 기인하는 경우에 당해 공무원의 행위는 국가 등의 기관행위로 볼 수 있으므로 이 경우에 국가의 배상책임은 국가의 자기책임이다. 반면에 공무원의 위법행위가 고의·중과실에 기인하는 것인 때에는 해당 공무원의 불법행위는 기관행위로서의 품격을 상실하고 공무원 개인의 불법행위로 보아야 하며 원칙상 공무원 개인이 배상책임을 지는 것으로 보아야 하지만, 국가배상법에서 이 경우에도 국가 등이 배상책임을 지도록 하고 있는 것은 공무원에게는 자력(資力)이 없는 경우가 있으므로 배상자력이 있는 국가 등이 대신 배상책임을 지도록 함으로써 피해자구제를 충실히 하고자 하는 데 있다고 보아야 한다고 주장한다.

4. 판례의 입장

판례는 국가배상책임의 성질에 대하여 명시적인 입장을 표명하고 있지 않지만, 절충설(신자기책임설) 또는 중간설을 취한 것으로 보인다(대판 1996. 2. 15, 95다38677).

5. 국가배상책임의 성질에 관한 논의의 실익

후술하는 바와 같이 국가배상책임의 성질은 공무원 개념, 과실 개념, 공무원의 피해자에 대한 개인책임의 범위 및 국가 등에 대한 구상책임의 성격과 밀접한 관련을 가지고 있다.

Ⅲ. 국가배상책임의 성립요건

국가배상법 제2조에 의한 국가배상책임이 성립하기 위하여는 ① 공무원이 직무를 집행하면서 타인에게 손해를 입혔을 것, ② 공무원의 가해행위는 고의 또는 과실로 법령에 위반하여 행하여 졌을 것, ③ 손해가 발생하였고, 공무원의 불법한 가해행위와 손해 사이에 인과관계(상당인과관계)가 있을 것이 요구된다.

1. 공 무 원

국가배상법 제2조는 "공무원 또는 공무를 위탁받은 사인"을 국가배상법상 공무원으로 규정하고 있다.

국가배상법 제2조상의 '공무원'은 국가공무원법 또는 지방공무원법상의 공무원뿐만 아니라 널리 공무를 위탁받아 실질적으로 공무에 종사하는 모든 자를 포함한다.

〈판례〉 1. 국가배상법 제2조 소정의 '공무원'의 의미: 국가배상법 제2조 소정의 '공무원'이라 함은 국가공무원법이나 지방공무원법에 의하여 공무원으로서의 신분을 가진 자에 국한하지 않고, 널리 공무를 위탁받아 실질적으로 공무에 종사하고 있는 일체의 자를 가리키는 것으로서, 공무의 위탁이 일시적이고 한정적인 사항에 관한 활동을 위한 것이어도 달리 볼 것은 아니다(대판 2001. 1. 5, 98다39060[구상금]: 지방자치단체가 '교통할아버지 봉사활동 계획'을 수립한 후 관할 동장으로 하여금 '교통할아버지'를 선정하게 하여 어린이 보호, 교통안내, 거리질서 확립 등의 공무를 위탁하여 집행하게 하던 중 '교통할아버지'로 선정된 노인이 위탁받은 업무 범위를 넘어 교차로 중앙에서 교통정리를 하다가 교통사고를 발생시킨 경우, 지방자치단체가 국가배상법 제2조 소정의 배상책임을 부담한다고 인정한 원심의 판단을 수긍한 사례).
2. 국가로부터 위탁받은 공행정사무인 '변호사등록에 관한 사무'를 수행하는 대한변호사협회의 장(長)은 국가배상법 제2조에서 정한 공무원에 해당한다(대판 2020. 1. 28, 2019다260197).

공무를 위탁받은 사인(공무를 수행하는 공무수탁사인, 행정업무의 대행자, 행정보조자)도 국가배상법상 공무원이다. 그런데, 판례가 소집중인 향토예비군을 국가배상법상의 공무원으로 보면서(대판 1970. 5. 26, 70다471), 의용소방대원은 국가배상법상의 공무원이 아니라고 본 것(대판 1966. 6. 28, 66다808 ; 1975. 11. 25, 73다1896)은 타당하지 않다.

공무를 위탁받은 공공단체는 공무수탁자이고 공무수탁사인은 아니지만, 공무수탁사인에 준하여 국가배상법 제2조의 공무원으로 보는 것이 타당하다. 그러나, 판례는 공무를 위탁받은 공공단체 자체는 국가배상법 제2조 제1항의 공무원으로 보지 않았고, 공공단체의 직원을 국가배상법 제2조의 공무원으로 보았다(대판 2010. 1. 28, 2007다82950, 82967).

행정기관이 국가배상법 제2조 소정의 공무원이 될 수 있는지에 관하여 견해가 대립하고 있는데, 판례는 행정기관이 실질적으로 공무를 수행하는 경우 국가배상법상의 공무원으로 본다(대판 2003. 11. 14, 2002다55304: 구 수산청장으로부터 뱀장어에 대한 수출추천 업무를 위탁받은 수산업협동조합이 수출제한조치를 취할 당시 국내 뱀장어 양식용 종묘의 부족으로 종묘확보에 지장을 초래할 우려가 있다고 판단하여 추천업무를 행하지 않은 것이 공무원으로서 타인에게 손해를 가한 때에 해당한다고 한 사례).

2. 직무행위

(1) 직무행위의 의미

국가배상법 제2조가 적용되는 직무행위에 관하여 판례 및 다수설은 권력작용뿐만 아니라 비권력적 공행정작용(관리작용)(대판 1980. 9. 24, 80다1051)을 포함하는 모든 공행정작용(公行政作用) 및 입법작용과 사법(司法)작용을 의미한다고 본다.

　국가 또는 공공단체라 할지라도 공권력의 행사가 아니고 순전히 대등한 지위에서 사경제의 주체로 활동하였을 경우에는 그 손해배상의 책임에 국가배상법의 규정이 적용될 수 없고 민법이 적용된다(대판 1969. 4. 22, 68다2225).

(2) 입법작용 및 사법작용

　국가배상법 제2조의 '직무행위'에는 입법작용(입법부작위 포함)과 사법작용도 포함된다.

3. 직무를 집행하면서 (직무관련성)

　공무원의 불법행위에 의한 국가의 배상책임은 공무원의 가해행위가 직무집행행위인 경우뿐만 아니라 그 자체는 직무집행행위가 아니더라도 직무와 일정한 관련이 있는 경우, 즉 '**직무를 집행하면서**' 행하여진 경우에 인정된다.

　종래의 통설은 '직무를 집행하면서'의 판단에 있어 **외형설**을 취하고 있다. 외형설에 의하면 직무집행행위뿐만 아니라 실질적으로 직무집행행위가 아니더라도 외형상 직무행위로 보여질 때에는 "직무를 집행하면서 행한 행위"로 본다.

　그러나, 공무원의 가해행위와 직무와의 사이의 직무관련은 '실질적·객관적 직무관련'과 엄격한 의미의 '외형상 직무관련'을 포함하는 것으로 보는 것이 타당하다. 외형적 직무관련은 행위자인 공무원의 주관적 의사와 관계없이 공무원의 불법행위가 외형상 직무행위라고 판단될 수 있는지 여부가 그 판단기준이 된다. 이에 반하여 실질적 직무관련은 직무와 공무원의 불법행위 사이의 내용면에서의 관련 여부와 시간적·장소적·도구적 관련 등을 종합적으로 고려하여 구체적인 경우에 직무가 공무원의 불법행위에 원인을 제공하였다고 볼 수 있는지 여부가 그 판단기준이 된다.

　판례가 외형설만을 취한 것으로 보는 견해가 많으나, 판례는 외형설에 입각함과 동시에 실질적 직무관련 여부를 기준으로 하고 있고, 둘 중의 하나에만 해당하면 직무관련성을 인정하고 있다고 보아야 한다. 판례는 외형적 직무관련을 널리 인정하고 있다.

〈판례〉 1. 사고차량이 군용차량이고 운전사가 군인임이 외관상 뚜렷한 이상, 실제는 공무집행에 속하는 것이 아니라 하여도 공무수행중의 행위로 보아야 한다(대판 1971. 3. 23, 70다2986). 〈해설〉 외형설에 입각한 판례이다.
2. 육군중사가 훈련에 대비하여 개인 소유의 오토바이를 운전하여 사전정찰차 훈련지역 일대를

돌아보고 귀대하다가 교통사고를 일으킨 경우, 오토바이의 운전행위가 국가배상법 제2조 소정의 직무집행행위에 해당하는지 여부(적극): 국가배상법 제2조 소정의 "공무원이 그 직무를 집행함에 당하여"라고 함은 직무의 범위 내에 속한 행위이거나 직무수행의 수단으로써 또는 직무행위에 부수하여 행하여지는 행위로서 직무와 밀접한 관련이 있는 것도 포함되는바, 육군중사가 자신의 개인소유 오토바이 뒷좌석에 같은 부대 소속 군인을 태우고 다음날부터 실시예정인 훈련에 대비하여 사전정찰차 훈련지역 일대를 살피고 귀대하던 중 교통사고가 일어났다면, 그가 비록 개인소유의 오토바이를 운전한 경우라 하더라도 실질적, 객관적으로 위 운전행위는 그에게 부여된 훈련지역의 사전정찰임무를 수행하기 위한 직무와 밀접한 관련이 있다고 보아야 한다(대판 1994. 5. 27, 94다6741[구상금]).

〈해설〉 실질적 직무관련성을 인정한 판례이다. 피고(대한민국)가 위 육군 중사의 오토바이 운행에 관하여 어떤 지시나 관리를 하는 등 그 운행을 지배하였다거나 그로 인한 운행이익을 향유하였다는 점을 인정할 만한 아무런 증거가 없으므로 피고가 자동차손해배상보장법 소정의 운행자의 지위에 있다고 할 수 없다. 따라서 자동차손해배상보상법이 적용될 수 없다.

4. 법령 위반(위법)

국가배상법은 '법령 위반'을 요구하고 있는데, 학설은 일반적으로 국가배상법상의 '법령 위반'이 위법 일반을 의미하는 것으로 보고 있고 판례도 그러하다(대판 1973. 1. 30, 72다2062). 그러나, 국가배상법상의 위법의 구체적 의미, 내용에 관하여 학설은 대립하고 있다.

(1) "법령"의 의미

국가배상법은 "법령" 위반을 요구하고 있는데, 여기에서 "법령"이 무엇을 의미하는지에 관하여 학설의 일반적 견해는 '법 일반'을 의미한다고 본다. 성문법령뿐만 아니라 관습법, 법의 일반원칙, 조리 등 불문법도 포함한다.

행정규칙은 법규성을 갖지 않는 한 법령에 포함되지 않는다는 견해가 일반적 견해이다.

(2) 국가배상법상 위법 개념

위법의 대상 및 판단기준을 무엇으로 보느냐에 따라서 국가배상법상의 위법 개념의 정의 및 내용이 다르게 이해될 수 있다.

1) 결과불법설

결과불법설은 국가배상법상의 위법을 가해행위의 결과인 손해의 불법을 의미한다고 보는 견해이다.

결과불법설은 민법상 불법행위책임에서는 타당한 이론이지만, 법치행정의 원칙상 행위의 위법 여부를 논하여야 하는 국가배상책임에서는 타당하지 않은 이론이다.

2) 행위위법설

행위위법설은 국가배상법상의 위법은 행위의 '법규범'에의 위반을 의미한다고 보는 견해이다.

3) 직무의무위반설

이 견해는 국가배상법상의 위법을 대국민관계에서의 공무원의 직무의무 위반으로 보는 견해이다. 공무원의 직무의무는 기본적으로 국가에 대한 공무원의 내부의무이므로 직무의무 위반만으로는 위법하다고 할 수 없고, 그 직무의무가 국민의 이익에 기여하는 경우에 한하여 그 위반이 위법한 것이 된다고 한다. 즉, 직무의무의 사익보호성을 국가배상법상 위법의 요소로 본다(박종수, 488-491면).

4) 상대적 위법성설

상대적 위법성설은 국가배상법상의 위법성을 행위 자체의 적법·위법뿐만 아니라, 피침해이익의 성격과 침해의 정도 및 가해행위의 태양 등을 종합적으로 고려하여 행위가 객관적으로 정당성을 결여한 경우를 의미한다고 보는 견해이다. 상대적 위법성설은 피해자와의 관계에서 상대적으로 위법성을 인정한다.

상대적 위법성설은 일본의 다수설과 판례의 입장이다. 상대적 위법성설은 국가배상책임은 손해전보에 중점이 있으므로 국가배상법상 위법의 판단에서는 행위의 위법·적법과 함께 피침해이익을 고려하여야 한다는 데 근거한다.

5) 판   례

① 국가배상책임에 있어서 법령 위반(위법)이라 함은 엄격한 의미의 법령 위반뿐 아니라 인권존중, 권력남용금지, 신의성실과 같이 공무원으로서 마땅히 지켜야할 준칙이나 규범을 지키지 않고 위반한 경우를 포함하여 널리 그 행위가 **객관적인 정당성을 결여**하고 있음을 뜻하는 것이다(대판 2020. 4. 29, 2015다224797 등).

〈판례〉 수사기관이 범죄수사를 하면서 지켜야 할 법규상 또는 조리상의 한계를 위반하였다면 이는 법령을 위반한 경우에 해당한다(대판 2020. 4. 29, 2015다224797).

② 판례는 행위위법설을 취한 경우도 있고, 상대적 위법성설을 취한 경우도 있다.

행위위법설을 취한 경우에는 가해행위(행정권의 행사 또는 불행사)의 법에의 위반을 위법으로 보고 있다.

상대적 위법성설을 지지한 것으로 보이는 판결도 적지 않다. 상대적 위법성설에 따르면 가해행위가 피해자에 대한 손해배상이라는 관점에서 객관적 정당성을 상실한 것을 국가배상법상 위법으로 본다. 가해행위 자체가 법을 위반한 경우에도 국가배상법상으로는 적법할 수 있고, 가해행위가 자체가 법을 위반하지 않은 경우에도 국가배상법상으로는 위법할 수 있다. 객관적 정당성을 잃었는지는 행위의 양태와 목적, 피해자의 관여 여부와 정도, 침해된 이익의 종류와 손해의 정도 등 여러 사정을 종합하여 판단하되, 손해의 전보책임을 국가가 부담할 만한 실질적 이유가 있는지도 살펴보아야 한다(대판 2021. 10. 28, 2017다219218).

(3) 국가배상법상 위법의 유형

1) 행위 자체의 법 위반

행정처분의 위법과 같이 공권력 행사 자체가 가해행위인 경우에는 공권력행사 자체의 법에의 위반 여부가 위법의 판단기준이 된다.

2) 행위의 집행방법상 위법

행위 자체는 적법하나 그 집행방법상 위법이 인정되는 경우이다. 이 경우에는 집행방법에 관한 명문의 규정이 있는 경우 그 위반이 위법이고, 집행방법에 관하여 명문의 규정이 없는 경우에도 손해방지의무 위반이 있으면 위법이 인정된다. 예를 들면, 행정강제 자체는 적법하나 행정강제를 수행하는 과정에서 법령위반 또는 손해방지의무 위반으로 손해를 발생시킨 경우 위법성이 인정된다.

〈판례〉 경찰관이 교통법규 등을 위반하고 도주하는 차량을 순찰차로 추적하는 행위는 적법하나 그 추적이 당해 직무 목적을 수행하는 데에 불필요하다거나 또는 도주차량의 도주의 태양 및 도로교통상황 등으로부터 예측되는 피해발생의 구체적 위험성의 유무 및 내용에 비추어 추적의 개시·계속 혹은 추적의 방법이 상당하지 않다는 등의 특별한 사정이 있는 경우에는 국가배상법상 위법이 인정된다(대판 2000. 11. 10, 2000다26807: 경찰관이 교통법규 등을 위반하고 도주하는 차량을 순찰차로 추적하는 직무를 집행하는 중에 그 도주차량의 주행에 의하여 제3자가 손해를 입은 사건에서 위법성 부정한 사례).

3) 직무의무위반으로서의 위법

공무원의 직무상 의무가 문제되는 경우가 있는데, 이 경우에는 공무원의 직무상 의무위반이 위법이 된다. 직무상 의무위반이 국가배상법상 위법으로 판단되는 대표적인 경우는 입법행위 또는 사법행위(司法行爲)의 위법과 직무상 손해방지의무 위반으로서의 위법의 경우이다.

직무상 의무는 법령에서 명시적으로 규정하고 있는 경우도 있고, 법령에 명시적인 규정이 없는 경우에도 법질서 및 조리로부터 도출되는 경우도 있다. 공무원의 일반적인 직무상 손해방지의무는 법령에 명시적인 규정이 없이 인정되는 직무상 의무의 대표적인 예이다.

직무상 의무위반이 국가배상법상 위법이 되기 위해 직무상 의무의 사익보호성이 요구되는지에 관하여 견해의 대립이 있다. 직무의무위반설에서는 직무상 의무의 사익보호성을 요구하고 있다. 그러나, 법치행정의 원칙에 비추어 공권력 행사가 법을 위반하면 위법으로 보는 것이 타당하므로 직무상 의무의 사익보호성을 위법의 조건으로 요구하는 것은 타당하지 않고, 직무상 의무가 법적 의무인 한 그 위반은 위법으로 보아야 할 것이다. 판례도 직무상 의무의 사익보호성을 위법의 요소로 보지 않는다. 과거 판례 중에는 직무상 의무의 사익보호성을 위법성의 요소로 요구한 판례가 있었지만(대판 2001. 3. 9, 99다64278), 현재의 판례는 직무상 의무의 사익보호성을 위법성의 요소로 보지 않고, 상당인과관계의 요소로 보고 있다(대판 2010. 9. 9, 2008다7779 ; 2015. 12. 23, 2015다210194).

행정규칙에서 정한 공무원의 직무상 의무의 위반은 원칙상 위법이 되지 않는다. 다만, 행정규칙에서 정한 공무원의 직무상 의무가 안전 등과 관련이 있어 법질서 및 조리에 의해 요구되는 법적 의무인 손해방지의무(안전관리의무)에 해당하는 경우에는 결과적으로 그 위반이 위법이 될 수 있다. 행정규칙 위반이 위법이 아니라 법질서 및 조리에 의해 요구되는 법적 의무인 손해방지의무(안전관리의무) 위반이 위법한 것이다.

4) 상대적 위법성설을 취한 경우

전술한 바와 같다.

5) 부작위에 의한 손해배상책임

① 부작위에 의한 국가배상에서의 부작위는 신청을 전제로 하지 않는다. 따라서, 국가배상법상 부작위는 행정권의 불행사를 의미한다. 또한 작위의무는 직무상 의무를 의미하므로 부작위는 직무상 의무위반을 의미한다.

② 판례는 형식적 의미의 법령에 명시적으로 공무원의 작위의무가 규정되어 있지 않음에도 일정한 경우에 관련규정에 비추어 조리상 위험(손해)방지작위의무를 인정하고 있다(대판 2005. 6. 10, 2002다53995).

〈판례〉 관련 공무원에 대하여 작위의무를 명하는 법령의 규정이 없는 경우, 공무원의 부작위로 인한 국가배상책임을 인정할 것인지 판단하는 방법: 국민의 생명·신체·재산 등에 대하여 절박하고 중대한 위험상태가 발생하였거나 발생할 상당한 우려가 있어서 국민의 생명 등을 보호하는 것을 본래적 사명으로 하는 국가가 초법규적·일차적으로 그 위험의 배제에 나서지 아니하면 국민의 생명 등을 보호할 수 없는 경우(달리 말하면 재량권이 영으로 수축하는 경우)에는 형식적 의미의 법령에 근거가 없더라도 국가나 관련 공무원에 대하여 그러한 위험을 배제할 작위의무를 인정할 수 있다. 그러나 그와 같은 절박하고 중대한 위험상태가 발생하였거나 발생할 상당한 우려가 있는 경우가 아닌 한, 원칙적으로 공무원이 관련 법령에서 정하여진 대로 직무를 수행하였다면 그와 같은 공무원의 부작위를 가지고 '고의 또는 과실로 법령을 위반'하였다고 할 수는 없다. 따라서 공무원의 부작위로 인한 국가배상책임을 인정할 것인지가 문제 되는 경우에 관련 공무원에 대하여 작위의무를 명하는 법령의 규정이 없는 때라면 공무원의 부작위로 인하여 침해되는 국민의 법익 또는 국민에게 발생하는 손해가 어느 정도 심각하고 절박한 것인지, 관련 공무원이 그와 같은 결과를 예견하여 그 결과를 회피하기 위한 조치를 취할 수 있는 가능성이 있는지 등을 종합적으로 고려하여 판단하여야 한다(대판 2021. 7. 21, 2021두 33838).

③ 판례는 직무상 의무의 사익보호성을 상당인과관계의 요소로서 요구한다. 즉, 공무원에게 부과된 직무상 작위의무의 내용이 단순히 공공 일반의 이익을 위한 것이거나 행정기관 내부의 질서를 규율하기 위한 것이 아니고 전적으로 또는 부수적으로 사회구성원 개인의 안전과 이익을 보호하기 위하여 설정된 것이어야 국가배상책임이 인정된다고 한다(대판 1993. 2. 12, 91다43466).

〈판례〉 1. [1] 공무원의 직무상 의무위반으로 국가가 배상책임을 부담하게 되는 경우의 직무상 의무의 내용과 상당인과관계의 판단기준: 공무원에게 부과된 직무상 의무의 내용이 단순히 공공 일반의 이익을 위한 것이거나 행정기관 내부의 질서를 규율하기 위한 것이 아니고 전적으로 또는 부수적으로 사회구성원 개인의 안전과 이익을 보호하기 위하여 설정된 것이라면, 공무원이 그와 같은 직무상 의무를 위반함으로 인하여 피해자가 입은 손해에 대하여는 상당인과관계가 인정되는 범위 내에서 국가가 배상책임을 지는 것이고, 이때 상당인과관계의 유무를 판단함에 있어서는 일반적인 결과발생의 개연성은 물론 직무상 의무를 부과하는 법령 기타 행동규범의 목적이나 가해행위의 태양 및 피해의 정도 등을 종합적으로 고려하여야 할 것이다. [2] 선박안전법이나 유선및도선업법의 각 규정이 공공의 안전 외에 일반인의 인명과 재화의 안전보장도 그 목적으로 하는지 여부(적극): 선박안전법이나 유선및도선업법의 각 규정은 공공의 안전 외에 일반인의 인명과 재화의 안전보장도 그 목적으로 하는 것이라고 할 것이므로 국가 소속 선박검사관이나 시 소속 공무원들이 직무상 의무를 위반하여 시설이 불량한 선박에 대하여 선박중간검사에 합격하였다 하여 선박검사증서를 발급하고, 해당 법규에 규정된 조치를 취함이 없이 계속 운항하게 함으로써 화재사고가 발생한 것이라면, 화재사고와 공무원들의 직무상 의무위반행위와의 사이에는 상당인과관계가 있다(대판 1993. 2. 12, 91다43466[6]).

───────────────

6) 이 사건의 개요는 다음과 같다. 극동호라는 유람선의 운항중 노후된 기관이 과열되었고, 그 기관으로부터 약 1.3미터 떨어진 배기관에 파공이 3개소 생겼고, 그 파공을 통해 발화성 배기가스와 불씨 등

2. [1] 일반적으로 국가 또는 지방자치단체가 권한을 행사할 때에는 국민에 대한 손해를 방지하여야 하고, 국민의 안전을 배려하여야 하며, 소속 공무원이 전적으로 또는 부수적으로라도 국민 개개인의 안전과 이익을 보호하기 위하여 법령에서 정한 직무상의 의무에 위반하여 국민에게 손해를 가하면 상당인과관계가 인정되는 범위 안에서 국가 또는 지방자치단체가 배상책임을 부담하는 것이지만, 공무원이 직무를 수행하면서 그 근거되는 **법령의 규정에 따라 구체적으로 의무를 부여받았어도 그것이 국민의 이익과는 관계없이 순전히 행정기관 내부의 질서를 유지하기 위한 것이거나, 또는 국민의 이익과 관련된 것이라도 직접 국민 개개인의 이익을 위한 것이 아니라 전체적으로 공공 일반의 이익을 도모하기 위한 것이라면** 그 의무에 위반하여 국민에게 손해를 가하여도 국가 또는 지방자치단체는 배상책임을 부담하지 아니한다. [2] 상수원수 2급에 미달하는 상수원수는 고도의 정수처리 후 사용하여야 한다는 환경정책기본법령상의 의무 역시 위에서 본 수질기준 유지의무와 같은 성질의 것이므로, 지방자치단체가 상수원수의 수질기준에 미달하는 하천수를 취수하거나 상수원수 3급 이하의 하천수를 취수하여 고도의 정수처리가 아닌 일반적 정수처리 후 수돗물을 생산·공급하였다고 하더라도, 그렇게 공급된 수돗물이 음용수 기준에 적합하고 몸에 해로운 물질이 포함되어 있지 아니한 이상, 지방자치단체의 위와 같은 수돗물 생산·공급행위가 국민에 대한 불법행위가 되지 아니한다고 한 사례(대판 2001. 10. 23, 99다36280[정수처리규정 위반사건]).

④ 행정권의 행사 또는 불행사는 재량행위인 경우가 많다. i) 이 경우에는 재량권이 영으로 수축하는 경우 및 비례의 원칙에 반하는 경우 등 재량권의 일탈·남용의 경우에 행정기관의 부작위가 위법하게 된다. ii) **판례**는 재량행위인 행정권의 불행사(부작위 또는 거부)가 현저하게 불합리하다고 인정되는 경우에는 직무상의 의무를 위반한 것이 되어 위법하게 된다고 한다(대판 2016. 4. 15, 2013다20427).

그렇지만, 판례가 재량행위인 행정권한의 불행사의 위법을 현저한 합리성의 결여라는 추상적인 기준에 의해 판단하는 것은 문제가 있다. 재량행위인 행정권한의 불행사의 위법은 재량권의 영으로의 수축이론에 의해 판단하는 것이 타당하다.

⑤ 행정권의 발동이 기속행위인 경우에는 부작위가 곧 위법이 된다.

⑥ 법정의 직무상 의무 위반은 이론상 그것만으로 위법인 것으로 보아야 한다. 그런데, **판례**는 직무상 의무 위반이 위법이 되기 위하여는 직무상 의무 위반이 직무

이 튀어 나와 인근의 기름이 묻은 선체벽에 붙어 화재가 발생하였다. 그 때 위 선박의 기관장 등이 소화기로 진화코자 하였으나 소화기의 안전핀이 뽑히지 아니하여 조기에 진화하지 못한 까닭에 90명 중 36명이 익사 또는 소사하였다. 이에 원고는 마산지방해운항만청 충무출장소 공무원이 선박안전법 제5조 제1항에 의한 선박검사를 함에 있어 검사의무를 해태하였고, 충무시장은 유선 및 도선업법 제5조 제3호상의 감독의무를 해태하여 이와 같은 사고가 났다고 주장하며 국가와 충무시를 상대로 손해배상을 청구하였다.

에 충실한 보통 일반의 공무원을 표준으로 객관적 정당성을 상실하였다고 인정될 정도에 이른 때에 해당하여야 한다고 본다(대판 2016. 8. 25, 2014다225083).

⑦ 이론상 위법과 과실은 구별된다. 그런데, 판례가 취하는 행정권의 불행사 또는 직무상 의무 위반의 위법 판단 기준에 비추어 볼 때 행정권의 불행사(부작위 또는 거부) 또는 직무상 의무위반이 위법하면 원칙상 고의 또는 과실이 있다고 볼 수 있다. 특히 신청이 있었던 경우에는 피해의 예견가능성이 있었다고 할 수 있으므로 더욱 그러하다.

5) 입법작용의 위법

입법작용으로 인한 국가배상책임에 있어서는 국회의원 개개인의 입법활동상의 위법 및 과실이 문제되는 것이 아니라 합의체로서의 국회의 입법활동상의 위법 및 과실이 문제된다.

입법작용의 위법은 법률의 위헌이 아니라 입법과정에서의 국회(국회의원)가 지는 국민에 대한 직무상 의무의 위반을 위법으로 보는 것이 판례의 입장이다(대판 1997. 6. 13, 96다56115). 판례와 같은 입장을 취하는 경우 위법과 과실은 동시에 판단된다. 판례는 입법내용이 헌법의 문언에 명백히 위반되는 등 특수한 경우에 한하여 위법 및 과실을 인정하고 있다(대판 2008. 5. 29, 2004다33469[거창사건]).

6) 사법(司法)작용의 위법

판결이 상소심이나 재심에서 취소되었다는 것만으로 국가배상법상 위법이 인정되지는 않는다. 재판행위로 인한 국가배상책임의 인정에 있어서 위법은 판결 자체의 위법이 아니라 법관의 재판상 직무수행에 있어서의 공정한 재판을 위한 직무상 의무의 위반으로서의 위법이다.

판례는 재판행위의 국가배상법상의 위법성을 '법관이 위법 또는 부당한 목적을 가지고 재판을 하였다거나 법이 법관의 직무수행상 준수할 것을 요구하고 있는 기준을 현저하게 위반하는 등 법관이 그에게 부여된 권한의 취지에 명백히 어긋나게 이를 행사하였다고 인정할 만한 특별한 사정이 있는 경우'에 한하여 제한적으로 인정하고 있다(대판 2003. 7. 11, 99다24218: 헌법재판소 재판관이 청구기간 내에 제기된 헌법소원 심판청구 사건에서 청구기간을 오인하여 각하결정을 한 경우, 이에 대한 불복절차 내지 시정절차가 없는 때에는 국가배상책임(위법성)을 인정할 수 있다고 한 사례).

7) 행정규칙 위반

행정규칙의 대외적인 법적 구속력이 인정되지 않는 한 원칙상 행정규칙 위반만으로 가해행위가 위법하게 되지 않는다.

그러나, 총기사용의 안전수칙과 같이 손해방지를 위한 안전성확보의무를 정하는 행정규칙을 위반한 가해행위는 당해 행정규칙이 위법이 아닌 한 그 위법성과 과실이 인정된다고 보아야 한다. 행정규칙을 위반하여 위법인 것이 아니라 조리상 손해방지의무(안전관리의무)를 위반하여 위법하게 되는 것이며 공무원은 행정규칙을 알고 있어야 하므로 과실이 인정되는 것이다.

8) 재량행위의 위법

재량권의 일탈 또는 남용의 경우에는 항고소송에서와 같이 국가배상소송에서도 위법성을 인정하나, 부당에 그치는 재량권 행사의 과오는 위법성을 구성하지 않는 것으로 보는 데 학설은 일치하고 있다.

(4) 행정소송법상의 위법과 국가배상법상의 위법과 과실

1) 위법의 인정영역

국가배상소송상의 위법이 문제되는 범위는 항고소송상 위법이 문제되는 범위보다 넓다. 즉, 항고소송에서의 위법판단은 행정처분(권력적 사실행위 포함)에 한정되는 반면에, 국가배상청구소송에서의 위법은 모든 공행정작용(비권력적 공행정작용 포함) 및 입법작용과 사법작용에 대하여 행하여진다. 그리고, 항고소송에서의 부작위의 위법은 신청을 전제로 한 응답의무 위반을 의미하지만, 국가배상에서의 부작위의 위법은 신청을 전제로 하지 않고, 특정한 내용의 작위의무의 위반을 의미한다. 그리고, 권력적 사실행위가 항고소송의 대상이 될 수 있다 할지라도 항고소송의 요건으로 소의 이익이 요구되므로 권력적 사실행위의 위법성이 항고소송에서 다투어지는 것은 예외적인 경우(계속적 성질을 갖는 권력적 사실행위의 경우)에 한정된다. 이에 반하여 국가배상소송에서는 법률행위보다도 사실행위에 의한 손해의 배상이 보다 빈번히 문제된다. 또한, 국가배상소송에서는 공권력 행사 자체의 위법뿐만 아니라 행위(공권력 행사)의 태양(수단 또는 방법)의 위법이 또한 문제가 된다.

2) 국가배상법상의 위법과 항고소송의 위법의 이동(異同)과 취소소송판결의 국가배상소송에 대한 기판력

취소판결에 의해 인정된 처분의 위법성에 대한 기판력이 국가배상소송에서 가해행위인 해당 처분의 위법성 판단에 미치는가 하는 것이 문제된다.

항고소송에서의 위법성 인정의 기판력은 항고소송의 위법과 국가배상의 위법이 동일한 한에서 국가배상청구소송에서의 위법성 판단에 미치지만, 과실판단에는 미치지 않는다. 즉, 가해행위인 처분에 대해 취소판결이 내려진 경우에도 취소판결의 기판력은 불법행위의 인정에는 미치지 않는다. 왜냐하면 취소판결의 기판력은 처분이 위법하다는 것에 미치지만 공무원의 고의 또는 과실에는 미치지 않는데, 불법행위가 인정되기 위하여는 가해행위가 위법할 뿐만 아니라 고의 또는 과실이 있어야 하기 때문이다(대판 2007. 5. 10, 2005다31828). 따라서, 어떠한 행정처분이 항고소송에서 취소되었다고 할지라도 그 기판력으로 곧바로 국가배상책임이 인정될 수는 없다(대판 2022. 4. 28, 2017다233061).

〈판례〉 개간허가 취소처분이 후에 행정심판 또는 행정소송에서 취소되었으나 담당공무원에게 객관적 주의의무를 결한 직무집행상의 과실이 없다는 이유로 국가배상책임을 부인한 사례(대판 2000. 5. 12, 99다70600).

　　그리고, 위법이 동일하기 위하여는 위법의 대상이 되는 행위와 위법의 기준 및 내용이 동일하여야 한다. 따라서, 다음과 같은 결론이 도출된다. ① 국가배상소송에서 처분 자체의 위법이 문제된 경우에는 항고소송 판결의 기판력이 당연히 미친다. ② 위법 판단의 대상이 다른 경우 당연히 기판력이 미치지 않는다. 공무원의 직무상 손해방지의무 위반으로서의 위법, 즉 행위의 태양의 위법이 문제되는 경우에는 항고소송상의 위법과 판단의 대상과 내용을 달리 하므로 항고소송판결의 기판력이 이 경우에는 미치지 않는다. ③ 상대적 위법성설을 취하는 경우 위법의 기준과 내용이 다르므로 취소판결의 기판력이 미치지 않는다.

5. 고의 또는 과실

(1) 과실 개념

1) 주관설과 과실 개념의 객관화

　　고의란 일정한 결과가 발생하리라는 것을 알면서도 행위를 행하는 것을 말한다. 주관설은 과실을 '해당 직무를 담당하는 평균적 공무원이 통상 갖추어야 할 주의의무를 해태한 것'을 의미한다고 본다.

〈판례〉 등기부 표제부 건물내역란에 건물용도가 '유치원'으로 기재되어 있는 부동산에 관하여 근저당권설정등기신청을 받은 등기관이 부동산 소유자인 등기의무자가 유치원 경영자가 아니거나 위 부동산이 실제로 유치원 교육에 사용되지 않고 있다는 소명자료를 요구하지 않은 채 등기신청을 수리하여 근저당권설정등기를 마친 사안에서, 등기관에게 등기업무를 담당하는 평균적 등기관이 갖추어야 할 통상의 주의의무를 다하지 않은 직무집행상 과실이 있다고 본 원심판단을 정당하다고 한 사례(대판 2011. 9. 29, 2010다5892).

　　주관설의 논거는 국가배상법이 국가배상법상 과실을 '공무원의 과실'로 규정하고 있다는 데 있다.

그런데, 주관설은 피해자 구제의 관점에서 과실개념을 객관화하고자 노력하고 있다(객관적 주관설). 판례도 객관적 주관설을 취하고 있다. 즉, ① 국가배상법상의 과실은 해당 가해공무원의 주의능력을 기준으로 하여 판단되지 않고, 해당 직무를 담당하는 평균적 공무원의 주의능력을 기준으로 판단되는 추상적 과실을 의미한다. ② 또한, 그 위반이 과실로 되는 공무원의 주의의무는 해당 직무를 담당하는 평균적 공무원이 해당 직무의 수행을 위하여 통상(즉 사회통념상) 갖추어야 할 주의의무이다. ③ 그리고, 가해행위가 공무원의 행위에 의한 것으로 보여지는 한 가해공무원의 특정은 필요하지 않다. 불특정 다수 공무원의 '집단과실'을 묻는 대법원 판례(대판 2023. 1. 12, 2021다201184: 위헌·무효임이 명백한 긴급조치 제9호의 발령부터 적용·집행에 이르는 일련의 국가작용은 전체적으로 보아 공무원이 직무를 집행하면서 객관적 주의의무를 소홀히 하여 (과실이 인정되고), 그 직무행위가 객관적 정당성을 상실한 것으로서 위법하다고 한 사례)도 있다.

2) 객 관 설

최근의 유력한 소수설은 프랑스의 입법례에서와 같이 국가배상법상의 과실을 객관적으로 파악하여 '국가작용의 흠'으로 보고 있다.

3) 결   어

공무원은 통상 행정기관으로서 활동하고, 피해자구제를 위해 가능한 한 위법·무과실을 배제하는 것이 타당하므로 객관설이 타당하다.

대위책임설에서는 주관설을 취하는 것이 논리적이고, 기관이론에 입각한 자기책임설 또는 신자기책임설에서는 주관설 또는 객관설을 취할 수 있다.

(2) 과실의 입증책임

판례에 의하면 과실의 입증책임은 민법상 불법행위책임에서와 마찬가지로 피해자인 국민에게 있다.

6. 위법과 과실의 관계

(1) 위법·무과실의 문제

현행 국가배상법에 의하면 국가배상책임이 성립하기 위하여는 공무원의 가해행위가 위법할 뿐만 아니라 그것이 공무원의 고의 또는 과실에 의한 것이어야 하므로 과실을 판례의 입장인 주관설에 따라 공무원의 주의의무 위반으로 보는 한 위법하지만 과실이 없는 경우가 없을 수 없으며 이 경우 국가배상책임이 부인된다.

과실을 객관적으로 국가작용의 흠으로 보면 위법하면 과실을 인정할 수 있으므로 위법·무과실의 문제는 제기되지 않는다.

(2) 위법·무과실의 예

판례가 '위법·무과실'을 이유로 국가배상책임을 부인한 예는 다음과 같다.

1) 공무원의 법령의 해석·적용상의 잘못

공무원의 법령의 해석적용상의 잘못이 있으면 원칙상 과실이 인정된다. 왜냐하면, 공무원은 직무상 필요한 법령지식을 갖추고 있어야 하기 때문이다(대판 1981. 8. 25, 80다1598 ; 2001. 2. 9, 98다52988).

그러나, 법령의 해석이 미묘하여 통일된 학설이 없고 판례도 확정되지 아니한 경우 전문가의 자문을 구하는 등 신중한 태도로 어느 일설을 취하여 처분한 경우 결과적으로 그 처분이 법원에서 위법한 것으로 판명되었다 하더라도 그것만으로는 과실책임을 인정할 수 없다(대판 1973. 10. 10, 72다2583 ; 2001. 3. 13, 2000다20731).

2) 재량권의 일탈·남용

대법원 판결 중에는 재량권의 범위를 넘어 행정행위가 위법한 경우에도 당해 공무원에게 직무상의 과실이 있다고 할 수 없다고 본 판결이 다수 있다(대판 1984. 7. 24, 84다카597). 그러나, 재량준칙이 심히 합리적이지 못한 경우에는 해당 재량준칙을 제정한 공무원의 과실을 인정하여 국가배상책임을 인정하여야 할 것이다.

3) 위헌·위법인 법령 또는 행정규칙의 적용

위헌·위법인 법령을 집행하는 공권력 행사는 위법하나, 해당 법령을 적용한 공무원에게 원칙상 과실이 있다고 보기 어렵다. 위헌·위법인 법령·행정규칙의 제정상 과실을 물을 수 있을 것이나 그 과실을 인정하는 것은 쉽지 않을 것이다.

7. 손 해

공무원의 불법행위가 있더라도 손해가 발생하지 않으면 국가배상책임이 인정되지 않는다.

국가배상책임의 성립요건인 '손해'는 민법상 불법행위책임에서의 손해와 동일하다. 물질적 손해뿐만 아니라 정신적 손해도 포함된다.

다만, 순수한 반사적 이익의 침해만으로는 손해가 발생하였다고 할 수 없다.

예를 들면, 공익보호만을 목적으로 하는 엄격한 허가요건으로 인하여 기존업자가 받는 사실상 독점적 이익은 반사적 이익에 불과하므로 위법한 영업허가가 행하여짐으로써 그동안 누렸던 독점적 이익을 상실하게 된 경우에 국가배상법상 손해를 입었다고 볼 수 없다는 이유로 국가배상책임을 인정하지 않을 수 있을 것이다.

주민들의 **행정절차 참여권 침해를 이유로 한 손해배상의 경우** 행정절차를 이행하지 않았다는 사실만으로 곧바로 손해배상이 인정되는 것은 아니고, 관련 행정처분이 취소되는 등의 조치로도 주민들의 정신적 고통이 남아 있다고 볼 특별한 사정이 있는 경우에만 손해배상책임이 인정되는 것이다(대판 2021. 7. 29, 2015다221668).

국가배상법 제2조 제1항을 적용할 때 피해자가 손해를 입은 동시에 이익을 얻은 경우에는 손해배상액에서 그 이익에 상당하는 금액을 **빼야** 한다(국가배상법 제3조의2 제1항).

8. 인과관계

가해행위인 공무원의 행위와 손해 사이에 **상당인과관계가** 있어야 한다. 국가배상책임의 성립요건인 '상당인과관계'는 민법상 불법행위책임에서 그것과 동일하다.

판례는 직무상 의무의 사익보호성을 국가배상에서의 상당인과관계의 판단요소의 하나로 본다. 즉, 공무원에게 직무상 의무를 부과한 법령의 목적이 사회 구성원 개인의 이익과 안전을 보호하기 위한 것이 아니고 단순히 공공일반의 이익이나 행정기관 내부의 질서를 규율하기 위한 것이라면, 설령 공무원이 그 직무상 의무를 위반한 것을 계기로 하여 제3자가 손해를 입었다고 하더라도 공무원이 직무상 의무를 위반한 행위와 제3자가 입은 손해 사이에 **상당인과관계가** 있다고 할 수 없다. 따라서, 직무상 의무의 사익보호성이 없으면 불법행위와 손해 사이에 인과관계를 부정하고 국가배상책임을 인정하지 않는다(대판 2020. 7. 9, 2016다268848).

〈판례〉 [1] 국가배상책임의 상당인과관계가 인정되기 위하여는 공무원에게 부과된 직무상 의무의 내용이 개인의 안전과 이익을 보호하기 위한 것이어야 한다고 한 사례: 공무원이 고의 또는 과실로 그에게 부과된 직무상 의무를 위반하였을 경우라고 하더라도 국가는 그러한 직무상의 의무 위반과 피해자가 입은 손해 사이에 상당인과관계가 인정되는 범위 내에서만 배상책임을 지는 것이고, 이 경우 상당인과관계가 인정되기 위하여는 공무원에게 부과된 직무상 의무의 내용이 단순히 공공 일반의 이익을 위한 것이거나 행정기관 내부의 질서를 규율하기 위한 것이 아니고 전적으로 또는 부수적으로 사회구성원 개인의 안전과 이익을 보호하기 위하여 설정된 것이어야 한다. [2] 구 식품위생법 제7조, 제9조, 제10조, 제16조는 단순히 국민 전체의 보건을 증진한다고 하는 공공 일반의 이익만을 위한 것만이 아니라, 그와 함께 사회구성원 개개인의 건강상의 위해를 방지하는 등의 개별적인 안전과 이익도 도모하기 위하여 설정된 것이라고 함이 상당하다(대판 2010. 9. 9, 2008다77795[손해배상(기)]).

　　그러나, 인과관계는 기본적으로 사실의 문제인데, 직무상 의무의 사익보호성이 없음(공무원에게 직무상 의무를 부과한 법령의 보호목적이 사회 구성원 개인의 이익과 안전을 보호하기 위한 것이 아니고 단순히 공공일반의 이익이나 행정기관 내부의 질서를 규율하기 위한 것)이라는 이유만으로 공무원이 직무상 의무를 위반한 행위와 제3자가 입은 손해 사이에 상당인과관계를 부정하는 것은 타당하지 않다.

Ⅳ. 공무원의 배상책임

1. 공무원의 피해자에 대한 배상책임(선택적 청구권)

(1) 인정여부

　　국가배상법 제2조의 요건을 충족하여 국가 또는 지방자치단체의 배상책임이 인정되는 경우에 피해자는 공무원에 대하여도 손해배상을 청구할 수 있는지에 관하여 학설은 대립하고 있다.

1) 긍 정 설

　　긍정설의 논거는 다음과 같다. ① 국가배상책임을 국가의 자기책임으로 본다면, 국가의 책임과 공무원 개인의 책임은 독립하여 성립되는 것이므로 국가의 책임과 별도로 공무원의 책임을 인정하는 것이 논리적이다. ② 공무원의 피해자에 대한 배상책임을 부인하는 것은 공무원을 일반 사인에 비하여 부당하게 보호하는 것이 된다. ③ 정책적인 견지에서 볼 때 공무원의 피해자에 대한 직접책임을 부인하는 것은 공무원의 책임의식을 박약하게 할 우려가 있다.

2) 부 정 설

　　부정설의 논거는 다음과 같다. ① 국가배상책임을 대위책임으로 보는 견해에 의하면 공무원의 책임을 국가가 갈음하여 지는 것이므로 공무원의 피해자에 대한 직접책임을 인정하지 않는 것이 논리적이다. ② 정책적 견지에서 볼 때 공무원의 피해자인 국민에 대한 직접책임을 인정하게 되면 공무원의 직무집행을 위축시킬 우려가 있고, 피해자인 국민이 이를 남용할 우려가 있으며, 소송에 연루된 공무원은 직무수행에 전념할 수 없게 된다. ③ 공무원의 피해자에 대한 책임을 인정하지 않아도 국가는 무제한의 자력을 갖고 있으므로 피해자의 구제는 충분하다.

3) 절충설(제한적 긍정설)

　　① 경과실의 경우에는 공무원의 행위는 공무원 개인의 행위가 아니고 기관행위로서 국가에 귀속되는 것이므로 공무원은 일체의 책임을 지지 않고, 고의 또는 중과실의 경우에는 공무원의 행위는 더 이상 행정기관의 행위로 볼 수 없으므로 이

에 대하여는 공무원 개인이 책임을 져야 한다. ② 정책적 견지에서 공무원의 책임의식의 확보와 공무의 원활한 수행을 조화시킬 수 있다.

4) 판례의 입장

판례는 제한적 **긍정설(절충설)**을 취하고 있다. 즉, 가해공무원 개인에게 고의 또는 중과실이 있는 경우에는 국가 등이 국가배상책임을 부담하는 외에 가해 공무원도 피해자에 대하여 그로 인한 손해배상책임을 부담하고, 가해공무원 개인에게 경과실만이 인정되는 경우에는 공무원 개인은 손해배상책임을 부담하지 아니한다고 보고 있다(대판 전원합의체 1996. 2. 15, 95다38677). 과거의 판례는 공무원의 피해자에 대한 배상책임을 인정하고 있었다(대판 1972. 10. 10, 69다701).

(2) 피해자에 대한 배상책임에서 경과실이 면책되는 '공무원'

판례는 경과실이 면책되는 공무원은 경과실 면책의 취지상 실제로 공무를 수행하는 자연인에 한정하는 것이 타당하므로 행정주체인 공무수탁법인(예, 한국토지주택공사, 에스에이치 공사)이 배상책임을 지는 경우에 행정주체인 공무수탁법인은 경과실이 면책되는 공무원이 아니고, 실질적으로 공무를 수행하는 공공단체의 직원 등이 경과실이 면책되는 공무원이라고 보았다(대판 2010. 1. 28, 2007다82950, 82967).

(3) 공무원의 손해배상책임의 요건인 공무원의 중과실

공무원의 손해배상책임의 요건인 **공무원의 중과실**이란 공무원에게 통상 요구되는 정도의 상당한 주의를 하지 않더라도 약간의 주의를 한다면 손쉽게 위법·유해한 결과를 예견할 수 있는 경우임에도 만연히 이를 간과한 경우와 같이, 거의 고의에 가까운 현저한 주의를 결여한 상태를 의미한다(대판 2021. 11. 11, 2018다288631).

2. 공무원의 국가에 대한 구상책임

(1) 구상책임의 의의

국가배상법 제2조 제2항은 국가의 구상권은 고의 또는 중과실의 경우에 한하는 것으로 규정하고 있다. 이와 같이 고의 또는 중과실의 경우에 한하여 국가의 공무원에 대한 구상권을 인정한 것은 경과실의 경우까지 공무원의 책임을 인정하는 것은 공무원에게 가혹할 뿐만 아니라 공무원의 직무집행을 위축시킬 우려가 있기 때문이다.

(2) 구상권의 범위 결정

판례는 구상권의 범위의 결정에 있어서 '손해발생에 대한 공무원의 기여정도', '불법행위의 예방이나 손실분산에 관한 국가 또는 지방자치단체의 배려의 정도'를 고려하도록 하고 있는 점에 비추어 손해발생에 대한 기여정도에 따라 국가와 공무원 사이의 책임의 분담을 정하고자 하는 입장을 취하고 있다고 보여지지만 '당해 공무원의 평소 근무태도'도 고려한 것은 판례가 국가의 구상권이 공무원에 대한 징계적 성격을 아울러 가지고 있다고 보고 있음을 보여 주고 있다(대판 1991. 5. 10, 91다6764).

3. 공무원의 국가에 대한 구상권

직무수행 중 경과실로 피해자에게 손해를 입힌 공무원이 피해자에게 손해를 배상하였다면, 공무원은 국가가 피해자에 대하여 부담하는 손해배상책임의 범위 내에서 자신이 변제한 금액에 관하여 구상권을 취득한다(대판 2014. 8. 20, 2012다54478).

제 3 항   영조물의 설치·관리의 하자로 인한 배상책임

국가배상법 제5조는 다음과 같이 영조물의 설치·관리의 하자로 인한 배상책임을 공무원의 불법행위로 인한 배상책임과 별도로 규정하고 있다.

도로·하천 그 밖의 공공의 영조물의 설치나 관리에 하자가 있기 때문에 타인에게 손해를 발생하게 하였을 때에는 국가나 지방자치단체는 그 손해를 배상하여야 한다. 이 경우 제2조 제1항 단서, 제3조 및 제3조의2를 준용한다(제1항). 제1항을 적용할 때 손해의 원인에 대하여 책임을 질 자가 따로 있으면 국가나 지방자치단체는 그 자에게 구상할 수 있다(제2항).

Ⅰ. 영조물책임의 성립요건

국가배상법 제5조에 의한 국가배상책임이 성립하기 위하여는 '공공의 영조물'의 설치 또는 관리의 '하자'로 인하여 타인에게 손해가 발생하였을 것을 요한다. 손해의 발생, 영조물의 설치 또는 관리의 하자와 손해의 발생 사이의 인과관계는 민법상 불법행위책임에 있어서의 그것과 다르지 않다.

1. 공공의 영조물의 개념

국가배상법 제5조상의 영조물은 본래의 의미의 영조물(공적 목적을 위하여 제공된 인적·물적 종합시설)이 아니라, 직접 행정목적에 제공된 물건(유체물 내지 물적 설비), 즉 공물을 의미한다고 보는 것이 통설이며 판례이다(대판 1998. 10. 23, 98다17381).

국가배상법 제5조 제1항 소정의 '공공의 영조물'이라 함은 국가 또는 지방자치단체가 소유권, 임차권 그 밖의 권원에 기하여 관리하고 있는 경우뿐만 아니라 사실상 관리하고 있는 경우도 포함된다(대판 1998. 10. 23, 98다17381).

국가배상법 제5조상의 영조물에는 인공공물(人工公物)뿐만 아니라 하천 등 자연공물(自然公物)도 포함되고, 동산 및 동물도 포함된다고 보는 것이 통설 및 판례의 입장이다.

국가 또는 지방자치단체가 관리주체이더라도 사경제적 목적에 제공되고 있는 잡종재산(일반재산)에 대하여는 제758조가 적용된다. 반면에 국가와 지방자치단체가 관리하지만 사인의 소유에 속하는 타유공물(他有公物)에 대하여는 국가배상법 제5조가 적용된다.

2. 설치 또는 관리의 '하자'

(1) 설치 또는 관리의 하자의 개념

영조물의 '설치 또는 관리의 하자'가 무엇을 의미하는가에 관하여 학설은 객관설, 주관설, 절충설로 나뉘어 대립되고 있다.

1) 객 관 설

객관설은 '영조물의 설치 또는 관리의 하자'를 '영조물이 통상 갖추어야 할 안전성을 결여한 것'을 말한다고 한다. 객관설은 법문언상의 '설치 또는 관리의 하자'를 영조물 자체의 물적 하자(안전성의 결여)를 의미한다고 보고 있는 것이다.

객관설은 국가배상법 제5조의 책임을 과실책임인 제2조의 책임과 구별하여 행위책임이 아니라 상태책임으로, 과실책임이 아니라 일종의 위험책임인 무과실책임으로 이해하는 데 근거하고 있다. 또한, '영조물의 설치 또는 관리의 하자'를 객관적 개념으로 해석하는 것이 피해자의 구제라는 관점에서도 타당하다고 주장한다.

2) 주관설(안전관리의무위반설)

이 견해는 '설치 또는 관리의 하자'라는 것은 '영조물을 안전하고 양호한 상태로 보전해야 할 안전관리의무를 위반함'을 의미한다고 본다. 따라서 주관설을 안전관리의무위반설이라고 부르기도 한다. 다만 주의할 것은 영조물 관리자의 관리의무 위반이란 공무원의 주관적 과실과 달리 영조물의 안전확보의무 또는 손해방지의무 위반이라는 객관적인 개념이다(객관화된 주관설). 일반적으로 말하면 영조물의 안전확보의무 또는 손해방지의무는 공무원의 주의의무보다는 엄격한 의무이다. 안전관리의무위반설은 위법·무과실책임설과 유사하다.

이 견해는 국가배상법 제5조의 법문언의 표현이 '영조물의 하자'로 되어 있지 않고 '영조물의 설치 또는 관리의 하자'로 되어 있다는 것, 영조물의 하자 뒤에는 항상 관리자의 관리의무 위반이 있다는 점, 그리고 관리자의 관리의무 위반을 책임의 근거로 보는 것이 책임의 원칙에 비추어 타당하다는 점 등에 근거하고 있다.

3) 위법 · 무과실책임설

이 견해는 영조물의 설치 · 관리의 하자를 객관적 개념인 영조물 관리자의 객관적인 안전관리의무 위반을 의미하는 것으로 보면서 국가배상법 제5조의 책임을 행위책임이며 위법 · 무과실책임으로 보는 견해이다. 이 견해는 주관설(안전의무위반설)과 유사하다

이 견해는 국가배상법 제5조가 '영조물 자체의 하자'가 아니라 '영조물의 설치 또는 관리상 하자'를 책임요건으로 하고 있고, 제2조와 달리 공무원의 과실을 요구하지 않고, 민법 제758조와 달리 점유자의 면책을 규정하지 않고 있다는 점에 근거를 둔다.

4) 절 충 설

이 견해는 '영조물의 설치 또는 관리의 하자'는 안전성 결여라는 객관적인 물적 상태의 하자와 함께 관리의무 위반이라는 주관적 측면도 함께 고려하여 판단해야 한다는 견해이다. 객관설과 주관설의 중간에 위치하는 견해라고 할 수 있다.

5) 판례의 태도

판례는 전형적인 객관설도 아니고, 전형적인 주관설도 아닌 그 중간의 입장을 취하고 있다. 판례의 입장을 변형된(수정된) 객관설(사법연수원교재, 행정구제법, 316면) 내지 객관화된 주관설 또는 절충설(제2설)로 부를 수 있다.

〈판례〉 국가배상법 제5조 제1항에 정해진 영조물의 설치 또는 관리의 하자라 함은 영조물이 그 용도에 따라 통상 갖추어야 할 안전성을 갖추지 못한 상태에 있음을 말하는 것이며, 다만 영조물이 완전무결한 상태에 있지 아니하고 그 기능상 어떠한 결함이 있다는 것만으로 영조물의 설치 또는 관리에 하자가 있다고 할 수 없고, 위와 같은 안전성의 구비 여부를 판단함에 있어서는 당해 영조물의 용도, 그 설치장소의 현황 및 이용 상황 등 제반 사정을 종합적으로 고려하여 설치 · 관리자가 그 영조물의 위험성에 비례하여 사회통념상 일반적으로 요구되는 정도의 방호조치의무를 다하였는지 여부를 그 기준으로 삼아야 할 것이며, 만일 객관적으로 보아 시간적 · 장소적으로 영조물의 기능상 결함으로 인한 손해발생의 예견가능성과 회피가능성이 없는 경우, 즉 그 영조물의 결함이 영조물의 설치 · 관리자의 관리행위가 미칠 수 없는 상황 아래에 있는 경우임이 입증되는 경우라면 영조물의 설치 · 관리상의 하자를 인정할 수 없다고 할 것이다(대판 2007. 10. 26, 2005다51235 ; 2009. 2. 26, 2007다22262). 〈해설〉 판례에 의한 영조물의 설치 또는 관리의 하자의 정의(영조물이 그 용도에 따라 통상 갖추어야 할 안전성을 갖추지 못한 상태에 있음)만을 보면 객관설이라고 할 수 있지만, 판례가 제시하고 있는 영조물의 설치 또는 관리의 하자의 구체적 판단기준(그 영조물의 위험성에 비례하여 사회통념상 일

반적으로 요구되는 정도의 방호조치의무를 다하였는지 여부를 그 기준으로 삼아야 할 것)을 보면 주관설에 입각하고 있는 것으로 보인다.

(2) 판례에서 영조물의 설치·관리의 하자의 개념과 판단기준

판례는 영조물의 설치·관리상 하자를 "영조물이 그 용도에 따라 통상 갖추어야 할 안전성을 갖추지 못한 상태에 있음"을 말하는 것으로 정의하고 있는데, 이 정의는 동시에 "영조물의 설치 또는 관리의 하자"의 일반적·궁극적 판단기준이 된다.

그리고, 판례는 영조물의 설치·관리상 하자의 **구체적인 판단기준**을 제시하고 있는데, 물적 하자(당해 영조물을 구성하는 물적 시설 그 자체에 있는 물리적·외형적 흠결이나 불비로 인하여 그 이용자에게 위해를 끼칠 위험성이 있는 경우)와 이용(사용)상 하자(그 영조물이 공공의 목적에 이용됨에 있어 그 이용상태 및 정도가 일정한 한도를 초과하여 제3자에게 사회통념상 참을 수 없는 피해를 입히는 경우)를 구분하고, 각각 다른 판단기준을 제시하고 있다.

1) 일반적·궁극적 판단기준: 통상의 용도에 따른 안전성의 결여

영조물의 설치·관리상 하자를 "영조물이 그 용도에 따라 통상 갖추어야 할 안전성을 갖추지 못한 상태에 있음"을 말한다.

가. 안전성의 정도(통상 갖추어야 할 안전성)   영조물의 설치·관리상 요구되는 안전성은 "영조물이 그 용도에 따라 통상 갖추어야 할 안전성" 즉, 완전무결한 상태를 유지할 정도의 고도의 안전성을 말하는 것이 아니라 영조물의 위험성에 비례하여 사회통념상 일반적으로 요구되는 정도의 것을 의미한다(대판 2002. 8. 23, 2002다9158).

나. 통상의 용도에 따른 안전성   영조물이 통상 갖추어야 할 안전성이란 영조물의 '통상의 용도'에 따른 이용에 있어서 당해 영조물이 통상 구비해야 할 안전성이다. 영조물을 비정상적으로 이용하다가 발생한 사고에 있어서 통상 갖추어야 될 안전성만 갖추면 배상책임을 지지 않는다. 그러나, 그러한 비정상적인 이용이 예상되는 경우에 있어서 관리자에게 관리의무 위반이 인정될 때에는 배상책임이 인정된다.

예를 들면, 판단능력이 충분하지 않은 중학생이 학교비품을 가지고 장난을 하다가 사고가 난 경우에 학교비품의 통상 갖추어야 할 안전성은 이러한 경우까지를 고려한 안전성이어야 한다.

다. 안전성 구비 여부의 판단   안전성의 구비 여부는 영조물의 설치자 또는 관리자가 그 영조물의 위험성에 비례하여 사회통념상 일반적으로 요구되는 정도의 방호조치의무를 다하였는지를 기준으로 판단하여야 하고, 아울러 그 설치자 또는 관리자의 재정적·인적·물적 제약 등도 고려하여야 한다. 따라서 영조물이 그 설치 및 관리에 있어 완전무결한 상태를 유지할 정도의 고도의 안전성을 갖추지 아니하였다고 하여 하자가 있다고 단정할 수는 없고, 영조물 이용자의 상식적이고 질서 있는 이용 방법을 기대한 **상대적인 안전성**을 갖추는 것으로 족하다(대판 2022. 7. 28, 2022다 225910).

2) 물적 하자의 구체적 판단기준

물적 하자라 함은 사회통념상 일반적으로 요구되는 정도의 방호조치의무 위반을 말한다.

판례는 물적 하자의 구체적 판단기준을 다음과 같이 제시하고 있다.

안전성의 구비 여부를 판단함에 있어서는 당해 영조물의 용도, 그 설치장소의 현황 및 이용 상황 등 제반 사정을 종합적으로 고려하여 설치·관리자가 그 영조물의 위험성에 비례하여 사회통념상 일반적으로 요구되는 정도의 방호조치의무를 다하였는지 여부를 그 기준으로 삼아야 할 것이며, 만일 객관적으로 보아 시간적·장소적으로 영조물의 기능상 결함으로 인한 손해발생의 예견가능성과 회피가능성이 없는 경우, 즉 그 영조물의 결함이 영조물의 설치·관리자의 관리행위가 미칠 수 없는 상황 아래에 있는 경우임이 입증되는 경우라면 영조물의 설치·관리상의 하자를 인정할 수 없다고 할 것이다(대판 2007. 10. 26, 2005다51235 ; 2009. 2. 26, 2007다22262).

가. 방호조치의무(안전관리의무) 위반   영조물의 물적 하자는 해당 영조물의 용도, 그 설치상소의 현황 및 이용 상황 등 제반 사정을 종합적으로 고려하여 설치·관리자가 그 영조물의 위험성에 비례하여 **사회통념상 일반적으로 요구되는 정도의 방호조치의무(안전관리의무)**를 다하지 않은 경우를 말한다. 여기에서 안전관리의무 위반은 국가배상법 제2조의 위법 개념과 유사하며 주의의무 위반과 달리 객관적 개념이다.

나. 손해발생의 관리가능성(예견가능성과 회피가능성)이 없지 않을 것   객관적으로 보아 시간적·장소적으로 영조물의 기능상 결함으로 인한 손해발생의 예견가능성과 회피가능성이 없는 경우, 즉 그 영조물의 결함이 영조물의 설치·관리자의 관리행위가 미칠 수 없는 상황 아래에 있는 경우임이 입증되는 경우라면 영조물의 설치·관리상의 하자를 인정할 수 없다.

손해발생의 예견가능성과 회피가능성이 없었다는 입증은 피고가 하여야 한다.

현재의 기술수준 및 예산상 부득이하다는 사정만으로는 관리가능성이 없다고 할 수 없다(대판 2001. 7. 27, 2000다56822). 관리가능성(예견가능성과 회피가능성)은 영조물의 위험성에 비례하여 요구되는 영조물 관리자의 안전관리시스템이 제대로 작동하는 것을 전제로 판단되어야 한다.

3) 이용상 하자의 판단기준

'이용상 하자'(기능상 하자)라 함은 '영조물이 공공의 목적에 이용됨에 있어 그 이용상태 및 정도가 일정한 한도를 초과하여 제3자에게 사회통념상 참을 수 없는 피해를 입히는 경우'를 말한다.

영조물의 이용상 하자의 판단에 있어 '사회통념상 참을 수 없는 피해인지의 여부'는 그 영조물의 공공성, 피해의 내용과 정도, 이를 방지하기 위하여 노력한 정도 등을 종합적으로 고려하여 판단하여야 한다. 예를 들면, 사격장에서 발생하는 소음 등으로 지역주민들이 입은 피해가 사회통념상 참을 수 있는 정도(수인한도)를 넘는 경우 사격장의 설치 또는 관리에 하자가 있다.

〈판례〉[1] 국가배상법 제5조 제1항 소정의 '영조물의 설치·관리상의 하자'의 의미 및 하자로 볼 수 있는 경우: 국가배상법 제5조 제1항에 정하여진 '영조물의 설치 또는 관리의 하자'라 함은 공공의 목적에 공여된 영조물이 그 용도에 따라 갖추어야 할 안전성을 갖추지 못한 상태에 있음을 말하고, 여기서 안전성을 갖추지 못한 상태, 즉 타인에게 위해를 끼칠 위험성이 있는 상태라 함은 당해 영조물을 구성하는 물적 시설 그 자체에 있는 물리적·외형적 흠결이나 불비로 인하여 그 이용자에게 위해를 끼칠 위험성이 있는 경우(물적 하자)뿐만 아니라 그 영조물이 공공의 목적에 이용됨에 있어 그 이용상태 및 정도가 일정한 한도를 초과하여 제3자에게 사회통념상 참을 수 없는 피해를 입히는 경우(이용상 하자)까지 포함된다고 보아야 할 것이고, 사회통념상 참을 수 있는 피해인지의 여부는 그 영조물의 공공성, 피해의 내용과 정도, 이를 방지하기 위하여 노력한 정도 등을 종합적으로 고려하여 판단하여야 한다. [2] 매향리 사격장에서 발생하는 소음 등으로 지역 주민들이 입은 피해는 사회통념상 참을 수 있는 정도를 넘는 것으로서 사격장의 설치 또는 관리에 하자가 있었다고 본 사례(대판 2004. 3. 12, 2002다14242(매향리사격장사건)).

(3) 유형별 고찰 및 개별적 고찰

영조물의 하자의 판단에 있어서 영조물의 종류별로 유형적 고찰을 할 필요가 있다. 그것은 영조물의 성질이 다름에 따라 영조물의 하자의 판단기준이 달라질 수 있기 때문이다. 이는 특히 인공공물과 자연공물에 있어서 그러하다.

또한, 동일한 영조물의 하자로 인한 손해배상에 있어서도 손해의 원인이 되는 하자에 따라 특별한 고찰을 하여야 할 필요가 있다.

1) 인공공물과 자연공물의 구별

인공공물은 당해 영조물이 통상 갖추어야 할 안전성이 확보된 상태하에서 공적 목적에 제공되어야 하므로 영조물의 하자가 보다 넓게 인정될 수 있다. 그러나, 자연공물은 자연상태로 공적 목적에 제공되고 당해 영조물의 안전성은 연차적으로 강화되어야 하는 것이므로 이 한도 내에서 영조물의 하자의 인정에 한계가 주어질 수 있다(대판 2003. 10. 23, 2001다48057). 도로는 대표적인 인공공물이며 하천은 대표적인 자연공물이다.

2) 도로의 설치·관리의 하자

가. 일반적 판단기준   도로의 설치 또는 관리·보존상의 하자는 도로의 위치 등 장소적인 조건, 도로의 구조, 교통량, 사고시에 있어서의 교통 사정 등 도로의 이용상황과 그 본래의 이용목적 등 제반 사정과 물적 결함의 위치, 형상 등을 종합적으로 고려하여 사회통념에 따라 구체적으로 판단하여야 한다(대판 1997. 2. 10, 97다32536).

나. 개별적 고찰

(가) **노면의 홈**   도로 노면의 홈은 도로의 물적 하자인데, 관리의무 위반시 국가배상법 제5조상의 하자가 인정된다. 다만, 도로의 홈이 단시간에 걸쳐 생긴 경우에 도로의 홈을 발견하여 표지판을 설치하거나 보수를 하는 등 안전조치를 취할 시간적인 여유가 없었을 때에는 예측가능성과 결과회피가능성이 없기 때문에 배상책임이 면제된다.

(나) **자연력에 의한 통행상 안전의 결함**   도로의 설치 후 집중호우 등 자연력이 작용하여 본래 목적인 통행상의 안전에 결함이 발생한 경우에는 그 결함이 제3자의 행위에 의하여 발생한 경우와 마찬가지로 보아야 할 것이며, 도로에 그와 같은 결함이 있다는 것만으로 성급하게 도로의 보존상 하자를 인정하여서는 안 되고, 당해 도로의 구조, 장소적 환경과 이용상황 등 제반 사정을 종합하여 그와 같은 결함을 제거하여 원상으로 복구할 수 있는데도 이를 방치한 것인지 여부를 개별적·구체적으로 심리하여 하자의 유무를 판단하여야 한다(대판 1998. 2. 13, 97다49800).

〈판례〉 도로의 관리청은 일시에 많은 양의 비가 내리는 경우에 대비하여 도로에 물이 고이지 않도록 집수구 등 배수시설을 갖추고 그 시설이 그 기능을 다 할 수 있도록 관리하며, 도로에 내린 비가 신속히 집수구 쪽으로 흘러 들어갈 수 있도록 도로의 구배 등 구조를 적절히 유지, 관리하는 등의 방호조치를 취할 의무가 있다 할 것이다(대판 1998. 2. 13, 97다49800).

(다) **낙하물 등 제3자의 행위에 의해 통행상의 안전에 결함이 발생한 경우**   도로상

의 장해물로 인한 사고에 있어서는 당해 장해물을 발견하고 제거할 수 있는 합리적인 시간이 있었는지 여부(예견가능성과 회피가능성)에 따라 영조물의 하자 여부가 결정된다. 그리고, 당해 장해물을 발견하고 제거할 수 있는 합리적인 시간이 있었는지여부는 도로상의 장해물의 감시를 위한 정상적인 순찰계획을 고려하여 판단된다.

〈판례〉 낙하물의 경우에는 그 낙하물을 발견하여 제거할 수 있는 시간적인 여유가 있었는지 여부가 하자 판단의 기준이 된다. 도로의 점유 · 관리자인 피고가 낙하물에 대한 관리 가능성이 없다는 입증을 하여야 한다(대판 1997. 4. 22, 97다3194).

관리가능성(예견가능성과 회피가능성)은 영조물 관리자의 안전관리시스템이 제대로 작동하는 것을 전제로 판단되어야 한다.

(라) 낙   석   도로에 낙석의 위험이 있는 경우에는 경우에 따라 경고표시판을 설치하거나 방호책 등을 설치하여야 할 것이다.

그런데, 산간지역의 도로의 경우 낙석의 위험이 전혀 없는 경우는 많지 않다. 그렇다고 하여 낙석의 위험이 있는 모든 경우에 방호책을 설치할 수 없다. 따라서이 경우에는 예산상의 제약도 고려하여 도로관리주체의 위험방지의무를 정하여야할 것이다.

(마) 신호기의 설치 · 관리상 하자   판례는 가변차로에 설치된 두 개의 신호등에서 서로 모순되는 신호가 들어오는 오작동이 발생하였고 그 고장이 현재의 기술수준상 부득이한 것이라고 가정하더라도 그와 같은 사정만으로 손해발생의 예견가능성이나 회피가능성이 없어 영조물의 하자를 인정할 수 없는 경우라고 단정할 수 없다고 하였다(대판 2001. 7. 27, 2000다56822).

3) 하천의 설치 · 관리의 하자

가. 하천의 자연공물성   하천은 원칙상 자연공물이다. 하천은 우선 자연상태대로 하천의 공적 목적에 제공되고, 그 안전성을 연차적으로 강화하여 가는 것이므로, 이러한 하천의 자연공물로서의 특질이 하천의 설치 · 관리상 하자를 판단함에있어 고려되어야 한다(대판 2003. 10. 23, 2001다48057[중랑천수해사건]).

하천 중 축조된 제방, 수문은 인공적인 것이다. 따라서 이 한도 내에서는 하천도 인공공물의 성질을 갖고 인공적인 시설의 하자는 인공공물에서의 하자의 판단기준에 의해 판단되어야 한다.

나. 하천시설의 설치상 하자   판례가 제시하는 하천관리를 위한 시설의 설치상 하자의 일반적 판단기준은 다음과 같다.

〈판례〉 영조물의 설치·관리상 하자의 법리와 하천관리상의 특질과 특수성을 감안하면, 하천 수해와 관련하여 하천관리를 위한 시설의 설치상 하자 유무를 판단함에 있어서는 해당 하천과 관련하여 과거에 발생한 수해의 규모, 발생빈도, 발생원인, 피해의 성질, 강우상황, 유역의 지형 기타 자연적 조건, 토지의 이용상황 기타 사회적 조건, 개수를 요하는 긴급성의 유무 및 그 정도 등 제반 사정을 종합적으로 검토하고, 하천관리에 있어서의 재정적, 기술적 및 사회적 제약 하에서 같은 종류 및 규모의 하천관리의 일반수준 및 사회통념에 비추어 시인할 수 있는 안전성을 구비하고 있는지, 그리고 해당 하천관리시설이 설치 당시의 기술수준에 비추어 그 예정한 규모의 홍수에 있어서의 통상의 작용으로부터 예측된 재해를 방지함에 족한 안전성을 갖추고 있는지 여부를 기준으로 한다(대판 2007. 10. 25, 2005다62235).

다. 하천 관리상 하자   판례가 제시하는 하천관리상 하자의 일반적 판단기준은 다음과 같다.

〈판례〉 하천관리의 하자 유무는, 과거에 발생한 수해의 규모·발생의 빈도·발생원인·피해의 성질·강우상황·유역의 지형 기타 자연적 조건, 토지의 이용상황 기타 사회적 조건, 개수를 요하는 긴급성의 유무 및 그 정도 등 제반 사정을 종합적으로 고려하고, 하천관리에 있어서의 위와 같은 재정적·시간적·기술적 제약하에서 같은 종류, 같은 규모의 하천에 대한 하천관리의 일반수준 및 사회통념에 비추어 시인될 수 있는 안전성을 구비하고 있다고 인정할 수 있는지 여부를 기준으로 하여 판단한다(대판 2007. 9. 21, 2005다65678[안양천 수해사건]).

라. 하천홍수위와 하천의 하자   하천홍수위란 홍수시 하천의 제방이 지탱할 수 있을 것으로 계획된 최대유량(제방의 높이)을 말한다. 하천에 제방이 축조될 때에는 하천홍수위를 정하는데, 기존의 강우량을 견딜 수 있는 제방의 수위(하천홍수위)를 정하고 여유고를 더하여 하천제방의 높이가 결정된다.

하천홍수위(계획고수량)가 적정하게 책정되지 않은 경우에는 하천의 설치상 하자가 있다고 할 수 있다.

하천홍수위가 적정하게 책정된 제방에서 **하천이 범람한 경우**에는 불가항력으로 볼 수 있다. 또한, 하천홍수위보다 낮은 강우량에 **하천제방이 붕괴한 경우**에는 하천의 설치·관리상 하자가 있는 것으로 추정된다.

〈판례〉 하천의 관리청이 관계 규정에 따라 설정한 계획홍수위를 변경시켜야 할 사정이 생기는 등 특별한 사정이 없는 한, 이미 존재하는 하천의 제방이 계획홍수위를 넘고 있다면 그 하천은 용도에 따라 통상 갖추어야 할 안전성을 갖추고 있다고 보아야 하고, 그와 같은 하천이 그 후 새로운 하천시설을 설치할 때 기준으로 삼기 위하여 제정한 '하천시설기준'이 정한 여유고를 확보하지 못하고 있다는 사정만으로 바로 안전성이 결여된 하자가 있다고 볼 수는 없다(대판 2003. 10. 23, 2001다48057[중랑천 수해사건]).

(4) 하자의 입증책임

영조물책임의 위험책임적 성격 및 피해자 구제를 고려하여 피해자는 영조물의 설치 또는 관리상의 이상(異狀)과 그 이상으로 손해가 발생한 것을 주장하면 영조물의 설치 또는 관리의 하자는 추정된다고 보고(하자의 일응 추정이론), 국가 또는 지방자치단체가 하자가 없음을 입증하여야 한다고 보아야 할 것이다.

그러나, 판례는 하자의 입증책임을 피해자에게 지우고 있다. 다만, 관리주체에게 손해발생의 예견가능성과 회피가능성이 없다는 것은 관리주체가 입증하여야 한다(대판 1998. 2. 10, 97다32536).

제4항   국가배상책임의 감면사유

Ⅰ. 불가항력

불가항력(不可抗力)이라 함은 천재지변과 같이 인간의 능력으로는 예견할 수 없거나, 예견할 수 있어도 회피할 수 없는 외부의 힘에 의하여 손해가 발생한 경우를 말하며 면책사유가 된다.

〈판례〉 100년 발생빈도의 강우량을 기준으로 책정된 계획홍수위를 초과하여 600년 또는 1,000년 발생빈도의 강우량에 의한 하천의 범람은 예측가능성 및 회피가능성이 없는 불가항력적인 재해로서 그 영조물의 관리청에게 책임을 물을 수 없다(대판 2003. 10. 23, 2001다48057[중랑천 수해사건]).

Ⅱ. 예산부족

재정사정은 영조물의 안전성의 정도에 관하여 참작사유는 될 수 있을지언정 안전성을 결정지을 절대적 요건은 되지 못한다(대판 1967. 2. 21, 66다1723).

Ⅲ. 피해자의 과실

피해자에게 과실이 있었던 경우에는 피해자의 과실에 의하여 확대된 손해의 한도 내에서 국가 등의 책임이 부분적으로 감면된다고 보는 것이 타당하다.

피해자가 위험이 형성된 후 위험지역으로 이주하여 위험에 접근한 경우에는 위험에의 접근이론에 따라 손해배상책임이 감면된다.

Ⅳ. 불법행위 또는 영조물의 하자와 감면사유의 경합

① 영조물의 설치 또는 관리상의 하자로 인한 사고라 함은 영조물의 설치 또는 관리상의 하자만이 손해발생의 원인이 되는 경우만을 말하는 것이 아니고, 다른 자연적 사실이나 제3자의 행위 또는 피해자의 행위와 경합하여 손해가 발생하였더라도 영조물의 설치 또는 관리상의 하자가 손해발생의 공동원인의 하나가 된 이상 그 손해는 영조물의 설치 또는 관리상의 하자에 의하여 발생한 것이라고 보아야 한다 (대판 1994. 11. 22, 94다32924 ; 2000. 5. 26, 99다53247).

② 영조물의 하자가 제3자의 행위와 경합하여 손해를 발생시킨 경우에는 영조물관리자는 제3자와 부진정연대채무를 진다. 영조물의 하자가 피해자의 행위와 경합하는 경우에는 과실상계를 한다.

③ 불가항력과 영조물의 하자가 손해의 발생에 있어서 경합된 경우에는 영조물의 하자로 인하여 손해가 확대된 한도 내에서 국가 또는 지방자치단체는 책임을 진다고 보는 것이 타당하다.

Ⅴ. 영조물책임의 감면사유와 공무원의 과실의 경합

불가항력 등 영조물책임의 감면사유가 있는 경우에도 공무원의 과실로 피해가 확대된 경우에는 그 한도 내에서 국가배상법 제2조의 배상책임이 인정된다.

제 5 항   배상책임자

Ⅰ. 피해자에 대한 배상책임자

1. 국가배상법 제6조 제1항의 입법취지

국가배상법 제6조 제1항은 국가 또는 지방자치단체가 국가배상법 제2조·제3조 및 제5조에 따라 손해배상책임을 지는 경우에 있어서 '공무원의 선임·감독자 또는 영조물의 설치·관리를 맡은 자'와 '공무원의 봉급·급여 그 밖의 비용을 부담하는 자 또는 영조물의 설치·관리의 비용을 부담하는 자'가 동일하지 아니하면 피해자는 어느 쪽에 대하여도 선택적으로 손해배상을 청구할 수 있도록 규정하고 있다.

여기에서 '공무원의 선임·감독자 또는 영조물의 설치·관리를 맡은 자'란 사무귀속주체 또는 영조물의 관리주체를 말하고, '공무원의 봉급·급여 기타의 비용을 부담하는 자 또는 영조물의 설치·관리의 비용을 부담하는 자'는 사무 또는 영조물의 비용부담주체를 말한다.

예를 들면, 지방자치단체장이 설치하여 관할 지방경찰청장에게 관리권한이 위임된 교통신호기의 고장으로 인한 교통사고가 발생한 경우, 지방자치단체뿐만 아니라 국가도 손해배상책임을 진다. 지방경찰청장에 대한 관리권한의 위임은 기관위임이므로 권한을 위임한 관청이 소속된 지방자치단체가 사무의 귀속주체로서 배상책임을 지고, 국가배상법 제6조 제1항에 의해 교통신호기를 관리하는 지방경찰청장 산하 경찰관들에 대한 봉급을 부담하는 국가도 비용부담주체로서 배상책임을 진다(대판 1999. 6. 25, 99다11120). 〈해설〉 경찰법 개정으로 자치경찰제도가 도입되고, 지방경찰청이 시·도경찰청으로 변경되었다. 시·도 경찰청은 국가기관인 경찰청 소속의 **국가기관**(국가의 지방행정기관)이다(경찰청과 그 소속기관 직제 제2조 제3항). 따라서, 개정 경찰법하에서도 신호기 관리비용을 형식적으로 부담하는 자(형식적 비용부담자)는 여전히 국가이다.

이와 같이 관리주체와 함께 '비용부담주체'도 손해배상책임을 지도록 한 입법취지는 피해자 구제의 실효성에 있다. 즉, 관리주체와 비용부담주체가 일치하지 않는 경우에 손해배상청구의 피고를 잘못 선택함으로 인한 불이익을 피해자가 부담하지 않도록 하기 위한 것이다.

2. 관리주체와 비용부담주체의 의의와 범위

국가배상법 제6조 제1항 및 제2항의 적용과 관련하여 관리주체와 비용부담주체가 무엇을 의미하는지와 그 범위가 문제되고 있다.

(1) 관리주체의 의의와 범위

일반적으로 국가배상법 제6조 제1항 상의 배상책임주체로서 규정된 "**공무원의 선임·감독 또는 영조물의 설치·관리를 맡은 자**"란 사무의 귀속주체 또는 영조물의 관리주체(관리자)를 의미하는 것으로 해석한다.

관리주체(관리자)란 해당 사무의 관리기관 또는 영조물의 관리기관이 속해 있는 법인격 있는 조직체를 말한다.

국가기관에 의해 지방자치단체의 장에게 위임된 기관위임사무에 있어서 기관위임사무를 집행하는 지방자치단체의 기관은 국가기관의 지위를 갖고 있으므로 국가가 관리주체가 된다(대판 1993. 1. 26, 92다2684). 단체위임사무의 관리주체로서의 배상책임의 주체를 위임자인 국가라고 보는 견해가 있으나, 단체위임사무는 지방자치단체의 사무이므로 단체위임사무의 관리주체는 지방자치단체라고 보는 견해가 타당하다.

(2) 비용부담주체의 의의와 범위

공무원의 불법행위로 인한 배상책임에서 **비용부담주체**(비용부담자)란 '공무원의 봉급·급여 기타의 비용을 부담하는 자'이다(국가배상법 제6조 제1항). 기타의 비용이란 행정사무의 처리에 드는 공무원의 봉급·급여 이외의 경비를 말한다.

국가배상법 제6조 제1항의 비용부담자는 원칙상 대외적으로 당해 사무의 비용 또는 당해 영조물의 설치관리비용을 부담(지출)하여야 하는 것으로 되어 있는 자(이하 '**형식상 비용부담자**'라 한다)를 말한다.

지방자치단체의 장이 기관위임된 국가행정사무를 처리하는 경우에 그에 소요되는 경비의 실질적·궁극적 부담자는 국가이지만 지방자치단체가 그 사무에 필요한 경비를 대외적으로 지출하는 자이므로 국가배상법 제6조 제1항 소정의 비용부담자이다(대판 1994. 12. 9, 94다38137).

문제는 형식상 비용부담의무자와 실질적 비용부담자가 다를 경우에 실질적 비용부담자(보조금의 지급주체, 종국적 비용부담자)도 국가배상법 제6조 제1항의 비용부담자에 해당되는가 달리 말하면 피해자에 대하여 배상책임의 주체가 되는가. 피해자 구제를 도모한다는 제6조의 입법취지에 비추어 이를 긍정하는 것이 타당하다. 판례도 실질적 비용부담자와 형식적 비용부담자 모두 피해자에 대해 배상책임을 지는 것으로 보고 있다(대판 1994. 12. 9, 94다38137: 형식적 비용부담자의 배상책임을 인정한 사례, 대판 1995. 2. 24, 94다57671: 실질적 비용부담자의 배상책임을 인정한 사례).

II. 종국적 배상책임자

1. 원인책임자에 대한 구상권

영조물 하자로 인한 손해의 원인에 대하여 책임을 질 자가 따로 있을 때에는 국가 또는 지방자치단체는 그 자에 대하여 구상할 수 있다(제5조 제2항).

'손해의 원인에 대하여 책임을 질 자'라 함은 고의 또는 과실로 영조물의 설치 또는 관리에 흠이 있게 한 제3자를 말한다. 영조물의 설계자, 시공자, 장해물의 방치자 등을 말한다.

국가배상법 제5조는 공무원에 대한 구상규정인 국가배상법 제2조 제2항을 준용하고 있지 않다. 그렇지만 해석상 영조물책임에 국가배상법 제2조 제2항을 준용하는 것이 타당하다.

2. 관리주체와 비용부담주체 사이의 최종적 책임의 분담

국가배상법 제6조 제2항은 "제1항의 경우에 손해를 배상한 자는 내부관계에서 그 손해를 배상할 책임이 있는 자에게 구상할 수 있다"라고 규정하고 있다. 이 규정은 최종적인 배상책임자에 대한 구상을 인정하면서 관리주체(관리자)와 비용부담주체(비용부담자) 중 누가 최종적인 책임자인지에 대하여 판단을 내리지 않고 그 판단을 판례에 맡기고 있다.

관리주체와 비용부담자가 다른 경우에 이들 중 종국적 배상책임자는 누구인가에 대하여는 다음과 같이 견해가 대립되고 있다.

(1) 관리주체설

관리주체설은 관리책임의 주체가 최종적인 책임자라고 본다. 이 견해가 통설이다. 그 논거는 다음과 같다. ① 이 설은 관리주체가 손해를 방지할 수 있는 위치에 있고 관리주체측의 잘못으로 인하여 손해가 발생한 것이므로 **책임의 원칙**에 비추어 볼 때 관리주체가 책임을 지는 것이 타당하다고 본다. ② 관리주체설은 공평의 원칙 내지는 위험책임의 원칙에도 근거한다. 즉, 사무 또는 영조물의 관리로 인하여 이익을 보는 자는 그로 인하여 발생하는 부담, 즉 사고로 인한 손해배상책임도 부담하여야 한다. ③ "그 비용을 부담하는 자도 손해를 배상하여야 한다"고 규정하고 있는 국가배상법 제6조 제1항에 비추어도 관리주체설이 타당하다. 즉 국가배상법 제6조 제1항의 문언상 원칙상 관리주체가 배상책임자인데, 피해자구제를 위해 비용부담주체도 배상책임자로 정하고 있다.

(2) 비용부담주체설

비용부담주체설은 해당 사무의 비용을 실질적으로 부담하는 자(실질적 비용부담자)가 최종적인 책임자라고 보는 견해이다.

예를 들면, 기관위임사무를 지방자치단체의 기관이 집행하는 경우에 실질적인 비용부담자는 국가이고, 형식상·법률상 비용부담의무자는 지방자치단체이다. 이 경우에 관리자이며 실질적 비용부담자인 국가가 최종적인 배상책임자가 되게 된다.

이 견해의 논거는 다음과 같다. 사무 또는 영조물의 관리비용에는 손해배상금도 포함된다.

도로법은 도로에 관한 비용의 부담에 관하여 관리주체가 부담하는 것으로 규정하지 않고, 원칙상 도로의 관리청이 속한 행정주체(국가 또는 지방자치단체)가 부담하는 것으로 하는 특별한 규정을 두고 있다. 즉, 도로에 관한 비용은 원칙상 "국토교통부장관이 관리하는 도로에

관한 것은 국고의, 기타의 도로에 관한 것은 관리청이 속하는 지방자치단체의 부담으로 한
다"(도로법 제85조 본문). 따라서, 도로법 제23조 제2항에 따라 시장이 관리청이 되는 국도(시
지역을 통과하는 국도)의 설치·관리비용은 지방자치단체가 부담하는 것으로 된다. 이 경우 지
방자치단체는 도로에 관한 비용의 형식적 부담자이며 실질적 부담자가 된다. 따라서 비용
부담자설에 의하면 시지역을 통과하는 국도의 설치 또는 관리의 하자로 인한 경우에는 지
방자치단체가 최종적 배상책임자가 된다.

(3) 기여도설

기여도설은 손해발생의 기여도에 응해 관리주체뿐만 아니라 실질적 비용부담주
체에게도 최종적 배상책임을 지우는 견해이다.

기여도설의 **논거**는 손해의 발생에 기여한 만큼의 배상책임을 지도록 함으로써
배상책임의 원리에도 합치한다는 것이다.

(4) 판   례

판례는 원칙상 기여도설을 취한 것으로 보인다.

〈판례〉 1. 횡단보도에 설치된 신호기는 원래 원고인 안산 시장이 설치·관리하여야 할 것인
데, 도로교통법 제104조 제1항, 그 시행령 제71조의2 제1호에 의하여 원고 시장이 그 설치·
관리에 관한 권한을 피고 산하 경기도 지방경찰청 소속 안산경찰서장에게 위임함에 따라 안
산경찰서장이 원고의 비용부담 아래 이를 설치·관리하고 있었다. 따라서, 교통신호기의 관
리사무는 지방자치단체가 설치하여 안산경찰서장에게 그 권한을 기관위임한 사무로서 피고
인 국가 소속 경찰공무원들은 원고의 사무를 처리하는 지위에 있으므로, 원고인 안산시가
그 사무에 관하여 선임·감독자에 해당하고, 그 교통신호기 시설은 지방자치법 제132조 단
서의 규정에 따라 원고인 안산시의 비용으로 설치·관리되고 있으므로, 그 신호기의 설치,
관리의 비용을 실질적으로 부담하는 비용부담자의 지위도 아울러 지니고 있는 반면, 피고인
국가는 단지 그 소속 경찰공무원에게 봉급만을 지급하고 있을 뿐이므로, 원고와 피고 사이에
서 이 사건 손해배상의 궁극적인 책임은 전적으로 원고인 안산시에게 있다고 봄이 상당하다
(대판 2001. 9. 25, 2001다41865).

2. (1) 국가하천의 관리상 하자로 인한 손해에 관하여, 국가는 사무의 귀속주체 및 보조금
지급을 통한 실질적 비용부담자로서, 해당 시·도는 구 하천법 제59조 단서에 따른 법령상
비용부담자로서 각각 책임을 중첩적으로 지는 경우, 국가와 해당 시·도 모두가 국가배상
법 제6조 제2항에서 정한 '손해를 배상할 책임이 있는 자'에 해당한다. (2) 사무의 귀속주체
에 해당하여야만 내부관계에서 국가배상법 제6조 제2항에 규정된 종국적인 배상책임자가
되는 것은 아니다(대판 2015. 4. 23, 2013다211834). 〈해설〉 관리주체설을 부정하고, 기여도설에
입각한 판례이다. 또한, 보조금의 지급도 실질적 비용부담으로 본 사례이다. 판례에 따르면
국가하천에 관한 사무는 다른 법령에 특별한 정함이 없는 한 국가사무로 보아야 한다. 지

방자치단체가 비용 일부를 부담한다고 해서 국가사무의 성격이 자치사무로 바뀌는 것은 아니다(대판 2020. 12. 30, 2020두37406).

다만, 관리주체와 비용부담주체 중 관리주체에게 보다 본질적이고 큰 배상책임이 있는 것으로 본 판례도 있다(대판 2000. 5. 12, 99다70600).

(5) 결   어

배상책임의 원리에 따르는 한 보다 궁극적으로 손해발생의 원인을 제공한 자가 궁극적 배상책임자가 된다고 보아야 한다. 배상책임은 손해발생에 어떠한 원인을 제공한 자가 지는 것으로 되어야 하고 공동의 불법행위가 있는 경우에는 손해발생에 기여한 정도에 따라 배상책임을 지는 것으로 하여야 하므로 **기여도설**이 타당하다고 본다. 따라서, 원칙상 관리주체가 최종적 배상책임자이지만, 비용부담이 불충분함으로 인하여 손해가 발생한 경우에는 비용부담자도 관리주체와 함께 손해배상을 분담하여야 한다.

제 6 항   국가배상법상 특례규정

Ⅰ. 배상심의회에 대한 배상신청

배상금의 지급을 받고자 하는 자는 그 주소지·소재지 또는 배상원인발생지를 관할하는 지구심의회에 대하여 배상신청을 할 수 있다(제12조 제1항). 배상심의회에 대한 배상청구는 임의절차이다.

심의회(본부심의회, 특별심의회, 지구심의회)의 결정은 법적 구속력을 갖지 않는다.

신청인은 배상결정에 동의하거나 배상금을 수령한 경우에도 법원에 배상청구소송을 제기할 수 있다. 다만, 배상주체는 배상금을 지급하면서 불제소(不提訴)의 합의를 할 수 있다.

Ⅱ. 손해배상의 기준에 관한 특례

국가배상은 민법상의 불법행위로 인한 손해배상의 경우와 같이 가해행위와 상당인과관계에 있는 모든 손해에 대하여 행해진다.

그런데, 국가배상법(제3조 및 제3조의2)은 생명 또는 신체를 해한 때 및 타인의 물건을 멸실·훼손한 때에 있어서의 배상기준을 정하고 있다. 이 배상기준은 단순한 배상의 기준에 불과하며 법원은 이에 구속되지 않는다고 보는 견해가 다수설이며 판례의 입장이다.

Ⅲ. 군인 등에 대한 국가배상청구권의 제한(특별법에 의한 보상)

1. 국가배상법 제2조 제1항 단서의 취지

국가배상법 제2조 제1항 단서는 "군인·군무원·경찰공무원 또는 향토예비군 대원이 전투·훈련 등 직무집행과 관련하여 전사·순직하거나 공상을 입은 경우에 본인이나 그 유족이 다른 법령에 따라 재해보상금·유족연금·상이연금 등의 보상을 지급받을 수 있을 때에는 이 법 및 민법의 규정에 따른 손해배상을 청구할 수 없다"라고 군인 등에 대해 국가배상청구를 제한하는 것으로 규정하고 있다. 이를 이중배상금지규정이라 부르기도 한다.

이중배상금지 규정을 둔 취지는 위험성이 높은 직무에 종사하는 자에 대하여는 사회보장적 위험부담으로서의 국가보상제도를 별도로 마련함으로써 그것과 경합되는 국가배상청구를 배제하고, 전투·훈련행위 중 사고가 발생한 경우 공무원의 과실을 입증하는 것이 쉽지 않고, 위계질서가 강한 군대 등에서 전투·훈련행위 중에 발생한 사고가 법정에서 다투어지는 것이 타당하지 않다는 것이다.

2. 이중배상금지규정(국가배상청구권 제한규정)의 위헌 여부

군인 등의 국가배상청구권을 제한하는 국가배상법 제2조 제1항 단서는 위헌이 아니라는 것이 일반적 견해이다.

그러나, 그 논거 특히 제도의 정당성에 관하여는 견해가 나뉜다. 다수설은 군인 등에 대하여서만 국가배상청구권을 제한하는 것은 헌법 제11조의 평등원칙에 반한다고 할 것이나, 이러한 제한을 헌법 자체가 규정하고 있으므로 위헌의 문제는 제기되지 아니한다고 본다.

〈판례〉 국가배상법 제2조 제1항 단서는 헌법 제29조 제1항에 의하여 보장되는 국가배상 청구권을 헌법 내재적으로 제한하는 헌법 제29조 제2항에 직접 근거하고, 실질적으로 그 내용을 같이하는 것이므로 헌법에 위반되지 아니한다(헌재 2001. 2. 22, 2000헌바38). 그 이유는 헌법재판소에는 헌법의 개별규정 그 자체의 위헌 여부를 판단하는 권한이 없기 때문이다(헌재 1995. 12. 28, 95헌바3).

그러나, 이중배상금지에 관한 헌법규정이 없다고 하더라도 군인 등에 대해 국가배상청구권을 제한하는 제도는 그 입법취지에 비추어 정당한 보상을 규정하고 있는 한 그 자체가 위헌은 아니라고 보는 견해가 타당하다.

3. 특별보상규정의 위헌 여부

특별법에 의한 보상이 제도의 취지 및 무과실책임이라는 보상의 성격 등을 고려하여도 일반 손해배상액과 심히 균형을 잃은 경우에 특별법에 의한 보상제도 자체는 위헌이 아니지만, 해당 보상규정은 위헌이라고 보아야 한다. 특별보상규정에 대하여 위헌판결이 난 후에는 법률로 정해진 보상법률이 존재하지 않는 것이 되어 제2조 제1항 단서가 적용되지 않게 되므로 국가배상법에 근거하여 국가배상을 청구할 수 있다고 보아야 한다.

4. 적용요건

① 피해자가 군인, 군무원, 경찰공무원 또는 향토예비군대원이어야 한다. 판례는 현역병으로 입대하였으나 교도소 경비교도대로 된 자(대판 1998. 2. 10, 97다45914), 공익근무요원(대판 1997. 3. 28, 97다4036)을 국가배상법 제2조 제1항 단서의 군인 등에 해당하지 않는다고 판시하였다. 반면에 헌법재판소는 전투경찰순경은 국가배상법 제2조 제1항 단서에 규정한 경찰공무원에 해당한다고 보았다(헌재 1996. 6. 13, 94헌마118).

② 전투, 훈련 등 직무집행과 관련하여 전사·순직하거나 공상을 입었어야 한다. 판례는 국가배상법 제2조 제1항 단서가 전투·훈련 또는 이에 준하는 직무집행뿐만 아니라 일반 직무집행에 관하여도 국가나 지방자치단체의 배상책임을 제한하는 것으로 본다(대판 2011. 3. 10, 2010다85942). 물적 피해만 발생한 경우에는 국가배상청구가 가능하다.

③ 본인 또는 그 유족이 다른 법령의 규정에 의하여 재해보상금, 유족연금, 상이연금 등의 보상을 지급받을 수 있어야 한다. 다른 법령에 의한 보상금은 손해배상에 준하는 것이어야 하며 해당 보상금이 손해배상과는 전혀 성질이 다른 것인 경우에는 국가배상법 제2조 제1항 단서가 적용되지 않고 피해자는 국가배상법에 근거하여 국가배상을 청구할 수 있다.

판례는 「국가유공자 등 예우 및 지원에 관한 법률」(국가유공자법)(대판 2017. 2. 3, 2014두40012), 보훈보상대상자 지원에 관한 법률(보훈보상자법)(대판 2017. 2. 3, 2015두60075), 군인연금법(대판 1994. 12. 13, 93다29969)이 정한 보상에 관한 규정은 국가배상법 제2조 제1항 단서가 정한 '다른 법령'에 해당한다고 본다.

군인 등이 공상을 입은 경우에도 그 장애의 정도가 국인연금법 등의 적용대상 등급에 해당하지 않아 다른 법령에 의한 보상을 받을 수 없는 경우에는 국가배상청구가 가능하다(대판 1997. 2. 14, 96다28066).

5. 적용범위

국가배상법 제2조 제1항 단서의 이중배상금지의 요건을 충족하는 경우에 피해자인 군인 등이 국가 또는 지방자치단체에 대하여 손해배상을 청구하지 못하는 것은 국가배상법 제2조 제1항 단서의 규정상 명백하다.

다만, 국가배상법 제2조 제1항 단서에도 불구하고 전사하거나 순직한 군인·군무원·경찰공무원 또는 예비군대원의 유족은 자신의 정신적 고통에 대한 위자료를 청구할 수 있다(국가배상법 제2조 제3항).

그런데, 국가배상법 제2조 제1항 단서의 해석과 관련하여 군인 등이나 그 유족에 대하여 손해를 배상할 책임이 있는 일반국민(국가와 공동불법행위의 책임이 있는 자, 사고자동차의 운행책임자 등)이 그 군인 등이나 유족에게 손해배상을 하였음을 이유로 국가에 대하여 구상권을 행사할 수 있는지 여부가 문제된다. 대법원은 국가배상법 제2조 제1항 단서가 적용되는 경우 민간인인 공동불법행위자의 연대책임을 부인하고, 민간인은 자신의 부담부분만을 군인에게 배상하면 되고 국가에 대해 구상청구를 할 수 없다고 한다(대판 전원합의체 2001. 2. 15, 96다42420).

6. 관련 문제

판례는 국가배상법에 따라 손해배상을 받았다는 사정을 들어 국가배상법 제2조 제1항 단서가 정한 '다른 법령'에 따른 보상의 지급을 거부할 수 없다고 본다(대판 2017. 2. 3, 2014두40012 ; 2017. 2. 3, 2015두60075).

국가배상청구권의 제한을 받는 자는 군인 등과 그 유족이나. 청구권이 배제되는 유족 개념에는 생존자 가족은 포함되지 않는다(서울고법 2014나2011749). 따라서, 생존자 가족은 국가를 상대로 별도로 위자료 등 손해배상청구를 할 수 있다.

Ⅳ. 양도 등 금지

생명·신체의 침해로 인한 국가배상을 받을 권리는 이를 양도하거나 압류하지 못한다(국가배상법 제4조).

V. 국가배상청구권의 소멸시효

국가배상청구권은 국가배상법 제8조의 규정에 의하여 민법상 손해배상청구권과 마찬가지로 민법 제766조 제1항에 따라 피해자나 그 법정대리인이 손해와 가해자를 안 경우 안 날로부터 3년간 이를 행사하지 아니하면 시효로 소멸한다(대판 1998.

7. 10, 98다7001).

　피해자나 그 법정대리인이 손해 및 가해자를 **알지 못한 경우**에는 국가재정법 제
96조 제1항에 따라 5년간 이를 행사하지 아니하면 국가배상청구권은 시효로 소멸한
다. 국가재정법 제96조 제1항에서 '다른 법률의 규정'이라 함은 다른 법률에 국가재
정법 제96조 제1항에서 규정한 5년의 소멸시효기간보다 짧은 기간의 소멸시효의 규
정이 있는 경우를 가리키는 것이고, 이보다 긴 10년의 소멸시효를 규정한 민법 제
766조 제2항은 국가재정법 제96조 제1항에서 말하는 '다른 법률의 규정'에 해당하지
아니한다.

　소멸시효의 주장이 권리남용에 해당하거나 신의성실의 원칙에 반하는 경우에
는 국가배상청구권은 시효로 소멸하지 않는다(대판 2008. 5. 29, 2004다33469). 국가배상
청구를 할 것을 기대할 수 없는 장애사유가 있었다고 볼 수 있고, 그 원인을 국가가
제공했다면 국가의 소멸시효 완성 주장은 신의성실의 원칙에 반하여 받아들일 수
없다(대판 2019. 1. 31, 2016다258148).

Ⅵ. 차량사고와 국가배상

　자동차손해배상보장법(이하 '자배법'이라 한다)은 배상책임의 성립요건에 관하여는
국가배상법에 우선하여 적용된다(대판 1996. 3. 8, 94다23876). 국가 또는 지방자치단체
가 자배법의 규정에 의하여 손해배상책임이 있는 때에는 국가배상법에 의하여 그
손해를 배상하여야 한다(국가배상법 제2조 제1항). 따라서, 국가 또는 지방자치단체가
자배법의 규정에 의하여 손해배상책임이 있는 때에도 이중배상금지규정인 국가배
상법 제2조 제1항 단서가 적용되고, 피해자는 배상심의회에 배상신청을 할 수 있다.

　공무원의 피해자에 대한 개인책임에 관하여도 자배법이 민법이나 국가배상법
에 우선하여 적용된다. 따라서, 일반적으로 공무원의 공무집행상의 위법행위로 인
한 공무원의 피해자에 대한 개인책임은 고의 또는 중과실의 경우에만 인정되지만,
공무원이 '자기를 위하여 자동차를 운행하는 자'인 때에는 그 사고가 자동차를 운
전한 공무원의 경과실에 의한 것인지 중과실 또는 고의에 의한 것인지를 가리지 않
고, 공무원은 자배법상의 손해배상책임을 부담한다(대판 1996. 3. 8, 94다23876). 공무원
이 자기소유의 자동차를 운행하다가 사고를 낸 경우가 이에 해당한다.

Ⅶ. 외국인의 국가배상청구

　국가배상법은 **상호주의**를 적용하여 외국인이 피해자인 경우에는 해당 국가와

상호 보증이 있을 때에만 국가배상법을 적용하는 것으로 규정하고 있다(제7조).

제 3 절   행정상 손실보상

제 1 항   행정상 손실보상의 의의

행정상 손실보상은 적법한 공권력 행사에 의해 국민에게 가해진 특별한 손실을 보상하여 주는 것을 의미한다.

제 2 항   행정상 손실보상의 근거

Ⅰ. 이론적 근거

손실보상의 이론적 근거는 재산권 보장과 '공적 부담 앞의 평등원칙'이라고 보는 것이 타당하다.

Ⅱ. 존속보장과 가치보장

1. 존속보장

(1) 의   의

존속보장(存續保障)이라 함은 재산권사가 재산권을 보유하고 향유(사용, 수익, 저분)하는 것을 보장하는 것을 말한다.

사유재산제도하에서 재산권은 생활(영업활동 포함)의 기초가 되는 것이므로 존속보장은 특히 중요한 의미를 갖는다.

(2) 존속보장 실현제도

존속보장의 실현제도로는 공용침해에서의 공공필요성 요건(최소침해의 원칙 등 비례의 원칙 포함), 환매제도, 분리이론, 위법한 재산권 침해행위에 대한 취소소송 등이 있다.

2. 가치보장

(1) 의   의

가치보장(價値保障)이라 함은 공공필요에 의해 재산권에 대한 공권적 침해가 행해지는 경우에 재산권의 가치를 보장하기 위해 보상 등 가치보장조치를 취하는 것을 말한다.

(2) 가치보장 실현수단

가치보장의 실현제도로는 손실보상, 매수청구제도 등이 있다. 생활보상은 보상제도인 점에서 가치보장을 위한 것이지만, 존속보장적인 의미도 갖는다.

3. 존속보장과 가치보장의 관계

공공필요를 위해 공용침해가 행해지고 보상금이 지급되는 경우 재산권의 존속보장은 가치보장으로 전환된다.

Ⅲ. 실정법상 근거

1. 헌법적 근거

헌법 제23조 제3항은 "공공필요에 의한 재산권에 대한 수용·사용·제한 및 그에 대한 보상은 법률로써 하되, 정당한 보상을 지급하여야 한다"라고 규정하고 있다.

① 우선 이 규정은 재산권의 수용은 공공필요가 있는 경우에 한하며 또한 법률에 근거가 있는 경우에만 가능하도록 하고 있다.

② 다음으로 공공필요를 위한 재산권 침해의 근거를 법률로 정하는 경우에 입법자는 반드시 보상에 관한 사항도 법률로 규정하여야 한다.

③ 또한 입법권은 손실보상에 관한 규정을 제정함에 있어서 무한정의 재량을 갖는 것이 아니라 정당한 보상이 되도록 규정하여야 한다는 것을 분명히 하고 있다.

2. 법률상 근거

「공익사업을 위한 토지 등의 취득 및 보상에 관한 법률」(이하 '토지보상법'이라 한다. '공익사업법'이라고 부르기도 한다)은 공익사업을 위한 토지수용의 근거 및 보상의 기준과 절차 등을 규정하고 있다.

토지보상법 이외에 하천법 등 개별법에서 공공필요에 의한 재산권침해에 대한 보상이 규정되고 있다.

문제는 개별법률에서 공공필요를 위한 재산권침해의 근거를 정하면서도 보상에 관하여는 규정하지 않고 있는 법률이 적지 않다는 것이다. 주로 공용제한의 경우에 그러하다.

3. 분리이론과 경계이론

(1) 분리이론

1) 의   의

분리이론(分離理論)은 공익목적을 위한 재산권 제한을 입법자의 의사에 따라 헌법 제23조 제1항 및 제2항에 의한 재산권의 내용과 한계의 문제와 헌법 제23조 제3항의 공용침해와 손실보상의 문제로 구분한다.

헌법 제23조 제1항 및 제2항에 의한 재산권의 내용적 제한인지 아니면 헌법 제23조 제3항의 공용침해(공용수용)인지는 입법의 목적 및 형식을 기준으로 구분한다. 즉, 법률의 규정에 의한 재산권의 제한이 일반적인 공익을 위하여 일반적·추상적으로 재산권을 새롭게 정의하는 것인 경우에는 헌법 제23조 제1항 및 제2항의 재산권의 내용과 한계에 해당하고(예, 개발제한구역의 지정으로 인한 재산권 제한, 코로나 예방을 위한 집합제한조치, 가축의 살처분 또는 개성공단 전면중지로 인한 재산권의 제약 등), 법률의 규정에 의한 재산권의 제한이 특정한 공익을 위하여 개별적·구체적으로 기존의 재산권을 박탈 내지 축소하려는 목적을 가진 것인 경우에는 헌법 제23조 제3항의 공용제한과 손실보상의 문제에 해당한다.

분리이론은 가치보장인 "수용" 및 보상을 제한하고, 존속보장을 강화하려는 견해이다.

2) 재산권의 내용적 제한과 조정조치

재산권의 내용적 제한이 재산권에 내재하는 사회적 제약을 넘어 과도한 제한이 되는 경우에는 비례의 원칙 및 평등원칙에 반하게 된다. 이 경우에 입법자는 비례원칙 위반을 시정하여 재산권 제한을 합헌적으로 하여야 할 의무를 지는데, 이 의무를 **조정조치의무**라고 한다. 조정조치로는 일차적으로 경과규정, 예외규정, 해제규정, 국가침해의 제한 등 비금전적 구제가 행해져야 하고, 이러한 구제조치들이 어려운 경우 제2차적으로 손실보상, 매수청구 등 금전적 보상이 주어져야 한다.

3) 분리이론에 따른 권리구제

분리이론에 따르면 재산권의 제한이 헌법 제23조 제1항 및 제2항의 재산권의 내용과 한계에 속하는 경우 조정조치가 필요함(재산권에 대한 사회적 제약을 넘어 비례원칙에 반하는 재산권 침해가 되는 경우)에도 조정조치의무를 이행하지 않는 경우 ① 재산권 제한조치가 처분인 경우 취소소송을 통하여 구제를 받고, ② 조정조치의무 불이행이 입법부작위인 경우 입법부작위에 대한 헌법소원을 통하여 구제를 받고, ③ 부진정입법부작위인 경우 재산권 제한의 근거가 되는 법령의 위헌확인과 조정조치에 관한 입법을 기다려 구제를 받아야 한다. ④ 이 경우 헌법 제23조 제3항의 손실보상의 문제가 아니므로 손실보상규정의 유추적용에 위한 보상청구는 가능하지 않다(판례).

분리이론을 취하는 경우에도 공익목적을 위한 재산권 제한이 **헌법 제23조 제3항의 공용침해**(공용수용. 공용사용 또는 공용제한)에 해당하는 경우에는 손실보상의 문제가 되고, 손실보상규정 흠결시에는 후술하는 위헌무효설, 직접효력설, 유추적용설, 보상규정유추적용설, 보상입법부작위위헌설의 논의가 필요하다.

(2) 경계이론

1) 의   의

경계이론(境界理論)이라 함은 공공필요에 의한 재산권의 제한과 그에 대한 구제를 손실보상의 문제로 보는 견해이다. 이 견해에 의하면 공공필요에 의한 재산권의 제약이 재산권에 내재하는 사회적 제약을 넘는 특별희생이 있는 경우에 그에 대하여 보상을 하여야 하는 것으로 본다.

2) 특별희생과 권리구제

경계이론에 의하면 재산권에 대한 제한이 재산권에 내재하는 사회적 제약인가 특별한 희생인가 하는 문제와 보상규정이 없는 경우의 권리구제문제가 중요한 문제가 된다.

(3) 판례(분리이론)

헌법재판소는 분리이론에 따라 공익목적을 위한 재산권의 제한 중 많은 경우(예, 개발제한구역의 지정과 매수청구)를 헌법 제23조 제3항의 보상의 문제가 아니라 제23조 제1항과 제2항의 재산권의 내용과 한계의 문제로 본다. 물론, 분리이론을 취하는 경우에도 공익목적을 위한 재산권 제한이 헌법 제23조 제3항의 공용침해(공용수용)에 해당하는 경우에는 손실보상의 문제가 된다.

〈**판례**〉 개성공단 전면중단 조치는 공익 목적을 위하여 개별적, 구체적으로 형성된 구체적인 재산권의 이용을 제한하는 공용 제한이 아니므로, 이에 대한 정당한 보상이 지급되지 않았다고 하더라도, 그 조치가 헌법 제23조 제3항을 위반하여 개성공단 투자기업인 청구인들의 재산권을 침해한 것으로 볼 수 없다(헌재 2022. 1. 27, 2016헌마364).

대법원도 헌법재판소와 같이 공용침해이외의 공익목적을 위한 재산권 제한(댐 사용권에 대한 취소·변경의 처분)을 헌법 제23조 제1항 및 제2항에 따른 재산권의 내용과 한계의 문제로 본 점에서 **분리이론**을 취하고 있는 것으로 볼 수 있다.

〈판례〉 [섬진강댐의 댐사용권자인 원고 한국농어촌공사가 섬진강댐 재개발사업으로 댐사용권의 변경처분을 받게 되자 그에 대한 손실보상을 구한 사건] (1) 댐사용권 변경처분이 있을 경우 댐사용권자가 납부한 부담금의 반환을 규정한 「댐건설·관리 및 주변지역지원 등에 관한 법률」 제34조 제1항이 댐사용권의 제한 내지 침해에 따른 정당한 보상을 정한 법률조항인지 여부(소극): 댐 사용권을 그대로 유지하는 것이 곤란하다고 인정되는 경우 댐 사용권에 대한 취소·변경의 처분을 할 수 있도록 규정한 구 댐건설관리법 제31조 제4항 제2호가 헌법 제23조 제1항 및 제2항에 따른 재산권의 내용과 한계를 규정한 조항인 이상, 위 조항에 따라 댐 사용권을 변경·취소하는 경우에 댐 사용권에 관한 투자비용에 해당하는 부담금이나 납부금의 일부를 국가가 댐 사용권자에게 반환하도록 규정한 구 댐건설관리법 제34조 제1항 역시 구 댐건설관리법 제31조 제4항 제2호와 일체를 이루어 재산권인 댐 사용권의 내용과 한계를 정하는 동시에 공익적 요청에 따른 재산권의 사회적 제약을 구체화하는 규정이라고 봄이 타당하다(헌법재판소 2022. 10. 27. 선고 2019헌바44 결정 참조). (2) 원심판결 중 구 댐건설관리법 제34조 제1항을 댐 사용권 취소 또는 변경 처분에 대한 특별한 손실보상 규정이라고 본 것은 잘못이나, 피고 대한민국에게는 댐건설관리법 제31조, 제34조 제1항에 따라 댐 사용권 취소·변경에 따른 부담금이나 납부금 일부를 반환하도록 할 의무가 있을 뿐 「공익사업을 위한 토지 등의 취득 및 보상에 관한 법률」 제70조 및 제75조의 유추적용에 의한 손실보상금 지급의무가 있다고 보기 어렵다(대판 2023. 8. 31, 2019다206223[손실보상 약정금 지급 청구의 소]).

4. 손실보상규정 흠결시의 권리구제

　　공용침해로 인하여 특별한 손해가 발생하는 경우에는 그 손해에 대한 보상규정을 두어야 한다. 그런데, 보상규정의 흠결이 있는 경우가 있다. 경계이론에 의하면 이 경우에 국민의 권익구제방안으로 위헌무효설, 직접효력설, 유추적용설, 보상규정유추적용설, 보상입법부작위위헌설 등이 주장되고 있다. 이 논의는 공용사용과 공용제한, 주로 공용제한으로 인하여 특별한 희생이 발생함에도 공용사용 또는 공용제한의 근거규정에 보상규정이 없는 경우(분리이론에 따르면 공용제한 중 **특정한 공익사업을 위한 제한**) 그리고 공용수용의 경우 간접손실보상 등 보상규정이 일부 불비한 경우에 문제된다. 공용수용의 경우에는 통상 보상규정이 있고, 공용사용의 경우에도 대체로 그러하기 때문이다.

　　공용침해로 특별희생이 발생하여 손실보상을 하여야 하는 경우라 함은 경계이론에 입각하는 경우와 분리이론에 따르는 경우에도 헌법 제23조 제3항의 문제가 되는 경우에 손실보상규정이 없는 경우(특정한 공익사업을 위해 공용침해가 행해진 경우)를 말한다.

　　손실보상을 하여야 함에도 보상규정이 없을 때의 권리구제에 관하여는 아래와 같이 견해가 대립하고 있다.

(1) 위헌무효설(입법자구속설)

위헌무효설은 헌법 제23조 제3항을 보상청구권의 직접적 근거규정으로 보지 않고, 입법자에 대한 구속규정으로 보면서 법률이 특별한 희생을 발생시키는 공용침해를 규정하면서 손실보상에 관한 규정을 두지 않은 경우 헌법 제23조 제3항에 위반하여 그 법률이 위헌·무효가 된다고 보는 견해이다. 이 견해의 논거는 다음과 같다. ① 헌법 제23조 제3항은 보상은 법률로 정하도록 위임하고 있다. ② 보상은 재정지출의 문제를 수반하므로 예산권을 갖고 있는 국회가 법률로 정하는 것이 타당하다. ③ 헌법 제23조 제3항은 공용침해를 정하는 법률에서 이에 부대하여 보상에 관한 규정을 법률로써 규정하도록 규정하고 있다. 즉, 헌법 제23조 제3항(공용침해조항과 손실보상조항)은 불가분조항(결합조항(연결조항))이다.

위헌무효설에서의 **권리구제**에 관하여 다음과 같이 견해가 나누어지고 있다. ① 보상규정이 없는 법률에 근거한 공용침해는 위법한 공용침해이므로 국가배상을 청구할 수 있다고 보는 견해가 있다. ② 공용침해의 근거가 된 법률의 위헌무효를 주장하면서 공용침해행위에 대하여 취소소송을 제기할 수 있다고 하는 견해가 있다. ③ 입법부작위에 대한 헌법소원을 통하여 보상규정이 흠결된 법률에 근거한 공용침해행위에 대한 구제를 받을 수 있다고 보는 견해가 있다.

(2) 직접효력설

직접효력설은 헌법 제23조 제3항을 국민에 대하여 직접적 효력이 있는 규정으로 보고, 만일에 공용침해의 근거가 되는 법률이 보상규정을 두지 않고 있는 경우에는 직접 헌법 제23조 제3항에 근거하여 보상을 청구할 수 있다고 본다. 보상금청구소송이 제기되면 법원은 완전보상의 원칙에 따라 보상액을 객관적으로 확인·결정할 수 있다고 본다. 직접효력설은 헌법 제23조 제3항을 불가분조항으로 보지 않는다.

이 견해는 헌법 제23조 제3항에서 정당보상의 원칙이 명시적으로 규정되고 있고, 이 헌법규범도 법규범으로 입법자뿐만 아니라 법원 및 국민에게도 직접적 구속력을 갖는다고 보는 데 근거한다.

이 견해에 의하면 행정청이 손실보상을 거부하는 경우에는 손실보상청구소송을 제기할 수 있다.

(3) 헌법 제23조 제1항(재산권 보장규정) 및 헌법 제11조(평등원칙)로부터 손실보상청구권을 도출할 수 있다는 견해(유추적용설)

유추적용설은 보상규정이 없는 공용침해에 대하여는 수용유사침해이론에 의해 수용에 준하는 보상을 해 주어야 한다고 보고, 수용유사침해보상의 법적 근거를 헌법 제23조 제1항(재산권보장규정) 및 헌법 제11조(평등원칙)에서 찾는 견해이다.

이 견해에 의하면 행정청이 손실보상을 거부하는 경우에는 손실보상청구소송을 제기할 수 있다.

(4) 보상입법부작위위헌설

보상입법부작위위헌설은 공공필요를 위하여 공용제한을 규정하면서 손실보상규정을 두지 않은 경우 그 공용제한규정 자체는 헌법에 위반되는 것은 아니라고 보고, 손실보상을 규정하지 않은 입법부작위가 위헌이라고 보는 견해이다.

(5) 판례의 태도

헌법재판소는 군정법령에 의해 사설철도회사를 수용하고 조선철도의 통일폐지법률에 의하여 군정법령을 폐지하고 그 보상에 관하여 아무런 입법조치를 취하지 않은 입법부작위를 위헌이라고 하고 있다(헌재 1994. 12. 29, 89헌마2).

대법원은 공용침해로 인한 특별한 손해에 대한 보상규정이 없는 경우에 관련 보상법령규정을 유추적용하여 보상하려는 경향이 있다(**보상규정유추적용설**)(대판 1999. 11. 23, 98다11529). 판례가 취하는 보상규정유추적용설의 문제는 유추적용할 보상규정도 없고, 국가배상책임도 인정할 수 없는 경우 권리구제가 안 된다는 점이다.

(6) 결   어

현행 헌법 제23조 제3항이 완전보상의 원칙으로 해석되는 정당보상의 원칙을 선언하고 있고, 완전보상에 따른 보상액을 법원이 결정할 수 있으므로 국민의 권리구제의 실효성을 위하여 직접효력설이 타당하다.

현행 헌법 제23조 제3항이 보상은 법률로 정하도록 하고 있다는 이유로 직접효력설을 비판하고 위헌무효설을 지지하는 견해가 있지만 이 견해는 타당하지 않다. 현행 헌법은 '보상은 법률로 하되, 정당한 보상을 하여야 한다'라고 규정함으로써 정당한 보상의 원칙을 확립하고 있는데, 헌법 제23조 제3항상의 정당보상이란 원칙적으로 완전보상을 의미한다고 보는 것이 타당하며 완전보상이란 개념은 보상의 기준을 정하는 여러 법률의 규정 및 경험칙상 범위가 확정될 수 있는 개념이다. 따라서, 법률에서 보상의 기준 등에 관한 규정이 없는 경우에는 법원이 일반 보상의 법리에 따라 보상액을 정하여 보상을 결정할 수 있다고 해석하는 것이 가능하다. 그리고, 이렇게 해석하는 것이 국민의 권익구제라는 관점에서 바람직하다. 법원이 보상액을 정하는 것은 법원이 입법권의 권한을 대신 행사하는 것으로 타당하지 않다는 비판이 있지만, 법원이 보상액을 정하는 것이 입법권을 대신하여 행사하는 것은 아니며 정당보상의 원칙을 해석·적용하는 것에 불과하다. 일본에서는 직접효력설이 판례의 입장이다.

보상규정 흠결시의 **권리구제**는 다음과 같이 행하는 것이 타당하다. 유추적용할 법률규정이 있는 경우에는 이 법률규정을 유추적용하여 보상한다. 유추적용할 법률규정이 없는 경우에는 헌법 제23조 제3항에 근거하여 손실보상청구권이 인정된다. 행정청이 손실보상을 거부하는 경우에는 공법상 당사자소송으로 손실보상청구소송을 제기하여야 한다.

제 3 항 행정상 손실보상의 요건

행정상 손실보상이 인정되기 위하여는 적법한 공용침해로 손실이 발생하였고, 당해 손실이 특별한 손해(희생)에 해당하여야 한다.

I. 적법한 공용침해

적법한 **공용침해**라 함은 공공필요에 의하여 법률에 근거하여 가해진 국민의 권익에 대한 침해를 말한다.

1. 공공필요

재산권에 대한 수용·사용·제한은 공공필요가 있는 경우에 한하여 인정된다(헌법 제23조 제3항). 즉, 공공필요는 수용의 정당화사유가 된다.

공공필요라는 개념은 공익이라는 개념과 비례의 원칙을 포함하는 개념이다. 공익사업에 공익성이 있어야 하고, 수용으로 인하여 달성하는 공익이 수용으로 인하여 침해되는 이익(공익 및 사익)보다 커야 한다. 수용으로 인하여 침해되는 공익의 예로는 환경상 이익, 문화재 보호이익을 들 수 있다.

공공필요성이 있으면 사인(私人)을 위한 수용도 인정된다. 다만, 사인을 위한 수용의 경우에는 사인에게 부당한 특혜가 주어지지 않도록 공익보장책이 공용침해 관련 법령에 마련되어야 한다(자세한 것은 행정법론(하) 공용부담 참조).

2. 법률의 근거

공공의 필요만으로 수용이 가능한 것은 아니며 법률유보의 원칙상 법률의 근거가 있어야 한다. 토지보상법 제4조는 토지를 수용 또는 사용할 수 있는 사업을 한정적으로 열거하고 있다. 기타 개별법률에 수용 또는 사용의 근거가 규정되어 있다.

법률의 근거가 있다 하더라도 공공의 필요가 없으면 수용은 인정될 수 없다.

3. 공용침해(공용수용·공용사용·공용제한)

공용수용·공용사용·공용제한을 포괄하여 **공용침해**라고 한다.

공용수용이라 함은 공공필요를 위하여 타인의 토지를 강제적으로 취득하는 것을 말한다. 수용은 통상 행정청의 결정에 의해 행해지지만, 직접 법률의 규정에 의해 행해지는 경우(입법적 수용)도 있다.

공용사용이라 함은 공공필요를 위하여 특정인의 토지 등 재산을 강제로 사용하는 것을 말한다.

공용제한이라 함은 공공필요를 위하여 재산권에 대하여 가해지는 제한을 말한다.

Ⅱ. 공용침해로 손실이 발생하였을 것

① 손실보상이 인정되기 위하여는 손해가 현실적으로 발생하였어야 한다(대판 2010. 12. 9, 2007두6571).

② 판례는 공익사업과 손실 사이에 상당인과관계가 있어야 손실보상의 대상인 손실이 된다고 본다(대판 2009. 6. 23, 2009두2672). 그러나, 손실보상의 요건으로 공익사업과 손실 사이에 국가배상책임에서 요구되는 상당인과관계가 있을 것을 요구하는 것은 타당하지 않다. 상당인과관계 대신 '당해 손실이 공익사업(공용침해)으로부터 예견된 것일 것'을 손실보상의 한 요건으로 요구하는 것이 타당하다. 의도된 손실(직접손실)뿐만 아니라 의도되지는 않았지만 예견가능한 손실(간접손실, 수용적 침해)도 손실보상의 대상이 되지만, 예견가능하지 않은 손실은 손실보상의 대상이 되지 않는다고 보아야 한다.

Ⅲ. 특별한 희생(손해)

공공필요를 위한 재산권의 침해가 있는 경우에 손실보상이 되기 위하여는 그 침해로 인한 손실이 '특별한 희생(손해)'에 해당하여야 한다. 그 손해가 '재산권에 내재하는 사회적 제약'에 불과한 경우에는 재산권자가 수인하여야 한다고 보고 있다. 이러한 해결은 재산권의 공공성의 관념에 기초하고 있고, 이 관념의 헌법적 근거는 헌법 제23조 제2항이다.

그런데, 실제에 있어서 어떠한 손해가 '특별한 손해'인지 아니면 '재산권에 내재하는 사회적 제약'인지 불명확한 경우가 많다. 이 문제는 주로 재산권이 박탈되는 수용의 경우가 아니라 재산권의 사용 또는 수익이 제한되는 공용침해, 즉 공용제한의 경우에 주로 제기된다. 대표적인 예가 도시지역에서의 개발제한구역(Green Belt)의 지정으로 인하여 개발제한구역 내에 있는 토지소유자가 받는 손실이다.

공용침해로 인하여 발생한 손해가 특별한 희생(손해)인가 아니면 재산권에 내재하는 사회적 제약에 불과한가의 판단기준은 무엇인가. 이에 관하여 다음과 같은 학설이 있다.

1. 형식적 기준설

형식적 기준설은 침해행위가 일반적인 것이냐 아니면 개별적인 것이냐라는 형식적 기준에 의해 특별한 희생과 사회적 제약을 구별하려는 견해이다. 즉, 재산권에 대한 침해가 특정인 또는 한정된 범위의 사람에게 가해진 경우에는 특별한 희생에 해당하고 재산권 침해가 일반적으로 행해지면 사회적 제약에 해당한다고 본다.

이 견해의 문제점은 특정인에게 가해진 권익침해도 사회적 제약에 해당하는 경우가 있을 수 있고, 공용침해가 어느 정도 일반적인 경우에도 특별한 희생에 해당하는 경우가 있을 수 있다는 것을 간과하고 있다는 점이다. 따라서, 형식적 기준만에 의해 특별한 희생과 사회적 제약을 구분할 수는 없다.

2. 실질적 기준설

실질적 기준설은 공용침해의 실질적 내용, 즉 침해의 본질성 및 강도를 기준으로 하여 특별한 희생과 사회적 제약을 구별하려는 견해이다.

이에는 보호가치설, 수인한도설, 사적 효용성설, 목적위배설, 사회적 제약설, 상황적 구속설 등이 있다.

(1) 보호가치설

보호가치설은 재산권을 보호가치 있는 것과 보호가치가 없는 것으로 구분하고 전자에 대한 침해만이 보상의 대상이 되는 특별한 희생이라고 본다.

이 견해에 대하여는 보호가치와 비보호가치에 대한 객관적인 기준을 제공하고 있지 못하다는 비판이 있다.

(2) 수인한도설(기대가능성설)

수인한도설은 재산권에 대한 침해의 본질성과 강도를 구별기준으로 하여 그 침해가 재산권주체에게 보상 없이 수인가능한 것인지 아니면 수인한도를 넘는 것인지에 따라 특별한 희생과 사회적 제약을 구별하려는 견해이다.

(3) 사적 효용설

사적 효용설은 사적 효용을 재산권의 본질적 내용으로 보고, 재산권이 제한되고

있는 상태에서도 아직 재산권의 기능에 합당한 사적인 효용이 유지되는 경우에는
재산권의 단순한 사회적 제약에 불과하지만, 재산권의 침해가 재산권의 사적 효용
을 본질적으로 침해하는 경우에는 특별한 희생이 된다고 본다.

(4) 목적위배설

목적위배설은 재산권의 침해가 종래 인정되어 온 재산권의 이용목적 내지 기능
에 위배되는지 여부를 기준으로 종래 인정되어 온 재산권의 이용목적에 위배되는
경우에 특별한 희생이고, 재산권에 대한 제한이 있었더라도 재산권의 본래의 이용
목적 내지 기능에 따른 이용이 유지되고 있는 경우에는 재산권에 내재하는 사회적
제약이라고 본다.

(5) 상황구속설

상황구속설은 특히 토지 등의 부동산재산권의 경우 그의 지정학적 상황에 의하
여 강한 사회적 의무가 수반된다고 보고, 당해 재산권이 처한 특수한 상황에 비추
어 재산권 주체가 이미 예상할 수 있는 단순한 재산권 행사상의 제한이 가해진 경
우에 그 제한은 사회적 제약에 불과하다고 본다.

3. 결론: 복수기준설

우리나라의 통설은 형식적 기준설과 각 실질적 기준설이 일면의 타당성만을
갖는다고 보고, 형식적 기준설과 실질적 기준설을 종합하여 특별한 희생과 사회적
제약을 구별하여야 한다고 본다. 이를 **복수기준설**이라 한다. 즉, 토지 등을 종래의
목적대로 사용할 수 없거나 재산권의 이용이 제한되었음에도 손실보상을 하지 않
는 것이 가혹한 경우 특별희생에 해당한다.

〈판례〉 1. 개발제한구역 지정으로 인하여 토지를 종래의 목적으로도 사용할 수 없거나 또는 더
이상 법적으로 허용된 토지이용의 방법이 없기 때문에 실질적으로 토지의 사용·수익의 길이 없는
경우에는 토지소유자가 수인해야 하는 사회적 제약의 한계를 넘는 것으로 보아야 한다. 개
발제한구역의 지정으로 인한 개발가능성의 소멸과 그에 따른 지가의 하락이나 지가상승률
의 상대적 감소는 토지소유자가 감수해야 하는 사회적 제약의 범주에 속하는 것으로 보아
야 한다. 자신의 토지를 장래에 건축이나 개발목적으로 사용할 수 있으리라는 기대가능성
이나 신뢰 및 이에 따른 지가상승의 기회는 원칙적으로 재산권의 보호범위에 속하지 않는
다. 구역지정 당시의 상태대로 토지를 사용·수익·처분할 수 있는 이상, 구역지정에 따른
단순한 토지이용의 제한은 원칙적으로 재산권에 내재하는 사회적 제약의 범주를 넘지 않는
다(헌재 1998. 12. 24. 89헌마214, 90헌바16, 97헌바78(병합)[개발제한구역사건]).
2. 일반 공중의 이용에 제공되는 공공용물에 대하여 특허 또는 허가를 받지 않고 하는 일반사

용은 다른 개인의 자유이용과 국가 또는 지방자치단체 등의 공공목적을 위한 개발 또는 관리·보존행위를 방해하지 않는 범위 내에서만 허용된다 할 것이므로, 공공용물에 관하여 적법한 개발행위 등이 이루어짐으로 말미암아 이에 대한 일정범위의 사람들의 일반사용이 종전에 비하여 제한받게 되었다 하더라도 특별한 사정이 없는 한 그로 인한 불이익은 손실보상의 대상이 되는 특별한 손실에 해당한다고 할 수 없다(대판 2002. 2. 26, 99다35300).

제 4 항 행정상 손실보상의 기준과 내용

손실보상의 기준과 내용은 손실보상의 '일반적 기준인 정당한 보상'과 '구체적 기준과 내용'으로 나누어 볼 필요가 있다.

I. 행정상 손실보상의 일반적 기준 : '정당한 보상'의 원칙

손실보상의 일반적 기준인 정당한 보상의 의미에 관하여는 종래 완전보상설과 상당보상설이 대립하고 있다.

1. 완전보상설

완전보상설은 공용침해로 인하여 발생한 객관적 손실 전부를 보상하여야 한다는 견해이며 이 견해가 다수 견해이다. 일반적으로 완전보상은 피침해재산의 객관적 가치의 보상(정상적인 시장가격)과 함께 부대적 손실의 보상을 전부 보상하는 것을 의미한다. 이에 대하여 생활보상을 완전보상의 범주에 포함시키며 완전보상을 공용침해가 일어나기 전의 생활과 유사한 생활수준을 회복하도록 하는 보상으로 이해하는 견해가 새롭게 제기되고 있다.

정신적 손해와 개발이익은 완전보상에 포함되지 않는다고 보는 것이 일반적 견해이다.

헌법재판소도 헌법 제23조 제3항에서 규정하고 있는 정당한 보상이 완전보상을 뜻한다고 보고 있다(헌재 1990. 6. 25, 89헌마107).

2. 상당보상설

상당보상설은 정당한 보상이라 함은 피해이익의 성질 및 정도와 함께 침해행위의 공공성을 고려하여 보상이 행해질 당시의 사회통념에 비추어 사회적 정의의 관점에서 객관적으로 타당하다고 여겨지는 보상을 말한다고 보는 견해이다. 상당보상설에 의하면 정당한 보상은 완전보상을 하회하거나 상회할 수 있다.

상당보상설은 독일법에서 채택되고 있다.

3. 결 론

헌법 제23조의 정당한 보상이라 함은 재산권보장의 관점에서 볼 때 완전한 보상을 의미하는 것으로 보아야 한다.

토지보상법 등 보상의 내용을 정하는 법률이 완전보상의 원칙에 반하면 당해 법률은 그 한도 내에서 위헌이 된다. 그러나, 실정법률에서 완전보상을 상회하여 보상하는 것으로 정하는 것은 가능하다.

또한 보상의 구체적인 기준 및 방법에 관하여는 완전보상의 원칙에 반하지 않는 한도 내에서 입법자에게 재량이 부여된다.

Ⅱ. 행정상 손실보상의 구체적 기준과 내용

토지보상법상 토지취득 및 보상절차는 다음과 같다. 토지조서 및 물건조서의 작성(제14조) – 보상계획의 공고 · 통지 및 열람(제15조) – 협의(제16조) – 사업인정(제20조) – 토지조서 및 물건조서의 작성(제26조) – 보상계획의 공고 · 통지 및 열람(제26조) – 협의(제26조) – 수용재결(제34조) – 이의신청(제83조) 및 이의재결(제84조)(임의절차) – 행정소송(제85조)

1. 토지보상법상 보상대상자

토지보상법상 보상의 대상이 되는 자는 공익사업에 필요한 토지의 소유자 및 관계인이다.

"관계인"이라 함은 사업시행자가 취득 또는 사용할 토지에 관하여 지상권 · 지역권 · 전세권 · 저당권 · 사용대차 또는 임대차에 의한 권리 기타 토지에 관한 소유권 외의 권리를 가진 자 또는 그 토지에 있는 물건에 관하여 소유권 그 밖의 권리를 가진 자를 말한다. 다만, 제22조의 규정에 의한 사업인정의 고시가 있은 후에 권리를 취득한 자는 기존의 권리를 승계한 자를 제외하고는 관계인에 포함되지 아니한다(제2조 제5호).

2. 보상주체

보상주체는 사업시행자이다.

3. 토지보상법상 손실보상의 구체적 기준과 내용

토지보상법상 손실보상의 구체적 기준과 내용은 피침해재산의 객관적 가치의 보상, 부대적 손실의 보상, 확장수용보상, 간접손실의 보상 및 기타 손실의 보상으로 나누어 볼 수 있다.

(1) 취득재산의 객관적 가치의 보상

토지보상법은 '취득재산의 협의성립 또는 재결 당시의 가격'을 손실보상액으로 하는 것으로 규정하고 있다. 즉, 토지보상법은 보상액산정의 기준이 되는 시점을 '가격시점'이라 하면서(제2조 제6호) 가격시점을 협의에 의한 취득의 경우에는 협의 성립시, 재결에 의한 취득의 경우에는 수용 또는 사용재결시로 하고 있다(제67조).

그런데, '취득재산의 협의성립 또는 재결 당시의 가격'을 산정함에 있어서는 시장가격 산정의 어려움 및 개발이익 배제의 필요성을 고려하여 아래와 같은 방법에 의하고 있다.

실무상 수용보상액은 '표준지공시지가 × 시점수정(지가변동률, 생산자물가상승률) × 지역요인 × 개별요인(가로조건, 접근조건, 환경조건, 획지조건, 행정조건, 기타조건) × 그 밖의 요인'의 산식으로 결정하게 된다. 이 경우 공법상 제한은 개별요인 중 행정조건에 포함된다.

1) 공시지가를 기준으로 한 보상

협의 또는 재결에 의하여 취득하는 토지에 대하여는 「부동산 가격공시에 관한 법률」(이하 '부동산가격공시법'이라 한다)에 의한 공시지가(표준지공시지가)를 기준으로 하여 보상하도록 하고 있다(제70조 제1항). 공시지가란 국가가 매년 1월 1일을 기초로 하여 정하는 전국토 중 일부 표준지의 시가(표준지공시지가)를 말한다.

2) 공시지가의 기준일

당해 공익사업으로 인한 개발이익 또는 개발손실이 보상에 포함되는 것을 배제하기 위하여 보상액 산정의 기준이 되는 표준지공시지가의 공시기준일을 다음과 같이 정하고 있다.

① 사업인정 전의 협의에 의한 취득에 있어서 기준이 되는 공시지가는 "당해 토지의 가격시점(협의성립) 당시 공시된 공시지가 중 가격시점(협의성립시)에 가장 가까운 시점에 공시된 공시지가"로 한다(제70조 제3항).

② 사업인정 후의 취득에 있어서 기준이 되는 공시지가는 사업인정고시일 전의 시점을 공시기준일로 하는 공시지가로서, 당해 토지에 관한 협의의 성립 또는 재결 당시 공시된 공시지가 중 당해 사업인정고시일에 가장 가까운 시점에 공시된 공시지가로 한다(제70조 제4항).

③ 제3항 및 제4항에도 불구하고 공익사업의 계획 또는 시행이 공고 또는 고시됨으로 인하여 취득하여야 할 토지의 가격이 변동되었다고 인정되는 경우에는 당

해 공고일 또는 고시일 전의 시점을 공시기준일로 하는 공시지가로서, 당해 토지의 가격시점 당시 공시된 공시지가 중 당해 공익사업의 공고일 또는 고시일에 가장 가까운 시점에 공시된 공시지가로 한다(제70조 제5항).

3) 상황보정과 시점수정

취득재산에 대한 보상액으로 결정되는 취득재산의 가격은 기준이 되는 표준지 공시지가를 기준으로 하여 토지의 상황을 고려하여 수정하고(상황보정), 기준이 되는 공시지가의 공시기준일과 가격시점 사이의 지가변동률 및 물가상승률을 고려하여 보상액을 수정하여(시점수정) 결정하게 된다(제70조 제1항).

4) 현황평가의 원칙

토지에 대한 보상액은 가격시점에 있어서의 현실적인 이용상황과 일반적인 이용방법에 의한 객관적 상황을 고려하여 산정하되, 일시적인 이용상황과 토지소유자 또는 관계인이 갖는 주관적 가치 및 특별한 용도에 사용할 것을 전제로 한 경우 등은 이를 고려하지 아니한다(제70조 제2항). 이 규정은 현황평가의 원칙을 정한 규정이다.

5) 공익사업으로 인한 개발이익 및 개발손실의 배제와 정당보상

가. 개발이익 배제의 정당성과 위헌성　　개발이익은 국가 등의 공공투자 또는 사업시행자의 투자에 의해 발생하는 것으로서 피수용자의 노력이나 자본에 의해 발생하는 것이 아닌 불로소득이므로 그러한 개발이익은 형평의 관념에 비추어 볼 때, 토지소유자에게 귀속시키는 것은 타당하지 않으며 투자자인 사업시행자 또는 궁극적으로는 국민 모두(사회)에게 귀속되어야 하므로 당해 공익사업으로 인해 발생한 개발이익은 보상액의 산정에서 배제하는 것이 타당하다. 이 견해가 일반적 견해이다.

헌법재판소도 개발이익을 보상액 산정에서 배제하는 것이 헌법상 정당보상의 원칙에 위배되는 것은 아니라고 본다(헌재 1990. 6. 25, 89헌마107).

나. 개발이익(손실) 배제의 내용　　토지보상법도 다음과 같이 개발이익을 보상에서 배제하는 규정을 두고 있다.

㈎ **사업인정고시일 전 공시지가 기준**　　토지보상법이 사업인정고시일 전의 공시지가를 기준으로 보상액을 결정하는 것으로 하고 있는 것은 손실보상에서 공익사업으로 인한 개발이익(개발손실)을 배제하기 위한 것이다. 보상액의 산정을 사업인정고시일 전의 공시지가를 기준으로 함으로써 사업인정 이후 재결시까지의 수용의 원인이 된 공익사업으로 인한 개발이익(개발손실)이 배제되게 된다.

2007년 법개정을 통하여 공익사업의 계획 또는 시행이 공고 또는 고시됨으로

인하여 취득하여야 할 토지의 가격이 변동되었다고 인정되는 경우에는 "당해 공고
일 또는 고시일 전의 시점을 공시기준일로 하는 공시지가로서 당해 토지의 가격시
점 당시 공시된 공시지가 중 당해 공익사업의 공고일 또는 고시일에 가장 가까운
시점에 공시된 공시지가"를 기준으로 보상액을 산정하도록 한 것(제70조 제5항)은 개
발이익의 배제를 보다 철저히 하기 위한 것이다.

(ⅰ) **해당 공익사업으로 인한 가격변동 배제**   보상액을 산정할 경우에 해당 공익
사업으로 인하여 토지 등의 가격이 변동되었을 때에는 이를 고려하지 아니한다(제
67조 제2항).

보상액을 산정함에 있어서 당해 공익사업으로 인한 지가의 영향을 받지 않는
지역의 지가변동률을 참작하여야 한다(제70조 제1항).

(ⅱ) **해당 공익사업의 시행을 직접 목적으로 하는 공법상 제한 배제**   공법상 제한
을 받는 토지에 대하여는 제한받는 상태대로 평가한다. 다만, 그 공법상 제한이 당
해 공익사업의 시행을 직접 목적으로 하여 가하여진 경우에는 제한이 없는 상태를
상정하여 평가한다(토지보상법 시행규칙 제23조 제1항). 공익사업의 시행을 직접 목적으
로 하여 용도지역 또는 용도지구 등이 변경된 토지에 대하여는 변경되기 전의 용
도지역 또는 용도지구 등을 기준으로 평가한다(제23조 제2항).

이 규정의 입법취지는 당해 공익사업의 영향을 배제하여 정당한 보상을 실현
하려는 것이다(대판 2007. 7. 12, 2006두11507 등).

판례는 보상액 산정에 있어서 일반적 계획제한과 개별적 계획제한을 구별한다.

일반적 계획제한이라 함은 용도지역·지구·구역(이하 '용도지역 등'이라 한다)의 지정 또는 변
경과 같이 구체적인 사업의 시행을 목적으로 하지 않고 공익목적을 위해 토지의 이용을 일
반적으로 제한하는 계획제한을 말하고, **개별적 계획제한**이라 함은 도시계획시설제한과 같이
구체적인 공익사업의 시행을 위해 토지등의 이용에 가해지는 계획제한을 말한다. 예를 들
면, 자연공원의 지정은 일반적 계획제한인 반면에, 도시공원의 지정은 도시계획시설계획에
따라 행해지는데, 도시공원의 지정에 따른 제한은 개별적 계획제한이다.

일반적 계획제한의 경우에는 그 제한이 해당 공익사업의 시행을 직접 목적으
로 하여 가해진 경우에는 제한이 없는 상태대로 평가하고(대판 2007. 7. 12, 2006두11507:
공원조성사업의 시행을 직접 목적으로 수용대상토지의 용도지역이 일반주거지역에서 자연녹지지역
으로 변경된 경우 그 용도지역을 일반주거지역으로 평가하여야 한다고 한 사례), 그 제한이 해당
공익사업의 시행을 직접 목적으로 하여 가해진 것이 아닌 경우에는 그러한 공법상

제한을 받은 상태대로 손실보상액을 평가하여야 하고, 그와 같은 제한이 당해 공공사업의 시행 이후에 가하여진 경우라고 하여 달리 볼 것은 아니다(대판 2005. 2. 18, 2003두14222: 문화재보호구역의 확대 지정이 당해 공공사업의 시행 이후에 가하여진 경우에도 당해 공공사업인 택지개발사업의 시행을 직접 목적으로 하여 가하여진 것이 아님이 명백하므로 토지의 수용보상액은 그러한 공법상 제한을 받는 상태대로 평가하여야 한다고 한 사례).

이에 반하여 개별적 계획제한의 경우에는 그 제한이 해당 공익사업의 시행을 직접 목적으로 하여 가해진 경우뿐만 아니라 다른 공익사업의 시행을 직접 목적으로 하여 가해진 경우에도 그 제한을 받지 않은 상태대로 평가하여야 한다고 본다(대판 1992. 3. 13, 91누4324). 달리 말하면 개별적 계획제한의 경우 당초의 목적사업과 다른 목적의 공공사업에 편입수용되는 경우에도 그 제한을 받지 아니하는 상태대로 평가하여야 한다(대판 1989. 7. 11, 88누11797 ; 2015. 8. 27, 2012두7950[토지보상금증액] 등).

어느 수용대상 토지에 관하여 특정 시점에서 용도지역 등의 지정 또는 변경을 하지 않은 것이 특정 공익사업의 시행을 위한 것일 경우 이는 당해 공익사업의 시행을 직접 목적으로 하는 제한이라고 보아 그 용도지역 등의 지정 또는 변경이 이루어진 상태를 상정하여 토지가격을 평가하여야 한다. 여기에서 특정 공익사업의 시행을 위하여 용도지역 등의 지정 또는 변경을 하지 않았다고 볼 수 있으려면, 토지가 특정 공익사업에 제공된다는 사정을 배제할 경우 용도지역 등의 지정 또는 변경을 하지 않은 행위가 계획재량권의 일탈·남용에 해당함이 객관적으로 명백하여야만 한다(대판 2015. 8. 27, 2012두7950).

다. 개발이익 배제의 한계　　판례에 의하면 토지수용으로 인한 손실보상액을 산정함에 있어서 당해 공공사업과는 관계없는 다른 사업의 시행으로 인한 개발이익은 이를 배제하지 아니한 가격으로 평가하여야 한다(대판 1999. 1. 15, 98두8896).

(2) 부수적 재산상 손실의 보상

완전보상이 되기 위하여는 취득의 대상이 된 재산권의 재산적 가치뿐만 아니라 취득이 원인이 되어 부수적으로 발생한 손실도 보상되어야 한다. 현행 토지보상법도 이러한 입장을 취하고 있다. 다만, 정신적 고통은 보상되고 있지 않다.

1) 잔여지 및 잔여건축물보상

사업시행자는 동일한 소유자에 속하는 **일단의 토지**의 일부가 취득되거나 사용됨으로 인하여 잔여지의 가격이 감소하거나 그 밖의 손실이 있는 때 또는 잔여지에 통로·도랑·담장 등의 신설이나 그 밖의 공사가 필요할 때에는 원칙상 국토교통부령이 정하는 바에 따라 그 손실이나 공사의 비용을 보상하여야 한다. 다만, 잔여지의 가격 감소분과 잔여지에 대한 공사의 비용을 합한 금액이 잔여지의 가격보다 큰 경우에는 사업시행자는 그 잔여지를 매수할 수 있다(제73조 제1항).

사업시행자는 동일한 소유자에 속하는 **일단의 건축물**의 일부가 취득 또는 사용됨으로 인하여 잔여 건축물의 가격이 감소하거나 그 밖의 손실이 있을 때에는 국토교통부령으로 정하는 바에 따라 그 손실을 보상하여야 한다. 다만, 잔여 건축물의 가격 감소분과 보수비(건축물의 나머지 부분을 종래의 목적대로 사용할 수 있도록 그 유용성을 동일하게 유지하는 데에 일반적으로 필요하다고 볼 수 있는 공사에 사용되는 비용을 말한다. 다만, 「건축법」 등 관계 법령에 따라 요구되는 시설 개선에 필요한 비용은 포함하지 아니한다)를 합한 금액이 잔여 건축물의 가격보다 큰 경우에는 사업시행자는 그 잔여 건축물을 매수할 수 있다(제75조의2 제1항).

잔여지 등의 보상은 관계 법률에 따라 사업이 완료된 날 또는 제24조의2에 따른 사업완료의 고시가 있는 날(이하 "사업완료일"이라 한다)부터 1년이 지난 후에는 청구할 수 없다(제73조 제2항, 제75조의2 제4항).

2) 이전비보상

건축물 · 입목 · 공작물 기타 토지에 정착한 물건(이하 '건축물 등'이라 한다)에 대하여는 원칙상 이전에 필요한 비용(이하 '이전비'라 한다)으로 보상하여야 한다(제75조 제1항). 분묘에 대하여는 이장에 소요되는 비용 등을 산정하여 보상하여야 한다(제75조 제4항).

3) 권리의 보상

광업권 · 어업권 · 양식업권 및 물(용수시설을 포함한다) 등의 사용에 관한 권리에 대하여는 투자비용 · 예상수익 및 거래가격 등을 참작하여 평가한 적정가격으로 보상하여야 한다(제76조 제1항).

4) 영업손실의 보상

영업을 폐지하거나 휴업함에 따른 영업손실에 대하여는 영업이익과 시설의 이전비용 등을 참작하여 보상하여야 한다(제77조 제1항).

토지보상법 제77조가 규정하고 있는 '영업손실'이란 수용의 대상이 된 토지 · 건물 등을 이용하여 영업을 하다가 그 토지 · 건물 등이 수용됨으로 인하여 영업을 할 수 없거나 제한을 받게 됨으로 인하여 생기는 직접적인 손실, 즉 수용손실을 말하는 것이다. 따라서, 후술하는 간접손실인 영업손실과 구별되어야 한다.

5) 농업손실의 보상

농업의 손실에 대하여는 농지의 단위면적당 소득 등을 참작하여 실제 경작자에게 보상하여야 한다. 다만, 농지소유자가 당해 지역에 거주하는 농민인 경우에는 농지소유자와 실제 경작자가 협의하는 바에 따라 보상할 수 있다(제77조 제3항).

6) 임금손실의 보상

휴직 또는 실직하는 근로자의 임금손실에 대하여는 근로기준법에 의한 평균임금 등을 참작하여 보상하여야 한다(제77조 제3항).

(3) 확장수용보상

일정한 사유로 인하여 공익사업에 필요한 토지 이외의 토지를 수용하는 것을 '확장수용'이라 한다. 그리고 그에 따른 보상을 확장수용보상이라 한다.

1) 잔여지등 수용

가. 잔여지등 수용의 요건   동일한 토지소유자에 속하는 일단의 토지의 일부가 협의에 의하여 매수되거나 수용됨으로 인하여 잔여지를 종래의 목적에 사용하는 것이 현저히 곤란할 때에는 해당 토지소유자는 사업시행자에게 잔여지를 매수하여 줄 것을 청구할 수 있으며, 사업인정 이후에는 관할 토지수용위원회에 수용을 청구할 수 있다. 이 경우 수용의 청구는 매수에 관한 협의가 성립되지 아니한 경우에만 할 수 있으며, 사업완료일까지 하여야 한다(제74조 제1항). 잔여 건축물을 종래의 목적대로 사용하는 것이 현저히 곤란할 때에는 그 건축물 소유자는 사업시행자에게 잔여 건축물을 매수하여 줄 것을 청구할 수 있고, 협의가 성립되지 아니한 경우에 한하여 사업완료일까지 관할 토지수용위원회에 수용을 청구할 수 있다(제75조의2).

잔여지를 종래의 목적에 사용하는 것이 현저히 곤란한지 여부는 수용된 토지가 속한 필지의 잔여지가 아니라 피수용자에 속하는 일단의 토지의 잔여지를 기준으로 판단된다.

나. 잔여지등수용청구권의 성질   잔여지수용청구권은 그 요건을 구비한 때에는 토지수용위원회의 특별한 조치를 기다릴 것 없이 청구에 의하여 수용의 효과가 발생하는 형성권적 성질을 가진다(대판 2001. 9. 4, 99두11080). 토지수용위원회는 잔여지수용청구권을 확인하는 수용재결을 하고 손실보상액을 결정한다.

판례에 의하면 잔여지수용거부에 대한 불복은 보상금증감청구소송으로 하여야 한다(대판 2010. 8. 19, 2008두822).

2) 이전수용(이전대상 물건의 수용)

이전대상 물건(예, 과수나무)이 다음에 해당하는 경우에는 당해 물건의 가격으로 보상하여야 한다: ① 건축물 등의 이전이 어렵거나 그 이전으로 인하여 건축물 등을 종래의 목적대로 사용할 수 없게 된 경우, ② 건축물 등의 이전비가 그 물건의 가격을 넘는 경우, ③ 사업시행자가 공익사업에 직접 사용할 목적으로 취득하는 경우(제75조 제1항 단서). 공익사업시행지구내의 토지에 정착한 이전대상 건축물 등을 물건의 가격으로 보상한 경우에도 **사업시행자가 제75조 제5항 등 수용절차에 따라 수용을 한 경우에 한하여 이전수용이 발생한다**. 이전대상 물건에 대해 가격보상을 하는 경우에 수용절차를 거쳐 수용할 것인지는 사업시행자의 선택에 맡겨져 있다. 사업시행자가 제75조 제5항 등에 따라 수용의 절차를 거치지 아니한 이상 사업시행자가 그 보상만으로 당해 물건의 소유권까지 취득한다고 할 수는 없다(대판 2019. 4. 11, 2018다277419 ; 2022. 11. 17, 2022다242342 등).

3) 완전수용(공용사용에 대한 수용)

사업인정고시가 있은 후 토지의 사용이 다음에 해당하는 때에는 당해 토지소유자는 사업시행자에게 그 토지의 매수를 청구하거나 관할 토지수용위원회에 그 토지의 수용을 청구할 수 있다. 이 경우 관계인은 사업시행자 또는 관할 토지수용위원회에 그 권리의 존속을 청구할 수 있다: ① 토지를 사용하는 기간이 3년 이상인 때, ② 토지의 사용으로 인하여 토지의 형질이 변경되는 때, ③ 사용하고자 하는 토지에 그 토지소유자의 건축물이 있는 때(제72조).

4) 불복절차

관할토지수용위원회가 확장수용을 거부하는 경우에는 중앙토지수용위원회에 이의신청을 하거나, 행정소송을 제기할 수 있다. 행정소송을 제기하는 경우의 소송형식은 보상금의 증감에 관한 소송이다(대판 2015. 4. 9, 2014두46669).

(4) 간접손실의 보상 : 사업시행지외손실보상

1) 간접손실 및 간접손실보상의 개념

공익사업으로 인하여 사업시행지 밖의 재산권자에게 가해지는 손실 중 공익사업으로 인하여 필연적으로 발생하는 손실이 **간접손실**이며 이 손실에 대한 보상이 **간접손실보상(제3자보상)**이다. 간접손실이라는 용어 대신 "사업시행지외손실"이라는 용어를 사용하기도 한다.

공익사업으로 인하여 우연히 발생하는 손해의 전보는 손해배상의 문제로 보는 것이 타당하다.

간접손실이 공익사업으로 인한 토지취득으로 인한 손실을 포함한다는 점에는 의견이 일치하고 있으나, 공익사업의 시행상 공사로 인한 손실 또는 공익사업 완성 후 시설의 운영으로 인한 손실도 포함하는지에 관하여는 견해가 나뉘고 있다.

2) 수용적 침해와의 관계

통상 수용적 침해를 "적법한 행정작용의 결과 발생한 의도되지 않은 침해"라고 정의하는데, 수용적 침해와 간접손실의 관계가 문제된다. 간접손실을 공익사업으로 인하여 사업시행지 밖의 재산권자에게 필연적으로 가해지는 손실로 본다면 간접손실은 수용적 침해의 일부에 해당한다고 보는 것이 타당하다. 즉, 수용적 침해가 간접손실보다 넓은 개념이다. 수용적 침해는 간접손실뿐만 아니라 기타 적법한 행정작용의 결과 발생한 의도되지 않은 침해 전체를 의미한다.

3) 간접손실보상의 요건

간접손실보상이 인정되기 위하여는 **간접손실**이 발생하여야 하고, 해당 간접손실이 **특별한 희생**이 되어야 한다.

간접손실이 되기 위하여는 ① 공공사업의 시행으로 기업지 이외의 토지소유자(제3자)가 입은 손실이어야 하고, ② 그 손실이 공공사업의 시행으로 인하여 발생하리라는 것이 예견되어야 하고, ③ 그 손실의 범위가 구체적으로 특정될 수 있어야 한다(대판 1999. 12. 24. 98다57419, 57426 참조).

농어촌진흥공사의 금강 하구둑공사로 부여에 있는 참게 축양업자가 입은 손실은 그 발생을 예견하기가 어렵고 그 손실의 범위도 쉽게 확정할 수 없으므로 간접손실로 볼 수 없다(대판 1998. 1. 20, 95다29161). 이에 반하여 당해 금강 하구둑공사로 참게의 산란장은 파괴되고, 참게 알의 부화에 악영향을 미쳐 금강 유역에서 참게가 거의 잡히지 않게 됨에 따라 금강 유역에서 참게를 잡던 어전(漁箭)어업 허가자와 어선어업자들이 폐업으로 말미암아 입은 손실은 간접손실로 보아야 한다.

간접손실은 **공익사업의 시행**으로 인하여 사업시행지밖에 발생한 손실을 말한다. 공익사업을 위한 토지의 수용으로 인하여 사업시행지밖에 발생한 손실이 간접손실에 해당한다는 점에 대해서는 이견이 없다. 공익사업의 시행중 또는 공익사업의 시행 후 공익사업시설로 인한 손해를 간접손실로 볼 수 있는지에 대하여는 견해가 대립하고 있는데, 판례는 공익사업의 시행 결과, 즉 그 공익사업의 시행으로 설치되는 시설의 형태·구조·사용 등에 기인하여 발생하는 손실도 간접손실로 본다(대판 2019. 11. 28., 2018두227).

4) 간접손실보상의 근거 및 내용

가. 헌법적 근거   판례는 간접손실을 헌법 제23조 제3항에서 규정한 손실보상의 대상이 된다고 보고 있다(대판 1999. 11. 15, 99다27231).

나. 법률적 근거 및 내용   토지보상법 제79조 제2항은 "공익사업이 시행되는 지역 밖에 있는 토지 등이 공익사업의 시행으로 인하여 본래의 기능을 다할 수 없게 되는 경우에는 국토교통부령으로 정하는 바에 따라 그 손실을 보상하여야 한다"라고 간접손실보상의 원칙을 규정하며 간접손실보상의 기준, 내용 및 절차 등을 국토교통부령에 위임하고 있다.

이에 따라 **동법 시행규칙**은 제59조 이하에서 간접보상을 유형화하여 열거·규정하고 있다. 공익사업시행지구 밖의 대지 등에 대한 보상(동법 시행규칙 제59조), 공익사업시행지구 밖의 건축물에 대한 보상(제60조), 소수잔존자에 대한 보상(제61조), 공익사업시행지구 밖의 공작물 등에 대한 보상(제62조), 공익사업시행지구 밖의 어업의 피해에 대한 보상(제63조), 공익사업시행지구 밖의 영업손실에 대한 보상(제64조), 공익사업시행지구 밖의 농업의 손실에 대한 보상(제65조)이 그것이다.

간접손실의 보상은 해당 사업의 공사완료일부터 1년이 지난 후에는 청구할 수 없다(제79조 제5항, 제73조 제2항). 이 청구기간이 지난 경우에는 손해배상만을 청구할 수 있다.

또한, 토지보상법 제79조 제1항은 간접손실인 공사비용의 보상을 규정하고 있다.

5) 보상규정의 흠결과 권리구제

보상규정이 없는 간접손실의 보상 여부 및 보상근거가 없는 간접손실의 보상 근거에 관하여 견해가 대립하고 있다.

대법원은 간접손실에 대한 보상규정이 없는 경우 기존의 간접손실 보상규정을 유추적용하여 보상할 수 있다고 본다(대판 1999. 11. 15, 99다27231 ; 2013. 6. 14, 2010다9658). 판례에 따르면 관련 규정 등을 유추적용하여 보상할 수 있는 간접손실에 대한 보상청구권은 공법상의 권리가 아니라 사법상의 권리이고, 그 보상을 청구하려는 자는 사업시행자가 보상청구를 거부하거나 보상금액을 결정한 경우라도 이에 대하여 행정소송을 제기할 것이 아니라, 사업시행자를 상대로 민사소송으로 직접 손실보상금 지급청구를 하여야 한다(대판 1999. 6. 11, 97다56150 등). 이 견해의 문제점은 유추적용할 간접손실보상규정이 없는 경우 간접손실보상이 인정될 수 없다는 점이다.

생각건대, 실정법령의 적용 또는 유추적용에 의해 보상되지 못하는 간접손실이 있는 경우에는 토지보상법 제79조 제2항을 공익사업에 따른 손실보상의 일반근거 조항으로 보고 토지보상법 제79조 제2항에 근거하여 간접손실보상을 청구할 수 있다고 보는 것이 타당하다. 만일 토지보상법 제79조 제2항을 공익사업에 따른 손실보상의 일반근거조항으로 보지 않는다면 간접보상도 손실보상에 포함되는 점 및 권리구제의 실효성을 고려하여 헌법 제23조 제3항의 직접효력을 인정하고 직접 이에 근거하여 간접손실의 보상을 청구할 수 있다고 보는 견해가 타당하다.

(5) 기타 손실의 보상

토지보상법 제79조 제4항은 "그 밖에 공익사업의 시행으로 인하여 발생하는 손실의 보상 등에 대하여는 국토교통부령이 정하는 기준에 의한다"라고 규정하고 있다. 공익사업의 시행으로 인하여 발생하는 손실 중 보상하여야 하지만 법률에 규정되지 못한 경우를 대비한 규정이다.

이 규정을 기타 손실의 보상에 관한 개괄수권조항으로 볼 것인지 아니면 기타 손실의 보상에 관한 일반근거조항이라고 볼 것인지에 관하여 견해가 대립한다.

4. 생활권보상과 생활보상

(1) 의   의

일반적으로 생활보상과 생활권보상을 엄격히 구분하고 있지 않다.

생활보상은 피수용자가 종전과 같은 생활을 유지할 수 있도록 하는 것을 실질적으로 보장하는 보상을 말한다.

생활보상이라는 개념은 재산권에 대한 금전보상의 한계를 극복하기 위해 등장하였다. 즉, 대규모 공공사업을 위한 수용이 행해짐에 따라 손실보상금으로 종전과 같은 토지 및 주택을 구입하는 것이 어렵게 되고, 특히 손실보상금이 적은 경우에는 그 손실보상금으로 종전과 같은 생활을 유지하기 어렵게 되었다. 따라서, 피수용자가 종전과 같은 생활을 유지할 수 있도록 실질적인 보상이 행해져야 할 필요성이 제기되었다. 이러한 필요성에 응하기 위하여 생활보상 관념이 등장하였다.

(2) 생활보상의 근거

생활보상도 정당보상에 포함되는 것으로 보는 견해(정당보상설), 생활보상은 인간다운 생활을 할 권리를 규정하고 있는 헌법 제34조에 근거하여 인정되는 것으로 보고, 헌법 제23조 제3항의 정당보상의 범위에 포함되지 않는다고 보는 견해(생존권설)와 생활보상을 정당보상에 포함되는 것으로 보면서도 생활보상이 경제적 약자에 대한 생존배려의 관점에서 행해지는 것이므로 생활보상은 헌법 제23조 제3항과 제34조에 동시에 근거하는 것으로 보는 견해(통일설)가 있다.

대법원 판례(대판 2003. 7. 25, 2001다57778)가 생존권설을 취하고 있다고 해석하는 견해가 다수견해이지만, 판례는 통일설(헌법 제23조 제3항·제34조 결합설)에 입각하고 있다고 보는 것이 타당하다. 다만, 주거용 건축물의 세입자에 대한 주거이전비와 이사비는 사회보장적 성격의 금원으로 본다(대판 2006. 4. 27, 2006두2435).

최근 정당보상설을 취한 판례가 있다(대판 2011. 10. 13, 2008두17905[상가용지공급대상자적격처분취소등]).

그러나, 헌법재판소는 생존권설에 근거한 것으로 보인다(헌재 2006. 2. 23, 2004헌마19).

(3) 생활보상의 종류와 내용

이주대책이 진정한 생활보상이 되기 위하여는 주거대책에 그쳐서는 아니 되고 생계대책을 포함하여야 한다.

주거대책이라 함은 피수용자가 종전과 같은 주거를 획득하는 것을 보장하는 보상을 말한다. 주거대책으로는 이주정착지의 조성과 분양, 이주정착금지급, 주거이전비의 보상, 공영주택의 알선, 국민주택자금의 지원 등을 들 수 있다.

생계대책은 생활대책이라고도 하는데, 종전과 같은 경제수준을 유지할 수 있도록 하는 조치를 말한다. 생계대책으로는 생활비보상(이농비·이어비보상), 상업용지, 농업용지 등 용지의 공급, 직업훈련, 고용 또는 고용알선, 고용상담, 보상금에 대한 조세감면조치 등을 들 수 있다. 생계대책에 관한 일반적 규정은 없고, 개별법률에서 생계대책에 대하여 규정하고 있는 경우가 있다.

그런데, 법령상 이주대책이라는 개념이 주거대책만을 의미하는 경우도 있고, 주거대책과 생활대책을 포함하는 것으로 사용되는 경우도 있다.

(4) 토지보상법상 이주대책

토지보상법 제78조 및 동법 시행령 제40조는 이주대책에 대하여 규정하고 있다.

가. 이주대책의 의의   이주대책이란 공익사업의 시행으로 인하여 주거용 건축물을 제공함에 따라 생활의 근거를 상실하게 되는 자(이하 '이주대책대상자'라 한다)를 종전과 같은 생활상태를 유지할 수 있도록 다른 지역으로 이주시키는 것을 말한다. 이주대책에는 생계대책도 포함되어야 한다.

나. 이주대책 수립의무   사업시행자는 법령에서 정한 일정한 경우(토지보상법 시행령 제40조 제2항) 이주대책을 수립할 의무가 있다. 이주대책은 국토교통부령이 정하는 부득이한 사유가 있는 경우(① 공익사업시행지의 인근에 택지 조성에 적합한 토지가 없는 경우, ② 이주대책에 필요한 비용이 당해 공익사업의 본래의 목적을 위한 소요비용을 초과하는 등 그 밖에 이주대책의 수립·실시로 인하여 당해 공익사업의 시행이 사실상 곤란하게 되는 경우

(시행규칙 제5조))를 제외하고는 이주대책대상자 중 이주정착지에 이주를 희망하는 자가 10호 이상인 경우에 수립·실시한다. 다만, 사업시행자가 택지개발촉진법 또는 주택법 등 관계법령에 의하여 이주대책대상자에게 택지 또는 주택을 공급한 경우(사업시행자의 알선에 의하여 공급한 경우를 포함한다)에는 이주대책을 수립·실시한 것으로 본다(시행령 제40조 제2항).

이주대책 수립의무가 없는 경우에도 이주대책을 실시할 수 있다.

다. 이주대책의 법적 성질 및 이주대책기준   이주대책결정은 공행정작용으로서 처분에 해당한다. 사업시행자는 이주대책을 수립할 의무를 지지만, 이주대책의 내용결정에 있어서는 재량권을 갖는다(대판 2007. 2. 22, 2004두7481[특별공급대상자제외처분취소]).

이주대책의 기준은 법령(국토교통부령인 주택공급에 관한 규칙)으로 정해진 경우도 있고, 재량준칙으로 정해진 경우도 있다.

라. 이주대책수립자   이주대책을 수립하는 자는 **사업시행자**이다. 사인이 사업시행자인 경우 당해 사인은 공무수탁사인에 해당한다.

마. 이주대책대상자   이주대책대상자는 이주대책의 대상이 되는 자를 말한다. 이주대책대상자에는 '법령이 정한 이주대책대상자'와 '시혜적인 이주대책대상자'가 있다. '법령이 정한 이주대책대상자'는 법령상 이주대책의 대상으로 하여야 하는 자를 말한다. '시혜적인 이주대책대상자'란 법령상 이주대책의 대상으로 정해져 있지는 않지만 사업시행자가 임의적으로 이주대책의 대상으로 정한 자를 말한다.

① '법령이 정한 이주대책대상자': 토지보상법상 이주대책대상자는 '공익사업의 시행으로 인하여 주거용 건축물을 제공함에 따라 생활의 근거를 상실하게 되는 자'(법률 제78조 제1항) 및 대통령령으로 정하는 공익사업의 시행으로 공장을 이전하는 자이다(제78조의2). 다만, 다음에 해당하는 자는 법상 이주대책대상자(법상 이주대책의 대상에 포함되어야 하는 자)에서 제외된다: ⅰ) 허가를 받거나 신고를 하고 건축하여야 하는 건축물을 허가를 받지 아니하거나 신고를 하지 아니하고 건축 또는 용도변경을 한 건축물의 소유자, ⅱ) 해당 건축물에 공익사업을 위한 관계법령에 의한 고시 등이 있은 날부터 계약체결일 또는 수용재결일까지 계속하여 거주하고 있지 아니한 건축물의 소유자. 다만, 질병으로 인한 요양, 징집으로 인한 입영, 공무, 취학, 해당 공익사업지구 내 타인이 소유하고 있는 건축물에의 거주 그 밖에 이에 준하는 부득이한 사유로 인하여 거주하지 아니한 경우에는 그러하지 아니하다. ⅲ) 타인이 소유하고 있는 건축물에 거주하는 세입자. 다만, 해당 공익사업지구에 주거용 건축

물을 소유한 자로서 타인이 소유하고 있는 건축물에 거주하는 세입자는 제외한다 (시행령 제40조 제3항).

② '시혜적인 이주대책대상자': 사업시행자는 법상 이주대책대상자가 아닌 자(예, 세입자)도 임의로 이주대책대상자에 포함시킬 수 있다(대판 2015. 7. 23, 2012두22911). 이 주대책의 수립에 의해 이주대책대상자에 포함된 세입자 등은 영구임대주택 입주권 등 이주대책을 청구할 권리를 가지며 이를 거부한 것은 거부처분이 된다(대판 1994. 2. 22, 93누15120).

공익사업을 위한 토지 등의 취득 및 보상에 관한 법률상의 공익사업시행자가 하는 이주대책대상자 확인·결정은 행정행위의 하나인 확인행위의 성질을 갖는다. 판례는 이주대책대상자 선정기준에 해당하는 자는 사업시행자에게 이주대책대상자 확인·결정을 신청할 수 있는 권리를 가지고, 이주대책대상자 선정의 거부는 항고 소송의 대상이 되는 거부처분으로 본다. 또한 **판례**는 이주대책대상자 확인·결정은 구체적인 이주대책상의 수분양권을 부여하는 요건이 되는 행정작용으로서의 처분 이라고 보고 있다.

바. 이주대책의 내용   이주대책의 내용은 법에 정해진 것을 제외하고는 사업 시행자가 이주대책계획에서 재량으로 정한다.

실시될 수 있는 이주대책으로는 집단이주, 특별분양, 아파트수분양권의 부여, 개발제한구역 내 주택건축허가, 대체상가, 점포, 건축용지의 분양, 이주정착금 지급, 생활안정지원금 지급, 직업훈련 및 취업알선, 대토알선 등이 있을 수 있다.

토지보상법령에 따르면 사업시행자는 **대통령령으로 정하는 바에 따라 이주대책(협 의의 이주대책)을 수립·실시하거나 이주정착금을 지급하여야 한다**(법 제78조 제1항). 이주 대책(협의의 이주대책)은 국토교통부령으로 정하는 부득이한 사유가 있는 경우를 제외 하고는 이주대책대상자 중 **이주정착지에 이주를 희망하는 자의 가구 수가 10호(戶)** 이상인 경우에 수립·실시한다. 다만, 사업시행자가 「택지개발촉진법」 또는 「주택 법」 등 관계 법령에 따라 이주대책대상자에게 택지 또는 주택을 공급한 경우(사업시 행자의 알선에 의하여 공급한 경우를 포함한다)에는 이주대책을 수립·실시한 것으로 본다 (동법 시행령 제40조 제2항). 사업시행자는 법 제78조 제1항에 따라 다음 각 호의 어느 하나에 해당하는 경우에는 이주대책대상자에게 국토교통부령으로 정하는 바에 따 라 **이주정착금을 지급하여야 한다**. 1. 이주대책을 수립·실시하지 아니하는 경우, 2. 이주대책대상자가 이주정착지가 아닌 다른 지역으로 이주하려는 경우(동법 시행령 제 41조).

사. 이주대책대상자의 법적 지위

(개) **법상의 이주대책대상자의 이주대책계획수립청구권**   토지보상법 제78조 제1항
은 토지보상법 시행령 제40조 제4항상 예외가 인정되고 있는 경우를 제외하고는 사
업시행자에게 이주대책을 실시할 의무만을 부여하고 있다. 따라서, 법상의 이주대책
대상자는 특정한 이주대책을 청구할 권리는 없지만 이주대책을 수립할 것을 청구할
권리를 갖는다. 법상의 이주대책대상자가 이주대책계획의 수립을 청구하였음에도
불구하고 사업시행자가 이주대책을 수립하지 않는 경우에는 의무이행심판 또는 부
작위위법확인소송을 제기할 수 있고, 이주대책수립을 거부한 경우에는 의무이행심
판(또는 거부처분취소심판) 또는 거부처분취소소송을 제기할 수 있다고 보아야 한다.

(내) **분양신청권**   이주대책계획이 수립되면 이주대책대상자는 분양신청권을
취득한다.

(대) **이주대책대상자의 수분양권 등 특정한 실체법상의 권리의 취득시기**   판례는 이
주대책계획수립 후 이주자가 이주대책대상자 선정을 신청하고 사업시행자가 이를
받아 들여 이주대책대상자로 확인·결정하여야 비로소 수분양권(분양을 받을 구체적
권리)이 발생한다고 한다(대판 전원합의체 1994. 5. 24, 94다35783). 그러나, 사업시행자가
이주대책에 관한 구체적인 계획을 수립하면 그것만으로 수분양권 등 이주대책상
구체적인 권리를 취득한다고 보아야 할 것이다.

5. 토지보상법상 공용사용으로 인한 손실의 보상

협의 또는 재결에 의하여 사용하는 토지에 대하여는 그 토지와 인근 유사토지
의 지료(地料)·임대료·사용방법·사용기간 및 그 토지의 가격 등을 참작하여 평가
한 적정가격으로 보상하여야 한다(제71조 제1항).

사업인정고시가 있은 후 다음의 1에 해당하는 때에는 해당 토지소유자는 사업
시행자에게 그 토지의 매수를 청구하거나 관할 토지수용위원회에 그 토지의 수용
을 청구할 수 있다: ① 토지를 사용하는 기간이 3년 이상인 때, ② 토지의 사용으로
인하여 토지의 형질이 변경되는 때, ③ 사용하고자 하는 토지에 그 토지소유자의
건축물이 있는 때. 이 경우 관계인은 사업시행자 또는 관할 토지수용위원회에 그
권리의 존속을 청구할 수 있다(제72조).

토지의 지하 또는 지상공간을 사실상 영구적으로 사용하는 경우 해당 공간에
대한 사용료는 제22조에 따라 산정한 해당 토지의 가격에 해당 공간을 사용함으로
인하여 토지의 이용이 저해되는 정도에 따른 적정한 비율(이하 '입체이용저해율'이라 한

다)을 곱하여 산정한 금액으로 평가한다(시행규칙 제31조 제1항). 토지의 지하 또는 지
상공간을 일정한 기간 동안 사용하는 경우 해당 공간에 대한 사용료는 제30조에 따
라 산정한 해당 토지의 사용료에 입체이용저해율을 곱하여 산정한 금액으로 평가
한다(시행규칙 제31조 제2항).

6. 공용제한으로 인한 손실의 보상기준

공용제한으로 인한 손실의 보상기준에 관하여 규정하고 있는 법률도 있지만,
대부분의 공용제한의 경우에는 보상기준이 법률에 의해 정해져 있지 않다.

공용제한으로 인한 손실보상의 기준에 관하여는 **상당인과관계설**(공용제한행위와
상당인과관계 있는 손실은 모두 보상하여야 한다는 견해), **지가저락설**(토지이용제한에 의해 초래
되는 토지이용가치의 저하가 지가하락으로 나타난다고 보고 그 지가저락분을 보상하여야 한다는
견해), **적극적 실손보전설**(공용제한으로 토지소유자가 현실적으로 예상하지 않았던 지출을 하지
않을 수 없는 경우에 한하여 그 적극적이고 현실적인 지출만을 보상하면 된다는 견해)이 있다.

〈**판례**〉 준용하천의 제외지로 편입됨에 따른 구 하천법 제74조 제1항의 손실보상은 원칙적으
로 공용제한에 의하여 토지 소유자로서 사용수익이 제한되는 데 따른 손실보상으로서 제외
지 편입 당시의 현황에 따른 **지료 상당액**을 기준으로 함이 상당하다(대판 2003. 4. 25, 2001두1369).

제 5 항 행정상 손실보상의 방법

손실보상은 원칙상 현금으로 보상하는 것을 원칙으로 한다. 그러나, 공익사업
의 원활한 수행과 피수용자의 생계의 보장을 위하여 채권보상, 대토보상 등 다른
보상방법도 인정되고 있다.

I. 현금보상의 원칙

보상은 다른 법률에 특별한 규정이 있는 경우를 제외하고는 현금으로 지급한다
(제63조 제1항).

II. 채권보상

채권보상(債券補償)이라 함은 현금보상의 원칙에 대한 예외로서 채권으로 하는
손실보상을 말한다.

채권보상을 인정하게 된 것은 토지의 가격이 상당히 높기 때문에 보상을 위한

재정의 부족으로 인하여 공익사업을 수행하는 데 어려움이 있기 때문에 일정한 요
건하에서 보상액을 채권으로 보상할 수 있도록 함으로써 공익사업의 원활한 수행
을 도모하기 위함이다.

　　최근에는 대규모 보상에 따른 토지투기를 막기 위하여 채권보상이 활용되기도
한다.

　　채권의 상환기간은 5년 이내로 하고, 채권금액에 대하여 법정의 이자를 지급하
여야 한다(제63조 제8항). 이와 같이 상환기간과 이자율을 제한하고 있는 것은 채권
보상이 정당보상의 원칙에 반하지 않도록 하기 위함이다.

Ⅲ. 생활재건조치

　　이에 관하여는 전술하였다.

Ⅳ. 대토보상

　　대토보상(代土補償)은 사업시행자의 손실보상금의 부담을 경감하고, 토지구입 수
요를 줄임으로써 인근지역 부동산 가격의 상승을 억제할 수 있으며 토지소유자가
개발혜택을 일정 부분 공유할 수 있도록 하는 기능을 갖는 제도이다.

　　토지소유자가 원하는 경우에는 해당 공익사업의 토지이용계획 및 사업계획 등
을 고려하여 공익사업의 시행으로 조성된 토지로 보상할 수 있다(제63조 제1항 단서·
제2항 내지 제5항).

Ⅴ. 사전보상의 원칙

　　사업시행자는 해당 공익사업을 위한 공사에 착수하기 이전에 토지소유자 및
관계인에 대하여 보상액의 전액을 지급하여야 한다. 다만, 법 제38조의 규정에 의한
천재·지변시의 토지의 사용과 법 제39조의 규정에 의한 시급을 요하는 토지의 사
용 또는 토지소유자 및 관계인의 승낙이 있은 때에는 그러하지 아니하다(제62조).

제6항 보상액의 결정방법 및 불복절차

　　보상액은 협의매수시에는 사업시행자와 토지소유자 사이의 협의에 의해 결정
되고, 강제수용의 경우에는 행정청 또는 소송에 의해 결정된다.

Ⅰ. 협의에 의한 결정

토지보상법은 협의전치주의를 취하고 있다. 우선 보상은 사업시행자와 손실을 입은 자가 협의하여 결정한다(제80조 제1항, 제26조, 제28조). 사업인정을 받은 사업시행자는 보상에 관하여 토지소유자 및 관계인과 협의하여야 한다(제26조 제1항). 다만, 사업인정 이전에 임의협의절차를 거쳤으나 협의가 성립되지 아니하여 사업인정을 받은 사업으로서 토지조서 및 물건조서의 내용에 변동이 없는 때에는 협의절차를 거치지 아니할 수 있다. 다만, 사업시행자 또는 토지소유자 및 관계인이 협의를 요구하는 때에는 협의하여야 한다(제26조 제2항).

〈판례〉 공익사업을 위한 토지 등의 취득 및 보상에 관한 법률(이하 '공익사업법'이라고 한다)에 의한 보상합의는 공공기관이 사경제주체로서 행하는 사법상 계약의 실질을 가지는 것으로서, 당사자 간의 합의로 같은 법 소정의 손실보상의 기준에 의하지 아니한 손실보상금을 정할 수 있으며, 이와 같이 같은 법이 정하는 기준에 따르지 아니하고 손실보상액에 관한 합의를 하였다고 하더라도 그 합의가 착오 등을 이유로 적법하게 취소되지 않는 한 유효하다. 따라서 공익사업법에 의한 보상을 하면서 손실보상금에 관한 당사자 간의 합의가 성립하면 그 합의 내용대로 구속력이 있고, 손실보상금에 관한 합의 내용이 공익사업법에서 정하는 손실보상 기준에 맞지 않는다고 하더라도 합의가 적법하게 취소되는 등의 특별한 사정이 없는 한 추가로 공익사업법상 기준에 따른 손실보상금 청구를 할 수는 없다(대판 2013. 8. 22, 2012다3517).

사업시행자와 토지소유자 및 관계인 간에 제26조에 따른 절차를 거쳐 협의가 성립되었을 때에는 사업시행자는 관할 토지수용위원회에 협의 성립의 확인을 신청할 수 있다(제29조 제1항). 협의성립의 확인은 이 법에 따른 재결로 보며, 사업시행자, 토지소유자 및 관계인은 그 확인된 협의의 성립이나 내용을 다툴 수 없다(제4항).

매수 또는 보상에 관한 협의는 기간의 제한이 없다. 토지수용위원회의 수용재결이 있은 후라고 하더라도 토지소유자와 사업시행자가 다시 협의하여 토지 등의 취득·사용 및 그에 대한 보상에 관하여 임의로 계약을 체결할 수 있다(대판 2017. 4. 13, 2016두64241).

Ⅱ. 행정청에 의한 결정

1. 토지보상법상 토지수용위원회의 재결에 의한 결정

(1) 재결의 신청

협의가 성립되지 아니하였을 때에는 사업시행자나 손실을 입은 자는 대통령령으로 정하는 바에 따라 관할 토지수용위원회에 재결을 신청할 수 있다(제80조 제2항). 토지보상법 제28조, 제30조에 따르면, 편입토지 보상, 지장물 보상, 영업·농업 보상에 관해서는 **사업시행자만이 재결을 신청**할 수 있고 토지소유자와 관계인은 사업시행자에게 재결신청을 청구할 수 있다.

　토지소유자나 관계인의 재결신청 청구에도 사업시행자가 재결신청을 하지 않을 때 토지소유자나 관계인은 사업시행자를 상대로 거부처분 취소소송 또는 부작위위법확인소송의 방법으로 다투어야 한다. 구체적인 사안에서 토지소유자나 관계인의 재결신청 청구가 적법하여 사업시행자가 재결신청을 할 의무가 있는지는 본안에서 사업시행자의 거부처분이나 부작위가 적법한가를 판단하는 단계에서 고려할 요소이지, 소송요건 심사단계에서 고려할 요소가 아니다(대판 2019. 8. 29, 2018두57865).

　다만, 잔여지손실보상청구, 잔여지수용 등 확장수용의 청구(사업인정 이후), 간접손실보상청구 등에 있어서는 **사업시행자나 손실을 입은 자**가 직접 관할 토지수용위원회에 **청구한다**(제73조 제4항, 제74조 제1항, 제79조 제5항, 제9조 제7항 등).

(2) 토지수용위원회에 의한 보상금의 결정

　토지수용위원회는 보상금을 재결의 형식으로 수용 등과 함께 결정한다(제50조). 토지수용위원회의 재결에는 수용재결(수용 및 보상재결), 보상재결, 협의성립확인재결(제29조 제4항), 경정재결(제36조)이 있다. 토지수용위원회의 재결사항은 ① 수용하거나 사용할 토지의 구역 및 사용방법, ② 손실보상, ③ 수용 또는 사용의 개시일과 기간, ④ 그 밖에 이 법 및 다른 법률에서 규정한 사항이다(제50조 제1항). 토지수용위원회는 사업시행자, 토지소유자 또는 관계인이 신청한 범위에서 재결하여야 한다. 다만, 손실보상의 경우에는 증액재결(增額裁決)을 할 수 있다(제50조 제2항).

　토지수용위원회의 토지보상법 제34조에 따른 수용재결(원재결)은 행정심판의 재결이 아니라 원행정행위의 성질을 갖는다.

국가 또는 시·도가 사업시행자인 사업과 수용 또는 사용할 토지가 2 이상의 시·도에 걸치는 사업에 관한 것은 중앙토지수용위원회의 관할에 속하고 그 이외의 사업에 관한 것은 지방토지수용위원회의 관할에 속한다(제51조).

　판례에 의하면 토지소유자가 사업시행자로부터 손실보상을 받기 위하여는 공익사업법 제34조, 제50조 등에 규정된 재결절차를 거친 다음 그 재결에 대하여 불복할 때 비로소 공익사업법 제83조 내지 제85조에 따라 권리구제를 받을 수 있을 뿐이며, 특별한 사정이 없는 한 이러한 재결절차를 거치지 않은 채 곧바로 사업시행자를 상대로 손실보상을 청구하는 것은 허용되지 않는다(재결전치주의).

〈판례〉 잔여지 가격감소 등으로 인한 손실보상청구에 재결전치주의가 적용되는지 여부(적극): 토지소유자가 사업시행자로부터 공익사업법 제73조에 따른 잔여지 가격감소 등으로 인한 손실보상을 받기 위해서는 공익사업법 제34조, 제50조 등에 규정된 재결절차를 거친 다음 그 재결에 대하여 불복이 있는 때에 비로소 공익사업법 제83조 내지 제85조에 따라 권리구제를 받을 수 있을 뿐, 이러한 재결절차를 거치지 않은 채 곧바로 사업시행자를 상대로 손실보상을 청구하는 것은 허용되지 않는다고 봄이 상당하고, 이는 수용대상토지에 대하여 재결절차를 거친 경우에도 마찬가지라 할 것이다(대판 2012. 11. 29, 2011두22587[토지수용보상금증액등] ; 2014. 9. 25, 2012두24092[손실보상금]). 〈해설〉 잔여지 가격감소 등으로 인한 손실보상액에 대하여 다툼이 있는 경우 수용재결절차를 거친 다음 이의신청 또는 보상금증감청구소송을 제기하여야 한다.

재결절차를 거쳤는지 여부는 보상항목별로 판단하여야 한다(대판 2020. 4. 9, 2017두275). 피보상자별로 어떤 토지, 물건, 권리 또는 영업이 손실보상대상에 해당하는지, 나아가 보상금액이 얼마인지를 심리·판단하는 기초 단위를 보상항목이라고 한다(대판 2018. 7. 20, 2015두4044).

(3) 불복절차

토지수용위원회의 재결에 대한 불복절차로 이의신청과 행정소송이 인정된다.

1) 이의신청

지방토지수용위원회의 재결에 대하여 불복이 있는 자는 당해 지방토지수용위원회를 거쳐 중앙토지수용위원회에, 중앙토지수용위원회의 재결에 대하여 불복이 있는 경우에는 중앙토지수용위원회에 이의신청을 할 수 있다(제83조). 이의신청은 준사법적 절차이므로 행정심판(특별행정심판)의 성질을 가지며 **임의절차**이다.

이의신청을 받은 중앙토지수용위원회는 원재결(原裁決)이 위법 또는 부당한 때에는 그 원재결의 전부 또는 일부를 취소하거나 손실보상액을 변경할 수 있다(제84조 제1항). 손실보상액의 변경이라 함은 손실보상액의 증액 또는 감액을 말한다.

행정심판법상 불고불리의 원칙(제47조 제1항)과 불이익변경금지의 원칙(제47조 제2항)은 토지보상법상 특별한 규정이 없으므로 특별행정심판인 토지보상법상 이의신청에도 적용된다. 손실보상의 경우에는 증액재결을 할 수 있다는 토지보상법 제50조 제2항 단서는 수용재결에 관한 것이고 이의재결에 관한 규정이 아니다.

제85조 제1항에 따른 기간 이내에 소송이 제기되지 아니하거나 그 밖의 사유로 이의신청에 대한 재결이 확정된 때에는 민사소송법상의 확정판결이 있는 것으로

보며, 재결서 정본은 집행력 있는 판결의 정본과 동일한 효력을 가진다(제86조 제1항). 즉, 확정된 이의재결에 대해서는 기판력이 인정되고, 재결서 정본은 집행문 부여의 효력을 갖는다.

2) 행정소송

사업시행자·토지소유자 또는 관계인은 수용재결에 대하여 불복이 있는 때에는 재결서를 받은 날부터 90일 이내에, 이의신청을 거친 때에는 이의신청에 대한 재결서를 받은 날부터 60일 이내에 각각 행정소송을 제기할 수 있다(제85조 제1항).

수용재결 또는 이의재결에 대한 불복에는 수용 자체를 다투는 경우와 보상액을 다투는 경우가 있다. 불복이 수용 자체를 다투는 것인 때에는 재결에 대하여 취소소송 또는 무효확인소송을 제기하고(제85조 제1항), 보상금의 증감을 청구하는 것인 때에는 보상액의 증감을 청구하는 소송을 제기하여야 한다(제85조 제2항).

법 제85조 제1항은 수용 자체를 다투는 항고소송(취소소송 또는 무효확인소송)과 보상액을 다투는 보상금증감청구소송 모두를 규율하는 규정이고, 법 제85조 제2항은 보상금증감청구소송에 관한 규정이다.

보상금증감청구소송은 수용재결 중 보상금에 대하여서만 이의가 있는 경우에 보상금의 증액 또는 감액을 청구하는 소송이다. 토지소유자 또는 관계인은 보상금의 증액을 청구하는 소송(보상금증액청구소송)을 제기하고 사업시행자는 보상액의 감액을 청구하는 소송(보상금감액청구소송)을 제기한다.

보상금청구소송은 형식적 당사자소송(당사자소송의 형식을 취하지만, 실질적으로는 항고소송의 성질을 가지는 소송)의 대표적인 예이다. 보상금증감청구소송에서 법원은 보상금을 직접 결정한다. 소송제기자가 토지소유자 또는 관계인인 경우에는 사업시행자를, 소송제기자가 사업시행자인 경우에는 토지소유자 또는 관계인을 피고로 하여 제기하여야 한다(제85조 제2항). 토지수용위원회는 보상금증감청구소송의 피고가 아니다.

2. 개별법령상 행정청 등의 처분에 의한 결정

개별법(토지보상법에 대한 특별법)에서 행정청 또는 토지수용위원회가 보상금을 결정하도록 규정하고, 특별한 불복절차가 규정되지 않은 경우(예, 수산업법 제81조) 당해 행정청의 보상금의 결정은 처분이므로 행정심판법상의 행정심판 및 행정소송법상의 행정소송(취소소송)의 대상이 된다.

개별법령에서 손실보상에 관하여 토지보상법을 준용하도록 규정하고 있는 경우에는 보상금결정에 대한 불복소송은 보상금증감청구소송에 의한다.

Ⅲ. 소송에 의한 결정

구체적 손실보상청구권이 법규정에 의해 이미 발생하였다고 볼 수 있는 경우(예, 구 하천법 부칙 제2조, 소방기본법 제25조 제4항)에 토지소유자 등은 직접 보상금지급청구소송을 제기할 수 있다. 이 경우 법원이 직접 손실보상액을 결정한다.

토지보상법상 보상청구권은 공법상 권리임이 분명하므로 그에 관한 쟁송은 민사소송이 아닌 행정소송절차에 의하여야 한다(대판 2012. 10. 11, 2010다23210). **대법원 전원합의체 판결**(대판 2006. 5. 18, 2004다6207)은 하천법상의 **하천구역으로 편입된 토지에** 대한 손실보상청구권을 공권으로 보고 손실보상청구가 민사소송이 아니라 당사자소송의 대상이 된다고 하였다. 그러나, 판례는 아직도 **수산업법 제81조의 규정에** 의한 **손실보상청구권**이나 **손실보상 관련 법령의 유추적용에 의한 손실보상청구권**은 사권으로 보고 사업시행자를 상대로 한 민사소송의 방법에 의하여 행사하여야 한다고 하고 있다(대판 2001. 6. 29, 99다56468 ; 2014. 5. 29, 2013두12478).

Ⅳ. 법률의 근거 없는 수용 또는 보상 없는 공익사업 시행의 경우 권리구제

1. 손해배상청구

법률에 근거하지 않은 수용은 불법행위를 구성하므로 손해배상청구가 가능하다(대판 1966. 10. 18, 66다1715).

실정법령에 공용침해와 보상에 관한 규정이 있음에도 보상 없이 수용을 하거나 공사를 시행한 행위는 불법행위가 되므로 손해배상청구가 가능하다(대판 2000. 5. 26, 99다37382).

다만, 전술한 바와 같이 법에 근거한 공용제한으로 특별한 손실이 발생한 경우 공무원의 고의·과실이 인정되지 않는 한 해당 공용제한은 불법행위를 구성하지 못한다.

2. 부당이득반환청구

판례는 보상 없이 타인의 토지를 점유·사용하는 것은 법률상 원인없이 이득을 얻은 때에 해당한다고 본다(대판 2016. 6. 23, 2016다206369).

제 7 항   공법상 결과제거청구권

I. 의   의

공법상 결과제거청구권이라 함은 공행정작용으로 인하여 야기된 위법한 상태로 인하여 자기의 권익을 침해받고 있는 자가 행정주체에 대하여 그 위법한 상태를 제거하여 침해 이전의 원래의 상태를 회복시켜 줄 것을 청구하는 권리를 말한다.

결과제거청구의 예로는 징발된 주택이 징발의 효력이 소멸된 후에도 무주택자에 의해 계속 점유되고 있는 경우에 징발한 행정주체에 대하여 징발된 해당 주택의 명도를 청구하는 것을 들 수 있다.

II. 공법상 결과제거청구권과 행정상 손해배상의 구별

공행정작용의 위법한 결과에 대한 구제제도인 점에서 행정상 손해배상과 동일하지만, 양자는 다음과 같이 구별된다.

① 결과제거청구권은 위법한 결과의 제거를 통한 원상회복을 목적으로 하지만, 손해배상은 금전에 의한 배상을 목적으로 한다. 다만, 결과제거청구권도 예외적으로 금전전보를 목적으로 하는 경우도 있다.

② 손해배상은 가해행위의 위법과 가해자의 고의 또는 과실을 요건으로 하지만, 결과제거청구는 가해행위의 위법 여부 및 가해자의 고의 또는 과실을 요건으로 하지 않는다.

③ 대상에 있어서 손해배상은 가해행위와 상당인과관계 있는 손해이지만, 결과제거청구는 공행정작용의 직접적인 결과만을 대상으로 한다. 이 점에서 결과제거청구는 손실보상과 유사하다.

III. 법적 근거

공법상 결과제거청구권을 일반적으로 인정하는 명문의 법규정은 없다.

공법상 결과제거청구권을 인정하는 학설은 일반적으로 헌법상의 법치행정의 원리, 기본권규정, 민법상의 소유권방해배제청구권 등의 관계규정의 유추적용 등에서 그 법적 근거를 찾는다.

개별법에서 결과제거청구권이 인정되고 있는 경우가 있다. 인신보호법은 불법구금상태의 해제를 구하는 소송을 인정하고 있고(제3조, 제8조), 징발법은 징발해제 시 피징발자에 대한 징발물의 반환의무를 규정하고 있다(제14조 내지 제15조).

Ⅳ. 요 건

1. 공행정작용으로 인한 침해

결과제거청구는 권력작용뿐만 아니라 관리작용에 의한 침해의 경우에도 인정 된다. 법적 행위뿐만 아니라 사실행위에 의한 침해의 경우에도 인정된다.

행정주체의 사법적 활동으로 인한 침해에 있어서는 민법상의 원상회복 또는 방해배제청구권에 의해 구제된다.

위법한 상태는 작위뿐만 아니라 부작위에 의해 발생할 수도 있다.

예를 들면, 행정기관은 적법하게 압류된 물건의 압류가 해제된 경우에는 당해 물건을 반환 하여야 할 의무가 있는데, 압류해제된 물건을 반환하지 않고 있는 것은 부작위에 해당하며 이 경우에는 결과제거청구(반환청구)가 가능하다.

2. 권익의 침해

공행정작용으로 인한 위법한 상태로 인하여 타인의 권리 또는 법적 이익이 침 해되고 있어야 한다. 여기에서 말하는 권익에는 재산상의 것 이외에 명예, 신용 등 정신적인 것도 포함된다.

예를 들면, 공직자의 공석에서의 발언으로 자신의 명예를 훼손당한 자는 명예훼손발언의 철회를 요구할 수 있다.

3. 위법한 상태의 존재

공행정작용의 결과로서 위법한 상태가 야기되었어야 한다.

위법한 상태는 위법한 행정작용에 의해 발생할 수도 있고, 적법한 행정작용의 효력의 상실에 의해 사후적으로 발생할 수도 있다.

4. 결과제거의 가능성

원상회복이 사실상 가능하고, 법률상 허용되어야 한다.

예를 들면, 건축물이 철거되어 버린 경우에는 사실상 원상회복이 불가능하고, 수용 등에 의 해 적법한 사용권을 취득함이 없이 개인의 토지를 도로부지로 편입하여 사용하고 있는 경 우에는 법률상 원상회복이 불가능하다. 왜냐하면 도로법 제5조에 의하면 도로를 구성하는 부지에 대하여는 사권을 행사할 수 없기 때문이다.

5. 원상회복의 기대가능성

원상회복이 행정주체에게 기대가능한 것이어야 한다.

V. 내   용

결과제거청구권은 위법한 결과의 제거와 그를 통한 **원상회복**을 그 내용으로 한다. 이 경우의 원상회복은 **침해 이전의 원래의 상태 또는 그것과 동등한 가치 있는 상태**의 회복을 의미한다.

VI. 한계: 과실상계

민법상의 과실상계에 관한 규정(제396조)은 공법상 결과제거청구권에 유추적용될 수 있다. 피해자의 과실이 위법상태의 발생에 기여한 경우에는 그 과실에 비례하여 결과제거청구권이 제한되거나 상실된다.

결과제거청구권이 불가분적 급부를 대상으로 하는 경우에는 피해자의 과실에 비례하여 결과제거에 소요되는 비용을 부담하고 결과제거를 청구할 수 있다.

VII. 권리의 실현수단

결과제거청구권을 공권으로 보는 것이 타당하므로 결과제거청구소송은 공법상 당사자 소송이다. 그러나, 현재 **판례상** 당사자소송으로서 공법상 위법상태의 제거를 구하는 당사자소송(사실행위의 이행을 구하는 당사자소송)이 원칙상 인정되고 있지 않다.

다만, 현행법하에서도 다음과 같은 한도 내에서 공행정작용으로 인한 위법한 결과의 제거가 가능하다.

① 위법한 처분에 의해 발생한 위법한 결과는 취소판결의 기속력인 원상회복의무(위법상태제거의무)에 의해 제거될 수 있다.

② 개별법에서 공법상 결과제거청구소송이 인정되고 있는 경우에는 결과제거청구소송(공법상 결과제거의무의 이행을 구하는 당사자소송)을 공법상 당사자소송으로 제기할 수 있다.

예를 들면, 인신보호법상 불법구금상태의 해제를 구하는 청구소송이 인정되고 있는데, 공법상 불법구금상태의 해제를 구하는 소송을 행정소송(공법상 당사자소송의 일종)으로 보는 것이 타당하다.

③ 처분이 무효인 경우 또는 적법한 행정작용의 효력 상실로 위법한 결과가 사후적으로 발생한 경우에 행정청이 권원 없이 물건을 점유하고 있거나 소유권을 방해하는 경우에는 민법상의 소유물반환청구권(민법 제213조) 또는 소유물방해제거청구권(민법 제214조)에 근거하여 민사소송으로 물건의 반환 또는 방해의 제거를 청구할 수 있다.

제3장 행정쟁송

제1절 개 설

I. 행정쟁송의 의의

행정쟁송이라 함은 행정법관계에 있어서의 법적 분쟁을 당사자의 청구에 의하여 심리·판정하는 심판절차를 말한다.

오늘날 행정쟁송은 행정소송과 행정심판을 총칭하는 개념으로 사용하는 것이 타당하다. 그리고, 헌법소원을 행정소송의 보충적인 권리구제제도로 볼 수 있으므로 헌법소원까지 포함하여 광의의 행정쟁송으로 부르는 것이 타당하다.

II. 행정쟁송의 종류

1. 행정심판과 행정소송

행정심판과 행정소송은 심판기관에 의해 구별된다. **행정심판**은 행정기관이 심판하는 행정쟁송절차를 말하고, **행정소송**은 법원이 심판하는 행정쟁송절차를 말한다.

2. 주관적 쟁송과 객관적 쟁송

쟁송의 목적에 따른 구별이다. **주관적 쟁송**이라 함은 개인의 권리·이익의 구제를 주된 목적으로 하는 쟁송을 말한다. 이에 대하여 **객관적 쟁송**이라 함은 행정의 적법·타당성의 통제를 주된 목적으로 하는 쟁송을 말한다. 우리나라의 당사자소송은 주관적 소송이고, 기관소송과 민중소송은 객관적 소송이다.

항고쟁송(항고소송 및 행정심판)을 기본적으로 주관적 쟁송으로 보는 견해가 다수견해이지만, 항고쟁송은 주관쟁송적 성격과 함께 객관쟁송적 성격도 함께 갖고 있는 것으로 보는 것이 타당하다. 항고소송에서 처분의 위법성이 다투어지는 것은 객관소송적 측면이고, 법률상 이익이 침해될 것을 원고적격의 요소로 요구하는 것은 주관소송적 측면이다.

3. 정식쟁송과 약식쟁송

쟁송절차에 따른 구별이다. **정식쟁송**이라 함은 심판기관이 독립된 지위를 갖는 제3자이고 당사자에게 구술변론의 기회가 보장되는 쟁송을 말하고, **약식쟁송**이라 함은 이 두 요건 중 어느 하나라도 결여하거나 불충분한 쟁송을 말한다. 행정소송은 정식쟁송이고, 행정심판은 약식쟁송이다.

4. 항고쟁송과 당사자쟁송

항고쟁송은 일방적 공권력 행사의 위법·부당을 다투는 쟁송이고, **당사자쟁송**은 상호 대등한 당사자 상호간의 행정법상의 법률관계의 형성 또는 존부를 다투는 쟁송을 말한다.

행정심판과 항고소송은 항고쟁송이며 당사자소송은 당사자쟁송이다.

5. 민중쟁송과 기관쟁송

민중쟁송이라 함은 행정법규의 적법·타당한 적용을 확보하기 위하여 일반 민중에 의하여 제기되는 쟁송을 말한다. 선거인이 제기하는 선거소송, 주민소송은 민중쟁송의 예이다.

기관쟁송이라 함은 국가 또는 공공단체의 기관 상호간의 분쟁을 해결하기 위하여 제기되는 쟁송을 말한다. 지방자치단체의 장에 의해 대법원에 제기되는 위법한 지방의회의 조례안재의결의 무효확인소송(지방자치법 제107조 제3항)은 기관소송의 예이다.

제 2 절   행정심판

제 1 항   행정심판의 의의

Ⅰ. 행정심판의 개념

행정심판이라 함은 행정청의 위법·부당한 처분 또는 부작위에 대한 불복에 대하여 행정기관이 심판하는 행정심판법상의 행정쟁송절차를 말한다.

행정심판을 규율하는 법으로는 일반법인 행정심판법이 있고, 각 개별법률에서 행정심판법에 대한 특칙을 규정하고 있다. 각 개별법률에서는 행정심판에 대하여 이의신청(예, 토지보상법상 이의신청), 심사청구 또는 심판청구(국세기본법 등), 재심의 판정(감사원법) 또는 재심요구 등의 용어를 사용하고 있다.

행정기관이 심판기관이 되는 행정불복절차 모두가 엄밀한 의미의 행정심판(행정심판법의 규율대상이 되는 행정심판)이 아니며 준사법적 절차가 보장되는 행정불복절차만이 행정심판이라고 보아야 할 것이다. 왜냐하면, 현행 헌법 제107조 제3항은 행정심판은 준사법적 절차가 되어야 한다고 규정하고 있고, 행정심판법은 행정심판을 규율하는 준사법적 절차를 규정하고 있기 때문이다.

Ⅱ. 행정불복과 행정심판

행정불복이라 함은 행정결정에 대한 불복으로서 불복심사기관이 행정기관인 것을 말한다. 행정불복에는 이의신청과 행정심판이 있다.

Ⅲ. 이의신청

행정기본법은 처분에 대한 이의신청을 일반적으로 규정하고 있다.[7] 다른 법률에서 이의신청과 이에 준하는 절차에 대하여 정하고 있는 경우에도 그 법률에서 규정하지 아니한 사항에 관하여는 이 조에서 정하는 바에 따른다(제36조 제5항).

1. 이의신청의 의의

이의신청은 통상 처분청에 제기하는 처분에 대한 불복절차를 말하는데, **학문상 (판례상) 이의신청은 행정불복 중 행정심판이 아닌 것** 달리 말하면 준사법적 절차가 아닌 행정불복을 말한다.

행정기본법은 이의신청의 정의규정을 두고 있지 않다. 행정기본법의 규율대상이 되는 이의신청(행정기본법상 이의신청)도 행정기본법 제36조 및 행정기본법의 기본법 및 일반법으로서의 성격을 고려할 때 **학문상 이의신청 즉 행정심판(준사법적 절차)이 아닌 행정불복 일체를 의미**하는 것으로 보는 것이 타당하다. 개별법령상(예, 국민기초생활보장법 제40조) 또는 실무상 처분청이 아닌 기관(예, 상급기관)에 대한 불복절차를 이의신청으로 부르는 경우도 있다. 해당 행정청에 불복하는 경우에도 이의신청이 아니라 심사청구(예, 국민연금법 제108조)라는 용어를 사용하는 경우도 있다.

행정기본법상 이의신청에는 행정기본법만에 의해 규율되는 이의신청(**일반이의신청**)과 행정기본법과 달리 특별한 규율의 대상이 되는 이의신청(**특별이의신청** 예, 민원처리에 관한 법률상 이의신청, 국세기본법상 이의신청)이 있다.

---

7) 행정기본법상 이의신청규정은 2023.3.24.부터 시행한다.

2. 행정기본법 제36조 제1항에 따른 이의신청자

행정기본법 제36조 제1항에 따라 이의신청을 할 수 있는 자는 '행정청의 처분에 이의가 있는 당사자'이다. 즉 처분의 당사자 즉, 처분의 상대방만이 행정기본법 제36조 제1항에 따른 이의신청을 할 수 있고, 이해관계있는 제3자는 법률상 이익이 있는 자라도 행정기본법에 따른 이의신청을 할 수 없다.

3. 이의신청의 대상

개별법상 명문의 규정이 없음에도 **행정기본법 제36조 제1항에 따라** 이의신청의 **대상이 되는 것은** 행정심판법상 처분(행정심판법 제2조 제4호) 중 '행정심판법 제3조8)에 따라 행정심판법에 따른 행정심판의 대상이 되는 처분' 즉 '일반행정심판의 대상이 되는 처분'에 한정된다. 특별행정심판의 대상이 되는 처분은 행정기본법 제36조 제1항에 따른 이의신청의 대상이 되지 않는다(행정기본법 제36조 제1항). 또한, 행정심판법상 처분이 아닌 것은 행정기본법 제36조 제1항에 따른 이의신청의 대상이 되지 않는다. 다만, 개별법에 특별한 규정이 있으면 행정기본법 제36조 제1항에 따른 이의신청의 대상이 되지 않는 처분이나 행정심판법상 처분이 아닌 행정결정에 대해서도 이의신청이 인정될 수 있다.

행정기본법 제36조 제7항 각 호에 해당하는 사항에 관하여는 행정기본법 제36조 전체를 적용하지 아니하므로 행정기본법 제36조 제1항에 따른 이의신청이 인정되지 않는다.

부작위는 행정기본법 제36조 제1항에 따른 이의신청의 대상이 되지 않는다(행정기본법 제36조 제1항).

4. 행정기본법상 이의신청의 제기기간

행정청의 처분에 이의가 있는 당사자는 처분을 받은 날부터 30일 이내에 해당 행정청에 이의신청을 할 수 있다(제36조 제1항). '처분을 받은 날'이라 함은 처분이 도달한 날 즉 처분이 효력을 발생한 날을 말한다.

5. 행정기본법상 이의신청에 대한 처리기간

행정청은 제1항에 따른 이의신청을 받으면 그 신청을 받은 날부터 14일 이내에 그 이의신청에 대한 결과를 신청인에게 통지하여야 한다. 다만, 부득이한 사유로 14

---

8) 행정심판법 제3조(행정심판의 대상) ① 행정청의 처분 또는 부작위에 대하여는 다른 **법률에** 특별한 규정이 있는 경우 외에는 이 법에 따라 행정심판을 청구할 수 있다. ② 대통령의 처분 또는 부작위에 대하여는 다른 법률에서 행정심판을 청구할 수 있도록 정한 경우 외에는 행정심판을 청구할 수 없다.

일 이내에 통지할 수 없는 경우에는 그 기간을 만료일 다음 날부터 기산하여 10일의 범위에서 한 차례 연장할 수 있으며, 연장 사유를 신청인에게 통지하여야 한다 (제36조 제2항).

6. 행정기본법상 이의신청과 행정심판 또는 행정소송의 관계

이의신청은 임의절차이다. 즉, 제1항에 따라 이의신청을 한 경우에도 그 이의신청과 관계없이 「행정심판법」에 따른 행정심판 또는 「행정소송법」에 따른 행정소송을 제기할 수 있다(제36조 제3항).

이의신청을 하면 행정심판이나 행정소송의 청구·제소기간이 이의신청 결과 통지일부터 계산된다. 즉, 이의신청에 대한 결과를 통지받은 후 행정심판 또는 행정소송을 제기하려는 자는 그 결과를 통지받은 날(제2항에 따른 통지기간 내에 결과를 통지받지 못한 경우에는 같은 항에 따른 통지기간이 만료되는 날의 다음 날을 말한다)부터 90일 이내에 행정심판 또는 행정소송을 제기할 수 있다(제4항). 이 규정은 이의신청에 대한 결정을 기다리는 중에 행정심판이나 행정소송의 제기기간이 도과하는 문제를 해결하기 위한 규정이다.

행정기본법 개정안에 따르면 이의신청에 대한 결정을 받은 후 행정심판 또는 행정소송을 제기하려는 경우에 행정심판 또는 행정소송의 대상은 이의신청 결과 통지가 아닌 이의신청의 대상이 된 행정청의 원처분(일부취소의 경우에는 일부취소되고 남은 원처분, 이의신청 결과 처분이 변경된 경우에는 변경된 처분)으로 한다(행정기본법 개정안 제36조 제4항).

7. 행정기본법 제36조의 적용범위

다른 법률에서 '이의신청과 이에 준하는 절차'에 대하여 정하고 있는 경우에도 그 법률에서 규정하지 아니한 사항에 관하여는 이 조에서 정하는 바에 따른다(행정기본법 제36조 제5항). 이 조항은 행정기본법 제36조가 이의신청에 관한 일반법임을 선언한 규정이다. 따라서, '행정심판(준사법적 절차)이 아닌 이의신청등 행정불복'에 대해서는 특별한 규정이 없는 한 행정기본법 제36조 제5항이 적용된다. 개별법상 인정되는 이의신청도 원칙상 행정기본법 제36조의 적용대상이 된다.

다만, 행정기본법 제36조 제7항 각 호에 해당하는 사항에 관하여는 행정기본법 제36조 전체를 적용하지 아니한다.

8. 행정심판인 이의신청과 행정심판이 아닌 이의신청의 구별

(1) 구별기준

불복절차를 기준으로 행정심판인 이의신청과 '행정심판이 아닌 이의신청'을 구별하는 견해가 타당하다. 즉, 헌법 제107조 제3항은 행정심판절차는 사법심판절차가 준용되어야 한다고 규정하고 있는 점에 비추어 개별법률에서 정하는 이의신청 중 준사법절차가 보장되는 것만을 행정심판으로 보고, 그렇지 않은 것은 행정심판이 아닌 것으로 보는 견해가 타당하다. 판례도 이러한 견해를 취하고 있다(대판 2010. 1. 28, 2008두19987).

구 민원사무처리에 관한 법률상 이의신청은 준사법적 절차가 보장되어 있지 않고, 동 이의신청과 별도로 행정심판을 제기할 수 있는 것으로 규정하고 있으므로 행정심판이 아닌 이의신청으로 보는 것이 타당하다(대판 2012. 11. 15, 2010두8676).
개별공시지가결정에 대한 이의신청을 행정심판이 아니라고 한 사례(대판 2010. 1. 28, 2008두19987).
구 공무원연금법상 공무원연금급여 재심위원회에 대한 심사청구는 특별행정심판에 해당한다(대판 2019. 8. 9, 2019두38656).

(2) 구별의 실익

행정심판인 이의신청(예, 토지보상법상 이의신청)과 행정심판이 아닌 이의신청(예, 민원처리에 관한 법률상 이의신청)을 구별하는 실익은 다음과 같다.

① **행정심판법 적용여부**: 행정심판법상의 행정심판의 성질을 갖는 이의신청에는 개별법률에서 특별히 정하고 있는 경우를 제외하고는 행정심판법이 적용되게 된다. 또한, 당해 이의신청을 거친 후에는 다시 행정심판법상의 행정심판을 제기할 수 없다(행정심판법 제51조). 이에 반하여 행정심판법상의 행정심판이 아닌 이의신청의 경우 당해 이의신청절차를 거친 후에도 명문의 규정이 없는 경우에는 원칙상 행정심판을 제기할 수 있다. 또한, 당해 이의신청에 대하여 행정심판법이 적용될 수 없다.

② **이의신청에 대한 결정의 성질**: 행정심판인 이의신청에 대한 결정은 행정심판의 재결의 성질을 갖는다. 그렇지만, 행정심판이 아닌 이의신청에 대해 원처분을 취소 또는 변경하는 결정은 새로운 최종적 처분(직권에 의한 취소 또는 변경처분)으로서 이의신청의 대상이 된 처분을 대체한다고 보아야 한다. 다만, 이의신청의 대상이 된 기존의 처분을 그대로 유지하는 결정(기각결정)은 단순한 사실행위로서 아무런 법적 효력을 갖지 않고 항고소송의 대상이 되지 않는다(대판 2016. 7. 27, 2015두45953[국가유공자(보훈보상대상자)비해당 처분 취소]). 다만, 이의신청에 따른 기각결정이 새로운

신청에 따른 것이거나 별도의 의사결정 과정과 절차를 거쳐 이루어진 독립된 행정처분의 성질을 갖는 경우에는 새로운 처분으로 볼 수 있으므로(대판 2022. 3. 17, 2021 두53894) 항고소송의 대상이 된다(대판 2016. 7. 14, 2015두58645[생활대책용지공급대상자부적격처분취소]). **판례** 중에는 이주대책 대상자 제외결정에 대한 이의신청에 대하여 다시 한 제외결정(2차 결정)을 행정쟁송의 대상이 되는 처분으로 본 사례(대판 2021. 1. 14, 2020두50324 참조), 수익적 행정처분을 구하는 신청에 대한 거부처분에 대한 이의신청의 내용이 새로운 신청을 하는 취지로 볼 수 있는 경우에는, 그 이의신청에 대한 결정(기각결정 포함)의 통보를 새로운 처분으로 볼 수 있다고 한 사례(대판 2022. 3. 17, 2021두53894)가 있다.

③ **불가변력의 인정여부:** 행정심판의 재결은 준사법적 행위로서 불가변력이 발생한다. 행정심판이 아닌 이의신청도 처분에 대한 불복제도이므로 이의신청에 따른 직권취소에도 불가변력이 인정된다(대판 2010. 9. 30, 2009두1020 ; 2019. 1. 31, 2017두75873).

예를 들면, 과세처분에 관한 이의신청 절차에서 과세관청이 그 이의신청 사유가 옳다고 인정하여 과세처분을 직권으로 취소한 경우 특별한 사유 없이 이를 번복하여 종전과 동일한 내용의 처분을 하는 것은 허용될 수 없다. 다만, 납세자가 허위의 자료를 제출하는 등 부정한 방법에 기초하여 직권취소되었다는 등의 특별한 사유가 있는 경우에는 이를 번복하고 종전과 동일한 과세처분을 할 수 있다(대판 2017. 3. 9, 2016두56790[재산세부과처분취소] 등).

④ **처분사유의 추가ㆍ변경:** 행정심판에서는 기본적 사실관계의 동일성이 있다고 인정되는 한도 내에서만 당초 처분의 근거로 삼은 사유와 다른 사유를 추가 또는 변경할 수 있지만(대판 2014. 5. 16. 2013두26118), 행정심판이 아닌 이의신청의 경우에는 기본적 사실관계의 동일성이 없는 사유라고 할지라도 처분의 적법성과 합목적성을 뒷받침하는 처분사유로 추가ㆍ변경할 수 있다(대판 2012. 9. 13, 2012두3859).

⑤ 이의신청에 따른 결정은 처분청의 결정이므로 결정시의 법령 및 사실상태를 기준으로 한다. 그러나, 행정심판의 재결은 처분청의 결정이 아니고 준사법적 행위이므로 취소사유인 처분의 위법 또는 부당은 처분시의 법령 및 사실상태를 기준으로 판단한다.

Ⅳ. 행정기본법상 처분의 재심사

제재처분 및 행정상 강제를 제외한 처분에 대해서는 쟁송을 통하여 더 이상 다툴 수 없게 된 경우에도 처분의 근거가 된 사실관계 또는 법률관계가 추후에 당사자에게 유리하게 바뀐 경우 등 일정한 요건에 해당하면 그 사유를 안 날부터 60일 이내에 행정청에 대하여 처분을 취소·철회하거나 변경하여 줄 것을 신청할 수 있다(제37조 제1항, 제2항). 다만, 처분이 있은 날부터 5년이 지나면 재심사를 신청할 수 없다(제3항). 다만, ⑧ 다음 각 호의 어느 하나에 해당하는 사항에 관하여는 이 조를 적용하지 아니한다. 1. 공무원 인사 관계 법령에 따른 징계 등 처분에 관한 사항, 2. 「노동위원회법」 제2조의2에 따라 노동위원회의 의결을 거쳐 행하는 사항, 3. 형사, 행형 및 보안처분 관계 법령에 따라 행하는 사항, 4. 외국인의 출입국·난민인정·귀화·국적회복에 관한 사항, 5. 과태료 부과 및 징수에 관한 사항, 6. 개별 법률에서 그 적용을 배제하고 있는 경우(제8항).

1. 처분의 재심사의 의의

처분의 재심사는 처분을 불복기간의 경과 등으로 쟁송을 통하여 더 이상 다툴 수 없는 경우에 신청(처분의 취소·철회 또는 변경의 신청)에 의해 처분청이 해당 처분을 재심사하는 것을 말한다. '처분의 재심사' 제도는 민·형사 재판절차상 재심제도와 유사하다.

재심사신청에 따른 취소·철회와 일반 직권취소·철회는 다음과 같이 구별된다. 재심사청구는 명문의 근거가 필요한 불복절차의 일종이고 재심사청구를 전제로 하는데, 일반 직권취소·철회는 직권 또는 신청에 따라 행해지고, 불복절차가 아니며 명시적인 근거를 요하지 않는다.

2. 재심사의 신청사유

행정기본법상 처분의 재심사를 신청하기 위해서는 처분(제재처분 및 행정상 강제는 제외)이 행정심판, 행정소송 및 그 밖의 쟁송을 통하여 다툴 수 없게 된 경우(법원의 확정판결이 있는 경우는 제외) 즉, 처분에 대해 불가쟁력이 발생한 경우로서 다음 각 호의 어느 하나에 해당하는 경우에 해당하여야 한다. 1. 처분의 근거가 된 사실관계 또는 법률관계가 추후에 당사자에게 유리하게 바뀐 경우, 2. 당사자에게 유리한 결정을 가져다주었을 새로운 증거가 있는 경우, 3. 「민사소송법」 제451조에 따른 재심사유에 준하는 사유가 발생한 경우 등 대통령령으로 정하는 경우(제37조 제1항). 법 제37조 제1항 제3호에서 "「민사소송법」 제451조에 따른 재심사유에 준하는 사유가 발생한 경우 등 대통령령으로 정하는 경우"란 다음 각 호의 어느 하나에 해당하는 경우를 말한다. 1. 처분 업무를 직접 또는 간접적으로 처리한 공무원이 그 처분에 관한 직무상 죄를 범한 경우, 2. 처분의 근거가 된 문서나 그 밖의 자료가 위조되거나 변조된 것인 경우, 3. 제3자의 거짓 진술이 처분의 근거가 된 경우, 4. 처분에 영향을 미칠 중요한 사항에 관하여 판단이 누락된 경우(동법 시행령 제12조).

제1호의 사유는 철회(변경포함)사유이고, 제2호와 제3호는 취소(변경포함)사유이다.

제1호에 따른 재심사는 제1호에 따른 재심사 신청사유가 있는 경우에 당사자에게 철회신청권을 인정하는 의미도 있다.

제1항에 따른 신청은 해당 처분의 절차, 행정심판, 행정소송 및 그 밖의 쟁송에서 당사자가 중대한 과실 없이 제1항 각 호의 사유를 주장하지 못한 경우에만 할 수 있다(제2항).

3. 재심사 신청권자

재심사를 신청할 수 있는 자는 처분의 당사자이다. 처분의 당사자란 처분의 상대방을 말한다. 따라서, 처분의 상대방이 아닌 이해관계있는 제3자는 법률상 이익이 있는 자라도 재심사를 신청할 수 없다.

4. 재심사 신청기간

재심사 신청은 당사자가 제1항 각 호의 재심사 신청사유를 안 날부터 60일 이내에 하여야 한다. 다만, 처분이 있은 날부터 5년이 지나면 신청할 수 없다(제3항).

5. 재심사 신청에 대한 처리기간

제1항에 따른 신청을 받은 행정청은 특별한 사정이 없으면 신청을 받은 날부터 90일(합의제행정기관은 180일) 이내에 처분의 재심사 결과(재심사 여부와 처분의 유지·취소·철회·변경 등에 대한 결정을 포함한다)를 신청인에게 통지하여야 한다. 다만, 부득이한 사유로 90일(합의제행정기관은 180일) 이내에 통지할 수 없는 경우에는 그 기간을 만료일 다음 날부터 기산하여 90일(합의제행정기관은 180일)의 범위에서 한 차례 연장할 수 있으며, 연장 사유를 신청인에게 통지하여야 한다(제4항).

6. 재심사 결과에 대한 불복

재심사신청에 대한 결정은 행정행위의 성질을 갖는다. 재심사결과(결정)에는 처분을 유지하는 결정과 처분의 전부 또는 일부 철회·취소·변경 결정이 있다. 처분을 유지하는 결정에는 재심사 대상이 되지 않는다는 결정(각하결정)과 본안심사결과 철회·취소·변경의 이유가 없다고 하여 처분을 유지하는 결정(기각결정)이 있다. 재심사신청에 대해 처분을 유지하는 결정은 철회·취소 또는 변경신청에 대한 거부처분의 성질을 갖고, 재심사신청에 대해 처분을 철회·취소 또는 변경하는 결정은 철회·직권취소 또는 직권변경처분의 성질을 갖는다.

그러므로 재심사신청에 대한 결정은 행위의 성질상 행정쟁송의 대상이 되는 처분으로서의 성질을 갖는다. 그런데, 행정기본법은 제4항에 따른 처분의 재심사 결과 중 처분을 유지하는 결과에 대해서는 행정심판, 행정소송 및 그 밖의 쟁송수단을 통하여 불복할 수 없다(제5항)고 규정하고 있다. '처분을 유지하는 결과'는 문언대로 해석하면 각하결정 및 기각결정을 의미하는 것으로 해석할 수도 있지만, 이렇게 불복할 수 없게 하는 것은 국민의 재판을 받을 권리를 침해하는 것으로서 위헌의 소지가 있다. 각하결정에도 불복할 수 없다고 하면 재심사청구를 허용한 입법의 취지에 반하므로 기각결정만을 의미하는 것으로 보아야 한다. 또한, 각하결정에 대해서도 불복할 수 없다면 행정청은 재심사청구에 대해 본안판단을 회피하기 위해 각하결정을 남발할 수 있기 때문이다.

그리고, 재심사 신청에 대한 철회·취소 또는 변경은 처분이므로 이를 다툴 법률상이익이 있는 자는 행정쟁송을 제기할 수 있다.

7. 재심사와 처분에 대한 취소 또는 철회의 청구

행정청의 제18조에 따른 취소와 제19조에 따른 철회는 처분의 재심사에 의하여 영향을 받지 아니한다(제6항). 따라서, 행정청은 처분의 재심사와 별도로 취소 또는 철회를 할 수 있다. 민원인은 처분의 재심사와 별도로 취소 또는 철회의 신청을 할 수 있다. 취소 또는 철회의 신청을 받은 행정청은 법령상 또는 조리상 신청권에 따른 신청인 경우에는 그 신청에 응답할 의무를 진다. 또한, 행정기본법 제37조 재심사 요건(신청권자, 신청기간 등) 결여, 재심사사유없음 등의 이유로 재심사를 거부하는 결정을 하는 경우에도 행정청은 직권으로 행정기본법 제18조에 따른 취소 또는 동법 제19조에 따른 철회를 할 수 있다.

V. 청원과의 구별

청원이란 국가기관에 대하여 행하는 권익의 구제 또는 공익을 위한 일정한 권한 행사의 요망을 말한다. 국가기관은 청원에 대하여 수리·심사하여 통지할 의무가 있다.

청원은 행정심판과 달리 쟁송수단이 아니다. 다만, 청원이라는 명칭을 사용한 경우에도 그 실질이 행정심판에 해당하는 경우에는 행정심판을 제기한 것으로 보고 처리하여야 한다.

VI. 행정심판에 의한 취소와 직권취소의 구별

행정심판에 의한 취소는 쟁송취소로서 직권취소와 구별된다.

VII. 행정소송과의 구별

행정심판과 행정소송은 모두 행정쟁송수단인 점에서는 동일하다. 그러나, 행정심판과 행정소송은 기본적으로 심판기관에 의해 구별된다. 행정심판은 행정기관이 심판하는 행정쟁송절차를 말하고, 행정소송은 법원이 심판하는 행정쟁송절차를 말한다.

VIII. 감사원에의 심사청구와 행정심판

감사원법은 제43조 제1항에서 "감사원의 감사를 받는 자의 직무에 관한 처분 기타 행위에 관하여 이해관계 있는 자는 감사원에 그 심사의 청구를 할 수 있다"라고 규정하고, 그 이하에서 심사청구절차 등을 규정하고 있다.

그런데, 감사원법은 행정소송과의 관계에 관하여는 심사청구의 청구인은 심사청구 및 결정을 거친 처분에 대하여는 당해 처분청을 당사자로 하여 행정심판을 거치지 않고 직접 행정소송을 제기할 수 있는 것으로 규정하고 있지만, 행정심판과의 관계에 대하여는 아무런 규정을 두고 있지 않다. 생각건대, 감사원의 심사청구는 행정심판과는 성질을 달리하는 제도이므로 심사청구외는 별도로 행정심판을 제기할 수 있는 것으로 보아야 한다.

IX. 고충민원

고충민원은 행정심판이나 행정소송의 대상이 되지 않는 권익침해에 대해서도 인정된다. 즉 "고충민원"이란 행정기관등의 위법·부당하거나 소극적인 처분(사실행위 및 부작위를 포함한다) 및 불합리한 행정제도로 인하여 국민의 권리를 침해하거나 국민에게 불편 또는 부담을 주는 사항에 관한 민원(현역장병 및 군 관련 의무복무자의 고충민원을 포함한다)을 말한다(부패방지 및 국민권익위원회의 설치와 운영에 관한 법률 제2조 제5호). 행정심판이나 행정소송의 대상이 되는 처분에 대해서도 고충민원을 제기할 수 있다. 특히 불복기간이 지나 취소심판이나 취소소송을 제기할 수 없는 경우에도 고충민원을 제기하여 권리구제를 받을 수도 있다.

권익위원회는 고충민원에 대한 조사결과 처분 등이 위법·부당하다고 인정할 만한 상당한 이유가 있는 경우에는 관계 행정기관 등의 장에게 적절한 시정을 권고할 수 있다(제46조 제1항).

X. 행정심판의 존재이유

1. 자율적 행정통제

행정청에게 먼저 반성의 기회를 주어 행정처분의 하자를 자율적으로 시정하도록 하기 위하여 행정심판이 필요하다.

2. 사법의 보완: 행정청의 전문지식의 활용과 소송경제의 확보

법원의 전문성의 부족을 보완하고 분쟁해결에 있어 시간 및 비용을 절약하고 법원의 부담을 경감함으로써 사법기능을 보완하기 위하여 행정심판이 필요하다.

3. 국민의 권익구제

행정심판은 행정소송보다 간편하고 신속하며 비용이 거의 들지 않는 쟁송수단이다. 또한, 행정심판은 처분의 부당도 심판의 대상으로 한다.

처분청은 행정심판의 재결에 대해 불복할 수 없으므로(판례) 이 점에서 행정심판의 인용재결은 청구인에게 매우 유리하다.

제 2 항   행정심판의 종류

행정심판법은 행정심판의 종류로 취소심판, 무효등확인심판, 의무이행심판을 규정하고 있다.

I. 취소심판

취소심판이라 함은 '행정청의 위법 또는 부당한 처분의 취소 또는 변경을 하는 심판'을 말한다(법 제5조 제1호).

취소에는 적극적 처분의 취소뿐만 아니라 소극적 처분인 거부처분의 취소를 포함한다. 변경이란 취소소송에서와 달리 적극적 변경(예, 허가취소처분을 영업정지처분으로 변경, 영업정지처분을 과징금부과처분으로 변경)을 의미한다.

행정심판위원회는 취소심판의 청구가 이유 있다고 인정할 때에는 재결로서 스스로 처분을 취소 또는 다른 처분으로 변경하거나 처분을 다른 처분으로 변경할 것을 피청구인에게 명한다(행정심판법 제32조 제3항). 따라서 취소재결에는 처분취소재결, 처분변경재결, 처분변경명령재결이 있다.

Ⅱ. 무효등확인심판

무효등확인심판이라 함은 '행정청의 처분의 효력 유무 또는 존재 여부를 확인하는 심판'을 말한다(법 제5조 제2호).

무효등확인심판은 처분의 무효, 유효, 실효, 존재 또는 부존재가 다투어지는 경우에 당해 처분의 무효, 유효, 실효, 존재 또는 부존재의 확인을 구하는 행정심판이다. 따라서, 무효등확인심판에는 처분무효확인심판, 처분유효확인심판, 처분실효확인심판, 처분존재확인심판 및 처분부존재확인심판이 있다.

행정심판위원회는 무효등확인심판의 청구가 이유있다고 인정하면 처분의 효력 유무 또는 존재 여부를 확인한다(법 제43조 제4항). 따라서 무효확인재결에는 처분무효확인재결, 처분실효확인재결, 처분유효확인재결, 처분존재확인재결, 처분부존재확인재결이 있다.

Ⅲ. 의무이행심판

의무이행심판이라 함은 '행정청의 위법 또는 부당한 거부처분이나 부작위에 대하여 일정한 처분을 하도록 하는 심판'을 말한다(법 제5조 제3호).

의무이행심판은 행정청의 거부처분 또는 부작위에 대하여 적극적인 처분을 구하는 행정심판이다. 행정소송에 있어서는 의무이행소송이 인정되고 있지 않지만 행정심판에 있어서는 의무이행심판이 인정되고 있다. 거부처분 취소심판도 가능하다. 행정소송법은 거부처분취소소송과 부작위위법확인소송만을 인정하고 있다.

의무이행심판의 재결에는 처분명령재결뿐만 아니라 처분재결이 있다. 즉, 행정소송법은 "행정심판위원회는 의무이행심판의 청구가 이유 있다고 인정하면 지체 없이 신청에 따른 처분을 하거나 처분할 것을 피청구인에게 명한다"라고 규정하고 있다(법 제43조 제5항). **처분재결**은 행정심판위원회가 스스로 처분을 하는 것이므로 형성재결이고, **처분명령재결**은 피청구인에게 처분을 명하는 재결이므로 이행재결이다.

제 3 항   행정심판의 당사자 및 관계인

Ⅰ. 청 구 인

청구인이라 함은 행정심판을 제기하는 자를 말한다.

1. 청구인능력

청구인은 원칙적으로 자연인 또는 법인이어야 하지만, 법인이 아닌 사단 또는 재단으로서 대표자나 관리인이 정하여져 있는 경우에는 그 사단이나 재단의 이름으로 심판청구를 할 수 있다(법 제14조).

2. 청구인적격

청구인적격이라 함은 행정심판을 청구할 자격이 있는 자를 말한다. 청구인적격이 없는 자가 제기한 행정심판은 부적법 각하된다.

행정심판의 청구인은 '행정심판을 제기할 법률상 이익이 있는 자'이다(법 제13조). 통설·판례는 행정심판법상의 '법률상 이익'을 취소소송에서와 같이 공권 내지 법적 이익으로 해석하고 있다. 따라서, 처분의 근거법규 및 관계법규에 의해 보호되는 이익이 침해되거나 침해될 가능성이 있는 자가 제기할 수 있다(자세한 것은 '취소소송의 원고적격' 참조).

Ⅱ. 피청구인

피청구인이라 함은 심판청구의 상대방을 말한다.

행정심판은 처분을 한 행정청(의무이행심판의 경우에는 청구인의 신청을 받은 행정청)을 피청구인으로 하여 청구하여야 한다. 다만, 심판청구의 대상과 관계되는 권한이 다른 행정청에 승계된 경우에는 권한을 승계한 행정청을 피청구인으로 하여야 한다(제17조 제1항).

행정심판의 대상이 되는 행정청이라 함은 실제로 그의 이름으로 처분을 한 행정청을 말한다.

행정심판법은 "**행정청**이란 행정에 관한 의사를 결정하여 표시하는 국가 또는 지방자치단체의 기관, 그 밖에 법령 또는 자치법규에 따라 행정권한을 가지고 있거나 위탁을 받은 공공단체나 그 기관 또는 사인(私人)을 말한다"라고 규정하고 있는데(제2조 제4호), 이는 당연한 것을 규정한 것에 불과하다(자세한 것은 행정소송편에서 '피고인 행정청' 참조).

Ⅲ. 대리인의 선임 및 국선대리인제도

청구인과 피청구인은 대리인을 선임할 수 있다(제18조).

청구인이 경제적 능력으로 인해 대리인을 선임할 수 없는 경우에는 위원회에 국선대리인을 선임하여 줄 것을 신청할 수 있다(제18조의2 제1항).

Ⅳ. 참가인(심판참가)

심판참가라 함은 현재 계속중인 타인간의 행정심판의 결과에 대하여 이해관계가 있는 제3자 또는 행정청이 참가하는 것을 말한다.

심판참가에는 제3자의 심판참가와 행정청의 심판참가가 있다. 또한, 심판참가는 이해관계인의 신청에 의한 참가와 재결청의 직권에 의한 참가로 나눌 수도 있다.

행정심판법 제20조 제1항은 "행정의 심판결과에 이해관계가 있는 제3자나 행정청은 해당 심판청구에 대한 제7조 제6항 또는 제8조 제7항에 따른 위원회나 소위원회의 의결이 있기 전까지 그 사건에 대하여 심판참가를 할 수 있다"라고 이해관계인의 신청에 의한 심판참가를 규정하고 있고, 동법 제21조 제1항은 "위원회는 필요하다고 인정하면 그 심판결과에 대하여 이해관계가 있는 제3자나 행정청에 그 사건에 참가할 것을 요구할 수 있다"라고 직권에 의한 심판참가를 규정하고 있다. 제1항의 요구를 받은 제3자 또는 행정청은 지체 없이 그 사건 심판에 참가할 것인지 여부를 위원회에 통지하여야 한다(제21조 제2항)(자세한 것은 행정소송편에서의 '소송참가' 참조).

제 4 항   행정심판과 행정소송의 관계

구(舊) 행정소송법은 취소소송 등을 제기하기 전에 반드시 행정심판을 거치도록 하는 행정심판전치주의를 채택하였는데, 현행 행정소송법(1994년 개정 행정소송법)은 행정심판을 원칙적으로 임의적인 절차로 하였고, 다만, 다른 개별법률에서 취소소송 등을 제기하기 전에 필요적으로 행정심판을 거치도록 규정한 경우에 한하여 행정심판을 필요적 전치절차로 하였다(행정소송법 제18조 제1항). 행정심판의 제기가 임의적인 경우 행정소송제기 후 행정심판을 제기할 수도 있고, 행정심판 제기 후 행정소송을 제기할 수도 있고, 행정심판과 행정소송을 동시에 제기할 수도 있다.

개별법에서 행정심판전치주의를 규정하고 있는 것은 국세부과처분, 징계처분 등 공무원의 의사에 반하는 불리한 처분, 도로교통법에 의한 처분 등이다(자세한 것은 행정소송 참조).

제 5 항   행정심판의 대상

행정심판의 대상은 '행정청의 처분 또는 부작위'이다. 행정심판의 대상인 '처분' 또는 '부작위'는 기본적으로 행정소송의 대상이 되는 처분 또는 부작위와 동일하므로 후술하기로 한다.

다만, 행정심판법은 대통령의 처분 또는 부작위에 대하여는 다른 법률에 특별한 규정이 있는 경우를 제외하고는 행정심판을 제기할 수 없도록 규정하고 있다(법 제3조 제2항).

처분적 법규명령이 행정심판의 대상이 될 것인지에 관하여는 견해가 대립하고 있는데, 실무는 부정설을 취하고 있다. 다만, 행정심판법 제3조 제2항에 따라 대통령령은 행정심판의 대상이 되지 않는다.

제 6 항   행정심판의 청구

I. 행정심판청구기간

심판청구기간은 취소심판청구와 거부처분에 대한 의무이행심판청구에만 적용되고, 무효등확인심판청구나 부작위에 대한 의무이행심판청구에는 적용되지 아니한다(법 제27조 제7항).

행정심판이나 행정소송에 있어서는 민사소송에서와 달리 단기의 불복기간이 정해져 있다. 불복기간 내에 행정심판 또는 행정소송을 제기하여야 하며 그러하지 않으면 더 이상 다툴 수 없게 되고 불복기간이 넘어 행정심판이나 행정소송을 제기하면 부적법(不適法)으로 각하(却下)된다. 이와 같이 단기의 불복기간을 둔 것은 행정행위의 효력을 신속히 확정하여 행정법관계의 안정성을 확보하기 위한 것이다.

1. 원칙적인 심판청구기간

행정심판 제기기간은 원칙적으로 처분이 있음을 알게 된 날부터 90일 이내, 처분이 있었던 날부터 180일 이내이다(제27조). 처분이 있은 날부터 180일 이내에 처분이 있음을 알았을 때에는 그 때로부터 90일 이내에 행정심판을 제기하여야 한다.

2. 예외적인 심판청구기간

(1) 90일에 대한 예외

① 행정심판은 처분이 있음을 알게 된 날부터 90일 이내에 제기하여야 하지만, 천재지변, 전쟁, 사변, 그 밖의 불가항력으로 그 기간 내에 심판청구를 할 수 없었을 때에는 그 사유가 소멸한 날부터 14일(국외에서는 30일) 이내에 청구할 수 있다(법 제27조 제2항).

② 행정청이 행정심판청구기간을 상대방에게 고지하지 아니한 경우에는 당사자가 처분이 있음을 알았다고 하더라도 심판청구기간은 처분이 있은 날부터 180일 이내가 된다(법 제27조 제6항).

(2) 180일에 대한 예외

처분이 있은 날로부터 180일 이내에 제기하여야 하지만 정당한 사유가 있는 경우에는 180일이 넘어도 제기할 수 있다. 어떤 사유가 '정당한 사유'에 해당하는가는 건전한 사회통념에 의해 판단되어야 한다.

처분의 제3자는 통지의 상대방이 아니므로 특별한 사정이 없는 한 행정행위가 있음을 알 수 없다고 할 것이므로 일반적으로 제3자의 행정심판제기기간은 '처분이 있는 날로부터 180일 이내'가 기준이 된다. 그런데, 행정처분의 직접 상대방이 아닌 제3자는 일반적으로 처분이 있는 것을 바로 알 수 없는 처지에 있으므로, 위와 같은 심판청구기간 내에 심판청구를 제기하지 아니하였다고 하더라도 그 기간 내에 처분이 있은 것을 알았거나 쉽게 알 수 있었기 때문에 심판청구를 제기할 수 있었다고 볼 만한 특별한 사정이 없는 한 위 법조항 본문의 적용을 배제할 "정당한 사유"가 있는 경우에 해당한다고 보아 위와 같은 심판청구기간이 경과한 뒤에도 심판청구를 제기할 수 있다(대판 1988. 9. 27, 88누29 ; 1992. 7. 28, 91누12844[시외버스운송사업계획변경인가처분취소]). 다만, 그 제3자가 어떤 경위로든 행정처분이 있음을 알았거나 쉽게 알 수 있는 등 심판청구가 가능하였다는 사정이 있는 경우에는 그 때로부터 90일 이내에 행정심판을 청구하여야 한다(대판 1996. 9. 6, 95누16233[농지매매증명발급처분무효확인 등]).

(3) 심판청구기간의 오고지(誤告知) 및 불고지(不告知)의 경우

행정청이 서면에 의하여 처분을 하는 경우에 그 처분의 상대방에게 행정심판청구에 관한 고지를 하도록 되어 있다. 그런데 심판청구기간을 고지함에 있어서 실제보다 긴 기간으로 잘못 알린 경우에는 그 잘못 고지된 긴 기간 내에 심판청구를 할 수 있고(법 제27조 제5항), 심판청구기간을 고지하지 아니한 경우에는 처분이 있었던 날부터 180일 이내에 심판청구를 할 수 있다(법 제27조 제6항).

(4) 특별법상의 심판청구기간

각 개별법에서 심판청구기간을 정한 경우가 있다. 예를 들면, 토지수용재결에 대한 이의신청기간은 재결서의 정본을 받은 날로부터 30일 이내로 규정되어 있고(토지보상법 제83조 제3항), 국가공무원법상 소청심사청구기간은 처분을 안 날로부터 30일 이내로 규정되어 있다(국가공무원법 제76조 제1항).

(5) 심판청구서 제출일시

심판청구기간을 계산함에 있어서는 피청구인이나 위원회 또는 제2항에 따른 행정기관(불고지 또는 오고지에 따라 심판청구서를 제출받은 행정기관)에 심판청구서가 제출된 때에 행정심판이 청구된 것으로 본다(법 제23조 제4항).

Ⅱ. 심판청구의 방식

심판청구는 서면으로 하여야 한다(법 제28조 제1항).

형식과 관계없이 그 내용이 행정심판을 청구하는 것이면 행정심판청구로 보아야 한다.

〈판례〉 비록 제목이 "진정서"로 되어 있고, 재결청의 표시, 심판청구의 취지 및 이유 처분을 한 행정청의 고지의 유무 및 그 내용 등 행정심판법 제19조 제2항 소정의 사항들을 구분하여 기재하고 있지 아니하여 행정심판청구서로서의 형식을 다 갖추고 있다고 볼 수는 없으나, 피청구인인 처분청과 청구인의 이름 주소가 기재되어 있고, 청구인의 기명이 되어 있으며, 문서의 기재내용에 의하여 심판청구의 대상이 되는 행정처분의 내용과 심판청구의 취지 및 이유, 처분이 있은 것을 안 날을 알 수 있는 경우, 위 문서에 기재되어 있지 않은 재결청, 처분을 한 행정청의 고지의 유무 등의 내용과 날인 등의 불비한 점은 보정이 가능하므로 위 문서를 행정처분에 대한 행정심판청구로 보는 것은 옳다(대판 2000. 6. 9, 98두2621 ; 1995. 9. 5, 91누16250).

전자정보처리조직을 통하여 심판청구를 할 수 있다(제52조 제1항).

Ⅲ. 행정심판 제기절차

1. 행정심판청구서 제출기관

심판청구서는 위원회 또는 피청구인인 행정청(처분청 또는 부작위청)에 제출하여야 한다(법 제23조 제1항).

2. 행정심판청구서를 접수한 행정청의 처리

(1) 정당한 권한 있는 행정청에의 송부

행정청이 행정심판법 제58조에 따른 고지를 하지 아니하거나 잘못 알려서 청구인이 심판청구서를 다른 행정기관에 제출한 때에는 그 행정기관은 그 심판청구서를 지체 없이 정당한 권한이 있는 피청구인에게 보내야 한다(법 제23조 제2항).

(2) 위원회에의 송부 등

피청구인은 제23조 제1항·제2항 또는 제26조 제1항에 따라 심판청구서를 접수하거나 송부받으면 10일 이내에 심판청구서(제23조 제1항·제2항의 경우만 해당된다)와 답변서를 위원회에 보내야 한다. 다만, 청구인이 심판청구를 취하한 경우에는 그러하지 아니하다(제24조 제1항). 피청구인이 제1항 본문에 따라 심판청구서를 보낼 때에는 심판청구서에 위원회가 표시되지 아니하였거나 잘못 표시된 경우에도 정당한 권한이 있는 위원회에 보내야 한다(제5항).

피청구인은 처분의 상대방이 아닌 제3자가 심판청구를 한 경우에는 지체 없이 처분의 상대방에게 그 사실을 알려야 한다. 이 경우 심판청구서 사본을 함께 송달하여야 한다(제24조 제2항).

(3) 피청구인의 직권취소 등

심판청구서를 받은 피청구인은 그 심판청구가 이유 있다고 인정하면 심판청구의 취지에 따라 직권으로 처분을 취소·변경하거나 확인을 하거나 신청에 따른 처분(이하 '직권취소 등'이라 한다)을 할 수 있다. 이 경우 서면으로 청구인에게 알려야 한다(제25조 제1항).

Ⅳ. 심판청구의 변경

1. 의 의

행정심판법은 심판청구의 변경을 '심판청구의 계속 중에 청구의 취지나 이유를 변경하는 것'(소의 변경 참조)을 말하는 것으로 보고 있다(법 제29조 제1항).

2. 일반 청구의 변경

청구인은 청구의 기초에 변경이 없는 범위에서 청구의 취지나 이유를 변경할 수 있다(법 제29조 제1항).

3. 처분변경으로 인한 청구의 변경

행정심판이 청구된 후에 피청구인이 새로운 처분을 하거나 심판청구의 대상인 처분을 변경한 경우에는 청구인은 새로운 처분이나 변경된 처분에 맞추어 청구의 취지나 이유를 변경할 수 있다(법 제29조 제2항).

4. 청구의 변경의 효력

청구의 변경결정이 있으면 처음 행정심판이 청구되었을 때부터 변경된 청구의 취지나 이유로 행정심판이 청구된 것으로 본다(제29조 제8항).

제 7 항   행정심판제기의 효과

Ⅰ. 행정심판위원회에 대한 효과

행정심판이 제기되면 행정심판위원회는 심판청구를 심리·재결한다.

Ⅱ. 처분에 대한 효과: 계쟁처분의 집행부정지 또는 집행정지

행정심판청구가 제기되어도 처분의 효력이나 그 집행 또는 절차의 속행이 정지되지 아니한다(법 제30조 제1항). 이를 **집행부정지의 원칙**이라 한다.

다만, 위원회는 일정한 요건을 갖춘 경우에 당사자의 신청 또는 직권으로 처분의 효력 등을 정지시키는 결정을 할 수 있다(법 제30조 제2항 이하).

제 8 항   행정심판법상의 가구제

Ⅰ. 집행정지

1. 의   의

집행정지라 함은 계쟁처분의 효력이나 집행 또는 절차의 속행을 정지시키는 것을 말한다. 행정심판법 제30조는 예외적으로 일정한 요건을 갖춘 경우에 집행정지를 인정하고 있다.

2. 집행정지결정의 요건

처분, 처분의 집행 또는 절차의 속행 때문에 **중대한 손해**가 생기는 것을 예방할 필요성이 긴급하다고 인정할 때 집행정지가 인정된다. 다만, 처분의 효력정지는 처분의 집행 또는 절차의 속행을 정지함으로써 그 목적을 달성할 수 있을 때에는 허용되지 아니한다(법 제30조 제2항). 다만, 집행정지가 공공복리에 중대한 영향을 미칠 우려가 있을 때에는 허용되지 아니한다(법 제30조 제3항).

2010년 행정심판법 전부개정에서 〈회복하기 어려운 손해〉가 〈중대한 손해〉로 개정된 것인데, 이는 집행정지의 요건이 다소 완화된 것이다.

3. 집행정지결정의 대상

집행정지결정의 요건이 갖추어진 경우에 처분의 효력이나 그 집행 또는 절차의 속행을 정지시킬 수 있다. 다만, 처분의 효력정지는 처분의 집행 또는 절차의 속행을 정지함으로써 그 목적을 달성할 수 있을 때에는 허용되지 아니한다(법 제30조

제2항 단서).

4. 집행정지결정절차

집행정지는 **행정심판위원회**가 직권으로 또는 당사자의 신청에 의하여 결정한다 (법 제30조 제2항). 다만, 위원회의 심리·결정을 기다릴 경우 중대한 손해가 생길 우려가 있다고 인정되면 **위원장**은 직권으로 위원회의 심리·결정을 갈음하는 결정을 할 수 있고, 이 경우에 위원장은 지체없이 위원회에 그 사실을 보고하고 추인을 받아야 한다. 만일 위원회의 추인을 받지 못한 때에는 위원장은 집행정지 또는 집행정지 취소에 관한 결정을 취소하여야 한다(법 제30조 제6항).

5. 집행정지결정의 취소

위원회는 집행정지결정을 한 후에 집행정지가 공공복리에 중대한 영향을 미치거나, 그 정지사유가 없어진 경우에는 직권으로 또는 당사자의 신청에 의해 집행정지결정을 취소할 수 있다(법 제30조 제4항). 다만, 위원회의 심리·결정을 기다릴 경우 중대한 손해가 발생할 우려가 있다고 인정되면 위원회의 위원장은 직권으로 위원회의 심리·결정을 갈음하는 결정을 할 수 있고, 이 경우에 위원장은 위원회에 그 사실을 보고하고 추인을 받아야 한다. 만일 위원회의 추인을 받지 못하면 위원장은 집행정지 취소에 관한 결정을 취소하여야 한다(법 제30조 제6항).

집행정지결정의 취소의 신청은 처분청과 집행정지로 권익을 침해당한 제3자, 즉 복효적 행정행위의 수익을 받는 제3자가 할 수 있다. 행정심판의 당사자가 아닌 복효적 행정행위의 수익을 받는 제3자가 집행정지결정의 취소신청을 하기 위하여는 행정심판에 참가하고 있어야 한다.

Ⅱ. 임시처분

1. 의 의

임시처분이라 함은 처분 또는 부작위에 대하여 인정되는 임시의 지위를 정하는 가구제이다. 임시처분은 행정소송에서의 임시의 지위를 정하는 가처분에 해당하는 것으로서 의무이행심판에 의한 권리구제의 실효성을 보장하기 위한 제도이다.

행정심판법 제31조는 임시처분을 규정하고 있다.

2. 요 건

① 심판청구의 계속: 행정쟁송에서의 가구제는 본안청구의 범위 내에서만 인정되는 것으로 보아야 하므로 명문의 규정은 없지만 심판청구의 계속을 요건으로 한

다고 보아야 한다.

② 처분 또는 부작위가 위법·부당하다고 상당히 의심되는 경우일 것

③ 처분 또는 부작위 때문에 당사자가 받을 우려가 있는 중대한 불이익이나 당사자에게 생길 급박한 위험을 막기 위하여 임시지위를 정하여야 할 필요가 있는 경우일 것(제31조 제1항).

④ 공공복리에 중대한 영향을 미칠 우려가 없을 것(제31조 제2항)

⑤ **보충성 요건**: 집행정지로 목적을 달성할 수 없는 경우일 것(제31조 제3항). 임시처분은 집행정지와의 관계에서 보충적 구제제도이다. 실무상 거부처분이나 부작위에 대한 집행정지를 인정하고 있지 않으므로 실무상 임시처분은 거부처분이나 부작위에 대한 유일한 행정심판법상의 가구제제도이다.

3. 임시처분의 결정 및 취소

위원회는 직권으로 또는 당사자의 신청에 의하여 임시처분을 결정할 수 있다(제30조 제1항).

위원회는 임시처분을 결정한 후에 임시처분이 공공복리에 중대한 영향을 미치거나 그 임시처분사유가 없어진 경우에는 직권으로 또는 당사자의 신청에 의하여 임시처분 결정을 취소할 수 있다(제31조 제2항).

위원회의 심리·결정을 기다릴 경우 중대한 불이익이나 급박한 위험이 생길 우려가 있다고 인정되면 **위원장**은 직권으로 위원회의 심리·결정을 갈음하는 결정을 할 수 있다. 이 경우 위원장은 지체 없이 위원회에 그 사실을 보고하고 추인(追認)을 받아야 하며, 위원회의 추인을 받지 못하면 위원장은 임시처분 또는 임시처분 취소에 관한 결정을 취소하여야 한다.

기타 임시처분에 관하여는 제30조 제3항부터 제7항까지의 집행정지에 관한 규정을 준용한다.

제 9 항   행정심판기관

Ⅰ. 의   의

행정심판기관이라 함은 행정심판의 제기를 받아 심판청구를 심리·재결하는 권한을 가진 행정기관을 말한다.

Ⅱ. 심판기관의 독립성과 제3기관성

현행 행정심판법은 행정심판위원회를 준(準) 제3기관화하고 있다. 즉, 행정심판위원회는 피청구인으로부터 독립되어 있는 합의제행정청이고, 중앙행정심판위원회의 경우 위원장, 상임위원 및 위원장이 회의마다 지정하는 비상임 위원을 포함하여총 9명으로 구성되고(법 제8조 제5항), 시·도 행정심판위원회의 경우 9명의 위원 중6명 이상이 외부인사가 되도록 하고 있다(법 제7조 제5항).

Ⅲ. 행정심판위원회

1. 종　류

행정심판위원회는 행정심판법에 의해 설치되는 **일반행정심판위원회**와 개별법에의해 설치되는 특별행정심판을 담당하는 **특별행정심판위원회**가 있다.

(1) 일반행정심판위원회

일반행정심판위원회에는 중앙행정심판위원회(제6조 제2항), 독립기관 등 소속 행정심판위원회(제6조 제1항), 시·도행정심판위원회(제6조 제3항)와 직근 상급행정기관소속 행정심판위원회(제6조 제4항)가 있다.

1) 중앙행정심판위원회

중앙행정심판위원회는 국민권익위원회에 소속되어 있다. 중앙행정심판위원회는다음 행정청의 처분 또는 부작위에 대한 심판청구를 심리·재결한다. ① 제1항에 따른 행정청 외의 국가행정기관의 장 또는 그 소속 행정청, ② 특별시장·광역시장·특별자치시장·도지사·특별자치도지사(특별시·광역시·특별자치시·도 또는 특별자치도의 교육감을 포함한다. 이하 '시·도지사'라 한다) 또는 특별시·광역시·특별자치시·도·특별자치도(이하 '시·도'라 한다)의 의회(의장, 위원회의 위원장, 사무처장 등 의회 소속 모든행정청을 포함한다), ③「지방자치법」에 따른 지방자치단체조합 등 관계 법률에 따라국가·지방자치단체·공공법인 등이 공동으로 설립한 행정청. 다만, 제3항 제3호에해당하는 행정청은 제외한다.

2) 독립기관 등 소속 행정심판위원회

다음의 행정청 또는 그 소속 행정청(행정기관의 계층구조와 관계없이 그 감독을 받거나 위탁을 받은 모든 행정청을 말하되, 위탁을 받은 행정청은 그 위탁받은 사무에 관하여는 위탁한행정청의 소속 행정청으로 본다. 이하 같다)의 처분 또는 부작위에 대한 행정심판의 청구에 대하여는 다음의 행정청에 두는 행정심판위원회에서 심리·재결한다. ① 감사원,

국가정보원장, 그 밖에 대통령령으로 정하는 대통령 소속기관의 장, ② 국회사무총
장·법원행정처장·헌법재판소사무처장 및 중앙선거관리위원회사무총장, ③ 국가
인권위원회, 진실·화해를 위한 과거사 정리위원회, 그 밖에 지위·성격의 독립성과
특수성 등이 인정되어 대통령령으로 정하는 행정청.

3) 시·도행정심판위원회

시·도행정심판위원회는 각각 특별시장·광역시장·도지사·특별자치도지사(이
하 '시·도지사'라 한다)에 소속되어 있는 행정심판위원회인데, ① 시·도 소속 행정청,
② 시·도의 관할구역에 있는 시·군·자치구의 장, 소속 행정청 또는 시·군·자치
구의 의회(의장, 위원회의 위원장, 사무국장, 사무과장 등 의회 소속 모든 행정청을 포함한다) 및
③ 시·도의 관할구역에 있는 둘 이상의 지방자치단체(시·군·자치구를 말한다)·공공
법인 등이 공동으로 설립한 행정청의 처분 또는 부작위에 대한 심판청구를 심리·
재결한다.

4) 직근 상급행정기관 소속 행정심판위원회

대통령령으로 정하는 국가행정기관(법무부 및 대검찰청 소속 특별지방행정기관(직근
상급행정기관이나 소관 감독행정기관이 중앙행정기관인 경우는 제외한다(동법 시행령 제3조))) 소
속 특별지방행정기관의 장의 처분 또는 부작위에 대한 심판청구에 대하여는 해당
행정청의 직근 상급행정기관에 두는 행정심판위원회에서 심리·재결한다.

상급행정기관이라 함은 행정조직계층상 처분청 또는 부작위청을 일반적으로 지
휘·감독하는 권한을 가진 행정청을 말하고, **직근 상급행정기관**이라 함은 상급행정
기관 중 가장 가까운 상급행정기관을 말한다.

(2) 특별행정심판위원회

개별법에 의해 설치되는 특별행정심판을 담당하는 특별행정심판위원회로는 소
청심사위원회, 조세심판원, 중앙토지수용위원회 등이 있다.

2. 법적 지위

행정심판위원회는 행정심판청구를 심리·재결하는 기관이다(법 제6조). 달리 말
하면 행정심판위원회는 합의제행정청의 지위를 갖는다.

행정심판위원회는 소속기관으로부터 직무상 독립된 행정청이다.

행정심판위원회는 상설기관이 아니다. 행정심판위원회는 행정심판청구를 심리·
의결할 필요가 있는 때마다 이미 임명되어 있는 행정심판위원 중 일부 위원으로 구
성된다. 행정심판위원은 원칙상 비상임이지만 중앙행정심판위원회에는 4인 이내의

상임위원을 둘 수 있도록 되어 있다.

3. 권　한

행정심판위원회는 행정심판사건을 심리하여 재결하는 권한을 가진다.

(1) 심 리 권

행정심판위원회는 심판청구사건을 심리하는 권한을 가진다.

행정심판위원회는 행정심판의 심리를 위하여 대표자선정 권고권(법 제15조 제2항), 청구인지위의 승계 허가권(법 제16조 제5항), 피청구인경정 결정권(법 제17조 제2항), 대리인선임 허가권(법 제18조 제1항 제5호), 심판참가 허가 및 요구권(법 제20조 제5항, 제21조 제1항), 청구의 변경 허가권(법 제29조 제6항), 보정요구권 및 직권보정권(법 제32조 제1항), 증거조사권(법 제36조 제1항) 등을 가진다.

(2) 재 결 권

행정심판위원회는 재결하는 권한을 가진다(법 제6조). 행정심판위원회는 재결 이외에 집행정지결정(법 제30조 제2항), 집행정지결정의 취소(법 제30조 제4항), 사정재결(법 제44조 제1항)을 행한다.

(3) 불합리한 법령 등의 시정조치요청권

중앙행정심판위원회는 심판청구를 심리·의결함에 있어서 처분 또는 부작위의 근거가 되는 명령 등(대통령령·총리령·부령·훈령·예규·고시·조례·규칙 등을 말한다. 이하 같다)이 법령에 근거가 없거나 상위법령에 위배되거나 국민에게 과도한 부담을 주는 등 크게 불합리하면 관계 행정기관에 그 명령 등의 개정·폐지 등 석절한 시정조치를 요청할 수 있다(법 제59조 제1항). 이와 같은 요청을 받은 관계 행정기관은 정당한 사유가 없으면 이에 따라야 한다(법 제59조 제2항).

제10항　행정심판의 심리

행정심판의 심리라 함은 행정심판청구에 대한 재결을 하기 위하여 그 기초가 될 심판자료를 수집하는 절차를 말한다.

I. 심리의 내용

행정심판사건의 심리는 그 내용에 따라 요건심리와 본안심리로 나누어진다.

1. 요건심리

요건심리는 해당 행정심판청구가 행정심판제기요건을 갖추고 있는지 여부를 심리하는 것을 말한다. 행정심판제기요건으로는 행정심판의 대상인 처분 또는 부작위의 존재, 당사자능력 및 당사자적격의 존재, 심판청구기간의 준수, 필요적 전치절차의 이행, 심판청구서 기재사항의 구비 등을 들 수 있다.

요건심리의 결과 제기요건이 갖추어지지 않은 것으로 인정될 때에는 당해 심판청구는 부적법한 심판청구가 되므로 각하재결을 내려야 한다(법 제43조 제1항). 다만, 위원회는 심판청구가 적법하지 아니하나 보정할 수 있다고 인정하면 기간을 정하여 청구인에게 보정할 것을 요구할 수 있다. 다만, 경미한 사항은 직권으로 보정할 수 있다(제32조 제1항). 제1항에 따른 보정을 한 경우에는 처음부터 적법하게 행정심판이 청구된 것으로 본다(제32조 제4항). 위원회는 청구인이 제1항에 따른 보정기간 내에 그 흠을 보정하지 아니한 경우에는 그 심판청구를 각하할 수 있다(제6항). 그리고, 위원회는 심판청구서에 타인을 비방하거나 모욕하는 내용 등이 기재되어 청구 내용을 특정할 수 없고 그 흠을 보정할 수 없다고 인정되는 경우에는 제32조 제1항에 따른 **보정요구 없이** 그 심판청구를 **각하할 수 있다**(제32조의2).

행정심판제기요건은 직권조사사항이다. 따라서, 당사자의 주장이 없다 하더라도 위원회는 직권으로 조사할 수 있다.

행정심판청구요건의 존부는 심리종결시를 기준으로 판단한다. 따라서, 행정심판청구 당시 그 요건의 흠결이 있는 경우에도 위원회에서 사실확정이 되기 전까지 이를 갖추면 적법한 심판청구가 된다.

2. 본안심리

본안심리라 함은 요건심리의 결과 해당 심판청구가 심판청구요건을 구비한 것으로 인정되는 경우 심판청구의 당부를 심리하는 것을 말한다.

본안심리의 결과 심판청구가 이유 있다고 인정되면 청구인용재결을 하고, 심판청구가 이유 없다고 인정되면 청구기각재결을 한다.

Ⅱ. 심리의 범위

1. 불고불리의 원칙 및 불이익변경금지의 원칙

행정심판법은 국민의 권리구제를 도모하기 위하여 불고불리의 원칙과 불이익변경금지의 원칙을 채택하고 있다.

행정심판법 제47조 1항은 "위원회는 심판청구의 대상이 되는 처분 또는 부작위 외의 사항에 대하여는 재결하지 못한다"라고 불고불리의 원칙을 규정하고 있다.

행정심판법 제47조 2항은 "위원회는 심판청구의 대상이 되는 처분보다 청구인에게 불이익한 재결을 하지 못한다"라고 불이익변경금지의 원칙을 규정하고 있다.

2. 법률문제, 재량문제와 사실문제

행정심판의 심리에 있어서는 행정소송에서처럼 심판청구의 대상인 처분이나 부작위에 관한 적법·위법의 판단인 법률문제 및 사실문제를 심리할 수 있을 뿐만 아니라 행정소송에서와 달리 당·부당의 문제도 심리할 수 있다.

Ⅲ. 심리의 기본원칙

1. 대심주의

대심주의라 함은 대립되는 분쟁 당사자들의 공격·방어를 통하여 심리를 진행하는 소송원칙을 말한다. 대립되는 당사자에게 공격·방어를 할 수 있는 대등한 지위가 보장되고 심판기관의 중립적인 지위가 보장되어야 한다.

행정심판법은 심판청구인과 피청구인이라는 대립되는 당사자를 전제로 하여(법 제13조 내지 제22조) 당사자 쌍방에게 공격과 방어방법을 제출하도록 하고 있고(법 제23조, 제33조, 제34조, 제36조 등), 원칙적으로 당사자가 제출한 공격·방어방법을 심리의 기초로 삼으며 행정심판위원회가 중립적인 지위에서 심리를 행하도록 하고 있다.

다만, 청구인이 피청구인에 비하여 정보 및 지식의 부족 등 열세에 있고, 행정심판위원회의 중립적 지위가 완전하지 못한 점 등에 비추어 대심주의는 미흡하다고 할 수 있다. 심판청구의 대상이 되는 처분 또는 부작위에 관한 자료는 대부분 피청구인인 처분청이 보유하고 있으므로 심판청구인에게 처분청이 보유하는 자료에 대한 제출요구권 및 열람청구권을 인정할 필요가 있다. 현행 행정심판법은 이를 제35조에서 인정하고 있다.

2. 직권심리주의

(1) 의   의

직권심리주의라 함은 심리에 있어서 심판기관이 당사자의 사실의 주장에 근거하지 않거나 그 주장에 구속되지 않고 적극적으로 직권으로 필요한 사실상의 탐지 또는 증거조사를 행하는 소송원칙을 말한다.

행정심판법은 실체적 진실을 밝히고, 심리의 간이·신속을 도모하기 위하여 직권심리주의를 인정하고 있다. 즉, 행정심판법은 "위원회는 필요하다면 당사자가 주장하지 아니한 사실에 대하여도 심리할 수 있다"라고 위원회의 직권탐지(職權探知)를 인정하고 있고(법 제39조), 위원회에 직권으로 증거조사를 할 수 있도록 하고 있다(법 제36조). 위원회의 직권심리는 대심주의와 조화하는 한도 내에서 행해져야 한다.

(2) 직권탐지

위원회의 직권탐지는 불고불리의 원칙상 당사자가 신청한 사항에 대하여 신청의 범위 내에서만 가능하다.

(3) 직권증거조사

위원회는 사건을 심리하기 위하여 필요하면 직권으로 또는 당사자의 신청에 의하여 다음의 방법에 따라 증거조사를 할 수 있다. ① 당사자나 관계인(관계 행정기관 소속 공무원을 포함한다. 이하 같다)을 위원회의 회의에 출석하게 하여 신문(訊問)하는 방법, ② 당사자나 관계인이 가지고 있는 문서·장부·물건 또는 그 밖의 증거자료의 제출을 요구하고 영치(領置)하는 방법, ③ 특별한 학식과 경험을 가진 제3자에게 감정을 요구하는 방법, ④ 당사자 또는 관계인의 주소·거소·사업장이나 그 밖의 필요한 장소에 출입하여 당사자 또는 관계인에게 질문하거나 서류·물건 등을 조사·검증하는 방법(제36조 제1항). 다만, 위원회는 필요하면 위원회가 소속된 행정청의 직원이나 다른 행정기관에 촉탁하여 제1항의 증거조사를 하게 할 수 있다(제2항).

3. 심리의 방식: 서면심리주의와 구술심리주의

행정심판법은 "행정심판의 심리는 구술심리나 서면심리로 한다. 다만, 당사자가 구술심리를 신청한 때에는 서면심리만으로 결정할 수 있다고 인정되는 경우 외에는 구술심리를 하여야 한다"라고 규정하고 있다(법 제40조 제1항). 이와 같은 행정심판법상의 규정만으로는 행정심판의 심리방식의 선택은 위원회의 재량에 속하는 것으로 보인다. 위원회는 행정심판사건의 특성에 비추어 심리방식을 정할 수 있다.

그러나, 행정심판의 성질, 즉 자율적 행정통제제도라는 점, 간이·신속한 권리구제제도라는 점, 청구인의 전문성의 결여 등을 고려할 때 서면심리를 원칙으로 하되 필요한 경우에는 예외적으로 구술심리를 하는 것으로 운영될 수밖에 없을 것이다.

다만, 현행 행정심판법은 "당사자가 구술심리를 신청한 때에는 서면심리만으로 결정할 수 있다고 인정되는 경우 외에는 구술심리를 하여야 한다"라는 단서규정을 두어 당사자의 구술심리신청이 있는 경우에는 가능한 한 구술심리를 하도록 하여 당사자의 구술심리권을 보장하고 있다.

4. 발언 내용 등의 비공개

위원회에서 위원이 발언한 내용이나 그 밖에 공개되면 위원회의 심리·재결의 공정성을 해칠 우려가 있는 사항으로서 대통령령으로 정하는 사항은 공개하지 아니한다(제41조).

Ⅳ. 소관 중앙행정기관의 심리에의 참여

중앙행정심판위원회에서 심리·재결하는 심판청구의 경우 소관 중앙행정기관의 장은 의견서를 제출하거나 위원회에 출석하여 의견을 진술할 수 있다(제35조 제4항).

Ⅴ. 당사자 및 심판참가인의 절차적 권리

1. 위원·직원에 대한 기피신청권

당사자는 행정심판위원회의 위원에게 심리·의결의 공정을 기대하기 어려운 사정이 있는 경우에는 그 위원에 대한 기피신청을 할 수 있다(법 제10조 제2항).

2. 이의신청권

행정심판위원회의 결정 중 당사자 또는 심판참가인의 절차적 권리에 중대한 영향을 미치는 지위 승계의 불허가, 참가신청의 불허가 또는 청구의 변경 불허가 등에 대하여는 행정심판위원회에 이의신청을 할 수 있다(제16조 제8항, 제17조 제6항, 제20조 제6항 및 제29조 제7항).

3. 보충서면제출권

당사자는 심판청구서·보정서·답변서 또는 참가신청서에서 주장한 사실을 보충하고 다른 당사자의 주장을 다시 반박하기 위하여 필요하면 보충서면을 제출할 수 있다. 이 경우 위원회가 보충서면의 제출기한을 정한 때에는 그 기한 내에 이를 제출하여야 한다(법 제33조).

4. 구술심리신청권

당사자는 구술심리를 신청할 수 있고, 당사자가 구술심리를 신청한 때에는 행정심판위원회는 서면심리만으로 결정할 수 있다고 인정되는 경우 외에는 구술심리를 하여야 한다(법 제40조 제1항).

5. 물적 증거제출권

당사자는 심판청구서·보정서·답변서, 참가신청서·보충서면 등에 덧붙여 그 주장을 뒷받침하는 증거서류 또는 증거물을 제출할 수 있다(법 제34조 제1항). 위의 증거서류에는 다른 당사자의 수만큼 부본을 함께 제출하여야 한다(법 제34조 제2항). 위원회는 당사자가 제출한 증거서류의 부본을 지체 없이 다른 당사자에게 송달하여야 한다(법 제34조 제1항).

6. 증거조사신청권

당사자는 그의 주장을 뒷받침하기 위하여 필요하다고 인정할 때에는 위원회에 본인 또는 참고인의 심문, 당사자 또는 관계인이 소지하는 문서·장부·물건 그 밖의 증거자료의 위원회에의 제출요구, 제3자에 의한 감정의 요구, 검증의 요구 등 증거조사를 신청할 수 있다(법 제36조 제1항).

7. 심판참가인의 절차적 권리

심판참가인에게 당사자에 준하는 절차적 권리가 주어지고, 관련 서류를 참가인에게도 송달하도록 하는 등 참가인의 절차적 권리가 보장되고 있다(제20조 내지 제22조).

VI. 처분사유의 추가·변경

항고소송에서의 처분사유의 추가·변경의 법리는 행정심판 단계에서도 적용된다(대판 2014. 5. 16, 2013두26118).

의무이행심판의 경우 거부처분의 위법 여부는 처분시를 기준으로 하고 인용 여부는 재결시를 기준으로 하거나 거부처분의 위법 여부와 인용재결의 기준시를 재결시로 하게 되므로 처분 이후의 사실이나 법령의 변경이 재결시 고려되는 것은 처분사유의 추가·변경의 법리와 무관하게 가능한 것으로 보아야 한다.

VII. 행정심판법상 조정

2018년 5월 1일 시행되는 개정 행정심판법은 양 당사자 간의 합의가 가능한 사건의 경우 행정심판위원회가 개입·조정하는 절차를 통하여 갈등을 조기에 해결할 수 있도록 행정심판에 조정을 도입하였다.

위원회는 당사자의 권리 및 권한의 범위에서 **당사자의 동의를 받아** 심판청구의 신속하고 공정한 해결을 위하여 조정을 할 수 있다. 다만, 그 조정이 공공복리에 적합하지 아니하거나 해당 처분의 성질에 반하는 경우에는 그러하지 아니하다(제43조의2 제1항).

조정은 당사자가 합의한 사항을 조정서에 기재한 후 당사자가 서명 또는 날인하고 위원회가 이를 확인함으로써 **성립한다**(제43조의2 제3항). 제3항에 따라 성립한 조정에 대하여는 행정심판법 제48조(재결의 송달과 효력 발생), 제49조(재결의 기속력 등), 제50(위원회의 직접 처분), 제50조의2(위원회의 간접강제), 제51조(행정심판 재청구의 금지)의 규정을 준용한다(제43조의2 제4항).

제11항 행정심판의 재결

Ⅰ. 재결의 의의

행정심판의 재결이라 함은 행정심판청구에 대한 심리를 거쳐 재결청이 내리는 결정을 말한다.

재결은 행정행위이면서 동시에 재판작용(사법작용)적 성질을 아울러 갖는다.

① 재결은 행정행위로서 확인행위의 성질을 갖는다. 즉, 재결은 다툼이 있는 행정법상의 사실 또는 법률관계를 확정하는 행위이므로 확인행위이다.

② 재결은 행정심판기관이 행정법상의 분쟁에 대하여 일정한 심리절차를 거쳐 당해 분쟁을 해결하는 결정이므로 사법작용적 성질을 갖는다. 다만, 행정심판의 절차는 재판절차에 비하여 엄격하지 못하고 행정심판의 재결기관이 법원이 아니라 행정기관인 점에서 행정심판의 재결은 엄격한 의미의 사법작용은 아니며 준사법작용(準司法作用)이다. 따라서 재결에는 불가변력이 발생한다.

Ⅱ. 재결절차 등

1. 행정심판위원회의 재결

행정심판위원회는 심리를 마치면 직접 재결한다.

2. 재결기간

재결은 위원회 또는 피청구인이 심판청구서를 받은 날부터 60일 이내에 하여야 한다. 다만, 부득이한 사정이 있을 때에는 위원장이 직권으로 30일을 연장할 수 있다(법 제45조 제1항). 재결기간은 훈시규정이다.

3. 재결의 방식

재결은 서면(재결서)으로 한다(법 제46조 제1항).

4. 재결의 범위

① 위원회는 심판청구의 대상이 되는 처분 또는 부작위 외의 사항에 대하여는 재결하지 못한다(법 제47조 제1항). 즉, 행정심판에는 불고불리의 원칙이 채택되고 있다.

② 위원회는 심판청구의 대상이 되는 처분보다 청구인에게 불이익한 재결을 하지 못한다(법 제47조 제2항). 즉, 불이익변경금지의 원칙이 인정되고 있다.

③ 위원회는 처분의 위법 여부뿐만 아니라 당·부당도 판단할 수 있다(법 제1조·제2조).

5. 재결의 송달 등

위원회는 지체 없이 당사자에게 재결서의 정본을 송달하여야 한다(법 제48조 제1항). 재결은 청구인에게 송달이 있은 때에 그 효력이 생긴다(법 제48조 제2항).

위원회는 재결서의 등본을 지체 없이 참가인에게 송달하여야 하며 처분의 상대방이 아닌 제3자가 심판청구를 한 경우 위원회는 재결서의 등본을 지체 없이 피청구인을 거쳐 처분의 상대방에게 송달하여야 한다(법 제48조 제3항·제4항).

Ⅲ. 재결의 종류

행정심판의 재결에는 각하재결, 기각재결, 인용재결이 있다.

1. 각하재결 (요건재결)

각하재결이라 함은 행정심판의 제기요건이 결여되어 행정심판이 부적법(不適法)한 것인 때에 본안심리를 거절하는 재결이다.

'행정심판의 제기요건이 결여된 경우'는 다음과 같다.

① 행정심판청구의 대상이 아닌 행위에 대하여 행정심판이 제기된 경우. 대통령의 처분 또는 부작위에 대하여는 다른 법률에 특별한 규정이 있는 경우를 제외하고는 행정심판의 대상이 되지 아니한다(법 제3조 제2항).
② 청구인적격이 없는 자가 행정심판을 청구한 경우.
③ 행정심판제기기간이 경과된 후 행정심판이 제기된 경우. 무효등확인심판과 부작위에 대한 의무이행심판에는 심판청구기간의 제한이 적용되지 아니 하므로 행정심판제기기간의 경과를 이유로 한 각하재결은 있을 수 없다.
④ 심판청구가 부적법하여 행정심판법 제32조에 의해 보정을 명하였음에도 보정기간 내에 보정하지 아니한 경우.
⑤ 행정심판의 대상이 된 처분이나 부작위가 심판청구의 계속중 기간의 경과, 처분의 집행

그 밖의 사유로 효력이 소멸한 경우. 다만, 처분의 효력이 소멸된 뒤에도 그 처분의 취소로 인하여 회복되는 법률상 이익이 있는 때에는 각하재결을 하여서는 아니 된다(제13조 제1항).

⑥ 특별한 규정이 없음에도 이미 재결의 대상이 되었던 동일한 처분이나 부작위에 대하여 다시 행정심판을 제기한 경우. 다만, 동일한 내용의 처분이나 부작위라 하더라도 재결의 대상이 되었던 처분이나 부작위와 별도의 것인 경우에는 각하의 대상이 되지 아니한다.

2. 기각재결

기각재결이라 함은 본안심리의 결과 행정심판청구가 이유 없다고 인정하여 원처분을 시인하는 재결을 말한다(법 제43조 제2항). 기각재결은 심판청구의 실체적 내용에 대한 심리를 거쳐 심판청구가 이유 없다고 판단되는 경우에 내려진다.

기각재결이 있은 후에도 원처분청은 원처분을 직권으로 취소 또는 변경할 수 있다.

3. 인용재결

인용재결이라 함은 본안심리의 결과 심판청구가 이유 있다고 판단하여 청구인의 청구취지를 받아들이는 재결을 말한다. 인용재결에는 취소재결, 변경재결 및 변경명령재결, 무효등확인재결, 의무이행재결이 있다.

(1) 취소재결·변경재결 및 변경명령재결

위원회는 취소심판의 청구가 이유 있다고 인정하면 처분을 취소하거나 다른 처분으로 변경하거나 처분을 다른 처분으로 변경할 것을 피청구인에게 명한다(법 제43조 제3항).

1) 취소심판에서의 인용재결의 종류

취소심판에서의 인용재결에는 처분취소재결, 처분변경재결, 처분변경명령재결이 있다.

일부인용재결에는 일부취소재결, 변경재결 및 변경명령재결이 있다.

2) 전부취소와 일부취소

처분을 취소하는 재결은 당해 처분의 전부취소를 내용으로 하는 것과 일부취소를 내용으로 하는 것이 있다. 행정심판에서도 일부취소는 이론상 취소의 대상이 되는 부분이 가분적인 것인 경우에 가능하다. 다만, 처분의 부당도 통제의 대상이 되므로 일부취소의 요건이 되는 가분성은 행정소송에서의 그것보다 넓게 인정하여야 한다. 예를 들면, 재량행위인 영업정지처분의 기간을 변경하는 일부취소는 행정소송에서는 원칙상 인정될 수 없지만, 행정심판에서는 가능하다.

3) 적극적 변경

처분을 변경하거나 변경을 명하는 재결은 행정심판기관이 행정기관이므로 처분내용을 적극적으로 변경하거나 변경을 명하는 재결을 말한다. 예컨대, 허가취소처분을 영업정지처분으로, 영업정지처분을 과징금부과처분으로 변경하거나 변경을 명령하는 경우 등이다.

(2) 무효등확인재결

위원회는 무효등확인심판의 청구가 이유있다고 인정하면, 재결로서 처분의 효력 유무 또는 존재 여부를 확인한다(법 제43조 제4항). 따라서 무효확인재결에는 처분무효확인재결, 처분실효확인재결, 처분유효확인재결, 처분존재확인재결, 처분부존재확인재결이 있다.

(3) 의무이행재결

1) 의   의

의무이행재결은 의무이행심판의 청구가 이유 있다고 인정한 때에 신청에 따른 처분을 스스로 하거나 처분을 할 것을 피청구인에게 명하는 재결을 말한다(법 제43조 제5항).

2) 종류와 성질

의무이행재결에는 처분재결과 처분명령재결이 있다. 행정심판위원회는 법적으로 처분재결과 처분명령재결의 선택에 있어 재량권을 갖는다. 그런데, 실무상 대부분 처분명령재결을 하고 있고, 처분재결을 하는 예는 극히 드물다.

가. 처분재결   처분재결은 위원회가 스스로 처분을 하는 것이므로 형성재결이다. 처분재결에는 청구인의 청구내용대로 특정한 처분을 하는 전부인용 처분재결과 청구인의 청구 중 일부만 인용하는 특정내용의 처분재결이 있다.

나. 처분명령재결   처분명령재결은 처분청에게 처분을 명하는 재결이므로 이행재결이다.

처분명령재결에는 특정한 처분을 하도록 명하는 특정처분명령재결과 판결의 취지에 따라 일정한 처분을 할 것을 명하는 일정처분명령재결이 있다.

특정처분명령재결에는 청구인의 청구내용대로 특정한 처분을 하도록 명하는 재결과 청구인의 청구 중 일부만 인용하는 특정내용의 처분을 명하는 재결이 있다. 일정처분명령재결은 절차의 위법을 이유로 하는 재결, 적법재량행사를 명하는 재결 등이 있다.

3) 재결의 기준시

가. 재결의 기초의 기준시   의무이행심판에서 재결은 재결시를 기준으로 하여 내려진다. 거부처분이나 부작위시의 법이나 사실상황을 기초로 판단하는 것이 아니라 재결시(행정심판위원회의 의결시)의 법과 사실상황을 기초로 판단한다.

나. 위법·부당 판단의 기준시   의무이행재결시 거부처분의 위법 또는 부당을 판단하여야 하는지, 거부처분의 위법 또는 부당을 판단하여야 하는 경우에 처분시를 기준으로 하여야 하는지 아니면 재결시를 기준으로 판단하여야 하는지에 관하여 견해의 대립이 있다. 이것이 문제되는 것은 거부행위 후 법 및 사실상태에 변경이 가해진 경우이다.

생각건대, 의무이행심판이 거부처분 취소심판에 비해 종국적이고 실효적인 권리구제를 해 주는 심판형식이라는 의무이행심판의 의의를 달성하기 위하여는 재결시를 기준으로 거부행위의 위법·부당을 판단하고 의무이행재결을 하는 것이 타당하다. 또한, 행정심판기관이 행정기관이므로 권력분립의 원칙에 반할 염려도 없다.

이에 반하여 거부처분 취소심판에서 거부처분의 위법·부당판단의 기준시는 거부처분시이다.

4) 특정처분(명령)재결과 일정처분명령재결의 기준

어떠한 경우에 특정처분(명령)재결을 하고, 어떠한 경우에 일정한 처분을 명하는 재결을 할 것인가?

신청에 관련된 처분을 해야 할 사실상 및 법령상의 전제조건이 전부 구비되어 있는 경우, 즉 재결의 성숙성이 있는 경우에는 특정처분을 하거나 명하고, 그렇지 않은 경우에는 일정한 처분을 명하는 재결을 하는 것이 타당하다는 견해가 있으나, 처분청의 처분권을 존중하여 심리의 결과 특정한 처분을 명하기에 충분한 사실관계가 해명되고, 특정처분을 내려야 할 것이 관계법령상 명백한 경우에 한하여 특정처분을 하거나 명하고, 그렇지 않은 경우에는 일정한 처분을 명하는 재결을 하는 것이 타당하다.

4. 사정재결

사정재결이라 함은 심판청구가 이유 있다고 인정되는 경우에도 이를 인용하는 것이 공공복리에 크게 위배된다고 인정하는 때에 그 심판청구를 기각하는 재결을 말한다(법 제44조 제1항). 무효등확인심판의 경우에는 사정재결이 인정되지 않는다(법 제44조 제3항).

사정재결은 심판청구가 위법 또는 부당하더라도 공익을 위하여 사익을 희생시키는 것이므로 위원회는 사정재결을 하는 경우에 그로 인하여 청구인이 받는 손해에 대하여 구제조치를 취하여야 한다(제44조 제2항).

사정재결시 위원회는 그 재결의 主文(주문)에서 그 처분 또는 부작위가 위법하거나 부당하다는 것을 구체적으로 명시하여야 한다(법 제44조 제1항).

Ⅳ. 재결의 효력

행정심판법은 재결의 효력에 관하여 기속력과 직접처분에 관한 규정만을 두고 있다. 그런데, 취소재결, 변경재결과 처분재결에는 형성력이 발생한다고 보아야 하며 재결은 행정행위이므로 재결 일반에 대하여 행정행위에 특수한 효력인 공정력, 불가변력 등이 인정된다고 보아야 할 것이다.

판례에 따르면 처분청은 행정심판의 재결에 대해 불복할 수 없고, 행정심판법 제48조 제2항은 '재결은 청구인에게 송달되었을 때에 그 효력이 생긴다'고 규정하고 있으므로 인용재결의 효력인 형성력과 기속력은 재결이 청구인에게 송달되었을 때 효력이 발생한다.

1. 형 성 력

재결의 형성력이라 함은 재결의 내용에 따라 새로운 법률관계의 발생이나 종래의 법률관계의 변경, 소멸을 가져오는 효력을 말한다(대판 1999. 12. 16, 98두18619). 재결의 형성력은 제3자에게도 미치므로 이를 '대세적 효력'이라고도 한다.

형성력이 인정되는 재결로는 취소재결, 변경재결, 처분재결이 있다.

처분을 취소하는 재결이 있으면 취소된 처분은 소급적으로 효력을 상실한다. 일부취소재결의 경우에는 일부취소된 부분에 한하여 소급적으로 효력을 상실하고 일부취소되지 않은 부분에 한하여 원처분은 효력을 유지한다.

판례는 변경재결이 있으면 원처분이 변경재결로 변경되어 존재하는 것이 된다고 본다(행정소송 참조). 그러나, 변경재결이 있으면 원처분은 효력을 상실하고, 변경재결로 인한 새로운 처분은 제3자의 권익을 침해하지 않는 한 소급하여 효력을 발생한다고 보는 것이 타당하다.

의무이행재결 중 처분재결이 있는 경우에는 당해 재결은 장래에 향하여 즉시 효력을 발생한다.

2. 기 속 력

재결의 기속력이라 함은 피청구인과 그 밖의 관계행정청이 재결의 취지에 따르도록 피청구인과 관계 행정청을 구속하는 효력을 말한다. 따라서, 재결의 기속력을 재결의 구속력이라 부르는 견해도 있다. 재결의 기속력은 인용재결의 효력이며 기각재결에는 인정되지 않는다.

행정심판법 제49조 제1항은 "심판청구를 인용하는 재결은 피청구인과 그 밖의 관계행정청을 기속한다"라고 재결의 기속력을 규정하고 있다. 이 재결의 기속력에 반복금지효와 원상회복의무가 포함된다. 행정심판법 제49조 제2항, 제3항과 제4항은 거부처분 취소재결, 이행재결(처분명령재결), 절차의 위법 또는 부당을 이유로 한 취소재결의 경우에 재결의 취지에 따른 재처분의무를 명시적으로 인정하고 있다.

(1) 반복금지효

행정청은 처분의 취소재결, 변경재결 또는 무효, 부존재, 실효재결이 있는 경우 동일한 사정 아래에서는 같은 내용의 처분을 되풀이하지 못하며 동일한 과오를 되풀이 하지 못한다(대판 1983. 8. 23, 82누302. 자세한 것은 행정소송 참조).

(2) 원상회복의무(위법상태제거의무)

취소재결의 기속력에는 해석상 원상회복의무가 포함되는 것으로 보는 것이 타당하다. 따라서, 취소재결이 확정되면 행정청은 취소된 처분에 의해 초래된 위법상태를 제거하여 원상회복할 의무가 있다.

(3) 처분의무

1) 처분명령재결

당사자의 신청을 거부하거나 부작위로 방치한 처분의 이행을 명하는 재결이 있으면 행정청은 지체 없이 이전의 신청에 대하여 재결의 취지에 따라 처분을 하여야 한다(법 제49조 제3항).

2) 거부처분취소재결 또는 거부처분무효등확인재결

재결에 의하여 취소되거나 무효 또는 부존재로 확인되는 처분이 당사자의 신청을 거부하는 것을 내용으로 하는 경우에는 그 처분을 한 행정청은 재결의 취지에 따라 다시 이전의 신청에 대한 처분을 하여야 한다(행정심판법 제49조 제2항).

〈판례〉 (1) 거부처분을 취소하는 재결의 효력 및 그 취지와 양립할 수 없는 다른 처분에 대한 취소를 구할 소익의 유무: 당사자의 신청을 거부하는 처분을 취소하는 재결이 있는 경우에는 행정청은 그 재결의 취지에 따라 이전의 신청에 대한 처분을 하여야 하는 것이므로 행정청이 그 재결의 취지에 따른 처분을 하지 아니하고 그 처분과는 양립할 수 없는 다른 처분을 하는 것은 위법한 것이라 할 것이고 이 경우 그 재결의 신청인은 위법한 다른 처분의 취소를 소구할 이익이 있다. (2) 행정처분의 취소소송에 있어 판단의 대상이 되는 하자: 행정처분의 취소소송은 행정청의 위법한 처분 등을 취소 또는 변경하는 소송이므로 법원은 그 처분의 위법여부를 가려서 판단하면 되는 것이고, 그 처분의 부당여부까지 판단할 필요는 없다(대판 1988. 12. 13, 88누7880[도시계획사업시행허가처분등취소]).

3) 절차의 하자를 이유로 한 신청에 따른 처분을 취소하는 재결

신청에 따른 처분이 절차의 위법 또는 부당을 이유로 재결로써 취소된 경우 적법한 절차에 따라 신청에 따른 처분을 하거나 신청을 기각하는 처분을 하여야 한다(법 제49조 제4항).

4) 변경명령재결

취소심판에 있어서 변경을 명하는 재결이 있을 때 명문의 규정은 없지만, **행정심판법 제49조 제1항(기속력규정)**에 의해 행정청은 해당 처분을 변경하여야 한다.

(4) 기속력의 객관적 범위

기속력의 객관적 범위는 재결의 취지라고 할 수 있다. 기속력의 객관적 범위는 재결의 주문 및 재결이유 중 그 전제가 된 요건사실의 인정과 처분의 효력 판단에 한정되고, 재결의 결론과 직접 관련이 없는 방론이나 간접사실에 대한 판단에까지는 미치지 않는다.

(5) 이행재결의 기속력 확보수단으로서의 직접 처분과 간접강제

1) 직접처분

가. 의   의   **직접처분**이라 함은 행정청이 처분명령재결의 취지에 따라 이전의 신청에 대한 처분을 하지 아니하는 때에 위원회가 해당 처분을 직접 행하는 것을 말한다(법 제50조 제1항). 위원회는 제1항 본문에 따라 직접처분을 하였을 때에는 그 사실을 해당 행정청에 통보하여야 하며, 그 통보를 받은 행정청은 위원회가 한 처분을 자기가 한 처분으로 보아 관계 법령에 따라 관리·감독 등 필요한 조치를 하여야 한다(제2항).

직접처분은 의무이행재결의 실효성을 확보하기 위하여 인정된 의무이행재결의 이행강제제도이다.

나. **직접처분의 성질**   직접처분은 처분명령재결의 실효성을 확보하기 위한 행정심판작용이면서 동시에 행정처분(원처분)으로서의 성질을 갖는다.

다. 요   건   ① 처분명령재결이 있었을 것.

② 위원회가 당사자의 신청에 따라 시정을 명하였을 것.

③ 당해 행정청이 아무런 처분을 하지 아니하였을 것. 당해 행정청이 어떠한 처분을 하였다면 그 처분이 재결의 내용에 따르지 아니하였다고 하더라도 재결청이 직접 처분을 할 수는 없다(대판 2002. 7. 23, 2000두9151).

④ 그 처분의 성질이나 그 밖의 불가피한 사유로 위원회가 직접 처분을 할 수 없는 경우에 해당하지 않을 것(제50조 제1항). '처분의 성질상 위원회가 직접 처분을 할 수 없는 경우'라 함은 처분의 성질에 비추어 직접 처분이 불가능한 경우를 말한다.

예를 들면, 정보공개를 명하는 재결의 경우에는 정보공개는 정보를 보유하는 기관만이 할 수 있으며 처분의 성질상 위원회는 정보공개처분을 할 수 없다. 위원회가 직접 처분을 할 수 없는 그 밖의 불가피한 사유의 예로는 의무이행재결 후 사정변경(법적 상황 또는 사실적 상황의 변경)이 생겼고, 이러한 사정변경이 처분의 중요한 기초가 되는데, 행정심판위원회 자신이 인적·물적 자원의 한계로 인하여 그러한 처분의 기초자료에 관한 조사를 충실히 행할 수 없기 때문에 직접 처분을 할 수 없는 불가피한 경우를 들 수 있다.

처분이 재량행위인 경우로서 부관을 붙일 필요가 있는 경우는 그것만으로 '위원회가 직접 처분을 할 수 없는 그 밖의 불가피한 사유'에 해당한다고 할 수 없다.

2) 행정심판위원회의 간접강제

행정심판법상 간접강제제도는 행정심판 인용재결에 따른 행정청의 재처분 의무에도 불구하고 행정청이 인용재결에 따른 처분을 하지 아니하는 경우 행정심판위원회가 당사자의 신청에 의하여 결정으로 상당한 기간을 정하고, 행정청이 그 기간 내에 이행하지 아니하는 경우에 지연기간에 따라 일정한 배상을 하도록 명하거나 즉시 배상을 할 것을 명하는 제도이다.

행정심판법에 따르면 위원회는 피청구인이 제49조 제2항(거부처분 취소재결 등에 따른 재처분의무)(제49조 제4항에서 준용하는 경우(신청에 따른 처분이 절차의 위법 또는 부당을 이유로 재결로써 취소된 경우 처분의무)를 포함한다) 또는 제3항(처분명령재결에 따른 재처분의무)에 따른 처분을 하지 아니하면 청구인의 신청에 의하여 결정으로 상당한 기간을 정하고 피청구인이 그 기간 내에 이행하지 아니하는 경우에는 그 지연기간에 따라 일정한 배상을 하도록 명하거나 즉시 배상을 할 것을 명할 수 있다(제50조의2 제1항). 위원회는 사정의 변경이 있는 경우에는 당사자의 신청에 의하여 제1항에 따른 결정의 내용을 변경할 수 있다(동조 제2항). 위원회는 제1항 또는 제2항에 따른 결정을 하기 전에 신청 상대방의 의견을 들어야 한다(동조 제4항).

청구인은 간접강제결정 또는 간접강제변경결정에 불복하는 경우 그 결정에 대하여 행정소송을 제기할 수 있다(동조 제4항).

간접강제결정 또는 간접강제변경결정의 효력은 피청구인인 행정청이 소속된 국가·지방자치단체 또는 공공단체에 미치며, 결정서 정본은 제4항에 따른 소송제기와 관계없이 「민사집행법」에 따른 강제집행에 관하여는 집행권원과 같은 효력을 가진다. 이 경우 집행문은 위원장의 명에 따라 위원회가 소속된 행정청 소속 공무원이 부여한다(동조 제5항).

간접강제 결정에 기초한 강제집행에 관하여 이 법에 특별한 규정이 없는 사항에 대하여는 「민사집행법」의 규정을 준용한다. 다만, 「민사집행법」 제33조(집행문부여의 소), 제34조(집행문부여 등에 관한 이의신청), 제44조(청구에 관한 이의의 소) 및 제45조(집행문부여에 대한 이의의 소)에서 관할 법원은 피청구인의 소재지를 관할하는 행정법원으로 한다(동조 제6항).

3. 불가변력

재결은 당사자의 참여 아래 심리절차를 거쳐 내려지는 심판행위(준사법적 행위)이므로 성질상 보통의 행정행위와 달리 재결을 한 위원회 자신도 이를 취소·변경할 수 없는 불가변력을 갖는다.

4. 재결의 기판력 불인정

재결에는 명문의 규정(예, 토지보상법 제86조 제1항)이 없는 한 판결에서와 같은 기판력이 인정되지 않는다. 따라서 재결이 확정된 경우에도 처분의 기초가 된 사실관계나 법률적 판단이 확정되고 당사자들이나 법원이 이에 기속되어 모순되는 주장이나 판단을 할 수 없게 되는 것은 아니다(대판 2015. 11. 27, 2013다6759).

V. 재결에 대한 불복

1. 재심판청구의 금지

심판청구에 대한 재결이 있는 경우에는 해당 재결 및 동일한 처분 또는 부작위에 대하여 행정심판을 청구할 수 없다(법 제51조). 이와 같이 행정심판법은 처분에 대한 불복으로 원칙상 한번의 행정심판청구만을 인정하고 있다.

2. 원고 등의 행정소송

원고는 기각재결 또는 일부인용재결의 경우 항고소송을 제기할 수 있다. 이 경우 항고소송의 대상은 후술한다(항고소송의 대상 참조).

또한, 처분을 취소하는 인용재결로 인하여 비로소 권익침해를 당한 원처분의 상대방은 후술하는 바와 같이 재결을 대상으로 행정소송을 제기할 수 있다(항고소송의 대상 참조).

3. 처분청의 불복가능성

판례는 재결은 피청구인인 행정청과 그 밖의 관계행정청을 구속한다고 규정하고 있는 행정심판법 제49조 제1항(기속력규정)에 근거하여 처분청은 행정심판의 재결에 대해 불복할 수 없다고 본다(대판 1998. 5. 8, 97누15432).

4. 인용재결에 대한 권한쟁의심판

자치사무에 속하는 처분 또는 부작위에 대한 인용재결로 지방차지단체의 자치사무에 대한 자치권이 침해된 경우에는 당해 지방자치단체는 헌법재판소에 권한쟁의심판을 청구할 수 있다.

제12항 고지제도

Ⅰ. 고지제도의 의의 및 필요성

행정심판의 고지제도라 함은 행정청이 처분을 함에 있어서 상대방에게 그 처분에 대하여 행정심판을 제기할 수 있는지 여부, 심판청구절차, 청구기간 등 행정심판의 제기에 필요한 사항을 미리 알려 주도록 의무지우는 제도를 말한다.

행정심판법은 직권에 의한 고지(법 제58조 제1항)와 청구에 의한 고지(법 제58조 제2항)를 규정하고 있다. 그리고, 고지하지 않은 경우와 잘못 고지한 경우의 제재를 규정하고 있다(법 제23조, 제27조).

Ⅱ. 고지의 성질

고지는 불복제기의 가능 여부 및 불복청구의 요건 등 불복청구에 필요한 사항을 알려 주는 비권력적 사실행위이다. 고지는 그 자체로서는 아무런 법적 효과를 발생시키지 않는다. 다만, 불고지 또는 오고지로 손해가 발생한 경우에는 국가배상청구를 할 수 있을 것이다.

Ⅲ. 직권에 의한 고지

행정청이 처분을 할 때에는 처분의 상대방에게 처분에 대하여 행정심판을 청구할 수 있는지의 여부, 행정심판을 청구하는 경우의 심판청구절차 및 심판청구기간을 알려야 한다(법 제58조 제1항).

1. 고지의 대상

① 행정청의 고지의무는 처분이 서면으로 행해지는 경우에 한하지 않는다.

② 행정청의 고지의무는 처분이 행정심판법상의 행정심판의 대상이 되는 경우뿐만 아니라 다른 개별법령에 의한 심판청구의 대상이 되는 경우에도 인정된다.

③ 수익적 행정행위에 대하여는 상대방의 불복이 있을 수 없으므로 고지를 요하지 않는다. 예를 들면, 신청된 대로 처분이 행해진 경우가 그러하다. 그러나, 신청을 거부한 처분이나 신청된 것과 다른 내용의 처분 및 부관이 붙여진 처분의 경우에는 고지를 하여야 한다.

2. 고지의 상대방

현행법상 고지는 처분의 직접 상대방에 대하여만 하면 된다. 처분의 직접 상대방이 아닌 이해관계인은 고지의무의 상대방은 아니지만, 이들에게도 직권으로 고지하는 것은 가능하며 또한 바람직하다.

3. 고지의 내용

① 행정심판을 청구할 수 있는지 여부

② 심판청구절차

③ 심판청구기간

Ⅳ. 청구에 의한 고지

행정청은 이해관계인이 요구하면 ① 해당 처분이 행정심판의 대상이 되는 처분인지 및 ② 행정심판의 대상이 되는 경우 소관 위원회 및 심판청구 기간을 지체없이 알려 주어야 한다. 이 경우 서면으로 알려 줄 것을 요구받으면 서면으로 알려 주어야 한다(제58조 제2항).

1. 고지의 청구권자

고지를 청구할 수 있는 자는 '처분의 이해관계인'이다. 다만, 여기에서 이해관계인이라 함은 통상은 상대방에게는 이익을 주지만 제3자에게는 불이익을 주는 복효적 행정행위에 있어서 해당 제3자일 것이지만 처분시에 직권고지를 하지 아니한 경우에 당해 처분의 상대방도 포함한다고 보아야 할 것이다.

2. 고지청구의 대상

고지의 대상이 되는 처분은 서면에 의한 처분에 한정되지 않는다. 고지를 청구할 수 있는 대상은 모든 처분이다. 해당 처분이 행정심판의 대상이 되는 처분인지 여부, 서면에 의한 것인지 여부를 묻지 않는다.

3. 고지의 내용

고지의 내용은 행정심판의 제기에 필요한 사항(행정심판의 대상이 되는 처분인지 여부, 소관 위원회 및 청구기간) 중에서 당사자가 고지해 줄 것을 청구한 사항이다. 소관 위원회 및 청구기간은 해당 처분이 행정심판의 대상이 되는 경우에 고지의 대상이 된다.

V. 불고지 또는 오고지의 효과

행정심판법은 고지의무가 있음에도 고지를 하지 아니하거나(不告知) 잘못 고지(誤告知)한 경우에 처분의 상대방 또는 이해관계인의 권리구제를 위한 규정을 두고 있다.

1. 불고지의 효과

(1) 심판청구서제출기관과 권리구제

처분청이 고지를 하지 아니하여 청구인이 심판청구서를 다른 행정기관에 제출한 때에는 그 행정기관은 그 심판청구서를 지체 없이 정당한 권한 있는 피청구인에게 송부하고(법 제23조 제2항), 지체 없이 그 사실을 청구인에게 통지하여야 한다(법 제23조 제3항). 이 경우에 심판청구기간을 계산할 때에는 제1항에 따른 피청구인이나 위원회 또는 제2항에 따른 행정기관에 심판청구서가 제출되었을 때에 행정심판이 청구된 것으로 본다(제23조 제4항).

(2) 청구기간

처분청이 심판청구기간을 고지하지 아니한 때에는 심판청구기간은 처분이 있음을 안 경우에도 해당 처분이 있은 날로부터 180일이 된다(제27조 제6항).

2. 오고지의 효과

(1) 심판청구서제출기관과 권리구제

처분청이 심판청구서제출기관을 잘못 고지하여 청구인이 심판청구서를 처분청 또는 위원회가 아닌 다른 행정기관에 제출한 때의 효과도 위의 불고지의 경우와 같다(법 제23조 제2항·제3항·제4항).

(2) 청구기간

처분청이 심판청구기간을 '처분이 있음을 안 날로부터 90일 이내'보다 더 긴 기간으로 잘못 알린 경우에 그 잘못 알린 기간 내에 심판청구가 있으면 그 심판청구는 적법한 기간 내에 제기된 것으로 의제된다(법 제27조 제5항).

제13항 특별행정심판

특별행정심판이라 함은 행정심판법에 대한 특례규정이 두어진 행정심판을 말한다. 특별행정심판에 대하여 행정심판법에 따른 행정심판을 일반행정심판이라 할 수 있다.

예를 들면, 국세기본법에서의 심사청구 또는 심판청구, 국가공무원법상의 소청심사의 청구(법 제76조), 토지보상법상의 이의신청 등은 특별행정심판의 예이다.

행정심판에 관한 개별 법률의 특례규정은 행정심판법에 대한 특별법적 규정이므로 당해 특례규정이 행정심판법에 우선하여 적용된다. 그리고, 행정심판에 관하여 개별 법률에서 규정하고 있지 않은 사항과 절차는 일반법인 행정심판법이 적용된다(법 제4조 제2항). 그런데, 국세기본법 제56조 제1항은 국세심판에 대하여 행정심판법의 일부 규정을 준용하는 외에 원칙상 그 적용을 배제하고 있다.

사안의 전문성과 특수성을 살리기 위하여 특히 필요한 경우 외에는 이 법에 따른 행정심판을 갈음하는 특별한 행정불복절차(이하 "특별행정심판"이라 한다)나 이 법에 따른 행정심판 절차에 대한 특례를 다른 법률로 정할 수 없다(제4조 제1항).

제 3 절 행정소송

제 1 항 행정소송의 의의와 종류

Ⅰ. 행정소송의 의의

행정소송이라 함은 행정청의 공권력 행사에 대한 불복 및 기타 공법상의 법률관계에 관한 분쟁에 대하여 법원이 정식(正式)의 소송절차를 거쳐 행하는 행정쟁송절차를 말한다.

① 행정소송은 행정청의 공권력 행사에 대한 불복 및 그 밖의 행정법상의 법률

관계에 관한 분쟁에 관한 쟁송절차이다. 이 점에서 행정소송은 **민사소송 및 형사소송**과 **구별**된다.

　② 행정소송은 법원이 정식의 소송절차를 거쳐 행하는 행정쟁송절차이다. 이 점에서 행정소송은 **행정심판과 구별**된다.

Ⅱ. 행정소송의 법원(法原)

　행정소송에 관한 일반법으로 행정소송법이 있다. 행정소송법은 행정소송의 특수성(공익성, 전문성 등)을 고려하여 민사소송과 달리 행정소송에 대한 특수한 규율을 규정하고 있다. 다만, 행정소송법은 입법기술상 행정소송에 대한 규율(특수한 규율 포함)을 망라하여 규정하지 않고, 행정소송에 관하여 행정소송법에 특별한 규정이 없는 사항에 대하여는 법원조직법과 민사소송법 및 민사집행법의 규정을 준용하는 것으로 규정하고 있다(제8조).9) 또한, 행정소송절차에 관하여는 법 및 행정소송규칙에 특별한 규정이 있는 경우를 제외하고는 그 성질에 반하지 않는 한 「민사소송규칙」 및 「민사집행규칙」의 규정을 준용한다(행정소송규칙 제4조).

　따라서, 행정소송법이나 행정소송규칙에 규정되어 있지 않는 사항에 대하여는 성질상 허용되는 한도 내에서 민사소송에 관한 규정을 그대로 적용하거나 행정소송의 특수성을 고려하여 수정하여 적용하여야 한다. 행정소송은 권리구제기능뿐만 아니라 행정통제기능도 수행하는 것이므로 성질상 민사소송법의 규정을 그대로 준용할 수 없는 경우에는 민사소송법이 준용되지 아니한다. 그러한 예로는 청구의 인낙, 포기, 화해 등을 들 수 있다. 논란이 있지만, 판례에 따르면 민사소송법 제203조의 처분권주의(대판 1987. 11. 10, 86누491), 불고불리의 원칙(대판 1999. 5. 25, 99두1052), 민사소송법상 보조참가(대판 2013. 3. 28, 2011두13729), 소의 취하는 행정소송에 준용가능하다.

Ⅲ. 행정소송의 종류

　행정소송법은 행정소송을 항고소송, 당사자소송, 기관소송, 민중소송으로 구분하고 있다(제3조).

---

9) 준용은 입법기술의 하나인데, 준용되는 규정을 그대로 적용하는 것이 아니라 성질상의 차이를 고려하여 적용한다.

Ⅳ. 항고소송

1. 의   의

항고소송이라 함은 행정청의 우월한 일방적인 행정권 행사 또는 불행사에 불복하여 권익구제를 구하는 소송을 말한다.

① 항고소송은 행정청의 우월한 일방적인 행정권의 행사 또는 불행사를 대상으로 한다.

현행 행정소송법은 항고소송의 대상을 '처분 또는 행정심판의 재결'과 '부작위'로 규정하고 있다.

② 항고소송은 행정청의 일방적인 행정권 행사 또는 불행사에 대항하여 그로 인한 위법상태를 배제하는 것을 내용으로 한다. 따라서, 항고소송은 행정통제의 기능을 갖는다.

③ 항고소송은 행정청의 권력적인 행정작용으로 인하여 조성된 위법상태를 배제함으로써 국민의 권익을 구제하는 것을 목적으로 한다. 따라서 항고소송은 원상회복적인 권익구제제도이다.

2. 종   류

현행 행정소송법은 항고소송을 취소소송, 무효등확인소송, 부작위위법확인소송으로 구분하고 있다(제3조). 이와 같이 법에 의해 명시적으로 인정되고 있는 항고소송을 **법정항고소송**(法定抗告訴訟)이라 한다.

그런데, 법정항고소송만으로는 공백없는 권리구제의 요구를 충족시킬 수 없기 때문에 행정소송법에서 정한 항고소송 이외에 해석상 의무이행소송, 예방적 부작위소송 등의 항고소송을 인정할 수 있는가 하는 문제가 제기된다. 이와 같이 법에 정해지지는 않았지만 해석에 의해 인정되는 항고소송을 **법정외항고소송**(法定外抗告訴訟) 또는 **무명**(無名)**항고소송**이라 한다.

3. 취소소송

(1) 의   의

취소소송이라 함은 '행정청의 위법한 처분 등을 취소 또는 변경하는 소송'을 말한다(제4조 제1호). 소송실무상 취소소송이 행정소송의 중심적 지위를 차지하는 것으로 운용되고 있다. 이와 같이 취소소송을 행정소송의 중심으로 하는 것을 **취소소송중심주의**(取消訴訟中心主義)라 한다.

취소소송은 위법한 처분이나 재결을 다투어 위법한 처분이나 재결이 없었던 것과 같은 상태를 만드는 것을 주된 내용으로 한다.

(2) 대   상

취소소송의 대상은 '처분 등'이다(제19조, 자세한 것은 후술). '처분 등'이라 함은 처분 및 행정심판의 재결을 말한다. 처분에는 거부처분도 포함된다.

취소소송은 원칙상 취소사유인 위법한 처분이나 재결을 대상으로 하지만, 무효인 처분 등에 대하여 제기될 수도 있다. 무효인 처분에 대한 취소소송은 무효선언을 구하는 것일 수도 있고 단순히 취소를 구하는 것일 수도 있다. 전자의 경우에 취소법원은 무효를 선언하는 의미의 취소판결을 하고, 후자의 경우에는 통상의 취소판결을 한다.

(3) 성   질

취소소송은 항고소송의 대표적인 소송유형이다.

취소소송은 일단 유효한 처분의 취소 또는 변경을 통하여 계쟁처분에 의해 형성된 법률관계를 소멸 또는 변경시키는 등 위법상태를 제거하여 원상회복시키는 성질의 소송으로서 형성소송이라고 보는 견해가 통설·판례이다.

(4) 소 송 물

소송물이란 심판의 대상이 되는 소송상의 청구를 말한다. 소송물은 소송의 기본단위로서 소의 병합, 처분사유의 추가·변경, 소의 변경을 결정하는 경우와 기판력의 객관적 범위를 정하는 경우 등에 있어서 의미를 갖는다.

취소소송의 소송물은 **처분의 위법성 일반**(추상적 위법성)이라고 보는 견해가 다수견해이며 판례의 입장이다. 이 견해에 따르면 개개의 위법사유에 관한 주장은 단순한 공격방어방법에 지나지 않는다고 보며 취소소송에서 판결의 기판력은 처분의 위법 또는 적법 일반에 대하여 미친다고 한다.

생각건대, 소송물은 소송법적 관점에서 파악하는 것이 타당하고, 취소소송은 형성소송이며 취소소송에서 기본적으로 다투어지는 것은 권리침해가 아니라 처분의 위법성이므로 취소소송의 소송물은 '처분의 위법을 이유로 처분의 취소를 구하는 원고의 주장'이라고 보는 것이 타당하다.

(5) 판   결

위법한 처분에 대하여 취소소송이 제기된 경우에 법원은 해당 위법이 무효사유인 위법인지 취소사유인 위법인지 구분할 필요 없이 취소판결을 내리면 된다. 취소소송에 있어서는 해당 처분이 위법한지 아닌지가 문제이고 그 위법이 중대하고 명백한 것인지 여부는 심리대상이 되지 않기 때문이다. 실무도 이렇게 하고 있다(대판 1999. 4. 27, 97누6780).

다만, 무효의 선언을 구하는 취소소송이나 무효인 처분에 대한 취소소송이나 모두 불복기간 등 취소소송의 요건을 충족하여야 한다.

4. 무효등확인소송

(1) 의   의

무효등확인소송이라 함은 '행정청의 처분이나 재결의 효력 유무 또는 존재 여부의 확인을 구하는 소송'을 말한다. 무효등확인소송에는 처분이나 재결의 존재확인소송, 부존재확인소송, 유효확인소송, 무효확인소송, 실효확인소송이 있다.

(2) 대   상

무효확인소송의 대상도 취소소송과 같이 '처분 등'이다.

(3) 성   질

현행법은 무효등확인소송을 항고소송으로 규정하고 있다. 그런데, 실질에 있어서는 무효등확인소송은 항고소송의 성질과 확인소송의 성질을 아울러 갖는 것으로 보아야 한다. 즉, 무효등확인소송은 처분 등의 존재 또는 유효를 부정하거나 부존재 또는 무효를 주장하는 행정청의 태도를 다투는 소송이므로 항고소송이라고 볼 수 있다. 그러나, 다른 한편으로 무효등확인판결은 처분 등의 효력을 소멸시키거나 발생시키는 등 형성적 효력을 갖는 것이 아니라 처분 등의 존부나 효력의 유무를 확인하는 것에 불과하므로 무효등확인소송은 확인소송의 성질을 갖는다고 보아야 한다.

(4) 법적 규율

취소소송에 관한 행정소송법 제9조, 제10조, 제13조 내지 제17조, 제19조, 제21조, 제22조 내지 제26조, 제29조 내지 제31조 및 제33조의 규정은 무효등 확인소송의 경우에 준용한다(행정소송법 제37조, 제38조 제1항). 그렇지만, 무효등확인소송에는 취소소송에서와 달리 행정심판전치주의, 제소기간, 사정판결, 간접강제 등의 규정이 적용되지 않는다.

행정소송규칙 제5조부터 제13조까지 및 제15조는 무효등 확인소송의 경우에 준용한다(행정소송규칙 제18조 제1항).

(5) 무효확인청구와 취소청구

무효확인청구를 주위적 청구, 취소청구를 예비적 청구로 할 수 있다. 그러나,

취소청구를 주위적 청구, 무효확인청구를 예비적 청구로 할 수는 없다. 왜냐하면, 행정처분의 위법이 인정되지 않아 취소청구가 배척되면 논리상 무효확인은 인정될 수 없기 때문이다. 다만, 취소청구가 출소기간의 경과 등 기타의 이유로 각하되는 경우에 대비하여 취소청구에 대해 본안판결이 행해지는 것을 해제조건으로 무효확인청구를예비적으로 제기할 수는 있다.

그러나, 행정처분에 대한 무효확인청구와 취소청구는 서로 양립할 수 없는 청구로서 선택적 청구로서의 병합이나 단순 병합은 허용되지 아니한다(대판 1999. 8. 20, 97누6889).

(6) 판 결

무효확인소송의 대상이 된 행위의 위법이 심리의 결과 무효라고 판정되는 경우에는 인용판결(무효확인판결)을 내린다.

그런데, 해당 위법이 취소원인에 불과한 경우에 법원은 어떠한 판결을 내려야 하는가.

① 해당 무효확인소송이 취소소송요건을 갖추지 못한 경우 기각판결을 내려야 한다.

② 해당 무효확인청구가 취소소송요건을 갖춘 경우에 판례는 무효확인청구는 취소청구를 포함한다고 보고, 취소소송의 소송요건을 충족한 경우 취소판결을 하여야 한다고 한다(대판 1994. 12. 23, 94누477 ; 2005. 12. 23, 2005두3554).

③ 재판장은 무효확인소송이 법 제20조에 따른 기간(취소소송 제소기간) 내에 제기된 경우에는 원고에게 처분등의 취소를 구하지 아니하는 취지인지를 명확히 하도록 촉구(석명권의 행사)할 수 있다. 다만, 원고가 처분등의 취소를 구하지 아니함을 밝힌 경우에는 그러하지 아니하다(행정소송규칙 제16조).

5. 부작위위법확인소송

(1) 의   의

부작위위법확인소송이라 함은 '행정청의 부작위가 위법하다는 것을 확인하는 소송'을 말한다. 부작위위법확인소송은 행정청이 신청에 따른 가부간의 처분을 하여야 함에도 아무런 응답을 하지 않는 것이 위법하다는 확인을 구하는 것이며 원고의 신청을 인용하지 않고 있는 것이 위법하다는 확인을 구하는 소송이 아니다(판례, 이견 있음).

부작위위법확인소송은 신청에 대한 행정청의 부작위에 대한 권리구제제도로서는 우회적인 구제수단이다. 즉, 부작위에 대한 부작위위법확인소송에서 부작위위법확인판결이 내려지면 그 판결의 기속력에 의해 행정청은 적극 또는 소극의 처분을 하여야 하고, 행정청이 소극의 처분(거부처분)을 하면 그 소극의 처분에 대하여 다시 취소소송을 제기하여 권리구제를 받아야 한다.

(2) 대　　상

부작위위법확인소송의 대상은 부작위(不作爲)이다. **부작위**라 함은 '행정청이 당사자의 신청에 대하여 상당한 기간 내에 **일정한 처분을 하여야 할 법률상 의무가 있음**에도 불구하고 이를 하지 아니하는 것'을 말한다(행정소송법 제2조 제2호).

거부처분이 있었는지 아니면 부작위인지 애매한 경우가 있다. 이 경우에는 거부처분취소소송과 부작위위법확인소송 중 한 소송을 주위적 청구로 하고 다른 소송을 예비적 청구로 제기할 수 있다.

(3) 성　　질

부작위위법확인소송은 항고소송의 하나이며 확인소송의 성질을 갖는다.

(4) 부작위위법확인소송의 절차

취소소송에 관한 행정소송법 제9조, 제10조, 제13조 내지 제19조, 제20조, 제21조, 제25조 내지 제27조, 제29조 내지 제31조, 제33조 및 제34조의 규정은 부작위위법확인소송의 경우에 준용한다(행정소송법 제37조, 제38조 제1항).

취소소송에 관한 행정소송규칙 제5조부터 제8조까지, 제11조, 제12조 및 제15조는 부작위위법확인소송의 경우에 준용한다(행정소송규칙 제18조 제2항).

(5) 판　　결

부작위위법확인판결이 난 경우에 행정청은 판결의 기속력에 의해 가부간의 어떠한 처분을 하여야 할 의무를 지게 되지만 신청에 따른 처분을 하여야 할 의무를 지게 되지는 않는다.

6. 의무이행소송

(1) 의　　의

의무이행소송은 행정청의 거부처분 또는 부작위에 대하여 법상의 작위의무의 이행을 청구하는 소송을 말한다. 의무이행소송은 국가가 수익적 처분을 해 주지 않는 것(거부 또는 부작위)에 대한 효과적인 구제수단이다. 그런데, 현행 행정소송법은 전술한 바와 같이 우회적인 구제수단인 거부처분의 취소소송과 부작위위법확인소송만을 인정하고 있고 의무이행소송에 대하여는 명시적인 규정을 두고 있지 않다.

(2) 허용 여부

현행법의 해석상 의무이행소송이 인정될 수 있는가에 관하여는 견해가 긍정설, 부정설, 절충설로 나뉘어 대립하고 있다. 판례는 일관되게 행정청의 부작위에 대하여 일정한 처분을 하도록 하는 의무이행소송은 현행 행정소송법상 허용되지 아니한다고 본다(대판 1986. 8. 19, 86누223 ; 1995. 3. 10, 94누14018).

7. 예방적 부작위청구소송(예방적 금지소송)

(1) 의   의

예방적 부작위소송이란 행정청의 공권력 행사에 의해 국민의 권익이 침해될 것이 예상되는 경우에 미리 그 예상되는 침익적 처분을 저지하는 것을 목적으로 하여 제기되는 소송을 말한다. 예방적 부작위소송은 **예방적 금지소송**이라고도 한다.

(2) 허용 여부 및 허용범위

현행법의 해석상 예방적 부작위청구소송이 인정될 수 있는가에 관하여는 견해가 긍정설, 부정설, 제한적 긍정설로 나뉘어 대립하고 있다. 판례는 부정설을 취하고 있다(대판 2006. 5. 25, 2003두11988).

V. 당사자소송

1. 의   의

당사자소송이라 함은 공법상 법률관계의 주체가 당사자가 되어 다투는 공법상 법률관계에 관한 소송을 말한다.

행정소송법은 공법상 당사자소송을 "행정청의 처분 등을 원인으로 하는 법률관계에 관한 소송, 그 밖에 공법상의 법률관계에 관한 소송으로서 그 법률관계의 한쪽 당사자를 피고로 하는 소송"이라고 정의하고 있다(제3조 제2호).

당사자소송은 공법상 법률관계를 다투는 소송인 점에서 공권력의 행사 또는 불행사의 위법을 다투는 **항고소송과 구별**된다. 그리고, 당사자소송은 공법상 법률관계에 관한 소송인 점에서 사법상 법률관계에 관한 소송인 **민사소송과 구별**된다.

현행 행정소송법상 당사자소송은 **민사소송과 다음과 같은 점에서 차이**가 있다. ① 당사자소송에는 행정청이 참가할 수 있지만, 민사소송에는 불가능하다. ② 당사자소송에서는 직권탐지주의가 적용되지만, 민사소송에서는 직권탐지주의가 적용되지 않는다. ③ 당사자소송의 판결의 기속력은 해당 행정주체 산하의 행정청에도 미치지만, 민사소송에서는 소송당사자에게만 판결의 효력이 미친다. ④ 당사자소송에 민사소송을 병합하는 것은 인정되지만, 민사소송에 당사자소송을 병합하는 것은 인정되지 않는다.

그렇지만, 당사자소송은 민사소송과 유사하므로 민사소송에 관한 규정이 당사자소송에 널리 적용된다. 예를 들면, 민사집행법상의 가압류, 가처분규정은 당사자소송에 적용된다.

소송실무상(판례상) 당사자소송이 널리 활용되고 있지 못하다. 즉, 판례는 공법상 당사자소송으로 제기하여야 할 것이라고 학설이 주장하는 소송(국가배상청구소송 등 특히 금전의 지급을 청구하는 소송)도 민사소송으로 보는 경우가 많다. 다만, 최근에는 당사자소송을 다소 확대하는 판례가 나타나고 있다.

2. 당사자소송의 종류

공법상 당사자소송을 실질적 당사자소송과 형식적 당사자소송으로 구별하는 것이 일반적 견해이다.

(1) 실질적 당사자소송

실질적 당사자소송이라 함은 형식적으로나 실질적으로나 공법상 법률관계에 관한 다툼만이 대상인 당사자소송을 말한다. 통상 당사자소송이라 함은 실질적 당사자소송을 말한다. 그 예로 공무원의 지위확인소송, 공법상 계약에 관한 소송, 공법상 결과제거청구소송 등을 들 수 있다.

(2) 형식적 당사자소송

형식적 당사자소송은 일반적으로 '실질적으로는 처분 등의 효력을 다투는 항고소송의 성질을 가지지만 형식적으로는(소송형태상) 당사자소송의 형식을 취하는 소송'이라고 정의한다.

형식적 당사자소송은 기본적으로는 법률관계의 내용을 다투는 점에서 당사자소송이지만 처분의 효력의 부인을 전제로 하는 점에서 실질적 당사자소송과 다르다. 형식적 당사자소송에서는 항고소송에서와 달리 법원이 다툼의 대상이 되는 법률관계의 내용을 직접 결정한다.

형식적 당사자소송의 인정이유는 권리구제의 실효성 제고와 소송경제에 있다.

형식적 당사자소송은 처분 등을 원인으로 하는 법률관계의 내용에 대하여 불복하는 소송인데, 만일 형식적 당사자소송이 인정되지 않으면 먼저 항고소송으로 처분의 효력을 다투어야 하고, 그 소송의 결과에 따라 처분청의 새로운 처분이 있어야 권리구제가 실현된다. 또한 만일 새로운 처분에 의해 형성된 새로운 법률관계 역시 불복한 자에게 만족을 주지 못하면 다시 그 새로운 처분의 효력을 다투는 항고소송을 제기하므로 권리구제가 지체되고 무용한 소송의 반복을 가져오는 결과가 되기 쉽다. 따라서, 권리구제의 실효성을 제고하고 소송경제를 확보하기 위하여 일정한 처분 등을 원인으로 하는 법률관계의 내용에 불복하는 때에는 직접 그 법률관계의 내용을 다투고 수소법원이 그 법률관계의 내용을 결정하도록 하는 소송을 인정할 필요가 있는 것이다. 형식적 당사자소송은 바로 이러한 필요성에 부응하기 위하여 인정되는 소송형식이다.

개별법상의 형식적 당사자소송이 인정되고 있는 경우로는 「공익사업을 위한 토지 등의 취득 및 보상에 관한 법률」 제85조 제2항의 손실보상금증감청구소송, 「특허법」상 보상금 또는 대가에 관한 소송(특허법 제191조), 전기통신기본법 등이 있다. 또한 「특허법」 제191조는 「상표법」, 「실용신안법」, 「디자인보호법」 등에 준용되고 있다.

3. 당사자소송의 법적 근거

실질적 당사자소송은 행정소송법 제3조 제2호 등에 의해 인정되고 있다. 형식적 당사자소송은 행정소송법 제3조 제2호에 근거하여서는 인정할 수 없고, 개별법률에 명시적인 근거가 있어야 인정될 수 있다고 보는 것이 일반적인 견해이다.

4. 당사자소송의 절차

당사자소송에 대하여 행정소송법은 다음과 같이 규정하고 있다. 당사자소송은 국가·공공단체 그 밖의 권리주체를 피고로 한다(행정소송법 제39조). 제9조(재판관할)의 규정은 당사자소송의 경우에 준용한다. 다만, 국가 또는 공공단체가 피고인 경우에는 관계행정청의 소재지를 피고의 소재지로 본다(제40조). 당사자소송에 관하여 법령에 제소기간이 정하여져 있는 때에는 그 기간은 불변기간으로 한다(제41조). 제21조(소의 변경)의 규정은 당사자소송을 항고소송으로 변경하는 경우에 준용한다(제42조). 그 밖에 제14조(피고경정), 제15조(공동소송), 제16조(제3자의 소송참가), 제17조(행정청의 소송참가), 제22조(처분변경으로 인한 소의 변경), 제25조(행정심판기록의 제출명령), 제26조(직권심리), 제30조(취소판결의 기속력) 제1항, 제32조(소송비용의 부담) 및 제33조(소송비용에 관한 재판의 효력)의 규정은 당사자소송의 경우에 준용한다(제44조 제1항). 제10조(관련청구소송의 이송 및 병합)의 규정은 당사자소송과 관련청구소송이 각각 다른 법원에 계속되고 있는 경우의 이송과 이들 소송의 병합의 경우에 준용한다(제2항).

행정소송규칙 제5조부터 제8조까지, 제12조 및 제13조는 당사자소송의 경우에 준용한다(행정소송규칙 제20조).

당사자소송의 대상, 원고적격, 피고적격, 재판관할, 제소기간, 행정심판전치, 관련청구의 이송·병합, 소의 변경, 심리, 판결에 대하여 자세한 사항은 후술하기로 한다.

행정소송법 제8조 제2항에 의하면 행정소송법에 특별한 규정이 없는 사항에 대하여는 행정소송에는 민사소송법 등의 규정이 일반적으로 준용된다. 그런데, 당사자소송은 민사소송과 유사한 점이 많으므로 행정소송법에 당사자소송에 관한 특별한 규정이 없는 경우에는 민사소송법 등의 규정이 당사자소송에 널리 적용된다.

VI. 민중소송

1. 의   의

민중소송이라 함은 '국가 또는 공공단체의 기관이 법률에 위반되는 행위를 한 때에 직접 자기의 법률상 이익과 관계없이 그 시정을 구하기 위하여 제기하는 소송'을 말한다(행정소송법 제3조 제3호).

민중소송은 국가나 공공단체의 기관의 위법행위를 시정하는 것을 목적으로 하는 **공익소송**이며 개인의 법적 이익 구제를 목적으로 하는 소송이 아니다. 따라서, 원고적격이 법률상 이익의 침해와 관계없이 국민, 주민 또는 선거인 등 일정범위의 일반국민에게 인정된다. 따라서 민중소송은 주관적 소송이 아니라 **객관적 소송**이다.

2. 민중소송의 예

민중소송은 특별히 법률의 규정이 있을 때에 한하여 예외적으로 인정된다(법 제45조, 민중소송법정주의). 민중소송의 예로는 선거소송(공직선거법 제222조 제1항, 제2항), 국민투표에 관한 소송(국민투표법 제92조), 주민소송(지방자치단체의 주민이 일정한 요건하에 지방자치단체의 위법한 재무행위를 시정하기 위하여 법원에 소송, 지방자치법 제17조)을 들 수 있다.

3. 민중소송의 법적 규율

민중소송은 민중소송을 인정하는 개별 법률에서 정한 사항을 제외하고는 행정소송법의 규정을 준용한다.

① 민중소송으로서 처분 등의 취소를 구하는 소송(취소소송형 민중소송)에는 그 성질에 반하지 아니하는 한 취소소송에 관한 규정을 준용한다(법 제46조 제1항). ② 민중소송으로서 처분 등의 효력 유무 또는 존재 여부나 부작위의 위법의 확인을 구하는 소송에는 그 성질에 반

하지 아니하는 한 각각 무효등확인소송 또는 부작위위법확인소송에 관한 규정을 준용한다 (법 제46조 제2항). ③ 민중소송으로서 제1항 및 제2항에 규정된 소송 외의 소송에는 그 성질 에 반하지 아니하는 한 당사자소송에 관한 규정을 준용한다(법 제46조 제3항).

Ⅶ. 기관소송

1. 의   의

기관소송이라 함은 "국가 또는 공공단체의 기관 상호간에 있어서의 권한의 존 부 또는 그 행사에 관한 다툼이 있을 때에 이에 대하여 제기하는 소송"을 말한다 (행정소송법 제3조 제4호). 다만, 헌법재판소법 제2조의 규정에 의하여 헌법재판소의 관장사항으로 되어 있는 권한쟁의심판은 행정소송법상 기관소송에서 제외된다(행정 소송법 제3조 제4호).

본래 동일한 행정주체에 속하는 기관 상호간의 권한을 둘러싼 분쟁은 상급청 이 해결하는 것이 원칙이다(행정절차법 제6조 제2항, 헌법 제89조 제10호). 그런데, 행정주 체 내에 이러한 분쟁을 해결할 수 있는 적당한 기관이 없거나 제3자에 의한 공정한 해결을 할 필요가 있는 경우가 있고, 이러한 경우에 법원에 제소하여 해결하도록 한 제도가 기관소송이다.

2. 기관소송의 예

현행 행정소송법은 기관소송은 법률이 정한 경우에 한하여 제기할 수 있는 것 으로 규정하여 **기관소송법정주의**를 취하고 있다(제45조).

현행법상 인정되고 있는 기관소송의 예로는 지방의회재의결에 대한 지방자치 단체의 장의 무효확인소송을 들 수 있다(지방자치법 제120조 제3항).

3. 기관소송의 법적 규율

기관소송은 기관소송을 인정하는 개별 법률에서 정한 사항을 제외하고는 행정 소송법의 규정을 준용한다.

① 기관소송으로서 처분 등의 취소를 구하는 소송(취소소송형 기관소송)에는 그 성질에 반하 지 아니하는 한 취소소송에 관한 규정을 준용한다(법 제46조 제1항). ② 기관소송으로서 처분 등의 효력 유무 또는 존재 여부나 부작위의 위법의 확인을 구하는 소송에는 그 성질에 반 하지 아니하는 한 각각 무효등확인소송 또는 부작위위법확인소송에 관한 규정을 준용한다 (법 제46조 제2항). ③ 기관소송으로서 제1항 및 제2항에 규정된 소송 외의 소송에는 그 성질 에 반하지 아니하는 한 당사자소송에 관한 규정을 준용한다(법 제46조 제3항).

제 2 항 행정소송의 한계

행정소송에는 사법의 본질에서 오는 한계와 권력분립의 원칙에서 오는 일정한 한계가 있다.

Ⅰ. 사법의 본질에서 오는 한계

사법은 '구체적인 법적 분쟁(법률상 쟁송)이 발생한 경우에 당사자의 소송 제기에 의해 독립적 지위를 가진 법원이 법을 적용하여 해당 법적 분쟁을 해결하는 작용'을 말한다. 법원조직법은 법률적 쟁송만이 법원의 심판대상임을 명시하고 있다(제2조 제1항). 따라서 구체적인 법적 분쟁이 아닌 사건(구체적 사건성이 없는 사건)은 명문의 규정이 없는 한 사법의 본질상 당연히 행정소송의 대상이 될 수는 없으며, 법률을 적용하여 해결될 성질의 것이 아닌 사건도 그러하다.

1. 구체적인 법적 분쟁이 아닌 사건

구체적인 법적 분쟁이 아닌 사건이라 함은 당사자 사이의 구체적인 권리의무에 관한 분쟁이 아닌 사건을 말한다.

(1) 추상적 법령의 효력과 해석에 관한 분쟁

구체적인 법적 분쟁을 전제로 함이 없이 법령의 효력 또는 해석 자체를 직접 다투는 소송(추상적 규범통제)은 사법의 본질상 인정할 수 없다.

그러나, 법령 그 자체에 의하여 국민의 권익에 직접 영향을 미치는 처분적 법령은 그 자체가 항고소송의 대상이 된다. 그리고, 위헌 또는 위법인 법령이 집행되어 국민의 권익이 현실적으로 침해된 경우에 해당 법령을 집행하여 행한 행정청의 처분을 다투고 이 경우에 그 전제문제로서 해당 법령의 위헌·위법을 간접적으로 다툴 수 있을 뿐이다(헌법 제107조 제2항).

사법의 본질상 추상적 법령 자체를 다투는 소송을 원칙상 인정할 수 없지만, 헌법(특히 권력분립의 원칙)에 반하지 않는 한 법률의 규정에 의해 예외적으로 추상적 법령을 다투는 행정소송을 인정할 수 있다. 우리나라에서도 예외적이기는 하지만 조례에 대한 사전적·추상적 규범통제(조례안재의결무효확인소송)가 인정되고 있다(지방자치법 제120조 제3항, 제192조).

(2) 반사적 이익에 관한 분쟁

사법(司法)은 구체적인 법적 분쟁을 해결하여 국민의 권익을 구제해 주는 것을 목적으로 하므로 권리 또는 법적 이익이 침해된 경우에 한하여 행정소송이 가능하며 반사적 이익의 보호를 주장하는 행정소송은 인정될 수 없다. 현행 행정소송법도 법률상 이익이 있는 자만이 항고소송을 제기할 수 있는 것으로 하고 있다(법 제12조, 제35조, 제36조).

(3) 객관적 소송

객관적 소송이라 함은 행정의 적법성 보장을 주된 목적으로 하는 소송을 말한다.

종래 사법의 본질상 객관소송의 형식을 갖는 행정소송을 인정할 수 없다고 보았으나, 오늘날에는 객관소송의 성격을 갖는 행정소송을 인정할 것인지의 여부는 입법정책의 문제라고 본다.

행정소송법은 객관적 소송인 민중소송과 기관소송은 개별 법률에서 인정하는 경우에만 예외적으로 인정되는 것으로 하고 있다.

그러나, 오늘날 행정소송의 행정통제적 기능이 강조되면서 선진외국에서는 객관적 성격의 소송이 점차 널리 인정되고 있다.

2. 법령의 적용으로 해결하는 것이 적절하지 않은 분쟁

사법은 법을 적용하여 법적 분쟁을 해결하는 작용이다. 따라서, 법률을 적용하여 해결될 성질의 것이 아닌 사건은 행정소송의 대상이 될 수 없다.

(1) 통치행위

법원은 통치행위의 관념을 인정하면서 통치행위는 사법심사의 대상이 되지 않는다고 보고 있다. 그러나, 헌법재판소는 대통령의 긴급재정·경제명령을 통치행위라고 보면서도 통치행위도 그것이 국민의 기본권 침해와 직접 관련되는 경우에는 헌법소원의 대상이 된다고 보았다(헌재 1996. 2. 29, 93헌마186).

(2) 재량행위 및 판단여지

재량행위도 처분성을 갖는 경우 항고소송의 대상이 된다.

다만, 재량행위의 경우에는 재량권의 행사가 한계를 넘지 않는 한(재량권을 일탈·남용하지 않는 한) 재량권 행사에 잘못이 있다고 하더라도 위법은 아니며 부당에 그치는 것이므로 사법적 통제의 대상이 되지 않는다. 그러나, 재량권을 일탈·남용한 경우에는 재량행위가 위법하게 되므로 행정소송을 통한 통제가 가능하다.

고도로 정책적이고 전문·기술적인 사항에 대한 행정청의 판단에는 판단여지가 인정되는 것으로 보는 것이 타당하며 판단여지가 인정되는 사항에 대한 행정청의 판단은 사회통념상 현저히 부당하다고 여겨지지 않는 한 사법심사의 대상이 되지 않는다.

(3) 특별권력관계 내에서의 행위

종래 특별권력관계 내에서의 행위에 대하여는 특별권력주체의 내부행위로 보아 사법심사의 대상이 되지 않는 것으로 보았다. 그러나, 오늘날에는 특별권력관계 내에서의 행위일지라도 그것만으로 사법심사의 대상에서 제외되는 것은 아니며 그것이 권리주체간의 권리의무관계에 직접 영향을 미치는 외부행위인 처분인지 아니면 그렇지 않은 순수한 내부행위인지에 따라 사법심사의 대상이 되는지 여부가 결정된다고 본다.

(4) 내부행위

순수한 내부행위는 원칙상 법적 통제의 대상이 되지 않고, 사법적 통제의 대상이 되지 않는다. 내부행위라도 처분성을 갖는 경우 사법적 통제의 대상이 된다.

Ⅱ. 권력분립에서 오는 한계

권력분립하에서도 행정사건은 사법(재판)의 대상이 된다. 행정법상의 법적 분쟁이 사법권에 의한 재판의 대상이 되는 것은 권력분립에 반하는 것은 아니며 오히려 사법의 본질상 인정되는 것이다.

그러나, 권력분립의 원칙상 행정소송에는 일정한 한계가 있다. 권력분립의 원칙상 행정청의 제1차적 판단권이 존중되어야 하며 이것이 행정소송의 한계가 된다. 과거 행정권의 예방적 금지, 행정권의 행사를 구하는 소송은 권력분립의 원칙상 인정될 수 없다는 견해가 지배적이었으나 권력분립을 기능적으로 이해하는 오늘날에는 의무이행소송이나 예방적 금지소송을 인정하는 것이 권력분립의 원칙에 반하는 것은 아니고 입법정책의 문제에 속한다고 보는 것이 일반적 견해이다. 다만, 현행 행정소송법도 예방적 금지소송 및 의무이행소송은 명문상으로는 인정하고 있지 않다.

제 3 항 소송요건

소송요건이라 함은 본안심리를 하기 위하여 갖추어야 하는 요건을 말한다. 소송요건이 충족된 소송을 **적법한 소송**이라 하고 이 경우 법원은 본안심리로 넘어간다. 소송요건이 결여된 소송을 **부적법한 소송**이라 하며 이 경우 법원은 각하판결을 내린다. 그리하여 소송요건을 본안심판요건 또는 소의 적법요건이라 한다. 다만, 소송요건의 심사는 본안심리 전에만 하는 것은 아니며 본안심리 중에도 소송요건의 결여가 판명되면 소를 부적법 각하하여야 한다.

소송요건은 불필요한 소송을 배제하여 법원의 부담을 경감하고, 이렇게 함으로써 적법한 소송에 대한 충실한 심판을 도모하기 위하여 요구된다. 소송요건을 너무 엄격히 요구하면 국민의 재판을 받을 권리가 제약되고, 소송요건을 너무 넓게 인정하면 법원의 소송부담이 과중해지고, 권리구제가 절실히 요구되는 사건에 대해 신속하고 실효적인 권리구제를 해주지 못하는 문제가 생긴다.

Ⅰ. 행정소송의 대상

1. 취소소송 및 무효등확인소송의 대상

취소소송 및 무효확인소송은 처분 등(처분 및 행정심판의 재결)을 대상으로 한다. 다만, 재결취소소송의 경우에는 재결 자체에 고유한 위법이 있음을 이유로 하는 경우에 한한다(제19조). 이 규정은 무효등확인소송에 준용된다(제38조 제1항). 이와 같이 현행 행정소송법은 원처분주의를 취하고 있다. **원처분주의**라 함은 행정심판의 재결의 당부를 다투는 취소소송의 대상을 원처분으로 하고 원처분의 취소소송에서는 원처분의 위법만을 다투고 재결에 고유한 위법은 재결취소소송에서 다투도록 하는 제도를 말한다.

다만, 개별법률에서 행정심판의 재결이 항고소송의 대상이 되는 것으로 규정하고 있는 경우가 있다. 즉, 예외적으로 재결주의를 취하고 있는 경우가 있다. **재결주의**라 함은 행정심판의 재결에 대하여 불복하는 경우 재결을 대상으로 취소소송을 제기하도록 하는 제도를 말한다.

원처분주의를 채택할 것인가 재결주의를 채택할 것인가는 입법정책의 문제이다.

(1) 직접 취소소송을 제기하는 경우

1) 처분 개념에 관한 학설 및 판례

행정소송법상 처분이라 함은 "행정청이 행하는 구체적 사실에 관한 법집행으로서의 공권력의 행사 또는 그 거부와 그 밖에 이에 준하는 행정작용"을 말한다(법 제2조 제1항 제1호).

행정소송법상의 처분개념이 실체법적 개념인 학문상의 행정행위 개념과 동일한지에 관하여 이를 동일하다고 보는 실체법적 개념설(일원설)과 동일하지 않고 전자가 후자보다 넓다고 보는 견해(이원설)가 대립하고 있다.

가. 실체법적 개념설(일원설)　　실체법적 개념설은 행정소송법상의 처분개념을 학문상 행정행위와 동일한 것으로 보는 견해이다. 이 설의 **논거**는 다음과 같다.

① 취소의 대상은 공정력을 가지는 법적 행위인 행정행위에 한정된다. 사실행위는 법적 행위가 아니므로 사실행위의 취소는 불가능하다. ② 행위형식의 다양성을 인정하고 다양한 행위형식에 상응하는 다양한 소송유형을 통한 권리구제를 도모하는 것이 실질적으로 국민의 권리구제의 폭을 넓히는 것이 된다.

나. 이원설(행정행위보다 넓은 개념으로 보는 견해)　　행정소송법상 처분 개념을 실체법상 행정행위 개념과 구별하고, 전자를 후자보다 넓게 보는 견해로는 형식적 행정행위론과 쟁송법적 개념설이 있다. 통상 이원설은 취소소송중심주의하에서 취소소송의 대상인 처분 개념을 확대함으로써 권리구제를 확대하기 위해 주장된다.

㈎ 형식적 행정행위론　　형식적 행정행위론은 실체법상 행정행위뿐만 아니라 형식적 행정행위를 항고소송의 대상으로 보는 견해이다. **형식적 행정행위**라 함은 '행정행위가 아니지만 국민의 권익에 사실상의 지배력을 미치는 행위'(권력적 사실행위 및 국민의 권익에 사실상 지배력을 미치는 비권력적 사실행위 등)를 말한다. 이 견해에서는 행정소송법 제2조상의 처분 중 "그 밖에 이에 준하는 행정작용"은 형식적 행정행위에 해당한다고 본다.

㈏ 쟁송법적 개념설　　쟁송법적 개념설은 행정쟁송법상 처분개념은 실체법상의 행정행위 개념보다는 넓은 행정쟁송법상의 독자적인 개념으로 보는 견해이다. 이 견해는 행정행위뿐만 아니라 권력적 사실행위, 비권력적 행위라도 국민의 권익에 사실상의 지배력을 미치는 행위, 처분적 명령 등을 처분으로 본다. 이 견해가 다수설이다.

이 설의 **논거**는 다음과 같다.

① 행정소송법상 처분개념의 정의규정의 문언 및 항고소송의 대상을 넓힘으로써 항고소송을 통해 국민의 권리구제의 기회를 확대하려는 입법취지에 비추어 행정소송법상의 처분은 행정행위보다는 넓은 개념으로 보아야 한다. ② 현행 행정소송법상 위법한 공행정작용에 의해 침해된 권익에 대한 구제수단은 항고소송(취소소송) 중심으로 되어 있고, 아직 다양한 행위형식에 대응한 다양한 소송유형이 인정되고 있지 못하므로 행정소송법상의 처분개념을 행정행위에 한정하는 것은 권리구제의 범위를 축소하는 것이 된다. ③ 쟁송법상의 취소는 민법상 취소와 다를 수 있다. 행정소송법상 취소는 위법상태를 시정하는 것 또는 위법성을 확인하는 것으로 해석할 수 있다. 이렇게 본다면 사실행위의 취소도 가능하다.

다.   판   례   판례는 행정소송법상 처분을 통상 "행정청의 공법상 행위로서 국민의 권리의무에 직접적으로 영향을 미치는 행위"로 넓게 정의한다(대판 2007. 10. 11, 2007두1316 ; 2018. 11. 29, 2015두52395). 이와 같이 판례는 행정쟁송법상의 처분을 행정행위 (공권력 행사로 법률관계에 일방적으로 변동을 초래하지 않는 행위) 보다 넓은 개념으로 보고, 행정행위가 아닌 행위도 국민의 권익에 직접 영향을 미치는 경우(예, 권력적 사실행위, 경고등 비권력적 사실행위이지만 일방적 지배력을 미치는 행위)는 처분에 해당하는 것으로 보고 있으므로 이러한 판례의 입장은 쟁송법적 개념설에 입각한 것으로 볼 수 있다.

판례에 따른 처분의 판단기준 중 중요한 것을 보면 다음과 같다.

① 행정청의 행위가 항고소송의 대상이 될 수 있는지는 추상적·일반적으로 결정할 수 없고, 구체적인 경우에 개별적으로 결정하여야 한다(대판 2020. 1. 16, 2019다264700).

〈판례〉 행정청의 행위가 항고소송의 대상이 될 수 있는지는 추상적·일반적으로 결정할 수 없고, 구체적인 경우에 관련 법령의 내용과 취지, 그 행위의 주체·내용·형식·절차, 그 행위와 상대방 등 이해관계인이 입는 불이익 사이의 실질적 견련성, 법치행정의 원리와 그 행위에 관련된 행정청이나 이해관계인의 태도 등을 고려하여 개별적으로 결정하여야 한다(대판 2023. 2. 2, 2020두48260).

② 행정청의 행위가 '처분'에 해당하는지가 불분명한 경우에는 그에 대한 불복방법 선택에 중대한 이해관계를 가지는 상대방의 인식가능성과 예측가능성을 중요하게 고려하여 규범적으로 판단하여야 한다. 그러한 고려에 따라 그 불복(쟁송)의 기회를 부여할 필요성이 있다고 보이면 처분성을 인정하여야 한다(대판 2022. 9. 7, 2022두42365 ; 2020. 4. 9, 2019두61137 ; 2021. 1. 14, 2020두50324).

〈판례〉 1. (1) 행정청의 행위가 '처분'에 해당하는지가 불분명한 경우에는 그에 대한 불복방법 선택에 중대한 이해관계를 가지는 상대방의 인식가능성과 예측가능성을 중요하게 고려하여 규범적으로 판단하여야 한다. 그러한 고려에 따라 그 불복기회를 부여할 필요성이 있다고 보이면 처분성을 인정하여야 한다. (2) 피고가 2019. 1. 31. 원고에게 「공공감사에 관한 법률」 제23조에 따라 감사결과 및 조치사항을 통보한 뒤, 그와 동일한 내용으로 2020. 10. 22. 원고에게 시정명령을 내리면서 그 근거법령으로 유아교육법 제30조를 명시하였다면, 비록 위 시정명령이 원고에게 부과하는 의무의 내용은 같을지라도, 「공공감사에 관한 법률」 제23조에 따라 통보된 조치사항을 이행하지 않은 경우와 유아교육법 제30조에 따른 시정명령을 이행하지 않은 경우에 당사자가 입는 불이익이 다르므로, 위 시정명령에 대하여도 처분성을 인정하여 그 불복기회를 부여할 필요성이 있다고 보아 원심 판결을 파기한 사례(대판 2022. 9. 7, 2022두42365).

2. 금강수계 중 상수원 수질보전을 위하여 필요한 지역의 토지 등의 소유자가 국가에 그 토지 등을 매도하기 위하여 매수신청을 하였으나 유역환경청장 등이 매수거절의 결정을 한 사안에서, 위 매수거절을 항고소송의 대상이 되는 행정처분으로 보지 않는다면 토지 등의 소유자로서는 재산권의 제한에 대하여 달리 다툴 방법이 없게 되는 점 등에 비추어, 그 매수 거부행위가 공권력의 행사 또는 이에 준하는 행정작용으로서 항고소송의 대상이 되는 행정처분에 해당한다고 한 사례(대판 2009. 9. 10, 2007두20638[토지매수신청거부처분취소]).

③ 판례는 처분성의 인정에 법률의 근거는 필요하지 않은 것으로 본다(대판 2012. 9. 27, 2010두3541 ; 2018. 11. 29, 2015두52395). 어떠한 처분에 법령상 근거가 있는지, 행정절차법에서 정한 처분절차를 준수하였는지는 본안에서 당해 처분이 적법한가를 판단하는 단계에서 고려할 요소이지, 소송요건 심사단계에서 고려할 요소가 아니다(대판 2020. 1. 16, 2019다264700).

〈판례〉 1. [1] 처분의 근거나 법적인 효과가 행정규칙에 규정되어 있는 경우, 항고소송의 대상이 되는 행정처분에 해당하기 위한 요건: 어떠한 처분의 근거나 법적인 효과가 행정규칙에 규정되어 있다고 하더라도, 그 처분이 행정규칙의 내부적 구속력에 의하여 상대방에게 권리의 설정 또는 의무의 부담을 명하거나 기타 법적인 효과를 발생하게 하는 등으로 그 상대방의 권리 의무에 직접 영향을 미치는 행위라면, 이 경우에도 항고소송의 대상이 되는 행정처분에 해당한다고 보아야 한다. [2] 대검찰청 내부규정에 근거한 검찰총장의 검사에 대한 '경고조치'는 항고소송의 대상이 되는 처분이다(대판 2021. 2. 10, 2020두47564[경고처분취소]).

2. 조달청이 계약상대자에 대하여 나라장터(조달청에서 관리하는 전자조달시스템) 종합쇼핑몰에서의 거래를 일정기간 정지하는 조치는 비록 추가특수조건이라는 사법상 계약에 근거한 것이지만 행정청인 조달청이 행하는 구체적 사실에 관한 법집행으로서의 공권력의 행사로서 그 상대방인 갑 회사의 권리·의무에 직접 영향을 미치므로 항고소송의 대상이 되는 행정처분에 해당한다(대판 2018. 11. 29, 2015두52395).

라. 결 어　　실체법적 개념설은 이론적인 논의 또는 입법론으로라면 몰라도 현행 행정소송법의 해석론으로는 타당하지 않다. 다음과 같은 이유에서 쟁송법적 개념설이 타당하다. 즉 행정소송법상 처분은 행정작용법상의 행정행위(협의의 처분)를 포함하는 '광의의 처분'이라고 보아야 한다(행정작용법상 행정행위 개념 참조). ① 현행 행정소송법상 처분개념의 정의규정의 문언이나 입법취지에 비추어 볼 때 현행 행정소송법상 처분을 행정행위보다 넓은 개념으로 보는 쟁송법적 개념설이 타당하다. 문제는 어느 행정작용까지를 행정소송법상 처분으로 볼 것인가하는 점이다. ②

사실행위나 비권력적 행위에 대한 권리구제제도가 불비한 현재의 상황하에서는 처분개념을 확대하여 취소소송에 의한 국민의 권리구제의 기회를 확대하여 줄 필요성이 있다.

2) 행정소송법상 처분개념규정의 해석론

행정쟁송법상의 처분은 '행정청의 구체적 사실에 대한 법집행으로서의 공권력의 행사 및 그 거부'와 '이에 준하는 행정작용'을 포함한다(행정심판법 및 행정소송법 제2조 제1호).

가. 행정청의 구체적 사실에 관한 법집행으로서의 공권력 행사와 그 거부

(개) **행정청의 행정작용**   본래 **행정청**이라 함은 국가 또는 지방자치단체의 행정청(행정에 관한 의사를 결정하고 자신의 이름으로 표시할 수 있는 권한을 가진 행정기관) 및 공공단체를 의미하는데, **행정소송법상 행정청**에는 또한 본래의 행정청으로부터 '법령에 의하여 행정권한의 위임 또는 위탁을 받은 행정기관·공공단체 및 그 기관 또는 사인'이 포함된다(제2조 제2항).

〈판례〉 공법인인 총포·화약안전기술협회의 '회비납부통지'는 '부담금 부과처분'으로서 항고소송의 대상이 된다(대판 2021. 12. 30, 2018다241458).

권한이 없는 행정기관이나 내부위임만을 받은 행정기관의 공권력 행사라 하더라도 행정기관의 공권력 행사인 한 행정소송법상 처분이라고 보아야 할 것이다. 그리고 공무수탁사인의 공무를 수행하는 공권력 행사도 처분에 해당한다.

(나) **구체적 사실에 관한 법집행으로서의 행정작용**   '구체적 사실에 관한 법집행'으로서의 행정작용이라 함은 법을 집행하여 특정 개인에게 구체적이고 직접적인 영향을 미치는 행정작용을 말한다. 따라서, 일반적·추상적 규범인 행정입법(법규명령, 행정규칙)은 원칙상 처분이 아니다. 그러나, 일반처분은 그 법적 성질이 행정행위로서 구체적인 법적 효과를 가지므로 처분에 해당한다.

(다) **공권력 행사와 그 거부**   '**공권력 행사**'란 행정청이 우월한 공권력의 주체로서 일방적으로 행하는 행위, 즉 권력적 행위를 의미한다. 권력적인 법적 행위인 행정행위가 처분에 해당한다는 점에는 이의가 없다.

권력적 사실행위가 처분인가에 관하여는 견해가 대립되고 있는데, 이에 관하여는 전술한 바와 같다(행정상 사실행위 참조). 권력적 사실행위를 처분으로 보는 견해 중에도 권력적 사실행위가 "그 밖에 이에 준하는 행정작용"에 속한다고 보는 견해도 있고, "공권력 행사 및 그 거부"에 해당한다고 보는 견해도 있는데, 후자의 견해가 타당하다.

'**거부**'라 함은 위에서 언급한 공권력 행사의 거부를 말한다. 다만, 행정소송법상 거부처분이 되기 위하여는 공권력 행사를 신청한 개인에게 당해 공권력 행사를 신청할 법규상 또는 조리상의 권리가 있어야 한다는 것이 판례의 입장이다.

나. '그 밖에 이에 준하는 행정작용' '그 밖에 이에 준하는 행정작용'이라 함은 '행정청이 행하는 구체적 사실에 관한 법집행으로서의 공권력의 행사나 그 거부'에 준하는 행정작용으로서 항고소송에 의한 권리구제의 기회를 줄 필요가 있는 행정작용을 말한다.

따라서, 비권력적 공행정작용이지만, 실질적으로 개인의 권익에 일방적인 영향(지배력)을 미치는 작용은 처분에 해당한다. 이에는 권력적 성격을 갖는 행정지도 등이 포함될 수 있을 것이다(판례는 원칙상 행정지도의 처분성 부정). 또한, 법령이지만 처분적 성질을 갖는 처분적 명령은 행정소송법상 처분에 해당한다.

3) 구체적 사례의 유형별 고찰

가. 법규명령 판례는 처분적 법규명령이 아닌 일반적·추상적인 명령은 행정소송법상의 처분이 아니라고 보고 있다.

〈**판례**〉 1. [1] 다른 집행행위의 매개 없이 그 자체로 상대방의 구체적인 권리의무나 법률관계에 직접적인 변동을 초래하는 것(처분적 명령)이 아닌 일반적, 추상적인 법령 등은 그 대상이 될 수 없다. [2] 일본국 법률에 따라 설립된 甲 법인이 일본에서 공기압 전송용 밸브를 생산하여 우리나라에 수출하고 있는데, 기획재정부장관이 甲 법인 등이 공급하는 일정 요건을 갖춘 일본산 공기압 전송용 밸브에 대하여 5년간 적용할 덤핑방지관세율을 규정하는 '일본산 공기압 전송용 밸브에 대한 덤핑방지관세의 부과에 관한 규칙'(시행규칙)은 항고소송의 대상이 될 수 없다(대판 2022. 12. 1, 2019두48905).
2. 대판 2007. 4. 12, 2005두15168[의료법시행규칙 제31조 무효확인등]: 의료기관의 명칭표시판에 진료과목을 함께 표시하는 경우 글자 크기를 제한하고 있는 구 의료법 시행규칙 제31조가 그 자체로서 국민의 구체적인 권리의무나 법률관계에 직접적인 변동을 초래하지 아니하므로 항고소송의 대상이 되는 행정처분이라고 할 수 없다고 한 사례.

그러나, 처분적 명령과 처분성이 있는 법규명령의 효력이 있는 행정규칙(법령보충적 행정규칙)은 항고소송의 대상이 된다(대판 1954. 8. 19, 4286행상37).

처분적 명령의 인정범위에 관하여는 협의설, 중간설, 광의설이 대립하고 있다. **판례는 법규명령의 경우 원칙상 협의설**을 취하고 있다. 즉, 법규명령이 "그 자체로서 국민의 구체적인 권리의무에 직접적인 변동을 초래하는 것"인 경우에 한하여 항고소송의 대상이 된다고 본다. 그렇지만, 판례는 **법령보충적 고시의 경우 중간설**을 취하고 있다. 즉, 어떠한 고시가 일반적·추상적 성격을 가질 때에는 법규명령 또는 행정규칙에 해당할 것이지만, 다른 집행행위의 매개 없이 그 자체로서 직접 국민의 구체적인 권리의무나 법률관계를 규율하는 성격을 가질 때에는 행정처분에 해당한다고 본다(자세한 것은 전술 행정입법 참조).

〈판례〉 1. 조례가 집행행위의 개입 없이도 그 자체로서 직접 국민의 구체적인 권리의무나 법적 이익에 영향을 미치는 등의 법률상 효과를 발생하는 경우 그 조례는 항고소송의 대상이 되는 행정처분에 해당한다(대판 1996. 9. 20, 95누8003: 분교폐교조례를 처분으로 본 사례).
2. 고시가 항고소송의 대상이 되는 행정처분에 해당하기 위한 요건: 어떠한 고시가 일반적·추상적 성격을 가질 때에는 법규명령 또는 행정규칙에 해당할 것이지만, 다른 집행행위의 매개 없이 그 자체로서 직접 국민의 구체적인 권리의무나 법률관계를 규율하는 성격을 가질 때에는 항고소송의 대상이 되는 행정처분에 해당한다(대판 2003. 10. 9, 2003무23: 항정신병 치료제의 요양급여에 관한 보건복지부 고시가 다른 집행행위의 매개 없이 그 자체로서 제약회사, 요양기관, 환자 및 국민건강보험공단 사이의 법률관계를 직접 규율하는 성격을 가진다는 이유로 항고소송의 대상이 되는 행정처분에 해당한다고 한 사례).
3. 보건복지부 고시인 약제급여·비급여목록 및 급여상한금액표가 다른 집행행위의 매개 없이 그 자체로서 국민건강보험가입자, 국민건강보험공단, 요양기관 등의 **법률관계를 직접 규율하는 성격**을 가지므로 항고소송의 대상이 되는 행정처분에 해당한다고 한 사례(대판 2006. 9. 22, 2005두2506).
4. 국립공주대학교 학칙의 [별표 2] 모집단위별 입학정원을 개정한 학칙개정행위를 처분으로 본 판례(대판 2009. 1. 30, 2008두19550, 2008두19567(병합)[학칙개정처분취소·학칙개정처분]).

　　나. 행정규칙　　행정규칙은 그 자체로서는 국민의 법적 지위에 직접적인 영향을 미치지 않는 행정내부조치에 불과하므로 원칙상 취소소송의 대상이 되지 않는다. 다만, 재량준칙의 경우 예외적으로 국민의 권익에 직접 영향을 미치는 경우가 있을 수 있고, 이 경우에는 행정소송법상 처분이 되며 취소소송의 대상이 된다고 보는 것이 타당하다.

〈판례〉 대판 1994. 9. 10, 94두33: 교육인적자원부장관이 시·도교육감에 통보한 대학입시기본계획 내의 내신성적산정지침이 항고소송의 대상인 처분이 아니라고 본 사례.

　　다. 행정계획　　행정계획의 법적 성질은 매우 다양하므로 일률적으로 행정계획의 처분성을 인정할 수는 없다(자세한 것은 전술 '행정계획' 참조).

〈판례〉 1. 구 도시계획법 제12조에 의한 **도시계획**(현재의 도시·군관리계획)은 그 자체로 국민의 권익을 직접 개별적·구체적으로 규제하므로 **행정처분이다**(대판 1982. 3. 9, 80누105).

2. 구 농어촌도로정비법(1997. 12. 13, 법률 제5454호로 개정되기 전의 것) 제6조에 의한 농어촌도로기본계획은 그에 후속되는 농어촌도로정비계획의 근거가 되는 것일 뿐 그 자체로 국민의 권리의무를 개별적·구체적으로 규제하는 효과를 가지는 것은 아니므로 이는 항고소송의 대상이 되는 **행정처분에 해당한다고 할 수 없다**(대판 2000. 9. 5, 99두974).

3. 국토해양부, 환경부, 문화체육관광부, 농림수산부, 식품부가 합동으로 2009. 6. 8. 발표한 '4대강 살리기 마스터플랜' 등은 행정기관 내부에서 사업의 기본방향을 제시하는 계획일 뿐 국민의 권리·의무에 직접 영향을 미치는 것이 아니어서, **행정처분에 해당하지 않는다**고 한 사례(대결 전원합의체 2011. 4. 21, 2010무111).

라. 일반처분   일반처분은 행정행위로서 행정소송법상 처분이다.

〈판례〉 청소년보호법에 따른 **청소년유해매체물 결정 및 고시처분**은 당해 유해매체물의 소유자 등 특정인만을 대상으로 한 행정처분이 아니라 일반 불특정 다수인을 상대방으로 하여 일률적으로 표시의무, 포장의무, 청소년에 대한 판매·대여 등의 금지의무 등 각종 의무를 발생시키는 **행정처분이다**(대판 2007. 6. 14, 2004두619[청소년유해매체물결정 및 고시처분무효확인]).

〈해설〉 이 사건에서 처분청인 청소년보호위원회는 합의제행정청으로서 청소년유해매체물 결정·고시처분을 하였다. 그런데, 2008년 정부조직법 개정으로 청소년보호위원회는 행정청이 아닌 합의제행정기관(의결기관)으로 되었고, 청소년유해매체물결정·고시처분의 처분청은 여성가족부장관으로 되었다(청소년보호법 참조).

마. 사실행위

(가) **권력적 사실행위**   판례는 권력적 사실행위를 행정소송법상의 처분으로 본다.

〈판례〉 1. 교도소장이 수형자 갑을 '접견내용 녹음·녹화 및 접견 시 교도관 참여대상자'로 지정한 사안에서, 위 지정행위(이에 따라 접견 시마다 사생활의 비밀 등 권리에 제한을 가하는 교도관의 참여, 접견내용의 청취·기록·녹음·녹화가 이루어짐)는 권력적 사실행위로서 항고소송의 대상이 되는 '처분'에 해당한다고 본 원심판단을 정당한 것으로 수긍한 사례(대판 2014. 2. 13, 2013두20899).

2. 판례는 권력적 사실행위라고 보여지는 단수처분(대판 1979. 12. 28, 79누218), 교도소재소자의 이송조치(대결 1992. 8. 7, 92두30), 의료원 폐업결정 등에 대하여도 처분성을 인정하였다.

(나) **권고 등 비권력적 사실행위**   권고 등 비권력적 사실행위는 원칙상 처분이 아니다. 그러나, 행정지도와 같은 비권력적 사실행위도 국민의 권리 의무에 사실상 강제력을 미치고 있는 경우에는 처분으로 볼 수 있을 것이다.

그러나, 판례는 대체로 다음과 같이 부정적인 입장을 취하고 있다.

〈판례〉구 건축법 제69조 제3항의 위법 건축물에 대한 단전 및 전화통화 단절조치 요청행위는 항고소송의 대상이 되는 행정처분이라고 볼 수 없다고 한 사례(대판 1996. 3. 22, 96누433 ; 1995. 11. 21, 95누9099).

공공기관의 장 또는 사용자에 대한 국가인권위원회의 성희롱 결정 및 시정조치권고(대판 2005. 7. 8, 2005두487), 표준약관 사용권장행위(대판 2010. 10. 14, 2008두23184 [표준약관개정의결취소]) 등은 처분이다. 그리고, 그 법적 성질에 관하여 논란이 있을 수 있지만, 비권력적 사실행위라고 볼 수 있는 공설화장장 설치행위의 처분성을 인정한 판례가 있다(대결 1971. 3. 5, 71두2: 공설화장장설치에 대한 집행정지신청사건에서 처분성을 긍정하면서 본안심리를 하여 기각한 사건).

(다) 사실행위인 단순한 관념의 통지   기존의 권리의무관계를 단순히 확인·통지하는 단순한 사실행위는 처분이 아니다.

〈판례〉1. 부당이득의 반환을 구하는 납세의무자의 **국세환급청구권**은 오납액의 경우에는 처음부터 법률상 원인이 없으므로 납부 또는 징수시에 이미 확정되어 있고, 초과납부액의 경우에는 신고 또는 부과처분의 취소 또는 쟁정에 의하여 조세채무의 전부 또는 일부가 소멸한 때에 확정되며, 환급세액의 경우에는 각 개별 세법에서 규정한 환급요건에 따라 확정되는 것이다. 그리고 환급가산금은 위 각국세환급금이 확정되면 그 환급금액에 대하여 국세기본법 제52조 및 같은 법 시행령 제30조 제2항 소정의 기산일과 이율에 따라 당연히 확정되며 국세환급금(가산금 포함)결정에 의하여 비로소 환급청구권이 확정되는 것은 아니므로, 국세환급금결정이나 이 결정을 구하는 신청에 대한 **환급거부결정** 등은 납세의무자가 갖는 환급청구권의 존부나 범위에 구체적이고 직접적인 영향을 미치는 처분이 아니어서 항고소송의 대상이 되는 **처분이라고 볼 수 없다**(대판 전원합의체 1989. 6. 15, 88누6436). 〈해설〉 국세환급청구권은 부당이득반환의 법리에 따라 확정되며 환급결정에 의해 확정되는 것이 아니다.
2. 국가공무원법상 당연퇴직은 결격사유가 있을 때 법률상 당연히 퇴직하는 것이지, 공무원관계를 소멸시키기 위한 별도의 행정처분을 요하는 것이 아니며, **당연퇴직의 인사발령**은 법률상 당연히 발생하는 퇴직사유를 공적으로 확인하여 알려 주는 이른바 관념의 통지에 불과하고 공무원의 신분을 상실시키는 새로운 형성적 행위가 아니므로 행정소송의 대상이 되는 독립한 행정처분이라고 할 수 없다(대판 1995. 11. 14, 95누2036).
3. 기반시설부담금 지체가산금 환급신청에 대한 거부통보는 항고소송의 대상인 **처분**에 해당한다(대판 2018. 6. 28, 2016두50990).

바. 내부행위
① 어떤 행위가 국민의 권리의무관계에 직접 영향을 미치지 않는 내부적 의사결정에 불과한 경우(예, 토지대장상의 소유자명의변경신청 거부, 무허가건물관리대장 등재 삭제

행위 등) 항고소송의 대상이 되는 처분이 되지 않는다. 그러나, 지목변경신청 반려행위, 건축물용도변경신청 거부, 토지대장 또는 건축물대장 직권 말소행위 등 국민의 권리의무에 영향을 미치는 것은 처분이다.

〈판례〉 1. 병역법상 신체등위판정(身體等位判定)은 행정청이라고 볼 수 없는 군의관이 하도록 되어 있으며, 그 자체만으로 바로 병역법상의 권리의무가 정하여지는 것이 아니라 그에 따라 지방병무청장이 병역처분을 함으로써 비로소 병역의무의 종류가 정하여지는 것이므로 항고소송의 대상이 되는 행정처분이라 보기 어렵다(대판 1993. 8. 27, 93누3356).
2. 한국자산공사가 당해 부동산을 인터넷을 통하여 재공매(입찰)하기로 한 결정 자체는 내부적인 의사결정에 불과하여 항고소송의 대상이 되는 행정처분이라고 볼 수 없다(대판 2007. 7. 27, 2006두8464[공매처분취소]).
3. 지적공부 소관청의 지목변경신청 반려행위는 국민의 권리관계에 영향을 미치는 것으로서 항고소송의 대상이 되는 행정처분에 해당한다(대판 전원합의체 2004. 4. 22, 2003두9015). 그러나, 소관청이 토지대장상의 소유자명의변경신청을 거부한 행위는 국민의 권리의무관계에 직접 영향을 미치지 않으므로 이를 항고소송의 대상이 되는 행정처분이라고 할 수 없다(대판 2012. 1. 12, 2010두12354[토지대장정정불가처분취소]). 이에 반하여 토지대장은 토지의 소유권을 제대로 행사하기 위한 전제요건으로서 토지 소유자의 실체적 권리관계에 밀접하게 관련되어 있으므로, 이러한 토지대장을 직권으로 말소한 행위는 국민의 권리관계에 영향을 미치는 것으로서 항고소송의 대상이 되는 행정처분에 해당한다(대판 2013. 10. 24, 2011두13286[토지대장말소처분취소]).
4. 행정청이 건축물대장의 작성신청을 거부한 행위는 항고소송의 대상이 되는 행정처분에 해당한다(대판 2009. 2. 12, 2007두17359).
5. 자동차운전면허대장상 일정한 사항의 등재행위는 행정소송의 대상이 되는 독립한 행정처분으로 볼 수 없다(대판 1991. 9. 2, 91누1400).
6. 관할관청이 무허가건물의 무허가건물관리대장 등재 요건에 관한 오류를 바로잡으면서 당해 무허가건물을 무허가건물관리대장에서 삭제하는 행위는 항고소송의 대상이 되는 행정처분이 아니다(대판 2009. 3. 12, 2008두11525).
7. [1] 행정청 내부에서의 행위나 알선, 권유, 사실상의 통지 등과 같이 상대방 또는 기타 관계자들의 법률상 지위에 직접적인 법률적 변동을 일으키지 아니하는 행위는 항고소송의 대상이 아니다. [2] 원고가 뉴스보도 프로그램 내 개별 코너에서 해난구조전문가와 다이빙벨 관련 인터뷰를 하자, 피고가 원고에게 인터뷰 내용이 불명확한 내용을 사실인 것으로 방송하여 시청자를 혼동하게 하였다는 이유로 해당 방송프로그램의 관계자에 대한 징계를 명하는 제재조치명령과 고지방송명령을 한 사안에서, 고지방송명령 부분에 대하여는 행정처분에 해당하지 않는다고 한 사례(대판 2023. 7. 13, 2016두34257).

② 처분의 준비를 위한 결정, 처분의 기초자료를 제공하기 위한 결정 등은 원칙상 내부행위이고 처분이 아니다. 벌점부과를 처분으로 보지 않은 사례(벌점부과가

국민의 권리에 직접 영향을 미치지 않는 경우)와 처분으로 본 사례(벌점부과가 국민의 권리에 직접 영향을 미치는 경우)가 있다.

〈판례〉 1. 운전면허 행정처분처리대장상 벌점의 배점은 자동차운전면허의 취소, 정지처분의 기초자료로 제공하기 위한 것이고 그 배점 자체만으로는 아직 국민에 대하여 구체적으로 어떤 권리를 제한하거나 의무를 명하는 등 법률적 규제를 하는 효과를 발생하는 요건을 갖춘 것이 아니어서 그 무효확인 또는 취소를 구하는 소송의 대상이 되는 **행정처분**이라고 할 수 **없다**(대판 1994. 8. 12, 94누2190).
2. 시험승진후보자명부에서의 삭제행위는 결국 그 명부에 등재된 자에 대한 승진 여부를 결정하기 위한 행정청 내부의 준비과정에 불과하고, 그 자체가 어떠한 권리나 의무를 설정하거나 법률상 이익에 직접적인 변동을 초래하는 별도의 행정처분이 된다고 할 수 없다(대판 1997. 11. 14, 97누7325[정직처분취소]). 〈해설〉 시험승진후보자명부에서의 삭제행위는 일단 승진대상자에서 제외하는 것이므로 처분이라고 보는 것이 타당하다.
3. 하도급법상 벌점 부과행위는 입찰참가자격의 제한 요청 등의 기초자료로 사용하기 위한 것이고 사업자의 권리·의무에 직접 영향을 미치는 행위라고 볼 수 없으므로 항고소송의 대상이 되는 **행정처분에 해당하지 아니한다**(대판 2023. 1. 12, 2020두50683).
4. 건설기술 진흥법 제53조 제1항에서 규정한 **벌점부과를 처분으로 본 사례**(대판 2024. 4. 25, 2023두54242[벌점부과처분취소]).

그러나, 처분의 준비행위 또는 기초가 되는 행위라고 하더라도 국민의 권익에 직접 영향을 미치고 국민의 권리구제를 위하여 이를 다투도록 할 필요가 있는 경우에는 조기의 권리구제를 위해 처분성을 인정하여야 할 것이다.

〈판례〉 세무조사결정은 납세의무자의 권리·의무에 직접 영향을 미치는 공권력의 행사에 따른 행정작용으로서 **항고소송의 대상이 된다**(대판 2011. 3. 10, 2009두23617, 23624).

③ 행정조직법상 행정기관 상호간의 행위도 내부행위로서 원칙상 처분이 아니다. 예를 들면, 행정기관 상호간의 협의(대판 1971. 9. 14, 71누99)나 동의는 처분이 아니다.
④ 지방자치단체의 장이 기관위임사무를 국가에 대해 처리한 것은 법리상 행정조직 내부행위이므로 위임자인 국가는 기관위임사무의 처리에 관하여 지방자치단체의 장을 상대로 취소소송을 제기할 수 없다(대판 2007. 9. 20, 2005두6935[국토이용계획변경신청거부처분취소]: 국가기관인 충북대학교 총장의 국토이용계획변경(구 국토이용관리법령상 국가의 기관위임사무임) 신청에 대한 지방자치단체의 장(충청남도 연기군수)의 거부는 내부행위라고 한 사례).

사. 중간행위   어떤 행정목적을 달성하기 위하여 여러 단계의 행위를 거쳐 최종적인 처분이 행해지는 경우가 있다. 이 경우 중간행위가 그 자체로서 일정한

법적 효과를 가져오거나 국민의 권익에 직접 영향을 미치면 당해 행위는 처분이 되고 항고소송의 대상이 되지만, 그렇지 않으면 내부행위에 불과하여 항고소송의 대상이 되지 않으며 이 경우에 중간행위의 위법은 종국처분을 다툼에 있어 종국처분의 위법사유로 주장될 수 있을 뿐이다.

(가) **부분허가**   부분허가는 그 자체가 규율하는 내용에 대한 종국적인 결정이므로 행정행위의 성질을 가진다. 부분허가가 있게 되면 금지의 해제 등 일정한 법적 효과가 발생한다. 따라서, 부분허가는 항고소송의 대상이 되는 처분이다(대판 1998. 9. 4, 97누19588: 원자력법상의 원자로시설부지사전승인을 '사전적 부분허가'로 보면서 처분으로 본 사례).

(나) **사전결정**   사전결정은 그 자체가 행정행위이다.

〈판례〉 1. 구 건축법상 '건축에 관한 계획의 사전결정'을 처분으로 본 사례(대판 1996. 3. 12, 95누658).
2. 폐기물관리법령상의 폐기물처리업허가 전의 사업계획에 대한 적정통보 또는 부적정통보를 행정처분으로 본 사례(대판 1998. 4. 28, 97누21086).
3. 국제선정기항공운송사업노선면허 전의 운수권배분처분(사전결정)이 항고소송의 대상이 되는 행정처분에 해당한다고 한 사례(대판 2004. 11. 26, 2003두10251, 10268).

(다) **가행정행위**   가행정행위(잠정적 행정행위)는 본행정행위가 있기까지 잠정적으로 행정법상 권리와 의무를 확정하는 행정의 행위형식이므로 가행정행위는 잠정적이기는 하지만 직접 법적 효력을 발생시키므로 행정행위이며 따라서 처분이라고 보아야 할 것이다. 소득액 등이 확정되지 아니한 경우에 과세관청이 상대방의 신고액에 따라 잠정적으로 세액을 결정하는 것 등을 들 수 있다.

(라) **확   약**   확약에 관하여 다수설은 확약이 원칙상 행정청에 대하여 구속력을 가지므로 처분이라고 보고 있지만(긍정설), 확약은 사정변경에 의해 바뀔 수 있으므로 종국적 규율성을 갖지 못한다는 점에서 처분이 아니라고 보는 견해(부정설)도 있다. 판례는 부정설을 취하고 있다(대판 1995. 1. 20, 94누6529: 어업권면허에 선행하는 우선순위결정은 강학상 확약이지만 행정처분은 아니라고 한 사례).

(마) **공시지가결정**   판례는 개별공시지가결정과 표준지공시지가결정을 항고소송의 대상이 되는 처분으로 보고 있다(대판 1993. 6. 11, 92누16706 ; 1995. 3. 28, 94누12920).

아. 거부행위의 처분성   행정처분의 거부도 행정소송법상 처분에 해당한다. 다만, 신청에 대한 거부행위가 처분이 되기 위하여는 다음과 같은 **요건**을 충족하여야 한다. ① 처분을 요구할 신청권이 있어야 한다. ② 신청에 대한 거부의 의사표시

가 있어야 한다. ③ 신청에 대한 거부가 신청인의 권익에 직접 영향을 미쳐야 한다.

① 처분을 요구할 수 있는 **법규상 또는 조리상의 신청권**이 있어야 한다(대판 1989. 11. 28, 89누3892). 이에 대하여 신청권의 존재 여부를 본안의 문제라고 보고, 신청권이 없는 신청에 대한 거부도 처분에 해당할 수 있다고 보는 견해가 있다.

실정법령상 신청권이 규정되어 있지 않는 경우에 조리상 신청권이 인정될 수 있는지가 문제된다. 일반적으로 말하면 처분신청을 통해 보호받을 법적 이익이 있는 자에게는 명문의 규정이 없는 경우에도 조리상 신청권이 인정된다.

거부처분의 처분성을 인정하기 위한 전제요건이 되는 신청권의 존부는 구체적 사건에서 신청인이 누구인가를 고려하지 않고 관계 법규의 해석에 의하여 일반 국민에게 그러한 신청권을 인정하고 있는가를 살펴 **추상적으로 결정되는 것이고**, 신청인이 그 신청에 따른 단순한 응답을 받을 권리를 넘어서 신청의 인용이라는 만족적 결과를 얻을 권리를 의미하는 것은 아니므로, 국민이 어떤 신청을 한 경우에 그 신청의 근거가 된 조항의 해석상 행정발동에 대한 개인의 신청권을 인정하고 있다고 보이면 그 거부행위는 항고소송의 대상이 되는 처분으로 보아야 하고, 구체적으로 그 신청이 인용될 수 있는가 하는 점은 본안에서 판단하여야 할 사항이다(대판 2009. 9. 10, 2007두20638: 금강수계 중 상수원 수질보전을 위하여 필요한 지역의 토지 등의 소유자가 국가에 그 토지 등을 매도하기 위하여 매수신청을 하였으나 유역환경청장 등이 매수거절의 결정을 한 사안에서 그 매수 거부행위가 항고소송의 대상이 되는 행정처분에 해당한다고 한 사례).

법규상 또는 조리상 신청권의 인정 여부에 관한 판례는 다음과 같다.

〈판례〉 1. 판례는 원칙상 행정계획변경신청권을 인정하지 않지만, 예외적으로 ① 일정한 행정처분을 구하는 신청을 할 수 있는 법률상 지위에 있는 자의 행정계획변경신청을 거부하는 것이 실질적으로 당해 행정처분 자체를 거부하는 결과가 되는 경우(대판 2003. 9. 23, 2001두10936) 즉, 폐기물처리업허가를 받기 위해서는 용도지역을 변경하는 국토이용계획변경이 선행되어야 할 경우, 폐기물처리업허가를 신청하고자 하는 자는 국토이용계획변경을 신청할 권리를 갖는다.
② 구속적 행정계획내의 주민이 해당 구속적 행정계획의 변경을 신청하는 경우: i) 도시계획구역 내 토지 등을 소유하고 있는 사람 등 도시계획결정에 이해관계가 있는 주민이 도시시설계획의 입안권자 내지 결정권자에게 도시시설계획의 입안 내지 변경을 요구하는 경우(대판 2015. 3. 26, 2014두42742[도시계획시설결정폐지신청거부처분취소]). ii) 문화재보호구역 내의 토지소유자가 문화재보호구역의 지정해제를 신청하는 경우(대판 2004. 4. 27, 2003두8821) 등에는 조리상 행정계획변경을 신청할 권리를 인정한다.
2. 토지소유자에게 자신의 토지에 대한 보안림의 해제신청권을 인정한 사례(대판 2006. 6. 2,

2006두2046).

3. 국가지정문화재의 보호구역에 인접한 나대지에 건물을 신축하기 위한 국가지정문화재 현상변경신청권을 인정한 사례(대판 2006. 5. 12, 2004두9920).

4. 행정청이 행한 공사중지명령의 상대방은 그 명령 이후에 그 원인사유가 소멸하였음을 들어 행정청에게 공사중지명령의 철회를 요구할 수 있는 조리상의 신청권이 있다고 한 사례(대판 2005. 4. 14, 2003두7590 ; 1997. 12. 26, 96두17745). 〈해설〉 판례는 원칙상 처분의 취소·철회 신청권을 인정하지 않는다. 제소기간이 이미 도과하여 불가쟁력이 생긴 행정처분에 대하여는 개별 법규에서 그 변경을 요구할 신청권을 규정하고 있거나 관계 법령의 해석상 그러한 신청권이 인정될 수 있는 등 특별한 사정이 없는 한 국민에게 그 행정처분의 변경을 구할 신청권이 있다 할 수 없다(대판 2007. 4. 26, 2005두11104).

다만, 예외적으로 신청인의 권인보호를 위해 행정청의 응답의무를 인정하여야 하는 경우에는 조리상 취소·철회신청권을 인정한다.

5. 조리상 검사임용신청권을 인정한 사례(대판 1991. 2. 12, 90누5825).

6. 기간제로 임용된 국공립대학 교수에 대한 재임용거부의 처분성을 인정한 사례(대판 전원합의체 2004. 4. 22, 2000두7735).

7. 국·공립 대학교원 임용지원자에게 임용 여부에 대한 응답신청권을 인정하지 않은 사례(대판 2003. 10. 23, 2002두12489). 그러나, 판례는 임용지원자가 당해 대학의 교원임용규정 등에 정한 심사단계 중 중요한 대부분의 단계를 통과하여 다수의 임용지원자 중 유일한 면접심사 대상자로 선정되는 등으로 장차 나머지 일부의 심사단계를 거쳐 대학교원으로 임용될 것을 상당한 정도로 기대할 수 있는 지위에 이르렀다면, 그러한 임용지원자는 임용에 관한 법률상 이익을 가진 자로서 임용권자에 대하여 나머지 심사를 공정하게 진행하여 그 심사에서 통과되면 대학교원으로 임용해 줄 것을 신청할 조리상의 권리가 있다고 보고, 그에 대한 교원신규채용 중단조치는 유일한 면접심사 대상자로서 임용에 관한 법률상 이익을 가지는 임용지원자에 대한 신규임용을 사실상 거부하는 종국적인 조치에 해당하는 것이므로 항고소송의 대상이 되는 행정처분이라고 보았다(대판 2004. 6. 11, 2001두7053).

8. 피해자의 의사와 무관하게 주민등록번호가 유출된 경우에는 조리상 주민등록번호의 변경을 요구할 신청권을 인정함이 타당하고, 구청장의 주민등록번호 변경신청 거부행위는 항고소송의 대상이 되는 행정처분에 해당한다(대판 2017. 6. 15, 2013두2945).

② 거부의 의사표시가 있어야 한다. 거부의 의사표시는 묵시적일 수도 있다. 법령상 일정한 기간이 지났음에도 가부간의 처분이 없는 경우 거부가 의제되는 경우도 있다.

③ 거부된 공권력 행사가 처분성을 가져야 한다. 달리 말하면 처분인 공권력 행사의 거부이어야 한다. 따라서, 잡종(일반)재산의 대부신청의 거부(대판 1998. 9. 22, 98두7602)는 처분이 아니다.

④ 거부행위가 신청인의 권익에 직접적인 영향을 미쳐야 한다.

자. 반복된 행위

① 침해적 행정처분이 내려진 후에 내려진 동일한 내용의 반복된 침해적 행정처분은 처분이 아니다.

〈**판례**〉 제2차, 제3차의 계고처분은 새로운 철거의무를 부과한 것이 아니고 다만 대집행기한의 연기 통지에 불과하므로 행정처분이 아니다(대판 1994. 10. 28, 94누5144).

② 판례는 동일한 내용의 새로운 신청에 대한 거부를 새로운 처분으로 본다(대판 1992. 10. 27, 92누1643 ; 2019. 4. 3, 2017두52764).

③ 절차상 또는 형식상 하자로 인하여 무효인 행정처분이 있은 후 행정청이 관계 법령에서 정한 절차 또는 형식을 갖추어 다시 동일한 행정처분을 하였다면 당해 행정처분은 종전의 무효인 행정처분과 관계없이 새로운 행정처분이라고 보아야 한다(대판 2007. 12. 27, 2006두3933 ; 2014. 3. 13, 2012두1006[국방·군사시설사업실시계획승인고시처분무효확인및취소]).

차. 변경처분의 경우   변경처분에는 소극적 변경처분(일부취소)과 적극적 변경처분이 있다.

⑺ **감액처분의 경우**   행정청이 금전부과처분(당초의 처분)을 한 후 감액처분을 한 경우에는 감액처분은 일부취소처분의 성질을 가지므로 감액처분이 항고소송의 대상이 되는 것이 아니며 처음의 부과처분 중 감액처분에 의하여 취소되지 않고 남은 부분(당초의 처분)이 항고소송의 대상이 된다.

〈**판례**〉 과징금 부과처분에서 행정청이 납부의무자에 대하여 부과처분을 한 후 그 부과처분의 하자를 이유로 과징금의 액수를 감액하는 경우에 그 감액처분은 감액된 과징금 부분에 관하여만 법적 효과가 미치는 것으로서 처음의 부과처분과 별개 독립의 과징금 부과처분이 아니라 그 실질은 당초 부과처분의 변경이고, 그에 의하여 과징금의 일부취소라는 납부의무자에게 유리한 결과를 가져오는 처분이므로 처음의 부과처분이 전부 실효되는 것은 아니며, 그 감액처분으로도 아직 취소되지 않고 남아 있는 부분이 위법하다고 하여 다투는 경우 항고소송의 대상은 처음의 부과처분 중 감액처분에 의하여 취소되지 않고 남은 부분이고 감액처분이 항고소송의 대상이 되는 것은 아니다(대판 2008. 2. 15, 2006두3957[과징금납부명령무효확인등]). 〈**평석**〉 다만, 처분사유의 변경, 새로운 재량권 행사 등으로 일부취소를 새로운 처분으로 볼 수 있는 경우에는 일부취소의 경우에도 새로운 처분인 일부취소처분이 항고소송의 대상이 되는 것으로 보아야 할 것이다.

(나) **증액처분의 경우**　　증액처분의 경우에 당초의 처분은 증액처분에 흡수되어 소멸되므로 증액처분이 항고소송의 대상이 된다.

〈판례〉 1. 국세기본법 제22조의2의 시행 이후에도 증액경정처분이 있는 경우, 당초 신고나 결정은 증액경정처분에 흡수됨으로써 독립한 존재가치를 잃게 된다고 보아야 하므로, 원칙적으로는 당초 신고나 결정에 대한 불복기간의 경과 여부 등에 관계없이 증액경정처분만이 항고소송의 심판대상이 되고(흡수설), 납세의무자는 그 항고소송에서 당초 신고나 결정에 대한 위법사유도 함께 주장할 수 있다(대판 2009. 5. 14, 2006두17390[종합소득세등부과처분취소]). 〈해설〉 조세부과처분의 경우에는 국세기본법 제22조의2 제1항에서 "세법에 따라 당초 확정된 세액을 증가시키는 경정(更正)은 당초 확정된 세액에 관한 이 법 또는 세법에서 규정하는 권리·의무관계에 영향을 미치지 아니한다"라고 규정하고 있으므로 불가쟁력이 발생하여 확정된 당초 신고나 결정에서의 세액에 관하여는 취소를 구할 수 없고, 증액경정처분에 의해 증액된 세액을 한도로 취소를 구할 수 있을 뿐이다(대판 2011. 4. 14, 2008두22280).
2. 구 개발이익환수에관한법률(1997. 8. 30. 법률 제5409호로 개정되기 전의 것) 제10조 제1항 단서에 따른 개발부담금의 감액정산은 당초 부과처분과 다른 별개의 처분이 아니라 그 감액변경처분에 해당하고, 감액정산처분 후 다시 증액경정처분이 있는 경우에는 감액정산처분에 의하여 취소되지 아니한 부분에 해당하는 당초 부과처분은 증액경정처분에 흡수되어 소멸하고 증액경정처분만이 쟁송의 대상이 되며, 이때 증액경정처분의 위법사유뿐만 아니라 당초 부과처분 중 감액정산처분에 의하여 취소되지 아니한 부분의 위법사유도 다툴 수 있다(대판 2001. 6. 26, 99두11592[개발부담금부과처분취소]).
3. 증액경정처분이 있는 경우 당초처분은 증액경정처분에 흡수되어 소멸하고, 소멸한 당초처분의 절차적 하자는 존속하는 증액경정처분에 승계되지 아니한다(대판 2010. 6. 24, 2007두16493[상속세부과처분취소]).

(다) **적극적 변경처분의 경우**　　처분청이 **직권으로** 제재처분을 적극적으로 **감경·변경한 경우**(예, 허가취소처분을 영업정지처분으로 변경한 경우)에는 당초 처분을 전부 변경하는 경우와 당초 처분을 일부만 변경하는 경우가 있다.

당초 처분을 **전부 변경**하는 적극적 변경처분의 경우 당초 처분은 효력을 상실하므로 변경처분을 대상으로 항고소송을 제기하여야 한다. 이 경우 변경처분취소소송의 제소기간은 변경처분시를 기준으로 한다.

〈판례〉 당초 관리처분계획의 경미한 사항을 변경하는 경우와는 달리 당초 관리처분계획의 주요 부분을 실질적으로 변경하는 내용으로 새로운 관리처분계획을 수립하여 시장·군수의 인가를 받아 고시된 경우에는 **당초 관리처분계획은 그 효력을 상실**한다고 할 것이다. 이 경우 변경된 당초 관리처분계획의 무효확인을 구하는 소는 존재하지 않는 행정처분을 대상으로 한 것으로서 소의 이익이 없어 부적법하게 된다(대판 2011. 2. 10, 2010두19799 ; 2012. 3. 29, 2010두

7765[조합결의무효확인]).

다만, 선행처분의 내용 중 **일부만을** 소폭 **변경**하는 정도에 불과한 경우(대판 2012. 10. 11, 2010두12224) 또는 당초처분과 동일한 요건과 절차가 요구되지 않는 경미한 사항에 대한 변경처분과 같이 분리가능한(가분적인) 일부변경처분의 경우(대판 2010. 12. 9, 2009두4555)에는 선행처분이 소멸한다고 볼 수 없다(대판 2012. 10. 11, 2010두12224). 이 경우 선행처분과 후행변경처분을 별도로 다툴 수 있고, 후행처분 취소소송의 제소기간 준수 여부는 후행변경처분을 기준으로 판단하여야 한다. 선행처분의 취소를 구하는 소를 제기한 후 후행처분의 취소를 구하는 청구를 추가하여 청구를 변경하였다면 후행처분에 관한 제소기간 준수 여부는 청구변경 당시를 기준으로 판단하여야 한다(대판 2012. 12. 13, 2010두20782, 2010두20799(병합)[집단에너지사업허가처분취소]).

〈판례〉 (1) 종전 처분을 변경하는 내용의 후속처분이 있는 경우, 항고소송의 대상: 기존의 행정처분을 변경하는 내용의 행정처분이 뒤따르는 경우(처분의 변경의 경우), 후속처분이 종전처분을 완전히 대체하는 것이거나 그 주요 부분을 실질적으로 변경하는 내용인 경우(전부변경의 경우)에는 특별한 사정이 없는 한 종전처분은 그 효력을 상실하고 후속처분만이 항고소송의 대상이 되지만(대법원 2012. 10. 11. 선고 2010두12224 판결 등 참조), 후속처분의 내용이 종전처분의 유효를 전제로 그 내용 중 일부만을 추가 · 철회 · 변경하는 것이고 그 추가 · 철회 · 변경된 부분이 그 내용과 성질상 나머지 부분과 불가분적인 것이 아닌 경우(일부변경의 경우)에는, 후속처분에도 불구하고 종전처분이 여전히 항고소송의 대상이 된다고 보아야 한다. 따라서 종전처분을 변경하는 내용의 후속처분이 있는 경우 법원으로서는, 후속처분의 내용이 종전처분 전체를 대체하거나 그 주요 부분을 실질적으로 변경하는 것인지, 후속처분에서 추가 · 철회 · 변경된 부분의 내용과 성질상 그 나머지 부분과 가분적인지 등을 살펴 항고소송의 대상이 되는 행정처분을 확정하여야 한다. (2) 종전 영업시간 제한(0시부터 8시까지 제한) 및 의무휴업일 지정(매달 둘째, 넷째 주 일요일을 의무휴업일로 지정) 처분의 내용 중 영업시간 제한 부분만을 일부 변경하는 후속처분(영업시간 제한만을 0시부터 8시까지 제한에서 0시부터 10시로 제한하는 후속처분)이 있는 경우, 후속처분에도 불구하고 종전 처분도 여전히 항고소송의 대상이 된다. (3) 후속처분은 종전처분 전체를 대체하거나 그 주요 부분을 실질적으로 변경하는 내용이 아니라, 의무휴업일 지정 부분을 그대로 유지한 채 영업시간 제한 부분만을 일부 변경하는 것으로서, 후속처분에 따라 추가된 영업시간 제한 부분은 그 성질상 종전처분과 가분적인 것으로 여겨지므로 후속처분으로 종전처분이 소멸하였다고 볼 수는 없고, 종전처분과 그 유효를 전제로 한 후속처분이 병존하면서 위 원고들에 대한 규제 내용을 형성한다고 할 것이다. 그러므로 이와 다른 전제에서 2014. 8. 25.자 처분에 따라 종전처분이 소멸하여 그 효력을 다툴 **법률상 이익**(소의 이익)이 없게 되었다는 취지의 피고 동대문구청장의 이 부분 상고이유 주장은 이유 없다(대판 전원합의체 2015. 11. 19, 2015두295[대형마트영업시간제한등처분취소).

 카. **사법행위(私法行爲)와 처분**   행정청의 일방적 결정이 공법적 효과를 가져
오는 경우에는 처분이지만, 사법적 효과만을 가져오는 경우에는 사법행위이다.
 판례는 잡종재산(일반재산)의 매각, 대부행위(대판 1993. 12. 21, 93누13735), 기부채
납계약(지방자치단체 외의 자가 부동산 등의 소유권을 무상으로 지방자치단체에 이전하여 지방자
치단체가 이를 취득하는 계약)(대판 2022. 4. 28, 2019다272053), 공사도급계약 등은 국가가
사경제주체로서 상대방과 대등한 위치에서 행하는 사법상의 법률행위라고 보고 있
다. 그러나, 국유재산 무단점유자에 대한 변상금부과처분은 행정소송의 대상이 되
는 행정처분이라고 본다(대판 1988. 2. 23, 87누1046).
 판례는 법령에 근거한 입찰참가자격제한조치, 법령이나 계약의 근거가 없이 내
부규정에 근거한 일방적인 입찰참가자격제한조치를 처분으로 보고 있다. 이에 반하
여 계약(공법상 계약 또는 사법상 계약)에 근거한 입찰참가자격제한은 처분이 아니고,
계약상의 의사표시(공법상 의사표시 또는 사법상 의사표시)로 본다. 조달계약에서의 낙찰
적격자 심사에 있어서 내부규정에 근거한 감점통보조치도 처분이 아니라 계약사무
처리상 사법상 통지행위로 본다. 다만, 계약(사법상 계약)에 근거한 것이라도 조달청
이 한 나라장터 종합쇼핑몰거래정지조치는 국가, 지방자치단체 및 공공기관 등 여
러 기관에 대한 조달 참가를 제한하는 것이므로 처분으로 보았다.

〈**판례**〉 피고가 사법상 계약인 물품구매(제조)계약 추가특수조건에 근거하여 한 나라장터 종합쇼
핑몰 거래정지 조치 비록 추가특수조건이라는 사법상 계약에 근거한 것이기는 하지만 공권
력의 행사로서 그 상대방인 원고의 권리·의무에 직접 영향을 미치므로 항고소송의 대상에
해당한다(대판 2018. 11. 29, 2015두52395). 〈해설〉 원심은 '이 사건 거래정지 조치가 법률유보의
원칙에 위배되어 위법하다'고 판단하였지만, 대법원은 그렇게 보지 않았다.

 타. **행정소송 이외의 특별불복절차가 마련된 처분**   행정청의 과태료부과처분,
통고처분, 검사의 불기소 처분, 불기소처분 결과 통지(대판 2018. 9. 28, 2017두47465) 또
는 공소제기(대판 2000. 3. 28, 99두11264), 형집행정지취소처분은 다른 불복절차에 의해
다투도록 특별히 규정되어 있으므로 항고소송의 대상이 되는 처분이 아니라는 것이
일반적 견해이며 판례의 입장이다.

〈**판례**〉 수도조례 및 하수도사용조례에 기한 과태료의 부과 여부 및 그 당부는 최종적으로
질서위반행위규제법에 의한 절차에 의하여 판단되어야 한다고 할 것이므로, 행정청의 과태료 부

과처분은 행정청을 피고로 하는 행정소송의 대상이 되는 행정처분이라고 볼 수 없다(대판 2012. 10. 11, 2011두19369[추징금등부과처분취소]).

파. 경   고   경고는 상대방의 권리의무에 직접 영향을 미치는 경우 항고소송의 대상이 되는 처분이고, 그렇지 않은 경우에는 처분이 아니다.

〈판례〉 1. 행정규칙에 의한 '불문경고조치'가 비록 법률상의 징계처분은 아니지만 위 처분을 받지 아니하였다면 차후 다른 징계처분이나 경고를 받게 될 경우 징계감경사유로 사용될 수 있었던 표창공적의 사용가능성을 소멸시키는 효과와 1년 동안 인사기록카드에 등재됨으로써 그 동안은 장관표창이나 도지사표창 대상자에서 제외시키는 효과 등이 있다는 이유로 항고소송의 대상이 되는 **행정처분**에 해당한다고 한 사례(대판 2002. 7. 26, 2001두3532).
2. 금융감독원장이 종합금융주식회사의 전 대표이사에게 재직 중 위법·부당행위 사례를 첨부하여 금융 관련 법규를 위반하고 신용질서를 심히 문란하게 한 사실이 있다는 내용으로 '문책경고장(상당)'을 보낸 행위가 항고소송의 대상이 되는 **행정처분**에 해당하지 아니한다고 한 사례(대판 2005. 2. 17, 2003두10312). 〈해설〉 관련 법령의 개정으로 처분으로 볼 여지가 있게 되었다.
3. 금융기관의 임원에 대한 금융감독원장의 문책경고는 법률상 근거없이 행해진 경우에도 그 상대방에 대한 직업선택의 자유를 직접 제한하는 효과를 발생하게 하는 등 상대방의 권리의무에 직접 영향을 미치는 행위로서 항고소송의 대상이 되는 **행정처분**에 해당한다고 한 사례(대판 2005. 2. 17, 2003두14765).
4. 구 서울특별시교육·학예에 관한 감사규칙(1999. 1. 15. 교육규칙 제540호로 개정되고 2002. 6. 25. 교육규칙 제605호로 폐지된 것) 제11조, '서울특별시교육청감사결과지적사항 및 법률위반공무원처분기준'에 정해진 경고는, 교육공무원의 신분에 영향을 미치는 교육공무원법령상의 징계의 종류에 해당하지 아니하고, 인사기록카드에 등재되지도 않으며, '2001년도정부포상업무지침'에 정해진 포상추천 제외대상이나 교육공무원징계양정 등에 관한 규칙 제4조 제1항 단서에 정해진 징계감경사유 제외대상에 해당하지도 않을 뿐만 아니라, '서울특별시교육청교육공무원평정업무처리요령'에 따라 근무평정자가 위와 같은 경고를 이유로 경고를 받은 자에게 상위권 평점을 부여하지 않는다고 하더라도 그와 같은 사정은 경고 자체로부터 직접 발생되는 법률상 효과라기보다는 경고를 받은 원인이 된 비위사실이 인사평정 당시의 참작사유로 고려되는 사실상 또는 간접적인 효과에 불과한 것이어서 교육공무원으로서의 신분에 불이익을 초래하는 법률상의 효과를 발생시키는 것은 아니라 할 것이다. 따라서 위와 같은 경고는, 교육공무원법, 교육공무원징계령, 교육공무원징계양정 등에 관한 규칙에 근거하여 행해지고, 인사기록카드에 등재되며, '2001년도정부포상업무지침'에 따른 포상추천 제한사유 및 교육공무원징계양정 등에 관한 규칙 제4조 제1항 단서에 정해진 징계감경사유 제외대상에 해당하는 불문(경고)과는 달리, 항고소송의 대상이 되는 **행정처분**에 해당하지 않는다고 할 것이다(대판 2004. 4. 23, 2003두13687[경고처분취소]).
5. 공정거래위원회가 '표시·광고의 공정화에 관한 법률'에 위반하여 허위·과장의 광고를 하였다는 이유로 청구인들에 대하여 한 경고는 청구인들의 권리의무에 직접 영향을 미치는

처분으로서 행정소송의 대상이 되므로, 위 헌법소원심판청구는 법률이 정한 구제절차를 거치지 않고 제기된 것이어서 부적법하다(헌재 2012. 6. 27, 2010헌마508[경고의결처분취소]).

하. 기   타

〈판례〉 1. 농지개량조합과 그 직원과의 관계는 사법상의 근로계약관계가 아닌 공법상의 특별권력관계이고, 그 조합의 직원에 대한 징계처분의 취소를 구하는 소송은 행정소송사항에 속한다(대판 1995. 6. 9, 94누10870[파면처분취소]).
2. 해양수산부장관의 항만 명칭결정은 국민의 권리의무나 법률상 지위에 직접적인 법률적 변동을 일으키는 행위가 아니므로 항고소송의 대상이 되는 행정처분이 아니라고 한 사례(대판 2008. 5. 29, 2007두23873[항만명칭결정처분등취소]).
3. 정보통신윤리위원회가 특정 인터넷사이트를 청소년유해매체물로 결정한 행위가 항고소송의 대상이 되는 행정처분에 해당한다고 한 사례(대판 2007. 6. 14, 2005두4397[청소년유해매체결정취소]). 〈해설〉 현재 정보통신윤리위원회는 방송통신심의위원회로 개편되었다.

(2) 행정심판의 재결에 불복하여 취소소송을 제기하는 경우
1) 원처분주의

행정심판의 재결에 불복하여 취소소송을 제기하는 경우에 원처분을 대상으로 하여야 하는가 아니면 재결을 대상으로 하여야 하는가에 관하여 원처분주의(원처분을 대상으로 하도록 하는 제도)와 재결주의(재결을 대상으로 하도록 하는 제도)가 대립하고 있다.

현행 행정소송법은 원처분주의를 채택하고 있다. 즉, 행정소송법 제19조는 "취소소송은 처분등을 대상으로 한다. 다만, 재결취소소송의 경우에는 재결 자체에 고유한 위법이 있음을 이유로 하는 경우에 한한다"라고 규정하고 있다.

다만, 후술하는 바와 같이 개별법률에서 예외적으로 재결주의를 채택하고 있는 경우가 있다.

2) 원처분이 대상이 되는 경우
가. 일부취소재결과 적극적 변경재결의 경우 항고소송의 대상   판례는 불이익처분에 대한 취소심판에서 일부인용재결이나 수정재결(적극적 변경재결)이 내려진 경우 원처분주의의 원칙상 재결은 소송의 대상이 되지 못하고 일부취소 되고 남은 원처분이나 변경재결로 변경되어 남은 원처분이 취소소송의 대상이 된다고 한다.

〈판례〉 1. 감봉처분을 소청심사위원회가 견책처분으로 변경한 재결에 대한 취소소송에서 소청심사위원회의 재량권의 일탈이나 남용은 재결에 고유한 하자라고 볼 수 없다고 하면서 당해 변경재결에 대한 취소소송을 인정하지 않은 사례(대판 1993. 8. 24, 93누5673).

2. 해임처분을 소청심사위원회가 정직 2월로 변경한 경우 원처분청을 상대로 정직 2월의
처분(원처분)에 대한 취소소송을 제기한 사건에서 본안판단을 한 사례(대판 1997. 11. 14, 97누7325).

이에 대하여 일부취소재결의 경우 일부취소 되고 남은 원처분이 항고소송의
대상이 되지만, 수정재결(적극적 변경재결)의 경우에 있어서는 재결이 원처분을 완전
히 대체하는 새로운 처분이므로 행정심판위원회가 피고가 되고, 수정재결이 취소소
송의 대상이 되어야 한다는 견해가 있는데, 이 견해가 타당하다.

나. 적극적 변경명령재결의 경우   판례는 적극적 변경명령재결(원처분인 영업정
지처분을 과징금부과처분으로 변경하라는 명령재결)에 따라 변경처분이 행해진 경우에 다
투고자 하는 경우 변경되고 남은 원처분(과징금부과처분)을 취소소송의 대상으로 하
여야 한다고 본다(대판 2007. 4. 27, 2004두9302).

다. 기각재결의 경우   기각재결에 주체에 관한 위법, 절차에 관한 위법 및 형
식에 관한 위법이 있는 경우 이들 위법은 재결 자체에 고유한 하자로서 이들 하자
를 다투는 경우 기각재결이 항고소송의 대상이 된다. 그러나, 기각재결의 당부를
다투는 경우에는 원처분주의에 따라 원처분을 다투어야 한다.

3) 재결이 대상이 되는 경우

재결이 항고소송의 대상이 되는 경우는 행정심판의 재결이 그 자체에 고유한
위법이 있어 행정소송법 제19조에 의해 항고소송의 대상이 되는 경우(원처분주의하에
서 재결이 대상이 되는 경우)와 개별법률에서 재결주의를 취하는 결과 해당 법률상의
재결이 항고소송의 대상이 되는 경우로 나뉜다.

가. 재결 자체에 고유한 위법이 있는 경우   행정심판의 재결은 재결 자체에 고
유한 위법이 있는 경우에 한하여 항고소송의 대상이 된다(행정소송법 제19조 단서).

㈎ 재결 자체의 고유한 위법의 인정범위   재결 자체에 고유한 위법에는 재결의
주체에 관한 위법, 재결의 절차에 관한 위법, 재결의 형식에 관한 위법, 재결의 내
용에 관한 위법이 있다.

가) 재결의 주체에 관한 위법   권한이 없는 행정심판위원회에 의한 재결의 경
우 또는 행정심판위원회의 구성상 하자가 있는 경우를 그 예로 들 수 있다.

나) 재결의 절차에 관한 위법   행정심판법상의 심판절차를 준수하지 않은 경우
를 그 예로 들 수 있다. 다만, 행정심판법 제34조에서 규정하고 있는 재결기간은 훈
시규정으로 해석되므로 재결기간을 넘긴 경우에도 그것만으로는 절차의 위법이 있
다고 볼 수 없다.

다) 재결의 형식에 관한 위법   문서에 의하지 아니한 재결, 재결에 주문만 기재되고 이유가 전혀 기재되어 있지 않거나 이유가 불충분한 경우, 재결서에 기명날인을 하지 아니한 경우 등을 그 예로 들 수 있다.

라) 재결의 내용에 관한 위법

a. 인용재결의 경우   ① 인용재결의 내용상 위법에는 행정심판이 소송요건을 충족하지 못하여 부적법한 경우 각하재결을 하여야 함에도 인용재결을 한 경우 또는 원처분이 적법함에도 인용재결을 한 경우가 있다. ② 인용재결의 부당(원처분이 적법함에도 인용재결을 한 것)이 행정소송법 제19조 단서의 재결 자체에 고유한 위법이 있는 경우에 해당한다는 것이 판례의 입장이다.

〈판례〉 이른바 복효적 행정행위, 특히 제3자효를 수반하는 행정행위에 대한 행정심판청구에 있어서 그 청구를 인용하는 내용의 재결로 인하여 비로소 권리이익을 침해받게 되는 자는 그 인용재결에 대하여 다툴 필요가 있고, 그 인용재결은 원처분과 내용을 달리하는 것이므로 그 인용재결의 취소를 구하는 것은 원처분에는 없는 재결에 고유한 하자를 주장하는 셈이어서 당연히 항고소송의 대상이 된다(대판 2001. 5. 29, 99두10292: 행정청이 골프장 사업계획승인을 얻은 자의 사업시설 착공계획서 신고(자기완결적 신고)를 수리한 것에 대하여 인근 주민들이 그 수리처분의 취소를 구하는 행정심판을 청구하자 재결청이 그 청구를 인용하여 수리처분을 취소하는 형성적 재결을 하였고, 수리처분의 상대방이 제기한 취소재결취소소송에서 그 수리처분 취소 심판청구는 행정심판의 대상이 되지 아니하여 부적법 각하하여야 함에도 위 재결은 그 청구를 인용하여 수리처분을 취소하였으므로 재결 자체에 고유한 하자가 있다고 본 사례). 〈해설〉 현재 판례는 착공신고 수리거부의 처분성을 인정하고 있다.

이에 대하여는 적법한 처분임에도 인용재결을 한 것은 행정소송법 제19조 단서의 재결 자체에 고유한 위법이 아니라 새로운 처분(행정소송법 제19조 본문의 처분)인 인용재결의 위법이라고 보아야 한다는 소수견해가 있다.

③ 인용재결의 내용상 위법을 다투는 자는 제3자효를 수반하는 행정행위에 대한 행정심판청구에 있어서 그 청구를 인용하는 내용의 재결로 인하여 비로소 권리이익을 침해받게 되는 자(예, 건축허가자 또는 인근주민)이다.

그러나, 인용재결로 새로이 어떠한 권리이익도 침해받지 아니하는 자인 경우에는 그 재결의 취소를 구할 원고적격이 없다.

〈판례〉 제3자효를 수반하는 행정행위에 대한 행정심판청구의 인용재결에 대하여 제3자가 재결취소를 구할 소의 이익이 있는지 여부: 이른바 복효적 행정행위, 특히 제3자효를 수반하는 행정행위에 대한 행정심판청구에 있어서 그 청구를 인용하는 내용의 재결로 인하여 비로소 권리이익을 침해받게 되는 자(예컨대, 제3자가 행정심판청구인인 경우의 행정처분 상대방 또는 행정처분 상대방이 행정심판청구인인 경우의 제3자)는 재결의 당사자가 아니라고 하더라도 그 인용재결의 취소를 구하는 소를 제기할 수 있으나, 그 인용재결로 인하여 새로이 어떠한 권리이익도 침해받지 아니하는 자인 경우에는 그 재결의 취소를 구할 소의 이익이 없다(대판 1995. 6. 13, 94누15592: 처분상대방이 아닌 제3자가 당초의 양식어업면허처분에 대하여는 아무런 불복조치를 취하지 않고 있다가 도지사가 그 어업면허를 취소하여 처분상대방인 면허권자가 그 어업면허취소처분의 취소를 구하는 행정심판을 제기하고 이에 재결기관인 수산청장이 그 심판청구를 인용하는 재결을 하자 비로소 그 제3자가 행정소송으로 그 인용재결을 다투고 있는 경우, 수산청장의 그 인용재결은 도지사의 어업면허취소로 인하여 상실된 면허권자의 어업면허권을 회복하여 주는 것에 불과할 뿐 인용재결로 인하여 제3자의 권리이익이 새로이 침해받는 것은 없고, 가사 그 인용재결로 인하여 그 면허권자의 어업면허가 회복됨으로써 그 제3자에 대하여 사실상 당초의 어업면허에 따른 효과와 같은 결과를 초래한다고 하더라도 이는 간접적이거나 사실적·경제적인 이해관계에 불과하므로, 그 제3자는 인용재결의 취소를 구할 소의 이익이 없다고 본 사례). 〈평석〉 이 사안에서 제3자는 원상회복된 양식어업면허처분을 다투어야 할 것이다. 다만, 불복제기기간은 원상회복된 최초의 양식어업면허처분이 있은 날을 기준으로 기산하여야 한다.

④ 인용재결에 대한 항고소송의 피고는 인용재결을 한 행정심판위원회이다.

⑤ 인용재결의 부당(원처분의 적법)을 이유로 인용재결의 취소를 구하는 소송에서 인용재결의 당부가 심판의 대상이 되는데, 이 경우 인용재결의 당부는 원처분의 당부(위법·적법의 문제)도 포함한다. 인용재결이 부당한 경우 인용판결(취소판결)을 내리고 인용재결이 정당한 경우 기각판결을 내린다.

b. 각하재결의 경우   적법한 행정심판청구를 각하한 재결은 심판청구인의 실체심리를 받을 권리를 박탈한 것으로서 원처분에 없는 재결 자체에 고유한 위법이 있는 경우에 해당하고 따라서 각하재결은 취소소송의 대상이 된다고 하였다(대판 2001. 7. 27, 99두2970). 다만, 각하재결의 경우 각하재결에 대한 취소소송을 제기함이 없이 원처분의 위법을 이유로 원처분에 대한 취소소송을 제기할 수 있고, 이렇게 하는 것이 실무의 통례이다.

(나) 재결 자체에 고유한 위법을 이유로 한 재결의 취소의 효과   재결 자체에 고유한 위법으로 재결이 취소된 경우 재결취소판결의 효과는 다음과 같다. ① 재결의 주체에 관한 위법, 재결의 절차에 관한 위법 및 재결의 형식에 관한 위법으로 재결이 취소된 경우 행정심판기관은 다시 재결을 하여야 한다. ② 인용재결(취소재결)의 부당(원처분이 적법함에도 인용재결을 한 것)을 이유로 인용재결이 취소된 경우 행정심판기관은 다시 재결을 할 필요가 없고 인용재결의 취소로 원처분은 원상을 회복하게 된다. ③ 각하재결을 하여야 함에도 인용재결을 하여 당해 인용재결이 취소판결에

의해 취소된 경우 원처분의 효력이 원상회복되고, 행정심판기관은 취소판결의 기속력에 따라 각하재결을 하여야 한다.

　(다) 재결 자체에 고유한 위법이 없음에도 재결에 대해 취소소송을 제기한 경우의 판결

　판례는 재결취소소송에서 재결에 고유한 하자가 없는 경우 기각재결을 하여야 한다는 입장이다.

〈판례〉(1) 재결취소소송에 있어 재결 자체에 고유한 위법이 없는 경우 법원이 취할 조치: 행정소송법 제19조는 취소소송은 행정청의 원처분을 대상으로 하되(원처분주의), 다만 "재결 자체에 고유한 위법이 있음을 이유로 하는 경우"에 한하여 행정심판의 재결도 취소소송의 대상으로 삼을 수 있도록 규정하고 있으므로 재결취소소송의 경우 재결 자체에 고유한 위법이 있는지 여부를 심리할 것이고, 재결 자체에 고유한 위법이 없는 경우에는 원처분의 당부와는 상관없이 당해 재결취소소송은 이를 기각하여야 한다. (2) 행정심판청구에 대한 재결에 대하여 전심절차를 거칠 필요가 있는지 여부: 행정심판법 제39조가 심판청구에 대한 재결에 대하여 다시 심판청구를 제기할 수 없도록 규정하고 있으므로, 이 재결에 대하여는 바로 취소소송을 제기할 수 있다(대판 1994. 1. 25, 93누16901[투전기영업허가거부처분취소]: 의무이행심판청구에 대한 기각재결에 대해 취소소송을 제기하면서 원처분주의에 따라 원처분을 대상으로 하여야 함에도 기각재결을 대상으로 한 사례).

　그러나, 재결에 고유한 하자가 아닌 하자를 이유로 재결을 대상으로 항고소송을 제기한 경우에는 소송의 대상을 잘못한 것이므로 각하재결을 하여야 하고, 재결에 고유한 하자를 주장하였지만, 재결에 고유한 하자가 존재하지 아니하는 경우에는 본안심리를 한 후 기각재결을 하여야 한다고 보는 것이 타당하다.

　나. 개별법률에 의해 재결이 항고소송의 대상이 되는 경우(재결주의)　　개별법률에서 예외적으로 재결주의를 규정하고 있는 경우가 있는데, 이 경우에는 원처분이 아니라 재결이 항고소송의 대상이 된다.

　개별법률에서 재결주의를 명시적으로 규정한 경우뿐만 아니라 명시적 규정이 없더라도 개별법상 행정심판기관이 처분청보다 전문성과 권위를 갖고 있는 관계로 재결이 처분을 대체하는 행정의 최종적 결정의 성격을 갖는 경우에는 재결주의를 취한 것으로 해석하는 것이 타당하다.

〈판례〉위법한 원처분을 소송의 대상으로 하여 다투는 것보다는 행정심판에 대한 재결을 다투는 것이 당사자의 권리구제에 보다 효율적이고, 판결의 적정성을 더욱 보장할 수 있는 경우에는 행정심판에 대한 재결에 대하여만 제소하도록 하는 것이 국민의 재판청구권의 보장이라는 측면에서 더욱 바람직한 경우도 있으므로, 개별법률에서 이러한 취지를 정하는

때에는 원처분주의의 적용은 배제되고 재결에 대해서만 제소를 허용하는 이른바 '재결주의' 가 인정된다(헌재 2001. 6. 28, 2000헌바77).

행정심판전치주의와 재결주의는 별개의 제도이다. 그런데, 재결주의는 행정심 판전치주의를 전제로 한다(헌재 2001. 6. 28, 2000헌바77).

(가) 감사원의 재심의 판정에 대한 불복(재결주의)   감사원법 제36조는 회계관계직 원에 대한 감사원의 변상판정(원처분)에 대하여 감사원에 재심의를 청구할 수 있도 록 하고 있고, 감사원법 제40조는 감사원의 재심의 판정(재결)에 대하여는 감사원을 당사자로 하여 행정소송을 제기할 수 있다고 규정하고 있다. 판례는 이 규정의 해 석에 있어서 "감사원의 변상판정처분에 대하여서는 행정소송을 제기할 수 없고, 재 결에 해당하는 재심의 판정에 대하여서만 감사원을 피고로 하여 행정소송을 제기 할 수 있다"고 판시하였다(대판 1984. 4. 10, 84누91).

(나) 노동위원회의 처분에 대한 중앙노동위원회의 재심판정에 대한 불복(재결주의) 노동위원회법 제26조 제1항은 "중앙노동위원회는 지방노동위원회 또는 특별노동위원회의 처분을 재심하여 이를 승인·취소 또는 변경할 수 있다"고 규정하고 있고, 제27조 제1항은 "중앙노동위원회의 처분에 대한 소는 중앙노동위원회위원장을 피고로 하여 판정서정본의 송달을 받은 날로부터 15일 이내에 이를 제기하여야 한다"고 규정하고 있다.

판례에 의하면 노동위원회의 처분에 대해 행정소송을 제기하는 경우 중앙노동 위원회에 대한 행정심판전치주의가 적용되고, 중앙노동위원회의 재심판결에 불복 하는 취소소송을 제기하는 경우 재결주의에 따라 중앙노동위원회의 재심판정을 대 상으로 중앙노동위원장을 피고로 하여 재심판정취소의 소를 제기하여야 한다(대판 1995. 9. 15, 95누6724).

(다) 중앙토지수용위원회의 이의재결에 대한 불복(원처분주의)   구 토지수용법하에서 판례는 "중앙토지수용위원회의 이의신청에 대한 재결에 불복이 있는 자는 행정소송 을 제기할 수 있다"라는 동법 제75조의2가 재결주의를 취하고 있다고 보았다.

그러나, 전술한 바와 같이 현행 토지보상법상 재결주의를 포기하고 원처분주의 를 취한 것으로 해석하는 것이 일반적 견해이며 판례의 입장이다(대판 2010. 1. 28, 2008두1504). 따라서, 중앙토지수용위원회의 이의재결에 불복하여 취소소송을 제기 하는 경우 원처분인 수용재결을 대상으로 하여야 한다.

(라) 특허심판원의 심결에 대한 불복(재결주의)   특허출원에 대한 심사관의 거절결 정에 대하여 특허심판원에 심판청구를 한 후 소송을 제기하는 경우 특허심판원의

심결을 소송대상으로 하여 특허법원에 심결취소를 요구하는 소를 제기하여야 한다
(특허법 제186조, 제189조).

(마) **재결주의에서의 청구, 심리 및 판결**　　① 개별법률에서 재결주의를 정하는 경
우에는 재결에 대해서만 제소하는 것이 허용되므로 그 논리적인 전제로서 취소소
송을 제기하기 전에 행정심판을 필요적으로 경유할 것이 요구된다(헌재 2001. 6. 28,
2000헌바77).

② 재결주의의 경우에는 행정심판의 재결에 불복하여 취소소송을 제기하고자
하는 경우에 행정심판의 재결을 대상으로 취소소송을 제기하여야 한다. 그러나, 원
처분이 당연무효인 경우에는 재결취소의 소뿐만 아니라 원처분무효확인소송도 제
기할 수 있다(대판 전원합의체 1993. 1. 19, 91누8050).

③ 재결취소의 소에서는 재결고유의 하자뿐만 아니라 원처분의 하자도 주장할
수 있다(대판 1991. 2. 12, 90누288).

④ 재결주의에서 기각재결의 취소는 원처분의 취소를 가져오고 인용재결(취소
재결)의 취소는 원처분의 소급적 부활을 가져온다.

2. 부작위위법확인소송의 대상: 부작위

부작위위법확인소송의 대상은 부작위이다.

부작위위법확인소송에서의 '부작위'라 함은 행정청이 당사자의 신청에 대하여 상
당한 기간 내에 일정한 처분을 하여야 할 법률상 의무가 있음에도 불구하고 이를
하지 아니하는 것을 말한다(법 제2조 제1항 제2호). 즉, 행정청의 모든 부작위가 모두
부작위위법확인소송의 대상이 되는 것이 아니며 다음과 같은 일정한 요건을 갖추어
야 한다.

(1) 행정청의 처분의무의 존재(달리 말하면 신청인에게 법규상 또는 조리상 신청권의 존재)

행정소송법 제2조 제1항 제2호가 부작위의 성립요건으로 '일정한 처분을 하여
야 할 법률상 의무가 있을 것'을 요구하고 있으므로 해석론으로는 신청권을 부작위
의 성립요건으로 보아야 한다. **판례**도 부작위가 성립하기 위하여는 법규상 또는 조
리상의 신청권이 있어야 한다고 하며 신청권이 없는 경우 부작위가 있다고 할 수
없고 원고적격도 없다고 한다(대판 2000. 2. 25, 99두11455).

(2) 당사자의 처분의 신청

당사자의 처분의 신청이 있어야 한다. 달리 말하면 신청이 있어야 하며 신청의
대상은 처분이어야 한다.

① 신청이 있어야 한다. 입법론으로는 행정처분에 신청을 전제로 하지 않는 경우(예, 사립학교 정상화시 정이사 임명)도 있으므로 신청을 부작위의 요건으로 하지 않는 것이 타당하다.

② 처분에 대한 신청이 아닌 경우에는 부작위위법확인소송의 대상이 되는 부작위가 아니다.

〈판례〉 국유개간토지의 매각신청은 국유개간토지의 매각행위가 처분이 아니므로 처분의 신청이 아니다(대판 1991. 11. 8, 90누9391).

③ 신청이 적법할 것(신청요건을 갖출 것)을 요하지 않는다. 신청권자의 신청이 있는 경우 행정청은 신청요건의 충족 여부와 무관하게 응답의무를 지며 신청요건이 충족되지 않은 경우 행정절차법에 따라 보완을 명하여야 하고 보완을 하지 않는 경우 반려처분(거부처분)을 할 수 있기 때문이다.

후술하는 바와 같이 신청의 적법성은 소송요건의 문제가 아니라 본안의 문제라고 보아야 한다. 신청요건의 결여가 중대하여 처분을 할 수 없을 정도인 경우에 행정청의 부작위는 정당하다고 보아야 한다.

(3) 상당한 기간의 경과

상당한 기간이라 함은 사회통념상 행정청이 당해 신청에 대한 처분을 하는 데 필요한 합리적인 기간을 말한다.

법령에서 신청에 대한 처리기간을 정하고 있는 경우에 당해 처리기간이 경과하였다고 하여 당연히 부작위가 되지는 않는다. 그런데, 부작위위법확인소송의 소송요건의 충족 여부는 사실심 변론종결시를 기준으로 판단하므로 사실심의 변론종결시까지 상당한 기간이 경과하였으면 되고, 통상 이 때까지는 상당한 기간이 경과할 것이므로 이 요건은 실제에 있어서는 크게 문제되지 않는다.

(4) 처분의 부존재

신청에 대하여 가부(可否)간에 처분이 행해지지 않았어야 한다. 신청에 대해 거부처분을 한 것도 응답의무를 이행한 것이 되며 행정청의 부작위는 성립하지 않는다.

〈판례〉 당사자의 신청에 대한 행정청의 거부처분이 있은 경우에 부작위 위법확인소송이 허용되는지 여부(소극): 당사자의 신청에 대한 행정청의 거부처분이 있는 경우에는 행정청이 당사자의 신청에 대하여 상당한 기간 내에 일정한 처분을 하여야 할 법률상의 응답의무를 이행하지 아니함으로써 야기된 부작위라는 위법상태를 제거하기 위하여 제기하는 부작위위법확인소송은 허용되지 아니한다(대판 1991. 11. 8, 90누9391[부작위위법확인]).

법령이 법령에서 정한 일정한 기간이 경과한 경우에는 거부한 것으로 의제하는 규정을 두는 경우가 있는데, 이 경우에 법령에서 정한 기간이 경과하였음에도 실제로 처분이 행해지지 않았으면 거부처분이 있는 것으로 되므로 해당 거부처분에 대하여 취소소송을 제기하여야 하며 부작위위법확인소송을 제기할 수는 없다.

부작위위법확인소송계속 중 거부처분이 있게 되면 부작위위법확인소송은 소의 이익이 상실되며 원고는 거부처분취소소송으로 소의 변경을 신청할 수 있다(후술 소의 변경 참조).

3. 당사자소송의 대상

(1) 일반적 고찰

당사자소송의 대상은 '행정청의 처분 등을 원인으로 하는 법률관계와 그 밖의 공법상의 법률관계'이다. 즉, 당사자소송의 대상은 공법상 법률관계이다.

① '행정청의 처분 등을 원인으로 하는 법률관계'라 함은 행정청의 처분 등에 의하여 발생·변경·소멸된 공법상의 법률관계를 말한다. 예를 들면 조세채권존재확인의 소(대판 2020. 3. 2, 2017두41771), 공무원의 지위 확인을 구하는 소송 및 미지급 퇴직연금지급청구소송은 당사자소송으로 제기하여야 한다.

② '그 밖의 공법상의 법률관계'라 함은 처분 등을 원인으로 하지 않는 그 밖에 공법이 규율하는 법률관계를 말한다. 예를 들면, 광주민주화운동관련 보상금지급청구권은 공권이며 광주민주화운동관련 보상금지급청구소송은 당사자소송으로 제기하여야 한다.

③ 공법상 계약은 공법상 당사자소송의 대상이다. 예를 들면, 전문직공무원 채용계약은 공법상 계약이고, 공무원 채용계약의 해지를 다투기 위하여는 그 해지를 처분으로 보아야 하는 특별한 사정이 없는 한 공무원 채용계약 해지의 무효확인을 구하는 소송을 당사자소송으로 제기하여야 한다.

행정소송규칙 제19조 제4호에 따르면 공법상 계약에 따른 권리·의무의 확인 또는 이행청구 소송은 당사자소송의 대상이 된다.

④ 행정소송규칙 제19조 제2호에 따르면 그 존부 또는 범위가 구체적으로 확정된 공법상 법률관계 그 자체에 관한 다음 각 목의 소송은 당사자소송의 대상이 된다: 가. 납세의무 존부의 확인, 나. 「부가가치세법」 제59조에 따른 환급청구, 다. 「석탄산업법」 제39조의3 제1항 및 같은 법 시행령 제41조 제4항 제5호에 따른 재해위로

금 지급청구, 라. 「5·18민주화운동 관련자 보상 등에 관한 법률」 제5조, 제6조 및 제7조에 따른 관련자 또는 유족의 보상금 등 지급청구, 마. 공무원의 보수·퇴직금·연금 등 지급청구, 바. 공법상 신분·지위의 확인.

⑤ 행정소송규칙 제19조 제3호에 따르면 처분에 이르는 절차적 요건의 존부나 효력 유무에 관한 다음 각 목의 소송은 당사자소송의 대상이 된다: 가. 「도시 및 주거환경정비법」 제35조 제5항에 따른 인가 이전 조합설립변경에 대한 총회결의의 효력 등을 다투는 소송, 나. 「도시 및 주거환경정비법」 제50조 제1항에 따른 인가 이전 사업시행계획에 대한 총회결의의 효력 등을 다투는 소송, 다. 「도시 및 주거환경정비법」 제74조 제1항에 따른 인가 이전 관리처분계획에 대한 총회결의의 효력 등을 다투는 소송.

(2) 구체적 사례

1) 항고소송사건인지 당사자소송사건인지가 다투어진 사례

가. 행위의 성질이 기준이 되는 경우　계쟁행위가 처분인 경우 항고소송을 제기하여야 하고, 계쟁행위가 비권력적인 공행정작용인 경우 공법상 당사자소송을 제기하여야 한다.

〈판례〉 1. 지방전문직공무원 채용계약의 해지에 대한 불복: 지방전문직공무원 채용계약의 해지에 대하여는 불이익처분을 받은 지방경력직공무원 등에게 적용되는 소청제도는 물론 행정심판절차에 의한 불복도 허용되지 않고 있는 것으로 해석되고, 이와 같은 법령의 규정 취지와 그 밖에 공무원의 자격, 임용, 보수, 복무, 신분보장, 징계 등에 관한 관계법령의 규정내용에 미루어보면, 현행 실정법이 지방전문직공무원 채용계약 해지 의사표시를 일반공무원에 대한 징계처분과는 달리 항고소송의 대상이 되는 처분 등의 성격을 가진 것으로 인정하지 않고, 지방자치단체가 채용계약관계의 한쪽 당사자로서 대등한 지위에서 행하는 의사표시로 취급하고 있는 것으로 이해되므로 지방전문직공무원 채용계약 해지 의사표시에 대하여는 항고소송이 아닌 공법상의 당사자소송으로 그 의사표시의 무효확인을 청구할 수 있다고 보아야 할 것이다(대판 1993. 9. 14, 92누4611). 〈평석〉 징계적 성격의 해촉은 성질상 처분으로 보아야 한다. 2. 시립합창단원의 재위촉 거부(당사자소송): 시립합창단원에 대한 재위촉 거부가 항고소송의 대상인 처분에 해당하는지 여부(소극): 지방자치법 제9조 제2항 제5호 (라)목 및 (마)목 등의 규정에 의하면, 광주광역시립합창단의 활동은 지방문화 및 예술을 진흥시키고자 하는 광주광역시의 공공적 업무수행의 일환으로 이루어진다고 해석될 뿐 아니라, 그 단원으로 위촉되기 위하여는 공개전형을 거쳐야 하고 지방공무원법 제31조의 규정에 해당하는 자는 단원의 직에서 해촉될 수 있는 등 단원은 일정한 능력요건과 자격요건을 갖추어야 하며, 상임단원은 일반공무원에 준하여 매일 상근하고 단원의 복무규율이 정하여져 있으며, 일정한 해촉사유가 있는 경우에만 해촉되고, 단원의 보수에 대하여 지방공무원의 보수에 관한 규정을 준용하는 점 등에서는 단원의 지위가 지방공무원과 유사한 면이 있으나, 한편 단원의 위촉기간이 정하여져 있고 재위촉이 보장되지 아니하며, 단원에 대하여는 지방공무원의 보수에 관한 규정을 준용하는 이외에는 지방공무원법 기타 관계 법령상의 지방공무원의 자격, 임용, 복무, 신분보장, 권익의 보장, 징계 기타 불이익처분에 대한 행정심판 등의 불복절차에 관한 규정이 준용되지도 아니하는 점 등을 종합하여 보면, 광주광역시문화예술회관장의 단원 위촉은 광주광역시문화예술회관장이 행정청으로서 공권력을 행사하여 행하는 행정처분이 아니라 공법상의 근무관계의 설정을 목적으로 하여 광주광역시와 단원이 되고자 하는 자 사이에 대등한 지위에서 의사가 합치되어 성립하는 공법상 근로계약에 해당한다고 보아야 할 것이므로, 시립합창단원으로서 위촉기간이 만료되는 자들의 재위촉 신청에 대하여 광주광역시문화예술회관장이 실기와 근무성적에 대한 평정을 실시하여 재위촉을 하지 아니한 것을 항고소송의 대상이 되는 불합격처분이라고 할 수는 없고 공법상 당사자소송을 제기하여야 한다 (대판 2001. 12. 11, 2001두7794).

3. 지방계약직공무원에 대한 징계적 성격의 보수의 삭감에 대해서는 항고소송을 제기하여야 한다(대판 2008. 6. 12, 2006두16328).

4. 읍·면장에 의한 이장의 임명 및 면직이 행정처분이 아니라 공법상 계약 및 그 계약을 해지하는 의사표시라고 본 사례(대판 2012. 10. 25, 2010두18963).

5. 중소기업 정보화지원사업에 따른 지원금 출연을 위하여 중소기업청장이 체결하는 협약은 공법상 계약에 해당하고, 협약의 해지 및 그에 따른 환수통보는 공법상 계약에 따라 행정청이 대등한 당사자의 지위에서 하는 의사표시라고 한 사례(대판 2015. 8. 27, 2015두41449[정보화지원사업참여제한처분무효확인]).

6. 한국환경산업기술원장이 구 국가연구개발사업의 관리 등에 관한 규정(대통령령) 및 환경기술개발사업운영규정(환경부훈령)에 따라 주관연구기관에 대하여 한 연구개발 중단 조치와 연구비 집행중지 조치가 항고소송의 대상이 되는 행정처분에 해당한다고 한 사례(대판 2015. 12. 24, 2015두264[환경기술개발사업중단처분취소]). 〈해설〉 원심은 법령의 근거 없이 이 사건 협약 당사자 간의 대등한 지위에서 한 의사표시에 불과하여 항고소송의 대상이 되는 행정처분이 아니라고 판단하였다. 그러나, 법령에 근거한 해지이므로 처분으로 보아야 한다.

7. 재활용자원화시설의 민간위탁대상자 선정행위를 처분으로 본 사례(대판 2007. 9. 21, 2006두7973[고양시재활용자원화시설민간위탁대상자선정취소처분취소]).

8. 사회기반시설에 대한 민간투자법 제45조 제1항에 따라 주무관청이 사업시행자에게 한 감독명령은 처분이다(대판 2019. 3. 28, 2016두43176).

9. 공기업·준정부기관의 계약상대방에 대한 **입찰참가자격 제한 조치**는 법령에 근거한 경우 원칙상 행정처분이고, 계약에 근거한 경우 원칙상 처분이 아니라 계약상의 의사표시이다. 공기업·준정부기관이 법령에 근거를 둔 행정처분으로서의 입찰참가자격 제한 조치를 한 것인지 아니면 계약에 근거한 권리행사로서의 입찰참가자격 제한 조치를 한 것인지 여부가 여전히 불분명한 경우에는, 그에 대한 불복방법 선택에 중대한 이해관계를 가지는 그 조치 상대방의 인식가능성 내지 예측가능성을 중요하게 고려하여 규범적으로 이를 확정함이 타

당하다(대판 2019. 2. 14, 2016두33292).

10. 군인연금법령상 급여를 받으려고 하는 사람은 우선 관계 법령에 따라 국방부장관 등에게 급여지급을 청구하여 국방부장관 등이 이를 거부하거나 일부 금액만 인정하는 급여지급결정을 하는 경우 그 결정을 대상으로 항고소송을 제기하는 등으로 구체적 권리를 인정받은 다음 비로소 당사자소송으로 그 급여의 지급을 구해야 한다. 이러한 구체적인 권리가 발생하지 않은 상태에서 곧바로 국가를 상대로 한 당사자소송으로 급여의 지급을 소구하는 것은 허용되지 않는다(대판 2021. 12. 16, 2019두45944).

나. 금전급부에 관한 소송 등   금전지급신청에 대해 금전지급을 거부하는 행정청의 결정이 있는 경우에 항고소송으로 다투어야 하는지, 당사자소송으로 다투어야 하는지 아니면 민사소송으로 다투어야 하는지가 애매한 경우가 있다. 이 경우에는 ① 문제된 구체적 권리가 행정청의 결정에 의하여 비로소 창설되거나 구체적으로 확정되는 경우 및 행정청의 결정에 의해 권리의 존부 및 범위가 공식적으로 확인되는 경우에는 항고소송을 제기하여야 한다는 것이 판례의 입장이다. **판례는 금전지급결정의 처분성이 인정되는 경우 항고소송으로 다투도록 하고, 당사자소송을 인정하지 않는다. ② 금전지급에 관한 구체적 권리가 법령의 규정에 의해 직접 발생하고 그 권리의 존부 및 범위에 관하여 다툼의 여지가 없는 경우**(권리의 존부 및 범위가 법령 등에 의하여 바로 구체적으로 명확하게 확정되어 있어 금전지급결정 또는 거부결정이 단순한 사실행위에 불과한 경우)에는 문제된 권리가 **공권이면 당사자소송, 사권이면 민사소송을 제기하여야 한다.**

〈**판례**〉 1. 관계 법령의 해석상 급부를 받을 권리가 법령의 규정에 의하여 직접 발생하는 것이 아니라 급부를 받으려고 하는 자의 신청에 따라 관할 행정청이 지급결정을 함으로써 구체적인 권리가 발생하는 경우에는, 급부를 받으려고 하는 자는 우선 관계 법령에 따라 행정청에 급부지급을 신청하여 행정청이 이를 거부하거나 일부 금액만 인정하는 지급결정을 하는 경우 그 결정을 대상으로 항고소송을 제기하고, 취소·무효확인판결의 기속력에 따른 재처분을 통하여 구체적인 권리를 인정받은 다음 비로소 공법상 당사자소송으로 급부의 지급을 구하여야 하고, 구체적인 권리가 발생하지 않은 상태에서 곧바로 행정청이 속한 국가나 지방자치단체 등을 상대로 한 당사자소송이나 민사소송으로 급부의 지급을 소구하는 것은 허용되지 않는다(대판 2020. 10. 15, 2020다222382(우선협상대상자지정취소로인한손해배상)).
2. 사회보장수급권은 법령에서 실체적 요건을 규정하면서 수급권자 여부, 급여액 범위등에 관하여 행정청이 1차적으로 심사하여 결정하도록 정하고 있는 경우가 일반적이다. 육아휴직급여 청구권도 관할 행정청인 직업안정기관의 장이 심사하여 지급결정을 함으로써 비로소 구체적인 수급청구권이 발생하는 경우에 해당한다. 위와 같이 사회보장수급권은 추상적 형태의 권

리와 구체적 형태의 권리로 나뉘고, 이들 각각의 권리행사는 그 목적과 방법이 서로 다르다(대판 전원합의체 2021. 3. 18, 2018두47264[육아휴직급여 부지급 등 처분 취소]). 〈해설〉 추상적 형태의 권리는 신청을 하여 지급결정을 받아야 구체적 권리가 된다. 이 경우 지급거부결정은 처분으로서 항고소송의 대상이 된다. 구체적 형태의 권리에 따른 신청에 대한 지급결정이나 거부결정은 단순한 사실행위로서 처분이 아니고, 거부결정의 경우 공권이면 공법상 당사자소송으로, 사권이면 민사소송으로 지급청구소송을 제기하여야 한다.

3. 사회보장수급권은 관계 법령에서 정한 실체법적 요건을 충족시키는 객관적 사정이 발생하면 추상적인 급부청구권의 형태로 발생하고, 관계 법령에서 정한 절차·방법·기준에 따라 관할 행정청에 지급 신청을 하여 관할 행정청이 지급결정을 하면 그때 비로소 구체적인 수급권으로 전환된다(대법원 2019. 12. 27. 선고 2018두46780 판결 등 참조). 급부를 받으려고 하는 사람은 우선 관계 법령에 따라 행정청에 그 지급을 신청하여 행정청이 거부하거나 일부 금액만 지급하는 결정을 하는 경우 그 결정에 대하여 항고소송을 제기하여 취소 또는 무효확인 판결을 받아 그 기속력에 따른 재처분을 통하여 구체적인 권리를 인정받아야 한다. 따라서 사회보장수급권의 경우 구체적인 권리가 발생하지 않은 상태에서 곧바로 행정청이 속한 국가나 지방자치단체 등을 상대로 한 당사자소송이나 민사소송으로 급부의 지급을 소구하는 것은 허용되지 않는다(대법원 2019. 6. 13. 선고 2017다277986, 277993 판결 등 참조)(대판 전원합의체 2021. 3. 18, 2018두47264).

㈎ 항고소송을 제기하여야 하는 경우

〈판례〉 1. **공무원연금 지급거부:** 구 공무원연금법(1995. 12. 29. 법률 제5117호로 개정되기 전의 것) 제26조 제1항, 제80조 제1항, 공무원연금법 시행령 제19조의2의 각 규정을 종합하면, 같은 법 소정의 급여는 급여를 받을 권리를 가진 자가 당해 공무원이 소속하였던 기관장의 확인을 얻어 신청하는 바에 따라 공무원연금관리공단이 그 지급결정을 함으로써 그 구체적인 권리가 발생하는 것이므로, 공무원연금관리공단의 급여에 관한 결정은 국민의 권리에 직접 영향을 미치는 것이어서 행정처분에 해당하고, 공무원연금관리공단의 급여결정에 불복하는 자는 (공무원연금급여재심위원회의 심사결정을 거쳐) 공무원연금관리공단의 급여결정을 대상으로 행정소송(항고소송)을 제기하여야 한다(대판 1996. 12. 6, 96누6417). 〈해설〉 심사절차는 특별행정심판이며 행정심판전치주의가 폐지된 현재에는 공무원연금급여재심위원회의 심사결정은 임의절차이다.

2. **의료보호비용지급거부:** 구 의료보호법 제1조, 제4조, 제6조, 제11조, 제21조, 같은 법 시행령 제17조 제1항, 제2항, 제21조, 같은 법 시행규칙 제28조, 제29조에 따른 의료보호의 목적, 의료보호대상자의 선정절차, 기금의 성격과 조성방법 및 운용절차, 보호기관의 심사결정의 내용과 성격, 진료기관의 보호비용의 청구절차 등에 비추어 볼 때, 진료기관의 보호기관에 대한 진료비지급청구권은 계약 등의 법률관계에 의하여 발생하는 사법상의 권리가 아니라 법에 의하여 정책적으로 특별히 인정되는 공법상의 권리라고 할 것이고, 법령의 요건에 해당하는 것만으로 바로 구체적인 진료비지급청구권이 발생하는 것이 아니라 보호기관의 심사결정에 의하여 비로소 구체적인 청구권이 발생한다고 할 것이므로, 진료기관은 법령이 규정한 요건에 해당하여 진료비를 지급받

을 추상적인 권리가 있다 하더라도 진료기관의 보호비용 청구에 대하여 **보호기관이 심사결과 지급을 거부한 경우에는 곧바로 민사소송은 물론 공법상 당사자소송으로도 지급청구를 할 수는 없고, 지급거부결정의 취소를 구하는 항고소송을 제기하는 방법으로 구제받을 수밖에 없다**(대판 1999. 11. 26, 97다42250).

3. 「민주화운동관련자 명예회복 및 보상 등에 관한 법률」 제2조 제1호, 제2호 본문, 제4조, 제10조, 제11조, 제13조 규정들의 취지와 내용에 비추어 보면, 같은 법 제2조 제2호 각 목은 민주화운동과 관련한 피해 유형을 추상적으로 규정한 것에 불과하여 제2조 제1호에서 정의하고 있는 민주화운동의 내용을 함께 고려하더라도 그 규정들만으로는 바로 법상의 보상금 등의 지급대상자가 확정된다고 볼 수 없고, '민주화운동 관련자 명예회복 및 보상 심의위원회'에서 심의·결정을 받아야만 비로소 보상금 등의 지급대상자로 확정될 수 있다. 따라서 그와 같은 심의위원회의 결정은 국민의 권리의무에 직접 영향을 미치는 **행정처분에 해당**"하고, 「민주화운동관련자 명예회복 및 보상 등에 관한 법률」 제17조는 보상금 등의 지급에 관한 소송의 형태를 규정하고 있지 않지만, 위 규정 전단에서 말하는 보상금 등의 지급에 관한 소송은 '민주화운동 관련자 명예회복 및 보상 심의위원회'의 보상금 등의 지급신청에 관하여 전부 또는 일부를 기각하는 결정에 대한 불복을 구하는 소송이므로 **취소소송을 의미한다**(대판 전원합의체 2008. 4. 17, 2005두16185[민주화운동관련자불인정처분취소]).

4. 하천법상 토지수용위원회의 보상재결을 처분으로 보고 이를 다투기 위하여는 항고소송을 제기하여야 한다고 한 사례(대판 2001. 9. 14, 2001다40879).

5. 요양기관의 국민건강보험공단에 대한 요양급여비용청구권은 요양기관의 청구에 따라 공단이 지급결정을 함으로써 구체적인 권리가 발생하는 것이지, 공단의 결정과 무관하게 국민건강보험법령에 의하여 곧바로 발생한다고 볼 수 없다(대판 2023. 8. 31, 2021다243355).

(나) 당사자소송을 제기하여야 하는 경우

〈판례〉 1. 광주민주화운동관련 보상청구: 신청 후 일정기간 내에 지급에 관한 결정을 하지 않는 경우에는 바로 소송을 제기할 수 있도록 하고 있는 점 등에 비추어 볼 때 보상심의위원회의 결정을 거치는 것은 보상금 지급에 관한 소송을 제기하기 위한 전치요건에 불과하다 할 것이므로 보상심의위원회의 결정은 항고소송의 대상이 되는 행정처분이라 볼 수 없고, 위 보상금 지급에 관한 권리는 동법이 특별히 인정하고 있는 공법상의 권리라 할 것이므로 그에 관한 소송은 당사자소송에 의하여야 할 것이다(대판 1992. 12. 24, 92누3335).

2. 미지급퇴직연금 지급청구소송: 공무원연금관리공단의 인정에 의하여 퇴직연금을 지급받아 오던 중 구 공무원연금법령의 개정 등으로 퇴직연금 중 일부 금액의 지급이 정지된 경우에는 당연히 개정된 법령에 따라 퇴직연금이 확정되는 것이고, 공무원연금관리공단의 퇴직연금 결정과 통지에 의하여 비로소 그 금액이 확정되는 것이 아니므로, 공무원연금관리공단이 퇴직연금 중 일부 금액에 대하여 지급거부의 의사표시를 하였다고 하더라도 그 의사표시는 행정처분이 아니며, 이 경우 미지급퇴직연금에 대한 지급청구권은 공법상 권리로서 그의 지급을 구하는 소송은 공법상의 법률관계에 관한 소송인 공법상 당사자소송에 해당한다(대판 2004. 7. 8,

2004두244).

3. 재개발조합은 조합원에 대한 법률관계에서 적어도 특수한 존립목적을 부여받은 특수한 행정주체로서 국가의 감독하에 그 존립 목적인 특정한 공공사무를 행하고 있다고 볼 수 있는 범위 내에서는 공법상의 권리의무 관계에 서 있다. 따라서 조합을 상대로 한 쟁송에 있어서 강제가입제를 특색으로 한 조합원의 자격 인정 여부에 관하여 다툼이 있는 경우에는 그 단계에서는 아직 조합의 어떠한 처분 등이 개입될 여지는 없으므로 공법상의 당사자소송에 의하여 그 조합원 자격의 확인을 구할 수 있다(대판 전원합의체 1996. 2. 15, 94다31235).

㈐ 민사소송을 제기하여야 하는 경우

〈판례〉 1. 국세기본법 제51조 및 제52조의 국세환급금 및 국세가산금결정에 관한 규정은 이미 납세의무자의 환급청구권이 확정된 국세환급금 및 가산금에 대하여 내부적 사무처리절차로서 과세관청의 환급절차를 규정한 것에 지나지 않고 그 규정에 의한 국세환급금(가산금 포함)결정에 의하여 비로소 환급청구권이 확정되는 것은 아니므로, **국세환급금결정**이나 이 결정을 구하는 신청에 대한 **환급거부결정** 등은 납세의무자가 갖는 환급청구권의 존부나 범위에 구체적이고 직접적인 영향을 미치는 처분이 아니어서 항고소송의 대상이 되는 **처분이라고 볼 수 없다**(대판 전원합의체 1989. 6. 15, 88누6436). 〈해설〉 판례는 국세환급청구권을 부당이득반환청구권의 성질을 갖는 사권으로 본다.

2. 조세부과처분의 당연무효를 전제로 하여 이미 납부한 세금의 반환을 청구하는 것은 민사상의 부당이득반환청구로서 민사소송절차에 따라야 한다(대판 1995. 4. 28, 94다55019).

3. 구 도시 및 주거환경정비법상 재개발조합이 공법인이라는 사정만으로 재개발조합과 조합장 또는 조합임원 사이의 선임·해임 등을 둘러싼 법률관계는 사법상의 법률관계로서 그 조합장 또는 조합임원의 지위를 다투는 소송은 민사소송에 의하여야 할 것이다(대결 2009. 9. 24, 2009마168, 169).

2) 당사자소송인지 민사소송인지가 다투어진 사례

가. 당사자소송과 민사소송의 대상 구분　　　일반적으로 말하면 당사자소송은 공법관계를 대상으로 하고, 민사소송은 사법관계를 대상으로 한다.

나. 구체적 사례

㈎ 처분 등을 원인으로 하는 법률관계를 대상으로 하는 소송　　　판례는 소송물을 기준으로 그것이 공법관계이면 당사자소송, 사법관계이면 민사소송으로 본다.

㈏ 법률관계의 성질이 기준이 되는 경우　　　법률관계에 관한 소송의 경우 공법상 법률관계(공권)에 관한 소송은 공법상 당사자소송으로 제기되어야 하며 사법상 법률관계(사권)에 관한 소송은 민사소송으로 제기되어야 한다.

가) 금전급부청구소송　　　공법상 금전급부청구권에 근거한 청구는 공법상 당사

자소송으로, 사법상 금전급부청구권에 근거한 청구는 민사소송으로 제기하여야 한다. 판례는 금전급부청구권이 처분 등이 원인이 되어 발생한 경우에도 그 금전급부청구권이 사법상의 금전급부청구권과 성질상 다르지 않다고 보이는 경우 사권으로 본다.

a. 판례가 공법상 당사자소송으로 본 사례

일반적으로 금전급부가 사회보장적 급부의 성격을 가지거나 정책적 지원금의 성격을 가지는 경우에는 공법상 당사자소송의 대상이 되는 것으로 본다.

〈판례〉 1. 석탄가격안정지원금 청구소송: 석탄가격안정지원금은 석탄의 수요 감소와 열악한 사업환경 등으로 점차 경영이 어려워지고 있는 석탄광업의 안정 및 육성을 위하여 국가정책적 차원에서 지급하는 지원비의 성격을 갖는 것이고, 석탄광업자가 석탄산업합리화사업단에 대하여 가지는 위와 같은 지원금지급청구권은 석탄사업법령에 의하여 정책적으로 당연히 부여되는 공법상의 권리이므로, 석탄광업자가 석탄사업합리화사업단을 상대로 석탄산업법령 및 석탄가격안정지원금 지급요령에 의하여 지원금의 지급을 구하는 소는 민사소송이 아니라 공법상의 법률관계에 관한 소송인 공법상의 당사자소송에 해당한다(대판 1997. 5. 30, 96다28960).

2. 광주민주화운동관련자 보상 등에 관한 법률에 의한 보상금청구소송(대판 1992. 12. 24, 92누3335).

3. 퇴직연금 결정 후의 퇴직연금청구소송(대판 2004. 7. 8, 2004두244), 퇴역연금 결정 후의 퇴역연금청구소송(대판 2003. 9. 5, 2002두3522).

4. (1) 지방소방공무원의 근무관계는 사법상의 근로계약관계가 아닌 공법상의 근무관계에 해당하고, 그 근무관계의 주요한 내용 중 하니인 지방소방공무원의 보수에 관한 법률관계는 공법상의 법률관계라고 보아야 한다. (2) 지방소방공무원의 초과근무수당 지급청구권은 법령의 규정에 의하여 직접 그 존부나 범위가 정하여지고 법령에 규정된 수당의 지급요건에 해당하는 경우에는 곧바로 발생한다고 할 것이므로, 지방소방공무원이 자신이 소속된 지방자치단체를 상대로 초과근무수당의 지급을 구하는 청구에 관한 소송은 행정소송법 제3조 제2호에 규정된 당사자소송의 절차에 따라야 한다(대판 2013. 3. 28, 2012다102629).

b. 판례가 민사소송으로 본 사례   판례는 국가배상청구소송, 공법상 부당이득반환청구소송 등을 민사소송으로 보고 있다. 그러나, 다수설은 공법상 당사자소송으로 보아야 한다고 주장한다.

〈판례〉 부당이득반환청구: 조세부과처분의 당연무효를 전제로 하여 이미 납부한 세금의 반환을 청구하는 것은 민사상의 부당이득반환청구로서 민사소송절차에 따라야 한다(대판 1995. 4. 28, 94다55019).

C. 손실보상금청구소송

① 행정소송규칙 제19조 제1호에 따르면 다음 각 목의 손실보상금에 관한 소송은 당사자소송의 대상이 된다: 가. 「공익사업을 위한 토지 등의 취득 및 보상에 관한 법률」 제78조 제1항 및 제6항에 따른 이주정착금, 주거이전비 등에 관한 소송. 나. 공익사업을 위한 토지 등의 취득 및 보상에 관한 법률」 제85조 제2항에 따른 보상금의 증감(增減)에 관한 소송, 다. 「하천편입토지 보상 등에 관한 특별조치법」 제2조에 따른 보상금에 관한 소송.

② 판례는 법령에서 보상금액을 행정청이 일방적으로 결정하도록 규정하면서 불복방법에 대하여는 특별한 규정을 두지 않은 경우(도로법 제79조, 제80조, 수산업법 제79조)에 보상금액을 다투기 위하여는 행정청의 보상금결정처분에 대한 취소 또는 무효확인소송을 제기하여야 한다고 본다. 다만, 행정청에 의해 결정된 보상금의 청구는 공법상 당사자소송에 의한다.

③ 법령에서 전심절차를 거쳐 보상금지급청구의 소를 제기하도록 하는 규정만 두고 있는 경우(징발법 제19조, 제24조의2)에는 공법상 당사자소송으로 보상금지급청구를 하여야 한다.

④ 법령에서 손실보상을 인정하면서 보상금 결정방법 및 불복절차에 관하여 아무런 규정을 두지 않은 경우에 손실보상청구권이 공권인 경우 손실보상금청구는 공법상 당사자소송에 의하여야 하고, 손실보상청구권이 사권인 경우 민사소송으로 손실보상청구를 하여야 한다.

나) 공법상 신분 또는 지위 등의 확인소송(당사자소송)　　판례는 다음과 같은 공법상 신분 또는 지위 등의 확인소송을 당사자소송으로 보고 있다: 공무원(대판 1998. 10. 23, 98두12932) 또는 농지개량조합직원의 지위확인소송(대판 1977. 2. 22, 76다2517), 재개발조합을 상대로 조합원자격 유무에 관한 확인을 구하는 소송(대판 전원합의체 1996. 2. 15, 94다31235), 훈장종류 확인(대판 1990. 10. 23, 90누4440), 영관생계보조기금권리자 확인(대판 1991. 1. 25, 90누3041), 사업주가 당연가입자가 되는 고용보험 및 산재보험에서 보험료 납부의무 부존재확인(대판 2016. 10. 13, 2016다221658).

㈐ 행위의 성질이 기준이 되는 경우　　그 효력이 다투어지는 비권력적행위가 공법행위(공법상 계약, 공법상 합동행위)이면 당사자소송의 대상이 되고, 사법행위(사법상 계약)이면 민사소송의 대상이 된다.

〈판례〉 1. 시립무용단원의 해촉에 대한 불복(당사자소송): 지방자치법 제9조 제2항 제5호 (라)

목 및 (마)목 등의 규정에 의하면, 이 사건 서울특별시립무용단원의 공연 등 활동은 지방문
화 및 예술을 진흥시키고자 하는 서울특별시의 공공적 임무수행의 일환으로 이루어진다고
해석될 뿐만 아니라, 원심이 확정한 바와 같이 단원으로 위촉되기 위하여는 일정한 능력요
건과 자격요건을 요하고, 계속적인 재위촉이 사실상 보장되며, 공무원연금법에 따르는 연
금을 지급받고, 단원의 복무규율이 정해져 있으며, 정년제가 인정되고, 일정한 해촉사유가
있는 경우에만 해촉되는 등 서울특별시립무용단원이 가지는 지위가 공무원과 유사한 것이
라면, 서울특별시립무용단원의 위촉은 공법상의 계약이라고 할 것이고, 따라서 그 단원의 해촉
에 대하여는 공법상의 당사자소송으로 그 무효확인을 청구할 수 있다(대판 1995. 12. 22, 95누4636).
2. 지방전문직공무원채용계약 해지의 의사표시의 무효확인소송(당사자소송)(대판 1996. 5. 31, 95누
10617)
3. 주택재건축정비사업조합을 상대로 관리계획처분안에 대한 조합총회결의의 무효확인을
구하는 소송(당사자소송)(대판 전원합의체 2009. 9. 17, 2007다2428). 〈해설〉 재건축조합총회의 관리
처분계획안 결의는 공법상 합동행위이다.
4. 민간투자사업 실시협약을 체결한 당사자가 공법상 당사자소송에 의하여 그 민간투자사업
실시협약에 따른 재정지원금의 지급을 구하는 경우에, 수소법원은 단순히 주무관청이 재정지
원금액을 산정한 절차 등에 위법이 있는지 여부를 심사하는 데 그쳐서는 아니 되고, 실시협
약에 따른 적정한 재정지원금액이 얼마인지를 구체적으로 심리·판단하여야 한다(대판 2019. 1. 31,
2017두46455). 〈해설〉 민간투자사업 실시협약을 공법상 계약으로 본 판례이다.

Ⅱ. 원고적격

원고적격(原告適格)이란 구체적인 소송에서 원고로서 소송을 수행하여 본안판결
을 받을 수 있는 자격을 말한다.

국가 등의 기관은 권리능력이 없으므로 당사자능력이 없고 원칙상 행정소송에
서 원고적격이 없지만, 다른 기관의 처분에 의해 국가기관이 권리를 침해받거나 의
무를 부과받는 등 중대한 불이익을 받았음에도 그 처분을 다툴 별다른 방법이 없
고, 그 처분의 취소를 구하는 항고소송을 제기하는 것이 유효·적절한 권익구제수
단인 경우에는 국가기관에게 당사자능력과 원고적격을 인정하여야 한다(대판 2013.
7. 25, 2011두1214[불이익처분원상회복등요구처분취소]). 이에 대하여 행정기관은 권리능력
이 없으므로 소송상 당사자능력이 없고, 기관소송의 당사자는 될 수 있지만 항고소
송에서도 당사자능력을 인정할 수 없다는 비판이 있다.

국가나 지방자치단체가 행정처분의 상대방인 경우에는 해당 처분을 다툴 원고
적격이 있다(대판 2014. 2. 27, 2012두22980 ; 2014. 3. 13, 2013두15934).

1. 항고소송에서의 원고적격

(1) 의　　의

항고소송에서 원고적격의 문제는 구체적인 행정처분에 대하여 누가 원고로서 취소소송 등 항고소송을 제기하여 본안판결을 받을 자격이 있느냐에 관한 문제이다. 행정소송법 제12조는 '원고적격'이라는 표제하에 "취소소송은 처분 등의 취소를 구할 법률상 이익이 있는 자가 제기할 수 있다. 처분 등의 효과가 기간의 경과, 처분 등의 집행 그 밖의 사유로 인하여 소멸된 뒤에도 그 처분 등의 취소로 인하여 회복되는 법률상 이익이 있는 자의 경우에는 또한 같다"라고 규정하고 있는데, 전단은 취소소송의 원고적격을 규정하고 있고, 후단은 취소소송의 협의의 소의 이익을 규정하고 있다.

행정소송법 제35조는 다음과 같이 무효등확인소송의 원고적격을 규정하고 있다. "무효등확인소송은 처분 등의 효력 유무 또는 존재 여부의 확인을 구할 법률상 이익이 있는 자가 제기할 수 있다."

행정소송법 제36조는 다음과 같이 부작위위법확인소송의 원고적격을 규정하고 있다. "부작위위법확인소송은 처분의 신청을 한 자로서 부작위의 위법의 확인을 구할 법률상 이익이 있는 자만이 제기할 수 있다."

(2) 원고적격의 요건

판례는 원고적격의 요건으로 "법률상 보호되는 개별적 · 직접적 · 구체적 이익의 침해"를 요구하고 있다.

1) "법률상 이익"에 관한 학설

현행 행정소송법상 '법률상 이익'의 개념과 관련하여 '법률상 보호되는 이익구제설'과 '보호할 가치 있는 이익구제설'이 대립하고 있다. 그런데, 종래에는 이론상 항고소송에서의 원고적격의 범위와 관련하여 권리구제설, 법률상 보호되는 이익구제설(법적 이익구제설), 보호할 가치 있는 이익구제설, 적법성보장설이 대립하고 있었다.

가. 권리구제설(권리회복설)　　권리구제설은 처분 등으로 인하여 권리가 침해된 자만이 항고소송을 제기할 수 있는 원고적격을 갖는다는 견해이다.

오늘날 권리와 법률상 보호된 이익을 동의어로 이해하므로 권리구제설은 법률상 보호된 이익구제설(법적 이익구제설)과 동일하다.

나. 법률상 보호된 이익구제설(법적 이익구제설)　　법적 이익구제설은 처분 등에 의해 법적 이익이 침해된 자만이 항고소송을 제기할 수 있는 원고적격을 갖는다는 견해이다. 법적 이익이란 법에 의해 보호된 개인적 이익(사익)을 말한다.

법적 이익구제설에도 보호규범과 피보호이익을 어떻게 보는가에 따라 다양한 견해가 존재한다. **보호규범**을 좁게 보는 견해는 처분의 근거법규에 한정하고(제1설), 보다 넓게 보는 견해는 처분의 근거법규뿐만 아니라 관계법규까지 보호규범으로 본다(제2설). 이보다 더 넓게 보는 견해는 이에 추가하여 헌법규정(자유권 등 구체적 기본권)이 보충적으로 보호규범이 된다고 본다(제3설). 절차규정을 보호규범에 포함시키는 견해도 있다(제4설). 보호규범을 가장 넓게 보는 견해는 이에 추가하여 민법규정도 보호규범에 포함시킨다(제5설). 현재 제2설 내지 제4설이 주로 주장되고 있다.

보호규범에 의해 보호되는 **피보호이익**은 통상 개인(자연인, 법인, 법인격 없는 단체)의 개인적(사적) 이익을 말한다.

다. 소송상 보호할 가치 있는 이익구제설   소송상 보호할 가치 있는 이익구제설은 소송법적 관점에서 재판에 의하여 보호할 만한 가치가 있는 이익이 침해된 자는 항고소송의 원고적격이 있다고 본다. 이 견해는 원고적격의 문제는 소송법상의 문제라는 것에 근거하고 있다.

라. 적법성보장설   적법성보장설은 항고소송의 주된 기능을 행정통제에서 찾고, 처분의 위법성을 다툴 적합한 이익을 갖는 자에게 원고적격을 인정하는 견해이다. 이 견해는 항고소송을 행정의 적법성을 통제하는 소송(객관소송)으로 보는 것에 근거하고 있다.

마. 판   례   판례는 원칙상 '법적 이익구제설'에 입각하고 있다. 판례는 처분의 근거법규 및 관련법규(처분의 근거법규 및 관련법규(예, 환경영향평가법)의 입법취지 포함)에 의해 보호되는 직접적이고 구체적인 개인적 이익(사익)을 법률상 이익으로 보고 있다. 공익보호의 결과로 국민 일반이 공통적으로 가지는 일반적·간접적·추상적 이익과 같이 사실적·경제적 이해관계를 갖는 데 불과한 경우는 여기에 포함되지 아니한다(대판 2024. 3. 12, 2021두58998).

〈판례〉 법률상 보호되는 이익이라 함은 당해 처분의 근거 법규 및 관련 법규에 의하여 보호되는 개별적·직접적·구체적 이익이 있는 경우를 말하고, 공익보호의 결과로 국민 일반이 공통적으로 가지는 일반적·간접적·추상적 이익이 생기는 경우에는 법률상 보호되는 이익이 있다고 할 수 없다(대판 전원합의체 2006. 3. 16, 2006두330[새만금사건]).

판례는 법률상 이익의 범위를 넓혀가는 경향이 있다. **당해 처분의 근거 법규 및 관련 법규에 의하여 보호되는 법률상 이익**은 당해 처분의 근거 법규의 명문 규정에 의하여 보호받는 법률상 이익, 당해 처분의 근거 법규에 의하여 보호되지는 아니하나 당해 처분의 행정목적을 달성하기 위한 일련의 단계적인 관련 처분들의 근거 법규에 의하여 명시적으로 보호받는 법률상 이익, 당해 처분의 근거 법규 또는 관련 법규에서 명시적으로 당해 이익을 보호하는 명문의 규정이 없더라도 근거 법규 및 관련 법규의 합리적 해석상 그 법규에서 행정청을 제약하는 이유가 순수한 공익의 보호만이 아닌 **개별적·직접적·구체적 이익을 보호하는 취지가 포함되어 있다고 해석되는 경우까지를** 말한다(대판 2024. 3. 12, 2021두58998).

　판례는 절차규정도 보호규범에 포함시킨다(대판 2020. 4. 9, 2015다34444). 이해관계인의 절차적 권리(법적 이익)를 법률상 이익으로 본다. 이해관계인이 아닌 주민의 절차적 참가권은 법률상 이익이 아니다.

〈판례〉甲 학교법인의 정상화 과정에서 서울특별시교육감이 임시이사들을 해임하고 정이사를 선임한 사안에서, 사립학교법 제25조의3 제1항이 학교법인을 정상화하기 위하여 임시이사를 해임하고 이사를 선임하는 절차에서 이해관계인에게 어떠한 청구권 또는 의견진술권을 부여하고 있지 않으므로, 乙 학교법인이 임시이사 해임 및 이사 선임에 관하여 사립학교법에 의해 보호받는 법률상 이익이 없다고 본 사례(대판 2014. 1. 23, 2012두6629[임시이사해임처분취소등]).
〈해설〉반대해석을 하면 의견진술권이 있는 이해관계인은 법적 이익이 있다고 할 수 있다.

　　바. 결　　　어　　　현행 행정소송법의 해석론으로는 법적 이익구제설이 타당하다. 그 이유는 현행 행정소송법이 항고소송의 주된 기능을 권익구제로 보고 주관소송으로 규정하고 있기 때문이다.
　다음과 같은 이유에서 법적 이익구제설 중 제5설이 타당하다.

① 항고소송을 권익구제제도로 본다면 현행 행정소송법상의 '법률상 이익'은 그 이익이 개인적 이익이면 보호규범이 실체법이든 절차법이든 법에 의해 보호되는 이익으로 보는 것이 타당하다.
② 헌법이나 기타 일반법질서(민법 포함)에 의해 보호되는 이익이 침해된 자에게도 항고소송의 원고적격을 인정하여야 할 것이다.
③ 헌법상 구체적 기본권이 침해된 자에게는 원고적격을 인정하여야 한다. 그러나, 법률에 의해 구체화되어야 비로소 구체적 기본권이 되는 추상적 기본권이 침해된 것만으로는 원고적격을 인정할 수 없다.

　2) 판례에서의 원고적격의 요건
　판례는 원고적격의 요건으로 "법률(처분의 근거 법규 및 관련법규)에 의하여 보호되는 개별적·직접적·구체적 이익의 침해"를 요구하고 있다.

가. 법적 이익(법률상 보호되는 이익)　　① 처분의 근거 법규 및 관련법규(예, 환경영향평가법)에 의해 보호되는 이익의 침해가 있어야 한다.

〈판례〉 1. 해당 처분의 근거법규 및 관련법규에 의하여 보호되는 법률상 이익이라 함은 당해 처분의 근거법규(근거법규가 다른 법규를 인용함으로 인하여 근거법규가 된 경우까지를 아울러 포함한다)의 명문규정에 의하여 보호받는 법률상 이익, 당해 처분의 근거법규에 의하여 보호되지는 아니하나 당해 처분의 행정목적을 달성하기 위한 일련의 단계적인 관련처분들의 근거법규에 의하여 명시적으로 보호받는 법률상 이익, 당해 처분의 근거법규 또는 관련법규에서 명시적으로 당해 이익을 보호하는 명문의 규정이 없더라도 근거법규 및 관련법규의 합리적 해석상 그 법규에서 행정청을 제약하는 이유가 순수한 공익의 보호만이 아닌 개별적·직접적·구체적 이익을 보호하는 취지가 포함되어 있다고 해석되는 경우까지를 말한다(대판 2004. 8. 16, 2003두2175: 주택건설사업계획승인처분의 대상이 된 사업부지 밖의 토지소유자에게는 그 처분의 취소를 구할 원고적격이 없다고 본 예).
2. 사립학교 소속 직원의 호봉산정이나 보수에 관하여 규정하고 있는 사립학교법 제70조의2 제1항 및 그에 따른 각 사립학교의 정관 등이 사립학교법 제43조와 함께 피고 교육감의 학교법인 이사장 및 학교장에 대한 호봉정정 및 급여환수 명령(이 사건 각 명령)의 근거법규 내지 관련법규에 해당하고, 사립학교 사무직원의 이익을 개별적·직접적·구체적으로 보호하고 있는 규정으로 볼 수 있고, 나아가 이 사건 각 명령(호봉정정명령 등)으로 인하여 원고들은 급여가 실질적으로 삭감되거나 기지급된 급여를 반환하여야 하는 직접적이고 구체적인 손해를 입게 되므로, 원고들은 이 사건 각 명령(호봉정정명령 등)을 다툴 개별적·직접적·구체적 이해관계가 있다고 볼 수 있으므로 원고(직원)들이 제3자에 대한 피고 교육감의 학교법인 이사장 및 학교장에 대한 호봉정정 및 급여환수 명령(이 사건 각 명령)으로 인해 법률상 보호되는 이익을 침해당한 자에 해당한다고 한 사례(대판 2023. 1. 12, 2022두56630(호봉정정명령 등 취소)).

② 사실상 이익 내지 반사적 이익의 침해만으로는 원고적격이 인정되지 않는다. 공익보호의 결과로 국민 일반이 공통적으로 가지는 일반적·간접적·추상적 이익과 같이 사실적·경제적 이해관계를 갖는 데 불과한 경우는 법률상 이익에 포함되지 아니한다(대판 2024. 3. 12, 2021두58998).

〈판례〉 1. 구 담배사업법(2007. 7. 19. 법률 제8518호로 개정되기 전의 것)과 그 시행령 및 시행규칙의 관계규정을 종합해 보면, 담배 일반소매인의 지정기준으로서 일반소매인의 영업소 간에 일정한 거리제한을 두고 있는 것은 담배유통구조의 확립을 통하여 국민의 건강과 관련되고 국가 등의 주요 세원이 되는 담배산업 전반의 건전한 발전 도모 및 국민경제에의 이바지라는 공익목적을 달성하고자 함과 동시에 일반소매인 간의 과당경쟁으로 인한 불합리한 경영을 방지함으로써 일반소매인의 경영상 이익을 보호하는 데에도 그 목적이 있다고 보이므로, 일반소매인으로 지정되어 영업을 하고 있는 기존업자의 신규 일반소매인에 대한 이익은 단순한 사실상의 반사적 이익이 아니라 법률상 보호되는 이익이라고 해석함이 상당하다(대판 2008. 3. 27, 2007두23811[담배소매인지정처분취소]: 담배 일반소매인으로 지정되어 영업 중인 기존업자의 이익을 법률상 보호되는 이익으로 본 사례).

2. 일반소매인으로 지정되어 영업을 하고 있는 기존업자의 신규 일반소매인에 대한 이익은 단순한 사실상의 반사적 이익이 아니라 법률상 보호되는 이익으로서 기존 일반소매인이 신규 일반소매인 지정처분의 취소를 구할 원고적격이 있다고 보아야 할 것이나(대판 2008. 3. 27, 2007두23811 참조), 한편 **구내소매인과 일반소매인** 사이에서는 구내소매인의 영업소와 일반소매인의 영업소 간에 거리제한을 두지 아니할 뿐 아니라 건축물 또는 시설물의 구조·상주인원 및 이용인원 등을 고려하여 동일 시설물 내 2개소 이상의 장소에 구내소매인을 지정할 수 있으며, 이 경우 일반소매인이 지정된 장소가 구내소매인 지정대상이 된 때에는 동일 건축물 또는 시설물 안에 지정된 일반소매인은 구내소매인으로 보고, 구내소매인이 지정된 건축물 등에는 일반소매인을 지정할 수 없으며, 구내소매인은 담배진열장 및 담배소매점 표시판을 건물 또는 시설물의 외부에 설치하여서는 아니 된다고 규정하는 등 일반소매인의 입장에서 구내소매인과의 과당경쟁으로 인한 경영의 불합리를 방지하는 것을 그 목적으로 할 수 있다고 보기 어려우므로, 일반소매인으로 지정되어 영업을 하고 있는 기존업자의 신규 구내소매인에 대한 이익은 법률상 보호되는 이익이 아니라 단순한 사실상의 반사적 이익이라고 해석함이 상당하므로, 기존 일반소매인은 신규 구내소매인 지정처분의 취소를 구할 원고적격이 없다(대판 2008. 4. 10, 2008두402[배소매인지정처분취소]).

3. 제주 강정마을 일대가 절대보전지역으로 유지됨으로써 주민들인 원고들이 가지는 주거 및 **생활환경상** 이익은 그 지역의 경관 등이 보호됨으로써 반사적으로 누리는 것일 뿐 근거 법규 또는 관련 법규에 의하여 보호되는 개별적·직접적·구체적 이익이라고 할 수 없다고 한 사례(대판 2012. 7. 5, 2011두13187, 13914(병합)[절대보전지역변경처분무효확인 등]).

4. 상수원보호구역 설정의 근거가 되는 수도법 제5조 제1항 및 동 시행령 제7조 제1항이 보호하고자 하는 것은 상수원의 확보와 수질보전일 뿐이고, 그 상수원에서 급수를 받고 있는 지역주민들이 가지는 상수원의 오염을 막아 양질의 급수를 받을 이익은 직접적이고 구체적으로는 보호하고 있지 않음이 명백하여 위 지역주민들이 가지는 이익은 상수원의 확보와 수질보호라는 공공의 이익이 달성됨에 따라 반사적으로 얻게 되는 이익에 불과하므로 지역주민들에 불과한 원고들에게는 위 상수원보호구역변경처분의 취소를 구할 법률상의 이익이 없다(대판 1995. 9. 26, 94누14544). 〈해설〉 생각건대 상수원보호구역 설정 및 해제의 근거가 되는 수도법규정이 상수원의 수질보호와 함께 물이용자의 개인적 이익도 직접 보호하는 것을 목적으로 하고 있다고 볼 수도 있고, 현재와 같이 한강수계 상수원수질개선 및 주민지원 등에 관한 법률 및 동법 시행령 제19조에 따라 수도사업자가 물이용부담금을 납부하고(이 물이용부담금은 수도요금에 전가될 것이다) 이 재원으로 상수원보호구역에 재정지원을 하고 있는 점 등을 아울러 고려하면 상수원보호구역을 규율하는 수도법규정으로 인하여 수돗물 이용자가 받는 이익은 법적 이익이라고 볼 수도 있다.

③ 헌법상 기본권이 원고적격의 요건인 법률상 이익이 될 수 있는지에 관하여 아직 이를 적극적으로 인정하고 있는 대법원 판례는 없고, 추상적 기본권의 침해만 으로는 원고적격을 인정할 수 없다는 대법원 판례가 있을 뿐이다.

〈판례〉환경영향평가 대상지역 밖에 거주하는 주민에게 헌법상의 환경권 또는 환경정책기본법에 근거하여 공유수면매립면허처분과 농지개량사업 시행인가처분의 무효확인을 구할 원고적격이 없다고 한 사례: 헌법 제35조 제1항에서 정하고 있는 환경권에 관한 규정만으로는 그 권리의 주체·대상·내용·행사방법 등이 구체적으로 정립되어 있다고 볼 수 없고, 환경정책기본법 제6조도 그 규정 내용 등에 비추어 국민에게 구체적인 권리를 부여한 것으로 볼 수 없다는 이유로, 환경영향평가 대상지역 밖에 거주하는 주민에게 헌법상의 환경권 또는 환경정책기본법에 근거하여 공유수면매립면허처분과 농지개량사업 시행인가처분의 무효확인을 구할 원고적격이 없다고 한 사례(대판 전원합의체 2006. 3. 16, 2006두330[정부조치계획취소등][새만금사건]).

이에 반하여 헌법재판소는 기본권주체의 원고적격을 인정하고 있다.

〈판례〉설사 국세청장의 지정행위의 근거규범인 이 사건 조항들이 단지 공익만을 추구할 뿐 청구인 개인의 이익을 보호하려는 것이 아니라는 이유로 청구인에게 취소소송을 제기할 법률상 이익을 부정한다고 하더라도, 청구인의 기본권인 경쟁의 자유가 (보충적으로) 바로 행정청의 지정행위(납세병마개 제조자지정행위)의 취소를 구할 법률상 이익이 된다 할 것이다(헌재 1998. 4. 30, 97헌마141).

나. 개인적 이익(사적 이익)   법에 의해 보호되는 개인적 이익(사적 이익)이 있는 자만이 항고소송을 제기할 원고적격이 있고, 공익의 침해만으로는 원고적격이 인정될 수 없다.

처분 등으로 법인 또는 단체의 개인적 이익(사적 이익)이 침해된 경우에도 그 법인 또는 단체에게 원고적격이 인정된다. 그러나, 구성원의 법률상 이익의 침해를 이유로 원고적격을 인정받을 수는 없다.

〈판례〉1. 약제를 제조·공급하는 제약회사가 보건복지부 고시인 '약제급여·비급여 목록 및 급여 상한금액표' 중 약제의 상한금액 인하 부분에 대하여 그 취소를 구할 원고적격이 있다고 한 사례(대판 2006. 12. 21, 2005두16161[보험약가인하처분취소]).
2. 교육부장관이 사학분쟁조정위원회의 심의를 거쳐 甲 대학교를 설치·운영하는 乙 학교법인의 이사 8인과 임시이사 1인을 선임한 데 대하여 甲 대학교 교수협의회와 총학생회 등이 이사선임처분의 취소를 구하는 소송을 제기한 사안에서, 임시이사제도의 취지, 교직원·학생 등의 학교운영에 참여할 기회를 부여하기 위한 개방이사 제도에 관한 법령의 규정 내용과 입법 취지 등을 종합하여 보면, 구 사립학교법과 구 사립학교법 시행령 및 乙 법인 정관 규정은 헌법 제31조

제4항에 정한 교육의 자주성과 대학의 자율성에 근거한 甲 대학교 교수협의회와 총학생회의 학교운영참여권을 구체화하여 이를 보호하고 있다고 해석되므로, 甲 대학교 교수협의회와 총학생회는 이사선임처분을 다툴 법률상 이익을 가지지만, ... 개방이사에 관한 구 사립학교법과 구 사립학교법 시행령 및 乙 법인 정관 규정이 학교직원의 법률상 이익을 보호하고 있다고 보더라도, 학교직원들로 구성된 전국대학노동조합 乙 대학교지부의 법률상 이익까지 보호하고 있는 것으로 해석할 수는 없으므로 전국대학노동조합 상지대학교지부에게 위와 같은 처분의 취소를 구할 원고적격을 인정할 수 없다(대판 2015. 7. 23, 2012두19496, 19502[이사선임처분취소]).

> **다. 직접적 · 구체적 이익**　　처분 등에 의해 침해되는 법적 이익은 직접적 · 구체적 이익이어야 하며 간접적이거나 추상적인 이익이 침해된 자에게는 원고적격이 인정되지 않는다.

〈판례〉 1. '법률상 보호되는 이익'의 의미: 행정처분의 직접 상대방이 아닌 제3자라 하더라도 당해 행정처분으로 인하여 법률상 보호되는 이익을 침해당한 경우에는 그 처분의 무효확인을 구하는 행정소송을 제기하여 그 당부의 판단을 받을 자격이 있다 할 것이며, 여기에서 말하는 법률상 보호되는 이익이라 함은 당해 처분의 근거 법규 및 관련 법규에 의하여 보호되는 개별적 · 직접적 · 구체적 이익이 있는 경우를 말하고, 공익보호의 결과로 국민 일반이 공통적으로 가지는 일반적 · 간접적 · 추상적 이익이 생기는 경우에는 법률상 보호되는 이익이 있다고 할 수 없다(대판 전원합의체 2006. 3. 16, 2006두330[정부조치계획취소등][새만금사건]). 〈해설〉 판례는 직접성 · 구체성을 법률상 보호되는 이익의 요소로 보고 있지만, 법률상 보호되는 이익인지 여부는 법의 보호범위 내에 있는지 여부만으로 결정하고, 직접성, 구체성은 이익의 요소가 아니라 침해의 요소로 보는 것이 타당하다.

2. [1] 행정소송법 제12조에서 말하는 '법률상 이익'의 의미: 행정소송법 제12조에서 말하는 '법률상 이익'이란 당해 행정처분의 근거 법률에 의하여 보호되는 직접적이고 구체적인 이익을 말하고, 당해 행정처분과 관련하여 간접적이거나 사실적 · 경제적 이해관계를 가지는 데 불과한 경우는 여기에 포함되지 않으나, 행정처분의 직접 상대방이 아닌 제3자라고 하더라도 당해 행정처분으로 인하여 법률상 보호되는 이익을 침해당한 경우에는 취소소송을 제기하여 그 당부의 판단을 받을 자격이 있다. [2] 구 임대주택법상 임차인대표회의도 임대주택 분양전환승인처분에 대하여 취소소송을 제기할 원고적격이 있는지 여부(적극): 구 임대주택법(2009. 12. 29. 법률 제9863호로 개정되기 전의 것) 제21조 제5항, 제9항, 제34조, 제35조 규정의 내용과 입법 경위 및 취지 등에 비추어 보면, 임차인대표회의도 당해 주택에 거주하는 임차인과 마찬가지로 임대주택의 분양전환과 관련하여 그 승인의 근거 법률인 구 임대주택법에 의하여 보호되는 구체적이고 직접적인 이익이 있다고 봄이 상당하다. 따라서 임차인대표회의는 행정청의 분양전환승인처분이 승인의 요건을 갖추지 못하였음을 주장하여 그 취소소송을 제기할 원고적격이 있다고 보아야 한다(대판 2010. 5. 13, 2009두19168[분양전환승인의취소]).

3. 아파트관리사무소 소장으로 근무하면서 관리사무소를 위하여 종합소득세의 신고 · 납부,

경정청구 등의 업무를 처리하였다는 것만으로는, 위 소장에게 경정청구를 거부한 과세관청의 처분에 대해 취소를 구할 법률상의 이익이 있다고 보기 어렵다고 한 사례(대판 2003. 9. 23, 2002두 126기종합소득세환급경정청구거부처분취소).

4. 법인의 주주가 당해 법인에 대한 행정처분의 취소를 구할 원고적격이 있는 경우: 법인의 주주는 법인에 대한 행정처분에 관하여 사실상이나 간접적인 이해관계를 가질 뿐이어서 스스로 그 처분의 취소를 구할 원고적격이 없는 것이 원칙이라고 할 것이지만, 그 처분으로 인하여 법인이 더 이상 영업 전부를 행할 수 없게 되고, 영업에 대한 인·허가의 취소 등을 거쳐 해산·청산되는 절차 또한 처분 당시 이미 예정되어 있으며, 그 후속절차가 취소되더라도 그 처분의 효력이 유지되는 한 당해 법인이 종전에 행하던 영업을 다시 행할 수 없는 예외적인 경우에는 주주도 그 처분에 관하여 직접적이고 구체적인 법률상 이해관계를 가진다고 보아 그 효력을 다툴 원고적격이 있다(대판 2005. 1. 27, 2002두5313: 부실금융기관의 정비를 목적으로 은행의 영업 관련 자산 중 재산적 가치가 있는 자산 대부분과 부채 등이 타에 이전됨으로써 더 이상 그 영업 전부를 행할 수 없게 되고, 은행업무정지처분 등의 효력이 유지되는 한 은행이 종전에 행하던 영업을 다시 행할 수는 없는 경우, 은행의 주주에게 당해 은행의 업무정지처분 등을 다툴 원고적격이 인정된다고 한 사례). 다만, 법인의 주주가 법인에 대한 행정처분(운송사업양도·양수신고수리처분) 이후의 주식 양수인인 경우에는 특별한 사정이 없는 한 그 처분에 대하여 간접적·경제적 이해관계를 가질 뿐 법률상 직접적·구체적 이익을 가지는 것은 아니므로 그 처분의 취소를 구할 원고적격이 인정되지 않는다(대판 2010. 5. 13, 2010두2043(운송사업양도·양수신고수리처분취소).

5. 의사협회의 원고적격을 부정한 사례: 사단법인 대한의사협회는 의료법에 의하여 의사들을 회원으로 하여 설립된 사단법인으로서, 국민건강보험법상 요양급여행위, 요양급여비용의 청구 및 지급과 관련하여 직접적인 법률관계를 갖지 않고 있으므로, 보건복지부 고시인 '건강보험요양급여행위 및 그 상대가치점수 개정'으로 인하여 자신의 법률상 이익을 침해당하였다고 할 수 없다는 이유로 위 고시의 취소를 구할 원고적격이 없다고 한 사례(대판 2006. 5. 25, 2003두11988).

라. 법률상 이익이 침해되거나 침해될 우려(개연성)가 있을 것

처분 등에 의해 법률상 이익이 현실적으로 침해된 경우(예, 허가취소)뿐만 아니라 침해가 예상되는 경우(예, 건축허가)에도 원고적격이 인정된다. 침해가 예상되는 경우에는 그 침해의 발생이 단순히 가능성이 있는 것만으로는 안 되고 확실하거나 개연성(상당한 정도의 가능성)이 있어야 한다. 판례는 "침해의 우려"라는 표현을 쓰고 있는데, 우려는 모호한 개념이며 이 경우의 "우려"는 개연성을 의미한다고 보아야 한다.

〈판례〉 1. 김해시장이 낙동강에 합류하는 하천수 주변의 토지에 구 산업집적활성화 및 공장설립에 관한 법률 제13조에 따라 공장설립을 승인하는 처분을 한 사안에서, 공장설립으로 수질오염 등이 발생할 우려가 있는 취수장에서 물을 공급받는 부산광역시 또는 양산시에 거주하는 주민들도 위 처분(공장설립을 승인하는 처분)의 근거 법규 및 관련 법규에 의하여 법률상 보호되는 이익이 침해되거나 침해될 우려가 있는 주민으로서 원고적격이 인정된다고 한 사례(대판 2010. 4. 15, 2007두16127[공장설립승인처분취소]).

2. [1] 민간투자사업시행자지정처분 자체로 제3자의 재산권이 침해되지 않고, 구 민간투자법 제18조에 의한 타인의 토지출입 등, 제20조에 의한 토지 등의 수용·사용은 사업실시계획의 승인을 받은 후에야 가능하다. 그러므로 원고(서울-춘천고속도로건설사업시행지 토지소유자)들의 재산권은 사업실시계획의 승인 단계에서 보호되는 법률상 이익이라고 할 것이므로, 그 이전인 사업시행자지정처분 단계에서는 원고들의 재산권 침해를 이유로 그 취소를 구할 수 없다. [2] 이 사건 사업에 대한 사전환경성검토협의나 환경영향평가협의는 모두 이 사건 사업시행자지정처분 이후에 이루어져도 적법하고, 반드시 이 사건 사업시행자지정처분 전에 사전환경성검토협의나 환경영향평가협의 절차를 거칠 필요는 없다. 그러므로 환경정책기본법이나 '환경·교통·재해 등에 관한 영향평가법'에 의해 보호되는 원고(인근주민)들의 환경이익은 이 사건 사업시행자지정처분의 단계에서는 아직 법률에 의하여 보호되는 이익이라고 할 수 없다(대판 2009. 4. 23, 2008두242[민간투자시설사업시행자지정처분취소]).

　　법률상 이익의 침해 또는 침해의 우려(개연성)는 원칙상 원고가 입증(증명)하여야 한다. 다만, 환경영향평가대상지역 또는 영향권 내의 주민 등에 대하여는 특단의 사정이 없는 한 환경상 이익에 대한 침해 또는 침해 우려가 있는 것으로 사실상 추정되므로 법률상 이익의 침해 또는 침해의 우려 없음을 피고가 입증하여야 한다.

〈판례〉 [1] 행정처분으로써 이루어지는 사업으로 환경상 침해를 받으리라고 예상되는 영향권의 범위가 그 처분의 근거 법규 등에 구체적으로 규정되어 있는 경우, 영향권 내의 주민에게 행정처분의 취소 등을 구할 원고적격이 인정되는지 여부(원칙적 적극) 및 영향권 밖의 주민에게 원고적격이 인정되기 위한 요건: 행정처분의 근거 법규 또는 관련 법규에 그 처분으로써 이루어지는 행위 등 사업으로 인하여 환경상 침해를 받으리라고 예상되는 영향권의 범위가 구체적으로 규정되어 있는 경우에는, 그 영향권 내의 주민들에 대하여는 당해 처분으로 인하여 직접적이고 중대한 환경피해를 입으리라고 예상할 수 있고, 이와 같은 환경상의 이익은 주민 개개인에 대하여 개별적으로 보호되는 직접적·구체적 이익으로서 그들에 대하여는 특단의 사정이 없는 한 환경상 이익에 대한 침해 또는 침해 우려가 있는 것으로 사실상 추정되어 법률상 보호되는 이익으로 인정됨으로써 원고적격이 인정되며, 그 영향권 밖의 주민들은 당해 처분으로 인하여 그 처분 전과 비교하여 수인한도를 넘는 환경피해를 받거나 받을 우려가 있다는 자신의 환경상 이익에 대한 침해 또는 침해 우려가 있음을 증명하여야만 법률상 보호되는 이익으로 인정되어 원고적격이 인정된다. [2] 김해시장이 소감천을 통해 낙동강에 합류하는 하천수 주변의 토지에 구 산업집적활성화 및 공장설립에 관한 법률 제13조에 따라 공장설립을 승인하는 처분을 한 사안에서, 상수원인 물금취수장이 소감천이 흘러 내려 낙동강 본류와 합류하는 지점 근처에 위치하고 있는 점, 수돗물은 수도관 등 급수시설에 의해 공급되는 것이어서 거주지역이 물금취수장으로부터 다소 떨어진 곳이라고 하더라도 수돗물의 수질악화 등으로 주민들이 갖게 되는 환경상 이익의 침해나 그 우려는 그 수돗물을 공급하는 취수시설이 입게 되는 수질오염 등의 피해나 그 우려와 동일하게 평가될 수 있는 점 등에 비추어, 공장설립으로 수질오염 등이 발생할 우려가 있는 물금취수장에서 취수된 물을 공급받는 부산광역시 또는 양산시에 거주하는 주민들도 위 처분의 근거 법규 및 관련 법규에 의하여 개별적·구체적·직접적으로 보호되는 환경상 이익, 즉 **법률상 보호되는 이익이 침해되거나 침해될 우려가 있는 주민으로서 원고적격이 인정된다고 한 사례**(대판 2010. 4. 15, 2007두16127[공장설립승인처분취소]). 〈해설〉 이 사건에서 원고인 수돗물을 공급받는 자는 영향권 밖의 주민이지만, 상수원인 취수장이 영향권 내에 있는 점, 수돗물은 수도관 등 급수시설에 의해 공급되는 것이어서 거주지역이 물금취수장으로부터 다소 떨어진 곳이라고 하더라도 수돗물의 수질악화 등으로 주민들이 갖게 되는 환경상 이익의 침해나 그 우려는 그 수돗물을 공급하는 취수시설이 입게 되는 수질오염 등의 피해나 그 우려와 동일하게 평가될 수 있는 점 등을 고려하여 원고가 갖는 법률상 이익인 환경상 이익의 침해 우려가 있다고 본 사례이다. 이 판례에 의하면 수돗물을 공급받는 자가 영향권 밖에 거주하더라도 취수장이 영향권 내에 있으면 원고적격을 인정받을 수 있다는 결과가 된다.

(3) 구체적 사례

1) 불이익처분의 상대방

불이익처분의 상대방은 직접 개인적 이익의 침해를 받은 자로서 원고적격이 인정된다(대판 2018. 3. 27, 2015두47492).

2) 제3자의 원고적격

행정처분의 상대방이 아닌 제3자라 하더라도 그 처분 등으로 인하여 법률상 보호되는 이익을 침해당한 경우에는 취소소송을 제기하여 그 당부의 판단을 받을 자격이 있다. 위 법률상 보호되는 이익이란 당해 처분의 근거법률에 의하여 보호되는 직접적이고 구체적인 이익을 말하고 간접적이거나 사실적, 경제적 이해관계를 가지는데 불과한 경우는 여기에 해당되지 않는다(대판 1997. 4. 25, 96누14906[시외버스운송사업양도양수인가처분취소]).

3) 경업자소송에서의 원고적격

경업자소송이라 함은 여러 영업자가 경쟁관계에 있는 경우에 경쟁관계에 있는 영업자에 대한 처분 또는 부작위를 경쟁관계에 있는 다른 영업자가 다투는 소송을 말한다.

가. 기존업자의 신규업자에 대한 인허가처분의 취소청구   판례는 신규업자에 대한 인허가처분에 의해 기존업자의 법률상 이익이 침해되는 경우 기존업자에게 원고적격을 인정하고, 기존업자의 단순한 경제적·사실상 이익만이 침해되는 경우 기

존업자에게 원고적격을 인정하지 않고 있다.

판례는 일반적으로 기존업자가 특허기업인 경우에는 그 기존업자가 그 특허로 인하여 받은 영업상 이익은 법률상 이익이라고 보아 원고적격을 인정하고, 기존업자가 허가기업인 경우에 그 기존업자가 그 허가로 인하여 받는 영업상 이익은 반사적 이익 내지 사실상 이익에 불과한 것으로 보아 원고적격을 부정하는 경향이 있다. 다만, 허가의 경우에도 허가요건규정이 공익뿐만 아니라 개인의 이익도 보호하고 있다라고 해석되는 경우에는 기존 허가권자가 해당 허가요건에 위반하는 제3자에 대한 허가를 다툴 원고적격을 가진다고 본다. 예를 들면, 허가요건 중 거리제한 규정 또는 영업구역규정이 두어지는 경우에는 이 거리제한 규정 또는 영업구역규정에 의해 기존업자가 독점적 이익을 누리고 있는 경우에 그 이익이 법률상 이익에 해당하는 것으로 해석될 수 있는 경우가 있다.

따라서, 허가와 특허의 구별 없이 처분의 근거 법규 또는 관계법규에 의해 기존업자의 영업상 이익이 직접적·구체적으로 보호되고 있는지 여부, 달리 말하면 기존업자의 영업상 이익이 법적 이익인지 단순한 사실상의 반사적 이익인지 여부를 기준으로 기존업자의 원고적격을 인정하는 것이 타당하다. 이는 오늘날 허가와 특허의 구별이 상대화되고 있는 점에서도 타당하다.

최근 판례는 허가와 특허의 구별 없이 처분의 근거가 되는 법률이 해당 업자들 사이의 과당경쟁으로 인한 경영의 불합리를 방지하는 것도 그 목적으로 하고 있는 경우 취소를 구할 원고적격을 인정하고 있다.

〈판례〉 1. 일반적으로 면허나 인·허가 등의 수익적 행정처분의 근거가 되는 법률이 해당 업자들 사이의 과당경쟁으로 인한 경영의 불합리를 방지하는 것도 그 목적으로 하고 있는 경우, 다른 업자에 대한 면허나 인·허가 등의 수익적 행정처분에 대하여 미리 같은 종류의 면허나 인·허가 등의 수익적 행정처분을 받아 영업을 하고 있는 기존의 업자는 경업자에 대하여 이루어진 면허나 인·허가 등 행정처분의 상대방이 아니라 하더라도 당해 행정처분의 취소를 구할 원고적격이 있다(대판 2006. 7. 28, 2004두6716 등 참조 ; 2008. 3. 27, 2007두23811[담배소매인지정처분취소]: 담배 일반소매인으로 지정되어 영업을 하고 있는 기존업자의 신규업자에 대한 이익이 '법률상 보호되는 이익'에 해당한다고 한 사례).
2. 일반(담배)소매인으로 지정되어 영업을 하고 있는 기존업자의 신규 일반(담배)소매인에 대한 이익은 단순한 사실상의 반사적 이익이 아니라 법률상 보호되는 이익이나(대판 2008. 3. 27, 2007두23811 참조), 신규 담배 구내소매인에 대한 이익은 단순한 사실상의 반사적 이익이다(대판 2008. 4. 10, 2008두402[담배소매인지정처분취소]).

㈎ 기존업자가 특허기업인 경우 원고적격 인정

① 신규노선 연장인가처분에 대한 당해 노선의 기존사업자의 취소청구소송에서 원고적격 인정(대판 1974. 4. 9, 73누173).

② 동일한 사업구역 내의 동종의 사업용화물자동차면허 대수를 늘리는 보충인가처분에 대한 기존 개별화물자동차운송사업자의 취소청구에서 원고적격 인정(대판 1992. 7. 10, 91누9107).

㈏ 기존업자가 허가기업인 경우 원칙상 원고적격 부인

① 석탄가공업에 관한 기존허가업자의 신규허가에 대한 취소소송에서 원고적격 부인(대판 1980. 7. 22, 80누33).

② 그 밖의 동일한 취지의 판례: 타인에 대한 양곡가공시설 이설 승인처분 취소처분을 취소한 처분에 대한 기존양곡가공업자의 불복(대판 1990. 11. 13, 89누756), 물품수입허가에 대한 같은 품종의 제조판매업자의 취소청구(대판 1971. 6. 29, 69누91), 숙박업구조변경허가처분에 대한 기존 숙박업자의 취소청구(대판 1990. 8. 14, 89누7900) 등에서 원고적격 부인.

㈐ 기존업자가 허가기업인 경우 예외적으로 원고적격 인정   허가요건으로 거리제한 또는 영업허가구역 규정이 있는 경우 해당 규정은 공익뿐만 아니라 기존허가업자의 영업상 개인적 이익을 보호하고 있는 것으로 볼 수 있으므로 기존허가업자에게 신규허가를 다툴 원고적격이 인정될 수 있다.

〈판례〉 갑이 적법한 약종상허가를 받아 허가지역 내에서 약종상영업을 경영하고 있음에도 불구하고 행정관청이 구 약사법 시행규칙(1969. 8. 13. 보건사회부령 제344호)을 위배하여 같은 약종상인 을에게 을의 영업허가지역이 아닌 갑의 영업허가지역 내로 영업소를 이전하도록 허가하였다면 갑으로서는 이로 인하여 기존업자로서의 법률상 이익을 침해받았음이 분명하므로 갑에게는 행정관청의 영업소이전허가처분의 취소를 구할 법률상 이익이 있다(대판 1988. 6. 14, 87누873).

나. 기존 경업자에 대한 수익처분을 다투는 소송   행정청이 경쟁관계에 있는 기존의 업자에게 보조금의 지급 등 수익적 처분을 하여 다른 경업자에게 불리한 경쟁상황을 야기한 경우에 다른 경업자는 그 수익적 처분을 다툴 원고적격이 있는가.

① 이 경우에 수익적 처분의 요건법규가 공익뿐만 아니라 경쟁관계에 있는 자의 경제적 이익도 보호하고 있다고 여겨지는 경우에는 경업자에게 원고적격이 인정될 수 있다.

② 수익적 처분의 근거법규가 없거나 해당 수익적 처분의 근거법규가 처분의 상대방이 아닌 경업관계에 있는 제3자의 이익까지도 보호하고 있다고 해석되기 어

려운 경우에도 수익적 처분으로 기존의 경업자에게 불리한 경쟁상황을 야기하는 경우에는 헌법상 기본권인 경쟁의 자유를 침해하는 것이므로 경업자에게 원고적격을 인정하는 것이 타당하다.

다. 기존 경업자에 대한 규제권 발동의 거부 또는 부작위를 다투는 소송   행정청에 대하여 경쟁관계에 있는 경업자의 불공정행위에 대하여 규제권을 발동할 것을 청구하였음에도 해당 행정청이 규제권을 발동하지 않는 경우(거부 또는 부작위의 경우)에 규제권발동을 청구한 경업자는 거부처분의 취소소송 또는 부작위위법확인소송을 제기할 원고적격을 가지는가.

이 경우에 원고적격은 행정청의 규제권의 근거가 되는 법규가 공정한 경쟁질서의 확보라는 공익 이외에 다른 경업자의 개인적 이익도 보호하고 있다고 해석되는 경우에 인정된다. 또한, 헌법상 기본권도 보충적으로 원고적격 인정의 근거가 될 수 있다고 본다면 법률상 이익을 보호하는 처분의 근거 내지 관련법규가 없는 경우 경업자의 불공정행위로 불리한 경쟁관계에 놓이게 된 경업자는 영업의 자유라는 기본권 침해를 근거로 행정청의 규제권의 불행사를 다툴 원고적격을 가진다고 볼 수 있다. 만일 기본권의 침해만으로 항고소송의 원고적격이 인정되지 않는다면 헌법소원이 가능하다.

4) 경원자소송

경원자소송(競願者訴訟)이라 함은 수인의 신청을 받아 일부에 대하여만 인허가 등의 수익적 행정처분을 할 수 있는 경우에 인허가 등을 받지 못한 자가 인허가처분에 대하여 제기하는 항고소송을 말한다. **배타적 경쟁자소송**이라고도 한다.

경원자관계에 있는 경우에는 각 경원자에 대한 인허가 등이 배타적 관계에 있으므로 자신의 권익을 구제하기 위해 타인에 대한 인허가 등을 취소할 법률상 이익이 있다고 보아야 한다.

판례도 경원관계에 있어서 경원자에 대하여 이루어진 허가 등 처분의 상대방이 아닌 자가 그 처분의 취소를 구할 당사자적격이 있다고 보고 있다. 다만, 명백한 법적 장애로 인하여 원고 자신의 신청이 인용될 가능성이 처음부터 배제되어 있는 경우에는 당해 처분의 취소를 구할 정당한 이익이 없다(대판 2009. 12. 10, 2009두8359 [로스쿨예비인가처분취소청구사건]).

〈판례〉 1. 제3자에게 경원자(競願者)에 대한 수익적 행정처분의 취소를 구할 당사자적격이 있는 경우: 인·허가 등의 수익적 행정처분을 신청한 수인이 서로 경쟁관계에 있어서 일방에 대한

허가 등의 처분이 타방에 대한 불허가 등으로 귀결될 수밖에 없는 때 허가 등의 처분을 받지
못한 자는 비록 경원자에 대하여 이루어진 허가 등 처분의 상대방이 아니라 하더라도 당해 처
분의 취소를 구할 원고 적격이 있다. 다만, 명백한 법적 장애로 인하여 원고 자신의 신청이 인
용될 가능성이 처음부터 배제되어 있는 경우에는 당해 처분의 취소를 구할 정당한 이익이 없다
(대판 2009. 12. 10, 2009두8359[로스쿨예비인가처분취소청구사건]).

2. 인·허가 등의 수익적 행정처분을 신청한 수인이 서로 경쟁관계에 있어서 일방에 대한 허가
등의 처분이 타방에 대한 불허가 등으로 귀결될 수밖에 없는 때(이른바 경원관계에 있는 경우로서
동일 대상 지역에 대한 공유수면매립면허나 도로점용허가 혹은 일정지역에 있어서의 영업허가 등에 관하
여 거리제한규정이나 업소개수제한규정 등이 있는 경우를 그 예로 들 수 있다) 허가 등의 처분을 받지
못한 자는 비록 경원자에 대하여 이루어진 허가 등 처분의 상대방이 아니라 하더라도 당해
처분의 취소를 구할 당사자적격이 있다 할 것이고, …… 액화석유가스충전사업의 허가기준
을 정한 전라남도 고시에 의하여 고흥군 내에는 당시 1개소에 한하여 L. P. G. 충전사업의
신규허가가 가능하였는데, 원고가 한 허가신청은 관계법령과 위 고시에서 정한 허가요건을
갖춘 것이고, 피고보조참가인(이하 참가인이라 부른다)들의 그것은 그 요건을 갖추지 못한 것
임에도 피고는 이와 반대로 보아 원고의 허가신청을 반려하는 한편 참가인들에 대하여는
이를 허가하는 이 사건 처분을 하였다는 것인바, 그렇다면 원고와 참가인들은 경원관계에
있다 할 것이므로 원고에게는 이 사건 처분의 취소를 구할 당사자적격이 있다고 하여야 함
은 물론 나아가 이 사건 처분이 취소된다면 원고가 허가를 받을 수 있는 지위에 있음에 비
추어 처분의 취소를 구할 정당한 이익도 있다고 하여야 할 것이다(대판 1992. 5. 8, 91누13274).

또한, 신청에 대한 거부처분의 상대방은 거부처분의 취소를 구할 원고적격이
있으므로 경원지관계에 있는 자는 타인에 대한 허가처분의 취소를 구하거나 자신
에 대한 불허가처분(거부처분)의 취소를 구할 수 있고, 또한 양자를 관련청구소송으
로 병합하여 제기할 수도 있다.

5) 인인소송(인근주민소송)

인인소송(隣人訴訟)이라 함은 어떠한 시설의 설치를 허가하는 처분에 대하여 당
해 시설의 인근주민이 다투는 소송을 말한다.

판례에 의하면 인근주민에게 시설설치허가를 다툴 원고적격이 인정되기 위해
서는 다투어진 처분의 근거법규 및 관련법규(예, 환경영향평가법)가 공익뿐만 아니라
인근주민의 개인적 이익도 보호하고 있고, 그러한 법률상 이익이 침해되었거나 침해
될 우려가 있음을 입증하여야 한다. 인근주민의 이익이 처분의 근거법규 또는 관계
법규에 의해 보호되는 이익이 아니거나(달리 말하면 반사적 이익이거나), 법률상 이익이
더라도 침해될 우려가 없을 때에는 그 인근주민에게 원고적격이 인정되지 않는다.

가. 허가요건규정의 해석에 의해 원고적격의 인정 여부가 결정된 사례

(개) 원고적격이 인정된 사례

① 구 도시계획법상 주거지역에 설치할 수 없는 연탄공장 건축허가처분에 대한 지역주민의 원고적격 인정: 위와 같은 도시계획법과 건축법의 규정 취지에 비추어 볼 때 이 법률들이 주거지역 내에서의 일정한 건축을 금지하고 또는 제한하고 있는 것은 도시계획법과 건축법이 추구하는 공공복리의 증진을 도모하고자 하는 데 그 목적이 있는 동시에 한편으로는 주거지역 내에 거주하는 사람의 개인적 이익인 '주거의 안녕과 생활환경을 보호'하고자 하는 데도 그 목적이 있는 것으로 해석이 된다. 그러므로 주거지역내에 거주하는 사람이 받는 위와 같은 보호이익은 단순한 반사적 이익이나 사실상의 이익이 아니라 바로 법률에 의하여 보호되는 이익이라고 판시하였다(대판 1975. 5. 13, 73누96, 97).

② 동지(同旨)의 판례: LPG자동차충전소설치허가처분에 대한 인근주민의 원고적격 인정(대판 1983. 7. 12, 83누59).

③ 구 산업집적활성화 및 공장설립에 관한 법률 제8조 제4호, 구 국토의 계획 및 이용에 관한 법률 시행령 제56조 제1항 [별표 1] 제1호 (라)목 (2) 등의 규정 취지 및 수돗물을 공급받아 마시거나 이용하는 주민들이 (개인적 이익(사익)인) 환경상 이익의 침해를 이유로 공장설립승인처분의 취소 등을 구할 원고적격을 인정받기 위한 요건: 공장설립승인처분의 근거 법규 및 관련 법규인 구 산업집적활성화 및 공장설립에 관한 법률(2006. 3. 3. 법률 제7861호로 개정되기 전의 것) 제8조 제4호가 산업자원부장관으로 하여금 관계 중앙행정기관의 장과 협의하여 '환경오염을 일으킬 수 있는 공장의 입지제한에 관한 사항'을 정하여 고시하도록 규정하고 있고, 이에 따른 산업자원부 장관의 공장입지기준고시(제2004-98호) 제5조 제1호가 '상수원 등 용수 이용에 현저한 영향을 미치는 지역의 상류'를 환경오염을 일으킬 수 있는 공장의 입지제한 지역으로 정할 수 있다고 규정하고, 국토의 계획 및 이용에 관한 법률 제58조 제3항의 위임에 따른 구 국토의 계획 및 이용에 관한 법률 시행령(2006. 8. 17. 대통령령 제19647호로 개정되기 전의 것) 제56조 제1항 [별표 1] 제1호 (라)목 (2)가 '개발행위로 인하여 당해 지역 및 그 주변지역에 수질오염에 의한 환경오염이 발생할 우려가 없을 것'을 개발사업의 허가기준으로 규정하고 있는 취지는, 공장설립승인처분과 그 후속절차에 따라 공장이 설립되어 가동됨으로써 그 배출수 등으로 인한 수질오염 등으로 직접적이고도 중대한 환경상 피해를 입을 것으로 예상되는 주민들이 환경상 침해를 받지 아니한 채 물을 마시거나 용수를 이용하며 쾌적하고 안전하게 생활할 수 있는 개별적 이익까지도 구체적·직접적으로 보호하려는 데 있다. 따라서 수돗물을 공급받아 이를 마시거나 이용하는 주민들로서는 위 근거 법규 및 관련 법규가 환경상 이익의 침해를 받지 않은 채 깨끗한 수돗물을 마시거나 이용할 수 있는 자신들의 생활환경상의 개별적 이익을 직접적·구체적으로 보호하고 있음을 증명하여 원고적격을 인정받을 수 있다(대판 2010. 4. 15, 2007두16127[공장설립승인처분취소]: 김해시장이 낙동강에 합류하는 하천수 주변의 토지에 구 산업집적활성화 및 공장설립에 관한 법률 제13조에 따라 공장설립을 승인하는 처분을 한 사안에서, 공장설립으로 수질오염 등이 발생할 우려가 있는 취수장에서 물을 공급받는 부

산광역시 또는 양산시에 거주하는 주민들도 위 공장설립인가처분의 근거 법규 및 관련 법규에 의하여 법률상 보호되는 이익이 침해되거나 침해될 우려가 있는 주민으로서 원고적격이 인정된다고 한 사례).

㈏ 원고적격이 부정된 사례

① 상수원보호구역의 변경에 대한 그 상수원으로부터 급수를 받는 인근주민의 원고적격 부인: "상수원보호구역 설정의 근거가 되는 수도법 제5조 제1항 및 동 시행령 제 7조 제1항이 보호하고자 하는 것은 상수원의 확보와 수질보전일 뿐이고, 그 상수원에서 급수를 받고 있는 지역주민들이 가지는 상수원의 오염을 막아 양질의 급수를 받을 이익은 직접적이고 구체적으로는 보호하고 있지 않음이 명백하여 위 지역주민들이 가지는 이익은 상수원의 확보와 수질보호라는 공공의 이익이 달성됨에 따라 반사적으로 얻게 되는 이익에 불과하므로 지역주민들에 불과한 원고들에게는 위 상수원보호구역변경처분의 취소를 구할 법률상의 이익이 없다"라고 판시하였다(대판 1995. 9. 26, 94누14544). 〈해설〉 상기 대판 2010. 4. 15, 2007두16127 참조 및 비교. 생각건대, 상수원에서 급수를 받고 있는 지역주민들이 가지는 상수원의 오염을 막아 양질의 급수를 받을 이익은 법률상 보호되고 있는 개인적(사적) 이익으로 보는 것이 타당하다.

② 국유도로의 공용폐지처분 및 다른 문화재의 발견을 원천적으로 봉쇄한 피고의 주택건설사업계획승인처분을 다툴 인근주민의 원고적격의 부인(대판 1992. 9. 22, 91누13212).

③ 개발제한구역 중 일부 취락을 개발제한구역에서 해제하는 내용의 도시관리계획변경결정에 대하여, 개발제한구역 해제대상에서 누락된 토지의 소유자는 위 결정의 취소를 구할 법률상 이익이 없다고 한 사례(대판 2008. 7. 10, 2007두10242).

나. 환경영향평가법을 근거법규 내지 관계법규로 보고 환경영향평가대상 지역주민에게 원고적격을 인정한 사례   판례는 환경영향평가법을 환경영향평가 대상시업에 대한 허가처분의 근거법률 내지 관계법률로 보고, 환경영향평가법령은 공익으로서의 환경상 이익뿐만 아니라 개인적 이익으로서의 환경상 이익도 보호하고 있다고 본다.

〈판례〉 구 환경영향평가법 제1조, 제3조, 제9조, 제16조, 제17조, 제27조 등의 규정 취지는 환경영향평가를 실시하여야 할 사업(이하 '대상사업'이라 한다)이 환경을 해치지 아니하는 방법으로 시행되도록 함으로써 당해 사업과 관련된 환경공익을 보호하려는 데 그치는 것이 아니라, 당해 사업으로 인하여 직접적이고 중대한 환경피해를 입으리라고 예상되는 환경영향평가대상지역 안의 주민들이 전과 비교하여 수인한도를 넘는 환경침해를 받지 아니하고 쾌적한 환경에서 생활할 수 있는 개별적 이익까지도 보호하려는 데에 있는 것이다(대판 2006. 6. 30, 2005두14363).

환경영향평가 대상지역 안에 있는 주민에게는 환경영향평가의 대상이 되는 개발사업의 승인으로 환경상의 개인적 이익이 직접·구체적으로 침해될 것이 사실상 추정되어 원고적격이 있는 것으로 추정된다. 따라서, 환경영향평가 대상지역 안에 있는 주민에게 환경상의 개인적 이익이 직접·구체적으로 침해될 것이 예상되지 않는 경우에는 환경영향평가 대상지역 안에 있는 주민일지라도 원고적격이 인정되지 않는다.

〈판례〉 환경영향평가 대상지역 안의 주민에게 공유수면매립면허처분과 농지개량사업 시행인가처분의 무효확인을 구할 원고적격이 인정되는지 여부(적극): 공유수면매립면허처분과 농지개량사업 시행인가처분의 근거 법규 또는 관련 법규가 되는 구 공유수면매립법, 구 농촌근대화촉진법, 구 환경보전법(폐지), 구 환경보전법 시행령, 구 환경정책기본법, 구 환경정책기본법 시행령의 각 관련 규정의 취지는, 공유수면매립과 농지개량사업시행으로 인하여 직접적이고 중대한 환경피해를 입으리라고 예상되는 환경영향평가 대상지역 안의 주민들이 전과 비교하여 수인한도를 넘는 환경침해를 받지 아니하고 쾌적한 환경에서 생활할 수 있는 개별적 이익까지도 이를 보호하려는 데에 있다고 할 것이므로, 위 주민들이 공유수면매립면허처분 등과 관련하여 갖고 있는 위와 같은 환경상의 이익은 주민 개개인에 대하여 개별적으로 보호되는 직접적·구체적 이익으로서 그들에 대하여는 특단의 사정이 없는 한 환경상의 이익에 대한 침해 또는 침해우려가 있는 것으로 사실상 추정되어 공유수면매립면허처분 등의 무효확인을 구할 원고적격이 인정된다(대판 전원합의체 2006. 3. 16, 2006두330[새만금사건]).

다. 환경영향평가 대상지역 밖의 주민에게 원고적격 인정   환경영향평가 대상지역 밖의 주민이라 할지라도 처분으로 인하여 그 처분 전과 비교하여 수인한도를 넘는 환경피해를 받거나 받을 우려가 있는 경우에는, 그 처분으로 인하여 환경상 이익에 대한 침해 또는 침해 우려(개연성)가 있다는 것을 입증(증명)함으로써 그 처분의 무효확인을 구할 원고적격을 인정받을 수 있다(대판 전원합의체 2006. 3. 16, 2006두330[새만금사건]).

다만, 환경영향평가 대상지역 밖의 주민이라도 그 환경영향평가 대상지역내에서 농작물을 경작하는 등 현실적으로 환경상 이익을 향유하는 자는 환경상 이익에 대한 침해 또는 침해 우려가 있는 것으로 사실상 추정되어 원고적격이 인정되는 자에 포함된다. 그렇지만 단지 그 환경영향평가 대상지역 내의 건물·토지를 소유하거나 환경상 이익을 일시적으로 향유하는 데 그치는 자는 환경상 이익에 대한 침해 또는 침해 우려가 있는 것으로 사실상 추정되어 원고적격이 인정되는 자에 포함되지 않는다고 할 것이다.

라. 영향권이 정해진 경우 영향권 내의 주민과 영향권 밖의 주민의 원고적격 인정요건   실정법령상 영향권이 정해진 경우 영향권 내의 주민과 영향권 밖의 주민의 원고적격 인정기준은 환경영향평가 대상지역 내의 주민과 환경영향평가 대상지역밖

의 주민의 원고적격의 인정기준과 동일하다.

〈판례〉 구 폐기물처리시설설치촉진및주변지역지원등에관한법률(2002. 2. 4. 법률 제6656호로 개정
되기 전의 것) 및 같은법시행령의 관계 규정의 취지는 처리능력이 1일 50t인 소각시설을 설치하
는 사업으로 인하여 직접적이고 중대한 환경상의 침해를 받으리라고 예상되는 직접영향권 내에
있는 주민들이나 폐기물소각시설의 부지경계선으로부터 300m 이내의 간접영향권 내에 있는
주민들이 사업 시행 전과 비교하여 수인한도를 넘는 환경피해를 받지 아니하고 쾌적한 환경
에서 생활할 수 있는 개별적인 이익까지도 이를 보호하려는 데에 있다 할 것이므로, 위 주민
들이 소각시설입지지역결정 · 고시와 관련하여 갖는 위와 같은 환경상의 이익은 주민 개개인
에 대하여 개별적으로 보호되는 직접적 · 구체적 이익으로서 그들에 대하여는 특단의 사정이
없는 한 환경상의 이익에 대한 침해 또는 침해우려가 있는 것으로 사실상 추정되어 폐기물 소각
시설의 입지지역을 결정 · 고시한 처분의 무효확인을 구할 원고적격이 인정된다고 할 것이고,
한편 폐기물소각시설의 부지경계선으로부터 300m 밖에 거주하는 주민들도 위와 같은 소각시
설 설치사업으로 인하여 사업 시행 전과 비교하여 수인한도를 넘는 환경피해를 받거나 받을
우려가 있음에도 폐기물처리시설 설치기관이 주변영향지역으로 지정 · 고시하지 않는 경우
같은 법 제17조 제3항 제2호 단서 규정에 따라 당해 폐기물처리시설의 설치 · 운영으로 인하
여 환경상 이익에 대한 침해 또는 침해우려가 있다는 것을 입증함으로써 그 처분의 무효확인을
구할 원고적격을 인정받을 수 있다(대판 2005. 3. 11, 2003두13489).

6) 부작위위법확인소송과 거부처분취소소송에서의 원고적격

부작위위법확인소송과 거부처분 취소소송에서도 원고적격이 인정되기 위하여
는 법률상 이익의 침해가 있어야 한다. 다만, 거부처분이나 부작위의 요소로서 신
청권을 요구하는지 여부에 따라 원고적격의 판단방식이 다르게 된다.

판례 및 다수설과 같이 거부처분이나 부작위의 요소로서 신청권을 요구하는
입장에 서는 경우 거부처분이나 부작위가 있으면 신청권이 있는 자에게 원고적격
이 당연하게 인정된다. 그 이유는 신청권을 갖는 자는 법률상 이익을 당연히 갖고
있고, 거부처분이나 부작위로 당연히 그 법률상 이익이 침해되었기 때문이다.

거부처분이나 부작위의 요소로서 신청권을 요구하지 않는 입장에 서는 경우에
는 부작위위법확인소송과 거부처분취소소송에서 원고적격을 인정하기 위하여는 일
반원칙에 따라 법률상 이익의 침해가 있어야 한다.

2. 당사자소송에서의 원고적격

당사자소송에서의 원고적격에 관한 특별규정은 존재하지 않고, 민사소송에서
의 소의 이익에 관한 법리가 적용된다.

당사자소송에서 원고적격이 있는 자는 당사자소송을 통하여 주장하는 공법상

법률관계의 주체이다.

3. 민중소송 및 기관소송에서의 원고적격

민중소송 및 기관소송에서는 법에서 정한 자에게 원고적격이 인정된다.

Ⅲ. 협의의 소의 이익: 권리보호의 필요

'협의의 소의 이익'이라 함은 구체적 사안에 있어서 계쟁처분에 대하여 취소 또는 무효확인 등 판단을 행할 구체적 현실적 필요성이 있는 것을 말한다. 협의의 소의 이익을 '권리보호의 필요'라고도 부른다.

소의 이익을 요하는 이유는 남소를 막고, 권리구제를 위하여 본안판결이 필요로 하는 사건에 법원의 능력을 집중할 수 있도록 하기 위한 것이다. 그렇지만, 소의 이익을 과도하게 좁히면 원고의 재판을 받을 권리를 부당하게 제한하는 것이 된다.

1. 취소소송 및 무효확인소송에서의 협의의 소의 이익

(1) 소의 이익의 유무의 일반적 판단기준: 현실적인 법률상 이익

취소소송(무효확인소송)에서 소의 이익은 계쟁처분의 취소(무효확인)를 구할 현실적인 법률상 이익이 있는지 여부를 기준으로 판단된다.

일반적으로 원고적격이 있는 자가 항고소송을 제기한 경우에는 원칙상 협의의 소의 이익(권리보호의 필요)이 있는 것으로 보아야 한다. 그런데, 소송목적이 실현된 경우(처분의 효력이 소멸한 경우, 권익침해가 해소된 경우 등), 원상회복이 불가능한 경우 및 보다 실효적인 권리구제절차가 있는 경우에는 원칙상 소의 이익이 부정된다. 다만, 이 경우에도 취소를 구할 현실적 이익이 있는 경우에는 소의 이익이 인정된다. 행정소송법 제12조 제2문에서 정한 법률상 이익, 즉 행정처분을 다툴 협의의 소의 이익은 개별·구체적 사정을 고려하여 판단하여야 한다(대판 2020. 12. 24, 2020두30450).

수익처분의 상대방은 그의 권리나 법률상 보호되는 이익이 침해되었다고 볼 수 없으므로 달리 특별한 사정이 없는 한 취소를 구할 이익이 없다(대판 1995. 8. 22, 94누8129). 그러나, 수익처분의 취소로 구제할 현실적 이익이 있는 경우 수익처분의 상대방에게도 당해 처분의 취소를 구할 이익이 인정될 수 있다. 예를 들면, 부관부 수익적 행정처분의 상대방은 해당 처분의 취소를 구할 이익이 있다.

행정소송법 제12조 후문은 "처분 등의 효과가 기간의 경과, 처분 등의 집행 그 밖의 사유로 인하여 소멸된 뒤에도 그 처분 등의 취소로 인하여 회복되는 법률상 이익이 있는 자의 경우에는 또한 같다"라고 규정하고 있다.

1) 소의 이익에서의 법률상 이익

판례는 행정소송법 제12조 소정의 '법률상 이익'을 전문의 그것과 후문의 그것을 구별하지 않고 모두 '해당 처분의 근거 법률에 의하여 보호되는 직접적이고 구체적인 이익'이라고 해석하고, 간접적이거나 사실적, 경제적 이해관계를 가지는데 불과한 경우는 여기에 해당되지 아니한다고 보고 있다(대판 전원합의체 1995. 10. 17, 94누14148).

다만, 행정소송법 제12조 후문의 '법률상 이익'은 취소소송을 통하여 구제되는 기본적인 법률상 이익뿐만 아니라 부수적인 법률상 이익도 포함한다고 보는 점에서 원고적격에서의 법률상 이익보다 넓은 개념이다.

예를 들면, 파면처분을 다투는 중 원고가 정년에 달한 경우 기본적 권리인 공무원의 지위의 회복은 불가능하지만, 봉급청구 등 부수적 이익이 있으므로 당해 파면처분을 취소할 소의 이익이 있다.

그런데, 이 부수적 이익에 어떠한 이익이 포함될 것인지에 관하여는 견해가 나뉘고 있다. 행정소송법 제12조 후문의 '법률상 이익'에는 명예, 신용의 이익은 포함되지 않는다는 견해, 명예나 신용의 이익도 경우에 따라서는 포함된다는 견해가 있다.

〈판례〉 원고가 처분이 위법하다는 점에 대한 판결을 받아 피고에 대한 손해배상청구소송에서 이를 원용할 수 있는 이익은 사실적·경제적 이익에 불과하여 소의 이익에 해당하지 않는다(대판 2002. 1. 11, 2000두2457).

2) 소송을 통해 구제될 수 있는 현실적 이익

소송에 의해 보호되는 이익은 소송을 통해 구제될 수 있는 현실적 이익이어야 한다. 막연한 이익이나 추상적인 이익 또는 과거의 이익만으로는 소의 이익을 인정할 수 없다. 또한, 보다 실효적인 구제수단이 있는 경우에도 소의 이익이 부정된다.

〈판례〉 [1] 경원관계에 있어 경원자에 대한 수익적 처분의 취소를 구하지 아니하고 자신에 대한 거부처분의 취소만을 구하는 소에 협의의 소의 이익이 인정되는지 여부(적극): 인가·허가 등 수익적 행정처분을 신청한 여러 사람이 서로 경원관계에 있어서 한 사람에 대한 허가 등 처분이 다른 사람에 대한 불허가 등으로 귀결될 수밖에 없을 때 허가 등 처분을 받지 못한 사람은 그 신청에 대한 거부처분의 직접 상대방으로서 원칙적으로 자신에 대한 거부처분의 취소를 구할 원고적격이 있고, 그 취소판결이 확정되는 경우 그 판결의 직접적인 효과로 경원자에 대한 허가 등 처분이 취소되거나 그 효력이 소멸되는 것은 아니더라도 행정청은 취소판결의 기속력에 따라 그 판결에서 확인된 위법사유를 배제한 상태에서 취소판결의 원고와 경원자의 각 신청에 관하여 처분요건의 구비 여부와 우열을 다시 심사하여야 할 의무가 있으며, 그 재심사 결과 경원자에 대한 수익적 처분이 직권취소되고 취소판결의 원고에게 수익적 처분이 이루어질 가능성을 완전히 배제할 수는 없으므로, 특별한 사정이 없는 한 경원관계에서 허가 등 처분을 받지 못한 사람은 자신에 대한 거부처분의 취소를 구할 소의 이익이 있다고 보아야 할 것이다. [2] 주유소 운영사업자 선정에 관하여 경원관계에 있는 소외인과 원고 중 소외인에 대하여 사업자 선정처분이, 원고에 대하여 불선정처분이 내려진 사안에서, 원고에 대한 사업자 불선정처분을 취소하는 판결이 선고·확정되더라도, 경원관계에 있는 소외인에 대한 사업자 선정처분이 취소되지 아니하는 이상, 원고가 주유소 운영사업자로 선정될 수 없다는 이유로 원고에게 그 불선정처분의 취소를 구할 소의 이익이 없다고 판단한 원심을 파기한 사례(대판 2015. 10. 29, 2013두27517[주유소운영사업자불선정처분취소]).

(2) 구체적 사례(유형별 고찰)

취소소송에서 소의 이익이 있는지의 문제를 ① 처분의 효력이 소멸한 경우, ② 처분 후의 사정변경에 의해 권익침해가 해소된 경우, ③ 원상회복이 불가능한 경우, ④ 보다 실효적인 권리구제절차가 있는 경우 등으로 나누어 다루기로 한다.

1) 처분의 효력이 소멸한 경우

가. 원 칙　　처분의 효력이 소멸한 경우에는 통상 해당 처분의 취소를 통하여 회복할 법률상 이익이 없다.

예를 들면 허가취소처분을 정지처분으로 변경하면 당초 허가취소처분은 효력이 상실되어 존재하지 않게 되므로 당초 허가취소소송에 대한 취소소송은 소의 이익이 없게 되고, 인·허가처분의 효력을 일정기간 정지하는 처분에 있어서 효력정지기간이 경과하여 처분의 효력이 소멸되면 당해 효력정지처분을 다툴 소의 이익이 없게 되는 것이 원칙이다. 그러나, 기간을 정한 제재적 처분에 대해 집행정지결정이 있는 경우에는 제재기간의 진행이 정지되어 집행정지된 기간만큼 제재기간이 순연되는 데 불과하고 제재적 처분의 효력이 소멸된 것이 아니므로 처분시 표시된 제재적 처분의 기간이 경과하였어도 그 처분의 취소를 구할 소의 이익이 있다(대판 1974. 1. 29, 73누202). 행정처분이 취소되면 그 처분은 효력을 상실하여 더 이상 존재하지 않는 것이고, 존재하지 않는 행정처분을 대상으로 한 취소소송은 소의 이익이 없어 부적법하다(대판 2010. 4. 29, 2009두16879[공익근무요원소집처분취소]).

소송 계속 중 처분청이 다툼의 대상이 되는 행정처분을 직권으로 취소하면 그 처분은 효력을 상실하여 더 이상 존재하지 않는 것이므로, 존재하지 않는 처분을 대상으로 한 항고소송은 원칙적으로 소의 이익이 소멸하여 부적법하다고 보아야 한다. 다만 처분청의 직권취소에도 완전한 원상회복이 이루어지지 않아 무효확인 또는 취소로써 회복할 수 있는 다른 권리나 이익이 남아 있거나 또는 동일한 소송 당사자 사이에서 그 행정처분과 동일한 사유로 위법한 처분이 반복될 위험성이 있어 행정처분의 위법성 확인 내지 불분명한 법률문제에 대한 해명이 필요한 경우 행정의 적법성 확보와 그에 대한 사법통제, 국민의 권리구제의 확대 등의 측면에서 예외적으로 그 처분의 취소를 구할 소의 이익을 인정할 수 있다(대판 2020. 4. 9, 2019두49953). 여기에서 '그 행정처분과 동일한 사유로 위법한 처분이 반복될 위험성이 있는 경우'란 불분명한 법률문제에 대한 해명이 필요한 상황에 대한 대표적인 예시일 뿐이며, 반드시 '해당 사건의 동일한 소송 당사자 사이에서' 반복될 위험이 있는 경우만을 의미하는 것은 아니다(대판 2020. 12. 24, 2020두30450).

　　일부 직권취소 등으로 처분의 효력이 일부만 소멸한 경우에는 취소되고 남은 처분의 취소를 구할 소의 이익이 있다. 당초처분에 대한 취소소송의 계속 중 일부 변경처분이 있은 경우 계쟁 당초처분은 일부변경된 채로 효력을 유지하므로 계쟁 처분의 취소를 구할 소의 이익이 있다.

예를 들면, 위법한 영업허가처분의 취소처분이 직권취소되면 취소소송의 원고는 영업허가자의 지위를 회복하므로 소의 이익이 없게 되지만, 금전부과처분을 감액하는 처분을 한 경우에는 감액되고 남은 부분에 대한 처분(당초처분)은 효력을 유지하므로 취소를 구할 소의 이익이 존속한다.

〈판례 1〉 [1] 처분청이 당초의 운전면허 취소처분을 신뢰보호의 원칙과 형평의 원칙에 반하는 너무 무거운 처분으로 보아 이를 철회하고 새로이 265일간의 운전면허 정지처분을 하였다면, 당초의 처분인 운전면허 취소처분은 철회로 인하여 그 효력이 상실되어 더 이상 존재하지 않는 것이고 그 후의 운전면허 정지처분만이 남아 있는 것이라 할 것이며, 한편 존재하지 않는 행정처분(운전면허취소처분)을 대상으로 한 취소소송은 소의 이익이 없어 부적법하다. [2] 운전면허 정지처분에서 정한 정지기간이 상고심 계속 중에 경과한 이후에는 운전면허자에게 그 운전면허 정지처분의 취소를 구할 법률상의 이익이 없다(대판 1997. 9. 26, 96누1931[자동차운전면허취소처분취소]). 〈평석〉 이 판결문에서의 "철회"가 강학상 철회인지는 의문이며 오히려 강학상 직권취소로 보는 것이 타당하다. 이 사건은 운전면허 취소처분을 취소하고 운전면허정지처분을 한 경우이지만, 운전면허취소처분을 운전면허정지처분으로 변경한 경우에도 변경처분은 당초 처분(운전면허 취소처분)의 취소를 포함하므로 동일하게 보아야 할 것이다. 이 사건에서 원고가 운전면허정지처분도 다투고자 한다면 처분 변경으로 인한 소의 변경을 청구할 수 있다.

〈**판례 2**〉 입찰참가자격제한에 대한 취소소송계속중 처분청이 납품업자에 대한 입찰참가자격 제한처분을 직권으로 취소하고 제1심판결의 취지(처분사유는 존재하지만 재량권의 일탈·남용이 있다는 것)에 따라 그 제재기간만을 3개월로 감경하여 입찰참가자격을 제한하는 내용의 새로운 처분을 다시 한 경우, 당초의 입찰참가자격 제한처분은 적법하게 취소되었다고 할 것이어서 그 처분의 취소를 구할 소의 이익이 없다고 한 사례(대판 2002. 9. 6, 2001두5200[부정당업자제재등처분취소]).

〈**판례 3**〉 보충역편입처분 및 공익근무요원소집처분의 취소를 구하는 소의 계속 중 병역처분변경신청에 따라 제2국민역편입처분으로 병역처분이 변경된 경우, 보충역편입처분은 제2국민역편입처분을 함으로써 취소 또는 철회되어 그 효력이 소멸하였고, 공익근무요원소집처분의 근거가 된 보충역편입처분이 취소 또는 철회되어 그 효력이 소멸한 이상 공익근무요원소집처분 또한 그 효력이 소멸하였다는 이유로, 종전 보충역편입처분 및 공익근무요원소집처분의 취소를 구할 소의 이익이 없다고 한 사례(대판 2005. 12. 9, 2004두6563).

　　나. 예　　외　　　그러나, 처분의 효력기간의 경과 등으로 그 행정처분의 효력이 상실된 경우에도 해당 처분을 취소할 현실적 이익이 있는 경우에는 그 처분의 취소를 구할 소의 이익이 있다.

　　(가) 제재적 처분의 전력(이력)이 장래의 제재적 처분의 가중요건인 경우　　　제재적 처분이 장래의 제재적 처분의 가중요건 또는 전제요건으로 되어 있는 경우에는 제재기간이 지나 제재처분의 효력이 소멸된 경우에도 소의 이익이 인정된다.

　　가중요건이 법령 또는 행정규칙에 의해 규정되어 있는 경우에는 가중된 제재처분을 받을 위험(불이익)이 현실적이므로 가중된 제재처분을 받을 위험(불이익)을 제거하기 위하여 정지기간이 지난 정지처분의 취소를 구할 이익이 있다(대판 1991. 8. 27, 91누3512 ; 2006. 6. 22, 2003두1684 ; 2009. 5. 28, 2008추56).

　　다만, 만약 일정 기간의 경과 등으로 실제로 가중된 제재처분을 받을 우려가 없어졌다면 위 처분에서 정한 정지기간이 경과함으로써 다른 특별한 사정이 없는 한 그 처분의 취소를 구할 법률상 이익은 소멸되었다고 보아야 한다(대판 2005. 4. 15, 2004두12889).

예를 들면, 업무정지처분을 받은 후 새로운 업무정지처분을 받음이 없이 1년이 경과하여 실제로 가중된 제재처분을 받을 우려가 없어졌다면 위 처분에서 정한 정지기간이 경과한 이상 특별한 사정이 없는 한 그 처분의 취소를 구할 소의 이익이 없다(대판 2000. 4. 21, 98두10080).

(나) 전부변경처분이 있어 계쟁처분의 효력이 소멸되었어도 후속행위의 효력을 상실시킬 이익이 있는 경우   당초처분에 대한 취소소송의 계속 중 전부변경처분이 있어 계쟁처분의 효력이 소멸된 경우 원칙상 소의 이익이 없지만, 당초처분을 기초로 일련의 후속행위가 이루어져 후속행위의 효력을 상실시킬 이익이 있는 경우에는 당초처분의 취소나 무효확인을 구할 소의 이익이 있다(판례).

2) 처분 후의 사정변경에 의해 권익침해가 해소된 경우인지 여부

① 처분 후의 사정변경에 의하여 권리와 이익의 침해 등이 해소된 경우에는 그 처분의 취소를 구할 소의 이익이 없다.

〈판례〉 1. 치과의사국가시험 합격은 치과의사 면허를 부여받을 수 있는 전제요건이 된다고 할 것이나 국가시험에 합격하였다고 하여 위 면허취득의 요건을 갖추게 되는 이외에 그 자체만으로 합격한 자의 법률상 지위가 달라지게 되는 것은 아니므로 불합격처분 이후 새로 실시된 국가시험에 합격한 자들로서는 더 이상 위 불합격처분의 취소를 구할 소의 이익이 없다(대판 1993. 11. 9, 93누6867). 〈해설〉 국가배상청구소송에서 위법성을 주장할 이익을 소의 이익으로 보는 견해에 의하면 소의 이익이 있다고 보아야 한다.
2. 사법시험 제2차 시험 불합격처분 이후에 새로이 실시된 제2차와 제3차 시험에 합격한 사람이 불합격처분의 취소를 구할 법률상 이익이 없다(대판 2007. 9. 21, 2007두12057[불합격처분취소]).

② 처분 후에 사정변경이 있더라도 권익침해가 해소되지 않은 경우에는 소의 이익이 있다.

〈판례〉 1. 퇴학처분을 받은 후 고등학교졸업학력검정고시에 합격하였다 하더라도 고등학교 졸업이 대학입학자격이나 학력인정으로서의 의미밖에 없다고 할 수 없고, 고등학교졸업학력검정고시에 합격하였다 하여 고등학교 학생으로서의 신분과 명예가 회복될 수 없는 것이므로 퇴학처분을 받은 자는 퇴학처분의 위법을 주장하여 퇴학처분의 취소를 구할 소송상의 이익이 있다(대판 1992. 7. 14, 91누4737).
2. 징계에 관한 일반사면과 동 징계처분의 취소를 구할 소송상 이익의 유무(적극): 징계에 관한 일반사면이 있었다고 할지라도 사면의 효과는 소급하지 아니하므로 파면처분으로 이미 상실된 원고의 공무원지위가 회복될 수 없는 것이니 원고로서는 동 파면처분의 위법을 주장하여 그 취소를 구할 소송상 이익이 있다고 할 것이다(대판 전원합의체 1981. 7. 14, 80누536[파면처분취소]). 〈해설〉 대판 1965. 5. 25, 63누195 판결을 변경한 전원합의체 판결이다.

3) 원상회복이 불가능한 경우

행정처분의 무효확인 또는 취소를 구하는 소에서, 비록 행정처분의 위법을 이유로 무효확인 또는 취소 판결을 받더라도 처분에 의하여 발생한 위법상태를 원상으로 회복시키는 것이 불가능한 경우에는 원칙적으로 무효확인 또는 취소를 구할 이익이 없다. 다만 원상회복이 불가능하더라도 무효확인 또는 취소로써 회복할 수 있는 다른 권리나 이익(부수적 이익)이 남아 있는 경우 예외적으로 무효확인 또는 취소를 구할 이익이 인정된다(대판 2016. 6. 10, 2013두1638[조례무효확인]). 또한 원상회복이 불가능하게 보이는 경우라 하더라도, 동일한 소송 당사자 사이에서 그 행정처분과 동일한 사유로 위법한 처분이 반복될 위험성이 있어 행정처분의 위법성 확인 내지 불분명한 법률문제에 대한 해명이 필요하다고 판단되는 경우 등에는 행정의 적법성 확보와 그에 대한 사법통제, 국민의 권리구제 확대 등의 측면에서 여전히 그 처분의 취소를 구할 이익이 있다(대판 2019. 5. 10, 2015두46987).

가. 처분의 집행 등으로 원상회복이 불가능한 경우인지 여부

〈판례〉 1. 건축허가가 건축법 소정의 이격거리(離隔距離)를 두지 아니하고 건축물을 건축하도록 되어 있어 위법하다 하더라도 건축이 완료된 경우에는 그 건축허가를 받은 대지와 접한 대지의 소유자인 원고가 위 건축허가처분의 취소를 받아 이격거리를 확보할 단계는 지났으며, 민사소송으로 위 건축물 등의 철거를 구하는 데 있어서도 위 처분의 취소가 필요한 것이 아니므로 원고로서는 (일조권 또는 조망권의 보호를 위해) 위 건축허가 처분의 취소를 구할 법률상의 이익이 없다(대판 1992. 4. 24, 91누11131).

2. 건축법 소정의 이격거리를 두지 아니하고 건축물을 건축한 후 그에 대한 준공검사의 처분이 행해진 경우 준공검사가 취소되어도 위법부분을 시정시키는 효과는 없고 시정명령은 행정청에 의한 별도의 판단에 의해 행해지는 것이므로 인근주민은 일조권의 보호를 위해 준공검사처분의 취소를 구할 소의 이익이 없다(대판 1994. 1. 14, 93누20481). 〈평석〉 이 경우 당사자는 별도의 소송(민사소송)으로 위법부분의 철거 내지 시정을 청구하거나 손해배상을 청구할 수밖에 없다.

3. 건물의 철거명령에 대한 취소소송이 제기된 경우 당해 건물이 대집행의 실행에 의해 이미 철거되어 버렸다면 철거명령이 취소되어도 원상회복이 불가능하므로 철거명령의 취소소송에 있어서 소의 이익이 없다.

4. 현역입영대상자가 입영한 후에도 현역입영통지처분의 취소를 구할 소송상의 이익이 있다(대판 2003. 12. 26, 2003두1875).

나. 그 밖에 원상회복이 불가능한 경우인지 여부   특정일로 예정되어 있는 집회 시위운동의 불허가처분의 취소소송 중 그 특정기일이 경과한 경우에는 소의 이익이 존재하지 않는다.

〈판례〉 1. 채석허가취소처분에 대한 취소소송계속 중에 원고가 이 사건 채석허가기간의 연장허가신청을 하였으나 반려되자 이에 대하여는 불복하지 않은 상태에서 채석허가기간이 만료된 경우에는 그 채석허가취소처분이 취소되더라도 원상회복이 불가능하기 때문에 원고에게는 그 채석허가취소처분의 취소를 구할 소의 이익이 없게 되었다고 할 것이다(대판 2006. 1. 26, 2004두2196[채석허가취소처분취소]).

2. 진주의료원 폐업결정 후 진주의료원을 해산한다는 내용의 이 사건 조례가 제정·시행되었고, 이 사건 조례가 무효라고 볼 사정도 없으므로, 진주의료원을 폐업 전의 상태로 되돌리는 원상회복은 불가능하다고 판단된다. 따라서 조례로 결정하여야 함에도 경상남도지사가 권한없이 행한 이 사건 폐업결정은 법적으로 권한 없는 자에 의하여 이루어진 것으로서 위법하다고 하더라도, 그 취소를 구할 소의 이익을 인정하기는 어렵다(대판 2016. 8. 30, 2015두60617[폐업처분 무효확인 등]).

다. 기본적인 권리회복은 불가능하나 부수적 이익이 있는 경우(소의 이익 인정)

기본적인 권리회복은 불가능하다 하더라도 판결의 소급효에 의하여 당해 처분이 소급적으로 취소되게 됨으로써 원고의 법률상 이익에 해당하는 부수적인 이익이 구제될 수 있는 경우에는 소의 이익이 인정된다.

〈판례〉 1. 해임처분 무효확인 또는 취소소송 계속 중 임기가 만료되어 해임처분의 무효확인 또는 취소로 지위를 회복할 수는 없다고 할지라도, 그 무효확인 또는 취소로 해임처분일부터 임기만료일까지 기간에 대한 보수 지급을 구할 수 있는 경우에는 해임처분의 무효확인 또는 취소를 구할 법률상 이익이 있다. 해임권자와 보수지급의무자가 다른 경우에도 마찬가지이다(대판 2012. 2. 23, 2011두5001[해임처분무효]).

2. [1] 공장건물의 멸실 여부에 불구하고 그 공장등록취소처분의 취소를 구할 법률상의 이익이 있는 경우: 일반적으로 공장등록이 취소된 후 그 공장 시설물이 이떠한 경위로든 철거되어 다시 복구 등을 통하여 공장을 운영할 수 없는 상태라면 이는 공장등록의 대상이 되지 아니하므로 외형상 공장등록취소행위가 잔존하고 있다고 하여도 그 처분의 취소를 구할 법률상의 이익이 없다 할 것이나, 위와 같은 경우에도 유효한 공장등록으로 인하여 공장등록에 관한 당해 법률이나 다른 법률에 의하여 보호되는 직접적·구체적 이익이 있다면, 당사자로서는 공장건물의 멸실 여부에 불구하고 그 공장등록취소처분의 취소를 구할 법률상의 이익이 있다. [2] 공장등록이 취소된 후 그 공장시설물이 철거되었고 관계법령상 다시 복구 등을 통하여 공장을 운영할 수 없는 상태라 하더라도 대도시 안의 공장을 지방으로 이전할 경우 조세특례제한법상의 세액공제 및 소득세 등의 감면혜택이 있고, 공업배치 및 공장설립에 관한 법률상의 간이한 이전절차 및 우선 입주의 혜택이 있는 경우, 그 공장등록취소처분의 취소를 구할 소의 이익이 있다(대판 2002. 1. 11, 2000두3306). 〈해설〉 이 사건에서 공장등록취소처분의 취소로 공장등록이 원상회복되어도 관련 법령상 공장의 복구는 불가능하지만, 공장의 지방이전에 따른 혜택 등의 부수적 이익이 있으므로 소의 이익이 있는 것이다.

3. 공공용지의 취득 및 손실보상에 관한 특례법 제8조 제1항 소정의 이주대책업무가 종결되고 그 공공사업을 완료하여 사업지구 내에 더 이상 분양할 이주대책용 단독택지가 없는 경우에

도 이주대책대상자 선정신청을 거부한 행정처분의 취소를 구할 법률상 이익이 있는지 여부(적극): 공공용지의 취득 및 손실보상에 관한 특례법 제8조 제1항에 의하면 사업시행자는 이주대책의 수립, 실시의무가 있고, 그 의무이행에 따른 이주대책계획을 수립하여 공고하였다면, 이주대책대상자라고 하면서 선정신청을 한 자에 대해 대상자가 아니라는 이유로 거부한 행정처분에 대하여 그 취소를 구하는 것은 이주대책대상자라는 확인을 받는 의미도 함께 있는 것이며, 사업시행자가 하는 확인, 결정은 이주대책상의 택지분양권이나 아파트 입주권 등을 받을 수 있는 구체적인 권리를 취득하기 위한 요건에 해당하므로 현실적으로 이미 수립, 실시한 이주대책업무가 종결되었고, 그 사업을 완료하여 이 사건 사업지구 내에 더 이상 분양할 이주대책용 단독택지가 없다 하더라도 보상금청구권 등의 권리를 확정하는 법률상의 이익은 여전히 남아 있는 것이므로 그러한 사정만으로 이 거부처분의 취소를 구할 법률상 이익이 없다고 할 것은 아니다(대판 1999. 8. 20, 98두17043[단독주택용지조성원가공급거부처분취소]). 〈해설〉 사례에서 법률상 이익은 협의의 소의 이익을 말한다.

4) 보다 실효적인 권리구제절차가 있는지 여부

해당 취소소송보다 실효적인(직접적인) 권리구제절차가 있는 경우에는 소의 이익이 부정된다. 그렇지만, 다른 권리구제절차가 있는 경우에도 취소를 구할 현실적 이익이 있어 문제의 취소소송이 분쟁해결의 유효적절한 수단이라고 할 수 있는 경우에는 소의 이익이 인정된다.

〈판례〉 행정청이 한 처분 등의 취소를 구하는 소송은 처분에 의하여 발생한 위법 상태를 배제하여 원래 상태로 회복시키고 처분으로 침해된 권리나 이익을 구제하고자 하는 것이다. 따라서 해당 처분 등의 취소를 구하는 것보다 실효적이고 직접적인 구제수단이 있음에도 처분 등의 취소를 구하는 것은 특별한 사정이 없는 한 분쟁해결의 유효적절한 수단이라고 할 수 없어 법률상 이익이 있다고 할 수 없다(대판 2017. 10. 31, 2015두45045).

가. 인가처분 취소소송에서의 소의 이익   기본행위의 하자를 이유로 기본행위를 다투는 소송이 기본행위의 하자를 이유로 인가처분을 다투는 것보다는 더 실효적인 권리구제이므로 기본행위의 하자를 이유로 인가처분의 취소 또는 무효확인을 구할 소의 이익이 없다는 것이 판례의 입장이다(대판 1996. 5. 16, 95누4810).

나. 지위승계신고수리처분의 무효확인을 구할 소의 이익   사업양도양수신고의 수리는 강학상 인가가 아니라 사업허가의 수허가자의 명의변경이라는 변경허가의 실질을 갖는다. 그리고, 사업양도행위의 무효확인을 구하는 민사소송을 제기하는 것이 가능하더라도 사업양도양수신고의 수리를 취소하거나 무효확인받으면 영업허가자의 지위를 유지하는 현실적 이익이 있으므로 사업양도계약의 무효를 이유로

사업양도양수신고수리처분의 취소나 무효확인을 구할 소의 이익이 있다고 보아야
한다.

〈판례〉 사업양도·양수에 따른 허가관청의 지위승계신고의 수리는 적법한 사업의 양도·양
수가 있었음을 전제로 하는 것이므로 그 수리대상인 사업양도·양수가 존재하지 아니하거
나 무효인 때에는 수리를 하였다 하더라도 그 수리는 유효한 대상이 없는 것으로서 당연히
무효라 할 것이고, 사업의 양도행위가 무효라고 주장하는 양도자는 민사쟁송으로 양도·양수행
위의 무효를 구함이 없이 막바로 허가관청을 상대로 하여 행정소송으로 사업양도·양수에
따른 허가관청의 지위승계신고수리처분의 무효확인을 구할 법률상 이익이 있다(대판 2005. 12. 23,
2005두3554). 〈평석〉 양도인은 사업양도에 따른 지위승계수리처분의 무효확인을 통해 영업자
의 지위를 유지할 현실적 이익이 있다.

　　다. 거부처분 취소재결에 따른 후속처분이 있는 경우 거부처분 취소재결의 취소를
구하는 소의 이익(부정)　　　거부처분 취소재결에 따라 후속처분이 행해진 경우 거부
처분취소재결에 따른 후속처분이 아니라 거부처분 취소재결의 취소를 구하는 것은
실효적이고 직접적인 권리구제수단이 될 수 없어 분쟁해결의 유효적절한 수단이라
고 할 수 없으므로 소의 이익이 없다(대판 2017. 10. 31, 2015두45045). 이 경우 후속처분
을 다투는 취소소송을 제기할 수 있다.

　　5) 동일한 사유로 위법한 처분이 반복될 위험성이 있는 경우 소의 이익(인정)

　　행정처분의 무효확인 또는 취소를 구하는 소가 제소 당시에는 소의 이익이 있
어 적법하였는데, 소송계속 중 해당 행성처분이 기간의 경과 등으로 그 효과가 소
멸한 때에 처분이 취소되어도 원상회복이 불가능하다고 보이는 경우라도, 그 행정처
분과 동일한 사유로 위법한 처분이 반복될 위험성이 있어 행정처분의 위법성 확인 내지 불
분명한 법률문제에 대한 해명이 필요한 경우에는 행정의 적법성 확보와 그에 대한 사
법통제, 국민의 권리구제 확대 등의 측면에서 예외적으로 그 처분의 취소를 구할 소의
이익을 인정할 수 있다. 여기에서 '그 행정처분과 동일한 사유로 위법한 처분이 반복
될 위험성이 있는 경우'란 불분명한 법률문제에 대한 해명이 필요한 상황에 관한
대표적인 예시일 뿐이며, 반드시 '해당 사건의 동일한 소송 당사자 사이에서' 반복될 위
험이 있는 경우만을 의미하는 것은 아니다. 달리 말하면 다른 사건에서도 또는 당사자
(처분 상대방)가 달라도 위법한 처분이 반복될 위험성이 있어 행정처분의 위법성 확
인 내지 불분명한 법률문제에 대한 해명이 필요한 경우에는 소의 이익이 인정될 수
있다(대판 2020. 12. 24, 2020두30450 ; 2024. 4. 16, 2022두57138: 이러한 법리는 행정처분의 일종
인 중재재정에 대한 무효확인 또는 취소를 구하는 소의 경우에도 마찬가지로 적용된다고 한 사례).

〈판례〉 1. 피고(교도소장)가 제1심판결 선고 이후 원고를 위 '접견내용 녹음·녹화 및 접견 시 교도관 참여대상자'에서 해제하기는 하였지만 앞으로도 원고에게 '접견내용 녹음·녹화 및 접견 시 교도관 참여대상자' 지정행위(이 사건 처분)와 같은 포괄적 접견제한처분을 할 염려가 있는 것으로 예상되므로 이 사건 소는 여전히 법률상 이익(소의 이익)이 있다고 본 원심판단을 정당한 것으로 수긍한 사례(대판 2014. 2. 13, 2013두20899).

2. 행정처분의 무효확인 또는 취소를 구하는 소가 제소 당시에는 소의 이익이 있어 적법하였더라도, 소송 계속 중 처분청이 다툼의 대상이 되는 행정처분을 직권으로 취소하면 그 처분은 효력을 상실하여 더 이상 존재하지 않는 것이므로, 존재하지 않는 그 처분을 대상으로 한 항고소송은 원칙적으로 소의 이익이 소멸하여 부적법하다. 다만 처분청의 직권취소에도 불구하고 완전한 원상회복이 이루어지지 않아 무효확인 또는 취소로써 회복할 수 있는 다른 권리나 이익이 남아 있거나 또는 동일한 소송 당사자 사이에서 그 행정처분과 동일한 사유로 위법한 처분이 반복될 위험성이 있어 행정처분의 위법성 확인 내지 불분명한 법률문제에 대한 해명이 필요한 경우 행정의 적법성 확보와 그에 대한 사법통제, 국민의 권리구제의 확대 등의 측면에서 예외적으로 그 처분의 취소를 구할 소의 이익을 인정할 수 있다(대판 2019. 6. 27, 2018두49130).

2. 무효확인소송에서의 소의 이익과 확인의 이익

무효확인소송에서도 취소소송에서 논한 소의 이익이 요구된다.

그런데, 그 이외에 무효확인소송에 있어서 일반 확인소송(민사소송인 확인소송)에서 요구되는 '확인의 이익'(즉시확정의 이익)이 요구되는지에 관하여 견해가 대립하고 있다. 판례는 부정설을 취하고 있다.

(1) 긍정설(즉시확정이익설, 필요설)

긍정설은 무효확인소송이 실질적으로 확인소송으로서의 성질을 가지고 있으므로 확인소송에 있어서의 일반적 소송요건인 '확인의 이익'이 요구된다고 한다.

확인소송은 현존하는 원고의 권리 또는 법률상 지위에 대한 불안이나 위험을 제거하기 위하여 확인판결을 받는 것이 유효적절한 권리구제수단일 때 인정되는 것이다. 달리 말하면, 확인소송은 보다 실효적인 구제수단이 가능하면 인정되지 않는다. 이를 **확인소송의 보충성**이라 한다.

이 견해에 의하면 무효를 전제로 하는 현재의 법률관계에 관한 소송으로 구제되지 않을 때에만 무효확인소송이 보충적으로 인정된다. 따라서 무효인 행정처분이 집행되지 않은 경우(세금을 납부하지 않은 경우)에는 집행의무를 면하기 위하여 처분의 무효확인을 받을 이익이 있지만, 무효인 행정처분이 이미 집행된 경우(세금을 이미 납부한 경우)에 그에 의해 형성된 위법상태의 제거를 위한 직접적인 소송방법

(부당이득반환청구소송)이 있을 때에는, 그 원인인 처분의 무효확인을 구하고 행정청
이 그 무효확인판결을 존중하여 그 위법상태를 제거하여 줄 것을 기대하는 것은
간접적인 방법이므로, 행정처분의 무효확인을 독립한 소송으로 구할 소의 이익이
없다고 본다.

(2) 부정설(불필요설)

부정설(불필요설)은 무효확인소송에서 취소소송에서와 같이 소의 이익이 요구될
뿐 확인의 이익이 요구되지 않는다고 한다. 이 견해가 다수견해이며 그 논거는 다
음과 같다. ① 무효확인판결 자체만으로도 판결의 기속력(원상회복의무)에 의해 판결
의 실효성을 확보할 수 있으므로 민사 확인소송에서와 같이 분쟁의 궁극적 해결을
위한 확인의 이익 여부를 논할 이유가 없다. ② 무효확인소송은 본질에 있어서 행
정청의 처분을 다투는 항고소송이며 단지 다투는 형식이 확인소송의 형식을 취하
고 있을 뿐이다.

(3) 판   례

종래 판례는 긍정설(필요설, 즉시확정이익설)을 취하고 있었다.

〈판례〉 직접 민사소송으로 부당이득의 반환 또는 행정처분에 의해 경료된 소유권이전등기의 말
소를 구할 수 있는 경우, 행정처분의 무효확인 또는 행정처분에 대한 무효선언을 구하는 의미에
서의 처분취소를 구할 소의 이익이 없다: 행정처분에 대한 무효확인의 소에 있어서 확인의 이
익은 그 대상인 법률관계에 관하여 당사자 사이에 분쟁이 있고, 그로 인하여 원고의 권리
또는 법률상의 지위에 불안·위험이 있어 판결로써 그 법률관계의 존부를 확정하는 것이
위 불안·위험을 제거하는 데 필요하고도 적절한 경우에 인정되는 것이므로, 과세처분과
압류 및 공매처분이 무효라 하더라도 직접 민사소송으로 체납처분에 의하여 충당된 세액에
대하여 부당이득으로 반환을 구하거나 공매처분에 의하여 제3자 앞으로 경료된 소유권이전
등기에 대하여 말소를 구할 수 있는 경우에는 위 과세처분과 압류 및 공매처분에 대하여
소송으로 무효확인을 구하는 것은 분쟁해결에 직접적이고 유효·적절한 방법이라 할 수 없
어 소의 이익이 없다고 할 것이고, 이러한 법리는 행정처분에 대한 무효선언을 구하는 의미
에서 처분취소를 구하는 소에서도 마찬가지라 할 것이다(대판 2006. 5. 12, 2004두14717[체납처분
에 의한 공매처분취소]).

현재 판례는 판례를 변경하여 무효확인소송에서 부정설과 같이 행정처분의 근거
법률에 의해 보호되는 직접적이고 구체적인 이익이 있는 경우 이와 별도로 민사소
송(확인소송)에서 요구하는 확인의 이익(무효확인소송의 보충성)을 요구하지 않는 것으
로 하였다(부정설).

〈판례〉 행정처분의 근거 법률에 의해 보호되는 직접적이고 구체적인 이익이 있는 경우 이와 별도로 무효확인소송의 보충성이 요구되는지 여부(소극): 행정소송은 행정청의 위법한 처분 등을 취소·변경하거나 그 효력 유무 또는 존재 여부를 확인함으로써 국민의 권리 또는 이익의 침해를 구제하고, 공법상의 권리관계 또는 법적용에 관한 다툼을 적정하게 해결함을 목적으로 하는 것이므로, 대등한 주체 사이의 사법상 생활관계에 관한 분쟁을 심판대상으로 하는 민사소송과는 그 목적, 취지 및 기능 등을 달리한다. 또한, 행정소송법 제4조에서는 무효확인소송을 항고소송의 일종으로 규정하고 있고, 행정소송법 제38조 제1항에서는 처분 등을 취소하는 확정판결의 기속력 및 행정청의 재처분 의무에 관한 행정소송법 제30조를 무효확인소송에도 준용하고 있으므로 무효확인판결 자체만으로도 실효성을 확보할 수 있다. 그리고 무효확인소송의 보충성을 규정하고 있는 외국의 일부 입법례와는 달리 우리나라 행정소송법에는 명문의 규정이 없어 이로 인한 명시적 제한이 존재하지 않는다. 이와 같은 사정을 비롯하여 행정에 대한 사법통제, 권익구제의 확대와 같은 행정소송의 기능 등을 종합하여 보면, 행정처분의 근거 법률에 의하여 보호되는 직접적이고 구체적인 이익이 있는 경우에는 행정소송법 제35조에 규정된 '무효확인을 구할 법률상 이익'이 있다고 보아야 하고, 이와 별도로 무효확인소송의 보충성이 요구되는 것은 아니므로 행정처분의 무효를 전제로 한 이행소송 등과 같은 직접적인 구제수단이 있는지 여부를 따질 필요가 없다고 해석함이 상당하다(대판 전원합의체 2008. 3. 20, 2007두6342[하수도원인자부담금부과처분취소]).

(4) 결어(불필요설)

무효확인판결에는 기속력으로 원상회복의무(위법상태제거의무)가 인정되므로 취소소송에서 요구되는 소의 이익과 별도로 확인의 이익이 추가로 요구되지 않는다고 보는 부정설이 타당하다.

3. 부작위위법확인소송에서의 소의 이익

① 당사자의 신청이 있은 이후 당사자에게 생긴 사정의 변화로 인하여 위 부작위가 위법하다는 확인을 받는다고 하더라도 종국적으로 침해되거나 방해받은 권리와 이익을 보호·구제받는 것이 불가능하게 되었다면 그 부작위가 위법하다는 확인을 구할 이익은 없다(대판 2002. 6. 28, 2000두4750: 지방자치단체가 조례를 통하여 노동운동이 허용되는 사실상의 노무에 종사하는 공무원의 구체적 범위를 규정하지 않고 있는 것(행정입법부작위)에 대하여 버스전용차로 통행위반 단속업무에 종사하는 자가 부작위위법확인의 소를 제기하였으나 상고심 계속중에 정년퇴직한 경우, 위 조례를 제정하지 아니한 부작위가 위법하다는 확인을 구할 소의 이익이 상실되었다고 한 사례).

② 변론종결시까지 처분청이 처분(거부처분 포함)을 한 경우에는 부작위상태가 해소됨으로써 소의 이익이 없게 된다(대판 1990. 9. 25, 89누4758).

4. 공법상 당사자소송에서의 소의 이익

행정소송법은 공법상 당사자소송에 대하여는 원고적격이나 소의 이익에 관한 규정을 두고 있지 않다. 따라서, 공법상 당사자소송의 소의 이익에 관하여는 민사소송법이 준용된다(행정소송법 제8조 제2항).

공법상 법률관계의 확인을 구하는 당사자소송의 경우 즉, 공법상 당사자소송인 확인소송의 경우에는 항고소송인 무효확인소송에서와 달리 확인의 이익이 요구된다(판례).

〈판례〉 1. 확인의 소에서 확인의 이익은 원고의 (현재의) 권리 또는 법률상 지위에 현존하는 불안·위험이 있고 그 불안·위험을 제거하기 위하여 확인판결을 받는 것이 가장 유효적절한 수단일 때에만 인정된다(대판 2011. 9. 8, 2009다67115[이사회결의무효확인]). 〈해설〉 보다 실효적인 구제수단이 있는 경우 확인의 이익이 없다. 즉, 이행청구를 할 수 있는 경우임에도 별도로 그 이행의무의 존재 확인을 구하거나 손해배상청구를 할 수 있는 경우임에도 별도로 그 침해되는 권리의 존재 확인을 구하는 것은 특별한 사정이 없는 한 불안 제거에 별다른 실효성이 없고 소송경제에 비추어 유효·적절한 수단이라 할 수 없어 분쟁의 종국적인 해결방법이 아니므로 확인의 이익이 없다(대판 2023. 12. 21, 2023다275424).

2. 과거의 법률관계에 관하여 확인의 소가 허용되는 경우: 과거의 법률관계라 할지라도 현재의 권리 또는 법률상 지위에 영향을 미치고 있고 현재의 권리 또는 법률상 지위에 대한 위험이나 불안을 제거하기 위하여 그 법률관계에 관한 확인판결을 받는 것이 유효적절한 수단이라고 인정될 때에는 확인의 이익이 있다(대판 2021. 4. 29, 2016두39856[국회의원지위확인]).

3. 확인의 이익: 지방자치단체와 채용계약에 의하여 채용된 계약직공무원이 그 계약기간 만료 이전에 채용계약 해지 등의 불이익을 받은 후 그 계약기간이 만료된 때에는 그 채용계약 해지의 의사표시가 무효라고 하더라도, 지방공무원법이나 지방계약직공무원규정 등에서 계약기간이 만료되는 계약직공무원에 대한 재계약의무를 부여하는 근거규정이 없으므로 계약기간의 만료로 당연히 계약직공무원의 신분을 상실하고 계약직공무원의 신분을 회복할 수 없는 것이므로, 그 해지의사표시의 무효확인청구는 과거의 법률관계의 확인청구에 지나지 않는다 할 것이고, 한편 과거의 법률관계라 할지라도 현재의 권리 또는 법률상 지위에 영향을 미치고 있고 현재의 권리 또는 법률상 지위에 대한 위험이나 불안을 제거하기 위하여 그 법률관계에 관한 확인판결을 받는 것이 유효 적절한 수단이라고 인정될 때에는 그 법률관계의 확인소송은 즉시확정의 이익이 있다고 보아야 할 것이나, 계약직공무원에 대한 채용계약이 해지된 경우에는 공무원 등으로 임용되는 데에 있어서 법령상의 아무런 제약사유가 되지 않을 뿐만 아니라, 계약기간 만료 전에 채용계약이 해지된 전력이 있는 사람이 공무원 등으로 임용되는 데에 있어서 그러한 전력이 없는 사람보다 사실상 불이익한 장애사유로 작용한다고 하더라도 그것만으로는 법률상의 이익이 침해되었다고 볼 수는 없으므로 **그 무효확인을 구할 이익이 없다**(대판 2002. 11. 26, 2002두1496 등 참조). 또한, 이 사건과 같이 이미 채용기간이

만료되어 소송 결과에 의해 법률상 그 직위가 회복되지 않는 이상 채용계약 해지의 의사표시의 무효확인만으로는 당해 소송에서 추구하는 권리구제의 기능이 있다고 할 수 없고, 침해된 급료지급청구권이나 사실상의 명예를 회복하는 수단은 바로 급료의 지급을 구하거나 명예훼손을 전제로 한 손해배상을 구하는 등의 이행청구소송으로 직접적인 권리구제방법이 있는 이상 무효확인소송은 적절한 권리구제수단이라 할 수 없어 확인소송의 또 다른 소송요건을 구비하지 못하고 있다 할 것이며, 위와 같이 직접적인 권리구제의 방법이 있는 이상 무효확인 소송을 허용하지 않는다고 해서 당사자의 권리구제를 봉쇄하는 것도 아니다(대판 전원합의체 2000. 5. 18, 95재다199 등 참조). 원심이 같은 취지에서 이 사건 소 중 채용계약 해지의사표시의 무효확인청구부분은 확인의 이익이 없어 부적법하다고 판단한 조치는 수긍이 가고, 거기에 상고이유에서 주장하는 바와 같은 확인의 이익에 관한 법리오해 등의 위법이 없다(대판 2008. 6. 12, 2006두16328[전임계약직공무원(나급)재계약거부처분및감봉처분취소]).

4. 도시 및 주거환경정비법(이하 '도시정비법'이라고 한다)상 주택재건축정비사업조합이 도시정비법 제48조에 따라 수립한 관리처분계획에 대하여 관할 행정청의 인가·고시가 있게 되면 관리처분계획은 행정처분으로서 효력이 발생하게 되므로, 총회결의의 하자를 이유로 하여 행정처분의 효력을 다투는 항고소송의 방법으로 관리처분계획의 취소 또는 무효확인을 구하여야 하고, 그와 별도로 행정처분에 이르는 절차적 요건 중 하나에 불과한 총회결의 부분만을 따로 떼어내어 효력 유무를 다투는 확인의 소를 제기하는 것은 특별한 사정이 없는 한 허용되지 않는다(대판 전원합의체 2009. 9. 17, 2007다2428 ; 대판 2012. 3. 29, 2010두7765[조합결의무효확인]).

5. 기관소송 · 민중소송에서의 소의 이익

민중소송이나 기관소송은 개별법률에 특별한 규정이 있는 경우에 법률에 정한 자에 한하여 제기할 수 있다(행정소송법 제45조). 따라서, 통상 소의 이익은 문제되지 않는다. 다만, 당선인이 사퇴하거나 사망한 때에는 당선무효확인소송을 제기할 소의 이익이 없다.

Ⅳ. 피고적격이 있는 행정청을 피고로 할 것

1. 항고소송의 피고

행정소송법은 항고소송의 피고를 행정주체로 하지 않고 '처분 등을 한 행정청'으로 하고 있다. 이렇게 한 것은 처분을 실제로 한 행정청을 피고로 하는 것이 효율적이고, 행정통제기능을 달성하는데 보다 실효적이기 때문이다.

(1) 처분 등을 행한 행정청

취소소송은 다른 법률에 특별한 규정이 없는 한 그 '처분 등을 행한 행정청'을 피고로 한다.

'처분 등을 행한 행정청'이라 함은 실제로 그의 이름으로 처분을 한 행정기관을 말한다. 정당한 권한을 가진 행정청인지 여부는 불문한다. 처분권한이 있는지 여부는 본안의 문제이다.

"행정청"에는 본래의 행정청(국가 또는 지방자치단체의 행정청 및 공공단체) 이외에 법령에 의하여 행정권한의 위임 또는 위탁을 받은 행정기관, 공공단체 및 그 기관 또는 사인이 포함된다(행정소송법 제2조 제2항). 공무수탁사인이 자신의 이름으로 처분을 한 경우에 공무수탁사인이 피고가 된다.

재결이 항고소송의 대상이 되는 경우에는 행정심판위원회가 피고가 된다.

(2) 구체적 사례(유형별 고찰)

1) 처분청과 통지한 자가 다른 경우

처분청과 통지한 자가 다른 경우에는 처분청이 피고가 된다(대판 1990. 4. 27, 90누233).

〈판례〉 대통령에 의하여 서훈취소가 결정된 후에 국가보훈처장이 '독립유공자 서훈취소결정 통보'를 한 사건에서 서훈취소의 처분청은 대통령으로서 대통령이 피고가 되어야 하고, 대통령의 처분을 통보한 국가보훈처장을 피고로 한 것은 잘못이라고 한 사례(대판 2014. 9. 26, 2013두2518(독립유공자서훈취소결정무효확인등)).

2) 권한의 위임(또는 위탁)의 경우

권한의 위임이 있는 경우에는 수임기관은 자신의 이름으로 처분을 하며 이 경우에 수임 행정기관이 피고가 된다.

내부위임의 경우에는 처분권한이 이전되지는 않는다. 따라서 내부위임의 경우에 처분은 위임청의 이름으로 행해져야 한다. 이 경우에 항고소송의 피고는 처분청인 위임청이 된다. 그런데, 내부위임의 경우에 위법한 것이기는 하지만 수임기관이 자신의 이름으로 처분을 행하는 경우가 있다. 이 경우에 항고소송의 대상이 되는 처분청이라 함은 실제로 처분을 한 행정청을 말하므로 내부위임을 받아 실제로 처분을 한 행정청(수임기관)을 피고로 하여야 한다(대판 1994. 8. 12, 94누2763: 내부위임을 받은 경찰서장이 한 자동차운전면허정지처분에 대해 지방경찰청장을 피고로 취소소송을 제기한 것은 부적법하다고 한 사례).

권한의 위탁을 받은 공공단체 또는 사인도 그의 이름으로 처분을 한 경우에 처분청이 된다.

〈**판례**〉 1. 성업공사(현재의 자산관리공사)가 체납압류된 재산을 공매하는 것은 세무서장의 공매 권한 위임에 의한 것으로 보아야 할 것이므로, 성업공사가 한 그 공매처분에 대한 취소 등의 항고소송을 제기함에 있어서는 수임청으로서 실제로 공매를 행한 성업공사를 피고로 하여야 하고, 위임청인 세무서장은 피고적격이 없다(대판 1997. 2. 28, 96누1757). 〈**평석**〉 엄밀히 말하면 공매권한의 위임이 아니라 위탁이다. 그리고 한국자산관리공사의 공매를 강학상 권한의 대행이라고 본다면 피대행기관인 세무서장을 피고로 하여야 한다.
2. 에스에이치공사가 택지개발사업 시행자인 서울특별시장으로부터 이주대책 수립권한을 포함한 택지개발사업에 따른 권한을 위임 또는 위탁받은 경우, 이주대책 대상자들이 에스에이치공사 명의로 이루어진 이주대책에 관한 처분에 대한 취소소송을 제기함에 있어 정당한 피고는 에스에이치공사가 된다고 한 사례(대판 2007. 8. 23, 2005두3776[입주권확인]).

3) 권한의 대리의 경우

대리기관이 대리관계를 표시하고 피대리 행정청을 대리하여 행정처분을 한 때에는 피대리 행정청이 피고로 되어야 한다(대판 2018. 10. 25, 2018두43095).

대리권을 수여받은 행정청이 대리관계를 밝힘이 없이 자신의 명의로 행정처분을 한 경우, 처분명의자인 해당 행정청이 항고소송의 피고가 되어야 하는 것이 원칙이다. 다만, 처분명의자가 피대리 행정청 산하의 행정기관으로서 실제로 피대리 행정청으로부터 대리권한을 수여받아 피대리 행정청을 대리한다는 의사로 행정처분을 하였고 처분명의자는 물론 그 상대방도 그 행정처분이 피대리 행정청을 대리하여 한 것임을 알고서 이를 받아들인 예외적인 경우에는 피대리 행정청이 피고가 되어야 한다(대결 2006. 2. 23, 2005부4: 근로복지공단의 이사장으로부터 보험료의 부과 등에 관한 대리권을 수여받은 지역본부장이 대리의 취지를 명시적으로 표시하지 않고서 산재보험료 부과처분을 한 경우, 그러한 관행이 약 10년간 계속되어 왔고, 실무상 근로복지공단을 상대로 산재보험료 부과처분에 대한 항고소송을 제기하여 온 점 등에 비추어 지역본부장은 물론 그 상대방 등도 근로복지공단과 지역본부장의 대리관계를 알고 받아들였다는 이유로, 위 부과처분에 대한 항고소송의 피고적격이 근로복지공단에 있다고 한 사례).

〈**판례**〉 항고소송은 다른 법률에 특별한 규정이 없는 한 원칙적으로 소송의 대상인 행정처분을 외부적으로 행한 행정청을 피고로 하여야 하고(행정소송법 제13조 제1항 본문), 다만 대리기관이 대리관계를 표시하고 피대리 행정청을 대리하여 행정처분을 한 때에는 피대리 행정청이 피고로 되어야 한다(대법원 2006. 2. 23.자 2005부4 결정 참조). 피고 **한국농어촌공사**가 '피고 **농림축산식품부장관의 대행자**' 지위에서 위와 같은 납부통지를 하였음을 분명하게 밝힌 이상, 피고 **농림축산식품부장관**이 이 사건 농지보전부담금 부과처분을 외부적으로 자신의 명의로 행한 행정청으로서 항고소송의 피고가 되어야 하고, 단순한 대행자에 불과한 피고 한국농어촌공사를 피고로 삼을 수는 없다(대판 2018. 10. 25, 2018두43095).

4) 합의제 행정청

합의제 행정청이 처분청인 경우에는 특별한 규정(예, 노동위원회법 제27조)이 없는 한 합의제 행정청이 피고가 된다. 즉, 공정거래위원회, 중앙토지수용위원회, 감사원 등이 피고가 된다. 다만, 노동위원회법은 중앙노동위원회의 처분에 대한 소송의 피고를 중앙노동위원회위원장으로 규정하고 있다(노동위원회법 제27조).

5) 지방의회와 지방자치단체의 장

조례에 대한 무효확인소송의 경우 의결기관인 지방의회가 아니라 조례를 공포한 지방자치단체의 장이 피고가 된다. 교육·학예에 관한 조례는 시·도교육감이 피고가 된다(대판 1996. 9. 20, 95누8003).

그러나, 지방의회의원에 대한 징계의결이나 지방의회의장선거나 지방의회의장 불신임결의의 처분청은 지방의회이므로 이들 처분에 대한 취소소송의 피고는 지방의회가 된다(대판 1993. 11. 26, 93누7341 ; 1995. 1. 12, 94누2602).

2. 당사자소송의 피고

당사자소송은 '국가·공공단체 그밖의 권리주체'를 피고로 한다(법 제39조).

당사자소송의 피고는 권리주체를 피고로 하는 점에서 처분청을 피고로 하는 항고소송과 다르다.

사인(私人)을 피고로 하는 당사자소송도 가능하다(대판 2019. 9. 9, 2016다262550: 도시·군계획시설사업의 사업시행자는 사인인 해당 토지의 소유자 등을 상대로 동의의 의사표시를 구하는 소를 제기할 수 있다고 한 사례).

3. 피고 경정

원고가 피고를 잘못 지정한 때에는 법원은 원고의 신청에 의하여 결정으로써 피고의 경정을 허가할 수 있다(법 제14조 제1항). 법 제14조 제1항에 따른 피고경정은 사실심 변론을 종결할 때까지 할 수 있다(행정소송규칙 제6조).

행정소송에서 원고가 처분청이 아닌 행정관청을 피고로 잘못 지정하였다면 법원으로서는 석명권을 행사하여 원고로 하여금 피고를 처분청으로 경정하게 하여 소송을 진행케 하여야 할 것이다(대판 1990. 1. 12, 89누1032).

〈판례〉 세무서장의 위임에 의하여 성업공사가 한 공매처분에 대하여 피고 지정을 잘못하여 피고적격이 없는 세무서장을 상대로 그 공매처분의 취소를 구하는 소송이 제기된 경우, 법원으로서는 석명권을 행사하여 피고를 성업공사(현 한국자산관리공사)로 경정하게 하여 소송을 진행하여야 한다(대판 1997. 2. 28, 96누1757).

피고의 경정결정이 있은 때에는 새로운 피고에 대한 소송은 처음에 소를 제기한 때에 제기된 것으로 보고(법 제14조 제4항), 종전의 피고에 대한 소송은 취하된 것으로 본다.

취소소송이 제기된 후에 제13조 제1항 단서 또는 제13조 제2항에 해당하는 사유가 생긴 때에는 법원은 당사자의 신청 또는 직권에 의하여 피고를 경정한다(제14조 제5항). 이 경우에는 제4항 및 제5항의 규정을 준용한다. 행정소송법 제14조는 무효등확인소송, 부작위위법확인소송 및 당사자소송에 준용되고 있다.

행정소송법은 소의 종류의 변경에 따르는 피고의 경정을 인정하고 있다(제21조 제4항).

V. 제소기간 내에 제기할 것

1. 항고소송의 제소기간

항고소송에서 제소기간은 행정의 안정성과 국민의 권리구제를 조화하는 선에서 결정하여야 하며 기본적으로 입법정책에 속하는 문제이다.

취소소송은 처분 등이 있음을 안 날부터 90일 이내에 제기하여야 한다. 다만, 제18조 제1항 단서에 규정한 경우와 그 밖에 행정심판청구를 할 수 있는 경우 또는 행정청이 행정심판청구를 할 수 있다고 잘못 알린 경우에 행정심판청구가 있은 때의 기간은 재결서의 정본을 송달받은 날부터 기산한다(제20조 제1항).
취소소송은 처분등이 있은 날부터 1년(제1항 단서의 경우는 재결이 있은 날부터 1년)을 경과하면 이를 제기하지 못한다. 다만, 정당한 사유가 있는 때에는 그러하지 아니하다(제20조 제2항). 제1항의 규정에 의한 기간은 불변기간으로 한다(제20조 제3항).
무효등확인소송을 제기하는 경우에는 제소기간에 제한이 없다(법 제38조 제1항).

(1) 행정심판을 거친 경우 취소소송의 제기기간

행정심판을 거쳐 취소소송을 제기하는 경우 취소소송은 재결서의 정본을 송달받은 날부터 90일 이내에 제기하여야 한다(법 제20조 제1항 단서). 행정소송법 제20조 제1항의 행정심판은 행정심판법에 따른 일반행정심판과 행정심판법 제4조에서 정하고 있는 특별행정심판을 의미한다(대판 2014. 4. 24, 2013두10809). 여기에서 '행정심판을 거쳐 취소소송을 제기하는 경우'라 함은 행정심판을 거쳐야 하는 경우와 그 밖에 행정심판청구를 할 수 있는 경우 또는 행정청이 행정심판청구를 할 수 있다고 잘못 알린 경우에 행정심판청구를 한 경우를 말한다(법 제20조 제1항 단서).

행정청이 행정심판청구를 할 수 있다고 잘못 알려 행정심판의 청구를 한 경우에 그 제소기간을 행정심판 재결서의 정본을 송달받은 날부터 기산하여야 하는 것(대판 2006. 9. 8, 2004두947)은 잘못 알릴 당시 불가쟁력이 발생하지 않았어야 한다.

〈판례〉 1. 행정심판제기기간을 넘긴 것을 이유로 한 각하재결이 있은 후 취소소송을 제기하는 경우에는 행정소송법 제20조 제1항 단서가 적용되지 아니한다(대판 2011. 11. 24, 2011두18786). 2. (1) 행정소송법 제20조 제1항의 취지는 불가쟁력이 발생하지 않아 적법하게 불복청구를 할 수 있었던 처분 상대방에 대하여 행정청이 법령상 행정심판청구가 허용되지 않음에도 행정심판청구를 할 수 있다고 잘못 알린 경우에, 잘못된 안내를 신뢰하여 부적법한 행정심판을 거치느라 본래 제소기간 내에 취소소송을 제기하지 못한 자를 구제하려는 데에 있다. (2) 이와 달리 이미 제소기간이 지남으로써 불가쟁력이 발생하여 불복청구를 할 수 없었던 경우라면 그 이후에 행정청이 행정심판청구를 할 수 있다고 잘못 알렸다고 하더라도 그 때문에 처분 상대방이 적법한 제소기간 내에 취소소송을 제기할 수 있는 기회를 상실하게 된 것은 아니므로 이러한 경우에 잘못된 안내에 따라 청구된 행정심판 재결서 정본을 송달받은 날부터 다시 취소소송의 제소기간이 기산되는 것은 아니다. 불가쟁력이 발생하여 더 이상 불복청구를 할 수 없는 처분에 대하여 행정청의 잘못된 안내가 있었다고 하여 처분 상대방의 불복청구권리가 새로이 생겨나거나 부활한다고 볼 수는 없기 때문이다(대판 2012. 9. 27, 2011두27247(부당이득금부과처분취소)).

재결서의 정본을 송달받지 못한 경우에는 재결이 있은 날부터 1년이 경과하면 취소소송을 제기하지 못한다. 다만, 정당한 사유가 있는 때에는 그러하지 아니하다(법 제20조 제2항).

(2) 행정심판을 거치지 않고 직접 취소소송을 제기하는 경우

행정심판을 거치지 않고 직접 취소소송을 제기하는 경우 취소소송은 처분 등이 있음을 안 날부터 90일 이내에 제기하여야 하고(법 제20조 제1항 본문), 처분 등이 있은 날부터 1년을 경과하면 이를 제기하지 못한다. 다만, 정당한 사유가 있는 때에는 그러하지 아니하다(법 제20조 제2항).

행정소송법 제20조 제1항에서 말하는 "취소소송은 처분 등이 있음을 안 날부터 90일 이내에 제기하여야 한다"는 제소기간은 불변기간이다(제20조 제3항). 불변기간이라 함은 법정기간으로서 법원 등이 변경할 수 없는 기간을 말한다.

1) 처분이 있음을 안 경우

가. 처분이 송달된 경우   '처분이 있음을 안 날'이라 함은 '당사자가 통지·공고 그 밖의 방법에 의하여 고지받아 해당 처분이 있었다는 사실을 현실적으로 안 날'을 의미한다. 또한, 행정처분은 상대방에게 고지되어야 효력을 발생하게 되므로, 처분이 있음을 알기 전에 행정처분이 상대방에게 고지되었어야 한다(대판 2014. 9. 25, 2014두8254).

처분의 통지가 도달한 때 그 처분이 있음을 알았다고 추정한다(판례). 당사자는 통지가 도달한 때 도달된 통지를 볼 수 없었다는 반증을 제기할 수 있다.

〈판례〉 처분에 관한 서류가 당사자의 주소지에 송달되는 등 사회통념상 처분이 있음을 당사자가 알 수 있는 상태에 놓여진 때에는 반증이 없는 한 그 처분이 있음을 알았다고 추정할 수 있다(대판 1999. 12. 28, 99두9742: 아르바이트 직원이 납부고지서를 수령한 경우, 납부의무자는 그 때 부과처분이 있음을 알았다고 추정할 수 있다고 한 사례).

행정심판(취소소송)제기기간의 계산의 예를 들면, 2000년 3월 5일에 처분이 있음을 알았다면 기간계산의 원칙의 하나인 초일은 산입하지 않는다는 원칙에 따라 3월 6일부터 기산하여 90일(26일＋30일＋31일＋3일)째가 되는 날인 6월 3일의 오후 12시까지 행정심판(취소소송)을 제기할 수 있다.

나. 처분이 공고 또는 고시된 경우   처분이 공고 또는 고시의 방법에 의해 통지되는 경우에는 원고가 실제로 공고 또는 고시를 보았으면 당해 공고 또는 고시를 본 날이 '처분이 있음을 안 날'이 될 것이다.

문제는 원고가 공고 또는 고시를 보지 못한 경우인데 이 경우에 심판청구 또는 취소소송 기간의 계산은 어떻게 되는가. 이에 관하여 고시 또는 공고의 효력발생일에 알았다고 보아야 한다는 견해와 실제로 안 날을 처분이 있음을 안 날로 보아야 한다는 견해의 대립이 있다.

① 판례는 고시 또는 공고에 의하여 행정처분을 하는 경우에는 고시 또는 공고의 효력발생일에 그 행정처분이 있음을 알았던 것으로 보아 기산하여야 한다고 보고 있다(대판 1995. 8. 22, 94누5694 ; 2006. 4. 14, 2004두3847)(행정행위의 효력발생요건 참조). 고시 또는 공고는 특별한 규정이 없는 한 「행정 효율과 협업 촉진에 관한 규정」 제6조 제3항에 따라 고시 또는 공고(개별법상 고시·공고)가 있은 후 5일이 경과한 날 효력을 발생한다(대판 2000. 9. 8, 99두11257 ; 2007. 6. 14, 2004두619).

② 다만, 개별토지가격결정의 경우에 있어서와 같이 처분의 효력이 각 상대방에

대해 개별적으로 발생하는 경우에는 그 처분은 실질에 있어서 개별처분이라고 볼 수
있으므로 공고 또는 고시가 효력을 발생하여도 통지 등으로 실제로 알았거나 알 수
있었던 경우를 제외하고는 처분이 있음을 알았다고 할 수 없고, 처분이 있음을 알
지 못한 경우의 불복제기기간(행정심판의 경우 처분이 있은 날로부터 180일 이내, 행정소송
의 경우 처분이 있은 날로부터 1년 이내)이 적용되고(대판 1993. 12. 24, 92누17204). 행정심판
법 제27조 제3항 단서의 정당한 사유가 적용된다(대판 1995. 8. 25, 94누13121).

③ 또한, 특정인에 대한 행정처분을 주소불명 등의 이유로 송달할 수 없어 관보 등
에 공고(행정절차법상 공고)한 경우에 상대방이 그 처분이 있음을 안 날은 상대방이 처
분 등을 현실적으로 안 날을 말한다(대판 2006. 4. 28, 2005두14851).

다. 민사소송법상 소송행위의 추완규정 준용　　민사소송법 제173조 제1항의 소
송행위의 추완에 관한 규정10)은 취소소송에도 준용된다.

〈판례〉 당사자가 책임질 수 없는 사유로 인하여 이를(불변기간을) 준수할 수 없었던 경우에는 같
은 법 제8조에 의하여 준용되는 민사소송법 제173조 제1항에 의하여 그 사유가 없어진 후 2주
일 내에 해태된 제소행위를 추완할 수 있다고 할 것이며, 여기서 당사자가 책임질 수 없는 사유
란 당사자가 그 소송행위를 하기 위하여 일반적으로 하여야 할 주의를 다하였음에도 불구하고
그 기간을 준수할 수 없었던 사유를 말한다(대판 2001. 5. 8, 2000두6916: 당사자가 행정처분시나 그 이
후 행정청으로부터 행정심판 제기기간에 관하여 법정 심판청구기간보다 긴 기간으로 잘못 통지받아 행정
소송법상 법정 제소기간을 도과하였다고 하더라도, 그것이 당사자가 책임질 수 없는 사유로 인한 것이라
고 할 수는 없다고 한 사례).

라. 불고지·오고지의 경우　　행정소송법에는 행정소송의 제기에 필요한 사항
의 고지의무 및 불고지·오고지의 효과에 관한 규정이 없으므로 행정소송 제기기간
에 관한 불고지·오고지는 행정소송제기기간에 영향을 미치지 않는다(대판 2001. 5. 8,
2000두6916). 입법의 불비이다. 입법론으로는 행정소송법에도 고지제도를 규정하는
것이 타당하다.

행정절차법 제26조는 "행정청이 처분을 할 때에는 당사자에게 그 처분에 관하
여 행정심판 및 행정소송을 제기할 수 있는지 여부, 그 밖에 불복을 할 수 있는지 여
부, 청구절차 및 청구기간, 그 밖에 필요한 사항을 알려야 한다."고 규정하고 있다.
판례는 이 규정 위반의 하자는 처분의 취소사유가 되지 않는다고 본다(대판 2016. 10.

---

10) 제173조(소송행위의 추후보완) ① 당사자가 책임질 수 없는 사유로 말미암아 불변기간을 지킬 수 없
었던 경우에는 그 사유가 없어진 날부터 2주 이내에 게을리 한 소송행위를 보완할 수 있다. 다만, 그
사유가 없어질 당시 외국에 있던 당사자에 대하여는 이 기간을 30일로 한다.

27, 2016두41811).

2) 처분이 있음을 알지 못한 경우

처분이 있음을 알지 못한 경우 취소소송은 처분 등이 있은 날부터 1년(제1항 단서의 경우는 재결이 있은 날부터 1년)을 경과하면 이를 제기하지 못한다. 다만, 정당한 사유가 있는 때에는 그러하지 아니하다(제20조 제2항).

가. 원칙(처분 등이 있은 날부터 1년)　처분 등이 있은 날부터 1년 이내에 취소소송을 제기하여야 한다. '처분이 있은 날'이라 함은 통지가 있는 처분의 경우 통지가 도달하여 처분의 효력이 발생한 날을 말하고(대판 1990. 7. 13, 90누2284), 통지가 없는 처분의 경우(예, 권력적 사실행위, 서훈취소 등 처분의 상대방이 없는 경우)에는 외부에 표시되어 효력을 발생한 날을 말한다.

나. 예외(정당한 사유가 있는 경우)　취소소송은 처분이 있은 날부터 1년(제1항 단서의 경우는 재결이 있은 날부터 1년)을 경과하면 이를 제기하지 못하지만, 정당한 사유가 있는 때에는 1년이 경과하여도 제기할 수 있다. 어떠한 사유가 정당한 사유에 해당하는가는 건전한 사회통념에 의해 판단하여야 한다.

행정처분의 직접 상대방이 아닌 제3자는 일반적으로 처분이 있는 것을 바로 알 수 없는 처지에 있으므로, 행정소송법 제20조 제2항 본문의 취소소송 제기기간 내에 처분이 있음을 알았거나 쉽게 알 수 있었기 때문에 취소소송을 제기할 수 있었다고 볼 만한 특별한 사정이 없는 한, 행정소송법 제20조 제2항 본문의 취소소송 제기기간을 배제할 동조 단서 소정의 정당한 사유가 있는 때에 해당한다(대판 1992. 7. 28, 91누12844 참조).

3) '처분이 있음을 안 경우'와 '알지 못한 경우'의 관계

이 두 경우 중 어느 하나의 제소기간이 도과하면 원칙상 취소소송을 제기할 수 없다. 다만, 처분이 있은 날로부터 1년 이내에 처분이 있음을 안 때에는 그 때부터 90일 이내에 취소소송을 제기할 수 있다고 보아야 한다.

4) 이의신청을 거쳐 취소소송을 제기하는 경우

행정심판이 아닌 이의신청을 거쳐 행정심판 또는 취소소송을 제기하는 경우 불복기간은 전술한 바와 같다(이의신청 참조).

(3) 제소기간의 기산점

행정심판을 거치지 않은 경우에는 처분이 있음을 안 경우 처분이 있음을 안 날, 처분이 있음을 알지 못한 경우 처분이 있은 날, 행정심판을 거친 경우에는 재결서 정본을 송달받은 날이 제소기간의 기산점이다.

기타 특수한 경우의 제소기간의 기산점은 아래와 같다.

1) 위헌결정으로 취소소송의 제기가 가능하게 된 경우 제소기간의 기산점

처분 당시에는 취소소송의 제기가 법제상 허용되지 않아 소송을 제기할 수 없다가 위헌결정으로 인하여 비로소 취소소송을 제기할 수 있게 된 경우에는 객관적으로는 '위헌결정이 있는 날', 주관적으로는 '위헌결정이 있음을 안 날' 비로소 취소소송을 제기할 수 있게 되어 이때를 제소기간의 기산점으로 삼아야 한다(대판 2008. 2. 1, 2007두20997[교원소청심사위원회결정취소]).

2) 변경명령재결에 따라 변경처분이 있는 경우 제소기간의 기산점

변경명령재결에 따른 변경처분의 경우에 취소소송의 대상은 변경된 내용의 당초처분이며 제소기간은 행정심판재결서 정본을 송달받은 날로부터 90일 이내이다(대판 2007. 4. 27, 2004두9302[식품위생법위반과징금부과처분취소]: 처분청이 3월의 영업정지처분이라는 당초처분을 하였고, 이에 대하여 행정심판청구를 하자 "처분청이 원고에 대하여 한 3월의 영업정지처분을 2월의 영업정지에 갈음하는 과징금부과처분으로 변경하라"는 일부기각(일부인용)의 이행재결(처분명령재결)을 하였으며, 처분청이 위 재결취지에 따라 "3월의 영업정지처분을 과징금 560만원으로 변경한다"는 취지의 후속 변경처분을 하였고, 청구인은 과징금부과처분(당초처분)의 취소를 구하는 소를 제기하였다. 이 경우 청구인은 행정심판재결서 정본을 송달받은 날로부터 90일 이내 이 사건 취소소송을 제기하여야 한다고 한 사례).

3) 직권변경처분에 대한 취소소송에서 제소기간의 기산점

직권에 의한 변경처분을 다투는 소송의 제소기간은 해낭 변경처분이 있은 때를 기산점으로 한다.

사후부담 부가처분 또는 변경처분의 취소를 구하는 소를 제기하는 경우, 제소기간은 해당 처분이 있음을 안 날 또는 있은 때를 기산점으로 한다(대판 2014. 2. 21, 2011두20871).

(4) 소 제기기간 준수 여부 판단의 기준시점

① 소 제기기간 준수 여부 원칙상 소제기시를 기준으로 한다.

② 소의 변경이 있는 경우 소 제기기간 준수 여부 판단의 기준시점은 다음과 같다. ⅰ) 소의 종류의 변경의 경우에는 새로운 소에 대한 제소기간의 준수는 변경된 처음의 소가 제기된 때를 기준으로 하여야 한다. ⅱ) 청구취지를 **교환적으로** **변경**하여 종전의 소가 취하되고 새로운 소가 제기된 것으로 보게 되는 경우에 새로운 소에 대한 제소기간의 준수 등은 원칙적으로 **소의 변경이 있은 때**를 기준으로 하여 판단된다(대판 2013. 7. 11, 2011두27544[주택재건축정비사업조합설립인가처분취소]). 그러나 선행

처분의 취소를 구하는 소가 그 후속처분의 취소를 구하는 소로 교환적으로 변경되었다가 다시 **선행처분의 취소를 구하는 소로 변경된 경우** 후속처분의 취소를 구하는 소에 선행처분의 취소를 구하는 취지가 그대로 남아 있었던 것으로 볼 수 있다면 선행처분의 취소를 구하는 소의 제소기간은 최초의 소가 제기된 때를 기준으로 정하여야 한다(대판 2013. 7. 11, 2011두27544[주택재건축정비사업조합설립인가처분취소]).

③ 원고가 민사소송으로 잘못 제기하였다가, 이송결정에 따라 관할법원으로 이송된 뒤 항고소송으로 소 변경한 사안에서 제소기간 준수여부는 처음에 소를 제기한 때(민사소송을 제기한 때)를 기준으로 판단하여야 한다(대판 2022. 11. 17, 2021두44425).

(5) 부작위위법확인의 소의 제소기간

부작위는 특정시점에 성립하여 종결되는 것이 아니라 계속되는 것이므로 부작위위법확인소송은 원칙상 제소기간의 제한을 받지 않는다고 보는 것이 타당하다. 의무이행심판을 거친 경우에도 그렇게 보는 것이 타당하다.

그러나, 판례는 행정심판을 거치지 않은 경우에는 부작위위법확인소송의 특성상 제소기간의 제한을 받지 않는다고 보고, 행정심판을 거친 경우에는 행정소송법 제20조가 정한 제소기간 내(재결서의 정본을 송달받은 날로부터 90일 이내)에 부작위위법확인의 소를 제기하여야 한다고 본다.

〈판례〉 부작위위법확인의 소는 부작위상태가 계속되는 한 그 위법의 확인을 구할 이익이 있다고 보아야 하므로 원칙적으로 제소기간의 제한을 받지 않는다. 그러나 행정소송법 제38조 제2항이 제소기간을 규정한 같은 법 제20조를 부작위위법확인소송에 준용하고 있는 점에 비추어 보면, 행정심판 등 전심절차를 거친 경우에는 행정소송법 제20조가 정한 제소기간 내에 부작위위법확인의 소를 제기하여야 한다(대판 2009. 7. 23, 2008두10560).

(6) 제소기간제한의 적용제외

무효등확인소송의 경우에도 제소기간의 제한이 없다. 다만, 무효선언을 구하는 취소소송의 경우에는 취소소송에서와 같이 제소기간의 제한이 있다(대판 1993. 3. 12, 92누11039).

행정심판전치주의하에서 행정심판 제기 후 60일이 지나도 재결이 없는 경우 언제든지 취소소송을 제기할 수 있다(행정소송법 제18조 제2항 제1호).

2. 당사자소송의 제소기간

당사자소송에 관하여 법령에 제소기간이 정하여져 있는 경우가 있는데, 이 경우 그 기간은 불변기간으로 한다(법 제41조). 그러나, 행정소송법에는 당사자소송의 제기기간에 관한 제한이 없다. 따라서, 당사자소송의 제기기간에는 원칙상 제한이 없고, 이 경우에는 공법상 권리가 시효 등에 의해 소멸되지 않는 한 당사자소송을 제기할 수 있다.

3. 제소기간 준수 여부의 판단

제소기간의 준수 여부는 소송요건으로서 법원의 직권조사사항이다(대판 1987. 1. 20, 86누490 판결 ; 2013. 3. 14, 2010두2623). 소송요건인 제소기간의 준수 여부는 취소소송의 대상이 되는 개개의 처분마다 독립적으로 판단하여야 한다(대판 2023. 8. 31, 2023두39939: 징수처분과 독촉처분 취소소송의 제소기간 경과 여부가 문제된 사안).

Ⅵ. 행정심판전치주의가 적용되는 경우 그 요건을 충족할 것

1. 행정심판임의주의 – 예외적 행정심판전치주의

행정소송법은 행정심판을 원칙상 임의적인 구제절차로 규정하고 있다. 즉, 취소소송은 법령의 규정에 의하여 해당 처분에 대한 행정심판을 제기할 수 있는 경우에도 이를 거치지 아니하고 제기할 수 있다.

다만, 다른 법률에 해당 처분에 대한 행정심판의 재결을 거치지 아니하면 취소소송을 제기할 수 없다는 규정이 있는 때에는 그러하지 아니하다(행정소송법 제18조 제1항).

2. 행정심판전치주의의 인정례

행정심판임의주의에 대한 예외로서의 행정심판전치주의는 개별법의 규정에 의해 인정되고 있다.

예를 들면, 국세기본법 제56조 제2항 및 지방세기본법 제98조 제3항은 조세부과처분에 대하여 행정심판전치주의를 채택하고 있다. 국세기본법상의 행정심판은 임의절차인 이의신청, 필요적 전치절차인 **심사청구** 또는 **심판청구**(심사청구와 심판청구 중 하나를 거쳐야 함)의 2심급으로 되어 있다. 심사청구라 함은 처분청의 상급행정청인 국세청장이 재결청인 국세심판을 말하며 심판청구라 함은 재결청인 조세심판원장이 조세심판관회의 또는 조세심판관합동회의의 의결에 따라 행하는 국세심판을 말한다(국세기본법 제78조). 다만, 국세처분을 받은 자는 감사원에 심사청구를 할 수 있는데 이 경우에는 국세기본법에 의한 심사청구 및 심판청구를 제기할 수 없고, 감사원의 심사청구에 불복하는 자는 행정소송을 제기하여야 한다(국세기본법 제55조 제5항, 제56조 제4항, 감사원법 제46조의2).

또한, 공무원의 의사에 반하는 불이익처분이나 부작위에 대한 **소청심사청구** 및 **도로교통법상** 처분에 대한 **행정심판청구**도 행정소송의 의무적 전치절차이다(국가공무원법 제16조 제2항, 교육공무원법 제53조 제1항, 지방공무원법 제20조의2, 도로교통법 제142조).

3. 행정심판전치주의의 적용범위

행정심판전치주의는 취소소송과 부작위위법확인소송에서 인정되며(행정소송법 제18조 제1항, 제38조 제2항) 무효확인소송에는 적용되지 않는다(행정소송법 제38조 제1항). 무효선언을 구하는 취소소송은 그 형식이 취소소송이므로 행정심판전치주의가 적용되어야 한다(대판 전원합의체 1976. 2. 24, 75누128 ; 1987. 6. 9, 87누219). 무효선언을 구하는 취소소송에서 행정심판전치주의의 요건을 충족하지 않은 경우에는 무효확인소송으로 소의 변경을 하면 된다.

주위적 청구가 무효확인소송이라 하더라도 병합 제기된 예비적 청구가 취소소송인 경우 예비적 청구인 취소소송에 필요적 전치주의의 적용이 있다(대판 1994. 4. 29, 93누12626).

4. 행정심판전치주의의 예외

(1) 행정심판의 재결 없이 행정소송을 제기할 수 있는 경우

다음과 같은 사유가 있는 때에는 행정심판을 제기하였으면 행정심판의 재결을 거치지 아니하고 취소소송을 제기할 수 있다(법 제18조 제2항). ① 행정심판청구가 있은 날로부터 60일이 지나도 재결이 없는 때. 행정심판청구가 있은 날로부터 60일이 경과하였음에도 재결이 없는 때에는 청구인은 곧 행정소송을 제기할 수도 있고, 재결을 받은 후 행정소송을 제기할 수도 있다. ② 처분의 집행 또는 절차의 속행으로 생길 중대한 손해를 예방하여야 할 긴급한 필요가 있는 때. ③ 법령의 규정에 의한 행정심판기관이 의결 또는 재결을 하지 못할 사유가 있는 때. ④ 그 밖의 정당한 사유가 있는 때.

(2) 행정심판의 제기 없이 행정소송을 제기할 수 있는 경우

다음과 같은 사유가 있는 때에는 행정심판을 제기함이 없이 취소소송을 제기할 수 있다(법 제18조 제3항). ① 동종사건에 관하여 이미 행정심판의 기각재결이 있은 때. 여기에서 **동종사건**이라 함은 '당해 사건은 물론 당해 사건과 기본적인 점에서 동질성이 인정되는 사건'을 말한다(대판 1993. 9. 28, 93누9132 ; 1992. 11. 24, 92누8972). ② 서로 내용상 관련되는 처분 또는 같은 목적을 위하여 단계적으로 진행되는 처분 중 어느 하나가 이미 행정심판의 재결을 거친 때. '서로 내용상 관련되는 처분'이라 함은 각각 별개의 처분이지만 내용적으로 서로 일련의 상관관계가 있는 복수의 처분을 말한다. 예를 들면, 국세의 납세고지처분과 국세징수법상의 가산금 및 중가산금징수처분(대판 1986. 7. 22, 85누297) 등을 들 수 있다. '같은 목적을 위하여 단계적으로 진행되는 처분'이라 함은 동일한 행정 목적을 위하여 행해지는 둘 이상의 서로 연속되는 처분을 말한다. 예를 들면, 대집행계고와 대집행영장에 의한 통지(대판 1979. 7. 24, 79누129), 건물철거명령과 그에 대한 계고처분(대판 1979. 7. 24, 79누129), 체납처분에 있어서의 독촉과 압류 등의 관계가 그러하다. ③ 행정청이 사실심의 변론종결 후 소송의 대상인 처분을 변경하여 당해 변경된 처분에 관하여 소를 제기하는 때. ④ 처분을 행한 행정청이 행정심판을 거칠 필요가 없다고 잘못 알린 때.

5. 행정심판전치주의의 이행 여부의 판단

(1) 적법한 행정심판청구

행정심판전치주의의 요건을 충족하기 위하여는 행정심판이 적법하여야 한다. 행정심판을 제기하였지만 부적법 각하된 때에는 행정청에게 계쟁처분에 대한 실질 심사의 기회를 주지 못하였기 때문에 행정심판을 거친 것으로 볼 수 없다.

(2) 직권조사사항

행정심판의 전치는 항고소송의 소송요건이므로 법원의 직권조사사항에 속한다.

(3) 판단의 기준시

행정심판전치주의의 요건을 충족하였는지의 여부는 변론종결시를 기준으로 판단하여야 한다(대판 1987. 4. 28, 86누29 ; 1987. 9. 22, 87누176). 즉, 행정소송 제기시에는 행정심판전치주의의 요건이 충족되지 않았더라도 변론종결시까지 행정심판전치주의의 요건을 충족하면 된다.

Ⅶ. 관할법원

1. 항고소송의 관할법원

취소소송의 제1심 관할법원은 피고의 소재지를 관할하는 행정법원으로 한다.(제9조 제1항). 다만, ① 중앙행정기관, 중앙행정기관의 부속기관과 합의제행정기관 또는 그 장 또는 ② 국가의 사무를 위임 또는 위탁받은 공공단체 또는 그 장이 피고인 경우 그 피고에 대하여 취소소송을 제기하는 경우에는 해당 중앙행정기관 등의 소재지를 관할하는 행정법원뿐만 아니라 대법원소재지를 관할하는 행정법원에도 제기할 수 있다(제9조 제2항). 국가의 사무를 위임 또는 위탁받은 공공단체 또는 그 장에 대하여 그 지사나 지역본부 등 종된 사무소의 업무와 관련이 있는 소를 제기하는 경우에는 그 종된 사무소의 소재지를 관할하는 행정법원에 제기할 수 있다

(행정소송규칙 제5조 제1항).

　토지의 수용 기타 부동산 또는 특정의 장소에 관계되는 처분 등에 대한 취소소송은 그 부동산 또는 장소의 소재지를 관할하는 행정법원에 이를 제기할 수 있다(법 제9조 제3항).

　행정법원이 설치되지 않은 지역에 있어서의 행정법원의 권한에 속하는 사건은 행정법원이 설치될 때까지 해당 지방법원본원이 관할한다(법원조직법 부칙 제2조). 그런데, 현재 서울에만 행정법원이 설치되었을 뿐이다.

2. 당사자소송의 관할법원

　당사자소송의 관할법원은 취소소송의 경우와 같다. 다만, 국가 또는 공공단체가 피고인 경우에는 관계행정청의 소재지를 피고의 소재지로 본다(법 제40조). 여기에서 '관계행정청'이라 함은 형식적 당사자소송의 경우에는 당해 법률관계의 원인이 되는 처분을 한 행정청을 말하고, 실질적 당사자소송에서는 당해 공법상 법률관계에 대하여 직접적인 관계가 있는 행정청을 말한다.

3. 행정소송의 관할의 성격: 전속관할

　행정소송의 관할은 행정법원의 전속관할이므로 민사법원은 계쟁사건의 관할이 행정법원인 경우 해당 사건을 행정법원으로 이송하여야 한다. 계쟁행정사건의 관할이 행정법원이 아니라 지방법원인 경우에는 그러하지 아니하다.

제 4 항 행정소송에서의 가구제

Ⅰ. 개　설

　가구제라 함은 소송의 실효성을 확보하기 위하여 본안판결 확정 전에 잠정적으로 행해지는 원고의 권리를 보전하기 위한 수단을 말한다.

　현행 행정소송법은 가구제로 집행정지만 규정하고 가처분에 관한 규정을 두고 있지 않은데, 민사집행법상의 가처분을 행정소송에도 준용하여 수익적 처분의 신청에 대한 거부처분에 대하여 적극적으로 임시의 지위를 정하는 가처분을 인정할 수 있는지 그리고 예상되는 침해적 처분에 대하여 당해 처분의 잠정적 금지를 구하는 가처분을 인정할 수 있는지에 관하여 논의가 있다. 또한, 당사자소송에 민사집행법상의 가처분이나 가압류가 준용될 수 있는지도 문제된다.

Ⅱ. 행정소송법상의 집행정지

행정소송법상 집행정지라 함은 계쟁 처분등의 효력이나 그 집행 또는 절차의 속행을 잠정적으로 정지하는 법원의 결정을 말한다. 집행정지는 권리구제의 실효성을 보장하기 위해 인정되는데, 반면에 집행정지가 되면 처분의 집행으로 인한 행정목적의 달성이 잠정적으로 중지된다.

1. 집행부정지의 원칙

취소소송의 제기는 처분 등의 효력이나 그 집행 또는 절차의 속행에 영향을 주지 아니한다(법 제23조 제1항). 이와 같이 위법한 처분 등을 다투는 항고소송이 제기된 경우에도 처분 등의 효력을 잠정적으로나마 정지시키지 않고 처분 등의 후속적인 집행을 인정하는 것을 '집행부정지의 원칙'이라 한다. 이와 같이 현행 행정소송법이 집행부정지의 원칙을 채택한 것은 행정목적의 실효적인 달성을 보장하기 위한 것이다.

2. 예외적인 집행정지

집행부정지의 원칙을 엄격히 적용하는 경우에는 행정소송을 제기하여 승소한 경우에도 이미 처분이 집행되는 등의 사정에 의해 회복할 수 없는 손해를 입게 되어 권리구제가 되지 못하는 경우가 있게 되므로 행정소송법은 행정구제의 실효성을 확보하기 위하여 다음과 같이 일정한 요건을 갖춘 경우 예외적으로 집행정지를 인정하고 있다.

취소소송이 제기된 경우에 처분 등이나 그 집행 또는 절차의 속행으로 인하여 생길 회복하기 어려운 손해를 예방하기 위하여 긴급한 필요가 있다고 인정할 때에는 본안이 계속되고 있는 법원은 당사자의 신청 또는 직권에 의하여 처분 등의 효력이나 그 집행 또는 절차의 속행의 전부 또는 일부의 정지(이하 '집행정지'라 한다)를 결정할 수 있다. 다만, 처분의 효력정지는 처분 등의 집행 또는 절차의 속행을 정지함으로써 목적을 달성할 수 있는 경우에는 허용되지 아니한다(법 제23조 제2항).

3. 집행정지의 요건

(1) 신청요건

집행정지신청이 신청요건을 결여하여 부적법하면 각하된다.

1) 정지대상인 처분 등의 존재

행정소송법상의 집행정지는 종전의 상태, 즉 원상을 회복하여 유지시키는 소극적인 것이며 종전의 상태를 변경시키는 적극적인 조치로 활용될 수 없다. 따라서 집행정지는 **침해적 처분**을 대상으로 하여 인정되며 ① 처분 전이거나 ② 부작위 또는 ③ 처분 소멸 후에는 회복시킬 대상이 없으므로 허용되지 아니한다.

그리하여 집행정지가 허용될 수 있는 본안소송은 취소소송과 무효등확인소송이며 부작위위법확인소송은 제외된다.

거부처분에 대하여 집행정지가 가능한지에 관하여 견해의 대립이 있다. **판례**는 다음과 같이 부정설을 취하고 있다. 신청에 대한 거부처분의 효력을 정지하더라도 거부처분이 없었던 것과 같은 상태, 즉 거부처분이 있기 전의 신청시의 상태로 되돌아가는 데에 불과하고 행정청에게 신청에 따른 처분을 하여야 할 의무가 생기는 것이 아니므로, 거부처분의 효력정지는 그 거부처분으로 인하여 신청인에게 생길 손해를 방지하는 데 아무런 보탬이 되지 아니하여 그 효력정지를 구할 이익이 없다(대결 1991. 5. 2, 91두15 ; 1995. 6. 21, 95두26). '**제외처분**'(예, 경원자관계에서 경쟁시험 불합격처분, 임용제외(거부)처분)을 거부처분과 구별하고, 침해적 처분으로 보는 견해에 의하면 제외처분에서는 거부처분에서와 달리 집행정지를 인정할 수 있다. 생각건대, 거부처분의 집행정지에 의하여 거부처분이 행하여지지 아니한 상태로 복귀됨에 따라 신청인에게 어떠한 법적 이익이 있다고 인정되는 경우가 있을 수 있고, 그러한 경우에는 예외적으로 집행정지신청의 이익이 있다고 할 것이며 따라서 집행정지 신청을 인정하여야 할 것이다(서울고법 1991. 10. 10, 91부450).

거부처분이라 하더라도 집행정지의 신청의 이익이 있다고 볼 수 있는 경우로는 ① 연장허가신청에 대한 거부처분이 있을 때까지 권리가 존속한다고 법에 특별한 규정이 있는 경우, ② 인허가 등에 붙여진 기간이 허가조건의 존속기간이라고 볼 수 있는 경우, ③ 1차시험 불합격처분(서울행법 2003. 1. 14, 2003아957) 또는 응시자격이 없다는 것을 이유로 한 원서반려처분(서울행법 2000아120), ④ 외국인의 체류연장신청거부(이 경우 거부처분이 집행정지되면 강제출국당하지 않을 이익이 있다) 등이 있다.

2) 적법한 본안소송의 계속

행정소송법상의 집행정지는 민사소송에서의 가처분과는 달리 본안소송이 계속 중일 것을 요한다. 집행정지의 신청이 본안소송보다 먼저 행해진 경우에도 신청에 대한 결정 전에 본안소송이 제기되면 하자가 보완된다. 실무에 있어서는 통상 본안소송의 제기와 집행정지신청이 동시에 행해진다.

계속된 본안소송은 소송요건(행정심판전치, 제소기간 등)을 갖춘 적법한 것이어야 한다(대결 1999. 11. 26, 99부3). 본안소송의 요건은 집행정지의 신청에 대한 결정전에 갖추어지면 된다.

집행정지결정을 한 후에라도 본안소송이 취하되어 소송이 계속하지 아니한 것으로 되면 집행정지결정은 당연히 그 효력이 소멸되는 것이고 별도의 취소조치를 필요로 하는 것이 아니다(대결 2007. 6. 28, 2005무75).

3) 신청인적격

집행정지를 신청할 수 있는 자는 본안소송의 당사자이다. 신청인은 '법률상 이익'이 있는 자이어야 한다. 집행정지신청요건인 '법률상 이익'은 항고소송의 요건인 '법률상 이익'과 동일하다.

제3자효행정행위에서 소송당사자인 제3자의 집행정지신청도 가능하다고 보는 것이 일반적 견해이다.

4) 신청이익

신청이익이라 함은 집행정지결정으로 현실적으로 보호될 수 있는 이익을 말한다. 달리 말하면 집행정지결정의 현실적 필요성을 말하며 본안소송에서 협의의 소의 이익에 대응하는 것이다.

〈판례〉 미결수용중 다른 교도소로 이송(안양교도소로부터 진주교도소로 이송)된 피고인이 그 이송처분의 취소를 구하는 행정소송을 제기하고 아울러 그 효력정지를 구하는 신청을 제기한 데 대하여 법원에서 위 이송처분의 효력정지신청을 인용하는 결정을 하였고 이에 따라 신청인이 다시 이송되어 현재 위 이송처분이 있기 전과 같은 교도소(안양교도소)에 수용중이라 하여도 이는 원심법원의 효력정지 결정에 의한 것이어서 그로 인하여 효력정지신청이 그 신청의 이익이 없는 부적법한 것으로 되는 것은 아니다(대결 1992. 8. 7, 92두30).

(2) 본안요건

1) 회복하기 어려운 손해발생의 우려

회복하기 어려운 손해라 함은 특별한 사정이 없는 한 금전으로 보상할 수 없는 손해를 말하는데, "금전으로 보상할 수 없는 손해"라 함은 금전보상이 불가능한 경우뿐만 아니라 금전보상으로는 사회관념상 행정처분을 받은 당사자가 참고 견딜 수 없거나 또는 참고 견디기가 현저히 곤란한 경우의 유형·무형의 손해를 말한다(대결 1987. 6. 23, 86두18 ; 2003. 10. 9, 2003무23).

회복하기 어려운 손해는 신청인의 개인적 손해에 한정되고, 공익상 손해 또는 신청인 외에 제3자가 입은 손해는 포함되지 않는다(서울행정법원 2010. 3. 12, 2009아3749).

〈판례〉 1. 예산회계법에 의한 부정사업자 입찰자격정지처분으로 본안소송이 종결될 때까지

입찰참가 불능으로 입은 손해는 쉽사리 금전으로 보상할 수 있는 성질의 것이 아니다(대결 1986. 3. 21, 86누59).

2. 상고심에 계속중인 형사피고인을 안양교도소로부터 진주교도소로 이송하면 회복하기 어려운 손해가 발생할 염려가 있다(대결 1992. 8. 7, 92두30).

3. 기업의 손해가 '회복하기 어려운 손해'에 해당하기 위한 요건: 항정신병 치료제의 요양급여 인정기준에 관한 보건복지부 고시(처분)의 효력이 계속 유지됨으로 인한 제약회사의 경제적 손실, 기업 이미지 및 신용의 훼손으로 인한 손해가 금전으로 보상될 수 없어 '회복하기 어려운 손해'에 해당한다고 하기 위해서는 그 경제적 손실이나 기업 이미지 및 신용의 훼손으로 인하여 사업자의 자금사정이나 경영전반에 미치는 파급효과가 매우 중대하여 사업자체를 계속할 수 없거나 중대한 경영상의 위기를 맞게 될 것으로 보이는 등의 사정이 존재하여야 한다(대결 2003. 10. 9, 2003무23: 항정신병 치료제의 요양급여 인정기준에 관한 보건복지부 고시의 효력이 계속 유지됨으로 인한 제약회사의 경제적 손실, 기업 이미지 및 신용의 훼손은 '회복하기 어려운 손해'에 해당하지 않는다고 한 사례).

4. 국토해양부 등에서 발표한 '4대강 살리기 마스터플랜'에 따른 '한강 살리기 사업' 구간 인근에 거주하는 주민들이 각 공구별 사업실시계획승인처분에 대한 효력정지를 신청한 사안에서, 위 사업구간에 편입되는 팔당지역 농지 대부분이 국가 소유의 하천부지이고, 유기농업에 종사하는 주민들 대부분은 국가로부터 하천점용허가를 받아 경작을 해 온 점, 위 점용허가의 부관에 따라 허가를 한 행정청은 공익상 또는 법령이 정하는 것에 따르거나 하천정비사업을 시행하는 경우 허가변경·취소 등을 할 수 있는 점 등에 비추어, 주민들 중 환경영향평가대상지역 및 근접 지역에 거주하거나 소유권 기타 권리를 가지고 있는 사람들이 위 사업으로 인하여 토지 소유권 기타 권리를 수용당하고 이로 인하여 정착지를 떠나 타지로 이주를 해야 하며 더 이상 농사를 지을 수 없게 되고 팔당지역의 유기농업이 사실상 해체될 위기에 처하게 된다고 하더라도, 그러한 손해는 행정소송법 제23조 제2항에서 정하고 있는 효력정지 요건인 금전으로 보상할 수 없거나 사회관념상 금전보상으로는 참고 견디기 어렵거나 현저히 곤란한 경우의 유·무형 손해에 해당하지 않는다고 본 원심판단을 수긍한 사례(대판 전원합의체 2011. 4. 21, 2010무111[4대강(한강)사건]).

세금부과처분 등 금전부과처분에 따라 부과된 금전을 납부함으로 인하여 받는 손해는 본안소송에서 부과처분이 취소되면 그 반환을 청구할 수 있으므로 통상 '회복하기 어려운 손해'라고 볼 수 없지만, 경우에 따라서는 금전납부로 인하여 받는 손해가 '회복하기 어려운 손해'에 해당할 수 있다. 판례는 금전부과처분이 사업자의 자금사정이나 경영전반에 미치는 파급효과가 매우 중대한 경우 그로 인한 손해는 회복하기 어려운 손해에 해당한다고 보았다(대판 2001. 10. 10, 2001무29).

〈판례〉 과징금납부명령의 처분이 사업자의 자금사정이나 경영전반에 미치는 파급효과가 매우 중대하다는 이유로 그로 인한 손해는 '회복하기 어려운 손해'에 해당한다고 한 사례(대결 2001.

10. 10, 2001무29: 사업여건의 악화 및 막대한 부채비율로 인하여 외부자금의 신규차입이 사실상 중단된 상황에서 285억 원 규모의 과징금을 납부하기 위하여 무리하게 외부자금을 신규차입하게 되면 주거래은행과의 재무구조개선약정을 지키지 못하게 되어 사업자가 중대한 경영상의 위기를 맞게 될 것으로 보이는 경우, 그 과징금납부명령의 처분으로 인한 손해는 효력정지 내지 집행정지의 적극적 요건인 '회복하기 어려운 손해'에 해당한다고 한 사례)가 있다.

'회복하기 어려운 손해'의 주장·소명책임은 신청인에게 있다(대판 1999. 12. 20, 99무42).

2) 긴급한 필요의 존재

'긴급한 필요'라 함은 회복하기 어려운 손해의 발생이 절박하여 손해를 회피하기 위하여 본안판결을 기다릴 여유가 없는 것을 말한다(대결 1994. 1. 17, 93두79).

판례는 본안청구의 승소가능성은 집행정지의 요건은 아니지만, '긴급한 필요'의 판단에 있어서 고려요소의 하나가 된다고 본다.

3) 공공복리에 중대한 영향을 미칠 우려가 없을 것

집행정지는 공공복리에 중대한 영향을 미칠 우려가 있을 때에는 허용되지 아니한다(법 제23조 제3항). 이는 구체적인 경우에 있어서 처분의 집행에 의해 신청인이 입을 손해와 처분의 집행정지에 의해 영향을 받을 공공복리(처분의 집행으로 달성하고자 하는 공익)를 비교형량하여 정하여야 한다.

〈판례〉 피신청인 보건복지부장관이 의대정원을 2025년부터 2,000명 증원할 것이라는 이 사건 증원발표를 하고, 이후 피신청인 교육부장관이 2025학년도 전체 의대정원을 2,000명 증원하여 각 대학별로 배정하는 이 사건 증원배정을 하자, 의대 교수, 전공의, 의과대학 재학생 및 의과대학 입학 희망 수험생들로 구성된 신청인들이 이 사건 증원발표 및 증원배정처분에 대한 취소를 청구하는 소를 제기하면서 그 처분의 집행정지를 신청한 사안에서, 의대정원이 증원되지 않음으로써 발생하게 될 사회적 불이익이 적절한 의대교육을 받지 못하게 되는 의대 재학 중 신청인들의 불이익보다 크다고 보아 공공복리를 보다 중시할 필요가 있다고 본 원심판단은 정당하다고 한 사례(대결 2024. 6. 19, 2024무689).

'공공복리에 중대한 영향을 미칠 우려'의 주장·소명책임은 행정청에게 있다(대판 1999. 12. 20, 99무42).

4) 본안청구가 이유 없음이 명백하지 아니할 것

본안청구가 이유 없음이 명백하지 아니할 것이 행정소송법상 명문으로 집행정지의 요건으로 규정되어 있지는 않지만 집행정지의 요건이 될 것인지에 관하여 학설상 견해의 대립이 있다.

집행정지는 가구제이므로 본안문제인 행정처분 자체의 적법 여부는 그 판단대
상이 되지 않는 것이 원칙이지만, 집행정지는 인용판결의 실효성을 확보하기 위하
여 인정되는 것이며 행정의 원활한 수행을 보장하며 집행정지신청의 남용을 방지
할 필요도 있으므로 본안청구가 이유 없음이 명백하지 아니할 것을 집행정지의 소
극적 요건으로 하는 것이 타당하다는 것이 일반적 견해이다. **판례도 이러한 입장을
취하고 있다**(대결 1992. 8. 7, 92두30).

4. 집행정지결정

집행정지의 요건이 충족된 경우에 본안이 계속되고 있는 법원은 당사자의 신
청 또는 직권에 의하여 처분 등의 효력이나 그 집행 또는 절차의 속행의 전부 또는
일부의 정지를 결정할 수 있다(법 제23조 제2항).

신청요건을 결여한 경우에는 각하결정을 내리고, 본안요건이 결여된 경우에는
기각결정을 내린다.

실무상 집행정지는 심급별로 행해진다. 제1심판결에서 인용판결을 받은 경우
즉시 제1심법원에 집행정지를 신청하고, 이 경우 제1심법원은 집행정지결정을 내려
주는 경우가 많다.

5. 집행정지결정의 내용

집행정지결정에는 처분의 효력이나 그 집행 또는 절차의 속행의 전부 또는 일
부의 정지가 있다(제23조 제2항).

(1) 처분의 효력정지

처분의 효력정지라 함은 처분의 효력이 존재하지 않는 상태에 놓는 것을 말한다.

처분의 효력정지는 처분 등의 집행 또는 절차의 속행을 정지함으로써 목적을
달성할 수 있는 경우에는 허용되지 아니한다(법 제23조 제2항). 따라서, 효력정지는
통상 허가의 취소와 같이 별도의 집행행위 없이 처분목적이 달성되는 처분에 대하
여 행해진다.

(2) 처분의 집행정지

처분의 집행정지라 함은 대집행의 정지와 같이 처분의 집행을 정지하는 것을 말
한다. 예를 들면, 출국명령을 다투는 사건에서 강제출국을 위한 행정강제를 할 수
없게 하는 것, 철거명령에 대한 집행정지신청에 대해 대집행을 정지시키는 것이다.

(3) 절차속행의 정지

절차속행의 정지라 함은 여러 단계의 절차를 통하여 행정 목적이 달성되는 경우

에 절차의 속행을 정지하는 것을 말한다. 예를 들면, 체납처분의 속행정지, 대집행영장에 의한 통지를 다투는 사건에서 대집행을 정지시키는 것을 들 수 있다.

(4) 처분의 일부에 대한 집행정지

행정소송법은 처분의 일부에 대한 집행정지도 가능하다고 규정하고 있다. 그런데, 계쟁처분이 재량행위인 경우에도 처분의 일부에 대한 집행정지가 처분청의 재량권에 비추어 가능한 것인지 문제된다. 생각건대, 집행정지는 계쟁처분의 효력을 종국적으로 정지시키는 것이 아니라 잠정적으로 집행을 정지하는 것에 그치는 것이므로 처분의 일부에 대한 집행정지가 처분청의 재량권을 침해하는 것은 아닌 것으로 보는 것이 타당하다. 판례도 재량행위인 과징금처분의 일부에 대한 집행정지도 가능한 것으로 보고 있다(대결 2011. 5. 2, 2011무6[11]).

일부효력정지의 하나로 **조건부 효력정지**(예, 집회금지통고의 조건(예, 대통령실등 보호시설로부터 일정 거리 유지)부 효력정지)를 인정할 수 있다.

6. 집행정지의 효력

(1) 형 성 력

집행정지 중 효력정지는 처분의 효력을 잠정적으로 상실시키는 효력을 갖는다. 효력정지는 장래에 향하여 효력을 가지며 소급효가 없다. 따라서, 국립대학생퇴학처분의 효력이 정지되어도 수업일수는 장래에 향하여서만 인정된다.

처분의 효력을 정지하는 집행정지결정이 있으면 결정 주문에서 정한 정지기간 중에는 처분이 없었던 원래의 상태와 같은 상태가 된다(대판 2007. 3. 29, 2006두17543 ; 2020. 9. 3, 2020두34070).

(2) 기 속 력

집행정지결정은 취소판결의 기속력에 준하여 당해 사건에 관하여 당사자인 행정청과 관계행정청을 기속한다(법 제23조 제6항).

행정소송법 제23조에 따른 집행정지결정이 있으면 결정 주문에서 정한 정지기간 중에는 처분을 실현하기 위한 조치를 할 수 없다(대판 2003. 7. 11, 2002다48023 ; 2020. 9. 3, 2020두34070).

(3) 집행정지 효력의 시적 범위

집행정지결정의 효력은 결정 주문에서 정한 기간까지 존속하다가 그 기간이

---

11) 과징금처분의 일부에 대해 집행정지를 결정한 서울고법 2010. 12. 27, 2010아165 결정에 대한 공정거래위원회의 재항고에 대해 심리불속행 기각결정을 한 사례.

만료되면 장래에 향하여 당연히 소멸한다(대판 2020. 9. 3, 2020두34070).

효력정지결정이 실효되면 효력정지된 계쟁처분의 효력이 되살아 난다(대판 2017. 7. 11, 2013두25498). 효력정지된 계쟁처분이 금전을 계속적으로 지급하는 금전지급처분 취소처분인 경우 효력정지결정의 효력이 소멸하고, 금전교부결정 취소처분의 효력이 되살아나면 특별한 사정이 없는 한 행정청으로서는 효력정지기간 동안 교부된 금전의 반환을 명하여야 한다(대판 2017. 7. 11, 2013두25498).

집행정지기간은 법원이 그 시기와 종기를 정한다. 법원은 집행정지의 종기를 본안판결 선고일부터 30일 이내의 범위에서 정한다. 다만, 법원은 당사자의 의사, 회복하기 어려운 손해의 내용 및 그 성질, 본안 청구의 승소가능성 등을 고려하여 달리 정할 수 있다(행정소송규칙 제10조). 처분의 효력을 소급하여 정지하는 것은 허용되지 않는다.

종기의 정함이 없으면 본안판결확정시까지 정지의 효력이 존속한다(대결 1962. 3. 9, 62두1). 종기의 결정방식으로는 본안판결선고시, 본안판결확정시 또는 본안판결 선고일로부터 30일까지 등의 방식이 있는데, 재판실무에서는 본안판결선고일부터 30일까지를 가장 많이 이용한다.

(4) 본안소송과 집행정지결정의 효력

본안에서 계쟁 처분이 최종적으로 **적법한 것으로 확정**되면(기각판결이 확정되면) 집**행정지결정이 실효**되고(집행정지결정의 효력이 소급하여 소멸하지 않는다) 처분을 다시 집행할 수 있게 된다. 이 경우 처분청으로서는 당초 집행정지결정이 없었던 경우와 동등한 수준으로 해당 처분이 집행되도록 필요한 조치를 취하여야 한다(대판 2020. 9. 3, 2020두34070). 이렇게 보는 것은 집행정지에 의해 잠정 정지되었던 계쟁처분의 실효적 집행을 통한 행정목적 달성을 보장하기 위해서 필요하다. 또한 집행정지는 인용판결의 실효성을 확보하기 위한 것이므로 기각판결이 확정된 경우에는 집행정지로 인한 직접적 이익을 배제하거나 환수하는 것이 집행정지제도의 본질에 합치한다.

〈판례〉 1. 행정소송법 제23조에 의한 집행정지결정의 효력은 결정주문에서 정한 시기까지 존속하며 그 시기의 도래와 동시에 효력이 당연히 소멸하는 것이므로, 일정기간 동안 영업을 정지할 것을 명한 행정청의 영업정지처분에 대하여 법원이 집행정지결정을 하면서 주문에서 당해 법원에 계속중인 본안소송의 판결선고시까지 처분의 효력을 정지한다고 선언하였을 경우에는 처분에서 정한 영업정지기간의 진행은 그 때까지 저지되는 것이고 본안소송의 판결선고에 의하여 당해 정지결정의 효력은 소멸하고 이와 동시에 당초의 영업정지처분의 효력이 당연히 부활되어 처분에서 정하였던 정지기간(정지결정 당시 이미 일부 진행되었다면 나머지 기간)은 이 때부터 다시 진행한다(대판 1999. 2. 23, 98두14471[영업정지처분취소]).
2. 보조금 교부결정의 일부를 취소한 행정청의 처분에 대한 효력정지결정의 효력이 소멸하여 보조금 교부결정 취소처분의 효력이 되살아난 경우, 특별한 사정이 없는 한 행정청으로서는 구 보조금의 예산 및 관리에 관한 법률 제31조 제1항에 따라 취소처분에 의하여 취소된 부분의 보조사업에 대하여 효력정지기간 동안 교부된 보조금의 반환을 명하여야 한다(대판 2017. 7. 11, 2013두25498[부당이득금반환결정처분취소]).

인용판결이 확정되어도 집행정지결정이 실효된다.

7. 집행정지결정에 대한 불복과 취소

집행정지의 결정 또는 기각의 결정에 대하여는 즉시항고할 수 있다. 민사소송에서 즉시항고의 경우 결정의 집행을 정지하는 효력이 있다. 이 경우 집행정지의 결정에 대한 즉시항고에는 결정의 집행을 정지하는 효력이 없다(법 제23조 제5항).

집행정지의 결정이 확정된 후 집행정지가 공공복리에 중대한 영향을 미치거나 그 정지사유가 없어진 때에는 당사자의 신청 또는 직권에 의하여 결정으로써 집행정지의 결정을 취소할 수 있다(법 제24조 제1항). 집행정지결정의 취소결정에 대하여는 즉시항고할 수 있다. 취소결정에 대한 즉시항고는 결정의 집행을 정지하는 효력이 없다(법 제24조 제2항).

Ⅲ. 가처분의 가부

1. 행정소송법상 가처분의 인정필요성

현행 집행정지제도는 처분 등을 전제로 그 효력 등을 정지시키는 소극적 형성을 내용으로 하는 것일 뿐이고, 적극적으로 수익적 처분을 받은 것과 동일한 상태를 창출하는 기능 또는 행하여지려고 하는 침해적 처분을 금지시키는 기능을 수행할 수는 없다. 따라서, 행정소송을 통한 국민의 권리구제의 실효성을 높이기 위하여 행정소송에도 가처분을 인정할 필요가 있다.

2. 항고소송에서의 가처분의 인정 여부

현행 행정소송법은 가처분에 관한 규정을 두고 있지 않다. 그리하여 현행 행정소송법하에서도 민사집행법상의 가처분을 행정소송에도 준용하여 행정소송에서도 가처분을 인정할 수 있는지에 관하여 견해가 대립하고 있다.

판례는 부정설을 취하고 있다(대판 1992. 7. 6, 92마54). 생각건대, 현행법의 해석상 행정소송법이 민사집행법의 가처분과는 다른 가구제제도(집행정지제도)를 마련한 것

은 공익과의 관련성 때문에 민사집행법의 가처분을 그대로 적용할 수 없다는 입장
에서 민사집행법상의 가처분을 배제하고 특별한 규정을 둔 것이므로 가처분에 관
한 민사집행법상의 규정은 행정소송에는 적용되지 않는다고 할 것이다.

그러나 **입법론**으로는 의무이행소송과 예방적 금지소송을 인정하고 권리구제의
실효성을 위하여 가처분을 인정하여야 한다.

3. 공법상 당사자소송에서의 가구제

공법상 당사자소송에서는 집행정지는 인정되지 않는다.

공법상 당사자소송에서는 항고소송에서 가처분 인정의 부정적 논거가 되는 가
처분의 특례규정인 집행정지 등 가처분에 관한 특례규정이 없고, 당사자소송은 민
사소송과 유사하므로 민사집행법상의 가처분이 준용된다는 것이 판례(대결 2015. 8.
21, 2015무26) 및 학설의 일반적 견해이다.

공법상 당사자소송에서는 가압류가 인정되고, 재산권의 청구를 인용하는 판결
을 하는 경우에 가집행선고를 할 수 있다(대판 2000. 11. 28, 99두3416).

행정소송법 제43조는 "국가를 상대로 하는 당사자소송의 경우에는 가집행선고
를 할 수 없다."라고 규정하고 있었는데, 이 규정은 피고가 국가인 경우에만 가집행
선고를 제한하는 것은 피고가 공공단체인 경우에 비해 이유없는 차별을 하는 것으로
평등원칙 위반으로 위헌(단순위헌)이라는 결정이 내려졌다(헌재 2022. 2. 24, 2020헌가12).

제 5 항 행정소송의 심리

Ⅰ. 개   설

소송의 심리라 함은 소에 대한 판결을 하기 위하여 그 기초가 될 소송자료를 수
집하는 절차를 말한다.

소송의 심리에 관한 원칙으로 당사자주의와 직권주의가 있다.

당사자주의라 함은 소송의 심리에 있어서 소송의 개시, 심판대상의 특정, 증거
조사, 소송진행 및 종료 등에 관하여 당사자에게 주도권을 부여하는 소송원칙을 말
한다. 당사자주의는 직권주의에 대응하는 소송원칙으로서 민사소송의 기본적인 소
송원칙이다.

당사자주의는 처분권주의와 변론주의를 내용으로 한다. **처분권주의**라 함은 소송
의 개시, 심판대상의 특정 및 절차의 종결에 대하여 당사자에게 주도권을 인정하고

그 처분에 맡기는 소송원칙을 말한다. **변론주의**라 함은 재판의 기초가 되는 자료 (사실 및 증거)의 수집 · 제출을 당사자의 권능과 책임으로 하는 소송원칙을 말한다. 처분권주의와 변론주의를 혼동하는 경우가 있지만, 처분권주의는 당사자의 소송물 에 대한 처분자유를 뜻하는 것인 반면에 변론주의는 당사자의 소송자료에 대한 수 집책임을 뜻하는 것이므로 양자를 구별하는 것이 타당하다.

직권주의라 함은 소송절차에 있어서 법원에게 심판에 관한 여러 권한을 집중시 키는 소송원칙을 말한다. 직권주의는 직권탐지주의(또는 직권심리주의) 또는 직권증거 조사주의 등을 그 내용으로 한다. **직권심리주의**라 함은 소송의 심리에 있어서 법원 이 당사자의 사실상의 주장에 근거하지 않거나 그 주장에 구속되지 않고 적극적으 로 직권으로 필요한 사실상의 탐지 또는 증거조사를 행하는 소송원칙을 말하는데, 사실의 탐지의 면을 강조할 때 직권탐지주의라고도 한다. 직권심리주의는 변론주의 에 대응하는 원칙이다. **직권증거조사주의**라 함은 법원이 필요하다고 인정할 때 직권 으로 증거조사를 행할 수 있는 소송원칙을 말한다.

민사소송은 당사자주의(처분권주의 및 변론주의)를 기본원칙으로 하고 직권주의는 극히 예외적으로 인정되고 있다. 행정소송에도 당사자주의가 기본적인 소송원칙으 로 적용되는데, 행정소송은 공익과 관련이 있으므로 행정소송의 공익성에 비추어 직권주의가 민사소송에 비하여 보다 널리 적용되고 있다. 즉, 행정소송법은 제26조 에서 직권심리주의를 보충적인 소송원칙으로 인정하고 있다.

Ⅱ. 심리의 내용

심리는 그 내용에 따라 요건심리와 본안심리로 나눌 수 있다.

1. 요건심리

요건심리라 함은 제기된 소가 소송요건을 갖춘 것인지의 여부를 심리하는 것을 말한다. 요건심리의 결과 소송요건을 갖추지 않은 것으로 인정될 때에는 당해 소는 부적법한 소가 되고 각하판결이 내려진다.

소송요건으로는 관할권, 제소기간, 처분성, 원고적격, 소의 이익, 전심절차, 당 사자능력, 중복소송이 아닐 것, 기판력에 반하지 않을 것 등이 있다.

소송요건은 직권조사사항이다. 따라서, 당사자의 주장이 없다고 하더라도 법원 이 직권으로 조사하여야 한다.

소송요건의 존부는 변론종결시를 기준으로 판단한다. 따라서, 제소 당시 소송요건이 존재하지 않아도 변론종결시까지 이를 갖추면 된다. 그리고, 제소당시 소송요건을 충족하여도 변론종결시 소송요건이 결여되면 각하판결을 내린다. 소송요건은 사실심변론종결시는 물론 상고심에서도 존속하여야 한다(대판 2007. 4. 12, 2004두7924). 사실심 변론종결 이후에 소송요건이 흠결되거나 그 흠결이 치유된 경우 상고심에서도 이를 참작하여야 한다(대판 2020. 1. 16, 2019다247385).

2. 본안심리

본안심리라 함은 요건심리의 결과 당해 소송이 소송요건을 갖춘 것으로 인정되는 경우 사건의 본안에 대하여 실체적 심사를 행하는 것을 말한다. 본안심리의 결과 청구가 이유 있다고 인정되면 청구인용판결을 하고, 청구가 이유 없다고 인정되면 청구기각판결을 한다.

Ⅲ. 심리의 범위

1. 불고불리의 원칙

행정소송에도 민사소송에서와 같이 불고불리의 원칙이 적용된다(법 제8조, 대판 1987. 11. 10, 86누491). **불고불리의 원칙**(不告不理의 原則)이라 함은 법원은 소송의 제기가 없으면 재판할 수 없고, 소송의 제기가 있는 경우에도 당사자가 신청한 사항에 대하여 신청의 범위 내에서 심리·판단하여야 한다는 원칙을 말한다(민사소송법 제203조).

〈판례〉 1. 행정소송에 있어서도 원고의 청구취지, 즉 청구범위·액수 등은 모두 원고가 청구하는 한도를 초월하여 판결할 수 없다(대판 1956. 3. 30, 4289행상18).
2. 처분권주의에 관한 민사소송법 제203조가 준용되는 행정소송에서 심판 대상은 원고의 의사에 따라 특정되고, 법원은 당사자가 신청한 사항에 대하여 신청 범위 내에서 판단하여야 한다(대판 2022. 2. 10, 2019두50946).

(1) 취소소송에서의 심판의 범위

취소소송에서의 소송물(소송상 청구)은 처분의 위법성 일반과 계쟁처분의 취소이다. 처분의 동일성 내에서 개개의 위법사유는 심판의 범위에 속한다. 일부취소를 청구하였음에도 처분의 전부를 취소하는 것은 심판의 범위를 벗어나는 것이지만, 전부취소를 청구한 경우 일부취소하는 것은 심판의 범위에 들어간다. 사정판결을 할 것인지의 여부도 심판의 대상에 포함된다.

(2) 무효확인소송에서의 심판의 범위

무효확인소송에서는 처분의 위법 여부와 무효 여부가 심판의 대상이 된다. 무효확인청구에는 취소의 청구가 포함되어 있다고 보는 것이 판례의 입장이며 이러한 입장에 서는 경우 계쟁처분의 취소 여부도 심판의 대상이 된다. 무효확인소송에서는 사정판결을 할 것인지 여부는 심판의 대상이 되지 않는다.

(3) 부작위위법확인소송에서의 심판의 범위

부작위위법확인소송에서 심판의 범위가 부작위의 위법 여부만에 그친다는 것이 판례의 입장이다(대판 1990. 9. 25, 89누4758).

2. 재량문제의 심리

행정청의 재량행위도 행정소송의 대상이 된다. 재량행위도 재량권의 일탈·남용이 있는 경우에는 위법하게 되고, 법원은 재량권의 일탈·남용 여부에 대하여 심리·판단할 수 있다(제27조). 따라서, 법원은 재량행위에 대하여 취소소송이 제기된 경우에는 각하할 것이 아니라 본안심리를 하여 재량권의 일탈·남용 여부를 판단하여 재량권의 일탈·남용이 있으면 인용판결을 하고(행정소송법 제27조) 재량권의 일탈·남용이 없으면 기각판결을 하여야 한다.

그러나, 법원은 재량권 행사가 부당한 것인지 여부는 심리·판단할 수 없다.

3. 법률문제·사실문제

법원은 소송의 대상이 된 처분 등의 모든 법률문제 및 사실문제에 대하여 처음부터 새롭게 다시(de novo) 심사할 수 있다.

Ⅳ. 심리의 일반원칙

1. 민사소송법상의 심리절차의 준용(準用)

행정소송사건의 심리절차에 관하여 행정소송법에 특별한 규정이 없는 경우에는 법원조직법과 민사소송법 및 민사집행법의 관련규정이 준용되는데(법 제8조 제2항), 행정소송법에 제26조(직권심리) 및 제25조(행정심판기록의 제출명령)를 제외하고는 특별한 규정이 없으므로 민사소송의 심리에 관한 일반원칙인 공개심리주의, 쌍방심리주의, 구술심리주의, 변론주의 등이 행정소송의 심리에도 적용된다.

2. 행정소송법상의 특수한 소송절차

(1) 직권심리주의

1) 의　　의

직권심리주의라 함은 소송자료의 수집을 법원이 직권으로 할 수 있는 소송심리원칙을 말한다.

행정소송은 공익과 관련이 있으므로 행정소송에 있어서는 당사자의 노력에 의해 실체적 진실이 밝혀지지 않는 경우에는 법원이 적극적으로 개입하여 실체적 진실을 밝혀 내어 적정한 재판이 되도록 하여야 한다. 이를 위하여 행정소송법 제26조는 직권심리주의를 인정하고 있다. 즉, 행정소송법 제26조는 "법원이 필요하다고 인정할 때에는 직권으로 증거조사를 할 수 있고, 당사자가 주장하지 아니한 사실에 대하여 판단할 수 있다"라고 규정하고 있다.

2) 직권탐지 인정 여부 및 인정범위

행정소송법 제26조가 법원에게 직권증거조사만을 인정한 것인지 아니면 직권증거조사와 함께 일정한 한도 내에서 직권탐지까지 인정한 것인지에 관하여 학설이 대립하고 있다.

판례는 행정소송에서 직권탐지를 극히 예외적으로만 인정하고 있다. 판례가 인정하는 직권탐지주의의 범위는 다음과 같다. ① 당사자주의, 변론주의가 원칙이며 직권탐지주의는 예외이다. ② 직권탐지는 소송기록에 나타난 사실에 한정된다. 예를 들면, 증거신청서류에 나타난 사실에 대하여도 당사자가 주장하지 않은 사실의 직권탐지가 가능하다. ③ 직권탐지는 직권증거조사와 함께 직권으로 탐지한 사실을 판결의 기초로 삼을 수 있다는 것을 내용으로 한다. ④ 행정소송에 있어서 직권주의가 가미되었다고 하여서 당사자주의와 변론주의를 기본구조로 하는 이상 주장·입증책임이 전도된 것이라고 할 수 없다(대판 1981. 6. 23, 80누510). ⑤ 청구의 범위 내에서만 직권탐지가 가능하다. ⑥ 기본적 사실관계의 동일성이 없는 사실을 직권으로 심사하는 것은 직권심사주의의 한계를 벗어난 것으로서 위법하다(대판 2013. 8. 22, 2011두26589[국가유공자비해당결정처분취소]). ⑦ 직권탐지는 법원이 필요하다고 인정할 때에 한한다. ⑧ 판례는 일정한 요건하에 직권탐지의무를 인정하고 있다. ⑨ 단순한 법률상의 주장(예, 어떤 권리의 소멸시효기간이 얼마나 되는지에 관한 주장)은 변론주의의 적용 대상이 되지 않으므로 법원이 직권으로 판단할 수 있다(대판 2023. 12. 14, 2023다248903).

〈판례〉 1. 행정소송법 제26조가 "법원은 필요하다고 인정할 때에는 직권으로 증거조사를 할 수 있고, 당사자가 주장하지 아니한 사실에 대하여도 판단할 수 있다"라고 규정하고 있지만, 이는 행정소송의 특수성에 연유하는 **당사자주의, 변론주의에 대한 일부예외 규정일 뿐** 법원이 아무런 제한 없이 당사자가 주장하지 아니한 사실을 판단할 수 있는 것은 아니고, 일건 기록에 현출되어 있는 사항에 관하여서만 직권으로 증거조사를 하고 이를 기초로 하여 판단할 수 있을 따름이고, 그것도 법원이 필요하다고 인정할 때에 한하여 청구의 범위 내에서 증거조사를 하고 판단할 수 있을 뿐이다(대판 1994. 10. 11, 94누4820 ; 1985. 2. 13, 84누467).

2. [1] 직권심리에 관한 행정소송법 제26조의 법의와 법원의 석명권의 한계: 행정소송법 제 26조는 법원이 필요하다고 인정할 때에는 직권으로 증거조사를 할 수 있고 당사자가 주장하지 아니한 사실에 대하여 판단할 수 있다고 규정하고 있으나, 이는 행정소송에 있어서 원고의 청구범위를 초월하여 그 이상의 청구를 인용할 수 있다는 뜻이 아니라 원고의 **청구범위를 유지하면서** 그 범위 내에서 필요에 따라 주장 외의 사실에 관하여 판단할 수 있다는 뜻이고 또 법원의 석명권은 당사자의 진술에 모순, 흠결이 있거나 애매하여 그 진술의 취지를 알 수 없을 때 이를 보완하여 명료하게 하거나 입증책임 있는 당사자에게 입증을 촉구하기 위하여 행사하는 것이지 그 정도를 넘어 당사자에게 새로운 청구를 할 것을 권유하는 것은 석명권의 한계를 넘어서는 것이다. [2] 국세징수법 제24조 제1항에 의한 압류처분에 대한 무효확인청구와 같은 법 제53조에 의한 압류해제신청을 거부한 처분에 대한 취소청구는 각 별개의 독립된 청구이므로, 참가압류처분무효확인청구의 소송에서 심판의 대상이 되지 아니한 참가압류해제신청에 대한 거부처분에 관하여 직권으로 심리판단하지 아니하거나, 석명권을 행사하여 원고에게 예비적으로 위 거부처분의 취소청구로 갱정하도록 권유하지 아니하였다고 하여 행정소송에 있어서의 직권심리조사의 범위에 관한 법리오해나 석명권 불행사의 위법을 저질렀다고 할 수 없다고 한 사례(대판 1992. 3. 10, 91누6030[참가압류무효확인]).

3. 행정소송에 있어서 처분청의 처분권한 유무는 직권조사사항이 아니다(대판 전원합의체 1997. 6. 19, 95누8669[임원취임승인취소처분등취소]).

3) 당사자소송에의 준용

취소소송의 직권심리주의를 규정하는 행정소송법 제26조는 공법상 당사자소송에 준용된다(법 제44조 제1항).

(2) 행정심판기록제출명령

행정소송법 제25조는 원고의 입증방법의 확보를 위하여 행정심판기록제출명령 제도를 규정하고 있다. ① 행정심판기록의 제출명령은 당사자의 신청에 의해 법원이 재결을 행한 행정청에 대하여 결정으로써 행한다(법 제25조 제1항). ② 제출명령을 받은 재결청은 지체 없이 당해 행정심판에 관한 기록을 법원에 제출하여야 한다(법 제25조 제2항).

행정심판기록제출명령을 규정하는 행정소송법 제25조는 공법상 당사자소송에 준용된다(법 제44조 제1항).

V. 심리과정의 제문제

1. 관련청구소송의 병합

(1) 의   의

행정소송법상 관련청구소송의 병합이라 함은 취소소송, 무효등확인소송 또는 당사자소송(이하 '취소소송 등'이라 한다)에 당해 취소소송 등과 관련이 있는 청구소송(관련청구소송)을 병합하여 제기하는 것을 말한다. 관련청구의 병합을 인정하는 것은 소송경제를 도모하고, 서로 관련 있는 사건 사이에 판결의 모순저촉을 피하기 위한 것이다.

행정소송법은 다음과 같이 관련청구소송의 병합을 인정하고 있다. 취소소송에는 사실심의 변론종결시까지 관련청구소송을 병합하거나 피고외의 자를 상대로 한 관련청구소송을 취소소송이 계속된 법원에 병합하여 제기할 수 있다(제10조 제2항). 이 규정은 무효등확인소송 및 당사자소송에 준용된다(제38조 제1항, 제44조 제2항).

(2) 종   류

관련청구소송의 병합에는 계속중인 취소소송 등에 관련청구소송을 병합하는 후발적 병합과 취소소송 등과 관련청구소송을 함께 제기하는 원시적 병합이 있다.

(3) 요   건

1) 취소소송 등에 병합할 것

취소소송 등과 취소소송 등이 아닌 관련청구소송의 병합은 취소소송 등에 병합하여야 한다. 취소소송 등이 주된 소송이다. 취소소송 등 간의 병합은 어느 쪽에든지 병합할 수 있다. 민사소송에 취소소송이나 당사자소송을 병합할 수는 없다.

2) 각 청구소송이 적법할 것

주된 취소소송 등과 관련청구소송은 각각 소송요건을 갖추어야 한다.

3) 관련청구소송이 병합될 것

'관련청구소송'이라 함은 주된 취소소송 등의 대상인 처분 등과 관련되는 손해배상 · 부당이득반환 · 원상회복 등 청구소송 및 취소소송을 말한다(제10조 제1항).

예를 들면, 처분에 대한 취소소송에 당해 처분으로 인한 손해에 대한 국가배상청구소송을, 조세부과처분취소소송에 조세과오납금환급청구소송을, 압류처분취소소송에 압류등기말소청구소송을 병합하는 것이다.

항고소송에 당사자소송을 병합할 수 있는지 여부도 문제될 수 있으나 양 청구가 상호 관련되는 청구인 경우에는 병합이 가능하다고 보아야 할 것이다(대판 1992.

12. 24, 92누3335).

　　당사자소송에 항고소송을 병합할 수도 있다(행정소송법 제44조 제1항, 제10조).

　　4) 주된 취소소송이 사실심 계속 중일 것(후발적 병합의 경우)

　　주된 취소소송이 사실심 변론종결 전이어야 한다.

　　5) 병합의 형태가 소송법상 허용되어야 한다.

〈**판례**〉 행정처분에 대한 무효확인과 취소청구는 서로 양립할 수 없는 청구로서 주위적 · 예비적 청구로서만 병합이 가능하고 선택적 청구로서의 병합이나 단순 병합은 허용되지 아니한다(대판 1999. 8. 20, 97누6889).

　　(4) 병합요건의 조사

　　병합요건은 법원의 직권조사사항이다. 병합요건이 충족되지 않은 경우 변론을 분리하여 별도의 소로 분리심판하여야 하는 것이 원칙이다.

　　(5) 병합된 관련청구소송에서의 판결

　　① 판례는 본래의 '취소소송 등'이 부적법하여 각하되면 그에 병합된 관련청구소송도 소송요건을 흠결하여 부적합하다고 보고, 각하되어야 한다고 한다(대판 2011. 9. 29, 2009두10963[영업권보상]).

　　② 행정처분의 취소를 구하는 취소소송에 당해 처분의 취소를 선결문제로 하는 부당이득반환청구가 병합된 경우, 그 청구가 인용되려면 그 소송절차에서 판결에 의해 당해 처분이 취소되면 충분하고 당해 처분의 취소가 확정되어야 하는 것은 아니다(대판 2009. 4. 9, 2008두23153).

　　2. 소의 변경

　　(1) 의   의

　　소의 변경이라 함은 청구의 변경을 말한다. 행정소송법은 소의 변경에 관하여 특별한 규정을 두고 있다. 즉, 행정소송법은 소의 종류의 변경에 관한 규정(제21조)과 처분변경에 따른 소의 변경에 관한 규정(제22조)을 두고 있다. 그런데, 행정소송법상 명문으로 인정된 소의 종류의 변경과 처분변경으로 인한 소의 변경 이외에도 민사소송법상의 소의 변경에 관한 규정(제262조 및 제263조)이 행정소송에서도 준용될 수 있다.

　　(2) 행정소송법에 의한 소의 변경

　　1) 소의 종류의 변경

　　가. 의   의　　행정소송에는 여러 종류가 있는데 권리구제를 위하여 어떠한

소송의 종류를 선택하여야 하는지 명확하지 않은 경우가 적지 않아 소송 종류의 선택을 잘못할 위험이 있다. 따라서, 행정구제의 실효성을 높이기 위하여 행정소송간의 소의 변경을 인정할 필요가 있다. 그리하여 행정소송법은 행정소송간의 소의 변경을 인정하고 있다(제21조, 제37조, 제42조).

법원은 취소소송을 당해 처분 등에 관계되는 사무가 귀속하는 국가 또는 공공단체에 대한 당사자소송 또는 취소소송 외의 항고소송으로 변경하는 것이 상당하다고 인정할 때에는 청구의 기초에 변경이 없는 한 사실심의 변론종결시까지 원고의 신청에 의하여 결정으로써 소의 변경을 허가할 수 있다(법 제21조 제1항). 제21조의 규정은 무효등확인소송이나 부작위위법확인소송을 취소소송 또는 당사자소송으로 변경하는 경우에 준용한다(제37조). 제21조의 규정은 당사자소송을 항고소송으로 변경하는 경우에 준용한다(제42조).

나. 종   류

㈎ **항고소송간의 변경**   항고소송간에는 소의 변경이 가능하다. 취소소송을 취소소송 외의 항고소송(무효등확인소송 또는 부작위위법확인소송)으로(제21조 제1항), 무효등확인소송을 취소소송 또는 부작위위법확인소송으로, 부작위위법확인소송을 다른 종류의 항고소송으로 변경하는 것이 가능하다(제37조).

㈏ **항고소송과 당사자소송간의 변경**   취소소송, 무효등확인소송을 당해 처분 등에 관계되는 사무가 귀속되는 국가 또는 공공단체에 대한 당사자소송으로 변경하거나(제21조 제1항, 제37조) 당사자소송을 항고소송으로 변경하는(제42조) 것이 가능하다. 이 경우의 소의 변경에는 당사자(피고)의 변경이 수반된다. 이 점은 민사소송에서의 소의 변경과 다르다.

〈**판례**〉 1. 원고가 고의 또는 중대한 과실 없이 당사자소송으로 제기하여야 할 것을 항고소송으로 잘못 제기한 경우에, 당사자소송으로서의 소송요건을 결하고 있음이 명백하여 당사자소송으로 제기되었더라도 어차피 부적법하게 되는 경우가 아닌 이상, 법원으로서는 원고가 당사자소송으로 소 변경을 하도록 하여 심리·판단하여야 한다(대판 2016. 5. 24, 2013두14863).
2. 원고가 고의 또는 중대한 과실 없이 항고소송으로 제기해야 할 것을 당사자소송으로 잘못 제기한 경우에, 항고소송의 소송요건을 갖추지 못했음이 명백하여 항고소송으로 제기되었더라도 어차피 부적법하게 되는 경우가 아닌 이상, 법원으로서는 원고가 항고소송으로 소 변경을 하도록 석명권을 행사하여 행정청의 처분이나 부작위가 적법한지 여부를 심리·판단해야 한다(대판 2021. 12. 16, 2019두45944).

다. 요   건

① 청구의 기초에 변경이 없을 것(청구의 기초가 동일할 것).

② 소를 변경하는 것이 상당하다고 인정될 것.

③ 변경 대상이 되는 소가 사실심에 계속되어 있고, 사실심 변론종결 전일 것.

④ 새로운 소가 적법할 것.

⑤ 원고의 신청이 있을 것.

라. 효   과   소의 변경을 허가하는 결정이 확정되면 새로운 소는 제소기간 과 관련하여 변경된 소를 제기한 때에 제기된 것으로 보며 변경된 소는 취하된 것 으로 본다(제21조 제4항).

예를 들면, 당사자소송을 항고소송으로 변경하는 경우에 당사자소송이 당해 항고소송의 불복기간 내에 제기되었으면 당해 항고소송은 소제기기간을 준수한 것이 된다.

변경된 소의 소송자료는 새로운 소의 소송자료가 된다.

마. 불복방법   소의 변경을 허가하는 결정에 대하여 새로운 소의 피고와 변 경된 소의 피고는 즉시항고할 수 있다(제21조 제3항).

2) 처분변경으로 인한 소의 변경

가. 의   의   처분변경으로 인한 소의 변경이라 함은 행정청이 소송의 대상인 처분을 소가 제기된 후 변경한 때에는 원고의 신청에 의하여 법원의 허가를 받아 소를 변경하는 것을 말한다. 행정소송법 제22조가 이를 규정하고 있다.

행정소송이 제기된 뒤에 행정청이 소송의 대상이 된 처분을 변경하면 민사소송법에 의한 소의 변경이 인정되지 않는 경우에는 원고는 종전의 처분에 대한 소송을 취하하고 새로운 처분에 대한 새로운 소송을 제기하여야 권익구제를 받을 수 있게 되는데, 이는 소송경제 및 권익구제기능에 반한다. 따라서, 행정소송법 제22조는 처분변경으로 인한 소의 변경을 인 정하였다.

처분변경으로 인한 소의 변경은 취소소송, 무효등확인소송 및 당사자소송에서 인정되고 있다(제22조 제1항, 제38조 제1항, 제44조 제1항).

나. 요   건

㈎ 처분의 변경이 있을 것   행정청이 소송의 대상인 처분을 소가 제기된 후 변경하였어야 한다.

처분의 변경은 처분청이나 상급감독청의 직권에 의해 행해지거나 취소소송의 계속중 행정 심판의 재결에 의해 소송의 대상인 처분이 일부취소되거나 적극적으로 변경됨으로써 행해 질 수 있다.

⒝ **처분의 변경이 있음을 안 날로부터 60일 이내일 것**   원고는 처분의 변경이 있음을 안 날로부터 60일 이내에 소의 변경을 신청하여야 한다(제22조 제2항).

⒞ **기타 요건**   구소(舊訴)가 계속중이고 사실심변론 종결 전이어야 하고, 변경되는 신소(新訴)가 적법하여야 한다. 다만, 변경 전의 처분에 대하여 행정심판전치절차를 거쳤으면 새로운 처분에 대하여 별도의 전심절차를 거치지 않아도 된다(제22조 제3항).

다. 절   차   처분변경으로 인한 소의 변경은 원고의 신청에 의해 법원의 허가결정에 의해 행해진다(제22조 제1항).

라. 효   과   처분변경으로 인한 새로운 청구는 행정심판의 전치가 요구되는 경우에도 행정심판전치요건을 갖춘 것으로 본다(제22조 제3항).

(3) 민사소송법에 의한 소의 변경

행정소송법의 소의 변경에 관한 규정은 민사소송법의 소의 변경에 관한 규정에 대한 특칙이라 할 것이고 행정소송법상의 소의 변경에 관한 규정이 민사소송법상의 소의 변경을 배척하는 것이라고 할 수 없으므로 행정소송에 관하여 원칙상 민사소송법에 의한 소의 변경이 가능하다(대판 1999. 11. 26, 99두9407).

행정소송과 관련한 소의 변경에서 행정소송법에 의해 명문으로 인정되는 경우 이외에 소의 변경의 필요성이 있는 경우는 행정소송과 민사소송 사이의 소의 변경과 처분의 변경을 전제로 하지 않고 소의 종류를 변경하지 않고 청구의 내용만을 변경하는 경우를 들 수 있다.

1) 항고소송과 민사소송 사이의 소의 변경

판례는 당사자의 권리구제나 소송경제의 측면에서 행정소송과 민사소송 간의 소 변경이 가능하다고 보고 있다(대판 2023. 6. 29, 2022두44262).

2) 처분의 변경을 전제로 하지 않고 소의 종류를 변경하지 않는 청구의 변경

청구의 기초에 변경이 없는 범위 내에서 청구의 변경이 인정된다고 보아야 한다. 예를 들면, 처분의 전부취소소송을 일부취소소송으로 변경하거나 처분의 일부취소소송을 처분의 전부취소소송으로 변경하는 것이 가능하다.

이 경우에 새로운 소의 소제기기간의 준수 여부는 변경된 소송이 제기된 때를 기준으로 판단하여야 한다.

3. 소송의 이송

(1) 이송의 의의

소송의 이송이라 함은 어느 법원에 일단 계속된 소송을 그 법원의 결정에 의하여 다른 법원으로 이전하는 것을 말한다.

이송은 법원간의 소송의 이전이므로 동일법원 내에서 담당재판부를 달리하는 것은 사무분담의 문제이다. 행정법원의 역할까지 겸하는 지방법원에서 민사사건을 담당하는 재판부와 행정사건을 담당하는 재판부간의 사건의 이전도 사무분담의 문제이다.

(2) 행정소송법에 의한 이송: 관련청구소송의 이송

취소소송과 관련청구소송(① 해당 처분 등과 관련되는 손해배상·부당이득반환·원상회복 등 청구소송, ② 해당 처분 등과 관련되는 취소소송)이 각각 다른 법원에 계속되고 있는 경우에 관련청구소송이 계속된 법원이 상당하다고 인정하는 때에는 당사자의 신청 또는 직권에 의하여 관련청구소송을 취소소송이 계속된 법원으로 이송할 수 있다(법 제10조 제1항).

행정소송법이 관련청구소송의 이송을 규정한 것은 취소소송과 관련청구소송이 상호 밀접한 관련을 가진 소송임에도 다른 관할법원에서 심리되는 것은 소송경제에도 반하고 취소소송법원의 판결과 관련청구소송법원의 판결이 상호 모순될 우려도 있기 때문에 이들 관련청구소송을 주된 청구소송이 계속된 법원으로 이송하여 병합심리할 수 있도록 하기 위한 것이다.

취소소송에 관한 행정소송법 제10조 제1항은 무효등확인소송, 부작위법확인소송(제38조) 및 당사자소송(법 제44조 제2항)에도 준용된다.

(3) 민사소송법에 의한 이송

1) 관할위반을 이유로 한 이송

행정소송법 제7조는 원고의 고의 또는 중대한 과실 없이 행정소송이 심급을 달리하는 법원에 잘못 제기된 경우에 민사소송법 제34조 제1항을 적용하여 이를 관할법원에 이송하도록 규정하고 있다.

행정소송법 제7조가 적용되는 경우(행정소송이 심급을 달리하는 법원에 잘못 제기된 경우) 이외에는 민사소송법 제34조에 의한 이송이 준용된다(법 제8조 제2항).

관할 위반으로 인한 이송은 법원이 직권으로 이송하고 당사자의 신청권은 인정되지 않는다. 따라서, 이송을 기각하는 결정이 있더라도 이에 대하여 불복할 수 없다(대판 전원합의체 1993. 12. 6, 93마524).

〈판례〉 (1) KAI(한국항공우주산업)와 정부가 체결한 '한국형 헬기 개발사업에 대한 물품·용역협약'은 공법상 계약이다. (2) KAI(한국항공우주산업)이 대한민국에 '한국형 헬기 개발사업'을 하다 발생한 초과비용 126억원을 청구하는 민사소송을 대법원이 민사재판이 아닌 행정재판으로 다시 하도록 서울행정법원에 이송한 사례(대판 2017. 11. 13, 2015다215526). 〈해설〉 1·2심 법원은 사법상 계약으로 보았다. '한국형 헬기 개발사업에 대한 물품·용역협약'을 단순한 물품조달 계약으로 보면 사법상 계약으로 볼 수 있지만, 연구개발계약으로 본다면 공법상 계약으로 보는 것이 타당하다.

2) 편의에 의한 이송

행정소송에도 민사소송법 제35조가 준용될 수 있다. 법원은 그 관할에 속한 소송에 관하여 현저한 손해 또는 지연을 피하기 위한 필요가 있는 때에는 직권 또는 당사자의 신청에 의하여 소송의 전부나 일부를 다른 관할법원에 이송할 수 있다. 다만 전속관할이 있는 소는 그러하지 아니하다.

4. 소송참가

소송참가라 함은 현재 계속중인 타인간의 소송에 제3자가 자기의 이익을 옹호하기 위하여 참가하는 것을 말한다.

행정소송법은 제3자의 소송참가(법 제16조)와 행정청의 소송참가(법 제17조)를 규정하고 있다. 행정소송법은 취소소송에 관하여 위와 같이 소송참가를 규정하고 이들 규정을 무효등확인소송(법 제38조 제1항), 부작위위법확인소송(법 제38조 제2항), 당사자소송(법 제44조)에 준용(準用)하고 있고, 민중소송 및 기관소송에는 그 성질에 반하지 않는 한 준용되는 것으로 하고 있다(법 제46조 제1항). 다만, 제3자에 의한 재심청구에 관한 제31조는 당사자소송에는 준용되지 않는다.

(1) 행정소송법상 제3자의 소송참가

1) 의   의

제3자의 소송참가라 함은 소송의 결과에 의하여 권리 또는 이익의 침해를 받을 제3자가 있는 경우에 당사자 또는 제3자의 신청 또는 직권에 의하여 그 제3자를 소송에 참가시키는 제도를 말한다(법 제16조).

제3자의 소송참가는 제3자의 권익을 보호하기 위하여 인정된 제도이다. 취소소송에 있어서 원고승소판결은 소송당사자가 아닌 제3자에게도 효력을 미친다. 이러한 경우에 제3자를 소송에 참가시켜 제3자에게 공격방어방법을 제출하는 기회를 줌으로써 그의 권익을 보호할 필요가 있다.

제3자의 소송참가가 인정되는 경우는 대체로 제3자효 행정행위에 대한 취소소송의 경우이다.

2) 참가의 요건

가. 타인간의 적법한 취소소송 등의 계속   소송이 어떠한 심급에 있는가는 묻지 않고 인정되지만, 소가 적법하여야 한다.

나. 소송의 결과에 의해 권리 또는 이익의 침해를 받을 제3자일 것   제3자라 함은 소송당사자 이외의 자를 말한다. 침해된 권리 또는 이익에 있어서 이익이라 함은 **법률상 이익**을 말하고 단순한 사실상 이익 내지 경제상 이익은 포함되지 않는다(대판 2008. 5. 29, 2007두23873).

소송의 결과에 의해 권리 또는 이익을 침해받는다라는 것은 판결의 형성력에 의해 권리 또는 이익을 박탈당하는 경우뿐만 아니라 판결의 행정청에 대한 기속력에 따른 행정청의 새로운 처분에 의해 권리 또는 이익의 침해를 받는 경우를 포함한다. 전자의 예로는 수용된 토지의 소유자가 토지수용위원회를 피고로 수용재결의 취소소송을 제기하여 승소한 때에는 사업시행자도 그 취소의 효과를 받게 되어 당해 토지의 소유권을 상실하게 된다. 따라서 사업시행자는 피고가 패소하지 않도록 소송에 참가하여 자신의 이익을 옹호할 필요가 있다. 후자의 예로는 경원관계(競願關係)에 있는 여러 신청인 가운데서 허가를 받지 못한 자가 자신에 대한 거부처분의 취소소송을 제기하여 승소하면 다른 신청인에 대한 허가처분이 당연히 효력을 상실하게 되지는 않지만 판결의 기속력에 의해 처분청은 다른 신청에 대한 허가처분을 취소할 수 있기 때문에 허가처분을 받은 자는 소송참가할 수 있는 제3자가 된다. 만일 이 경우에 허가를 받지 못한 신청인이 허가처분의 취소를 청구한 경우이 이 소송에서 허가처분이 취소되면 허가를 받은 제3자는 판결의 형성력에 의해 허가처분의 효력을 상실하게 되므로 제3자로서 소송참가를 할 수 있는데, 이 경우의 소송참가는 전자의 예에 속한다.

소송의 결과에 대하여 이해관계가 있다는 것만으로는 소송참가가 인정되지 않는다.

3) 참가의 절차

제3자의 소송참가는 당사자 또는 제3자의 신청 또는 직권에 의하여 결정으로써 행한다(법 제16조 제1항).

4) 참가인의 지위

소송참가인에 대해서는 민사소송법 제67조의 규정이 준용되므로(법 제16조 제4항) 참가인은 피참가인과의 사이에 필수적 공동소송에 있어서의 공동소송인에 준하는 지위에 서게 되나, 당사자에 대하여 독자적인 청구를 하는 것이 아니므로 **강학상 공동소송적 보조참가인의 지위와 유사한 것으로 보는 것이 통설이다.** 참가인은 집행정지결정의 취소를 청구할 수 있고, 참가인은 피참가인의 행위와 저촉되는 행위를 할 수 있고, 독립하여 상소할 수 있으며 참가인의 상소기간은 피참가인의 그것과 독립하여 기산된다.

참가인은 현실적으로 소송행위를 하였는지 여부에 관계없이 참가한 소송의 판결의 효력을 받는다.

5) 제3자의 재심청구

처분 등을 취소하는 판결에 의하여 권리 또는 이익의 침해를 받은 제3자는 자기에게 책임 없는 사유로 소송에 참가하지 못함으로써 판결의 결과에 영향을 미칠 공격 또는 방어방법을 제출하지 못한 때에는 이를 이유로 확정된 종국판결에 대하여 재심의 청구를 할 수 있다(제31조 제1항). 제3자에 의한 재심청구는 확정판결이 있음을 안 날로부터 30일 이내, 판결이 확정된 날로부터 1년 이내에 제기하여야 한다(제31조 제2항). 재심청구기간은 불변기간이다(제31조 제3항).

행정소송법 제31조의 해석상 소송참가를 한 제3자는 판결 확정 후 행정소송법 제31조에 의한 재심의 소를 제기할 수 없다.

(2) 행정청의 소송참가

행정청의 소송참가라 함은 관계행정청이 행정소송에 참가하는 것을 말한다.

법원은 다른 행정청을 소송에 참가시킬 필요가 있다고 인정할 때에는 당사자 또는 해당 행정청의 신청 또는 직권에 의하여 결정으로써 그 행정청을 소송에 참가시킬 수 있다(법 제17조 제1항).

예를 들면, 처분청의 감독청, 재결이 취소소송의 대상이 되고 있는 경우에 있어서 원처분청 등이 소송참가할 수 있는 행정청이라고 할 수 있다. 계쟁처분 또는 재결에 대해 조사를 담당하거나, 동의 등을 한 협력청이 여기에서의 '다른 행정청'에 해당하는지 논란이 제기될 수 있지만 긍정하는 것이 타당하다.

(3) 민사소송법상 보조참가

행정소송 사건에서 민사소송법상 보조참가의 요건을 갖춘 경우 민사소송법상 보조참가가 허용되고 그 성격은 공동소송적 보조참가이다(대결 2013. 7. 12, 2012무84 [시정명령등취소청구의소] ; 대판 2013. 3. 28, 2011두13729[사업시행인가처분취소]).

5. 소송중 처분사유의 추가 · 변경

(1) 의   의

처분사유라 함은 처분의 적법성을 유지하기 위하여 처분청에 의해 주장되는 처분의 사실적 · 법적 근거를 말한다. 실무상 징계처분과 제재처분의 경우 징계사유와 제재사유만을 처분사유로 보고, 재량고려사항은 처분사유로 보지 않는다. 이에 반하여 거부처분에서는 재량고려사유를 처분사유로 본다.

행정청이 다툼의 대상이 되는 처분을 행하면서 처분사유를 밝힌 후 당해 처분에 대한 **소송의 계속중** 당해 처분의 적법성을 유지하기 위하여 처분 당시 제시된 처분사유를 변경하거나 다른 사유를 추가할 수 있는가 하는 것이 문제되는데, 이를 **처분사유의 추가 · 변경의 문제**라고 한다. 추가 · 변경의 대상이 되는 처분사유는 처분시에 존재하던 사유이어야 한다.

원고의 방어권 보장을 위해서는 처분사유의 추가변경을 인정하지 않는 것이 타당하다. 반면에, 분쟁의 일회적 해결 및 소송경제를 위해서는 처분사유의 추가변경을 가능한 한 넓게 인정하는 것이 타당하다. 왜냐하면 소송에서 처분사유의 추가변경을 부정하더라도 처분청은 직권으로 처분사유를 추가 · 변경하여 동일한 내용의 처분을 할 수 있으므로 분쟁과 소송이 반복될 우려가 크기 때문이다.

처분사유 자체가 아니라 처분사유의 근거가 되는 기초사실 내지 평가요소에 지나지 않는 사정은 추가로 주장할 수 있다(대판 2018. 12. 13, 2016두31616: '품행 미단정'을 이유로 한 귀화거부처분에서 '품행 미단정'이라는 판단 결과를 이 사건 처분의 처분사유로 보아야 하고, 피고가 원심에서 추가로 제시한 불법체류 전력 등의 제반 사정은 이 사건 처분의 처분사유 자체가 아니라 그 근거가 되는 기초사실 내지 평가요소에 지나지 않으므로, 피고는 이러한 사정을 추가로 주장할 수 있다고 한 사례).

(2) 유사제도와의 관계

1) 이유제시의 하자의 보완과의 구별 및 관계

가. 양자의 구별   처분사유의 추가 · 변경은 이유제시의 하자의 보완과 구별하여야 한다. ① 이유제시의 하자의 치유는 처분시에 존재하던 하자가 사후에 보완되어 없어지는 것인데 반하여 행정처분사유의 변경과 추가는 처분시에 이미 존재하였지만, 처분사유로 하지 않았던 사유를 소송계속 중에 처분사유로 주장하는 것이다. ② 이유제시의 하자의 치유는 절차의 하자에 관한 문제로서 **행정작용법의 문제**라면 **처분사유의 추가 · 변경**은 계쟁처분의 실체법상 적법성의 주장에 관한 **소송법상의 문제**이다.

나. 양자의 관계   양자는 위와 같이 상호 구별되지만, 서로 밀접한 관계를 갖는다. 처분사유는 처분의 이유를 이루는 것이고, 판례와 같이 처분이유의 사후 제시로 인한 처분의 하자의 치유를 쟁송제기 전으로 제한하는 경우에는 소송계속 중

의 처분사유의 추가·변경은 제한적으로 인정될 수밖에 없다. 즉, 이유제시제도는 처분사유의 추가·변경의 제한사유의 하나이다.

2) 하자의 치유와의 구별

하자의 치유는 처분시의 하자를 사후보완하는 것인 데 반하여 처분사유의 추가·변경은 처분시에 하자있는 처분을 전제로 하지 않으며 처분시에 이미 존재하던 사실이나 법을 주장하는 것인 점에서 하자의 치유와 구별된다. 또한, 하자의 치유는 처분의 하자론이라는 행정작용법의 문제이고, 처분사유의 추가·변경은 소송의 심리에 관한 소송법상의 문제이다.

3) 위법판단 기준시와의 관계

엄밀히 말하면 처분사유는 처분시에 존재하던 사유이므로 위법판단의 기준시와는 무관한 것이다. 그런데, 위법판단의 기준시에 관하여 판결시설 또는 절충설을 취하는 경우에는 피고인 처분청은 소송계속 중 처분 이후의 사실적·법적 상황을 주장할 수 있게 된다. 이것은 엄밀한 의미의 처분사유의 추가·변경은 아니지만, 처분의 정당화사유로 주장된다는 점에서 처분사유의 추가·변경과 유사하다.

4) 처분청 직권에 의한 처분사유의 추가·변경

처분청은 언제든지 소송과 무관하게 직권으로 처분의 처분사유를 추가변경할 수 있다. 이 경우 추가변경된 처분사유가 변경전 처분사유와 기본적 사실관계의 동일성이 없으면 처분이 변경된 것이 된다. 이 경우 계쟁처분인 종전 처분은 효력을 상실하므로 법원은 별도의 소의 이익이 없는 한 소 각하판결을 하여야 한다. 처분의 상대방은 처분변경으로 인한 소변경을 신청할 수 있다.

(3) 처분사유의 추가변경의 법적 근거 및 허용 여부

행정소송법에 소송계속 중의 처분사유의 추가·변경에 관한 명문의 규정은 없다. 그러나, 처분사유의 변경으로 소송물의 변경이 없는 한 소송경제, 분쟁의 일회적 해결 및 공익보장 및 실체적 진실발견을 위해 처분사유의 변경을 인정하는 것이 판례 및 학설의 일반적 견해이다.

다만, 처분사유의 추가·변경은 원고의 방어권 및 신뢰를 침해하고, 이유제시제도의 취지를 훼손할 수 있으므로 일정한 한계 내에서 인정되어야 한다.

결국 처분사유의 추가·변경은 판례에 의해 그 인정범위가 결정될 것이다.

(4) 허용범위 및 한계

처분사유의 추가·변경의 허용범위(허용의 기준)에 관하여는 견해가 나뉘고 있다. 판례는 기본적 사실관계의 동일성이 유지되는 한도 내에서 처분사유의 추가·변경을 인정하고 있다. 행정소송규칙은 행정청은 사실심 변론을 종결할 때까지 당초의 처분사유와 기본적 사실관계가 동일한 범위 내에서 처분사유를 추가 또는 변경할 수 있다(제9조)고 이를 명문화하고 있다.

다만, 판례에 따르면 거부처분에 대한 항고소송절차에서 처분청이 기존 처분사유와 기본적 사실관계의 동일성이 인정되지 않는 내용으로 처분사유를 추가·변경한다고 주장하는 경우, **원고가 그에**(그 실체적 당부에 관하여 해당 소송 과정에서 심리·판단하는 것에) **명시적으로 동의한다면** 법원이 추가·변경된 처분사유의 실체적 당부에 대하여 심리·판단할 수 있고, 법원은 석명권을 행사하여, 처분상대방이 실체적 당부에 관한 법원의 판단을 구하는지에 대한 의견을 진술할 기회를 주어야 하고, 원고의 명시적인 동의 없이는 이를 처분사유로 심리할 수 없다(대판 2024. 11. 28, 2023두61349[건축허가신청반려처분취소]). 이러한 판례는 원고의 방어권을 보장하면서도 분쟁을 일회적으로 해결할 수 있는 점에서 타당하다.

1) 기본적 사실관계의 동일성이 유지될 것

이유제시제도의 취지 및 행정처분의 상대방인 국민에 대한 신뢰보호 및 행정처분 상대방의 방어권 보장의 관점에서 기본적 사실관계에 있어서의 동일성이 유지되는 한도 내에서만 가능하다.

'기본적인 사실관계의 동일성'은 처분사유를 법률적으로 평가하기 이전의 구체적인 사실에 착안하여 그 기초가 되는 사회적 사실관계가 기본적인 점에서 동일한지 여부에 따라 판단한다(대판 2001. 3. 23, 99두6392 ; 2007. 7. 27, 2006두9641).

처분의 사실관계에 변경이 없는 한 적용법령(처분의 근거규정)만을 추가하거나 변경하는 것은 항상 가능하고 법원은 추가·변경된 법령에 기초하여 처분의 적법 여부를 판단할 수 있다(대판 1988. 1. 19, 87누603). 처분의 법적 근거가 변경됨으로써 처분의 사실관계가 변경되고, 사실관계의 기본적 동일성이 인정되지 않는 경우에는 처분의 법적 근거의 변경이 인정될 수 없다(대판 2011. 5. 26, 2010두28106[변상금부과처분취소]).

〈판례〉 처분청이 처분 당시 적시한 구체적 사실을 변경하지 아니하는 범위 내에서 단지 처분의 근거 법령만을 추가·변경하는 것은 새로운 처분사유의 추가라고 볼 수 없으므로 이와 같은 경우에는 처분청이 처분 당시 적시한 구체적 사실에 대하여 처분 후 추가·변경한 법령을 적용하여 처분의 적법 여부를 판단하여도 무방하다. 그러나 처분의 근거 법령을 변경하는 것이 종전 처분과 동일성을 인정할 수 없는 별개의 처분을 하는 것과 다름 없는 경우에는 허용될 수 없다(대판 2011. 5. 26, 2010두28106[변상금부과처분취소]).

단지 처분사유를 구체적으로 표시하거나 설명하는 것은 처분사유의 추가변경이 아니다(대판 2020. 6. 11, 2019두49359).

2) 추가 · 변경사유의 기준시

판례와 같이 위법판단의 기준시에 관하여 처분시설을 취하는 경우 위법성 판단은 처분시를 기준으로 판단되므로 추가사유나 변경사유는 처분시에 객관적으로 존재하던 사유이어야 한다. 처분 이후에 발생한 새로운 사실적 · 법적 사유를 추가 · 변경할 수는 없다.

3) 소송물의 범위 내일 것(처분의 동일성이 유지될 것)

심판의 범위는 소송물에 한정되므로 처분사유의 추가 · 변경은 취소소송의 소송물의 범위 내에서만 가능하다. 달리 말하면, 처분사유의 추가 · 변경은 처분의 동일성이 유지되는 한도 내에서 인정된다. 그런데, 처분의 동일성은 처분사유의 동일성을 요소로 하는 것이므로 처분사유의 추가 · 변경에 있어서 처분의 동일성이 유지될 것(소송물의 범위 내일 것)이라는 요건과 처분사유의 기본적 사실관계의 동일성이 유지될 것이라는 요건은 결과적으로 일치하게 된다.

4) 사실심변론종결시 이내일 것

행정청의 처분사유의 추가 · 변경은 사실심 변론종결시까지만 허용된다.

〈판례〉 취소소송에서 행정청의 처분사유의 추가 · 변경 시한(=사실심 변론종결시): 행정청은 기본적 사실관계의 동일성이 있다고 인정되는 한도 내에서만 다른 처분사유를 추가, 변경할 수 있다고 할 것이나 이는 사실심 변론종결시까지만 허용된다(대판 1999. 8. 20, 98두17043[단독주택용지조성원가공급거부처분취소]: 원고가 이주대책신청기간이나 소정의 이주대책실시(시행)기간을 모두 도과하여 실기한 이주대책신청을 하였으므로 원고에게는 이주대책을 신청할 권리가 없고, 사업시행자가 이를 받아들여 택지나 아파트공급을 해 줄 법률상 의무를 부담한다고 볼 수 없다는 피고의 상고이유의 주장은 원심에서는 하지 아니한 새로운 주장일 뿐만 아니라 사업지구 내 가옥 소유자가 아니라는 이 사건 처분사유와 기본적 사실관계의 동일성도 없으므로 적법한 상고이유가 될 수 없다고 한 사례).

(5) 구체적 사례

판례는 당초의 처분사유와 기본적인 사실관계의 동일성이 인정되는 범위 내에서는 처분사유의 추가 또는 변경이 가능하다고 판시하고 있고(대판 1992. 2. 14, 91누3895), 학설도 대체로 이에 찬동하고 있다.

1) 기본적 사실관계의 동일성을 부정한 사례

가. 거부처분사유의 추가 · 변경

〈판례〉 1. 충전소설치허가신청에 대하여 처분청이 첫째로, 충전소설치 예정지의 인근주민들이 충전소설치를 반대하고, 둘째로 위 전라남도 고시에 자연녹지의 경우 충전소의 외벽으로부터 100미터 내에 있는 건물주의 동의를 받도록 되어 있는데 그 설치예정지로부터 80미터에 위치한 전주이씨제각 소유주의 동의가 없다는 이유로 이를 반려하였는데, 처분청이 상고심에서 충전소설치 예정지역 인근도로가 낭떠러지에 접한 S자 커브의 언덕길로 되어 있어서 교통사고로 인한 충전소폭발의 위험이 있어 허가하지 아니하였다는 주장을 하는 것은 피고 처분청이 당초 위 반려처분의 근거로 삼은 사유와는 그 **기본적 사실관계에 있어서 동일성이 인정되지 아니하는 별개의 사유**라 할 것이므로 이제 와서 이를 들어 원고의 신청이 허가요건을 구비하지 아니하였다고 내세울 수 없다(대판 1992. 5. 8, 91누13274).

2. 온천으로서의 이용가치, 기존의 도시계획 및 공공사업에의 지장 여부 등을 고려하여 이 사건 온천발견신고수리를 거부한 것은 적법하다는 취지의 피고의 주장은 …… 규정온도가 미달되어 온천에 해당하지 않는다는 당초의 이 사건 처분사유와는 기본적 사실관계를 달리하여 …… 이를 거부처분의 사유로 추가할 수는 없다(대판 1992. 11. 24, 92누3052).

3. 당초의 정보공개거부처분사유인 공공기관의 정보공개에 관한 법률 제7조 제1항 제4호 및 제6호의 사유는 새로이 추가된 같은 항 제5호의 사유와 기본적 사실관계의 동일성이 인정되지 않는다고 한 사례(대판 2003. 12. 11, 2001두8827).

나. 제재처분사유인 법령위반사유의 추가 · 변경

〈판례〉 1. '용도변경허가를 받지 않고 문화집회시설군에 속하는 위락시설[건축법 시행령 제14조 제5항 제4호 (다)목]의 일종인 무도학원으로 용도변경을 하였다.'는 건축물의 불법용도 변경에 대한 시정명령의 당초 처분사유와 '용도변경허가[일반업무시설(사무실) 부분]를 받거나 신고[교육연구시설(직업훈련소) 부분]하는 절차를 거치지 않고 근린생활시설군에 속하는 제2종 근린생활시설[같은 항 제7호 (나)목]의 일종인 학원으로 용도변경을 하였다.'는 추가된 처분사유는 위반행위의 내용(건축물의 실제 사용 용도)이 다르고 그에 따라 용도변경을 위하여 거쳐야 하는 절차, 변경하려는 용도의 건축기준, 용도변경 허용가능성이 달라지므로 **기본적 사실관계의 동일성이 인정되지 않는다고** 보아야 한다(대판 2020. 12. 24, 2019두55675[학원등록거부처분등취소청구의소]).

2. 의료보험요양기관 지정취소처분의 당초의 처분사유인 구 의료보험법 제33조 제1항이 정하는 본인부담금 수납대장을 비치하지 아니한 사실과 항고소송에서 새로 주장한 처분사유인 같은 법 제33조 제2항이 정하는 보건복지부장관의 관계서류 제출명령에 위반하였다는 사실은 기본적 사실관계의 동일성이 없다(대판 2001. 3. 23, 99두6392). 〈해설〉 처분청은 보건복지부장관의 관계서류 제출명령에 위반하였다는 사실을 처분사유로 하여 별개의 새로운 의료보험요양기관 지정취소(강학상 철회)처분을 할 수 있다.

다. 징계사유(제재처분사유)의 추가 · 변경

징계처분이나 제재처분의 경우에는 징계사유(비위사실)나 제재사유(법위반사실)가 변경되면 원칙상 내용의 변경이 없어도 처분이 변경되는 것으로 보아야 한다. 다만, 징계처분사유와 동일성을 가지는 범위 내에서는 처분사유의 추가가 인정될 수 있다.

징계사유나 제재사유의 변경 없이 재량고려사항만 추가·변경하는 것은 처분의 변경이 아니라고 보아야 한다. 징계사유나 제재사유의 변경 없이 재량고려사항만 추가·변경하는 것은 처분의 기본적 사실관계에 변경을 가져오지 않기 때문이다.

〈판례〉 구청 위생과 직원인 원고가 이 사건 당구장이 정화구역외인 것처럼 허위표시를 함으로써 정화위원회의심의를 면제하여 허가처분하였다는 당초의 징계사유와 정부문서규정에 위반하여 이미 결제된 당구장허가처분서류의 도면에 상사의 결제를 받음이 없이 거리표시를 기입하였다는 원심인정의 비위사실과는 기본적 사실관계가 동일하지 않다(대판 1983. 10. 25, 83누396).

라. 침해적 처분사유의 추가·변경

〈판례〉 입찰참가자격을 제한시킨 당초의 처분 사유인 정당한 이유 없이 계약을 이행하지 않은 사실과 항고소송에서 새로 주장한 계약의 이행과 관련하여 관계 공무원에게 뇌물을 준 사실은 기본적 사실관계의 동일성이 없다고 한 사례(대판 1999. 3. 9, 98두18565).

2) 기본적 사실관계의 동일성을 인정한 사례

가. 처분의 사실관계에 변경 없는 처분의 근거법령만의 추가·변경

〈판례〉 원고의 택시지입제 경영이 구 여객자동차운수사업법(이하 '법'이라 한다) 제76조 제1항 단서 중 제8호(필요적 취소사유)의 규정에 의한 명의이용금지를 위반한 때에 해당한다는 이유로 1999. 4. 20.자로 자동차운송사업면허취소처분(이하 '이 사건 처분'이라 한다)을 한 사실, … 위 위헌결정에 의하여 이 사건 처분의 당초 근거규정인 이 사건 법률조항은 그 효력을 상실하였으나, 피고는 명의이용금지 위반의 기본적 사실관계는 변경하지 아니한 채 효력이 유지되고 있는 같은 법 제76조 제1항 본문 및 제8호(임의적 취소사유)로 그 법률상 근거를 적법하게 변경하였으니 이 사건 처분이 법률의 근거가 없는 위법한 처분이라고 할 수는 없다고 할 것이다(대판 2005. 3. 10, 2002두9285).

나. 법령위반사유의 추가·변경

〈판례〉 지입제 운영행위에 대하여 자동차운송사업면허를 취소(철회)한 행정처분에 있어서 당초의 취소근거로 삼은 구 자동차운수사업법 제26조(명의의 유용금지)를 위반하였다는 사유와 직영으로 운영하도록 한 면허조건을 위반하였다는 사유는 기본적 사실관계에 있어서 동일하다(대판 1992. 10. 9, 92누213).

다. 거부처분사유의 추가·변경

〈판례〉 1. 당초의 정보공개거부처분사유인 검찰보존사무규칙 제20조 소정의 신청권자에 해당하지 아니한다는 사유는 새로이 추가된 거부처분사유인 공공기관의 정보공개에 관한 법률 제7조 제1항 제6호(개인에 관한 정보)의 사유와 그 기본적 사실관계의 동일성이 있다(대판 2003. 12. 11, 2003두8395).

2. 주택신축을 위한 산림형질변경허가신청에 대하여 행정청이 거부처분을 하면서 당초 거부처분의 근거로 삼은 준농림지역에서의 행위제한이라는 사유와 나중에 거부처분의 근거로 추가한 자연경관 및 생태계의 교란, 국토 및 자연의 유지와 환경보전 등 중대한 공익상의 필요라는 사유는 기본적 사실관계에 있어서 동일성이 인정된다(대판 2004. 11. 26, 2004두4482).

라. 기   타

〈판례〉 [인근주민의 통행로로 사용되고 있는 사(私)소유 토지(사실상 도로)에 건축행위를 할 수 있는지가 다투어진 사건] 피고 행정청이 건축신고수리 거부처분의 근거로 삼은 당초 처분사유(해당 토지가 건축법상 도로에 해당하여 건축을 허용할 수 없음)와 소송에서 추가한 거부사유(해당 토지가 사실상 도로에 해당하여 건축이 공익에 부합하지 않아 허용할 수 없음)는 이 사건 토지상의 사실상 도로의 법적 성질에 관한 평가를 다소 달리하는 것일 뿐, 모두 이 사건 토지의 이용현황이 '도로'이므로 거기에 주택을 신축하는 것은 허용될 수 없다는 것이므로, 기본적 사실관계의 동일성이 인정된다.

6. 화해와 조정

(1) 민사소송법상 화해의 준용

항고소송의 공익성에 비추어 민사소송법상의 화해에 관한 규정(제225조 이하)이 준용될 수 없다는 것이 지배적인 견해이다. 공익소송인 민중소송이나 기관소송에서는 더욱 그러하다.

당사자소송에서는 민사소송법상 화해에 관한 규정이 준용된다는 것이 지배적 견해이다.

(2) 민사소송법상 조정의 준용

항고소송의 공익성에 비추어 항고소송에 민사조정법상의 조정에 관한 규정을 준용하지 않는 것이 지배적 견해이다. 그렇지만, 실무상 조정권고에 의한 사실상의 조정이 행해지고 있다. 즉, 재판장은 신속하고 공정한 분쟁 해결과 국민의 권익 구제를 위하여 필요하다고 인정하는 경우에는 소송계속 중인 사건에 대하여 직권으로 소의 취하, 처분등의 취소 또는 변경, 그 밖에 다툼을 적정하게 해결하기 위해 필요한 사항을 서면으로 권고할 수 있다(행정소송규칙 제15조 제1항). 재판장은 제1항의 권고를 할 때에는 권고의 이유나 필요성 등을 기재할 수 있다(제2항). 재판장은 제1항의 권고를 위하여 필요한 경우에는 당사자, 이해관계인, 그 밖의 참고인을 심문할 수 있다(제3항). 예를 들면, 재판장이 행정청에 대하여는 법원이 적절하다고 인정하는 처분으로 변경(영업정지처분을 과징금부과처분으로 변경)할 것을, 원고에 대하여는 행정청이 그와 같이 변경처분을 하면 소를 취하할 것을 권고하는 조정권고를 행하고,

행정청이 변경처분을 하면 원고가 소를 취하하는 방식이다.

VI. 주장책임과 입증책임

1. 주장책임

(1) 의   의

주장책임이라 함은 당사자가 유리한 사실을 주장하지 않으면 그 사실은 없는 것으로 취급되어 불이익한 판단을 받게 되는데, 이 경우에 있어서의 당해 당사자의 불이익을 받는 지위를 말한다.

주장책임은 변론주의하에서는 주요사실(主要事實)은 당사자가 변론에서 주장하지 않으면 판결의 기초로 삼을 수 없다는 점으로부터 나온다.

(2) 직권탐지주의와 주장책임

직권탐지주의하에서 주장책임은 완화된다. 다만, 주장되지 않은 사실에 있어서 직권탐지가 의무가 아닌 한 주장책임이 문제될 수 있다.

〈판례〉 행정소송에 있어서 특단의 사정이 있는 경우를 제외하면 당해 행정처분의 적법성에 관하여는 당해 처분청이 이를 주장·입증하여야 하고, 행정소송에 있어서 직권주의가 가미되어 있다고 하여도 여전히 당사자주의, 변론주의를 기본구조로 하는 이상 행정처분의 위법을 들어 그 취소를 청구함에 있어서는 직권조사사항을 제외하고는 그 취소를 구하는 자가 위법된 구체적인 사항을 먼저 주장하여야 한다(대판 1995. 7. 28, 94누12807).

(3) 주장책임의 내용

① 주장책임은 **주요사실**에 대하여만 인정되며 간접사실과 보조사실은 주장책임의 대상이 되지 않는다. 왜냐하면 변론주의는 주요사실에 대해서만 인정되고 간접사실과 보조사실은 그 적용이 없기 때문이다. **주요사실**이라 함은 법률효과를 발생시키는 법규의 직접 요건사실을 말하고, **간접사실**이라 함은 주요사실을 확인하는 데 도움이 됨에 그치는 사실을 말한다. 증거능력이나 증거가치에 관한 사실을 보조사실이라 하는 데 간접사실에 준하여 취급된다.

② 어느 당사자든지 변론에서 주장하였으면 되고 반드시 주장책임을 지는 당사자가 주장하여야 하는 것은 아니다.

③ 기록상 자료가 나타나 있음에도 당사자가 주장하지 아니하였다는 이유로 판단하지 아니한 것은 위법하다(대판 1992. 2. 28, 91누6597).

④ 항고소송에 있어서 원고는 전심절차에서 주장하지 아니한 공격방어방법을

소송절차에서 주장할 수 있다(대판 1996. 6. 14, 96누754).

2. 입증책임(증명책임)

(1) 의   의

입증책임이라 함은 소송상 증명을 요하는 어느 사실의 존부가 확정되지 않은 경우 당해 사실이 존재하지 않는 것으로 취급되어 불리한 법률판단을 받게 되는 당사자 일방의 위험 또는 불이익을 말한다.

입증책임의 문제는 심리의 최종단계에 이르러서도 어떤 사실의 존부에 대하여 법관에게 확신이 서지 않을 때에 누구에게 불이익을 부담하도록 하느냐의 문제이다. 입증책임은 사실에 대한 것이며 법에 대한 것은 아니다. 법에 대한 판단은 법원이 책임을 지고 해야 한다.

직권탐지주의하에서도 어떠한 사실이 입증되지 않는 경우가 있을 수 있으므로 입증책임은 변론주의뿐만 아니라 직권탐지주의에 의한 절차에서도 문제된다.

증명책임은 사실에 대한 것이며 법에 대한 것은 아니다. 법에 대한 판단은 법원이 책임을 진다.

(2) 입증책임의 분배

입증책임의 분배라 함은 어떤 사실의 존부가 확정되지 않은 경우에 당사자중 누구에게 불이익을 돌릴 것인가의 문제이다. 입증책임을 지는 자가 소송상 증명을 요하는 어느 사실이 입증되지 않는 경우에 불이익을 받게 된다.

특히 국가배상법상 과실과 같이 입증이 곤란한 사실에 대하여는 누가 입증책임을 부담하는가에 의해 소송의 승패가 좌우되므로 입증책임의 분배는 매우 중요한 문제이다.

예를 들면, 만일 국가배상법상의 과실의 존재를 원고가 입증하여야 한다면 과실이 입증되지 않는 경우에 국가배상책임이 인정되지 않게 되고, 국가배상법상의 과실의 부존재를 피고가 입증하여야 한다면 과실의 부존재가 입증되지 않은 경우 피고가 국가배상책임을 지게 된다.

(3) 행정소송에서의 증명책임

행정소송법은 증명책임에 관한 규정을 두고 있지 않다. 따라서, 민사소송법 규정이 행정소송에서의 증명책임에 준용된다. 그러므로 행정소송에서의 증명책임은 원칙적으로 민사소송 일반원칙에 따라 당사자 간에 분배되고, 행정소송의 특성을 고려하여야 한다.

1) 취소소송에 있어서의 입증책임

오늘날 공정력은 절차법적 효력으로서 잠정적 통용력에 불과하며 적법성을 추정하는 효력은 아니라고 보고 있다. 따라서, 오늘날의 일반적인 견해는 공정력과 입증책임 사이에는 아무런 관련이 없다고 본다.

처분의 적법성을 주장하는 피고 처분청에게 적법사유에 대한 증명책임이 있고 (대판 2017. 6. 19, 2013두17435 ; 2023. 6. 29, 2020두46073), 처분제외사유의 증명책임은 원고에게 있다.

2) 무효확인소송에서의 입증책임

행정처분의 당연무효를 주장하여 그 무효확인을 구하는 행정소송에 있어서는 원고에게 그 행정처분이 무효인 사유를 주장·입증할 책임이 있다(대판 1992. 3. 10, 91누6030).

3) 부작위위법확인소송에서의 입증책임

처분이 없는 사실의 존재는 부작위를 주장하는 원고에게 입증책임이 있다.

(4) 증명의 정도

판례에 따르면 민사소송이나 행정소송에서 사실의 증명은 추호의 의혹도 없어야 한다는 자연과학적 증명이 아니고, 특별한 사정이 없는 한 경험칙에 비추어 모든 증거를 종합적으로 검토하여 볼 때 어떤 사실이 있었다는 점을 시인할 수 있는 **고도의 개연성을 증명**하는 것(통상인이라면 의심을 품지 않을 정도일 것)이면 충분하다(대판 2018. 4. 12, 2017두74702 ; 2019. 11. 28, 2017두57318 등).

(5) 사실확인서의 증거가치

행정청이 현장조사를 실시하는 과정에서 조사상대방으로부터 구체적인 위반사실을 자인하는 내용의 확인서를 작성받았다면, 그 확인서가 작성자의 의사에 반하여 강제로 작성되었거나 또는 내용의 미비 등으로 구체적인 사실에 대한 증명자료로 삼기 어렵다는 등의 특별한 사정이 없는 한 그 확인서의 증거가치를 쉽게 부정할 수 없다(대판 2017. 7. 11, 2015두2864).

(6) 관련 확정판결의 사실인정의 구속력

행정소송의 수소법원이 관련 확정판결의 사실인정에 구속되는 것은 아니지만, 관련 확정판결에서 인정한 사실은 행정소송에서도 유력한 증거자료가 되므로, 행정소송에서 제출된 다른 증거들에 비추어 관련 확정판결의 사실 판단을 채용하기 어렵다고 인정되는 특별한 사정이 없는 한, 이와 반대되는 사실은 인정할 수 없다(대판 2019. 7. 4, 2018두66869).

제6항   행정소송의 판결

Ⅰ. 판결의 의의

판결이라 함은 법률상 쟁송을 해결하기 위하여 법원이 소송절차를 거쳐 내리는 결정을 말한다.

Ⅱ. 판결의 종류

1. 소송판결과 본안판결

소송판결이라 함은 소송요건 또는 상소요건의 흠결이 있는 경우에 소송을 부적법하다 하여 각하하는 판결을 말한다. 소각하판결은 소송판결이다.

본안판결이라 함은 본안심리의 결과 청구의 전부 또는 일부를 인용하거나 기각하는 종국판결을 말한다. 본안판결은 내용에 따라 인용판결과 기각판결로 나뉜다.

2. 인용판결과 기각판결

(1) 기각판결

기각판결이라 함은 본안심리의 결과, 원고의 주장이 이유 없다고 하여 그 청구를 배척하는 판결을 말한다.

원고의 청구가 이유 있다고 인정하는 경우에도 그 처분을 취소 또는 변경하는 것이 현저히 공공복리에 적합하지 아니하다고 인정하는 때에는 법원은 원고의 청구를 기각할 수 있는데, 이러한 기각판결을 **사정판결**이라 한다.

(2) 인용판결

인용판결이라 함은 본안심리의 결과, 원고의 주장이 이유 있다고 하여 그 청구의 전부 또는 일부를 인용하는 판결을 말한다. 인용판결은 소의 종류에 따라 이행판결, 확인판결, 형성판결로 나뉜다.

3. 형성판결, 확인판결과 이행판결

(1) 형성판결

형성판결이라 함은 일정한 법률관계를 형성·변경 또는 소멸시키는 것을 내용으로 하는 판결을 말한다. 형성판결의 예로는 취소소송에서의 인용판결(취소판결)을 들 수 있다.

형성판결은 적극적 형성판결과 소극적 형성판결로 나뉜다. **적극적 형성판결**은 법률관계를 적극적으로 형성하는 판결을 말하고, **소극적 형성판결**은 처분의 전부 또는 일부의 취소와 같이 법률관계를 소극적으로 형성하는 판결을 말한다.

(2) 확인판결

확인판결이라 함은 확인의 소에서 일정한 법률관계나 법률사실의 존부를 확인하는 판결을 말한다. 확인판결의 예로는 무효등확인소송에서의 인용판결, 부작위위법확인소송에서의 인용판결, 법률관계의 확인을 구하는 당사자소송에서의 인용판결을 들 수 있다.

(3) 이행판결

이행판결이라 함은 피고에 대하여 일정한 행위를 명하는 판결을 말한다. 항고소송에서의 의무이행소송이 인정되고 있지 않으므로 항고소송에서는 이행판결이 있을 수 없으나 공법상 당사자소송에서는 국가 또는 공공단체에 대하여 일정한 행위를 명하는 이행판결이 있을 수 있다.

Ⅲ. 항고소송에서의 위법판단의 기준시

처분은 그 당시의 사실상태 및 법률상태를 기초로 하여 행해지게 된다. 그런데, 처분 후 사실상태 또는 법률상태가 변경되는 경우가 있다. 이 경우에 있어서 법원이 본안심리의 결과 처분의 위법 여부를 판단함에 있어서 어느 시점의 법률상태 및 사실상태를 기준으로 하여야 할 것인가 하는 문제가 제기되는데, 이에 관하여 취소소송의 본질을 무엇으로 볼 것인가에 따라 처분시설, 판결시설, 절충설 등이 대립하고 있다.

1. 처분시설

처분시설(處分時說)이라 함은 처분의 위법 여부의 판단은 처분시의 사실 및 법률상태를 기준으로 하여 행하여야 한다는 견해를 말한다. 이 견해가 통설이다.

처분시설의 주요 **논거**는 다음과 같다. 취소소송에 있어서 법원의 역할은 처분의 사후심사이며, 법원이 처분 후의 사정에 근거하여 처분의 적법 여부를 판단하는 것(판결시설)은 행정청의 제1차적 판단권을 침해하는 것이 되고 법원이 감독행정청의 역할을 하는 것이 되어 타당하지 않다.

2. 판결시설

판결시설이라 함은 처분의 위법 여부의 판단은 판결시(구두변론종결시)의 사실 및 법률상태를 기준으로 행하여야 한다는 견해이다.

판결시설의 주요 **논거**는 다음과 같다. 취소소송의 본질은 처분으로 인하여 형성된 위법상태를 배제하는 데 있으므로 원칙적으로 판결시의 법 및 사실상태를 기준으로 판결하여야 한다고 본다.

3. 절 충 설

절충설은 원칙상 처분시설이 타당하다고 하면서도 예외적으로 계속적 효력을 가진 처분(예, 물건의 압수처분, 통행금지구역의 설정)이나 미집행의 처분(예, 집행되지 않은 철거명령)에 대한 소송에 있어서는 판결시설을 취하는 것이 타당한 경우가 있다고 보는 견해이다. 이에 추가하여 거부처분취소소송의 경우에도 실질적으로 의무이행소송과 유사한 성격을 갖는다는 점에서 위법판단시점을 판결시로 보는 것이 타당하다는 견해가 있다.

4. 판 례

판례는 처분시설을 취하고 있다(대판 1996. 12. 20, 96누9799: 2005. 4. 15, 2004두10883).

즉, 행정처분의 위법 여부는 행정처분이 있을 때의 법령과 사실 상태를 기준으로 판단하여야 한다.

〈판례〉행정소송에서 행정처분의 위법 여부는 행정처분이 행하여졌을 때의 법령과 사실상태를 기준으로 하여 판단하여야 하고, 처분 후 법령의 개폐나 사실상태의 변동에 의하여 영향을 받지는 않는다(대판 2007. 5. 11, 2007두1811공사중지명령처분취소: 공사중지명령 이후에 발생한 사실상태를 이유로 공사중지명령이 재량권을 일탈·남용한 것이라고 본 원심을, 공사중지명령 이후에 발생한 사실상태를 이유로 공사중지명령의 해제 요구 및 그 요구에 대한 거부처분에 대한 취소청구를 할 수 있음은 별론으로 하고, 적법하였던 공사중지명령이 위법하게 되는 것은 아니라고 하여 파기한 사례).

이와 같이 행정처분의 위법 여부는 처분시의 법령 및 사실상태를 기준으로 판단하지만, 처분시의 법령 및 사실상태 그리고 사실상태에 대한 법령의 적용에 관한 판단자료는 판결시를 기준으로 한다. 즉, 법원은 행정처분 당시 행정청이 알고 있었던 자료뿐만 아니라 사실심 변론종결 당시까지 제출된 모든 자료를 종합하여 처분 당시 존재하였던 객관적 사실을 확정하고 그 사실에 기초하여 처분의 위법 여부를 판단할 수 있다(대판 2019. 7. 25, 2017두55077).

〈판례〉항고소송에서 행정처분의 위법 여부는 행정처분이 있을 때의 법령과 사실 상태를 기준으로 판단하여야 하고, 법원은 행정처분 당시 행정청이 알고 있었던 자료뿐만 아니라 사실심 변론종결 당시까지 제출된 모든 자료를 종합하여 처분 당시 존재하였던 객관적 사실을 확정하고 그 사실에 기초하여 처분의 위법 여부를 판단할 수 있다(대판 전원합의체 2024. 7. 18, 2022두43528).

특히 사실관계(안전, 위험, 인과관계 등 포함)의 판단은 판결시의 과학기술 등 증거 자료에 의한다. 법령의 해석도 처분시의 법령해석에 구속되지 않고 언제든 자유롭게 할 수 있다. 예를 들면, 산업재해로 인한 사망자의 유족에 대한 '유족급여및장의비부지급처분'에 대한 취소소송에서 업무와 사망 사이의 상당인과관계의 인정에 있어서 처분시의 고시('개정 전 고시')는 행정규칙으로 대외적 구속력이 없으므로(법령이 아니므로) 처분시의 '개정 전 고시'를 적용할 의무는 없고, 해당 불승인처분이 있은 후 '개정된 고시'(「뇌혈관 질병 또는 심장 질병 및 근골격계 질병의 업무상 질병 인정 여부 결정에 필요한 사항」(2017. 12. 29. 고용노동부 고시 제2017-117호))의 규정 내용과 개정 취지를 참작하여 상당인과관계의 존부를 판단할 수 있다고 한 대법원 판례(대판 2020. 12. 24, 2020두39297)가 있다. 부당해고 구제신청에 관한 중앙노동위원회의 명령 또는 결정의 취소를 구하는 소송에서 그 명령 또는 결정이 적법한지는 그 명령 또는 결정이 이루어진 시점을 기준으로 판단하여야 하고, 그 명령 또는 결정 후에 생긴 사유를 들어 적법 여부를 판단할 수는 없으나, 그 명령 또는 결정의 기초가 된 사실이 동일하다면 노동위원회에서 주장하지 아니한 사유도 행정소송에서 주장할 수 있다(대판 2021. 7. 29, 2016두64876[부당해고구제재심판정취소]).

5. 결론(처분시설)

취소소송은 행정청이 내린 처분을 다투어 취소를 구하는 소송이므로 처분의 위법판단의 기준시를 원칙상 처분시로 보아야 한다. 다만, 후술하는 바와 같이 거부처분취소소송에서 위법판단의 기준시는 처분시로 보되 취소판결의 기준시는 판결시로 보는 것이 거부처분취소소송의 문제점을 보완하여 의무이행소송과 유사한 권리구제기능을 수행할 수 있으므로 타당하다.

6. 행정처분의 위법 여부를 판단하는 기준시점이 처분시라는 의미

행정처분의 위법 여부를 판단하는 기준시점에 대하여 판결시가 아니라 처분시라고 하는 의미는 처분시 적용할 법령과 행정처분이 있을 때의 사실상태를 기준으로 하여 위법 여부를 판단할 것이며, 처분 후 법령의 개폐나 사실상태의 변동에 영향을 받지 않는다는 뜻이지, 처분 당시 보유하였던 처분자료나 행정청에 제출되었던 자료만으로 위법 여부를 판단한다는 의미는 아니다. 처분의 위법판단의 기준시 문제는 사실심 변론종결시의 소송자료를 기초로 판결을 내린다는 것과는 별개의 문제이다.

〈판례〉 1. 행정소송에서 행정처분의 위법 여부는 행정처분이 행하여졌을 때의 법령과 사실 상태를 기준으로 하여 판단하여야 하고, 처분 후 법령의 개폐나 사실상태의 변동에 의하여 영향을 받지는 않으므로, 난민 인정 거부처분의 취소를 구하는 취소소송에서도 그 거부처분 을 한 후 국적국의 정치적 상황이 변화하였다고 하여 처분의 적법 여부가 달라지는 것은 아니다(대 판 2008. 7. 24, 2007두3930[난민인정불허가결정취소]).

2. 항고소송에서 행정처분의 적법 여부는 특별한 사정이 없는 한 행정처분 당시를 기준으 로 판단하여야 한다. 여기서 행정처분의 위법 여부를 판단하는 기준 시점에 관하여 판결시 가 아니라 처분시라고 하는 의미는 행정처분이 있을 때의 법령과 사실상태를 기준으로 하 여 위법 여부를 판단하며 처분 후 법령의 개폐나 사실상태의 변동에 영향을 받지 않는다는 뜻이지 처분 당시 존재하였던 자료나 행정청에 제출되었던 자료만으로 위법 여부를 판단한 다는 의미는 아니다. 그러므로 처분 당시의 사실상태 등에 관한 증명은 사실심 변론종결 당시까지 할 수 있고, 법원은 행정처분 당시 행정청이 알고 있었던 자료뿐만 아니라 사실심 변론종결 당시까지 제출된 모든 자료를 종합하여 처분 당시 존재하였던 객관적 사실을 확 정하고 그 사실에 기초하여 처분의 위법 여부를 판단할 수 있다(대판 2017. 4. 7, 2014두37122[건 축허가복합민원신청불허재처분취소]).

처분시설을 취하는 경우 처분 후의 법 및 사실관계의 변경은 사정판결사유가 될 수 있다.

7. 부작위위법확인소송에서의 위법판단의 기준시

부작위위법확인소송은 아무런 처분을 전제로 하지 않고, 인용판결의 효력(법 제 38조 제2항, 법 제30조 제2항)과의 관계에서 볼 때 현재의 법률관계에 있어서의 처분권 행사의 적부에 관한 것이라고 할 수 있기 때문에 판결시설이 타당하다는 것이 통설 이며 판례의 입장이다(대판 1990. 9. 25, 89누4758).

8. 거부처분취소소송에서의 위법판단 및 판결의 기준시

거부처분의 위법판단의 기준시라 함은 거부처분의 위법 여부를 판단하는 기준시 이고, 판결의 기준시라 함은 소송상 청구의 인용 여부를 결정하는 기준시이다.

(1) 처분시설

처분시설은 취소소송에서의 위법판단의 기준시에 관하여 처분시설을 취하고, 거 부처분취소소송에서도 동일한 이유로 처분시설이 타당하다고 보는 견해이다. 이 견 해가 판례의 입장이다.

처분시설에 의하면 처분시를 기준으로 거부처분의 위법 여부를 판단하고 위법 하면 인용판결을, 적법하면 기각판결을 내리는 것이 논리적이라고 본다. 처분시설에 의하면 처분시를 기준으로 거부처분이 위법하면 처분 후 근거법령이 변경되거나 사실관계가 변경된 경우에도 당해 거부처분을 취소하여야 한다.

그런데, 처분시설에 의하면 거부처분 후 확정판결 전에 법령이 개정되거나 사실관계에 변동이 생겨 만일 판결시를 기준으로 판결을 내린다면 기각판결을 내려야 하는 경우에 인용판결을 내려야 하고, 이 경우 처분청이 처분 후의 사정변경을 이유로 다시 거부처분을 할 수 있게 되어 인용판결이 권리구제에 기여하지 못하고 인용판결 후의 새로운 거부처분에 대하여 다시 소송이 제기되도록 하여 불필요하게 소송이 반복되는 결과를 가져온다. 또한, 판결의 권위를 떨어뜨리며 판결에 대한 국민의 불신을 야기할 수도 있다.

(2) 위법판단시 · 판결시구별설

위법판단시 · 판결시구별설은 소송경제와 신속한 권리구제를 도모하기 위하여 거부처분취소소송에서 거부처분의 위법은 처분시를 기준으로 하되 인용판결은 판결시를 기준으로 하여야 한다는 견해이다.

이 견해에 의하면 거부처분이 해당 거부처분시를 기준으로 적법하면 기각되고, 위법한 경우 사정변경이 없으면 인용판결을 하고, 사정변경이 있으면 판결시를 기준으로 인용하는 것이 타당한 경우 인용을 하고, 판결시를 기준으로 공익을 고려하여 인용하는 것이 타당하지 않은 경우 기각판결을 하게 된다.

(3) 판결시설

판결시설은 거부처분취소소송에서 인용판결은 행정소송법 제30조 제2항과 결부하여 행정청에게 신청에 따른 처분의무를 부과한다는 점에서 실질적으로 의무이행소송과 유사한 성격을 가지므로 의무이행소송의 일반적인 법리에 따라 거부처분의 위법성 판단시점을 판결시로 하는 것이 타당하다는 견해이다.

이 견해에 의하면 거부처분시를 기준으로 거부처분이 적법한지 여부를 묻지 않고, 판결시를 기준으로 거부처분이 적법하면 기각판결, 판결시를 기준으로 위법하면 인용판결을 하게 된다. 이 견해에 의하면 거부처분이 거부처분시를 기준으로 적법한 경우에도 사정변경에 의해 판결시를 기준으로 위법하면 인용판결을 하게 된다.

이 견해는 거부처분취소소송이 처분청의 일차적 판단권 행사의 결과인 처분을 사후적으로 취소하는 취소소송이라는 점을 간과하고, 처분권을 대신 행사한다는 점과 거부처분취소소송을 실질적으로 명문의 규정 없이 전형적인 의무이행소송과 같게 보는 점에서 문제가 있다.

(4) 결어(위법판단시 · 판결시구별설)

다음과 같은 이유에서 거부처분취소소송에서 위법판단시와 판결시를 구별하는 견해가 타당하다. ① 항고소송을 통한 위법한 처분의 통제 및 국민의 권리구제라는 항고소송의 기능에 합치한다. ② 행정청의 1차적 판단권의 존중과 분쟁의 일회적 해결의 요청을 조화시키는 견해이다. ③ 의무이행소송이 도입되지 않은 상황하에서 어느 정도 의무이행소송의 권리구제기능을 성취할 수 있다.

(5) 의무이행소송에서의 위법 판단 및 판결의 기준시

의무이행소송에서 판결의 기준시는 판결시가 된다. 다만, 의무이행소송에서도 거부처분의 위법 여부를 판단하고 동 거부처분을 취소하여야 하는지, 그리고 거부처분의 위법판단의 기준시를 처분시로 하는 것이 타당한지 판결시로 하는 것이 타당한지에 관하여 견해의 대립이 있다.

Ⅳ. 취소소송의 판결의 종류

1. 각하판결

취소소송의 소송요건을 결여한 부적법한 소에 대하여는 본안심리를 거절하는 각하판결을 내린다. 소송요건의 충족 여부는 변론종결시(판결시)를 기준으로 판단한다.

통상 소송요건의 심리 후 소송요건이 하나라도 충족되지 않으면 각하판결을 하고, 소송요건이 모두 충족된 경우에는 본안심리로 이행한다. 그런데, 본안심리 중 소송요건의 결여가 확인된 경우(예, 소송요건의 충족 여부에 대한 판단이 잘못된 경우 또는 계쟁처분의 효력의 소멸 등으로 소의 이익이 없어지게 된 경우 등)에는 소송요건의 충족 여부에 대한 판단을 다시 하여 소송요건의 충족되지 않는 경우에는 변론을 종결하고 각하판결을 한다.

2. 기각판결

본안심리의 결과 원고의 취소청구가 이유 없다고 판단되는 경우 기각판결을 내린다. 기각판결은 다음과 같은 경우에 내린다. ① 계쟁처분이 위법하지 아니하고 적법하거나 단순한 부당에 그친 경우, ② 사정판결을 할 경우에도 기각판결을 내린다.

3. 인용판결 (취소판결)

(1) 의   의

취소소송에서 인용판결이라 함은 취소법원이 본안심리의 결과 원고의 취소청구 또는 변경청구가 이유있다고 인정하는 경우, 당해 처분의 전부 또는 일부를 취소하는 판결을 말한다.

(2) 종   류

취소소송에서의 인용판결에는 처분이나 재결에 대한 취소판결, 무효선언을 하는
취소판결이 있다. 또한, 계쟁처분에 대한 전부취소판결과 일부취소판결이 있다.

행정소송법 제4조 제1호에서 취소소송을 행정청의 위법한 처분 등을 취소 또는
변경하는 소송으로 정의하고 있는데, 여기에서 '**변경**'은 소극적 변경(일부취소)을 의
미한다(대판 1964. 5. 19, 63누177).

(3) 일부취소의 가능성

1) 일부취소의 인정기준

처분의 일부만이 위법한 경우에 위법한 부분만의 일부취소가 가능한지가 문제
된다. 처분의 일부취소의 가능성은 일부취소의 대상이 되는 부분의 **분리취소가능성**
에 따라 결정된다.

일부취소되는 부분이 분리가능하고, 당사자가 제출한 자료만으로 일부취소되
는 부분을 명확히 확정할 수 있는 경우에는 일부취소가 가능하지만, 일부취소되는
부분이 분리가능하지 않거나 당사자가 제출한 자료만으로 일부취소되는 부분을 명
확히 확정할 수 없는 경우에는 일부취소를 할 수 없다.

2) 일부취소에 관한 판례

가. 일부취소가 가능한 경우   ① 조세부과처분과 같은 금전부과처분이 기속행
위인 경우, 부과금액의 산정에 잘못이 있는 경우에 당사자가 제출한 자료에 의해
정당한 부과금액을 산정할 수 있는 경우에는 부과처분 전체를 취소할 것이 아니라
정당한 부과금액을 초과하는 부분만 일부취소하여야 한다.

〈판례〉 1. 과세처분취소소송의 심판대상과 자료의 제출시한 및 취소 범위: 과세처분취소소
송의 처분의 적법 여부는 과세액이 정당한 세액을 초과하느냐의 여부에 따라 판단되는 것
으로서 당사자는 사실심 변론종결시까지 객관적인 조세채무액을 뒷받침하는 주장과 자료를
제출할 수 있고 이러한 자료에 의하여 적법하게 부과될 정당한 세액이 산출되는 때에는 그 정당
한 세액을 초과하는 부분만 취소하여야 할 것이고 전부를 취소할 것이 아니다(대판 2000. 6. 13,
98두5811).
2. 개발부담금부과처분 취소소송에 있어 당사자가 제출한 자료에 의하여 적법하게 부과될
정당한 부과금액을 산출할 수 없을 경우에는 부과처분 전부를 취소할 수밖에 없으나, 그렇지
않은 경우에는 그 정당한 금액을 초과하는 부분만 취소하여야 한다(대판 2004. 7. 22, 2002두868).

② 여러 개의 운전면허를 가진 사람이 음주운전을 한 경우 취소되는 운전면허
는 음주운전 당시 운전한 차량의 종류에 따라 그 범위가 달라진다(대판 2004. 12. 23,

2003두3017 ; 2004. 12. 24, 2004두10159).

〈판례〉한 사람이 취득한 여러 종류의 자동차운전면허는 가분성이 있으므로 한 사람이 여러 종류의 자동차운전면허를 취득하는 경우뿐 아니라 이를 취소 또는 정지함에 있어서도 서로 별개의 것으로 취급하는 것이 원칙이다. 제1종 보통, 대형 및 특수 면허를 가지고 있는 자가 레이카크레인을 음주운전한 행위는 제1종 특수면허의 취소사유에 해당될 뿐 제1종 보통 및 대형 면허의 취소사유는 아니므로, 3종의 면허를 모두 취소한 처분 중 제1종 보통 및 대형 면허에 대한 부분은 위법하므로 이를 이유로 분리하여 취소하면 될 것이며 제1종 특수면허부분은 재량권의 일탈·남용이 있는 경우에 한하여 취소될 수 있다(대판 전원합의체 1995. 11. 16, 95누8850). 〈해설〉 승용차를 음주운전한 경우에 제1종 보통면허와 함께 대형면허를 취소한 것은 적법하다. 왜냐하면 제1종 보통면허만 취소하면 대형면허로 승용차를 운전할 수 있으므로 음주운전에 대한 제재로서 운전면허를 취소한 효과가 없기 때문이다. 또한, 음주운전에 대한 면허취소처분은 음주운전을 막아 교통상 위해를 방지한다는 목적을 갖는 경찰조치의 성격도 가지므로 음주운전을 한 자가 보유하는 다른 운전면허도 취소할 필요가 있다. 판례도 이러한 입장을 취하고 있다(대판 1997. 3. 11, 96누15176).

③ 행정청이 여러 개의 위반행위에 대하여 하나의 제재처분을 하였으나, 위반행위별로 제재처분의 내용을 구분하는 것이 가능하고 여러 개의 위반행위 중 일부의 위반행위에 대한 제재처분 부분만이 위법하다면, 법원은 제재처분 중 위법성이 인정되는 부분만 취소하여야 하고 제재처분 전부를 취소하여서는 아니 된다(대판 2020. 5. 14, 2019두63515).

〈판례〉피고는 세 가지 처분사유에 관하여 각각 1개월의 영업정지를 결정한 다음 이를 합산하여 원고에 대하여 3개월의 영업정지를 명하는 이 사건 처분을 하였으므로, 설령 원심의 판단처럼 이 사건 처분 중 제2처분사유, 제3처분사유는 인정되는 반면 제1처분사유가 인정되지 않는다고 하더라도, 이 사건 처분 중 제1처분사유에 관한 1개월 영업정지 부분만 취소하여야 한다(대판 2020. 5. 14, 2019두63515[영업정지처분취소]).

나. 일부취소가 불가능한 경우   일부취소가 불가능한 경우에는 전부취소를 하여야 하는데, 그 예는 다음과 같다.

① 과징금 부과처분과 같이 **재량행위인 경우**에는 처분청의 재량권을 존중하여야 하고, 법원이 직접 처분을 하는 것은 인정되지 아니하므로 전부 취소를 하여 처분청이 재량권을 행사하여 다시 적정한 처분을 하도록 하여야 한다. 재량행위의 일부취소는 원칙상 행정청의 재량권을 침해하는 것이므로 인정될 수 없다(대판 1982. 9. 28, 82누2).

〈판례〉 1. 영업정지처분이 적정한 영업정지기간을 초과하여서 위법한 경우 그 초과부분만을 취소할 수 없다: 행정청이 영업정지 처분을 함에 있어서 그 정지기간을 어느 정도로 할 것인지는 행정청의 재량권에 속하는 사항인 것이며, 다만 그것이 공익의 원칙이나 평등의 원칙 또는 비례의 원칙 등에 위반하여 재량권의 한계를 벗어난 재량권 남용에 해당하는 경우에만 위법한 처분으로서 사법심사의 대상이 되는 것이나, 법원으로서는 영업정지처분이 재량권 남용이라고 판단될 때에는 위법한 처분으로서 그 처분의 취소를 명할 수 있을 뿐이고, 재량권의 한계 내에서 어느 정도가 적정한 영업정지기간인지를 가리는 일은 사법심사의 범위를 벗어난 다(대판 1982. 9. 28, 82누2).

2. 자동차운수사업면허조건 등을 위반한 사업자에 대하여 행정청이 행정제재수단으로 사업정지를 명할 것인지, 과징금을 부과할 것인지, 과징금을 부과키로 한다면 그 금액은 얼마로 할 것인지에 관하여 재량권이 부여되었다 할 것이므로 과징금부과처분이 법이 정한 한도액을 초과하여 위법할 경우 법원으로서는 그 전부를 취소할 수밖에 없고, 그 한도액을 초과한 부분이나 법원이 적정하다고 인정되는 부분을 초과한 부분만을 취소할 수 없다(대판 1998. 4. 10, 98두2270 ; 금 1,000,000원을 부과한 당해 처분 중 금 100,000원을 초과하는 부분은 재량권 일탈·남용으로 위법하다며 그 일부분만을 취소한 원심판결을 파기한 사례).

　　그러나, 공정거래위원회가 위반행위에 대한 과징금을 부과하면서 여러 개의 위반행위에 대하여 외형상 하나의 과징금 납부명령을 하였으나 여러 개의 위반행위 중 일부의 위반행위에 대한 과징금 부과만이 위법하고 소송상 그 일부의 위반행위를 기초로 한 과징금액을 산정할 수 있는 자료가 있는 경우에는, 하나의 과징금 납부명령일지라도 그 일부의 위반행위에 대한 과징금액에 해당하는 부분만을 취소하여야 한다(대판 2019. 1. 31, 2013두14726).

　　② 금전부과처분에서 당사자가 제출한 자료에 의해 적법하게 부과될 부과금액을 산출할 수 없는 경우에는 동 금전부과처분이 기속행위일지라도 법원이 처분청의 역할을 할 수는 없으므로 금전부과처분의 일부취소가 인정되지 않는다.

〈판례〉 1. 개발부담금부과처분 취소소송에 있어 당사자가 제출한 자료에 의하여 적법하게 부과될 정당한 부과금액을 산출할 수 없을 경우에는 부과처분 전부를 취소할 수밖에 없다(대판 2004. 7. 22, 2002두868).

2. 수 개의 위반행위에 대하여 하나의 과징금납부명령을 하였으나 수 개의 위반행위 중 일부의 위반행위만이 위법하지만, 소송상 그 일부의 위반행위를 기초로 한 과징금액을 산정할 수 있는 자료가 없는 경우에는 하나의 과징금납부명령 전부를 취소할 수밖에 없다(대판 2004. 10. 14, 2001두2881).

(4) 일부취소의무

일부취소가 가능한 경우에는 원칙상 전부취소를 하여서는 안 되며 일부취소를 하여야 한다(대판 2012. 3. 29, 2011두9263[국가유공자요건비해당처분취소]).

〈판례〉 하천관리청이 하천점용허가를 받지 않고 무단으로 하천을 점용·사용한 자에 대하여 변상금을 부과하면서 여러 필지 토지에 대하여 외형상 하나의 변상금부과처분을 하였으나, 여러 필지 토지 중 일부에 대한 변상금 부과만이 위법한 경우에는 변상금부과처분 중 위법한 토지에 대한 부분만을 취소하여야 하고, 그 부과처분 전부를 취소할 수는 없다(대판 2024. 7. 25, 2024두38025[원상회복명령 및 변상금부과처분의 취소]).

4. 사정판결

(1) 의   의

사정판결이라 함은 취소소송에 있어서 본안심리 결과, 원고의 청구가 이유 있다고 인정하는 경우(처분이 위법한 것으로 인정되는 경우)에도 공공복리를 위하여 원고의 청구를 기각하는 판결을 말한다. 즉, 행정소송법 제28조 제1항 전단은 "원고의 청구가 이유 있다고 인정되는 경우에도 그 처분이나 재결을 취소·변경하는 것이 현저히 공공복리에 적합하지 아니하다고 인정하는 때에는 법원은 원고의 청구를 기각할 수 있다"고 규정하고 있다.

(2) 사정판결의 요건

① 처분이 위법하여야 한다.

② 처분을 취소하는 것이 현저히 공공복리에 적합하지 아니하다고 인정되어야 한다. 이 요건의 인정은 위법한 처분을 취소하여 개인의 권익을 구제할 필요와 그 취소로 인하여 발생할 수 있는 공공복리에 대한 현저한 침해를 비교형량하여 결정하여야 한다.

공공복리라는 개념은 매우 모호한 개념인데, 공익과 같은 의미로 해석할 수 있을 것이다.

사정판결의 요건은 매우 엄격하고 제한적으로 해석되어야 한다(대판 1995. 6. 13, 94누4660).

③ 사정판결의 경우 처분 등의 위법성은 처분시를 기준으로 판단하고, 처분등을 취소하는 것이 현저히 공공복리에 적합하지 아니한지 여부는 **사실심 변론을 종결할 때를 기준**으로 판단한다(행정소송규칙 제14조).

〈판례〉 1. 징계면직된 검사의 복직이 검찰조직의 안정과 인화를 저해할 우려가 있다는 등의 사정은 현저히 공공복리에 반하는 사유라고 볼 수 없다는 이유로, 사정판결을 할 경우에 해당하지 않는다고 본 사례(대판 2001. 8. 24, 2000두7704).
2. 관리처분계획의 수정을 위한 조합원총회의 재결의를 위하여 시간과 비용이 많이 소요된다는 등의 사정만으로는 재결의를 거치지 않음으로써 위법한 관리처분계획을 취소하는 것이 현저히 공공복리에 적합하지 아니하다고 볼 수 없다는 이유로 사정판결의 필요성을 부정한 사례(대결 2001. 10. 12, 2000두4279).
3. 기반시설부담계획의 부분적 위법사유를 이유로 그 전부를 취소하는 것은 현저히 공공복리에 적합하지 아니하여 사정판결을 할 사유가 있다고 볼 여지가 있다고 한 사례(대판 2016. 7. 14, 2015두4167[기반시설부담금 부과처분 취소]).

(3) 사정판결의 절차 등

법원이 사정판결을 함에 있어서는 미리 원고가 그로 인하여 입게 될 손해의 정도와 배상방법 그 밖의 사정을 조사하여야 한다(법 제28조 제2항).

당사자의 주장이 없더라도 직권으로 사정판결을 할 수 있다(대판 1992. 2. 14, 90누9032). 물론 사정판결은 피고인 행정청의 청구에 의해 행해질 수도 있다.

사정판결을 하는 경우 법원은 그 판결의 주문에서 그 처분 등이 위법함을 명시하여야 한다.

(4) 효   과

사정판결은 원고의 청구를 기각하는 판결이므로 취소소송의 대상인 처분 등은 당해 처분이 위법함에도 그 효력이 유지된다.

사정판결이 있는 경우 원고의 청구가 이유 있음에도 불구하고 원고가 패소한 것이므로 소송비용은 승소자인 피고가 부담한다.

(5) 원고의 권익구제

사정판결로 해당 처분 등이 적법하게 되는 것은 아니므로 원고가 당해 처분 등으로 손해를 입은 경우 손해배상청구를 할 수 있다.

원고는 피고인 행정청이 속하는 국가 또는 공공단체를 상대로 손해배상, 제해시설(除害施設)의 설치 그 밖에 적당한 구제방법의 청구를 당해 취소소송 등이 계속된 법원에 병합하여 제기할 수 있다(법 제28조 제3항).

(6) 적용범위

행정소송법상 사정판결은 취소소송에서만 인정되고, 무효등확인소송과 부작위위법확인소송에는 준용되고 있지 않다(제38조). 사정판결이 무효등확인소송에도 인정될 수 있는지에 관하여 견해가 대립하고 있다. **판례는 부정설을 취하고 있다.** 즉, 당연무효의 행정처분을 소송목적물로 하는 행정소송에서는 존치시킬 효력이 있는 행정행위가 없기 때문에 행정소송법 제28조 소정의 사정판결을 할 수 없다(대판 1996. 3. 22, 95누5509).

V. 부작위위법확인소송의 판결의 종류

1. 각하판결

부작위위법확인소송의 소송요건을 결여한 부적법한 소에 대하여는 본안심리를 거절하는 각하판결을 내린다. 부작위 자체가 성립하지 않는 경우 및 부작위가 성립하였으나 소송계속 중 처분이 내려져 소의 이익이 상실된 경우 각하판결을 내린다.

부작위위법확인소송 계속 중 행정청이 당사자의 신청에 대하여 상당한 기간이 지난 후 처분등을 한 경우 법원은 각하판결을 하면서 소송비용의 전부 또는 일부를 피고가 부담하게 할 수 있다(행정소송규칙 제17조).

2. 기각판결

본안심리의 결과 원고의 부작위위법확인청구가 이유 없다고 판단되는 경우 기각판결을 내린다.

신청권을 소송요건의 문제가 아니라 본안의 문제로 보는 견해에 의하면 신청권이 존재하지 않는 경우 기각판결을 하여야 한다.

실체적 심리설에 따르는 경우 실체법상 신청에 따른 처분을 해주어야 하는 경우 인용판결을 하고 신청에 따른 처분을 해줄 의무가 없는 경우 기각판결을 한다.

3. 인용판결

본안심리의 결과 원고의 부작위위법확인청구가 이유 있다고 인정하는 경우(부작위 상태가 계속되는 경우) 인용판결(부작위위법확인판결)을 내린다.

VI. 무효등확인소송의 판결의 종류

1. 각하판결

무효등확인소송이 소송요건을 결여한 경우에는 본안심리를 거절하는 각하판결을 내린다.

2. 기각판결

본안심리의 결과 원고의 무효등확인청구가 이유 없다고 판단되는 경우 기각판결을 내린다. 기각판결은 다음과 같은 경우에 내린다.

① 계쟁처분이 적법하거나 위법하지 아니하고 단순한 부당에 그친 경우

② 계쟁처분이 위법하지만 당해 위법이 중대하거나 명백하지 않은 경우. 다만, 판례는 무효확인청구에는 취소청구가 포함된 것으로 보고 해당 무효확인소송이 취소소송의 소송요건을 충족하고 있는 경우 취소판결을 할 수 있다고 본다(이견 있음. 소송의 종류 참조).

3. 인용판결

본안심리의 결과 원고의 무효등확인청구가 이유 있다고 인정하는 경우(무효인 경우) 인용판결(무효등확인판결)을 내린다.

Ⅶ. 공법상 당사자소송의 판결의 종류

1. 각하판결

당사자소송이 소송요건을 결여한 경우에는 본안심리를 거절하는 각하판결을 내린다.

2. 기각판결

본안심리의 결과 원고의 청구가 이유 없다고 판단되는 경우 기각판결을 내린다.

3. 인용판결

본안심리의 결과 원고의 청구가 이유 있다고 인정하는 경우 인용판결을 내리는데, 당사자소송의 소의 종류에 따라 확인판결을 내리기도 하고 이행판결을 내리기도 한다.

Ⅷ. 취소판결의 효력

확정된 취소판결의 효력에는 형성력, 기속력 및 기판력이 있는데, 형성력과 기속력은 인용판결에 인정되는 효력이고, 기판력은 인용판결뿐만 아니라 기각판결에도 인정되는 효력이다.

1. 형 성 력

(1) 의   의

계쟁처분 또는 재결의 취소판결이 확정된 때에는 당해 처분은 처분청 또는 행정심판기관의 취소를 기다릴 것 없이 당연히 효력을 상실하는데, 이를 **형성력**(形成力)

이라 한다. 형성력은 위법상태를 시정하여 원상을 회복하는 소송이라는 취소소송의 목적을 달성하도록 하기 위하여 인정되는 효력이다.

취소판결은 계쟁처분을 취소하는 것인데, 취소는 형성력을 갖는 행위이다.

취소판결에서 취소는 법적 행위에 대하여는 법적 효력을 상실시키는 효력을 갖고 (법적 효력을 상실시키는 효력도 위법상태를 배제하는 효력의 하나라고 할 수 있다), 사실행위에 있어서는 위법상태를 배제하는 효력을 갖는다.

(2) 형성력의 내용

취소판결의 형성력은 형성효, 소급효 및 대세효로 이루어진다. 즉 취소판결은 계쟁처분의 효력을 소급적으로 상실시키며 제3자에 대하여도 효력이 있다.

1) 형 성 효

형성효라 함은 계쟁처분의 효력을 상실(배제)시키는 효력을 말한다. 사실행위의 경우에는 그 지배력을 배제하는 의미를 갖는다.

2) 소 급 효

취소판결의 취소의 효과는 원칙상 처분시에 소급하는데, 이를 취소판결의 소급 효라 한다.

소급효가 미치는 결과 취소된 처분을 전제로 형성된 법률관계는 모두 효력을 상실한다.

영업허가취소처분을 취소하는 판결이 확정되면 영업허가취소처분이 소급적으로 소멸하고 영업허가가 원상회복되므로 영업허가취소처분 후 행한 영업이 무허가영업이 되지 않는다.

3) 제3자효(대세적 효력, 대세효)

가. 의   의   취소판결의 취소의 효력(형성효 및 소급효)은 소송에 관여하지 않은 제3자에 대하여도 미치는데 이를 취소의 **대세적 효력**(대세효)라 한다. 행정소송법 제29조 제1항은 이를 명문으로 규정하고 있다. 대세적 효력(對世的 效力)을 인정한 취지는 행정상 법률관계를 통일적으로 규율하고자 하는 데 그 기본적인 취지가 있다.

취소판결의 효력이 제3자에도 미침으로 인하여 제3자가 불측의 손해를 입을 수 있으므로 행정소송법은 제3자의 권리를 보호하기 위하여 제3자의 소송참가제도(제16조)와 제3자의 재심청구제도(제31조)를 인정하고 있다.

나. 제3자의 범위   행정상 법률관계를 통일적으로 규율하고자 하는 대세효 인정의 취지에 비추어 취소판결의 효력이 미치는 제3자는 모든 제3자를 의미하는

것으로 보는 것이 타당하다.

다. 취소판결의 제3자효의 내용   취소판결의 형성력은 제3자에 대하여도 발생하며 제3자는 취소판결의 효력에 대항할 수 없다.

일반처분의 취소의 효과가 소송을 제기하지 않은 자에게도 미치는가에 관하여 견해가 대립되고 있다. 생각건대, 일반처분의 취소의 제3자에 대한 효력에 관하여 장래효와 소급효를 구별하는 것이 타당하다. ① 일반처분이 취소되면 일반처분은 장래에 향하여 절대적으로 효력을 상실한다. ② 일반처분의 취소의 소급효는 불가쟁력의 발생 여부에 따라 달라진다고 보는 것이 타당하다. 불가쟁력이 발생한 제3자에 대하여는 법적 안정성을 보장하기 위하여 일반처분의 취소판결이 소급효를 갖지 않는다고 보아야 한다. 달리 말하면 일반처분을 근거로 이미 법률관계가 형성되었고, 취소소송제기기간이 지난 경우에는 일반처분에 근거하여 형성된 기성의 법률관계를 다투면서 일반처분의 취소를 원용할 수 없다. 불가쟁력이 발생하지 않은 제3자에 대해서는 일반처분의 취소의 소급효가 미친다고 보아야 한다.

라. 취소된 처분을 전제로 형성된 법률관계의 효력 상실

① 취소판결의 형성효, 소급효와 대세효로 인하여 취소된 처분에 의해 형성된 법률관계는 그 효력을 상실한다. 예를 들면, 환지처분이 취소되면 환지취득자는 환지처분에 의해 취득한 소유권을 상실하고 종전의 토지에 대한 소유권을 취득한다.

② 취소판결의 형성효, 소급효와 대세효로 인하여 취소된 처분을 기초로 하여 형성된 법률관계도 그 효력을 상실한다.

예를 들면, 공매처분이 취소되면 공매처분을 기초로 하여 체결된 사법상 매매계약은 효력을 상실하며 그에 의해 형성된 경락인의 소유권취득도 그 효력을 상실한다. 따라서, 체납자가 경락인을 상대로 한 소유권이전등기말소청구를 인용하여야 한다. 이 경우 경락인은 공무원에게 고의 또는 과실이 있는 경우 국가배상을 청구할 수 있다(대판 2008. 7. 10, 2006다23664: 경매담당 공무원이 이해관계인에 대한 기일통지를 잘못한 것이 원인이 되어 경락허가결정이 취소된 사안에서, 그 사이 경락대금을 완납하고 소유권이전등기를 마친 경락인에 대하여 국가배상책임을 인정한 사례).

③ 취소된 처분을 전제로 하여 행해진 처분 등 행위는 달리 특별한 사정이 없는 한 소급하여 효력을 상실한다.

〈판례〉 도시 및 주거환경정비법상 주택재개발사업조합의 조합설립인가처분이 법원의 재판에 의하여 취소된 경우, 주택재개발사업조합이 조합설립인가처분 취소 전에 도시 및 주거환경정비법상 적법한 행정주체 또는 사업시행자로서 한 결의 등 처분은 원칙상 소급하여 효

력을 상실한다. 다만, 이때 종전 결의 등 처분의 법률효과를 다투는 소송의 당사자지위까지
함께 소멸하는 것은 아니다(대판 2012. 3. 29, 2008다95885[주민총회결의무효확인]).

④ 취소된 처분에 의해 형성된 법률관계를 기초로 하여 행해진 사법상 행위에
의하여 권리를 취득한 자는 선의·악의를 불문하고 취소판결의 대세효에 대항할 수
없고 이를 용인하여야 한다.

〈판례〉 행정처분을 취소하는 확정판결이 제3자에 대하여도 효력이 있다고 하더라도 일반적으
로 판결의 효력은 주문에 포함한 것에 한하여 미치는 것이니 그 취소판결 자체의 효력으로
써 그 행정처분을 기초로 하여 새로 형성된(새로운 사법상의 매매계약에 의해 형성된) 제3자의
권리까지 당연히 그 행정처분 전의 상태로 환원되는 것이라고는 할 수 없고, 단지 취소판결의 존
재와 취소판결에 의하여 형성되는 법률관계를 소송당사자가 아니었던 제3자라 할지라도 이를 용
인하지 않으면 아니 된다는 것을 의미하는 것에 불과하다 할 것이며, 따라서 취소판결의 확정
으로 인하여 당해 행정처분을 기초로 새로 형성된 제3자의 권리관계에 변동을 초래하는 경
우가 있다 하더라도 이는 취소판결 자체의 형성력에 기한 것이 아니라 취소판결의 위와 같은
의미에서의 제3자에 대한 효력의 반사적 효과로서 그 취소판결이 제3자의 권리관계에 대하여
그 변동을 초래할 수 있는 새로운 법률요건이 되는 까닭이라 할 것이다(대판 1986. 8. 19, 83다
카2022: 환지계획변경처분에 의해 취득한 토지를 제3자에게 양도한 후 동 환지계획변경처분이 취소된 경
우 취소소송을 제기한 자가 동 취소판결을 근거로 동 토지를 양수한 제3자에 대한 소유권이전등기말소를
청구한 사건).

(3) 취소판결의 형성력의 준용
행정소송법 제29조 제1항의 취소판결의 형성력은 집행정지결정 또는 집행정지
결정의 취소결정에 준용되고(제29조 제2항), 무효확인소송에도 준용된다(제38조 제1항).

2. 기 속 력
(1) 의   의
기속력(羈束力)이라 함은 행정청에 대하여 판결의 취지에 따라 행동하도록 당사
자인 행정청과 그 밖의 관계행정청을 구속하는 효력을 말한다. 그리하여 기속력을
구속력이라 부르는 견해도 있다. 행정소송법은 "처분 등을 취소하는 확정판결은 그
사건에 관하여 당사자인 행정청과 그 밖의 관계행정청을 기속한다"(법 제30조 제1항)
고 규정하고 있다.

기속력은 인용판결이 확정된 경우에 한하여 인정되고 기각판결에는 인정되지
않는다. 따라서, 취소소송의 기각판결이 있은 후에도 처분청은 당해 처분을 직권으
로 취소할 수 있다.

(2) 성   질

기속력의 성질을 무엇으로 볼 것인가에 관하여 기판력설과 특수효력설이 대립하고 있다.

통설은 특수효력설을 취하고, **판례도 특수효력설을 취하는 것으로 보인다**(대판 1957. 2. 6, 4290행상23 ; 2016. 3. 24, 2015두48235).

기속력은 취소판결의 실효성을 확보하기 위하여 행정소송법이 특별히 부여한 효력이며 기판력과는 그 본질을 달리한다. i) 기판력은 법원과 소송당사자 및 이와 동일시할 수 있는 자에 미치는데, 기속력은 처분청 및 관계행정청을 구속한다. ii) 기판력은 주문에 포함된 것에 한정되는데, 기속력은 주문 및 이유인 위법사유에 미친다. iii) 기판력은 동일한 처분에 대해서만 미치는데, 기속력은 동일한 처분뿐만 아니라 새로운 처분에도 미친다.

(3) 내   용

기속력은 소극적 효력(반복금지효)과 적극적 효력(원상회복의무, 재처분의무)으로 나뉠 수 있다.

취소판결의 기속력에 관한 규정인 행정소송법 제30조 중 제1항은 당사자소송에도 준용되므로 취소판결의 기속력 중 반복금지효와 원상회복의무는 당사자소송에서의 확정인용판결에도 준용된다. 재처분의무에 관한 제30조 제2항은 당사자소송에 준용되지 않는다(행정소송법 제44조).

1) 소극적 효력: 반복금지효(저촉금지효)

취소판결이 확정되면 처분청 및 관계행정청은 취소된 처분에서 행한 과오와 동일한 과오를 반복해서는 안 되는 구속을 받는다. 달리 말하면 처분청 및 관계행정청은 판결의 취지에 저촉되는 처분을 하여서는 안 된다.

저촉금지효(반복금지효)는 판결의 취지에 반하는 행위(달리 말하면 동일한 과오를 반복하는 행위)를 금지하는 효력이다. 판결의 취지라 함은 판결의 주문과 판결이유를 말한다. 취소판결의 취지는 취소된 처분이 위법하다는 것과 취소판결의 이유가 된 위법사유를 말한다.

① **동일한 처분의 반복금지**: 취소된 처분과 동일한 처분을 하는 것은 취소판결의 기속력(반복금지효)에 반한다. '**동일한 처분**'이라 함은 동일 사실관계 아래에서 동일 당사자에 대하여 동일한 내용을 갖는 행위를 말한다.

i) 처분의 사실관계가 동일하지 않으면 취소판결이 확정된 후 동일 당사자에 대하여 동일한 내용의 처분을 하여도 기속력에 반하는 것이 아니다. 처분의 사실관

계가 동일한지 동일하지 않은지는 종전 처분에 관하여 위법한 것으로 판결에서 판단된 사유와 기본적 사실관계에 있어 동일성이 인정되는 사유인지 여부에 따라 판단되어야 한다. 따라서, 새로운 처분의 처분사유와 종전 처분에 관하여 위법한 것으로 판결에서 판단된 사유가 기본적 사실관계에 있어 동일성이 없으면, 새로운 처분이 종전 처분에 대한 판결의 기속력에 저촉되지 않는다(대판 2005. 12. 9, 2003두7705 참조). 예를 들면, 어떠한 행정법규 위반을 이유로 한 허가취소처분(철회)이 그에 대한 허가취소판결에 의해 취소되었더라도 행정청은 이제는 다른 행정법규 위반을 이유로 당해 허가를 취소(철회)할 수 있다. 동일한 법규 위반사실에 대하여 법적 근거만을 변경하여 동일 허가 등을 철회할 수는 없다. 또한, 취소된 처분의 징계사유와 다른 징계사유를 내세워 동일한 내용의 징계처분을 할 수 있다.

ⅱ) 처분의 기본적 사실관계가 동일하다면 적용법규정을 달리하거나 처분사유를 변경하여 동일한 내용의 처분을 하는 것은 동일한 행위의 반복에 해당한다(대판 1990. 12. 11, 90누3560).

ⅲ) 취소사유가 절차 또는 형식의 흠인 경우에 행정청이 적법한 절차 또는 형식을 갖추어 행한 동일한 내용의 처분은 새로운 처분으로 취소된 처분과 동일한 처분이 아니다.

② 판결의 이유에서 제시된 위법사유의 반복금지: 기속력은 판결의 이유에 제시된 위법사유에 대하여 미치므로 판결의 이유에서 제시된 위법사유를 다시 반복하는 것은 동일한 처분이 아닌 경우에도 동일한 과오를 반복하는 것으로서 기속력에 반한다.

ⅰ) 취소판결에서 위법으로 판단된 처분사유를 포함하여 동일한 내용의 또는 다른 내용의 처분을 하는 것은 동일한 과오를 반복하는 것으로서 기속력에 반한다.

ⅱ) 법규 위반을 이유로 내린 영업허가취소처분이 비례의 원칙 위반으로 취소된 경우에 동일한 법규 위반을 이유로 영업정지처분을 내리는 것은 기속력에 반하지 않지만, 법규 위반사실이 없는 것을 이유로 영업허가취소처분이 취소된 경우에 동일한 법규 위반을 이유로 영업정지처분을 내리는 것은 기속력에 반한다.

ⅲ) 여러 법규 위반을 이유로 한 영업허가취소처분이 처분의 이유로 된 법규 위반 중 일부가 인정되지 않고 나머지 법규 위반으로는 영업허가취소처분이 비례의 원칙에 위반된다고 취소된 경우에 판결에서 인정되지 않은 법규 위반사실을 포함하여 다시 영업정지처분을 내리는 것은 동일한 행위의 반복은 아니지만 판결의 취지에 반한다.

③ **취소된 행위를 기초로 한 처분의 금지**: 행정청은 취소된 행위를 기초로 하는 일체의 처분을 하여서는 안 된다.

2) 원상회복의무(위법상태제거의무)

취소판결의 기속력에 원상회복의무(위법상태제거의무)가 포함되는지에 관하여 명문의 규정은 없지만, 행정소송법 제30조에 근거하여 이를 긍정하는 것이 타당하다. 판례도 이를 긍정하고 있다.

〈판례〉 어떤 행정처분을 위법하다고 판단하여 취소하는 판결이 확정되면 행정청은 행정소송법 제30조의 취소판결의 기속력에 따라 그 판결에서 확인된 위법사유를 배제한 상태에서 다시 처분을 하거나 그 밖에 위법한 결과를 제거하는 조치를 할 의무가 있다(대판 2019. 10. 17, 2018두104).

취소판결이 확정되면 행정청은 취소된 처분에 의해 초래된 위법상태를 제거하여 원상회복할 의무를 진다. 이를 취소판결의 원상회복의무라 한다.

예를 들면, 재산의 압류처분이 취소되면 행정청은 당해 재산을 반환해야 할 의무를 진다. 또한, 파면처분이 취소되면 파면되었던 원고를 복직시켜야 한다. 또한, 병역의무 기피자의 명단공표가 취소되면 그 명단공표를 중단하고, 그 공표된 명단을 삭제하여야 한다.

예를 들면, 도로점용허가처분의 취소가 확정되면 처분청은 취소판결의 기속력에 따라 참가인에 대하여 이 사건 도로의 점용을 중지하고 원상회복할 것을 명령하고, 이를 이행하지 않을 경우 행정대집행이나 이행강제금 부과 조치를 하는 등 이 사건 도로점용허가로 인한 위법상태를 제거하여야 한다. 또한, 처분청은 수익적 행정행위의 직권취소 제한에 관한 법리를 준수하는 범위 내에서 일정한 요건 하에 직권으로 이 사건 건축허가의 일부를 취소하거나 변경하는 등의 조치를 할 의무가 있다. 그 이유는 도로점용허가 취소판결의 직접적인 효과로 이 사건 건축허가가 취소되거나 그 효력이 소멸되는 것은 아니지만, 이 사건 도로점용허가가 유효하게 존재함을 전제로 이루어진 이 사건 건축허가는 그 법적·사실적 기초를 일부 상실하게 되기 때문이다.

〈판례〉 건축물의 불법용도 변경에 대한 시정명령이 위법하고 이를 기초로 이루어진 이행강제금 부과처분 역시 위법하다는 이유로, 이행강제금 부과처분을 취소하는 판결이 선고·확정된 경우에 처분청은 시정명령의 위법한 결과를 제거하는 조치, 즉 시정명령을 직권으로 취소하는 처분을 할 의무가 있다(대판 2020. 12. 24, 2019두55675[학원등록거부처분등취소청구의소]).

취소된 위법한 처분이 없었을 것을 전제로 원상회복을 행하여야 한다. 따라서, 파면처분의 취소에 따른 원상회복은 동일 직급으로 복직시키는 것도 원상회복으로 보는 견해도 있으나 원직에의 복직을 말하며, 경우에 따라서는 승급, 승진도 해 주어야 한다.

처분상대방이 집행정지결정을 받지 못했으나 본안소송에서 해당 제재처분이 위법하다는 것이 확인되어 취소하는 판결이 확정되면, 처분청은 그 제재처분으로 처분상대방에게 초래된 불이익한 결과를 제거하기 위하여 필요한 조치를 취하여야 한다(대판 2020. 9. 3, 2020두34070).

3) 재처분의무

가. 거부처분취소에 따른 재처분의무   판결에 의하여 취소 또는 변경되는 처분이 당사자의 신청을 거부하는 것을 내용으로 하는 경우에는 그 처분을 행한 행정청은 판결의 취지에 따라 다시 이전의 신청에 대한 가부간의 처분을 하여야 한다(법 제30조 제2항). 이를 거부처분취소에 따른 재처분의무라 한다.

당사자가 처분을 받기 위해 신청을 다시 할 필요는 없다.

행정청의 재처분의 내용은 '판결의 취지'를 존중하는 것이면 된다. 반드시 원고가 신청한 내용대로 처분해야 하는 것은 아니다.

〈판례〉 [계획재량 영역에서의 취소판결 기속력 범위에 관한 사건] (1) 취소 확정판결의 기속력의 범위에 관한 법리 및 도시관리계획의 입안·결정에 관하여 행정청에게 부여된 재량을 고려하면, 주민 등의 도시관리계획 입안 제안을 거부한 처분을 이익형량에 하자가 있어 위법하다고 판단하여 취소하는 판결이 확정되었더라도 행정청에게 그 입안 제안을 그대로 수용하는 내용의 도시관리계획을 수립할 의무가 있다고는 볼 수 없고, 행정청이 다시 새로운 이익형량을 하여 적극적으로 도시관리계획을 수립하였다면 취소판결의 기속력에 따른 재처분의무를 이행한 것이라고 보아야 한다. (2) 원고가 학교시설로 도시계획시설이 결정되어 있는 부지를 취득한 후 그 지상에 가설건축물 건축허가를 받고 옥외골프연습장을 축조하여 이를 운영하여 오고 있던 중, 피고에게 위 부지에 관하여 도시계획시설(학교)결정을 폐지하고 가설건축물의 건축용도를 유지하는 내용의 지구단위계획안을 입안 제안함. 이에 대하여 피고가 이를 거부하는 처분을 하자, 원고는 피고를 상대로 한 항고소송을 제기하여 위 거부처분의 취소판결을 확정받음. 이후 피고가 새로운 재량고려사유를 들어 도시계획시설(학교)결정을 폐지하고, 위 부지를 특별계획구역으로 지정하는 내용의 도시관리계획결정을 하였는바, 이러한 새로운 내용의 도시관리계획결정이 피고가 원고의 입안 제안을 그대로 수용하지 않은 것이더라도 기존 취소판결의 기속력에 반하지 않는다고 보아, 이를 취소판결의 기속력에 반한다고 판단하여 원고의 청구를 인용한 원심판결을 파기한 사례(대판 2020. 6. 25, 2019두56135).

재처분의무의 내용은 당해 거부처분의 취소사유에 따라 다르다.

① 거부처분이 형식상 위법(무권한, 형식의 하자, 절차의 하자)을 이유로 취소된 경

우: 이 경우에는 적법한 절차를 거치는 등 적법한 형식을 갖추어 신청에 따른 가부
간의 처분을 하여야 한다. 행정청은 실체적 요건을 심사하여 신청된 대로 처분을
할 수도 있고 다시 거부처분을 할 수도 있다.

　② 거부처분이 실체상 위법을 이유로 취소된 경우: ⅰ) 이 경우에 위법판단기
준시에 관하여 판례와 같이 **처분시설을 취하는 경우** 거부처분 이후의 사유(법령의 변
경 또는 사실상황의 변경)를 이유로 다시 거부처분을 하는 것은 재처분의무를 이행한
것이다.

〈판례〉 거부처분 취소의 확정판결을 받은 행정청이 거부처분 후에 법령이 개정·시행된 경우, 새
로운 사유로 내세워 다시 거부처분을 한 경우도 행정소송법 제30조 제2항 소정의 재처분에 해당
하는지 여부(적극): 행정처분의 적법 여부는 그 행정처분이 행하여진 때의 법령과 사실을 기
준으로 하여 판단하는 것이므로 거부처분 후에 법령이 개정·시행된 경우에는 개정된 법령
및 허가기준을 새로운 사유로 들어 다시 이전의 신청에 대한 거부처분을 할 수 있으며 그
러한 처분도 행정소송법 제30조 제2항에 규정된 재처분에 해당된다(대결 1998. 1. 7, 97두22: 건
축불허가처분을 취소하는 판결이 확정된 후 국토이용관리법 시행령이 준농림지역 안에서의 행위제한에 관
하여 지방자치단체의 조례로써 일정 지역에서 숙박업을 영위하기 위한 시설의 설치를 제한할 수 있도록
개정된 경우, 당해 지방자치 단체장이 위 처분 후에 개정된 신법령에서 정한 사유를 들어 새로운 거부처분
을 한 것이 행정소송법 제30조 제2항 소정의 확정판결의 취지에 따라 이전의 신청에 대한 처분을 한 경우
에 해당한다고 한 사례).

　ⅱ) 위법판단의 기준시에 관하여 **판결시설(또는 위법판단시·판결시구별설)을 취하면**
사실심 변론종결시 이전의 사유를 내세워 다시 거부처분을 할 수 없다.

　ⅲ) 위법판단기준시 및 판결기준시에 관하여 어느 견해를 취하든지 사실심 변
론종결 이후에 발생한 새로운 사유를 근거로 다시 이전의 신청에 대한 거부처분을
할 수 있다.

〈판례〉 행정소송법 제30조 제2항에 의하면, 행정청의 거부처분을 취소하는 판결이 확정된
경우에는 그 처분을 행한 행정청은 판결의 취지에 따라 이전의 신청에 대하여 재처분할 의
무가 있고, 이 경우 확정판결의 당사자인 처분 행정청은 그 행정소송의 사실심 변론종결 이
후 발생한 새로운 사유를 내세워 다시 이전의 신청에 대하여 거부처분을 할 수 있으며, 그
러한 처분도 이 조항에 규정된 재처분에 해당한다(대판 1999. 12. 28, 98두1895).

　ⅳ) 거부처분시 이전에 존재하던 다른 사유를 근거로 다시 거부처분을 할 수
있는지가 문제된다. 거부처분사유가 달라지면 거부처분의 동일성이 달라지며 거부
처분사유도 기본적 사실관계의 동일성이 인정되는 한도 내에서만 처분사유의 추가

변경이 인정된다는 판례의 입장을 취하면 거부처분 이전에 존재하던 사유 중 처분사유와 다른 사유(기본적 사실관계에 동일성이 없는 사유)를 근거로 다시 거부처분을 하는 것이 가능하다. 이 경우 동 거부처분은 새로운 처분이 되며 재처분의무를 이행한 것이 된다.

나. 절차상의 위법을 이유로 신청에 따른 인용처분(예, 건축허가)이 취소된 경우의 재처분의무　① 기속력 일반에 따르면 절차상 위법(넓은 의미의 형식상 위법)을 이유로 처분이 취소된 경우에 재처분의무를 규정한 법령이 있는 경우에는 재처분을 하여야 하고, 재처분의무를 규정한 법령이 없고 처분청이 결정재량권을 갖는 경우에는 재처분을 할 것인지는 처분청의 재량에 속한다. 처분청이 선택재량권을 갖는 경우에는 원래의 처분과 다른 처분을 할 수도 있다. 기속행위의 경우에는 처분요건에 해당하면 재처분의무를 규정한 법령이 없더라도 당연히 법에 따른 재처분을 하여야 한다. ② 행정소송법 제30조 제3항은 신청에 따른 처분이 절차의 위법을 이유로 취소된 경우에는 거부처분취소판결에 있어서의 재처분의무에 관한 제30조 제2항의 규정을 준용하는 것으로 규정하고 있다. 여기에서 '**신청에 따른 처분**'이라 함은 '신청에 대한 인용처분'을 말한다.

입법취지는 신청에 따른 인용처분에 의해 권익을 침해당한 제3자의 제소에 따라 절차에 위법이 있음을 이유로 취소된 경우에는 판결의 취지에 따른 적법한 절차에 의하여 신청에 대한 가부간의 처분을 다시 하도록 하여 신청인의 권익을 보호하기 위한 것이다.

여기에서 '**절차의 위법**'은 실체법상(내용상)의 위법에 대응하는 넓은 의미의 형식상의 위법을 말하며 협의의 절차의 위법뿐만 아니라 권한·형식의 위법을 포함하는 것으로 해석하여야 한다.

③ 국가공무원법 제78조의3 제1항 제2호에 따르면 징계처분권자(대통령이 처분권자인 경우에는 처분 제청권자)는 절차상의 흠을 이유로 소청심사위원회 또는 법원에서 **징계처분등의 무효 또는 취소(취소명령 포함)의 결정이나 판결을 받은 경우에는** 다시 징계의결 또는 징계부가금 부과 의결(이하 "징계의결등"이라 한다)을 요구하여야 한다.

④ 확정판결에 따라 절차의 하자를 시정하여 한 처분은 취소되거나 무효확인된 종전 처분과 다른 내용의 처분인 경우뿐만 아니라 동일한 내용의 처분이라도 그 종전 처분과 다른 새로운 처분이다.

다. 종전 거부처분 이후 법령 등의 변경과 재처분내용의 문제

⑺ **거부처분 가능 여부**　재처분은 새로운 처분이므로 재처분시의 법령 및 사

실상태를 기초로 하여 행해져야 한다. 따라서, 종전의 거부처분 후 법령 및 사실상
태에 변경이 있는 경우에 위법판단의 기준시에 관하여 **처분시설**에 의하면 처분청은
종전 처분후 발생한 새로운 사유가 기본적 사실관계의 동일성이 없는 사유인 경우
그 새로운 사유를 내세워 재처분으로 다시 거부처분을 할 수 있고 이 거부처분이
기속력인 재처분의무에 반하지 않지만, **판결시설**에 의하면 사실심변론 종결 이전의
법령 및 사실상태의 변경을 이유로 다시 거부처분을 할 수 없다.

〈**판례**〉종전 처분 후 발생한 새로운 사유를 내세워 다시 거부처분을 하는 것이 처분 등을 취소하
는 확정판결의 기속력에 위배되는지 여부(소극): [1] 행정처분의 적법 여부는 그 행정처분이 행
하여진 때의 법령과 사실을 기준으로 하여 판단하는 것이므로 확정판결의 당사자인 처분
행정청은 종전 처분 후에 발생한 새로운 사유를 내세워 다시 거부처분을 할 수 있고, 그러한 처
분도 행정소송법 제30조 제2항 소정의 재처분에 해당한다. 여기에서 새로운 사유인지는, 종
전 처분에 관하여 위법한 것으로 판결에서 판단된 사유와, 기본적 사실관계의 동일성이 인정되는
사유인지 여부에 따라 판단되어야 한다. [2] 원고가 아파트 건설사업계획승인 신청을 하였으
나 미디어밸리의 시가화 예정 지역이라는 이유로 거부되자 그 취소소송에서 처분 사유가
구체적이고 합리적이지 못하여 재량권 남용이라는 이유로 그 처분의 취소판결이 확정된
후 피고가 종전 처분 후이지만 종전 소송의 사실심 변론종결 이전에 발생한 개발제한지역
지정의 새로운 사실을 이유로 한 거부처분이 위 취소 확정판결의 기속력에 반하지 않는
다는 원심을 수긍한 사례(대판 2011. 10. 27, 2011두14401[건축불허가처분취소])

　　다만, 처분청이 취소판결 이후에 재처분을 부당하게 늦추면서 인위적으로 새로
운 사유를 만든 경우 그 새로운 사유를 들어 다시 거부처분을 하는 것은 신의성실
의 원칙에 반하고 판결의 기속력을 무력화시키는 행위이므로 인정될 수 없다.

　　㈏ **원고의 신뢰의 보호: 새로운 거부처분의 위법 여부**　　처분시의 법령(개정 전
법령)의 존속에 대한 국민의 신뢰이익, 인용판결에 대한 신뢰이익과 거부처분 후 개
정된 법령의 적용에 관한 공익 사이의 이익형량의 결과 전자가 후자보다 더 보호가
치가 있다고 인정되는 경우에는 그러한 국민의 신뢰를 보호하기 위하여 처분 후의
개정 법령을 적용하지 말고 개정 전 법령을 적용하여야 한다.

　　라. 거부처분취소에 따른 재처분의무의 실효성 확보: 간접강제

　　㈎ **의　　의**　　행정소송법은 거부처분취소에 따른 재처분의무의 실효성을 확
보하기 위하여 간접강제제도를 두고 있다. 즉, 행정청이 거부처분의 취소판결의 취
지에 따라 처분을 하지 아니하는 때에는 1심 수소법원은 당사자의 신청에 의하여
결정으로서 상당한 기간을 정하고 행정청이 그 기간 내에 이행하지 아니하는 때에

는 그 지연기간에 따라 일정한 배상을 할 것을 명하거나 즉시 손해배상할 것을 명할 수 있다(법 제34조 제1항). 이를 **간접강제결정**이라고 한다.

(나) **요   건**   처분청이 거부처분의 취소판결의 취지에 따라 재처분을 하지 않았어야 한다(재처분의무의 불이행). 재처분을 하지 않았다는 것은 아무런 재처분을 하지 않은 것뿐만 아니라 재처분이 기속력에 반하여 당연무효가 된 것을 포함한다(대결 2002. 12. 11, 2002무22).

(다) **절   차**   당사자는 제1심 수소법원에 간접강제 결정을 신청하고, 제1심 수소법원의 간접강제의 결정에도 불구하고 당해 행정청이 판결의 취지에 따른 처분을 아니하는 경우에 신청인은 그 간접강제결정을 채무명의(債務名義)로 하여 집행문(執行文)을 부여받아 이행강제금을 강제집행할 수 있다.

실무상 이행강제금 결정에 대해 민사소송법상의 청구이의의 소가 허용되고 있고, 이 청구이의의 소가 제기되면 이행강제금 결정의 집행이 정지되게 되어 있어 실무상 간접강제의 실효성이 크게 제약을 받고 있다.

(라) **인정범위**   간접강제제도는 거부처분취소소송에 인정되고 있는데, 부작위위법확인소송에 준용되고 있으나(법 제38조 제2항) 무효확인판결에는 준용되고 있지 않은데(대결 1998. 12. 24, 98무37), 이는 입법의 불비이다.

(마) **배상금의 성질과 배상금의 추심**   간접강제결정에 기한 배상금은 거부처분취소판결이 확정된 경우 그 처분을 행한 행정청으로 하여금 확정판결의 취지에 따른 재처분의무의 이행을 확실히 담보하기 위한 것으로서, 확정판결의 취지에 따른 재처분의 지연에 대한 제재나 손해배상이 아니고 **재처분의 이행에 관한 심리적 강제수단**에 불과한 것이다. 따라서, 간접강제결정에서 정한 의무이행기한이 지나 배상금이 발생한 후에라도 확정판결의 취지에 따른 재처분의 이행이 있으면 특별한 사정이 없는 한 배상금을 추심함으로써 심리적 강제를 꾀할 목적이 상실되어 처분상대방이 더 이상 배상금을 추심하는 것은 허용되지 않는다(대판 2004. 1. 15, 2002두2444 ; 2010. 12. 23, 2009다37725).

4) 판결의 기속력의 취지에 따른 그 밖의 구제조치

행정청의 계쟁처분에 의해 신청의 기회가 박탈된 경우에 계쟁처분이 소급적으로 취소되면 그 수익적 행정처분의 신청의 기회를 인정하는 것이 취소판결의 기속력의 취지와 법치행정의 원리에 부합하며 그 신청에 대해 취소된 계쟁처분의 효력을 주장하여 거부하는 것은 신의성실의 원칙에 반한다(대판 2019. 1. 31, 2016두52019).

〈판례〉 직업능력개발훈련과정 인정제한처분에 대한 쟁송절차에서 해당 제한처분이 위법한 것으로 판단되어 취소되거나 당연무효로 확인된 경우, 사업주가 해당 제한처분 때문에 관계 법령이 정한 기한 내에 하지 못했던 훈련과정 인정신청과 훈련비용 지원신청을 사후적으로 할 수 있는 기회를 주어야 한다고 한 사례(대판 2019. 1. 31, 2016두52019).

(4) 범   위
1) 주관적 범위
기속력은 당사자인 행정청과 그 밖의 관계행정청을 기속한다(법 제30조 제1항). 여기에서 '관계행정청'이라 함은 해당 판결에 의하여 취소된 처분 등에 관계되는 무엇인지의 처분권한을 가지는 행정청, 즉 취소된 처분 등을 기초로 하여 그와 관련되는 처분이나 부수되는 행위를 할 수 있는 행정청을 총칭하는 것이라고 할 것이다.

2) 객관적 범위
기속력은 판결의 실효성을 확보하기 위하여 인정되는 효력이므로 다툼의 대상이 된 사건에 관하여서만 효력을 미친다(제30조 제1항).

기속력은 동일한 사건(기본적 사실관계가 동일한 사건)에 관해서만 미친다. 즉, 당사자가 동일하고, 기본적 사실관계가 동일한 한도내에서만 미친다.

기속력은 '판결의 취지'에 따라 행정청을 구속하는 효력인데, 판결의 취지는 처분이 위법이라는 것을 인정하는 판결의 주문(主文)과 판결이유 중에 설시된 개개의 위법사유를 포함한다(대판 2001. 3. 23, 99두5238). 그러나, 판결의 결론과 직접 관계없는 방론(傍論)이나 간접사실에는 미치지 아니한다.

기판력은 후소법원을 구속하는 효력으로서 판결의 주문에 포함된 것에 한하지만, 기속력은 행정청을 구속하는 효력으로서 판결에 설시된 개개의 위법사유를 포함한다.

3) 시간적 범위
처분의 위법 여부의 판단시점은 처분시이기 때문에 기속력은 처분 당시까지 존재하던 사유에 대하여만 미치고 그 이후에 생긴 사유에는 미치지 아니한다. 따라서, 취소된 처분 후 새로운 처분사유가 생긴 경우(법 또는 사실상태가 변경된 경우)에는 기본적 사실관계의 동일성이 없는 한 행정청은 동일한 내용의 처분을 다시 할 수도 있다(대판 1998. 1. 7, 97두22[간접강제]).

다만, 전술한 바와 같이 거부처분취소판결이 판결시의 법 및 사실상태를 기준으로 내려진다면 행정청은 판결 이전의 사유를 들어 다시 거부처분을 할 수는 없다.

(5) 기속력 위반의 효과

기속력에 위반하여 한 행정청의 행위는 **당연무효**가 된다(대판 1990. 12. 11, 90누3560).

기속력에 반하는 공권력의 행사 또는 불행사로 손해를 받은 경우 **국가배상**을 청구할 수 있다.

Ⅸ. 무효등확인판결의 효력

무효등확인판결에는 취소판결의 제3자효와 기속력에 관한 규정(제29조, 제30조)이 준용된다(제38조 제1항).

무효등확인판결에는 간접강제에 관한 규정이 준용되지 않는다.

Ⅹ. 부작위위법확인판결의 효력

부작위위법확인판결에는 취소판결의 제3자효와 기속력에 관한 규정(제29조, 제30조) 및 거부처분취소판결의 간접강제에 관한 규정(제34조)이 준용된다(제38조 제2항).

부작위위법확인판결의 기속력은 행정청의 판결의 취지에 따른 재처분의무이다. 그런데, 부작위위법확인소송에서 인용판결의 기속력으로서의 재처분의무는 행정청의 응답의무이며 신청에 따른 특정한 내용의 처분의무가 아니다(대판 1990. 9. 25, 89누4758).

간접강제는 부작위위법확인판결에 준용된다(제38조 제2항).

〈판례〉 갑의 을에 대한 부작위위법확인소송의 판결이 확정된 후, 을이 그 취지에 따른 처분을 하였으므로 갑의 간접강제신청은 그에 필요한 요건을 갖추지 못한 것이라고 한 원심을 수긍한 사례(대결 2010. 2. 5, 2009무153[간접강제신청]).

Ⅺ. 기각판결의 효력

기각판결에는 대세효가 인정되지 않고 당사자 사이에 상대적인 기판력만이 발생한다. 그리고, 처분이 위법하지 않아 기각판결이 난 경우 처분이 적법하다는 것에 기판력이 발생한다는 것이 통설 및 판례의 입장이다.

사정판결의 경우에는 처분의 위법에 대하여 기판력이 발생한다.

XII. 기 판 력

1. 의   의

기판력(既判力)은 일단 재판이 확정된 때에는 소송당사자는 동일한 소송물에 대하여는 다시 소를 제기할 수 없고 설령 제기되어도 상대방은 기판사항이라는 항변을 할 수 있으며 법원도 일사부재리의 원칙(一事不再理의 原則)에 따라 확정판결과 내용적으로 모순되는 판단을 하지 못하는 효력을 말한다.

기판력제도는 국가의 재판기관이 당사자간의 분쟁을 공권적으로 판단한 것에 기초한 법적 안정성에서 유래된 것이다. 달리 말하면 기판력은 분쟁의 종국적인 해결을 위하여 확정판결에 의해 이미 해결된 법적 분쟁에 대하여 다시 소송으로 다투는 것을 막기 위하여 인정된 판결의 효력이다.

행정소송법은 기판력에 관한 명문의 규정을 두고 있지 않다. 행정소송에서의 판결의 기판력은 행정소송법 제8조 제2항에 따라 민사소송법상 기판력규정이 준용되어 인정되는 것이다.

기판력은 **확정된 종국판결**에 인정된다. 인용판결뿐만 아니라 기각판결, 소송판결(각하판결)에도 인정된다.

2. 범   위

기판력이 미치는 범위에는 주관적, 객관적, 시간적 범위가 있다.

(1) 주관적 범위

취소소송의 기판력은 **소송당사자 및 이와 동일시할 수 있는 자**에게만 미치며 제3자에게는 미치지 않는다. 소송참가를 한 제3자에게도 기판력이 미치지 않는다.

취소소송의 기판력은 당해 처분이 귀속하는 국가 또는 공공단체에도 미친다. 본래 소송의 대상은 법주체이어야 하며 따라서 취소소송의 피고는 처분의 효과가 귀속되는 국가 또는 공공단체이어야 하는데 소송편의상 처분청을 피고로 한 것이기 때문이다. 따라서, 기판력은 처분청 이외의 다른 행정청에도 미친다고 보아야 한다. 판례도 기판력이 관계 행정청에도 미치는 것으로 보고 있다(대판 1992. 12. 8, 92누6891).

(2) 객관적 범위

일반적으로 기판력은 **판결의 주문에 포함된 것**에 한하여 인정된다(민사소송법 제216조 제1항). 이유부분은 민사소송에서와 같이 행정소송에서도 판결주문을 해석하기 위한 수단으로서의 의미를 가질 뿐 기판력에 있어서는 의미를 갖지 못한다.

① 판결의 주문에는 소송물에 관한 판단의 결론이 적시된다. 취소소송의 소송물은 위법성 일반이라고 본다면 **취소소송의 기판력은 인용판결의 경우**에는 당해 처분이 위법하다는 점에 미친다. **기각판결의 경우**에는 해당 처분이 적법하다는 점에 미친다. 다만, 사정판결의 경우에는 해당 처분이 위법하다는 점에 기판력이 미친다. 기각판결이 난 경우에는 원고는 다른 위법사유를 들어 해당 처분의 효력을 다툴 수 없다.

무효확인소송의 기판력은 인용판결의 경우에는 해당 처분이 위법하다는 점과 당해 처분이 무효라는 점에 대하여 미치고, 기각판결의 경우에는 해당 처분이 무효가 아니라는 점에 미친다. 따라서, 무효확인소송에서 기각판결이 난 경우에도 취소소송의 요건이 갖추어진 경우에는 취소소송을 제기할 수 있고, 국가배상청구소송도 제기할 수 있다.

소송판결의 기판력은 그 판결에서 확정한 소송요건의 흠결에 관하여 미친다(대판 1996. 11. 15, 96다31406 ; 2015. 10. 29, 2015두44288).

② 기판력은 **해당 처분**에 한하여 미치므로 동일한 처분에는 미치나 새로운 처분에 대하여는 미치지 않는다. 이에 대하여 기속력은 동일한 처분뿐만 아니라 새로운 처분에도 미친다.

기판력이라 함은 기판력있는 전소판결의 소송물과 동일한 후소를 허용하지 않는 것임은 물론, 후소의 소송물이 전소의 소송물과 동일하지 않다고 하더라도 전소의 소송물에 관한 판단이 후소의 선결문제가 되거나 모순관계에 있을 때에는 후소에서 전소판결의 판단과 다른 주장을 하는 것을 허용하지 않는 작용을 하는 것이다 (대판 2001. 1. 16, 2000다41349).

(3) 시간적 범위

기판력은 **사실심 변론의 종결시**를 기준으로 하여 발생한다. 처분청은 해당 사건의 사실심 변론종결 이전의 주장할 수 있었던 사유를 내세워 확정판결과 저촉되는 처분을 할 수 없고 하여도 무효이다.

확정판결의 기판력은 그 변론종결 후에 새로 발생한 사유가 있을 경우에는 효력이 차단되는데, 여기서 말하는 변론종결 후에 발생한 새로운 사유란 법률관계 사실 자체를 말하는 것이지 기존의 법률관계에 대한 새로운 증거자료를 의미하는 것이 아니다(대판 2001. 1. 16, 2000다41349).

3. 기판력의 적용

당사자는 기판력에 저촉되는 주장을 할 수 없고 법원도 기판력에 저촉되는 판단을 할 수 없다.

(1) 취소소송에서의 기각판결의 무효확인소송에 대한 기판력

취소소송에서 기각판결이 확정되면 계쟁처분이 위법하지 않다는 것이 확정된다. 따라서, 원고는 다시 이를 무효라 하여 그 무효확인을 소구할 수는 없고(대판 1992. 12. 8, 92누6891 ; 1993. 4. 27, 92누9777), 후에 무효확인소송에 있어서 법원은 취소소송의 기각판결의 기판력에 구속되므로 무효확인판결을 내릴 수 없다.

이에 반하여 무효확인소송에서 기각판결이 확정되어도 무효확인소송의 대상이 된 처분의 위법을 주장하면서 취소소송이나 국가배상소송을 제기할 수 있다.

(2) 취소판결의 국가배상청구소송에 대한 기판력

취소소송의 판결의 기판력이 국가배상소송에 대하여 미치는 것은 취소소송의 소송물(위법성)이 후소인 국가배상소송의 선결문제로 되는 경우이다. 과실책임의 경우에는 위법성이 선결문제가 되므로 취소소송의 판결의 기판력이 국가배상소송에 미치는지 여부가 문제된다.

취소판결의 국가배상소송에 대한 기판력의 문제는 취소소송의 소송물을 무엇으로 볼 것인가 하는 것과 취소소송에서의 위법과 국가배상소송에서의 위법을 어떻게 볼 것인가에 따라 다르다.

취소소송의 소송물을 처분의 위법성 일반으로 보는 통설 및 판례에 입각할 때 취소소송에서의 위법과 국가배상소송에서의 위법이 동일한 개념이라고 보는 협의의 행위위법설에 의하면 취소판결 및 기각판결의 기판력은 국가배상소송에 미친다. 청구기각판결의 경우에는 후소(국가배상소송)에서 그 처분의 위법성을 주장할 수 없게 되고, 청구인용판결의 경우에는 국가배상청구소송 법원은 처분의 위법성을 인정하여야 한다. 행위위법설에 따르면 동일한 처분의 위법이 문제되면 취소판결의 기판력은 국가배상청구소송에 미친다고 보는 것이 논리적이다. 즉 국가배상소송에서 취소된 처분 자체가 가해행위가 되는 경우 취소소송의 인용판결의 기판력은 국가배상소송에 미친다. 그러나, 취소된 처분 자체가 가해행위가 아니라 처분에 수반되는 손해방지의무 위반이 손해의 원인이 되는 경우에는 위법의 대상이 다르므로 처분의 취소판결의 기판력은 처분에 수반되는 손해방지의무 위반으로 인한 손해에 대한 국가배상청구소송에 미치지 않는다. 또한 국가배상법상 위법 개념에 관하여 상대적 위법성설을 취하면 항고소송에서의 위법과 국가배상청구소송에서의 위법 개념이 다르므로 취소판결의 기판력은 국가배상소송에 미치지 않는다.

(3) 국가배상판결의 취소소송에 대한 기판력

국가배상소송에서의 처분의 위법 또는 적법의 판단은 취소소송에 기판력을 미치지 않는다. 왜냐하면 국가배상소송에서의 위법 또는 적법은 기판력이 미치는 소송물이 아니기 때문이다.

제 4 절   행정구제수단으로서의 헌법소송

헌법소송에는 위헌법률심판, 헌법소원, 탄핵심판, 정당해산심판, 권한쟁의심판이 있는데, 행정구제수단으로서 중요한 것은 헌법소원과 권한쟁의심판이다.

Ⅰ. 헌법소원

헌법소원에는 두 종류가 있다. 하나는 공권력의 행사 또는 불행사로 인하여 기본권이 침해된 경우에 기본권을 침해받은 자가 제기하는 **권리구제형 헌법소원**(헌법재판소법 제68조 제1항에 의한 헌법소원)이고, 다른 하나는 법원에 위헌법률심판의 제청신청을 하였으나 기각된 경우에 제청신청을 한 당사자가 헌법재판소에 제기하는 **위헌심사형 헌법소원**(헌법재판소법 제68조 제2항에 의한 헌법소원)이다. 이 중 행정구제수단으로서 중요한 것은 권리구제형 헌법소원이다. 헌법소원에서는 공권력의 행사 또는 불행사가 다투어지는데, 여기에서의 공권력에는 행정권도 포함된다.

권리구제형 헌법소원의 소송요건은 다음과 같다. ① 공권력의 행사 또는 불행사로 자신의 기본권이 침해된 자가 제기할 것. 따라서 기본권의 주체만이 헌법소원을 제기할 수 있다. ② 공권력작용에 의해 자신의 기본권이 현재 그리고 직접 침해를 당했어야 한다. 즉 자기관련성, 현재성 및 직접성이 있어야 한다. ③ 헌법소원은 다른 법률에 구제절차가 있는 경우에는 그 절차를 모두 거친 후에 심판청구를 하여야 한다(헌법재판소법 제68조 제1항 단서). 이를 헌법소원의 보충성 내지 보충성의 원칙이라 한다. ④ 헌법소원심판은 법이 정한 청구기간내에 제기하여야 한다(헌법재판소법 제69조). ⑤ 권리보호이익 내지 심판의 이익이 있어야 한다.

헌법재판소법 제68조 제1항 단서 소정의 **다른 권리구제절차**라 함은 공권력의 행사 또는 불행사를 직접 대상으로 하여 그 효력을 다툴 수 있는 권리구제절차(예, 항고소송)를 의미하고, 사후적·보충적 구제수단(예, 부당이득반환청구소송, 국가배상청구소송 등)을 뜻하는 것은 아니다(헌재 1989. 4. 17, 88헌마3). 따라서, 항고소송이 가능한 경우(처분인 경우)에는 원칙상 헌법소원이 인정되지 않는다.

〈판례〉 [1] 코로나바이러스감염증-19의 예방을 위하여 음식점 및 PC방 운영자 등에게 영업시간을 제한하거나 이용자 간 거리를 둘 의무를 부여하는 심판대상고시는 관내 음식점 및 PC방의 관리자·운영자들에게 일정한 방역수칙을 준수할 의무를 부과하는 것으로서 항고소송의 대상인 행정처분에 해당한다. 대법원도 심판대상고시와 동일한 규정 형식을 가진 피청구인의 대면예배 제한 고시(서울특별시고시 제2021-414호)가 항고소송의 대상인 행정처분에 해당함을 전제로 판단한 바 있다(대법원 2022. 10. 27.자 2022두48646 판결). [2] 심판대상고시의 효력기간이 경과하여 그 효력이 소멸하였으므로, 이를 취소하더라도 그 원상회복은 불가능하다. 그러나 피청구인은 심판대상고시의 효력이 소멸한 이후에도 2022. 4.경 코로나19 방역조치가 종료될 때까지 심판대상고시와 동일·유사한 방역조치를 시행하여 왔고, 향후 다른 종류의 감염병이 발생할 경우 피청구인은 그 감염병의 확산을 방지하기 위하여 심판대상고시와 동일·유사한 방역조치를 취할 가능성도 있다. 그렇다면 심판대상고시와 동일·유사한 방역조치가 앞으로도 반복될 가능성이 있고 이에 대한 법률적 해명이 필요한 경우에 해당하므로 예외적으로 그 처분의 취소를 구할 소의 이익이 인정되는 경우에 해당한다. 대법원도 피청구인의 대면예배 제한 고시(서울특별시고시 제2021-414호)에 대한 위 항고소송에서 소의 이익이 인정됨을 전제로 심리불속행으로 상고를 기각한 바 있다(대법원 2022. 10. 27.자 2022두48646 판결). [3] 그렇다면 심판대상고시는 항고소송의 대상이 되는 행정처분에 해당하고 그 취소를 구할 소의 이익이 인정된다. 따라서 이에 대한 다툼은 우선 행정심판이나 행정소송이라는 구제절차를 거쳤어야 함에도, 이 사건 심판청구는 이러한 구제절차를 거치지 아니하고 제기된 것이므로 보충성 요건을 충족하지 못하였다. 그러므로 이 사건 헌법소원심판청구를 모두 각하한다(헌재 2023. 5. 25, 2021헌마21[코로나바이러스감염증-19의 예방을 위한 방역조치를 명하는 서울특별시고시에 관한 사건]).

다만, 헌법재판소는 이 보충성 요건을 완화하여 해석하면서 헌법소원을 널리 인정하고 있다. 즉, 헌법소원은 기존의 구제절차가 없는 경우뿐만 아니라 '헌법소원심판청구인이 그의 불이익으로 돌릴 수 없는 정당한 이유 있는 착오로 전심절차를 밟지 않은 경우 또는 전심절차로 권리가 구제될 가능성이 거의 없거나 권리구제절차가 허용되는지의 여부가 객관적으로 불확실하여 전심절차이행의 기대가능성이 없을 때'에도 예외적으로 헌법재판소법 제68조 제1항 단서 소정의 전심절차 이행요건은 배제된다(헌재 1989. 9. 4, 88헌마22 ; 1992. 4. 14, 90헌마82).

Ⅱ. 권한쟁의심판

권한쟁의심판이라 함은 국가기관 상호간, 국가기관과 지방자치단체간 및 지방자치단체 상호간에 권한의 존부 또는 범위에 관하여 다툼이 있을 때에는 당해 국가기관 또는 지방자치단체가 헌법재판소에 제기하는 권한쟁의심판을 말한다(헌법재판소법 제2조 4호, 제61조 제1항).

권한쟁의심판의 종류는 다음과 같다. ① 국가기관 상호간의 권한쟁의심판(국회, 정부, 법원 및 중앙선거관리위원회 상호간의 권한쟁의심판), ② 국가기관과 지방자치단체간의 권한쟁의심판(가. 정부와 특별시·광역시 또는 도간의 권한쟁의심판, 나. 정부와 시·군 또는 지방자치단체인 구(이하 '자치구'라 한다)간의 권한쟁의심판), ③ 지방자치단체 상호간의 권한쟁의심판(가. 특별시·광역시 또는 도 상호간의 권한쟁의심판, 나. 시·군 또는 자치구 상호간의 권한쟁의심판, 다. 특별시·광역시 또는 도와 시·군 또는 자치구간의 권한쟁의심판).

권한쟁의심판청구는 피청구인의 처분 또는 부작위가 헌법 또는 법률에 의하여 부여받은 청구인의 권한을 침해하였거나 침해할 현저한 위험이 있는 때에 한하여 이를 할 수 있다(제61조 제2항).

〈판례〉 낙동강의 유지·보수는 원래 국가사무로서 경상남도지사에게 기관위임된 사무에 불과하므로 '청구인의 권한'이라고 할 수 없고, 따라서 피청구인의 이 사건 처분으로 인하여 '청구인의 권한'이 침해될 개연성이 없다. 이 사건 청구는 '권한의 존부와 범위'에 관한 다툼에도 해당하지 않는다(헌재 2011. 8. 30, 2011헌라1).

제5절 대체적 분쟁해결수단

I. 의 의

대체적 분쟁해결수단(ADR: Alternative Dispute Resolution)이라 함은 재판에 의하지 않는 분쟁해결수단을 말한다. 분쟁조정제도라고도 하는데, 알선, 조정, 재정 등이 있다.

II. 종류와 그 효력

1. 알선(斡旋)

알선이란 알선위원이 분쟁당사자의 의견을 듣고 사건이 공정하게 해결되도록 주선하여 분쟁당사자간의 화해(합의)를 유도함으로써 분쟁을 해결하는 절차를 말한다(환경분쟁조정법 제27조~제28조).

2. 조정(調停)

조정은 조정기관이 분쟁당사자의 의견을 들어 직권으로 분쟁해결을 위한 타협방안(조정안)을 마련하여 분쟁당사자에게 수락을 권고하고, 분쟁당사자들이 이를 받아들임으로써 분쟁을 해결하는 방식이다.

3. 재정(裁定)

재정은 재정기관이 준사법적 절차에 따라 일방적으로 분쟁해결을 위한 결정을 내리는 것을 말한다.

4. 중   재

중재라 함은 당사자의 합의에 의해 선출된 중재인의 중재판정에 의해 분쟁을 해결하는 절차를 말한다. 중재판정은 확정판결과 같은 효력을 갖는다.

5. 재판상 화해와 재판외 화해의 효력

재판상 화해는 재판상 강제력이 있는데, 재판외 화해는 민법상 계약의 구속력이 있지만, 재판상 강제력이 없다. 재판상 화해에는 기판력(민사소송법 제220조)과 강제집행력이 인정되는 것이 보통이지만, 기판력은 인정되지 않고(소송제기를 인정하지 않고), 강제집행력만을 인정하는 것도 이론상 가능하다.

Ⅲ. 행정분쟁에서의 화해·조정

2018년 5월 1일 시행되는 개정 **행정심판법**은 양 당사자 간의 합의가 가능한 사건의 경우 행정심판위원회가 개입·조정하는 절차를 통하여 갈등을 조기에 해결할 수 있도록 행정심판에 조정을 도입하였다. 행정심판위원회는 당사자의 권리 및 권한의 범위에서 **당사자의 동의를 받아** 심판청구의 신속하고 공정한 해결을 위하여 **조정**을 할 수 있다. 다만, 그 조정이 공공복리에 적합하지 아니하거나 해당 처분의 성질에 반하는 경우에는 그러하지 아니하다(제43조의2 제1항). 조정은 당사자가 합의한 사항을 조정서에 기재한 후 당사자가 서명 또는 날인하고 위원회가 이를 확인함으로써 **성립한다**(제43조의2 제3항). 제3항에 따라 성립한 조정에 대하여는 행정심판법 제48조(재결의 송달과 효력 발생), 제49조(재결의 기속력 등), 제50조(위원회의 직접 처분), 제50조의2(위원회의 간접강제), 제51조(행정심판 재청구의 금지)의 규정을 준용한다(제43조의2 제4항).

「부패방지 및 국민권익위원회의 설치와 운영에 관한 법률」(약칭: 부패방지권익위법)에 따르면 **국민권익위원회**는 다수인이 관련되거나 사회적 파급효과가 크다고 인정되는 고충민원의 신속하고 공정한 해결을 위하여 필요하다고 인정하는 경우에는 당사자의 신청 또는 직권에 의하여 **조정**을 할 수 있다(제45조 제1항). 조정은 당사자가 합의한 사항을 조정서에 기재한 후 당사자가 기명날인하거나 서명하고 권익위원회가 이를 확인함으로써 성립한다(제2항). 제2항에 따른 조정은 「민법」상의 화해와 같은 효력이 있다.

　　행정소송법은 조정이나 화해를 인정하는 규정을 두고 있지 않다. 항고소송에는 항고소송의 공익성에 비추어 **민사소송법상 화해**(제225조 이하, 제385조 이하)나 **민사조정법상 조정**을 준용할 수 없다. 그렇지만, 실무상 제재적 행정처분사건과 조세사건에서 **사실상의 조정**이 행해지고 있다. 즉, 법원이 행정청에 대하여는 법원이 적절하다고 인정하는 처분으로 변경(예를 들면, 영업허가취소처분을 영업정지처분으로 변경)할 것을, 원고에 대하여는 행정청이 그와 같이 변경처분을 하면 소를 취하할 것을 권고하는 조정권고를 행하고, 행정청이 변경처분을 하면 원고가 소를 취하하는 방식이 그것이다. 당사자소송에는 민사소송법상 화해나 민사조정법상 조정이 준용될 수 있다.

판례 찾아보기

대법원

1954. 8.19, 4286행상37 ············· 513	1975.11.25, 73다1896 ············· 376
1956. 3.30, 4289행상18 ············· 603	1976. 2.24, 75누128 ············· 589
1957. 2. 6, 4290행상23 ············· 643	1976.11. 9, 76도2703 ············· 262
1961. 2.21, 4293행상31 ············· 212	1977. 2.22, 76다2517 ············· 46, 543
1961.10.26, 4292행상73 ············· 212	1978. 7.25, 76누276 ············· 74
1963. 7.25, 63누65 ············· 213	1979. 7.24, 79누129 ············· 590
1964. 5.19, 63누177 ············· 633	1979.12.28, 79누218 ············· 515
1965. 5.25, 63누195 ············· 568	1980. 6.10, 80누6 ············· 13
1966. 6.28, 66다808 ············· 376	1980. 7.22, 80누33 ············· 556
1966.10.18, 66다1715 ············· 445	1980. 9.24, 80다1051 ············· 377
1967. 1.29, 67다1694 ············· 109	1981. 6.23, 80누510 ············· 605
1967. 2.21, 66다1723 ············· 401	1981. 7.14, 80누536 ············· 568
1968. 3.19, 67누164 ············· 76	1981. 7.14, 80누593 ············· 231
1969. 4.22, 68다2225 ············· 377	1981. 8.25, 80다1598 ············· 388
1970. 5.26, 70다471 ············· 376	1982. 3. 9, 80누105 ············· 155, 515
1971. 3. 5, 71두2 ············· 516	1982. 6. 8, 80도2646 ············· 56
1971. 4. 6, 70다2955 ············· 373	1982. 9.28, 82누2 ············· 634, 635
1971. 6.29, 69누91 ············· 556	1983. 7.12, 83누59 ············· 65, 559
1971. 9.14, 71누99 ············· 518	1983. 7.26, 82누420 ············· 215, 341
1971. 9.29, 71누96 ············· 212	1983. 8.23, 82누302 ············· 486
1972.10.10, 69다701 ············· 373, 391	1983.10.25, 83누396 ············· 621
1973. 1.30, 72다2062 ············· 378	1983.12.27, 81누366 ············· 42
1973. 7.10, 70다1439 ············· 55	1984. 4.10, 84누91 ············· 532
1973.10.10, 72다2583 ············· 388	1984. 5.22, 84누77 ············· 30, 205
1974. 1.29, 73누202 ············· 565	1984. 5.29, 84누175 ············· 208
1974. 4. 9, 73누173 ············· 556	1984. 7.24, 84다카597 ············· 388
1975. 5.13, 73누96, 97 ············· 559	1984.10.10. 84누463 ············· 219
	1985. 2.13, 84누467 ············· 606

1985. 4. 9, 84누431 ·················· 314
1985. 5.14, 83누655 ··················· 86
1985.10.22, 83도2933 ················· 57
1985.12.10, 85누674 ·················· 168
1986. 3.21, 86누59 ··················· 595
1986. 7.22, 85누297 ·················· 590
1986. 7.22, 86누203 ············ 165, 187
1986. 8.19, 83다카2022 ·············· 642
1986. 8.19, 86누223 ·················· 500
1986.12. 9, 86누276 ·················· 225
1986.12. 9, 86누569 ·················· 113
1987. 4.28, 86누29 ··················· 590
1987. 6. 9, 87누219 ·················· 589
1987. 6.23, 86두18 ··················· 594
1987. 9.22, 87누176 ·················· 590
1987. 9.29, 86누484 ·················· 153
1987. 1.20, 86누490 ·················· 588
1987. 7.21, 84누126 ·················· 200
1987. 9. 8, 87누373 ··················· 23
1987. 9.29, 86누484 ·················· 152
1987.11.10, 86누491 ············ 494, 603
1988. 1.19, 87누603 ·················· 618
1988. 2.23, 87누1046 ················ 525
1988. 4.27, 87누915 ··················· 28
1988. 6.14, 87누873 ············ 182, 556
1988. 9.27, 88누29 ··················· 466
1988.11. 8, 86누618 ·················· 169
1988.12.13, 88누7880 ··············· 487
1989. 9.12, 88누6962 ················ 134
1989. 3.28, 89도149 ··················· 56
1989. 6.15, 88누6436 ··········· 516, 541
1989. 6.27, 88누6283 ·················· 25
1989. 7.11, 88누11797 ··············· 428

1989.10.24, 89누2431 ················ 191
1989.11.28, 89누3892 ················ 520
1990. 1.12, 89누1032 ················ 580
1990. 2.27, 88재누55 ················· 137
1990. 2.27, 89누5287 ················ 111
1990. 4.27, 89누6808 ··········· 195, 197
1990. 7.13, 90누2284 ··········· 231, 585
1990. 8.14, 89누7900 ················ 556
1990. 9.25, 89누4758 · 575, 604, 630, 652
1990.10.23, 90누4440 ················ 543
1990.11.13, 89누756 ················· 556
1990.12.11, 90누3560 ··········· 644, 652
1991. 1.25, 90누3041 ················ 543
1991. 1.25, 90누5962 ················ 270
1991. 2.12, 90누288 ················· 533
1991. 2.12, 90누5825 ················ 521
1991. 5. 2, 91두15 ··················· 593
1991. 5.10, 91다6764 ················ 392
1991. 5.14, 91도627 ··················· 57
1991. 5.28, 90누1359 ················ 215
1991. 7. 9, 91누971 ·················· 201
1991. 7.12, 90누8350 ················ 330
1991. 8.27, 91누3512 ················ 567
1991. 9. 2, 91누1400 ················ 517
1991.11. 8, 90누9391 ··········· 534, 535
1991.11.22, 91누2144 ················ 129
1992. 1.21, 91누5334 ················ 152
1992. 2.11, 91누11575 ··············· 321
1992. 2.14, 91누3895 ················ 619
1992. 2.14, 90누9032 ················ 637
1992. 2.28, 91누6597 ················ 623
1992. 3.10, 91누4140 ················ 270
1992. 3.10, 91누6030 ··········· 606, 625

1992. 3.13, 91누432 ·················· 428
1992. 3.31, 91다32053 ·············· 262
1992. 4.24, 91누11131 ·············· 569
1992. 4.24, 91누6634 ················ 169
1992. 5. 8, 91누11261 ·············· 142
1992. 5. 8, 91누13274 ······ 215, 558, 620
1992. 6.12, 91누13564 ·············· 269
1992. 7. 6, 92마54 ··················· 600
1992. 7.10, 91누9107 ················ 556
1992. 7.14, 91누4737 ················ 568
1992. 7.28, 91누12844 ·········· 466, 585
1992. 8. 7, 92두30 ····· 515, 594, 595, 597
1992. 8.18, 90도1709 ·················· 57
1992. 9.22, 91누13212 ·············· 560
1992.10. 9, 92누213 ················· 621
1992.10.23, 92누2844 ··········· 216, 321
1992.10.27, 92누1643 ··············· 522
1992.11.24, 92누3052 ··············· 620
1992.11.24, 92누8972 ··············· 589
1992.12. 8, 92누6891 ··········· 653, 655
1992.12.24, 92누3335 ········· 540, 542, 608
1993. 1.19, 91누8050 ················ 533
1993. 1.26, 92다2684 ··············· 403
1993. 2.12, 91다43466 ·············· 382
1993. 3.12, 92누11039 ·············· 587
1993. 4.27, 92누9777 ················ 655
1993. 4.27, 93누1374 ·················· 83
1993. 5.27, 93누2216 ················ 181
1993. 6.25, 93도277 ·················· 56
1993. 6.29, 91누2342 ················ 213
1993. 8.13, 93누2148 ················ 200
1993. 8.24, 93누5673 ················ 527
1993. 8.27, 93누3356 ················ 517

1993. 9.10, 92도1136 ················ 286
1993. 9.14, 92누4611 ················ 536
1993. 9.28, 93누9132 ················ 589
1993.11. 9, 93누14271 ·············· 212
1993.11. 9, 93누6867 ················ 568
1993.11.26, 93누17478 ············· 201
1993.11.26, 93누7341 ··············· 580
1993.12. 6, 93마524 ················· 612
1993.12.21, 93누13735 ········· 39, 525
1993.12.24, 92누17204 ············· 584
1994. 1.14, 93누20481 ·············· 569
1994. 1.17, 93두79 ·················· 596
1994. 1.25, 93누16901 ·············· 531
1994. 1.25, 93누8542 ······ 212, 213, 214
1994. 2.22, 93누15120 ·············· 437
1994. 4.26, 93부32 ·················· 137
1994. 4.29, 93누12626 ············· 589
1994. 4.29, 94다1982 ··············· 200
1994. 5.24, 94다35783 ············· 438
1994. 5.27, 94다6741 ··············· 378
1994. 8.12, 94누2190 ··············· 518
1994. 8.12, 94누2763 ··············· 578
1994. 9.10, 94두33 ············· 149, 514
1994.10.11, 94누4820 ·············· 606
1994.10.28, 94누5144 ·············· 522
1994.11.11, 94다28000 ·············· 53
1994.11.22, 94다32924 ············· 402
1994.12. 9, 94다38137 ············· 404
1994.12.13, 93다29969 ············· 409
1994.12.23, 94누477 ················ 498
1995. 1.12, 94누2602 ··············· 580
1995. 1.20, 94누6529 ········· 232, 233, 519
1995. 2.24, 94다57671 ············· 404

1995. 3.10, 94누12739 ······················· 120

1995. 3.10, 94누14018 ······················· 500

1995. 3.28, 94누12920 ······················· 213

1995. 4.28, 94다55019 ················· 541, 542

1995. 6. 9, 94누10870 ······················· 527

1995. 6.13, 94누4660 ························· 636

1995. 6.13, 94누15592 ······················· 530

1995. 6.13, 94다56883 ······················· 194

1995. 6.21, 95두26 ··························· 593

1995. 6.29, 95누4674 ························· 288

1995. 6.30, 93추83 ····················· 129, 281

1995. 7.11, 94누4615 ············· 111, 112, 209

1995. 7.28, 94누12807 ······················· 623

1995. 8.22, 94누5694 ············· 137, 202, 583

1995. 8.22, 94누8129 ························· 563

1995. 8.22, 95누3909 ························· 200

1995. 8.25, 94누13121 ······················· 584

1995. 9. 5, 91누16250 ······················· 467

1995. 9.15, 95누6724 ························· 532

1995. 9.26, 94누14544 ············ 65, 549, 560

1995. 9.26, 95누606 ··························· 22

1995.10.17, 94누14148 ······················· 564

1995.11.10, 94누11866 ················· 190, 191

1995.11.14, 95누2036 ························· 516

1995.11.16, 95누8850 ················· 226, 634

1995.11.21, 95누9099 ························· 516

1995.11.28, 94누6475 ······················· 113

1995.12.22, 95누4636 ················· 246, 544

1995.12.22, 95추30 ··························· 320

1996. 1.26, 95누16168 ························· 22

1996. 2. 9, 95누12507 ······················· 212

1996. 2.15, 94다31235 ················· 541, 543

1996. 2.15, 95다38677 ················· 375, 391

1996. 3. 8, 94다23876 ······················· 411

1996. 3.12, 95누658 ························· 519

1996. 3.22, 95누5509 ························· 638

1996. 3.22, 96누433 ················· 256, 516

1996. 4.12, 96도158 ························· 289

1996. 5.16, 95누4810 ························· 571

1996. 5.31, 95누10617 ······· 247, 248, 544

1996. 6.14, 96누754 ························· 624

1996. 6.28, 96누4374 ················· 267, 300

1996. 8.20, 95누10877 ················· 24, 235

1996. 8.27, 95나35953 ······················· 246

1996. 9. 6, 95누16233 ······················· 466

1996. 9.20, 95누8003 ········· 139, 514, 580

1996.10.29, 96누8253 ······················· 183

1996.11.15, 96다31406 ······················· 654

1996.12. 6, 96누6417 ························· 539

1996.12.20, 96누9799 ························· 628

1997. 2.10, 97다32536 ······················· 398

1997. 2.14, 96다28066 ······················· 409

1997. 2.28, 96누1757 ················· 579, 581

1997. 3.11, 96누15176 ······················· 634

1997. 3.11, 96다49650 ························· 34

1997. 3.28, 97다4036 ························· 409

1997. 4.22, 97다3194 ························· 399

1997. 4.25, 96누14906 ······················· 554

1997. 5. 9, 96누1184 ························· 206

1997. 5.28, 96누5308 ························· 216

1997. 5.30, 96다28960 ······················· 542

1997. 6.13, 96누12269 ······················· 168

1997. 6.13, 96다56115 ······················· 384

1997. 6.19, 95누8669 ················· 112, 606

1997. 6.24, 96누1313 ························· 156

1997. 9.12, 96누18380 ················· 24, 27

1997. 9.12, 97누1228 ·························· 181
1997. 9.26, 96누1931 ·························· 566
1997.11.14, 97누7325 ·················· 518, 528
1997.12.12, 97누13962 ························· 76
1997.12.26, 96두17745 ······················ 521
1998. 1. 7, 97두22 ······················ 647, 651
1998. 1.20, 95다29161 ······················ 432
1998. 2.10, 97다32536 ······················ 401
1998. 2.10, 97다45914 ······················ 409
1998. 2.13, 97다49800 ······················ 398
1998. 2.23, 87누1046, 1047 ················ 42
1998. 2.27, 97누1105 ···················· 42, 146
1998. 3.13, 96누6059 ························ 213
1998. 3.24, 98두1031 ························ 226
1998. 4.10, 98두2270 ························ 635
1998. 4.24, 97누1501 ························ 238
1998. 4.24, 97누3286 ························· 65
1998. 4.24, 97도3121 ························· 83
1998. 4.28, 97누21086 ················· 237, 519
1998. 5. 8, 97누15432 ······················ 490
1998. 7.10, 98다7001 ························ 411
1998. 7.14, 96다17257 ······················ 296
1998. 9. 4, 97누19588 ······· 237, 238, 519
1998. 9. 8, 97누20502 ······················ 212
1998. 9.22, 97누19571 ························ 65
1998. 9.22, 98두7602 ························ 521
1998. 9.25, 98두7503 ························ 168
1998.10.23, 97누157 ························· 268
1998.10.23, 98다17381 ······················ 392
1998.10.23, 98두12932 ······················ 543
1998.11.13, 98두7343 ························· 26
1998.12.24, 98무37 ························· 650
1999. 1.15, 98두8896 ························ 428
1999. 2. 5, 98도4239 ························· 56
1999. 2.23, 98두14471 ······················ 600
1999. 2.23, 98두17845 ······················ 181
1999. 3. 9, 98두18565 ······················ 621
1999. 4.27, 97누6780 ························ 497
1999. 5.25, 99두1052 ························ 494
1999. 6.11, 97다56150 ······················ 433
1999. 6.25, 99다11120 ······················ 403
1999. 7.23, 99두3690 ························ 181
1999. 8.20, 97누6889 ·················· 498, 608
1999. 8.20, 98두17043 ················· 571, 619
1999.11.15, 99다27231 ················· 432, 433
1999.11.23, 98다11529 ······················ 418
1999.11.26, 97누13474 ······················ 144
1999.11.26, 97다42250 ······················ 540
1999.11.26, 99두9407 ························ 611
1999.11.26, 99부3 ························· 593
1999.12.16, 98두18619 ······················ 485
1999.12.20, 99무42 ························· 596
1999.12.24, 98다57419, 57426 ············ 432
1999.12.28, 98두1895 ························ 647
1999.12.28, 99두9742 ························ 583
2000. 2.11, 99다61675 ······················· 42
2000. 2.25, 99두10520 ················· 27, 224
2000. 2.25, 99두11455 ······················ 533
2000. 3.10, 97누13818 ·············· 191, 204
2000. 3.24, 98두8766 ························ 330
2000. 3.28, 99두11264 ······················ 525
2000. 4.21, 98두10080 ······················ 567
2000. 5.12, 99다18909 ······················ 265
2000. 5.12, 99다70600 ················· 386, 407
2000. 5.18, 95재다199 ······················ 577
2000. 5.26, 99다37382 ······················ 445

2000. 5.26, 99다53247 ················· 402

2000. 5.30, 99추85 ······················ 348

2000. 6. 9, 98두2621 ·················· 467

2000. 6.13, 98두5811 ·················· 633

2000. 7. 7, 99두66 ····················· 181

2000. 9. 5, 99두974 ···················· 515

2000. 9. 8, 99두11257 ················· 583

2000.10.13, 99두653 ···················· 120

2000.10.27, 99두264 ···················· 169

2000.10.27, 2000도3874 ··············· 289

2000.11.10, 2000다26807 ·············· 380

2000.11.14, 99두5870 ·················· 320

2000.11.24, 2000두2341 ··············· 330

2000.11.28, 99두3416 ·················· 601

2001. 1. 5, 98다39060 ················· 376

2001. 1.16, 99두10988 ··········· 335, 337

2001. 1.16, 2000다41349 ·············· 654

2001. 2. 9, 98다52988 ················· 388

2001. 2. 9, 98두17593 ················· 183

2001. 2. 9, 99다55434 ················· 372

2001. 2.15, 96다42420 ················· 410

2001. 3. 9, 99다64278 ················· 381

2001. 3. 9, 99두5207 ·················· 151

2001. 3.13, 2000다20731 ·············· 388

2001. 3.23, 99두5238 ·················· 651

2001. 3.23, 99두6392 ············ 618, 620

2001. 4.24, 2000다57856 ··············· 85

2001. 5. 8, 2000두6916 ··············· 584

2001. 5. 8, 2000두10212 ·············· 341

2001. 5.29, 99두10292 ················· 529

2001. 6.15, 99두509 ···················· 196

2001. 6.26, 99두11592 ················· 523

2001. 6.29, 99다56468 ················· 445

2001. 7.27, 2000다56822 ·········· 396, 399

2001. 7.27, 99두2970 ········· 120, 174, 530

2001. 8.24, 99두9971 ··············· 74, 75

2001. 8.24, 2000두7704 ··············· 637

2001. 9. 4, 99두11080 ················· 430

2001. 9.14, 2001다40879 ·············· 540

2001. 9.25, 2001다41865 ·············· 406

2001.10.10, 2001무29 ············· 595, 596

2001.10.12, 2000두4279 ··············· 637

2001.10.23, 99다36280 ················· 383

2001.11.30, 2001두5866 ··············· 181

2001.12.11, 2001두7794 ··············· 537

2002. 1.11, 2000두2457 ··············· 564

2002. 1.11, 2000두3306 ··············· 570

2002. 1.22, 2001두8414 ··············· 184

2002. 2.26, 99다35300 ················· 423

2002. 5.28, 2001두9653 ··········· 221, 227

2002. 6.28, 2000두4750 ··············· 575

2002. 7.23, 2000두9151 ··············· 488

2002. 7.26, 2001두3532 ··············· 526

2002. 8.23, 2002다9158 ··············· 395

2002. 9. 6, 2001두5200 ··············· 567

2002. 9.24, 2002두6620 ··············· 175

2002.10.11, 2001두151 ······· 168, 182, 334

2002.11. 8, 2001두1512 ············ 25, 27

2002.11.26, 2002두1496 ··············· 576

2002.12.11, 2002무22 ················· 650

2003. 2.14, 2001두7015 ··············· 319

2003. 2.20, 2001두5347 ··········· 300, 301

2003. 3.11, 2001두6425 ··············· 350

2003. 4.25, 2001두1369 ··············· 439

2003. 5.16, 2003두1288 ··············· 226

2003. 7.11, 99다24218 ················· 384

2003. 7.11, 2002다48023 ···················· 598

2003. 7.25, 2001다57778 ···················· 434

2003. 8.22, 2002두12946 ···················· 348

2003. 9. 2, 2002두5177 ······················· 303

2003. 9. 5, 2001두403 ························· 152

2003. 9. 5, 2002두3522 ······················· 542

2003. 9.23, 2001두10936 ············· 159, 520

2003. 9.23, 2002두1267 ······················· 552

2003.10. 9, 2003무23 ········· 139, 514, 595

2003.10.23, 2001다48057 ··· 398, 399, 401

2003.10.23, 2002두12489 ···················· 521

2003.10.23, 2003두8005 ····················· 166

2003.11.14, 2002다55304 ···················· 376

2003.11.28, 2003두674 ······················· 317

2003.12.11, 2001두8827 ················ 353, 620

2003.12.11, 2003두8395 ··············· 346, 621

2003.12.12, 2003두8050 ··············· 344, 349

2003.12.26, 2003두1875 ··············· 24, 569

2004. 1.15, 2002두2444 ······················· 650

2004. 3.12, 2002다14242 ···················· 397

2004. 3.18, 2001두8254 ······················· 347

2004. 3.25, 2003두1264 ············· 175, 206

2004. 4.22, 2000두7735 ······················· 521

2004. 4.22, 2003두9015 ······················· 517

2004. 4.23, 2003두13687 ···················· 526

2004. 4.27, 2003두8821 ············· 159, 520

2004. 4.28, 2003두1806 ······················· 159

2004. 6.11, 2001두7053 ······················· 521

2004. 7. 8, 2002두8350 ······················· 323

2004. 7. 8, 2004두244 ············· 540, 542

2004. 7.22, 2002두11233 ····················· 30

2004. 7.22, 2002두868 ············· 633, 635

2004. 8.16, 2003두2175 ······················· 548

2004. 8.20, 2003두8302 ············· 350, 356

2004.10.14, 2001두2881 ······················· 635

2004.10.15, 2003두6573 ····················· 120

2004.11.25, 2004두7023 ····················· 192

2004.11.26, 2003두10251, 10268 ······· 237, 519

2004.11.26, 2004두4482 ····················· 622

2004.12. 9, 2003두12707 ···················· 357

2004.12.23, 2003두3017 ····················· 634

2004.12.24, 2004두10159 ···················· 634

2005. 1.27, 2002두5313 ······················· 552

2005. 2.17, 2003두10312 ···················· 526

2005. 2.17, 2003두14765 ···················· 526

2005. 2.18, 2003두14222 ···················· 428

2005. 3.10, 2002두9285 ······················· 621

2005. 3.11, 2003두13489 ···················· 562

2005. 4.14, 2003두7590 ······················· 521

2005. 4.15, 2004두10883 ···················· 628

2005. 4.15, 2004두12889 ···················· 567

2005. 5.13, 2004다8630 ······················· 206

2005. 6.10, 2002다53995 ···················· 381

2005. 7. 8, 2005두487 ······················· 516

2005. 7.21, 2002다1178 ······················· 13

2005. 9. 9, 2004추10 ·························· 11

2005.11.10, 2004도2657 ····················· 287

2005.12. 9, 2003두7705 ······················· 644

2005.12. 9, 2004두6563 ······················· 567

2005.12.23, 2005두3554 ············· 498, 572

2006. 1.13, 2003두9459 ······················· 356

2006. 1.26, 2004두2196 ······················· 570

2006. 2.23, 2005부4 ················ 109, 579

2006. 2.24., 2005도7673 ····················· 286

2006. 3.10, 2004추119 ························· 120

2006. 3.16, 2006두330 ······ 546, 550, 551, 561

2006. 4.14, 2004두3847 ························ 583

2006. 4.27, 2006두2435 ························ 435

2006. 4.28, 2003마715 ························ 153

2006. 4.28, 2005두14851 ····················· 584

2006. 5.12, 2004두14717 ····················· 574

2006. 5.12, 2004두9920 ······················ 521

2006. 5.18, 2004다6207 ······················ 445

2006. 5.25, 2003두11988 ············· 500, 552

2006. 5.25, 2006두3049 ··············· 345, 346

2006. 6. 2, 2006두2046 ······················ 521

2006. 6.22, 2003두1684 ······················ 567

2006. 6.30, 2005두14363 ····················· 560

2006. 9. 8, 2004두947 ······················· 582

2006. 9.22, 2005두2506 ······ 138, 139, 514

2006.10.13, 2006두7096 ······················ 267

2006.11.16, 2003두12899 ····················· 204

2006.12. 7, 2005두241 ······················· 349

2006.12. 8, 2006마470 ················ 187, 273

2006.12.21, 2005두16161 ····················· 550

2007. 2.22, 2004두12957 ····················· 205

2007. 2.22, 2004두7481 ······················ 436

2007. 3.15, 2006두15806 ····················· 100

2007. 3.29, 2006두17543 ····················· 598

2007. 3.29, 2006마724 ······················· 289

2007. 3.30, 2004두7665 ······················ 289

2007. 4.12, 2004두7924 ······················ 603

2007. 4.12, 2005두15168 ·············· 139, 513

2007. 4.12, 2005두1893 ······················ 158

2007. 4.26, 2005두11104 ·············· 218, 521

2007. 4.27, 2004두9302 ··············· 528, 586

2007. 5.10, 2005다31828 ····················· 386

2007. 5.11, 2007두1811 ······················ 628

2007. 6. 1, 2007두2555 ······················ 352

2007. 6.14, 2004두619 ················· 515, 583

2007. 6.14, 2005두4397 ······················ 527

2007. 6.15, 2005두9736 ······················ 172

2007. 6.28, 2005무75 ························· 594

2007. 6.29, 2006도4582 ······················ 285

2007. 7.12, 2005두17287 ····················· 294

2007. 7.12, 2006두11507 ····················· 427

2007. 7.26, 2005두15748 ····················· 209

2007. 7.27, 2006두8464 ······················ 517

2007. 7.27, 2006두9641 ······················ 618

2007. 8.23, 2005두3776 ······················ 579

2007. 9. 6, 2007도4197 ······················ 288

2007. 9.20, 2005두6935 ······················ 518

2007. 9.20, 2007두6946 ······················ 151

2007. 9.21, 2005다65678 ····················· 400

2007. 9.21, 2006두20631 ····················· 308

2007. 9.21, 2006두7973 ······················ 537

2007. 9.21, 2007두12057 ····················· 568

2007.10.11, 2007두1316 ······················ 510

2007.10.12, 2006두14476 ····················· 130

2007.10.25, 2005다62235 ····················· 400

2007.10.26, 2005다51235 ·············· 394, 396

2007.10.26, 2007두9884 ······················ 130

2007.11.16, 2005두15700 ····················· 323

2007.11.29, 2006다3561 ······················ 142

2007.12.13, 2005두13117 ····················· 349

2007.12.27, 2006두3933 ······················ 522

2008. 2. 1, 2007두20997 ····················· 586

2008. 2.15, 2006두3957 ······················ 522

2008. 3.20, 2007두6342 ······················ 575

2008. 3.27, 2007두23811 ·············· 549, 555

2008. 4.10, 2008두402 ················ 549, 555
2008. 4.17, 2005두16185 ···················· 540
2008. 5.29, 2004다33469 ············ 384, 411
2008. 5.29, 2007두23873 ············ 527, 614
2008. 6.12, 2006두16328 ···· 249, 537, 577
2008. 6.12, 2008두1115 ······················· 24
2008. 7.10, 2006다23664 ···················· 641
2008. 7.10, 2007두10242 ···················· 560
2008. 7.24, 2007두3930 ······················ 630
2008. 8.21, 2007두13845 ···················· 213
2008. 9.25, 2006다18228 ···················· 257
2008.11.20, 2007두18154 ···················· 277
2008.11.27, 2005두15694 ···················· 351
2008.12.24, 2007두17076 ······················ 84
2008.12.24, 2008두8970 ···················· 169
2009. 1.15, 2008두15596 ···················· 205
2009. 1.30, 2006두9498 ······················ 262
2009. 1.30, 2008두17936 ······················ 11
2009. 1.30, 2008두19550, 2008두19567 ···
·· 514
2009. 2.12, 2005다65500 ···················· 196
2009. 2.12, 2007두17359 ···················· 517
2009. 2.12, 2007두4773 ······················ 339
2009. 2.12, 2008두11716 ······················ 75
2009. 2.26, 2007다22262 ············ 394, 396
2009. 3.12, 2008두11525 ···················· 517
2009. 3.26, 2007다88828, 88835 ·· 20, 147
2009. 4. 9, 2008두23153 ···················· 608
2009. 4.23, 2008두242 ················ 248, 553
2009. 5.14, 2006두17390 ···················· 523
2009. 5.28, 2008추56 ························· 567
2009. 6.23, 2009두2672 ····················· 420
2009. 6.25, 2008두13132 ······················ 20

2009. 7.23, 2008두10560 ···················· 587
2009. 9.10, 2007두20638 ············ 511, 520
2009. 9.17, 2007다2428 ············· 544, 577
2009. 9.24, 2009두8946 ···················· 168
2009. 9.24, 2009마168, 169 ············· 541
2009.12.10, 2007두20140 ···················· 201
2009.12.10, 2009두8359 ······· 99, 557, 558
2009.12.10, 2009두12785 ···················· 346
2009.12.24, 2009두7967 ················· 19, 20
2010. 1.14, 2009두11843 ···················· 203
2010. 1.28, 2007다82950, 82967 ······· 266,
376, 391
2010. 1.28, 2008두1504 ····················· 532
2010. 1.28, 2008두19987 ···················· 455
2010. 1.28, 2009두19137 ···················· 147
2010. 2. 5, 2009무153 ······················ 652
2010. 2.11, 2009두6001 ····················· 345
2010. 4.15, 2007두16127 ············ 553, 554,
559, 560
2010. 4.29, 2009두16879 ···················· 565
2010. 5.13, 2009두19168 ···················· 551
2010. 5.13, 2010두2043 ····················· 552
2010. 6.24, 2007두16493 ···················· 523
2010. 8.19, 2008두822 ······················ 430
2010. 9. 9, 2008다77795 ············ 381, 389
2010. 9. 9, 2008두22631 ············· 84, 168
2010. 9.30, 2009두1020 ················ 60, 456
2010.10.14, 2008두23184 ···················· 516
2010.11.11, 2008두20093 ···················· 300
2010.12. 9, 2007두6571 ····················· 420
2010.12. 9, 2009두4555 ····················· 524
2010.12.23, 2009다37725 ···················· 650
2010.12.23, 2010두14800 ···················· 346

2011. 1.20, 2010두14954 ······················ 79

2011. 1.27, 2010두23033 ······················ 147

2011. 2.10, 2010두19799 ······················ 523

2011. 3.10, 2009두23617, 23624 ········ 263, 518

2011. 3.10, 2010다8594 ······················ 409

2011. 4.14, 2008두22280 ······················ 523

2011. 4.21, 2010무111 ················ 515, 595

2011. 5. 2, 2011무6 ···························· 598

2011. 5.26, 2010두28106 ······················ 618

2011. 6.10, 2010두7321 ························ 79

2011. 9. 8, 2009다67115 ······················ 576

2011. 9. 8, 2009두6766 ························ 83

2011. 9.29, 2009두10963 ······················ 608

2011. 9.29, 2010다5892 ······················ 386

2011.10.27, 2011두14401 ······················ 649

2011.11.10, 2011도11109 ······················ 210

2011.11.24, 2009두19021 ············ 347, 350

2011.11.24, 2011두18786 ······················ 582

2012. 1.12, 2010두12354 ······················ 517

2012. 2. 9, 2009두16305 ······················ 339

2012. 2.23, 2010다91206 ······················ 246

2012. 2.23, 2011두5001 ······················ 570

2012. 2.29, 2009두16305 ······················ 339

2012. 3.29, 2008다95885 ······················ 642

2012. 3.29, 2010두7765 ············· 523, 577

2012. 3.29, 2011두9263 ······················ 636

2012. 4.19, 2010도6388 ··············· 82, 173

2012. 5.24, 2012두1891 ······················ 226

2012. 6.18, 2011두2361 ······················ 349

2012. 6.28, 2011두358 ······················ 226

2012. 7. 5, 2010다72076 ······················ 153

2012. 7. 5, 2011두13187, 13914 ········ 549

2012. 9.13, 2012두3859 ············ 228, 456

2012. 9.27, 2010두3541 ······················ 511

2012. 9.27, 2011두27247 ······················ 582

2012.10.11, 2010두12224 ············ 229, 524

2012.10.11, 2011두19369 ······················ 526

2012.10.18, 2010두12347 ······················ 29

2012.10.25, 2010두18963 ······················ 537

2012.10.25, 2010두3527 ······················ 36

2012.11.15, 2010두8676 ······················ 455

2012.11.22, 2010두22962 ······················ 168

2012.11.29, 2011두22587 ······················ 443

2012.12.13, 2010두20782, 2010두20799 ···
······················ 524

2012.12.20, 2011두30878 ······················ 137

2013. 1.16, 2011두30687 ······················ 308

2013. 1.24, 2010두18918 ······················ 356

2013. 3.14, 2010두2623 ······················ 588

2013. 3.14, 2012두6964 ······················ 214

2013. 3.28, 2011두13729 ············ 494, 615

2013. 3.28, 2012다102629 ······················ 542

2013. 3.28, 2012도16383 ······················ 131

2013. 5.23, 2013두3207 ······················ 145

2013. 6.14., 2010다9658 ······················ 433

2013. 7.11, 2011두27544 ············ 586, 587

2013. 7.11, 2013두2402 ······················ 77

2013. 7.12, 2012무84 ······················ 615

2013. 7.25, 2011두1214 ······················ 544

2013. 8.22, 2011두26589 ······················ 605

2013. 8.22, 2012다3517 ······················ 441

2013. 9.12, 2011두10584 ······················ 129

2013. 9.26, 2013도7718 ······················ 261

2013. 9.27, 2012두15234 ······················ 133

2013.10.24, 2011두13286 ······················ 517

2013.10.24, 2013두963 ················· 206

2013.11.14, 2011두28783 ·············· 147

2014. 1.23, 2012두6629 ················ 547

2014. 2.13, 2013두20899 ···· 250, 515, 573

2014. 2.21, 2011두20871 ·············· 586

2014. 2.27, 2012두22980 ·············· 544

2014. 3.13, 2012두1006 ···· 228, 229, 522

2014. 3.13, 2013두15934 ·············· 544

2014. 4.10, 2011두6998 ················· 79

2014. 4.10, 2012두17384 ·············· 353

2014. 4.24, 2013두10809 ·············· 581

2014. 5.16, 2013두26118 ········ 456, 479

2014. 5.29, 2013두12478 ·············· 445

2014. 6.26, 2012두911 ··················· 29

2014. 7.10, 2013두7025 ················· 75

2014. 7.24, 2013두20301 ·············· 348

2014. 7.24, 2013두27159 ·············· 222

2014. 8.20, 2012다54478 ·············· 392

2014. 8.20, 2012두19526 ·············· 128

2014. 9. 4, 2014다203588 ············· 39

2014. 9.25, 2012두24092 ·············· 443

2014. 9.25, 2014두8254 ··············· 583

2014. 9.26, 2013두2518 ········· 200, 578

2014.10.27, 2012두17186 ·············· 222

2014.10.27, 2012두7745 ··············· 317

2014.11.27, 2013두16111 ·············· 219

2014.12.11, 2012두28704 ·············· 249

2014.12.24, 2010두6700 ··············· 303

2014.12.24, 2014두9349 ··············· 351

2015. 1.15, 2010도15213 ··············· 56

2015. 1.15, 2013두14238 ·············· 131

2015. 1.29, 2014두3839 ················· 25

2015. 1.29, 2014두40616 ··············· 34

2015. 3.26, 2014두42742 ·············· 520

2015. 4. 9, 2014두46669 ·············· 431

2015. 4.23, 2013다211834 ············· 406

2015. 6.25, 2007두4995 ··············· 129

2015. 7.23, 2012두19496, 19502 ········ 551

2015. 7.23, 2012두22911 ·············· 437

2015. 8.21, 2015무26 ················· 601

2015. 8.27, 2012두7950 ··············· 428

2015. 8.27, 2015두41449 ········ 248, 537

2015.10.29, 2013두27517 ·············· 565

2015.10.29, 2015두44288 ·············· 654

2015.11.19, 2015두295 ··········· 11, 524

2015.11.27, 2013다6759 ··············· 489

2015.12.10, 2013두35013 ·············· 301

2015.12.23, 2015다210194 ············· 381

2015.12.24, 2015두264 ··············· 537

2016. 3.24, 2015두48235 ·············· 643

2016. 4.15, 2013다20427 ·············· 383

2016. 5.24, 2013두14863 ·············· 609

2016. 6.10, 2013두1638 ··············· 569

2016. 6.23, 2016다206369 ············· 445

2016. 7.14, 2015두4167 ··············· 637

2016. 7.14, 2015두58645 ·············· 456

2016. 7.27, 2015두45953 ·············· 455

2016. 7.27, 2016도6295 ··············· 261

2016. 8.25, 2014다225083 ············· 384

2016. 8.29, 2014두45956 ·············· 176

2016. 8.30, 2015두60617 ·············· 570

2016.10.13, 2016다221658 ············· 543

2016.10.27, 2016두41811 ···· 260, 318, 585

2016.11. 9, 2014두3228 ················· 24

2016.11.10, 2016두44674 ·············· 354

2016.12. 1, 2014두8650 ··············· 131

2016.12.15, 2013두20882 ················· 344

2016.12.15, 2014두44502 ················· 36

2016.12.15, 2016두47659 ············ 31, 263

2017. 2. 3, 2014두40012 ········· 409, 410

2017. 2. 3, 2015두60075 ············ 409, 410

2017. 3. 9, 2016두56790 ················· 456

2017. 3. 9, 2016두60577 ················· 200

2017. 3.22, 2016다258124 ················· 85

2017. 3.30, 2015두43971 ················· 222

2017. 4. 7, 2014두37122 ················· 630

2017. 4.13, 2016두64241 ················· 441

2017. 4.20, 2015두45700 ················· 128

2017. 4.26, 2016두46175 ················· 34

2017. 4.28, 2016다213916 ················· 271

2017. 4.28, 2016두39498 ················· 265

2017. 5.30, 2017두34087 ················· 84

2017. 6.15, 2013두2945 ················· 521

2017. 6.15, 2015두2826 ················· 302

2017. 6.19, 2013두17435 ················· 625

2017. 6.19, 2015두59808 ················· 304

2017. 7.11, 2013두25498 ·········· 599, 600

2017. 7.11, 2015두2864 ············ 260, 625

2017. 7.11, 2016두35120 ················· 199

2017. 8.29, 2016두44186 ············ 159, 206

2017. 9.21, 2017도7321 ················· 58

2017.10.31, 2015두45045 ············ 571, 572

2017.10.31, 2017두46783 ················· 170

2017.11.13, 2015다215526 ················· 613

2017.12.22, 2014다223025 ················· 37

2018. 2.13, 2014두11328 ············ 242, 243

2018. 3.13, 2016두33339 ···· 216, 326, 341

2018. 3.27, 2015두47492 ················· 554

2018. 4.12, 2014두5477 ················· 351

2018. 4.12, 2017두71789 ················· 177

2018. 4.12, 2017두74702 ················· 625

2018. 6.15, 2017다249769 ················· 24

2018. 6.28, 2015두58195 ············ 219, 227

2018. 6.28, 2016두50990 ················· 516

2018. 7.12, 2015다68348 ················· 45

2018. 7.12, 2017두48734 ················· 336

2018. 7.20, 2015두4044 ················· 443

2018. 8.30, 2017두56193 ················· 131

2018. 9.28, 2017두47465 ················· 525

2018.10.25, 2018두43095 ···· 339, 579, 580

2018.11.29, 2015두52395 ············ 510, 511

2018.11.29, 2016두38792 ················· 337

2018.12.13, 2016두31616 ···· 171, 308, 616

2019. 1.10, 2017두43319 ················· 176

2019. 1.17, 2015다236196 ················· 275

2019. 1.17, 2016두56721, 56738 ········ 230

2019. 1.17, 2017두59949 ················· 22

2019. 1.31, 2013두14726 ················· 635

2019. 1.31, 2016다258148 ················· 411

2019. 1.31, 2016두52019 ····· 30, 650, 651

2019. 1.31, 2016두64975 ················· 313

2019. 1.31, 2017두40372 ················· 212

2019. 1.31, 2017두46455 ········· 246, 544

2019. 1.31, 2017두75873 ················· 456

2019. 2.14, 2016두33292 ················· 538

2019. 2.21, 2014두12697 ················· 34

2019. 2.28, 2017두71031 ················· 176

2019. 3.28, 2016두43176 ················· 537

2019. 4. 3, 2017두52764 ················· 522

2019. 4.11, 2018다277419 ················· 431

2019. 5.10, 2015두46987 ················· 569

2019. 6.13, 2017두33985 ················· 137

2019. 6.27, 2018두49130 ·········· 297, 573

2019. 7. 4, 2018두66869 ·················· 625

2019. 7.11, 2017두38874 ···· 146, 176, 308

2019. 7.25, 2017두55077 ··········· 203, 628

2019. 8. 9, 2019두38656 ·················· 455

2019. 8.29, 2018두57865 ·················· 442

2019. 9. 9, 2016다262550 ················ 580

2019. 9.26, 2017두48406 ·················· 151

2019.10.17, 2014두3020, 3037 ·········· 153

2019.10.17, 2018두104 ············ 220, 645

2019.10.17, 2018두60588 ················· 243

2019.10.31, 2017다282438 ················· 13

2019.10.31, 2017두74320 ··················· 84

2019.11.28, 2017다14895 ················· 372

2019.11.28, 2017두57318 ················· 625

2019.11.28., 2018두227 ·················· 432

2019.12.24, 2019두45579 ················· 237

2020. 1.16, 2019다247385 ················ 603

2020. 1.16, 2019다264700 ········· 510, 511

2020. 1.28, 2019다260197 ················ 376

2020. 3. 2, 2017두41771 ·················· 535

2020. 3.26, 2017두41351 ··················· 36

2020. 4. 9, 2015다34444 ················· 547

2020. 4. 9, 2017두275 ···················· 443

2020. 4. 9, 2019두49953 ·················· 566

2020. 4. 9, 2019두61137 ·················· 510

2020. 4.29, 2015다224797 ················ 379

2020. 4.29, 2017도13409 ················· 287

2020. 5.14, 2019두63515 ···· 211, 302, 634

2020. 5.28, 2017두66541 ················· 145

2020. 6.11, 2019두49359 ················· 619

2020. 6.18, 2016두43411 ················· 131

2020. 6.25, 2018두34732 ··················· 25

2020. 6.25, 2019두52980 ················· 260

2020. 6.25, 2019두56135 ················· 646

2020. 7. 9, 2016다268848 ················ 389

2020. 7. 9, 2017두39785 ················· 120

2020. 7.23, 2019두31839 ·········· 332, 333

2020. 8.20, 2019두34630 ················· 201

2020. 9. 3, 2016두32992 ··················· 17

2020. 9. 3, 2020두34070 ···· 598, 599, 646

2020.10.15, 2020다222382 ··············· 538

2020.11.12, 2017두36212 ················· 152

2020.11.26, 2020두42262 ················· 149

2020.12.24, 2018두45633 ··········· 190, 312

2020.12.24, 2019두55675 ········· 212, 273,
620, 645

2020.12.24, 2020두30450 ···· 563, 566, 572

2020.12.24, 2020두39297 ················· 629

2020.12.30, 2020두37406 ················· 407

2021. 1.14, 2020두50324 ·········· 456, 510

2021. 1.28, 2019다260197 ·················· 48

2021. 1.28, 2019두55392 ················· 341

2021. 2. 4, 2020두48390 ················· 303

2021. 2.10, 2020두47564 ················· 511

2021. 2.25, 2020두51587 ················· 303

2021. 3.11, 2020두49850 ················· 206

2021. 3.18, 2018두47264 ············ 77, 539

2021. 3.25, 2020두51280 ················· 170

2021. 4. 1, 2020도15194 ················· 287

2021. 4.29, 2016두39856 ················· 576

2021. 7.21, 2021두33838 ················· 382

2021. 7.29, 2015다221668 ··············· 389

2021. 7.29, 2016두64876 ················· 629

2021. 7.29, 2018두55968 ················· 187

2021. 7.29, 2020두39655 ················· 131

2021. 9.16, 2019도11826 ·············· 57

2021.10.14, 2021두39362 ··············· 146

2021.10.28, 2017다219218 ········· 279, 380

2021.11.11, 2015두53770 ··············· 348

2021.11.11, 2018다288631 ············· 391

2021.12.16, 2019두45944 ········· 538, 609

2021.12.30, 2018다241458 ············· 512

2022. 1.14, 2017두41108 ··············· 295

2022. 1.27, 2020두39365 ··············· 165

2022. 2.10, 2019두50946 ··············· 603

2022. 3.17, 2019두35978 ··············· 304

2022. 3.17, 2021두53894 ··············· 456

2022. 4.14, 2020추5169 ··············· 131

2022. 4.28, 2017다233061 ············· 386

2022. 5.13, 2018두50147 ··············· 213

2022. 7.28, 2022다225910 ············· 396

2022. 7.28, 2022두31822 ··············· 303

2022. 9. 7, 2020두40327 ··············· 84

2022. 9. 7, 2022두42365 ········· 510, 511

2022. 9.16, 2020두47021 ··············· 303

2022. 9.29, 2022마118 ··············· 223

2022.10.27, 2022두48646 ··············· 657

2022.11.17, 2021두44425 ··············· 587

2022.11.17, 2022다242342 ············· 431

2022.12. 1, 2019두48905 ··············· 513

2023. 1.12, 2020두50683 ··············· 518

2023. 1.12, 2021다201184 ············· 387

2023. 1.12, 2022두56630 ··············· 548

2023. 2. 2, 2020두48260 ··············· 510

2023. 6.29, 2020두46073 ··············· 625

2023. 6.29, 2022두44262 ··············· 611

2023. 7.13, 2016두34257 ··············· 517

2023. 8.31, 2019다206223 ············· 416

2023. 8.31, 2021다243355 ··············· 540

2023. 8.31, 2023두39939 ··············· 588

2023. 9.21, 2022두31143 ··············· 332

2023. 9.21, 2023두39724 ··········· 308, 341

2023.10.12, 2022다276697 ··············· 53

2023.11.16, 2022두61816 ··············· 159

2023.12.14, 2023다248903 ··············· 605

2023.12.21, 2023다275424 ··············· 576

2024. 3.12, 2021두58998 ···· 546, 547, 548

2024. 3.12, 2022두60011 ············· 24, 26

2024. 4. 4, 2022두56661 ··············· 19

2024. 4.16, 2022두57138 ··············· 572

2024. 4.25, 2023두54242 ··············· 518

2024. 6.13, 2023두54112 ··············· 168

2024. 6.13, 2024다213157 ··············· 271

2024. 6.19, 2024무689 ··············· 596

2024. 7.18, 2022두43528 ··············· 628

2024. 7.18, 2023두36800 ··············· 18

2024. 7.25, 2024두38025 ··············· 636

2024.11.28, 2023두61349 ··············· 618

헌법재판소

1989. 4.17, 88헌마3 ··············· 657

1989. 9. 4, 88헌마22 ··············· 343, 657

1990. 6.25, 89헌마107 ··············· 423, 426

1990. 9. 3, 90헌마13 ··············· 147

1990.10.15, 89헌마178 ··············· 140

1991. 5.13, 90헌마133 ··············· 343

1992. 4.14, 90헌마82 ··············· 657

1992.10. 1, 92헌마68·76 ··············· 149

1992.12.24, 92헌가8 ··············· 29

1993. 5.13, 92헌마80 ··············· 140

1993. 7.29, 89헌마31 ··············· 256

1994. 6.30, 92헌바23 ························· 209

1994. 6.30, 92헌바38 ························· 289

1994. 7.29, 93헌가12 ························· 130

1994.12.29, 89헌마2 ·························· 418

1995.12.28, 95헌바3 ·························· 408

1996. 2.29, 93헌마186 ······················ 506

1996. 6.13, 94헌마118 ······················ 409

1997. 3.27, 96헌가11 ························· 328

1998. 4.30, 97헌마141 ··············· 67, 550

1998. 7.16, 96헌마246 ······················ 141

1998.12.24. 89헌마214, 90헌바16, 97헌바
  78 ··· 422

1999. 5.27, 98헌바70 ·························· 17

1999.12.23, 98헌마363 ······················· 18

2000. 6. 1, 99헌가11 · 12 ··················· 22

2001. 2.22, 2000헌바38 ···················· 408

2001. 4.26, 2000헌마122 ··················· 130

2001. 5.31, 99헌마413 ······················ 150

2001. 6.28, 2000헌바77 ············ 532, 533

2002.10.31, 2000헌가12 ············ 280, 281

2002.10.31, 2001헌라1 ····················· 131

2003. 6.26, 2002헌마337, 2003헌마7 · 8 ···
  ·· 256

2004. 2.26, 2001헌마718 ··················· 142

2004. 2.26, 2001헌바80 · 84 · 102 · 103,
  2002헌바26 ································ 273

2004. 9.23, 2002헌가17 ···················· 328

2004.10.28, 99헌바91 ··············· 127, 153

2005. 2.24, 2004헌마442 ···················· 48

2006. 2.23, 2004헌마19 ···················· 435

2006. 2.23, 2004헌마675 · 981 · 1022 ···· 18

2007. 1.17, 2005헌마1111, 2006헌마18 ···
  ·· 180

2011. 8.30, 2011헌라1 ······················ 658

2012. 6.27, 2010헌마508 ··················· 527

2012.12.27, 2010헌마153 ··················· 328

2013. 5.30, 2011헌바360 ····················· 34

2015. 3.26, 2012헌바381 ····················· 34

2015. 6.25, 2014헌바404 ····················· 86

2016. 3.31. 2013헌바190 ··················· 328

2018. 5.31, 2014헌마346 ············ 276, 310

2019. 9.26, 2017헌바397 ··················· 187

2019.11.28, 2017헌마759 ···················· 48

2022. 1.27, 2016헌마364 ··················· 415

2022. 2.24, 2020헌가12 ···················· 601

2023. 5.25, 2021헌마21 ····················· 657

기 타

서울고법 1991.10.10, 91부450 ············ 593

서울고법 2004. 6.24, 2003누6483 ······· 248

서울고법 2010.12.27, 2010아165 ········· 598

서울고법 2016.12. 1, 2014나2011749 · 410

서울행법 1999. 2.25, 98구3692 ·· 350, 355

서울행법 2003. 1.14, 2003아957 ········· 593

서울행법 2005. 2. 4, 2001구33563 ····· 225

서울행법 2005.10. 2, 2005구합10484 · 344

서울행법 2010. 3.12, 2009아3749 ······· 594

서울행법 2019. 8.14, 2018구단69205 · 201

사항 찾아보기

[ㄱ]

가격시점 ·········· 425
가산세 ·········· 295
가치보장 ·········· 412
가행정행위 ·········· 235
각하재결 ·········· 481
간접강제 ·········· 488
간접강제결정 ·········· 650
간접사실 ·········· 623
간접손실 ·········· 431
간접손실보상 ·········· 431
간접적 통제 ·········· 136
강제력 ·········· 60
강제징수 ·········· 276
개별적 계획제한 ·········· 428
개별처분 ·········· 166
개인식별형 ·········· 348
개인적 공권 ·········· 63
객관적 쟁송 ·········· 450
갱신기간 ·········· 190
결격사유 ·········· 16
결과불법설 ·········· 378
결정재량권 ·········· 167
경계이론 ·········· 415
경업자소송 ·········· 554
경영수행관계 ·········· 73
경원자소송 ·········· 557
계고 ·········· 269
계획변경청구권 ·········· 159

계획보장청구권 ·········· 159
계획재량 ·········· 156
고충민원 ·········· 460
공공기관 ·········· 344
공공단체 ·········· 47
공공조합 ·········· 48
공공필요 ·········· 419
공권 ·········· 62
공권력 행사 ·········· 512
공무수탁사인 ·········· 48
공무수행사인 ·········· 49
공법 ·········· 5
공법상 결과제거청구권 ·········· 446
공법상 계약 ·········· 242
공법상 대리행위 ·········· 186
공용사용 ·········· 420
공용수용 ·········· 420
공용제한 ·········· 420
공용침해 ·········· 420
공의무 ·········· 62
공의무부담사인 ·········· 49
공익 ·········· 5
공정력 ·········· 51, 52
공증행위 ·········· 188
공청회 ·········· 323
과징금 ·········· 292
과태료 ·········· 288
관련청구소송 ·········· 607
관련청구소송의 병합 ·········· 607

관리관계 ································· 43
관리작용 ································· 5
관리주체설 ····························· 405
관습법 ································· 13
관허사업의 제한 ······················· 297
광의의 행정개입청구권 ················· 69
구성요건적 효력 ······················· 53
국가의 보통지방행정기관 ··············· 101
국가의 특별지방행정기관 ··············· 101
국가적 공권 ··························· 62
국가지방행정기관 ····················· 101
국가행정기관 ························· 100
국고관계 ····························· 45
국선대리인제도 ······················· 463
권력관계 ····························· 43
권력설(종속설, 복종설) ················· 40
권력작용 ····························· 5
권리구제설 ··························· 545
권한 ································· 102
권한남용금지의 원칙 ··················· 30
권한의 대리 ··························· 104
권한의 위임 ··························· 109
권한의 위탁 ··························· 109
권한의 이양 ··························· 110
권한쟁의심판 ························· 657
귀속설(신주체설) ····················· 40
규제적 신고 ··························· 82
규제적 행정지도 ······················· 254
규칙 ································· 12
금지 ································· 180
금지해제적 신고(신고유보부 금지) ······ 82
급부하명 ····························· 180
기각재결 ····························· 482
기각판결 ····························· 626
기간의 계산 ··························· 88

기관소송 ····························· 504
기관소송법정주의 ····················· 504
기관위임 ····························· 112
기관위임사무 ······················· 47, 112
기관쟁송 ····························· 451
기능상 하자 ··························· 397
기속력 ································· 642
기속재량행위 ························· 168
기속행위 ·························· 164, 170
기여도설 ····························· 406
기판력 ································· 653
기한 ································· 190

[ㄴ]

내부위임 ····························· 109
내용상 하자 ··························· 209

[ㄷ]

단계적 행정결정 ······················· 232
당사자소송 ··························· 500
당사자쟁송 ··························· 451
당사자주의 ··························· 601
대결(代決) ··························· 110
대리인의 선임 ························· 463
대물적 행정행위 ······················· 165
대세적 효력(대세효) ··················· 640
대심주의 ····························· 476
대위책임설 ··························· 373
대인적 일반처분 ······················· 167
대인적 행정행위 ······················· 165
대체적 분쟁해결수단 ··················· 658
대체적 작위의무 ······················· 267
대토보상 ····························· 440
대표 ································· 104
독립쟁송가능성 ······················· 196

독립취소가능성 ···································· 197
독임제 행정기관 ································· 98
독촉 ·· 277
동위설(이익형량설) ························· 26
등록 ·· 78

[ㅁ]

면제 ·· 183
명단공표 ·· 295
명령 ·· 12
명령적 행위 ·· 179
목적위배설 ·· 422
무명(無名)항고소송 ························· 495
무하자재량행사청구권 ···················· 67
무효등확인소송 ································· 497
무효등확인심판 ································· 462
물적 행정행위 ···································· 167
민중소송 ·· 503
민중쟁송 ·· 451
민중적 관습법 ······································ 14

[ㅂ]

반복금지효 ·· 643
반사적 이익 ·· 64
범칙금 ·· 284
법규 ·· 15
법규명령 ·· 125
법규명령형식의 행정규칙 ·············· 150
법규적 성질을 갖는 행정규칙 ········ 152
법규하명 ·· 180
법령보충적 고시 ······························· 144
법령보충적 행정규칙 ······················· 152
법령해석규칙 ······················· 143, 146
법률대체적 규칙 ······························· 143
법률상 이익 ·· 545

법률요건 ·· 73
법률우위의 원칙 ······························· 15
법률유보의 원칙 ······························· 15
법률의 법규창조력 ··························· 15
법률행위적 행정행위 ·············· 163, 179
법우위의 원칙 ···································· 15
법적 이익구제설 ······························· 545
법적합성우위설 ································· 26
법정고려사항 ······································ 157
법정대리 ·· 106
법정외항고소송 ································· 495
법정항고소송 ······································ 495
법치행정의 원칙 ······························· 14
변경권의 유보 ···································· 193
변론주의 ·· 602
보상금증감청구소송 ························· 444
보상입법부작위위헌설 ···················· 418
보조기관 ·· 96
보조사실 ·· 623
보좌기관 ·· 96
보호가치설 ·· 421
복수기준설 ·· 41
복합민원 ·· 329
복효적 행정행위 ······························· 164
본안심리 ·· 475
본안판결 ·· 626
부관 ·· 189
부담 ·· 191
부담의 사후변경의 유보 ················· 192
부당 ·· 203
부당결부금지의 원칙 ·············· 31, 298
부령 ·· 128
부분허가 ·· 239
부수적 통제 ·· 136
부작위위법확인소송 ························· 498

부작위하명 ···················· 180

부진정소급적용 ·············· 206

분리이론 ······················· 414

불가변력 ······················· 60

불가쟁력 ······················· 59

불가항력 ······················· 401

불고불리의 원칙 ············· 476

불이익변경금지의 원칙 ····· 476

불확정개념 ················ 168, 178

불확정기한 ···················· 190

비공개대상 정보 ············· 346

비공식적 행정작용 ··········· 251

비례의 원칙 ··················· 21

비용부담주체설 ·············· 405

비정형적 행정작용 ··········· 251

[ㅅ]

사법관계 ······················· 44

사실파악형신고(정보제공적 신고) ······· 81

사용료 ·························· 90

사인의 공법행위 ············· 73

사적 효용설 ··················· 421

사전결정(예비결정) ·········· 237

사정재결 ······················· 484

사정판결 ·················· 626, 636

사항적 한계 ··················· 102

사후부담의 유보 ············· 192

상급행정기관 ·················· 473

상당보상설 ···················· 423

상당인과관계설 ·············· 439

상대적 위법성설 ············· 379

상황구속설 ···················· 422

상황보정 ······················· 426

생활보상 ······················· 434

서리 ···························· 106

선결문제 ······················· 54

선승인 후 협의제 ············· 339

선택재량권 ···················· 168

소극적 형성판결 ············· 626

소멸시효 ······················· 85

소송물 ·························· 496

소송요건 ······················· 507

소송참가 ······················· 613

소송판결 ······················· 626

소의 변경 ····················· 608

수권대리(임의대리) ·········· 105

수리를 요하는 신고 ·········· 79

수리행위 ······················· 189

수수료 ·························· 89

수용적 침해 ··················· 432

수익적 행정행위 ············· 164

수인하명 ······················· 180

수인한도설 ···················· 421

승인권(인가권) ··············· 118

시기 ···························· 190

시점수정 ······················· 426

시행규칙 ······················· 128

시행령 ·························· 128

신고 ···························· 78

신뢰보호의 원칙 ············· 23

신의성실의 원칙 ············· 29

신자기책임설 ·················· 374

신청 ···························· 76

신청이익 ······················· 594

실권의 법리 ··················· 27

실질적 당사자소송 ··········· 501

실체법적 개념설 ············· 509

심의기관 ······················· 97

심판참가 ······················· 464

쌍방적 행정행위 ············· 164

[ㅇ]

알선 ································· 658
압류 ································· 277
약식쟁송 ···························· 451
양벌규정 ···························· 286
역정보공개청구소송 ················ 358
영장주의 ···························· 281
영조물 ······························· 48
영조물규칙 ··················· 143, 146
영조물법인 ··························· 48
예규 ································· 144
예방적 부작위소송 ················· 500
예외적 허가 ························· 182
완전보상설 ·························· 423
완전심사 ···························· 170
요건심리 ······················ 475, 602
원고적격 ···························· 544
원처분주의 ·························· 508
위법 ································· 203
위임명령 ···························· 128
위임전결 ···························· 110
위헌무효설 ·························· 417
유추적용설 ·························· 417
의견제출 ···························· 316
의결기관 ···························· 97
의무이행소송 ······················ 499
의무이행심판 ······················ 462
의회유보 ···························· 16
의회유보사항 ······················ 130
2단계설 ····························· 43
이익설 ······························ 40
이용상 하자 ························· 397
이유제시 ···························· 312
이유제시의 하자 ··················· 313
이의신청 ···························· 452

이익형량의 원칙 ··············· 219, 224
이중배상금지규정 ·················· 408
이중효과적 행정행위 ··············· 164
이행강제금의 부과 ················· 272
이행판결 ···························· 627
인가 ································· 185
인용재결 ···························· 482
인용판결 ···························· 626
인인소송 ···························· 558
인·허가의제제도 ··················· 331
일반적 계획제한 ··················· 427
일반처분 ···························· 166
일방적 행정행위 ··················· 164
일부철회 ···························· 225
임시처분 ···························· 470
입증책임 ···························· 624
입증책임의 분배 ··················· 624
입체이용저해율 ···················· 438

[ㅈ]

자기완결적 공법행위 ··············· 74
자기완결적 신고 ··················· 78
자기책임설 ·························· 374
자기책임의 원칙 ··················· 34
자동적 처분 ··················· 240, 241
자력집행력 ··························· 60
자문기관 ···························· 97
자족적 신고 ························· 78
자치법규 ···························· 12
작위하명 ···························· 180
잠정적 행정행위 ··················· 235
재결의 기속력 ····················· 486
재결의 형성력 ····················· 485
재량권 ······························ 167
재량권의 남용 ····················· 173

재량권의 불행사 ·········· 175
재량권의 영으로의 수축 ·········· 68
재량권의 일탈 ·········· 173
재량의 해태 ·········· 175
재량준칙 ·········· 143, 147
재량축소 ·········· 177
재량행위 ·········· 164, 167, 170
재정 ·········· 659
쟁송법적 개념설 ·········· 509
적극적 실손보전설 ·········· 439
적극적 형성판결 ·········· 626
적법성보장설 ·········· 546
적법절차의 원칙 ·········· 29
적법한 공용침해 ·········· 419
적합성의 원칙 ·········· 21
절차속행의 정지 ·········· 597
절차의 하자 ·········· 210
정보 ·········· 345
정식쟁송 ·········· 451
정지조건 ·········· 189
제3자의 소송참가 ·········· 613
제3자효 행정행위 ·········· 164
제재력 ·········· 61
제외처분 ·········· 593
제재사유의 승계 ·········· 186
제재처분 ·········· 301
제척기간 ·········· 86
제한심사방식 ·········· 170
조건 ·········· 189
조례 ·········· 12
조리 ·········· 34
조사의 결함 ·········· 157
조성적 행정지도 ·········· 254
조정 ·········· 479, 659
조정적 행정지도 ·········· 254

조직규칙 ·········· 143, 146
존속기간 ·········· 190
존속력 ·········· 59
존속보장 ·········· 412
종기 ·········· 190
종속명령 ·········· 128
주관쟁의결정권 ·········· 118
주관적 쟁송 ·········· 450
주요사실 ·········· 623
주장책임 ·········· 623
주체설 ·········· 40
준법률행위적 행정행위 ·········· 163, 179
중앙행정기관 ·········· 100
중앙행정심판위원회 ·········· 472
중요사항유보설(본질성설) ·········· 16
중재 ·········· 659
즉시강제 ·········· 278
지가저락설 ·········· 439
지방행정기관 ·········· 101
지정대리 ·········· 106
직권심리주의 ·········· 476, 602
직권주의 ·········· 602
직권증거조사주의 ·········· 602
직권탐지 ·········· 477
직근 상급행정기관 ·········· 473
직무명령 ·········· 116
직접강제 ·········· 274
직접적 통제 ·········· 136
직접처분 ·········· 487
직접효력설 ·········· 417
집행기관 ·········· 97
집행명령 ·········· 128
집행부정지의 원칙 ·········· 469
집행적 법규명령 ·········· 138
집행정지 ·········· 469

[ㅊ]

채권보상 …………………………………… 439
처분 ………………………………… 311, 508
처분권주의 ………………………………… 601
처분명령재결 ……………………………… 462
처분사유 …………………………… 206, 615
처분시설 …………………………………… 627
처분의 집행정지 …………………………… 597
처분의 효력정지 …………………………… 597
처분재결 …………………………………… 462
처분적 명령 ……………………………… 166
철회권의 유보 …………………………… 193
청구인적격 ………………………………… 463
청문 ……………………………………… 320
청원 ……………………………………… 459
촉탁 ……………………………………… 109
취득시효 …………………………………… 86
취소소송 …………………………………… 495
취소소송중심주의 ………………………… 495
취소심판 …………………………………… 461
침해적 행정행위 ………………………… 164

[ㅌ]

통고처분 …………………………………… 287
통지행위 …………………………………… 188
통치행위 …………………………………… 4
특별권력관계 ……………………………… 70
특별명령 …………………………………… 72
특별행정법관계 …………………………… 70
특별행정심판 ……………………………… 493
특허 ……………………………………… 183

[ㅍ]

판결시설 …………………………………… 627
판단대체방식 ……………………………… 170

판단수권설 ………………………………… 178
판단여지 …………………………… 168, 178
평가의 과오 ……………………………… 157
프라이버시형 ……………………………… 348
필요성의 원칙(최소침해의 원칙) ……… 21

[ㅎ]

하명 ……………………………………… 180
하자(위법성)의 승계 …………………… 211
하자의 치유 ……………………………… 215
하천홍수위 ………………………………… 400
합의제 행정기관 …………………………… 99
항고소송 …………………………………… 495
항고쟁송 …………………………………… 451
해제조건 …………………………………… 189
행위요건적 공법행위 ……………………… 74
행위위법설 ………………………………… 379
행정 ……………………………………… 3
행정객체 …………………………………… 49
행정계획 …………………………………… 154
행정관청 …………………………………… 95
행정구제 …………………………… 4, 367
행정권발동청구권 ………………………… 69
행정권한법정주의 ………………………… 102
행정규칙 …………………………… 125, 143
행정기관 …………………………………… 95
행정기본법 ……………………… 9, 27, 29
행정대집행 ………………………………… 266
행정벌 …………………………………… 283
행정범 …………………………………… 284
행정법 …………………………………… 3, 5
행정법관계 ………………………………… 38
행정법상 일반 법원칙 …………………… 14
행정불복 …………………………………… 452
행정사법 …………………………………… 8

행정사법관계 ································ 45
행정상 강제 ······························ 264
행정상 강제집행 ························ 265
행정상 법률관계 ·························· 38
행정상 사실행위 ······················ 250
행정상 손해배상 ······················ 370
행정상 손해전보 ······················ 370
행정선례법 ······························· 13
행정소송 ··························· 450, 493
행정심판 ··························· 450, 451
행정심판의 심리 ······················ 474
행정심판의 재결 ······················ 480
행정영장 ·································· 327
행정예고제 ······························ 327
행정유보론 ······························ 127
행정응원 ·································· 121
행정의 실효성 확보수단 ············· 264
행정의 자동결정 ······················ 240
행정입법 ·································· 125
행정입법부작위 ························ 140
행정작용 ···································· 4
행정쟁송 ·································· 450
행정절차 ·································· 306
행정조사 ·································· 259
행정조직 ···································· 4
행정조직법 ······························· 93
행정조직법정주의 ······················ 93
행정주체 ··························· 46, 100
행정지도 ·································· 253
행정질서벌 ························· 283, 288
행정청 ······················· 95, 512, 578
행정행위 ···························· 126, 162
행정행위발급청구권 ···················· 69
행정행위의 무효 ······················ 207
행정행위의 부존재 ···················· 207

행정행위의 실효 ······················ 231
행정행위의 전환 ······················ 217
행정행위의 철회 ······················ 222
행정행위의 취소 ················· 207, 218
행정행위의 하자(흠) ················· 203
행정형벌 ·································· 283
허가 ······································· 180
허가의 양도 ····························· 186
헌법소원 ·································· 656
헌법합치적 법률해석 ··················· 10
현황평가 ·································· 426
협의의 비례원칙(상당성의 원칙) ········ 21
협의의 특허 ····························· 183
협의의 행정개입청구권 ················ 69
형량명령 ·································· 157
형량불비례 ······························ 157
형량의 누락 ····························· 157
형량의 흠결 ····························· 157
형량하자 ·································· 157
형성력 ···································· 639
형성적 행위 ························ 179, 183
형성판결 ·································· 626
형성효 ···································· 640
형식상 하자 ····························· 209
형식적 당사자소송 ···················· 501
형식적 행정행위론 ···················· 509
혼합적 행정행위 ······················ 166
혼합효 행정행위 ······················ 164
확약 ······································· 232
확인판결 ·································· 627
확인행위 ·································· 188
확장수용 ·································· 430
확장수용보상 ··························· 430
확정기한 ·································· 190
확정력 ····································· 59

환수처분 ··· 221

훈령 ··· 116, 144

흠 있는 행정행위 ································· 199

저자약력

서울대학교 법과대학 졸업, 서울대학교 법과대학 법학석사
프랑스 액스-마르세이유대학 법학박사
프랑스 액스-마르세이유대학 초청교수(Professeur invité)
단국대학교 법학대학 교수, 서울대학교 · 사법연수원 강사
한국공법학회 학술장려상 수상(1996. 6), 2018년 법의 날 황조근정훈장 수훈
세계인명사전 마르퀴즈 후즈후 등재(2007. 11)
한국법학교수회 회장, 사법행정자문회의 위원, 법제처 자체평가위원장
국무총리 행정심판위원회 위원, 중앙행정심판위원회 위원
법원행정처 행정소송법개정위원회 위원, 헌법재판소법 개정위원회 자문위원
한국법제연구원 자문위원, 법제처 행정심판법개정심의위원회 위원
법제처 법령해석심의위원회 위원, 감사원 정책자문위원, 중앙토지수용위원회 위원
민주화운동관련자 명예회복 및 보상심의위원회 위원(대법원장 추천)
사학분쟁조정위원회 위원(대법원장 추천), 법무부 정책위원회 위원
한국공법학회 회장, 한국인터넷법학회 회장, 한국행정판례연구회 연구이사
한국토지보상법연구회 회장, 한국토지공법학회 부회장, 입법이론실무학회 회장
사법시험, 행정고시, 입법고시, 변호사시험, 승진시험, 외무고시, 변리사, 기술고시,
　감정평가사, 관세사, 세무사, 서울시 · 경기도 등 공무원시험 등 시험위원
현, 경희대학교 법학전문대학원 고황명예교수
　한국공법학회 고문, 한국행정법학회 법정이사

저　　서

『행정법강의』(제22판), 박영사, 2025.
『행정법론(상)』(제24판), 박영사, 2025.
『행정법론(하)』(제23판), 박영사, 2025.
『정책, 규제와 입법』, 박영사, 2022.
『박균성 교수의 경세치국론』, 박영북스, 2012.
『행정법연습』(제5판), 삼조사, 2015.
『행정법입문』(제11판), 박영사, 2024.
『경찰행정법』(제7판, 공저), 박영사, 2024.
『경찰행정법입문』(제8판, 공저), 박영사, 2024.
『환경법』(제11판, 공저), 박영사, 2023.

제17판

행정법 기본강의

초판발행	2009년 5월 30일
제17판발행	2025년 1월 10일

지은이	박균성
펴낸이	안종만 · 안상준

편 집	장유나
기획/마케팅	박세기
표지디자인	이영경
제 작	고철민 · 김원표

펴낸곳	(주) **박영사**
	서울특별시 금천구 가산디지털2로 53, 210호(가산동, 한라시그마밸리
	등록 1959. 3. 11. 제300-1959-1호(倫)
전 화	02)733-6771
f a x	02)736-4818
e-mail	pys@pybook.co.kr
homepage	www.pybook.co.kr
ISBN	979-11-303-4879-7 93360

정 가	39,000원